하와이 사진신부
천연희의 이야기

# 하와이 사진신부
# 천연희의 이야기

**역주 및 해제**

문옥표 · 이덕희 · 함한희 · 김점숙 · 김순주

**일조각**

# 책머리에

1896년 경상남도 진주에서 태어난 천연희千年熙[1]는 19세 때인 1915년, 하와이 마우이섬의 파이아 사탕수수 농장에서 노동자로 일하던 27년 연상의 길찬록吉燦祿(1869~1954)에게 '사진신부'로 시집가서 1997년 101세로 사망할 때까지 하와이에 살았던 여성이다. 하와이에서 천연희는 세 번 결혼하였다. 첫 번째 남편인 길찬록과의 사이에 아이 셋을 낳고 살았으나, 그가 술을 좋아하고 노동 능력이 부족하여 가족을 제대로 돌보지 못하자 그와 별거하여 혼자서 아이들을 키웠다. 그러던 중 병이 난 자신을 지극하게 돌보아 주고 나이 어린 자녀들을 도와준 박대성을 만나 살게 되면서 길찬록과 이혼한다. 두 번째 남편인 박대성과의 사이에서도 아들 하나와 딸 둘을 두었으나, 그 역시 안정된 직장을 유지하지 못하고 첫 번째 결혼에서 낳은 아이들을 차별하는 등 불화가 잦아지자 천연희는 두 번째 결혼생활을 끝내고 바느질, 세탁, 카네이션 농사, 여관업 등 여러 가지 일을 하며 여

---

1 천연희 이름의 한자는 여권에 기재된 '千年熙'이나 후에 스스로 '千年흠'라고 표기하기도 하였다(노트 8권).

섯 명의 아이들을 키우고 교육하였다. 45세 때인 1941년, 하와이에 군인으로 와 있던 미국인 남성 기븐Robert Anderson Given을 만나 재혼한 후 그가 사망한 1964년까지 함께 살았다.

천연희는 두 번의 결혼에서 낳은 다섯 명의 자녀들이 모두 성혼하여 독립하고[2] 세 번째 남편인 기븐이 사망한 후 혼자 살았다. 75세 때인 1971년부터 88세가 된 1984년까지 13여 년 동안 그는 자신의 삶을 회고하는 내용을 노트 일곱 권 분량의 친필 기록으로 남겼다. 노트에 명기된 날짜에 따르면 제1권은 1971년 10월 27일에, 제7권은 1980년 6월 20일에 쓰기 시작하였다. 마지막 권인 8권은 '1984년 천연희 기록'이라고 시작하여 끝나는 부분에 1984년 8월 12일이란 날짜가 적혀 있다. 2, 3, 5, 6권에는 기록 날짜가 표시되어 있지 않다. 다만 1, 2, 3권은 가는 펜으로 매우 촘촘히 적힌데 비해 5, 6권은 굵은 펜으로 성글게 써져 있으며, 7, 8권은 더 굵은 사인펜 같은 필기도구로 쓰여 있고 양도 훨씬 소략해진 것으로 보아 1, 2, 3권을 이어서 같은 시기에 집필하고(4권은 없음) 5권 이후는 몇 년간 띄엄띄엄 기록한 것으로 보인다.

A4 용지 크기의 노트에 세로로 쓴 천연희의 친필 자전 기록은 그가 보관한 다른 자료들과 함께 오래전부터 그녀의 딸들과 친분이 있던 하와이 한인이민연구소 이덕희 선생의 주선으로 2012년 하와이 대학교 한국학연구소Center for Korean Studies에 기증되었다가, 2014년에 하와이 대학교 한국학연구소와 한국학중앙연구원의 협의를 거쳐 재기증되어 현재 한국학중앙연구원 장서각에 소장되어 있다. 일곱 권의 친필 자전 기록과 천연희가 딸인 메리 자보Mary Khil Zarbaugh 씨에게 자신의 삶을 직접 구술한 내

---

2 천연희와 길찬록 사이에서 태어난 첫아이 순애(Betty, 1916년생)는 고등학교를 졸업한 후 17세 때 사고로 사망하였다.

용이 담긴 24개의 녹음테이프, 여권, 결혼증명서 등 각종 공문서 및 사진, 편지 들을 통칭해 '천연희 컬렉션'이라고 부른다.

이 책은 '천연희 컬렉션' 중 가장 중요한 자료인 일곱 권의 친필 자전 기록(편의상 이 책에서는 '천연희 노트'로 지칭한다.)을 관련 연구자들뿐만 아니라 일반 독자들도 쉽게 읽을 수 있도록 현대문으로 옮긴 것이다. 천연희 노트는 한글로 쓰였으나 현대 독자들이 이해하기가 어렵다. 19세기 말에 태어나고 19세에 하와이로 떠나 그곳에서 일생을 보낸 천연희는 옛 한국어, 경상도 진주 방언, 정확한 철자를 모른 채 들리는 대로 적은 영어 단어와 하와이 현지어를 뒤섞어 썼다. 70대 중반~80대 후반의 여성이 기억을 더듬어 가며 썼다는 점을 감안한다면 놀라울 정도로 상세하고 사회적·정치적·경제적 상황에 대한 이해의 폭이 넓지만, 오로지 자신의 기억에 의거해 쓴 글이기 때문에 인명, 지명, 사건 등이 부정확할 소지가 있다. 따라서 이해하기 어려운 단어들의 의미를 최대한 파악해 적절한 현대어로 바꾸고, 전체 맥락에 알맞게 문장을 가다듬고, 인명·지명·사건 등을 현재 밝혀진 자료들과 대조하여 사실관계를 확인하고 오류를 수정하는 작업이 필요하였다.

이 책은 총 2부로 구성되어 있다. 제1부에는 천연희 노트를 이해하는 데 도움이 되는 다섯 편의 해제를 실었다. 먼저, 1900년대 초 시작된 한국인 하와이 이민사회의 약사를 다루어 천연희 노트의 역사적 배경과 의의를 소개하였다(이덕희). 이어서 총 일곱 권에 적힌 천연희 노트의 내용을 주제별로 나누어 작성한 해제를 실었다. 역주 작업에 참여한 공동연구자 4명이 「사진신부로 떠나기 전 진주에서의 삶」(문옥표), 「세 번의 결혼과 가족생활」(김순주), 「천연희의 경제활동과 일가의 경영」(함한희), 「천연희의 사회참여 활동」(김점숙)을 집필하였다. 천연희 노트의 현대문화 작업을 일차로 완료한 후 작성한 네 편의 해제는 천연희의 삶을 구성한 주된 주제들을 뽑아 전후 맥락을 정리한 것으로 노트 기록의 의의와 배경을 이해하는 데 도움이 될 것이다.

제2부에는 천연희 노트의 원문과 현대문을 독자들이 대조하며 읽기 편하도록 병치(倂置)하여 실었다. 원문은 천연희가 자필한 자전 기록을 그대로 옮긴 것으로, 이번 역주 사업과 별도로 한국학중앙연구원의 연구 사업으로 수행된 〈한국 근대 미주지역 여성이주 및 유학 연구〉(AKS 2014-G07, 연구책임자 김성은)에서 작업한 내용을 받아 실었다. 원본은 띄어쓰기를 하지 않았을 뿐만 아니라 내용이 이어지지 않고 순서가 뒤엉킨 부분이 있어 이들만 정리하여 원본대로 실었다. 그 옆에는 원문을 현대문으로 바꾸고 역주를 단 내용을 실어 독자들이 내용을 쉽게 이해하고 원문과 서로 대조해볼 수 있도록 편집하였다. 1권은 문옥표, 2권은 문옥표·함한희·김점숙·김순주, 3권은 함한희, (4권은 없음) 5·6권은 김순주, 7권은 김점숙, 8권은 김점숙·김순주가 맡아 각각 원문을 현대문으로 바꾸고 역주를 달았다. 이덕희는 역주 내용 및 하와이 현지의 지명과 인명 등을 확인하는 작업을 담당하였다.

이러한 구성은 언어학적 변천사에 관심 있는 사람, 생활문화 기록에 흥미를 가진 독자, 여성사나 이민사 연구자 모두가 이 책을 일차 자료로서 활용할 수 있도록 하기 위한 것이다. 또한 우리는 일반 독자에게 생소한 사진신부의 존재를 알리고, 한 사진신부의 지난하고 강인했던 삶을 따라가는 과정을 통해 여성 기록물의 소중함을 다시 생각해 보는 계기를 마련하고자 한다. 100여 년 전 사진신부로 하와이에 건너가 치열하게 산 천연희라는 한 여성의 삶은 우리 근현대사와 그 안에서의 여성의 삶에 대해 많은 것을 생각하게 해주는 내용을 담고 있기 때문이다.

여성주의적 입장에서 하와이의 초기 아시아 여성 이민들의 생애사를 연구해 온 앨리스 채Alice Chai가 한국 및 일본에서 사진신부로 온 여성들의 삶을 비교한 후 내린 결론은 천연희의 삶에도 그대로 적용될 만하다.[3]

---

3 Chai, Alice Yun, "Feminist Analysis of Life Histories of Hawaii's Early Asian Immigrant

일본, 오키나와 및 한국에서 하와이로 온 사진신부들의 삶의 역사는 우리에게 용기와 인내심, 내면적 재능, 위엄, 인품의 강인함으로 가득 찬 고무적인 이야기들을 제공해 준다. 이 용감한 여성들은 사진으로만 본 남편을 만나기 위해 미지의 세계로 떠난 사람들이었다. 그들은 하와이에서 맞닥뜨린 현실에서 살아남고자 온갖 방법과 전략을 강구해야 했으며, 끊임없이 일해야 했다. 그들은 일터와 교회, 절에서 만난 같은 처지의 여성들과 서로 도우며 정을 나누었다. 〔중략〕 사진신부로 태평양을 건너 하와이 땅에 처음 도착했을 때 맞닥뜨린 시련을 거쳐 낯선 땅에서 적응하는 동안 이 여성들은 끈기와 인내 및 도덕적 위엄을 보여 주었으며, 온갖 악조건에서도 아무런 불평 없이 쉬지 않고 일했던 이 여성들의 관심사는 자신들의 개인적 안녕만이 아니었다. 〔중략〕 그들은 모험 정신을 가지고 있었으며, 자기 자신뿐만 아니라 자녀들의 삶을 좀 더 나은 것으로 만들겠다는 용기를 지니고 있었다. 종교적 신앙심과 근면한 노동을 통하여 그들 중 대부분이, 비록 차이는 있지만, 궁극적 목적, 즉 경제적 향상과 다음 세대의 교육, 그리고 스스로 정치적·개인적 힘을 획득하는 데 성공하였다. (Chai 1996: 65-66, 문옥표 옮김)

그의 자전 기록이 생생히 드러내듯이 천연희는 온갖 역경 속에서도 스스로의 힘으로 자신과 아이들을 지켜내었으며, 그들이 교육받고 결혼하여 각자 자신의 가정을 꾸려 사회인으로 성장할 때까지 지원하였고, 비록 헤어졌지만 자식들의 아버지인 전 남편의 장례식까지 치러줄 정도로 일관되게 인간다움의 존엄을 보여준 여성이었다.

이 책의 마지막에는 천연희가 구술한 생애사를 메리 자보 씨가 녹음한 카세트테이프 24개의 내용을 요약한 영문 글을 부록으로 실었다. 메리 자

Women," *Asian Journal of Women's Studies* 2, 38-69, 1996.

보 씨는 한국어를 모르는 후손들에게 어머니의 삶을 전하고자 카세트테이프의 내용을 직접 노트에 손글씨로 요약하였다. 이것을 한국학중앙연구원 한국학대학원생인 미국인 크리스토퍼 루이스 사라신Christopher Louis Sarasin 군이 디지털화해 파일로 만들어 주었다. 1981년 9월 22일 시작하여 1년여에 걸쳐 총 24개의 카세트테이프에 녹음된 천연희의 구술은 딸인 메리가 묻고 어머니인 천연희가 답하는 형식으로 한국어와 약간의 영어를 섞어 진행되었다. 구술 내용 전체를 녹취한 자료가 있으나(「천연희 구술 테이프 녹취록」 Tape 1~24), 양이 매우 많고 자전 기록과 중복되는 내용이 많아 이 책에는 싣지 않았고, 역주자들이 해제를 작성할 때 관련 부분의 내용을 확인하는 데에만 활용하였다.

이번 역주 해제 작업에는 인류학 및 역사학을 전공한 국내 연구자 4인과 하와이 한인이민사 연구자 1인이 참여했으며, 하와이 현지 및 진주 지역 답사를 통하여 가능한 한 정확성과 완성도를 높이고자 노력하였다. 공동 작업은 탈초문 검독檢讀과 현대문화 작업, 기록에 언급된 인명, 지명 및 역사적 사건들에 대한 역주 작업, 그리고 각종 용어의 해설과 사실관계 오류 수정 등을 중심으로 진행하였다. 독자들도 동의하리라 생각하지만, 천연희의 기록은 매우 구체적이며 정확도가 높고 포괄적이므로 학문적 자료로서 가치가 크다. 특히 20세기 초 하와이에 사진신부로 간 한국인 여성들 중에서 자신의 이야기를 이처럼 친필 기록으로 남긴 예가 거의 없다는 점에서 이 노트는 매우 귀한 자료이다(이덕희의 해제 참조). 따라서 이 책을 통하여 '천연희 컬렉션' 전체의 자료적 가치를 검증하고, '천연희 컬렉션'이 사진신부 연구뿐만 아니라 이민사, 여성사 등 여러 분야에서 기초 연구 자료로 활용될 수 있을 것이라 생각한다. 또한 다른 해외 지역 한인들의 이민생활사 연구에도 훌륭한 비교 사례를 제공할 수 있을 것이다.

그런 의미에서 한국학중앙연구원의 지원으로 『하와이 사진신부 천연희의 이야기』를 소개할 기회를 갖게 된 것을 기쁘게 생각하며, 이처럼 귀한 자료가 천연희의 고국인 한국에 기증되어 보관되고 활용될 수 있도록 애써 주신 기증 당시 한국학중앙연구원 이배용 원장님, 하와이 대학교 한국학연구소 소장 이상협 교수님, 하와이 한인 이민사 연구자 이덕희 선생님, 그리고 자료 기증자인 천연희의 따님 메리 자보 씨에게 이 자리를 빌려 감사의 말씀을 전한다. 또한 역주 작업에 심혈을 기울여 주신 공동 역주자 선생님들과 작업 진행을 보조해 준 한국학중앙연구원 한국학대학원 인류학과 학생들에게 감사한다. 제한된 일정에 출판을 서둘러 고령의 기증자 메리 자보 씨(2017년 현재 만 98세)가 책의 출간을 볼 수 있게 힘써 주신 일조각의 김시연 사장님께도 감사드린다.

2017년 12월
역주자를 대표하여
문옥표

# 천연희의 딸, 메리 자보의 편지[*]

---

이배용 원장님께

    2015년 9월 24일 한국학중앙연구원의 공동연구팀이 저의 집을 방문해 주셨고, 저는 기쁨의 눈물과 감사의 마음으로 그분들을 맞이하였습니다.

    그간 하와이 대학교 한국학연구소와 함께 제 어머니의 자전 기록 출판을 적극적으로 추진해 오신 이덕희 여사가 공동연구팀을 안내하여 오셨습니다. 이제 그 출판이 문옥표 교수님을 비롯하여 함한희 교수, 김점숙 교수, 김순주 박사와 이덕희 선생님으로 이루어진 유능한 공동연구팀의 책임으로 맡겨지게 된 데 대해 진심으로 감사드립니다.

    저의 어머니는 하와이 카이(이전의 코코헤드)에서 12년간 카네이션 화훼 농장을 경영하시다 비숍 재단의 새로운 하와이 카이 개발계획으로 인해 코코헤드의 다른 화훼 농업인들과 함께 그곳을 떠나셔야 했습니다.

    그 당시 아버지는 이미 돌아가시고 어머니는 혼자 살고 계셨습니다. 자녀들의 집으로 들어가기보다 혼자 생활하시는 것을 더 편안하게 여기셨기 때문이지요. 어머니는 조그마한 임대 아파트에서 혼자 사시는 생활에 적응하여, 비로소 모든 책임으로부터 자유로워져 자신이 하고 싶은 일들을 하시며 독립적인 생을 마음껏 즐기셨습니다. 그러는 중에도 어머니는 의복 공장에 나가 바느질하는 일을 하시고, 시간 나는 대로 손주들을 위해 색실로 침대보를 짜 주시곤 하셨습니다. 그렇게 혼자 사시면서 어머니는 삶을 되돌아볼 기회를 가지셨습니다. 자신만의 아파트에서 조용히 홀로 지내시면서 어머니는 한국을 떠나 하와이에 사진신부로 오게 된 여정을 회상하고 기록하셨습니다.

메리 자보(2012)

어머니는 늘 제게 자신이 소중히 간직해 온 노트들을 잘 보관하라고 당부하셨고, 장녀이자 어머니와 제일 가깝게 지내 온 저는 언젠가 어머니가 살아 온 이야기에 관심을 가진 사람들에게 전해질 수 있기를 바라며 그 기록들을 보관해 왔습니다. 어머니는 102세에 돌아가셨고, 저도 97세가 되었습니다.**

이제 비로소 이덕희 여사와 하와이 대학교 한국학연구소, 그리고 한국학중앙연구원 연구팀의 도움으로 어머니가 기록하신 자신의 이야기를 감히 세상에 내어 놓을 수 있게 되었습니다. 이러한 기회를 주신 것을 영광으로 생각하며 마음 깊이 감사의 말씀을 전합니다.

2016년 5월 16일
진심을 담아,
메리 길 자보
*Mary Kheil Zurbaugh*

---

* 영문으로 보낸 편지 내용을 문옥표 교수가 한글로 번역하였다.
** 천연희는 101세에 사망하였다.

# 차례

## 제2부 천연희 노트의 원문과 역주본

## 부록

# 천연희 노트의
# 배경과 해제

# 천연희 기록의 역사적 배경과 의의

이덕희(하와이 한인이민연구소)

## 1. 들어가는 글

경상남도 진주 출신의 천연희(1896~1997)는 19세(19세 11개월) 때인 1915년 6월 20일에 마우이섬 파이아Paia 사탕수수 농장에서 일하는 길찬록吉燦祿(1869~1954)의 사진신부로 호놀룰루항에 도착하였다. 19세의 천연희와 46세의 길찬록은 29일에 호놀룰루의 한인감리교회에서 다른 두 쌍과 함께 결혼식을 올린 후 마우이에서 신혼생활을 시작하였다. 천연희는 하와이에 온 지 반세기도 더 지난 1971년 10월 27일부터 자서전적 생활문화기를 노트에 쓰기 시작했고, 학교 교사였던 딸 메리의 도움으로 주말마다 자신의 이야기를 녹음하였다. 1997년, 101년의 삶을 마친 천연희는 자필 기록 노트 7권과 24개의 육성 녹음테이프를 남겼다. 이하 천연희의 노트와 녹음테이프를 합쳐 '천연희 기록'이라 부른다.[1]

---

1 필자는 이 기록에 근거하여 2014년 10월 21일 한국학중앙연구원에서 열린 〈20세기 초 태평양을 건넌 한국 여성들〉 국제학술회의에서 "한인 사진신부 천연희의 하와이 이민 생활"이라는 주

자서전적 생활문화기autoethnography[2]란 자아반영적 기록으로 자서전과 같은 형태의 기록이지만 자전적 경험을 그가 산 시대의 문화·정치·사회와 연관 지어 서술한다는 점에서 좀 더 폭넓은 의미가 있는 기록이라고 볼 수 있다. 천연희는 자신의 자필 노트와 구술 기록에서 개인사뿐만 아니라 20세기 초 하와이 한인 이민사회의 단체, 기관, 지도자 들의 이름과 활동 등을 서술하였다. 이 단체들에서 활발히 활동한 천연희의 삶은 하와이 한인 이민사회의 역사와 함께 나아갔다. 즉 천연희 기록은 한 시대의 면모를 미시적으로 보여 주는 생활문화사生活文化史라 할 수 있다.

천연희 기록을 제대로 이해하려면 그가 산 시대가 어떠하였는지를 알 필요가 있다. 이 장에서는 천연희 기록의 주요 배경인 하와이 한인 이민사회의 역사를 살펴보고, 생활문화사적 관점에서 천연희 기록의 의의를 짚어 본다.


## 2. 초기 하와이 한인 이민사회의 역사

조미수호통상조약이 체결된 지 1년 후인 1883년 5월에 미국 공사관이 서울에 설립되고 푸트Lucius Foote가 첫 번째 미국 공사로 부임하였다. 이 듬해 7월에 미국 선교사 매클레이Robert S. MacLay는 김옥균의 도움으로 미국 선교사들이 한국에서 의료와 교육 선교를 해도 된다는 고종의 허락을 받았다. 두 달 후인 1884년 9월에는 중국에 의료선교사로 갔던 알렌Horace N. Allen이 주한 미국 공사관의 주치의로 내한하였다. 알렌은 갑신정변

---

제로 발표하였다. 노트와 녹음테이프에는 중복된 내용이 많으며, 그중 상충되는 부분들도 있음을 밝힌다.

2  Norman Denzin, *Interpretive Autoethnography*, Sage Publications, 2014 참조.

(1884년 12월)으로 부상을 입은 민영익(명성황후의 친족)을 치료한 일을 계기로 명성황후와 고종의 신임을 얻게 되었다. 1885년 4월 5일 부활절 주일에 미국 감리교와 장로교 선교사가 인천에 도착해 선교사역을 시작하였다. 1888년 5월에는 감리교의 존스George Heber Jones(한국명 조원시趙元時) 목사가 내한하여 경기도 지방과 서울에서 사역하였다.

1897년에 주한 미국 공사가 된 알렌은 1902년 3월 하와이사탕수수경작주회Hawaiian Sugar Planters' Association 관련자들에게 한인 이민 주선을 약속하였다. 그가 고종을 수차례 설득한 끝에 1902년 11월 15일 미국인 사업가 데슐러David W. Deshler가 한인 이민 업무 관장을 허가받았다.

1902년 10월 비숍E. Faxon Bishop은 하와이사탕수수경작주회를 대표해 한국을 방문하여 한인 노동자들의 호놀룰루 입항이 미국법에 저촉되지 않도록 세심하게 방안을 강구하는 등 이민에 필요한 절차를 준비하였다. 하와이가 미국 영토로 편입되면서(1898년) 계약노동자의 입국이 금지되었기 때문에 합법적으로 한인 노동자들을 하와이에 입국시키는 문제는 민감한 사안이었다.

데슐러는 2개 회사를 설립하고 이민을 준비했는데, 하나는 이민을 관장하는 동서개발회사East-West Development Company였고, 또 다른 하나는 비숍이 가져온 이민 경비 1만 5,000달러를 관리하며 이민 재정을 담당하는 데슐러 은행Deshler Bank이었다. 그러나 이민자를 모집하는 일은 녹록지 않았다.

그 무렵 알렌과 친분이 있던 인천 내리교회의 존스 목사는 데슐러가 하와이 이민 모집에 어려움을 겪고 있다는 소식을 들었다. 연전에 발생한 대기근으로 힘들어하는 한인들에게 하와이 이민이 여러 면으로 도움이 될 것이라고 확신한 존스 목사는 자신이 담임하는 내리교회뿐만 아니라 감리사로 돌보는 서부지방의 여러 교회 교인들에게 '기후가 좋은 하와이는 자녀교육의 기회가 많고, 급료가 높을뿐더러 집과 의료비를 주며, 교회에 자유롭게 다닐 수 있다'면서 이민을 권장하였다. 존스의 설득으로 내리교회를 포함한 서부지방의 부천, 강화, 남양과 과천, 파주 등 여러 교회의 교인 50명과 제물포항 내 노동자 20명, 전국 각처에서 모집된 51명이 첫 이민 대열에 올랐다. 그 후 하와이 이민은 순조로이 진행되었다.

1902년 12월 22일, 존스 목사는 첫 이민단을 실은 일본선 겐카이마루玄海丸가 정박한 제물포항 부두에 천막을 치고 환송 예배를 드렸다. 그는 미지의 땅으로 삶을 개척하기 위해 떠나는 교인이자 이민자들에게 용기를 북돋아 주는 기도를 올리고, 하와이 감리사에게 쓴 소개장과 함께 많은 책자를 주었다.

겐카이마루는 목포와 부산을 거쳐 이틀 후 일본 나가사키長崎에 도착하였다. 신체검사에서 탈락한 이들을 제외한 한인 102명은 1월 2일에 미국 증기선 갤릭호S.S. Gaelic를 타고 10일간 항해한 끝에 1월 13일 새벽 호놀룰루항에 입항하였다. 하와이 왕국이 여왕 릴리우오칼라니Queen Liliuokalani의 통치를 마지막으로 멸망한 지(1893년 1월 17일) 10년째, 그리고 미국의 영토로 편입된 지 5년째 되던 해였다. 호놀룰루 항구에서는 존스에게 연락을 받은 하와이 감리교선교부 피어슨George L. Pearson 감리사가 기다리고 있었다. 그의 안내에 따라 이민자들은 기차를 타고 오아후Oahu섬 북쪽에 위치한 와이알루아Waialua 농장의 모쿨레이아Mokuleia 캠프로 이동해 여장을 풀었다(이덕희 2003: 154).

3월 3일 하와이에 도착한 두 번째 이민선 콥틱호S.S. Coptic에서 한인 64명이 내렸다. 동서개발회사에 다니면서 내리교회에 출석한 현순이 통역관으로 왔다. 이들은 오아후섬 북쪽에 있는 카후쿠Kahuku 농장으로 갔다. 그 후 1905년 8월까지 7,400여 명[3]의 한인이 하와이 6개 섬의 30여 개 사탕

---

3 하와이 이민자 수는 자료에 따라 7,291명부터 7,600명까지 조금씩 다르다. 미국 이민국 통

수수 농장에서 일하게 되었다. 사탕수수 농장주들은 같은 민족 노동자들이 모여 살도록 숙소를 배정하고 각국 노동자들의 마을을 캠프camp라 불렀다. 한인은 코리안 캠프Korean Camp에, 일본인은 재패니스 캠프Japanese Camp에, 포르투갈 사람은 포르투기스 캠프Portuguese Camp에 살았다.

1903년 3월 말경부터 모쿨레이아와 카후쿠 사탕수수 농장에서 열린 예배 모임을 기점으로 하와이 한인 감리교회의 역사가 시작되었다. 호놀룰루에서는 1903년 11월에 감리교회 예배가 조직되었고, 1905년 말까지 여러 섬의 농장에 17개 교회가 조직되었다. 성공회 교회도 하와이섬(1904년 5월)과 호놀룰루(1905년 말)에 조직되었다. 1906년에는 호놀룰루에 구세군 군영outposts이 있었으며, 1909년 3월에 신흥균이 하와이 감리교에서 탈퇴하여 독자적으로 설립한 '자유교회'가 있었다.

1905년 말까지 조직된 17개 한인 감리교회의 교인 수는 605명으로, 이들은 하와이 전체 감리교인 954명(백인 64명과 일본인 276명 포함) 중 64퍼센트를 차지하였다. 기독교인인 사탕수수 농장주들은 기독교인뿐만 아니라 불교신자 노동자들에게도 우호적이었다. 신앙을 가진 노동자가 비신앙인에 비해 온순하고 성실하다는 점을 감지한 이들은 교회와 사찰 설립에 적극적이었고 재정적으로 많은 도움을 주었다.

한인 이민자들은 마을에 정착하여 동회洞會를 조직하고 동장을 두어 마을의 질서를 유지하였다. 동포의 생활 향상을 위하여 1903년 8월 초에 조직된 신민회新民會를 효시로 친목회親睦會(1903), 공진회共進會(1906), 전흥

계에 따르면 하와이 영토를 포함한 미국에 입국한 한인 이민자 수는 7,400명이다. *Report of the Immigration Commission, Statistical Review of Immigration 1820-1910*, Washington, Government Printing Office, 1911: 90-91. 한편, Duk Hee Lee Murabayashi(자료 정리, 해제)가 이민국에 보관된 호놀룰루 입항자 명단 중 1903년 1월 13일부터 1905년 8월 8일까지 입항한 총 7,415명의 한인 입항자 명단을 작성하였다. 이 명단은 "Korean Passengers Arriving at Honolulu, 1903-1905"라는 제목으로 www.korean-studies.info에서 볼 수 있다.

협회電興協會(1906), 자강회自彊會(1906), 국민동맹회國民同盟會(1907), 의성회義成會(1907년 이전), 협성회協成會(1908), 공동회公同會(1908) 등 많은 단체가 여러 섬에 조직되고 지부가 설립되었다. 1907년 8월 말에 존재한 24개 단체(지부 포함)와 동회 대표자 30명은 호놀룰루에 모여 5일간 연속 회의를 가졌다. 을사늑약(1905년 11월)이 체결된 지 2년이 된 때였다. 9월 2일에 각단체와 동회 대표자들은 모든 단체의 힘을 합쳐 조국 국권 회복, 재류 동포의 안녕 보장과 재류 동포의 교육 장려를 도모하고자 기존의 모든 단체를 해체하고 합성협회合成協會[4]를 조직하였다. 첫 회장은 정원명이었고, 10월 22일 『합성신보合成新報』를 창간하여 34호까지 발간하였다(아직까지 1부도 발굴되지 않음). 미주 본토에서는 안창호가 1903년 9월 23일에 샌프란시스코에서 한인들의 친목을 도모하기 위하여 친목회를 시작하고 1905년 4월 5일에 이를 확장 개편하여 공립협회共立協會를 조직하였다. 1907년까지 샌프란시스코를 중심으로 로스앤젤레스(나성羅城) 등 6개 지역에 지방회를 설립하였다.

각각 독자적으로 활동하던 하와이의 합성협회와 미주 본토의 공립협회는 1909년 2월 1일에 합동하여 동포들의 '교육과 실업을 장려하여 민족의 실력을 배양할 것'을 목적으로 '국민회'를 조직하였다(이덕희 2013: 1–26). 국민회는 북미지방총회와 하와이지방총회를 두었다. 1909년 8월에 캘리포니아주 패서디나Pasadena의 대동보국회가 합류한 후 국민회는 '대한인국민회'라고 이름을 바꾸었다(이하 국민회). 영문 명칭도 The United

---

4 김원용은 『재미한인오십년사』(캘리포니아 리들리, 1959)에서 '한인합성협회'라고 하였고(98쪽), 노재연은 『재미한인사략』 상권(캘리포니아 나성, 1951)에서 '합성협회'라고 하였다(77, 79쪽). 최근 발간된 『미국 UCLA 리서치도서관 스페셜 컬렉션 소장 함호용 자료』(국외소재문화재재단, 2013)에 실린(076쪽) '합성협회장정' 사진에서 단체 이름이 '합성협회'였음을 확인할 수 있다.

Korean Association에서 Korean National Association이라고 바꾸었다.

1905년 8월까지 하와이에 온 한인 7,400여 명 중에서 약 2,000명은 미주 본토로 이주했고, 약 1,000명은 환국하여 1910년 미국 인구조사에서 하와이에 거주하는 한인 수는 4,533명으로 집계되었다. 미주 대륙에는 462명의 한인이 13개 주에 흩어져 살았으므로 하와이가 단연코 한인 이민자들의 집중지였다. 하와이 한인 4,533명 중 362명이 하와이에서 출생한 미국시민 아이들이었고, 한국 출생 1,525명이 하와이섬에, 1,024명이 오아후섬에, 873명이 카우아이Kauai섬에, 728명이 마우이Maui섬에, 7명이 라나이Lanai섬에, 15명이 몰로카이Molokai섬에 거주하였다.[5] 성비는 남성 3,931명 대 여성 602명(부인 400여 명과 어린아이 포함)으로 약 6.6:1이라는 비정상적인 상태였다. 1905년 4,839명이던 사탕수수 농장 한인 노동자 수는 1906년부터 매해 감소하여 1910년에는 1,705명에 불과하였다. 농장을 떠난 한인들은 도시에서 직업을 구하였다.

1905년 7월에 한인감리교회의 교인 송헌주와 박윤섭을 비롯한 몇몇 지도자들은 와드먼John W. Wadman 감리사(1905~1914 재임)에게 호놀룰루에 한인학교를 설립해 달라고 건의하면서 2,000달러의 설립 기금을 낼 것을 약속하였다. 그해 12월 말, 하와이 감리교선교부 연회에 참석한 샌프란시스코 주재 감리교 감독 해밀턴Bishop John W. Hamilton이 하와이의 회중교회Congregation Church(UCC(United Church of Christ)의 전신) 이사회가 매각하려고 내놓은 펀치볼Punchbowl 스트리트의 구舊 북태평양 학교North Pacific Institute 매입을 주선해 주었다. 가격은 1만 8,000달러였는데 회중교회가 기부한 5,000달러, 해밀턴 감독이 마련한 감리교 기금 1만 달러, 한인

---

5 각 섬의 한인 인구수는 1910년 인구조사보고서에 밝혀진 것으로 같은 보고서에 기록된 하와이 출생 362명을 포함하여 총 4,533명보다 1명이 더 많다.

들의 약정금 2,000달러, 미국인 후원자의 후원금 1,000달러 등으로 학교 건물을 매입할 수 있었다.

1906년 8월에 한인감리교회가 먼저 매입한 건물로 이사하였고, 9월 학기에 한인기숙학교Korean Boarding School for Boys를 개교하였다. 초대 교장은 와드먼 감리사의 부인 메임 와드먼Mame H. Wadman이었다. 8개 학급(1학년부터 8학년까지)에 등록한 학생 65명을 미국인 교사 3명과 한국인 교사 2명이 가르쳤으며, 이지성이 기숙사 사감으로 학생들을 돌보았다. 한인기숙학교와 감리교회가 같이 있어 이 부지를 흔히 '코리안 컴파운드Korean Compound'라 불렀고, 학교를 '컴파운드 스쿨Compound School'이라 부르기도 하였다. 1907년 초에 정식 사립학교로 인준을 받아 졸업생들이 고등학교에 진학할 수 있게 되었다. 1910년 한인기숙학교에는 100여 명의 남학생이 다니고 있었다. 기숙사에는 한인기숙학교 학생 이외에 회중교회에서 운영한 밀스학교Mills Institute 등 다른 학교에 다니면서 기숙만 하는 한인 학생이 서너 명 있었다.

한인기숙학교에서는 오전에 미국 정규 교과과정을, 오후에 한국 역사와 지리, 한문을 가르쳤다. 1907년 4월에 사진실을 설비하고 사진 기술을 가르쳤고, 석 달 후에는 양화洋靴 기계를 구입하여 구두 제조를 가르쳤다. 어린 학생뿐만 아니라 나이 제한이 있는 공립 초등학교에 다닐 수 없는 나이 든 학생들도 있었기 때문에 이들을 위하여 정규 교과과정 이외에 실업학교 역할도 담당했던 것이다.

학교 운영은 하와이 감리교선교부의 몫이었지만 여러 농장의 한인들이 농장 동료나 동료의 자녀를 위해 장학금(기숙사비)을 마련해 주었을 뿐만 아니라, 기숙사 수리비를 기부하거나 필요한 물품을 기증하는 등 열성적으로 지원해 주었다. 학비는 없었고 학생 연령에 따라 기숙사비로 30~50달러를 냈다. 학생들은 방학 동안에 사탕수수 농장에서 일하거나 나이 든 학생들은 방과 후에 가정집 도우미로 일하며 책값과 용돈을 벌었다.

학생들은 교복을 입었는데 1907년 사진을 보면 흰색 바지와 진한 색 상의를 착용하였다. 교복은 매일 입지 않고 특별행사 때에만 착용한 듯하다. 학부모들은 학교 행사, 졸업식 등에 적극적으로 참석하였다. 대부분의 학부모 모임은 〈무궁화가〉를 부르면서 시작하고 〈대한정신가〉를 부르면서 끝났다. 〈무궁화가〉의 가사는 다음과 같다.[6]

1) 성자신손 오백년은 우리 황실이요, 산고수려 동반도는 우리 본국일세

(후렴) 무궁화 삼천리 화려강산, 대한사람 대한으로 길이 보전하세

2) 충군하는 일편단심 북악같이 높고, 애국하는 열심의기 동해같이 깊어

3) 천만인 오직 한마음 나라 사랑하여, 사농공상 귀천없이 직분만 다하세

4) 우리나라 우리황제 황천이 도우사, 군민공락 만만세에 태평독립하세

〈무궁화가〉의 가사는 한국에서 배재학당 학생들이 불렀다는 〈애국가〉의 가사와 같으며, 후렴 가사는 현 애국가의 후렴 가사와 같다. 특기할 점은 하와이 이민 초기 한인들이 〈아리랑〉을 부르지 않았다는 사실이다. 1938년 7월 27일자 『국민보』에 박기홍이 〈혁명객의 아리랑타령〉이라는 노래의 가사를 소개하였고(누가 지었는지는 알 수 없다), 1947년 7월 호놀룰루예술협회Honolulu Art Society가 주관한 '동양의 무용Dances of the Orient' 이라는 다문화 행사에서 춤의 배경음악으로 아리랑의 곡조가 처음으로 소개되었다.

한인 학생들은 1906년부터 한인기숙학교 이외에 농장 근처에 있는 공립학교에 다닌 것으로 보인다. 공립학교의 한인 학생에 관한 첫 공식 기록

---

6 〈무궁화가〉의 가사는 큰 틀은 같으나 표현이 조금씩 다른 여러 판본이 전해진다.

은 1906년 하와이 교육청장의 보고서이다. 1903년에서 1905년까지 하와이에 부모를 따라온 6세 이상의 아동 192명 중 84퍼센트인 161명이 1906년에 공립학교에 재학하였다. 한인기숙학교 학생 65명을 포함하면 1906년에 226명이 학교에 다녔으며, 1910년에는 공립학교 164명과 사립학교 106명 등 총 270명의 한인 학생이 학교에 다니고 있었다.

한인들에게 교육은 개인 문제가 아니라 국민이 무지몽매無知蒙昧하여 나라를 잃게 되었다는 국민적 자각 차원의 문제였다. 한인들은 정규학교 이외에 한글학교 설립에도 열성적이었다. 1907년 4월 하와이섬 힐로Hilo 한인감리교회에 한글학교가 세워진 것을 시작으로 1910년까지 마우이섬에 동명학교, 오아후섬에 에바학교, 호놀룰루 시내에 한명의숙, 와히아와에 배영의숙, 카우아이섬에 동신학교, 육영학교, 신한의숙 등이 설립되었다. 각 섬의 농장과 한인들의 집단 거주지에 많을 때는 24개의 한글학교가 있었다. 대부분의 한글학교가 농장 교회 건물을 사용했고 학부모들이 십시일반으로 15~20달러의 교사 월급을 책임졌다. 농장 교회는 방과 후와 주말에 자녀들의 한글학교로, 야간에 어른들의 영어교실로 쓰였다.

호놀룰루의 한인들은 시내에서는 전차를 이용하고 에바Ewa, 와이파후Waipahu, 와이알루아, 카후쿠로 이동할 때는 기차를 이용하였다. 사탕수수 운반용으로 1889년부터 운행한 이 기차는 1898년까지 노선을 확대하여 점차 대부분의 사탕수수 농장을 연결하였으며, 객차도 있어 승객이 이용할 수 있었다. 1910년 말에 이르자 승용차를 구입한 한인들도 여러 명 있었다. 호놀룰루에 도입된 첫 트럭은 1912년에 시교통회사City Transfer Company가 도입한 차량이었고 1914년 5월경 한인이 상업용 트럭을 구입하였다.

언론 매체로는 한인 감리교회가 1904년 11월 창간한 『포와한인교보』와 국민회가 1909년 2월 12일 창간한 『신한국보The United Korean News』가 있었다. 『신한국보』는 합성협회가 발행하던 『합성신보』를 이어받은 것이다.

한인 여성들은 교회 활동을 하면서 여성단체를 조직하였다. 1910년 미국 인구조사에 기록된 400여 명의 부인들 대부분이 남편을 따라온 이민자들이었으나, 그중 극히 일부는 자녀를 데리고 온 여성 가장이거나 한국 교회의 주일학교에서 교육받고 세례를 받은 여성들이었다. 1904년 말에 작성된 것으로 보이는 하와이 한인 감리교회의 초기 교인 명단에 올라 있는 400여 명 중 41명이 부인이었으며, 이 중 15명은 한국에서 세례를 받고 왔을 뿐만 아니라 '전도부인Bible Woman'으로 활동한 경력이 있었다. 많은 여성들은 교회라는 조직체에서 신앙심을 키우고 이국의 고달픈 삶과 서러움을 달래며 고국 소식을 서로 나누었다. 또한 교회에서 단체생활을 하며 조직 활동을 이끌어 가는 지도력을 길렀다. 이민생활에 적응해 가며 교회에서 지도력을 키운 여성들은 자연스럽게 교회 이외에 다른 사회단체를 만들어 조직활동을 하기 시작하였다. 1908년경에 '신명부인회'가, 1909년 4월에 '부인교육회'가 설립되었다. [7]

당시 하와이에는 한국인보다 먼저 이민 온 일본인들이 많았다. 일본인의 하와이 이민은 하와이가 왕국이던 1885년에 노동계약으로 시작하여 1900년 현재 6만 1,000여 명(여자 1만 3,600여 명 포함)이 하와이에 살고 있었다. 일본인은 하와이뿐만 아니라 캘리포니아주, 특히 샌프란시스코와 로스앤젤레스 지역을 중심으로 많이 살았다. 대부분의 일본인들이 농업에 종사하면서 농지를 구입하자 반일본인 감정이 드러나기 시작하였다. 드디어 샌프란시스코에서 일본 학생 격리 상황이 일어났고, 캘리포니아주는 외국인 토지 소유 금지법까지 제정할 정도로 백인들의 일본인 배척 성향이 강해졌다. 상황이 심각해지자 미국과 일본 정부가 1907년부터 협상을

---

7 한인 여성단체 활동에 관하여 이덕희, 「하와이 한인 여성단체들의 활동, 1903~1945」, 『근대의 이민과 인천』, 인천광역시 역사자료관 역사문화연구실, 2004 참조.

시작하여 여러 차례 회의 끝에 1908년 신사협약Gentlemen's Agreement을 맺고 일본정부가 미국으로 가는 일본인에게 여권을 더 이상 발급하지 않기로 하였다. 일본정부는 자국민의 미국 이민을 중단하였고, 미국정부는 하와이에 있는 일본인이 미주 본토로 이주하는 것을 금지하였다. 이로써 미국 연방정부는 캘리포니아주를 위시한 여러 주가 일본인 배척법을 제정하는 움직임을 무마할 수 있었다(중국인의 미국 입국은 1882년 중국인 배척령Chinese Exclusion Act으로 금지되었다.) 한편 미국정부는 미국에 와 있는 일본 노동자들의 가족이 미국에 입국하는 것을 허가하였다. 그러자 일본 노동자들은 두고 온 식구들은 물론 결혼할 신부를 부인이라고 하여 데려오는 방법을 쓰기 시작하였다. 지리적으로 멀리 떨어져 있었기 때문에 서로의 사진을 교환한 후 결혼을 결정한 이른바 사진신부들이 미국에 들어오게 되었다('사진신부'라는 단어는 영어 'picture bride'의 한국어 번역어이며, 일본에서는 '샤신하나요메寫眞花嫁'라고 부른다). 일본 사진신부들이 오기 시작한 초기에는 서류상으로 결혼한 경우에도 호놀룰루 이민국 직원들이 결혼식을 올린 후에야 신부가 이민국을 떠날 수 있다고 요구해 일본인 불교나 신도神道 승려들이 이민국에서 결혼식을 올려 주었다. 그러나 일본인들의 반발이 커지고 사진신부의 숫자가 늘어나자 이민국은 더 이상 즉석 결혼식을 요구하지 않았다. 1908년부터 1923년까지 하와이에 도착한 일본인 사진신부 수는 약 1만 4,300명이다.

대한제국이 1910년 8월 29일에 일본에 병탄되면서 일본의 속국민이 된 한인들은 외국으로 여행할 때 일본여권을 발급받았다. 기록에 남아 있는 첫 한인 사진신부는 1910년 12월 2일 호놀룰루에 도착한 최사라(당시 23세)이다. 신랑은 사업가 이내수(당시 38세)로 국민회 총회장이었다. 호놀룰루의 한인 감리교 목사 민찬호가 이민국에서 혼례식을 거행하였다. 1924년 미국의 동양인 배척령Oriental Exclusion Act으로 모든 아시아인의 입국이 중

단될 때까지 일본여권을 갖고 하와이에 도착한 한인 859명 중 800명이 여자였고, 그중 680명이 사진신부였다. 하와이에 있는 남편이나 신랑 될 사람은 호놀룰루 소재 일본 영사관에 신청하여 발급받은 일본여권과 선비船費 약 50달러를 한국의 사진신부에게 보냈다. 『국민보』 사설을 보면, 사진신부들이 진취적이고 일부는 신식교육을 받은 여성들임을 알 수 있다.

"본국을 떠나는 것은 각각 여러 가지 목적이 있으되 그것을 다 함께 합하여 말하면 애국성이다. 그 본의는 대개 외국 유람을 한 애국지사의 남편을 얻어 그의 힘을 의뢰하여 공부도 더하고, 사업도 경영하며, 다른 날 대조선 독립에 성공한 부부가 되기를 희망함이다."

한인사회가 형성된 지 10년째인 1912년 12월 6일에 당시 하와이 국민회 대표로 샌프란시스코에서 열린 국민회 중앙총회에 참가한 박상하가 샌프란시스코에서 발행되는 『신한민보』 주필 박용만과 함께 호놀룰루에 왔다. 박상하는 『신한국보』의 주필 이항우가 자살한(1912년 12월 27일) 후 『신한국보』 주필을 맡고 있었다. 그러다가 신문사 영업부와 당시 조직된 한인농상주식회사 일에 전념하기 위해 박용만을 새 주필로 데려온 것이다. 박용만은 주필 겸 발행인으로 신문 발행에 대한 모든 권한을 갖게 되었고, 1913년 8월 13일 신문 제호를 『국민보』로 바꾸어 발행하였다. 무장항일투쟁을 주장한 박용만은 7월부터 박종수, 안원규 등과 군인 양성사업 추진을 의논하였다. 박용만은 1909년 6월에 네브래스카주 커니Kearney 시에서 남학생 13명(14~50세의 다양한 연령층)과 함께 일종의 하기군사학교를 열고 장소를 헤이스팅스Hastings시로 옮겨 '한인소년병학교'라고 이름하였다. 1911년 중순에 샌프란시스코의 『신한민보』 주필로 부임하기까지 약 2년간 소년병학교를 운영한[8] 박용만은 하와이에서도 '대조선국민군단'이라는 이름으로 군인 양성사업을 시작하려고 한 것이다. 박종수는 1913년 말경에 카할루우Kahaluu 지역에서 파인애플 농장을 운영하는 리비 회사 Libby & McNeill Ltd.로부터 400여 에이커의 파인애플 경작지를 5년 계약으로 도급하고 카할루우 한인감리교회를 세웠다. 한인들, 특히 대한제국군인 출신들이 모여 사는 카할루우를 사업의 중심지로 삼고자 한 것이다. 1914년 4월 1일부터 100여 명의 남자들이 파인애플 경작지에서 일하기 시작했고, 6월에 박용만이 계획한 대조선국민군단이 조직되어 8월 29일[9]에 대조선국민군단 막사와 군문軍門 낙성식을 거행하였다.

대조선국민군단은 둔전병제屯田兵制로 운영되어, 단원들이 군단, 즉 경작지 내에 기거하면서 조를 편성하여 파인애플을 재배하고 목총훈련과 학습을 하였다. 대조선국민군단이 국민회에서 1909년 12월 말에 시작한 연무부練武部 사업을 계승·확장했기 때문에 연무부는 중단되었지만, 대조선국민군단이 국민회의 정식 사업은 아니었다. 그러나 박용만이 『국민보』사장 겸 주필이었기 때문에 박용만, 국민회, 대조선국민군단의 관계는 뚜렷하게 구분되지 않았고 구분 지을 필요도 없었다. 국민회 회원들도 대조선국민군단에 성원을 아끼지 않았다.

카할루우 지역의 토질이 좋지 않음이 판명되자 리비 회사는 5년 계약을 중도 해약하였고,[10] 박종수는 1916년 10월에 파인애플 경작을 중단할 수밖에 없었다. 집결지가 사라진 대조선국민군단은 점차 쇠퇴하여 1917년에 해체되었다. 2년 후인 1919년 3월 3일에 박용만은 '대조선독립단'을 창

---

8 안형주, 『박용만과 한인소년병학교』, 지식산업사, 2007 참조.

9 낙성식 일자를 김원용은 8월 29일로, 노재연은 8월 30일로, 『신한민보』(1914년 9월 24일자)는 8월 30일로 기록하였다.

10 박종수와 리비 회사 간의 계약서를 찾을 수 없어서 어떻게 5년 계약이 해약되었는지 알 수 없다. 리비 회사는 1911년에 설립한 파인애플 가공 공장을 1923년에 폐쇄하면서 총 2,500에이커 (약 306만 평)의 파인애플 경작을 종료하였다.

설하였고, 이로써 하와이에는 국민회와 대조선독립단이라는 2개의 한인 단체가 있게 되었다.

박용만이 하와이에 도착한 지 2개월 후인 1913년 2월 3일에 이승만이 호놀룰루에 도착하였다. 두 사람은 예전에 한인들의 집결지인 하와이에서 활동할 계획을 의논한 바 있었다.

이승만이 하와이에 도착한 지 두 달 후인 1913년 4월에 새로 온 사진신부들을 포함한 여성들이 기존의 신명부인회, 부인교육회, 그리고 이름이 밝혀지지 않은 다른 2개 단체 등과 통합하여 '대한인부인회'를 조직하였다. 창립 당시 회원 수는 70명이었으며, 자녀의 국어 사용 장려, 일본제품 배척, 교회와 사회단체 후원, 재난동포 구제를 주요 활동으로 삼았다. 회원들은 회비뿐만 아니라 직접 군복을 만들어 파는 등 실업을 통하여 재정을 확충하는 적극적인 방법으로 활동 경비를 마련하였다. 그동안 하와이에서 조직된 어떤 단체도 시도하지 않은 새로운 방법이었다. 이렇게 마련한 기금 중 300달러를 1914년 5월에 주한 미국 감리교선교사 노블William Arthur Noble(한국명 노보을盧普乙)을 통하여 서간도 재난동포에게 보냈고, 1918년 6월에는 250달러를 호놀룰루에서 목회하다 귀국한 김유순 목사에게 보내 황해도에 논을 매입하도록 하였다. 이 땅에서 추수한 쌀을 팔아 한국 내 기독교 전도를 도우려는 목적이었다.

하와이 감리교선교부는 1913년 8월 말에 이승만을 한인기숙학교의 제2대 교장으로 임명하였다. 이승만은 학교 이름을 한인중앙학교Korean Central School(흔히 중앙학원이라 불림)로 바꾸고 여학생을 받아들였다(이덕희 2008: 239). 또한 『태평양잡지』를 발간하고, 재정이 어려워 폐간 상태에 이른 『포와한인교보』를 『한인교회보』라는 제호로 바꾸어 출간하였다. 이승만은 1915년 여름에 한인중앙학교 교장직을 사임하고 가을 학기에 '한인여학원'을 설립하였다. 이 여학교는 하와이 감리교선교부(감리교단) 관할에서 독립되어 순전히 한인들의 기금으로 설립된 학교였다. 1918년 1월, 이승만은 한인여학원에 남학생을 받아들이고 가을 학기에 한인여학원을 '한인기독학원Korean Christian Institute, KCI'으로 재조직하였다. 감리교단의 영향력에서 벗어나 독립적으로 학교를 운영하고자 한 이승만은 하와이 감리교단을 떠나 1918년 12월에 무교파 '한인기독교회The Korean Christian Church'를 설립하였다.

그로부터 몇 달 지나지 않아 조국에서 3·1운동이 일어났고, 1919년 4월 상해 임시정부가 수립되었다. 이승만은 1919년 9월 임시 대통령으로 추대되었다가 1920년 12월 5일 상해에 부임하였다. 그러나 임시정부 내 여러 세력 간의 알력軋轢과 이승만이 워싱턴에 설치한 구미위원부The Korean Commission to America and Europe for the Republic of Korea의 내분 등 여러 가지 이유로 6개월 만에 호놀룰루로 돌아왔다. 이승만은 1921년 7월에 '상해 임시정부를 옹호하며, [동포의] 대동단결을 도모한다'는 목적으로 동지회를 조직하였다(이덕희 2008: 301). 국민회, 대조선독립단에 이은 주요 단체의 출현이었다. 동지회는 이승만이 1913년부터 발간해 온 『태평양잡지』를 1924년부터 기관지로 전환하였고, 1930년 『태평양주보』로 제호와 체재를 바꾸었다.

동지회는 실업부實業部를 두어 한인들의 경제력을 개발하여 임시정부 유지에 필요한 재정을 확보하고자 1925년 12월에 동지식산회사를 설립하였다. 동지식산회사는 1주에 100달러인 주식 700주를 팔아 자본금을 확보하려고 했으나 3만 달러 정도밖에 모금되지 않았다. 이 중 약 1만 4,000달러로 하와이섬 힐로 남쪽으로 18마일 떨어진 올라아Olaa 지역에 약 960에이커의 오히아ohia 나무 임야를 구입하고 이곳을 '동지촌'이라 불렀다. 동지촌에 입주한 한인들은 농사를 짓고, 벌목하여 목재를 만들고, 숯을 제작하는 등 여러 가지 사업을 벌였으나 계속 들어가는 경비에 비하여 수입은 미미하였다.

한편, 대한인부인회 회원들은 1919년 3·1운동 소식이 전해진 후 3월 15일에 공동대회를 열어 독립운동 후원을 결의하고 3월 29일 '대한부인구제회'를 결성하였다. 국민회 총회관에서 가진 창단 모임에 여성 회원들뿐만 아니라 동포 300여 명이 참석할 만큼 동포들의 기대는 매우 컸다. 창립회원 89명은 "3·1독립운동으로 참상당한 사람과 독립전쟁에서 부상당한 동족 구원, 그리고 부녀들의 절개와 예모와 근면 권장"을 대한부인구제회의 목적으로 삼았다. 대한부인구제회는 첫 사업으로 1919년 4월에 350달러를 들여 대한독립선언서 포스터 3,000장을 만들어 판매하여 이익금 2,000달러를 벌었다. 3·1운동에 참가한 애국지사들에게 1,500달러를 보냈고, 돈을 보태 800달러를 상해 임시정부에 보냈다. 또한 한글 신문의 중요성을 인식하여 하와이에서 발간되는 『국민보』에 연간 15달러씩 지원하였다. 1925년에 동지식산회사가 설립되자 대한부인구제회는 주식 11주를 사고, 주주총회에 대표자를 보냈다.

1930년 12월 말에 대한부인구제회는 다음 달에 열릴 동지식산회사 주주총회에 참가할 대표를 선정하고자 모임을 가졌다. 이 모임에서 임원들 간에 언쟁이 있었고, 급기야 몸싸움으로까지 이어졌다. 이 사건으로 대한부인구제회는 국민회 계열과 동지회 계열로 갈라지게 되었다.

두 조직은 같은 이름을 사용하면서 조국의 독립 기금 모집 활동을 하였고 하와이에서 발행되는 신문 발간을 재정적으로 보조하였다. 국민회 계열은 『국민보』를, 동지회 계열은 『태평양주보』를 지원하였다. 떡, 김치, 대구나 무말랭이 무침 등을 만들어 애기를 업고 따가운 햇살 아래 거리와 동리를 헤매며 행상을 하여 기금을 마련하고, 연극 공연을 하여 기금을 모집하는 한편 나라를 잃고 타향살이를 하는 교민들을 위로하였다. 여성들이 대한부인구제회를 통하여 애국사업에 바친 재정이 미화 20만 달러가 넘었다고 하며(김원용 1959 : 237),[11] 이승만이 미국에서 외교활동을 계속할 수 있도록 경비를 담당한 주체는 동지회 부인구제회였다(이원순 1941 : 10-11).

대한부인구제회는 여성단체로서 독자적 활동을 주로 벌였지만, 1940년부터는 다른 단체들이 연합하여 조직한 각종 위원회에 대표를 보내는 등 연합 단체 활동에도 적극적으로 참여하였다. 1940년 10월 20일 하와이에서 대한부인구제회를 포함한 6개 주요 단체의 대표 24명이 미국의 국방 활동을 전적으로 후원할 목적으로 연합한인위원회를 결성했을 때 대한부인구제회 대표 8명이 포함되었다. 1941년 4월 20일부터 4월 29일까지 호놀룰루에서 열린 해외한족대회海外韓族大會에는 북미 2개 단체와 하와이 대한부인구제회의 두 대표를 포함한 9개 단체 대표 15명이 모여 독립전선 통일, 임시정부 봉대, 군사운동, 외교운동, 미 국방공작 원조, 재정방침과 재미한족연합위원회 설치 등을 결정하였다. 5월 1일에는 대한부인구제회 회원 40여 명이 해외한족대회 대표들을 초청해 연회를 열었다. 1944년에 재미한족연합위원회가 임원 10명과 위원을 추가로 선출했을 때 대한부인구제회 김공도가 재무부장에, 안정송이 위원에 임명되었다. 이렇게 대한부인구제회 대표들이 동포의 연합기구에 참가했다는 사실은 여성들이 독립활동 경비 보조에 헌신했을 뿐만 아니라 독립활동 정책 수립 등 실질적 활동을 적극적으로 같이하였음을 시사한다. 문자 그대로 물심양면으로 헌신하였다.

둘로 갈라져 같은 이름으로 활동하던 대한부인구제회는 1937년부터 합치려고 노력하였으나 쉽게 성사되지 않았다. 1949년 1월 28일, 국민회 계열 대한부인구제회는 정식으로 이름을 국민부인회(부인국민회라고도 함)로 바꾸었다. 동지회 계열 대한부인구제회는 1973년까지 그 이름을 그대로

---

11 김원용은 20만 달러가 어느 기간에 모아졌는지 밝히지 않았으나, 아마도 설립 시기인 1919년부터 광복한 해인 1945년까지라고 추정할 수 있다. 김원용은 돈의 사용처도 밝히지 않았다.

사용하였다.

한편 1928년 9월에 대한부인구제회 회원 중 경상도 출신의 김보배, 박금우, 곽명숙, (권도인과 결혼하여 권혜경, 권희경으로도 알려진) 이혜경, 박정숙, 이양순이 발기하여 '영남부인회'(곧이어 '영남부인실업동맹회'로 개칭하였으나 계속 영남부인회라 불리었다.)를 조직하였다. 출신지에 기반해 설립된 영남부인회의 설립 목적은 '① 저금을 장려하며, 국산[품]을 수입하여 실업 발전에 노력하며, ② 동포 간의 사교와 친목을 증진하며, ③ 회원 간의 상부상조를 장려하여 안녕을 보장한다.'는 것이었다. 이는 사진신부의 대부분이 영남 지방 출신이었기[12] 때문에 가능하였다. 영남부인회 회원들은 동지회 계열 대한부인구제회 회원이었다. 이들은 대한부인구제회와 영남부인회에 동시에 참여하였다. 영남부인회는 1963년까지 활동하였다.

1920년 초에 미국 앨라배마주 애선스 주립대학교Athens State University 사회사업과를 졸업하고 샌프란시스코 기독여자청년회YWCA에서 잠깐 일한 황혜수가 호놀룰루에 도착하였다. 황혜수는 호놀룰루 YWCA에 '어머니클럽Mothers' Club'을 조직하고, 한국 출생 부인들에게 길거리 표지판 읽기, 의사를 만나거나 병원에 갔을 때 진료받는 방법, 자녀들의 옷 만들기, 영양식 만들기 등 실생활에 꼭 필요한 내용을 교육하였다. 어머니클럽의 회원은 안정송, 이신실, 김유실, 권혜경, 민함라 등 한인사회와 교회의 여성 지도자들이었다. 황혜수는 한인 교회에서 담당하지 못한 '미국화' 내지 '현지화' 교육을 YWCA를 통하여 이끌었고, 이민 여성들이 사회적 문제에 봉착했을 때 여러 기관을 통하여 문제를 해결해 주었다. 또한 자라나는

---

12 1990년도경에 수집된 100명의 사진신부 가족관계 설문지에 따르면 경기도 출신 4명, 서울 출신 4명, 평안도 출신 1명, 출생지를 밝히지 않은 이가 12명, 경상도 출신이 79명이었다. 사진신부 680여 명을 대상으로 한 정확한 통계는 아니지만 대체적으로 경상도 출신 여성이 많았음을 알 수 있는 자료이다.

2세 청소년들을 지도하면서 1927년에 2세 소녀들의 '형제클럽'을 조직하여 한국의 고전무용을 가르쳐 다문화 행사가 있을 때마다 호놀룰루 사회에 한국 문화를 소개하였다. 1938년에는 한인 3세 소녀들로 구성된 '해당화클럽'을 조직하여 한국 문화를 배우도록 하였다. 1941년 황혜수가 퇴직하면서 한인 YWCA의 역사도 끝을 맺었다.

1965년에 미국의 새 이민법이 제정되어 1968년부터 아시아인의 이민이 재개되었다. 1968년부터 1975년까지 하와이에 이민 온 한인 수는 6,315명이었다(Schmitt 1977: 100).[13] 새롭게 유입된 이민자들은 대부분이 상업에 종사하였고 일부는 채소나 꽃 농사에 종사하였다. 1960년 4월에 '하와이 노인대학'이 개설되어 60세 이상의 노인을 위한 2년제 과정을 시작하였다. 새로운 한인사회가 형성되고 새 이민사가 시작되었다.


## 3. 천연희 기록의 의의

1915년 6월 하와이에 이민 온 천연희는 1971년 10월 27일, 자필 기록 첫머리에 자신이 글을 쓰는 이유를 이렇게 밝혔다.

"나는 소설가도 아니요, 작문가도 아니요, 시를 잘 짓는 사람도 아니다. 하나님의 은혜를 받아 처음으로 진주에 예수교가 들어와서 예배당을 설시(設始)하고 학교를 시작할 때 제일 처음으로 진주 여학생으로 주의 부르심을 받아 광림여학교 고등과 4학년이 되었다. 그러므로 특별한 학식은 없으나 내 앞을 국문으

---

13 하와이에 도착한 새 이민자 수는 1968년 91명, 1969년 284명, 1970년 596명, 1971년 568명, 1972년 868명, 1973년 1,305명, 1974년 1,127명, 1975년 1,476명이었다.

로나마 꾸려 갈 수 있다. 그러므로 내 일평생 한도 많고 원도 많은 살아온 이야기를 사실적으로 기록하고자 [한다.] 내가 나이 지금 75세인데 이 사진혼인 기록을 다 마칠는지 그것도 나는 모르지만, 나 개인이 사진혼인으로 들어와서 어떠한 기억을 [가지고 있는가를] 기록하고자 [한다.] 하와이에 사진혼인으로 들어온 여자들 중 학식 있는 여자 몇이 있지만 아직 이런 글을 쓴 이가 없다." (천연희 노트 1권: [2])

1910~1924년에 하와이로 이주한 사진신부 약 680명과 1903~1905년에 온 여성 400여 명 가운데 자신의 이야기를 친필 기록으로 남긴 여성은 사진신부 이영옥과 천연희뿐으로 알려져 있으며, 두 사람은 가까운 사이였다.[14] 이영옥(1901~1990?)은 1918년 5월에 정봉운과 결혼하여 정영옥으로 알려진 여성이다. 정영옥이 한글로 써놓은 기록을 윤원길이 영어로 번역, 요약하고 정영옥과의 인터뷰 내용을 추가하여 1989년에 *The Passage of a Picture Bride*(Won Kil Yoon, Loma Linda University Press)라는 제목으로 출간하였다.[15]

이 기록 외에 20세기 초 사진신부와 이민 여성에 대하여 출판된 글로 데이지 전 로즈Daisy Chun Rhodes의 *Passages to Paradise*(Academia Koreana, Keimyung University Press, 1998)가 있다. 이 책은 하와이 거주 2세들의 자서전적 수필을 모은 것으로 사진신부 어머니에 관한 글이 실려 있다. 2002년에 출판된 소니아 신 선우Sonia Shinn Sunoo의 *Korean Picture Brides, 1903 -1920: A Collection of Oral Histories*(Xlibris Corp)는 미주 본토에 거주하는 사진신부들과 그 자녀들을 인터뷰한 내용을 모은 책이다. 가장 최

---

14 천연희 기록에 정영옥 이름이 나오는데, 천연희의 딸 메리는 두 사람이 가까웠다고 기억한다.
15 필자가 1985년경에 정영옥과 만나 이야기를 나누었으나 그의 기록을 본 적은 없으며, 현재 그의 친필 기록의 행방은 알려지지 않았다.

근(2012)에 발간된 로베르타 장Roberta Chang과 이선주Seonju Lee의 *When the Korean World in Hawaii was Young, 1903-1940*(University of Hawai'i Press)는 하와이 거주 2세들을 인터뷰한 내용을 기록한 것으로, 1세 부모들의 이야기가 담겨 있다. 그 외에 여러 신문과 잡지 기사들, 근래에 제작된 여러 다큐멘터리가 있다. 그러나 아직까지 한글로 발간된 사진신부의 자전적 기록은 없다.

1905년 5월 18일에 남편 함호용咸鎬墉(1868~1954)과 함께 하와이에 이민 온 함해나(최해나崔海羅, 1880~1979)도 육성 녹음테이프 4개를 남겼다.[16] 이 녹음테이프는 함호용이 남긴 다른 자료와 함께 캘리포니아 대학교 로스앤젤레스 캠퍼스 전문연구도서관University of California Los Angeles Special Research Library에 소장되어 있다.[17]

이처럼 하와이 이민 여성에 대한 자료가 희귀한 상황에서 천연희의 기록은 중요할 뿐만 아니라 그 양과 상세한 서술 면에서 크게 주목할 만하다. 고향 진주에서 고등과 학교를 다니다가 사진신부가 된 과정, 호놀룰루 이민국의 기숙사, 호놀룰루 한인 감리교회 목사와 여성 교인들이 결혼식 준비를 맡아준 일, 한인 여성들이 일본인 여성들처럼 조그만 가게를 운영하기보다 하숙집이나 여관 운영을 선호했다는 점 등 사진신부들이 겪은 상황과 경제생활 등이 세밀하게 묘사되어 있다. 이는 그동안 잘 알려지지 않았던 사실이다.

---

16 함해나가 여든두 살이던 1961년에 녹음하였는데, 녹음테이프 4개의 내용이 각기 다른지 아니면 같은 내용의 복사본인지는 확인되지 않았다. 2005년에 함호용의 손자가 필자에게 준 복사본 녹음테이프 1개의 내용은 대부분 함호용의 신분과 가족 이야기였고, 서울 숭례문 밖 기차역에서 기차를 타고 인천으로 가서 이민선을 기다리며 머무른 때와 일본에서 미국 상선을 기다리면서 머무른 때를 회고한 내용도 담겨 있다. 이 복사본 녹음테이프는 하와이 대학교 한국학연구소에 기증·소장되어 있다.

17 국외소재문화재재단, 앞의 책, 2013 참조.

천연희의 자필 노트에서는 그의 뚜렷한 정치적·사회적 관심과 견해가 드러난다. 여러 한인 지도자들, 한인사회와 관계가 있는 백인 지도자들을 언급하고, 몇몇 한인 지도자들을 적극적으로 평가한다. 예를 들어 천연희는 사람들이 박용만에게 어디 사람이냐고 물을 때 그가 "저는 한국 사람이요, 부여 민족이라."라고 대답하여 출생지 파당을 짓지 않아 그를 존경한다고 여러 번 강조하였다. 그러나 박용만의 군인 양성 사업을 두고 "우리나라는 벌써 일본의 속국으로 철삿줄로 동여매인 백성이 되었는데, 하와이의 다 늙은 아저씨들에게 군무를 교육하면 무엇을 할꼬. 시간 허비, 재정 허비로다."(천연희 노트 7권: [21])라며 안타까워하였다.

철저한 이승만 지지자였던 천연희는 이승만의 하와이 활동을 기록하고 그를 적극적으로 옹호하였다. 이승만은 1924년부터 1925년까지 윌헬미나 라이즈Wilhelmina Rise 지역의 럴라인 애비뉴Lurline Avenue 1521번지에 거주하며 『태평양잡지』를 발간했는데, 천연희에 따르면 그가 이곳에 머무르게 된 것은 하와이 대학교 교수(이름은 밝히지 않음)가 이승만에게 집을 내주었기 때문이라고 한다. 이는 그동안 잘 알려지지 않았던 사실이다.

윌헬미나 지역의 하와이 한인들은 1920년대에 카네이션 꽃농사를 시작했으며 천연희도 1950년~1960년대에 카네이션 꽃농사를 지었는데, 천연희는 하와이 한인들의 카네이션 꽃농사의 역사에 대해서도 자세하게 기록하였다.

천연희의 상세한 서술에는 그의 탁월한 지리 감각과 관찰력도 한몫했다. 1915년 하와이에 도착하자마자 관광한 와이키키 지역을 이야기할 때에는 와이키키가 늪지대여서 중국인들이 오리를 키운 사실이나 당시의 호텔 이름을 또렷이 기억하였다. 한인기독학원과 국민회 총회관을 서술할 때에는 그 위치를 정확히 썼을 뿐만 아니라, 국민회 총회관이 주지사 주택의 옆집이었고 주위에 주 보건국과 퀸스 병원이 있었다는 등 주변 지리까지도 상세히 묘사하였다. 하와이 한인 사회의 인물들을 설명할 때도 가족관계, 하와이에 오게 된 연유, 활동 양상 등을 하나하나 설명하였다.

1959년에 미국 캘리포니아에서 발간된 『재미한인오십년사』는 김원용이 재미 한인의 50년 이민 역사를 사회, 교회, 단체, 교육과 문화운동, 생활 정형과 경제사정, 정치적 활동, 대한민국 임시정부의 총 7개 장으로 나누어 집필한 최초의 한인 이민사 책이다. 천연희는 이 책을 읽은 후의 감상, 자신이 본 김원용과 이승만의 관계를 자필 노트에 기록하였다. 하와이에서 1세대 한인 이민자, 특히 여성 중에 미국 본토에서 출간된 이 책을 읽은 사람이 몇 명이나 있었으며, 그 내용을 비판할 정도의 식견을 갖춘 이가 얼마나 있었을까?

이민사와 관련된 구술이나 개인 기록은 시간의 흐름에 따라 사건을 나열하는 경우가 많은데 천연희의 기록은 ―비록 연도 등이 정확하지 않더라도― 50여 년 전 일을 기억에 의존해 서술했다는 사실이 믿어지지 않을 만큼 구체적 정황과 역사적 사실, 개인의 견해가 잘 묘사된 자서전적 생활문화기라 할 수 있다.

천연희 기록은 생활문화사적 기록으로서뿐만 아니라 언어사적으로도 의미 있는 자료가 될 수 있다고 생각된다. 천연희의 기록에는 19세기 말 20세기 초의 진주 방언과 한국어 단어가 사용되었다. 영어를 모르는 천연희가 들리는 대로 표기한 영어 단어도 이채롭다. 천연희는 대강 의미를 알지만 이에 정확히 대응하는 우리말 단어를 모를 때에는 자신이 들은 영어 발음 그대로 표기하였다.

전체적으로 중복되는 내용이 많다거나 사실을 부정확하게 기술한 것 등 단점도 있지만 천연희 기록은 한국 근현대사 연구, 특히 하와이 이민사와 사진신부의 역사를 연구하는 데 있어 더없이 소중한 자료임은 의심할 여지가 없다.

# 참고문헌

국외소재문화재재단, 『미국 UCLA 리서치도서관 스페셜 컬렉션 소장 함호용 자료』, 서울: 국외소재문화재재단, 2013.

김원용, 『재미한인오십년사』, 캘리포니아 리들리, 1959.

노재연, 『재미한인사략』 상권, 캘리포니아 나성, 1951.

이덕희, 『하와이 이민 100년: 그들은 어떻게 살았나?』, 서울: 중앙M&B, 2003.

이덕희, 「하와이 한인 여성단체들의 활동, 1903-1945」, 『근대의 이민과 인천』, 인천: 인천광역시 역사자료관 역사문화연구실, 2004.

이덕희, 『한인기독교회, 한인기독학원, 대한인동지회』, 서울: 한국기독교역사연구소, 2008.

이덕희, 『하와이 대한인국민회 100년사』, 서울: 연세대학교 대학출판문화원, 2013.

이덕희, 『이승만의 하와이 30년』, 서울: 북앤피플, 2015.

안형주, 『박용만과 한인소년병학교』, 서울: 지식산업사, 2007.

이원순, 「우리의 임시정부와 대미외교」, 『태평양주보』 1941년 4월 19일.

Denzin, Norman, *Interpretive Autoethnography*, Thousand Oaks, CA: Sage Publications, 2014.

Schmitt, Robert C., *Historical Statistics of Hawaii*, Honolulu: University of Hawai'i Press, 1977.

# 사진신부로 떠나기 전 진주에서의 삶

가정배경, 성장과정, 그리고 사진신부로 떠나게 된 배경

문옥표(한국학중앙연구원)

## 1. 들어가며

'천연희 컬렉션'의 주된 자료인 일곱 권의 노트 중 제1권은 사진신부로 떠나기 전 고향 진주[1]에서의 생활과 사진신부로 떠나게 되는 경위, 일본을 거쳐 하와이에 이르는 여행 과정, 하와이에 도착하여 첫 번째 남편인 길찬록과 결혼한 후 농장생활에 정착하는 과정, 임신과 출산 경험, 첫 번째 남편 길찬록과 이혼하고 두 번째 남편 박대성을 만나 재혼하게 된 경위, 자

---

1  진주시는 가야시대에 고령가야의 고도였다고 하며, 삼국시대에는 백제의 거열성으로, 통일신라시대에는 거열주, 청주, 강주로 개칭되었다. 고려 태조 23(940)년에 처음으로 진주로 개칭되었으며 성종 2(983)년에 전국 12목 중 하나인 진주목이 되었다. 조선 고종 33(1896)년에 전국을 13도로 개편함에 따라 진주는 경상남도에 속해지고 도청소재지가 되어 관찰사가 진주에 상주하였으며, 경남 행정의 중심지가 되었다. 1925년 4월 1일 경상남도 도청이 부산으로 이전되었으며, 1948년 8월 15일 대한민국 정부 수립과 함께 지방자치제가 시행되면서 진주부는 진주시로 승격되었다. 1995년 1월 1일 도농복합 형태의 시 설치 등에 관한 법률에 따라 진주시와 진양군을 각각 폐지하고 통합진주시를 설치하여 오늘에 이르고 있다(경상남도 진주시 홈페이지 www.gyeongnam.go.kr/jsp/sub05/05_03_0202.jsp). 천연희가 태어난 1896년은 진주가 경상남도의 도청소재지가 되어 관찰사가 상주하던 때였다.

녀 양육 과정과 생계활동, 그리고 마지막 부분에서는 국민회와 한인교회 등을 통한 활동을 일부 기록하는 것으로 끝난다. 이 내용들은 다른 권들에서도 조금씩 표현을 달리하여 여러 차례 반복된다. 내용이 반복되는 이유는 천연희가 자신의 생애를 시간순으로 서술해 나가면서 그때그때 관련된 과거의 사건들과 자신의 의견을 덧붙여 가며 이야기를 풀어냈기 때문이다. 이야기가 반복되면서 특정 사건들은 좀 더 구체적으로 보완되거나 조금씩 내용이 변하기도 한다. 이 책의 제2부에서는 천연희 노트의 반복되는 부분을 그대로 현대문으로 옮기되 앞뒤 내용이 어긋나는 부분에는 설명을 달아 두었다.

이 글에서는 천연희의 출생과 가정환경, 하와이에 사진신부로 떠나게 된 배경을 설명한다. 이는 천연희·노트 1권에 주로 포함된 내용으로 자신의 출생과 성장 과정, 가족에 대한 기억, 학교생활, 그리고 한일병합을 전후하여 지방도시인 진주에서 있었던 일본인들의 행태와 식민지 백성이 된 사람들이 겪었던 경험에 대한 천연희의 기억을 정리한 것이다. 그리고 24개 녹음테이프에 담긴 천연희의 구술과, 그 내용을 천연희의 딸인 메리 자보가 영문으로 요약하여 정리한 노트를 참조하였다. 이와 더불어 진주에 직접 방문하여 진주시청과 진주교회 및 지방사 전문가들과 노인들을 면담하여 천연희 노트의 내용을 확인하는 작업을 하였다.


## 2. 천연희의 출생과 가정 배경

천연희는 1896년 1월 29일 경상남도 진주군 진주면 평안동[2]에서 출생

---

2  평안동은 몇 차례 행정개편을 거쳤다. 1914년 일제가 진주군 대안면 1동·2동, 중안면 3동 지역

하였으며 비봉동에 살았다고 한다. 평안동과 비봉동은 일제 식민지 시대와 해방 이후 몇 차례 행정개편을 거치다 중앙동으로 편입되었으며, 오늘날 진주 시내 한복판에 위치한 곳이다. 현지 주민들의 말에 의하면 비봉동, 천연희가 다닌 정숙학교, 진주교회[3] 부근은 이전에 "진주의 부르주아들이 살던 곳"이라고 한다. 천연희 역시 노트에 자신의 집이 부유하였다고 기술하였다.

천연희는 어머니가 전주 이씨 양반이었으며 외조부가 서울에서 벼슬을 살다가 그만두고 진주로 내려와 정착한 집안이었다고 기억한다. 외삼촌, 이모 등 어머니의 형제들이 모두 우애가 깊었으며, 이모들이 어머니에게 옷을 지어다 주거나 떡이나 삶은 달걀 등을 싸 가지고 놀러와 밤늦게까지 담소를 나누었다. 어머니는 "깨인" 사람이었으며 친절하고 아랫사람들이 굶주리거나 헐벗은 모습을 보지 못하고 도와주는 등 인심이 후했기 때문에 모든 사람이 주인으로 모시고자 했던 여인이었다고 한다. 어머니뿐만 아니라 외가 사람들이 모두 그러해서 동네 사람들이 "착한 이 부처네"라고 부를 정도였다.

반면 천연희의 구술과 기록에서 아버지와 친가에 대한 내용은 훨씬 소략하다. 천연희의 외가는 지역사회에서 '양반'이라 일컬어지고 경제력도

---

을 진주면 평안동으로 통폐합하였으며, 1997년 법정동인 평안동, 대안동, 동성동, 장대동 전역과 봉래동, 수정동, 옥봉동 일부 지역을 편입하여 행정동인 중앙동이 탄생하였다(국토정보플랫폼(http://map.ngii.go.kr)의 자료로 다음 페이지와 연결되어 있음(www.gyeongnam.go.kr/jsp/sub0515_03_0202.jsp)). 비록 행정상으로는 사라졌으나 구동명인 평안동은 지금도 일반적으로 사용되고 있다.

3 2015년 창립 110주년을 기념한 진주교회는 호주 장로교 파견 의료선교사인 휴 커를Hugh Currell(한국명 거열휴)이 1905년 설립한 교회이다. 진주읍 성내면 4동(북문 안)에 있던 정경칠 씨 소유 초가집을 임시 거주지로 삼고 이곳에서 첫 예배를 드렸으며, 1906년 대안면에 교회를 신축하여 옮겼다가 1916년에 옥봉리(지금의 봉래동, 행정동으로는 중앙동에 속함)로 교회를 이전하였다(조헌국 2015: 299, 주 10 참조).

상당했던 데 비해 아버지 천운서는 진주 시내에서 10리 정도 떨어진 농촌 출신의 조실부모한 남성이었다. 천연희에 따르면 큰 집안에 며느리로 들어가 일이 너무 많아 잠도 제대로 못 자고 힘들게 산 외조모가 딸(천연희의 어머니)을 시부모가 안 계시고 책임이 없는 곳으로 출가시키기를 원했다고 한다. 진주 시내의 부유한 집안에서 살다가 열두 살이나 많은 가난한 농사꾼의 오두막집으로 시집간 어머니는 매일 친정 쪽을 바라보며 울면서 지냈으며, 딸이 너무 힘들게 사는 것을 딱히 여긴 외조모가 천연희의 아버지에게 진주로 오면 땅과 집을 주겠다고 해 처가 쪽으로 와서 살게 되었다고 한다.

천운서는 부지런한 사람이었으며, 천연희의 구술에서 아버지가 "사람들에게 돈을 빌려주고 빚을 못 갚으면 땅을 받곤 하여 논밭이 여러 곳에 흩어져 있었다."고 한 것을 보아 일종의 고리대금도 하여 재산을 모았던 것으로 보인다. 그러나 처가에서 그의 위치는 일종의 데릴사위였던 것으로 생각된다. 그렇게 추측하는 것은 1915년 천연희가 하와이로 떠나려고 받은 여권에 천운서의 딸이 아니라 "호주 이대악의 2녀"로 기록된 점 때문이다. 이대악은 천연희의 외조부로 짐작되는데, 후손을 찾지 못해 제적등본을 떼어볼 수 없어 천연희의 여권에 "이대악의 2녀"로 기록된 이유는 확인되지 않는다.[4]

천연희의 부모는 9명의 자녀를 두었는데 그중 1명은 태어나자마자 사망하였거나 혹은 태어나기 전에 유산된 것으로 보인다. 아들 넷, 딸 넷 중 천연희는 부부가 50대가 넘어서 둔 마지막 자식이었다. 4명의 오빠들은

---

4 천연희의 부모는 9명의 자녀를 두었으나 거의 다 잃고 장녀와 막내 천연희만 남았다. 따라서 천연희가 2녀로 기록되었는지 모르겠으나, 둘째와 셋째 딸도 모두 성혼할 때까지 생존하였음을 고려한다면 이해하기 어려운 일이다. 더욱이 이대악이 천연희의 외조부라면 그에게는 아들 둘과 딸들(천연희의 외삼촌들과 이모들)이 있었기 때문에 그 점도 설명할 길이 없다.

괴질이나 홍역 등을 앓다 각각 여덟 살, 열한 살, 열두 살, 열세 살에 사망하였다. 아들 4명이 모두 일찍 죽은 후 천연희의 부모는 대를 잇기 위해 천운서 형의 아들을 양자로 들였으나 그 역시 일찍 사망하였고, 그의 부인이 유복자로 딸을 낳았으나 어린 딸을 데리고 친정으로 돌아가 재가한 후 소식이 끊겨 천연희 집안은 결국 가계 계승에 실패하였다.

언니 3명 중 둘째와 셋째는 좋은 집안의 남자와 혼인하여 아이까지 낳았으나 일찍 사망하였다. 천연희는 대구로 시집간 둘째 언니는 거의 만난 적이 없고 기억하는 바가 없다 하였으나 바로 위인 셋째 언니의 결혼 과정과 출산, 사망에 이르는 이야기는 구술 녹음테이프와 노트에 반복적으로 상세히 기록하였다. 아명이 '또분이'였던 셋째 언니는 열여섯 살에 결혼하여 친정에서 3년간 사는 동안 딸을 출산하였으나 한의사들이 알지 못한 후유증으로 아이를 낳은 지 5개월 만에 사망하였다. 너무나 애통한 천연희의 어머니가 사위에게 딸을 자신에게 주고 새장가를 가라 하여 손녀를 데려다 직접 키웠다. 첫째 언니는 천연희보다 스무 살 이상 위였으므로 어릴 때 같이 산 적이 없다고 한다. 전해 듣기로는, 인물이 좋은 큰언니가 진주에 내려온 관찰사의 첩으로 억지로 끌려가 서울까지 따라갔다가 버림받았고, 궁궐에 출입하는 도감기생이 되었다가 김대신이라는 벼슬아치의 첩으로 주어져 지내다 그가 죽은 후 재산을 조금 받아 30대에 진주로 내려와 살았다고 한다. 아이를 낳지 못한 큰언니는 진주로 온 후 업둥이로 들어온 아이를 자식으로 삼아 키웠으며, 천연희가 열두 살 되던 1908년에 천운서가 예순여덟 살로 사망한 후 집으로 들어와 어머니를 모시고 함께 살았다.[5]

---

5 노트에는 그러한 언급이 없으나 천연희는 구술 자료에서 당시 큰언니가 어머니를 모시게 된 사정을 "일본식"이었다고 말하였다(「천연희 구술 테이프 녹취록」 Tape 1, 7쪽). 이는 천연희가 아들이 없으면 딸이 대를 잇기도 하는 일본의 이에 계승방식을 알고 있었음을 파악할 수 있는 대목이다. 그러나 천연희가 하와이에서 오랫동안 생활한 후인 1970~80년대에 노트와 구술 자료

시대 배경을 감안하면 천연희가 하와이에 가기 전까지 함께 생활한 가족의 구성은 매우 특이하다. 1908년에 아버지가 돌아가신 후 1915년 하와이에 갈 때까지 어머니, 큰언니, 자신보다 네 살 아래인 큰언니의 업둥이 아들(아명 삼둥개, 본명 김철호, 1900년경 출생),[6] 여섯 살 아래인 셋째 언니가 낳은 딸(민숙이, 1902년경 출생)과 함께 살았다. 아버지 천운서는 말년에 다른 여자를 얻어 살면서 농지를 돌보는 일을 소홀히 하였고, 관리를 맡겨 놓은 친척에게 속아 재산을 다 잃고 많은 빚을 지게 되어 어머니와 큰언니가 그 빚을 다 갚았다고 한다.

이러한 가족 배경은 천연희가 하와이 사진신부로 가게 된 배경을 이해하는 데 중요한 단서를 제공한다. 전반적으로 천연희의 가정은 가부장적 존재가 미약하였거나 부재했기 때문이다. 아버지는 재산은 있었으나 데릴사위나 다름없는 존재였고(호주도 아니었음), 어머니는 첩살이를 하다 집으로 돌아온 장녀와 함께 가정을 꾸려 나갔으며, 남편과 사별한 후 기독교로 개종하고 천연희를 학교에 보낸 데에서 그러한 사정을 엿볼 수 있다.


## 3. 천연희의 성장과정과 교육

하와이에 사진신부로 가게 된 여성들은 거의 교육을 받지 못하고 대부

---

가 작성된 만큼 하와이에서 일본인의 풍습을 접한 후 알게 된 지식이라고 볼 수도 있다.

6 천연희는 그를 "진영이 아버지"라고 불렀는데, 1950년대에 김철호(철언이라고도 함)의 딸인 진영이를 하와이에서 만났기 때문이다. 김철호는 진주에서 학교를 나오고 평양에 있는 숭실대학에 진학했다고 한다. 그 후 일본에 유학하여 대학을 다녔으나 관동 대지진(1923년) 때 행방불명되어 소식이 끊겼다. 천연희의 어머니와 큰언니는 그가 사망했다고 알고 있었으나 실은 일본 경찰의 단속을 피해 상해로 망명했다가 해방 후 귀국한 것으로 보인다. 천연희는 김철호를 다시 만나지는 못하였으나 1967년 귀국했을 때 서울에 사는 그의 아들들을 만났으며, 김철호가 살았다던 신당동의 집을 방문하였다고 구술하였다.

분 개인적 문제가 있거나 가정형편이 어려웠다. 사진신부로 간 여성들은 거의 대부분 무학이었는데(패터슨 2003:144), 이는 일제 말기인 1944년까지 한국의 여성 불취학률이 90퍼센트가 넘었던 점을 감안하면 새삼스러운 사실이 아니다. 그런 점에서 6~7년간 교육을 받고 집안이 비교적 부유한 천연희가 사진신부로 간 것은 매우 이례적인 경우였다.

천연희의 교육 배경은 진주 지방에 일찍부터 들어온 호주 장로교의 선교활동과 밀접히 연관된다. 영국령인 북아일랜드 출신 의사로서 호주로 이주하여 빅토리아 장로교 선교단에 지원한 휴 커를Dr. Hugh Currell (1871~1943, 한국명 거열휴) 부부는 1905년 10월 진주에 들어와 선교를 시작하고 교회와 학교, 병원 등을 세웠다. 커를은 1906년 남학교인 안동학교를 세워 교장을 맡았으며, 같은 해 8월에 여학교인 정숙학교를 세워 부인인 에셀 커를Ethel Currell을 교장으로 임명하였다. 두 학교는 교인들이 모금해 준 돈으로 건물과 비품을 구입하였고, 교사 봉급 등 운영비는 호주 장로교 해외선교회(정숙학교는 호주 여전도회)에서 조달하였다. 안동학교와 정숙여학교는 1909년 광림학교로 통합하여 인가를 받고 남자부와 여자부로 운영되었으며, 심상과尋常科(초등과정) 4년과 고등과 2년으로 학제를 편성하여 학생들을 가르쳤다고 한다(조헌국 2015:305-306 참조).[7]

천연희는 독실한 불교 신자였던 어머니가 기독교로 개종하고, 자신이 학교에 다니게 된 사정을 다음과 같이 기록하였다.

"내 나이 11~12세쯤 되었을 때 예수교 종교가 경상남북도에 들어온 지 얼마 되지 않았다. 우리 진주에 처음으로 오스트레일리아에서 영국인 목사 거열휴가

---

7 광림학교의 남자부는 여학교만 지원한다는 선교단의 정책으로 재정난에 부닥쳐 1929년에 폐교하였으며, 여자부는 1924년 정식 학교로 인가받고 1925년에 개교하면서 시원여학교로 이름을 바꾸었다. 시원여학교는 신사참배 거부 문제로 1939년에 폐교하였다(조헌국 2015:20).

진주로 와서 성 안에 집을 사서 예배당을 만들고 아이들을 모아 성경을 가르쳤다. 그때 우리 어머니는 자식들이 그리 죽어 나가니 〔남은〕 딸 둘이 명(命)이 길고 복을 받도록 절에 가서 불공을 드리고 절을 많이 하면서 제사를 드린다 해서 절에 갈 때마다 나도 어머니를 따라가서 불공도 드리고 부처님께 절도 많이 했다. 그러던 중 어머니께서 하루는 말씀하시기를 내가 장에 가니 예수 믿는 사람이 전도하기를 예수를 믿으면 모든 죄를 사하고 모든 환란을 면한다 하니 내가 예수를 믿어 너의 형제에게 환란이 생기지 않도록 하겠다며 또삼분이 너도 예수당에 다녀 명을 이어라 하고 나를 성 안의 예수교 선데이 스쿨(Sunday school, 주일학교)에 보냈다. 그래서 예수를 믿게 되었다. 거열휴 씨는 의사요, 목사요, 학교 교장으로 일을 시작하여 처음으로 예수교 사립학교를 세웠는데, 남학교 이름은 광림남학교로, 여학교는 정숙여학교라 이름 지었으며, 몇 해 후에 광림여학교로 고쳤다."(천연희 노트 1권: [18]-[19])

천연희의 아버지가 천연희가 열두 살 때인 1908년에 사망하였으므로 어머니가 개종하고 천연희가 학교에 다니기 시작한 것은 아버지가 돌아가시고 난 이후의 일인 듯하다.

천연희는 학교생활을 상세히 기록하며, "아침에 학생들이 수업을 시작할 시간이 되면 일제히 발을 맞추어 서서 조례를 하고 걸어서 응접실로 들어가 자리를 찾아 서서 선생님께 인사드리고, 자리에 앉아 성경을 한 줄씩 낭독한 후 기도하고 일제히 일어나 발을 맞추어 자기 반을 찾아 들어가 공부를 시작했다. 모든 것을 규칙에 따라 가르쳤다."(천연희 노트 1권: [20])라고 묘사하였다. 학교에서 역사, 지리, 산술, 도화, 동물학, 바느질, 성경, 체조, 십자자수 등의 과목을 배웠으며,[8] 한일병합 후에는 일본인들이 우리

---

8 정숙학교가 진주교회 예배당이 있던 진주시 대안면 2동으로 학교를 옮기고 광림여학교로 새로

역사를 배우지 못하게 하고 일본 역사를 가르치도록 한 일, 불시에 점검을 나와 책을 감추어야 했던 일, 심지어 성경 시간에 사도행전을 배우는 것까지도 검열 대상이 되었던 일 등을 기록하였다.

교육을 받았다는 사실은 지식을 갖추었다는 점도 중요하였겠으나, 무엇보다 당시 조선이 처한 역사적 상황을 이해하고 의식할 수 있었다는 점에서 의미가 있었다. 천연희는 한일병합을 전후하여 진주 지방에서 일어나고 있던 여러 가지 일들을 일반 백성들은 잘 몰랐으나, 학생들은 모여서 정보를 주고받으며 통탄하고 분노하였다고 적었다. 일제 식민지기에 서양 계통 미션 스쿨 중에는 식민정책에 부응하여 신사참배 등을 허용하는 곳도 있었으나, 광림학교는 신사참배를 끝까지 거부했으며, 이는 학생들의 반일의식 형성에 영향을 끼쳤을 것으로 보인다.[9]


## 4. 한일병합을 전후하여 진주에서 있었던 일에 대한 기억

천연희 노트 1권에는 한일병합을 전후하여 지방에서 일본인들이 자행한 여러 가지 만행이 생생히 기록되어 있다. 예를 들어 병합에 즈음하여 하루는 동장이 동네에 다니면서 "내일은 우리나라 기는 다 내리고 달지 말고 일본 기를 다시오."라고 말하는 소리를 듣고 온 진주 백성이 통곡하였다고 한다. "나라가 몽매하여 촌백성은 깃발이 무엇을 의미하는지 잘 알지

---

시작할 때 교장은 에셀 커를 부인이고 교사는 박성애 씨의 부인 박순복 씨였으며 성경, 국어, 지리, 역사, 산술, 한문, 습자, 침공(바느질)을 가르쳤다고 한다(조헌국 2015: 306). 개교 당시 학생은 15명이었으며 1909년 9월 3일에 새 교사에서 개교식을 열었다.

9  광림학교와 진주교회는 3·1운동이 일어났을 때 진주 지방 만세 항거 운동의 중심 공간이 되었으며, 신사참배 문제는 후에 교단이 분리되는 한 요인이 되었다(조헌국 2015: 145, 178 참조).

못하였지만 그 말을 들었을 때 그 깃발이 없어지면 안 된다는 것은 알았"
기 때문이다(천연희 노트 1권: [20]). 진주는 경상남도의 수부首府였던 까닭에
병합되자 일본군이 들어와 향리들이 집무를 보던 질청秩廳이 있던 자리에
병참소를 설치하고 지역 통제를 시작하였다. 그 과정에서 한국 군인들과
충돌이 있었으나 저항하면 백성들을 죽인다고 협박하여 군인들이 애통을
참고 물러날 수밖에 없었다고 한다(천연희 노트 1권: [21]).

그다음 날에는 "일본 기생이 벚꽃으로 꾸민 등〔가마〕을 타고 춤을 추고
노래를 부르며 온 진주 거리에서 행렬하고 만세를 부르면서 의기양양했
다. 우리 임금과 민중전의 인형 허수아비를 만들어서 쫓겨나는 시늉을 하
면서 모욕하였다. 온 질청 안에서 의기양양하게 놀이를 할 때 우리 백성은
모르고 구경하는 사람도 있고 마음이 너무 아파서 자살한 사람도 많다."고
한다. 또한 병합되던 날은 일본의 좋은 명일이라 하여 모든 학교와 관청이
문을 닫고 쉬었지만, 우리 민족 입장에서 그날은 "국권을 잃고 자유가 없
는 노예의 멍에를 쓴 날이요, 우리 생명이 죽은 날이다. (중략) 우리나라는
어찌하다 이리 되었나 하고 늘 이야기했다."라고 자신의 느낌을 적었다(천
연희 노트 1권: [21]-[22]).

천연희는 또 "일본 병정들은 옷을 입지 않고 불삼〔불알, 음낭〕만 가리
고 남의 집에 들어가서 유부녀와 처녀를 겁탈하였다. 그래서 그때 내 위
의 형이 이미 다 큰 처녀로 인물이 미인이어서 우리 부모가 겁이 나 다 해
진 헌 옷을 입히고 얼굴엔 검정을 묻혀 더벅머리 거지 모양을 해 집에 감
추어 두었던 것을 내가 알고 있다."라고 기록하였다(천연희 노트 1권: [59]).
이것은 천연희의 셋째 언니가 혼인하기 전의 이야기인 듯하다. 셋째 언니
가 열여섯 살에 혼인하여 낳은 딸 민숙이 천연희보다 여섯 살 아래였으
므로 1902년경에 출생했다고 본다면 이 이야기는 병합되기 10여 년 전인
1901~1902년의 일이라고 보아야 할 것이다.

이러한 몇 가지 구술 및 기록의 내용을 미루어 보면 일본인들이 병합이 이루어진 1910년 이전부터 지방에 진출했으며, 중앙보다 지방에서 훨씬 더 심한 만행을 저질렀음을 짐작할 수 있다. 천연희는 이러한 일들을 직접 겪고 학교 친구들과 이야기를 나누며 나라를 잃는다는 것의 의미, 다른 민족의 지배를 받게 된 상황의 부당함 등에 대한 의식을 형성하게 되었다. 이는 천연희가 하와이에서 조국 독립을 위한 교민활동, 대한부인구제회 활동 등에 적극적으로 참가하는 데 중요한 배경이 되었다. 또한 자신의 경험을 통하여 교육의 중요성을 남달리 인식하여 자녀 교육에 열성을 다했으며, 이것은 천연희가 이혼과 재혼을 결심하는 데 주요한 요인이 되었다.[10]

## 5. 천연희가 하와이로 떠나게 된 동기와 배경

당시 하와이에 사진신부로 간 여성들 중에는 생활고를 겪거나 학교에 다니지 못한 이들이 많았다. 그런 점에서 천연희는 특이한 경우였는데, 그의 성장과정을 보면 그 이유를 유추할 수 있다.

천연희는 신문과 학교 친구(소학교를 졸업하고 유치반 교사를 하던 남경애)를 통해 신식 교육을 받은 여성이 하와이에 사진신부로 갔다는 이야기를 들

---

10 천연희가 하와이로 간 후 첫 남편인 길찬록과 이혼을 결심한 이유 중 하나는, 길찬록이 일을 못 하여 사회복지에 의존해야 할 상황이었는데 부모가 사회복지 혜택을 받으면 자녀들이 7학년까지만 학교에 다니고 취업해야 한다는 사실 때문이었다. 천연희는 자녀들이 능력이 있으면 부모 때문에 공부를 그만두게 해서는 안 된다고 생각하였으며, 따라서 이혼하여 길찬록은 사회복지 혜택을 받게 하고 자녀들은 자신의 지원하에 계속 교육을 받을 수 있을 것이라고 믿었다. 두 번째 남편인 박대성과 결혼하기로 결심한 것도 그가 수입이 좋고 아이들을 공부시켜 주겠다고 약속했기 때문이다.

고 학교 친구들이 너도나도 하와이에 가고 싶어 했다고 회고했다. 천연희도 학교 선생님들에게 하와이에 간 남자들은 다 "무식꾼 농민"이라는 소리를 들었지만, "그때는 외국 갈 희망에 사랑이고 무엇이고 아무 소리도 귀에 들리지 않고 자유의 나라에 갈 생각밖에 없었다. 시집을 가서 남편과 사랑하고 살겠다는 마음은 둘째요, 외국 가는 것이 첫 번째가 되어 갈팡질팡 없이[서둘러] 주선하였다. 사진을 박아 하와이로 보내고 진주로 돌아와 학교에 다녔다."(천연희 노트 1권: [26]-[27])고 한다. "하와이 오면 천당에 오는 줄 알고, 미국이면 다 천당인 줄 알고 [일본 사람들] 꼴 뵈기 싫으니까 안 보고 내 자유를 [찾아] 간다고 얼싸 좋다."(「천연희 구술 테이프 녹취록」Tape 8, 5쪽)라고 하였다. 천연희와 학교 친구들은 가난과 기근에 시달리는 답답한 현실을 떠나 '부유한 나라인 미국' 또는 외국에 대하여 막연한 동경을 품고 있었던 것이다.

일제 치하라는 시대 배경도 주요한 동기가 되었다. 하와이 사진신부들 중에는 일본의 압제를 피하고 자유를 누리고자 떠난 이들도 있었다고 한다. 천연희는 일제에 비판적인 학교 교육을 통하여 조국의 식민지배에 대한 비판의식이 형성되어 있었다. "모든 것이 압박과 압제를 주었다. 그리고 그중에 사상이 좋은 청년이 진주에 있으면 우리 남학생 중에 잡아다 옥에 가두고 추달했다. 제국 정치의 반대자라거나 도모자라 하고 옥에 가두고 추달하여 병신을 만들어 정신병자 모양으로 아무것도 모르는 등신을 만들어 버렸다. 그와 같이 자유 없는 나라 백성은 참으로 불쌍하였다. 이 모든 것이 내 마음에 상처가 되어 자유 세상을 찾게 되었다."(천연희 노트 1권: [23])라고 적었다. 비봉산 옆 진주 향교가 운영한 보양학교에 다닌 천연희의 사촌 오빠도 일제에 붙잡혀 고문을 당했고 결국 후유증으로 병들어 사망했다고 한다(「천연희 구술 테이프 녹취록」Tape 6, 5쪽. 사촌 오빠의 이름이 녹취록에는 '천예옥'으로, 천연희 노트 6, 7권에는 '천명옥'으로 기재되어 있다).

제1부_ 천연희 노트의 배경과 해제

무엇보다 천연희가 사진신부로 가게 된 직접적인 배경은 아버지(가부장권)의 부재와 어머니의 지원이었다. 천연희의 아버지는 천연희가 열두 살 되던 해에 사망하여 어머니가 집안을 이끌고 있었다. 9명 중 7명의 자식들이 병이나 사고로 계속 세상을 떠나자 어머니는 예수를 믿으면 환란을 막아 준다는 말을 듣고 기독교로 개종하였다. 당시 하와이 이민은 기독교 선교사와 미국인들이 주도하고 있었는데, 어머니는 막내인 천연희에게 "내 앞에서 죽지 말고 어디든 가서 장수하라."며 하와이 이민을 허락하였다. 천연희는 사진신부로 갈 수 있다는 이야기를 듣고 여자아이들이 다 가기를 원했으나 "부모 있고 예절 있는 집안"에서는 거의 허락하지 않았고 부모를 거역하고 제 뜻대로 하는 "못된 계집아이들"이나 간다고 여겼으며, 자신은 "어머니가 예수를 믿어〔하와이에 올 수 있었지만〕아버지가 있었으면 어림도 없었다."고 말하였다(「천연희 구술 테이프 녹취록」 Tape 8, 5쪽).

20세기 초 하와이로 진출한 사탕수수 노동자들에게 사진신부로 간 다른 여성들에 비해 천연희는 가정형편이 넉넉한 편이었고 교육도 받은 여성이었다는 점에서 예외적인 경우였다. 앞에서 살펴본 바와 같이 가부장적인 아버지가 안 계셨다는 점, 많은 자녀를 잃은 어머니가 기독교로 개종한 후 주변의 만류에도 불구하고 천연희가 사진신부로 가는 것을 허락하고 지원해 주었다는 점 등이 사진신부로 떠날 수 있었던 주요 배경으로 작용하였다. 천연희의 어머니는 천연희가 먼저 사진신부로 간 박금우의 가족이 살고 있는 마산까지 찾아가 박금우의 아버지에게 사진을 맡기고 이민 주선을 의뢰할 수 있도록 진주에서 마산까지 타고 다녀올 말을 마련해 주는 등 결정적 도움을 주었다.[11] 천연희가 학교를 통하여 접한 기독교 사

---

11 사진신부로 간 여성들 중에는 박금우같이 하와이에 있는 독신 노동자에게 신부로 올 만한 사람을 소개하고 일정한 사례를 받아 고국의 가족에게 도움을 주었던 예들이 발견된다. 박금우는 후에 '돈벌이'를 위해 천연희에게 서른 살 가까이 나이가 많고 노동 능력도 부족한 길찬록

상과 외국 문물, 교육을 통하여 형성된 민족의식 등도 또 다른 배경이 되었을 것으로 짐작할 수 있다. 이와 같은 천연희의 사례는 사진신부로 떠난 여성들의 배경이 쉽사리 일반화할 수 있을 만큼 단순하지 않았다는 점과 앞으로 보다 많은 자료의 발굴을 통하여 면밀히 검토될 필요가 있다는 점을 시사한다.

---

같은 배우자를 소개한 데 대해 미안하게 생각했다고 한다.

# 참고문헌

웨인 패터슨,『하와이 한인 이민 1세: 그들 삶의 애환과 승리(1903~1973)』, 정대화 옮김,
　　서울: 들녘, 2003. (Patterson, Wayne, *The Ilse: First Generation Korean Immigrants in
　　Hawaii, 1903~1973*, Honolulu: University of Hawai'i Press, 2000)

이덕희,『하와이 이민 100년: 그들은 어떻게 살았나?』, 서울: 중앙M&B, 2003.

조헌국,『진주에 뿌려진 복음: 진주지방 장로교회의 설립과 발전』, 부산: 디자인모토, 2015.

〔자료〕「천연희 구술 테이프 녹취록」 Tape 1~24 (1981. 9. 녹음 시작)

# 세 번의 결혼과 가족생활

김순주(한국학중앙연구원)

## 1. 머리말

학교 교육이 여성의 생애 단계에서 아직 중요한 일부가 되지 못한 20세기 초 한국 사회에서 혼인은 여성에게 가장 중요한 생애 첫 전환점이다. 그런데 천연희같이 사진혼인을 한 여성들의 경우 결혼과 가족의 성립, 그리고 결혼 후 사회관계망 형성이 일반적으로 생각하는 한국 여성의 그것과 매우 달랐다. 사진혼인으로 성립한 부부 중 대개 남성은 여성보다 상당히 나이가 많고 저임금으로 일하는 육체노동자였으며, 여성은 시가나 친정 가족이 없는 환경에서 출산과 자녀 양육을 감당해야 하는 동시에 생계 부양의 보조자로도 활동해야 했다. 이 여성들은 결혼 후 남편 중심의 친족원과 관계망을 맺는 국내 여성들과 달리 부부 중심의 가족으로 출발하여 다른 노동자 가족들과 농장 캠프의 숙소에서 함께 생활하며 그들과 의사 擬似 친족 관계를 형성해 나갔다. 따라서 한국 사회에서 흔히 사회적 자본이 되는 혈연 관계망의 결여는 지연 관계에 있는 사람들과 부조를 교환하고 교회 같은 종교조직과 부인회 같은 사회조직, 나아가 계契 같은 경제적 결사체에 참여하는 것으로 충족되었다(Chai 1996).

국내 여성들과 이질적인 환경에서 전개된 천연희의 결혼과 가족생활은 하와이의 한인 사진신부 여성들과도 달랐다. 천연희는 사진신부로서 극히 드물게 세 번 결혼했기 때문이다. 한인 여성 중 한 차례 재혼한 경우는 드물지 않으나 천연희처럼 이혼과 재혼을 거듭하며, 특히 인종이 다른 미국 백인 남성과 결혼한 경우는 찾아보기 어려운 일이었다고 한다. 하와이 한인이민연구소 이덕희 소장이 천연희를 처음 만났을 때 그가 한 첫마디가 "내가 세 번 결혼한 사람이오."였다는 점은 천연희가 자신의 생애에서 결혼에 남다른 의미를 부여했음을 시사한다. 첫 번째 결혼은 19세(1915년)에 27년 연상인 길찬록과 한 사진혼인이었으며, 두 번째 결혼은 28세(1924년)에 하와이에 정착한 지 20년이 된 박대성과 한 재혼이다. 그리고 마지막으로 45세(1941년)에 미 군부대에서 일하는 로버트 앤더슨 기븐Robert Anderson Given과 결혼했다.

천연희는 어떠한 이유로 세 번이나 결혼하였는가? 이혼과 재혼을 거듭하는 동안 자녀와 전 남편과의 가족 관계는 어떻게 이루어졌는가? 천연희는 자녀 양육뿐만 아니라 남편 이상으로 생계를 떠맡아야 했던 실질적 가장이었다. 사회경제적으로 약자인 이민 여성에게 결혼과 재혼은 부실한 가장권을 교체하고 자녀 양육자와 생계 부양자로서 자신과 자녀들에게 좀 더 안정적인 삶을 가져다주리라고 기대할 수 있는 거의 유일한 생존 기회였다. 이 해제에서는 이와 관련지어 천연희의 결혼과 가족생활을 소개하면서 어떻게 그를 중심으로 가족들의 관계가 지속되고 또 회복되었는지를 살펴보고자 한다.

자녀 교육을 위해 남편과 이혼한 천연희는 떨어져 살게 된 자녀들의 학비를 대주고, 결혼이나 출산 같은 의례에서 어머니로서 의무를 다했으며, 결혼한 딸 가족을 자기 집에서 함께 살도록 했다. 천연희의 가족은 아버지가 아니라 어머니를 중심으로 유대관계가 지속되었다. 가구에서 여성의 경제활동이 차지하는 비중뿐만 아니라 가족 및 친족 관계에서 여성의 역할이 큰 가족을 '모 중심 가족matrifocal family'(Kunstadter 1963: 60-61; Morrissey 1991 참조)이라 하는데, 천연희의 가족이 그러하였다.


## 2. 사진혼인의 시작과 하와이 이민

사진 자체가 귀하던 시절에 '사진혼인'이 국내에 알려지기 시작한 때는 1900년대 말경이다. 하와이로 노동 이민을 간 한인 남성들이 한국에서 신붓감을 물색하면서 모국에 있는 생면부지의 여성과 사진 교환을 통해 결혼하는 사진혼인이 국내에서 성행하게 되었다. 천연희는 1914년경(18세)에 주변 친구들과 신문 기사를 통해 사진혼인 현상을 접했다. 친구 남경애는 사진혼인을 한 박금우라는 여성의 아버지를 만나러 마산으로 가서 사진을 주고 혼인을 주선해줄 것을 부탁했다고 한다. 천연희도 박금우의 아버지에게 사진혼인을 부탁했고, 그는 하와이에 있는 딸을 통해 천연희의 사진혼인을 주선했다. 어느 날 천연희는 우편으로 신랑이 될 길찬록의 사진을 받았다. "그 사진을 받고 간이 너러지면〔떨어질듯이〕 두근거렸다. 기뻐야 될 터인데 마음이 이상했다. 사진은 흉하지 않고 나이도 많지만 그곳 사람 신랑들이 다 나이 많다는 것은 알고 있었다. 사람이 과히 흉하지 않지만 어쩐 일인지 기쁘지 않았다. 마음이 사랑으로 기쁜 것이 없었다"(천연희 노트 1권: [27]).

당시 한국인 여성이 사진신부로 이민하려면 혼인신고, 일본 여권, 건강진단서가 필요했다. 1908년 미·일 간 체결된 신사협정Gentlemen's Agreement은 미국에 거주하는 이민자의 가족 입국을 허용했으므로(패터

제1부_ 천연희 노트의 배경과 해제

슨 2003: 140 참조) 천연희도 길찬록의 법적 아내로 하와이로 가야 했을 것이나 노트에는 "하와이에 들어올 생각으로 혼인신고를 하고 여행권[여권]을 기다렸다"(천연희 노트 1권: [27])는 간단한 기록만 있어 혼인신고의 사정을 자세히 알기 어렵다. 다만 일본제국 외무대신이 1915년 1월 27일자로 발급한 천연희의 여권에 "결혼을 위해 포와布哇[하와이]로 가는 전기前記의 자者"라 기재되어 있고, 여권 옆면 상단에 필기체로 "Emigrant(Relative)"라고 적혀 있어 천연희의 이민이 결혼 이민 또는 해외 거주자의 배우자나 그 가족 신분으로 이루어진 것임을 알 수 있다.

천연희가 어머니와 언니의 송별을 받으며 진주를 떠난 날은 1915년 음력 1월 15일(양력 2월 28일)이다. 그 여정을 보면, 마산을 거쳐 부산에서 관부연락선을 타고 시모노세키下關로 가서 그곳에서 다시 기차로 고베神戶까지 갔다. 고베에서 한 차례 더 건강검진을 받은 후, 시베리아호를 타고 13일이 걸려 1915년 6월 20일 아침에 호놀룰루에 도착했다.

호놀룰루에 도착한 사진신부들은 혼자 목적지로 가지 않고 남편 될 사람이 올 때까지 이민국 숙소에서 기다려야 했다. 이는 미국과 일본 간의 국제이민 정책에서 사진혼인 이민의 위치를 보여 준다. "국제 관계로 남의 나라 백성을 이민해 오는 데는 이민국이 있어 이 모든 법률의 복잡한 사건을 이민국에서 다 처리하도록 세운 것이다. 그러므로 우리 처녀들은 이민 온 남자 이름으로 다시 이민 온 것이다. 그래서 그 남자[남편] 될 사람들이 와서 데려갈 동안 이민국에 갇혀야 되었다"(천연희 노트 1권: [43]). 이민국에서는 이들을 "징역 사는 사람같이 대우하고 아무 데도 나가지 못하게 하였다"(천연희 노트 2권: [49-2])고 한다. 남편이 데리러 올 때까지 입국 심사도 보류되었다.

길찬록을 기다리는 동안 천연희는 이민국 청소부로부터 충격적인 말을 듣게 된다. "그 사람이 귤이 몇 개 든 봉지를 내게 주면서 하는 말이 '당신

의 남자가 가져왔다. 마쿨레(makule, 늙은이)더라.'"(천연희 노트 1권: [44])라
고 했다. 마쿨레가 하와이 말로 늙은이라는 것을 알게 된 천연희는 "낙망
하여 밤새도록 잠을 못 자고 날 새기만을 기다"리다가(천연희 노트 1권: [44])
이튿날 길찬록과 처음 '대면'했다.

"과연 마쿨레 영감이 와서 내가 길찬록 씨라 하며 만리타국에 오느라 얼마나
고생하였느냐고 묻더라. 그 소리는 귀에 들어오지 않고 천지가 아득하였으나 내
색하지 않고 큰마음으로 하나님께 기도하고 꿀꺽 참았다. 이미 당한 일이니 할
수 없지만 내 운명만은 원망했다." (천연희 노트 1권: [45])

"그래 시커매 가지고 옷 꼬라지하고 그래 오니께 더 숭허가, 까, 내가 얼굴을
들고 그 사람 몬 보겠던데. 내 마음에 내 부끄러와서. 한국서는 그 남자들, 청년
들 보면 깨끗 안 해? 그러다가 여기 와서 그런, 그런 사람 볼라니까, 아이고, 우
리 집의 머슴도 저보다는 낫는데." (「천연희 구술 테이프 녹취록」 Tape 10, 3쪽)

입국 심사를 마친 천연희는 길찬록과 한인이 운영하는 해동여관으로
갔다. 해동여관에 머문 지 이틀이 지난 1915년 6월 29일에 천연희와 길찬
록은 이승만이 교장인 한인중앙학원 내의 한인감리교회에서 홍한식 목사
의 주례로 다른 두 쌍의 신랑 신부와 함께 결혼식을 올렸다.

제1부_ 천연희 노트의 배경과 해제

## 3. 세 번의 결혼과 가족생활

### 1) 마우이 정착과 가족의 형성

천연희·길찬록 부부는 길찬록이 일하는 마우이섬 파이아Paia에서 약 7년을 보냈다. 마우이섬은 하와이 제도의 주요 8개 섬 중 두 번째로 큰 섬으로, 사탕수수와 파인애플 재배지였다. 섬 북쪽에 위치한 파이아는 1915년 당시 마우이의 총 32개 농장 중 하나로(패터슨 2002: 180, 지도 참조), 사탕수수 플랜테이션으로 유명한 곳이었다. 파이아 농장에는 중국, 일본, 한국, 필리핀에서 온 아시아 노동자들이 있었고, 그 외에 유럽, 포르투갈, 스페인, 독일, 푸에리토리코 출신 노동자들도 있었다(천연희 노트 1권: [87]). 천연희 부부는 파이아 농장의 키카니아Kikania라는 곳을 거처로 정했다.

길찬록은 평안도 안주 출신으로, 한국에서 결혼하여 딸이 다섯 있는 기혼자였다. 국문과 한문을 아는 정도의 학식을 지녀 마우이의 지방 국민회 대표로도 활동했다. 길찬록은 사탕수수 농장 노동자로 일하면서 자주 술을 마시고 결근해 한 달치(20일) 월급과 보너스를 받아 본 적이 없다고 한다. 그의 이런 습성은 후일 천연희가 이혼을 결심하는 중대한 요인으로 작용한다. 남편이 일을 나간 동안 천연희는 한국인 아주머니들과 많은 시간을 보내며 지냈다. 특히 인천에서 온 이관실에 대해 "부모 같은 이가 곁에 이사를 오시어 참 기뻤다. 매일 그 집에 살다시피 하였다. 인심이 후하여 친딸같이 대해 주었다."(천연희 노트 1권: [53])라고 기록했다. 친척이 없고 향수에 시달린 천연희에게 한인 아주머니들과의 교제는 물심양면으로 도움이 되었다.

천연희가 마우이 생활에 적응하는 몇 달간은 어머니가 되는 기간이기도 했다. 마우이에 온 지 3개월 만에 첫아이를 가졌는데, "아이가 설 때 먹고 싶은 음식을 염치없이 먹고 싶어서 울기도 많이 울었다. 한 세상의 인생 고랑이 그때부터 시작이다."(천연희 노트 1권: [61])라고 임신 중의 심경을 의미심장하게 표현했다. 천연희는 20세(1916년)에 첫딸(순애, Betty)을 낳고, 21세(1917년)에 아들(은주, David)을, 23세(1919년)에 딸(순복, Mary)을 낳았다.

불과 4년 만에 세 아이의 어머니가 된 것은 천연희 스스로 자녀에 대해 강한 책임감을 갖게 된 동시에 남편에게도 생계부양의 책임의식을 더욱 요구하는 상황이 되었음을 의미한다. 길찬록은 1922년에 마우이섬을 떠나 오아후섬으로 갔으며, 천연희도 7년간의 마우이 생활을 정리하고 자녀들을 데리고 오아후섬으로 이주했다. 오아후섬에 온 후 부부는 일자리와 형편에 따라 떨어져 산 기간이 많았다. 당시 미국 복지법은 가정 형편이 좋지 않은 아이들에게 졸업 후에 취업한다는 전제하에 7학년까지 학비를 지원해 주었다. 천연희는 자식이 원한다면 계속 공부시킬 작정이었으므로 정부 구제를 받지 않으려 했다. "내가 길찬록 씨와 이혼한 원인은 재정곤란으로 우리 아이들을 키울 길이 없어서였다"(천연희 노트 1권: [100]). 한편, 길찬록 같은 외국인 노동자들은 고된 노동과 저임금, 잦은 일자리 이동 등 열악하고 불안정한 노동 환경에 시달렸다. 또 음주 같은 길찬록 개인의 고질적인 습성 때문에 가족 관계도 안정적으로 유지되기 어려웠다. 부부의 이혼 후 길찬록은 큰 두 자녀들과 지냈고, 천연희는 막내딸 메리를 데리고 재혼했다.

## 2) 재혼, 사업의 시작, 그리고 가족 갈등

두 번째 남편인 박대성은 29세의 젊은 남성으로, 스코필드 부대에서 세탁물을 점검하는 비교적 안정된 일자리를 갖고 있었다. 박대성과의 결혼생활에서 천연희는 아들 해리Harry, 딸 애들라인Adeline, 딸 루스Ruth를 낳았고, 메리도 키웠다. 결혼 초기에 가계가 나아지는 듯했으나 남편의 실업으로 여섯 식구의 생계가 비참할 정도로 나빠진 적도 많아 천연희는 일과 육아를 병행해야만 했다.

1933년에 루스벨트F. Roosevelt가 대통령으로 취임하고 실업자 구제정책인 전국산업부흥법National Industrial Recovery Act이 시행되면서 미국의 경제 사정은 점차 나아졌다. 이 무렵에 그간 부업을 전전하던 천연희도 전환점을 맞았다. 호놀룰루 시내에서 건물을 임대하여 세를 놓는 여관업을 시작한 것이다. 여관업은 한인들이 많이 종사한 사업이었는데, 사업자금을 마련하려고 계를 만들거나 건물 임대를 중개하는 한인들의 이야기가 천연희 노트 곳곳에 나온다. 같은 해에 금주령이 해제되어 천연희는 여관 아래층에 맥주를 파는 음식점을 차렸다. 정부에서 "노동자에게 일도 주고 모든 일을 차서〔次序, 순서〕 있게 해서 차차 형편이 좋아졌다. 그래서 내가 음식집을 차렸다"(천연희 노트 2권: [74]). 천연희는 알라케아 스트리트Alakea Street에서 여관업을 시작해 나중에는 방 30칸짜리 '호텔'을 운영했는데, 이때 살림집을 빌려 딸과 아들이 각자 쓰는 방을 처음으로 마련해 줄 수 있었다(천연희 노트 2권: [86]-[87]).

천연희와 박대성의 결혼생활은 약 15년간 지속되었다. 가족 관계가 악화된 결정적 이유는 박대성이 메리의 대학 진학을 반대했기 때문이다. "박은 딸이 대학에 가는 것을 반대했다. 중학을 마치면 어디 가서 일하고 돈 벌이하는 것을 원했다. 나는 그 목적이 아니었다. 내가 길찬록 씨와 이혼한 이유는 아이들을 자유롭게 공부시킬 작정으로〔……〕 그래서 충돌이 집에서 있었다"(천연희 노트 2권: [82]-[83]). 메리가 하와이 대학교에 입학한 1938년경에 천연희는 박대성과 이혼했다.

### 3) 미국인과의 재혼과 가계의 번창

천연희가 세 번째 남편인 로버트 앤더슨 기븐을 알게 된 때는 천연희가 알라케아에서 여관업을 할 때이다. 박대성이 핫도그 노점상을 할 때 천연희가 잠시 일을 도왔는데 기븐이 손님으로 오면서 서로 안면을 익혔다. 미 육군 공병단US Army Corps of Engineers, USACE의 미드웨이 아일랜드 Midway Island(하와이 제도 북서쪽에 위치) 개척 임무에 파견을 나가게 된 기븐은 천연희에게 청혼했다. 기븐이 미드웨이에서 돌아온 후 1941년에 결혼하기까지 천연희를 가장 고민스럽게 한 문제는 '인종 구별'이었다.

"내가 한국 여자요, 인종 구별이 많은 고로 나는 한국 여자로 한인 기독교 교인이요, 동지회원이요, 대한부인구제회원으로 대한 예절로 잔뼈가 굵어서 차마 대답이 나오지 않지만, 그때 시절에는 한국 남자가 나이가 많고 자기 자신도 건사하지 못하는 아저씨만 남아 있고 사진혼인하여 여자를 데려와서 자식을 놓고 가정을 이루어 사는 사람들만 있었다. 나는 나이가 젊고 자식 다섯을 데리고 여자 혼자서 사업을 해도 도와줄 사람이 있어야 되었다. 아이들이 다 어리고 공부시켜야 되므로 하루는 내가 우리 아이들을 모아 놓고 의향을 물어보았다. 아이들 대답이 어머니 생각대로 하라 하였다." (천연희 노트 2권: [91]-[92]).

일본인이 독일인이나 영국인과 결혼했다는 기록은 노트에서 찾아볼 수 있다. 그러나 미국인과 결혼했다는 언급은 나타나지 않는다. 이는 동양인(특히 일본인)에 대한 미국 백인들의 배척이 심했기 때문이다. 천연희 스스로도 백인과의 결합에 강한 거부감을 가지고 있었는데, '예절로 잔뼈가 굵고 인종 구별이 많은' 한국 여성이라는 의식 때문이었다.

태평양전쟁이 임박한 와중에 미 본토의 군인들이 히캄 필드Hickam Field(진주만 근처의 기지)로 들어왔다. 천연희는 주로 군인들을 상대로 방을 세놓았으며, 남편은 히캄 부대에서 일했다. 전시에 대비하여 군부대 종사자 가족들도 히캄 병영에서 살도록 하여 천연희 가족도 병영 주택으로 이사했다. 그로부터 약 20일 후인 1941년 12월 7일 아침에 일본군의 폭격을 직접 체험했다.

천연희는 전시기인 이 4~5년 동안을 사업이 가장 잘된 때로 회고한다. 천연희의 구술을 딸 메리가 요약한 노트에는 "전쟁이 시작되었고, 내 사업은 나아졌다. 매일밤 휴가 중인 군인들이 방을 가득 메웠다. 내 평생 처음으로 돈에 쪼들리지 않았다. 우리는 히캄 주택에 살았다. 주택은 버스 정류장에서 멀었지만 걸어도 나는 개의치 않았다. 자가용이 없어서 모든 짐을 직접 들고 집까지 걸어가야 했다. 그래도 만족했다. 이 무렵 메리는 대학을 졸업하고 애들라인은 고등학교를 졸업했다. 딸들은 모두 전쟁에 대비하는 디펜스 일defense jobs(방위산업과 관련된 일)을 했다. 우리는 저축할 수 있었다. 또 해리가 봉급을 내게 가져다주었다. 해리는 진주만의 판금부Sheet Metal Dept.에서 일했다. 전쟁이 끝날 무렵 나는 약 12,000불을 모았다. 이 돈을 코코헤드의 카네이션 밭을 임대하는 데 투자했다"(「천연희 구술 테이프 요약」, 178쪽)라고 되어 있다.[1]

전쟁 직후 히캄 병영 주택을 나온 천연희 가족은 미개발지인 코코헤드Koko Head에 침실이 셋 있는 좋은 집을 샀다. 1959년부터 카이저H. Kaiser 회사가 코코헤드를 주택지로 개발하자 천연희와 기븐은 코코헤드의 다른 곳으로 이사를 갔고, 기븐은 1964년에 심장병으로 세상을 떠났다. 1970년에 천연희는 코코헤드를 떠나 정부 공공주택기관에서 보조하는 노령자 아파트로 이사하여 여생을 보냈다.

---

1 천연희가 직접 구술한 내용은 「천연희 구술 테이프 녹취록」 Tape 22, 6쪽에 나오며, 내용은 대체로 동일하다.

## 4. 자녀들과 가족 관계

마우이섬에서 오아후섬으로 거주지를 옮긴 후로 베티(순애), 데이비드(은주), 메리(순복)는 아버지 길찬록과 대부분 떨어져 살았다. 더구나 부모의 이혼은 베티와 데이비드 그리고 메리를 갈라놓았다. 천연희는 당시 다섯 살이던 데이비드와 헤어질 때를 평생 잊지 못한다고 회고한다. "나는 수많은 슬픔을 겪었지만 그런 것들은 받아들일 만했다. 그러나 영원히, 죽을 때까지 잊을 수 없는 슬픔은 내가 은주를 떠날 때 그윽한 검은 눈망울로 나를 바라보던 은주의 표정이다. 그 표정과 기억이 늘 나를 떠나지 않았다. 혼자 있을 때마다 그 기억이 내 머리를 맴돌아 갑자기 눈물이 솟구쳤다"(「천연희 구술 테이프 요약」, 151쪽).

천연희는 특히 교육 기회를 절대적으로 신봉하여 한인 2세든 하와이 원주민이든 누구나 좋은 교육을 받아야 한다고 주장했는데, 그 이유로 크게 두 가지를 들었다. 첫째, 교육을 받음으로써 자신과 정부를 위해 좋은 일을 할 수 있고 역적이 아닌 충성스러운 백성이 될 수 있다는 것이다. 둘째, 한국이 신분과 예의만 중시하다가 백성들이 깨우치지 못하고 문명한 나라에 뒤처져 결국 남의 지배를 받게 되었으므로 교육이 반드시 필요하다는 것이다(천연희 노트 2권: [93]-[99]). 천연희의 2남 4녀는 모두 공립 고등학교를 졸업했으며, 그중 메리와 루스는 하와이 대학교를 졸업하고 초등학교 교사로 재직했다. 아들 해리는 미시건 대학교를 다니다 중퇴하고 원하는 직장에 취업했다.

천연희는 길찬록, 아들 데이비드와 연락을 지속했고 중요한 행사도 함께했다. 천연희가 카네이션 농사를 할 때 데이비드를 위해 돈을 모으려 하였고, 어머니의 생각을 이해한 아들은 주말을 이용해 카네이션 농사를 도우러 왔다. 1947년경에 데이비드가 결혼할 때 "내가 큰아들에게 늘 말하

| 이름 | 출생 | 최종 학력 | 비고 |
|---|---|---|---|
| 순애<br>Betty | 1916 | 매킨리 고등학교 졸업 | 17세에 교통사고로 사망함. |
| 은주<br>David | 1917 | 매킨리 고등학교 졸업 | 오키나와 여성과 결혼함.<br>우체국 배달부 부장을 지냄. |
| 순복<br>Mary | 1919 | 하와이 대학교 졸업 | 태평양전쟁 중 미국 남성과 결혼함.<br>미 본토 및 하와이 카일루아에서 초등<br>학교 교사로 재직함. |
| 해리<br>Harry | 1924년경 | 루스벨트 고등학교 졸업<br>미시간 대학교 중퇴 | 백인 여성과 결혼함.<br>유나이티드 항공 서비스부에서 근무함. |
| 애들라인<br>Adeline | 1920년대<br>중반 | 매킨리 고등학교 졸업 | 샌프란시스코에서 다친 코를 치료하다<br>만난 백인 남성과 결혼함.<br>미 본토에 정착함. |
| 루스<br>Ruth | 1920년대<br>후반 | 하와이 대학교 졸업 | 대학 재학 중 결혼함.<br>초등학교 교사로 재직함. |

기를 네가 장가를 가면 내가 큰 잔치를 하여 준다고 늘 말했다."(천연희 노트 3권: [21])라고 했듯이, 코코헤드 집 정원에서 하객들을 초청하여 큰 연회를 열어 주었다. 5천 달러를 들여 코코헤드 자택 근처에 길찬록과 데이비드가 살 새 집을 지어 주었고, 길찬록의 장례식 때에는 한인 친목회에 곗돈을 주어 조문객을 대접하고 장례를 잘 치르도록 부탁했다. 반면 두 번째 남편과는 연락을 지속했다는 기록을 찾아볼 수 없다.

메리는 동생들을 돌보고 여관업을 돕는 등 가장 헌신적으로 천연희와 가족을 도왔다. 메리는 영국계 어머니와 일본계 아버지 사이에 태어난 미국인 남성과 결혼했다. 메리가 현재 살고 있는 카일루아Kailua는 호놀룰루에서 자동차로 약 40분이 소요되는 곳으로, 메리는 호놀룰루의 노령자 아파트에서 홀로 지내는 천연희를 자주 방문했다.

친족망이 결여되고 이혼을 거듭한 천연희에게 자녀들은 삶의 유일한 희망이었다. 천연희는 자식을 키우는 데 만족하지 않고 이들이 원하는 대로 좋은 교육을 받아 이민자인 부모 세대와 달리 자유사회의 떳떳한 시민으로 살기를 바랐다. 천연희의 삶은 자녀들에게 모두 바쳐졌다 해도 과언이 아니지만, 헌신적 삶을 통해 그녀도 더욱 강인한 어머니로 거듭날 수 있었다.

# 참고문헌

웨인 패터슨, 『아메리카로 가는 길: 한인 하와이 이민사, 1896~1910』, 정대화 옮김, 서울: 들녘, 2002.

웨인 패터슨, 『하와이 한인 이민 1세: 그들 삶의 애환과 승리(1903~1973)』, 정대화 옮김, 서울: 들녘, 2003.

Chai, Alice Yun, "Feminist Analysis of Life Histories of Hawaii's Early Asian Immigrant Women", *Asian Journal of Women's Studies* 2: 38-69, 1996, Asian Center for Women's Studies Ewha Womans University.

Kunstadter, Peter, "A Survey of the Consanguine or Matrifocal Family", *American Anthropologist* 65(1): 56-66, 1963, American Anthropological Association.

Morrissey, Marietta, "Gender, Race, and Kinship: Searching for the Matrifocal Family", *Critical Sociology* 18(2): 103-115, 1991, University of Oregon.

# 천연희의 경제활동과 일가의 경영

함한희(전북대학교)

## 1. 들어가며

필자가 천연희의 기록 가운데에서도 경제활동에 주목한 까닭은 그가 사진신부로 하와이에 도착한 이래 한평생을 생활 일선에서 고군분투한 면이 대단히 인상적이었기 때문이다.[1] 어린 나이에 이국땅으로 시집와 가족에 대한 책임감이 없는 늙은 노동자의 아내라는 지위를 벗어던지고 강인한 어머니로 거듭난 그의 일생은 눈물겹다. 하와이 사탕수수 농장 캠프에서 신혼생활을 시작하자마자 생활 전선에 뛰어들었고, 70세 중반[2]까지 쉬지 않고 일했다. 그 덕분에 가족들은 비교적 어렵지 않게 살 수 있었고, 여섯 자녀 모두가 고등학교를 졸업하고 그중 둘은 대학교까지 마쳤다. 천연희는 노트와 구술 녹음에 실질적 가장이자 어머니로서 자녀들을 올곧

---

[1] 경제활동에 대한 기록은 천연희 노트 3권, 7권, 8권에 주로 실려 있다.

[2] 1915년에 하와이에 도착했을 때는 만 19세였고, 카네이션 농장을 접고 농사일을 그만둔 때는 1969년이다.

제1부_ 천연희 노트의 배경과 해제

게 키워야 한다는 무거운 책임감을 가감 없이 기록했다.

천연희의 경제활동은 여성 가장으로서 그의 진면목을 드러내 줄 뿐만 아니라 그의 정신세계를 이해하는 데에도 중요한 부분이다. 남편이 경제적으로 무능력할 때 그는 주저앉기보다 직접 문제를 해결했다. 사탕수수 농장 노동자들을 상대로 빨래, 밥해 주기, 바느질하기 등 자신이 할 수 있는 일이라면 다해 가며 가족의 생계를 책임졌다. 힘든 일도 마다하지 않는 행동의 원동력은 자녀 교육이었다. 천연희는 자녀들을 잘 키워서 한국에 도움이 되는 사람이 되기를 원했다.[3] 자녀 교육 때문에 이혼도 결심했다. 그처럼 쉽지 않은 결정을 내린 배경에는 혼자서도 얼마든지 일가를 꾸려 나갈 수 있다는 자신감이 있었다. 그는 일차적으로 책임감이 강한 어머니로서 부지런함을 자산으로 쉬지 않고 경제활동을 했고, 아울러 탁월한 사업가 기질을 겸비했다. 노동으로 마련한 종잣돈을 가지고 사업을 시작한 천연희는 조금씩 사업 규모를 키워 갔다. 숙박업, 음식점, 카네이션 농장을 하면서 집을 마련하고, 자녀들의 학업을 뒷바라지했다. 그리고 마침내 중산층 반열에 오를 수 있었다. 우여곡절이 많았던 결혼생활을 떠올리면 천연희가 그만한 경제적 자유를 얻을 수 있었던 것은 예사로운 일이 아니었다. 두 번의 이혼과 세 번의 결혼을 한 그는 스스로 남편 복이 없다고까지 회고한 적이 있다. 적어도 세 번째 남편을 만나기 전까지 천연희는 여전사 女戰士처럼 살았다. 45세가 되어서야 로버트 기븐을 만나 결혼했고, 이후에

---

3  천연희는 딸이 대학을 졸업하고 대학원에 진학해서 정치학을 전공하기를 원했다. 그는 "미국(본토)으로 마스터 디그리(master degree, 석사학위)를 폴리티컬 사이언스(political science, 정치학)로 보내기로 작정하고 모든 것을 예비하고 패스포트를 내러 가니 마셜 로(martial law, 계엄령)다."(천연희 노트 3권: [9])라 하고, "나의 주의(主義)의 욕망은 폴리티컬 사이언스를 배워 우리 한국에 도움을 줄까 하는 욕심이다. 지금 생각하면 그것이 내 욕심 허욕이다."(천연희 노트 3권: [10])라고 적었다.

는 서로를 아끼면서 아이들 교육에도 전념할 수 있었다.

우여곡절이 많았던 결혼생활과 달리 경제활동을 통해서 천연희는 어느 정도 자신의 꿈과 이상을 실현시킬 수 있었다고 생각된다. 민주주의 체제에서 자유와 평등사상을 신봉하면서 상도의商道義와 규율을 지키는 데 투철한 사업가로 거듭난 천연희는 은퇴한 후 백수를 누리다 편안하게 생을 마감했다.


## 2. 생활고로 일을 시작하다

1915년 사진신부로 경상남도 진주를 떠나 하와이로 건너온 천연희는 남편 길찬록을 따라서 마우이섬 파이아 농장 키카니아의 캠프 원camp 1에서 살게 되었다. 사탕수수밭에서 일하는 노동자였던 길찬록은 하루 일당으로 75전을 받았다. 그나마 적은 일당마저도 일하러 나가는 날이 적어 못 받는 날이 많았다. 술을 좋아해서 과음하고 난 이튿날 아침에 일어나지 못해 일 나가기를 포기하는 것이 다반사였기 때문이다. 한 달에 20일 이상 일하면 받는 특별수당을 한 번도 받아 온 적이 없었다. 그러다 보니 생활이 곤궁하기 짝이 없었다. 갓 시집온 새색시인 천연희는 집에 가만히 앉아 있을 수만은 없었다. 먹고살기 위해서라도 부업을 해서 돈을 마련해야 했다. 그는 닥치는 대로 일감을 찾아 나섰다.

농장에 들어온 지 석 달가량 지난 후부터 노동자들의 옷을 빨아 주는 일을 시작했다. 처음에는 두 사람의 옷을 맡아서 빨았다. 사탕수수밭에서 일하면 옷에 배는 진한 황토물을 깨끗이 빼기는 무척 힘들었다. 바지 한 장당 1원 25전을 받을 수 있어서 두 사람 바지를 빨면 2원 50전을 벌었다. 처음 하는 일이라 깨끗하게 빨지 못했는데도 바지를 맡긴 노동자들은 괜찮다고 했다. 같은 민족이라고 생각해서인지 그들은 오히려 고맙다고 했다. 천연희는 미안한 마음이 들어 더 열심히 빨았고 그러다 보니 차차 일에 익숙해졌다. 나중에는 다섯 사람의 옷을 빨 만큼 요령이 생겼다. 바지 만드는 법을 배워서 바지를 팔고, 다비足袋(일본식 버선)도 만들어 팔았다. 부수입이 늘면서 평소에 먹고 싶었던 생선이나 과일을 사먹을 수 있어 좋았다고 그는 회상했다.

## 3. 가장이 되다

"캠프 파이브로 들어가서 캠프 주인집에 방 한 칸을 얻어서 석 달 동안 곡상〔식당〕 일을 도와주며 곁방살이를 하였다." (천연희 노트 1권: [73])

천연희는 1~2년 터울로 세 자녀를 낳았다. 큰딸, 아들, 그리고 작은딸이 태어났다. 남편에게는 정을 붙이지 못했지만 아이들만큼은 누구보다도 잘 키우려고 지극정성으로 보살폈다. 아이들 옷 하나도 잡지를 보고 최신 유행 옷을 직접 만들어 입힐 만큼 남다르게 키웠다. 그래서인지 여느 집 아이들보다도 더 예쁘고 단정하다는 소리를 들었다.

식구가 다섯으로 늘자 천연희는 더 부지런히 돈을 벌어야 했다. 집 안에서 할 수 있어 좋았던 바느질 일도 아이들이 많아지자 하기 어려워졌다. 그래서 혼자 사는 노동자들의 밥을 지어 주면서 돈을 벌었다. 밥값으로 10원을 받았는데, 그 일도 어린아이들을 데리고 하기는 힘겨웠다. 그런 데다가 남자들에게 밥해 주는 일을 남편이 달가워하지 않았을뿐더러 때때로 밥 먹으러 오는 사람과 시비가 붙었다.

천연희는 불화의 원인이 모두 남편이 제대로 일하지 않고 가정을 돌보지 못하는 데에서 온다고 생각했다. 남편은 한국에서 어느 정도 교육받은 사람이어서 한문과 한글을 읽을 수 있었고, 사람들과 어울리기를 좋아했다. 술을 지나치게 자주 마시고, 결단력이 부족한 것이 큰 흠이었다. 아내와 아이들을 먼저 거두고 가정의 앞날을 설계하기보다 친구들과 어울리는 일을 더 중히 생각하는 사람이었다. 그런 남편을 바라보면서 천연희는 스스로 가장이 되기로 결심했다. 그래야만 자식들을 제대로 키울 수 있다고 판단했다.

길찬록은 오아후섬에서 노동자 파업이 일어나 일손이 부족해 월급을 더 받을 수 있다는 소문을 듣고 마우이섬을 떠나 오아후섬으로 갔다. 천연희는 남편에게 사탕수수 농장 일이 익숙하니 오아후섬에 가서도 농장 일을 하라고 권했다. 천연희는 남편에게 오아후섬 와이알루아로 가라고 했으나 남편은 말을 듣지 않고 선창에서 일하며 술친구들과 어울렸다. 마우이섬에서 빚을 청산한 천연희는 남편을 찾아 오아후섬으로 이사했으나 거처도 없이 사는 남편 때문에 여관 생활을 하게 되었다. 더 이상 여관에 있을 수 없게 되자 천연희는 남편을 따라 와이파후 캠프 파이브에 들어가 식당에서 부지런히 일했다. 약 석 달 후 더 좋은 생활 여건을 갖춘 천연희는 와히아와로 옮기기로 결심했다. 그곳에 한인들이 많이 살고, 미군 영지가 있어서 일할 기회가 더 많았기 때문이다. 무엇보다 아이들의 교육환경이 더 좋았다.

당시 와히아와에는 미군 영지가 있었고 주위에 파인애플 공장이 있어서 한인들이 많이 모여 살았다. 한인들은 부지런해서 일을 잘했다. 당시 하와이에 있던 세탁소도 한인들이 도맡아서 하고 있었다. 영지 인근에 몰려 살던 한인들은 자녀 교육을 중시했기에 자녀들에게 한글을 가르치고자 했다. 마땅한 선생을 찾던 중 오아후섬으로 막 이사와 와이파후에 머물고 있던 천연희를 한글 선생으로 초청했다. 천연희는 교회 곁에 붙은 방에서 자녀들과 함께 살면서 한인 아이들에게 한글을 가르쳤다. 방이 작아서 불편했지만 자녀들이 한글 공부를 따로 하지 않아도 되는 장점이 있었다.

그 후 천연희는 길찬록과 따로 살면서 스스로 생계를 꾸려 갔다. 같은 집에 사는 김 부인에게 군인복 만드는 일을 배워 바지는 1원, 코트는 2원씩 받고 옷을 만들어 돈을 벌었다.


## 4. 가장의 새 남편

천연희는 남편과 1~2년간 별거하면서 이혼을 결심하게 되었다. 혼자서 아이들을 키우며 살 수 있다고 판단한 것이다. 그런데 이혼을 하려면 몇 가지 법률적 절차를 밟아야 했다. 그리 간단한 일이 아니었기에 심리적·경제적 부담이 컸다. 그 과정에서 무리하게 일하다가 병을 얻었다. 이때 박대성이란 남자의 도움을 받아서 간신히 회복하게 되었다. 당시 박 씨는 스코필드 병영 육군 기지의 포스트 런드리Post Laundry(군 주둔지 세탁소)에서 일하고 있었다. 천연희는 자신이 아플 때 박 씨가 친절하게 간호해 주기도 했지만, 무엇보다도 열심히 일하는 사람이라는 점에 마음이 움직였다. 남편인 길찬록과는 다른 타입의 사람인 것 같았다. 안정된 직업도 있고, 여자에게 살갑게 대해 주는 행동을 보았을 때 가정을 잘 돌볼 수 있겠다는 생각이 들었던 것이다. 천연희는 박 씨를 두 번째 남편으로 맞았다.

하지만 결혼 후 박 씨의 태도가 달라졌다. 예상과 달리 박 씨는 일하러

나가지 않거나 직장을 자주 바꾸는 등 게으름을 피웠다. 박 씨가 일을 나가지 않자 집안 살림이 어려워졌다. 답답해진 천연희는 다시 일터로 나갔고 일거리를 가리지 않고 찾았다. 바느질과 아이 보는 일은 언제라도 비교적 손쉽게 얻을 수 있었다. 주인집 뒷집에 공짜로 사는 조건으로 가구점을 경영하는 사람의 집에서 집안 살림을 해 주기도 했다. 그는 박대성과의 사이에서 1남 2녀를 낳아 모두 6명의 자녀를 두었다. 그러나 길찬록과 이혼할 때 그가 큰딸과 아들을 데리고 있기를 원해서 천연희는 어린 메리만 데리고 재혼했다. 박대성과의 결혼생활도 생각한 것과는 다르게 전개되었다. 특히 의붓자식과 자기 자식을 차별하며 키우는 박대성을 겪으면서 천연희는 다시 이혼을 결심하게 되었다.

## 5. 사업가로 발돋움하다

당시 한인 부인들이 주로 하는 일은 바느질과 빨래였지만, 개중에 여관업이나 월세 임대업을 해서 돈을 잘 버는 이들도 있었다. 수입을 늘려야 했던 천연희는 여관업에 뛰어들 채비를 했다. 여러 가지 궁리 끝에 집세 받는 일을 택했는데, 이는 시간을 적게 들이면서 돈은 돈대로 벌 수 있었기 때문이다.

미군 기지와 항구, 농장이 있는 하와이는 사람들의 왕래가 많아서 여관업이 성행했다. 보통 중국인이나 백인들의 집을 몇 해 동안 계약한 후 집을 개조해서 방을 꾸미고 필요한 사람들에게 빌려 주었다. 천연희도 처음에는 작은 집을 구해서 숙박업을 시작했다. 그 집은 알라케아 스트리트 Alakea Street에 있었는데, 원래 닥터 레이먼드Dr. Raymond라는 백인 의원의 집이었다. 일원이라는 한국 여성이 그 집을 사서 몇 년 동안 여관업을 해

오던 집이었다. 천연희는 방을 다시 꾸미고 1층에는 작은 음식점을 열었다. 마침 전쟁 중에 내려져 있던 금주령이 해제된 때라 주류 판매 면허를 신청했다. 술을 팔아야 수익을 올릴 수 있었기 때문이었다. 판매 면허가 늦게 나와 초반에는 손해를 보았지만 면허가 나온 뒤에는 정상적으로 영업할 수 있었다.

직장도 없고 은행 거래 실적도 없는 이주 한인 여성들에게 은행은 넘을 수 없는 벽이었다. 은행에서 돈을 빌릴 수 없었던 이주 한인 여성들은 자구책을 마련했다. 상호부조 원칙이 기본인 계 조직을 이용해서 목돈을 마련할 수 있었다. 천연희도 여러 몫의 계를 들어 두어 사업 자금을 마련했다. 물론 사적 조직이었기 때문에 위험성이 높았다. 계주가 돈을 주지 않거나 사라져 버리면 큰 손해를 보는 일도 있었다. 천연희도 계주가 돈을 주지 않아 남편 박 씨가 매일같이 계주를 찾아가 다투었고, 결국 돈을 조금씩 나누어 받는 선에서 일을 마무리 지었다.

당시 이주 한인 여성들은 이처럼 사업 자금을 마련하기 위해서 계라는 관행을 잘 활용했다. 목돈을 만드는 일이 쉽지 않았던 당시 사정상 계는 매우 유용한 창구였다. 직장이 확실하거나, 은행 거래 실적이 좋거나, 신용이 쌓여 있어야 은행에서 대부를 받을 수 있었기에 한인 여성들은 본국에서 익힌 대로 계 조직을 이용해서 사업자금을 마련하였던 것이다.

"밑천 할 돈이 없어 은행에 가서 돈 몇천 원 꾸려 하면 유산물〔담보물〕을 잡고 돈을 주고, 개인에게 주는 〔은행〕 돈은 좋은 잡〔job〕이 있어야 얻어 쓴다. 우리 형편으로 좋은 직업도 없고 유산도 없었다. 우리 여자들이 그런 전셋집 방을 꾸며도 몇천이 들어간다. 그래서 우리 여자들이 신용으로 계를 모아서 누가 그런 집을 하려면 계를 태이고〔타게 하고〕 다달이 거기서 나는 돈으로 자식들하고 먹

고살고 계를 부어 나갔다." (천연희 노트 3권: [24]-[25])

계가 목돈 마련에는 유용한 장치였지만 불안한 점도 많았다. 곗돈을 열심히 부어도 계주가 돈을 주지 않으면 큰일이다. 천연희도 한 번 그런 일을 당했다.

"내가 계를 100원짜리를 들어서 부었다. 계장은 권도인 씨다. 계를 부어 놓은 것을 타서 식당을 꾸밀 작정으로 계를 타 놓았다. 그러나 계장이 돈을 주지 아니해서 대단히 어렵게 되어서 〔남편〕 박이 매일 가서 돈을 달라고 권과 시비한 고로 〔권도인 씨가〕 여관에서 쓸 퍼니처(furniture, 가구)를 〔나에게〕 주고, 그래도 600원이 〔남아〕 남은 돈은 조금씩 받고 말았다." (천연희 노트 2권: [74])

## 6. 스탠다드 호텔의 주인이 되다

여관과 음식점을 경영하던 중 천연희에게 첫 번째 위기가 닥쳤다. 1년 동안 음식점 면허가 정지되는 사건이 일어났다. 그러자 천연희는 음식점을 닫고 1층도 여관으로 개조하였다. 여관업은 시간을 내기가 용이한 업종이어서 천연희는 파인애플 농장에서도 일했다. "아침에 시작하여 11시 반까지 다 치워 놓고 점심을 먹고 2시부터 파인애플 일을 가서 밤 10시에 집에 왔다."(천연희 노트 2권: [80])고 한다. 여름방학 석 달간 일해서 자녀들의 학비를 벌었다. 딸도 같이 일해 학비를 보탰다.

천연희는 점차 사업을 확장해 나갔다. 부동산업자의 소개로 포트 스트리트Fort Street에 있는 큰 집을 5년간 계약했다. 백인 여자의 집을 5년간 임대 계약한 로페스라는 사람이 한인 부인에게 재임대했는데 그 부인이 곧 싫다고 해서 천연희가 인수했다. 천연희는 스탠다드 호텔이라 이름 짓고 큰돈을 들여서 내부를 수리하고 가구를 넣고 세를 놓았다. 방이 30개나 있어서 청소하는 데만도 한나절이 걸렸다. 아이들이 방과 후에 와 일을 도왔다. 딸 메리가 문서 일을 도맡아 해주었다. 영어가 서툰 천연희에게 메리의 도움은 절대적이었다. 당시 하와이 고용시장이 얼어붙어서 일할 사람을 구하기가 어려웠기 때문에 가족 모두가 힘을 합해야 했다.

이 큰 호텔 사업을 그만두게 된 이유는 임대료를 올려달라는 집 주인의 요청 때문이었다. 천연희는 한인 김이호에게 이 집의 전세권을 넘길 수밖에 없었다. 그러고 나서 1940년 사우스 베레타니아South Beretania에 있는 구세군 건물의 2층을 임대하여 독신 남자들을 대상으로 한 여관으로 개조했다. 천연희는 따로 살림집을 내어 아이들과 살았고 여관에는 아침 10시에 출근해 일을 보고 저녁에 퇴근했다. 낮에는 하와이 여자를 고용해서 방을 청소시키고 밤에는 포르투갈 남자가 여관을 관리하도록 했다.


## 7. 카네이션 농사에 뛰어들다

1942년경 한인들 사이에는 카네이션 농사가 돈이 된다는 소문이 나 있었다. 천연희도 여관업을 접고 코코헤드Koko Head로 들어가 카네이션 농사를 짓기 시작했다. 어렵게 야산을 개간해 1.5에이커(약 1,836평)의 땅에 카네이션을 심었다. 코코헤드는 농지가 많아 주로 일본 사람과 한국 사람이 들어와 농사를 지었다. 일본 사람은 장미와 국화, 꽃꽂이용 꽃을 주로 키웠고, 한국 사람은 대량으로 카네이션을 재배해 상점이나 레이lei(하와이의 장식용 화환)를 만드는 사람들에게 팔았다.

카네이션 농사를 짓는 한국 사람들끼리 가격 경쟁을 하다 보니 서로 돈을 많이 벌지 못했다. 이러한 상황에서 카네이션 농사를 하는 한인들과 일인들이 조합을 만들 움직임을 보였다. 조합을 만드는 과정에서 몇몇 대농들이 단합해서 소농들이 손해를 볼 수밖에 없는 구도를 만들고 있었다. 천연희는 이에 맞서서 조합의 횡포에 대해서 직언을 했다. 그는 돈을 더 벌겠다고 부도덕한 일을 하거나 남을 억압하면 안 된다고 주장했다. 천연희는 조합에 가입하지 않았다. 1949년 봄, 비가 많이 와서 코코크레이터Koko Crater 인근에서 카네이션 농사를 하는 사람들이 큰 피해를 입었다. 산에서 물이 쏟아져 내려와 농장의 꽃이 다 쓸려간 것이다. 천연희의 농장과 다른 한 곳만이 천운으로 비 피해를 비껴갔다. 이러한 상황에서 졸업 시즌이 가까워지자 꽃이 크게 부족해졌다. 꽃을 공급해야 하는 조합 측에서는 천연희에게 조합에 들어오라고 종용했다. 그러나 천연희는 조합이 공정하게 일처리를 하면 들어가겠다며 가입을 거부했다.

며칠 후 밤에 몰래 누군가가 천연희의 카네이션 밭에 제초제를 뿌려 놓아 카네이션이 모두 죽어 버렸다. 여러 방면으로 조사했으나 뚜렷한 증거가 없어 범인을 잡지 못했다. 1년 동안 공들여 지은 농사를 하루아침에 망쳐 버린 것이다. 일꾼들에게 줄 노임조차 없었다. 천연희에게 더없이 큰 시련이 아닐 수 없었다.


## 8. 절망에서 일어나다

이 일로 정신적 · 경제적으로 크게 고통받은 천연희는 카네이션 농장을 접고 다른 사업을 계획했다. 몇 년 전 둘째 아들 해리와 함께 사둔 아파트를 팔아 사업을 시작하고자 했다. 아파트를 판 1950년 초는 하와이에 주둔했던 군인들이 전쟁이 끝나서 본토로 돌아가던 때여서 부동산 시세가 좋지 않아 구입한 가격 그대로 되팔았다. 천연희가 싼 값에 판 아파트는 와이키키 지역 나마하나Namahana와 알라와이Ala Wai 스트리트에 있었고, 7,000제곱피트(약 196평)에 아파트 10채가 있는 꽤 큰 건물이었다. 제법 좋은 지역에 위치한 건물이었으나 경기가 좋지 않아서 월세를 받아 은행에 넣을 부금과 경비를 제외하면 남는 것이 없었다. 그래서 그는 수입이 더 생기는 사업을 찾기 위해서 아파트를 팔기로 작정했던 것이다. 아파트를 판 지 몇 달 후 한국전쟁이 발발했다. 전쟁이 일어나자 하와이 부동산 값이 크게 오르기 시작했다. 결과적으로 천연희는 큰 손해를 보고 말았다. 카네이션 '독약' 사건만 없었더라면 그 아파트를 싼 값에 팔았을 리가 없었다고 천연희는 회고했다. 그 사건의 여파는 너무도 컸다. 경제적 손실뿐만 아니라 사람들에 대한 절망감이 천연희를 괴롭혔다.

곧 천연희는 다시 호텔업에 뛰어들었다. 1950년 6월 말 퀸스 병원 옆 펀치볼 스트리트Punchbowl St.에 위치한 호텔을 매입했다. 한인인 전 주인이 포르투갈 사람들의 교회를 구입해서 호텔로 바꾼 곳이었다. 호텔을 산 후 그곳의 평판이 좋지 않다는 사실을 알게 되었다. 이를 극복하고자 온 가족이 호텔 경영에 뛰어들었다. 마침 한국전쟁으로 군인과 그 가족들이 하와이를 오가는 일이 많아 숙박업 경기가 상승하던 시점이었다. 남편 기븐과 딸 메리가 호텔 경영을 맡았고 천연희는 코코헤드에 남아 카네이션 농장 복구에 나섰다.

농장의 토지는 모두 5에이커(약 6,120평)였다.[4] 제초제가 뿌려진 1.5에이

---

4 정확히 계산하면 5.5에이커인데 천연희는 5에이커라고 기록했다.

커(약 1,836평)의 농지와 집에 딸린 2.5에이커(약 3,060평), 집에서 약간 떨어진 곳에 큰아들이 산 1.5에이커의 밭이 있었다. 그는 카네이션 농사를 다시 지을 요량으로 독한 약에 상처가 난 가지를 잘라내고 씨를 받아서 집 가까이에 있는 땅에 옮겨 심었다.

1년여 동안 천연희는 카네이션 농장을 살려서 꽃을 계속 키웠고, 남편은 퀸스 호텔을 경영했다. 농장은 어느 정도 자리 잡았으나, 호텔 경영은 어려워졌고 설상가상으로 남편의 건강까지 나빠졌다. 천연희는 주저하지 않고 호텔을 팔고자 했다. 계약 당시 천연희는 호텔 값의 일부라 생각하고 별 생각 없이 3,500달러 채무 확인서에 사인을 했는데, 알고 보니 호텔 값이 아니라 개인 채무 확인서였다. 전 주인에게 호텔 값은 호텔 값대로 갚아야 하고, 3,500달러는 그것대로 갚아야 했던 것이다. 천연희는 전 주인에게 호텔의 평판이 나쁘니 도로 가져가라 했지만 전 주인은 이를 거부하고 부채 3,500달러를 빌미로 농장 집을 차압하려고 했다. 결국 천연희는 계를 타서 부채를 갚아버리고 호텔을 다른 한인에게 팔았다.

남편은 코코헤드 농장으로 들어왔고 나빠진 건강을 회복하고자 무리하지 않게 농장 일을 돌보면서 지냈다. 이 농장의 땅은 원래 비숍 재단 소유로 1944년 계약할 때 임대기간이 14년이나 남아 있었다. 땅을 소개한 금융회사가 계약을 갱신하는 데 큰 문제가 없다고 해서 계약한 땅이었다. 계약기간이 끝났으나 비숍 재단이 재계약을 하지 않아 천연희는 계속 농사를 짓고 있었다. 그러던 중 카이저 부동산개발 회사가 비숍 재단과 계약을 체결하고 이 일대의 땅을 개발한다는 계획을 발표했다. 코코크레이터 일대의 임야를 개척해서 대규모 주택지를 건설할 예정이었다. 그 일대의 농민들은 모두 떠나야 했다. 1962~1963년의 일이다.

## 9. 다시 개척자가 되다

부동산 개발 계획이 발표되자 코코헤드의 농민들이 결집하여 농민회 farmers' association를 만들었다. 회장은 국화와 장미를 기르는 해리 아카베 Harry Akabe라는 사람이었다. 비숍 재단에서는 농민들에게 대토代土(토지를 수용당한 사람이 인근 허가 구역 안에서 같은 종류의 토지를 구입하는 것)를 해 준다고 약속했지만 실행을 차일피일 미루었다. 그러던 중 아카베가 차 사고를 당해 병원에 입원하는 일이 발생했다. 새 회장을 선출할 것인가 말 것인가를 두고 농민회에 내분이 일어났다. 대리회장으로 있던 이규설이 주정부에 탄원해서 RCA[5] 땅을 빌리게 되었으나 이를 두고 몇몇 회원들 간에 서로 가지려고 시비가 일었다. 그러나 이 땅은 학교 부지로 내정된 곳으로, 몇 해 동안만 농사를 지을 수 있도록 주정부의 허락을 받은 시한부 임대지였다. 카네이션, 장미, 국화 농사를 짓는 사람들은 코코헤드 언덕 중간쯤에 있는 땅 35~36에이커를 얻어 일곱 지역으로 분할했는데 천연희는 제7호를 가지게 되었다. 계약기간은 1년이고, 개발 후에는 카이저 회사가 계약을 갱신해 주겠다고 했다. 그 땅은 물도 전기도 없고 소를 키우던 땅으로 키아베 나무만 무성한 곳이었다. 일곱 가구 중 이규설과 천연희만 한국인이고 나머지는 일본인이었다. 천연희는 농사를 짓기보다는 집을 짓고 살 요량으로 땅을 빌렸다. 당시 건강이 좋지 않았던 남편이 코코헤드를 떠나기 싫어했기 때문이다.

카이저 회사로부터 이주 명령을 받은 농민들은 꽃 한 가지, 파이프 하나도 빠뜨리지 않고 옮겼다. 꽃에 물을 줄 때 필요한 파이프 값만도 여간 많

---

5 천연희의 노트에 RCA라고만 표기되어 있어 구체적인 회사 이름은 알 수 없다.

지 않았기 때문이다. 이삿짐뿐만 아니라 화장실도 옮겨야 해서 큰 트럭이 동원되었다. 1964년 5월 6, 7일경이었다. 마침 큰아들이 한 달 동안 휴가를 얻어서 이사를 도왔다. 이주한 땅은 황무지여서 비만 오면 흙이 다 쓸려 내려가고 길이 파여서 사람들이 걸어 다니기조차 힘들었다. 물론 차도 들어오지 못했다.

천연희는 다시 개척자가 되어야 했다. 불도저와 사람을 고용해서 땅을 고르고, 집을 옮겨 와서 수리하고 마당을 닦은 후 밭에 파이프를 놓았다. 간신히 물을 대고 농사지을 준비를 했다. 수력이 약해서 물이 졸졸 나와 변소와 부엌에서 쓸 물을 마당에서 길어다 써야 했다. 전기가 들어오지 않아서 석유 등잔과 촛불로 어둠을 밝히면서 살았다. 몸이 불편한 남편 때문에라도 전기가 꼭 필요해서 매일같이 전기회사에 가서 간청했지만 소용이 없었다.

남편의 병은 점점 위중해져서 결국 병원에 입원하게 되었다. 남편은 전역군인이었기 때문에 참전군인들을 위해 마련된 트리플러 병원에 들어갔다. 천연희는 혼자 농장에 남게 되었다. 코코헤드의 농장에서 카네이션을 키우며 너른 뜰과 안락한 집에서 편안히 살던 두 사람은 이제 하나는 병원에, 또 하나는 황무지에 살아야 했다. 질풍노도와도 같던 삶을 정리하고 코코헤드에서 편안한 노후를 맞을 줄 알았던 천연희는 그 꿈을 이룰 수 없음을 깨달았다.

병원을 오가며 극진히 남편을 간호하면서 남편과 함께 농장에서 살리라는 희망을 품었지만 결국 남편은 세상을 떠났다. 황무지로 이사한 지 두세 달 만이었다. 남편은 전역군인들이 묻히는 펀치볼 묘지Punchbowl Cemetery(국립태평양기념묘지)에 안장되었다. 언어와 인종을 떠나 깊은 정을 나누며 살았던 남편이 떠난 것이다. 천연희가 낳은 4남매를 자기 자식처럼 대하고 길러준 사람이었다. 자식들을 위해 밤낮없이 뛰어다니면서 일하는 천연희를 이해하고 말없이 곁에서 도와준 남편이었다. 천연희는 남편과 모처럼 부부애를 느끼며 오래오래 다정하게 살고 싶었다. 황무지를 일구어 나무와 꽃이 가득한 정원을 꾸며서 남편을 기쁘게 해주고 싶어 했다. 그 정원이 완성되기 전에 가버린 남편을 그리워하며 천연희는 남편이 '참 좋은 사람'이었다고 회상했다. 일생을 전투하듯 살아 온 그의 삶을 지탱해준 것은 그같이 잔잔한 사랑의 마음이었다.

## 10. 홀로 남다

남편이 세상을 떠난 후 4년여 동안 천연희는 힐탑에서 농사를 지으며 홀로 살았다. 임대 계약이 만료되자 주택 개발이 시작되어 불도저가 오가고, 길이 사라지고, 농장 일대는 공사판이 되었다. 다니기조차 힘들어졌다. 게다가 1965~1966년에 비가 많이 와 그 일대에서 농사짓는 사람들이 큰 손해를 보았다. 엎친 데 덮친 격으로 카네이션에 병이 돌아 작황에 문제가 생겼다. 미국 본토에서 씨를 가져다 심어 재배에 성공했지만 구입비용이 많이 들어서 실제로 이익이 많지는 않았다.

1967년 10월 말 다음 해 농사를 준비하려고 본토에 있는 회사에 하얀색 2,000개와 분홍색 2,000개를 주문했다. 주문 후 한 달 만에 꽃이 도착해서 심었지만, 비가 많이 와 꽃이 4월에 제대로 피지 못했다. 더구나 파업으로 전차가 다니지 않아 인부들이 농장에 오지 못해 꽃을 제때 따지 못하는 바람에 밭에서 꽃이 그대로 썩어 갔다. 1월에는 주문한 꽃마저 오지 않아 졸업 시즌에 카네이션을 팔지 못했다. 경제적·심적으로 큰 타격을 받았다.

조금이라도 손해를 메꾸려고 채소농사를 시작했다. 이웃에 있는 일본인들이 채소농사를 권했다. 파슬리, 파, 붉은 오이[6]를 심었다. 하지만 본격적인 수입을 얻기보다는 소일거리 정도였다.

농사짓는 땅의 계약 문제는 잘 해결되지 않았다. 카이저 회사가 개발하면 그 비용을 농민들이 나누어 낼 작정이었다. 농민들과 카이저 회사, 그리고 비숍 재단이 교섭하여 농민들과 55년간 계약한다는 조건으로 농지를 임대할 수 있도록 했다. 그러나 부부가 모두 전일제 농사를 지어야 한다는 조건이 붙어 천연희는 계약을 하지 못했다. 남편이 없으니 아들과 함께 계약할 수 있었으나, 아들이 전업농이 되기를 원하지 않았다. 이주했던 집터에는 카이저 중학교가 들어오기로 해서 떠나야 했다. 힐탑에 자신의 경비로 지은 집이 있었지만 땅에 대한 권리가 없어서 빈손으로 떠나게 된 것이다. 1969년 6월의 일이다.


## 11. 나오며

"나는 우리 아이들 공부시킬 목적으로 내가 돈을 내 손으로 벌어서 내 자식을 공부시킬 목적이었다(생각이었다). 남에게 의지하지 않을 작정이었다(천연희 노트 2권: [111])." 천연희는 노트와 구술에서 이 같은 말을 누차 되풀이했다. 그는 자녀 교육에 온 힘을 쏟았다. 자녀들을 잘 키우려면 홀로서야만 했다. 가장이 되기로 결심하고 본인이 할 수 있는 어떤 일도 마다하지 않았다. 바느질, 빨래, 식당일 같은 노동부터 시작했다. 어느 정도 자

---

6  붉은 오이가 어떤 채소인지는 확인하지 못했다.

금이 모아지자 새로운 사업에 눈을 돌렸다. 그를 유능한 사업가로 만든 것은 자녀들에 대한 책임감이었다. 어머니이면서 아버지의 역할을 대신해야 했기에 그는 스스로 강하고 유능한 어머니상을 만들어 갔다. 사업이 성장하듯이 천연희가 만든 어머니상도 커져 갔다. 작은 규모의 숙박업을 시작으로 얼마 되지 않아 큰 호텔을 경영했으며 카네이션 농사에서도 소기의 목적을 달성했다. 그러나 뜻하지 않은 사건들이 연속해서 일어나면서 천연희는 사업을 축소해 나갈 수밖에 없었다. 그러다가 마침내 완전히 사업에서 손을 떼었다. 그는 여기까지가 자신의 운이라고 하였지만, 실은 경제활동의 동력이 점차 줄어들었다는 점도 무관해 보이지 않는다. 여섯 자녀의 교육비 마련은 물론이고 자녀들의 결혼과 출산 등 크고 작은 일이 생길 때마다 그들은 어머니의 힘을 필요로 했고, 천연희는 자녀들의 보호막이 되어야 했다. 그의 손에서 일을 놓을 수 없는 중요한 이유였다. 언제 어디서 불어올지 모르는 비바람을 막아 주는 울타리가 되고 싶어 한 어머니의 품은 크고 튼실했다. 시간이 흘러 이제 자녀들은 어머니의 보호 없이도 살아갈 수 있게 되었다. 각자 자신들의 가정을 이루고 자리를 잡았다. 1969년, 그의 나이 73세 때 그는 일선에서 물러났다고 노트에 기록하였다. 그러나 본격적인 경제활동에서 물러난 후에도 천연희는 간간이 공장에 나가 일하면서 자식들에게 의지하지 않고 살았다. 고령의 나이에도 강한 어머니상을 유지하면서 살았다. 1997년, 자녀들을 키우기 위해서 용감한 전사가 되었던 어머니는 101년의 고된 여정을 마무리하고, 지상에서 애잔한 사랑을 나눈 남편을 찾아 길을 떠났다.

# 천연희의 사회참여 활동

김점숙(명지대학교)

## 1. 들어가는 글

1915년 6월 20일 하와이에 도착한 천연희는 생면부지의 땅인 하와이에 첫발을 내딛는 순간부터 하와이 한인 사회와 인연을 맺었다. 그녀는 하와이 한인 사회에 깊은 관심을 갖고 한인 교회와 한인 사회단체 활동에 적극 참여하였다. 천연희 노트 중 천연희의 사회활동에 관한 기억은 1980년 6월 20일부터 기록하기 시작한 7권과 1984년에 기록한 8권에 집중되어 있다. 1971년 10월 27일부터 기록하기 시작한 1권의 뒷부분([103]-[104])과 2권의 앞부분([1]-[40])에도 일부 포함되어 있다.[1] 천연희 노트에서 사회활동에 관한 내용은 전체 분량의 35%를 차지한다.[2]

---

1 노트 2권과 3권의 기록 시점은 알 수 없다. 다만 1권부터 3권까지는 글씨 크기가 작고 가늘다. 5권과 6권도 기록한 날짜가 적혀 있지 않은데, 굵은 사인펜으로 큰 글씨로 적어서 1권부터 3권까지와는 기록한 시기가 다른 듯하다.
2 천연희 노트의 전체 분량은 200자 원고지 1,360매이고 그중 사회활동에 관한 내용의 분량은 477매이다.

12, 13세부터 교회에 나간 천연희는 하와이에서 첫 삶을 시작한 마우이 섬에서도 교회를 다녔다(천연희 노트 7권: [11]). 그러다 1922년 말 오아후섬의 와히아와Wahiawa로 이사한 뒤에는 이승만이 중심이 되어 새롭게 개척한 한인기독교회를 다녔다. 노트에는 감리교회에 다니던 한인들이 별도로 한인기독교회를 개척하게 된 이유와 한인기독교회의 변천 과정, 그리고 이민 생활에서 교회의 역할 등이 기록되어 있다.

천연희는 노트에 이승만이 발행하는 『태평양잡지』와 국민회 기관지인 『국민보』가 배달되는 날을 손꼽아 기다렸다고 적고 있다. 그것을 통해 하와이 한인 사회와 고국에 대한 그녀의 관심을 짐작할 수 있다. 그녀는 자신이 "하와이에 들어왔을 때부터 (나는) 국민회원으로 동지회원이다."라고 기록하였다(천연희 노트 3권: [77]-[78]). 그녀가 하와이에 도착했을 때, 1909년에 조직된 대한인국민회 하와이 지방 총회(이하 '하와이 국민회'라고 함)가 하와이 거주 한인들을 대표하는 단체로 활동하고 있었지만 대한인 동지회는 1921년 7월 7일에 조직되었으므로 엄밀한 의미에서 "하와이에 들어왔을 때부터"라는 표현은 부적절하다. 이 표현은 그녀가 하와이에 도착하자마자 하와이 국민회에 가입하였고, 1921년에 대한인동지회가 설립되자 초기부터 대한인동지회의 회원이 되었음을 의미한다고 해석하는 것이 논리적이다. 하지만 부정확한 표현임에도 불구하고 그녀의 기록이 소중한 이유는 평생을 하와이 국민회와 대한인동지회의 회원이라고 인식할 정도로 한인 사회에 관심을 가졌던 한 사진신부가 보고 듣고 경험한 내용이 노트에 고스란히 담겨 있기 때문이다. 노트에는 매년 1월에 개최되는 하와이 국민회의 대표 회의인 '통상의회'가 열린 과정과 회의의 구체적인 진행 상황, 하와이 국민회 주도권을 둘러싸고 하와이 한인 사회가 외교 독립론을 강조한 이승만 계열과 무장 투쟁론을 지향한 박용만 계열로 나뉘어 대립했던 상황, 하와이 한인 사회 내 주요 지도자들에 대한 기억이 묘사되어 있다.

천연희가 회원으로서 활동했다는 것이 다른 자료를 통해 확인되는 단체는 1919년에 조직된 대한부인구제회와 1921년에 조직된 대한인동지회이다. 천연희는 대한부인구제회가 창립될 때 마우이 지방회에 참가하였고, 1922년 말 오아후섬으로 이주한 뒤에도 계속 활동하였다. 대한인동지회에 가입한 시점은 알 수 없으나 1935년에 두 번째 남편인 박대성과 함께 동지회 회원으로 가입되어 있었다(이덕희 2008: 478, 497). 1931년 이후 대한부인구제회가 동지회 측과 국민회 측으로 나뉘자 동지회 측에 가담하였고, 1937년과 1938년에는 대한부인구제회 동지회 측의 서기로 활동하였다(오은영 2005: 59-60).

천연희는 시종일관 이승만을 적극 지지하고 따랐다. 노트에 밝혔듯이 글씨도 잘 보이지 않는 70~80대에 노트를 쓴 이유도 "일평생 애국자로 고생하며 탑을 쌓은" 이승만의 공을 "무너뜨리고 자기가 가지려고 하는" 것이 옳지 않다고 여겼기 때문이다(천연희 노트 8권: [52] (40)[3]). 그래서 한인 사회에 대한 그녀의 기억은 이승만을 중심으로 한 외교 독립론에 입각한 활동, 하와이에서 이승만이 설립한 한인기독학원과 한인기독교회, 1921년 조직된 대한인동지회, 1925년 이승만이 설립한 동지식산회사와 동지촌 사업 등에 초점이 맞추어져 있다. 특히 동지촌 사업의 파산으로 촉발된 1930년대 초반 하와이 한인 사회의 분쟁에 대해 자세히 그리고 여러 차례 반복해서 기록하였다. 천연희는 김원용이 『재미한인오십년사』(1959)에서 그러한 분쟁이 이승만 때문에 초래되었다고 지적한 것을 비판하고 분쟁의 원인이 김현구를 위시한 반이승만 계열에 있었다고 강조하였다.[4] 이와

---

3 천연희 노트 8권에는 쪽수가 매우 혼란스럽게 적혀 있다. 탈초脫草를 할 때 이야기의 순서에 따라 쪽수를 바로잡았다. 바로잡은 쪽수는 [ ]에, 천연희가 적은 쪽수는 ( )에 표시하였다.

4 박용만의 지지자로 분류되는 정두옥이 쓴 『재미한족독립운동실기』(인하대학교 한국학연구소에서 발행하는 『한국학 연구』 3의 별집으로 1991년에 영인 출간)도 있지만 천연희는 정두옥의

같이 상반된 기억에 대해서는 엄밀한 사료 비판이 요구된다.

본 해제에서는 천연희의 사회참여 활동에 초점을 맞춰 천연희 노트의 내용을 소개하고자 한다. 노트에는 천연희가 한인 사회에 관심을 갖게 된 이유, 한인 사회단체에서의 활동 내용, 그녀가 보고 들은 하와이 한인 사회에 대한 기억이 포함되어 있다. 그리고 그러한 사회참여 활동이 천연희의 삶에서 어떠한 의미를 가지는지 살펴보고자 한다.

## 2. 하와이 한인 사회의 두 지도자, 이승만과 박용만

한인 이민 1세대를 인터뷰한 소니아 신은 사진결혼을 통해 미국 땅을 밟은 한인 이민 1세대 여성들이 미국으로 이민하게 된 동기를 세 가지로 정리하였다. 첫째는 일본의 침략에서 벗어나고자 하는 정치적 동기, 둘째는 유교 사상을 바탕으로 한 한국 봉건 사회의 여러 가지 차별, 특히 남녀 차별로부터 벗어나고자 하는 사회적 동기, 셋째는 '황금의 나라'로 여겨진 미국에 대한 동경, 즉 가난으로부터 벗어나고자 하는 경제적 동기였다고 한다(신성려 1988: 89-90). 천연희는 노트에 사진결혼을 결심하게 된 이유에 대해 다음과 같이 적고 있다.

"우리는 공부하여 자유를 원했지만 일본 제국은 정치적 자유가 없이 출사(出仕) 주사(主事)를 결박하여 미국 민주(주의) 데모크라시(democracy)를 원해서 사진혼인으로 들어오고자 희망한 것이다." (천연희 노트 2권: [101]).

---

기록은 보지 못하였는지 주로 김원용이 쓴 『재미한인오십년사』의 내용을 비판하였다.

한인 사진신부들은 대부분 가난으로부터 벗어나고자 하는 경제적 이유와 남녀 차별적 사회에서 박탈당한 교육에 대한 열망으로 이민을 택하였다. 하지만 넉넉한 가정환경에서 태어난 천연희가 미국행을 선택한 첫 번째 이유는 국권을 상실한 조국에서 누릴 수 없었던 자유와 민주주의에 대한 열망, 즉 정치적 동기 때문이었다. 그런 까닭에 천연희는 하와이에 도착한 이래 힘든 생활 속에서도 농장 밖 세상의 소식을 들으려고 노력하였다. 천연희는 "하루는 『태평양잡지』가 오고 『국민보』가 와서 내가 참 기뻤다."라고 한인 신문을 접했을 때의 기쁨을 표현하고 있다(천연희 노트 1권: [101]). 또 일주일에 한 번씩 오는 신문 잡지를 받아 보기 위해 그날이 오기만을 기다렸다고 기억하고 있다. 『태평양잡지』와 『국민보』 등 한인 단체에서 발행하는 신문과 잡지는 천연희가 조국과 미주 한인 사회, 그리고 세상 돌아가는 소식을 알 수 있었던 주요 통로였기 때문이다.

천연희가 하와이에 도착한 1915년 6월은 하와이 국민회의 총선거를 둘러싸고 박용만을 지지하는 세력과 이승만을 지지하는 세력 간의 분쟁이 고소와 맞고소로 이어지면서 하와이 한인 사회가 크게 요동치는 시기였다.[5] 천연희는 자신이 도착했을 당시 하와이 한인 사회의 정황에 대해 "이

---

5 하와이 국민회는 1914년 말부터 이승만을 지지하는 파와 반대하는 파로 나뉘었다. 총회 임원회에서 국민 의무금을 미납했다는 이유로 부회장 후보로 추천된 이승만 계열 인물인 안현경을 후보에서 제외하자 이승만 계열이 1914년 12월 7일로 예정된 총선거를 무산시키면서 하와이 한인 사회의 분규가 시작되었다. 총선거가 무산되자 총회장 김종학을 비롯한 총회 임원진이 총사퇴하였으나 이어 치러진 선거에서 김종학이 992표 대 105표의 압도적 표차로 총회장에 재선되었고, 박용만 계열의 인물들로 1915년도 임원진이 꾸려졌다(김도훈 2010: 94-99). 그 과정에서 1915년 1월 15일 열린 대의회에서 1914년도 회관 건축비 보고서를 조사하던 중 수전위원 박상하와 홍인표의 재정 범용 사실이 발견되었고, 두 사람이 일정 기한 내에 환납하기로 하고 대의원들은 박상하와 홍인표를 용서하기로 하였다. 하지만 이승만과 그 지지 세력은 하와이 국민회 지도부의 재정 범용 사실을 빌미로 신임 임원단을 부인하였고, 1915년 5월 임시 대의회 개최를 요구하였다. 임시 대의회는 회의 정족수를 채우지 못한 채 강행되었고, 회의 중 이승만 반대파와 지지파 사이에 분쟁이 일어나자 의장이 정회를 선포하고 퇴장하였음에도 불구하고 회의

승만 박사가 계시고 국민회가 있고 〔대조선〕독립단도 있더라. 교회는 미이미교회요, 감독 교회〔한인 성공회 교회〕는 소수였다."(천연희 노트 7권: [20])라고 기록하였다. 이는 천연희가 하와이 한인 사회가 하와이 국민회의 주도권을 둘러싸고 이승만을 지지하는 세력과 박용만을 지지하는 세력으로 분열되어 있었음을 간파하고 있었다는 것을 보여 준다. 박용만이 오아후·하와이·카우아이섬의 지지자들을 규합해서 대조선독립단을 조직한 때가 1919년 3월 3일이므로 천연희가 "독립단도 있더라"라고 한 것은 후에 대조선독립단으로 결집한 박용만 지지 세력이 하나의 세력으로 형성되어 있었음을 의미한다고 할 수 있다(오영섭·홍선표 외 2013: 205).

천연희는 하와이 한인 사회의 두 지도자인 박용만과 이승만에 대해 다음과 같이 기억하고 있다.

"박용만 씨는 군으로 군무대학을 마치고 군무로 박사학위를 마치고 하와이를 나와서 우리 동포들을 위하여 일하기를 원해서 카네오헤[Kaneohe] 무건지대(武建地帶, 무술을 연마하는 장소)를 얻어 동포를 모아 놓고 조련하고 군인을 양성하는 일을 하였다. 오호라 시대여, 때가 아니로다. 우리나라는 벌써 일본의 속국으로 철삿줄로 동여매인 백성이 되었는데, 하와이의 다 늙은 아저씨들에게 군무를 교육하면 무엇을 할꼬. 시간 허비, 재정 허비로다." (천연희 노트 7권: [20]-[21])

---

는 계속되었다. 지지파는 그 자리에서 정인수를 임시총회장으로 선출하였고, 정인수는 김종학이 국민회관 건축비를 횡령했다며 그를 하와이 법정에 고소하였다. 6월 15일 임시 대의회가 소집되었고, 그 자리에서 홍한식을 총회장으로, 정인수를 부회장으로, 안현경을 총무로 선출함으로써 국민회는 이승만 지지 세력에 의해 장악되었다. 그러자 김종학은 6월 15일 행해진 회장단 선거가 무효라고 홍한식 총회장을 상대로 소송을 제기하였다. 공금 횡령으로 고소된 김종학은 증거 불충분으로 무혐의 판결을 받았고, 홍한식 회장단에 대한 김종학 회장단의 고소는 김종학 회장단이 소송을 취하함으로써 일단락되었다(이덕희 2013: 74-77).

천연희가 "군무로 박사학위"를 받았다고 기억한 박용만은 1906년 헤이스팅스 대학에서 정치학으로 학사학위를 받았다(김도훈 2010: 13). 박용만의 학력에 대한 천연희의 기억은 부정확하지만, 천연희는 박용만의 독립운동 방략을 적확하게 파악하고 있었다. 나아가 조국의 독립을 위해 무장투쟁을 강조하고 군인을 양성하는 일에 주력하는 박용만의 독립운동 방략이 일제의 압제하에 있는 조국의 현실에 맞지 않는다고 판단하였다. 또한 천연희는 박용만의 독립운동 방략에 동조하지는 않았지만, 박용만이 지방열을 부추기지 않고 민족의 단결을 강조했다는 점에서 "애국자요 인도자"라고 높이 평가하였다(천연희 노트 7권: [28]-[29]).

반면에 "이승만 씨는 철학과 정치학을 마친 애국자 사상가"로 "우리나라 형편으로는 이러한 인도자가 있어야 된다."고 전제하고, 그가 "국민회 주필도 하시고 『태평양잡지』는 이승만 씨가 애국 정신으로 글을 써서 발간하시매 동포들이 정신상으로 발전되어 애국 사상이 더 분발하였다."라고 평가하였다(천연희 노트 8권: [3](3)). 천연희는 이승만이 군무를 중시하는 박용만과는 달리 "정치와 교육과 종교 방침으로 일"을 했다고 기억하고 있다(천연희 노트 7권: [26]). 이때 정치는 세계열강을 상대로 한국의 독립을 호소하는 외교 독립론을 말하는 것으로, 그 예로 "그때 일차 전쟁이 끝나 세계평화담판회〔파리평화회의〕가 열리고 약소국동맹회가 열리고 군축담판회〔워싱턴군축회의〕가 열릴 때에 우리 국민회에서 대표로 보낼 때 이승만 씨가 가시고 안현경 씨, 미국에 계시는 서재필 씨가 가게 되었다. 그 경비는 우리 국민회원들이 국민회에서 부담했다. 대표 정한경 씨도 갔다."라고 기억하고 있다(천연희 노트 7권: [30]-[31]). 또한 교육과 종교 면에서 "이승만은 민족을 발전시키고 우리 아이들에게 한국 정신을 여어〔넣어〕 주신 교육을 하시었다. 그래서 〔한인〕기독학원을 세우시고 신앙에도 자유 교회를 세우셨다."라고 썼다(천연희 노트 8권: [3](3)).

또 "내가 하와이에 올 때 이승만 씨가 계시고 민족을 위하여 일을 많이 하셨다. 특별 정치나 신앙으로 우리 민중을 도와서 일을 하시지만 개인의 사업도 많이 인도하여 무엇을 하면 시대에 좋다 하시고 많이 도와주셨다."(천연희 노트 7권: [82])면서 조직적 활동뿐만 아니라 한인들의 경제활동에 큰 도움이 되었던 카네이션 꽃목걸이 사업도 이승만의 권유로 시작되었다고 기억하였다.

천연희가 노트에 "내가 이승만 씨를 인도자라 섬기고 동지로 일한 것도 이승만 씨 개인을 믿고 따라간 것이 아니요, 그의 애국하는 주의를 〔따라〕 같이 동지로 일한 것이다."(천연희 노트 3권: [78])라고 적었듯이 천연희는 이승만의 독립운동 방침이 시의에 맞는다고 판단했고, 시종일관 이승만 지도하에 있던 단체와 교회에서 활동하였다.


## 3. 하와이 정착과 한인 교회, 그리고 한인기독학원

천연희는 자신의 결혼식에서 하와이 한인 사회의 중심축이라 할 수 있는 한인 교회와 처음 만났다. 천연희는 1915년 6월 27일 입국 심사를 마치고 호놀룰루 시내 킹 스트리트 뒤편에 있는 해동여관에 머물렀다. 6월 29일 같은 배로 하와이에 도착한 한국 처녀 두 명과 합동결혼식을 올렸는데, 결혼식장은 이승만이 운영하던 한인중앙학원이었고, 주례는 제일한인감리교회(현 그리스도 연합감리교회)의 홍한식 목사였다(천연희 노트 2권: [51]-[53]).[6] 교회 아주머니들이 면사포를 구해다 주는 등 도움을 주었다.

---

6  홍한식 목사는 천연희가 하와이에 도착하기 닷새 전인 1915년 6월 15일에 하와이 국민회의 총회장으로 선출되었다.

첫 정착지인 마우이섬에 들어갔을 때 파이아 농장의 캠프 원(푸우네네)에서 "성대한 환영회"가 열렸는데, 그 장소도 예배당이었다.[7] 김이제 목사의 설교에 이어 천연희가 고국의 소식을 전하였는데 "남녀가 자유의 인격을 자랑하는 이 시대를 맞이하여 남녀동등이라고 하는 자유를 어떤 형편으로는 너무나 많이 쓰는(누리는) 형편도 있다."고 말하였다고 한다(천연희 노트 2권: [54]). 여성들이 자유를 함부로 남용하는 방종의 모습도 있다는 자신의 생각을 피력한 것이다.

천연희가 생면부지의 낯선 환경에 적응하는 데 먼저 와 있던 한국 사람들이 큰 도움이 되었다. 사진결혼을 한 다른 남자들은 여자가 들어올 때가되면 농장의 십장에게 말하여 집을 얻어서 미리 준비해 놓고 아내가 오면그 집으로 데리고 갔는데, 천연희의 남편인 길찬록은 집도 준비해 놓지 않았다. 그래서 사진결혼을 중매한 박금우 씨 집에서 일주일간 머문 후 김익서 씨 집에서 한 달간 더 머물렀다. 김익서 씨의 부인 천엘리자벳이 "하도답답하여 자기 집에 한 달이나 데리고 있다가 자동차를 구하고 살림을 대강 사고 하여 자기 동생 살림 내듯이 나를 집 얻은 데로 보내 주었다."(천연희 노트 1권: [48]-[49])고 한다. 독립한 후에도 천연희는 생활에 필요한 것들을 주변의 한국 아주머니들을 통해 배웠다. 이관실 씨 부인은 천연희를 딸처럼 돌보아 주었다. 돈이 없어 임신 중에 과일과 채소, 생선을 사먹을 수없던 천연희가 빨래 일을 해서 돈을 벌기 시작한 것도 이관실 씨 부인의 조언 덕분이었다. 빨래하는 법도 같은 캠프에 사는 한국 부인에게서 배웠다.

하지만 천연희가 살았던 캠프에는 한국 아주머니가 한 명뿐이었고, 다른 캠프는 1마일이나 떨어진 곳에 있었다고 한다. 이렇게 각 캠프에 흩어

---

7 천연희가 하와이에 도착한 1915년에 하와이에는 13개의 한인감리교회가 설립되어 있었다. 파이아 농장의 캠프 원이 있던 푸우네네에 한인감리교회가 설립된 시기는 1907년이다(그리스도연합감리교회 2003: 8).

져 있던 한인들이 모여서 고국의 소식을 나누고 세상 돌아가는 이야기를 나눌 수 있었던 장소가 교회였다. 천연희는 자기가 마우이에 도착했을 때 마우이의 한인들은 모두 캠프 원에 있는 미이미교회에[8] 다녔다고 기억하고 있다(천연희 노트 2권: [55]). 그해 말에 대한인국민회 중앙총회장인 안창호가 마우이를 방문했을 때 미이미교회에서 환영식을 겸한 원족회를 개최했는데 천연희도 참가해서 "유희로 하루해를 재미있게 지냈다."고 썼다.[9]

1922년 말 자녀 셋과 함께 오아후섬으로 거주지를 옮긴 천연희는 와이파후Waipahu의 케아후아Keahua에 있는 캠프 5에서 식당 일을 도와주며 석 달 동안 캠프 주인집에서 곁방살이를 했다(천연희 노트 1권: [73]). 그 무렵 농장에서 나온 한인들이 일자리를 찾아 스코필드 군영과 CB 파인애플 창고가 인접한 와히아와 지역으로 몰려들고 있었다. 와히아와에 몰려든 한인들은 파인애플 공장에서 일하거나 병영의 군인들을 고객으로 양복점과 세탁소를 운영했는데, 그들이 천연희에게 한글학교 교사직을 제안하였다(천연희 노트 1권: [73]-[74]). 형편이 어려웠던 천연희는 그 제안을 수락했고, 와히아와 팜 스트리트에 있는 와히아와 한인기독교회로 옮겨 갔다.[10] 이렇게 한인기독교회와 인연을 맺게 된 후 천연희는 줄곧 한인기독교회를 다녔다.[11]

---

8 미이미교美以美教는 감리교의 한자어이다.

9 안창호는 1915년 2월 대한인국민회 중앙총회장으로 선출되었고, 하와이 지방의 분규를 중재한다는 목적으로 그해 8월 31일에 호놀룰루에 도착하였다. 안창호는 4개월 동안 오아후섬의 와히아와와 에바 농장, 여자 기숙사와 여러 한글학교, 그리고 마우이섬, 카우아이섬, 하와이섬에 있는 한인들을 둘러보고 12월 22일 돌아갔다(이덕희 2013: 77-78).

10 이 교회는 1919년 20명의 한인들이 시작하였다. 처음에는 팜 스트리트의 끝쪽에 있는 집을 임대해서 예배를 드렸고, 주중에는 한글학교로 사용하였다(독립기념관 홈페이지의 국외 독립운동 사적지/와히아와 한인기독교회. 검색일 2016. 5. 21. http://oversea.i815.or.kr/country/?mode=V&p=2&l_cd=america&area=ARA059&m_no=US00105)

11 와이파후 농장에서 일할 때는 한인기독교회를 나가지 않은 듯하다. 천연희 노트에도 언급이 없고, 와이파후에서 카이무키 지역에 있던 한인기독교회까지 거리가 멀어서 다니기가 용이하지 않았을 것이다.

한인기독교회는 이승만의 지도하에 하와이 한인들이 하와이 감리교 선교부에서 독립하여 새롭게 개척한 교회였다(이덕희 2008: 35-36). 천연희는 와히아와 한인기독교회에 딸린 작은 방에서 살았다. 주중에는 매일 3시 반부터 5시까지, 토요일에는 오전 8시부터 오후 2시까지 아이들에게 한글을 가르쳤고, 나머지 시간에는 재단사 일을 해서 돈을 벌었다. 오아후섬에서 교회는 천연희에게 믿음과 교제의 공간일 뿐만 아니라 생계를 꾸려 나가는 공간이었다.

천연희는 1924년 초 박대성과의 사이에서 아들 해리를 출산하고 그해 3월 18일 첫 남편인 길찬록과 이혼한 뒤, 4월 7일 박대성과 결혼하였다. 그리고 박대성의 둘째 아이인 애들라인을 임신한 채 호놀룰루 항구 근처로 이사했다. 호놀룰루에서도 천연희는 여전히 한인기독교회를 다녔다. 호놀룰루 지역의 한인기독교회는 몇 차례 이동을 거쳐 천연희가 호놀룰루로 이사를 나온 1925년 무렵에는 노스스쿨 스트리트 622번지에 있었다. 천연희는 한인기독교회가 소재한 위치에 대해, "그때에 우리 교회가 미이미교회에서 분열한 후 호놀룰루 카이무키 지방에 헌 집을 세내어 예(배)당에서 예배를 봤다. 그 후에 릴리하 스쿨 스트리트에 땅을 사고 예배당을 하였다. 그 후에 이 예배당이 작아 스쿨 스트리트(에 있는) 지금 한국 양로원이 (있는 자리를) 한인들이 교회로 썼다. 그 후에 호놀룰루 릴리하 거리에 땅을 사고 한인기독교회를 서울 광화문 모양대로 지었다."(천연희 노트 7권: [42])라고 비교적 정확하게 기억하였다.

천연희가 한인기독교회를 다니게 된 이유는 무엇이었을까? 전술한 바와 같이 오아후에 왔을 때 와히아와 한인기독학교에서 한글학교 교사직을 제안한 것이 중요한 계기가 되었을 것이다. 하지만 그러한 경제적 이유뿐만 아니라 한인기독교회가 독립적이고 민족적인 성격을 띤 교회라고 생각한 것이 중요한 요인으로 작용하였다.

제1부_ 천연희 노트의 배경과 해제

"이 교회는 한국 사람의 독립 교회로 한국 사람이 자치(自治)로 해 갔다. 예수교 미션(선교부)에 1년에 내는 것은 내어도 누구의 절제도 받지 않고 우리 교우들이 재정과 모든 것을 자치로 하여 갔다."(천연희 노트 7권: [43])

천연희는 노트에 한인기독교회가 만들어진 역사적 배경을 비교적 상세히 적었다. 천연희는 자신이 하와이에 도착했을 때만 해도 한인들이 대부분 감리교회를 다녔는데, "이승만 씨는 애국자로 죽어도 내 나라, 살아도 내 나라 내 민족을 위하여 일해야 되는 고로, 첫째는 나라는 잃었지마는 교회에 신앙은 자유로 서야 한다는 생각"(천연희 노트 7권: [37])으로 한인기독교회를 세웠다고 기억하였다. 또한 와드먼 감리사가 "한인은 수가 적고 일본에 합방된 민족이라 예수 믿는 자유도 일본 교회 밑에서 자유가 없는 것으로 취급"(천연희 노트 2권: [12])했고, 그래서 "우리 교인들은 예수를 믿어도 만족감이 없었다. 그래서 우리가 (스스로) 돈을 내고 믿는 자유교(회)를 원하였으며"(천연희 노트 2권: [12]) "교회에 신앙은 자유로 서야 한다"(천연희 노트 7권: [37])는 생각에서 한인기독교회를 개척하게 되었다고 썼다. 즉 국권을 상실한 상황에서 친일적 성향의 와드먼 감리사의 태도와 민족 차별 때문에 독립 교회를 개척하고자 했다는 것이다. 천연희가 한인기독교회 성립 과정에서 강조한 독립성과 민족적 성격, 그것이 천연희가 한인기독교회를 선택한 이유라 할 수 있다.

천연희는 1924년 3월 18일 첫 남편인 길찬록과 이혼했을 때 두 아이를 한인기독학원Korean Christian Institute; KCI에 맡겼다. 길찬록이 첫째와 둘째를 데려갔는데 아이들을 돌보지 않아 천연희가 아이들의 옷을 해다 입히고, 기숙학교인 한인기독학원에 입학시켰다(천연희 노트 1권: [98]). 당시 학교는 칼리히 밸리의 쿨라 콜레아 드라이브 2471번지에 있었다. 1930년 8월 16일자 『호놀룰루 스타 불러틴Honolulu Star-Bulletin』에 실린 "Fund

Started for Benefit of Korean Home"에 따르면 한인기독학원은 100명의 학생을 수용할 수 있었고, 학비는 무료였지만 기숙비로 한 달에 10달러를 내야 했다(이덕희 2008: 277). 아이들은 한인기독학원에서 7학년까지 공부한 뒤 고등학교에 입학할 수 있었다(천연희 노트 1권: [100]). 그때 한인기독학원 교장이 김노듸였다.[12]

한인기독학원의 운영에 대해서도 "각 농장에 있는 우리 동포 남녀 학생들에게 한국 글도 가르치고 영어도 가르쳤다. 그때 백인 부인 스타크스[L. G. Starks]라 하는 처녀 부인, 늙은이가 학원을 맡아 보았고 한국 여자도 있었다. 하도 많이 갔다 왔다 해서[바뀌어서] 김(손)노듸가 제일 오래 있었다. [김(손)노듸는] 이원순 부부, 부인 매리와 기독학원의 홈장[원장]으로 시무하였다."(천연희 노트 7권: [40])라고 기록하였다. 천연희는 한인기독학원을 설립할 때 이승만이 한인 동포뿐만 아니라 "딜링엄[Dillingham] 씨, 보스윅[W. Borthwick] 씨,『[호놀룰루] 스타 불러틴』의 사장 앨런"과 같은 미국인들로부터 원조를 이끌어 냈다고 하면서 "이승만 씨가 보통 사람이 아니요"라고 감탄하고 있다(천연희 노트 7권: [39]).

천연희는 이승만이 한인기독학원을 설립하기 전 하와이에서 벌인 교육 활동에 대해 자신이 보고 들은 내용을 다음과 같이 기록하였다.

"미이미교 닥터 와드먼이 보는 학원[한인기숙학교]에 문제가 생기고 분쟁이 나서 학생들이 공부하지 않고 학교를 떠나 섬으로 집으로 다 갔다. 그래서 닥터 와드먼이 이승만 씨에게 도와 달라고 말씀하여서 알아보니 학생과 부모님들이 대단히 골이 나서 자기 자식들을 다 데리고 갔다[고 했다.] 그 이유를 알아보니

---

12 1923년 9월 19일 칼리히 교사와 남녀 기숙사의 낙성식이 거행되었고, 그때부터 1932년까지 김(손)노듸가 교장으로 시무하였다(이덕희 2008: 274, 278).

일본 정부가 우리 학생들을 도와서〔돕는〕 원조금으로 닥터 와드먼을 도와주었다 한다. 그러므로 부모님들이 그것을 알고 자기 자식들을 데려갔다. 우리는 일본에게 원조를 받기를 원치 않고 부모들이 학비를 다 내는데, '우리 원수의 돈을 받아내 자식을 공부시키지 않겠다' 하고 부모들이 말하였다. 〔중략〕 일본이 교회를 이용하여 한국 사람을 잡으려고 하는 것이었다. 〔중략〕 그것을 안 부모들은 '우리가 피땀 흘려 일하여 우리 자식들이 기숙하는 경비를 내는데 일본 나라 원조를 받을 필요가 없다' 하고 농장에 있는 부형들이 다 학생을 데려갔고, 문제가 〔생기자〕 닥터 와드먼이 이승만 씨에게 좀 도와 달라고 하였다." (천연희 노트 7권: [32]-[34])

위 인용문에서 "미이미교 닥터 와드먼이 보는 학원"은 하와이 감리교 선교부가 1906년 8월부터 운영한 한인기숙학교를 가리킨다. 와드먼 감리사가 일본 영사관에서 보조금을 받은 사실이 알려지면서 한인들이 와드먼 감리사에게 반발하였고, 그런 상황을 타개하고자 와드먼 감리사가 이승만에게 한인기숙학교의 교장으로 취임해 달라고 요청했다는 것이다(천연희 노트 1권: [108]).

1913년 8월 한인기숙학교 교장으로 선임된 이승만은 그해 9월 학교 명을 한인중앙학원으로 변경하였다(오영섭·홍선표 외 2012: 48). 이승만은 1915년 6월 한인중앙학원의 교장을 그만두고, 같은 해 9월 한인여학원을 설립해 교장이 되었다. 천연희는 한인여학원의 설립 과정에 대해 "그때에 웨슬리 홈〔Wesley Home〕이 있었다. 각 나라 여자 기숙사가 있었다. 그래서 우리 동포 여자들 학생도 있었다. 이승만 씨가 릴리하 푸우누이〔Liliha Puunui〕의 큰 집을 새로 〔구입하여〕 여자 기숙사를 시작하였다."(천연희 노트 7권: [35])라고 기록하였다.

## 4. 천연희의 한인 사회단체 활동

천연희가 하와이에 도착했을 당시 하와이 국민회가 이미 조직되어 활동하고 있었다. 하와이 국민회에 대해 천연희는 다음과 같이 기록하였다.

"우리나라가 합방된 후에 [대한인]국민회를 세웠는지, 그전에 이 국민회를 창설하였는지 너무 오래되어 기억이 없다. 그러나 그 아저씨들 말씀을 들으면 우리가 외국에 와서 나라가 없는 백성이니 다른 나라 사람에게 피해를 당하여도 호소할 길이 없으니 우리 해외 동포들이 단합하여 우리 한국 백성의 의회, 한국 백성의 국민회를 조직하고 이름을 국민회[國民會]로 하고 이 나라 정부로부터 인장을 받았다.[13] 그래서 하와이[에서]는 국민회가 한국 민족 단체회였다."
(천연희 노트 7권: [22]-[23])

천연희는 하와이 국민회를 미국에 이민 온 "한국 백성의 의회"로 재미 한인들을 보호해 주고 그들의 이익을 대변해 줄 "한국 민족 단체회"로 기억하고 있다. 일례로 "우리나라가 합방된 후에 일본이 미국에 영사를 보내서 미국에 있는 우리 동포가 일본이 한국을 합방했으므로 일본 백성으로 관할하겠다 하여서 우리 국민회에서 우리는 우리나라가 있어 우리 황제의 집조[여권]를 가지고 이민 온 사람이니, 너 일본이 상관[할 것]이 없다 하고 쫓아 보내고 상관[하지] 못[하게] 했다."(천연희 노트 7권: [33])는 일을 기록하였다.

천연희가 하와이 국민회에 직접 참여했는지는 다른 자료에서 확인되지

---

13 대한인국민회 하와이 지방 총회는 1913년 2월 27일 하와이 정부에 법인 설립 인가를 신청하여 6월 9일에 법인 관허를 받아 등록하였다.

　　　　　　　　　　제1부_ 천연희 노트의 배경과 해제

않는다.[14] 하지만 천연희는 노트 곳곳에서 자신이 하와이 국민회의 지지자였음을 밝히고 있다. 또 노트에는 천연희의 하와이 국민회에 대한 관심이 그대로 드러나 있다. 천연희는 1년에 한 번씩 개최되는 하와이 국민회의 통상회의가 조직화되는 과정과 절차, 하와이 국민회 지도부에 대한 생각, 하와이 국민회 내의 분쟁 상황 등을 노트에 기록하였다. 그중 각 지방회에서 거수가결로 선정된 안건이 각 지방 대표가 모인 총회에 상정되어 표결을 거쳐 총회 안건으로 확정되고, 각 지방 대표들의 논의를 거쳐 결정된 사항이 다시 지방회에 전달되어 실행되는 상향식 의사 결정 구조에 대해 아주 자세하게 기록하였다(천연희 노트 7권: [23]-[24]). 천연희는 노트 곳곳에서 미국이 "민주주의 자유국"임을 밝히고 있다(천연희 노트 1권: [50]). 자유와 민주주의를 찾아 미국에 온 천연희에게 하와이 국민회의 상향식 의사 결정 구조는 인상 깊은 장면으로 각인되었을 것이다.

또한 천연희는 "민주주의는 나라를 받들고 남을 먼저 살리고 내가 사는 것이다."(천연희 노트 7권: [3])라고 주장한다. 따라서 천연희는 하와이 국민회의 운영 과정에서 드러난 지도부의 실책을 비판적으로 평가하였다.

"그때 임원들이 옳지 못한 행정을 많이 하여 인민의회(국민회)의 공금을 많이 축내어 그 임원으로 취임식을 하고 다시 총회장을 내었다(선출하였다). (국민)회 돈을 가지고 개인이 장가가는데 길에 쌀을 퍼 대고 많이 남용했다고 한다." (천연희 노트 2권: [5]-[6])

"(그들은) 신용이 없고 많이 타락했다 하더라. 그때에 국민이 내는 자치금이

---

1년에 금화 3원이라 하였다. 그 돈을 공정하게 쓰지 않고 개인이 화려하게 남용한 까닭에 대표원이 [19]14년에 모여서 정리하였다는 말을 내가 들었다." (천연희 노트 7권: [25]-[26])

천연희는 하와이 국민회 지도부의 공금 남용 사건이 1914년에 정리되었다고 기억하였으나 실제로는 그녀가 하와이에 온 1915년에 일어난 일이다. 공금을 자의적으로 사용한 하와이 국민회 지도부의 행동은 민주주의에 대한 천연희의 믿음과 배치되는 것이었다.

천연희는 1919년 3월 15일 여성 대표 41명이 호놀룰루에서 대한부인구제회를 조직하자 마우이섬에서 대한부인구제회의 회원이 되어 평생 동안 대한부인구제회 회원으로 활동하였다. 천연희는 대한부인구제회가 조직되기 전에 "부인애국회"가 있었으나 소수로 힘이 없었고, 그래서 "한국의 청년들 피 흘리고 죽는 남녀를 위하여 그 혈성대를 후원하자 하고" 대한부인구제회를 조직하였다고 기억하고 있다(천연희 노트 7권: [47]). 천연희가 "부인애국회"라고 한 것은 1913년에 조직된 대한부인회를 가리킨다.

천연희는 대한부인구제회가 독립운동을 하는 애국지사를 후원함으로써 "나라의 독립을 찾는 회"였고 "역사가 깊고 사상이 돈독하였다."고 애정을 표현하였다(천연희 노트 7권: [48]). 명칭의 유래도 정확히 기억하고 있는데, 애초에 적십자회를 조직하려 했으나 나라가 없기 때문에 대한부인구제회라 명명하게 되었다고 한다.

마우이섬에서 최초로 조직된 대한부인구제회 지부는 파이아 지방 케아후아에 있었고, 천연희는 서기를 맡았다(천연희 노트 8권: [54](42)-[55](43)). 천연희는 마우이 지회가 조직될 때 열성 회원으로 회장 김익선과 동지회 회원이기도 했던 정영옥, 임호시, 유분조, 오귀임 등을 기억하고 있다(천연희 노트 8권: [55](43)).

대한부인구제회의 주요 활동은 "구제금이나 구제물품을 구하는 대로 한국에"(천연희 노트 7권: [48]) 보내는 것과 서재필, 정한경, 이승만 등 "미국에서 외교하시는 분"들을 후원하고, "신정부에 외교하는 경비를 부담"하는 것이었다(천연희 노트 8권: [21] (13)). 대한부인구제회 회원들은 기금을 마련하기 위해 "베갯잇에 태극 수를 놓아 팔아서 [돈을] 수봉하였"고(천연희 노트 2권: [14]), "떡 장사, 묵 장사, 대구 뜯어서 무쳐서 단지에 넣고 파는 장사"(천연희 노트 8권: [38] (28))를 하고 "전쟁 밥"(천연희 노트 8권: [23] (15))을 만들어 파는 등 다양한 장사를 하였다.

태평양 전쟁 기간 동안에는 "전쟁에서 싸우다가 다친 병자들의 상처에 쓰는 밴디지[bandage, 붕대]를 많이 개" 주는 봉사를 했고, 호놀룰루 항구 건너편에 있는 샌드아일랜드의 포로수용소에 수용된 한인 청년들에게 고추장과 김치 등 한국 음식을 해다 주었고, 미국 가정에 입양될 아이들을 실은 배가 호놀룰루항에 도착하면 그들을 보살피는 등 다양한 봉사 활동을 했다(천연희 노트 8권: [26] (16)-[28] (18)).

천연희는 대한인동지회에도 참가하였다. 1935년 자료에 따르면 천연희는 두 번째 남편 박대성과 함께 동지회 회원으로 등록되어 있었다. 대한인동지회는 1921년 6월 29일 상해에서 하와이로 돌아온 이승만의 제안으로 설립되었다. 1921년 7월 7일 이승만을 환영하기 위해 하와이 네 섬의 지도자 39명이 대한인교민단 총회관에 모였고, 그 자리에서 이승만이 "상해 정부를 파괴하고 분열하려는 자와 맞서기 위해 임시정부를 지키고 옹호할 필요성을 강조"하였다(오영섭·홍선표 외 2012: 148). 1921년 7월 14일 민찬호, 안현경, 이종관의 명의로 발표된 15개조의 동지회 규정에도 동지회 설립의 목표가 "현 정부를 옹호하며 대동단결을 도모함", "불충불의한 국민이 있어 현 정부의 위신을 타락케 하며 위해를 주는 일이 있으면 본회는 일심방어"한다고 되어 있다.

천연희는 대한인동지회 설립에 대해 "어떠한 형편으로는 국민회원도 마음이 굳지 못한 회원이 있어서 외교에 방해 주는 폐단이 있었다. 그러므로 혈성대 동지를 국민회 회원 중에 뽑았다. 그래서 동지회가 있다. 딴 부분으로 세운 회가 아니고 국민회원의 혈성대 동지회다."라고 기억하고 있다(천연희 노트 7권: [53]). 혈성대는 천연희가 삼일운동을 기억하는 대목에서도 나오는데, "우리 한국민은 일본 전제정치를 벗어나서 자유 독립을 원한다는 원성(願聲)을 세계만방에 알리고 외교로 선전"하기 위해 세계만방에 파견한 애국지사를 가리킨다(천연희 노트 7권: [47]). 천연희는 하와이 한인 단체에서 활동하던 사람들 중 이승만의 외교 독립론을 지지하는 사람들이 모여 대한인동지회를 조직했고, 따라서 대한인동지회를 당시 존재했던 하와이 한인 단체와 별개로 볼 수 없다고 보았다.

대한인동지회는 1924년 11월 17일부터 20일까지 호놀룰루에서 개최된 하와이 한인 대표회를 계기로 조직을 크게 강화하였다. 이 회의에는 대한인동지회 24개 지방 대표를 비롯해 교민단, 한인기독학원, 한인기독학원 찬성회, 태평양잡지사, 한인기독교회, 부인보조회, 대한부인구제회의 7개 단체 대표 34명이 참석하였고, 동지회의 3대 정강이 제정되었다. 또 총재라는 직책이 마련되어 이승만이 추대되었다. 3대 정강은 "3·1정신을 발휘하여 끝까지 정의와 인도를 주장하며 비폭력적인 희생적 행동으로 우리 대업을 성취하자", "조직적 행동이 성공의 요소이니 우리는 개인행동을 일절 버리고 단체 범위 안에서 질서를 존중하며 지위를 복종하자", "경제 자유가 민족의 생명이니 자족자급을 함께 도모하자"였다(이덕희 2008: 307).

대한인동지회의 3대 정강 중 세 번째가 새롭다. 이 세 번째 정강을 실현하기 위해 만든 것이 동지식산회사였다. 천연희는 이승만도 "한인 동지"를 위해 노심초사 다방면에서 일했고 그 일례로 동지식산회사를 들었다.

제1부_ 천연희 노트의 배경과 해제

동지식산회사는 한인 98명의 투자금으로 설립되었다. 주식 한 주당 100달러였는데, 천연희도 5주를 구입하였다(천연희 노트 2권: [16], [32]). 천연희는 동지식산회사가 하와이섬 힐로 남쪽 올라아Olaa에 960에이커의 땅을 산 것은 한인 동지들이 연로하여 일을 할 수 없을 때를 예견한 이승만의 선견지명 덕분이라고 기억하고 있다(천연희 노트 7권: [54]).

천연희는 "960에이커 땅에 키아베 나무가 큰 것이 많아 기계로 찍어 숯을 구워서 해군 영문〔營門〕에 대어 주었다. 거기서 나는 돈으로 경비를 쓰고 땅값을 부어 갔다."고 기억하고 있다(천연희 노트 7권: [54]). 하지만 동지식산회사가 해군성에 납품하려고 했던 물건은 숯이 아닌 목재였다. 동지식산회사의 자본금이 예상만큼 모금되지 않은 상황에서 숯을 만들어 파는 일을 시작했지만 숯을 제조하는 방법이 낙후하여 2주일에 100자루밖에 만들지 못해 지역 수요에 부응하는 양조차 생산하지 못하였다. 숯 제조 사업을 위해 설치했던 제재소를 활용하여 목재를 파는 쪽으로 방향을 전환해 해군성에 목재를 납품하기로 하고 미국 정부와 계약을 맺었지만 그것도 실패로 끝났다. 연구에 따르면 "계약 기간에 목재를 납품할 수 없었고, 납품한 아주 적은 양의 목재마저 불량품으로 판정받았다. 동지식산회사가 목재납품 계약을 지키지 못했기 때문에 미국 정부는 C.O. Yee Hop & Co.에서 동지식산회사의 입찰 가격보다 높은 가격으로 목재를 구입했다. 그 결과 동지식산회사는 계약을 위반한 벌금으로 입찰 가격과 구입 가격의 차액 6,016달러 16센트를 지불해야 했다."고 한다(이덕희 2008: 318). 동지식산회사는 해군성에 목재를 납품해 거기서 얻은 수익금으로 땅값을 갚기는커녕 오히려 막대한 손실을 입었다. 동지식산회사는 1931년 4월경 문을 닫았다. 올라아 부지는 12,500달러에 매각되었는데, 그것은 애초 구입 가격인 13,622달러에도 미치지 못하는 액수였다.

천연희는 동지식산회사의 파산이 "김현구의 모계로 분쟁"이 일어나 변호사 경비를 주느라 동지촌의 땅값을 갚지 못하여 동지촌이 없어졌다고 기억하고 있다(천연희 노트 7권: [63]). 천연희도 "그때 재정 곤란으로 고본을 잘 내지 못하니 땅의 붓는 값(토지 융자금)과 세금을 내기가 곤란했다."는 것을 알고 있었다(천연희 노트 2권: [16]). 그런 상황에서 "김현구가 동지식산회사가 빚을 진 것은 이승만 씨가 돈을 다 먹고(착복했기 때문이고)" "그때 다른 고본주들이 돈을 내지 않고 김현구의 말만 듣고 이승만 씨를 반대하여 그 땅을 붙들지(지키지) 못했다."고 기억하고 있다(천연희 노트 2권: [16]-[17]). 천연희는 그때 "한 명의 고본주로 너무도 애가 터져서 100원을 더 내면서 세금 내고 하라 하였으나 그 돈도 변호사가 가져갔다고 한다."고 안타까움을 토로하였다(천연희 노트 2권: [22]).

천연희는 동지식산회사가 처음에 동지촌을 세우기 위해 땅을 구입할 때 시세보다 싸게 매입했기 때문에 융자금을 잘 갚아 나갔다면 큰 이득을 보았을 것이라고 믿었다(천연희 노트 2권: [16]). 1930년 5월 19~20일에 개최된 동지식산회사 주주대회에서도 "농업과 재목 사업에는 아직 이익을 보지 못하였을지라도 토지로는 벌써 몇 갑절의 이익을 보고 앉었으니 이 것을 실수 없는 이익"이라는 보고가 있었다(이덕희 2008: 320). 천연희가 주주대회에 참여했는지는 알 수 없다. 하지만 노트에 기록된 바에 따르면 그녀는 동지식산회사 주주대회에서의 보고 내용을 알고 있었고, 그것을 그대로 믿고 있었음을 알 수 있다. 천연희는 "지금은 가격이 최고로 올라갔다. 돈이 있어도 못 산다. 이차 전쟁 때에 아미(군대)가 (숯을) 쓰고 돈을 많이 주었다 한다. 우리 민족이 생각이 아둔해서 남의 감언이설에 잘 넘어가서 손해를 본다."(천연희 노트 7권: [64])라며 안타까워했지만 이는 사실이 아니니다.

## 5. 1930년대 초반 하와이 한인 사회의 분쟁

천연희가 "김현구의 모계"로 일어난 분쟁이라고 기억하고 있는 것은 1931년 1월 12일 동지회 측 의사원들이 하와이 대한인교민단(이하 교민단이라고 함)[15] 회관을 불법으로 점유함으로써 시작된 하와이 한인 사회 내 분쟁 사건을 가리킨다. 천연희는 노트에 그날의 상황을 다음과 같이 상세히 기록하였다.

"1930년 1월에 각 지방에서 회의를 열고 회의에서 대표원을 선택하여 지방회 건의서를 해서〔만들어〕 대표원을 호항 총회로 보내는 법이었다. 그래서 각 지방에서 대표원이 호항 총회에 다 왔다. 그때에 호항 총회는 다 민중화되어 회의를 열지 않았다. 그래서 각 지방에서 온 대표원은 매일 총회관 문 앞에 가서 문 열고 회의하기를 바랐으나 〔회의를 하지〕 않았다. 1930년 1월에 각 지방 국민회 대표들이 회집하고 호항 총회관에서 회의를 하면 일주일 넘게 시간이 걸렸다. 그 경비는 지방회에서 다 부담한다. 그럼 각 지방에서 오신 대표원들의 마음이 급하였다. 자기가 농장주 주인에게 일주일 휴가를 받고 나왔으니 속히 돌아가서 일도 하여야 되고 농장 지방에 경비도 많이 내지 않아야겠는데 총회에서 대표회를 열지 않고 총회 문을 열지 않았다. 그러므로 각 지방 대표원이 회집하고 의논하기를 각 지방 대표원이 총회 문을 밀고 들어가서 우리가 회의를 열자 하고 의논하고 하루는 총회 문을 밀고 들어갔다. 총회 당국자들이 몇 사람 수가 안 되지만 그때에 국민회에서는 총회장이니 권리가 많았다. 그래 그 법정에서는 〔국민회가〕 민중화된 것을 아직 몰랐다." (천연희 노트 7권: [59]-[61])

---

15 하와이 국민회는 1922년 대한민국 임시정부 교민단령에 의해 해체되고, 하와이 대한인교민단으로 변경되었다.

천연희는 "구미위원부에서 일을 잘한다고 이승만 씨가 하와이로 불러"(천연희 노트 2권: [36]) 온 김현구와 "김원용, 최영기가 모계를 써서 판단을 모으고 동정자〔동조자〕를"(천연희 노트 7권: [58]) 얻어서 "총재〔이승만〕가 독재주의를 한다 하고, 식산회사 돈을 다 축냈다고 해서" 송사가 생겨났고, 그 결과로 "법률사들에게 돈을 다 주게 되니 식산회사를 잃어버렸다."고 기억하고 있다(천연희 노트 2권: [36]). 김현구는 천연희가 기억하듯이 이승만의 초청으로 1929년 11월 하와이에 와서 교민단의 서기 겸 재무와 『국민보』의 주필로 활동하였다. 천연희는 이 사건이 이승만을 "고문으로 해놓은 사업" 즉 "〔한인〕기독학원도 있고 〔한인〕기독교회도 있고 지금 양로원 하는 그 기지"(천연희 노트 7권: [64])를 보고 "죄에 눈이 어두워 욕심이 복발"(천연희 노트 7권: [56])해서 "어떻게 하든지 이승만 씨를 없애고 자기들이 가지려는 김현구의 욕심"(천연희 노트 7권: [65])에서 비롯되었다고 기록하고 있다.

이 사건은 1930년 1월 12일 교민단 임원 선거에서 이승만을 지지하는 이종관이 총단장에 당선되지 못하고 손덕인이 총단장에 당선되면서 시작되었다.[16] 게다가 동지식산회사의 파산을 구제하기 위해 교민단과 한인기독교회의 재산을 저당잡히라는 이승만의 요구를 교민단과 이용직 목사가 시무하고 있던 한인기독교회에서 거절하면서 양자의 대립이 격화되었다(김도형 1998: 214). 김현구는 이승만이 『국민보』를 통해 극단적으로 동지회를 선전하라고 하였으며, 교민단에 유리한 말을 전혀 하지 말라고 요구해 이승만에게 반기를 들게 되었다고 하였다(김도형 1998: 212).

1931년 1월 12일 호놀룰루 밀러 스트리트에 있는 교민단 회관에서 1931

---

16 김도형은 이 사건이 이승만으로 대표되는 이민 1세와 김현구와 김원용, 그리고 이용직 목사로 대표되는 성장해 나가고 있던 1.5세 및 2세 간의 갈등에서 초래되었다고 보았다(김도형 1998: 205).

년도 의사회가 개최되었는데, 이때 교민단 총단장 손덕인과 서기 겸 재무 김현구는 의사원의 자격을 문제 삼아 동지회 측의 의사원을 입장시키지 않은 채 회의를 진행했고 이에 흥분한 동지회 측 사람들이 교민단 회관의 문을 부수고 회관을 점령하였다. 교민단 측은 1930년 12월부터 제기되어 온 동지식산회사의 파산 문제를 걸고, 회사의 실질적 감독인 이승만에 대한 회계 감사를 요청하는 소송을 제기하였다. 한편 교민단 회관을 점령한 동지회 측에서는 의사회를 개최하여 새 지도부를 구성해 이전 지도부에 대한 해임을 결정하고, 교민단의 재정 문서를 전부 넘겨 달라는 공문을 발송하였다. 교민단 측 손덕인 총단장이 이를 거부하자 법원에 교민단의 재정 문서를 비롯한 일체의 자료를 검토할 수 있게 해 달라고 신청서를 제출하였다. 그 와중에 한인 간의 난투 사건까지 일어났다. 이 일련의 사건들은 법정 고소와 맞고소로 이어졌다. 1931년 4월 16일 교민단 측이 정식 임원이라는 판결이 남으로써 법정 투쟁은 교민단 측의 승리로 일단락되었다.

천연희는 그때 교민단 총단장이던 손덕인도 민중화되었고 그것을 알지 못하는 법정에서 그들의 손을 들어 줌으로써 재판에서 패소하게 되었다고 기억하고 있다. 이러한 기억은 교민단 회관을 불법 점유한 동지회 측의 주장을 보여 준다고 할 수 있다.

교민단 측과 동지회 측의 대립은 교회에서도 그대로 나타났다(이덕희 2008: 71-79). 한인기독교회의 기틀을 세운 민찬호 목사가 1929년 3월 사임한 뒤 그 후임으로 이명우 목사가 8개월간 시무하였다. 그 사이 교인 수가 감소하여 교회 재정이 어려워졌다. 1929년 12월 22일 새롭게 부임한 이용직 목사가 한인기독교회의 재정적 어려움을 타개하고자 성공회 감독 리텔Bishop Littell을 만나 한인기독교회를 성공회 교단에 속하게 하는 방안을 타진했다는 소문이 돌았고, 그로 인해 이용직 목사가 교회를 외국인에게 팔아먹으려 했다는 비방이 나돌았다. 이용직 목사의 행동에 대해 이승만은 1930년 7월호 『태평양잡지』에 게재된 「하와이 우리 사업」이라는 글에서 "누구든지 타국인에게 의뢰하지 않고는 우리 교회를 유지할 수 없는 줄로 생각하는 이가 있으면 이 자리에서 그런 생각을 아주 버리기를 바라며, 만일 버릴 수 없으면 우리 교회에 있지 않기를 권고합니다."라고 하면서 이용직 목사를 비판하였다. 이 일로 인해 이용직 목사는 1931년 1월 19일 파면 통고서를 받았고, 교회는 이용직 목사의 지지파와 반대파로 나뉘어 각각 예배를 드림으로써 두 개의 한인기독교회로 나뉘게 되었다.

천연희는 이용직 목사가 한인기독교회를 성공회 교단에 속하게 하려고 시도한 것을 계기로 촉발된 교회 내 분쟁에 대해 "그 목사가 와보니 교회가 좀 재정이 곤란하였다. 우리 교우들도 그런 줄 알고 어려운 시간을 참고 여태까지 자유를[자유롭게] 살아 왔다. 이 목사는 자기 뜻대로 다른 큰 예배당에 부속할 뜻을 생각하고 교우들에게 말하니 모든 교우들이 그 목사를 반대하여서 그 목사가 우리 교회에 있지 못하고 나갔다. 우리 [한인] 기독교회의 분쟁은 목사가 교인에게 충성하는 자유의 뜻을 모르고 자유교회를 없애기를 원하는 목사가 많아서 분쟁이 났[던 것이]다."라고 기록하였다(천연희 노트 7권: [43]-[44]). 천연희는 교회의 분쟁에서도 시종일관 동지회 측의 견해를 따르고 있다.

대한부인구제회도 하와이 한인 사회 내의 분쟁으로부터 자유로울 수 없었다. 1931년부터 대한부인구제회는 동지회 측과 교민단 측으로 나뉘었다. 천연희는 "부인구제회록이 불이 나서 소멸되어서 역사적 회록이 없어졌다. 그때에 하와이 한인 사회가 분열되는 기미가 생겼다."(천연희 노트 8권: [16](8))고 기억하고 있다. 교민단 사무실에 있던 대한부인구제회의 회의록이 불에 탄 시기를 천연희는 1927년이라고 적었다. 대한부인구제회의 회의록은 1927년 제8차부터 1961년 제38차까지 전해진다(인천광역시 역사자료관 역사문화연구실 2004: 84). 1927년에 회의록이 불탔다는 천연희의 기억은 1927년 이전 시기 대한부인구제회의 회의록이 전해지지 않은 이유를 설명해 준다. 하지만 대한부인구제회에서 분열의 기미가 나타난 시점은 천연희가 기억하는 1927년이 아니고, 1930년 12월 초 동지식산회사의 주주 총회에 참석할 대한부인구제회의 대표를 선출하는 과정에서 임원 간에 의견 충돌과 몸싸움이 있은 후라고 할 수 있다(인천광역시 역사자료관 역사문화연구실 2004: 85).

대한부인구제회가 두 개로 나뉜 후 양측 대한부인구제회는 각각 단체 인장을 개조하여 개별 조직체임을 확실히 하려고 했다. 동지회 계열은 1973년까지 대한부인구제회라는 이름을 사용하였고, 교민단 계열은 1949년에 이름을 국민부인회로 변경하였다. 이에 대해 천연희는 "다행히 부인구제회 인장을 다른 임원이 가지고 있었기에 부인구제회 인장은 우리가 〔갖고〕 있어서 부인구제회가 여태 살아 있다. 자기들이 전후 구제회를 세우고 인장이 없어 해산하였고"라 기억하고 있다(천연희 노트 8권: [17](9)). 천연희는 인장 유무를 정통성의 근거로 판단하였다. 하지만 1931년에 대한부인구제회가 동지회 측과 교민단 측으로 나뉘게 되면서 동지회 측에서 관장하기로 한 것은 인장이 아닌 1931년 이전의 회의록과 재정이었다(오은영 2006: 32).

1931년의 사건은 하와이 한인 사회를 크게 두 개로 갈라놓았다. 한인 사회는 이승만을 지지하는 동지회 계열과 그에 반기를 든 교민단 계열로 갈라졌고, 양자의 대립은 여러 건의 송사로 귀결되었다. 천연희는 "그 돈이 다 한국 사람의 돈이다. 둘 사이의 회원이 법률사〔를 고용하는〕 돈을 〔지불〕해야 된다. 그러므로 우리가 그 재판을 그만두고 국민〔회〕 총회관을 자기들이 가지고 팔아서 지금 릴리하〔지역〕 푸우누이에 있는 총회관을 사고 김현구가 주장하는 민중화로 하였다가 나중에 국민회로 다시 돌아오고 우리 부인구제회도 전후〔구제〕회를 그만두고 〔부인〕구제회로 돌아왔다."라고 기록하였다(천연희 노트 8권: [47](35)). 즉 법정 투쟁으로 얼룩진 하와이 한인 사회의 소요가 재판으로 남 좋은 일 시킨다는 자각 속에서 일단락되었다는 것이다.

법정 투쟁에서 패소한 동지회 측은 천연희가 기억하듯이 교민단 회관을 내주고, 쿠아키니 스트리트 121번지의 건물을 임대해서 사용(천연희 노트 2권: [22])하다가 1932년 킹 스트리트 931번지로 이사해서 1970년까지 그곳에 머물렀다. 교민단은 밀러 스트리트의 건물을 팔고 1948년 총회관을 루케 애비뉴 2756번지로 옮겼다. "김현구가 주장하는 민중화로 하였다가 나중에 국민회로 다시 돌아오고"라고 한 것은 1933년 1월 16일 개최된 교민단 대의원회에서 이름을 국민회로 복구하기로 결정한 것을 가리킨다.


## 6. 맺음말

천연희 노트에서 사회참여 활동에 대한 기억은 그녀가 하와이에 도착한 1915년부터 1945년 해방까지의 시기에 일어난 일에 집중되어 있다. 천연희가 노트를 쓰기 시작한 것은 그녀가 75세가 되던 1971년부터였고, 마지막 8권은 88세인 1984년에 기록하기 시작하였다. 천연희 스스로 "마음과 육신이 다 늙었으니 눈도 어두워 잘 보지 못하니 용서하시오."라고 적었듯이 천연희는 노트를 쓰면서 시간이 너무 흘러 기억이 모두 나지 않음을 한탄하였다(천연희 노트 8권: [40](30)). 한인 교회와 한인 사회단체를 중심으로 한 하와이 한인 사회를 기억하는 대목에서 관련된 인물들의 이름을 일일이 나열하며 이제 그 이름이 모두 기억나지 않음을 탄식하였다. 또 사건이 일어난 시기가 구체적으로 제시되기보다는 "그때"라고 기록한 것이 곳곳에서 발견된다.[17] 특히 자신이 직접 경험하지 않고 나중에 알게 된 것들에 대한 기억 중에는 부정확한 것들이 눈에 띈다. 예를 들어 천연희가 한인기독교회의 초대 목사로 기억한 민찬호는 사병춘에 이어 1919년부터 시무한 2대 목사였다(천연희 노트 8권: [36](26)). 또 천연희는 자신이 하와이에 도착하기 전 와드먼 감리사 때의 일을 노트에서 시종일관 프라이 감리사가 한 것이라고 적었다. 와드먼 감리사는 그녀가 하와이에 도착하기 1년여 전인 1914년 3월 감리사직을 사임하였고, 천연희가 하와이에 도착했을 때는 그 후임으로 프라이 감리사가 시무하고 있었기 때문에 천연희가 와드먼 감리사 때의 일을 프라이 감리사가 한 것이라고 혼동한 듯하다. 그 외에도 안현경이 안형경으로, 김현구가 김형구로 적혀 있듯이 곳곳에서 잘못된 기억이 발견된다. 이런 이유로 천연희 노트는 면밀한 해제가 요구된다.

그럼에도 불구하고 천연희의 노트는 식민지 시기 하와이 한인 사회에 대해 많은 것을 알려 준다. 자신이 보고 듣고 알고 있는 것을 기록한 노트에는 하와이 한인 교회와 사회단체를 중심으로 하와이 한인 사회를 위해 헌신한 많은 사람들에 대한 기억이 포함되어 있다. 손마리아, 김유실, 김(손)노듸, 민매리, 민함라 등 천연희가 활동했던 대한부인구제회 회원뿐만 아니라 민찬호, 이용직 등 한인기독교회의 목사들, 그리고 박용만, 이승만, 안창호 등의 독립운동가까지 일일이 열거할 수 없을 정도이다.

천연희는 이승만의 외교 독립 노선이 독립운동의 올바른 길이라고 여겼고, 평생 동안 이승만을 지지하고 따랐다. 이승만이 세운 한인기독교회에 나갔고, 대한인동지회와 대한부인구제회에 가입하여 활동하였다. 따라서 노트에는 식민지 시기 하와이 한인 사회에서 이승만의 활동 내용, 그리

---

17 "내가 이 글을 기록하지마는 연수와 달수와 날짜는 분명히 그 날짜는 아닐지라도 그때 일어난 일은 사실이다"(천연희 노트 8권: [38](28)).

고 이승만 계열의 활동과 노선 등이 상세하게 서술되어 있다. 하지만 이승만 지지자의 입장에서 기술했기에 천연희 기록의 객관성에 대해서는 보다 엄밀한 사료 비판이 요구된다.

종래 연구에서 한인 교회와 한인 사회단체는 국외 독립운동사 연구의 주요한 연구 대상이 되어 왔다. 천연희 노트에는 한 이민 여성이 생면부지의 땅인 하와이에서 한인 교회와 한인 단체를 통해 새로운 관계망을 형성해 나가는 삶의 역경이 잘 드러나 있다. 전술한 바와 같이 마우이에서 호놀룰루로 나왔을 때 한글학교 교사로 한인기독교회에 머물며 생계를 도모하였고, 첫 번째 이혼 후 자녀 두 명을 한인기독학원에 맡김으로써 큰 시름을 덜 수 있었다. 그 외에도 돈을 제대로 내지 못해 미국인 가정에 맡긴 아이들을 찾아올 수 없었을 때 YWCA의 황혜수에게 도움을 청해 문제를 해결할 수 있었다(천연희 노트 2권: [61]-[62]). 천연희 노트는 민족운동이라는 측면뿐만 아니라 이민사라는 측면에서 한인 교회와 한인 사회단체가 한인 이민자들의 삶과 구체적으로 어떻게 연관되었는지를 보여 준다. 그런 이유로 천연희 노트는 초기 이민사 연구의 아주 소중한 자료라 할 수 있다.

# 참고문헌

그리스도 연합감리교회, 『그리스도 연합감리교회, 100년 사진 역사: 1903~2003』, 서울: 쿰란출판사, 2003.

김도형, 「1930년대 초반 하와이 한인사회의 동향: 소위 '교민총단관 점령사건'을 통하여」, 『한국 근현대사 연구』 9, 1998.

김도훈, 『미 대륙의 항일무장투쟁론자 박용만』, 서울: 역사공간, 2010.

김점숙, 「하와이의 한인 여성 교육자 김노듸」, 『여성의 역사를 찾아서』, 서울: 나남, 2012.

신성려, 『하와이 이민약사』, 서울: 고려대학교 민족문화연구소, 1988.

오영섭 · 홍선표 외, 『이승만과 하와이 한인사회』, 서울: 연세대학교 대학출판문화원, 2012.

오은영, 「하와이 대한부인구제회 연구(1919-1945)」, 이화여자대학교 석사학위 논문, 2005.

이덕희, 『한인기독교회, 한인기독학원, 대한인동지회』, 서울: 한국기독교역사연구소, 2008.

이덕희, 『하와이 대한인국민회 100년사』, 서울: 연세대학교 대학출판문화원, 2013.

인천광역시 역사자료관 역사문화연구실, 『근대의 이민과 인천』(2004년 제1회 학술대회 자료집), 인천: 인천광역시 역사자료관 역사문화연구실, 2004.

천연희 노트의 표지
(한국학중앙연구원 장서각 소장)

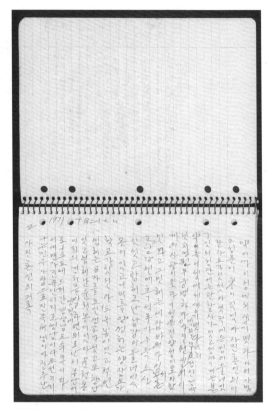

천연희 노트의 내지
(한국학중앙연구원 장서각 소장)

천연희의 묘비
(이덕희 제공)

천운서 형제의 가족 사진(연도 미상).
(한국학중앙연구원 장서각 소장)

천연희의 중학교 졸업 사진. 뒷줄 오른쪽에서 두 번째가 천연희이다.
(한국학중앙연구원 장서각 소장)

비봉산에서 바라본 진주교회(1910년대).
호주 장로교 선교사인 휴 커를이 1905년 설립하였다. 커를은 안동남학교, 정숙여학교 등의 교육기관을 세웠고 부인 에셀 커를이 정숙여학교 교장을 맡았다. 두 학교는 나중에 광림학교로 통합되었다. 천연희는 진주에서 6~7년간 학교를 다녔으며 이때의 교육이 하와이에서 적극적으로 사회활동을 하는 데 큰 영향을 미쳤다.
(진주교회 자료실 소장)

휴 커를
(한국명 거열휴, 1871~1943)

에셀 거를(1881~1969)

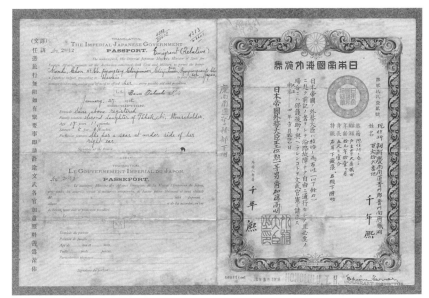

1915년 천연희가 하와이에 사진신부로 갈 때 사용한 여권.
상단에 "일본제국 해외여권"이라고 써져 있다. 특이하게 '천운서의 딸'이 아니라 "호주 이대악의 2녀"로 기록되어
있다. 이대악은 천연희의 외조부로 추정되는데 확인하지는 못하였다.
(한국학중앙연구원 장서각 소장)

일본 고베에서 다른 사진신부들과 함께(1915).
왼쪽부터 김순남, 천연희, 박달순.
(한국학중앙연구원 장서각 소장)

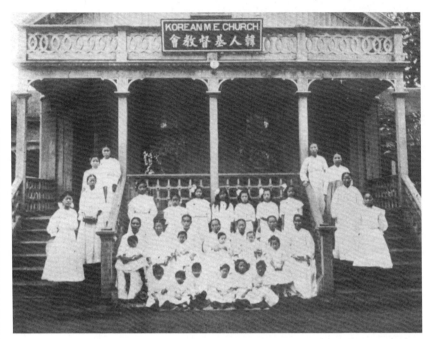

호놀룰루의 한인감리교회(1908년경).
1915년 천연희는 한인중앙학교 내에 있는 이 교회에서 홍한식 목사의 주례로 다른 두 쌍과 함께 길찬록과 결혼식
을 올렸다.
(이덕희 제공)

사탕수수 농장 부락 전경(1910).
(이덕희 제공)

농장 집 앞 한국인 엄마와 아이들(연도 미상).
(최영호 소장)

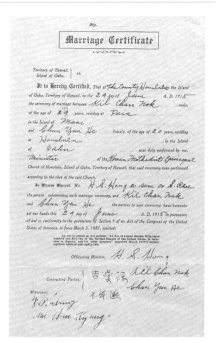

길찬록과의 혼인증명서(1915).
46세인 길찬록과 혼인할 당시 천연희는 19세였다.
(한국학중앙연구원 장서각 소장)

딸 메리와 천연희(왼쪽)(1920).
천연희는 길찬록과의 사이에서 베티, 데이비드, 메리
세 자녀를 두었다. 셋째 메리는 1919년에 낳았다.
(이덕희 제공)

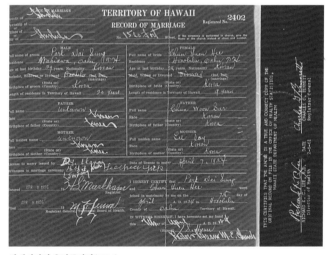

박대성과의 혼인증명서(1924).
길찬록의 수입이 불규칙하여 경제적으로 힘든 상황에서 아이들을 상급 학교에 진학시
키기 어려워지자 천연희는 이혼을 결심하였다. 이때 군부대 세탁소에서 일하며 아픈 자
신을 간호해 주었던 박대성을 만나 재혼하였다.
(한국학중앙연구원 장서각 소장)

알라케아 스트리트에 살던 시절의 천연희(1930년대).
(이덕희 제공)

박대성과 찍은 가족사진(1938년경).
왼쪽부터 첫째 해리, 셋째 루스, 둘째 애들라인, 길찬록
과의 사이에서 낳은 셋째 메리. 천연희는 길찬록과 이
혼할 때 베티와 데이비드는 남겨 두고 메리는 데려와
양육하였다.
(이덕희 제공)

메리의 하와이 한인중앙학교 졸업 기념사진(1935).
왼쪽부터 둘째 데이비드, 전 남편 길찬록, 셋째 메리. 천
연희는 박대성과의 사이에서 낳은 1남 2녀를 키우는
한편 베티, 데이비드, 메리의 교육비도 책임졌다.
(한국학중앙연구원 장서각 소장)

한인기독학원 학생과 교사(1918).
사진 왼쪽에 흰 양복을 입은 이가 설립자 이승만이다. 천연희는 길찬록과 이혼한 후 그가 키우기로 한 두 아이를 잘
돌보지 않자 아이들을 기숙학교인 한인기독학원에 입학시켰다. 천연희의 자녀들은 7학년까지 공부한 후 고등학교
에 입학하였다. 학비는 무료였지만 기숙비로 한 달에 10달러씩 내야 하는 비용은 온전히 천연희의 몫이었다.
(이덕희 제공)

한인기독교회(1922).
이승만이 1918년 설립한 한인기독교회는 무교파 자치 교회로 하와이 한인들의 활동 중심지 중 하나였다.
천연희는 1922년 오아후섬으로 이주한 후 한인기독교회를 다녔으며, 이승만의 적극적 지지자가 되었다.
(이덕희 제공)

국민회 총회관(1914).
천연희는 노트 곳곳에서 자신이 하와이 국민회 지지자임을 밝히고 국민회 통상회의의 과정과 절차, 지도부에 대한 비판적 견해, 국민회의 분쟁 등에 대하여 자세히 기록하였다.
(이덕희 제공)

대한인동지회 회관(1949).
2층 정면에 'Dongji Hoi Bldg. 1949'라고 새겨져 있다. 천연희는 두 번째 남편 박대성과 함께 동지회 회원으로 활동하였다.
(이덕희 제공)

동지식산회사 주식(1928).
동지회의 경제적 자립을 위해 한인 98명이 투자하여 동지식산회사를 설립하고 주식을 발행하였다. 1주당 100달러였는데 천연희는 5주를 구입하였다.
(이덕희 제공)

1913년 하와이에서 창간된 『태평양잡지』는 이승만이 주도하여 발간되다 1924년 동지회의 기관지가 되었고, 1930년 『태평양주보』로 전환되어 확장, 발행되었다. 천연희는 이 잡지와 『국민보』의 열성 구독자였다.
(이덕희 제공)

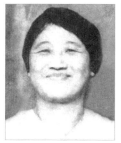 

김노디(왼쪽)와 황혜수(오른쪽). 김노디는 한인기독학원, 대한부인구제회, 한인 양로원 등 한인단체에서 활동한 인물로, 천연희는 노트 곳곳에서 김노디에 대해 자세하게 기술하였다. 황혜수는 1919년 호놀룰루에서 한인 YWCA를 조직하고 한인 여성들의 현지화를 도왔다. 천연희가 생계 때문에 위탁소에 잠시 맡긴 딸을 돈이 없어 찾아오지 못할 때 황혜수가 위탁소에 찾아가 딸을 데려와 주었다.
(이덕희 제공)

대한부인구제회 회원 단체사진 (1919).
1919년 호놀룰루에서 대한부인구제회가 조직되자 천연희는 마우이섬에서 회원으로 가입하고 평생 동안 적극적으로 활동하였다. 대한부인구제회는 기금을 마련해 임시정부 및 독립운동 단체들을 지원하고 이승만의 외교활동 경비를 후원하는 등 독립운동을 펼친 주요 한인단체였다.
(이덕희 제공)

대한부인구제회 임원들 (1950년대 무렵으로 추정).
앞줄 맨 오른쪽이 천연희이다.
(이덕희 제공)

로버트 기븐과의 혼인증명서(1941).
하와이 군부대에서 일한 기븐은 천연희의 호텔 사
업, 카네이션 농사뿐만 아니라 다섯 자녀의 뒷바
라지도 적극적으로 도왔다. 인종이 달라 결혼할 때
고민했지만 천연희 인생에서 가장 행복한 결혼생
활을 한 남편이다.
(한국학중앙연구원 장서각 소장)

친구들과 찍은 기념사진(1940년대).
앞줄 맨 오른쪽이 천연희이다.
(이덕희 제공)

카네이션 농장에서(1964).
카네이션 농사는 하와이 한인들의 주요한 사업이었다. 이차 대전 종전 후 천연희는 호놀룰루
코코헤드로 이주해 1950·1960년대에 카네이션 농사를 지었다.
(이덕희 제공)

한국 방문 기념 단체사진(1967).
두 번째 줄 왼쪽에서 네 번째가 천연희이다. 아들 해리가 주선하여 보내준 이 여행은 천연희에게 52년 만의 고국 방문이었다.
(이덕희 제공)

진주교회를 방문한 천연희(1967).
(이덕희 제공)

1978년 고국 방문 시 이화장에서 프란체스카 도너 리를
만난 천연희.
(이덕희 제공)

하와이 노인대학 졸업식(1982).
1980년 설립된 하와이 노인대학
은 60세 이상의 한인들을 대상으
로 2년제 과정으로 운영되었다.
제1회 졸업생인 천연희는 당시 86
세였다.
(이덕희 제공)

노인대학 친구들과 함께한 천연
희(중앙)(1986).
(이덕희 제공)

100세 기념사진(1996).
가족들이 모여 파티를 열고 레이를 걸어 주며 100세 생일을 축하하였다.
천연희는 이듬해인 1997년 9월 21일 101세로 영면하였다.
(이덕희 제공)

제2부

천연희 노트의
원문과 역주본

## 일러두기

❖ 왼쪽 페이지에는 천연희 노트의 탈초문을, 오른쪽 페이지에는 천연희 노트를 현대문으로 옮긴 글을 실었다.

❖ 탈초문의 [ ]는 천연희 노트의 스캔 파일 번호이다. 노트 표지부터 시작해 한 페이지씩 순서대로 스캔하였
다. 천연희 노트에는 페이지가 없거나 내용이 순서대로 적혀 있지 않다. 일부 내용은 페이지 순서대로 적혀
있지 않고 몇 페이지 뒤 또는 노트 여백에 써져 있어 앞뒤가 이어지지 않는다. 따라서 이 책에서는 [ ]의 스
캔 파일 번호를 천연희 노트의 페이지로 갈음하고 가급적 노트 원본의 순서를 따르되, 내용이 이어지지 않
아 이해하기 어려운 경우에는 내용 순서에 따라 페이지를 재배열하였다.

❖ 천연희는 노트의 앞면에만 글을 썼는데 간혹 뒷면이나 여백도 활용하였다. 이 경우에는 [83-1], [83-2] 같
은 식으로 페이지를 표기하였다.

❖ 가독성을 높이기 위하여 현대문에는 페이지 번호를 넣지 않았다.

❖ 천연희 노트 원본은 띄어쓰기가 전혀 없이 기록되었으나, 탈초본에서는 문맥을 살펴 띄어쓰기와 문단 나누
기를 추가하였다.

❖ 현대문에서는 원문의 표현을 최대한 살리되 현대 독자들이 내용을 이해할 수 있도록 문장을 다듬었다.

❖ ( ) 안에는 단어의 철자와 의미, 또는 문장을 이해하는 데 도움이 되는 추가 표현을 넣었다.

❖ 영어 단어를 발음하는 대로 한글로 쓴 단어는 현재 쓰이는 발음대로 표기하고 영문 철자를 병기하였다. 단,
원래 단어의 철자를 확인할 수 없는 경우에는 천연희가 쓴 대로 표기하였다.

❖ 천연희는 달러를 원으로, 에이커를 마지기로 자주 바꾸어 썼다. 현대문에서도 원문 그대로 표기하였다.

천연희 노트 1권

## 사셜 하와이 사진혼인 긔록 - 1971 十月二七日

[1: 표지]

[2]나는 소설가도 안이요, 작문가도 안이요, 시를 잘 짓는 사람도 안이다. 하나님의 은혜를 밧아 처음으로 진쥬에 예수교가 드러와서 에배당을 설시하고 학교를 시작할 째 제일 처음으로 진쥬 녀학생으로 주의 부력심을 밧아 광림녀학교 고등사반이 되엿섯다. 그럼으로 특월한 학식은 업서나 내 압헐 국문으로난 쓰려 갈 수 잇다. 그럼으로 내 일편생 한도 만고 원도 만은 사실적 사라나온 이약이를 긔록코저. 내가 나히 지금 75세인대 이 사진혼인 긔록을 다 맛칠난지 그것 난 모러나 내 개인에 사진혼인으로 드러와서 엇더한 긔억을 긔록코저. 하와이 드러온, 사진혼인으로 더러온 녀자 중 혹 학식 잇는 녀자 멎치 잇지마는 이런 글을 아직 쓴 이가 업다.

[3](1971년 十月 二十七日) 나는 진주 사람으로 진쥬 태생이다. 진주난 어대맨가, 진쥬난 디리로 영남이다. 조선 지리로 十三도에 드러간 넷적에 경상남도 슈부이다. 디리의 경치를 말하면 뒤로난 비봉산이 잇고 엽혜난 슌천봉이 잇다. 슌천봉 엽혜는 공자를 모신 생교가 잇고 보향남학

---

사설 하와이 사진혼인 기록 – 1971〔년〕 10월 27일

나는 소설가도 아니요, 작문가도 아니요, 시를 잘 짓는 사람도 아니다. 하나님의 은혜를 받아 처음으로 진주에 예수교가 들어와서 예배당을 설시〔設始〕하고 학교를 시작할 때 제일 처음으로 진주 여학생으로 주의 부르심을 받아 광림여학교[1] 고등과 4학년이 되었다. 그러므로 특별한 학식은 없으나 내 앞을 국문으로나마 꾸려 갈 수 있다. 그러므로 내 일평생 한도 많고 원도 많은 살아온 이야기를 사실적으로 기록하고자〔한다.〕 내가 나이 지금 75세인데 이 사진혼인 기록을 다 마칠는지 그것도 나는 모르지만, 나 개인이 사진혼인으로 들어와서 어떠한 기억을 〔가지고 있는가를〕 기록하고자〔한다.〕 하와이에 사진혼인으로 들어온 여자들 중 학식 있는 여자 몇이 있지만 아직 이런 글을 쓴 이가 없다.

나는 진주 사람으로 진주 태생이다. 진주는 어드멘가, 진주는 지리로 영남이다. 조선 지리로 13도에 들어간 옛적의 경상남도 수부〔首府〕이다. 지리의 경치를 말하면 뒤로는 비봉산이 있고 옆에는 순천봉이 있다. 순천봉 옆에는 공자를 모신 향교가 있고, 보향남학교[2]가 있었다. 또 옥봉이 있고 잠

---

1 광림여학교는 1905년 10월 20일 진주에 처음 정착한 호주 선교사 휴 커를Hugh Currell(한국명 거열휴) 부부가 개교한 정숙여학교의 후신이다. 1909년 안동학교와 정숙여학교를 통합하여 사립 광림학교로 인가받았으며, 1924년 정식여학교로 인정되었고, 1925년 진주여학교를 운영한 넬리 R. 스콜스(1881~1919)의 한국명인 시녤리의 한자명 시니柴尼를 따 시녤리의 정원이라는 뜻으로 시원여학교柴園女學校(The Nellie R. Scholes Memorial School)로 이름을 바꾸었다. 시원여학교는 1939년 7월에 신사참배를 거부한다는 이유로 총독부의 폐교 명령을 받고 문을 닫았다. 현재 진주시 수정동 1통 2반과 3반의 주택가 일대에 있었던 것으로 추정되는 교사는 한국전쟁 때 완전히 소실되었으며, 몇 장의 사진만 『사진으로 보는 진주의 옛 모습: 1910~1927』, 국립진주박물관, 2004에 수록되어 있다.
2 「천연희 구술 테이프 녹취록」과 천연희 노트 6, 7권에는 보양남학교로 기록되어 있다. 진주 향교 옆에 있던 남학교로(향교에서 직접 운영하였는지는 확실치 않음) 지역 유지의 자녀들이 다녔다 하며, 천연희의 사촌(천연희의 부친인 천운서의 형님의 아들)인 천예욱이 그 학교

교가 잇섯다. 또 옥봉이 잇고 적언 못이 잇고 니비를 양성하는 양잠소가 잇섯고 압허로난 남강이 둘너 잇고 남강변에 촉석루가 우둑 소사 잇고 그 밋혜는 에암바위가 잇서 론게의 사당이 잇다. 이 성은 진앙(양)성이요, 아참빗치 영원무궁 명하다. 넷적버터 성 안, 성 박기 잇서 성 안에는 관찰사가 잇고 성 박게는 본관 사도가 잇섯다. 넷적에는 성이 둘너 잇고 성문이 잇섯다. 사진혼인의 이약이가 이 성에서 생기엿다.

나의 아배[4]지, 어머니는 대대로 진쥬 사람으로 생장하엿다. 내 어려서 부모의 이약이를 드러면 우리 아바지는 진쥬서 한 십 리 되는 촌에 사는 농촌 사람으로 어려 조실부모하고 형제가 오 형제인대 자긔가 네체 되는 고로 자긔 형님이 길너서 장가를 보내고 그째 일홈은 천운서라 헷다. 우리 어머니는 일홈 리애기 씨인대 첫쌀이라 햇다. 형제가 남동생이 둘이요, 녀동생이 하나이다. 집안이 상당하고 부요하며 우리 삼촌 두 분은 의사이다. 넷적 시대로 양반이라 해서 전쥬 리씨라 한다. 어머니가 잘아서 결혼길이 열니매 우리 할문이가 돈 잇고 상당한 곳은 다 퇴혼을 한다. 그래서 그 니우를 문하니 할문이 대답하시기를 자긔가 돈 잇는 부자집에 시집와서 너무도 일 만히 하고 시집을 되[5](1971 十月 二十七)기 살아서 내 쌀은 부자집에 식구 만코 씨부모 잇는 대 시집보내기 씰타 ᄒ고 농촌에서 잘아난 총각, 나이 우리 어머니보담 十二세 차이가 되는 총각의게 결혼을 식혀서 나 어머니난 그 총각을 사랑치 안코 모던 것 부족한 것으로 일생을 보낸 것은 우리나라 에절이 너무도 심해서 녀자는 한 번 약혼하며 이혼하는 법이 업고 한 번 이혼하면 그 집안에 큰 슈치라 하여

은 연못이 있고 니비[3]를 키우는 양잠소가 있었고, 앞으로는 남강이 둘러 있고 남강변에 촉석루가 우뚝 솟아 있고 그 밑에는 의암바위가 있어 논개의 사당이 있다. 이 성은 진양성인데 아침빛이 영원무궁하게 밝다. 옛적부터 성 안과 성 밖이 있어 성 안에는 관찰사가 있고 성 밖에는 본관사또가 있었다. 옛적에는 성이 둘러 있고 성문이 있었다. 사진혼인의 이야기가 이 성에서 생겨났다.

나의 아버지, 어머니는 대대로 진주 사람으로 생장(生長)하였다. 내 어려서 부모의 이야기를 들은바, 우리 아버지는 진주에서 한 십 리 되는 촌에 살던 농촌 사람으로 어려서 조실부모하고 형제가 오 형제인데 자기가 넷째가 되는 고로 형님이 길러서 장가를 보냈으며, 그때 이름은 천운서라 했다. 우리 어머니는 이름이 이애기 씨인데 첫딸이라 했다. 형제가 남동생이 둘이고 여동생이 하나이다. 집안이 상당히 부유하며, 우리 삼촌 두 분은 의 사이다. 옛 시대의 양반으로 전주 이씨라 한다. 어머니가 자라서 결혼 길이 열리매 우리 할머니가 돈 있고 상당한 자리는 다 퇴혼(退婚)하였다. 그래서 그 이유를 물으니 할머니가 대답하시기를 자기가 돈 있는 부잣집에 시집와서 너무도 일을 많이 하고 시집을 되게 살아서(시집살이를 심하게 하여) 내 딸은 부잣집에 식구 많고 시부모 있는 데 시집보내기 싫다 하고 농촌에서 자라난 총각, 나이가 우리 어머니와 12세 차이가 나는 총각과 결혼시켜서 어머니는 그 총각을 사랑하지 않고 모든 것이 부족한 상태로 일생을 보낸 것은 우리나라 예절이 너무도 엄격하여 여자는 한 번 약혼하면 이혼하는 법이 없고, 한 번 이혼하면 그 집안에 큰 수치라 여겨서 사랑이 없어도 목숨

---

를 다녔다(「천연희 구술 테이프 녹취록」 Tape 6 참조). 천연희 노트 6, 7권에는 사촌의 이름이 천명옥으로 나오는데 어느 쪽이 맞는지는 확인하지 못하였다.
3 누에의 경상도 방언.

서 사랑이 업서도 목심이 갈 째까지 참고 사는 것 밧기 업섯다.

　이 슌간에 세월은 흘너가고 자녀를 두엇난대 쌀 다섯, 아달 넷을 나엇다. 아들 둘은 솜임하다 죽고 둘은 게질병에 죽고 다 장성 十二三 세에 아달 다 죽고 쌀은 엇지도 미색이 히고 죳턴지 일홈을 얼골에 바련난 분으로 일홈지엇다. 쌀 하나[6]는 지낫코 넷 사 형제 즁에 큰쌀 일홈은 분이, 두체 쌀 일홈 쏘분이요, 셋제 쌀 일홈은 삼분이, 넷체 쌀 일홈은 쏘삼분이다. 쏘삼분이가 사진혼인의 원인자다.

　나의 형님들이 살빗치 고와 진쥬의 미인 녀자이다. 진쥬 천운서 씨의 쌀이라 하면 내 맛형님, 내 셋재 형임이 미인으로 인명되엿다 한다. 세상은 죄악시대로 되엿서매 조물의 쉬기로 권세 마는 자의 퀄리만 밋고 형님 미인을 양탈하엿다. 김석만이라흐는 관철이 새로 진쥬에 와서 나 형님 미인이라는 소식을 듯고 혼인을 청하엿다. 그러나 우리 아부지, 어머니는 허락지 안하엿다. 그 권세만 밋고 악박함으로 할 슈 업시 혼인을 하엿. 그린 지 을마 후에 관철이 갈니게 되여 서울노 락양함으로 우리 형님 쌀아갓다 한다.

　그째 나이 十六세라 한다. 그래서 서울 가서 형님 바리고 다라낫다 한다. 그러니 형님이 낫선 타향에 엇지 [7: 빈 면][8](1971 十月二十八) 할 수 업서 나라에 도감 귀생으로 가무가 명랑흐고 인물이 절쌕 미인 고로 우리 님금 압헤도 감치는 명긔로 상을 만히 타고, 글도 잘 씨고 잘 짓고, 시주도 잘 부리고, 활도 잘 쌋다 한다. 그름으로 애명은 분이지마는 네가 잘

이 다할 때까지 참고 사는 길밖에 없었[기 때문이]다.

이 순간에 세월은 흘러가고 자녀를 두었는데 딸 다섯, 아들 넷을 낳았다. 아들 둘은 손님하다[4] 죽고, 둘은 괴질[怪疾]에 죽고, 다 장성한 12, 13세에 아들 다 죽고, 딸은 어찌도 미색이 희고 좋던지 이름을 얼굴에 바르는 분으로 지었다. 딸 하나는 지웠고,[5] [나머지] 사 형제 중 큰딸 이름은 분이, 둘째 딸 이름은 또분이요, 셋째 딸 이름은 삼분이, 넷째 딸 이름은 또삼분이다. 또삼분이가 사진혼인의 원인자다[당사자다].

나의 형님들이 살빛이 고와 진주의 미인 여자이다. 진주 천운서 씨의 딸이라 하면 내 맏형님과 셋째 형님이 미인으로 일컬어졌다 한다. 세상이 죄악의 시대가 되매 조물[주]의 시기로 권세 많은 자의 권리만 믿고 미인 형님을 강탈하였다. 김석만이라 하는 관찰사가 새로 진주에 와서 내 형님이 미인이라는 소식을 듣고 혼인을 청하였다. 그러나 우리 아버지, 어머니는 허락지 아니하였다. [관찰사가] 그 권세만 믿고 악박하므로[악랄하게 억박질러] 할 수 없이 혼인을 하였[다]. 그런 지 얼마 후에 관찰사가 갈리게 되어 서울로 낙양[洛陽]하므로[올라가게 되어][6] 우리 형님도 따라갔다 한다.

그때 나이 16세라 한다. 그런데 [관찰사가] 서울 가서 형님을 버리고 달아났다 한다. 그러니 형님이 낯선 타향에서 어찌할 수 없어 나라의 도감 기생으로 [나갔는데] 가무[歌舞]가 명랑하고 인물이 절색 미인인 고로 우리 임금 앞에도 감치는[나아가는] 명기로 상을 많이 타고, 글도 잘 쓰고 잘 짓고, 시조도 잘 부르고, 활도 잘 쏘았다 한다. 그러므로 애명은 분이지만 "네

---

4  보통 마마 혹은 천연두를 앓는 것을 '손님하다'라고 하는데 여기서는 홍역을 의미하는 듯하다.
5  '죽었다' 혹은 '잃었다', 즉 유산되었다는 의미인 듯하다. 메리 자보가 요약한 「천연희 구술 테이프 요약」(이 책의 부록 참조) 1쪽, 4쪽에는 'miscarriage'로 되어 있다.
6  '낙양한다'는 서울로 올라간다는 의미이다. 낙양은 고대 중국의 도읍 낙양洛陽에서 온 말로 조선의 한양, 일본의 교토京都를 일컬었다.

나 반달이야 초생달이 반달이지 하고 일홈이 초월이, 자는 천미산이다. 경국지일색 미인 초월이다. 국한문으로 글씨도 잘 섰다. 거문고도 잘 첫 다 한다.

우리 둘재 형 애명이 쏘분이는 시집을 대구로 가서 자미잇게 사는 즁 아달 둘을 두고 병이 나서 세상을 써낫다 한다. 나의 셋제 형은 삼분이다. 그이가 쏘 미인이다. 우리 집이 그째는 부요하게 되여 참 부자로 살게 된 째다. 그째 그 형님이 나이 十六세 쏫다운 쳐녀로 미인이라 하는 칭찬을 바닷다. 나는 그째 나이 어리엿다 한다. 청혼인이 이곳저곳서 드러왓다 흔다. 우리 부모는 짤이 나이 아직 어린 처녀라 하고 허락지 안이하고 곡 기곡기 걸너내는 즁이다.

진쥬 옥봉동에 김씨가 사는대 부요하기 살앗고 그 집은 할문이까지 잇 고 [9](1971 十月二十九) 참 부자로 살고 일도 만헌 집안이다. 청청시하 로 김씨의 장자요, 할문이의 손자로 참 귀하게 사랑을 밧고 자라나서 나 이 十八세다. 일적이 상업학교를 공부했다. 인물도 잘 나고 재격도 훌융 하다. 그의 일홈은 김현국이다. 그이와 형님이 결혼할 째 팔서녀 한님으 로 큰머리 해 은고 말을 째우고 우리 형님은 장옷을 닙고 촉두래를 씨고 가마를 타고 씨부모게 페백을 드리로 갈 대 보고 선녀가 하강한 듯ㅎ다 하엿다. 그날 씨가에 질문 튀우고 도로 집에 와서 우리 아재와 우리 집에 살고 잇해 후에 시집으로 가기로 혼인 전에 약속하엿다. 처녀가 나이 어가 잘나 반달이냐? 초승달이 반달이지." 하여 이름이 초월이, 자는 천미산이다. 경국지일색 미인 초월이다. 국한문으로 글씨도 잘 쓰고 거문고도 잘 탔다 한다.

우리 둘째 형, 애명이 또분이는 시집을 대구로 가서 재미있게 살던 중에 아들 둘을 두고 병이 나서 세상을 떠났다 한다. 나의 셋째 형은 삼분이다. 그이가 또 미인이다. 우리 집이 그때는 부유해져 참 부자로 살게 된 때다. 그때 그 형님이 나이 16세 꽃다운 처녀로 미인이라는 칭찬을 받았다. 나는 그때 나이가 어렸다. 청혼이 이곳저곳서 들어왔다 한다. 우리 부모는 딸이 나이 아직 어린 처녀라 하며 허락지 않고 곡기곡기(하나하나) 걸러 내는 중이었다.

진주 옥봉동에 김 씨가 사는데 부유하게 살았고, 할머니까지 계시고, 참 부자로 살고 일도 많은 집안이었다. 층층시하로 (형부가 될 사람은) 김 씨의 장자요, 할머니의 손자로 참 귀하게 사랑받고 자라나서 나이가 18세였다. 일찍이 상업학교를 졸업했다. 인물도 잘나고 체격도 훌륭하였다. 그의 이름은 김현국이다. 그이와 형님이 결혼할 때 팔선녀 하님에[7] 큰머리를 해 얹고, 말에 태워 갔으며, 우리 형님은 장옷을 입고 족두리를 쓰고 가마를 타고 시부모께 폐백을 드리러 갈 때 보니 "선녀가 하강한 듯하다."고들 하였다. 그날 시가에 길문을 틔운 후에(시댁을 방문하여 예를 드린 후에)[8] 도로 집에 와서 우리 아재[9]와 우리 집에 살다가 두 해가 지난 후에 시집에 가기로 혼인 전에 약속

---

7 혼인할 때 신부를 따르던 열두 명의 하님. 몸 하님, 함 하님, 경대 하님, 폐백 하님, 시겟박 하님, 족두리 하님 각 한 쌍씩을 이른다. 팔선녀란 고전 소설 『구운몽』에 나오는 주인공 양소유楊少游의 처첩인 여덟 미인을 일컫는 것으로 여기서는 마치 선녀와 같은 하님들이었다는 의미의 관용구로 쓰인 것으로 보인다.

8 "질문을 틔우다"란 "길문을 틔우다", "신행新行 간다"라는 뜻이며, 시집갈 때 길을 열어 준다는 의미이다(현지 주민 확인).

9 셋째 형님의 남편, 즉 형부를 의미한다. 「천연희 구술 테이프 요약」 6쪽에서 "아재"를 "the husband of a girl's sister"라고 설명하였다.

림으로 시집사리하기 어려울가 하여 모던 에절를 집에서 가라처 보낼 작
정이다.

　그 순간에 나의 형님이 애기를 배여 태중이다. 그러나 우리 어머니는
몰으고 자긔 두 양쥬만 알고 우리 아재가 늘 국슈와 진쥬[10]비빈밥과 과
일을 사온다. 양인이 참 사랑하고 살앗고 나는 그째 어리고 눈치업시 잘
어더먹고 친구 모양으로 우리 아재를 사랑했다. 아재가 점심시간에 사무
실에서 오면 나의 형을 안고 제 방으로 드러가서 웃고 사랑하는 세상에
자미잇게 살앗다(노맨스). 한국은 쌜내를 세쌱ᄒ면 봄철에는 진쥬이 국
사절이 잇는대 그 절 밋헤 산골이 잇서 비가 오면 물이 나려가 슌천 갓고
쌔긋ᄒ면 청석이 칼니시매 그곳에 가서 헤치점 쌜내도 싯고 바람도 씨
울 겸 드란진 처녀 새 아가씨들이 식모를 다리고 나가서 쌜내를 씨서 온
다. 그러면 우리 아재가 시간을 내여 썩이나 과자를 사가지고 자긔 색시
를 차차와서 두리서 먹고 자미잇게 사랑했다. 우리 한국은 고래로 너무
에절이 만서서 남자 녀자 모힌 대 잘 못 오난 풍석이지마는 우리 아재[11]
(1971 二十八)는 너무나 자긔 부인을 사랑하기로 에절이고 무엇고 다 이
저바리고 한시라도 시간대로 자긔 부인을 보아야 됨으로 불언쳘리하고
와서 보고 간다.

　그리케도 사랑하고 사는 부부 가온대 조물의 쉬기로 쳔지가 아득한
일이 낫다. 나의 형님이 인태하여 아해를 음력 정월날에 쌀을 해산ᄒ다
(이 일홈이 처자이다. 처자는 애명이고 타 학교 일홈은 슉민이다) 아히

하였다. 처녀가 나이가 어리므로 시집살이가 어려울까 하여 모든 예절을 집에서 가르쳐 보낼 작정이었다.

그때 나의 형님은 아이를 가져 태중이었다. 그러나 우리 어머니는 모르고 자기들 두 양주(兩主, 부부)만 알고 있어 아재가 늘 국수와 진주 비빔밥과 과일을 사왔다. 두 사람이 참으로 사랑하고 살았는데 나는 그때 어리고 눈치가 없어 잘 얻어먹고 친구 모양으로 우리 아재를 좋아했다. 아재가 점심시간에 사무실에서 오면 나의 형을 안고 제 방으로 들어가서 웃고 사랑하며 세상없이 재미있게 살았다(로맨스). 한국은 빨래를 하면 봄철에는 진주에 있는 국사절[10] 밑에 산골이 있어 비가 오면 물이 내려가 순천같이[11] 깨끗하며 청석(靑石, 푸른 빛깔의 돌)이 깔려 있어 그곳에 가서 헤치점(들놀이 겸)[12] 빨래도 하고 바람도 쏘일 겸 드란진(들어앉아 있던) 어린 처녀 아가씨들이 식모를 데리고 나가서 빨래를 해 온다. 그러면 우리 아재가 시간을 내어 떡이나 과자를 사 가지고 자기 색시를 찾아와서 둘이서 먹고 재미있게 사랑했다. 우리 한국은 예로부터 너무 예절이 많아서 남자들이 여자들 모인 데 잘 못 오는 풍습이 있지만 우리 아재는 너무나 자기 부인을 사랑하였기로 예절이고 무엇이고 다 잊어버리고 한시라도 시간이 되는 대로 자기 부인을 보아야 되므로 불원천리하고 와서 보고 갔다.

그렇게도 사랑하고 사는 부부에게 조물의 시기로 천지가 아득한 일이 일어났다. 나의 형님이 잉태하여 음력 정월에 딸을 해산하다(그 아이의 이름이 처자이다. 처자는 애명이고 다른 학교 이름은 숙민[13]이다.) 아이를 낳은

---

10 경남 진주시 남성동 214-5에 위치한 조계종 사찰인 호국사(護國寺)를 말하는 것으로 보인다.

11 물이 맑다는 의미인 듯하다.

12 진주 방언으로 "헤치간다", "헤치가자"는 야외에 놀러 간다, 들놀이 가자라는 뜻이다. 동갑내기들의 계모임이나 단오날, 삼짓날 등에 마을 단위나 씨족별, 혹은 여인들끼리 들놀이를 나갈 때 쓰던 말이나 요즈음은 잘 안 쓴다고 한다(현지 주민 확인).

13 「천연희 구술 테이프 녹취록」(Tape 6, 5쪽)에도 숭민(숙민)이로 되어 있으나 「천연희 구술 테

노은 석달 될 째 우연이 병이 나서 죠타는 의원이 약을 써도 백약이 무호로 이 세상 저바리고 사랑ᄒ는 남편 다섯 달 된 쌀을 두고 무정ᄒ기도 싼 세상을 가고 마니 나의 아재가 애통복결ᄒ들 무삼 소용이 잇셜. 우리 어머니는 다섯 달 된 손녀를 안고 애통한다. 참 차목이도 슬펀 일이다. 그래서 그 죽언 신톄가 모던 절차로 시집갈 것을 가지고 어린 쌀과 시집으로 갓다. 그 후에 나의 어머님이 [12]자기 사위를 보고 말슴하시기를 "자내는 나이 청춘이니 쏘 장가갈 터니 자식을 쏘 노헐 슈 잇서니 우리 처자, 자내 쌀을 나를 주면 내가 기아 쥬겠네. 내가 키아도 자네 쌀이니 상관잇나. 내가 쌀도 죽고 처자도 업서며 더 살 슈 업네."하고 통곡하니, 아재 "어머 마음대로 하시오." 함으로 처자를 할무니가 키울 째 넷적 심쳔이 키운 형상으로 유모가 집에 와 잇서도 두 아해 먹이니 적어서 초저녁에 다런 유모 집에 가서 젓을 먹이고 온다. 동지셧달 눈은 오고 비가 오며 바람이 불어 압헐 못 보고 등불이 쩌지고 ᄒ며 고랑창에 너머지고 우리 아바지는 등불 들고 어머니는 처자를 안앗고 그쌔는 넷날이라 우유가 업고 암죽을 먹이고 유모 젓을 먹이고 키앗다. 그래서 세월이 여류하 나이 세 살이 되엿다.

세 살 될 설이 왓다. 금은날 저녁에 [13]할아부지, 할문이 온 집안 식구가 모현실제 아바지가 와셔 온 식구를 무러니다. 손가락으로 여기 닛다 ᄒ고 가라치고 어머니를 내시 무러니 죽엇다 햇다. 그 아바지 너무도 안터가워 무런 것이다. 그리 뭇을 것 안인 줄 알지마는 무럿다. 네가 죽엇다 ᄒ는 것 보니 정말 죽엇다고 밧거로 나갓다. 내가 하와이로 드러올 쌔 커서 학교를 단엿다. 공부를 잘ᄒ여 대구로 션생으로 갓다는 말과 성혼햇다는 편지를 밧앗고 그 후 二十五세 곳다운 청춘으로 이 세상을 바렷다

지 석 달이 되던 때 우연히 병이 나서 좋다는 의원의 약을 써도 백약이 무효로 이 세상을 저버리고 사랑하는 남편과 다섯 달 된 딸을 두고 무정하게도 저세상으로 가고 마니 나의 아재가 애절복통한들 무슨 소용이 있겠는가. 우리 어머니가 다섯 달 된 손녀를 안고 애통해하였다. 참으로 참혹하고도 슬픈 일이다. 그래서 그 죽은 신체가 모든 절차를 따라 시집갈 것을 가지고 어린 딸과 시집으로 갔다.[14] 그 후에 나의 어머님이 자기 사위보고 말씀하시기를 "자네는 나이 청춘이니 또 장가갈 테고 자식을 또 낳을 수 있으니 우리 처자, 자네 딸을 나를 주면 내가 키워 주겠네. 내가 키우더라도 자네 딸이니 상관있겠나? 내가 딸도 죽고 처자마저 없으면 더 살 수 없겠네." 하고 통곡하니, 아재가 "어머님 마음대로 하세요." 하여서 처자를 할머니가 키웠는데 옛적 심청이를 키우던 모양으로 유모가 집에 와 있어도 두 아이를 먹이니〔젖이〕 적어서 초저녁에 다른 유모 집에 가서 젖을 먹이고 왔다. 동지섣달에 눈이 내리고 비가 오고 바람이 불어 등불이 꺼지면 앞을 볼 수가 없어 고랑에 빠지곤 〔하였다〕. 우리 아버지는 등불을 들고 어머니는 처자를 안았는데, 그때는 옛날이라 우유가 없어 암죽과 유모 젖을 먹여 키웠다. 그렇게 세월이 흘러 나이 세 살이 되었다.

세 살 되는 설이 다가왔다. 그믐날 저녁에 할아버지, 할머니 온 집안 식구가 모여 있는데 아버지가 와서 〔아이에게〕 식구들을 물어보았다. 〔아이가〕 손가락으로 여기 있다며 가리키다가 어머니에 대해 물으니 죽었다고 했다. 아버지가 그리 물어서는 안 되는 줄 알았지만 안타까운 마음에 물은 것이다. 〔아버지는〕 네가 죽었다고 하는 것을 보니 정말 죽었구나 하며 밖으로 나갔다. 〔민숙이는〕 내가 하와이로 들어올 때 커서 학교를 다녔다. 공부를 잘해 대구에 선생으로 갔다는 말과 〔후에〕 결혼했다는 편지를 받았으나 그 후 25세 꽃다

이프 요약」(9쪽)에는 민숙(Min Sook)으로 되어 있다.
14 친정에서 죽은 며느리의 시신을 손녀와 함께 시집으로 보내 장사지냈다는 뜻이다.

한다.

　우리 집안이 단명한 까달에 사진혼인이 원인이다. 우리 부모가 구 난매 자존을 소쌩 즁 딸이 오 형제에 하나는 락대하고 둘재 형, 셋재 형은 아기 낫코 후산으로 세상 써낫다. 한 벡적 의술 발달되지 못하 배속에 던 병은 수술도 못하고 크린도 못 했다. 그름으로 녀[14]자가 해산흔 후 생명을 만히 일엇다. 아달이 사 형뎨(제)에서 두런 홍진 十二세, 十一세 미만 죽고 쏘 둘은 흑사병 게실병으로 죽엇다 한다. 그래서 자손이 압허면 의사를 이 사람 저 사람을 불너서 각기 각 소리를 하고 약을 써서 지쳐 속히 죽언 것 갓다. 이것은 내 생각이다. 녯적 사름들이 돈이 좀 잇서면 자식을 사랑하는 것이 도로 해를 주는 것 갓다. 지금 시대는 의술 발달되여 그전 의사 흔 것이 사람 죽인 일이 만다. 그래서 나의 형제가 다 죽고 나 큰 형님과 긋대 딸, 망래딸이 살앗다. 나는 천운서와 리애기의 망래딸이다.


　나는 부여 민족이요, 한국의 딸이다. 내가 나셔 한국 강산 우리 토 밋헤셔 잔쌔가 [15]굴거젓다. 애타는 가슴속에 우리 민족이 자유 업난 것을 애통흐엿다. 내 안태본은 진쥬 평안동이요, 서녁으로 쳔팔백구십륙년에 낫다. 생일은 정월 二十九일이다. 내 날 쌔는 녯적 시대다. 아직도 우리 황데가 잇고 고풍석이고 왕고다. 아직 머리 싹지 안코 상투와 맨근과 갓설 섯다. 그래서 한국 에절에 남녀부동석이라 하여서 녀자 아해들은 七八세 되면 밧거로 다니지 못햇다. 그러나 나는 부모 모러게 구경을 숨어서 잘 다 다니고 집에 오면 어미의게 야단맛나고 햇다.

　진쥬는 관쳘도라 관쳘이 잇고 군슈가 잇섯다. 가을과 봄에 진쥬 촉석루에 큰 연회를 열고 잔체흐면 온 진주 귀생이 다 나오고 춤을 추면 경장운 청춘으로 이 세상을 버렸다고 한다.

우리 집안이 단명한 까닭에 (내가) 사진혼인을 하게 되었다. 우리 부모가 9남매 자식을 두었는데 딸 5형제 중 하나는 낙태하고, 둘째 형, 셋째 형은 아이 낳은 후 산후병으로 세상을 떠났다. 예전에 의술이 발달하지 못하여 뱃속에 든 병은 수술도 못 하고 씻어 내지도 못했다. 그러므로 여자가 해산한 후 생명을 많이 잃었다. 아들 4형제 중 둘은 홍진[紅疹][15]으로 12세, 11세 되기 전에 죽고, 또 둘은 흑사병, 괴질병으로 죽었다 한다. 그래서 자손이 아프면 의사를 이 사람, 저 사람 부르는데 각기 다른 소리를 하고 약을 (달리) 써서 (환자가) 지쳐서 빨리 죽은 것 같다. 이것은 내 생각이다. 옛적에 사람들이 돈이 좀 있으면 자식을 사랑한다는 것이 오히려 해를 끼친 것 같다. 지금 시대는 의술이 발달하여 전에 의사들이 (진료라고) 한 것들이 사람을 죽인 일이 많다(는 사실을 알게 되었다). 그렇게 나의 형제들이 다 죽고, 내 큰형님과 끝의 딸, 막내딸이 살았다. 나는 천운서와 이애기의 막내딸이다.

나는 부여 민족이요, 한국의 딸이다. 내가 나서 한국 강산, 우리 땅에서 잔뼈가 굵었다. 애타는 가슴속에 우리 민족이 자유 없는 것을 애통해하였다. 내가 태어난 곳은 진주 평안동이요, 서력으로 1896년에 났다. 생일은 정월 29일이다. 내가 난 때는 옛 시대다. 아직 우리 황제가 있고 고래의 풍습이 완고하였다. 아직 머리를 자르지 않고 상투를 매고 갓을 썼다. 또한 한국 예절에 남녀부동석이라 하여 여자아이들은 7~8세가 되면 밖으로 다니지 못했다. 그러나 나는 부모 모르게 숨어서 구경을 잘 다녀 집에 오면 어머니께 야단을 맞곤 했다.

진주는 관찰도라 관찰사가 있고 군수가 있었다. 가을과 봄에 진주 촉석루에서 큰 연회를 열고 잔치를 하면 온 진주의 기생이 다 나와 춤을 추는데 굉

---

15 홍역을 한방에서 이르는 말. 앞에서 '손님'이라 한 것이 이를 말하는 듯하다.

이 노리를 ㅎ면 참 구경이 죠앗다. 녯적 임진애란에 진쥬 귀생이 의암바위 우에서 춤추고 즐급게 노다 일본 장슈를 안고 남강 물에 째저 죽엇다. 자긔의 생명을 나라 위하여 죽은 애국 녀사다. 이와 가치 나라 새[16](이 니약이는 내가 나서 글 째 이약이다)랑하는 애국심이 잇서야 그 나라가 세게만방에 할(살) 슈 잇게 된다. 이와 갓흔 애국 녀사가 멋치나 잇는지. 그래서 진쥬에서 관찰이나 사두가 오면 의암 이 사당에 가서 에문하고 류월달이면 온 진쥬성에 백성과 진쥬 귀상이 큰머리를 언고 화로설 닙고 말을 타고 팔선녀를 쑤미고 삼인륙갑을 재피고 성 밧게서 성 안 의암바위 우에 세운 사당까지 행열ㅎ고 론기 일홈을 주어서 선판을 달고 그게 가셔 제를 지내 축문을 외우고 그 영혼을 위로한다. 그째 내가 다니면 구경ㅎ엿다.

내 동무하고 소곰질하면 그째는 장난가음이 업다. 어린이 씌던 그릇이 씌아지면 그것을 잘 다더버서 그럿을 면드러 소곰질ㅎ다. 인형은 풀노 잘나서 저건 쇠쟁이 소음 너어셔 인형 면드러 그것을 일홈을 각시라 부러 소곰질 [17]장난하는 것은 망쥬개머산다 ㅎ고 동무들 잘 놀앗다. 밥은 흙으로 짓고 쩍도 만들고 소곰질ㅎ고 놀앗다.

나의 근형님이 삼동이라 하는 동리 살고 우리난 츄슈동에 쌀이(사니) 상거가 좀 머나 내가 우리 형님 집에 놀너 가면 참 쩍과 과자와 엿이 만히 잇고 과일 만히 잇서 먹을 거시 만어 부로 내가 간다. 그래 낮에는 잘 먹고 잘 노다가 밤이면 어머 생각을 해서 울고 잇서면 형님이 정지 할멈장하였으며, 놀이를 하면 참으로 구경거리였다. 옛적 임진왜란 때 진주 기생이 의암바위 위에서 춤추며 즐겁게 놀다 일본 장수를 안고 남강 물에 빠져 죽었다. 자신의 생명을 나라를 위해 바친 애국 여사이다. 이와 같이 나라 사(이 이야기는 내가 나서 클 때의 이야기이다)랑하는 애국심이 있어야 그 나라가 세계만방에 잘살 수 있게 된다. 이와 같은 애국 여사가 몇이나 있는지? 그래서 진주에 관찰사나 사또가 오면 의암 사당에 가서 예문하고〔예를 갖추어 참배하고〕유월이면 온 진주성의 백성과 진주 기생이 큰머리를 얹고 활옷을 입고 말을 타고 팔선녀를 꾸미고 삼인육갑을 잡히고,[16] 성 밖에서 성 안 의암바위 위에 세운 사당까지 행렬하고 논개의 이름을 쓴 현판을 달고 그곳에 가서 제사를 지내며 축문을 외우고 그 영혼을 위로한다. 그때 내가 다니면서 구경하였다.

내가 동무하고 소꿉놀이를 하지만 그때는 장난감이 없었다.〔그래서〕어른들이 쓰던 그릇이 깨지면 그것을 잘 다듬어서 그릇을 만들어 소꿉놀이를 하였다. 풀을 잘라서 꼬챙이로 솜을 넣어 인형을 만들어 그것의 이름을 각시라 부르며 소꿉놀이 하는 것을 "망주개머산다"[17] 하고 동무들하고 잘 놀았다. 밥은 흙으로 짓고 떡도 만들며 소꿉놀이를 하면서 놀았다.

나의 큰형님이 삼동이라 하는 동리에 살고 우리는 추수동에 살아 서로 간의 거리가 좀 멀었지만 내가 우리 형님 집에 놀러 가면 참으로 떡과 과자와 엿이 많이 있고 과일이 많고 먹을 것이 많아 내가 일부러 가곤 하였다.〔형님 집에 가면〕낮에는 잘 먹고 잘 놀다가 밤이면 어머니 생각이 나서

---

16 "삼인육갑"은 "삼현육각"의 오기이다. 삼현三絃이란 거문고, 가야금, 향비파의 세 가지 현악기를 말하며, 육각六角이란 북, 장구, 해금, 피리, 태평소, 쟁과리의 여섯 가지 관악기를 말한다. 여기에서는 온갖 악기로 편성된 악대를 앞세운 요란한 고관 행차를 뜻한다.
17 "망주개머산다"는 '소꿉장난하다'의 진주 방언인 듯한데 현지 주민들에게서도 확인하지 못하였다.

의게 집에 다리다 쥬라 하면 할멈이 참 실어 나를 억고 가면셔 학대를 한다. 나는 아모 말도 안코 집에 어머의게 가는 것만 생각ㅎ고 죽은 덧기 잇다. 그째 나이 오륙 세 되엿. 그 잇헐날 정지 할멈이 구박ㅎ다는 말을 우리 어머게 다 말햇다. 그리하고 봄에 큰 아해들 짜라 산에 올나가서 곳도 싯코 나물도 캐고 한번은 사람 죽은 물팍 쎄를 차자 다런 아해가 보고 송장 쎄라 하고 놀냇다. 우리 아바지가 나를 사랑하시여 그래를(춘천을) 매여쥬고 늘(널)도 나쥐18]고 하시엿다.

　내 나히 十一―十二세쯤 되여서 그째 에슈교 종교가 경상남북도에 드러온 지 얼마 안이 되엿다. 우리 진쥬 처음으로 오스틔엘니야에셔 영국 목사 거열휴가 가지고 진쥬로 와셔 성 안에 집을 사서 예배당을 만들고 아해들을 모하 성경을 가랏첫다. 그째 우리 어머니의 자식이 그리 죽어니 쌀 둘을 명 질고 복 쥬라 하고 절에 가서 불공하고 절을 만히 하면 제를 사한다 해서 절에 갈 쌔마다 나도 어머니 짜라가서 불공도 더리고 부차님의 절도 만히 햇다. 그러난 중 어머니의셔 하로난 말삼하시기를 내가 장에 가니 야수 밋난 사람이 전도하기로 야소를 밋어며 모던 죄를 사하고 모던 활란을 면한다 하니 내가 야수를 밋어 너의 형제의게 활란 가지 안케 야슈를 밋겻다고 쏘삼분이 너도 야수당에 단여 명을 니어라 ㅎ고 나를 성내 에수교 쌴듸수굴을 보내엿. 그래서 에슈 밋고 쏘 그혈휴가 의사요, 목사요, 학교 교장으로 시무한 지 첨으로 에슈교 사립학교를 다 셜

울어 형님이 정지[18] 할멈에게 집에 데려다 주라고 하면 할멈이 아주 싫어하여 나를 업고 가면서 학대하였다. 나는 아무 말도 않고 집의 어머니에게 가는 것만 생각하고 죽은 듯 있었다. 그때 내 나이 5, 6세였다. 이튿날 정지 할멈이 구박한다고 어머니에게 다 말했다. 그리고 봄이면 큰 아이들을 따라 산에 올라가서 꽃도 꺾고, 나물도 캐고, 한번은 죽은 사람의 무르팍 뼈를 찾아서 다른 아이들에게 송장 뼈라 하며 놀래 주었다. 우리 아버지가 나를 사랑하시어 그네를(춘천을)[19] 매어 주고 널도 놓아 주고 하셨다.

내 나이 11~12세쯤 되었을 때 예수교 종교가 경상남북도에 들어온 지 얼마 되지 않았다. 우리 진주에 처음으로 오스트레일리아에서 영국인 목사 거열휴[20]가 진주로 와서 성 안에 집을 사서 예배당을 만들고 아이들을 모아 성경을 가르쳤다. 그때 우리 어머니는 자식들이 그리 죽어 나가니 (남은) 딸 둘이 명(命)이 길고 복을 받도록 절에 가서 불공을 드리고 절을 많이 하면서 제사를 드린다 해서 절에 갈 때마다 나도 어머니를 따라가서 불공도 드리고 부처님께 절도 많이 했다. 그러던 중 어머니께서 하루는 말씀하시기를 내가 장에 가니 예수 믿는 사람이 전도하기를 예수를 믿으면 모든 죄를 사하고 모든 환란을 면한다 하니 내가 예수를 믿어 너의 형제에게 환란이 생기지 않도록 하겠다며 또삼분이 너도 예수당에 다녀 명을 이어라 하고 나를 성 안의 예수교 선데이 스쿨(Sunday school, 주일학교)에 보냈다. 그래서 예수를 믿게 되었다. 거열휴 씨는 의사요, 목사요, 학교 교장으로 일을 시작하여 처음으로

---

18 부엌의 강원, 경상, 전라, 충북 지방 방언이다.

19 '춘천'은 그네의 한자어인 '추천鞦韆'을 천연희가 잘못 쓴 것으로 보인다.

20 호주에서 파견된 선교사 휴 커를Hugh Currell(1871~1943, 한국명 거열휴巨烈烋)을 말한다. 아일랜드 출신으로 퀸스칼리지에서 의학을 공부한 후 호주로 이주하여 선교훈련을 받고 1902년에 한국으로 파견되었다(http://www.chedulife.com.au/정병준-교수의-호주선교사-열전15). 1902년 부산에서 선교활동을 시작하였다가 1905년 진주로 옮겨 1915년까지 의료선교 활동에 종사하였다. 광림학교와 배돈병원倍敦病院(Margaret Whitecross Paton Memorial Hospital)을 설립하였다.

시하고 남학교 일홈은 광[19]림남학교이요, 녀학교난 정숙녀학교라 일홈을 지엇다. 몃 해 후에 광림녀학교로 곤첫다.

　이 학교난 비봉산 밋헤 남학교 잇고 녀자학교도 잇섯다. 우에 에배당도 비봉산 밋치고 그열후 사택도 비봉산 줄기에 잇고 그열휴가 의사라 병원을 설시한 즁 벽돌노 삼칭으로 지엇다. 그것도 비봉산 밋치다. 그래서 하나님의 은혜를 만히 밧은 나는 진쥬 에슈 사립 교회 학교에서 고등 사반까지를 하엿다. 처음 설립자로 선생님은 박 선생이다. 창입 학생은 박보녕, 강신애, 남경애, 천년희, 강점수, 강애경, 하은혜, 백인 선생은 시닐니 시 부인, 마쿠레스 대 부인이다. 두 영국 부인 선생이다. 한문 선생도 잇섯다. 합방 후에는 일본 선생 도구무라도 잇섯다. 이 여러 사람 창립 학생이다. 그래서 우리 공부할 쌔 가정이 세고 법이 정직ᄒ다. 아첨에 학예수교 사립학교를 세웠는데, 남학교 이름은 광림남학교[21]로, 여학교는 정숙여학교[22]라 이름 지었으며, 몇 해 후에 광림여학교로 고쳤다.

이 학교는 비봉산 밑에 남학교가 있고 여자 학교도 있었다. 위의 예배당도 비봉산 밑에 있었으며, 거열휴 씨의 사택도 비봉산 줄기에 있었고, 거열휴 씨가 의사라 병원을 지을 때 벽돌로 3층으로 지었다. 그것도 비봉산 밑에 있었다. 그렇게 하나님의 은혜를 많이 받은 나는 진주의 예수교회 사립학교에서 고등과 4학년까지 다녔다. 처음 설립자로 선생님은 박 선생[23][이라는 분]이다. 창립[년도의] 학생은 박보넘, 강신애, 남경애, 천연희, 강점수, 강애경, 하은혜[이며], 백인 선생은 시넬리, 시 부인,[24] 마쿠레스, 대 부인[25]이다. 모두 영국인 부인 선생이다. 한문 선생도 있었다. [한일]합방 후에는 일본인 선생 도쿠무라도 있었다. 이 여러 사람이 창립 학생이다. 그래서 우

---

21 여기서 말하는 광림남학교는 경상남도 진주시 중앙동에 있던 기독교계 사립학교를 말한다. 1907년 4월 15일 기독교신자 자녀들에게 신학문을 가르치기 위하여 호주에서 온 선교사 거열휴, 박성애, 강주식, 안헌, 서윤보, 김경숙, 이영숙 등이 주축이 되어 진주군 성내면 4동(현 중앙동 중앙광장 부근)에 안동학교安東學校를 설립하였으며 초대 교장은 설립자인 거열휴 목사이다('광림학교', 한국향토문화전자대전. http://www.grandculture.net/). 조헌국에 따르면 커를 선교사가 안동학교를 시작한 때는 1905년 진주에 들어온 다음 해인 1906년이라 한다.(『진주에 뿌려진 복음: 진주지방 장로교회의 설립과 발전』, 부산: 디자인모토, 2015, 340쪽) 1909년 안동학교와 정숙학교를 통합하여 광림학교로 인가받았으며, 남학교와 여학교를 따로 운영하였던 것으로 보인다. 광림학교 옛 터는 배돈병원과 함께 얼마 전 진주시 근대역사유적지로 지정되었다.
22 앞의 주 1 참조.
23 거열휴 선교사와 함께 진주로 들어와 선교활동을 함께 한 박성애의 부인 박순복을 말한다(조헌국, 앞의 책, 2015, 306쪽).
24 호주 출신의 선교사 넬리 R. 스콜스의 한국명이 '시넬리'이다. 1907년 진주에 와 휴 커를 부부를 도와 교육을 담당하였다. 앞의 주 1 참조.
25 마거릿 데이비스Margaret Davis(1887~1963, 한국명 대마가례)를 가리킨다. 1910년 호주에서 부산으로 들어와 넬리 스콜스가 휴가를 떠난 1911년 12월 진주여학교 교장직을 맡았다. 산수와 지리를 가르치며 진주에서 어린이와 소녀들을 대상으로 선교활동을 하였다. 1914년 부산으로 이전하여 30년 가까이 여학생을 위한 교육과 선교 사업에 몸담았다(www.chedulife.com. au/정병준-교수의-호주선교사-열전24-마가레트-샌디먼-데/).

생[20]들이 개학할 시간이 되면 일제로 발을 맛차 서서 례조를 하고 걸어 응접실노 드러가서 자리로 차차 서서 선생님끠 인사ᄒ고 자리에 안자 성경 한 줄식 랑독 후 긔도하고 일제로 일어나 선 후에 발을 맛차 자긔 반을 차서 드러가서 공부를 시작햇다. 모던 것이 국직상으로 가라첫다.

조물의 쉬기로 불행이 우리나라가 일본의 악박으로 5조약·7조약이 된 후 나라를 일케 되고 모던 백성이 근심 중에 잇고 그째에 내가 어려서다. 내 나이 한 十二三세 될 째 내가 학교를 입박하고 학교에 다닐 째다. 백성이 말도 못 ᄒ고 걱정만 ᄒ고 잇다. 그럴 째 하로난 동장이 동내 다니면 외기를 "녜일은 우리나라 긔는 다 나리고 달지 말고 일본 긔를 다시요."하고 외는 소래를 들엇다. 그 소래를 듯고 온 진쥬 백성이 통곡햇다. 나라가 어두워 촌백성은 긔가 무엇인지 잘 아지 못하엿지마는 말은 듯고 그 긔가 업서지면 안 된 것은 알앗다. 그리한 [21]흐기는 몃칠 전에 일본 병정이 한국 병정과 총질이 몃 번 낫다. 그러에 나라에서 총질 말고 나가라 하는 한국 군인의게 통지가 왓다. 그리하면 백성들이 살상한다는 명영이 나기로 한국 군인이니 애통을 참고 슌리로 물너갓다. 진쥬가 경상남도 수부인 고로 구 황데 째에 질청이 병참소가 되엿다. 그 잇텀날 일본 귀생이 사구라 솟을 쑤민 등을 타고 춤을 추고 노래를 부러고 온 진쥬 거리로 행열하고 만세를 부러고 의긔양양햇다. 그러 우리 님금과 민 즁정 인형 허세비를 먼드러서 춧기나가는 헤용을 거리고 모욕하엿다. 온 질청 안에서 의긔양양으로 노리를 할 째 우리 백성은 모러고

리는 공부할 때 과정이 어렵고 법이 엄격하였다. 아침에 학생들이 수업을 시작할 시간이 되면 일제히 발을 맞추어 서서 조례를 하고 걸어서 응접실로 들어가 자리를 찾아 서서 선생님께 인사드리고, 자리에 앉아 성경을 한 줄씩 낭독한 후 기도하고 일제히 일어나 발을 맞추어 자기 반을 찾아 들어가 공부를 시작했다. 모든 것을 규칙에 따라 가르쳤다.

조물주의 시기로 불행하게도 우리나라가 일본의 억압과 핍박으로 5조약,[26] 7조약[27]이 체결된 후 나라를 잃게 되고 모든 백성이 근심 중에 있었으며, 그때 나는 아직 나이가 어렸다. 내 나이 12~13세로 내가 학교에 입학하여 다니고 있을 때였다. 백성이 말도 못 하고 걱정만 하고 있었다. 그럴 즈음 하루는 동장이 동네에 다니면서 "내일은 우리나라 기는 다 내리고 달지 말고 일본 기를 다시오." 하고 말하는 소리를 들었다. 그 소리를 듣고 온 진주 백성이 통곡했다. 나라가 몽매하여 촌백성은 깃발이 무엇을 의미하는지 잘 알지 못하였지만 그 말을 들었을 때 그 깃발이 없어지면 안 된다는 것은 알았[기 때문이]다. 그 일이 있기 며칠 전에 일본 병정과 한국 병정들 사이에 총질이 몇 번 있었다. 그러자 나라에서 한국 군인에게 총질하지 말고 나가라는 통지가 왔다. 그렇게 하면 백성들을 살상한다는 명령이 내렸으므로 한국 군인들이 애통을 참고 순순히 물러갔다. 진주가 경상남도 수부인 고로 옛날〔대한제국〕황제 때의 질청[28]이 병참소가 되었다. 그 이튿날 일본 기생이 벚꽃으로 꾸민 등〔가마〕을 타고 춤을 추고 노래를 부르며 온 진주 거리에서 행렬하고 만세를 부르면서 의기양양했다. 우리 임금과 민중전의 인형 허수아비를 만들어서 쫓겨나는 시늉을 하면서 모욕하였다. 온 질청 안에서 의기

---

26 1905년 일본이 조선의 외교권을 빼앗은 을사조약을 말한다. 을사5조약이라고도 한다.
27 1907년 고종이 헤이그 특사를 보낸 것이 일본에 발각된 후 고종을 강제퇴위시키고 한국을 병탄하기 위한 마지막 조치로 강행한 불평등조약으로 정미7조약이라고도 한다.
28 향리들이 집무를 보던 곳.

구경흔 사름 잇고 마음이 너무 압해서 자살한 사람 만타. 그날 학교가 업다. 문 닷치고 놀엇. 일본에 조헌 명일이라 해서. 나 간청이나 학교 문을 다처지마는 우 [22]민족은 국권을 일고 자유업시 노야 명에를 씨는 날이요, 우리 생명이 죽언 날이다. 나는 그째 나이 어리나 조곰 알아서 너무 마음이 압해서 일본이 엇지하는 것을 구경하로 갓다. 일본 병정이 총 쑤리로 우리 병정을 전우고 하니 우리 병정이 무서워 다라나는 형상이 잇더라. 우리 병정이 무서워 다라나지 안이하고 죽기를 싸웟다. 죽기로 작정햇지마는 나라에서 명영하기를 애매한 어린 아해와 백성이 상한다 하고 불질을 마라는 명영이 나려 싸우지 못ᄒ고 너모도 분이 나서 자긔 종에 죽언 사름 잇다. 삼쳘리금슈강산 부여 민족 시시한 청년들아 노야 민족 왼일고. 그래서 그째 어린 마음이 참 압해서 학교를 다닐 째 늘 우리 아해들과 이약이ᄒ고 우리나라는 엇지해서 이리 된나 하고 늘 이약이햇다.

우리 가정을 학교에서 배울 째 역사, 디리, 생리학, 산술, 도화, 동물학, 바너질, 성경, 톄조, 십자작, [23]이 모던 가정을 공부햇다. 엇더한 날은 갑작이 일본 순사 올나와 책을 뒤집고 공부를 못 하게 하고 우리 력사 과정을 베우지 못하게 ᄒ고 일본 역사 과정을 쥬엇다. 그래서 우리 학생들이 분이 나서 통곡도 해엿다. 그 후에는 우리 공부할 째 일본 순사가 오나 직히고 저기 오난 것만 보면 책을 다 숨켯다. 석탕광에 너헛다. 순사가 와서 역사책은 업서니 말 못 하고 성경에 사도힝전서 바울 행적을 배우지 말나 하는 말까지 하엿다. 모던 것이 압박과 압제를 준다. 그러고 그즁에 사상이 조헌 청년이 진쥬에 잇서면 우리 남학생 즁에 잡아다가 옥에 가두고 추달을 한다. 제국 정치 반대자와 도모자라 하고 옥에 가두고 추달을 하여 병신을 만드러 정양양하게 놀이를 할 때 우리 백성은 모르고 구경하는 사람도 있고 마음이 너무 아파서 자살한 사람도 많다. 그날은 일본의 좋은 명일이라 하여 학교가 문을 닫고 쉬었다. 관청이나 학교는 문을 닫았지만 우리 민족은 국권을 잃고 자유가 없는 노예의 멍에를 쓴 날이요, 우리 생명이 죽은 날이다. 나는 그때 나이가 어리나 〔사정을〕 조금 알아서 너무 마음이 아파 일본이 어찌하는지 구경하러 갔다. 일본 병정이 총부리로 우리 병정을 겨누니 우리 병정들이 무서워 달아나는 모습이 있더라. 우리 병정 중에 무서워 달아나지 않고 죽기로 싸운 이도 있었다. 〔그들이〕 죽기로 작정했으나 나라에서 명하기를 〔그들이 싸우면〕 애매한 어린아이들과 백성이 상한다 하고 불질을 하지 말라는 명령이 내려 싸우지도 못하고 너무 분이 나서 자기 총에 〔스스로〕 죽은 사람도 있었다. 삼천리금수강산 부여 민족의 시시한 청년들아, 노예민족이 웬일인가? 그때 어린 마음이 참으로 아파서 학교 다닐 때 늘 우리 아이들과 이야기하고, 우리나라는 어찌하다 이리 되었나 하고 늘 이야기했다.

우리 과정을 학교에서 배울 때 역사, 지리, 생리학, 산술, 도화, 동물학, 바느질, 성경, 체조, 십자자수 등의 모든 과정을 공부했다. 어떤 날은 갑자기 일본 순사가 올라와 책을 뒤집고 공부하지 못하게 하고 우리 역사 과정을 배우지 못하게 하고 일본 역사 과정을 주었다. 그래서 우리 학생들이 분이 나서 통곡하기도 했다. 그 후에는 우리가 공부할 때 일본 순사가 오나 지키고 저기 오는 것을 보면 책을 다 숨겼다. 석탄광에 넣었다. 순사가 와서 역사책은 없으니 말을 못 하고 성경의 사도행전에서 바울의 행적을 배우지 말라는 말까지 하였다. 모든 것이 압박과 압제를 주었다. 그리고 그중에 사상이 좋은 청년이 진주에 있으면 우리 남학생 중에 잡아다 옥에 가두고 추달[29]했다. 제국 정치의 반대자라거나 도모자라 하고 옥에 가두고 추달하

---

29 조선시대에 볼기를 치던 고문.

신병자 모양으로 아모것도 모러난 등신을 맨드랏다. 그와 갓치 자유 업난 나라 백성 참 불상흐다. 이 모던 것이 내 마암에 상처 되여서 자유 세상을 차젓다.

하로는 학교에를 나가니 학생 동무들이 신문을 본 이약이를 한다. 평안도와 서[24]울과 부산과 마산서 사진혼인 의하여 미국 영지 포아 하와이로 만히 드러간다는 이약이를 하고 그런 일을 좀 알아본다는 말을 하엿다. 그래서 큰 학쌩 멋멋치 참 죠타고 하고 우리가 돈이 잇서 위국으로 유학을 갈내도 일본 총독이 위국 가는 정서를 안이 주니 갈 수 업난 형편이 되여서 한국을 써날나 하여도 하날에 별싸기보담 더 어려왓다. 그래서 일본이 사진혼인을 시작해서 미국 농민국과 이민국이 이민에 드러온 독신 남자는 고국으로 사진혼인으로 녀자를 다려올 슈 잇는 법이 되엿다. 일본은 발서 여러 해 전에 시작되고 대한 사람 사진혼인은 교회로 해서 서울·평양 사진혼인이 一千九百十二三년에 시작되엿다. 부산·마산도 사진혼이 그째로부터 시작되엿지마는 진쥬난 발선이 되지 못핸다.

그런 중 우리 학생 중에 남경애가 여름 학기에 마산으로 단녀[25]로 간다 하고 얼마 후에 진쥬로 도라왓다. 그째가 一千九百十四년이다. 남경애가 마산 가서 하와이로 쌀 보낸 집을 차저가서 뭇고 알이보앗. 이 집은 누구야 하면 박태구 씨 집이다. 그 집 쌀이 하와이로 드러와서 부모를 만히 도앗다. 그이도 마산서 일적 녀자 해방을 밧고 신식 학교에 교육을 밧은 사람으로 재격도 식식해서 녀자 한자리를 하는 신식 녀자다. 그의 일홈이 박금우 씨. 그래서 그이도 하와이를 드러왓다. 남경애가 그 아부지 말을 여 병신을 만들어 정신병자 모양으로 아무것도 모르는 등신을 만들어 버렸다. 그와 같이 자유 없는 나라 백성은 참으로 불쌍하였다. 이 모든 것이 내 마음에 상처가 되어 자유 세상을 찾게 되었다.

하루는 학교에 가니 학생 동무들이 신문 본 이야기를 하였다. 평안도와 서울과 부산과 마산에서 사진혼인에 의해 미국 영지인 포와[布哇][30] 하와이로 많이 들어간다는 이야기를 하고 그런 일을 좀 알아본다고 말하였다. 그래서 큰 학생 몇몇이 참 좋다고 하였다. 우리가 돈이 있어 외국으로 유학을 가려 해도 일본 총독이 외국 가는 증서를 안 주니 갈 수 없는 형편이 되어서 한국을 떠나려 하여도 하늘의 별 따기보다 더 어려웠다. 그래서 일본이 사진혼인을 시작해서 미국 농민국과 이민국이 이민 온 독신 남자가 고국에서 사진혼인으로 여자를 데려올 수 있는 법을 만들었다. 일본은 벌써 여러 해 전에 시작했고, 대한 사람 사진혼인은 교회를 통해 서울과 평양에서 1912~1913년에 시작되었다. 부산과 마산도 사진혼인이 그때부터 시작되었지만 진주에서는 [아직] 발생하지 않았다.

그러던 중 우리 학생 중에 남경애[31]가 여름학기에 마산에 다니러 간다 하고 얼마 후에 진주로 돌아왔다. 그때가 1914년이다. 남경애가 마산에 가서 하와이로 딸을 시집보낸 집을 찾아가 묻고 알아보았[다]. 그 집이 누군가 하면 박태구 씨[32] 집이다. 그 집 딸이 하와이로 가서 부모를 많이 도왔다[고 한다]. 그이도 마산에서 일찍이 여자 해방을 받고 신식 학교에서 교육을 받은 사람으로 체격도 씩씩해서 여자로서 한자리를 하는 신식 여자였다. 그의 이름이 박금우 씨[33]이다. 그렇게 해서 그이도 하와이에 들어왔

---

30  하와이의 한자 표기.
31  1914년 10월 한장준과 결혼한 사진신부.
32  사진신부 박금우의 부친이다.
33  마산에서 1912년 10월 하와이로 가 정시준과 결혼한 여성. 천연희는 그의 소개로 하와이에 사

듯고 하와이 드러갈 량으로 사진을 직어 쥬고 하여 사진혼인을 쥬선하여 달나 부탁하고 진쥬로 왓다.

그 이약이를 다 듯고 우리 학생 몃치 사진혼인하기로 우리도 쥬선하게로 한 학생이 삼사 인이 되엿지마는 나종에 형편이 모도 허락지 안이 햇다. 그래서 다 구만두고 나는 우리 어머니끠셔 자식이 작구 죽난 것을 무서워서 철[26]리만리로 가도 죽지만 말고 오래 사라 하고 우리 형님 모러게 허락ᄒ섯다. 그래서 그째는 자동차가 업고 해서 말노 타고 마산 박태구 씨 집에 와셔 쥬선을 하엿다. 박태구 씨기 내가 하와이 간다 하니 캄작 놀내면서 "네가 와 하와이로 가나. 내가 진쥬 가서 너거 집에 가보니 참 부자로 잘 사는대." 하시엿다. 그째 우리 집에 주식회사를 치고 판 인관들이 유식하엿다. 우리 집은 크고 운물이 집 안에 잇섯다. 우리 선생님들 캄작 놀내고 "네가 와 하와이로 가나. 남편 될 사름도 보지 안코 그개 간 사름들은 다 무식군 농민이 드러갓다." 하는대 그째는 외국 갈 히망에 사랑이고 무엇이고 아모 소래도 귀에 오지 안코 자유 나라 갈 그 생각밧기 업고 쉬집을 가셔 남[27]편과 사랑ᄒ고 사는 그 마음은 둘재, 위국 가는 것이 첫재 되여서 갈방질방 업시 쥬선을 하는 즁이다. 사진을 박아 하와이로 보내고 진쥬로 도라와셔 학교로 단닌다.

하로난 체전부가 무엇을 가지고 왓다. 풀어 보니 사진이다. 그 사진은 미국 영지 포아에서 왓다. 일홈은 길차옥 씨고 나는 三十여 세다. 사진혼다. 남경애가 그 아버지의 말을 듣고 하와이에 갈 양으로 사진을 찍어 주고 사진혼인을 주선해 달라 부탁하고 진주로 왔다.

그 이야기를 다 듣고 우리 학생 중 몇이 사진혼인을 하고자 하여 주선해 달라 한 학생이 3~4인 되었으나 나중에 형편이 모두 허락지 않았다. 그래서 다 그만두고, 나는 우리 어머니께서 자식들이 자꾸 죽는 것을 무서워해서 천리 만리를 가더라도 죽지만 말고 오래 살라고 우리 형님 모르게 허락하셨다. 그런데 그때는 자동차가 없어서 말을 타고 마산 박태구 씨 집에 가서 주선하였다. 박태구 씨가 내가 하와이로 간다 하니 깜짝 놀라면서 "네가 왜 하와이로 가느냐? 내가 진주 가서 너희 집에 가보니 참 부자로 잘 살던데." 하셨다. 그때 우리 집에는 주식회사를 차리고 판임관[34]들이 유숙〔留宿〕하였다. 우리 집은 크고 우물이 집 안에 있었다. 우리 선생님들도 깜짝 놀라, "네가 왜 하와이로 가느냐. 남편 될 사람도 보지 않고. 그곳에 간 사람들은 다 무식꾼 농민이다." 하였지만 〔나는〕 그때는 외국 갈 희망에 사랑이고 무엇이고 아무 소리도 귀에 들리지 않고 자유의 나라에 갈 생각밖에 없었다. 시집을 가서 남편과 사랑하고 살겠다는 마음은 둘째요, 외국 가는 것이 첫 번째가 되어 갈팡질팡 없이〔서둘러〕 주선하였다. 사진을 박아 하와이로 보내고 진주로 돌아와 학교에 다녔다.

하루는 체전부〔우편배달부〕가 무엇을 가지고 왔다. 풀어 보니 사진이다. 그 사진은 미국 영지인 포와〔하와이〕에서 왔다. 이름은 길차옥 씨[35]고 나이

---

진신부로 가게 되었다.

34 조선시대 관품제도는 당상관堂上官, 당하관堂下官, 참상관參上官, 참하관參下官으로 나뉘다가 1894년 갑오경장을 계기로 칙임관勅任官, 주임관奏任官, 판임관判任官으로 변경되었다. 칙임관은 2품 이상의 고위 관직이고, 주임관은 3품 이하 6품까지, 판임관은 7품 이하의 관직을 말한다. 여기에서 천연희의 집에 "주식회사를 차리고 판임관들이 유숙하였다."는 말이 무슨 의미인지 확실치 않다.

35 천연희가 하와이에 사진신부로 와 결혼하게 되는 길찬록吉燦祿(1869~1954)을 말한다. 그는 평안도 안주 출신으로 36세인 1905년 6월 20일에 혼자 하와이에 갔다.

인할 신랑에 사진이다. 그 사진을 밧고 간이 너러지면 두군거렷다. 깃버야 될 터인대 마음이 이상했다. 사진은 숭업지 안코 나도 만치마는 그곳 사룸 신랑이 다 나이 만타는 것은 알고 잇다. 사람은 과이 숭업지 안치마는 엇잔지 깃버지 안이햇다. 마음이 사랑으로 깃번 것 업섯다.

하와이 드러올 생각으로 혼인신고를 ᄒ고 여행권 기대릿다. 여행권 낼 째도 순사가 몃치리를 불너 문답을 식히고 의사의게 가셔 십이장춘과 도랑호모 눈병을 금[28: 빈 면][29]사 후 진단을 주어 일본 위무부 총독부 금사국에 갓다 주면 그 후에 여행권이 나왓다. 그리ᄒ기로 몃 달이 되니 음력 정월에 여행권이 나와서 一千九百十五年 정 十五日에 젹 나의 고향 진쥬와 사랑하는 부모님과 형님, 나의 이모님, 우리 일가와 사랑하는 학생 친구와 우리 선생님들과 정던 고향을 써날 째 영국 선생 시 부인이 간절이 가지 마라고 권고했다. "천년회는 아모것도 집안에 부족함이 업시 산다는대 위 보지도 안은 사람 차자가는가." 하고 간절이 반대하엿다. 그런 말도 귀에 드러오지 안코 한국만 터날 생각했다.

우리 어머님과 형님이 나를 다리 남강 건너 자동차 정거장까지 오실 째 막내쌀을 보내니 천지가 아득하여 통곡하시고 나의게 하시난 말삼이 十年 사다 한국하여 내 죽기 전에 보자는 말삼을 하시고 나의 형님씌서도 둘도 업난 내 동생 부부대 어머니 생전에 한국하라 하시던 말삼 내 가슴에 원한이 되여 이 글 씰 째 통곡한다. 조물에 쉬기로 형편의 사건으로 다시 뵈옵지 못ᄒ[30]엿다.

그 길노 마산에 와서 부산에 가 열락선을 타고 하간에 나려 하간서 우는 30여 세(라 했)다. 사진혼인할 신랑의 사진이다. 그 사진을 받고 간이 너러지면(떨어질듯이) 두근거렸다. 기뻐야 될 터인데 마음이 이상했다. 사진은 흉하지 않고 나이도 많지만 그곳 사람 신랑들이 다 나이 많다는 것은 알고 있었다. 사람이 과히 흉하지 않지만 어쩐 일인지 기쁘지 않았다. 마음이 사랑으로 기쁜 것이 없었다.

하와이에 들어올 생각으로 혼인신고를 하고 여행권(여권)을 기다렸다. 여행권을 낼 때도 순사가 며칠을 불러 문답하고 의사에게 가서 십이지장충과 도랑호모(트라코마)[36] 눈병을 검사한 후에 진단서를 떼 주어 일본 외무성 총독부 검사국에 갖다 주면 그 후에 여행권이 나왔다. 그렇게 몇 달이 지나니 음력 정월에 여행권이 나와서 1915년 정월 15일에 나의 고향 진주와 사랑하는 부모님과 형님, 나의 이모님, 우리 일가와 사랑하는 학생 친구들과 우리 선생님들과 정든 고향을 떠날 때 영국인 선생 시 부인[37]이 간절히 가지 말라고 권고했다. "천연희는 아무것도 집안에 부족함이 없이 산다는데 왜 보지도 않은 사람을 찾아가느냐?" 하며 간절히 반대하였다. (그러나 나는) 그런 말도 귀에 들어오지 않고 한국 떠날 생각만 하였다.

우리 어머님과 형님이 나를 남강 다리 건너 자동차 정거장까지 오셔 (배웅해 주실) 때 막내딸을 보내니 천지가 아득하여 통곡하시며 내게 "10년 살다 환국(귀국)하여 내 죽기 전에 보자." 하신 말씀과, 내 형님께서도 둘도 없는 내 동생 부디 어머니 생전에 환국하라 하신 말씀이 내 가슴에 원한이 되어 이 글을 쓰면서도 통곡한다. 조물주의 시기로 인한 여러 사건으로 다시 뵈옵지 못하였(기 때문이)다.

그 길로 마산으로 가서 다시 부산으로 가 연락선을 타고 하관(下關, 시모

---

36 전염성 결막염의 일종으로 심하면 실명하는 안과 질환이다. 일본어로는 가타카나로 '도라호무ㅏㅏㅎㅗ—ㅁ'라 쓰는데 천연희가 '도랑호모'라고 표기한 것으로 보인다.

37 넬리 R. 스콜스의 한국명 시넬리의 '시'를 따 '시 부인'이라고 불렀다.

랑창에 하는 일본 직경차를 타고 교비로 와서 대복여관에 나렷다. 털로에서 씨달이 몸이 고단도 하다. 일본 게집에 외다가 밥을 가지고 와서 담아 주는 것 먹난 체 ᄒ고 모욕간에 목간을 하고 누어 잣다. 정신이 이상하다. 여긔가 어대인가, 우리 집은 안이다. 그째는 참말노 간정에서 소사 나는 눈물이 흘넛. 나 사랑하는 고향, 나 어머님, 형님이 참말노 이별을 생각하고 늑겨엿다. 한업난 눈물이 간정에서 쏘다젓다. 어머니씌서 10년 잇다가 나오라 하시지마는 그것도 의문이다. 압일을 누가 아나 하고 생각하니 참 간장이 농는 것갓치 서러웟다. 그째야 간절이 모던 것이 생각이 낫다.

이 생각 저 생각 그 밤은 대복여관에서 시럼을 하고 그 잇헐날 이러나서 나를 안내해서 한국서 일본까지 다리고 온 이는 박태규 시 아달, 그 오라분이가 나를 안내ᄒ고 일본까지 갓치 와. 그래서 아참에 오시여서 오날 병원에 의사의게 가서 도랑호무와 십이장춘 금사를 해고 금사에 올나야 하와[31]이로 드러감니다 하고 의사의게 가자 하기로, 오설 가라 입엇다. 그째가 정월이라 춤다. 그래서 옷 새 보본단 소음적구리와 나사 감동통치마를 입고 머리난 여들 팔자 신식 머리를 햇다. 그째 곳다운 이십 세다. 인물은 업섯지마는 내 일홈이 쏘삼분인 것마치 살빗치 히여서 우리 처녀들이 지나가면 일본 사름들이 보고 말하기를 조션진 오나고가 안마리 멧빈상이다. 가오가 기레네 실호이 작게 하고 말햇다. 그래서 의사의

노세키)에 내려, 하관에서 우렁찬 일본 직경차(기차)를 타고 고베(神戸)로
와서 대복여관에 내렸다. 철로에서 시달려 몸이 고단하였다. 일본 계집애
웨이터가 밥을 가지고 와서 담아 준 것을 먹는 시늉만 하고 목욕탕에 (가
서) 목욕을 하고 누워 잤다. 정신이 이상하다. 여기가 어디인가, 우리 집은
아니다. 그때는 참말로 간장에서 솟아나는 눈물이 흘렀다. 나의 사랑하는
고향, 내 어머님, 형님과 참말로 이별하였음을 생각하고 흐느꼈다. 한없는
눈물이 간장에서 쏟아졌다. 어머니께서 10년 있다 나오라 하시지만 그것
도 알 수 없다. 앞일을 누가 아나 하고 생각하니 참으로 간장이 녹는 것처
럼 서러웠다. 그때야 (비로소) 간절히 모든 것이 생각났다.

이 생각 저 생각에 그 밤에는 대복여관에서 씨름하고, 그 이튿날 일어나
나를 안내해 한국에서 일본까지 데리고 온 박태구 씨의 아들,[38] 그 오라버
니가 아침에 오셔서 "오늘 병원 의사에게 가서 트라코마 눈병과 십이지장
충 검사를 하고 검사에 올라야(통과해야) 하와이로 들어갑니다." 하며 의사
에게 가자고 하여 옷을 갈아입었다. 그때가 정월이라 추웠다. 옷을 새 보
본단[39]으로 된 솜저고리와 나사(羅紗)[40] 천으로 된 감동색[41] 통치마를 입고,
머리는 여덟 팔 자의 신식머리를 했다. 그때 (나이가) 꽃다운 20세였다. 인
물은 없었지만 내 이름이 또삼분인 것처럼 살빛이 희어 우리 처녀들이 지
나가면 일본 사람들이 보고 말하기를 "조센진 온나고가 안마리 멧빈상[42]
이다. 가오가 기레이네, 시로이(조선인 여자아이가 꽤 미인이다. 얼굴이 예쁘네,

---

38 마산에서 사진신부로 간 박금우의 오라버니를 말한다. 박태규는 박태구의 오기이다.

39 모본단을 잘못 표기한 듯하다. 모본단模本緞은 비단의 한 종류로 큰 무늬를 띄엄띄엄 넣어 짜
   임이 곱고 윤이 나며 무늬가 아름답다.

40 양털 또는 거기에 무명, 명주, 인조 견사 따위를 섞어서 짠 모직물. 보온성이 풍부하여 겨울용
   양복감, 코트감으로 쓰인다.

41 감청색을 뜻하는 듯하다.

42 멧빈상은 미인을 말하는 일본어의 속어 벳핀상別嬪さん을 잘못 표기한 것으로 보인다. 천연희
   는 일본어를 조금 할 줄 알았으나 정확히 알지는 못하였다.

게 가서 금사하고 여관에 드러와서 시는 즁 정심이 드러와서 먹엇다.

그째 금사는 눈 금사에 쩌러지면 한 줄일에 한 번식 잇서도 대변 금사는 두 쥬일에 한 번식 잇다. 약을 먹고 치로하노라코. 그래서 그 잇헐날 소식이 오기로 눈은 조아 금사에 올나도 대변에 충이 잇서 금사에 쩌러졋다 하여 약을 가지가 먹고 두 쥬일 잇다가 오라는 통기가 와다. 그래서 약을 갓다 먹고 여관에서 치료한다.

그 슌간에 [32]우리 쳥년 녀자가 그 사진호인으로 드러오난 녀자가 한 오륙 인이 잇섯. 유학생 쳥년도 좀 잇섯다. 그래 고비 시내로 다니면 시간 잇난 대로 구경하고 산에도 등산ᄒ여 신호 유명한 폭포슈 구경하엿고 경치가 흉영이 조코 그째 내가 보고 생각ᄒ기를 우라나라 사람은 나무 하나라도 슝상치 안코 직어 불노 태우는 것이 일인대 일본는 개명해서 살림 그째버터 양셩ᄒ여 온 산이 쳥쳥 무셩하고 간 대마다 곳흘 슝상하고 인작으로 나라 강산을 입부게 만드라서 외국 사름 보기에 죠타는 물망을 엇게 되엿다. 그래서 그것을 보고 내가 한탄하기를 우리나라도 언제나 이럿게 되나, 쥬인이 업서 ᄒ곤 한탄ᄒ엿다. 첫재 백셩이 부지른ᄒ고 근셜노 각구난 마음이 잇서야 된다. 이것이 사진혼인 여ᄒ 째 내가 생각한 일이다.

그째에 내가 보니 텰도와 텰노도 대단이 근셜되고 텰노가 지경[33]마다 정지되면 변도밤과 사이단 쏘다를 가지고 손임들의게 판다. 아란지와 여러 가지 과일도 잇다. 자동차 다니난 길도 대단이 너러고 잘 치도하고 전방도 만코 건물도 잘 지은 대가 만코 생선 자미하는 배도 만허면 남녀 간에 수건을 머리에 둘너매고 부저러니 일을 하는 것을 보앗다. 그째 보니 뱃놈은 불삼만 가리고 잇서 우리 한국에서 그런 것을 보지 못하다가 보기에 내가 좀 붓거럽드라. 그리치마는 일본은 에사로 알더라. 그래서 쏘 희고)."라고 작게 말했다. 의사에게 가서 검사하고 여관에 들어와 쉬는 중에 점심이 들어와서 먹었다.

그때 눈 검사는 일주일에 한 번씩 있었고, 대변 검사는 두 주일에 한 번씩 있었다. 약을 먹고 치료하라고 (기간을 둔 것이다.) 그런데 이튿날 소식이 오기를, 눈은 좋아서 통과하였으나 대변에 기생충이 있어 떨어졌다고 하며 약을 가져가 먹고 두 주일 있다가 다시 오라는 통지를 받았다. 그래서 약을 갖다 먹고 여관에서 치료했다.

그때 (여관에는) 사진혼인으로 들어오는 젊은 여자들이 한 5, 6명 있었(으며) 유학생 청년도 몇 명 있었다. 그래서 우리는 시간이 나는 대로 고베 시내를 다니며 구경하고 등산하여 신호(神戶, 고베)의 유명한 폭포수를 구경하였는데 경치가 훌륭하였다. 그때 내가 보고 생각하기를 우리나라 사람은 나무 하나라도 숭상하지 (귀하게 여기지) 않고 찍어서 불태우는 것이 보통인데, 일본은 개명해서 산림을 그때부터 양성하여 온 산이 울창하고 무성하며 가는 곳마다 꽃을 숭상하고 인작(人作)으로 (사람의 힘으로) 나라 강산을 예쁘게 만들어서 외국 사람 보기에 좋다는 물망(명성)을 얻었구나 하였다. 그래서 그것을 보며 내가 한탄하기를 우리나라는 주인이 없으니 언제 이렇게 되나 한탄하였다. 첫째, 백성이 부지런하고 근설로(건실하게) 가꾸는 마음이 있어야 된다. 이것이 사진혼인 여행 때 내가 생각한 바이다.

그때에 내가 보니 철도와 철로(기차)도 많이 건설되어 있었으며, 기차가 지경(역)마다 정지하면 도시락과 사이다, 소다를 가지고 다니며 손님들에게 팔았다. 오렌지와 여러 가지 과일도 있었다. 자동차가 다니는 길도 대단히 넓고 잘 닦아 놓았으며, 전방(廛房, 가게)도 많고 건물도 잘 지은 데가 많고 고기잡이 하는 배도 많았으며 남자, 여자들이 머리에 수건을 둘러매고 부지런히 일하는 것을 보았다. 그때 보니 뱃사람들은 불알만 가리고 있어[43] 우리 한국에서 그런 것을 보지 못하다가 보니 내가 좀 부끄럽 시내를 구경하니 소고기는 파는 전방이 헤소하고 생선과 과일과 채소는 만히 놋코 팔고 온과 물건과 조고마는 위경으로 싸 면과 고구마를 수어서 파는 가개가 손으로 씌는 구라마 실고 다니면 파는 것을 만히 사먹엇다.

하로난 한길에 구경을 나가서 다니는 즁 흙인을 보앗다. 우리가 공부할 째 책에 오쌕 인종이라는 것을 배울 [34]째 흙인을 잇는 줄언 알앗지마는 직접으로 보지 못햇는대 그날 맛치 일본 시내에 흙인 다섯 사름이 그러오는 것을 보니 키가 크고 처음 보니 엇지나 금언지 눈만 감감해서 무서워서 엇지할 슈 업시 가만이 서서 구경만 하엿다. 생전에 집을 써나지 안코 내 고향에 잇다 위국으로 나간 처녀들이 우리나라는 에절이 너무 만하 내 나라 남자들도 자조 맛나 말도 잘 못 하는 쳐녀들이 조곰 개명햇다 하지마는 그 십간이 잇서 내 몸을 누가 한부로 달칠가 해서 조심한다. 여관으로 도라오니 저녁째가 되여 일본 녀자가 밥을 가지고 오기로 져녁을 먹고 책을 이러고 성경 보다가 잠이 들엇다. 한잠을 자고 쌔니 아직도 넛지 안코 엇던 쳐녀는 나가서 쑤언 고구마를 사 가지고 와서 먹어라 하엿다. 그쌔 그 쳐녀들 일홈은 박달슌, 김순남, 리처자 형, 최소근, 남순남이다. 쳔연희엿다.

세월이 여루하여 일본 [35]온 지도 두 쥬일 되엿셔 금사한 소식이 왓다. 눈은 조와도 대변에 쏘 써러저 약을 먹고 쏘 두 쥬일을 더 기대리야 한다. 그 순간에 하와이서 한 남자가 나왓다. 하로는 대복여관에서 하와이서 왓다 ᄒ고 윈 남자가 인사를 하는대 보기에 대단이 놀나왓다. 나도 만코 보더라. 그렇지만 일본 사람들은 예사로 알더라. 좀 더 시내를 구경하니 소고기를 파는 전방은 희소하고 생선과 과일과 채소는 많이 놓고 팔았다. 온갖 물건과 조그만 위경으로[44] 싸서 면과 고구마를 구워서 파는 가게가 손으로 끄는 구루마〔수레〕에 싣고 다니며 파는 것을 많이 사 먹었다.

하루는 큰길에 구경나가 다니는 중에 흑인을 보았다. 우리가 공부할 때 책에서 오색 인종에 대해 배워 흑인이 있는 줄은 알았지마는 직접 보지 못했는데 그날 마침 일본 시내에서 흑인 다섯 사람이 걸어오는 것을 보니 키가 크고 처음 보니 어찌나 검은지 눈만 깜깜해서 무서워 어찌할 수 없이 가만히 서서 구경만 하였다. 생전에 집을 떠나지 않고 내 고향에 있다 외국으로 나간 처녀들이 우리나라는 예절이 너무 많아 내 나라 남자들도 자주 만나 말도 잘 못 하는 처녀들이 조금 개명했다 하나 그 습관이 〔남아〕 있어 내 몸을 누가 함부로 다칠까 해서 조심한다. 여관으로 돌아오니 저녁때가 되어 일본 여자가 밥을 가지고 오기에 저녁을 먹고 책을 읽고 성경을 보다가 잠이 들었다. 한잠을 자고 깨니 아직도 늦지 않아 어떤 처녀는 나가서 구운 고구마를 사 가지고 와서 먹으라고 하였다. 그때 그 처녀들의 이름은 박달순, 김순남, 이처자 형, 최소근, 남순남과 천연희였다.[45]

세월이 여류〔如流〕하여〔시간이 빨리 흘러〕 일본에 온 지도 두 주일이 되어 검사 소식이 왔다. 눈은 좋아도 대변에 또 떨어져 약을 먹고 두 주일을 더 기다려야 했다. 그때 하와이에서 한 남자가 왔다. 하루는 대복여관에 하와이에서 왔다는 웬 남자가 인사를 하는데 보기에 대단히 놀라웠다. 나이도

---

43 '훈도시褌'〔남자의 음부를 싸서 가리는 좁고 긴 천〕만 입었다는 뜻이다.
44 '위경'이 무슨 뜻인지는 밝히지 못하였다.
45 박달순은 1914년 4월 서기운과, 김순남은 1916년 3월 김관옥과, 이처자라 불린 하와이로 가던 유학생 이시남은 1914년 12월 양희학과, 최소근은 1914년 8월 한춘덕과 결혼하였다. 1916년에 결혼한 김순남 외에 모두 1914년에 결혼하였다.

기도 농민태가 나고 종종 무식한 사롬이다. 대한 단여로 나왓다 한다. 그래서 우리 녀자들이 하와이 소식을 물엇다. 자기가 하와이 잇설 째 쥬인 말장에서 말 먹이는 일을 햇다 한다. 내가 그 남자 콜을 보고 낙망하여 이십 일노 일본에 잇다가 도로 대한으로 나갓다. 어머님, 형님이 너무나 그렵고 사랑하는 나의 동무도 보고 십허 한국하엿다.

그째 이런 봄이다. 한국하고 보니 츈긔시험을 시작하고 내 반 학생들은 졸업할 시험 제필 과정을 복십한다. 그래서 나는 그동안 복십도 못 하고 졸업할 시험차 되기가 어렵게 되엿더. 우리 학교에 하와이 올 작정된 녀자 즁에 나와 남경애인대 [36]남경애는 몃 달 전에 하와이로 드러가고 나만 남앗다. 그래서 이왕 시작흔 일이니 사룬은 엇지 되엿던지 자유 차차간다 흐고 어머니, 형님을 쏘 작별흐고 일본 신호 대복여관으로 도라와서 먹기 실은 十二이장츙약을 힘잇게 먹고 금사를 하엿다. 금사에 올낫다. 쏘 금사는 올낫지마는 배가 적고 탈 사룜이 만하 제비쑵넌다 한다. 그래서 그 제비쑵넌대 써러저서 두 주일 잇서 한다.

하와이 길찬록 씨가 돈을 다 보내지 안이해서 돈이 부족이다. 그래서 하와이다가 편지를 하여도 돈이 오지 안이햇다. 나쌘 안이라 엇던 쳐녀난 하와이서 돈이 오면 부모형데가 바다먹고 쳐녀를 보내지 안이하고 여관에 비들 지고 잇는 녀자가 만앗다. 나는 돈이 업셔 우리 집에 편지하니 돈을 보내 쥬엇다. 그러나 한두어 쥬일에 돈이 업서젓다. 하와이셔 [37]아직도 돈이 오지 안이햇다. 유홍진이라는 사룜 신호 신학학교에 공부를 하고 이 여관 쥬인이 대한말을 모러니 사건이 잇서면 이 사람을 통변으로 썻다.

하로난 여관 쥬인이 내 일홈을 부넛다. 내 일홈이 일본말노 센랭기라 부런다. 그래 내가 대답하고 가니 "금사에 올낫소." 한다. 한족은 깃버, 한족은 걱정되엿다. 그래 우리 집에 전보 챗다. 돈 보내라 하고 그리하고 유홍직(진) 씨와 의론을 하엿. "내 영(여)행권이 다 되여 가매 이번에 곳 많고 보기에도 농민의 태가 나고 아주 무식한 사람이다. 한국에 다니러 나왔다 한다. 그래서 우리 여자들이 하와이 소식을 물었다. 자기가 하와이에 있을 때 주인의 마장에서 말 먹이는 일을 했다고 한다. 내가 그 남자 꼴을 보고 낙망하여 20일을 일본에 있다가 도로 한국으로 나갔다. 어머님, 형님이 너무나 그립고 사랑하는 나의 동무도 보고 싶어 환국하였다.

그때가 지금과 같은 봄이다. 환국하여 보니 춘계 시험을 시작하고 내 학년 학생들은 졸업시험의 필수 과정을 복습하고 있었다. 나는 그동안 복습도 못 하고 졸업시험도 치기가 어려운 형편이었다. 우리 학교에서 하와이에 가기로 한 여자가 나와 남경애인데 남경애는 몇 달 전에 하와이로 들어가고 나만 남았다. 그래서 이왕 시작한 일이니 사람은 어찌 되었든지 자유를 찾아가겠다 하고 어머니, 형님과 또 작별하고 일본 신호〔고베〕의 대복여관으로 돌아와 먹기 싫은 십이지장충 약을 힘들여 먹고 검사를 받고 통과되었다. 검사는 통과했지마는〔이번에는〕 배의 수가 적고 탈 사람이 많아 제비뽑기를 한다고 한다. 그 제비뽑기에서 떨어져 또 두 주일을 있어야 했다.

하와이에서 길찬록 씨가 돈을 충분히 보내지 않아 돈이 부족했다. 그래서 하와이에 편지를 보냈으나 돈이 오지 않았다. 나뿐만 아니라 하와이에서 돈이 오면 부모형제가 받아먹고 처녀에게 보내지 않아 여관에 빚을 진 여자들이 많았다. 나는 돈이 없어 우리 집에 편지하니 돈을 보내 주었다. 그러나 한두 주일 지나는 사이에 돈이 없어졌다. 하와이에서는 아직도 돈이 오지 않았다. 신호〔고베〕의 신학교에서 공부하는 유홍진이라는 사람이 〔있었는데〕 여관 주인이 한국말을 모르니 문제가 생기면 이 사람을 통역으로 썼다.

하루는 여관 주인이 내 이름을 불렀다. 내 이름을 일본말로 센넨기〔千年熙〕라 부른다. 그래서 내가 대답하고 가니 "검사에 올랐소." 한다. 한편으로 기뻤으나 다른 한편으로 걱정되었다. 그래서 우리 집에 전보를 쳤다. 돈을 보내라 하고 유홍직(진) 씨와 의논하였〔다〕. "내 여행권이 다 되어 가니 이

가야만 되겻소. 하와이 길찬록의게서 돈이 안 오니 우리 집 돈 보내라 하고 전보 첫지마는 시간이 촉박하여 돈이 시간에 당도 못 하며 대복여관 주인하고 의론해 보시요. 남슌 씨는 이 배에 가지 못하니 그 돈이 잇서니 나를 잠시 대용할 슈 잇는지 무러보시요. 내가 남슌남의게 물어보겟소." 하니 그리해 본다 하엿다.

그이가 안다. 우리 집에 돈 보내 줄 것을 [38]밋난 짜닥에 대복여관 쥬인과 의론하고 내 하와이 보내기로 하엿다. 내가 정월에 써나서 十五년 六월에 하와이로 오게 되니 여행권 기한이 륙 색인대 기한도 업섭을 알고 여관 쥬인과 유홍진과 의론하고 그 돈을 취용해서 나를 보내 주엇다. 그쌔에 하와이 유학 녀자 이시남 씨가 갓치 왓다. 대복여관에 남슌남과 두어 녀자가 남아 잇고 박달순, 김슌남 그전에 행빈으로 갓다. 그래서 남슌남 씨가 쳐녀 째 대단이 슌직하고 말도 잘 안이하고 수신이 쌔긋해서 내가 사랑햇다. 대단이 친햇다. 나를 형님이라 불넛다. 남슌남 씨 돈을 대용하고 올 째 대단이 걱정하엿. 우리 집에서 돈 얼는 못 부치면 엇지하나 하고 유홍진 씨의게 신신부탁을 하고 대복여관을 작별하고 교비 선창으로 나왓다.

선진에 당도하니 청청한 늘고 늘번 태평양 바다가 보인다. 그즁에 배가 보인다. 그 배 일홈 사이베리아다. 그 배에 올나 사헐을 오니 요고하마 [39]당도하엿다 한다. 그기서 선객을 실엇다. 맛참 박달순과 김슌남이와 서울 부인과 다런 한 분 일홈 불명 다섯 사람 다런 선객들과 사이베리아를 타고 쏜살갓치 태평 바다로 한국과 일본을 작별하고 둥실흥실고 물고개 넘고 파도를 당하ᄒ면셔 한 삼 일을 갓다.

삼 일 만에 한국 학생 하나가 우리 하등실에 드러왓다. 그이 말이 "나번에 꼭 가야만 되겠소. 하와이 길찬록에게서 돈이 안 와 우리 집에 돈을 보내라고 전보를 쳤지마는 시간이 촉박하여 돈이 시간에 당도하지 못할 수도 있으니 대복여관 주인하고 의논해 보시오. 남순〔남〕 씨는 이번 배로 가지 못하니 그가 가진 돈을 내게 잠시 빌려 줄 수 있는지 물어보시오. 나도 남순남 씨에게 물어보겠소." 하니 그리해 본다 하였다.

그이가 안다. 우리 집에서 돈을 보내줄 것을 믿는 까닭에 대복여관 주인과 의논하여 나를 하와이에 보내기로 하였다. 내가 정월에 〔한국을〕 떠나서 〔19〕15년 6월에 하와이로 오게 되니 여행권 기한이 6삭〔朔, 개월〕인데 기한이 없음을 알고 여관 주인이 유홍진과 의논하고 그 돈을 빌려 나를 보내주었다. 그때 하와이로 오는 여자 유학생 이시남 씨가 같이 왔다. 대복여관에는 남순남과 두어 여자가 남아 있었으며, 박달순과 김순남은 그전에 횡빈〔横浜, 요코하마〕으로 떠났다. 남순남 씨는 처녀 때부터 대단히 순하고 바르며 말도 많지 않고 행동거지가 깨끗하여 내가 좋아하였다. 대단히 친했다. 나를 형님이라 불렀다. 남순남 씨의 돈을 빌려서 〔하와이로〕 올 때 걱정을 많이 하였다. 우리 집에서 돈을 얼른 못 부치면 어쩌나 하여 유홍진 씨에게 신신부탁을 하고 대복여관을 작별하고 고베 선창으로 나갔다.

선진〔船津, 배 나루〕에 당도하니 청청한 넓고 넓은 태평양 바다가 보인다. 그중에 배가 보인다. 배의 이름은 시베리아(Siberia)다. 그 배에 올라 사흘을 오니 요코하마에 당도하였다 한다. 거기서 선객을 실었다. 마침 박달순과 김순남이 와서 서울 부인과 이름을 알 수 없는 또 다른 한 분까지 다섯 명의 다른 선객들과 함께 시베리아호를 타고 쏜살같이 태평양 바다로, 한국과 일본을 작별하고 둥실둥실 물고개[46] 넘고 파도에 부닥치면서 사흘을 갔다.

삼 일 만에 한국 학생 하나가 우리 하등실〔下等室〕에 들어왔다. 그의 말이

---

46 물의 고개란 뜻으로 높은 파도를 일컫는다.

는 김 씨인대 청국 상해서 도망하여 엿태 수머잇섯심내다. 지금은 일본을 다 지내서니 밧거로 나와슴니다. 일본셔 외국 가는 유학생을 잡는 고로 잡히면 일본 가셔 추달을 밧고 정치 헤미자를 몰아, 마는 고난을 쥬기에 수머서 왓다.” 하엿다. 미국 가서 공부할 차로 간다 하엿다. 그래서 그 청년 나는 한 이십六~七세가 되어 보이고 성은 김 씨다. 그래서 배 우에셔 우리 녀자들노 만히 도아주엇다. 그 청년은 배몰미를 하지 안, 도라다니닌 고로 나도 신호셔 행빈 도착 째는 몰미를 하엿난대 그기서 하와이 올 째까지 배몰미를 하지 안코 우리 친구들 배몰미하여 이러나지 못하며 차도 갓다 주고 음식도 갓다 주고 배 우에도 올나서 놀고 하엿다. 김순남 씨와 서울 부인이 제일 배몰미를 만히 하고 리시남 씨 좀 압앗다.

하로난 물 [40]개를 넘는 하고 고동을 불기에 우리 좀 놀나서 눈이 둥거러니 썰고 신기징이 나서 할 째 김 청년이 오기에 무러니 태평양 바다 물고개를 넘을 째는 시험을 거리한다 흐기로 마음을 노앗다. 배가 파산이 되는 줄 알고 놀낫다. 그래 청청한 대해에 구름하고 물밧기 보이지 안은 곳, 밤인면 드러가 자고 낫이면 우칭에 올나간다. 우리 잇는 대 하등실이다. 그래서 우칭에 올나가서 나무 란간에 글어 안자 깁고 깁고, 푸러고 푸러고, 널고 널분 대해와 우에로난 놉고 놉고, 푸러고 푸런 넙은에 히고 힌 구럼이 둘러 잇는 창창한 대해 바다 개미갓치 긔어가는 것은 내가 탄 싸이베리아 륜선이 우리 선객을 실고 쏜살갓치 다라난다. 그것을 볼 째 그 배를 이용해서 부리는 함장도 장하고 담대한 인격이지마는 첫재는 해[41]나님의 조하로 다 하나님이 세상을 창조하시고 지구를 둥걸게 한 후 물과 육지를 내고 탄소와 소슈를 쥬시고 사름 내여 쥬인이 되여 만물을 다 사리게 하시고 지혜와 릉력을 쥬시엿다. 그름으로 창창한 대해에 륜선 하나를 쒸우고 수백 명 선객이 선장 한 사람 밋고 목적지로 바라본다.

"나는 김 씨인데 청국 상해에서 도망하여 여태 숨어 있었습니다. 이제 일본을 벗어나 밖으로 나왔습니다. 일본에서 외국에 나가는 유학생을 잡는 고로 잡히면 일본으로 끌려가 추달을 받고 정치 혐의자로 몰아 많은 고난을 주기에 숨어서 왔습니다."라고 하였다. 미국에 가서 공부할 셈으로 간다고 하였다. 그 청년은 나이가 26~27세쯤 되어 보이고 성은 김 씨다. 그래서 배 위에서 우리 여자들이 많이 도와주었다. 그 청년은 뱃멀미를 하지 않고 많이 돌아다녔으며, 나도 신호(고베)에서 횡빈(요코하마)에 도착할 때까지는 뱃멀미를 하였지만 그곳에서 하와이에 올 때까지는 뱃멀미를 하지 않았다. 우리 친구들은 뱃멀미를 하여 일어나지 못했으므로 (내가) 차도 가져다주고 음식도 가져다주었으며, 배 위에 올라가 놀기도 하였다. 김순남 씨와 서울 부인이 제일 뱃멀미를 많이 하였고, 이시남 씨는 좀 아팠다.

하루는 물고개를 넘는다며 고동을 불기에 우리가 좀 놀라서 눈이 둥그레져 떨고 현기증이 났을 때 김 씨 청년이 와 물으니 태평양 바다의 물고개를 넘을 때는 시험을 해 보는 것이라 하여 마음을 놓았다. (우리는) 배가 파선되는 줄 알고 놀랐다. 그렇게 해서 청청한 대해에 구름하고 물밖에 보이지 않는 곳, 밤이면 들어가 자고 낮이면 위층에 올라갔다. 우리가 있는 곳은 하등실이었다. 그래서 위층에 올라가서 나무 난간에 꿇어 앉아 깊디깊고, 푸르고 푸르고, 넓고 넓은 대해와 위로는 높고 높고, 푸르고 푸른 넓은 (하늘을 바라보았다.) 희고도 흰 구름이 둘러 있는 창창한 대해 바다에 개미같이 기어가는 내가 탄 시베리아 윤선이 우리 선객들을 싣고 쏜살같이 달려갔다. 그것을 보며 그 배를 이용하여 부리는 함장도 장하고 담대한 인격이지만 첫째는 하나님의 조화이니, 다 하나님이 세상을 창조하시고 지구를 둥글게 만드신 후 물과 육지를 내시고 탄소와 수소를 주시고 사람을 만들어 주인이 되어 만물을 다스리게 하시고 지혜와 능력을 주시었다. 그 덕으로 창창한 대해에 윤선 하나를 띄우고 수백 명 선객이 선장 한 사람을 믿고 목적지를 바라본다.

그러는 슌간에 신호서 탄 지 열삼일 만 이는 아참에 배사름 말히기를 조곰 잇서며 호눌루 선창에 당도하니 하륙할 쥰비로 하라 한다. 그래셔 쳐녀들은 세수를 하고 옷을 차자 가라닙고 등으로 얼건 가방을 들고 짐작을 차서 놋고 시간을 기대리니 배 우에 금사국장이라 하고 누를 틔를 두른 사람 큰 사람은 금누런대 몸이 싹지통만 하니 부하고 큰 사름 오랜 틔를 두른 금사장은 백인이고 큰 사름들 중에 노란 씩가 잇는대 그 사름들은 하와이앤이라 하고 가낫가라 부런다. 그이들이 하와이 본토인들이다. (노란 금퇴를 두런 백인 금사장과 노란 금퇴를 두런 하와이엔 금사장과 이 사람들은 가나가이다. 몸이 크고 누런 빗치 잇다. 이 사람들이 싸베리아 배 우에 올나와서 모던 것을 금사한 결과로 선객들이 호늘루 선창에 하륙하게 된 쥼이다.)

　　그래서 조금 후 선두루 갓가이 가서 선창에 일하는 [42]사람을 보고 쌈작 놀나고 무서워해다. 큰 가나가들이 다 그 기(키)가 크고 싹지동만 하엿다. 선창에서 일을 하니 옷선 더럼고 기름이 허러고 얼골에 기름 허러난 것갓치 쌈이 흘넛다. 그래서 더 써머 보이고 눈만 감박감박하여서 처엄으로 색다런 인종을 보고 무서햇다. 지금 알고 보니 선창일 참 된 일인 고로 쌈이 흘런 것이다. 그래서 조곰 잇서니 우리를 실는다. 그째 큰 하와이 남자가 우리를 부축하여 종선에 나리게 햇다. 그째 그째 배가 부두에 닷치 못햇다. 아직도 시설이 부족한 가닥이다.

　　어대로 함참 가더니 인명국이라 한다. 그곳에 당도하니 죄인 잡아두 그러는 사이에 신호(고베)에서 떠난 지 열사흘째 된 아침에 뱃사람이 말하기를 조금 있으면 호놀룰루 선창에 당도하니 하륙할 준비를 하라 한다. 그래서 처녀들은 세수를 하고 옷을 찾아 갈아입고, 등나무로 얽은 가방을 들고 짐짝을 찾아 놓고 (내릴) 시간을 기다리니 배 위에 검사국장이라 하는 누런 띠를 두른 사람이 올라왔다. 큰 사람은 검누런데 몸이 깍지통만 하니 부하고 (뚱뚱하고) 크며, 오렌지(색) 띠를 두른 검사장은 백인이고, 큰 사람들 중에 노란 띠를 두른 사람들은 하와이안(하와이 원주민)이라 하고 카나카(kanaka)라고 불렀다. 그들이 하와이 본토인들이다. (노란 금띠를 두른 백인 검사장과 노란 금띠를 두른 하와이안 검사장이 (있는데) 이 사람들은 카나카(원주민)이다. 몸이 크고 누런빛이다. 이 사람들이 시베리아 배 위에 올라와서 모든 것을 검사한 후에야 선객들이 호놀룰루 선창에 하륙할 수 있었다.)

조금 후에 뱃머리 쪽으로 가까이 갔는데 선창에서 일하는 사람들을 보고 깜짝 놀라고 무서웠다. 큰 카나카들이 다 키가 크고 깍지통만 하였다. 선창에서 일하니 옷은 더럽고 기름이 흐르고 얼굴에 기름이 흐르는 것같이 땀이 흘렀다. 그래서 더 시커매 보이고 눈만 깜박깜박하여 처음으로 본 색다른 인종이 무서웠다. 지금 알고 보니 선창 일이 참으로 고된 일인 고로 땀이 흐른 것이다. 그리고 조금 있으니 우리를 싣는다. 그때 큰 하와이 남자가 우리를 부축하여 종선(從船)[47]에 내리게 했다. 그때까지만 해도 배가 부두에 닿지 못했다. 아직도 시설이 부족했던 까닭이다.

어딘가로 한참 가더니 인명국(이민국)이라 한다.[48] 그곳에 당도하니 죄인

---

47 큰 배에 딸려 선객들을 해안까지 실어 나르는 작은 배.
48 현 알라모아나 블러바드 595번지에 있는 이민국 건물은 1934년에 건축되었고, 1915년경에는 이민국이 현 리처드 스트리트 700번지에 있었다. 1910년경까지는 이민국이 샌드아일랜드에 있어서 1903~1905년에 온 한인 이민자들은 샌드아일랜드 이민국을 통과하였다고 한다(이덕희, 「[이민 112주년 특별연재] 사진신부 천연희 이야기 (3)」, 2015 참조. www.koreatimeshawaii.com).

는 모양으로 들것을 쎄로 만던 방에다 가두고 칭칭이 들것을 쎄로 만던 침대 잇게 하엿다. 나는 이칭 들것에 잇섯다. 그 방은 넓고 근 방 하나다. 그후 요롱을 흔더니 모도 다 나가는 것을 보앗. 일본 녀자들이 먼저 와서 잇서 우리는 말도 모러고 해서 그 녀자 하는 것 보고 눈치로 짜나려가니 [43]큰 곡상간에 틱불이 만히 노엿더라. 그 녀자들이 그기 안점에(안게) 우리도 짜라 안저니 밥이 드러왓다. 밥은 죠헌 이밥이다. 반찬은 일본식 이다. 일본 무하고 생선혜가 잇는대 시비인지 갓쥬인지 두 가지 쌩선 중에 하나다. 간장하고 생선혜를 주고 미소 숩이 잇더라. 생선혜를 간장하고 먹어니 비런내가 나지마는 다런 반찬 업서니 할 수 업시 먹엇다.

우리가 듯기는 하와이로 드러가면 선두에서 이민국으로 간다는 말은 들엇지마는 무삼 조건으로 가는 것은 잘 모러고 온 쳐녀들이다. 국제관계로 남우 나라 백성을 이민해 오난 대는 이민국이 잇서 이 모던 법률에 복잡한 사건은 이민국에서 다 처리하기로 세운 것이다. 그럼으로 우리 쳐녀들은 이민 온 남자 일홈으로 또 이민 온 것이다. 그래서 그 남자 될 사람들이 와서 다려갈 동안 이민국에서 가치야 된다. 그 남자들이 각 섬에 산다. 하와이는 섬인 고로 섬으로 분열되엿다. 오하우섬, 하와이섬, 마위섬, 가와이섬, 모로가이섬, 나라이섬이다. 그래 이시남 씨는 하와이 섬에서 오고 나는 마위고 다런 녀자는 가와섬이다. [44]김순남 씨는 오하우섬이다. 그래서 차리로 남자 될 사람이 와서 다려간다.

하로 내 차래가 왓다. 그기서 일하는 보리기 영감은 보추칼 사롬이다. 이민국에 소제하고 잇는 일군이다. 그 사람이 귤 몇 개 든 봉지를 나를 잡아 두는 모양으로 들것을 쇠로 만든 방에다 가두고, 층층이 들것을 쇠로 만든 침대에 있게〔기다리게〕 하였다. 나는 이층 들것에 있었다. 그 방은 넓고 큰 방이었다. 잠시 후 종을 흔드니 모두가 나가는 것을 보았다. 일본 여자들이 먼저 와 있었는데 우리는 말도 모르고 해서 그 여자들 하는 것을 보고 눈치로 따라 내려가니 큰 식당에 테이블이 많이 놓여 있더라. 〔그〕 여자들이 거기에 앉기에 우리도 따라 앉으니 밥이 들어왔다. 밥은 좋은 이밥이나 반찬은 일본식이다. 일본 무하고 생선회가 있는데 시비〔鮪〕[49]인지 갓쥬[50]인지 두 가지 생선 중에 하나다. 간장하고 생선회를 주고 미소〔味噌, 일본된장〕국이 있더라. 생선회를 간장하고 먹으니 비린내가 났지만 다른 반찬이 없으니 할 수 없이 먹었다.

우리는 하와이로 들어가면 선두〔船頭〕에서 이민국으로 간다는 말은 들었지만 무슨 조건으로 가는지는 잘 모르고 온 처녀들이었다. 국제 관계로 남의 나라 백성을 이민해 오는 데는 이민국이 있어 이 모든 법률의 복잡한 사건을 이민국에서 다 처리하도록 세운 것이다. 그러므로 우리 처녀들은 이민 온 남자 이름으로 다시 이민 온 것이다. 그래서 그 남자〔남편〕 될 사람들이 와서 데려갈 동안 이민국에 갇혀야 되었다. 그 남자들은 여러 섬에 〔흩어져〕 살았다. 오아후〔Oahu〕섬, 하와이〔Hawaii〕섬, 마우이〔Maui〕섬, 카우아이〔Kauai〕섬, 몰로카이〔Molokai〕섬, 라나이〔Lanai〕섬이다. 그래서 이시남 씨는 〔남편 될 사람이〕 하와이섬에서 오고, 나는 마우이섬이고, 다른 여자는 카우아이섬이다. 김순남 씨는 오아후섬이다. 차례로 남편 될 사람이 와서 데려갔다.

하루는 내 차례가 왔다. 거기서 일하던 영감은 포르투갈 사람이었다. 그는 이민국에서 청소하는 일꾼이었다. 그 사람이 귤이 몇 개 든 봉지를 내게 주면

---

49 큰 다랑어를 의미하는 일본어.
50 대구를 뜻하는 cod를 일본식으로 발음한 단어이다.

주면 하는 말이 유 면이 가지왓다 ᄒ면서 막구리더라 하면서 줄 봉지를 주더라. 그래서 줄언 밧앗지마는 대체 막구리가 무선 소린지 몰나 일하는 일본 녀자를 보고 뭇엇다. 마구리가 무언가 하니 하와인 말노 마구리가 늙은이라 한다 ᄒ기로 나의 남자는 늙이인 줄 알앗고 그 굴 던 봉지에 길찬록 씨하고 섯더라. 그래서 그 귤은 길찬록 씨의게서 온 줄 알앗지마는 맛구리를 몰라서 애를 씨다가 알고 보니 락망하야 밤새도록 잠을 못 자고 날 새기만 기대햇다.

인민국에 갓친 지 한 주일 만에 마워서 길찬록 씨가 왓다. 소식을 알안 지 봉지에 일홈 씨인 것 보고 알기는 하엿지마는 날이 히번하니 새고 보니 가슴이 두근거리면서 무엇을 일[45]헌 갓치 답답하고 섭섭한 생각만 나지 얼는 날이 쌔여 기대한 길찬록 씨를 맛나 보리라 하는 히망이 간 곳이 업서젓다. 참말노 그 잇헌날 날이 새여 아참밥이 드러와서 먹고 그기 일 보고 직히난 사람들이 말ᄒ기를 올은 신랑이 와서 다려간다 하면 모던 행장을 차리라 함으로 다 차저 놋고 기대리니 과연 맛구리 영감이 와서 내가 길찬록 씨라 하고 얼마나 만리타국에 오노랏고 고생하엿냐냐 뭇드라. 그 소래도 귀에 드러오지 안코 텬지가 아득하나 내쎅을 보이지 안코 큰마음으로 하나님쎄 긔도하고 쓸것 참앗다. 일은 당한 일이니 할 슈 업고 내 운명만은 원망햇다.

그째에 이민국에 한어 통변이 유명옥 씨다. 그가 나를 인민국성 압헤 세우고 문답을 씻킨. "당신 일홈이 무어시요?" "천년희." "멋 쌀 먹엇소?" "한국 나로 십구 세요." "학교에 공부햇소?" "에수사립학교서 공부햇다." 대답햇다. "당신 신랑 될 사람 성명이 누구시요?" "길찬록 씨."라 하엿다. "어느 섬에 잇는 걸 아시요?" "마워섬 파이[46]에 잇다 해요." 하서 하는 말이 "당신의 남자가 가져왔다. 마쿨레(makule, 늙은이)더라." 하면서 귤 봉지를 주더라. 그래서 귤은 받았지만 대체 마쿨레가 무슨 소리인지 몰라 일하는 일본 여자에게 물어보았다. (그 여자가) 마쿨레란 하와이 말로 늙은이란 (뜻이라) 하여 나의 남자가 늙은이인 줄 알았고 그 귤 봉지에 길찬록 씨라고 써 있더라. 그래서 그 귤이 길찬록 씨에게서 온 줄은 알았지만 마쿨레의 뜻을 몰라 애를 태우다가 알고 나서는 낙망하여 밤새도록 잠을 못 자고 날 새기만을 기다렸다.

이민국에 갇힌 지 일주일 만에 마우이에서 길찬록 씨가 왔다. (그가 왔다는) 소식을 오렌지 봉지에 이름이 써 있는 것을 보고 알기는 하였지마는 날이 희번하니 새고 보니 가슴이 두근거리면서 무엇을 잃어버린 듯이 답답하고 섭섭한 생각만 나지 얼른 날이 새어 기대한 길찬록 씨를 만나 보리라 하는 희망은 간 곳이 없어졌다. 참말로 그 이튿날 날이 새어 아침밥이 들어와 먹고 나니 그곳에서 일을 보며 지키는 사람들이 말하기를 오늘은 신랑이 와서 데려갈 테니 모든 행장을 차리라 하여 다 찾아 놓고 기다리니 과연 마쿨레 영감이 와서 내가 길찬록 씨라 하며 만리타국에 오느라 얼마나 고생하였느냐고 묻더라. 그 소리도 귀에 들어오지 않고 천지가 아득하였으나 내색하지 않고 큰마음으로 하나님께 기도하고 꿀꺽 참았다. 이미 당한 일이니 할 수 없지만 내 운명만은 원망했다.

그때 이민국의 한국어 통역이 유명옥 씨다.[51] 그가 나를 이민국 앞에 세우고 문답을 시켰다. "당신 이름이 무엇이요?" "천연희." "몇 살 먹었소?" "한국 나이로 19세요." "학교에서 공부했소?" "예수 사립학교에서 공부했다."라고 대답했다. "당신 신랑 될 사람 성명이 누구시오?" "길찬록 씨."라 하였다. "어느 섬에 있는지 아시오?" "마우이섬 파이아(Paia)에 있다 해요."

---

51 천연희 노트 2권에는 리병우, 7권에는 우병옥이라고 쓰여 있으나 정확한 이름은 확인할 수 없다.

고 대답하니 조곰 잇다가 길찬록 씨가 다리고 말 마차로 해동여관으로 가니 해동여관 쥬인은 정윤필 씨로 킹 거리 뒤에 여관을 차려 놋코 한국서 사진혼인에 드러오난 처녀들을 보아주더라. 그 식구난 자긔 모친과 자긔 안해와 쌀이 둘이요, 아달이 둘이 된 것 갓더라. 그래서 그 여관에 가서 그날노 리승만 씨가 누아노 조고마는 학원이 잇섯난대 그기 가서 홍안식 목사가 혼인을 식혓다. 그래도 방사로 세를 내여서 둘너씨고 신랑 세 사람과 녀자 셋 녀자가 혼인을 하엿다.

그째에 이민국 법이 그 일홈으로 드러온 사람과 혼인을 아니하면 도로 한국으로 보낸다. 하와이 하륙 못 한다. 그래서 혼인은 억지로 하엿지마는 이 처녀들 모도 다 낙심쳔만하여 신랑 잇는 방에 드러가지 안코 우리끼리 모혀서 울고 잇다. 그째 해동여관 할머니는 쑤장이 모양으로 쳐녀들의게 와서 하와이는 다 나 만흔 신랑이고 노동자다. 그래도 너히들 살면 하와이가 좃타 ᄒ고 여러 가지 죠헌 말노 타일어고 ᄯᅩ 하와이는 이혼 못 한다 ᄒ고 엄숙한 말노 무섭게 한다.

그 잇헌날 누가 위[4기]리 대접한다 청하엿슴으로 그기 가서 잘 먹고 잘 놀고 왓서나 밤이 되면 남편 될 사람을 대면하기가 그비 나고 무서워 울고 잇다. 사람이 실코 정이 업난 까닥이다. 그전에 한 번도 못 보고 생지부지한 사람 늙어서 아부지 갓허니 무선 정이 잇고 죠헐 가정이 업고 하니 사애답게 사랑하는 마음 업다. 젓태 올가 거비 낫다. 내 몸을 만질가 무서웟다. 지금 리약이지마는 그째 당하는 사름 가슴은 엇더할가.

하고 대답하니 조금 있다가 길찬록 씨가 〔나를〕 데리고 마차로 해동여관[52]으로 갔다. 해동여관 주인은 정윤필 씨로 킹 거리〔킹 스트리트King Street〕 뒤에 여관을 차려 놓고 한국에서 사진혼인으로 들어온 처녀들을 보아주더라. 그의 식구는 모친과 아내와 딸 둘이요, 아들이 둘인 것 같더라. 그래서 그 여관에 가서 그날로 이승만 씨가 〔세운〕 조그마한 누우아누〔Nuuanu〕 학원[53]으로 가서 그곳에서 홍안식[54] 목사가 혼인을 시켰다. 그래도 망사〔면사포〕를 세를 내어서 둘러쓰고 신랑 세 사람과 여자 셋이 혼인을 하였다.[55]

그때에 이민국 법이 그 이름으로 들어온 사람과 혼인하지 아니하면 도로 한국으로 보내고 하륙하지 못하게 되어 있었다. 그래서 혼인을 억지로 하였지마는 이 처녀들이 모두 낙심천만하여 신랑 있는 방에 들어가지 않고 우리끼리 모여서 울고 있었다. 그때 해동여관의 할머니가 뚜쟁이처럼 처녀들에게 와서 하와이는 다 나이 많은 신랑이고 노동자다, 그래도 너희들이 살면 하와이가 좋아지게 될 것이다, 하면서 여러 가지 좋은 말로 타이르고, 또 하와이에서는 이혼을 못 한다 하고 엄숙한 말로 무섭게 하였다.

그 이튿날 누가 우리를 대접한다고 청하였으므로 그곳에 가서 잘 먹고 잘 놀고 왔으나 밤이 되면 남편 될 사람을 대면하기가 겁이 나고 무서워 울었다. 사람이 싫고 정이 없는 까닭이다. 그전에 한 번도 못 보고 생지부지한 사람 늙어서 아버지 같으니 무슨 정이 있고 좋을 가정이〔까닭이〕 없고 하니 사내로서 사랑하는 마음이 없다. 〔오히려〕 곁에 올까 봐 겁이 났다. 내 몸을 만질까 무서웠다. 지금 〔와서 하는〕 이야기지만 그때 당하는 사람의 마음은 어떠하였겠는가.

---

52 한인이 운영하던 여관으로 리버 스트리트 941번지에 있었다.
53 한인중앙학교를 말한다.
54 나중에 국민회 회장직을 역임한 홍한식Han S. Hong 목사를 말한다.
55 세 명의 여성은 천연희, 탁화순, 이시남이다.

그래서 할 수 업시 섬으로 다리고 드러간다 해서 할 수 업시 따라 드러 마위로 갓다. 마위 캠포 원에 박금우 씨가 사는 곳이다. 금우 씨난 그째 한국 아해들 한국말을 가라치는 선생이다. 박금우 씨가 길찬록 씨 즁매자라 해서 나를 그 집에 다려가 한 쥬일을 박금우 씨 집에서 대접을 잘 햇다. 그 후에 김익서 씨가 부내에 캠포 트리에서 사는 대 나를 다려다가 한 몃 주일 잘 잇게 햇다. 김익서 씨 부인은 천엘네사벳 씨인대 서울 부인이다. 그이가 나 동성이라 해서 나를 친동생갓치 만이 사랑하고 영감이 나이 너무 차아가 잇서매 대단이 나를 가이업는 것으로 동정햇다.

　다런 남자는 녀자가 드러올 째가 되면 농장 [48]십장의게 말하고 집을 어더셔 다 에비를 하고 내자가 오면 그 집으로 다리고 가는대 길찬록 씨난 집도 에비한 것 업섯다. 길찬록 씨를 말하면 평안도 안쥬 태생으로 대대로 독자로 그 집안이 그런 즁 공부는 넷날 서지 글을 배와서 한문은 좀 알고 하나 도라다니면 부모 재산을 다 업세 주고 일은 생전 하지 안코 하와이로 드러와서 사역을 근실이 못 햇다. 그러고 와인을 죠와해서 별호가 천주교 목사다. 그러나 사람은 죠헌 사름이다. 일을 잘 못 하니 돈은 벌지 못한다. 국한문 쪽쪽하다. 마위서 대포원으로 오후섬에 파송한다. 그럿치마는 사역을 잘 못 하는 고로 농장 십장의게 신용을 엇지 못한 싸달게 집도 속히 주선이 되지 못하고 내가 드러와서 이 집 저 집 가 잇게 된 것이다. 김득서 씨 부인 천엘네사벳 씨 하도 답답해서 자긔 집에 한 달이나 다리고 잇다가 자동차를 엇고 살림 대강 사고 해서 자긔 동생 살림 내듯 나를 집 어던 대로 뵈[49]내 쥬엇다.

그러나 섬으로 데리고 들어간다 해서 할 수 없이 마우이섬으로 따라 들어갔다. 마우이의 캠프 원(Camp 1)이 박금우 씨가 사는 곳이다. 금우 씨는 그때 한국 아이들에게 한국말을 가르치는 선생이다. 박금우 씨가〔나와〕길찬록 씨의 중매자라고 나를 그의 집에 데려가 일주일 정도 잘 대접했다. 그 후에 김익서 씨가 푸우네네(Pu'unene)의 캠프 스리(Camp 3)에 사는 데 나를 데려다 한 몇 주일 잘 있게 해 주었다. 김익서 씨 부인은 천엘리자벳 씨인데 서울 부인이다. 그이가 나와 성이 같다고 해서 나를 친동생처럼 많이 사랑하였고, 영감〔남편〕이 나이 차이가 너무 많이 나서 나를 대단히 가엾이 여기고 동정했다.

다른 남자들은 여자가 들어올 때가 되면 농장 십장에게 말하여 집을 얻어서 다 예비〔준비〕를 하고 내자〔아내〕가 오면 그 집으로 데리고 가는데 길찬록 씨는 집도 예비한 것이 없었다. 길찬록 씨로 말하면 평안도 안주 태생으로 대대로 독자였으며 그 집안이 그런 까닭에 공부는 옛날 서지 글을 배워 한문은 좀 알았으나 돌아다니며 부모 재산을 다 없애고 일은 생전 하지 않고 하와이에 들어와서도 사역을〔일을〕건실히 하지 못했다. 또 와인을 좋아해서 별명이 천주교 목사다. 사람은 좋았으나 일을 잘 못 하니 돈은 벌지 못했다. 〔하지만〕국한문을〔다 알고〕똑똑했다. 마우이에서 대표로〔마우이 지방의 국민회의 대표로〕오아후섬에 파송되었다. 그러나 사역을 잘 못하는 고로 농장 십장에게 신용을 얻지 못한 까닭에 집도 속히 주선되지 못하고 내가 들어와서 이집 저 집 가 있게 된 것이다. 김득서[56] 씨 부인 천엘리자벳 씨가 하도 답답하여 자기 집에 한 달이나 데리고 있다가 자동차를 구하고 살림을 대강 사고 하여 자기 동생 살림 내듯이 나를 집 얻은 데로 보내 주었다.

---

56 김익서의 오기이다.

그래서 긔가니아라 하는 동래로 와서 살면 길찬록 씨는 사탕밧해 일을 한다. 그째 사탕반 노동 월급이 하로에 칠십오 전이다. 한 달에 이십일을 일노 하면 보니시가 가 잇섯다. 그러나 길찬록 씨는 그 돈을 타보지 못하엿다. 노동 이십 일을 하지 못하엿다. 월급을 탈 겨을이 업서 일을 열을 하면 그 일한 것만치 회사 반책을 주엇다. 그 책 일홈은 기우방이라 하엿다. 그 책을 가지면 엇던 전방이라도 수가 농장 전방에 가면 물건을 쥬엇다.

숏다운 청춘 시절 부모형졔 이별하고 만리타국 미국 영지 하와이 연애도 금전도 다 허궁에 실패로다. 한국서 우리가 듯고 생각하기로 미국 영지 포와는 별류턴디비인간이요, 녹음방초성화시요, 금전이 쌍에서 준는 줄 알고 왓다. 아지 못게라 어리석은 민족이 다 쌜언 나라 영지 밋헤 그 사름들이 다 쌔여 모던 것을 건설하는 즁 일[50]할 노동자를 다런 나라에서 이민하여 회사를 죠직하고 리익을 보자는 큰 회사이다. 노동자들이 그만한 리익 쥬고 쑤서러기 월급을 타먹어야 되는 것인 고로 죽도록 일하여야 쥬인 회사에 리익도 주고 나도 월급을 먹는 것이다. 사진혼인의 원인이 노동이다.

그렇게 해서 키카니아[57]라는 동네로 와서 살면서 길찬록 씨는 사탕수수 밭에서 일하였다. 그때 사탕수수밭에서 일하는 노동의 하루 일당이 75전이다. 한 달에 20일을 일하면 보너스가 있었다. 그러나 길찬록 씨는 그 돈을 타 보지 못하였다. 20일을 일하지 못하였다. 월급을 탈 겨를이 없어 [그가] 일을 열흘 하면 그 일한 것만큼 회사에서 반책[58]을 주었다. 그 책의 이름은 기우방[59]이라 하였다. 그 책을 가지고 슈가[사탕수수] 농장의 어떤 전방에라도 가면 물건을 주었다.

꽃다운 청춘 시절에 부모형제 이별하고 만리타국 미국 영지인 하와이에 [와서] 연애도 금전도 다 허공에 실패로다. 한국에서 우리가 듣고 생각하기로 미국 영지 포와[하와이]는 별유천지비인간이요 녹음방초승화시[60]요, 돈을 땅에서 줍는 줄 알고 왔다. 알지 못하여 어리석은 민족이 다 빠른[발달한] 나라의 영지 밑에 [와서 일하게 된 것이다.] 그 사람들이 다 깨어 모든 것을 건설하는 중 일할 노동자를 다른 나라에서 이민으로 [데려오는] 회사를 조직하고 이익을 보려는 큰 회사[를 차린 것이]다. 노동자들은 [그들에게] 그만한 이익을 남겨주고 부스러기 월급을 타 먹어야 하는 고로 죽도록 일해야 주인 회사에 이익도 주고 자신도 월급을 받을 수 있는 것이다. 사진혼인의 원인이 노동이다.[61]

---

57 「천연희 구술 테이프 요약」에 Kikaniya, Kikania 등으로 표기되어 있으나 현재 지도에서는 이 지명을 찾을 수 없다. 사탕수수 농장의 한 주거지역 이름이 아닌가 추측된다. 이후 키카니아로 통일한다.

58 한 달에 보통 20일을 일해야 하는데 10일만 일했으므로 반에 해당하는 외상을 쓸 수 있는 쿠폰을 주었다는 의미인 듯하다.

59 영어의 쿠폰coupon을 '기우방'이라 표기한 듯하다. 「천연희 구술 테이프 요약」에는 "store coupon" 혹은 "company coupon"이라고 써져 있으며, 「천연희 구술 테이프 녹취록」 Tape 11에는 "길방" 혹은 "김방"이라고 나온다.

60 別有天地非人間은 "별천지로 인간세상이 아닌 듯하다"라는 뜻의 이백李白의 시구이며, 綠陰芳草勝花時란 "녹음이 봄의 꽃보다 좋은 시절"이란 의미로 춘향전에 등장하는 문구이다.

61 이 말은 "노동을 잘하게 하기 위한 것이다", 즉 하와이에 먼저 데려간 남성 노동자들의 노동 효율성을 높이기 위해 사진혼인으로 여성들을 데려가게 되었다는 의미이다.

아모것도 모리고 청춘시대 소녀들이 하와이 금전세게라 하니 드러와서 고생을 햇지마는 한 가지는 참말 죠헌 곳이다. 민쥬쥬의 자유국이요, 일긔가 일 년 열두 달노 온후하니 별류턴디비인간이다. 그 말은 듯던 말과 갓다. 자유국 백성이다. 그래서 기가니아를 처음 가니 한국 부인이 한 분 게시고 늙은 아자씨들이 만히 사탕농장에 노동을 하고 잇는대 그 부인은 민의경 씨가 한국 나가[51]서 민싸라 씨를 결혼하여 다려온 지가 한 일 년 된다 하니 일천구백십사년에 하와이로 드러왓더라. 그래서 그 부인 한 분이 잇더라. 길찬록 씨는 아참 새벽이면 일을 나가고 나는 새벽밥을 해서 밥통에다 너주고 일을 가는 것을 보면 침상에 누어서 운다.

하로난 쌸내를 쌸아야 하는대 대체 음두가 나지 아은다. 사탕밧헤 노동하는 바지는 거문색 아히나 바지인대 사탕밧헤 물을 대일 쌔 입어서 항토물이 무더서 새쌀갓게 되엿다. 이 바지를 엇지 씨서야 잘 씻는 해결이 나지 안에 울고 잇섯다. 생각다 못해서 물을 큰 사구에 바다 바지를 넛코 비노로 가지고 문질너 보앗다. 바지가 나를 보고 웃더라. 그러는 순간에 민싸라 씨 오시엿다. 서울 부인이다. 서울 말씨 "무엇하시요?" 하고 뭇는다. 쌸내 씻는 모양을 [52]보고 기가 차는지 "아구머니, 그래 가지고 쌸내가 쌸나." 흐고 솔을 들고 바지를 문지고 이러게 하라고 가러쳐 쥬엇다. 민싸라 씨는 농장에 일하는 아자씨들 밥을 해 대접하고 도야지 짐생도 키우고 바너질해서 농복을 해 팔고 참 알들한 부인이더라.

내가 '기가니아'로 오니 리관실 씨라 하는 부인이 아해들이 만코 형님 아무것도 모르고 청춘시대 소녀들이 하와이가 금전세계(부유한 곳)라 하니 들어와서 고생을 했지만 한 가지는 참말로 좋은 곳이다. 민주주의 자유국이요, 일기가 일 년 열두 달 온후하니 별유천지비인간이다. 그 점은 듣던 바와 같다. 자유국 백성이다. 그렇게 키카니아에 처음 가니 한국 부인이 한 분 계시고 늙은 아저씨들이 많이 사탕수수 농장에서 노동하고 있었다. 그 부인은 민의경 씨가 한국에 나가서 결혼하여 데려온 지 한 1년 된 민사라 씨로, 1914년에 하와이에 들어왔다 하더라. 그래서 그 부인이 한 분 있었다. 길찬록 씨는 아침 새벽이면 일을 나가고 나는 새벽밥을 해서 밥통에 넣어 주고 일을 나가는 것을 보고 나면 침상에 누워 울었다.

하루는 빨래를 해야 하는데 도저히 엄두가 나지 않았다. 사탕수수밭에서 일하는 사람들이 입는 바지는 검은색 아히나(ahina)[62] 바지인데 사탕수수밭에 물을 댈 때 입어서 황토물이 묻어 새빨갛게 되었다. 이 바지를 어떻게 빨아야 잘 빨 수 있을지 해결이 나지 않아 울고 있었다. 생각다 못해 물을 큰 사구(자배기)에 받아 바지를 넣고 비누를 가지고 문질러 보았다. 바지가 나를 보고 비웃더라. 그때 민사라 씨가 오셨다. 서울 부인이다. 서울 말씨로 "무엇 하세요?" 하고 묻는다. 빨래하는 모양을 보고 기가 차는지 "아이고머니, 그래 가지고 빨래가 빨리나?" 하며 솔을 들고 바지를 문지르며 이렇게 하라고 가르쳐 주었다. 민사라 씨는 농장에서 일하는 아저씨들에게 밥을 해 대접하고 돼지를 키우고 바느질해서 농복(農服)을 만들어 파는 참 알뜰한 부인이더라.

내가 키카니아로 오니 이관실 씨[63]라 하는 부인이 아이들이 많고 형님

---

62 아히나는 청바지 등을 만드는 데 쓰이는 푸른색의 질긴 면직물을 의미하는 하와이어이다. 「천연희 구술 테이프 요약」, 82쪽에는 heavy denim으로 나온다.

63 한글로는 리관실, 이관설, 이간실(「천연희 구술 테이프 녹취록」 Tape 11) 등으로 다르게 표기되어 있으며, 영문으로는 Yi Kang Si-la(「천연희 구술 테이프 요약」, 81쪽) 혹은 Lee Kwan Si(「천연희 구술 테이프 요약」, 123쪽)로 표기되어 있는데 모두 동일 인물로 보인다. 천연희가 마우이섬의 키카니아에 처음 가서 적응하지 못해 힘들어할 때 많이 도와준 사람이다.

도 게시고 어머니도 게시고 족하들도 만코 그이들은 경긔 인천서 이민에 드러왓다 ᄒ고 불내우라 하는 캠포에 산다. 한 마일점 된다. 내가 쳐녀로 생소한 데 와서 슬퍼한다는 소리를 듯고 매일갓치 자긔 아해들을 보내여 기가나아서 불네호를 다려갓다. 그러갈 쌔 텰노 다리를 건너 아참 아홉 씨면 매일 거러 그 집에 가고 그 아저문이, 할머니가 나를 참 사랑하고 고맙게 해서 우 [53]부모갓치 사랑햇다. 저녁쌔면 세네 시 되면 길찬록 씨가 일하고 오다가 다려간다. 집에 와서 적을 짓고 먹엇다.

리관설(실?) 씨 부인이 바너질하는 것을 농복 바지 지다비 집는 것을 배아 쥬엇다. 그리하다 그 아저문이가 불내우 도급을 다 맛치고 내 사는 기가나아로 도급을 싸라 이사를 와서 혼자 게시는 아자씨들 사탕곡상 하엿다. 그래서 나의게는 참 다행이다. 부모 갓헌 이가 젓태 이사를 오시여서 참 깃버하엿다. 매일 그 집에 살다십히 하엿다. 인심이 후하여 친쌸갓치 하엿고 그이의 족하쌀은 최푸러던 씨요, 대한 리화학교 학생으로 부모 차저 하와이 와서 강한준 씨 청년과 결혼햇더라. 그이의 남동생은 최요섭 씨다. 너무 친형뎨갓치 친절햇다. 내가 하와이 오니 최요섭 씨는 긔독학원에서 공부하고 최푸러던 씨는 성혼하여 싸듯한 가정생활을 하고 강한준 씨가 청년으로 쏙쏙하더라. 최푸런 씨 녀자치고 학식이 불명햇다. [54]그래서 그 집안이 다 나의게 참 고맙게 하엿써 은혜가 막심햇다. 그러나 그쌔는 내가 절머서 그 은혜를 잘 몰낫서나 지금 더 잘 알겟다. 매일 아참에 길찬록 씨 일 가면 그 아저문이 집으로 갓다. 엇던 쌔는 내가 늣도 계시고 어머니도 계시고 조카들도 많았는데 그이들은 경기도 인천에서 이민 왔다 하며 폴레후〔Pulehu〕라 하는 캠프에 살았다. 〔내가 사는 곳에서〕한 1마일쯤 되는 곳이다. 내가 처녀로 생소한 데 와서 슬퍼한다는 소리를 듣고 매일같이 아이들을 보내어 〔나를〕 키카니아에서 폴레후로 데려갔다. 걸어갈 때 철로 다리를 건너 아침 9시면 매일 걸어서 그 집에 가면 아주머니, 할머니가 나를 참 사랑하고 고맙게 친부모같이 사랑해 주었다. 저녁때는 서너 시쯤 되면 길찬록 씨가 일하고 오다가 〔나를〕 데려갔다. 집에 와서 저녁을 지어 먹었다.

이관설(실?) 씨 부인이 바느질로 농복 바지와 지다비[64] 만드는 법을 가르쳐 주었다. 그러다 그 아주머니가 폴레후의 도급을 다 마치고 내가 사는 키카니아로 도급을 따라 이사를 와서 혼자 계시는 아저씨들〔을 상대로〕 사탕곡상〔사탕수수 농장 식당〕[65]을 하였다. 나에게는 참 다행한 일이었다. 부모 같은 이가 곁에 이사를 오시어 참 기뻤다. 매일 그 집에 살다시피 하였다. 인심이 후하여 친딸같이 대해 주었다. 그이의 조카딸은 최프루덴스〔Prudence Choi, 최혜경〕 씨로, 한국의 이화학교 졸업생으로 부모를 찾아 하와이에 와서 강한준이라는 청년과 결혼했더라. 그이의 남동생은 최요셉 씨인데 〔나에게〕 친형제같이 친절했다. 내가 하와이에 왔을 때 최요셉 씨는 〔한인〕기독학원에서 공부하고 최프루덴스 씨는 성혼하여 따뜻한 가정생활을 하고 있었으며, 강한준 씨는 참 똑똑한 청년이었다. 최프루덴스 씨는 여자치고 학식이 불명〔분명〕했다. 그렇게 그 집안이 다 나에게 참 고맙게 해주어 그 은혜가 막심했다. 그러나 그때는 내가 젊어서 그 은

---

64 노동자용 작업화를 말하는 일본어인 지카다비地下足袋 혹은 일본식 버선을 의미하는 다비足袋를 잘못 표기한 것으로 보이는데 여기서는 문맥상 후자로 생각된다.
65 천연희는 식당이나 요리사를 영어인 쿡cook에 '~님'을 의미하는 일본어 '~상'을 붙여 쿡상, 즉 곡상이라고 썼다. 당시 노동자들 사이에서 쓰인 말인 듯하다.

도록 안 가는 날은 아저문이 차차오시여서 정지문을 두다리시고 뭇기를 "년회, 또 울고 잇나, 어대가 압허야?" 물어신다. 그러고 문을 열고 드러오시면 내가 침상에서 울고 누엇다. 눈물을 씻고 이러나 "안이요. 어저머니, 어서 오시요." 하고 일어낫다. 내가 아홉 점에 자긔 집에 안 가면 아저머가 오시여서 "년회, 년회." 부러시고 또 울고 잇다 하고 어서 집에 가서 우동국하고 밥 먹자 하시엿다.


　무정한 세월은 여류하여 내가 드러온 지가 발서 석 달이 너멋다. 그라고 보니 아모리 사랑이 업고 해도 남녀가 한 집에 잇서니 할 슈 업시 녀자의 정조를 남자가 압탈함을 밧앗다. 우리 한국은 에의지국이라 해서 남녀칠세부동석이라 하는 에절 잇고 우리가 녀자 해방[55]으로 학교는 좀 단인다 하지마는 녯날 풍섭이 잇서 처음에 무럿개를 씨고 다니니 아해들이 뒤에 와서 잡아단기는 고로 버서바리고 양산을 밧고 단녓다. 그래서 남녀 학교가 다 짜로 잇고 서로 말도 잘 못 햇다. 그름으로 우리 녀학생들은 나이 차도 남자 손도 한 번 만치 보지 못한 쳐녀로 하와이 사진혼인 드러와서 그 쌔긋한 정조를 늙은이 노동자의게 밧치고 아모 사랑 업는 세상을 보내엿다.
　그리하는 슌간에 텬년적 하나님이 쥬신 녀자의 책임을 하노랏고 내가 하와이 온 지 석 쌀 후 아기를 선다. 먹지 못하고 압허다 뢰곤하니 정신이 히미하다. 먹으면 토하고 음식이 내음새가 나고 엇던 음식은 먹기 실코

혜를 잘 몰랐으나 지금은 더 잘 안다. 매일 아침에 길찬록 씨가 일을 나가면 그 아주머니 집으로 갔다. 어떤 때 내가 늦도록 안 간 날에는 이주머니가 찾아오셔서 정지문(부엌문)을 두드리시며 "연희, 또 울고 있나? 어디 아픈가?"라고 물으셨다. 그러고 문을 열고 들어오시면 내가 침상에서 울고 누워 있다가 눈물을 닦으며 "아니요. 아주머니, 어서 오세요." 하고 일어났다. 내가 아홉 점(點, 시)에 자기 집에 안 가면 아주머니가 오셔서 "연희, 연희" 부르시며 또 울고 있다고 어서 집에 가서 우동국하고 밥 먹자 하시었다.

무정한 세월은 여류하여 내가 (하와이에) 온 지 벌써 석 달이 넘었다. 그러고 보니 아무리 사랑이 없다 해도 남녀가 한 집에 있으니 할 수 없이 여자의 정조를 남자에게 억지로 빼앗겼다. 우리 한국은 예의지국이라 해서 남녀칠세부동석이라 하는 예절이 있고 우리가 여성해방으로 학교는 좀 다녔다 하지만 옛날 풍습이 있어 처음에 무렁개[66]를 쓰고 다니니 아이들이 뒤에 와서 잡아당기는 고로 벗어 버리고 양산을 쓰고 다녔다. 그래서 남녀 학교가 다 따로 있고 서로 말도 잘 못 했다. 그랬기 때문에 우리 여학생들은 나이가 차도 남자 손도 한 번 만져 보지 못한 처녀로 하와이에 사진혼인으로 들어와서 그 깨끗한 정조를 늙은이 노동자에게 바치고 아무 사랑 없는 세월을 보냈다.

그런 중에도 천년 옛적 하나님이 주신 여자의 책임을 하느라 내가 하와이에 온 지 석 달 만에 아기가 들어섰다. 먹지 못하고, 아프고 노곤하니 정신이 희미하였다. 먹으면 토하고, 음식이 냄새가 나고, 어떤 음식은 먹기 싫고, 어

---

66 함경도와 전라도에서 '무릎개'라고 불렸던 처네를 가리키는 듯하다. 처네(천의)는 여자들의 얼굴가리개용으로 그 모양이 어린애를 업을 때 사용하는 처네포대기처럼 생겼고 역시 끈이 있어 그것으로 얼굴을 동여매었다. 처네의 길이는 무릎까지 내려왔다('얼굴가리개', 조선향토대백과. http://www.cybernk.net/).

엇던 음식은 생각이 난다. 그리하고 알는 즁이다. 제일 과일이 먹고 십다. 농장 캠포에 한 쥬일 두 번식 이 일날 생선 마차, 고기 마차, 채소 마차가 오고 쏘 오 일날 그와 갓치 마차 구루마에 실고 온다. 그래[56]서 그 마차가 오면 일하고 온 녀자들이 와서 모도 사가지고 간다. 그러나 나는 사고 십허도 못 삿다. 고기마차는 농장 기우방을 주고 살 슈 잇서 고기는 사먹어도 채소와 과일과 생선은 일본 사름들이 갓다 마차에 실고 단인 고로 맛 돈을 쥬어야 한다. 아해를 서니 과일이 먹고 십다. 싸나나 한 숭이에 십 전이다. 모던 것이 헐에서 모도 십 전식 주면 가질슈 잇다마는 길찬록 씨는 월급을 돈으로 못 타오고 미레 기우방으로 갓다 씨기에 월급이 업섯다.

길찬록 씨 방고난바가 264다. 그래서 과일과 채소와 생선을 못 사먹고 내가 울엇다. 아히 설 째 먹고 십헌 것은 염치도 업서 그래도 그 말을 아저문이 보고 못 하고 하로난 아저문이 보고 "아저문이 말 드러니 홀노 잇는 아자씨 쌜내를 쌜아 쥬면 돈을 준다 하니 얼마 주나요" 하니 "위 네가 쌜내를 할 슈 잇나" 하시기에 "배우면 하지요" 해[57: 빈 면][58]니 "배울 거는 업지마는 약한 몸에 그런 일을 아니하고 자란난대 할 수 잇나" 하기에 내가 "돈을 원하니 해본다"고 말햇다. 아저문이가 짐작하고 자긔 집에 밥 먹난 영감들 일본 녀자가 다 쌜내 해주는 것 두 사름 쌜내를 내한태 가지고 왓다. 황도물이 무던 쌜내가 두 사람 거라도 참 만타, 한 사름이 一元 二十五戔이다. 두 사름 二元 五十戔이다. 그래서 쌜내가 쌔긋지 못해도 말업시 잘 바다 주고 애씨는 글 고맙게 생각햇다. 그래도 동족이라.

떤 음식은 생각이 났다. 그렇게 앓는 중에도 과일이 제일 먹고 싶었다. 농장 캠프에 일주일에 두 번씩 2일에 생선 마차, 고기 마차, 채소 마차가 오고, 또 5일에도 똑같이 마차 구루마에 싣고 왔다. 그래서 그 마차가 오면 일을 마치고 온 여자들이 와서 모두 사가지고 갔다. 그러나 나는 사고 싶어도 못 샀다. 고기 마차에서는 (현금이 아니라) 농장 쿠폰을 주고 살 수 있어 고기는 사 먹을 수 있었지만, 채소와 과일과 생선은 일본 사람들이 가져다 마차에 싣고 다닌 까닭에 맞돈(현금)을 주어야 했다. 아이가 생기니 과일이 먹고 싶었다. 바나나 한 송이에 10전이었다. 모든 것이 싸서 모두 10전씩 주면 가질 수 있다마는 길찬록 씨는 월급을 돈으로 못 타오고 미리(먼저) 기우방[67]으로 갖다 쓰기에 월급이 없었다.

길찬록 씨의 방고난바[番號number][68]는 264번이다. 그래서 내가 과일과 채소와 생선을 못 사먹고 울었다. 아이 설 때 먹고 싶은 것은 (있었지만) 염치가 없어 그 말을 아주머니에게 하지 못하고 (있었다.) 하루는 아주머니에게 "아주머니 말을 들으니 홀로 있는 아저씨들 빨래를 해 주면 돈을 준다던데 얼마나 주나요?" 하고 물으니 "왜 네가 빨래를 할 수 있겠나?" 하시기에 "배우면 하지요." 하니 "배울 건 없지만 약한 몸에 그런 일을 안 하고 자랐는데 할 수 있겠나?" 하시기에 내가 "돈을 원하니 해 보겠다."고 말했다. 아주머니가 (내 사정을) 짐작하고 자기 집에서 밥 먹는 영감들 중 일본 여자들이 빨래해 주는 것에서 두 사람 빨래를 내게 가지고 왔다. 황토물이 묻은 빨래가 두 사람 것인데도 참 많았다. 한 사람에 1원 25전이고 두 사람에 2원 50전이다. 그래서 빨래가 깨끗지 못해도 말없이 잘 받아 주고 애쓰는 것을 고맙게 생각했다.

---

67 일을 한 품삯을 받기 전에 미리 가져다 쓰는 회사 쿠폰을 말하는 듯하다. 앞의 주 58, 59 참조.
68 방고난바란 번호番號의 일본어 발음인 방고에 영어의 넘버number를 붙인 단어로 노동자들의 ID(identification) 번호를 의미한다. 하와이 사탕수수 농장에서 일하던 노동자들은 이름 대신에 번호로 불리었다.

그 후 돈이 원 오십 전 밧어니 한 쥬일에 과일과 채소 사먹기 되고 차차 쌜내가 익숙하여 다섯 사름을 하고 바지도 배와 가지고 해 팔고 일본 다미도 해 팔앗다. 그거선 아저무니가 배와 주시엇다. 처음에는 할 줄 모러 잘 못햇서나 차차 익숙해저서 한 달에 다섯 사름 쌜내를 하니 한 달에 륙元 二十五戔을 돈을 가지게 되니 지금은 생선이고 과일

[59]일본이 한국을 一千九百十年에 혁방을 하고 일본 병정과 일본 백성 한국에 다려다 신민지를 면드러 한국 백성의게 법을 강하게 씨고 신탁척식회사와 개인의 고리대금을 노아서 한국 백성의 재정과 농사하는 땅을 그저 가젓다. 고리대금 별리를 노아 논과 밧흘 별리돈과 본전으로 다 가지고 간다. 그름으로 한국 백성의 논밧 헌 척석회사 유산이 되엿다. 그러고 일본 병정이 옷설 닙지 안코 불삼만 하고 남의 집에 드러 가서 유부녀 쳐녀를 급탈하엿다. 그래서 그째 내우형 이미 성전 쳐녀로 인물이 미인인로 우리 부모가 급이 나 다해진 헌 옷을 닙히고 얼굴에다 금정을 무치어 더먹난 그어지 모양으로 하고 집에 감추어 두고 했다. 그것은 내 안다.

우리 한국은 동반국 에지국이라 해서 남녀가 너무 차별하여 남자가 녀자 보는대 옷 번는 일을 보지 못해서 한국 녀자는 그것을 보면 무서워서 숨는다. 그것을 알고 더 무섭게 하노라고 했다. 한국에 와서 일본 사름 장사하기 위해 남녀 목간통을 싸로 지어 놋코 한 번 [60]못간하면 오 전식 밧앗다. 그러나 엇던 째 녀자들이 못간하면 일본 남자가 드러올나 하면

그래도 동족이라.

그 후에 돈을 2원 50전 받으니 일주일에 과일과 채소를 사 먹을 수 있게 되고 차차 빨래가 익숙해져 다섯 사람〔것〕을 하고 바지도 배워서 만들어 팔고 일본 다비〔足袋, 일본식 버선〕도 만들어 팔았다. 그것은 아주머니가 가르쳐 주셨다. 처음에는 할 줄 몰라 잘 못했으나 차차 익숙해져서 한 달에 다섯 사람 빨래를 하니 6원 25전의 돈을 가지게 되어 이제는 생선이고 과일 〔뒤의 [61] 쪽으로 이어짐〕

일본이 1910년에 한국을 합방하고 일본 병정〔군인〕과 일본 백성을 한국에 데려다 식민지를 만들어 한국 백성들에게 법을 강하게 쓰고 신탁척식회사[69]와 개인 고리대금을 놓아 한국 백성의 재정을 〔파탄시키고〕 농사하는 땅을 거저 가졌다. 〔또한〕 고리대금으로 변리〔邊利〕를 놓아 논과 밭을 변리 돈과 본전으로 다 가져갔다. 그리하여 한국 백성의 논밭은 다 척식회사의 재산이 되었다. 또한 일본 병정들은 옷을 입지 않고 불삼〔불알, 음낭〕만 가리고 남의 집에 들어가서 유부녀와 처녀를 겁탈하였다. 그래서 그때 내 위의 형이 이미 다 큰 처녀로 인물이 미인이어서 우리 부모가 겁이 나 다 해진 헌 옷을 입히고 얼굴엔 검정을 묻혀 더벅머리 거지 모양을 해 집에 감추어 두었던 것을 내가 알고 있다.

우리 한국은 동방예의지국이라 해서 남녀가 너무 차별하여 남자가 여자 보는 데서 옷 벗는 것을 본 적이 없어 한국 여자들은 그런 걸 보면 무서워 숨었다. 〔일본인들은〕 그것을 알고 더 무섭게 하는 것이라 했다. 한국에 와서 일본 사람들은 장사하기 위해 남녀 목욕탕을 따로 지어 놓고 한 번 목욕하는 데 5전씩 받았다. 그러나 어떤 때 여자들이 목욕하고 있을 때 일본

---

69 일본 정부가 영국의 동인도 회사를 본따 식민지의 토지와 금융을 장악하고 일본인의 식민지 개척 및 활동을 돕기 위해 1908년에 설립한 동양척식주식회사Oriental Development Company 를 말하는 것으로 보인다.

녀자들이 쏙가내엿다. 그러고 대한 녀자들 못간 안이 한다고 흉을 보지 마는 내 알게까지 난 시골서는 집집이 장두간이 잇다. 그 엽에 가서 녀자들 밤에 목간하고 씻는다. 하도 에절이 심하여 살을 남 보이기 실어한다. 그래서 남자가 녀자 목욕하는 대 오면 대기한다. 일본 사람들은 어려서 버텀 갓치 못간하는 십간이 잇서 그것을 에사로 알고 문제를 삼지 안헌다. 우리 한국은 그런 에절이 만험으로 그리하는 것을 대기로 알고 하기에 에모 업난 사름들이라 수취로 생각한다. 여러미 되면 녀자들이 속단 속곳 옷을 가지고 약물에 헤취하로 산에 약물 잇는 대다 차저갓다. 그래서 나도 짜라다니다가 크서 하와이 사진혼인으로 온 사람이다. 이 모던 것이 내 클 째 당한 일 생각나는 대로 긔록하는 것이다.

[61]이고 채소고 다 사먹을 슈 잇다. 아이 설 째 먹고 십헌 음식은 염치 업시 먹고 십허서 울기도 만히 울엇다. 한 세상에 인생고랑이 그째에 시작이다. 청년시대에 연애로 갓치 맛나 이상이 맛고 자미가 잇게 살며는 아해가 밸 째 고통이 잇고 하면 남편의게 아양도 부리고 쟁쟁도 해보고 무엇 먹고 십다면 남편이 가서 사다가 쥬고 압허다 하면 만저도 쥬어 여러 가지 동정으로 서로 사랑할 슈 잇다. 엇던 부부의 이약이를 드러면 녀자가 아해서 압하 먹지 못하면 남자도 짜라 압허다 한다는 이약이도 잇다. 그것은 사랑하는 동정심이겻다. 그럿게 단아한 가정에 자식도 놋고 해야 살 자미가 잇지마는 사랑 업난 대서 낙망한 대서 내 몸이 압허고 자식이 선들 누구의게 애고 한 번 할 째 업다. 그러나 사름은 만헌 텬년적 애정을 타고나고 어머니라 하는 그 의무를 타고낫서매 자년적으로 배속에서 자라는 아기의게 사랑이 가서 마음이 강겻한 점이 생겨 아기가 배속에서 잘 자라는 것 만히 히망하고 하나님께 축복햇다.

남자들이 들어오려고 하면 여자들이 쫓아내었다. 대한 여자들이 목욕을 〔자주〕 안 한다고 흉을 보았지만 내가 알기에 시골에는 집집마다 장독간이 있고 그 옆에서 여자들이 밤에 목욕하고 씻는다. 〔그렇지만〕 하도 예절이 심하여 남에게 살을 보이기를 싫어한다. 그래서 남자가 여자 목욕하는 데 오면 대기〔大忌〕한다〔크게 꺼린다〕. 일본 사람들은 어려서부터 같이 목욕하는 습관이 있어 그것을 예사로 알고 문제삼지 않는다. 우리 한국은 그런 예절이 많으므로 그리하는 것을 크게 꺼리며 예모〔禮貌, 예의〕 없는 사람들이라고 수치스럽게 생각한다. 〔한국에서는〕 여름이 되면 여자들이 속단, 속곳을 가지고 약수에 헤치하러〔소풍하러〕 산에 약수 있는 곳으로 찾아갔다. 그래서 나도 〔그런 사람들을〕 따라다니다가 커서 하와이에 사진혼인으로 온 사람이다. 이 모든 것이 내가 자랄 때 있었던 일들을 생각나는 대로 기록한 것이다.

〔[58]쪽에서 이어짐〕이고 채소고 다 사먹을 수 있었다. 아이가 설 때 먹고 싶은 음식은 염치없이 먹고 싶어서 울기도 많이 울었다. 한 세상의 인생 고랑이 그때부터 시작이다. 청년시절 연애로 같이 만나 이상이 맞고 재미있게 살면 아이를 밸 때 고통이 있어도 남편에게 아양도 부리고 쟁쟁〔앙탈〕도 해 보고 무엇이 먹고 싶다고 하면 남편이 가서 사다 주고 아프다 하면 만져도 주면서 여러 가지 동정으로 서로 사랑할 수 있다. 어떤 부부는 여자가 아이가 생겨 먹지 못하자 남자도 따라 아팠다는 이야기도 있다. 그것은 사랑하는 동정심일 것이다. 그처럼 단아한 가정에서 자식도 놓고 해야 사는 재미가 있으련만 사랑 없고 낙망한 데서 내 몸이 아프고 자식이 생긴들 누구에게 하소연 한 번 할 데가 없다. 그러나 사람이란 많은 천연의 애정을 타고나고 어머니라 하는 그 의무를 타고났으매 자연히 뱃속에서 자라는 아기에게 사랑이 가서 마음이 강경한〔꿋꿋한〕 점이 생기고 아기가 뱃속에서 잘 자라는 것을 많이 희망하고 하나님께 축복하게 되었다.

세월리 여류[62]하여 발서 아홉 달이 되여 아해를 해산하게 되여 하로 난 배가 틀고 압하서 아저머니가 와서 보고 태기 기운이 잇지마는 아직 그래 가지고 아해가 낫치 못하고 만히 더 압하야 된다. 혼자 나는 한국서 버팀 학교에서 공부할 쌔 우리 학생들노 선생이 되던지 관호가 되던지 그 두 가지로 시험공부를 실지로 가라첫다. 그래서 배돈병원에 가져 잇다금 실제로 병자들 심방하고 엇지 하는 법을 가라첫고 병원 원장 가호 부는 과 부인이다. 그래서 나는 아해 노을 쌔는 직시 농장 병원으로 가기를 원햇다. 만히 압하야 아이가 나올 시간이 되야 간다 하고 아저목가 병원 가는 것을 죠하하지 안한다. 우리는 아해 여러설 나아도 의원도 안 오고 병원에도 안이 가도 다 잘 낫다 말을 한다. 그쌔는 나는 아모것도 모러고 엇지 쥬선해서 병원에 가는 것도 모러 길찬록 씨고 아저문이 말한 듯 난다. 그리 압허기로 잇헐 밤낫 사헐이 되엿다. 사헐 될 쌔는 내가 오한 기정이 나고 정신이 [63]아득하엿다. 그래서 내 알는 소래를 이웃집 일본 녀자 듯고 캠포 십장을 불너 져집 녀자가 아해를 노을나 해서 압헌 지가 오래되엿다 하니 십장이 말노 타고 쫏차 와서 길찬록 씨 불너 너 부인을 속히 병원에 보내라 하고 야단햇다. 그래서 그 십장이 의원 불넛 파이야 병원에 의사와 관호부가 왓다.

세월이 여류하여 벌써 아홉 달이 되어 아이를 해산할 때가 되어 하루는 배가 틀리고 아파서 아주머니가 와서 보고 태기가 있지만 아직 그래 가지고 아이가 나오지 않고 더 오래 아파야 된다〔고 하였다.〕 내가 한국에서부터 학교에서 공부할 때 우리 학생들은 선생이 되든지 간호사가 되든지 두 가지 길로 시험공부를 가르쳤다. 그래서 배돈병원[70]에 가서 이따금 실제로 병자들을 심방하고 어찌 하는 법을 가르쳤고 병원 원장 간호부는 과 부인[71]이었다. 그래서 나는 아해〔아이〕 낳을 때는 즉시 농장 병원으로 가기를 원했다. 〔그러나〕 많이 아파야 아이가 나올 시간이 되어 간다며 아주머니가 병원 가는 것을 좋아하지 않았다. 우리는 아이 여럿을 낳아도 의원도 안 오고 병원에 안 가도 잘 낳았다고 말했다. 그때 나는 아무것도 모르고 어떻게 주선해서 병원에 가야 하는지도 몰라 길찬록 씨와 아주머니가 말하는 것처럼 〔아이를〕 낳는 줄 알았다. 그렇게 아프기를 이틀 밤낮, 사흘이 되었다. 사흘째 되었을 때 내가 오한기가 나고 정신이 아득하였다. 그래서 내 앓는 소리를 이웃집 일본 여자가 듣고 캠프 십장을 불러 저 집 여자가 아이를 낳으려는데 아픈 지 오래되었다 하니 십장이 말을 타고 쫓아와서 길찬록 씨를 불러 당신 부인을 속히 병원에 보내라고 야단했다. 그래서 그 십장이 의원을 불러 파이아 병원의 의사와 간호부가 왔다.

---

70 1905년부터 진주에서 사역하던 의료 선교사 휴 커를이 1909년 안식년에 호주에 가서 해외 선교위원회에 병원 건립을 건의하여 승낙을 받고 진주로 돌아와 설립한 병원이다. 1910년에 건축을 시작하여 1913년에 건립되었다. 고인이 된 패튼 선교사 부인을 기념하여 배돈(패튼의 한국식 표기)병원이라 명명하였다. 영문명은 Mrs. M. W. Margaret White Paton Memorial Hospital이다. 커를 선교사가 1915년까지 초대 원장을 맡았으며, 1941년 일제의 강요로 선교사들이 추방될 때까지 호주의 많은 간호사와 의사들이 이 병원을 거쳐 갔고 한국인 의사와 간호사도 많이 배출하였다. 호주 선교사들과 의사, 간호사들이 퇴거한 후 한국인 의사 김준기 씨가 원장을 맡다가 한국전쟁 때 부산으로 피난가면서 병원도 문을 닫았다(조헌국, 앞의 책, 2015, 351쪽).

71 천연희가 시넬리(넬리 R. 스콜스의 한국명) 부인을 '시 부인'이라 호칭한 것으로 보아 '과 부인'도 외국인 여성을 의미하는 것으로 보인다. 앞의 주 37 참조.

아저무니는 고풍 잇서 의사를 죠아 안한다. 그래셔 그 의원이 와보니 아기날 째 지낫나 자궁이 적어서 못 난는 것이라 조곰 더 지취되며 아해와 산모 두 생명이 업서지매 병원에 갈 여가 업시 우리 방 릐불 우에 눕이고 긔게로 아해를 씌어냇다. 그래서 두 목심 살앗다. 그리하고 아해와 산모가 충실하니 병원 가지 안코 집에서 매일 가호가 와서 어린애 목간 식히 나도 돌바쥬고 매일갓치 왓다. 이 나라는 문명한 나라이라 [64]모던 시설이 구미하고 자선이 만코 생명을 즁이 여기난 까짝으로 산모와 아해를 참 치료를 잘 식인다. 의원과 가호부 처음 우리 집에 드러설 째 뭇기를 "이 부인이 처음 생산이야" 무러니 길찬록 씨 그럿다 대답하니 의원이 "응형" 하고 "외 병원에 속히 다리고 안이 왓너냐" 하고 말하고 겁히 릐불에 노이고 아해를 기개로 나오게 하엿서매 아해 이망 우에 상처가 좀 잇고 나는 아래가 만히 찌어지고 상하엿고 고생을 밤잇헐 낫사을 고생을 하여서 첫아해 논넌 것 참 어려워서 석 달노 침상에 누엇섯다. 아해는 아 저머니가 돌바 주시엿다.

그 후에 차차 나도 힘이 나고 아해도 모롱모롱 잘아나니 세상에 내 아해가 잘나고 사랑서러운 것밧기 업섯다. 고국산천 부모 형데 다 바리고 헐헐단신인데 몸이 만리타국 낫선 곳에 사진혼인으로 남자를 밋고 와서 사랑은 간 곳 업고 써라린 이 가섬 섭섭하기 한이 업고 "가슴속에 가득찬 내 사랑 누구의게 내가 주리." 하나님이 내게 보물을 주엇다 옥 갓헌 짤을 해[65]나 주시엿다. 이것이 모롱모롱 잘아나니 참 사랑시럽다. 그래서 내 가슴속에 사랑에 주린 한을 이 애해의게 다 주엇다. 세월 가고 아해는 잘 자라매 내가 조곰 버린 돈 죠헌 천을 사서 짤아히 옷 해쥬는 대 침이 잇섯 남의 자식이 잇분 옷을 입엇서 나도 그 모양을 싸서 해 입히고 햇다. 길찬록 씨 그째도 와인을 먹이면 아참에 일하로 못 갓다. 그리하니 살기는 어려웟고 아해는 한에 하나식 잇섯다. 짤 낫코 일 년 후 아달을 쏘

아주머니는 고풍〔옛날 풍습〕이 있어 의사를 좋아하지 않았다. 그런데 그 의원이 와 보니 아기 낳을 때는 지났으나 자궁이 작아서 못 낳는 것이라 조금 더 지체되면 아이와 산모 두 생명이 없어지니 병원에 갈 여유도 없이 우리 방의 이불 위에 〔나를〕 눕히고 기계로 아이를 꺼내었다. 그래서 두 목숨이 살았다. 그런 후에 아이와 산모가 다 충실하니〔건강하니〕 병원에 가지 않고 집에 매일 간호부가 와서 어린애를 목욕시키고 나도 돌보아 주었다. 이 나라는 문명한 나라라 모든 시설을 구비하고 자선이 많으며 생명을 중히 여기는 까닭에 산모와 아이를 참으로 잘 치료해 주었다. 의원과 간호부가 처음 우리 집에 들어설 때 묻기를 "이 부인이 처음 아이를 낳느냐?"고 물어 길찬록 씨가 그렇다고 대답하니 의원이 "으흠" 하고 "왜 병원에 속히 데려오지 않았느냐?"며 급히 이불에 눕히고 아이를 기계로 나오게 하였으매 아이 이마에 상처가 좀 있고, 나는 아래가 많이 찢어지고 상하였고 이틀 밤, 사흘 낮을 고생하여서 첫아이 낳는 것이 참으로 어려워서 석 달 동안 침대에 누워 있었다. 〔그동안〕 아이는 아주머니가 돌봐 주셨다.

그 후에 차차 나도 힘이 나고 아이도 무럭무럭 자라니 세상에 내 아이만큼 잘나고 사랑스러운 것이 없었다. 고국산천 부모 형제 다 버리고 홀홀단신인데 몸이 만리타국 낯선 곳에 사진혼인으로 남자를 믿고 와서 사랑은 간 곳 없고 쓰라린 이 가슴이 섭섭하기 한이 없고 "가슴속에 가득 찬 내 사랑 누구에게 내가 주리?"〔하던 중에〕 하나님이 내게 보물을 주셨다. 옥 같은 딸을 하나 주시었다. 이 아이가 무럭무럭 자라나니 참으로 사랑스러웠다. 그래서 내 가슴속에 사랑에 주린 한을 이 아이에게 다 주었다. 세월이 가고 아이는 잘 자라 내가 조금 번 돈으로 좋은 천을 사서 딸 아이 옷을 해 입히는 데 취미가 있어 남의 자식이 예쁜 옷을 입으면 나도 그 모양을 따서 〔옷을〕 해 입히곤 했다. 길찬록 씨는 그때도 와인을 마시면 아침에 일하러 가지 못했다. 그러니 살기는 어려웠고, 아이는 한 해에 하나씩 들어섰다.

나앗다. 아달 낫코 일 년 후 쏘 쌀을 나앗다.

그러고 보니 식구가 다섯 식구에 길찬록 씨 사역을 잘 못 한다. 나도 역시 그린 아해가 만헌 가달에 바너질도 잘 못 한다. 그래 다런 동내로 사탕도급을 맛하 갓다. 그 동내 가서 아자씨들 밥해 주는 곡상을 좀 해보니 일은 할 줄 모러 아해들은 어리고 하여서 너무도 어려워서 구만두고 엇다. 그 캠포 일흠은 불내후다. 한 호을 애비 아자씨 일흠 정치장이라 불엇다. 자기 밥을 갓치 좀 해주면 돈을 십 원 밥갑설 준다 하무로 하다 어려워 조곰 도움 될가 하고 밥을 해쥬엇난 나종에는 나는 고맙게 대우를 하니 저는 짠생각을 두고 하는 눈치를 길찬록 씨가 알고 밥해줄 슈 업다 하고 가라 하니 길찬록 씨와 시비하여 재판(66)까지 흐고 갓다. 그것 다 길찬록 씨 사역 잘 못 하고 집안이 어려운 대서 생기엿다.

그때 아해들은 자라서 큰쌀 일흠은 순애요, 아달 일흠은 은쥬요, 적은 쌀 일흠은 매리다. 나이는 순애가 세 살, 은쥬 두 살, 매리가 한 살 째 파야 지방으로 와서 도급했다. 一千九百二十八년 좀 되여서 처음으로 노동파공이 생겻다. 유년이 처음 생길 째이다. 오하후섬에 처음 노동파공이 생겨서 선창이고 사탕농장에서 손해를 보게 되엿다. 그째에 일본 사람이 맨 첨 시작햇다. 그 소문을 듯고 각 섬에 잇는 농장 사름이 만히 오하후섬에 나와서 일을 하엿다. 월급을 한 시간에 삼元식 쥬기로 한 고로 한국 사람이 만히 일을 해주엇다.

그래서 길찬록 씨가 돈 삼元 밧는다 하는 말을 듯고 마위섬에서도 하우섬으로 가서 일하겟다고 하기에 내가 말하기를 이곳에서도 매일 일을 딸을 낳고 1년 후에 아들을 낳았으며, 아들 낳고 1년 후에 또 딸을 낳았다.

그러다 보니 식구는 다섯이 되었는데 길찬록 씨는 일을 잘 못 했다. 나 역시 아이가 많은 까닭에 바느질도 잘 할 수 없었다. 그래서 다른 동네로 사탕수수 도급을 맡아서 갔다. 그 동네에 가서 아저씨들 밥해 주는 곡상(식당)을 좀 해 보니 일은 할 줄 모르고 아이들은 어리고 하여 너무도 어려워 그만두었다. 그 캠프 이름은 풀레후다. (그곳에) 한 홀아비 아저씨(가 있었는데) 이름은 정치장이라 하였다. (그가) 자기 밥을 같이 좀 해주면 10원을 밥값으로 준다 하여 (형편이) 하도 어려워 조금 도움이 될까 하고 밥을 해 주었는데 나중에 내가 고맙게 대우하니 저는 딴생각을 하는 눈치여서 길찬록 씨가 (그것을) 알고 밥을 해줄 수 없다며 가라고 하니 길찬록 씨와 시비가 붙어 재판까지 하고서야 떠났다. 그런 것들이 모두 길찬록 씨가 일을 잘 못 하고 집안이 어려운 데서 생기었다.

그런 중에도 아이들은 자라서 큰딸 이름은 순애요, 아들 이름은 은주, 작은딸 이름은 메리다.[72] 순애가 세 살, 은주가 두 살, 메리가 한 살 때 파이아 지방으로 와서 도급했다. 1928년쯤에 처음으로 노동파공(노동자 파업)이 일어났다. 유니언(union, 노동조합)이 처음 생길 때이다. 오아후섬에 처음 노동자 파업이 일어나 선창과 사탕수수 농장에서 손해를 보게 되었다. 그때 일본 사람들이 맨 처음 시작했다. 그 소문을 듣고 각 섬에 있는 농장 사람들이 많이 오아후섬으로 나와서 일하였다. 월급을 한 시간에 3원씩 주기로 하여 한국 사람들이 많이 일을 해 주었다.

길찬록 씨도 돈을 3원 받는다는 말을 듣고 마우이섬에서 오아후섬으로 일하러 가겠다고 하여 내가 말하기를 "이곳에서도 매일 일을 못 해서 날짜

---

72 장녀 순애順愛는 영문명 Betty로 1916년생이며, 장남 은주恩主는 영문명 David로 1917년생이고, 차녀 메리Mary는 한국명 순복順福으로 1919년생이다.

못 해서 날자 못 하는 사름이 그게 일이 대단이 힘이 던다고 하는 말을 드럿난대 엇지 일을 할 슈 잇나. 그리 말고 오하우섬에 나가면 와일루 농장으로 드러가서 사탕농장에 자리를 잡우시요. 내가 말 듯고 태평양주보에 나는 것을 보니 와일루와 농쟝에 한인들이 만히 살고 농쥬도 한인을 죠아하고 대우를 잘하고 한인들 교회도 잇고 아해들 한국말도 가라치게 해놋코 사회가 잇서 단체적어로 [67]죠헌대니 아해들 크가며 공부식이기도 좃코 당신도 다런 사역은 힘이 들어 못 하니 사탕밧해 일밧기 못 하니 아이야 다런 생각 말 와일루아 사탕농장에 가서 잘이를 잡어라 간곡히 일너서 자긔가 오하후섬을 나가겻다 원함으로 일러 보내엿고 나는 갓치 나오지 못하엿다. 사탕 도급을 하여 놋코 돈이 조곰 나올거시 잇서니 그 돈을 차져 가지고 전방에 물건갑 진 빗을 갑고 나올 작정이 되여 자긔를 면첨 보내엿다. 길찬록 씨가 구한문은 좀 잇고 맘은 죠헌이나 집안을 두래하여 살 줄을 모러고, 에산이 업서 엇지하면 살겻다 하고 자긔 형편을 싸라 에산을 못 하는 사람이라. 내가 그럿케 일너주고 말하여도 자긔 자신을 생각 못 한다 그럼으로 식구를 건사 못 하고 고생을 식힌다. 자긔가 자긔를 생각지 못한다.

자긔가 무삼 일을 맛당이 감당할 것을 모러고 남 하는 대로 싸라간다. 그래서 내가 부탁하고 일너준 말은 듯지 안코 와일루아로 가서 자리 잡으라 한 부탁 다 이저바리고 항구에서 술친구와 부동하여 하로 틀식 번 돈 집세 주고 밥 먹고 술 먹고 다 업서지고 만다. 그러자 내가 도급 돈을 타서 빗을 다 갑고 아해 셋셜 다리고 오하후섬로 [68]내가 콜 째에 식목하고 곳 길너는 것을 죠하하여 봄철에 비가 오면 온 니웃집에 다니면서 봉를 채우지 못하는 사람이 그곳의 일은 대단히 힘들다는 말을 들었는데 어찌 일할 수 있겠는가. 그러지 말고 오아후섬에 나가 와이알루아(Waialua) 농장으로 들어가 사탕수수 농장에 자리를 잡으시오." 하였다. 내가 사람들이 하는 말을 듣고 『태평양주보』에 난 것을 보니 와이알루아 농장에 한인들이 많이 살고 농장 주인도 한인을 좋아하고 잘 대우하며, 한인 교회도 있고 아이들에게 한국말도 가르치게 해 놓은 사회가 있어 전체적으로 좋은 데라 한다. (그래서 길찬록 씨에게) 아이들이 커 가며 공부시키기도 좋고, 당신도 다른 사역은 힘들어 못 하고 사탕수수밭 일밖에 못 하니 아예 다른 생각 말고 와이알루아 사탕수수 농장에 가서 자리를 잡으라고 간곡히 일렀으나, 자기가 (길찬록 씨가) 오아후섬으로 나가겠다 원하여 보냈으며 나는 같이 나오지 못하였다. 사탕수수 농장 도급을 하여 놓아 돈이 조금 나올 것이 있으니 그돈을 찾아서 전방에 빚진 물건 값을 갚고 나올 작정으로 자기를 (남편을) 먼저 보내었다. 길찬록 씨가 구 한문은 좀 알고 마음은 좋은 사람이지만 집안을 두래하여 (거두어) 살 줄 모르고 예산이 없어 어찌하면 살 수 있겠다 하고 자기 형편을 따라 예산을 세우지 못하는 사람이라 내가 그렇게 일러주고 말하여도 자기 자신을 생각하지 못한다. 그러므로 식구를 건사하지 못하고 고생시킨다. 자기가 자기 자신을 생각지 못한다.

자기가 무슨 일을 마땅히 감당할 수 있는지를 모르고 남들이 하는 대로 따라간다. 그래서 내가 부탁하고 일러준 말을 듣지 않고, 와이알루아로 가서 자리 잡으라 한 부탁도 다 잊어버리고 항구에서 술친구와 부동(符同)[73] 하여 하루 이틀씩 번 돈을 집세 주고 밥 먹고 술 마시고 다 없애버리고 만다. 그래서 내가 도급 돈을 타서 빚을 다 갚고, 아이 셋을 데리고 오아후섬으로 (갔다). 내가 클 때에 나무 심고 꽃 기르는 것을 좋아하여 봄철에 비

---

73 그른 일에 어울려 한통속이 됨.

송아 모중을 어더다가 심어고 맨두래미, 당국화를 만히 심엇다. 내가 짐 생도 키왓다. 암달 한 마리 슉싹 한 마리 두 마리를 우리 어머니가 나를 주엇 그것을 내가 모이 주고 기워서 색기를 처서 한 삼십 마리가 되엿다.

그 후에 우리 큰 개가 늙 죽어매 힌 어린 개를 어더서 길넛다. 내 그 개를 참 사랑하고 먹을 것 주고 ㅎ여서 나를 참 죠하ㅎ고 쌀는다. 내가 하교에 갓다 오는 것 알고 쫏차 나와서 내게 안긴다. 참 사랑햇다. 하로 난는 학교에서 집에 오니 개가 내게 오지를 안이해서 외인일인가 ㅎ고 급히 마당에 드러가서 삼절이의게 무러니, 그 게집애도 강아지를 사랑해서 울고 나의게 말하기를 엇던 이웃 개가 미친 것갓치 와서 강아지를 물어서 죽엇다 ㅎ고 운다. 그래서 내가 석 달노 마음이 섭ㅎ여 울고 그 후 개를 키울 째 정을 쥬지 안햇다.

한번은 내가 어려서다. 지금 생각이 난다. 나의 셋제 형[69]이 미성전이다. 한국에 여럼이면 큰 배암이가 만다. 봄철 여름에 만다. 가을 게을은 쌍속으로 드러가고 업다. 봄철에 산천에 곳닙히 쑈론쑈론하기 나오면 그째에는 터전이 잇서면 접 틔에 남세 밧치라고 하고 뒷정원이라 한다. 그기를 머섬이 하로 싸서 두덕을 해주면 상차도 심어고 파도 심어고, 우붕도 심어고, 배차도 심어고, 무어도 심어서 봄에 조리개를 하여 먹난다. 곳도 심언다. 그리 해서 심어 놋코 쌔족쌔족 눈 터저 쌍에서 올나올 째 자미난다.

그래서 나의 셋 형님 삼분이가 아참에 일쳑 정원에 가서 본다. 정원 울타리를 막앗다. 달이 드러가지 안게 달이라 하는 짐생은 어대던지 헤비가 오면 온 이웃집에 다니면서 봉숭아 모종을 얻어다 심고 맨드라미, 당국화를 많이 심었다. 내가 짐승도 키웠다. 암탉 한 마리, 수탉 한 마리, 두 마리를 우리 어머니가 내게 주어 그것들을 내가 모이 주고 키워 새끼를 쳐서 한 30마리가 되었다.

그 후에 우리 〔집에서 키우던〕 큰 개가 늙어 죽으매 흰 어린 강아지를 얻어서 길렀다. 내가 그 개를 참 사랑하고 먹을 것을 주고 하여서 〔개도〕 나를 참 좋아하고 따랐다. 내가 학교에 갔다 오는 것을 알고 쫓아 나와 내게 안겼다. 참으로 사랑했다. 하루는 학교에서 집에 돌아왔는데 개가 내게 오지를 아니해서 웬일인가 하고 급히 마당에 들어가 삼절이에게 물으니 그 계집애도 강아지를 사랑하여 울면서 내게 말하기를 어떤 이웃의 개가 미친 듯이 와서 강아지를 물어 죽였다며 울었다. 그래서 내가 석 달 동안 마음이 섭섭하여 울고 그후 개를 키울 때 정을 주지 않았다.

한번은 내가 어려서 〔이야기이〕다. 지금 생각이 난다. 내 셋째 형이 미성전[74]이다. 한국에 여름이면 큰 뱀이 많이 나온다. 봄철과 여름에 많고 가을과 겨울에는 땅속으로 들어가고 없다. 봄철에 산천에 꽃잎이 파릇파릇하게 나오면, 그때에는 터전이 있으면 집 뜰의 남세〔채소〕밭이라 하였고, 뒷정원이라 하였다. 그곳을 머슴이 하루 파서 두둑〔두둑의 방언〕을 만들어 주면 상추도 심고, 파도 심고, 우붕〔우엉의 경상도 방언〕도 심고, 배추도 심고, 무도 심어 봄에 조리개〔찌개 혹은 조림〕를 끓여 먹는다. 꽃도 심었다. 그렇게 심어 놓으면 삐죽삐죽 눈이 터져 땅에서 올라올 때 재미난다.

그래서 나의 셋째 형님 삼분이가 아침에 일찍 정원에 가서 보곤 하였다. 정원은 달〔뱀〕[75]이 들어가지 못하게 울타리로 막아 놓았다. 달이라 하는 짐

---

74 '미성전'의 의미를 확인하지 못하였으나 문맥상 미성년 혹은 아직 결혼하기 전의 일이란 의미로 이해된다.
75 경상도 사투리로 '달'은 닭을 의미한다. 하지만 여기서는 문맥상 뱀으로 이해해야 할 듯하다.

파는 고로 채소밧해 드러가면 안 된다. 그래서 울노 막앗다. 우리 형이 채소가 보노랏고 막은 울타리 우에 손을 은고 채소밧흘 보다가 자긔 손이 차오기에 손을 보니 큰 구리를 손으로 눌고 잇섯다. 그래서 엇더케 무섭고 놀내던지 말도 못 하고 손을 털면 틔여서 대문 박 거리로 씌여갓다. 나는 아모것도 모[70]러고 내 형의 듸를 쫏차 짜라가면 "와 그래 형" 하고 뭇고 짜라 갓서나 형이 너무 놀내서 말도 못 하고 나종에 말한다. 우리 머섬이 강서방이 다가서 보니 다라나고 업다. 우리 어리서 그와 갓치 배암을 실어햇다. 내가 에슈를 밋고 학교 단닐 쌔다. 그쌔는 에수 밋는 사름은 배암을 보면 잡아 죽인다.

　내가 크서 학교에 다니 일본이 한국을 합방한 후 데국쥬의를 필 쌔다 정치와 슌금들리 너무 양민들의게 악박을 하고 억지 자바다가 부역을 식히고 좀 잘못하면 고파칙소하고 발길노 찻다. 그리하무로 백성들이 더 말을 듯지 안이햇다. 일본이 너무 악박을 하무로 백성의 마음이 강박하게 되엿다. 로노무 되놈 애놈이 와서 우리의게 압제하고 강박하게 한다 하고 더 순종을 안이하고 매를 일슌사와 조선 슌사의게 만히 마잣다. 한 달에 한 번식 시내 청결을 하게 하고 집집마다 금사를 일슌사하여 청결 잘한 집은 [71]잘한 포를 주엇다. 잘못한 집은 발길노 차고 주인 남자를 불너서 거리하고 다시 청결하라고 포도 주지 안이하엿다. 대체 우리 리웃 사람이면 내 말하기로 집을 청결하면 당신도 죠고 위생에 죠코 매도 안마질 터인대 답답하여 물엇다. 그 아자씨가 대답하기를 "그놈들이 내 나라와서 내정간섭까지 하고 온갓 것설 다 하라 하니 미워서도 말을 듯지 안해요" 하고 대답하엿다.

　시내를 쌔긋게 하는 것은 법칙으로 할 일이다. 그러허나 우리나라이승은 어디든지 후벼 파는 고로 채소밭에 들어가면 안 된다. 그래서 울타리로 막았다. 우리 형이 막은 울타리 위에 손을 얹고 채소밭을 보고 있는데 손이 차가워 보니 큰 구렁이가 손을 누르고 있었다. 그래서 어찌나 무섭고 놀랐던지 말도 못 하고 손을 털고 대문 밖 거리로 뛰어나갔다. 나는 아무 것도 모르고 내 형의 뒤를 쫓아 따라가면서 "왜 그래? 형." 하고 묻고 따라갔으나 형은 너무 놀라 말도 못 하고 나중에서야 말했다. 우리 머슴인 강 서방이 가서 보니 [구렁이는] 달아나고 없었다. 우리는 어렸을 때 그처럼 뱀을 싫어하였다. 내가 예수를 믿고 학교에 다닐 때 예수 믿는 사람들은 뱀을 보면 잡아 죽였다.

내가 커서 학교에 다닐 때는 일본이 한국을 합방하고 제국주의를 펼 때다. 정치가들과 순경[경찰]들이 너무 양민을 압박하고 억지로 잡아다 부역을 시키고 조금만 잘못하여도 고파칙소[76]하고 발길로 찼다. 그리하니 백성들이 더 말을 듣지 않았다. 일본이 너무 압박하므로 백성들의 마음이 강박해졌다. 로서아놈, 되놈, 왜놈이 와서 우리를 압제하고 강박한다고 생각하여 더 순종하지 않으므로 일본 순사와 조선 순사들에게 매를 많이 맞았다. 한 달에 한 번씩 시내를 청결하게 하고, 일본 순사들이 집집마다 검사하여 청소를 잘한 집은 잘했다는 표를 주었다. 잘 못한 집은 발길로 차고 주인 남자를 불러 거리를 다시 청소하라 하고 표도 주지 않았다. 내가 답답하여 이웃 사람들에게 집을 청결히 하면 당신도 좋고 위생에도 좋고 매도 안 맞을 터인데 [왜 그러느냐고] 물었다. 그 아저씨들이 대답하기를 "그놈들이 내 나라에 와서 내정간섭까지 하고 온갖 것을 다 하라 하니 미워서도 말을 듣지 않아요."라고 대답하였다.

시내를 깨끗이 하는 것은 법으로 할 일이다. 그러나 우리나라가 발달되지

---

76 의미를 확인하지 못하였다.

속히 발달뒤지 못하여 정부에서 그러한 법칙이 업시 살아왓다. 위국나라 사람이 와서 모던 법칙으로 강박하게 하는 것만 미워하엿다. 그것을 일본 정부 순사를 잘못한다 말 못 하엿다. 내 생각에 청결해 노어 자기도 죠코 한대 고집을 해서 매를 맛고 잇내 하고 생각하엿다. 내가 학교에 다니고 에슈를 밋엇고 해서 좀 발달을 하고 보니 [72]일본은 일적이 샌 나라이다. 유롭과 아메리가를 통상하기에 영국 문명을 속히 바닷다고 생각햇다. 우리나라는 이조 오백 년을 문을 싹치고 정저와 모양으로 우리기리만 살고, 나라의 종노리만 하고 나라에서 백성의 인제도 양성치 안코 백성이 쌔면 자긔 권세를 탈지할가 하고 츙신이 나라를 위하여 죠헌 말 하며 역적이라 하고 죽이고, 정말 역적이 감언이설노 아참하며 츙신이라 하고, 벼살을 주고 하기에 나라가 망하여서 남의 나라에 속국이 되엿재다 할 수 업난 운명이다.

일본이 속박하고 우리 민족이 한업난 고통을 만히 하엿다. 나라에는 역적 츙신이 심하고 한 사회서난 너무 에절 심해서 인간이라 하는 세상은 모던 노아에 엉매여 자유가 업고, 내 일평생을 남의 세상에 응매여 사는 백성이 되엿다. 그래서 우리 청년들 사상이 만코 독쪽한 청년은 고통과 악박에 정신세약으로 다 죽는 것을 내가 보왓다. 그래서 자유를 차차 다런 나라로 간 것이다. 내가 하와이 드러오니 자통차는 폿드 자동차가 혹 하나식 잇다. 그리고 마차들이 각을 실고 단니고 쌩쌩이를 치는 전차가

[73]놀루로 이사를 영감 차저왓다. 와서 여관에 잇서면서 길찬록 씨 말이 김국경 씨라 하는 이가 와어파후 캠포파이에 도급을 맛하 가니 나를 보고 갓치 가서 일하자 함으로 그리로 식구를 다리고 간다 하기로. 내 말이 "위 와일루아로 가서 자리를 잡어라 하엿난대 가지 안코 그리햇소" 하니. 대답이 업시 안자기에 와이파후는 말 드러니 노럼하는 사름 술 만히 먹는 사람만 만히 산다는대 길찬록 씨 대답 업시 안자서 잇다. 여관에

못하여 정부에서 그러한 법칙을 제정하지 않고 살아왔다. 외국 사람이 와서 여러 가지 법칙으로 강박하는 것만 미워하였다. 〔그러나〕 그것을 일본 정부나 순사들이 잘못하는 것이라고 말하지는 못하였다. 나는 청결히 하면 자기도 좋고 한데 고집을 부려 매를 맞고 있다고 생각하였다. 내가 학교에 다니고 예수를 믿고 해서 좀 발달하고 보니 일본은 일찍이 깬 나라이다. 유럽과 아메리카와 통상하여 영국 문명을 속히 받았다고 생각했다. 우리나라는 이조 오백 년을 문을 닫고 정저와〔井底蛙, 우물 안의 개구리〕 모양으로 우리끼리만 살고, 나라의 종 노릇만 하고 나라에서 백성의 인재도 양성치 않고, 백성이 깨이면 자기들 권세를 탈취할까 〔두려워〕하고, 충신이 나라를 위하여 좋은 말을 하면 역적이라 하여 죽이고, 정말 역적이 감언이설로 아첨하면 충신이라 하고 벼슬을 주고 하였기에 나라가 망하여 남의 나라의 속국이 되었으니 할 수 없는 운명이다.

일본이 속박하고 우리 민족이 한없는 고통을 많이 겪었다. 나라에는 역적, 충신의 〔부침이〕 심하고, 사회에는 예절이 너무 심해 인간이라 하는 세상은 모두 노예〔와 같은 생활〕에 얽매어 자유가 없고 나의 일평생을 남의 세상에 얽매어 사는 백성이 되었다. 그래서 우리 청년들, 사상〔생각〕이 많고 똑똑한 청년들이 고통과 압박에 정신쇠약으로 다 죽는 것을 내가 보았다. 그래서 자유를 찾아 다른 나라로 간 것이다. 내가 하와이에 오니 포드 자동차가 하나씩 있었으며 마차들이 객〔손님〕을 싣고 다니고, 땡땡이를 치는 전차가 〔있었다.〕

놀루〔호놀룰루〕로 이사를 간 영감을 찾아왔다. 와서 여관에 있으면서 길찬록 씨 말이 김국경 씨라 하는 이가 와이파후〔Waipahu〕 캠프 파이브〔Camp 5〕에 도급을 맡아 가니 나보고 같이 가서 일하자 하여 그리로 식구들을 데리고 가겠다 하였다. 그래서 내가 "왜 〔전에〕 와이알루아로 가서 자리를 잡으라 하였는데 가지 않고 그리 했소?" 하니 대답하지 않고 앉았기에 와이파후는 말을 들으니 노름하는 사람, 술 많이 마시는 사람들만 많이 산다고 오래 잇설 수 업고 어대던지 가야 된다.

그래서 갓치 가서 침상을 정유맹 씨 가구 전방에 가서 매매해 가지고 캠포파이로 드러가서 캠포 쥬인집 방 한 간을 어더서 겻방사리를 석쌀노 곡상 일을 도아주고 하엿다. 그리허는 즁 그째에 미국서 태평양 바다 아시아 국방을 던던하게 위하여 태평양 갓가운 하와이섬 미국 영지를 긋건이 할 작정으로 오하우 와히아와라 하는 대가 영지가 너러고 공긔가 죠험으로 군대 휴영식히난 대 적당하다 해서 그 영지다가 병참을 설시하게 되엿다. 그 근처 영지난 파이에풀 소산지 되고 파이에풀 [74]씨비시 파인에풀 긔게창이 시작되엿더라. 그래서 병참소 영지난 수고필이고 캐시나랏고 일홈 불넛다. 그리하고 일군을 만히 요고한대 한국 사람들이 일을 만히 하엿다.

병참소도 양복점과 쌜내하는 세탁소가 다 한인이 맛하 하고 씨비씨 파인애풀 긔게창에도 한인이 만히 일햇다. 그래서 한국 아해들이 만히 잇섯다. 그래서 하로난 부모들이 모혀 토론 결과로 한국 글을 아해들노 가라치야 된다는 문제가 나서 그기 멋 두령자들이 의론하고 나를 한국 글 가라치는 선생을 고빙하기로 작정되여 내게 사름이 와서 문넌다. 그래서 하더라 하니 길찬록 씨는 대답 없이 앉아 있었다. 여관에 오래 있을 수 없고 어디든지 가야 하였다.

그래서 같이 가서 정유맹 씨 가구 전방에 가서 침상을 매매해 가지고 캠프 파이브로 들어가서 캠프 주인집에 방 한 칸을 얻어서 석 달 동안 곡상(식당)일을 도와주며 곁방살이를 하였다. 그리하는 중에 미국에서 태평양 바다 아시아 국방을 튼튼히 하기 위해 태평양에 가까운 하와이섬 미국 영지를 굳건히 할 작정으로 오아후 와히아와(Wahiawa)라는 데가 영지가 넓고 공기가 좋아 군대를 훈련시키는 데 적당하다 하여 그 영지에다 병참을 설치하게 되었다. 그 근처의 영지는 파인애플 산지로 시비 파인애플(CB Pineapple)의 기계창(공장)이 시작된 곳이더라. 그리하여 병참소 영지는 스코필드(Schofield)이고, 캐스트너(Castner)라고 불렀다.[77] 그리고 일꾼을 많이 요구하였으므로 한국 사람들이 많이 일하였다.

병참소에서도 양복점과 빨래하는 세탁소를 다 한인이 맡아 하고 시비 파인애플 공장에서도 한인이 많이 일했다. 그래서 한국 아이들이 많이 있었다. 하루는 부모들이 모여 토론한 결과 한글을 아이들에게 가르쳐야 한다는 문제가 나와 몇몇 지도자들이 의논해 나를 한글 가르치는 선생님으로 고빙(雇聘, 예의를 갖추어 모셔옴)하기로 결정되어 내게 사람이 와서 [의사

---

77 하와이가 1898년 미국에 병합된 이후 1908년 왕국의 영지에 건설된 스코필드 병영 육군 기지Schofield Barrak Army Base를 말한다. 그 지역은 당시 건설 담당관이던 캐스트너Captain Joseph C. Castner의 이름을 따서 '캐스트너 마을Castner Village'이라 일컬어졌다고 한다 (http://www.garrison.hawaii.army.mil/tlm/files/history.pdf). 하와이주 오아후섬의 와히아와 구Wahiawa District에 있고, 와히아와 타운들과 인접해 있다. 기지의 이름은 진주만에 해군 기지를 건설하자고 건의한 존 매캘리스터 스코필드John McAllister Schofield 중장의 이름을 딴 것이다. 진주만과 오아후섬을 방어하기 위한 미 육군의 기동 방어를 위해 1908년에 건설되었고, 미 육군 25 보병사단이 주둔해 있다. 그 안에 미 육군 태평양 함대 사령부인 포트 섀퍼터 Fort Shafter가 있다(http://www.military.com/base-guide/schofield-barracksfort-shafter). 천연희는 스코필드를 수고빌, 슈고빌, 수고필 등으로 표기하고, 캐스트너는 캐시나, 캐시너 등으로 표기하였다.

살기가 어려우니 하겟다고 허락하고 아해들을 다리고 와히아와 갓다. 긔독교 에배당에 큰 방이 잇고 적은 방이 잇난대, 큰 방은 김부인이 세를 주고 잇고 적은 방을 나를 주니 아해들과 살기가 적지마는 할 슈 업시 잇섯다.

한 쥬일에 엿새식 닷세는 석 점 반에서 다섯 시까지고 반 쥬일은 여들 점 반에서 오후 두 시까지 가라첫다. 그래서 아해들이 국문은 깨웃첫다. 그리 [75]하고 나는 김 부인이 병정복을 틸나 가셔 흐고 나를 배아 주머로 매일 한두 가지식 하엿다. 그째 돈은 바지는 한 가지 하면 일 원이요 고투난 한 가지에 이 원이다. 에배당 뒤 적은 방에서 아해들 고생을 식히고 근근이 사라간다. 길찬록 씨는 와이아후 그양 잇섯다. 와히아와 자긔 할 일이 업다. 각기 써러저 한 일이 년 살앗다.

그라자 김 부인이 미국을 가게 되엿다. 이 김 부인 남편 성명은 김성진 씨인대 이들은 이민에 부모 짤아 어려서 드러왓다 한다. 그래서 부모 형데가 미국 가서 살고 자긔 남편도 미국에 잇다. 그째는 미국 가기가 대단이 어려웟다. 이민 쇼래가 음한 까닥이다. 그래서 기대리는 중이다. 하로난 김 부인 말삼하기를 내가 미국을 가게 되엿다고 이약이를 한다. 자긔는 깃버지마는 나는 참 섭섭햇다. 친형갓치 내게 고맙게 하엿난대 그이가 가면 나는 엇지 사나 하고 걱정하엿다. 그째 마참 길찬록 씨가 와이쌔우 일이 업다 흐고 와다와히아와 자긔

[76]아해도 츙실하고 그 어머니의 깃번 성격을 타고난다 이 모던 것을

를) 물었다. 나는 살기가 어려우니 하겠다고 허락하고 아이들을 데리고 와 히아와로 갔다. 기독교 예배당에 큰 방이 있고 작은 방이 있는데, 큰 방은 김 부인이 세를 주고 작은 방을 나를 주니, 아이들과 살기가 비좁지마는 할 수 없이 있었다.

일주일에 엿새씩, 닷새는 석 점(3시) 반에서 다섯 시까지, 반주일(토요일)에는 여덟 점(8시) 반에서 오후 2시까지 가르쳤다. 그렇게 아이들이 국문을 깨우쳤다. 그리하고 나는 김 부인이 병정복(만드는 일)을 퇼나(tailor, 테일러)[78]로 나가 하며 나에게도 가르쳐 주어 매일 한두 가지씩 하였다. 그때 돈으로 바지는 한 가지 하면 1원(달러)이요, 코트는 한 가지에 2원이다. (그렇게 해서) 예배당 뒤의 작은 방에서 아이들을 고생시키며 근근이 살아갔다. 길찬록 씨는 와이파후에 그냥 있었다. 와히아와에는 자기 할 일이 없기 때문이다. 각기 떨어져 한 1~2년 살았다.

그러던 중에 김 부인이 미국을(미국 본토를) 가게 되었다. 김 부인 남편의 성명은 김성진 씨인데 이들은 이민 오는 부모를 따라 어려서 들어왔다 한다. 그래서 부모 형제가 미국에 가서 살고 자기(김 부인의) 남편도 미국에 있다. 그때는 미국 가기가 대단히 어려웠다. 이민 서류가 엄격한 까닭이다. 그래서 기다리는 중이었다. 하루는 김 부인이 말씀하시기를 내가 미국에 가게 되었다고 이야기하였다. 자기는 기뻤지마는 나는 참 섭섭했다. 친형 같이 내게 고맙게 해 주었는데 그이가 가면 나는 어찌 사나 하고 걱정하였다. 그때 마침 길찬록 씨가 와이파후에 일이 없다며 와히아와에도 자기 (뒤의 [77]쪽으로 이어짐)

아이도 충실(건강)하고 그 어머니의 기쁜(밝은) 성격을 타고난다. 이 모

---

78 천연희는 당시 하와이 한인들이 많이 종사한 옷 만들어 파는 일을 하는 사람 혹은 그런 일을 하는 점포를 가리킬 때 재단사 혹은 양복장이를 의미하는 테일러tailor를 발음 나는 대로 퇼나, 틸나, 틸나 등으로 다양하게 표기하였다. 이하 모두 테일러로 통일하여 표기한다.

미간심에 위국을 사진혼인해간 것이다. 인생의 고락은 텬디우쥬 밋해는 다 잇는 것이다. 우리가 하나님 압헤 죄인어로 저쥬를 밧은 까닥에 그래서 어대를 가던지 애락과 고통 잇는 것이다. 내가 처음 드러와서 미국남자 녀자를 전차 자리 주는 것을 보고 앙모했다.

세상이 다 박기는 까달에 이차 전장 후 미국 에절이 박기고 만다. 그래서 내가 참 섭이 생각한다. 죠헌 에절 부모가 하던 에절은 자손이 좀 직히야 한다. 남녀동등이라 하는대서 녀자사랑을 만히 일는 것 갓. 좀 그되 안이할 것은 안이하며 죠혼 쯧한 이상이 잇다. 녀자는 녀자요 남자는 남자 그것 잇지 안해 되는대 대놋코 동등을 차지면 남자가 녀자 사랑하는 침이를 일코 만다. 녀성은 언제던지 녀성인 것 일지 마자. 그래서 전차 되도 지금 일어서 주지 안코 녀자를 사랑으로 보호하는 에절이 업서지고 나가 사랑하고 앙모하던 것 업서젓다. 지금 지금은 전차를 타면 남녀학생이나 누구던지 서로 먼첨 드러갈 양으로 써밀고 드러간다. 물론 지금 사람도 좀 만해겟지마는

[77]일할 것이 업다. 그래서 내 말이 파이애풀 농장에 가서 일을 차저 보라 하엿다. 그래셔 게모서 농장에 가서 일을 찻젓고 집을 어디서 자기가 잇섯다. 이 순간에 내가 생각을 만히 한다. 내가 마위서 부탁히기를 와일루아 농장에 가서 자리를 정하라고 간곡히 일넛다. 항구에 술장이 아자씨의게 팔녀서 자식이고 처자의 간곡히 일너 주는 말도 다 걸너 먹고 말앗서니 엇지 내 한평생과 자식 장래를 엇지하나 하고 생각 만히 한다. 내 몸이 엇지 되던지 자식을 가라처 노야 하는 일인대 저 영감 대리고 엇지하나 하고 생각 만히 하엿다.

든 것에 무관심해〔잘 몰라서〕 외국에 사진혼인을 해 간 것이다. 인생의 고락은 천지우주 밑에는 어디나 있다. 우리가 하나님 앞에 죄인으로 저주받은 까닭에 어디를 가든지 〔희로〕애락과 고통이 있는 것이다. 내가 처음 들어와서 미국 남자가 여자에게 전차에서 자리를 〔양보해〕 주는 것을 보고 앙모했다〔우러러보았다〕.

　세상이 다 바뀌는 까닭에 이차 전쟁〔제2차 세계대전〕 후 미국 예절도 바뀌고 말았다. 그래서 내가 참 서운하게 생각한다. 좋은 예절, 부모가 하던 예절은 자손들이 좀 지켜야 한다. 남녀동등이라 하여 여자 사랑을 많이 잃는 것 같다. 그래도 아니할 것은 아니하며 좋은 뜻이 있는 이상이 있다. 여자는 여자요, 남자는 남자라는 점을 잊지 말아야 하는데 대놓고 동등을 찾으면 남자가 여자 사랑하는 취미를 잃고 만다. 여성은 언제든지 여성임을 잊지 말자. 지금은 전차를 타도 〔남자들이〕 일어서 주지 않고 여자를 사랑으로 보호하는 예절이 없어져 내가 사랑하고 우러러보던 것이 없어졌다. 지금은 전차를 타면 남녀 학생이든 누구든 서로 먼저 들어가려고 떠밀고 들어간다. 물론 지금은 사람이 〔전보다〕 좀 더 많겠지만 〔뒤의 [81]쪽으로 이어짐〕

〔[75]쪽에서 이어짐〕 일할 것이 없다 〔한다〕. 그래서 내가 파인애플 농장에 가서 일을 찾아보라고 했다. 그래서 케모[79]의 농장에 가서 일을 찾았고 집을 얻어 〔그곳에〕 있었다. 그때 내가 생각을 많이 했다. 내가 마우이에서 〔남편에게〕 부탁하기를 와이알루아 농장에 가서 자리를 정하라고 간곡히 일렀다. 〔그렇지만〕 항구에서 술주정뱅이 아저씨들에게 〔정신이〕 팔려서 자식이고 처자의 간곡히 일러 주는 말도 다 걸러먹고〔잊어버리고〕 말았으니 내 한평생과 자식 장래를 어찌하나 하고 생각을 많이 했다. 내 몸이야 어찌 되든지 자식들을 가르쳐 놓아야 하는 일인데 저 영감 데리고 어찌하나 하고

---

79　와히아와에 있던 케모Kemoʻo 파인애플 농장을 말한다.

한국 녀자 해방이 업난 나라로 우리 어머니는 나를 학교에 보내고 에수를 밋게 하엿난대 나는 이 조헌 나라에 와서 자녀를 가라치지 못하면 부모의 직책을 못한 내가 될 슈 업다는 것을 생각하여서 고민하다 김 부인이 하로난 둘이 바너질하는 대 하는 말이 참 너를 [78]생각하니 답답하다. 아해들 다 어리고 너 혼자 바너질 조곰 하여가지고는 못살 형편이고 영감 저도 감당 못 하니 참달한 일이야 내가 보기 싹하다 ᄒ고 말흔다. 내가 우슴에말노 "나도 미국이나 갓서면 하는 생각이 던다" 하고 우섯다. 그래서 안만 해도 저 영하고 못 살갓소. 아해들을 키우야 되니 내가 엇지 혼자서 키울 수 잇소. 영감은 불상하지마는 할 수 업소 하고 강격히 내가 말햇다.

내가 말하기를 이 나라 정부에 구제를 밧어며 아해들이 아모리 재조가 잇서 공부를 잘해도 칠 반까지 식히고 일을 하게 한다 하니 나는 그리는 할 수 업소. 어미가 되여 자식 장래가 업는 일은 내 몸이 죽어도 못 하겟다고 말했다. 그쌔 미국 월페아 구제법이 그리햇다. 칠 반 공부하고 일해서 부모를 도아쥬엿다. 그래서 그것을 보고 나는 절대로 구제밧지 안코 우리 아해들을 키우다가 저히들 재주 잇서 공부를 대학가지 식힐 수 잇게 식힐 작정이다. 무선 형편이 되던지 공부할 수 잇서면 식힐 작정으로 햇다. 그리해[79]기로 내가 작정ᄒ엿다. 우리나라가 백성이 보통교육이 업서 노야 백성이 되엿난대 위국에 파서 자식 공부를 못 식인다며 무선 부모의 직책이 안이라 생각하고 공부식이기로 내 마음으로 작정ᄒ엿다. 맛참 김 부인이 왓다. 그래셔 김 부인보고 리약이를 하엿다.

나도 미국을 갓서면 죠켓다 하니 미국은 이민쥬의가 대단 심하여 잘못 드러간다 하고, 그전에 멋 녀자가 하와이서 드러갓난대 그 녀자들 남자 될 사람이 나와서 혼인을 하여 가지고 드러갓다고 이약이를 핫다. 김 많이 생각하였다.

한국은 여성이 해방되지 못한 나라로 우리 어머니는 나를 학교에 보내고 예수를 믿게 하였는데 나는 이 좋은 나라에 와서 자녀를 가르치지 못하여 부모의 직책을 다하지 못하는 사람이 될 수 없다고 생각하여 고민했다. 하루는 김 부인과 둘이서 바느질하는데 〔김 부인이〕 하는 말이 "참 너를 생각하면 답답하다. 아이들이 다 어리고 너 혼자 바느질 조금 해 가지고는 못살 형편이고 영감은 저 자신도 감당하지 못하니 참 딱한 일이야, 내가 보기에 딱하다." 하고 말했다. 내가 우스갯말로 "나도 미국이나 갔으면 하는 생각이 든다." 하고 웃었다. 그리고 "암만 해도 저 영감하고는 못 살겠소, 아이들을 키워야 하는데 내가 어찌 혼자 키울 수 있소? 영감은 불쌍하지만 할 수 없소." 하고 강력히 말했다.

내가 말하기를 "이 나라 정부에서 구제를 받으면 아이들이 아무리 재주가 있어 공부를 잘해도 7학년까지 시키고 일하게 한다 하니 나는 그리할 수 없소. 어미가 되어 자식 장래가 없는 일은 죽어도 못 하겠다."고 말했다. 그때 미국의 웰페어〔welfare, 복지〕 구제법이 그랬다. 7학년까지 공부한 후 일해서 부모를 도와야 했다. 그래서 그것을 보고 나는 절대로 구제받지 않고 우리 아이들을 키우다가 저희들이 재주가 있으면 대학까지 공부시킬 작정이었다. 무슨 형편이 되든지 공부할 수 있으면 시킬 작정이었다. 그리하기로 내가 작정하였다. 우리나라 백성이 보통교육이 없어 노예 백성이 되었는데 외국에까지 와서 자식 공부를 못 시킨다면 무엇보다 부모의 직책이 아니라 생각하고 공부시키기로 내 마음먹었다. 〔그때〕 마침 김 부인이 왔다. 그래서 김 부인보고 이야기하였다.

나도 미국에 갔으면 좋겠다 하니 〔김 부인이〕 미국은 이민주의가 대단히 심하여 들어가기 어렵다 하면서 그전에 몇몇 여자가 하와이에서 들어갔는데 그 여자들 남편 될 사람들이 나와서 혼인한 후에 들어갔다고 이야기했다. 김

부인 말이 참 젓태서 보니 너 형편이 어렵게 되엿다. 아해들은 어리고 영감님은 사역 살 못 하니 너 혼자서 엇지 아해들을 키울 슈 업고 답답한 일이라고 한다. 내 말이 여긔서 이혼하고 살기 실허니 미국으로 가기를 원하니 당신이 가서 좀 쥬선해 보시오. 이것도 죠헌 일이요. 길찬록 씨가 식구를 근사 못 하니 할 수 업소. 아해들이나 잘 키워야 되겟소. 자긔 혼차 구제밧으면 죠치 안소 하고, 미국 가서 잘 살피보고 바련 대로 말해서 원하면 내가 가겟소 하고 약속을 하고 미국 가기로 하엿다.

김 부인은 미국으로 쩌낫다. 내가 이혼을 하기로 작정하고 노야의 법률사의게 문이하니 돈이 칠십오元이 잇서야 된다 하니 돈 칠십오元이 업다. 그래서 생각다 못하여 마위 하수일 씨 부인 그 형님의게 편지하엿다. 형님이 답장하기를 네가 마위 다녀가라 ᄒ면서 선비 보내엿다. 그래스 아해 [80]둘 순애 은쥬 큰아해는 게모 파이애풀 농장 길찬록 씨 저긔 아마 저 집에 잠 갓치 잇어라 하고, 나는 마위 하 형님 집 단녀로 간다 하엿다. 이 하수일 씨 부인은 진쥬촌에서 사다가 살기가 어려워 우리 집을 차차와 하와이 동생의게 편지하여 영감을 하나 구하여 하와이로 가게 해달나고 애걸복걸하엿다. 자긔 아해가 둘이 잇고 가부가 되여서 살 슈가 업섯나히 삼십오 세이다. 우리 집에서 그 사년으로 편지가 왓다.

내가 답장하기를 내가 하와이 속아 왓서무로 누구던 이런 소개는 안이하게 작정이지마는 그 부인은 나도 만코 풍상을 격고 아해들하고 먹살기 원하여 올나 하니 그런 이는 이곳이 죠헌 곳이 사쳘 긔후가 온화하니 춥고 배곱헌 세상은 업서니 내가 차차 본다 하엿다. 맛참 하숙일이라 하는 영감 잇서 노동을 근실이 해서 돈 모이 집 잇다 ᄒ다. 그래셔 그 영감보고 이약이를 하엿더니 죠타 하고 다려올 쥬선 하여 그 부인이 하와이

제2부_ 친연희 노트의 원문과 역주본

부인이 말하기를, 참 곁에서 보니 네 형편이 어렵다. 아이들은 어리고 영감님은 사역을 잘 못 하니 너 혼자서 아이들을 키울 수 없고 답답한 일이라 하였다. 내가 말하기를, "여기서 이혼하고 살기 싫으니 미국 가기를 원하니 당신이 가서 좀 주선해 보시오. 이것도 좋은 일이요. 길찬록 씨가 식구들을 건사하지 못하니 할 수 없소. 아이들이나 잘 키워야 되겠소. 〔길찬록 씨도 이혼하고〕 자기 혼자 구제받으면 좋지 않소." 하고, "미국에 가서 잘 살펴보고 바른 대로 말해서〔정확한 소식을 전해 주어〕 원하면 내가 가겠소." 하고 약속하고 미국에 가기로 하였다.

〔그런 후에〕 김 부인은 미국으로 떠났다. 내가 이혼하기로 작정하고 로이어〔lawyer〕 법률사에게 문의하니 돈이 75원이 있어야 된다 하는데 그 돈이 없었다. 그래서 생각다 못해 마우이의 하수일 씨의 부인인 형님에게 편지하였다. 형님이 답장하기를, 네가 마우이에 다녀가라며 선비〔뱃삯〕를 보내왔다. 그래서 아이 둘, 순애와 은주는 케모 파인애플 농장의 길찬록 씨, 제 아버지 집에 잠깐 같이 있으라 하고, 나는 마우이의 하씨 형님 집에 다니러 간다 하였다. 하수일 씨 부인은 진주 〔부근의〕 촌에서 살던 이로, 살기가 어려워 우리 집을 찾아와 하와이 동생에게 편지하여 영감을 하나 구해 〔자신을〕 하와이로 가게 해 달라고 애걸복걸하였던 사람이다. 자기 아이가 둘이 있고 과부가 되어 살 수가 없었으며 나이가 35세였다. 우리 집에서 그런 사연으로 〔내게〕 편지가 왔다.

내가 답장하기를 내가 하와이로 속아서 왔으므로 누구든 이런 소개는 안 할 작정이지만 그 부인은 나이도 많고 풍상을 겪었으며, 아이들하고 먹고살기를 원하여 오려고 하니 그런 이에게는 이곳이 좋은 곳〔일 것〕이다. 사철 기후가 온화하여 춥고 배고픈 세상은 없으니 내가 차차 살펴보겠다고 하였다. 마침 하수일이라 하는 영감이 노동을 건실히 해서 돈을 모으고 집도 있다 하였다. 그래서 그 영감에게 이야기하였더니 좋다 하여 데려

로 드러와다. 올 째 어머씌 형님씌서 그이를 보고 부탁하기를 당신 하와
기면 천년히 친동생가치 사랑하고

[81]에절을 중히 녀기지 안는다 그즁에 죠헌 학교 종교 교육 밧는 학교
학생들 좀 낫더라. 내가 처음 와서 생각할 째도 양사름 너무 씰째업난 에
절은 직히면 이러나서 녀자 자리 싯 주는 것은 배우지 못하나 생각하엿
더니 이차 전장 후 미국 남자들이 동양에 가서 동양 남자가 녀자나 늙은
노인을 자리 쥬지 안이하는 것을 배운 것 갓더라. 이것은 내 말이다.(아
이위시) 녯날버터 부모가 하는 에절은 잇지 말고 행하는 것이 좃타. 나
는 경상남도 녀자로 사투리가 잇다. 그럿치마는 이 글에 말은 내 마음
에서 하고 십헌 말을 씨는 것이고 내가 사진혼인에 드러간 가짝에 다 본
것이다.
　[82]어려운 일이 잇서며나 어머니가 내가 젓태서 돌바쥬는 갓치하시
요. 하와이 올째가지 우리 집에 잇섯다. 그래서 그 부인이 내게 형님갓치
하엿다. 내가 아해 놋던지 몸이 편치 안어며 자긔 집애 다려다 놋고 쥐로
식혀 쥬엇다. 그래서 나는 오하후섬 나왓지마는 자긔는 아직 마위에 살
기에 내가 매리를 다리고 그 형님의게 의론하로 갓다.

그래서 그 형님이 가할루에 잇는 법률사를 가보니 마위 잇고 이혼한
다 함으로 형님이 말하기를 호놀루 잇는 아해들 가서 다려오라 하신다.
그째 발셔 마위 간 지가 한 달이 되여 간다. 그래서 선비를 주시기에 가지
고 호놀루로 아해 다리고 갈 작정하고 나왓다. 그째에 마위로 오라 하고
기대리는 사름이 만히 잇서 강한쥰 씨 부인 최푸러던 씨도 갓다 오라 하
고 최요섭 씨도 갓다 아해들 다리고 오라 하엿다.

오도록 주선하여 그 부인이 하와이로 들어왔다. 올 때 〔나의〕 어머니와 형님께서 그이보고 부탁하기를 당신이 하와이에 가면 천연희를 친동생처럼 사랑하고 〔뒤의 [82]쪽으로 이어짐〕

〔[76]쪽에서 이어짐〕 예절을 중히 여기지 않는다. 〔그래도〕 그중에 좋은 학교, 종교 교육을 받는 학교의 학생들은 좀 낫더라. 내가 처음 와서 생각할 때 동양 사람들은 쓸데없는 예절은 많이 지키면서 일어나 여자에게 자리를 내주는 것은 배우지 못하였나 했는데, 이차 전쟁 후에는 미국 남자들이 동양에 가서 동양 남자들이 여자나 늙은 노인에게 자리를 내주지 않는 것을 배운 것 같더라. 이것은 내 말이다. (아이 위시〔I wish〕) 옛날부터 부모가 하는 예절은 잊지 말고 행하는 것이 좋다. 나는 경상남도 여자로 사투리가 있다. 그렇지만 이 글에 〔쓰는〕 말은 내 마음에서 하고 싶은 말을 쓰는 것이고 내가 사진혼인으로 〔하와이에〕 들어간 까닭에 다 본 것이다.

〔[80]쪽에서 이어짐〕 어려운 일이 있으면 어머니인 내가 곁에서 돌보아 주는 것같이 하시오〔라 말하고〕 하와이에 올 때까지 우리 집에 묵게 해 주었다. 〔그런 사연으로〕 그 부인이 내게 형님같이 대했다. 내가 아이를 낳거나 몸이 편치 않으면 자기 집에 데려다 놓고 취로시켜 주었다〔묵도록 해 주었다〕. 그래서 나는 오아후섬으로 나왔지만 그는 아직 마우이에 살기에 내가 메리를 데리고 그 형님에게 의논하러 갔다.

그래서 그 형님이 카할루우〔Kahalu'u〕에 있는 법률사에게 가서 물어보니 마우이에 있으면서 이혼하려면 형님이 말하기를 호놀룰루에 있는 아이들을 가서 데려오라 하신다. 그때 벌써 마우이로 간 지 한 달이 되어 갈 때였다. 그래서 선비를 주시기에 가지고 호놀룰루로 아이들을 데리고 갈 작정을 하고 나왔다. 그때에 마우이로 오라 하고 기다리는 사람이 많았는데 강한준 씨 부인 최프루덴스 씨도 갔다 오라 하고 최요셉 씨도 가서 아이들을 데리고 오라 하였다.

최푸러던 이모님과 어머니 내가 아저무니라 부러시던 친절한 집안 잇고 할문이까지 게시다. 그래서 내가 마위서 호하우섬에 아해들 다리로 와서 게모 농장을 더러가 집에 가니 집이 다 비고 아모도 업서서 리웃 사름들의게 무러니 몃칠 전에 와히아와로 이사 갓다 한다. 그래서 와히아와로 차차 가서 길찬록 씨를 차지니 차이 [83]시 안경전방 우칭에 방 한 간을 가지고 잇다. 게모서 일을 못하니 가라 한 모양이다. 와인을 마시면 그 잇헌날 일어나지 못하여 일을 못 간다. 그래서 내가 아해들을 보니 불상해서 곳 반찬 사서 해 먹이고 옷서도 쌀이 입히 선비 가지고 온 돈을 위선 먹고살앗다.

자긔는 안경 우칭에 아지씨들이 영문 수도 놋는 대 굴 파는 일을 해서 돈을 만히 버리니 고기와 술을 잘 먹이니 자긔난 그긔 가서 술과 밥을 자도 어더먹고 일은 못 한다. 굴 쌔는 일이 위대하고 힘이 드니 늙은이는 안 준다. 안경집이 전방 우칭이라 긴 장재로 별 사람 다 잇는 곳이다. 나는 아해들하고 잇게 불평 잇서도 조곰 잇다. 마위로 드러갈 작정을 하고 그 동안 아해 옷도 하고 모던 것 정니해 가지고 드러갈 작정이다. 슌간에 선비 조금 가지고 온 것 다 업서젓다. 그래서 하슈일씌 형님쎄 형편에 안 씰 수 업 선비 가지고 온 돈이 업서젓서니 선비를 쏘 보내 주시라고 염치

최프루덴스 씨의 이모님과 어머니는 내가 아주머니라 부르던 친절한 집안〔사람〕이고 할머니까지 계셨다. 그래서 내가 마우이에서 오아후섬으로 아이들을 데리러 가서 케모 농장으로 들어가 집에 가니 집이 다 비고 아무도 없어서 이웃 사람들에게 물으니 며칠 전에 와히아와로 이사 갔다 한다. 그래서 와히아와로 찾아가서 길찬록 씨를 찾으니 차이시 안경전방[80] 위층에 방 한 칸을 가지고 있었다. 케모에서 일을 못하니 나가라 한 모양이었다. 와인을 마시면 그 이튿날은 일어나지 못하여 일을 못 가기 때문이다. 그래서 내가 아이들을 보니 불쌍해서 곧 반찬을 사서 〔밥을〕 해 먹이고, 옷도 빨아 입히고 선비로 받아 가지고 온 돈으로 우선 먹고살았다.

〔길찬록 씨는〕 안경〔전방〕 위층의 아저씨들이 영문〔營門, 병영 또는 군영〕 안에 수도 놓는 데 가서 굴〔도랑ditch〕 파는 일을 해서 돈을 많이 벌어 고기와 술을 잘 먹이니 자기는 거기 가서 술과 밥을 잘도 얻어먹고 〔있었지만〕 일은 하지 못했다. 굴 파는 일이 위태롭고 힘이 드니 늙은이에게는 안 주었다. 안경집이 전방 위층이라 긴 장채[81]로 별 사람들이 다 있는 곳이었다. 나는 아이들하고 있기 불편했지만 조금 있다 마우이로 들어갈 작정을 하고 그동안 아이들 옷과 모든 것을 정리해 가지고 들어갈 작정이었다. 그러는 동안 선비로 조금 가지고 온 돈이 다 없어졌다. 그래서 하수일 씨 형님께 형

---

80 천연희 노트에는 "안경전방"으로, 구술 테이프에는 '행잉캠프hanging camp'로(「천연희 구술 테이프 녹취록」 Tape 15), 「천연희 구술 테이프 요약」(119쪽, 123쪽)에는 'Ang-ing Camp'로 기록되어 있으며 모두 같은 대상을 의미하는 것으로 보인다. 행잉 캠프란 시내에 있던 basket house를 가리키는 말로(「천연희 구술 테이프 녹취록」 Tape 15, 3쪽), 방을 하나씩 개인에게 빌려 주고 욕실 및 화장실을 공동으로 사용하게 한 저소득층을 위한 공공 주거시설이다. 「천연희 구술 테이프 요약」, 130쪽에는 'Ang-ing' tenement house로 기재되어 있다. Tenement house 란 도시 빈민지역의 공동 다세대 주택을 의미한다. '차이시 안경전방'에서 차이시가 무엇인지는 확인하지 못하였다.
81 방들이 다닥다닥 붙어 있는 저소득 노동자들의 거처를 말하는 것으로 보인다. '장채'란 일본 노동자들이 거주하던 나가야長屋와 같은 의미인 듯하다.

업난 편지를 하엿다.

형님도 그런 줄고 조곰 잇서면 농장 월급이 되니 그째 보내 주마 하고 기대리라 하여 돈 오기로 기대리난 슌간에 하로난 쌀 반 부대 간장 적언 통 하고 가지고 왓다. 그래서 내가 이상하여 엇던 슐장이 아자씨가 어더 주엇나고 마음이 불편햇다. 나는 청년이 영감이 나이 만코 일을 못 하니 살기 어려운 줄 [84: 빈 면][85]알고 별 골불견드러 시험을 주는 일도 만히 당햇다. 그럿치마는 사랑에난 망한 사람 그리 이시로 할 슈 업다. 그래서 한 몃칠 잇다가 엇던 절문이를 다리고 와서 소개를 식히고 말하기로 이 사름이 쌀고 장을 어더 주엇다 하기에 내 가슴이 나려안는 것갓치 두두 하엿다.

나는 좀 청년이나 내가 모러는 사람이다. 그리고 내 갈 길을 다런 곳으로 목적하고 에비하는 즁이라 다런 생각 하나 업다. 내 속으로 쌀은 어더 주고 간장은 주엇지마는 내 속으로 길찬록 씨 욕햇다. 머이리 업난 두상 햇다. 그러허자 수코필에 될나 하는 사람 김명식 씨가 새 병정이 만히 와서 옷을 오다하기에 바지 할 것이 만허니 바지 하는 사름을 구한다 홈으로 가서 바지 할 것을 집에 가지고 와셔 할 양으로 가질너 갓다. 그째에 일긔가 죠치 못하여 간지가 좀 잇고 몸이 압핫다. 그래도 마위 돈이 오면 갈 작정으로 생각하고 일을 매일갓치 한다.

하로난 집에 오니 마위서 편지 온 편지를 길찬록 씨가 씌여 보앗다. 해나 돈이 온 줄 알고 씌여 보앗서나 돈은 업고 노아가 엇지 한다는 편지라

편에 안 쓸 수 없어 선비로 가져온 돈이 없어졌으니 선비를 또 보내주시라고 염치없는 편지를 하였다.

형님도 그런 줄 알고 조금 있으면 농장 월급 때가 되니 그때 보내 주마 하고 기다리라 하여 돈 오기를 기다리는 중에 하루는 〔길찬록 씨가〕 쌀 반 부대, 간장 작은 통 하나를 가져왔다. 내가 이상하여 어떤 술주정꾼 아저씨가 얻어 주었냐 하며 마음이 불편했다. 나는 청년인데〔젊은데〕 영감이 나이 많고 일을 못 하니 살기 어려운 줄 알고 별 꼴불견으로 젊은이들이 시험 주는〔치근대는〕 일도 많이 당했다. 그렇지만 〔나처럼〕 사랑에 망한 사람이 그렇게 의지로 할 수 없었다.[82] 한 며칠 있다 〔길찬록 씨가〕 어떤 젊은이를 데리고 와서 소개하며 말하기를 이 사람이 쌀과 간장을 얻어 주었다 하기에 내 가슴이 내려앉는 것같이 두근두근하였다.

나이는 좀 〔젊은〕 청년이나 〔그는〕 내가 모르는 사람이었다. 그리고 내가 갈 길을 다른 곳으로 목적하고 예비하는 중이라 다른 생각은 하나도 없었다. 비록 쌀을 얻어 주고 간장을 주었지만 나는 속으로 길찬록 씨를 욕했다. 머리 나쁜 두상〔늙은이〕[83]이라 했다. 그때 스코필드 영문에서 테일러 하는 김명식 씨가 새 병정이 많이 와서 옷을 오더〔order, 주문〕하기에 바지 할 것이 많으니 바지 만드는 사람을 구한다 하므로 가서 바지 할 것을 집에 가지고 와서 할 양으로 가지러 갔다. 그런데 그때 일기〔日氣〕가 좋지 못하여 감기 기운이 좀 있고 몸이 아팠다. 그래도 마우이에서 돈이 오면 갈 작정으로 생각하고 일을 매일같이 하였다.

하루는 집에 오니 마우이에서 온 편지를 길찬록 씨가 뜯어보았다. 행여나 돈이 온 줄 알고 뜯어보았으나 돈은 없고 로이어〔lawyer, 변호사〕가 어

---

82 후에 천연희가 길찬록과 이혼하고 이때 쌀과 간장을 주고 또 어려울 때 계속 도움을 준 박대성과 재혼하게 된 사정을 의미하는 구절이다. 젊은 사람에게 마음이 흔들렸다는 뜻인 듯하다.
83 '두상'이란 평안도, 함경도의 방언으로, 중년이 지난 나이 많은 늙은이를 말한다.

그래서 길 씨[86]가 분이 낫다. 하수일 씨 부인이 무식하여 편지를 씨지 못하고 다런 사름의게 써달란 까싹 비밀 하는 말도 다 말을 하여서 썻다. 그리하여서 길 씨가 알고 분이 낫다. 자긔가 남자 직책을 못 해도 안해랏고 잇서면 밥은 굼지 안고 쌜내는 쌜아 주니 자긔는 행복이라 나를 놋치 안을나 하는 것은 사실이라. 나의 자식 셋과 나와 네 사람이 한 사름을 위하여 히생할 슈 업다는 생각이 드러가서 욕을 먹거나 구설을 듯거나 그것이 내 생각에 문제가 안이다.

내가 나의 사랑하는 자식을 공부식히고 키우난 것이 내 직책이라 하는 문제 머리통에 드러왓다. 하로녁에 그 절문 박 씨가 놀노 왓다. 그가 오니 그 압헤 편지를 보라 쥬면 일언 일이 쏘 나고 하고 말을 한다. 그이가 보는 체하고 잇다. 그째에 내가 생각하기로 참 못생긴 영감이다. 그 사람은 누구인지 알지는 못하고 제 녀자 사건을 남의 남자의게 말하니 참 못생긴 사람으로 알고 기가 차서 말도 못 햇다. 제 집 사건 아모도 모러게 녀자를 보고 처리할 일을 남의 남자 상관이 무어일가 하

[87]기가니아 사탕농장은 파이야에 싸런 지방이다. 그럼으로 그 해리풀 정과 으라시가 농쥬인이 되엿섯다. 그째 사탕농장 이민은 온 사람은 동양 사람으로 청국 사람 제일 먼첨 오고 둘재 일본 사람, 셋제 한국 사람이고 빌닙빈은 그 후 얼마 잇다 온 사름들이다. 그째 유롭 사람들 쏘추기 나라 사람, 서반 나라 사람, 제만 사람 혹 포도리고도 잇더라. 그래서 사탕농장에 원권리는 농쥬인인대 아메리빅일이겻지마는 노동자 일 식히는 권리는 다 서쏘릿기 서반나 사람이다. 동내 관할하는 쥬인 일 식히난 도십장 밧헤 일 식히난 십장 노동자를 관찰하는 순금도 잇서 동내서

찌한다는 편지라 길 씨가 분이〔화가〕 났다. 하수일 씨 부인이 무식하여 편지를 쓰지 못하고 다른 사람에게 써 달라고 한 까닭에 비밀로 하는 말들도 다 썼다. 그래서 길 씨가 알고 분이 났다. 자기가 남자 구실을 못 해도 아내라고 있으면 밥은 굶지 않고 빨래도 해 주니 자기는 행복하여 나를 놓지 않으려 하는 것은 사실이라. 〔그러나〕 나의 자식 셋과 나까지 네 사람이 한 사람을 위하여 희생할 수 없다는 생각이 들어 욕을 먹거나 구설을 듣더라도 그런 것들은 내 생각에 문제가 아니었다.

내가 나의 사랑하는 자식들을 공부시키고 키우는 것이 나의 책임이라 하는 문제가 내 머릿속에 들어왔다. 어느 날 저녁에 그 젊은 박 씨〔박대성〕가 놀러 왔다. 그가 오니 〔길찬록 씨는〕 그에게 편지를 보라고 주면서 이런 일이 일어나고 있다고 말하였다. 그이가 보는 체했다. 그때 내가 생각하기에, 〔길찬록 씨는〕 참 못난 영감이다. 그 사람이 누군지 알지도 못하는데 제 여자의 사건을 남의 남자에게 말하니 참 못난 사람이다 싶어 기가 차서 말도 못 했다. 제 집〔안〕일을 아무도 모르게 여자를 보고 처리할 것이지 남의 남자가 무슨 상관인가? 하 〔뒤의 〔92〕쪽으로 이어짐〕

키카니아 사탕수수 농장은 파이아에 딸린 지방이다. 그러므로 그 해리 폴 정과 으라시[84]가 농장 주인이었다. 그때 사탕수수 농장으로 이민 온 사람들은 동양 사람들로 청국〔중국〕 사람이 제일 먼저 오고, 두 번째로 일본 사람, 세 번째로 한국 사람이 왔으며, 필리핀 사람들은 그 후 얼마 있다 왔다. 그때 유럽 사람, 포르투갈 사람, 스페인 사람, 독일 사람, 푸에르토리코 사람도 있었다. 그래서 사탕수수 농장의 본래 권리는 농장주인 미국 사람에게 있었지만 노동자들에게 일 시키는 권리는 다 포르투갈, 스페인 사람들에게 있었다. 동네 관할하는 주인, 일 시키는 도십장, 밭에 일 시키는 십

---

84 해리 폴 정과 으라시는 둘 다 사람 이름인데 정확한 철자를 확인하지 못하였다.

쉬비하든지 술을 만히 먹고 일을 나오지 안어며 아참에 일적 이 동리에 드러와서 일 아니간 사람 난바를 불너 어대가 압하 못 갓스면 무선 조이로 글노 써쥬어 농장 의사에게 가게 하고 술을 먹고 일 안 간 사람은 발노 차서 일터로 보낸다.

길찬록 씨는 순금이 와서 2664 방고 난바를 부러면 나간다고 헷고 하나하나 이 말은 얼는 곳 일하로 가거라 그 말 하나하나 하와인 말얼 하는 말이다. 그째 농장법으로 난 압제가 만타. 그째는 그리 해야 된다. 모던 노동자들이 다 신용 잇게 못 햇다. 그래도 그대 사룸[88]들은 천심으로 그 십장들을 대항치 안코 복종하엿다. 사탕밧혜 일하는 노동자 그째 청인은 만치 안코 다 나가서 콩장사로 하고 마나부아 장사를 하고 농장에 일하는 노동자는 일본인이 대한 사룸버덤 먼첨 와서 농장에 만히 살고 한국 사룸 노동자가 잇난대 사탕농장에서 와 일하고 잇다. 그래서 그 아자씨들이 내가 十五年에 드러올 째도 홀노 게시는 아짜씨가 만다.


이민에 올 째 혹 부인과 식구를 다리온 이가 잇난대 그 이들이 곡상을 하여 놀노 게시난 이들을 밥을 해주더라. 우리 한국 노동자 하와이 온 이들은 한국서 농사하고 일하던 노동자가 멧치 업고 그양 난봉이나 부리고 공칠팔 돌아다니던 사룸이 만히 오고 나라가 망하니 우리 국군 해산병 평양 병정이 오고 금전 파는 대서 일하던 사룸 이곳에 사탕농장 이민으로 왓섬으로 사탕농장 농쥬인이 만헌 머리통이 압핫다.

---

장, 노동자를 관찰하는 순경도 있어 동네에서 시비하거나 술을 많이 마시고 일을 나오지 않으면 아침에 일찍 이 동리에 들어와서 일 안 나간 사람 넘버[번호]를 불러 어디가 아파 못 갔으면 무슨 종이에 글을 써 주어 농장 의사에게 가게 하고, 술을 먹고 일을 안 간 사람은 발로 차서 일터로 보냈다.

길찬록 씨는 순금[순경, 경찰]이 와서 2664[85]번 하고 넘버를 부르면 나간다고 했고 "하나하나"[라고 하였다.] 이 말은 "얼른 일하러 가거라."라는 하와이 말이다. 그때 농장법으로 인해 압제가 많았다. 그때는 그렇게 해야 하였다. 모든 노동자가 다 신용 있게 하지 못했다. 그래도 그때 사람들은 천심으로 그 십장들에게 대항하지 않고 복종하였다. 사탕수수밭에서 일하는 노동자들은 그때 청인[중국 사람]은 많지 않고 다 나가서 콩 장사를 하거나 마나부이[86] 장사를 했고, 농장에서 일하는 노동자들은 일본인이 대한 사람보다 먼저 와서 농장에서 많이 살았으며, 한국 사람 노동자들도 있었는데 [그들은] 사탕수수 농장에 와서 일하고 있었다. 그래서 그 아저씨들은 내가 [19]15년에 들어올 때도 홀로 계시는 아저씨들이 많았다.

이민 올 때 혹 부인과 식구를 데려온 이들이 있었는데 그이들은 곡상[식당]을 하여 홀로 계시는 이들에게 밥을 해 주었다. 우리 한국 노동자로 하와이에 온 이들 중 한국에서 농사짓고 일하던 노동자들은 몇이 없고 그냥 난봉이나 부리고 공칠팔[87] 돌아다니던 사람들이 많이 오고, 나라가 망하니 우리 국군의 해산병들 중 평양 병정들이 오고, 금전[금광] 파는 데서 일하던 사람들이 이곳에 사탕수수 농장 이민으로 온 까닭에 사탕수수 농장 주인들이 머리가 많이 아팠다.

---

85 264를 잘못 썼다.
86 식품의 이름이나 상표인 듯한데 확인되지 않는다. 하와이의 화산으로 마카다미아넛을 포함한 많은 식품의 상표에 사용되는 마누아 로아Manua Loa와 관련된 말이 아닌가 짐작된다.
87 아무 하는 일 없이 빈둥댄다는 의미인 듯하다.

내가 와서 이약이를 듯고 직접 보니 아직도 아저씨들이 한 농장에 오래 잇지 안코 이사를 자조한. 그러나 그 아자씨들이 마음이 진국이다. 약지 못한다 일 밧헤 나가면 자기 일 모양으로 시지 안코 죽도록 일을 한다. 일을 시작하면 일을 만히 해서 일한 자리를 보인다. [89]그리하고 고단하면 그 잇헌날 일을 안이 온다. 그러니 사탕밧헤 일은 다런 노동자보담 더 햇지마는 자조 놀기에 쎄일한 노동자 되고 월급도 만히 못 탄다. 그 쌔에 일본 사람 노동자와 갓치 일 만히 햇다.

일본 노동자는 일은 만히 안 해도 매일 나가서 일을 한다. 밧헤 일은 만히 못 처리도 매일 일 가니 십장의게 조헌 사람이라 하는 말 듯고 월급도 만히 탔다. 얼마 후에 쥬인이나 십장들이 한국 사람에 성격이 엇더한 사람들인 것을 알앗고 주인이 잇거나 업거나 십장이 살피거나 안이하거나 속이지 안코 힘것 일해 주는 사람들인 것을 알앗다. 간사하게 시닉기 하는 마음이 업고 굿굿하기 하는 사람들인 줄고 아쥬 사탕 도급도 주고 쎅치 파고 굴 파는 도급을 다 한 일을 주엇다. 그 후에 사진혼인으로 녀자들이 드러와서 가정을 일우고 한곳에 모혀서 살면 교회가 잇고 국민회가 잇섯다. 그쌔 월급이 박해서 다 살기 어려웟서나 우리 녀자들은 쎄것한 행동을 하엿다. 한국 녀자들은 밧헤 나가 일은 만히 안이하엿서도 혹 다런 섬녀자들은 일도 할 이가 잇다 하더라.

[90]그러나 마위서는 대한 녀자가 사탕밧헤 나가 일한 녀자가 별노 업다. 그러고 불의하기 돈을 벌이한 녀자도 업고 이혼을 한 이도 업고 해서 한국 녀자 늙은 영감의게 사진혼인 중에 에절 죠타는 칭찬을 드럿다. 그쌔 일본 녀자들은 이혼하는 법이 먼첨 시작되엿다. 그 후에 한인 녀자도 하나식 시작되엿다. 그러나 한국 녀자가 법에 어기고 못된 사업을 해서 우리 사진혼인에 드러온 녀자들을 붙거럽게 한 일인 업다. 김보배 씨 동생이

내가 와서 이야기를 듣고 직접 보니 아직도 아저씨들이 한 농장에 오래 있지 않고 이사를 자주 [하였다.] 그러나 아저씨들의 마음은 진국이다. 약지 못하고, 밭에 나가면 자기 일마냥 쉬지 않고 죽도록 일한다. 일을 시작하면 많이 해서 일한 자리를 보인다. 그렇게 일하고 고단하면 그 이튿날은 일을 아니 온다. 그러니 사탕수수밭 일을 다른 노동자보다 더 했지마는 자주 놀기에 꾀를 부리는 노동자가 되고 월급도 많이 못 탔다. 그때 [한국인 노동자들은] 일본 노동자들만큼 일을 많이 했다.

일본 노동자들은 일은 많이 안 해도 매일 나가서 일했다. 밭의 일은 많이 처리하지 못해도 매일 일을 가니 십장에게 좋은 사람이라는 말을 듣고 월급도 많이 탔다. [그러나] 얼마 후에 주인이나 십장들이 한국 사람의 성격이 어떠한지를 알았고, 주인이 있거나 없거나 십장이 살피거나 [살피지] 아니하거나 속이지 않고 힘껏 일해 주는 사람인 것을 알았다. 간사하게 시키는 일만 하는 마음이 없고 꿋꿋하게 하는 사람들인 줄을 알고 사탕수수 농장 도급도 주고, 디치[ditch, 도랑] 파고 굴 파는 도급을 다 한국인들에게 주었다. 그 후에 사진혼인으로 여자들이 들어와서 가정을 이루고 한곳에 모여 살면서 교회가 생기고 국민회가 생겼다. 그때 월급이 박해서 다 살기 어려웠으나 우리 여자들은 깨끗하게 행동하였다. 한국 여자들은 밭에 나가 일은 많이 하지 않았으나 다른 섬의 여자들은 [밭]일도 한 사람들이 있다 하더라.

그러나 마우이에서는 대한 여자가 사탕수수밭에 나가 일한 여자가 별로 없다. 그리고 불의하게 돈벌이한 여자도 없고, 이혼한 이도 없고 해서 한국 여자들은 늙은 영감들로부터 사진혼인한 사람들 중에 예절 좋다는 칭찬을 들었다. 그때 일본 여자들 사이에서 이혼하는 법이 먼저 시작되었다. 그 후 한국 여자들 사이에서도 하나씩 시작되었다. 그러나 한국 여자가 법을 어기고 못된 사업을 해서 우리 사진혼인해 들어온 여자들을 부끄럽 조곰 우리 한국 녀자의 정조를 방해하엿서나 한국으로 가고 말앗다.

그래서 사진혼인에 드러온 녀자들은 고생도 만히 하고 일도 만히 하여 돈벌인 돈은 고생하고 일 만히 한 덕으로 자녀들 교육식히고 집간이라도 잇는 것이다. 사진혼인에 드러온 아저머니는 혹 사랑하고 만족한 가정을 맛난 녀자도 잇게지마는 보통으로 사랑 업난 가정에 세월을 먼 산을 바라보고 한숨으로 자식보 [91]나 자긔 녀자의 정조를 생각하고 일평생을 희생한 이도 만다. 내 다정한 친구의 이약이하는 말을 듯고 지금도 지금도 생각하면 눈물이 난다. 이 친구도 사진혼인에 드러와다. 그러나 이 녀자는 신랑이 한 고을 사람으로 신랑에 부모와 자긔 부모와 다 소개되여 곳갓헌 십팔 세 청년으로 사진혼인 하와이로 드러왓다.

[92]도 기가 찬다. 그래서 그 박 씨가 함찬 보더니 말 업시 인사를 하고 자긔 집으로 가고 길 씨는 쥬언부은하고 햇다. 그래서 밤이 깁허서 자고 그 잇흔날 나는 쏘 틸나 일을 갓다. 나는 종일 일을 하고 와서 마위 선비 오는 것만 기대된다. 길 씨는 일도 안 하고 술만 먹고 편지만 가지고 문제 삼는 그 슌간에 나는 감기 던 것을 집에 조리도 못 하고 일을 다여서 감기가 쉬하여 일어나지 못하고 침상에 누엇다. 인성불성으로 심히 알는다. 아해들이 밥을 먹는지 누가 져녁을 해쥬는 것도 모러고 알는 잇헐을 그리 알는다. 삼 일 째 박 씨가 와 보니 녀자는 압하 누어서 아모것도 모러고 아해들은 누가 밥도 해쥬지 안코 길 씨는 씩 치는 아자씨들의게 술을 어더먹고 녀자는 죽어가는대 정신업시 자고 잇다. 그러니 그 박 씨가 보고 기가 차서 깁히 일본 의사를 불너왓다.

의사 말이 노모니가 가삼에 드러서 대단이 위태하니 병원으로 보내라 하나 돈 업고 해서 갈 형편이 못 된다 하니 그 의원이 약침을 주고 시험해 보마 하고 답답해하엿다. 그래서 다행으로 죽지 [93]안코 살아낫다. 그게 한 일은 없다. 김보배 씨 동생이 조금 우리 한국 여자들의 정조를 방해하였으나 한국으로 가고 말았다.

그래서 사진혼인으로 들어온 여자들은 고생도 많이 하고 일도 많이 하여 돈을 벌었으며, 고생하고 일을 많이 한 덕으로 자녀들을 교육하고 집칸이라도 있는 것이다. 사진혼인으로 들어온 아주머니들 중에는 혹 사랑하고 만족스런 가정을 만난 여자들도 있겠지만 보통은 사랑 없는 가정에서 세월을 먼 산을 바라보고 한숨으로 자식들이나 여자로서의 정조를 생각하고 일평생을 희생한 이도 많다. 내 다정한 친구가 이야기하는 말을 듣고 지금도 생각하면 눈물이 난다. 이 친구도 사진혼인으로 들어왔다. 그러나 이 여자는 신랑이 한 고을 사람으로 신랑 부모와 자기 부모와 다 소개를 받아 꽃 같은 18세 청년으로 사진혼인으로 하와이로 들어왔다.

〔[86]쪽에서 이어짐〕 도 기가 찬다. 그래서 그 박 씨가 한참 보더니 말없이 인사하고 자기 집으로 가고 길 씨는 중언부언하였다. 그래서 밤이 깊어서 자고 그 이튿날 나는 또 테일러 일을 갔다. 나는 종일 일하고 와서 마우이에서 선비 오는 것만 기다렸다. 길 씨는 일도 안 하고 술만 마시고 편지만 가지고 문제 삼는데 그때에 나는 감기에 들었으나 집에서 조리도 못 하고 일을 다녀 감기가 심해져 일어나지 못하고 침상에 누웠다. 인사불성으로 심히 앓았다. 아이들이 밥을 먹는지, 누가 저녁을 해 주는지도 모르고 이틀을 그리 앓았다. 3일째에 박 씨가 와 보니 여자는 아파 누워서 아무것도 모르고 아이들은 누가 밥도 해 주지 않고 길 씨는 도랑 치는 아저씨들에게 술을 얻어먹고 여자는 죽어 가는데 정신없이 자고 있었다. 그러니 박 씨가 보고 기가 차서 급히 일본 의사를 불러왔다.

의사 말이 뉴모니아(pneumonia, 폐렴)가 가슴에 들어 대단히 위태하니 병원으로 보내라 하나 돈이 없고 해서 갈 형편이 못 된다 하니, 그 의원이 주사를 놓아 주고·시험해 보마(살펴보겠다) 하며 답답해하였다. 그래서 다행히 죽래 박 씨가 아해들 먹을 것을 사주고 나도 우유와 달게란과 사서 압헌 사람 구원하다. 그래서 내가 조곰 나엇다. 마위서 또 편지가 왓다. 내가 와히아와 살 째 최요섭 씨가 캐시나 영문에 퇼나라 난드리삽에 일을 좀 할 째 종종 우리 집에 단여로 왓웟. 그째 그이가 한국 가서 죠헌 처내의게 장가를 드러 놋코 왓서 아모리 쥬선하여 하와이로 다려올나 하나 이민 죠리로 못 다려오고 심란하게 지냇엇다. 그째에 내가 만히 위료했다.

내가 하와이 마위 기가니아로 올 째 그의 집은 불내후 지방에 살고 칭칭세아로 노모님까지 게시고 어머니와 이모님은 나를 사랑하던 아저문이시다. 그째 그이가 내보담 세 살이 아래 되엿다. 학원에서 공부하다가 방학 대 불내후를 드러왓설 째 맛나 보앗다. 그째는 나는 영감의게 시집 간 녀자오 자긔는 청년 총각이다. 아모 생각도 못 한다. 형데갓치 지냇다. 그러나 세월이 가고 나이 다 장성하여 자긔가 한국 다녀로 가[94]서 성혼 생활을 해보왓다. 그럼으로 그째 사랑하는 부부가 무엇인 것을 째다랏다. 자긔 부인은 이민 죠리에 오지 못하게 되고 하니 동정의 사랑을 나의게 주엇다. 그러허나 나는 길찬록 씨 여자라 엇지 할 수 업다. 자긔나 내가 도덕상으로 길찬록 씨를 이혼하고 자긔와 살 수 업난 것을 생각했다고 집안 할문이나 자긔 어머니나 에수를 밋고 고풍섭이 만은 사람들이 다 길찬록 씨를 잘 안다. 그리하자 자긔가 마위 살던 곳으로 드러갓다.

내가 마위 하슈일 씨 부인을 차저갓더니 소식을 듯고 나를 차저와서 반가이 만나 보고 사실에 말을 다 하고 미국으로 가겻다 하엿다. 그째 말하기를 미국 가면 큰 수가 잇설가 이혼한 후에 이곳서 죠헌 사람을 찻지

지 않고 살아났다. 박 씨가 아이들 먹을 것을 사다 주고 나에게도 우유와 계
란을 사 주어 아픈 사람을 구원해 주었다. 그렇게 해서 내가 좀 나았다. 마우
이에서 또 편지가 왔다. 내가 와히아와에 살 때 최요셉 씨가 캐스트너 영문
의 테일러와 런드리 샵[laundry shop]<sup>88</sup>에서 일하면서 종종 우리 집에 다니
러 왔다. 그때 그이가 한국에 가서 좋은 처녀에게 장가를 들어 놓고 와서 아
무리 주선하여 하와이로 데려오려 하였으나 이민 주리[immigration jury, 이민
법]로 못 데려오고 심란하게 지내었다. 그때 내가 많이 위로해 주었다.

내가 하와이의 마우이섬 키카니아로 올 때 그의 집안은 풀레후 지방에
살고 [있었으며] 층층시하로 노모님[할머님]까지 계시고 어머니와 이모님
은 나를 사랑해 주신 아주머니들이시다. 그때 그이[최요셉 씨]는 나보다 세
살 아래였다. [한인기독]학원에서 공부하다 방학 때 풀레후에 들어왔을 때
만나 보았다. 그때 나는 영감에게 시집 간 여자였고 그는 청년 총각이었기
때문에 아무 생각도 못 하고 형제같이 지냈다. 그러나 세월이 가고 나이
가 장성하여 자기도 한국에 다니러 가 결혼생활을 해 보았으므로 사랑하
는 부부가 무엇인지 깨달았다. 자기 부인은 이민법 때문에 데려오지 못하
게 되니 동정의 사랑을 나에게 주었다. 그렇지만 나는 길찬록 씨의 여자인
지라 어찌할 수가 없었다. 그도 내가 도덕상으로 길찬록 씨와 이혼하고 자
기와 살 수 없다고 생각했으며, 그 집안의 할머니와 어머니가 예수를 믿고
옛 풍습이 많은 사람들이었고, 길찬록 씨도 잘 알았다. 그래서 마우이섬의
자기가 살던 곳으로 들어갔다.

내가 마우이섬의 하수일 씨 부인을 찾아갔을 때 [최요셉 씨가] 소식을 듣고
나를 찾아와 반가이 만나 보고 [그에게] 사실을 다 말하고 미국으로 가겠다 하
였다. 그때 [그가] 말하기를 "미국에 가면 무슨 수가 있겠는가, 이혼한 후에 이

---

88 당시 군영에서 한국인들이 많이 운영하던 양복점 겸 세탁소를 의미한다.

하고 신신부탁으로 아해들을 다리고 마위로 드러노타 부탁하엿다. 당신이 이혼하고 자유가 된다면 내가 혼인하겟다 하엿다. 그런 부탁을 밧고 아해 다리로 [95]와서 병이 나서 고통하엿다. 그래서 쑴에도 보지 못하던 그 사람이 누군지 아지도 못하고 신세와 은혜를 만히 젓다. 그래서 병이 쌔차되여 마위로 올 주선을 한다. 하로는 미국서 편지가 왓다. 급히 봉토를 씌여보앗다. 그 편지 사년이 말하기를 아해들은 두고 적은쌀만 다리고 미국으로 오듸 남자가 나가서 혼인하고 세 식구가 먼첨 오고 두 아해들은 이후 다려간다는 사연에 편지다.

그래 그 편지를 보고 랑망하고 내가 이혼하고 미국 가는 나는 쯧은 자식을 키울 생각으로 하는 일인대 아해 둘을 지금 못 대리고 간다면 엇지 장래에 다려가는 것을 밋고 내가 갈 슈 업다 하는 쯧으로 단염하고 마위로 드러가서 이혼할 작정이다. 박 씨가 그 눈치를 알고 길찬록 씨가 마위서 온 편지를 일너본 싸싹에 그째는 나를 보고 말한다. 마위까지 가서 이혼할 필호가 업고 항구서도 노야 법률사가 만타 하고 나의게 와 아해[96]들의게 참 잘한다. 그래서 죽을 사람 살니고 고맙게 한 은인으로 내가 엇지할 줄 모러고 마위도 못 드러가고 이혼도 아직 못 햇다. 그러니 그 사람이 나도 점고 일도 잘하고 하나 내 마음에 절대로 상당한 사람이라는 것은 업섯다. 그째에 길 씨는 식구를 근사 못 하니 와이쌔후 농장에 일 간다 하고 가고 업서 멋 해를 갓치 살지 안코 내 혼자 아해들 병정 바지를 하여 가지고 산다. 그러헌 중 박 씨는 이혼하고 혼인하자 해도 엇잔 셈인지 이혼하고 혼인하는 마음 업고 해도 은혜를 만히 젓서 내 압흘 째 내가 이혼하면 미국 못 가니 최 씨와 혼인하기 원한다.

그러나 박 씨의게 은혜를 만히 저서 내가 이혼하며 혼인해야 된다. 그곳에서 좋은 사람을 찾지.” 하면서 [나에게] 아이들을 데리고 마우이로 들어오라고 신신당부하였다. [최요셉 씨는] 당신이 이혼하고 자유가 된다면 내가 혼인하겠다고 하였다. 그런 부탁을 받고 아이들을 데리러 [호놀룰루로 다시] 왔다가 병이 나서 고통받았다. 그래서 꿈에도 보지 못하던 그 사람이 [박대성이] 누군지 알지도 못하고 신세와 은혜를 많이 졌다. 그렇게 병이 쾌차하여 마우이로 갈 준비를 하고 있었다. 하루는 미국에서 [결혼 주선을 부탁했던 김 부인이 소개한 사람으로부터] 편지가 와 급히 봉투를 뜯어보았다. 편지의 사연인즉 아이들은 두고 작은딸만 데리고 미국으로 오되 남자가 나와서 혼인하고 세 식구가 먼저 오고 [나머지] 두 아이들은 이후에 데려간다는 내용이었다.

그 편지를 보고 낙망하여, 내가 이혼하고 미국 가는 뜻은 자식을 키울 생각으로 하는 일인데 아이 둘을 지금 못 데리고 간다면 어찌 장래에 데려간다고 믿고 갈 수 있겠는가 생각하여 [미국 본토로 가는 것을] 단념하고 마우이로 들어가 이혼하기로 작정하였다. 박 씨는 길찬록 씨가 마우이에서 온 편지를 보여 주어 읽어 본 까닭에 눈치를 채고 그때 나에게 말했다. 마우이까지 가서 이혼할 필요가 없고 항구에도 로이어 법률사가 많다고 하며, 나에게 와 아이들에게 참 잘해 주었다. [박대성 씨는] 죽을 사람을 살리고 고맙게 한 은인이므로 내가 어찌할 줄 모르고 마우이도 못 들어가고 이혼도 아직 못하고 있었다. 그 사람이 [박대성] 나이도 젊고 일도 잘하지만 내 마음에 절대로 합당한 사람은 아니었다. 그때 길 씨는 식구를 건사하지 못하니 와이파후 농장에 일 간다 하고 가서 없었으며 몇 해를 같이 살지 않고 나 혼자서 아이들과 병정 바지 만드는 일을 하여 살았다. 그러는 중에 박 씨는 [나에게] 이혼하고 혼인하자고 하였지만 어쩐 셈인지 이혼하고 혼인하고 싶은 마음은 없고, 내가 아플 때 [박 씨에게] 은혜를 많이 입었으나 내가 이혼 [하고 박 씨와 혼인]한다면 미국에 가지 못하니 최 [요셉] 씨와 혼인하기를 원했다.

그러나 박 씨에게 은혜를 많이 입어 내가 이혼하면 그와 혼인해야 한다

러헌 즁 아해가 드럿다. 길 씨와 슈년 갓치 살지 안이한 고로 이혼은 안이하면서도 이해는 박 씨 아해다. 아해가 낫키되매 박 씨가 이혼하는 것을 재촉하나 내가 엇잔지 실혀서 이혼하지 안코 차일필하다가 아해를 나허니 아달을 낫앗다. 길 씨가 어대서 그 말을 듯 와히아와로 와서 지 일홈으로 위생국에 보고하엿. 그래서 길 씨가 이 아해의게 상관업다 하니 이혼을 안이햇서니 법적[97]으로 내 아히라 하는 것을 말햇다. 그것은 사실이다. 아직 내가 자긔 녀자로 잇다.

그래서 그 후에 박 씨가 너무 이혼하기 원함으로 할 슈 업시 이혼을 하로 항구에 나와서 신성일 씨 여관에 률사를 고빙하여 이혼ㅎ엿다. 그래서 사랑하는 아달이 두 일홈으로 옴기여 젓다. 이것은 나의 운명이다. 그래서 이혼할 째 박 씨의게 단단이 계약을 밧앗다. 당신이 내하고 혼인하면 우리 아해들을 당신 아해갓치 사랑하고 공부식혀 쥬겻는가 ㅎ고 약죠를 밧앗다. 그리하마 했다. 그래서 내가 혼인하엿다. 혼인하기 전에 최 시가 편지를 늘 하여 마위로 드러오라 하엿다. 그래서 내가 박 씨와 혼인하고 수코필 영문에서 살 째 최 시가 나와서 나를 보자 하여도 너무도 붉거러워 맛나지 안이햇다.

그째에 박 씨가 수코필 영문에 포서란드리에서 대장의 복막을 했다. 잡은 죠왓다. 그리하다가 박 씨의게 둘재 아해를 매고 항구로 이사를 라왓서 잡을 차잣다. 그째도 잡 찻기가 대단이 어려웟다. 그러나 박 씨가 백인 음식을 잘하엿다. 어려서 드러와서 백인 가정에서 배앗다 한다. 내가

〔는 생각도 했다.〕 그러던 중 아이가 들어섰다. 길 씨와는 수년간 같이 살지 아니한 고로 이혼은 하지 않았어도 아이는 박 씨의 아이다. 아이를 낳게 되자 박 씨가 이혼하라고 재촉했으나 내가 어쩐지 싫어서 이혼하지 않고 차일피일하다가 아이를 낳으니 아들이었다. 길 씨가 어디서 그 말을 듣고 와히아와로 와서 자기 이름으로 위생국에 보고하였다. 그래서 길 씨에게 〔당신은〕 이 아이와 상관없다 하였으나 이혼을 하지 않았으니 법적으로 자기 아이라고 말했다. 그것은 사실이다. 아직 내가 자기 여자로 있기 때문이다.

그래서 그 후에 박 씨가 너무 이혼하기를 원하므로 할 수 없이 이혼하러 〔호놀룰루〕 항구에 나와서 신성일 씨 여관에 율사(律士, 법률가)를 고빙하여 이혼하였다. 그래서 사랑하는 아들이 두 이름으로 옮겨졌다.[89] 이것은 나의 운명이었다. 그래서 이혼할 때 박 씨에게 단단히 계약을 받았다. 당신이 나하고 혼인하면 우리 아이들을 당신 아이같이 사랑하고 공부시켜 주겠는가 하고 약조를 받았고 〔그는〕 그리하마 했다. 그래서 내가 〔박 씨와〕 혼인하였다. 혼인하기 전에 최 씨가 편지를 계속 하여 마우이로 들어오라 하였다. 그래서 내가 박 씨와 혼인하고 스코필드 영문에서 살 때 최 씨가 나와서 나를 보자 하여도 너무 부끄러워 만나지 않았다.

그때 박 씨는 스코필드 영문의 포스트 런드리(Post Laundry)에서 대장에 기입하는 일을 했다.[90] 잡(job, 일자리)은 좋았다. 그리하다가 박 씨의 둘째 아이를 갖고 항구로 이사를 나와 일자리를 찾았다. 그때도 일자리 찾기가 대단히 어려웠다. 그러나 박 씨가 백인 음식을 잘하였다. 어려서 들어와 백인 가

---

89 길찬록의 아이로 출생신고된 것을 박대성의 아이로 바꿔야 했다는 의미인 듯하다.
90 "포서란드리"는 「천연희 구술 테이프 요약」 여러 곳에 Post Laundry로 표기되어 있다. "대장의 복막을 했다."는 천연희 노트 2권 [57]쪽에 "옷 쌔는 대 가서 대장에 옷애 막을 하는 일을 햇다." 라고 써진 것으로 보아 세탁소에 들어온 옷을 장부에 기입하는 일을 하였던 것으로 이해된다. "복막"은 영어의 북마크(bookmark)를 의미하는 것으로 짐작된다.

박대성 씨를 혼인하고 살 째 마음이 조흔 째 자긔 이약하는 말을 듯건대 자긔가 밀양 박씨라 한다. 부[98]모의게 클 째에 사랑을 만히 밧지 못한 것 갓다. 그 아바지가 나라에 일을 좀 한 것 갓다. 자긔가 어려서 아바지가 역적으로 말니어 도망갈 째 자긔 사랑에 잇는 홍 영감을 보고 우리 아달을 다리고 멀니 가서 생명을 살니라 하고 자긔는 잡히여 갓다고 말햇다. 그래서 홍 영감이 다리고 하와이로 드러왓다. 그째 자긔 나이 십이 세 되엿다 한다. 홍 영감은 (콩장사) (아이서거럼) 장사를 하여서 한국 갓다 한다. 한국 갈 째 자긔도 가자 하는 것을 안이 갓다. 그래서 자긔는 백인 재판장 집에서 자라낫다 한다. 재판장 부인이 손잡고 국하는 법을 다 가라처 주엇다. 그래서 백인 음식을 참 잘햇다. 그째에 항구에 나와서 잡 일을 (와일나이) 죠지클라 소장에서 쥬인이 덕국 사람인대 일홈이 미스다 싸다우 씨라 불엇다.

그 집에 가서 쿡을 하게 되니 식구 살 집을 주고 월급도 후하게 쥬엇다. 그래서 한동안 돈도 모허고 살 슈 잇섯다. 길 씨를 리혼할 째 큰아해 둘은 나를 주지 안는대 해서 자긔가 가젓서나 내가 의복 해다 입히고 긔독학원에 갓다 두엇다. 적은쌀만 내가 다리고 잇섯다. 아모대 가[99]서 잇더래도 내가 키우고 공부식힐 작정이다. 내 목적이 그러허니 이 나라 법정에서 배웠다 한다. 내가 박대성 씨와 혼인하고 살 때 마음이 좋을 때 그의 이야기를 듣건대 자기가 밀양 박씨라 하였다. 자랄 때 부모에게 사랑을 많이 받지 못한 것 같다. 그 아버지가 나라 일을 좀 한 것 같다. 자기가 어려서 아버지가 역적으로 몰려 도망갈 때 자기 집 사랑에 있던 홍 영감에게 우리 아들을 데리고 멀리 가서 생명을 살리라 하고 잡혀갔다고 한다. 그래서 홍 영감이 (박 씨를) 데리고 하와이로 들어왔다(고 한다). 그때 자기 나이 12세였다 한다. 홍 영감은 콩 장사, 아이스크림 장사를 하다가 한국으로 갔다고 한다. 한국 갈 때 박 씨에게도 가자 하는 것을 아니 가서 백인 재판장 집에서 자라났다고 한다. 재판장 부인이 손을 잡고 요리하는 법을 다 가르쳐 주었다(고 한다). 그래서 백인 음식을 참 잘했다. 그때 (호놀룰루) 항구로 나와 와이알라에(Waialae)의 조지클라 소장(소 목장ranch)에서 일자리를 (구했는데), 주인은 덕국(독일) 사람으로 이름이 미스터 사다우 씨라 불리었다.[91]

그 집에 가서 요리사로 일하게 되니 식구들 살 집을 주고 월급도 후하게 주었다. 그래서 한동안 돈도 모으고 살 수 있었다. 길 씨와 이혼할 때 큰아이 둘은 나에게 주지 않는다 하여 길 씨가 데려갔으나 내가 옷을 해다 입히고 기독학원[92]에 데려다 두었다. 작은딸만 내가 데리고 있었다. 아무 데에 가 있더라도 내가 키우고 공부시킬 작정이었다. 내 목적이 그러하니 이

---

91 「천연희 구술 테이프 녹취록」 Tape 19에서는 '소장'을 ranch라 하며 그 주인이 미스터 사타우네 혹은 사타후라 하였다. '조지클라'란 그 소목장의 이름인 듯한데 확인되지 않는다. 「천연희 구술 테이프 요약」(135쪽)에는 "Park moved to Waialae Ranch as cook for the boss."로 되어 있다.

92 이승만이 1915년에 설립한 한인여학원을 하와이 국민회의 지원을 받아 카이무키 지역 와이알라에 애비뉴 3320번지로 옮기면서 1918년 9월 남녀공학으로 확장하여 재조직한 한인기독학원Korean Christian Institute; KCI을 말한다. 중학과정을 포함하며 1∼8학년 학제로 구성되었다. 이곳은 이승만의 하와이 활동의 기반이 되었다. 이승만은 후에 학교 이름을 "하와이에 있는 모든 한인(한글) 학교의 중앙이 될 것"이라 하여 '한인중앙학교Korean Central School'로 바꾸었으며 흔히 중앙학원으로 불리었다(독립기념관 한국독립운동정보시스템 한국독립운동의 역사 제59권 제5장 1. 하와이 지역. https://search.i815.or.kr/subContent.do).

룰상으로 난 어머니가 자식은 다 가지는 법이다. 그럿치마는 길 씨가 술을 조아해서 술도 먹고 일을 잘 못 해서 식구 먹기 살니지 안이한 죄로 이혼을 당하고 정신이 나는지 아해 둘은 자긔 달나고 조헌 말노 하니 내 생각해서 준다 하엿다.

길 씨가 칠 대 독자로 나려온 집안이다. 평양 안쥬에 장가가서 딸 다섯 잇는 것은 나도 안다. 아달은 우리 은쥬샌이다. 엇지도 내 팔자도 복을 거리도 못 타고 애군 타고나서 자식을 위하여 잘 키울가 하고 이혼을 하고 잘 키운다 하는 사름이 이제 자식만 알고 내 자식의게 다런 태도로 한다. 나의 운명이 아직도 남아 잇고 나 팔자도 쏘 험악한 날자가 도라온다. 내가 박 씨의 행동을 보니 우리 큰아해들이 내게 와서 행복으로 편안하게 자라지 못할 형편을 알고 리승만 씨가 지어 노언 긔독학원에 갓다 두엇다. 그째 긔독학원 쥬장하는 이는 김노듸 씨로 쥬장하고 게시고 미국 정부에서 어려운 아해들 [100]을 도아주고 보호해 주엇다. 그째 그 학원 학생들은 제만 공부 잘하면 을마던지 공부할 슈 잇다. 부모가 구제를 밧어면 남자 아해면 칠 반만 공부하고 일해서 부모를 도어라 하엿서 구제밧기 실혀햇다. 지금은 구제도 법이 밧기여 그럿치 안타.

넷날에 너무도 강박하게 법을 썻다. 모도 돈이 업섯다. 그째에 자분쥬의자는 돈이 잇지마는 노동자는 월급이 박하야 자분자의 종이다. 그래서 구제법도 강박햇다. 나는 이 글 씰 대 그째 사회나 정부가 잘잘못을 판단

나라 법률상으로 낳은 어머니가 자식을 다 가지는 법이다. 그렇지만 길 씨가 술을 좋아해서 술도 마시고 일을 잘 못해서 식구들을 먹여 살리지 않은 죄로 이혼을 당하고 정신이 났던지 아이 둘은 자기를 달라고 좋은 말로 하니 내가 생각해서 준다고 하였다.

길 씨는 7대 독자로 내려온 집안이다. 평양 안주에서 장가들어 딸 다섯 명이 있다는 것은 나도 알았다. 아들은 우리 은주뿐이다. 어찌도 내 팔자가 복을 그리도 못 타고 액운을 타고나 자식을 위하여 잘 키우려고 이혼하고 잘 키워 주겠다(고 하여 혼인) 한 사람이 이제 자기 자식만 알고 내 자식에게 다른 태도로 대했다. 나의 〔좋지 않은〕 운명이 아직도 남아 있고, 나의 팔자에 또 험악한 날들이 돌아왔다. 내가 박 씨의 행동을 보니 우리 큰아이들이 내게로 와서 행복하고 편안하게 자라지 못할 형편임을 알고 이승만 씨가 지어 놓은 기독학원에 데려다 두었다. 그때 기독학원을 주장〔主掌, 운영〕하는 이는 김노디[93] 씨로 미국 정부에서 〔지원을 받아〕 어려운 아이들을 도와주고 보호해 주었다. 그때 그 학원의 학생들은 저만 공부 잘하면 얼마든지 공부할 수 있었다. 〔반면〕 부모가 구제를〔정부의 복지혜택을〕 받으면 남자아이는 7학년까지 공부한 후 일하여 부모를 돕도록 되어 있어 〔부모들이〕 구제받기를 싫어했다. 지금은 구제법이 바뀌어 그렇지 않다.

전에는 너무도 각박하게 법을 집행했다. 모두들 돈이 없었기 때문이다. 그때에도 자본가들은 돈이 있지만 노동자들은 월급이 박하여 자본가들의 종이었다. 그래서 구제법도 각박했다. 나는 이 글을 쓸 때 그때 사회나 정부

---

93 손노디(듸)(1898~1972)를 말한다. 본명은 김(김해 김)노디로 황해도에서 출생하여 1905년에 부모와 함께 하와이로 이민하였다. 1922년 오하이오주 오벌린 대학에서 정치학을 전공하였다. 1927년에 이명우와 결혼하였다가 곧 이혼하고 1935년에 손승운과 재혼하여 손노디(듸)라 불리었다. 한인기독학원 원장을 위시하여 한인 양로원, 부인구제회 등 여러 한인단체장을 역임하였다. 1953년에 대한민국 조달청장으로 임명되어 2년간 조국에서 활동하였다(이덕희, 『하와이 이민 100년: 그들은 어떻게 살았나?』, 중앙M&B, 2003, 195쪽).

하야 씨는 것이 안이라 내가 듯고 본 형편대로 씨는 것이다. 그째 시절에 형편을 씬다. 그째에 물건가는 헐지마는 인금이 적어서 살 슈 업섯다. 내가 길찬록 씨를 이혼한 원인은 우리 아해들 키울 길이 업다. 재정곤란으로 그래서 이혼을 하고 두 큰아해 둘을 위선 길찬록 씨가 원을 하니 잠시 쥬엇다. 내가 잘 안다.

자긔가 원해서 내가 쥰다 하여도 공부식히고 키우지 못할 것을 알고 내가 도아쥬고 정 못 하면 내가 다리올 작정을 하고 길 씨를 쥰 것이다. 그러나 박 씨와 혼인을 하고 살고 보니 모던 약조한 것도 반대가 된다. 처음 혼인을 하고 캐시나 병참에 가서 나는 집을 어더 잇고

[101]해동여관에서 길 씨를 싸라 마위로 드러와서 기간니아에 집을 어더 자리를 잡고 하로난 태평양잡지가 오고 국민보가 왓다. 내가 참 깃벗다. 책과 신문을 일어 보고 모던 소식을 알게 되엿다. 그래 한 주일에 한 번식 오는 신문 잡지를 그날 오기만 기대리고 보앗다.

그째 내가 하와이 드러올 째 세게 일차 전장이 나서 싸울 째이다. 이 잡지와 신문을 보고 소식을 안다 그러고 그째 모든 물건이 지금갓치 발달

의 잘잘못을 판단하여 쓰는 것이 아니라 내가 듣고 본 형편대로 쓰는 것이다. 그때 시절의 형편을 쓴다. 그때 물건 값은 헐지만〔쌌지만〕임금이 적어서〔물건을〕살 수 없었다. 내가 길찬록 씨와 이혼한 원인은 재정곤란으로 우리 아이들을 키울 길이 없어서였다. 그래서 이혼하고 두 큰아이들을 우선 길찬록 씨가 원하니 잠시 주었다.〔그런 사정을〕내가 잘 알았다.

자기가 원해서 내가〔아이들을〕준다 해도 공부시키고 키우지 못할 것을 내가 알고 도와주거나 정 못하면 데려올 작정을 하고 길 씨에게 준 것이다. 그러나 박 씨와 혼인하여 살다 보니 모든 것이 약조한 것과 달랐다. 처음 혼인하고 캐스트너 병참에 가서 나는 집을 얻어 있었고〔여기에서 내용이 끊어짐. 이하 천연희 노트 1권의 끝까지는 키카니아 생활에 대한 내용임〕

해동여관에서 길 씨를 따라 마우이로 들어와서 키카니아에 집을 얻어 자리를 잡고〔있을 때〕하루는『태평양잡지』[94]가 오고『국민보』[95]가 와서 내가 참 기뻤다. 책과 신문을 읽어 보고 모든 소식을 알게 되었다. 그래서 일주일에 한 번씩 신문 잡지가 오는 날만을 기다리고 보았다.

그때 내가 하와이에 들어올 때는 세계 일차 전쟁〔제1차 세계대전〕이 나서 싸울 때이다. 이 잡지와 신문을 보고 그 소식을 알았다. 그리고 그때는 모든

---

94 『태평양잡지太平洋雜誌』(*The Korean Pacific Magazine*)와『태평양주보太平洋週報』(*The Korean Pacific Weekly*)는 1921년 조직된 하와이 동지회同志會의 기관지로서 동 기관의 제 활동, 하와이 한인들의 독립운동, 한국 근현대사의 역사적 사건을 생생하게 기록한 귀중한 1차 자료이다. 몇 번의 휴간에도 불구하고, 창간된 1913년부터 폐간된 1970년까지 57년간 지속적으로 발행되어 이 기간 동안 하와이 한인 커뮤니티의 정치, 경제, 사회, 문화 등의 시대적 변천상을 자세히 관찰할 수 있는 토대를 제공하는 포괄적 기초 자료이다(국사편찬위원회 한국사 데이터베이스 재외동포사총서 태평양잡지·태평양주보 색인. http://db.history.go.kr/item/level.do?itemId=oksr).

95 『국민보』는 1913년 8월 1일 호놀룰루에서 국민회가 발행하던『신한국보』를 개제하여 발행한 신문이다. 하와이에서 우리말로 발행된 신문 가운데 가장 오래된 역사와 전통을 자랑하면서 독립운동과 문맹퇴치 및 지식보급 등 교민의 계몽활동에 크게 공헌하였다('국민보', 한국민족문화대백과사전. https://encykorea.aks.ac.kr/).

이 되지 못하엿다. 지금 의복이고 먹는 물이고 큰 공장이 잇서 바로 사다 입고 음식 먹기 하엿노앗지마는 그째 다 사다가 의복도 맨들고 음식도 맨드라야 먹는다. 그래셔 내가 드러오니 적십에 녀자들을 구한다. 병정 잠옷과 병원에 씨는 물건을 다 지여서 전장하는 대 보내여 준다. 나도 드러와서 적십자 단니면서 바너질하여 주엇다. 파야 농장 적십자회다. 그 째는 내가 미국 영어로 모러니 답답하다. 여기 도라가는 피진 영어나 한 마틔 주듯고 안다. 농장 영어다. 하와인 말도 잇고 일본 말도 잇고 유롭빈 말도 잇다. 농장에서 조곰 배운다는 말은 하와인 말이다. 처음으로 먹는 것 가우가우 하더라. 대체 이게 [102]무삼 말인가 알지 못햇다. 일하라 말 은 하와인 말노 하나하나 하더라. 그것 몰나서 등신 모양으로 햇다. 속히 일하라 말을 비기비기라 햇다. 와 그럿소 하는 말 배헤야노이라고 햇다. 이 말을 알아듯지 못하고 등신갓치 굴면 놀노푸리랏고 햇다. 누어 자 는 것을 모이모이라 하고 쑹쑹한 사람은 모모나라 불넛다.


그러니 한마듸 못 알아듯고 기가 차서 난중 그 말은 배와다. 이 말은 사탕농장에서 배운 말이다. 일을 그만 긋치라 하는 말은 빠우하하 흐고 그째는 농장에 슌금이나 십장이 노동자의게 나 압제 대우하엿다. 말 드 러니 엇던 농장에서는 일군이 일을 아니 나가면 슌금이 캠포에 동리 드 러와서 채족으로 홀기고 일을 나가기 하엿다 한다. 아자씨들리 처음 이 민에 드러와서 한곳에 자리를 잡앗지 안고 농장으로 이민 왓서면 그 농 장에서 한 멧 해 일을 잘해 주고 다런 농장으로 갓서면 죠헐 터인대 자기 물건이 지금같이 발달하지 못하였다. 지금은 의복이고 먹는 물이고 큰 공장이 있어 바로 사다 입고 음식도 먹고 하지만 그때는 다 〔재료를〕 사다가 의복도 만들고 음식도 만들어 먹었다. 그래서 내가 들어오니 적십자에서 여자들을 구하고 있었다. 병정 잠옷과 병원에서 쓰는 물건을 다 지어서 전장으로 보내 주었다. 나도 들어와서 적십자에 다니면서 바느질을 해 주었다. 파이아 농장 적십자회다. 그때는 내가 미국 영어를 모르니 답답하였다. 여기에서 쓰이는 피진[96] 영어나 한마디씩 주워듣고 안다. 농장 영어다. 하와이 말도 있고 일본 말도 있고 유럽인 말도 〔섞여〕 있다. 농장에서 조금 배우는 말은 하와이 말이다. 처음에 먹는 것은 "카우카우(kaukau, 음식)"라 하더라. 대체 이게 무슨 말인지 알지 못했다. 일하라는 말은 하와이 말로 "하나 하나(hana hana, 일하다)"라고 하더라. 그것도 몰라서 등신처럼 행동했다. 속히 일하라는 말은 "위키위키(wikiwiki, 빨리)"라 했다. "왜 그랬소?" 하는 말은 "페헤아 네이(pēhea nei)"라고 했다. 이 말을 알아듣지 못하고 등신같이 굴면 "롤로 푸풀레(lolo pupule, 완전 바보, 완전 미친놈)"라고 했다. 누워 자는 것은 "모이모이(moi-moi)"라 하고 뚱뚱한 사람은 "모모나(momona)"라고 불렀다.

그러니 한마디도 못 알아들어 기가 찼지만 나중에 그 말들을 다 배웠다. 이 말은 사탕수수 농장에서 배운 말이다. 일을 그만 그치라 하는 말은 "파우 하나(pau hana)"라 하고 그때는 농장에서 순경이나 십장이 노동자를 압제대우〔억압〕하였다. 말을 들으니 어떤 농장에서는 일꾼이 일을 아니 나가면 순경이 캠프에 들어와서 채찍을 휘두르며 일을 나가게 하였다고 한다. 아저씨들이 처음 이민 들어와서 한곳에 자리를 잡지 않고, 〔다시 말해〕 한 농장으로 이민 왔으면 그 농장에서 한 몇 해 일을 잘해 주고 다른 농장으

---

96 피진pidgin은 서로 다른 두 언어의 화자가 만나 의사소통을 위해 자연스레 형성한 혼성어를 부르는 말이다.

가 온 농장에 일을 하지 안코 이민에 가지고 온 고래장에 옷 몃 가지를 너헌채 이 농장 저 농장으로 이사를 다니고 일을 신실이 못하야 줌으로 농장쥬인의게 신용을 일엇다 한다.

술을 먹어면 자긔 친구 동족길에 싸리고 싸왓다 한다. 그러허나 일을 하면 쎄를 부리지 안코 일을 만히 [103]하여 다런 농민부담 일한 자리를 낸다 한다. 그래서 사진혼인이 시작되여 녀자를 다려 살림을 한 후에 남자들이 마음을 잡고 일을 잘해 쥬어서 농쥬의게 신용을 엇고 고리안이 일을 하면 만히 하고 잘한다는 말을 듯고 사탕농장에서는 도급도 주고 산에서 큰 거렁을 파서 물 네리오는 쎅치 파는 도급도 한인을 쥬엇다 한다.

그래서 기가니아 드러오니 디방에 국민회가 잇는대 이것은 한국 사람 거루민이 모은 회다. 각 섬에서 대표원 하나식을 호항에 보내여 일 년에 함 번식 열내회를 하고 호앙 국민회는 국민회 즁앙총회다. 그래서 내가 드러오니 길찬록 씨가 一千九百十四年에 마위 지방 대포원으로 호항 국민총회 왓다 갓다 하더라. 그쌔 한국 사람들이 생각에 우리 한국 사람들이 삼쳘리강산 우리 부모국을 써나 만리타국에 와서 나라도 일코 망국서럼이 잇설망정 그러헐수록 한째 뭉처 한국 동포 거류민이 단체적 행동이 잇서야 됨으로 국민회를 조직하고 한국인이 단체적 행동을 하고 사라야 된다는 의[104]미하에 조직되엿다 한다. 그쌔 총회 임원은 정칠래 포상로 갔으면 좋았을 텐데 자기가 온 농장에서 일하지 않고 이민 올 때 가지고 온 고리짝에 옷 몇 가지를 넣어 가지고 이 농장, 저 농장으로 이사를 다니며 일을 신실하게 해주지 않아 농장 주인들에게 신용을 잃었다 한다.

술을 마시면 자기 친구들, 동족끼리 때리고 싸웠다고 한다. 그러나 일을 하면 꾀를 부리지 않고 일을 많이 하여 다른 농민들보다 일한 자리를 내었다 한다. 그래서 사진혼인이 시작되어 여자를 데려와 살림을 한 후에 남자들이 마음잡고 일을 잘해 주어 농장 주인에게 신용을 얻고 코리안이 일을 하면 많이 하고 잘한다는 말을 듣게 되어 사탕수수 농장에서는 도급도 주고 산에서 큰 고랑을 파서 물 내려오는 디치〔ditch〕 파는 도급도 한인들에게 주었다 한다.

그래서 키카니아에 들어오니 지방에 국민회가 있는데 이것은 한국 사람 거류민들이 모은 회다. 각 섬에서 대표원 한 명씩을 호항[97]에 보내어 1년[98]에 한 번씩 월례회를 하였으며 호항 국민회[99]는 국민회의 중앙총회였다. 그래서 내가 들어오니 길찬록 씨가 1914년에 마우이 지방 대표로 호항 국민회 총회에 왔다 갔다 하더라. 그때 한국 사람들의 생각에 우리 한국 사람들이 삼천리강산 우리 부모 나라를 떠나 만리타국에 와서 나라도 잃고 망국의 설움이 있을망정 그럴수록 한데 뭉쳐 한국 동포 거류민들의 단체 행동이 있어야 하므로 국민회를 조직하였는데, 한국인이 단체 행동을 하고 살아야 한다는 의미하에 조직하였다 한다. 그때 총회 임원은 이름을

---

97 호놀룰루 항구의 줄임말로 호놀룰루를 이렇게 불렀다.
98 1년이 아니라 1개월이다.
99 정식 명칭은 '대한인국민회'이며, 1909년 2월 1일에 샌프란시스코의 공립협회와 하와이의 한인합성협회가 합동하여 조직한 자치 사회단체이다. 설립 목적은 이민 동포의 "교육과 실업을 진발하며, 자유와 평등을 제창하여 동포의 영예를 증진하며, 조국의 독립을 광복케 함"에 있었다. 하와이지방총회와 북미지방총회가 있었고, 하와이 국민회는 1914년 12월에 밀러 스트리트 1306번지에 총회관을 건립하였다(이덕희,『하와이 대한인국민회 100년사』, 연세대학교 대학출판문화원, 2013 참조).

복 리래슈다. 일홈을 긔억할 슈 업다. 그러하난 즁 리승만 씨가 十二年인지 三年인지 하와이로 오시엿다. 그째 인도자가 미국에는 운변가 안창호 씨가 게시고 하와이는 박용만 씨가 게시고 도덕적 인도로난 민찬호 씨가 게시고 정치로난 리승만 씨가 게시다.

다 기억할 수는 없으나 정칠래,[100] 포상복,[101] 리래수[102]다. 그러는 중에 이승만 씨가 〔19〕12년인지, 〔19〕13년인지 하와이로 오셨다. 그때 〔한인들의〕 인도자로 미국에 웅변가 안창호 씨[103]가 계시고, 하와이에는 박용만 씨[104]가 계시고, 도덕적 인도자로는 민찬호 씨[105]가 계시고, 정치가로는 이승만 씨

---

100  정칠래는 카우아이섬 국민회 회장으로 1911년과 1912년 대한인국민회 하와이 지방총회 총회장을 지냈으며, 1913년 국민회 중앙총회 총무로 국민회 법인 신청인으로 서명하였다(이덕희, 앞의 책, 2013, 34쪽).

101  천연희는 포상복, 포상옥(천연희 노트 7권)이라고 썼는데 표상옥이 맞다. 표상옥은 1925년 4월 10일 하와이섬 힐로 지방에 국민회를 복설할 때 총무를 맡았다(김도형, 「하와이 대조선독립단의 조직과 활동」, 『한국독립운동사연구』 37, 독립기념관 한국독립운동사연구소, 2010, 240쪽).

102  이내수李來洙(1860~1933)를 말한다. 1909년 국민회 부회장, 1910년 국민회 총회장을 지낸 독립운동가이다. 부인인 최사라는 사진신부였다.

103  안창호安昌浩(1878~1938). 독립운동가 · 교육자. 호는 도산島山. 평안남도 강서 출신. 1895년 청일전쟁 이후 구세학당에 입학해 3년간 수학하며 기독교인이 되어 서구 문물을 접하였다. 1897년 독립협회에 가입하여 필대은과 함께 평양에서 관서지부 조직을 맡았다. 1898년 서울 종로에서 이상재 · 윤치호 · 이승만 등과 만민공동회를 개최하였고, 1900년에 미국으로 건너가 샌프란시스코에서 한국인 친목회를 조직하고, 이를 기반으로 하여 대한인공립협회를 설립하였다. 1907년 평양에 대성학교를 설립하고, 1909년에는 박중화 · 최남선 · 김좌진 · 이동녕 등과 함께 청년학우회를 조직하여 민족계몽운동 및 지도자 양성에 주력하였다. 1911년 미국으로 망명해 1912년 샌프란시스코에서 대한인국민회 중앙총회를 조직하고 초대총장에 취임하였다. 1913년에 로스앤젤레스에 흥사단을 창설하였다. 1919년 3 · 1운동 직후 상해로 건너가 독립운동을 하였다(한국민족문화대백과사전. https://encykorea.aks.ac.kr).

104  박용만朴容萬(1881~1928). 독립운동가. 호는 우성宇醒. 강원도 철원 출신. 1904년 미국으로 건너가 1909년에 네브라스카의 커니 농장에서 독립운동과 인재양성을 목적으로 한인소년병학교를 설립하였다. 1911년 미주에서 설립된 재미동포 단체인 대한인국민회의 기관지 『신한민보』의 주필로 활동하였다. 1912년 하와이로 건너가 대한인국민회 하와이 지방총회의 기관지인 『신한국보』의 주필로 활동하였다. 1914년에는 항일무장 독립운동단체인 대조선국민군단을 조직해 군사훈련을 실시하였다. 국제 외교활동에 중점을 둔 이승만의 독립운동 방안과는 달리 이들은 독립군을 통합하여 무력으로 독립을 쟁취해야 한다는 입장이었다(한국민족문화대백과사전. https://encykorea.aks.ac.kr).

105  민찬호閔贊鎬(생몰년 미상). 재미 독립운동가 · 목회자. 1905년 하와이 호놀룰루에서 미국인 목사 와드먼, 송헌주 등과 한인상조회를 조직하였다. 1909년에 국민회 창립에 참가하였다. 1913년 미국 로스앤젤레스에서 안창호 등이 흥사단을 조직할 때 이사장으로 선임되었으며, 호놀룰루의 한인기독학원 학감으로 4년간 재직하였다(한국민족문화대백과사전. https://encykorea.aks.ac.kr).

박용만 씨는 군무의대장으로 조련을 밧고 군무를 배운 씩씩한 인도자요, 민찬호 씨는 신령의 신학으로 인민을 도덕으로 쎄우치는 인도자오, 리승만 씨는 정치로 자긔 성신것 애국심 삼철리강산 나 민족을 쌔우쳐 노예명에서 구원해 볼가 하는 그 마음 그 용기로 태평잡지로 쌔우쳐 볼가 하고 글을 썻다. 그 잡지 글을 보고 만히 쌔다랏다. 해위 민족이 내가 기가니아로 와서 리승만 씨 잡지를 바다 보앗다. 그쌔 리승만 씨의 쥬의는 우리가 해위에서 잇서 한국을 도음난 일은 위교가 제일이다. 한국에 애국열사들이 매일갓치 악형에 못이고 신경이상이 생겨 생명을 히생해도 [105]세계가 모러고 우리가 호소할 길이 업서니 우리 해위동포들이 조직회를 만드러 세게서 무삼 일이 생길 째는 우리도 대표를 보내여 한국의 어굴함을 호소하자는 의행에 글을 썻다. 그러고 박용만 씨는 자긔가 군무를 공부한 고로 그이의 쯧은 우리가 군무가 박약해서 나라를 일엇서니 우리는 지금 병참을 설시하고 군인을 양성하자 하고 힘을 만히 썻지마는 그쌔 너젓다.

지금 하와이 동포들이 다 나허 늙어서 군무를 배우지도 못하고 그 사람들을 가라쳐서 일본을 대항할 일도 못 되고 동포의 돈만 다 씰째업시 축을 낸다. 민찬호 씨난 신앙도득가 애국자로 신앙으로 동포를 쌔우쳣다. 그쌔에 우리가 종교가 에슈교인 쥼 에배당은 다갓다. 그쌔에 국민회는 다 우리 하와이 거류민이 조직한 회다. 그러나 그 가온대서 의견 출돌이 낫다. 그래서 박용만 씨 쥬장하는 산 넘에 한인 군인 양성하는 곳에 투신한 사름들은 박용만 씨 쯧이 올타 하고 리승만 씨 잡지에 정치로 위교하자는 말과 어린 아해[106]들을 한국말을 가라처서 대한청신을 너허 쥬는 학원을 건설해야 된다는 말을 잡지에 섯기에 우리가 그것을 일건 까짝에 우리는 그 쯧을 후원하엿다. 그럼으로 박용만 씨 군대를 찬성하는 사름은 독립단이라가 계셨다.

박용만 씨는 군무대장으로 조련을 받고 군무를 배운 씩씩한 인도자요, 민찬호 씨는 신령의 신학으로 인민을 도덕으로 깨우치는 인도자요, 이승만 씨는 정치로 자기 성심껏 애국심, 삼천리강산 내 민족을 깨우쳐 노예의 멍에에서 구원해 보려는 그 마음 그 용기로 『태평양잡지』를 통해서 깨우쳐 보려고 글을 썼다. 그 잡지 글을 보고 (내가) 많이 깨달았다. 해외(에 있는) 민족인 내가 키카니아로 와서 이승만 씨 잡지를 받아 보았다. 그때 이승만 씨의 주의는 우리가 해외에서 한국을 돕는 일은 외교가 제일이라는 것이었다. 한국에 애국 열사들이 매일같이 악형에 못 이기고 신경이상이 생겨 생명을 희생해도 세계가 모르고 우리가 호소할 길이 없으니 우리 해외동포들이 회를 조직하여 세계에서 무슨 일이 생길 때는 우리도 대표를 보내 한국의 억울함을 호소하자는 의향으로 글을 썼다. 그리고 박용만 씨는 자신이 군무를 공부한 고로 그이의 뜻은 우리가 군무가 박약해서 나라를 잃었으니 우리는 지금 병참을 설시하고 군인을 양성하자 하며 힘을 많이 썼으나 그때는 (이미) 늦었다.

지금 하와이 동포들이 다 나이 늙어서 군무를 배우지도 못하고 그 사람들을 가르쳐 일본에 대항할 수도 없으니 동포의 돈만 쓸데없이 축낸다. 민찬호 씨는 신앙도덕가 애국자로 신앙으로 동포를 깨우쳤다. 그때 우리 중 예수교인들은 모두 예배당에 나갔다. 그때 국민회는 다 우리 하와이 거류민들이 조직한 회다. 그러나 그 가운데 의견 충돌이 났다. 그래서 박용만 씨가 주장하는 산 너머에 한인 군인 양성하는 곳에 투신한 사람들은 다 박용만 씨의 뜻이 옳다 하였으며, 이승만 씨는 정치로 외교하자는 말과 어린아이들에게 한국말을 가르쳐서 대한의 정신을 넣어 주는 학원을 건설해야 된다는 말을 잡지에 쓰고 우리가 그것을 읽은 까닭에 우리는 그 뜻을 후원하였다. 그러므로 박용만 씨의 군대를 찬성하는 사람들은 독립단이라 하고 일홈을 지엇다.

우리 군무를 원하지마는 하와이 다 늙은 아자씨들을 군인으로 양성하여 일본을 대항한다는 말은 하날에 별 싸기보담 어려운 헛소리가 안인가. 세게서 우설 일이다. 그럼으로 나는 그째에 리승만 씨 잡지로 내가 보고 그이의 애국정신을 감복하고 한발 재주 발분 길이라도 싸라가고저 햇다. 리승만 씨도 사름이다. 그이가 에수 씨가 안이다. 그러나 그 민족을 애국하는 정신을 앙모하고 싸라갓다. 나도 한국 녀자로 내 클 대 나라가 남의 나라에 합방을 밧고 자유 업날 민족으로 악박한 대우를 밧아도 호소할 길이 업다. 불상한 우리 민족 아 참 못게라. 우리나라가 잇설 쌔아 태조 오백 년 동안 투기와 아참으로 조헌 인재 다 잡아 죽이고 인재를 양성치 [107]안코 세게 위교를 문을 싹고 살아온 민족이다. 그름으로 우리가 활란을 당할 쌔 호소할 길이 업다. 그래서 리승만 씨 교육으로 민족들을 양성하고 정치로 위교하는 것을 찬성햇다. 우리나라 민족들이 보통교육이 업서 무식한 고로 국문이라도 일거 보통 세게 도라가는 것을 그째 모러는 아지씨 아저문이가 만이 잇섯다. 그래서 리승만 씨 태평쥬보로 만히 캐웃첫다.

글아는 아자씨들이 일고 이약이를 하면 다 안저서 듯고 순종하고 그것이 참 죠헌 일이라 하고 후원하기로 다 작정한다. 그째 하와이 거루민 국민회의 무금은 일 년에 오元식이다. 그래서 그 아자씨들이 사탕밧혜 의려운 노동을 하여 가지고 위교하는 대 연조도 내고 조국 위하여 돈을 내라 하면 사양치 안코 정성것 햇다. 리승만 씨가 한국에 나와서 만국청년회관에 일보로 청해서 나오섯다 하고 일천구백십삼 년인지 이 년인지 진쥬에 오시여서 우리 교장이고 목사 [108-1]거열휴 댁여 주머시고 에배당에서 성경 강설 하시엿다. 그째에 우리 학생들이 다 듯고 잇다 누구누구가 이로 인도자라는 것 다 알고 잇섯다. 그째에 그이가 한국을 못 나오신다 하엿난 이름 지었다.

　우리는 군무를 원하지마는 하와이의 다 늙은 아저씨들을 군인으로 양성하여 일본에 대항한다는 말은 하늘의 별 따기보다 어려운 헛소리가 아닌가. 세계에서 웃을 일이다. 그러므로 나는 그때 이승만 씨 잡지를 보고 그이의 애국정신에 감복하여 한 발〔이라도〕자주 밟은 길을 따라가고자 했다. 이승만 씨도 사람이다. 그이는 예수님이 아니다. 그러나 그의 민족을 애국하는 정신을 앙모하고〔우러러 받들고〕따라갔다. 나도 한국 여자로 내가 클 때 나라가 남의 나라에 합방당하고 자유 없는 민족으로 악박〔악랄하고 야박〕한 대우를 받아도 호소할 길이 없었다. 불쌍한 우리 민족, 아, 참으로 못할 짓이다. 우리나라가 있을 때도 태조〔조선〕오백 년 동안 투기와 아첨으로 좋은 인재들을 다 잡아 죽이고 인재를 양성하지 않고 세계에 외교의 문을 닫고 살아 온 민족이다. 그러므로 우리가 환란을 당할 때 호소할 길이 없다. 그래서 이승만 씨의 교육으로 민족을 양성하고 정치로 외교하는 것을 찬성했다. 우리나라 민족이 보통교육이 없어 무식한 고로 국문이라도 읽어 보통의 세계 돌아가는 것을 모르는 아저씨, 아주머니들이 많이 있었다. 그래서 이승만 씨가 『태평양주보』로 많이 깨우쳤다.

　글을 아는 아저씨들이 읽고 이야기하면 다 앉아서 듣고 순종하고, 그것이 참 좋은 일이라 하고 모두들 후원하기로 작정했다. 그때 하와이 거류민 국민회의 모금액은 1년에 5원씩이다. 그래서 아저씨들이 사탕수수밭에서 어려운 노동을 하여서 외교하는 데도 원조하고 조국을 위하여 돈을 내라 하면 사양하지 않고 정성껏 냈다. 이승만 씨가 한국에 나왔을 때 만국청년 회관에서 일부러 청하여 나오셨다 하고 1913년인지 12년인지 진주에 오시어 우리 교장이며 목사이신 거열휴 댁에 주무시고 예배당에서 성경 강설을 하셨다. 그때 우리 학생들이 다 듣고 있어 누구누구가 이로〔운〕지도 자라는 것을 다 알고 있었다. 그때에 그이〔이승만 씨〕가 한국을 못 나오신다 대 진쥬 에배당에서 강설하신다 하여 우리 학생들이 그이의 얼골을 보기를 용망하고 에배당에 가서 강설도 듯고 맛나 보앗다.

우리가 그째도 대단이 염녀하엿다. 일본 경찰이 잡지 안나 하고 걱정하엿다. 그래서 만국청년회관에 초청해서 오싯다 한다. 그러나 우리 학생들은 만히 염려하엿다. 일본 경찰의 간듯한 묘교를 밋지 못햇다. 그러자 조곰 잇다가 드러니 리승만 씨 머리를 만원에 상이라고 강고를 햇다 한다. 그래서 그길노 미국으로 도로 가시엿다. 그 후 하와이로 오시서 태평양잡지를 시작하고 교육 방면으로 쌕터 푸라이 미미교 감이사로 그째 학원을 세웟다. 그째는 우리 한인 그루민이 에수교는 미미교당 회원이 만코 혹 현쥬교 혹 안식교

[108-2]쌕터 푸라이가 한인 미미교회 안에서 학원을 설시하고 한인 청년들이 그 학원에서 공부를 하고 학원에 유숙하고 잇섯다.

쌕터 푸라이가 미미교 감이사로 이 모던 것을 쥬장할 째 일본 영사가 한인 학원에 七百五十元을 연조 준 것을 잡지에 난 것을 보고 한인 교우들이 우리 자존들 교육에 일본 영사의 보조금이나 밧아서 한국 자손들 교육식힐 정신은 업다 하고 학생들을 다 다려내왓다. 그럼으로 와타면 쌕트 푸라이와 한인 미미교인 학생 부모내들과 충돌이 생겻다. 리승만

하였는데, 진주 예배당에서 강설하신다 하여 우리 학생들이 그이의 얼굴을 보기를 바라고 예배당에 가서 강설도 듣고 만나 보았다.

우리가 그때도 대단히 염려하였다. 일본 경찰이 잡지 않을까 하고 걱정하였다. 그래서 만국청년회관에서 초청해서 오셨다 하였다. 그러나 우리 학생들은 많이 염려하였다. 일본 경찰의 간특한 묘교(妙巧)를 믿지 못하였기 때문이다. 조금 후에 들으니 이승만 씨의 머리에 만 원의 상금을 [준다고] 광고했다 한다. 그래서 그길로 미국으로 도로 가셨다. 그 후 하와이로 오시어 『태평양잡지』를 시작하고 교육 방면으로 [힘써] 닥터 프라이를 미이미교[106] 감리사로 하여 학원을 세웠다. 그때는 우리 한인 거류민들 중 예수교는 미이미교당 회원이 많고, 그 외에는 천주교나 안식교 [뒤의 [109] 쪽으로 이어짐]

닥터 프라이가 한인 미이미교회 안에 학원을 설시하고 한인 청년들이 그 학원에서 공부하고 학원에 유숙하고 있었다.

닥터 프라이가 미이미교 감리사로 이 모든 것을 주장할 때 일본 영사가 한인 학원에 750원을 원조 준 것이 잡지에 난 것을 보고 한인 교우들이 우리 자손들 교육에 일본 영사의 보조금이나 받아서 한국 자손들을 교육할 정신[마음]은 없다 하고 학생들을 다 데리고 나왔다. 그러므로 와드먼 닥터 프라이[107]와 한인 미이미교인 학생들의 부모들 사이에 충돌이 생겼다. 이

---

106 미이미교美以美教는 감리교를 뜻하는 한자어이다. 감리교의 영어인 Methodist Episcopal Church를 줄여서 ME라 하였는데 ME를 한인들이 "미이미"라고 부른 데에서 유래하였다고 한다(이덕희, 『한인기독교회, 한인기독학원, 대한동지회』, 한국기독교역사연구소, 2008, 37쪽). 천연희 노트에는 미미교, 미이미교라고 씌어 있으며, 이하 미이미교로 통일하여 표기한다.

107 와드먼과 닥터 프라이를 함께 쓰는 것으로 보아 천연희는 1914년 6월 감리교회 감리사로 부임한 프라이William H. Fry와 그의 전임자였던 와드먼Dr. John W. Wadman 감리사를 동일인물로 혼돈하여 기억한 것으로 보인다. 와드먼은 피어슨George L. Pearson 감리사의 뒤를 이어 1904년부터 1914년까지 하와이 선교부의 감리사로 일했으며, 천연희가 하와이에 도착했을 때는 이미 하와이를 떠나 그의 후임으로 프라이 감리사가 일하고 있었다. 또한 일본 총

씨가 하와이 와서 게실 째 하와다맨 짝트 푸라이가 리승만 씨를 청하여 학원 일을 보게 되엿다. 리승만 씨가 학원 일을 보고 형편이

[109]교인이더라. 그러나 그째에 우리는 다 미미교인이다. 리승만 씨도 미미교인이다. 미미교 안에 학원을 설씨하고 섬에 잇는 우리 청년 아해들이 만히 유숙하고 공부하엿. 그째 리승만 씨가 관할하시엿다. 그째에 내가 하와이로 한국서 처음 드러왔다. 리승만 씨 잡지를 늘 밧아 보앗다. 국민보도 보앗다. 그래 조곰 긔억하지마는 너무 오래되엿서 다 긔억게 어렵다. 내 아는 대로 긔록한다.

내가 一千九百十五年 六月경에 하와이로 드러와서 된 일과 보고 드런 것은 내 아는 대로 사실상을 긔록한다. 그래서 그 후 호항에 잇는 한인 미미교와 학원을 판다 하는 소식을 잡지에서 보앗다. 국민보도 잇섯다. 그째에 그 기지는 한인을 위해서 에배당을 주기는 하엿지마는 그 기지는 미국 미슌의회에 속한 기지다. 그래서 교인들의게 아모 궐리 업시 미슌 마음대로 한다. 그래 그 기지를 팔아 한인 교회를 지어 쥬엇스면 아모 문제 감정 업지마는 항상 그째부탐도 우리 한인은 슈가 적고 일본 사람 인종이 만코 하니 돈도 만히면 보도 나온다.

[110]그래서 항상 무엇을 하게 되면 우리 한인이 수가 적고 돈 업난 줄 알고 짝짝 푸라이가 한인을 일본 사름 뒤로 쪼차가게 한다. 그래서 그것

승만 씨가 하와이에 와서 계실 때 와드먼이 이승만 씨를 초청하여 학원 일을 보게 하였다. 이승만 씨가 학원 일을 보고 형편이 〔내용이 중간에 끊어짐〕

〔[108-1]쪽에서 이어짐〕 교인이더라. 그러나 그때 우리는 다 미이미교인이다. 이승만 씨도 미이미교인이다. 미이미교 안에 학원을 설시하고 섬에 있는 우리 청년 아이들이 많이 유숙하고 공부하였다. 그때 이승만 씨가 관할하셨다. 그때에 내가 한국에서 하와이로 처음 들어왔다. 〔하와이에 와서〕 이승만 씨 잡지를 늘 받아 보았다. 『국민보』도 보았다. 그래서 조금 기억하지만 너무 오래되어 다 기억하기 어렵다. 내가 아는 대로 기록할 뿐이다.

내가 1915년 6월경에 하와이로 들어와서 일어난 일과 보고 들은 것을 내가 아는 대로 실상을 기록하려 한다. 그래서 그 후 호항에 있는 한인 미이미교회와 학원을 판다는 소식을 잡지에서 보았다. 『국민보』에도 〔그런 내용이〕 있었다. 그때 그 기지〔부지〕는 한인들을 위해서 예배당을 주기는 했지만 미국 미션회〔선교부〕에 속한 부지였다. 그래서 교인들에게는 아무 권리가 없었으며 선교부 마음대로 처리할 수 있었다. 그런데 그 부지를 팔아서 한인 교회를 지어 주었으면 아무 문제나 감정이 없었겠으나, 그때도 우리 한인은 수가 적고 일본 사람은 인종이 많고 하니 돈의 액수가 많으면 〔신문에〕 보도가 나왔다.

그래서 항상 무엇을 하게 되면 우리 한인이 수가 적고 돈이 없는 줄 알고 닥터 프라이가 한인에게 일본 사람 뒤를 쫓아가게 했다. 그것이 한인

---

영사관에서 기부금을 받은 사람은 프라이 감리사가 아닌 와드먼 감리사이며, 기부금을 받은 시기는 1912년이다. 와드먼 감리사는 한인 청소년의 교육을 위한다는 명목으로 기부금 750달러를 받았다. 이 소식을 접한 한인들이 와드먼 감리사에게 거세게 항의하였고, 그 돈을 즉시 일본 총영사관에 돌려주라고 요구하였다. 또한 와드먼 감리사에게 즉시 하와이를 떠나달라고 요구하였다. 이러한 와중에 이승만이 1913년 2월 하와이에 도착하였다. 와드먼 감리사는 이승만이 자신과 한인 사회에 있는 불화를 잠재워 줄 것이라고 기대하면서 그를 한인기숙학교의 교장으로 임명하였다(이덕희, 앞의 책, 2008 참조).

이 한인 교인들 불만족하엿다. 하나님을 밋어도 칭하가 잇섯다. 세력 잇 난 나라 백성의게 달니 대우한다. 그래서 미미교 에배당과 학원을 판 돈 으로 일본 에배당 짓난 대 도아주고 그 후에 한인 에배당은 조고마케 하 나 지어 쥬엇다. 그째에 그러한 형편을 보앗다. 일본 사람 에배당은 크게 잘 지어 주엇지마는 교인은 만치 안타.

일본은 위교로 다 그리하고 연조는 쥬지마는 밋기는 자긔 불교를 밋 는다. 그래서 그째 우리 한인들이 잘 째다란다. 교인이 다 불만족했다. 그 래서 우리가 에슈를 밋어도 산 에수를 밋고 우리가 신앙버텀 자유행동을 해야 된다는 생각으로 토론이 되고 잡지와 국연보에 내엿다. 그래서 우 리 교인들이 미미교에서 나와서 긔독교를 세우고 이것은 우리 한국민이 자유로[111-1]에슈를 밋고 신앙부텀 먼첨 자유행동을 해서 나라의 독립 하는 백성이 되자 하엿다. 그즁 디러난 미미교회에 잇섯다. 우리가 미미 교회서 갈나온 쯧은 미미교회를 실혀서 나온건 안이다. 그래서 주장하는 사람이 우리를 대우하는 것을 실혀서 나온 것이다. 그째는 이민해 드러 온 아저씨 아저문이가 만히 게시다. 아자씨들은 사탕밧헤 일을 하고 아 저문이들은 바너질 쌜내를 하엿다. 그러고도 돈을 내여 가무기 와일나이 큰집을 세로 내여서 에배를 보앗다.

나는 그째 기가니아서 기후아로 와서 잇고 우리가 집을 어더서 에배를 보앗다. 우리 교인들이 합역하여 우리가 돈 낸 쌍에 교회를 세우고 자유 를 신앙심을 기루기로 작정하고 쌍이 너리린 헌 집 잇난 쌍을 사가지고 에배를 보다가 쏘 그 젓혜 쌍을 사서 에배당을 지엇다. 그 에배당 긔독교 교인들의 불만이었다. 하나님을 믿어도 층하가 있었다. 세력 있는 나라의 백성을 달리 대우했다. 그래서 미이미교 예배당과 학원을 판 돈으로 일본 예배당을 짓는 데 도와주고 그 후에 한인 예배당은 조그맣게 하나 지어 주었다. 그때에 그러한 형편을 보았다. 일본 사람 예배당은 크게 잘 지어 주었지만 교인은 많지 않았다.

일본은 외교로 다 그렇게 하고 원조를 받지만 믿기는 자기네 불교를 믿었다. 그때 우리 한인들이 잘 깨달았다. 교인들이 다 불만이었다. 그래서 우리가 예수를 믿어도 산 예수를 믿고, 우리가 신앙부터 자유행동을 해야 한다는 생각으로 토론이 시작되었고 〔그런 내용을 『태평양』잡지』와 『국민보』에 내었다. 그래서 우리 교인들이 미이미교에서 나와 기독교를 세우고 우리 한국 국민이 자유롭게 예수를 믿고 신앙부터 먼저 자유행동을 하여 나라의 독립된 백성이 되고자 하였다. 그〔렇게 된 이유〕 중 더러는 미이미교회에 있었다. 우리가 미이미교회에서 갈라 나온 뜻은 미이미교회가 싫어서 나온 것은 아니다. 〔미이미교회를〕 주도하는 사람들이 우리를 대우하는 것이 싫어서 나온 것이다. 그때는 이민해 들어온 아저씨, 아주머니가 많이 계셨다. 아저씨들은 사탕수수밭에서 일하고 아주머니들은 바느질과 빨래를 하였다. 그렇게 하면서도 돈을 내어 와이알라에의 카이무키〔Kaimuki〕에 있는 큰 집을 세내어 예배를 보았다.[108]

나는 그때 키카니아에서 케아후아〔Keahua〕로 와 있었으며, 우리가 집을 얻어서 예배를 보았다. 우리 교인들이 협력하여 우리가 돈을 낸 땅에 교회를 세우고 자유롭게 신앙심을 키우기로 작정하고 땅이 넓고 오래된 집이 있는 땅을 사 가지고 예배를 보다가 그 옆에 땅을 사서 예배당을 지었

---

108 이 교회는 현재 알리이올라니 초등학교 자리에 있었다. 천연희 노트 7권 주 38 참조.

회다. 목사는 민찬호 씨다. 여러 목사가 가라들고 햇지마는 민찬호 씨 목사님은 총목사로 늘 게시엿다. 우리 신앙에 인도자시다. 그째는 우리 한인들 다 어려웟다. 월급이 적엇다.

[111-2]니도니아 에배당을 새로 직고 목사를 고빙하니 새 목사가 리홍직 씨가 되엿다.

[112]그래서 그 어려운 즁에도 자유로 쌍을 기지를 사서 에배당을 짓고 한인들이 부어낫다. 그래서 대단이 어려와서 목사님 월급도 제대로 쥬지 못햇다. 내가 자서이 모러나 그째 목사님 월급이 팔십 원가량이다. 그래서 목사님도 식구가 잇서니 먹고 사랴야 한다. 그래서 목사님 부인 민매리 씨가 백인 병참 될나 하는 한인 될나에서 바지 짓는 일을 해서 목사 월급이 속히 안이 오면 그 돈으로 살아갓다. 그래도 한인의 자립교회를 붓더러 갈 작정으로 의무로 해간 것이다. 그래서 수굴 골목에 잇는 에배당이 적엇다.

교회가 왕성하고 긔독교인이 만하서 그 교회를 팔아 가지고 닐니아 길거리 쌍을 사서 에배당을 직기 시작할 째 그째는 김형식 목사가 한국서 드러와서 목사가 되엿다. 그래서 아저무니들이 썩을 해서 각 교인들다. 그 예배당은 기독교회이고 목사는 민찬호 씨다.[109] 여러 목사가 바뀌었으나 민찬호 목사님은 총목사로 늘 〔그곳에〕계셨다. 우리 신앙의 인도자셨다. 그때는 우리 한인들이 다 어려웠다. 월급이 적었기 때문이다.

니도니아 예배당을 새로 짓고 목사를 초빙하니 새 목사가 리홍직 씨가 되었다.[110]

그래서 그 어려운 중에도 자유로〔자유롭게 신앙하고자〕땅을 부지로 사서 예배당을 짓고 한인들이 늘어났다. 그러나 〔형편이〕대단히 어려워서 목사님 월급도 제대로 드리지 못했다. 내가 자세히는 모르지만 그때 목사님 월급이 80원가량이다. 목사님도 식구가 있으니 먹고 살아야 한다. 그래서 목사님 부인이신 민매리 씨가 백인 병참〔부대〕에서 테일러 하는 한인 테일러에게 가서 바지 짓는 일을 하여 목사 월급이 제때 나오지 않으면 그 돈으로 살았다. 그래도 한인들의 자립 교회를 붙들고 갈 작정으로 의무감을 가지고 해 간 것이다. 그래서 수굴 골목〔스쿨 스트리트School Street〕에 있는 예배당은 〔크기가〕작았다.[111]

교회가 왕성하고 기독교인이 많아져 그 교회를 팔아서 릴리하 스트리트〔Liliha Street〕에 있는 땅을 사서 예배당을 짓기 시작할 때 김형식 목사가 한국에서 들어와서 목사가 되었다.[112] 아주머니들이 떡을 해서 각 교인들

---

109 감리교에서 독립해 나온 한인기독교회Korean Christian Church의 초대 목회자 사병춘에 이어 2대 목회자로 1919년부터 1929년까지 10여 년간 재임하며 교회의 기틀을 세웠다. 앞의 주 104 참조.

110 리홍직은 1930∼1931년 한인기독교회 목회자를 역임한 이용직李容稷(William Y. Lee) 목사를 말하는 것으로 보인다(이덕희, 앞의 책, 2008, 69∼79쪽). 예배당을 새로 지었다는 니도니아가 어디인지는 확인하지 못하였다.

111 한인기독교회는 1922년에 스쿨 스트리트 622번지의 4만 5,000평방 피트(약 1,272평)의 부지를 매입하고, W.H. Castle 회사에서 1만 7,500달러의 건축 빚을 내어 한인 목수들이 새 교회를 건축하였다(「한인기독교회 약사와 50주년 기념」, 『태평양주보』 1953년 11월 20일, 6쪽. 이덕희, 앞의 책, 2008, 53쪽에서 재인용).

112 김형식은 한국의 개성, 일본의 고베, 미국의 켄터키 등에서 신학을 공부하였으며 1934년 6월

---

과 동포들의개 해서 팔 째 김 목사님이 자동차로 아저문이들을 씰고 떡을 팔아서 모헌 돈으로 에[113]당 짓는 대 씨고 여러 교인들이 의무로 돈을 만히 냇다. 그째 한인 긔독교의사회가 잇섯고 평신도대포회가 잇섯다. 의사회의 사원이 잇섯지마는 다 일홈을 기억할 슈 업다. 그러나 의사회의 사장은 온니 한 분이시다. 리승만 씨다. 그이는 긔독교회 설립자다. 그러고 지금 그 교회가 널니아 한인교독교로 한인의 재산과 힘으로 설립되엿다. 리승만 씨 개인 친구 백인들도 만히 도아주엇다. 이 교회를 설립하고 해가는 동안에 풍파와 고랑한 시험도 만히 당햇다.

아직도 우리 한인이 나라가 자유독립되면 백성이 자유되고 교회가 자립되면 교인이 자유되는 것을 학실이 아는 민족인지 모런다. 알고도 개인의 허욕으로 거러허는지 모러고 제 것을 가지고 제가 쥬인 되여 남을 이용할 생각은 업 내 것을 남의 손에 엿고 어더먹을 생각만 한다. 그래 이 교회도 풍파가 만햇다. 새 목사를 고빙해 오면 먼첨 교인들 무섭 쯧으로 이 교회가 선 그 쯧은 생각지 안코 그 역사를 듯고 알아도 자긔가 목사라 해서 다런 미순에 갓다 부속하는 쯧을 보인다. 그래서 교[114]회가 시험 만코 시비가 만앗다. 그즁에 교인들이 신앙이 굿굿지 못하고 생각이 박약해서 바람에 부는 갈째 모양으로 감언이설에 아참하는 사람에 말을 듯고 부동해서 굿굿히 직히 나가는 일에 방해와 손해를 만히 준다. 그래서 그즁에 자립교회를 직히 나가는 교인들의게 손헤를 만히 주고 위국 사람들의게 슈치를 만히 주엇다. 그러나 올언 모적인 가쇽에 아직도 굿굿이 서 잇고 전부가 한인에 재산이다. 늙은 아자씨들을 보호하는 양노원도 이 교회 주체로 잇다.

과 동포들에게 팔 때 김 목사님이 자동차로 아주머니들을 싣고 [갔다]. 떡을 팔아서 모은 돈을 예배당 짓는 데 썼으며, 여러 교인들이 의무로 돈을 많이 냈다. 그때 한인 기독교 이사회와 평신도 대표회가 있었다. 이사회의 사원[이사들]이 있었지만 이름을 다 기억할 수 없다. 그러나 이사회의 이사장은 온니[only, 오직] 이승만 씨 한 분이셨다. 그이는 기독교회의 설립자이다. 그리고 지금 그 교회가 릴리하 한인기독교로 한인들의 재산과 힘으로 설립되었다. 이승만 씨의 개인적 친구인 백인들도 많이 도와주었다. 이 교회를 설립하고 [운영]해 가는 동안에 풍파와 곤란한 시험도 많이 당했다.

아직도 우리 한인이 나라가 자유독립되면 백성이 자유로워지고 교회가 자립하면 교인이 자유로워지는 것을 확실히 아는 민족인지 모르겠다. 알고도 개인의 허욕으로 그러는지 모르고 제 것을 가지고 제가 주인이 되어 남을 이용할 생각은 없고, 내 것을 남의 손에 넣고 얻어먹을 생각만 한다. 그래서 이 교회도 풍파가 많았다. 새 목사를 고빙해 오면 먼저 교인들은 무슨 뜻으로 이 교회가 설립되었는지는 생각하지 않고 그 역사를 듣고 알아도 자기가 목사라 해서 다른 미션[mission, 선교부]에 가져다 부속시키려 하였다. 그래서 교회가 시험이 많고 시비가 많았다. 그러는 중에 교인들이 신앙이 꿋꿋하지 못하고 생각이 박약해서 바람에 부는 갈대 모양으로 감언이설에 아첨하는 사람들의 말을 듣고 부동[부화뇌동]해서 [교회를] 꿋꿋이 지켜 나가는 일에 방해와 손해를 많이 주었다. 그렇게 하는 중에 자립교회를 지켜 나가려는 교인들에게 손해를 많이 입히고 외국 사람들 앞에서 많이 수치스럽게 하였다. 그러나 옳은 목적인 까닭에 아직도 꿋꿋이 서 있고 전부가 한인들의 재산이다. 늙은 아저씨들을 보호하는 양로원도 이

---

가족과 함께 하와이로 와 1934년부터 1940년까지 하와이 한인기독교회 목회자를 역임하였다(이덕희, 앞의 책, 2008, 81~82쪽).

이 교회 창립 설시할 대 힘과 물질을노 만히 힘씬 아자씨 아저문이 일홈은 다 긔억하여 쓸 수는 업서도 대강 기억나는 대로 쓴다. 그 일홈이 조석순 씨, 조매윤 씨, 백낙현 씨, 백인숙 씨, 이민산 씨, 송순이 씨, 김광재 씨, 안덕인 씨, 안형경 씨, 안형경 씨 부인, 각매리, 박래선 씨, 정원서 씨, 차신호 씨 부인 차경애, 김서울, 박보광, 김노듸, 김영순, 공치슌 씨, 동부인, 박주범 씨, 동부인, 민한옥 씨, 동부인……

교회가 주체가 되어 〔운영하고〕 있다.

이 교회를 창립 설시할 때 힘과 물질로 많이 힘쓴 아저씨, 아주머니들의 이름을 다 기억할 수는 없어도 대강 기억나는 대로 써 보겠다. 그 이름은 조석순 씨, 조매윤 씨,[113] 백낙현 씨, 백인숙 씨, 이민산 씨, 송순이 씨, 김광재 씨, 안덕인 씨, 안형경 씨,[114] 안현경 씨 부인〔엘리자벳 박〕, 각매리 씨,[115] 박내선 씨, 정원서 씨, 차신호 씨 부인 차경애, 김서울, 박보광, 김노디,[116] 김영순, 공치순 씨와 그 부인, 박주범 씨와 그 부인, 민한옥 씨와 그 부인······.

---

113 1944년 6월에 조직된 하와이 한인 부인들의 친목조직인 부인협동회Korean Old Ladies Club 에서 1948년 3월부터 1949년 4월까지 회장을 역임한 조매륜을 말한다.

114 안형경은 안현경安顯景(1881~미상)을 잘못 표기한 것이다. 안현경은 하와이 한인기독교회 의 평신도 지도자로 전도사로 활동하였으며, 하와이 국민회 총무로 1913년 이승만이 하와이 를 방문하였을 때 그를 안내하였다. 1921년 이승만, 민찬호 등과 함께 동지회 발기인으로 참 가하고, 후에 동지회 대표가 되었다(이덕희, 앞의 책, 2008 참조).

115 곽마리아의 오기인 듯하다.

116 앞의 주 93 참조.

천연희 노트 2권

사진혼인 긔록―기가니아 계속 책이 2권

[1: 빈 면]

[2]그래서 한인 아자씨 아저문이들이 긔독교회를 세운 분들이다. 지금은 다런 세상에 가시고 자긔들 애씨고 한 헌적은 남아 잇다. 이분들은 이민에 드러온 분이 만코 그 후로 사진혼인으로 드러온 부인들이 만타. 그래서 이 녀자들은 그쌔 다 절문 부인이다. 이 아저문이들은 즁늙은이다. 우리를 참 사랑햇다. 우리들도 자긔들을 사랑햇다. 그러고 그 아저문이 음식하는 것도 만히 베왓다. 함경도 아저문이도 잇고, 평안도 서울 아저문이가 만타. 그래셔 우리 절문들이 아모것도 모러고 하와이 와서 그 아저문이쩌 모던 것을 만히 베왓다.

지금 우리가 늙은이가 되여 그 아저문이 뒤를 쫏차간다. 사진혼인에 올 쩨 곳다운 청춘이 세월이 여휴하여 귀 밋헤 백발이 성성하고 우리가 그 아저문이 뒤를 짜라간 우리 친구가 만다. 한심한 세상이라. 조물의 쉬긔로 세월이 헐너갓다. 그러고 보니 우리 해오던 교회를 우리 이세의게 넘기야 된다. 우리 후자존이 밧아서 부모의 직히 나온 그 역사를 억개에 질머지고 행해 나갈 사람이 잇서야 된다. 이것은 쳔채로 민족 사랑이 잇서야 된다. 첫채는 내거로 즁이 넉기고 내가 내거설 쥬장하는 힘이 잇서야 된다. 내거설 쥬고 그 사 [3]밋헤서 절제밧은 일은 안 해야 된다. 우리가 우리 것을 쥬장하는 쥬인이 되여야 된다.

속담에 엣말에 말을 주고 되를 밧는 일은 안 해야 된다. 내가 한 번 평신도 할 쩨 그쩨 회장은 김영긔 씨도 긔독교 창설인 편신도 회장이다. 그쩨에 내가 말하기로 우리 부모가 자식의게 유산을 넘기줄 쩨 부모 쯧을

## 사진혼인 기록−키카니아 계속 책이 2권

그래서 이 한인 아저씨, 아주머니들이 기독교회를 세운 분들이다. 지금은 다른 세상에 가셨으나 그들이 애쓴 흔적은 남아 있다. 이분들은 〔초기에〕 이민으로 들어온 분들이 많고, 그 후에 사진혼인으로 들어온 부인들이 많다. 그래서 이 여자들은 그때는 다 젊은 부인이었다. 〔지금은〕 이 아주머니들이 중늙은이다. 〔이 아주머니들이〕 우리를 참 사랑했다. 우리도 아주머니들을 사랑했다. 그리고 아주머니들에게서 음식 하는 것도 많이 배웠다. 함경도 아주머니도 있고, 평안도, 서울 아주머니가 많았다. 그래서 우리 젊은이들이 아무것도 모르고 하와이 와서 그 아주머니들에게서 모든 것을 많이 배웠다.

지금은 우리가 늙은이가 되어 그 아주머니들의 뒤를 쫓아가고 있다. 사진혼인하여 올 때 꽃다운 청춘이 세월이 여류하여 귀 밑에 백발이 성성하고, 그 아주머니들의 뒤를 따라간 우리 친구도 많다. 한심한 세상이라. 조물주의 시기로 세월이 흘러갔다. 그러고 보니 우리가 해오던 교회를 우리 2세에게 넘겨야 된다. 우리 후손들이 받아서 부모들이 지켜온 그 역사를 어깨에 짊어지고 행해〔운영해〕 나갈 사람이 있어야 된다. 이것은 천채로〔전적으로〕 민족 사랑이 있어야 된다. 첫째는 내 것으로 중히 여기고, 내가 내 것을 주장하는 힘이 있어야 된다. 내 것을 주고 그 사〔람〕 밑에서 절제〔통제〕받는 일은 안 해야 된다. 우리가 우리 것을 주장하는 주인이 되어야 한다.

속담에 〔이르듯이〕 "말로 주고 되로 받는 일"은 안 해야 된다. 내가 한번 평신도 〔회원으로〕 일했을 때 회장은 김영기 씨로 〔그는 한인〕기독교회 창설자이자 평신도 회장이다.[1] 그때에 내가 말하기를 우리 부모가 자식에게 유산을 넘

---

1 김영기는 한인기독교회 창립 멤버이며 평신도 지도자로 교회 소속 신흥국어학교 교장 등을 지

순종하고 부모의 재산 밧아 허탕망탁이 씨지 안코 잘 직히는 자식의게 유산을 넘기난 것과 갓치 우리 긔독교회도 절문 교인 이세의게 넘기되 부모가 엇더한 쯧으로 이 교회를 설립한 그 역사를 잇지 안코 잘 직힌다면 늙은 교인들이 지금 다 넘기 죠도 죳타고 설명하엿다. 이 교회는 한인 유산이 만헌 고로 별 시험이 드러오난 싸닥이다. 우리 청년들이 잘 하여 간다. 그이들도 미국 백성이나 부모 피를 잇지 안이한다.

그래서 그 청년들이 잘해 간다. 콰아도 참 잘하고 목소리가 청련에 써난 아람다온 소래로 늙은이[4]들을 깃버게 한다. 이것이 사람의 정의 인도다.

[5]내가 一千九百十五年년에 사진혼인으로 기가니아로 드러와서 자리 잡고 살째 리승만 씨 잡지를 바다 보고 아모리 살펴 보아도 리승만 씨를 후원하여야 되겟다고. 그이가 삼철리강산에 애국자다. 불상한 우리 민족 피 클는 자유 찬는 것을 원한다. 그래서 그이의 애국심을 탄복하고 나도 일비 지역이라도 도울 생각하고 찬성햇다. 그째에 리승만 씨가 十三年점 하와이로 나오신 것 갓다. 그전에 국민회가 하와이 거류 동포의 회다. 자시는 모르나 대강 그째 호항 총회장이 잇고 각 사 섬에서는 디방회가 잇서 디방 회장이 잇섯다. 그러고 일 년에 한 번식 대포회가 잇서 각 디방에 대포원을 총회로 파송하여 대포회를 하고 그 성적을 지방에 가서 보고하엿다.

그째 총회 임원이 포상 김종학, 정칠래, 리내슈리 씨 한 분 일홈을 생각

겨줄 때 부모 뜻에 순종하고 부모의 재산 받아 허랑방탕 쓰지 않고 잘 지키는 자식에게 유산을 넘기는 것과 같이 우리 기독교회도 젊은 교인 2세에게 넘기되 부모가 어떠한 뜻으로 이 교회를 설립했는지 그 역사를 잊지 않고 잘 지킨다면 늙은 교인들이 지금 다 넘겨줘도 좋다고 설명하였다. 이 교회는 한인의 유산이 많아서 별별 시험이 들어오기 때문이다. 우리 청년들이 잘하고 있다. 그들이 미국 백성이지만 부모의 피를〔혈통을〕 잊지 않았다.

그래서 그 청년들이 잘해 나갔다. 콰이어〔choir, 합창〕도 참 잘하고, 목소리가 청천에 뜨는〔푸른 하늘에서 나는〕 아름다운 소리로 늙은이들을 기쁘게 한다. 이것이 사람의 정의로운 인도이다.

내가 1915년에 사진혼인으로 키카니아〔Kikania〕로 들어와 자리 잡고 살 때, 이승만 씨〔가 발행하는〕 잡지를 받아 보고 아무리 살펴보아도 이승만 씨를 후원하여야 되겠고 〔생각했다.〕 그이는 삼천리강산의 애국자다. 불쌍한 우리 민족의 피 끓는 〔마음은〕 자유 찾는 것을 원하였다. 그이의 애국심에 탄복하고 나도 일부 지역이라도 도울 생각에 찬성했다. 이승만 씨가 1913년경에 하와이로 나오신 것 같다. 그전에 국민회[2]는 하와이 거류 동포들의 모임이었다. 자세히는 모르지만 대강 그때 호항〔호놀룰루〕에 총회장이 있고 네 개의 각 섬에는 지방회가 있어 지방회장이 있었다. 그리고 1년에[3] 한 번씩 대표자회의가 있어 각 지방의 대표들을 총회에 파송하여 대표자회의를 하고 그 성적〔결과〕을 각 지방에 가서 보고하였다.

그때 총회 임원은 김종학,[4] 정칠래,[5] 이내수[6] 씨와 이름이 기억나지 않는

---

냈고, 대한인교민단 총회장(1923~1925)을 역임하였다.
2 천연희 노트 1권 주 99 참조.
3 천연희의 착각이다. 실제로는 1년이 아니라 1개월이다.
4 김종학은 1914~1915년 6월 하와이 대한인국민회 총회장이다.
5 정칠래에 대해서는 천연희 노트 1권 주 100 참조.
6 리내슈는 이내수李來洙(1860~1933)를 말한다. 이내수에 대해서는 천연희 노트 1권 주 102 참조.

지 못하겟다. 그째 길찬록 씨가 파이야 지방 대포원이 되여 十四年도에 호항에 나와서 대포회를 하고 왓다 한다. 그째에 그 임원들이 올치 못한 행정 만히 하고 인민의회 돈 만히 축을 내여서 그 임원으로 취임식 [6]하고 재총장을 내엿다. 회 돈을 가지고 개인의 장가가는대 길에 쌀을 써헛고 남용한 만이 썻다 한다.

그리고 그전 해에 리항우 씨라 하는 청년이 미국 대학을 맛치고 하와이를 나와서 우리 동포를 위하야 일을 만히 하엿다 한다. 그째 아자씨 농민들이 말을 잘 몰나 농사한 돈도 잘 차저 먹지 못하엿다. 그래서 리항우 청년이 만히 도아서 일을 보아 주는 중 여긔 멋 죠치 못한 사람 쉬긔하여 그 사람을 애미하기 몰고 동포를 위하여 일도 못 하게 하는 고로 그 청년이 너무 착하고 바런 사름이라 자긔가 글을 씨기로 나는 천당이나 아니면 지옥이라 하고 자살하엿다 한다.

그째 한 사람은 이 임원에 사름이 또 리정근이라 하는 사름이라 항우 씨를 방에 가두고 못시 햇다는 말을 드럿다. 그이가 애국지사다. 그의 무덤이 누아노 매장지에 잇다. 그 후에 리승만 씨가 하와이로 왓다. 리승만 씨는 굿굿할 힘이 있다. 누가 마음대로 헌들지 못햇다. 리항우 씨 청년으로 격역이 적고 착한 사람이 되여 저히가 도적질은 다하고 리항우 씨가 바런대로 해7니 그것이 실어서 여러 사람 당이 그이를 몰아 그이가 어굴해서 자살하엿다.

그 후 지방회에서 호항 총회 임원들이 조치 못한 줄 알고 지방대포원을 파송하고 회의한 결과로 전 임원을 다 가라내고 새 임원이 드러서서 한 분이다. 그때 길찬록 씨가 파이아 지방 대표가 되어 [19]14년도에 호놀룰루에서 대표자회의에 참석하고 왔다 했다. 그때 임원들이 옳지 못한 행정을 많이 하여 인민의회[국민회]의 공금을 많이 축내어 그 임원을 [바꾸어] 취임식을 하고 다시 총회장을 내었다[선출하였다]. [국민]회 돈을 가지고 개인이 장가가는데 길에 쌀을 퍼 대고 많이 남용했다고 한다.

그리고 그전 해에 이항우[7] 씨라는 청년이 미국 대학을 마치고 하와이에 와서 우리 동포를 위하여 일을 많이 하였다 한다. 그때 아저씨 농민들이 말을[영어를] 잘 몰라서 농사한 돈도 찾아 먹지 못하였다. 그래서 이항우 청년이 많이 도와서 일을 보아 주는 중에 여기의 좋지 못한 몇몇 사람들이 시기하여 그 사람을 애매하게 몰고 동포를 위하여 일도 못 하게 하였다. 그 청년은 너무 착하고 바른 사람이라 자기가 글을 쓰기로 [유서를 남기기를] "나는 천당 아니면 지옥이다"라 하고 자살하였다 한다.

그때 임원 중 한 사람인 이정근이 [이]항우 씨를 방에 가두고 몹시 했다는 말을 들었다. 그이는 애국지사다. 그의 무덤이 누우아누[Nuuanu]의 매장지[공동묘역]에 있다. 그 후에 이승만 씨가 하와이에 왔다. 이승만 씨는 꿋꿋한 힘이 있어 누구도 마음대로 흔들지 못했다. 이항우 씨는 청년으로 경력이 적고 착한 사람이어서 도적질은 저희가 다 하고, 이항우 씨가 바른 대로 하니 그것이 싫어서 여러 사람이 떼를 지어 그이를 몰아가 그이가 억울해서 자살하였다.

그 후 지방회에서 호놀룰루 총회 임원들이 좋지 못한 줄을 알고 지방대표들을 파송하여 회의한 결과 전체 임원을 다 갈고 새 임원들이 들어서서

---

7　이항우李巨愚(Victor H. Nhee)는 1910년 4월에 샌프란시스코 『신한민보』의 편집인으로 잠시 일하였으며, 1911년 3월 호놀룰루로 와서 국민회의 기관지인 『신한국보』의 편집인으로 있다가 12월에 사임한 후 1911년 12월 27일에 자살하였다(이덕희, 『하와이 대한인국민회 100년사』, 연세대학교 대학출판문화원, 2013, 87쪽, 주 170, 171 참조).

행정하엿다. 내가 사진혼인으로 십오 년에 드러오니 다 정돈이 되고 리 박사는 부누아 거리에 조고마는 학원을 시작하고 태평양주보도 내시고 국민회 긔관과 일을 정치일을 하시다 그째에 세계전장이 긋치 나고 월손 대통영이 세계평화단판을 불너서 각국 대포자가 가게 되고 리승만 씨도 참에하게 국민회서 재정을 담당해서 파송햇다.

우리 요구난 한국 백성이 일본 제국쥬의 밋헤 사는 것 원치 안음으로 독립을 쥬던지 자치를 쥬던 평화단판에서 해결해주시요 하고 파송햇다. 그러고 세계 군사군축회에도 그와 갓흔 쯧을 가지고 대포원을 보냇다. 우리는 이런 대 대포를 보내면 해위 잇는 동포들 한국 민족이 다 소원으로 보낸다 하는대 반대자 몃 사람과 독립단 몃 사람과 다런 단체 말하기를 리승만 패서 보낸 대포지 우리는 안이라 하고 저거 대포[8]를 짜로 파송한다. 그래서 만히 방해를 쥬어 세계 사름의게 적은 수호로 단합 못 되는 것을 알게 해서 슈치되게 하고 더 힘이 업다. 오호호라 한국 민족이여 조상 째로 지금까지 단결이 업고 민족 단합이 업섯다. 제가 잘낫다 하고 머리 될나 하니 머리난 잇지마는 몸이 업서니 염통이 업다. 이 염통에서 삼쳘리 우리 민족 사랑하는 마음이 울어나야 된다. 리승만 씨는 애국자다. 자긔일 평생을 자유 민족을 위해서 일생을 맛칫다.

세계평화단판이 열닌다 할 째에 국민보나 잡지를 보니 일본이 한국에

〔총회의〕 행정을 맡았다. 내가 사진혼인으로 1915년에 하와이에 왔을 때는 〔이 모든 것이〕 다 정리되고 이승만 박사는 푸우누이〔Puunui〕 거리에 작은 학원〔한인여학원〕을 시작하고 『태평양주보』도 내시고 국민회 기관의 일〔과 같은〕 정치 활동을 하셨다. 그때 세계전쟁〔제1차 세계대전〕이 끝나고 윌슨 대통령이 세계평화담판[8]을 소집하여 각국 대표자들이 가게 되어 이승만 씨도 참여하도록 국민회에서 재정을〔경비를〕 부담해서 파송했다.

우리 요구는 "한국 백성이 일본 제국주의 밑에 사는 것을 원치 않으니 독립을 주든지 자치를 주든지 평화담판에서 해결해 주시오."라고 파송했다. 그리고 세계 군사군축회의[9]에도 그와 같은 뜻을 가지고 대표를 보냈다. 우리는 이런 곳들에 대표를 보내면서 해외에 있는 동포들 모든 한국 민족의 소원을 담아 보낸다고 했다. 〔그런데〕 반대자 몇 사람과 독립단 몇 사람, 다른 단체들이 말하기를 〔회의에 참석한 대표는〕 이승만 패에서 보낸 대표이지 우리의 대표는 아니라고 하면서 자기들 측의 대표를 따로 파송했다. 그래서 많이 방해하고 세계 사람에게 〔한국 사람들은〕 적은 수인데도 단합하지 못함을 알게 해서 수치스럽고 더 힘이 없었다. 오호라! 한국 민족이여. 조상 대대로 지금까지 단결하지 못하고 민족 단합이 없구나. 모두 제가 잘났다고 하면서 머리가 되려 하니 머리만 있고 몸통이 없으니 염통도 없구나. 이 염통에서 삼천리 우리 민족 사랑하는 마음이 우러나와야 된다. 이승만 씨는 애국자다. 자기 일평생을 민족의 자유를 위하여 바쳤다.

세계평화담판이 열린다 할 때 『국민보』나 『〔태평양〕잡지』를 보니 일본이

---

8 1919년에 제1차 세계대전을 종결짓기 위해 전승국들이 프랑스 파리에 모여 개최한 파리평화회의Paris Peace Conference를 말한다. 1918년 11월 제1차 세계대전이 끝난 후 미국 대통령 우드로 윌슨이 전후 세계평화안 14개조를 발표하였으며 이 안이 파리평화회의에서 원칙으로 제시되었던 까닭에 천연희는 여기서 윌슨이 소집하였다고 쓴 듯하다.
9 1921년 11월 12일부터 1922년 2월 6일까지 군비축소와 동아시아에서 열강들 사이의 '질서'를 재편성하는 것을 목적으로 열린 워싱턴회의Washington Conference를 말한다.

대해 모던 법을 더 강하게 하고 별순사를 만히 파송하여 평민을 잡아 문초를 만히 하고 악형을 해서 백성이 토단 줌에 잇다는 소식을 들엇다. 그째에 하와이서 위교부를 와싱톤에 세우고 청국 상해도 림시정부가 섯다 한다. 그래서 우리가 독립을 차질 나면 결사적 행동이 잇서야 된다. 한국서 난 피를 헐니고 우리는 단결이 잇서야 된다. 그러니 결사적 단결회를 동지회라 조국 피 헐니난 그 대신에 우리는 세계만방에 일본 제국쥬의 밋헤서 악착한 죽엄을 [9]하난 우리 민족을 독립으로 후원하자 동지회는 국민회 안에서 세웟다. 그째 국민회는 하와이 거류민 한국 사람의 평안 질서를 보호하게 세운 것이오. 그 기간에서 조국을 위하야 일도 만히 햇지마는 그 기간 하에 동지회를 햇다.

동지회는 우리 삼철리강산 우리 민족을 독립하자는 결사회다. 그래서 그째는 국민회 회원이 다 동지회원이요 아모 부분으로 딴 회가 안이다. 동지회는 독립 찾는 회 결사회다. 그째에 박용만 씨 군대에 찬성하는 사람 좀 반대햇지마는 슈가 척엇다. 그래셔 아자씨 아저문이들이 재정도 만히 내고 참 일도 만히 하엿다. 그째 리승만 씨가 정치 일을 하시면서 교육으로도 일했다. 그래서 그 긔독학원을 설시햇서 갈닐니골 작산 우에 너런 땅을 사서 캐시아라 하는 학원을 짓고 자기가 교장 겸 홈장 겸하고 그 후에 손노되가 홈장으로 분도 홈장으로 시무햇다. 그 후에 리원순 내위 캐시아 학원을 설시할 째 쌍이 널고 학교 짓난 대 돈이 만히 드러갓다.

한국에 대하여 모든 법을 더 강력하게 하고 별순사(경찰)를 많이 파송하여 평민들을 잡아 문초를 많이 하고 악형을 내려 백성들이 도탄 중에 있다는 소식을 들었다. 그때 하와이에서 (들으니) 외교부를 워싱턴에 세우고 중국 상해에 임시정부가 섰다고 한다. 우리가 독립을 찾으려면 결사적 행동이 있어야 된다. 한국에서는 피 흘리며 (노력하니) 우리는 단결해야 한다. 그래서 결사적 단결회를 동지회[10]라 (하고) 조국에서 피 흘리는 대신에 (미국에 있는) 우리는 세계만방에 일본제국주의 밑에서 죽을힘을 다해 싸우는 우리 민족의 독립운동을 후원하려고 동지회를 국민회 안에 세웠다. 그때 국민회는 하와이 거류민 한국 사람들의 평안질서를(안녕과 질서를) 보호하기 위하여 세운 것이요, 그 기관(국민회)은 조국을 위하여 많은 일을 했지만 (더욱 발전시키기 위하여) 그 기관 아래에서 동지회를 한 것이다.

동지회는 우리 삼천리강산 우리 민족의 독립을 위한 결사회다. 그때는 국민회 회원이 다 동지회원이요, 어느 부분도 다른 회가 아니었다. 동지회는 독립을 찾는 결사회다. 그때에 박용만 씨[11] 군대에 찬성하는 사람들이 좀 반대했지만 수가 적었다. 그래서 아저씨, 아주머니들이 재정(경비)도 많이 내고 일도 참 많이 했다. 그때 이승만 씨가 정치 활동을 하시면서 교육 자로도 일했다. 칼리히 밸리(Kalihi Valley) 작은 산 위에 넓은 땅을 사서 케이시아이(KCI; Korean Christian Institute, 한인기독학원)라 하는 학원을 짓고 교장 겸 홈장(원장)을 겸하고, 그 후에 손노디라는 분도 홈장으로 시무했다. 그 후에는 이원순 내외가 (맡아 관리했다.) KCI 학원을 설립할 때 넓은

---

10 대한민국 임시정부와 임정대통령 이승만의 독립운동을 돕기 위해 하와이의 한인들이 호놀룰루에 설립한 민족운동 단체이다. 1921년 7월 7일 하와이 네 섬의 지도자가 임정대통령에 임명된 이승만을 환영하는 모임에서 설립을 결의하고, 미주한인사회에서 중요한 독립운동단체로 활동하였다(한국민족문화대백과사전. https://encykorea.aks.ac.kr).

11 박용만朴容萬(1881~1928). 독립운동가. 상세한 내용은 천연희 노트 1권 주 104 참조.

리승만 씨 사사 친구 백인들이 만히 도아쥬엇다. 그 백인 일홈은 다 몰나
[10]도 백 일홈을 대강 긔록한다. 한국 사람이 그 일홈을 부러난 일홈이
다. 쏀두액 썰럼햄 시다. 불리 사장

　이 백인 친구들이 리승만 시 하신 일에 만히 도아쥬엇다. 그래서 농장
에 잇는 아해들이 만히 유숙하고 공부를 하엿다. 한국말도 공부식혓다.
그 학교난 긔독학원이다. 사섬에 잇는 아저문이 아자씨들이 얼어운 사탕
밧헤 일을 하면 월급이 적다. 그래도 긔독학원 후원 오 원식 찬성금을 내
엿다. 긔독학원에서 공부한 이세는 다 한국말 할 줄 안다. 다런 나라 인종
과 석인 반종도 한국말을 잘하고 한국 정신이 잇섯다. 한국 사름이 하와
이 드러온 수가 만치 안해 아히들이 그리 업다. 이 나라 정부 학교에 다
니고 캐시아에 갓다 주고 할 힘이 업다.

　캐시아는 사립학교니 선생 월급도 한인이 주고 하니 형편이 그러 안
이 된다. 그 학교에 갓다 두면 한국말은 배울 줄 [11]알고 죠헌 학교인 줄
아지마는 부모들 형편이 할 수 업다. 그래서 그 학교 기지를 팔아 한국
인하대학에 보낸다. 그러고 리승만 씨 동지들을 보고 이약이하시기를 우
리 동지들이 년세가 만허면 그째는 농장 일을 못 할 터이니 그대 가쳐 잇
고 소일거리라도 할 것을 에비하여야 된다 하고 하와이 섬에 쌍 99억카

제2부_ 천연희 노트의 원문과 역주본

땅에 학교 짓는 데 돈이 많이 들어갔는데 이승만 씨의 사사[개인적인] 백인 친구들이 많이 도와주었다. 그 백인들의 이름을 다는 모르지만 대강 기록한다. 한국 사람이 부르는 이름으로 보스윅 씨,[12] 딜링엄 씨[13]다. [호놀룰루스타] 불러틴 사장[도 있다].[14]

이 백인 친구들이 이승만 씨 하시는 일을 많이 도와주었다. 그래서 농장에 있는 아이들이 많이 유숙하고 공부할 수 있었다. 한국말도 공부시켰다. 그 학교가 [한인]기독학원이다. [하와이의] 4섬에 있는 아주머니, 아저씨들이 사탕수수밭에서 어려운 일을 하고 적은 월급을 받았다. 그래도 5원씩 기독학원 찬성금[후원금]을 냈다. 기독학원에서 공부한 2세들은 다 한국말을 할 줄 알았다. 다른 나라 인종과 섞인 반종[혼혈]도 한국말을 잘했고, [그들의 마음속에는] 한국 민족의 정신이 깃들어 있었다. 하와이에 온 한국 사람의 수가 많지 않아 아이들이 그리[별로] 없었다. [대부분이] 이 나라 정부 학교[공립학교]에 다녔고, KCI에 갖다 주고 할 힘이 없었다.

KCI는 사립학교라 선생 월급도 한인이 주어야 하는데 그럴 형편이 안되었다. 그 학교에 보내면 한국말을 배울 수 있는 좋은 학교인 줄은 알지만 부모들의 형편으로는 보낼 수가 없었다. 그 학교 기지[부지]를 팔아 한국의 인하대학에 보냈다.[15] 이승만 씨가 동지들보고 이야기하시기를 우리 동지들이 나이가 많아지면 농장 일을 못 할 테니 그때 같이 살면서 소일거리라도 할 것을 예비하여야 된다며 하와이섬에 땅 99에이커를 샀다.[16] 그

---

12 하와이에서 장의사를 운영하고 하와이 조세위원, 호놀룰루 저축은행장을 역임한 윌리엄 보스윅William Borthwick을 말한다.

13 호놀룰루의 큰 부자로 이승만에게 도움을 준 딜링엄Dillingham을 말한다.

14 『호놀룰루 스타 불러틴』이 아니라 『호놀룰루 애드버타이저』의 사장이다. 천연희 노트 7권 주 41 참조.

15 학교 부지를 팔아 인하대학 설립에 기부한 시기는 1955년이다.

16 99에이커는 틀린 수치이고 정확한 구입 면적은 963.35에이커이다. 힐로 남쪽 18마일 떨어진 올라아Olaa 지역의 땅이다(이덕희, 『한인기독교회, 한인기독학원, 대한인동지회』, 한국기독교

를 사서 매매핫다. 그 쌍은 동지식산회 쌍이다. 그째 돈도 만치 안코 택세 얼마 안 주엇다. 선전 좃금 주고 부엇갓다. 그것을 지금까지 가젓서면 우리 한인 동지가 큰 부자가 되엿다. 지금 쌍갑시 대단이 고등하다. 우리 한국 사람은 이조 쌔버텀 심리가 죠치 못한다. 저도 못 하면서 남 하는 것은 쉬기 투기로 망해 놋는다.

백성이 지해가 업고 약지 못하고 보통 학식이 업서 이해할 줄 모러고 약지도 못하고 썰대업난 우악성만 잇다. 생각과 참는 힘이 업서 일에 큰 손해를 준다. 바람에 부는 갈째 모양으로 남이 무삼 말하며 사실과 모던 형편을 알아보지 안코 모군직대하여 시비를 해서 손해 준다. 리승만 씨가 미쥬서 하와이로 오시여서 이 모던 일을 작수햇다. 국민회 안에 동지회 긔독학원 교육사업 태평양주보로 민족을 쌔우치고 동지식산회사 이 여러 가지로 우리 동포와 민즁이 갓치 살 길을 가라첫다.

[12]리승만 씨가 미쥬서 하와이로 오시서 다런 사회를 분열해서 세운 일 업고 동포가 임의 세운 국민회 회원과 갓치 일하고 교육은 갈니헤에 쌍을 사서 학교를 짓고 교회는 하와이 거루민 국민회원이고 미미교인이다. 그쌔에 싹다 푸라이가 한인이 수가 적고 일본에 합방한 민족인 백성이라 에수 민는 자유도 일본 교회 밋헤서 자유 업시 치급햇다. 그러나 싹트 푸라이나 감이사 와드맨이나 그이들은 자긔네 종교 미슌을 위하여 일

땅은 동지식산회사[17]의 땅이다. 그때 돈도 많이 내지 않고 세금도 얼마 안 냈다. 선금을 조금 주고 [매월 융자금으로 땅값을] 부어 갔다. 그것을 지금까지 가지고 있었다면 우리 한인 동지회는 큰 부자가 되었을 것이다. 지금은 땅 값이 대단히 고등하다[높다]. 우리 한국 사람은 이조 때부터 심리[심보]가 좋지 못하다. 저도 못 하면서 남이 하는 것을 시기와 질투로 망쳐 놓는다.

백성이 지혜가 없고 약지 못하고 보통 학식이 없어 이해할 줄 모르고 쓸데없는 우악성[매우 급하게 분노하는 성격]만 있다. 생각하고 참는 힘이 없어 일에 큰 손해를 준다. 바람에 부는 갈대 모양으로 남이 무슨 말을 하면 사실과 모든 형편을 알아보지 않고 모군직대하여[18] 시비를 해서 손해를 준다. 이승만 씨가 미주에서 하와이로 오시어 이 모든 일에 착수했다. 국민회 안에 동지회, 기독학원 교육사업, 『태평양주보』로 민족을 깨우치고 동지식산회사 등 여러 가지로 우리 동포와 민중이 같이 살 길을 가르쳤다.

이승만 씨는 미주에서 하와이로 오시어 다른 단체를 분열해서 세운 일 없고 동포가 세운 국민회 회원과 같이 일하고, 칼리히에 땅을 사서 학교를 짓고, 하와이 거류민 국민회원이고 미이미[감리교] 교인이다. 그때에 닥터 와드먼[19]이 한인은 수가 적고 일본에 합방된 민족이라 예수 믿는 자유도 일본 교회 밑에서 자유가 없는 것으로 취급했다. 그러나 닥터 프라이나 와드먼 감리사나 그이들은 자기네 종교 미션[선교]을 위하여 일하는 사람

---

역사연구소, 2008, 311~312쪽). 천연희는 에이커를 억카, 엑카, 억가 등으로 적었다. 이하 에이커로 통일하고, 99에이커도 960에이커로 수정한다.

17 동지식산회사는 하와이 대한인동지회(총재 이승만)가 한인들의 경제적 향상을 도모하기 위하여 1925년 설립한 회사이다. 모금된 자본금 3만 달러 중 약 1만 4천 달러로 하와이섬 올라아의 임야 약 960에이커를 매입하여 사업을 추진하였다(이덕희, 앞의 책, 2008, 309~326쪽).

18 "모군직대하여"란 일의 앞뒤 상황이나 사정 따위를 미리 알아보지 않고 단박에 들이덤빈다는 의미의 '다짜고짜'와 같은 뜻의 말로 추정된다.

19 천연희는 와드먼과 프라이 감리사를 혼동하여 사실관계를 틀리게 기술하였다. 현대문에서는 와드먼으로 바로잡는다. 상세한 내용은 천연희 노트 1권 주 107 참조.

하는 사람이다.

　법칙으로 말하면 우리가 일본 제국에 속박을 밧은 나라 그래서 일본 제국 밋헤 관헐을 밧아야 하니 도덕은 둘재요 형편대로 취급한다. 그럼으로 우리 교인들이 에슈를 밋어도 불만족하엿다. 그래서 우리가 돈 내고 밋는 자유교를 원해서 신앙에 자유교가 긔독교이다. 풍파라 할 슈 업다. 우리 교인이 차차 자유를 알고 깬 사름들이다. 남을 어래하지 안코 살아갈 슈 잇는 것을 배운 사람들이다. 닐니하 긔독교회가 교인들이 자유를 사랑해서 세운 교회다. 지금 죠헌 근물이 잇고 죠헌 청년들 교인이 잘 밧더러 [13]해간다.

　이 교회 재산은 슌전이 아자씨 아저문이들 피짬 힐닌 돈으로 근설되여셔 한국 사람에 재산으로 교회가 성립된 것이다. 백인 친구들도 만히 도아쥬엇다. 그래서 미슌에 일하는 사름들은 자긔내들 일하는 대 방해가 되는 줄 알지마는 리승만 씨는 애국자요, 정치객이요, 교육가이요, 종교가로 유명한 사름을 생각한다. 그러나 한국 사람들 목사들은 월급에 팔니서 리승만 씨를 반대하였다. 내가 그 사름들을 잘 안다. 지금 다 텬당 가고 업다.

　이 모던 일을 시작하여 하면서 위교를 하고 구미위원부도 서고 독립 찬는 목적에 위교를 만히 하엿다. 그째에 하와이 동포만 안이요 미쥬 한인들도 동지 뜻으로 갓치 협역하야 위교하는 일 구미위원부를 후원하엿이다.

법적으로 말하자면 우리가 일본 제국의 속박을 받은 나라여서 일본 제국 밑에서 관할을 받아야 하니 도덕은 둘째요, 형편대로 취급하였다. 그러므로 우리 교인들은 예수를 믿어도 만족감이 없었다. 그래서 우리가 [스스로] 돈을 내고 믿는 자유교[회]를 원하였으며, 신앙에 자유로운 것이 기독교라 여겼다. 풍파라 할 수는 없다. 우리 교인들이 점점 [신앙의] 자유를 알고 깨달은 사람들이다. 남에게 의뢰하지 않고 살아갈 수 있는 것을 배운 사람들이다. 릴리하[Liliha] 기독교회가 [우리] 교인들이 자유를 사랑해서 세운 교회다. 지금은 좋은 건물이 있고 훌륭한 청년 교인들이 잘 받들어 [운영]해 간다.

이 교회는 순전히 아저씨, 아주머니들이 피땀 흘려 모은 돈으로 건설하여 한국 사람의 재산으로 교회가 세워진 것이다. 백인 친구들도 많이 도와주었다. [감리교] 미션[선교부]에서 일하는 사람들[한인 목회자들]은 자기들이 하는 일에 방해가 되는 줄 알지만 이승만 씨는 애국자요, 정치가요, 교육가요, 종교가로 훌륭한 사람이다. 그러나 한국인 목사들은 월급에 팔려 이승만 씨를 반대하였다. 내가 그 사람들을 잘 안다. 지금은 다 천당에 가고 없다.

이 모든 일을 시작하면서 외교를 하고, 구미위원부[20]도 세우고, [나라의] 독립을 찾겠다는 목적으로 외교를 많이 하였다. 그때 하와이 동포만이 아니요, 미주 한인들도 동지의 뜻으로 같이 협력하여 외교하는 일[을 하는]

---

20 1919년 8월 대한민국 임시정부가 미국 워싱턴 D.C.에 설치한 '대한민국임시정부 구미외교위원부'를 말한다. 미국, 유럽 각국을 대상으로 한 외교행정 업무를 주관하는 부서로, 임시정부의 미국 주재 대사관 역할을 수행하였으며 미주, 유럽 동포와 한인 유학생들을 대상으로 대한민국 임시정부의 활동 홍보와 모금활동, 한국의 독립 승인 외교활동 등을 하였다. 김규식이 초대위원장을, 이승만이 1919년 9월~1920년 4월, 1921년 11월~1948년 5월에 위원장을 역임하였다.

다. 그 후에 하와이 일반 국민회원들이 다 원해서 국민회원들이 교민단으로 일홈을 다 소약국동맹회, 평화단판회, 군사군축회 하와이와 미쥬 동포들이 구미위원부로 통해서 대포를 파송하엿지마는 우리는 나라 업난 백성이라 권리 잇난 나라 공법으로 거절을 당한 째도 잇섯다.

一千九百十九년에 한국에 독립운동이 이러나 청년 남녀학생이 무도한 일본 슌사[14]의 칼에 팔도 잘리고 생명을 맛친다는 소식을 듯고 사섬 부인 대포가 호도루에 회집하여 부인구제회를 세우고 그전에 애국부인회가 조곰 잇섯지마는 왕성치 못햇다. 그래서 사섬 부인이 회집하여 일홈을 부인구제회라 짓고 호항은 즁앙부가 되고 각 디방에 지방회가 잇섯다. 부인구제가 마위 설립될 째 임원 김익선 정옥리(임) 쳔년회 여러분이 만치마는 다 씰 슈 업다. 마위 부인들이 지방회 창설자다. 일도 만히 하고 돈도 만히 수봉하여 호항 즁앙부로 보내서 한국 구제에 씨기하고 부인들이 아해를 나서 안고 다니면셔 베개닛해 태국(극) 수로 나서 팔아 수봉을 하엿다. 하와이 사 섬 부인들이 일반으로 지방회가 잇고 돈 수봉하는 대 힘을 만히 썻다. 호항에 처음 구제회 창설노 즁앙부장은 손마리아 씨요, 그 후에는 민매리 씨, 손노듸 씨, 김유실 씨가 즁앙부장으로 시무햇다.

구미위원부를 후원하였다. 그 후에 하와이 일반 국민회원들이 다 원해서 교민단[21]으로 이름을 (바꾸고), 소약국동맹회,[22] 평화담판회(파리평화회의), 군사군축회의(워싱턴회의)에 하와이와 미주 동포들이 구미위원부를 통하여 대표자를 파송하였지만 우리는 나라 없는 백성이라 권리 있는 나라의 공법으로 거절당한 때도 있었다.

1919년에 한국에 독립운동이 일어나 청년, 남녀학생들이 무도한 일본 순사의 칼에 팔도 잘리고 생명을 마친다는 소식을 듣고 (하와이) 4개 섬의 부인 대표가 호놀룰루에서 회집(會集)하여 (대한)부인구제회[23]를 세웠다. 그전에 애국부인회가 잠깐 있었지만 (활동은) 왕성하지 못했다. 그래서 하와이 4개 섬 부인들이 회집하여 이름을 (대한)부인구제회라 짓고, 호놀룰루는 중앙부가 되고 각 지방에 지방회가 있었다. 부인구제회가 마우이에 설립될 때 임원으로 김익선, 정옥림, 천연희 여러 분이 많지마는 다 쓸 수 없다. 마우이 부인들이 지방회 창설자이다. 일도 많이 하고 돈도 많이 수봉(收捧)하여(걷어) 호놀룰루 중앙부로 보내어 한국 구제에 쓰게 하고 부인들이 아이들을 안고 다니면서 베갯잇에 태극 수를 놓아 팔아서 (돈을) 수봉하였다. 하와이 4개 섬 부인들은 모두가 지방회를 통해 돈을 수봉하는 데 힘을 많이 썼다. 호놀룰루에 처음 (대한부인)구제회가 창설되고 중앙부장(총회장)으로 손마리아 씨, 그 후에 민매리 씨, 손노디 씨, 김

---

21 1920년 대한인국민회 중앙총회(미주 전국) 사무가 정지되었다가 1921년 2월 14일에 중앙총회가 폐지되었다. 그 사이 1920년 10월 7일자 상해 대한민국 임시정부의 내무부령(내무청장 이동녕) 제4호 「임시교민단제」에 의거하여 하와이 대한인국민회를 개편하여 1922년 3월 3일에 교민단이 조직되었다. 교민단 법인체는 하와이정부에 등록되지 않았고, 1923년 5월 하와이 정부에 등록된 영문 법인제인 Korean National Association으로 존속하였다. 1933년 2월 1일에 다시 '국민회'라는 이름으로 복귀하였다.

22 1917년과 1918년 두 차례 미국 뉴욕에서 열린 소약속국동맹회의League for Small and Subject Nationalities를 말한다. 흔히 약소국동맹회라 부른다.

23 1919년 4월 하와이에서 조직된 여성단체.

우리가 나라 업난 백성이라 적섭회를 성립 못 호고 조국에 활란을 당할 째 도을 슈 인닌 구제회 일홈을 지엇다. 아저문이 아자씨들은 다 나이 다 줌늙이가 되고 이먼에 드러온 슈가 대략 七千명이라 하지마는 미국으로 좀 드러가고 그동안 죽고 그러나 [15]사진혼인으로 드러와서 아해들 생산한 고로 칠쳔 명이 된다 할 슈 잇다. 그래서 조국을 위하야 구제사업과 독립을 원해서 위교하는 일과 내지에 위원부에 와신톤에 정부가 서고, 상해도 신정부가 서 해갓다. 해위동포 후원으로 그리하는 즁 1차 전장 후 후버 대통령이 공화당에서 나고, 경제 골란으로 전 미국 백성이 경제 골란을 당해서 일이 업서 골란 즁에 잇섯다.

우리 동포들도 사탕밧혜 월급이 적고 일도 늘 업섯다. 설탕 값이 무시하고 매매가 안이 되엿다. 세계재전 골란이 드러서 토탄 즁 잇다. 그런 즁이라도 우리는 할 슈 잇난 대로 위교 힘써고 해갈 일은 해왓다. 한국 삼월일절이 생기기는 一千九百十九年三月에 생기고 우리 부인구제회는 4월 1일이 창설날이다. 그러고 김현구 씨가 그쌔에 구미위원부에서 김원용 일을 보고 잇는 즁 리승만 씨가 김현구 씨를 하와이 와서 일을 보아 달나고 리승만 씨가 불너왓다. 그래서 김현구 씨가 와서 공채포도 팔고 신용 잇게 일을 잘 보왓다. 그래서 하와이 와서 김현구·김원용이가 리승만 씨 슈십 년 역사적으로 해노언 사업을 쌔치고 저이가 좀 해볼 작정으로 풍파를 이러겻다. 처음으로 시작이 동지식산회다.

유실 씨가 중앙부장으로 시무했다.

우리가 나라 없는 백성이라 적십자회를 성립하지 못하여 조국이 환란을 당할 때 도울 수 있는 구제회라는 이름을 지었다. 아주머니, 아저씨들은 다 나이 〔들어〕 중늙은이가 되었다. 이민 온 수가 대략 7,000명이라 하지마는 미국 본토로 좀 가고, 그동안 죽고 했으나 사진혼인으로 들어와 아이들을 생산한 고로 〔한인 수가〕 7,000명이 된다 할 수 있다. 그래서 조국을 위하여 구제사업과 독립을 원해서 외교 활동을 〔하는〕 내지의〔미 본토의〕 〔구미〕위원부를 워싱턴에 두었고, 〔중국〕 상해에도 신정부가 서서 일을 해 갔다. 해외동포들의 후원으로 그리하던 중 일차 전쟁 후에 후버〔Herbert C. Hoover〕 대통령이 공화당에서 나오고, 전 미국 백성이 경제 곤란을 당해서 일이 없어 곤란 중에 있었다.

우리 동포들도 사탕수수밭 일이 월급이 적고 일도 늘 있지 않았다. 설탕 값이 낮고 매매가 안 되었다. 세계 재정에 곤란이 들어 도탄에 빠져 있었다. 그런 중이라도 우리는 할 수 있는 대로 외교에 힘쓰며 〔우리의〕 할 일들을 했다. 한국에서 1919년 3월에 3·1운동이 일어났고 우리 부인구제회는 4월 1일에 창립하였다. 그 무렵 김현구 씨가 구미위원부에서 김원용 씨를 돕고 있을 때 이승만 씨가 김현구 씨에게 하와이에 와서 일을 보아 달라고 〔부탁하여 하와이로〕 불러왔다.[24] 그래서 김현구 씨가 와서 공채표도 팔고 신용 있게 일을 잘하였다. 그 후 김현구, 김원용이 이승만 씨가 수십 년간 역사적으로 해놓은 사업들을 깨트리고 저희들이 좀 해볼 작정으로 풍파를 일으켰다. 처음 시작이 동지식산회사다.

---

24 김현구는 1926년부터 1929년까지 워싱턴 구미위원부 임원으로 일하다가 1929년 10월에 이승만이 그를 하와이로 데려온 후 교민단 서기 겸 재무, 『국민보』 주필로 활동하였다. 이승만의 독재를 비판하며 1930년 8월 26일자 『국민보』에 사직청원서를 게재한 후 이승만과 절연하였다(이덕희, 『이승만의 하와이 30년』, 북앤피플, 2015, 244~247쪽).

그째에 세계가 [16]재정 골란으로 되여서 우리 식산회도 재정 골란에 드러갓다. 쌍이 九十九억카 쌍을 돈 조금 페하고 사서 조곰식 동지 고본 주가 붓기로 하고 산 것이다. 그째 쌍갑설 헐케 삿다. 그 쌍 안에 게비나무가 만하 그 나무를 잘나 숫을 쑤어서 미국 해군 영문에 주기로 약속하고 하다가 나무 자러난 기게가 병이 나서 나무를 잘어지 못하니 숫털 굽지 못하엿다. 그러고 동지들도 그째 재전 골란으로 고본을 잘 내지 못하니 쌍 부넌 갑과 쌍 세금 내기가 골란햇다. 그래도 세금이나 쌍갑설 조금식 부어 가면 아모 말이 업고 시세가 죠키 될 째까지 붓덜 수 잇다. 그째에 나도 오백 원 고분쥬로 낸 사람이다.

그러허니 빗을 좀 지고 기개가 병이 나서 씨지 못하니 곤치던지 사야 된다. 무선 사업 시작해서 돈이 안 들고 리익이 당장에 생기는 사업다. 그 쌍만 조곰식 고본쥬가 부어 갓드랴면 그 쌍만 해도 지금 큰 부자가 되엿다. 리승만 씨는 압헐 내다보고 한 일이다. 김현구가 동지식산회 빗진 것을 리승만 씨가 돈을 다 먹고 식산회도 업서젓다 하니 우리 동포가 [17] 지해롭지 못하고 사실적 생각이 부족해서 남을 의심하고 웅하는 성질이 잇서 큰일을 멍하게 하는 일에 요소가 된 째가 만아서 망하고 말앗다.

그째에 김현구의 양에 써풀을 써고 일회 양심을 가지 망하게 하는 사름 말을 듯지 안고 우리 고본쥬들이 돈을 좀 더 내서 쌍 세금 쥬고 쌍을 그때 세계가 재정 곤란 상태가 되어 우리 〔동지〕식산회사도 재정이 곤란해졌다. 땅 960에이커를 적은 돈을 지불하고 사서 조금씩 동지〔식산회사〕 고본주〔투자자〕[25]들이 〔매월 융자금을〕 붓기로 하고 산 것이다. 그때 땅값을 헐케〔매매시세보다 싸게〕 샀다. 그 땅에 게비나무[26]가 많아 그 나무를 잘라 숯을 구워서 미국 해군 영문〔營門, 군영〕에 주기로〔납품하기로〕 약속하고 하다가 나무를 자르는 기계가 병〔고장〕이 나서 나무를 자르지 못하니 숯을 굽지 못하였다. 그리고 동지들도 그때 재정 곤란으로 고본을 잘 내지 못하니 땅의 붓는 값〔토지 융자금〕과 세금을 내기가 곤란했다. 그래도 세금과 땅값을 조금씩 부어 가면 아무 말이 없고 시세가 좋아질 때까지 부을 수 있었다. 그때 나도 500원 고본주를 낸 사람이다.

그러하니 빚을 좀 더 지더라도 기계가 병이 나서 쓰지 못하니 〔기계를〕 고치든지 〔새것을〕 사야 된다. 무슨 사업을 시작하든 돈 안 들이고 이익이 당장에 생기는 사업〔은 없〕다. 그 땅〔값〕만 조금씩 고본주들이 부어 갔더라면 그 땅만으로도 지금 큰 부자가 되었〔을 것이〕다. 이승만 씨는 앞을 내다보고 한 일이다. 김현구가 동지식산회사가 빚을 진 것은 이승만 씨가 돈을 다 먹고〔착복했기 때문이고〕, 〔그래서〕 동지식산회사도 없어졌다〔파산하였다〕 〔주장〕하니, 우리 동포들이 지혜롭지 못하고 사실적〔사실에 기반을 둔〕 생각이 부족해서 남을 의심하고 욱하는 성질이 있어 큰일을 망하게 하는 일의 요소가〔요인이〕 된 적이 많아 〔결국〕 망하고 말았다.

그때 김현구는 양의 꺼풀을 쓴 한 치 양심도 없는 사람이었는데, 망하게 하는 사람의 말을 듣지 않고 우리 고본주들이 돈을 좀 더 내어서 땅 세금

---

25 고본주股本主에서 고본股本이란 여러 사람이 공동 투자로 사업을 할 때 투자자들이 각각 낸 자본금 또는 그 투자 사실을 증명해 주는 문서를 일컫는다.
26 키아베kiawe 나무. 사실은 오히아ohia 나무인데 천연희가 키아베 나무로 잘못 알고 기록하였다.

붓고 하여야 되는 것인대 그째 다런 고본쥬가 돈을 내지 안코 김현구 말을 듯고 리승만 씨를 반대하고 그 쌍을 붓들지 못햇다. 그래도 나는 돈 백 원 냇다. 돈을 써서 붓덜고저 햇지마는 변호사를 사서 재판을 하기에 다 업서젓다.

이차 전장 째에 미국 군정부서 그 쌍을 상당한 세를 주고 병정을 갓다 두고 해서 그 쌍으로 큰 이익을 보왓다 한다. 리인도자 리승만 씨는 한국 민족과 하와이 동포를 위해서 늘 압헐 내다보고 일을 햇다. 그러면 죠물에 쉬기로 손해를 준다. 그래서 지금 양노원도 잇서 우리 늙은 아자씨들이 편이 쉬고 잇다. 동지회 긔관으로 된 것이다. 김현구 · 김원요 이 두 사람이 리승만 씨가 일평생 사람으로 잘 [18]차자 씰 줄 모런다.

자긔 마음이 정직한 것만치 남을 속히 밋는다. 김현구 · 김원용이 구미 위원부에서 일을 잘하니 하와이로 나오라 하여 공채포도 팔게 해서 마위도 와서 나도 공채 샷다. 그래서 모던 일을 신임햇다. 김현구는 다 리승만 씨 하는 일을 다 알고 양의 가죽을 씨고 일이의 양심을 가지고 당을 보앗다. 우리 동포들이 대개 무식한 사름들이 상식이 업서 약고, 지혜 잇게 생각을 못 하고, 남 이럿타 하면 바람에 불니는 갈째와 갓치 씨러진다. 좃게 인도자를 섬기다가 한쯧으로 독립 찬난 정치 일을 하다가 바람에 헌덜니는 갈째 모양으로 헌들여 씨러진다. 자긔들이 실컨 일을 만히 하고 동지로 지내던 사람들이 김현구 한 사람의 모게로 당을 지어 큰 손해를 쥬고 큰일을 망해한 고로 우리 민족이 손해를 만히 당하고 독립 찬는 위교에 방해를 만히 준다.

도 내고 땅〔토지융자금〕을 붓고 했어야 되는 것인데 그때 다른 고본주들이 돈을 내지 않고 김현구의 말만 듣고 이승만 씨를 반대하여 그 땅을 붙들지〔지키지〕 못했다. 그래도 나는 100원을 냈다. 〔많은 고본주들이〕 돈을 써서 〔땅을〕 붙들고자〔소유권을 지키고자〕 했지만 변호사를 사서 재판을 하느라 다 없어졌다.

이차 전쟁 때 미군 당국이 그 땅에 상당한 세를 주고〔임대료를 내고〕 병정을 갖다 두었기에 그 땅으로 큰 이익을 보았다 한다.[27] 인도자 이승만 씨는 한국 민족과 하와이 동포를 위하여 늘 앞을 내다보고 일했다. 그러면 조물주의 시기로 손해를 입었다. 지금 〔한인〕 양로원도 있어서 우리 늙은 아저씨들이 편히 쉬고 있다. 〔이것은〕 동지회의 〔산하〕기관으로 〔설립〕된 것이다. 김현구, 김원용 이 두 사람은 이승만 씨가 평생을 통하여 잘못 선택한 사람이다.

〔이승만 씨는〕 자기 마음이 정직한 것처럼 남을 속히〔잘〕 믿었다. 김현구, 김원용이 구미위원부에서 일을 잘하니 하와이로 오라고 해서 공채도 팔게 했고 마우이에도 와서 나도 공채를 샀다. 〔이승만은〕 모든 일을 믿고 맡겼다. 김현구는 이승만 씨 하는 일을 다 알고 양의 가죽을 쓰고 두 개의 양심을 가지고 당을 보았다〔파당을 지었다〕. 우리 동포들이 대개 무식한 사람들이라 상식이 없어서 약고 지혜롭게 생각하지 못하고 남이 이렇다 하면 바람에 부는 갈대같이 쓰러진다〔휩쓸려 간다〕. 굳게 〔한〕 인도자를 섬기고 한뜻으로 독립 찾는 정치 활동을 하다가도 바람에 흔들리는 갈대 모양으로 흔들려 쓰러진다. 자기들이 실컷 일을 많이 하고 동지로 지내던 사람들이 김현구 한 사람의 모계〔謀計〕로 파당을 지어 큰 손해를 주고 큰일을 방해한 고로 우리 민족이 손해를 많이 보고, 독립을 위한 외교를 많이 방해

---

27 이덕희에 따르면 이것은 사실이 아니다.

우리 동포는 웃사름을 밧드러 갓치 뭉처 일할 줄 모러고 제가 좀 알면 제가 웃두목이 되고저 하야 인도자를 방해 준다. 갓치 손잡고 일을 못 한다. 제가 서사로 서[19]고저 하야 김현구 · 김원용이 하와이 와서 교민단과 동지회 드러와서 리승만 씨와 일 잘하여 왓다. 신용 어들만치 일을 해서 리승만 씨가 동포의 인도자로 하와이 와서 일을 만히 한 고로 여러 방면에 잡지로 동포를 쌔웃치고 정치로, 종교로 신앙 자유를 순배민족사상을 배양하고 교육으로 이제 청년을 슈양하고 햇다. 그래서 하와이 동포들이 인도자로 밧들고 섬기엿다. 미쥬 내지 동포 다슈가 하와이 동포와 갓치 리승만 씨를 인도자로 섬긴다. 하와이나 미쥬 안에 적은 슈로 당파가 리승만 씨를 반대하엿다. 김현구가 하와이 나와서 교민단 주필이 되고 김원용과 몃몃 당파를 지어 교민단 임원을 다 갈고 새 임을 냇다.


이 사름들은 엇지 임원을 선정하는고 하면 다 싸고 드러와서 자긔들을 찬조하는 임원 일홈을 불너 동의와 재쳔으로 속히 결정하여서 자긔로 찬조하는 임원이 만헌 수로 결정된 것이다. 그럼으로 이 사름들이 교민총회 임원들이다. 각 섬 지방에도 이와 갓헌 모게를 썻다. 일 년에 일 차식 대포회를 하면 각 지방에서 근이서를 가지고 호항 총회로 대포회 하로 일 년 정월 혹 이월에 대포회가 교민단 총회에 회집된다.


그쌔 김현구는 교민단 쥬[20]필이 되고 김원용은 대포원이 되엿다. 그쌔에 우리 하와이 교민 총회관이 밀나 거리에 잇섯다. 지금 말하면 하와이 총독 집 겸해 잇섯다. 지금은 그 집터가 학무국과 위생국이 된 그 자리 갓다. 그쌔에 하와이 동포 아저문이 아자씨들이 푼푼전전이 모언 돈하였다.

　우리 동포는 윗사람을 받들어 같이 뭉쳐 일할 줄 모르고 자기가 좀 알면 자기가 웃두목이(우두머리가) 되고자 하여 인도자를 방해한다. 같이 손잡고 일을 못 한다. 제가 스스로 서고자 하여(서이다). 김현구, 김원용이 하와이에 와서 교민단과 동지회에 들어와 이승만 씨와 일을 잘 해왔다. 신용을 얻을 만큼 일을 해서 이승만 씨가 동포의 인도자로 하와이에 (데리고) 와서 일을 많이 하게 하였다. 여러 방면으로 (일하여) 『태평양)잡지』로 동포들을 깨우치고, 정치로, 종교로, 신앙의 자유와 순배민족사상을(선한 배달 민족사상을) 배양하고 교육으로 청년들을 수양(修養)하였다. 그래서 하와이 동포들이 (이승만 씨를) 인도자로 받들고 섬기었다. 미주 본토의 동포 다수가 하와이 동포와 같이 이승만 씨를 인도자로 섬기었으나 하와이와 미주 안에 적은 수의 당파가 (생겨) 이승만 씨를 반대하였다. 김현구가 하와이로 나와서 교민단 주필이 되고 김원용과 몇몇은 당파를 지어 교민단 임원을 다 갈고 새 임원을 내었다.

　이 사람들이 어떻게 임원을 선정하는가 하면, (장외에서) 다 짜고 들어와서 자기들을 찬조하는 임원의 이름을 불러 동의와 재청으로 속결하여 자기가 찬조하는 임원을 많은 수로 결정한다. 그리하여 이 사람들이 교민총회 임원들이 된다. 각기 (다른) 섬 지방회에서도 이와 같은 모계를 썼다. 1년에 한차례 대표자회의를 하면 각 지방에서 건의서를 가지고 호놀룰루 총회로 대표자회의를 하러 정월 또는 2월에 대표자회의가 교민단 총회로 회집된다(모인다).

　그때 김현구는 교민단 (『국민보』) 주필이 되고 김원용은 (교민단) 대표가 되었다. 그때 우리 하와이 교민총회관이 밀러 거리(Miller Street)에 있었다. 지금으로 말하면 하와이 총독 집(주지사 사저) 옆이다. 그 집터가 지금 학무국(교육국)과 위생국(보건국)이 된 그 자리 같다. 그때 하와이 동포 아주머으로 그 회관을 사서 부어 가노랏고 애도 만히 썻다.

　일천구백二十九年버터 김현구·김원용이 교민단을 리용하여 리승만 씨를 반대하고 자긔들이 그 자리에 좀 안자 볼가 해서 교민당 몃몃 사람 들 짜고 시비를 용망하고 一千九百三十年 一月二日에 각 섬에 그전 지방 회 임원들이 회를 하고 대포자를 선정하여 호놀루로 종회 파송했다. 그 쌔에 이 지방회가 정식 임원으로 대포자를 파송하엿난대 총회서 안이라 하고 밧지 안이하고 총단 문을 닷고 드러오지 못하게 하는 고로 대포원 들이 문을 밀고 드러가서 대포회를 열고 일을 서서이 하자 하여도 그전 임원 몃 사람이 김현구의 이용되여서 힘이 업다. 소슈의 사람이지마는 망하게 하는 대는 힘이 크다. 그래서 혈긔 잇는 아자씨들은 분노하여 분 을 참지 못한다.

　[21]그래서 위국 사람 보기에 한국 사람들은 저거끼리 싸운다는 말을 듯게 되엿다. 그쌔에 민단 총단장이 손덕인이다. 총단장이 김현구·김원 용 이용거리가 되여서 교민단 인장이 그 사람들의게 잇섯다. 각 섬 대포 가 지방 건의서 가지고 와도 회를 못 하고 시비기 나니 순금이 와서 파수 를 서고 두 사이에 법률사가 잇다. 그럼으로 재정도 만히 손해되엿다. 교 민단 안에서 동지회를 세웟다. 이것은 독립 찬는 대 결사회로 된 쥬의다. 그 사람들도 다 알고 갓치 일해 왓다.

　리승만 씨로 인도자로 섬기고 민족을 위해서 한국 독립을 찬는 대 총 재로 절대 복종하기로 교민단 회원이 동지회원이다. 김현구와 김원용이 하와이 와서 교민단 회장 손덕인과 몃 사람을 이용하엿다.

니, 아저씨들이 푼푼전전이 모은 돈으로 그 회관을 사서 부어 가느라고〔융자금을 상환하느라〕 애도 많이 썼다.

1929년부터 김현구, 김원용이 교민단을 이용하여 이승만 씨를 반대하고 자기들이 그 자리에 좀 앉아 볼까 하여 교민단 몇몇 사람들과 짜서 시비를 용망하고〔분란을 만들고〕 1930년 1월 2일에 각 섬에 전 지방회 임원들이 회의를 하고 대표자를 선정하여 호놀룰루 총회에 파송했다. 그때에 지방회가 정식 임원으로 대표자를 파송하였으나 총회에서 아니라 하며 받아들이지 않고 총단의 문을 닫고 들어오지 못하게 하는 고로 대표자들이 문을 밀고 들어가서 대표자회의를 하며 〔이 모든〕 일을 서서히 하자 하였으나 전 임원 몇 사람은 김현구에게 이용되어서 힘이 없었다. 소수의 사람이지만 망하게 하는 데는 힘이 컸다. 그래서 혈기 있는 아저씨들은 분노하여 분을 참지 못했다.

그래서 외국 사람들 보기에 한국 사람들은 자기들끼리 싸운다는 말을 듣게 되었다. 그때에 민단 총단장이 손덕인[28]이다. 총단장이 김현구, 김원용의 이용거리가 되어서 교민단 인장(印章)이 그들에게 있었다. 각 섬의 대표가 각 지방 건의서를 가지고 와도 회의를 〔열지〕 못하고 싸움이 나니 순경이 와서 지켜 서 있고 두 〔그룹〕 사이에 법률사〔변호사〕가 있었다. 그러므로 재정적 손실도 많았다. 교민단 안에서 동지회를 세 웠다. 이것은 독립을 찾고자 〔세워진〕 결사회이다. 그 사람들도 다 알고 같이 일해 왔다.

이승만 씨를 인도자로 섬기고 민족을 위해서 한국 독립을 찾는 데 총재로 절대복종하기로 한 교민단 회원이 동지회원이다. 김현구와 김원용이 하와이에 와서 교민단 회장 손덕인과 몇 사람을 이용하였다.

---

28 손덕인孫德仁(생몰년 미상)은 1928년 하와이대한인교민단 부단장, 1929년과 1931년 동단 총단장을 역임하였다(국가보훈처. www.mpva.go.kr/narasarang/gonghun_view.asp?ID=3731&ipp=10).

그래서 그 사름들 눈이 어더와 이용당해서 만헌 손해를 주엇다. 그째 디방에서 온 대표원들은 대포회도 못 하고 교민단 집회실은 문이 닷첫다. 법에 걸어서 법으로 해결할 슈 밧기 업섯다. 김현구·김원용이 이용하는 동지들을 보고 리승만 씨가 독재로 하니 우리는 민중이 하자 해서 민중화로 일홈했다. 그래서 할 슈 업서 밀나 거리에 회관은 이 나라 법칙으로 재판이 끗[22]날 째가지 기대되야 된다.

그럼으로 교민단 회간이 업다. 그러허무로 우리 동지회원들이 구아기니 거리에 적언 집을 세로 어더서 일을 게속한다. 一千九百三十年은 세계가 재전 고란으로 일이 업고 해서 어려운 째다. 그째 후바 대통영 째 참 어려웟다. 그째에 법률사를 사서 시비하는 대 돈 주노랏고 동지식산회를 도라볼 여가가 업서서 동지식산회 九十九억커 쌍을 일어바렷다. 그것도 김현구의 이용밧은 민중화 몃 당파가 리승만이 독재가 돈을 다 먹엇다고 해서 법률사가 그 문부를 다 가지고 잇섯다. 나도 한 고분쥬 너무도 애가 터저서 百元을 내면서 택세 물고 하라 하엿지마는 그 돈도 법률사가 가지고 갓다 한다.

그째에 김형구의 이용을 당한 소슈 민중화 사람이 김현구·김원용을 인도자라 하고 싸라가서 무엇을 성공햇나. 회장과 몃 임원이 민중화가 되여서 재판에 해결되기를 너회들이 교민단 임원이요, 인장이 너회들이 가지고 잇스니 너회들이 임원이라 하고 판결이 [23]되여서 재판을 익엿다고 써들고 햇지마는 우리 동지회 동포들은 이고 지는 것이 문제가 안이요, 일해 나가는 대 큰 손해를 만히 밧고 위국 사람의게 수치를 만히 당한 것이 분한 것이다. 그래서 나종에 밀나 거리에 그 회관을 팔아 지금 잇난 회관을 민중화를 사고 국민회라고 도로 일홈을 가젓다.

그래서 그 사람들은 눈이 어두워 이용당하여 많은 손해를 주었다. 그때 지방에서 온 대표원들은 대표자회의도 못 하고 교민단 회의실은 문이 닫혀 있었다. 법에 걸려서[소송을 당하여] 법으로 해결하는 수밖에 없었다. 김현구, 김원용이 이용하는 동지들에게 "이승만 씨가 독재를 하니 우리는 민중이 하자."고 해서 민중화라 이름 지었다. 그래서 할 수 없이 밀러 거리의 회관은 법적으로 재판이 끝날 때까지 기다려야 되었다[사용하지 못했다].

그러므로 교민단 회관이 없어서 우리 동지회원들이 쿠아키니 거리[Kuakini Street]의 작은 집에 세를 얻어서 일을 계속하였다. 1930년은 세계가 재정 곤란으로 일이 없어 어려운 때였다. 그때 후버 대통령 때 참 어려웠다. 그때에 법률사를 사서 시비하는데[변호사를 선임하여 소송을 하는데] 돈 주느라고[변호사비를 지불하느라] 동지식산회사를 돌아볼 여유가 없어서 동지식산회사 960에이커 땅을 잃어버렸다. 김현구에게 이용당한 민중화 몇 당파가 이승만이 독재하고 돈을 다 먹었다고 해서 변호사가 모든 서류를 다 갖고 있었다. 나도 한 명의 고본주로 너무도 애가 터져서 100원을 더 내면서 세금 내고 하라 하였으나 그 돈도 변호사가 가져갔다고 한다.

그때 김현구에게 이용당한 소수 민중화 사람들이 김현구, 김원용을 인도자라 하고 따라가서 무엇을 성공했나[이루었나]? 민중화된 회장과 몇 임원이 재판에서 해결되기를, '너희들이 교민단 임원이요, 인장을 너희들이 가지고 있으니 너희들이 임원이다.'라고 판결이 나니 재판을 이겼다고 떠들고 했지만 우리 동지회 동포들은 이기고 지는 것이 문제가 아니요, 일을 해 나가는 데 많은 손해를 보고 외국 사람들에게 수치를 많이 당한 것이 분한 것이다. 그래서 나중에 밀러 거리의 그 회관을 팔아 지금 있는 회관을 민중화[세력]으로부터 사고 국민회라는 이름을 다시 사용했다.[29]

---

29 이덕희에 따르면 이것은 사실이 아니다.

그째에 독립을 위하여 굿게 선 동지들은 리승만 씨를 독재하던지 무어라 하던지 나라를 애국하는 인도자를 섬기고 림시정부가 한양성에 드러갈 째까지 아자씨 아저문이들이 밧더럿다. 그 아자씨 아저문이들이 지금 텬당으로 다 가고 사진혼인해 드러온 이들 그 뒤를 후원했다. 재미한인 오십 년사 책을 보니 동지회관이 업섯다 하는 말이 올타. 동지회는 짠 부분으로 세운 회가 안이요. 국민회원들이 독립 찬는 대 한가지로 애국하자는 회다. 그래서 짠 회관이 업고 국민회관에 갓치 회하고 햇다.

　　一千九百三十年에 국민회 임원 몃 [24]사람이 김현구의 이용되여 리승만 씨 독재쥬의라 호고, 민즁이 한다 하고, 민즁화를 죠직하고 국민회를 우리가 물너나와서 동지회를 건설했다. 동지 리원슌 씨가 대단이 민족성이 잇는 사람이라 동지회를 위하야 힘을 만히 써서 킹 거리에 쌍을 동지회원들의게 사게 힘을 써 그째 돈을 헐케 사게 햇다. 그래서 회관이 가격이 올나가서 판 돈이 만타. 리원슌 씨 지금은 한국 가서 게시고 그 부인은 정부의 직임 녀사다.
　　밀나 거리에 잇던 총회관을 팔아서 지금 잇난 총회관을 매덕하고 민즁화를 곤처 국민회로 도로 일홈을 가젓다. 손덕인이 사람 생긴 자격은 남

그때에 독립을 위하여 굳게 선 동지들은 이승만 씨를 독재자라 하든지 무어라 하든지 나라에 애국하는 인도자로 섬기었고, 임시정부가 한양성에 들어갈 때까지 아저씨, 아주머니들이 받들었다. 그 아저씨, 아주머니들이 지금 천당에 다 갔고, 사진혼인해 들어온 이들이 그 뒤를 후원했다. 『재미 한인 50년사』[30] 책을 보니 동지회관이 없었다 하는데 그 말이 옳다. 동지회는 다른 부분으로 세운 회가 아니요, 국민회원들이 독립운동하는 데 한가지로 애국하자는 회다. 그래서 다른 회관이 없고 국민회관에서 같이 회의하고 했다.

1930년에 국민회 임원 몇 사람이 김현구에게 이용당하여 이승만 씨를 독재주의라 하며 민중이 한다 하여 민중화를 조직했고, 우리는 국민회에서 물러나와 동지회를 건설했다. 동지 이원순 씨[31]가 대단히 민족성이 있는 사람이라 동지회를 위하여 힘을 많이 써서 동지회원들이 킹 거리(King Street)에 땅을 사도록 힘을 써 그때 싸게 샀다. 그 후 회관 가격이 올라가서 (그 건물을) 판 돈이 많았다. 이원순 씨는 지금 한국 가서 계시고 그 부인은 정부의 직임(직을 맡았던) 여사다.[32]

밀러 거리에 있던 총회관을 팔아서 지금 있는 총회관을 매입하고 민중화를 고쳐 (교민단)국민회로 다시 이름을 가졌다. 손덕인이 사람 생긴 자격

---

30 하와이 초기 이민부터 1945년 해방 직후까지 미주한인의 역사를 정리한 김원용의 저서. 1959년 필사본으로 처음 출판되었으며, 미주한인 이민 100주년을 기념하여 당시 필사를 담당했던 손보기에 의해 가로쓰기와 현대어 교정, 각종 사진과 자료 등이 첨부되어 2004년에 혜안 출판사에서 재출간되었다.

31 이원순李元淳(1890~1993). 경제인, 독립운동가. 상해를 거쳐 1914년에 학업을 목적으로 하와이에 정착하였다. 대한독립단 회장(1919~1928), 대한인동지회 회장(1935~1937), 『태평양주보』 주필, 호놀룰루 한인 YMCA 회장 등을 역임하였다.

32 이원순의 부인 이매리Mary Shin Lee(1902~1983)는 부모와 함께 1903년에 이민 와서 매킨리고등학교와 하와이 대학교를 졸업하고 후에 대한민국 제7대 국회의원을 지냈다(이덕희, 앞의 책, 2008, 283쪽).

자로 생겻지마는 인격이 소장부로 줏대가 업는 졸장부다. 김형구·김원용 갓헌 재격에 이용을 당햇서니 민즁화로 무엇서로 성공햇다. 김형구·김원용은 말은 유학을 왓다 [25]호지마는 자긔 자신의 학위도 성공을 못하고 방랑한 졸장부다. 그러한 사람들이 절처 애국자 리승만 씨를 쉬기로 해하려 하는 심이를 애탄한다. 김원용 저술한 재미한인 오십 낸사 저술한 교민단 一千九百三十年 분쟁사건을 저술하지 안이하엿더며 그 책이 갑시 잇고 역사가 깁히 보는 사름이 자미가 잇게 볼 것이다. 환장이가 그럼을 길일 쌔에 제 마음에 잇난 무선 포쥰을 그리난 것과 갓치 그 분쟁에 사건으로 글 썬 것이 김원용 마음에 울어나는 쉬기와 악감정에 울어나는 양심을 감초지 못하여 말하는 것마다 리승만이다.

리승만 단체를 억압하며 재정과 권리를 독점하려는 욕심으로 싸홈의 일방 당사자가 리승만 씨라 하엿서나 우리 동지난 리승만 씨를 우리 인도자요 독립을 차저 한성에 드러갈 쌔까지 애국을 갓치하기로 맹세하고 무삼 일을 당하던지 고락을 갓치하기로 동지다. 교민당 총단장과 몃 임원은 동지의 쯧을 깁히 모러고 너머저서 김현구·김원용이 이용이 되여서 공던 [26]탑이 문어젓다. 그쌔에 동지들은 맷 사람 이용을 당햇지마는 미 감이교회 목사 몃 사름과 개인주의로 리승만 반대자 소슈가 합하여 죠헌 일이 낫다 하고, 당을 지어서 김현구·김원용과 갓치 반대하엿다.

이 사람들은 독립 찬는 위교하는 대 돈 한 푼 내지 안코 입방해만 놋는 사름들이다. 한국 사람이 미국과 하와이 위국에 투신한 동포들이 처엄 사회 조직이 국민회라 한다. 적언 단체도 혹 잇게지마는 대부분으로 국민회다.

미쥬나 하와이 한국 인도자가 잇다. 그쌔에 인도자 즁 미쥬의 하와이에 서재필·안창호·정한경·민찬호·리승만·박용만 대강 내 안은 대은〔모습은〕 남자로 생겼지만 인격은 소장부〔소인배〕로 줏대가 없는 졸장부다. 김현구, 김원용 같은 인간에게 이용당했으니, 민중화로 무엇을 성공했나? 김현구, 김원용은 말은 유학을 왔다 하지마는 자기 자신의 학위도 성공을〔따지〕 못하고 방랑한 졸장부다. 그러한 사람들이 철저한 애국자 이승만 씨를 시기로 해하려 한 심리를 애탄〔哀歎〕한다. 김원용이 저술한 『재미 한인 50년사』에 교민단 1930년 분쟁 사건을 저술하지〔그렇게 기록하지〕 아니하였더라면 그 책은 값어치가 있고 역사를 깊이 보는 사람들이 재미있게 볼 것이다. 환쟁이〔화가〕가 그림을 그릴 때에 제 마음에 있는 어떤 표현을 그리는 것과 같이 그 분쟁 사건을 그렇게 쓴 것은 김원용 마음에서 우러나온 시기와 악감정에서 우러나는 앙심을 감추지 못하여 말하는 것마다 이승만〔탓을 한 것〕이다.

이승만의 단체를 억압하여 재정과 권리를 독점하려는 욕심으로 싸움의 일방 당사자가 이승만 씨라 하였지만 우리 동지회원들은 이승만 씨를 우리의 인도자요, 독립을 찾아 한성〔서울〕에 들어갈 때까지 애국을 같이하기로 맹세하고 무슨 일을 당하든지 고락을 같이하기로 한 동지〔로 생각하였〕다. 교민단 총단장과 몇 임원들은 동지의 뜻을 깊이 모르고 넘어가〔김현구, 김원용에게〕 이용당해 공든 탑이 무너졌다. 그때에 동지들 몇 사람이 이용당했고, 미 감리교회 목사 몇 사람과 개인으로 이승만 반대자 소수가 합하여 좋다면서 파당을 지어서 김현구, 김원용과 같이 반대하였다.

이 사람들은 독립 찾는 외교 활동에 돈 한 푼 내지 않고 입으로 방해만 놓는 사람들이다. 미국과 하와이 같은 외국에 투신한〔한국〕 동포들이 처음으로〔만든〕 사회조직이 국민회이다. 작은 단체들도 있었지만 대부분 국민회원이다.

미주〔미국 본토〕와 하와이에는 한국 인도자가 있다. 그때에 인도자들이 서재필 · 안창호 · 정한경 · 민찬호 · 이승만 · 박용만인데, 대강 내가 아는

로 적는다. 황사용 시는 흥사단으로 서고 국민회 일하는 사람이 흥사단 사람이 만타. 우리 민족이 단결이 부족하여 올코 그러고 간에 당파로 큰 일을 방해하고 다 자긔가 우듬이 되고저 헌다. 자긔가 머리가 될나 하니 몸 될 사람이 업다. 그것이 우리 한인 사회에 [27]방해되는 긔초다. 쉬기와 투기로 분쟁이 일어나고 단합이 못 되니 일혜 촉진이 못 된다. 애국을 하네 나라를 독립하네 하고 소리를 질너도 흥사단으로 국민회 회원은 언제던지 리성만 씨 정치운동에 손해를 쥬엇다.

그래서 동지회가 독립운동에 결사회다. 한성에 드러갈 째까지 내가 나이 칠십다섯 살이다. 공부를 흥영이 한 사람도 안이다. 나라를 일코 망국지인으로 자유를 일코 자유 차자 하와이로 사진혼인에 드러왓다. 내 눈으로 보고 당하고 내 안은 대로 사설을 씬다. 김원용이 글을 씬 것 보면 져희들은 다 잘하고 리승만 씨는 모도가 잘못햇다는 글쑨이다. 너히 사회서 잘한 포적이 무어냐 좀 알게 해라. 잘못하고 독립에 방해 준 것 너희들이다. 리승만 씨는 일평생으로 애국사상 민족 자유를 위하여 자긔 쥬건을 쓸 슈 업난 쥬권으로 남이 헌들지도 못하고 굿게 해왓다. 그래서 원슈도 만타. 아 당당한 한국의 의긔 애국자다. 김원용 재미한인 오십 년사를 저슐할 쌔 팔 년을 두고 차자 섯다 한 말은 내가 밋는다마는 [28] 리승만 씨의 대해 글 씬 것은 내가 밋지 못한다.

리승만 씨가 일천구백십三年에 하와이 오시고 잇태 후 십오 년에 내가 사진혼인으로 드러와서 인도자로 섬기고 그의 사적을 잘 아는 고로 김

대로 적는다. 황사용 씨는 흥사단[33]을 이끌고 있으며 국민회 회원 중에도 흥사단 사람이 많다. 우리 민족이 단결이 부족하여 옳고 그르고 간에 당파로 큰일을 방해하고 다 자기가 으뜸이 되고자 한다. 자기가 머리가 되려 하니 몸이 될 사람이 없다. 그것이 우리 한인 사회를 방해하는 기초이다. 시기와 투기로 분쟁이 일어나고 단합하지 못하니 일의 촉진이 없다. 애국을 하네, 나라를 독립하네 하고 소리를 질러도 흥사단으로 국민회 회원〔들〕은 언제든지 이승만 씨 정치운동에 손해를 주었다.

그래서 동지회가 한성에 들어갈 때까지 독립운동의 결사회〔가 되었〕다. 내가 나이 일흔다섯 살이다. 공부를 훌륭히 한 사람도 아니다. 나라를 잃고 망국지인으로 자유를 잃고 자유를 찾아 하와이로 사진혼인〔하여〕 들어왔다. 내 눈으로 보고 당하고 내 아는 대로 사실을 쓴다. 김원용이 글을 쓴 것을 보면 저희들은 다 잘하고 이승만 씨는 모두가 잘못했다는 글뿐이다. 너희 사회에서 잘한 표시가 무엇이냐, 좀 알게 해라. 잘못하고 독립을 방해한 것은 너희들이다. 이승만 씨는 일평생 애국사상 민족자유를 위하여 자기 주권을 끊을 수 없는 주권으로 남이 흔들지도 못하게 굳게 해 왔다. 그래서 원수도 많다. 아, 당당한 한국 의기〔가 드높은〕 애국자다. 김원용이 『재미한인 50년사』를 저술할 때 8년을 두고 〔자료를〕 찾아〔다니며〕 썼다 한 말은 내가 믿는다마는 이승만 씨에 대해 쓴 것은 내가 믿지 못한다.

이승만 씨가 1913년에 하와이에 오시고 이태〔2년〕 후 1915년에 내가 사진혼인으로 들어와서 인도자로 섬기고 그의 사적을 잘 아는 고로 김현구나

---

33 황사용(1882~1964)은 평안북도 신의주 출생으로 1904년 캘리포니아주 오클랜드의 한인 감리교회 초대 목사를 지냈다. 1909년 4월에 국민회 북미총회가 황사용과 로스앤젤레스의 방화중을 멕시코 메리다에 파견하였다. 두 사람은 메리다에서 노예와 다름없는 생활을 하는 이민 노동자들을 구제하려는 활동을 펼치면서 한인 감리교선교회를 조직하였다. 1913년 안창호가 샌프란시스코에서 재결성한 흥사단의 창립멤버이다. 호놀룰루의 제일한인감리교회 목사로 시무(1920~1922)하였다.

현구나 김원용 글 저술한 것을 밋지 안코 자긔의 양심을 써 노헌 것이다. 그전 총회 임원이 불신염한 고로 국민의 돈을 남용한 파쟁을 당한 것이요. 김현구·김원용이 우리 동지의 쯧을 밧드러 일하지 안코 민즁화를 지어 파쟁을 일우고 총재나 우리 동지의 듯을 복종하지 안고 민즁화를 세운 고로 사회분쟁으로 만헌 손해를 쥬엇다. 제가 미쥬 대포원으로 나와 참에하지마는 하와이 디방 대포원이 잇난 대 미쥬 대포원 한 대포만 가지고 의견을 거슈 가결 못 한다. 하와이 사 지방 대포가 다 잇난대 그슈 가결 다슈를 쫏차 한다. 안다고 글은 썻지마는 맹목한 사람이다.

제가 서사로 서고저 하야 인도자를 방해하는 사람이라. 김현구·김원용이 하와이로 二十七年에 나오기에 하와이 분쟁이 생기혀 민족에 큰 손해를 쥬고 그재에 된 일은 김현구·김원용이 교민단 밋 임원을 사용한 고로 큰 풍파가 일어나고 위국 사람[29]들의게 한국 사람은 단합이 업고 인도자를 보호할 줄 모러고 저마당 인도자가 될나 하니 엇지 뭉처 일을 할 슈 잇나 아직도 독립할 사람이 못 된다 하고 말을 했다.

김현구·김원용 이용된 몃 안 대 자가 불신용한 인도자 리승만 총재라 해서 법를사가 식산회와 총재 하시난 일을 다 조사하여 보고 사실이 업서매 우리 민족이 아직도 깨지 못하고 쉬기와 투기로 서로 자리에 오러고저 하는 사람들이라 한다. 김원용·김현구를 싸라 무엇을 성공했나. 손덕인·안영찬 목매한 사름들은 국민회원으로 교민단 총단장으로 동지회원으로 리승만 총재와 일은 만히 하고, 공 업시 씨러신 사름들이다. 리승만 씨 한 사업은 다 우리 민족 위해서 하고 자긔 개인으로 난 집도 한 간 업다. 성경을 보면 에슈 씨가 말삼하시기를 인자는 머리 둘 곳이 업다 하신 것과 갓치 리승만 씨난 자긔 몸 둘 집도 업섯다. 그재에 민족의 인도자 김원용이 저술한 것을 믿지 않고 나의 양심을 써 놓은 것이다. 그전〔국민회〕총회 임원이 불신임한 고로 국민의 돈을 남용했다는 파쟁을 당한 것이다. 김현구, 김원용이 우리 동지의 뜻을 받들어 일하지 않고 민중화를 지어 파쟁을 이루고 총재나 우리 동지의 뜻에 복종하지 않고 민중화를 세운 고로 사회 분쟁으로 많은 손해를 주었다. 제〔김원용〕가 미주 대표원으로 나와 참여하지만 하와이 지방대표원이 있으니 미주 대표원 한 대표만 가지고 의견을 거수가결하지 못한다. 하와이 네 지방 대표가 다 있으니 거수가결 다수를 좇아 가결한다.³⁴ 〔김원용이〕 안다고 글을 썼지만 맹목〔盲目〕한 사람이다.

제〔김원용〕가 스스로 서고자 하니 인도자를 방해하는 사람이라. 김현구, 김원용이 하와이로 〔19〕27년에 와서 하와이 분쟁을 일으켜 민족에 큰 손해를 주었다. 그때에 김현구, 김원용이 교민단 및 임원을 이용한 고로 큰 풍파가 일어나고 외국 사람들은 "한국 사람은 단합이 없고 인도자를 보호할 줄 모르고 저마다 인도자가 되려 하니 어찌 뭉쳐 일할 수 있나. 아직도 독립할 사람이 못 된다." 하고 말했다.

김현구, 김원용이 이용한 몇 안 되는 자들이 인도자 이승만이 신용이 없는 총재라 〔고발〕해서 법률사〔변호사〕가 〔동지〕식산회사와 총재 하시는 일을 다 조사하여 보고 〔그런〕 사실이 없으매 우리 민족이 아직도 깨지 못하고 시기와 투기로 서로 자리에 오르고자 하는 사람들이라 한다. 김원용, 김현구를 따라 무엇을 성공했나. 손덕인, 안영찬〔과 같이〕 몽매한 사람들은 국민회원으로, 교민단 총단장으로 동지회원인 이승만 총재와 일은 많이 하고 공 없이 쓰러진 사람들이다. 이승만 씨가 한 사업은 다 우리 민족을 위해서 하고 자기 개인으로 산 집도 한 칸 없다. 성경을 보면 예수가 말씀하시기를 인자〔人子〕는 머리 둘 곳이 없다 하신 것과 같이 이승만 씨

---

34 하와이에 4개의 지방회가 있어, 지방회 대표들의 다수결로 결정한다는 뜻.

로 일하실 째에 설설한 몸만 게시엿다. 그 후에 장가 가서 부인은 잇지마는 자식 업시 두 분이 살아왓다. 자긔 소유 재산이랏고는 업다.

다다리 살아가면[30]서 민족에 일을 하고 재산은 다 동포가 애국심으로 리승만 씨의 인도를 밧고 갓치 해노언 민족의 재산이다. 그럼으로 학원의 총재 리승만 씨 긔독학원 밧드러 온 동포들과 결정하여 그 돈을 한국 인하대학교에 보내엿다. 리승만 씨 해오신 사업은 한국 민족을 위하여 햇다.

지금도 그이 해노언 사업에 한국 민족에 돈이 만타. 동지회 회관도 팔아서 돈을 적치해 노앗다. 이 동지회관은 리원슌 씨 공이 만타. 조헌 동지로 리승만 씨와 손을 잡고 일을 만히 하엿다. 그 내위분이 긔독학원 홈장으로 게실 째 재정 곤란을 당할 째 만히 힘을 써 해갓다. 민족의 사랑으로 공심이 만헌 사람들이 다 내가 이 글 씰 째 내 개인으로 친분이 업고 잇고 그것이 문제 안이고, 내가 하와이 드러와서 사실상 보고 드런 것만 직접으로 된 일을 말하는 것이다. 이후에 리승만 씨 역사가 저술되면 더 자서이 알 슈 잇지마는 나의 일평생에 지내온 사실을 씨는 것이다.

리승만 씨 공동사업 민족 위하신 즁 양노원도 잇서 우리 동포 늙은 아자씨들 편안이 잘 시고 잇다. 그 쌍도 상당한 갑이 잇다. 한국 사람에 재정이[31]다. 쏘 김원용 저술 재미한인 오십 년사에 긔록한 글을 보면 리승만이가 교회를 풍파를 놋코 긔독교회를 세웟다고 글을(미미교회서 분열하고) 섯지마는 감리교회서 분열하고 나온 고로 신앙에 자유정신을 배양하고 그 슈만은 재정이 우리 한국 사람 민족의 재정이다. 그 에배당 기는 자기 몸 둘 집도 없었다. 그때에 민족의 인도자로 일하실 때에 쓸쓸한 몸만 계시었다. 그 후에 장가가서 부인은 있지마는 자식 없이 두 분이 살아왔다. 자기 소유 재산이라고는 없다.

다달이 살아가면서 민족의 일을 하고 재산은 다 동포가 애국심으로 이승만 씨의 인도를 받고 같이 해 놓은 민족의 재산이다. 그러므로 학원의 총재 이승만 씨가 〔한인〕기독학원을 받들어 온 동포들과 결정하여 그 돈을 한국의 인하대학교에 보내었다.[35] 이승만 씨가 해 오신 사업은 한국 민족을 위하여 했다.

지금도 그이가 해놓은 사업에는 한국 민족의 돈이 많다. 동지회 회관도 팔아서 돈을 예치해 놓았다. 이 동지회관은 이원순 씨 공이 많다. 좋은 동지로 이승만 씨와 손을 잡고 일을 많이 하였다. 그 내외분이 기독학원 홈장〔원장〕으로 계실 때 재정적으로 곤란을 당할 때 많이 힘을 써 해나갔다. 민족의 사랑으로 공심이 많은 사람들이다. 내가 이 글을 쓸 때에는 내 개인으로 친분이 없고 있고 그것이 문제가 아니고, 내가 하와이에 들어와서 사실상 보고 들은 것만 직접으로 〔관련〕된 일을 말하는 것이다. 이후에 이승만 씨 역사가 저술되면 더 자세히 알 수 있겠지만 내가 일평생 지내온 사실을 쓰는 것이다.

이승만 씨가 민족을 위해 공동사업을 한 일 중 양로원도 있다. 우리 동포 늙은 아저씨들이 편안히 잘 쉬고 있다. 그 땅도 상당한 값이 있다. 한국 사람에게 재정이 있다. 또 김원용 저술 『재미한인 50년사』에 기록한 글을 보면 이승만이 미이미교회에 풍파를 놓고〔일으켜〕 〔한인〕기독교회를 세웠다고 썼지만 감리교회에서 분열하고 나온 고로 신앙에 자유 정신을 배양하고 그 수많은 재정이 우리 한국 사람 민족의 재정이 〔되었〕다. 그 예배당

---

35 앞의 주 15 참조.

지가 늘고 근물이 잇서 상당한 재산이다. 리 박사 하신 정신을 본밧아서 해가야 된다.

김원용이는 무엇을 햇나. 재미한인 오십 년사를 모던 사연을 차자 씨 노랏고 팔 년 세월이 갓다 하는 말은 내가 밋는다. 그러나 二十七年으로 三十年 하와이 교민단 분쟁에 그 사건을 씨지 안이하엿서면 그 책이 빗치 더 나서 그 책이 사실상 역사가 될 것인대 리승만 씨에 대해서 투기와 쉬기로 글을 썻기에 그 반대하는 양심이 낫타나게 되여서 독자들을 하여곰 그 글에 가치가 업시 되엿다.

그째 분쟁에 원인은 김현구와 김원용이고 손덕인 · 안영찬 졸장부들이다. 리승만은 민족애국을 붓잡고 한길을 가는 사람이지마는 그이를 반대하는 사람은 서사로 서고저 하여 싼 [32]하와이섬 오올라 잇던 미간지(산판) 九十九에커를 매득 千九百二十五年 三月 매쥬의 百元七百쥬를

중대한 시국을 불고하고 리승만이 박용만과 합작하기를 거절함으로 합동 안이 되엿다는 말을 썻다. 박용만 씨도 인도자 하나이나 시대가 맛지 안타. 그이는 군무를 배운 사람이라 군정관음으로 일을 하니 아직 자유를 일은 나라에서 군정 힘으로 찬일 슈 업다.

[33]싼 굼을 꾸고 리승만을 반대하는 사람이다. 쏘 한 가지는 리승만 씨가 시국을 불고하고 박용만 씨와 합작을 안이하엿다고 역량을 분열하엿다. 우리 동지들은 애국자 리승만 씨를 밧들고 세게 정치운동으로 독립을 차질나 한다. 박용만 씨는 조헌 인도자지마는 째를 맛차 씰 슈 업다. 자유를 차진 후에 국무를 리용한다.

부지가 늘고 건물이 있어 상당한 재산이다. 이 박사 하신 정신을 본받아서 해 가야 된다.

〔그런데〕 김원용이는 무엇을 했나. 『재미한인 50년사』를 〔쓸 때〕 모든 사연을 찾아 써 놓았고 8년 세월이 갔다 하는 말은 내가 믿는다. 그러나 〔19〕27년에서 〔19〕30년〔에 일어난〕 하와이 교민단 분쟁에 〔관한〕 사건을 쓰지 아니하였으면 그 책이 빛이 더 나서 사실상 역사가 될 것인데 이승만 씨에 대한 투기와 시기로 글을 썼기에 그 반대하는 마음이 나타나게 되어서 독자들로 하여금 그 글에 가치가 없〔다고 보게〕 하였다.

그때 분쟁의 원인은 김현구와 김원용이고 손덕인, 안영찬 졸장부들이다. 이승만은 민족애국을 붙잡고 한길을 간 사람이지만 그이를 반대한 사람〔들〕은 스스로 서고자 하여 딴 〔생각을 하였다.〕 〔동지회는〕 하와이섬 올라아〔Olaa〕에 있던 미간지(산판山阪) 960에이커를 매입하고 1925년 3월 매주〔주식당〕 100불로 700주를 〔모집하였다〕.[36]

중대한 시국에도 불구하고 이승만이 박용만과 합작하기를 거절하여 합동하지 못하였다는 말을 〔그 책에〕 썼다. 박용만 씨도 인도자 중 한 사람이나 시대에 맞지 않았다. 그이는 군무를 배운 사람이라 군정관으로 일하니 아직도 자유를 잃은 나라에서 군정 힘으로 〔나라를〕 찾을 수 없다.

〔그도〕 딴 꿈을 꾸고 이승만을 반대한 사람이다. 또 한 가지는 이승만 씨가 시국에도 불구하고 박용만 씨와 합작을 아니하여 역량을 분열하였다〔고 쓴 것이다〕. 우리 동지들은 애국자 이승만 씨를 받들고 세계 정치운동으로 독립을 찾으려고 한다. 박용만 씨는 좋은 인도자이지만 때를 맞추어 쓸 수 없다. 자유를 찾은 후에 국무에 이용해야 한다.

---

36 동지회가 1925년에 설립한 동지식산회사의 주식 1주당 100달러씩 700주 모집을 목표로 한 것을 말한다. 앞의 주 17 참조.

우리 힘으로 일본을 대항 못 한다. 세계 공법으로 대항할 슈 잇다.

미쥬의 안창호 씨도 운변가로 죠헌 인도자이다. 애국사상의 운변으로 민족을 만히 개웃치고 사상을 길너 쥬엇다. 그래서 민족을 위해셔 사회를 위서 일을 만히 하다가 생명을 민족 자유를 위하야 쥬엇다. 박용만 씨도 군무의 학술과 조련 밧은 대장부로 삼쳘리강토 우리 민족의 자유를 위하여 싸와서 독립을 찻고저 하지마는 시대가 맛지 못한다. 그러나 대장부다.

우리 한인은 내 나라 내 고향 사람을 만히 찻는다. 누구던지 인사를 한 후 첫 말문는 인사가 당신 고향이 어대시오 뭇는다. 박용만 씨는 누가 그리 무러면 대답하기를 나는 대한 사람[34]이요. 부요 민족에 한 자손이라고 대답하고 디방열을 짓지 안이했다 한다. 하와이 영남부인회는 리극로 씨가 쳘학대학을 맛치고 하와이로 지나 한국할 대 (통감 사내정의 데라우씨. 구라파에서 박사학위를 밧고 귀국하던 길에 하와이 체류하며 리극로가 경상남도 사람이라.) 멋 녀자들이 감정으로 세운 것이다. 우래 사람들 손님은 잘 영접하고 경상도 사람은 푸대접하는 감정으로 선 것이다. 나도 처음에는 영남회원으로 참석하엿다. 차차 알고 보니 솔직한 지방열 감정으로 영남회가 생긴 것이라. 가치가 업다. 나도 영남 사람이다. 그러나 우리가 다 한국 사람이요, 부여 민족이다. 도를 가려 서는 솔직한 백성이다.

우리 힘으로 일본에 대항할 수 없다. 세계 공법으로 대항할 수 있다.

미주의 안창호 씨도 웅변가로 좋은 인도자이다. 애국사상으로 웅변으로 민족을 많이 깨우치고 사상을 길러 주었다. 그래서 민족을 위해서 사회를 위해 일을 많이 하다가 민족 자유를 위하여 생명을 바쳤다. 박용만 씨도 군무의 학술과 조련을 받은 대장부로 삼천리강토 우리 민족의 자유를 위하여 싸워서 독립을 찾고자 했지만 시대에 맞지 않았다. 그러나 대장부다.

우리 한인은 내 나라 내 고향 사람을 많이 찾는다. 누구든지 인사를 한 후 첫 말문으로 "당신 고향이 어디시오." 묻는다. 박용만 씨는 누가 그리 물으면 대답하기를 "나는 대한 사람이요, 부여 민족의 한 자손"이라고 대답하고 지방열〔지방차별화〕을 짓지 아니했다 한다. 하와이 영남부인회는 이극로 씨가 철학대학을 마치고 하와이를 지나〔거처〕 환국할 때 (〔당시〕 통감 사내정의〔寺內正毅〕 데라우치 〔마사타케〕 씨. 구라파에서 박사학위를 받고 귀국하던 길에 하와이에 체류하며 리극로가 경상남도 사람이라.[37])〔있었던 일 때문에〕 몇 여자들이 〔지역〕감정으로 세운 것이다.[38] 우대〔위쪽〕 사람들 손님으로 잘 영접하고 경상도 사람은 푸대접하니 〔억울한〕 감정으로 세운 것이다.[39] 나도 처음에는 영남회원으로 참석하였다. 차차 알고 보니 솔직히 지방열 감정은 영남회로부터 생긴 것이라. 가치가 없다. 나도 영남 사람이다. 그러나 우리는 다 한국 사람이요, 부여 민족이다. 도를 가려 쓰는 솔

---

37 괄호 안의 "통감~사람이라."는 33쪽 뒷면에 추가로 적힌 문장으로 이극로에 대해 쓴 내용이다. "통감 사내정의 데라우치"는 문맥상 다른 문장과 연결되지 않는다.

38 이극로(1893~1978)는 경상남도 의령 출신으로 독립운동가이자 조선민주주의인민공화국의 정치인이다. 1927년 독일 프리드리히 빌헬름 대학(현 베를린 훔볼트 대학교) 철학부를 졸업한 후 하와이에 잠시 들러 한 모임에서 연설을 했는데, 이때 이승만이 경상도 사람인 이극로를 비하하여 영남 부인들이 화가 나서 영남부인회를 조직했다는 소문이 있었다고 한다.

39 전체 문장은 '잘난 사람 또는 지위가 높은 손님은 잘 대접하고, 경상도 사람은 푸대접한 데 대하여 반발한 것이다'라는 뜻이다. 즉 이극로를 경상도 사람이라고 비하한 데 반발했음을 되풀이해서 설명한 문장이다.

삼텰리강산 안에 사는 사람은 모도가 다 내 민족이다. 리승만 씨 정치 운동 위교와 교육과 신앙의 교회와 동지 장래를 위하여 식산회사와 이 모던 것을 동지회원으로 의견을 갓치하여 고본을 모아 한 고에 一百元으로 팔아 모언 돈으로 하와이 오올나에 잇던 미간지(산판) 九十九엑커를 매득하엿다. 그째 千九百二十五年이다.

[35]그째에 그 짱에서 나는 것은 게비나무가 드러섯다. 그 게비나무로 숫을 구어서 해군 영문에 팔앗서 경비를 씨는 즁 나무 자러난 기개가 병이 나서 나무를 잘어지 못해서 숫을 쑴지 못하엿다. 그째에 우리 동지들이 재정 골란이 드럿다. 미국과 세계가 재정 골란이 들어서 인민이 고통할 째다.

千九百二十五年으로 三十年가지 대단이 골란할 째다. 그래도 우리 동지들은 할 일을 하여 갓다. 동지식산회 쌍 산 지가 오 년 세월밧긔 되지 안햇다. 큰 사업을 경영하는 사회서 오 년 세월에 엇지 성공할 슈 업고 시일을 가지고 해가야 되지 안나.

김원용이 글쎈 것을 보면 우리 동지는 큰 단체로 리승만 씨를 인도자로 밧들고 한길노 서서 나가지마는 소슈 반대자 김원용 갓헌 사람이 단합을 하지 안코 파쟁을 쥬어서 만헌[36] 손해를 쥬엇다. 넷날 속담에 말이 새 안골 양반이 원을 내지는 못해도 원을 쎄여 보내기는 잘 한다 말과 갓치 소슈의 반대자들이 일에 도움은 못 쥬고 손해를 만히 쥰다. 소위 김원용·김현구가 누구뇨, 우리가 알지 못햇다. 구미위원부서 일을 잘한다고 리승만 씨가 하와이로 불너왓다. 그래서 인도자를 갓치 밧더러 일을 하지 안코 리승만 씨 슈십년 해 나온 사업을 망해 놋코 우리 동지들의 사업직한 백성이다.

삼천리강산 안에 사는 사람은 모두가 다 내 민족이다. 이승만 씨 정치운동 외교와 교육과 신앙의 교회와 동지의 장래를 위하여 식산회사와 이 모든 것을 동지회원으로서 의견을 같이하여 고본을 모아 한 주에 100원으로 팔아 모은 돈으로 하와이 올라아에 있던 미간지(산판) 960에이커를 매입하였다. 그때가 1925년이다.

그때에 그 땅에는 키아베 나무[40]가 들어서 있었다. 그 키아베 나무로 숯을 구워서 해군 영문에 팔아 경비를 쓰는 중 나무 자르는 기계가 병〔고장〕이 나서 나무를 자르지 못해서 숯을 굽지 못하였다. 그때에 우리 동지들이 재정 곤란이 들었다. 미국과 세계가 재정 곤란이 들어서 인민이 고통스러울 때다.

1925년부터 30년까지 대단히 곤란할 때다. 그래도 우리 동지들은 할 일을 해 나갔다. 동지식산회사가 땅을 산 지 5년 세월밖에 되지 않았다. 큰 사업을 경영하는 사회에서 5년 세월에 어찌 성공할 수 없고〔있겠는가.〕 시일을 두고 해나가야 되지 않나.

김원용이 글 쓴 것을 보면 우리 동지는 큰 단체로 이승만 씨를 인도자로 받들고 한길로 서서 나갔지만 소수 반대자 김원용 같은 사람이 단합하지 않고 파쟁을 일으켜 많은 손해를 주었다. 옛날 속담에 '새 안골 양반이 원을 내지는 못해도 원을 떼어 보내기는 잘한다'는 말과 같이 소수의 반대자들이 일에 도움은 못 주고 손해를 많이 주었다. 소위 김원용, 김현구가 누구인가〔어떤 사람인지〕 우리가 알지 못했다. 구미위원부에서 일을 잘한다고 이승만 씨가 하와이로 불러왔다. 그런데 인도자를 같이 받들어 일하지 않고 이승만 씨가 수십 년 해온 사업을 망하게 해 놓고 우리 동지들의 사업

---

40 키아베 나무가 아니라 오히아 나무이다.

을 망해 노앗다.

김현구·김원용이 二十七年으로 三十年에 동지 식산회를 망해 놋코 밀나 거리 총회간도 민즁화가 되엿다. 총재가 독재쥬의 한다 하고 식산회 돈을 다 축을 냇다고 해서 법률사의게 드러가게 한 고로 법률사들을 돈을 다 쥬게 되니 식산회사를 일어바렷다. 그것은 김현구·김원용·손덕인이 제로 그러케 되엿다. 김원용 글씬 것[37]을 보니 모던 파쟁은 너희들이 하고 말말이 리승만 씨가 파쟁을 햇다고 썬 것을 보니 공정한 양심으로 말 안이할 슈 업다. 불행이 나는 김원용 갓헌 언사로 말을 지어서 씰 수는 업지마는 내 안은 대로 공정한 사실대로 내가 씬다.

이후에 리승만 씨 역사를 써서 나오면 자서한 글이 잇겻지마는 나는 내 나이 십九세 하와이 와서 내 나이 칠십오 세 되도록 잇지 못하고 한국에 애국자로 안다. 그이도 사람인대 잘못한 일도 잇겻지마는 그째에 그 이부담 나은 인도자가 누구인지 외 리승만보담 일을 더 잘 하지 못햇나. 김원용이 좀 잘 해보지 에슈 씨도 잘못한다고 십자가에 못설 박아서니 세상에 투기와 악종은 다 잇는 줄 안다.

재미한인 오십 년사 글을 보면 파쟁을 리승만 씨를 냇다 하지마는 그 파쟁은 리승만 씨 반대자 소슈들이 쉬[38]기하여 리승만 씨와 손을 잡고 일하지 안코 슈십 년 해온 역사적을 업새고 반대하는 자들이 권리를 잡기 위하야 별별 시험을 햇지마는 그이는 굿굿이 서서 우리 동지들과 일을 해왓다. 공정은 하날이 아는 법이고 이 압허로 우리나라가 잘될나면 우리 민족이 그러한 심리버텀 곤치고 단합하여 내보다 좀 더 잘하는 사람을 밧드러서 일을 갓치하다가 자긔가 만히 배운 뒤에 그 자리 안질 슈을 망하게 해 놓았다.

김현구·김원용이 〔19〕27년부터 30년까지 동지식산회사를 망하게 해 놓고 밀러 거리 총회관도 민중화되었다. 총재〔이승만〕가 독재주의를 한다 하고 식산회사 돈을 다 축냈다고 해서 법률사에게 들어가게 한 고로 법률 사들에게 돈을 다 주게 되니 식산회사를 잃어버렸다.[41] 그것은 김현구, 김 원용, 손덕인의 죄로 그렇게 되었다. 김원용 글 쓴 것을 보니 모든 파쟁은 자신들이 하고 말끝마다 이승만 씨가 파쟁했다고 쓴 것을 보니 공정한 양 심으로 말을 아니할 수 없다. 불행히도 나는 김원용 같은 언사로 말을 지 어서 쓸 수는 없지만 내 아는 대로 공정한 사실대로 내가 쓴다.

이후에 이승만 씨 역사를 쓴 자세한 글이 나오겠지만 나는 내 나이 19세 에 하와이에 와서 내 나이 75세가 되도록 잊지 못하고 〔이승만을〕 한국의 애 국자로 안다. 그이도 사람인데 잘못한 일도 있겠지만 그때에 그이보다 나 은 인도자가 누구인지, 왜 이승만보다 일을 더 잘하지 못했나〔를 생각해 보 아야 한다〕. 김원용이 좀 잘 해보지. 예수도 잘못한다고 십자가에 못 박았으 니 세상에 투기와 악종이 다 있는 줄 안다.

『재미한인 50년사』 글을 보면 파쟁을 이승만 씨가 냈다 하지만 그 파쟁 은 소수의 이승만 씨 반대자들이 시기하여 〔일으킨 것이며,〕 이승만 씨와 손 잡고 일하지 않고 수십 년 해온 역사적 〔업적〕을 없애고 반대하는 자들이 권리를 잡기 위하여 별별 시험을 했지마는 그이는 꿋꿋이 서서 우리 동지 들과 일을 해 왔다. 공정은 하늘이 아는 법이고 앞으로 우리나라가 잘되려 면 우리 민족이 그러한 심리〔심보〕부터 고치고 단합하여 나보다 좀 더 잘 하는 사람을 받들어서 일을 같이 하다가 자기가 많이 배운 뒤에 그 자리에

---

41 동지식산회사는 자본 부족으로 계속 적자 운영을 이어오다가 1931년 4월경에 2만 달러가 넘 는 부채를 지고 파산하였다. 천연희는 파산 이유가 소송 문제로 변호사 비용이 많이 들었기 때 문이라고 잘못 이해하였다.

잇는 민족이 되야 되고 첫채 아는 사람을 쉬기하여 쏫거루고 그 자리로 차질할 양심을 곤처야 우리 민족이 사는 길노 잘 차저가는 민족이라 할 슈 잇다. 그러고 리승만 씨와 갓치 민족의 자유를 사랑하고 삼철리강산을 애국하는 마음이 엇서야 된다.

이스라엘 백성이 애급에 노야 되여 학정을 밧을 째 모세가 하나님 긔 도하여 애급에서 과야로 인도하여고 하나님이 택하여 쥬신 가나안 복지로 이서라엘 백성을 드러가 행복을 누리게 할 그 순간에 이스라엘 백성이 광야에 머멀게 하고 하나님의 명영으로 가나한 복지에 드러갈 그동안에 참지 못하여 모세를 원망하고 우상을 만드러 세우고 우상의게 절하고 하나님[39]을 밋지 안고 모세를 배반하엿다.

그와 갓치 우리 동지 소슈는 인도자를 붓잡고 갓치 일을 하다가 파쟁을 일우고 도라선 사람들이 소슈가 잇다. 한 사름 즁에 손덕인·안영찬이다. 자긔들이 김원용·김형구와 파쟁을 하고 나가서 이승만이가 독제쥬의와 재정도 독권을 씬다 하고 민즁이 해야 한다 하고 민즁화를 조직하고 독립 찬는 일에 막대한 손해를 쥰 사람들이다.

리승만보담 더 잘한 일이 모도가 잘한 것이 볼 슈 업다. 우리 긔독교회 파쟁도 리승만 교파가 미미교회서 갈나 나와서 긔독교회 분쟁이 생겻다 하지마는 긔독교 원목적은 누구의 미슌교회에 관할을 밧지 안코 우리 한국 사람의 자유신앙을 배양하는 신앙심을 자유하는 교회로 근본적 쑷이 그러한 정신으로 세운 것인대 목사 리홍식 싼 미슌에 갓다 부칠나 하는 고로 분쟁이 이러난 것이다. 한국 사람에 재정과 정신의 신앙으로 세운 긔독교회를 목사들은 월급에 팔어서 미국 미슌에 갓다. 부송할 쑷을 [40]

앉을 수 있는 민족이 되어야 한다. 첫째, 아는 사람을 시기하여 꾼들을 거느리고 그 자리를 차지하려는 양심을 고쳐야 우리 민족이 사는 길을 잘 찾아가는 민족이라 할 수 있다. 그리고 이승만 씨처럼 민족의 자유를 사랑하고 삼천리강산을 애국하는 마음이 있어야 된다.

이스라엘 백성이 애급〔이집트〕의 노예가 되어 학정에 시달릴 때 모세가 하나님께 기도하여 애급에서 광야로 인도하여 하나님이 택하여 주신 가나안 복지〔福地〕로 이스라엘 백성을 〔데리고〕 들어가 행복을 누리게 할 그 순간에, 이스라엘 백성이 광야에 머무르며 하나님의 명령으로 가나안 복지에 들어가는 그동안을 참지 못하여 모세를 원망하고 우상을 만들어 세우고 우상에게 절하고 하나님을 믿지 않고 모세를 배반하였다.

그와 같이 우리 동지 중에 인도자를 붙잡고 같이 일하다가 파쟁을 일으키고 돌아선 사람들이 소수가 있다. 그런 사람 중에 손덕인, 안영찬이 〔있〕다. 자기들이 김원용, 김현구〔김현구〕와 파쟁하고 나가서 이승만이 독재주의를 하고 재정도 독권〔獨權〕을 쓴다 하고 민중이 해야 한다 하고 민중화를 조직하여 독립 찾는 일에 막대한 손해를 준 사람들이다.

이승만보다 더 잘한 일이〔라는 것이〕 모두가〔전부〕 잘한 것이라 볼 수 없다. 우리 기독교회 파쟁도 이승만 교파가 미이미교회에서 갈라 나와서 생겼다 하지만 기독교의 원래 목적은 누구의 미션교회[42]에도 관할을 받지 않고 우리 한국 사람의 자유 신앙을 배양하는 신앙심을 자유하는〔자유롭게 가지는〕 교회라는 근본적 정신으로 세운 것인데, 목사 리홍식[43]은 다른 미션에 갖다 붙이려 한 고로 분쟁이 일어난 것이다. 한국 사람의 재정과 정신의 신앙으로 세운 기독교회를 목사들은 월급에 팔려서 미국 미션에 가

---

42 다른 미션교회는 성공회 교회를 말한다.
43 이용직의 오기이다. 천연희 노트 1권 주 110 참조.

의향하기로 하니 그것을 아는 교인은 반대로 하니 나중에 파쟁되엿다. 그중에도 파쟁에 바리새 교인이 잇서 목사와 부동되여 파쟁을 일어켜지만 공정은 악을 막고 마기를 물너첫다. 시험이 만치마는 아직도 긔독교는 한인의 재산으로 세운 교회로 신앙에 자유교회로 서 잇다. 미국 시민 이세들이 잘하여 간다. 리승만 씨 하나 온 일을 내가 사진혼인에 드러와서 잘 알고 내 아는 대까지 긔록하는 것이고 그이를 애국자로 밧드러 온 그 역사로 내 아는 대까지 긔록한 것이다.

[41]내가 한국 부산에서 련락선을 타고 박금우 씨 오라분이가 나를 영솔하고 일본 하간 선도에 배가 대는 고로 하륙하여 털로를 타고 하로밤 하로낫을 왓는지 너무 오래되여 긔억이 나지 안치마는 그점 되여서 신호에 털로가 도착하니 우리 일향이 나려서 대복여관으로 드러가서 유식하는 자리를 정하엿다.

그 잇헌날 대복여관 쥬선으로 하와이 드러오난 사람이 금사하로 단이는 의사가 잇서 그 의사의게 눈금사와 대변금사를 하로 갓다. 의사가 금사한 결과로 나는 눈은 조아 상등으로 금사에 올나서나 대변금사에 써러저서 치로를 밧아야 된다.

눈금사는 써러지면 한 쥬일에 한 번식 금사가 잇지마는 대변금사 써러지면 약을 먹고 두 쥬일에 한 번식 금사를 한다. 이 금사의 병은 눈에는 일본말인지 일홈이 도랑호모라 하고 대변금사는 십이장츙이라 하는 병이 업시 금사에 올나야 금사국[42]에 허가 죠인을 어더서 출국하라는 허가장을 가지고 배포를 사서 하와이로 오는 배를 타는 것이다. 나는 대변져다 부송(付送)할 뜻을 의향하니[44] 그것을 안 교인들이 반대하여 나중에 파쟁이 일어났다. 그중에도 파쟁에 바리새교인이 있어 목사와 부동(符同, 그른 일에 어울려 결탁함)하여 파쟁을 일으켰지만, 공정은 악을 막고 마귀를 물리쳤다. 시험이 많았지만 아직도 기독교는 한인의 재산으로 세운 교회로 신앙의 자유교회로 서 있다. 미국 시민 2세들이 잘해 간다. 이승만 씨가 해 온 일을 내가 사진혼인해 들어와서 잘 알고 (있으므로) 내 아는 데까지 기록하는 것이고 그이를 애국자로 받들어 온 그 역사를 내 아는 데까지 기록한 것이다.

내가 한국 부산에서 연락선을 타고 박금우 씨 오라버니가 나를 영솔하고 일본 하관(下關, 시모노세키) 선도에 배가 닿는 고로 하륙하여 기차를 타고 하룻밤 하룻낮을 왔는지 너무 오래되어 기억이 나지 않지마는 그쯤 되어서 신호(神戶, 고베)에 기차가 도착하니 우리 일행이 내려서 대복여관으로 들어가서 유식(留食)하는 자리를 정하였다.

그 이튿날 대복여관 주선으로 하와이 들어오는 사람을 검사하러 다니는 의사가 있어서 그 의사에게 눈검사와 대변검사를 하러 갔다. 의사가 검사한 결과로 나는 눈은 좋아 상등으로 검사에 올랐으나 대변검사에 떨어져서 치료를 받아야 되었다.

눈 검사는 떨어지면 일주일에 한 번씩 검사가 있지만 대변검사는 떨어지면 약을 먹고 두 주일에 한 번씩 검사를 한다. 이 검사(에서 잡히는) 병은 눈에는 일본말인지 이름이 도랑호모(트라코마)라 하고 대변검사는 십이지장충이라 하는데, 이 병이 없이 검사에 올라야(통과해야) 검사국의 허가 조인(調印, sign)을 얻어서 출국하라는 허가장을 가지고 배표를 사서 하와이

---

44 이승만이 감리교에서 탈퇴하여 정신적·재정적으로 독립된 교파의 한인기독교회를 설립하였는데, 교회가 재정적으로 어려움에 처하자 이용직 목사가 한인기독교회를 미국 성공회교회에 부속하려고 시도한 사건을 말한다.

금사에 써러저서 약을 먹고 하니 시일이 걸여서 마음이 살란하다. 그러나 의사의 진찰을 밧어면서 매일 녀자들끼리 시내를 구경한다.

신호에 제일가는 폭포슈도 구경하니 참 경치치가 죠코 그째도 일본 사람들은 인작으로 경치를 만들고 슈목을 숭상하고 화초를 심어서 진해에 아름답게 경치해 노언 것을 보고 내가 한탄했다. 일본은 쌘 나라다. 도로와 인작으로 만던 것이 쌘 나라다. 나의 원슈지마는 그 생각을 하고 우리나라는 참 천작으로 죠헌 곳이 만치마는 그것을 숭상할 줄 모러고 나무도 직어 불만 태우고 산은 벌거쌧고 잇다는 것을 생각할 째 답답한 생각만이 잇섯다.

우리 녀자 일행이 의사 진단소 갓다. 그러서 시내로 지나오면 일본 녀자들이 처다보고 저거끼리 하는 말이 "고[43]노 조선진노 오나고가 가오가 기레노" 하고 말을 하는 소리를 드럿다.

그러오다가 쑤언고구마 구러마가 잇서면 쑤언고구마를 산다. 쑤언고구마가 대변에 죠타 함으로 우리 녀자들이 먹는 고로 만히 사고 그째는 귤을 감자라 불어고 감자도 사고 하여서 여관에 와서 먹는다.

그러고 길에 그러오다가 금은 사름을 보앗다. 처음 보니 너무도 놀래서 다런 길노 되에서 갓다. 엇지나 금어 보이는지 눈만 감고 하고 잇빨만 히고 히더라. 말은 금은 사람이 잇다는 말은 드러도 보기는 처음으로 신호서 보앗서 무서웟다.

그째에 쳐녀가 박달슌 · 김슌님 · 리시남 · 쳔년희 · 남슌남 대복여관에 잇섯다. 박금우 오라분이는 나도 오라분이라 불넛다. 그 아버지 박태구 씨가 하와이 자긔 딸 박금우 씨를 통하야 사진혼인 쥬선을 햇지마는 자로 오는 배를 타는 것이다. 나는 대변검사에 떨어져서 약을 먹고 하니 시일이 걸려서 마음이 산란했다. 그러나 의사의 진찰을 받으면서 매일 여자들끼리 시내를 구경했다.

신호(고베)에서 제일가는 폭포수도 구경하니 참 경치가 좋고, 그때도 일본 사람들은 인작(人作, 인공)으로 경치를 만들고 수목을 숭상(재배)하고 화초를 심어서 진열해 아름답게 경치를 만들어 놓은 것을 보고 내가 한탄했다. 일본은 깬 나라다. 도로와 인공으로 만든 것이 깬 나라다. 나의 원수지만 그 생각을 하니, 우리나라는 참 천작(天作)[45]으로 좋은 곳이 많지만 그것을 숭상할 줄 모르고 나무도 찍어 불만 때고 산은 벌거벗고 있다는 것을 생각할 때 답답한 생각만 들었다.

우리 여자 일행이 의사 진단소에 갔다. 그리고 시내를 지나오면 일본 여자들이 (우리를) 쳐다보고 자기들끼리 "고노 조센진노 오나고가 가오가 기레이네(이 조선 여자의 얼굴이 예쁘네)." 하고 말하는 소리를 들었다.

걸어오다가 군고구마 구루마(손수레)가 있으면 군고구마를 샀다. 군고구마가 대변에 좋다 하므로 우리 여자들이 먹는 고로 많이 사고, 그때는 귤을 감자(柑子)라 불렀는데 감자도 사고 하여서 여관에 와서 먹었다.

그리고 길에 걸어오다가 검은 사람(흑인)을 보았다. 처음 보니 너무도 놀래서 다른 길로 돌아서 갔다. 어찌나 검어 보이는지 눈만 감으면 이빨만 희고 희더라. 검은 사람이 있다는 말은 들었어도 보기는 처음이라 신호에서 보아서 무서웠다.

그때에 처녀로는 박달순, 김순임, 이시남, 천연희, 남순남이 대복여관에 있었다. 박금우 오라버니는 나도 오라버니라 불렀다. 그 아버지 박태구 씨가 하와이에 있는 자기 딸 박금우 씨를 통하여 사진혼인을 주선했지마는

---

45 사람의 힘을 가하지 않고 하늘의 조화로 만들어진 것, 즉 자연적으로 생겨난 것을 말한다.

긔는 우리를 다리고 못 오고 자긔 아달이 나를 다리고 일본까지 와셔 다 쥬션을 하여 쥬고 자긔는 환국하엿다. 사람이 점잔하고 식식한 쳥년이라 장래가 잇는 쳥년이라, 내 생각하기로 장래가 성당이 될 줄 알앗다. 그 후 드러니 목사가 되엿다 한다.

의사 진단을 밧기 위하여 병원에 매일갓치 단닌다. 눈에 약을 매일 엿 는다. 그리하는 즁 하노란 여과에 도라가니 하와이서 나왓다 하고 엇던 남자 한 분이 잇다. 우리를 보고 인사를 한다. 그래서 콜을 보니 망직하 다. 금은 얼골에 주럼이 잽히고 손을 보니 북도싸구 갓고 즁즁 무식한 것 이 보인다. 나는 콜을 보고 락심하고 말문을 생각도 [44]업다.

그즁에 엇던 녀자가 하와이서 왓다 하니 자긔 남편 될 사름을 아너냐 물엇다. 자긔가 안다 하고 자긔는 농장 쥬인 말마방간에셔 말을 근사하 는 일을 한다 하고 장한 것갓치 자랑하더라.

그 하와이 사람 콜을 보고 낙망하여 일본 드러온 지 이십 일 만에 도 로 한국하여서 내 고향 진쥬로 갓다. 그째 츈긔시험을 차리고 졸업할 여 비를 하고 잇더라. 그러니 나는 시험 너졋다. 그래서 엇지할 슈 업시 도 로 일본으로 드러올 작정이다. 우리 어머님 형님은 가지 마라고 권고한 다. 그러나 모던 형편이 한국에 잇설 마음이 업다. 첫채 민족이 자유를 일 코 노야가 된 것이 큰 문제가 되엿다. 그래서 이차로 조국을 리별하고 일 본으로 도로와서 신호 대복여관으로 왓다. 그째 잇던 여자들은 다 어대 로 가고 남슌남이가 잇고 최소곤이라 하는 나어린 쳐녀가 잇더라. 그째 에 대복여관에 녀자들 통변을 하게 둔 유학생이 하나 잇는대 일홈 류홍 진이라 하는 쳥년이다. 모던 일을 통변하며 사진혼인에 드러오난 녀자들 자기는 우리를 데리고 못 오고 그 아들이 나를 데리고 일본까지 와서 다 주선하여 주고 환국하였다. 사람이 점잖고 씩씩한 청년이라 장래가 있는 청년이라, 내 생각하기로 장래에 성당〔聖當, 성스러운 일을 할 사람〕이 될 줄 알았다. 그 후 들으니 목사가 되었다 한다.

　의사 진단을 받기 위하여 병원에 매일같이 다닌다. 눈에 약을 매일 넣는다. 그리하는 중 하루는 여관에 돌아가니 하와이에서 나왔다 하고 어떤 남자 한 분이 있다. 우리를 보고 인사를 한다. 그래서 꼴을 보니 망측하다. 검은 얼굴에 주름이 잡히고 손을 보니 북도까구[46] 같고 중중〔重重, 무엇보다도〕 무식한 것이 보인다. 나는 꼴을 보고 낙심하고 말문을 〔열〕 생각도 없다.

　그중에 어떤 여자가 〔그 남자가〕 하와이에서 왔다 하니 자기 남편 될 사람을 아느냐 물었다. 자기가 안다 하고 자기는 농장 주인 마방간에서 말을 건사하는 일을 한다 하고 장한 것같이 자랑하더라.

　그 하와이 사람 꼴을 보고 낙망하여 일본 들어온 지 20일 만에 도로 환국하여서 내 고향 진주로 갔다. 그때 춘기시험[47]을 치르고 졸업할 여비〔준비〕를 하고 있더라. 그러니 나는 시험에 늦었다. 그래서 어찌할 수 없이 도로 일본으로 들어오기로 작정했다. 우리 어머님, 형님은 가지 말라고 권고했다. 그러나 모든 형편이〔형편 때문에〕 한국에 있을 마음이 없다. 첫째, 민족이 자유를 잃고 노예가 된 것이 큰 문제가 되었다. 그래서 이차로 조국과 이별하고 일본으로 도로 와서 신호〔고베〕 대복여관으로 왔다. 그때 있던 여자들은 다 어디로 가고 남순남이 있고 최소곤이라 하는 나어린 처녀가 있더라. 그때에 대복여관에 여자들 통변〔통역〕을 하게 둔 유학생이 하나 있었는데 이름이 유홍진이라 하는 청년이다. 모든 일을 통역하며 사진혼인

---

46 정확한 뜻을 알 수 없는데 문맥상 '험하고 거칠다'는 의미로 이해된다.
47 봄 학기 시험 이후 졸업하는 학제였다.

을 위하여 일을 힘써 바쥬는 청년이다.

내가 금사에 올나셔나 배가 적고 패신자가 만하서 제비를 쏩아 제비에 오른는 사람은 배를 태일 슈 잇다 하고 내가 금사는 올나도 제에 바저 배를 타지 못하고 다음 배[45]에 가게 된다. 그 슌간에 돈이 다 업서젓다. 그전 배에 갈 돈이 업서 하와이 길찬록 씨의게 선비를 좀더 보내달라고 편지 하엿서 아모 소식이 업서 나의 어머니의게 사연 편지하니 돈을 에아멜노 보내 쥬어서 이 배로 가게 되는대 쏘 한 쥬일 잇게 되면 이 돈이 다 업서진다.

그래서 류홍진 씨와 의론하고 다음 배에 가게 되면 대복여관에 유치한 돈을 대용해서 가기로 상의햇다. 그러고 쏘 우리 집에 편지하여 돈이 오면 돈을 갑하 쥬기로 햇다. 내가 일본 온 지가 오 색이 되여서 여행권 날자도 만 남지 안타. 여행권 기한이 륙 색이다. 그래서 그다음 배에 가게 되엿다. 유홍진 청년과 의론하고 대복여관의게 사실을 말하니 남슌남 씨 돈이 잇고 그이는 금사에 오러지 안이햇다 한다.

류홍진 씨와 우리 집에 전보를 처놋코 남슌남 씨의게 무러 그리하라고 해서 그 돈으로 선비하여 하와이로 드러왓다. 남슌남 씨가 참 고마운 녀자로 생각하고 류홍진도 대복여관 쥬인도 죠헌 녀자로 생각햇다. 그러고 나는 신호서 배를 타고 행빈으로 올 째에 배몰미를 좀 하면서 우리 집에서 돈이 와서 남슌남 씨가 다음 배에 드러오게 되나 하는 걱정을 하엿다.

나 탄 배는 사이베리아다. 배가 오래되여서 늙은 배다. 삼 일 만에 행빈에 도착하고 고통을 부니 행빈이라 한다. 조곰 잇서니 한국 녀자가 서울 부인 탁화슌 · 김슌남 세 녀자가 배에 오르고 신호서 · 리시남 · 천년히가 그래 모도 녀자 오 인이 배를 타고 태평 바다로 행하고 손쌀갓치 간니 엇던 녀자들[46]은 배몰미를 하여서 토하고 해서 아모것도 먹지 못하고

으로 들어오는 여자들을 위하여 일을 힘써 봐주는 청년이다.

내가 검사에 올랐으나〔통과했으나〕, 배가 적고 패신저〔passenger, 승객〕가 많아서 제비를 뽑아 제비에 오르는 사람은 배를 탈 수 있다 하는데 내가 검사는 올라도 제〔제비뽑기〕에 빠져 배를 타지 못하고 다음 배로 가게 되었다. 그때 돈이 다 없어졌다. 그전에 배로 갈 돈이 없어 하와이 길찬록 씨에게 선비〔뱃삯〕를 좀 더 보내달라고 편지하였으나 아무 소식이 없어 나의 어머니에게 사연을 편지하니 돈을 에어메일〔airmail, 항공우편〕로 보내 주어서 이 배로 갈 수 있었는데 또 일주일 있으면 이 돈이 다 없어진다.

그래서 유홍진 씨와 의논하여 다음 배에 가게 되면 대복여관에 유치한 돈을 대용해서 가기로 상의했다. 그리고 또 우리 집에 편지하여 돈이 오면 돈을 갚아 주기로 했다. 내가 일본 온 지가 5삭〔5개월〕이 되어서 여행권〔여권〕 날짜도 많이 남지 않았다. 여행권 기한이 6삭이다. 그래서 그다음 배로 가게 되었다. 유홍진 청년과 의논하고 대복여관에 사실을 말하니 남순남 씨 돈이 있는데 그이는 검사에 오르지 아니했다 한다.

유홍진 씨와 우리 집에 전보를 쳐놓고 남순남 씨에게 물어 그리하라고 해서 그 돈으로 선비를 하여 하와이로 들어왔다. 남순남 씨를 참 고마운 여자로 생각하고 유홍진도 대복여관 주인도 좋은 여자로 생각했다. 나는 신호〔고베〕에서 배를 타고 횡빈〔橫濱, 요코하마〕으로 올 때에 뱃멀미를 좀 하면서 우리 집에서 돈이 와서 남순남 씨가 다음 배에 들어오게 되나 하고 걱정하였다.

내가 탄 배는 시베리아호다. 배가 오래되어서 늙은 배다. 3일 만에 횡빈에 도착하고 고동을 부니 횡빈이라 한다. 조금 있으니 한국 여자인 서울 부인, 탁화순, 김순남 세 여자가 배에 오르고 신호에서 이시남, 천연희가〔탔다.〕 모두 여자 5인이 배를 타고 태평양 바다로 향하여 쏜살같이 가니 어떤 여자들은 뱃멀미를 하여서 토하고 해서 아무것도 먹지 못하고 아파서 압하서 침대에 누어서 일어나시도 못한다. 배가 하등이요, 세들거서러로 아래 우칭이다(시식기를 하니). 배몰미를 하니 일어나지도 못한다. 그래서 내가 띠와 물을 갔다 준다. 나는 신호서 행빈 올 째는 조곰 몰미를 하는엿대 행빈을 써나 태평양 바다 올 째는 배몰미를 하지 안코 긔분이 죠아서 배우에 올나가고 안자 놀기도 하엿다.

사이베리아는 오래된 배가 되여서 늙어 속역이 그리 쌔러지 안코 해도 시지 안코 한결갓치 물 우에 써서 간다. 행빈을 지나 한 몃칠 후에 삼 일을 지낫서인지 엇던 동양 남자 하등 우리 잇는 대 차저와서 인사를 하고 자긔가 한국 사람이라 하고 말햇다. 우리 녀자들이 한국 옷설 닙은 까달에 한국 녀자로 보앗다. 그 청년이 말하기를 자긔가 한국 사람인대 청국 상해서 배를 타고 미국에 공부 가는 길인대 일본 올 째는 배 안에 숨어 잇섯다 하고 말하고 일본에서 금사가 심하여 잡히면 일본에 나려서 일본 정부에서 잡는 한국 사람은 문초도 만코 심할 악형을 쥬기로 슈머 잇다가 일본이 다 지나고 태평양 바다에 써서 나와서 우리 한국 녀자를 보고 반가와서 인사를 한 것이다. 우리 역시 반가워하엿다. 그 청년 나히 한 이십팔구 세 되엿고 평양 사람이[47]라 한다. 그 배에 탄 한국 사람은 녀자가 다섯이요, 남자가 한 사람 잇서서 서울 부인은 가부로 지십간 부인이다. 부거럼 업시 이 한국 남자의게 무엇들 사달나 하고 청하지마는 몃 녀자들은 말도 잘 못 햇다. 그째만 하여 남의 유별에 에절이 잇난 것이다. 그 청년 성이 김씨다. 일홈은 오래되여 이저바릿다. 그래셔 오차도 갓다 쥬고 청국 국슈도 사다 쥬고 몃 녀자들은 늘 해달나고 부탁을 한다. 나는 배몰미를 하지 안어무로 내 마음대로 가서 사먹기도 하고 배장 우에서 놀고 창창한 대하를 바라볼 째 물과 하날분이다. 조고마는 배가 느넛고 느은 바다로 행하고 굴너간다. 아모것도 보이지 안코 늙고 늙은 바다와 청청한 물과 푸러고 푸런 한날 히고 힌 구림이 공중에 써 잇는 것만 보인다.

침대에 누워서 일어나지도 못한다. 배가 하등이요, 쇠 들것〔침대〕으로 아래 위층이다. (시시크〔seasick〕를 하니) 뱃멀미를 하니 일어나지도 못한다. 그래서 내가 티〔tea〕와 물을 갖다 주었다. 나는 신호에서 횡빈 올 때는 조금 멀미를 했는데 횡빈을 떠나 태평양 바다 올 때는 뱃멀미를 하지 않고 기분이 좋아서 배 위에 올라가고 앉아 놀기도 하였다.

시베리아호는 오래된 배가 되어서 늙어 속력이 그리 빠르지 않았지만 쉬지 않고 한결같이 물 위에 떠서 간다. 횡빈을 지나 한 며칠 후에 3일을 지나서인지 어떤 동양 남자가 하등칸 우리 있는 데 찾아와서 인사를 하고 자기가 한국 사람이라고 말했다. 우리 여자들이 한국 옷을 입은 까닭에 한국 여자로〔알아〕보았다. 그 청년이 자기가 한국 사람인데 청국〔중국〕상해에서 배를 타고 미국에 공부하러 가는 길인데 일본 올 때는 배 안에 숨어 있었다고 말하고, 일본에서 검사가 심하여 잡히면 일본에 내리게 되는데 일본 정부에서 잡는 한국 사람은 문초도 많고 심한 악형을 주기에 숨어 있다가 일본을 다 지나고 〔배가〕태평양 바다에 떠서 〔밖에〕나와 우리 한국 여자를 보고 반가워서 인사를 한 것이〔라고 한〕다. 우리 역시 반가워하였다. 그 청년 나이는 한 28, 29세 되었고 평양 사람이라 한다. 그 배에 탄 한국 사람은 여자가 다섯이요, 남자가 한 사람인데 서울 부인은 과부로 시집간 부인이다. 〔그 서울 부인은〕부끄럼 없이 이 한국 남자에게 무엇을 사달라 하고 청했지만 몇 여자들은 말도 잘 못 했다. 그때만 해도 남녀유별의 예절이 있었다. 그 청년 성이 김씨다. 이름은 오래되어서 잊어버렸다. 그래서 오차〔お茶, 엽차의 일본말〕도 갖다 주고 청국 국수도 사다 주고 몇 여자들은 늘 해달라고 부탁했다. 나는 뱃멀미를 하지 않으므로 내 마음대로 가서 사 먹기도 하고 뱃장〔갑판〕위에서 놀고 창창한 대하를 바라볼 때 물과 하늘뿐이다. 조그만 배가 넓고 넓은 바다로 향하고 굴러간다. 아무것도 보이지 않고 넓고 넓은 바다와 청청한 물과 푸르고 푸른 하늘, 희고 흰 구름이 공중

그 순간에 내가 생각하기를 대체 하나님은 광대하고 칭양할 슈 업시 룡력을 가지신 이다. 이 세상을 이처럼 창조하시고 사람으로 지혜를 쥬시사 자연에서 사람이 저 배를 부리고 목적지에 당도하게 하엿서니 그럭한 하나님의 룡력을 찬양햇다. 바다의 물결은 파도로 물결이 공중으로 올나가고 조고마는 배는 풍랑에 헌들릴 째도 이섯다. 일긔가 이러할 째 녀자 즁 배몰미하는 녀자 더 견되지 못하야 토하고 몸이 고달파하엿다. 그리하는 즁 멋칠 만에 물고개를 넘는다고 하는 [48]소래를 드럿다. 그째는 배고통을 물고 배장 문을 닷는 것을 보앗다. 그래서 물어니 물고개를 넘는 것이라 하엿다. 그와 갓치 멋칠을 와서 하로는 조고마한 싹이 보인다 하고 얼마 안 가면 오하오 호놀루에 당도한다 하여서 기대리고 잇고 언제나 당도하 (배 안에 음식은 밤을 쥬고 일본 무를 쥬고 동양 음식을 쥬고 더운 차를 쥬더라) 하나 하고 생각하는 즁 얼마 후에 호놀누에 당도한다 하고 짐을 다 챙기라 한 고로 녀자들이 옷을 가라닙고 짐을 다 챙기고 기대린다.

한참 후에 몸이 쑹쑹하고 얼골 금은 사람들이 노란 틔를 두러고 배 안으로 드러온다. 다 살피고 나간다. 그째 그이들을 금사장이라 하더라. 그 즁에 누러고 금은 사람도 잇고 백인 힌 사람도 잇더라. 누러고 금은 사람은 하와인 가나가라 하더라. 배가 선창에 당도하고 적은 배가 큰 배로 와서 그 사람들 큰 배에 올나서 오니 금사장이 왓다 하는 말을 드럿다. 다 금사하고 간 후에 큰 배가 선창에 대잇다 하여 갓반 우에서 보니 선창 안 큰 누리고 금은 사람들이 기름 뭇은 옷을 닙고 섯난 것을 보고 무서워서 캄작 놀내엿다. 사람이 엇지 저리도 쑹쑹하고 금은가 하고 놀낫다. 그째 하와[49-2]인 남자들은 참 쑹쑹하고 큰 사람들이 만히 잇섯다. 경무청에 슌금도 하와인 만코 선창에도 가나가가 만히 일을 한다. 그래서 선창에에 떠 있는 것만 보인다.

그 순간에 내가 생각하기를 도대체 하나님은 광대하고 측량할 수 없는 능력을 가지신 분이다. 이 세상을 이처럼 창조하시고 사람에게 지혜를 주시어 자연에서 사람이 저 배를 부리고 목적지에 당도하게 하였으니 거룩한 하나님의 능력을 찬양했다. 바다의 물결은 파도로 물결이 〔일어〕 공중으로 올라가고 조그마한 배는 풍랑에 흔들릴 때도 있었다. 일기가 이러할 때 여자들 중 뱃멀미를 하는 여자는 더 견디지 못하여 토하고 몸이 고달팠다. 그러던 중 며칠 만에 물고개〔높은 파도〕를 넘는다고 하는 소리를 들었다. 그때 뱃고동을 울리며 뱃장 문을 닫는 것을 보았다. 그래서 물어보니 물고개를 넘는 것이라고 하였다. 그와 같이 며칠을 와서 하루는 조그마한 독〔dock, 선창, 부두〕이 보인다 하고 얼마 안 가면 오아후섬 호놀룰루에 당도한다고 하여서 기다리면서 언제쯤 당도(배 안의 음식으로 밥을 주고 일본 무를 주고 동양 음식을 주고 더운 차를 주더라)하나 하고 생각하던 중에 얼마 후에 호놀룰루에 당도한다 하고 짐을 다 챙기라 하여서 여자들이 옷을 갈아입고 짐을 다 챙기고 기다린다.

한참 후에 몸이 뚱뚱하고 얼굴이 검은 사람들이 노란 띠를 두르고 배 안으로 들어온다. 다 살피고 나간다. 그때 그이들을 검사관이라 하더라. 그중에 누렇고 검은 사람도 있고 백인 흰 사람도 있더라. 누렇고 검은 사람은 하와이안 카나카〔하와이 원주민〕라 하더라. 〔우리가 탄 큰〕 배가 선창〔부두〕에 당도하고 작은 배가 큰 배로 다가와서 그 사람들이 큰 배에 올라오니 검사관이 왔다고 하는 말을 들었다. 다 검사하고 간 후에 큰 배가 선창에 대었다고 하여 갑판 위에서 보니 선창에 크고 누렇고 검은 사람들이 기름 묻은 옷을 입고 서 있는 것을 보고 무서워서 깜짝 놀랐다. 사람이 어찌 저리도 뚱뚱하고 검은가 하고 놀랐다. 그때 하와이안 남자들은 참 뚱뚱하고 큰 사람들이 많이 있었다. 경무청〔경찰청〕의 순경도 하와이안이 많고 선창에서 나리니 인명국으로 영솔하고 인명국은 넷날 집인대 그 안낸는 늙고 너른 방에 두 칭으로 쎄 들것 침장을 이칭을 만들고 우리 녀자들을 인도하여 한 간 쥬고 잇게 하엿다. 대우하기를 징역군갓치 대우하고 아모 대 나가지 못하엿다.

사진혼인해온 남자가 와서 문답하고 그 녀자를 다리 내간다. 그 순간에 내가 생각하기를 오호라 세상이여 이래도 저래도 자유가 업서니 한심한 세상이라 생각하고 밤이 생각하기를 길찬록 씨가 엇더한 남아인가를 생각하고 엿새 밤 동안 번민하고 생각하고 나이 만은 늙은이나 안인가하고 생각할 설 참 고통이 되엿다. 한 번도 보지도 못흐고 참 허무하다. 사진 정혼한 남자가 올 쌔가지 기대릴 슈 잇기 업섯다. 한 멋칠 후에 녀자 즁 정혼한 님자가 왓다 하고 짐작을 가지고 나가고 아직 더러는 기대리고 잇는 즁이다.

하로는 아란지 몃 가 든 보지가 하나 왓다. 그 인명국에서 소세하는 쏘 릿기 영감이 잇섯다. 그 영감이 아란지 봉지를 가지고 와서 나를 쥬기에 밧아본적 길찬록 씨라 일홈이 잇다. 그런 즁 이 포릿기 영감이 말하기를 유 면이 맛구리라 하는 소리를 한다. 그러나 내가 아라듯지 못한다. 져역이 되여 저녁밥을 먹게 되매 저

[49-1]음식은 일본 음식이다. 가쥬혜도 쥬고 일본 된장국도 쥬 일본 배채 제린 것도 접시에 조고 쥬고 하엿다. 처음으로 생선혜 가쥬혜를 간장에 먹어니 생선 비린내가 나서 좀 역하지마는 대한 사람 먹는 고초장 쏘서가 업서 생선 먹기에 좀 역햇다. 한국 사람은 고기를 먹고 가주혜는 만히 먹지 안은 타시라. 그러치마는 할 슈 업시 먹엇다. 다런 반찬이 업섯다.

도 카나카가 많이 일한다. 그래서 선창에 내리니 인명국[이민국]으로 영솔하고[데려갔다.] 이민국은 옛날 집인데 그 안에는 넓고 넓은 방에 두 층으로 쇠로 만든 들것 침장[침대]을 이층으로 만들어 놓고 우리 여자들을 인도하여 한 칸씩 주고 있게 하였다. [우리를] 대우하기를 징역 사는 사람같이 대우하고 아무 데도 나가지 못하게 하였다.

사진혼인한 남자가 와서 문답하고 그 여자를 데려 내간다. 그 순간에 내가 생각하기를, 오호라 세상이여, 이래도 저래도 자유가 없으니 한심한 세상이라 생각하고 밤에 생각하기를 길찬록 씨가 어떠한 남아인가를 생각하고 엿새 밤 동안 번민하고 생각하고 나이 많은 늙은이나 아닌가 하고 생각했을 때 참 고통스러웠다. 한 번도 보지도 못하고 참 허무하다. 사진[혼인으로] 정혼한 남자가 올 때까지 기다리고 있을 수가 없었다. 한 며칠 후에 한 여자는 정혼한 임자가 왔다 하고 짐짝을 가지고 나갔고 아직 더러는 기다리고 있는 중이다.

하루는 오렌지 몇 개가 든 봉지가 하나 왔다. 이민국에서 청소하는 포르투갈인 영감이 있었다. 그 영감이 오렌지가 든 봉지를 가지고 와서 나에게 주길래 받아본즉 길찬록 씨라 하는 이름이 있다. 이 포르투갈인 영감이 말하기를 "유어 맨 이즈 마쿨레(Your man is makule, 너의 남자는 늙은이야)."라 하는 소리를 한다. 그러나 내가 알아듣지 못한다. 저녁이 되어 저녁밥을 먹게 되자 [뒤의 [50]쪽으로 이어짐]

음식은 일본 음식이다. 대구회도 주고 일본 된장국도 주고 일본 배추 절인 것도 접시에 조금 주고 하였다. 처음으로 생선회 대구회를 간장에 먹으니 생선 비린내가 나서 좀 역하지만 대한 사람이 먹는 고추장 소스(sauce, 양념)가 없어서 생선[회를] 먹기에 좀 역했다. 한국 사람은 고기를 먹고 대구회는 많이 먹지 않은 탓이라. 그렇지만 할 수 없이 먹었다. 다른 반찬이 없었다.

[50]역밥 가지고 온 녀자의게 마구리가 무선 말이야 물엇다. 그 일본 녀자 대답이 일본 말노 오지상이라 하엿다. 그래서 늙은 사람인 줄 알고 밤새도록 잠을 못 자고 밤을 새엿다.

그 잇헐날 아참에 리병우라 하는 청년 통변이 와서 오날 당신이 이민국에서 나가게 됨으로 문답한다 하고 짐을 다 잔격다. 이민국장 압혜 가서 소개하고 문답이 시작되엿다. 당신 남편 될 사람 일홈 누구, 대답이 길찬록 씨요. 나이 몃치요, 三十二세점 되엿소. 어대로 가오, 마위 파이야 농장으로 갑니다. 남편이 무삼 지급을 하오, 사탕농장에 일한다 하오. 다신은 나이 몃 살이요, 십구 세요. 한국서 시집간 사람이요, 안이요, 쳐녀요. 학교에 단엿소, 네 학교에 갓섬니다. 에수를 밋엇소, 에 내가 장료교인이요. 다 죠헌대 영감 나이 좀 다런니다 하더라.

그러고 길로 길찬록 씨가 와서 내 가방을 들고 나를 보고 인사를 한다. 그이는 평양 안쥬 사람이라 평양 사투리가 잇다. 나를 보고 인사말이 투말리 타국에 오시니라고 수고하엿다는 인사를 한다. 나는 그이의 인사하는 말소래도 귀에 드러오지 안코 정말 이민국에서 마구리라 하는 소래가 정말 되여서 천지가 아득하고 낙망하여서 아모 생각 업[51]시 가는 대로 마차에 안자 오니 해동여관이라 하고 문판이 써 이섯다. 그래 그 마차가

〔[49-2]쪽에서 이어짐〕 저녁밥을 가지고 온 여자에게 "마쿨레가 무슨 말이야." 하고 물었다. 그 일본 여자 대답이 일본말로 오지상〔おじさん, 아저씨〕이라 하였다. 그래서 늙은 사람인 것을 알고 밤새도록 잠을 못 자고 밤을 샜다.

그 이튿날 아침에 이병우[48]라고 하는 청년 통변〔통역〕이 와서 오늘 당신이 이민국에서 나가게 되므로 문답한다 하였고 〔나는〕 짐을 다 챙겼다. 이민국장 앞에 가서 소개하고 문답이 시작되었다.

"당신 남편 될 사람 이름이 무엇이요?" "길찬록 씨요."

"나이는 몇이요?" "32세쯤 되었소."

"어디로 가오?" "마우이 파이아 농장으로 갑니다."

"남편 직업이 무엇이요?" "사탕수수 농장에서 일한다 하오."

"당신은 나이가 몇 살이요?" "19세요."

"한국에서 시집간 사람이요? 아니요?" "처녀요."

"학교에 다녔소?" "네, 학교에 갔습니다."

"예수를 믿었소?" "예, 내가 장로교인이요."

"다 좋은데 영감 나이가 좀 다릅니다." 하더라.

그 길로 길찬록 씨가 와서 내 가방을 들고 나를 보고 인사를 한다. 그이는 평양 안주 사람이라 평양 사투리가 있다. 나를 보고 〔하는〕 인사말이, "수만리 타국에 오시느라고 수고하였다."라고 인사한다. 나는 그이의 인사하는 말소리도 귀에 들어오지 않고 이민국에서 마쿨레라 하는 소리가 정말이 되어서 천지가 아득하고 낙망하여서 아무 생각 없이 가는 대로 마차에 앉아 오니 해동여관이라 하는 문판이 써 있〔는 데가 있〕었다. 그래서

---

48 여기에는 이병우라고 표기되어 있으나 다른 권에는 유명옥 또는 우병옥이라고도 기재되어 있다. 정확한 이름은 알 수 없다.

머물고 나를 나리라 하니 내가 나려서 그 짐작을 싸라 가니 여간방 한 간에 갓다 두고 나를 인도한다.

그래서 배에 오노란고 고단한 차에 인민국에 한 쥬일 동안 고통하여 아모 정신 업시 여관방 침상에 업더려 통곡하엿다. 다런 녀자들도 몃 사람이 잇더라. 가와이로 사진혼으로 가는 탁화슌 하와이섬으로 가는 리시남이도 잇 다런 녀자도 이섯다. 그래서 내가 우는 것을 보고 해동여관 쥬인이 정윤필 씨인대 그이에 어머니가 게시고 녀자 잇고 아들딸이 잇섯다. 그 어머니가 내 방에 드러와서 위로를 하고 하와이 사진혼인은 다 남편 되는 이가 나이 만다 하고 위로한다. 길찬록 씨가 나보담 이십륙 세를 더 먹는다. 그래서 남편이 나이 더 먹어서 경상도 녀자들 말이 아고 참 내 아바지보담 나이 더 먹는다 한 말이 별명이 되엿다. 그날 저녁은 그런 대로 지날 쌔 길찬록 씨가 해연에 방에 드러올가 하고 겁이 나서 문을 장구고 잣지마는 그 잇헌날 혼인을 하자 하면 엇지하면 그럿치 안코 혼인을 안이 한다 하면 한국으로 도로 보낸다 하니 그것도 창피하고 엇지 할 슈 업는 번민을 가지 울면서 밤을 새웟다.

그래서 그 잇헌날 친구들이 차자오고 시내 구경[52]을 식힌다. 마차로 타고 와기라 하는 대로 시내 구경을 씨키니 그쌔는 와이기기가 물구등이고 청국 사람들 오리를 키우고 여관은 에적 늙은 시사이 호텔이라 하고 무아나 호텔을 새로 지엇고 조고한 전방이 멷치 잇다. 쌩쌩이 전차가 길에 다니는 것 잇고 자동차는 폿 카가 혹 잇고 손님은 마차로 태우고 단닌다. 길에서 질서를 불간하는 슌금 크고 쑹쑹한 가나가가 잇고 선창가에도 쑹쑹한 토종이 잇고 그쌔 그 사람들이 만터라.

그 마차가 멈추고 나에게 내리라고 하니 내가 내려서 그 짐짝을 따라가니 여관방 한 칸에 갖다 둔 후 나를 인도한다.

배를 타고 오느라고 고단한 차에 이민국에서 일주일 동안 고통스러워하여 아무 정신 없이 여관방 침상에 엎드려 통곡하였다. 다른 (사진혼인한) 여자들도 몇 사람이 있더라. 카우아이(Kauai)섬으로 사진혼인으로 가는 탁화순, 하와이섬으로 가는 이시남도 있고, 다른 여자도 있었다. 내가 우는 것을 보고 해동여관 주인이 정윤필 씨인데 그이의 어머니가 계시고 부인이 있고 아들딸이 있었다. 그 어머니가 내 방에 들어와서 위로하고 하와이 사진혼인은 다 남편 되는 이가 나이가 많다 하고 위로한다. 길찬록 씨가 나보다 26세를 더 먹었다.[49] 그래서 남편이 나이를 더 먹어서 경상도 여자들 말이 "아고, 참, 내 아버지보다 나이를 더 먹었다."라고 한 말이 별명처럼 되었다. 그날 저녁은 그런대로 지나가고 길찬록 씨가 행여나 방에 들어올까 하고 겁이 나서 문을 잠그고 잤지만 그 이튿날 혼인을 하자고 하면 어찌하면 (좋을까), 그렇지만 혼인을 아니 한다 하면 한국으로 도로 돌려보낸다고 하니 그것도 창피해서 어찌할 수 없는 번민을 가지고 울면서 밤을 새웠다.

그래서 그 이튿날 친구들이 찾아와 시내 구경을 시킨다. 마차를 타고 와이키키라고 하는 곳으로 시내 구경을 시키니 그때는 와이키키가 물구덩이(습지대)고 청국 사람들이 오리를 키우고 여관은 옛적 낡은 시사이드 호텔(Seaside Hotel)이라 하고 모아나 호텔(Moana Hotel)을 새로 지었고 조그마한 전방(廛房, 가게)이 몇 군데 있었다. 땡땡이 전차가 길에 다니고 자동차는 포드 카가 간혹 있고 손님은 마차를 타고 다닌다. 길에서 질서를 분간하는 순경으로 크고 뚱뚱한 카나카가 있고 선창가에도 뚱뚱한 토종이

---

49 실제로는 27세 연상이다.

시내 구경을 하고 드러와서 쉬고 잇서니 여관 쥬인 어머님 할문이가 내일은 너희들이 혼인한다 하고 닐리이 긔숙사에 가서 홍 목사의게서 혼인을 한다고 한다. 혼인을 안이 한다 하면 한국으로 보낸다. 울고 울면셔 할 슈 업시 사랑 업난 혼인을 하로 녀자 서이서 마차를 타고 가는 대로 다라가니 조고마는 학원이라 한다. 그곳에서 녀자 서이로 매리 식힐 째 남자들을 만가서 다리고 나왓다. 그 아저문이들이 몰나서 그래서 만히 웃지마는 나는 웃지도 안이햇다. 할 [53]슈 업시 억지로 혼인을 한 까싹에. 그째에 그래도 매리 혼인하는 망사를 세로 내다가 녀자들을 씨고 혼인을 햇다.

혼인은 햇지마는 밤이 오니 그 남편을 대할 생각 하고 무섭고 기가 찬다. 사람이 정이 업서 무섭 이러 세상을 가지고 길찬옥 씨를 싸라 마위도 파이야 농장 기가니아로 오는 도쥬에 섬 배를 타고 마위 하나 선창에 배를 대지 못하엿다. 선창이 업서 배를 물 가온대 세우고 조고마는 종선에 큰 가나가가 선객을 안서서 종선애 나리게 한다. 그래서 그 큰 가나가를 보지 못하다가 보고 손으로 안아 나리니 참 무서윗서 벌벌 써런다. 우리가 클 째 한국 사람이라도 남자는 만히 맬거치 섞기지 못한 까싹이다. 한국은 에절이 만헌 나라이라 타국 사람 모양으로 자유롭게 남녀 게통이 업고 그째만 하더래도 왕고시대라 학교도 남녀가 싸로 잇던 시대이다.

있고, 그때 그런 사람들이 많더라.

시내 구경을 하고 들어와서 쉬고 있으니 여관 주인의 어머님인 할머니가 내일은 너희들이 혼인한다 하고 릴리하[50]에 있는 기숙사〔한인기숙학교〕[51]에 가서 홍〔한식〕목사의 주례로 혼인을 한다고 한다. 혼인을 아니 한다 하면 한국으로 보낸다. 울고 울면서 할 수 없이 사랑 없는 혼인을 하러 여자 셋이서 마차를 타고 가는대로 따라가니 조그마한 학원이라 한다. 그곳에서 여자 셋을 매리〔marry, 결혼〕시킬 때 남자들을 만나서 데리고 나왔다. 그 아주머니들이 〔잘〕몰라서 많이 웃었지만 나는 웃지도 않았다. 할 수 없이 억지로 혼인을 한 까닭이다. 그때 그래도 매리 혼인할 때 쓰는 망사〔면사포〕를 세를 내어 여자들에게 씌우고 혼인을 했다.

혼인은 했지만 밤이 오니 그 남편을 대할 생각을 하니 무섭고 기가 찬다. 사람이 정이 없어 무서운 이런 세상에 와 가지고. 길찬록 씨를 따라 마우이섬 파이아 농장 키카니아로 섬 배를 타고 오는 도중에 마우이 하나〔Hana〕[52] 선창에 배를 대지 못하였다. 선창이 없어 배를 물 가운데 세우고 조그마한 종선〔從船, 작은 배〕에 큰 카나카가 선객을 안아서 종선에 내리게 했다. 그래서 그 큰 카나카를 쳐다보지 못하다가 쳐다보고 손으로 안아 내리니 참 무서워서 벌벌 떨었다. 우리가 클 때 한국 사람이라도 남자와 많이 매일같이 섞이지 못한 까닭이다. 한국은 예절이 많은 나라라 타국 사람 모양으로 자유롭게 남녀 계통〔구분〕이 없〔지 않〕고 그때만 하더라도 왕고

---

50 천연희가 결혼식을 올린 한인감리교회는 펀치볼 스트리트Punchbowl Street에 있었다. 한인기독교회가 있는 릴리하 스트리트와 혼동하였다.

51 감리교 선교부가 1906년에 개교한 한인중앙학원을 말한다. 그 부지 안에 한인감리교회가 있었으며, 천연희 등의 사진신부들이 이 교회에서 결혼식을 올렸다.

52 하나항으로 기록한 것은 오기이다. 마우이섬 동남쪽 끝에 있는 하나항에서 섬 북쪽에 위치한 파이아 농장으로 가려면 지금도 자동차로 3시간이 소요되며, 하나항은 일반적으로 이용하는 항구도 아니다. 당시 마우이섬을 왕래하는 배들은 주로 카훌루이Kahului항을 이용하였다.

마위 하나에 나리서 한장춘 씨 집으로 드러갓다. 그이의 부인은 남경애 씨다. 나와 한 학교 단니고 그이는 나보담 먼첨 더러왓다, 하와이로. 그래서 그 집에서 하로밤을 남경애 잡고 서로 울고 그 잇헌날 부내네 캠포원에 박금우 씨가 살고 잇다. 이 박금우 씨 즁매로 내가 하와이로 드러왓다. 박금 집에서 한 쥬일을 유숙하엿다. 그째 박금우는 한국 아해들 국문을 가라치고 교회는 미미교회요 [54]목사는 김이제 씨가 목사로 잇고 박금우는 아해들을 가라치는 국문 선생이다.

그래셔 내가 한국서 왓다고 환영회를 열엇다. 그째 또 류문찬 씨 부인 정혜선 씨가 캐포원에 살고 잇다. 그째에 캠포원 에배당에서 성대한 환영회가 열니고 박금우 씨 설명이 잇고 정혜선 씨는 음악가로 정아한 목소래로 김제 목사 주석에 온 자석을 깃버게 하엿다. 한국의 소식을 듯기로 청함으로 한국이 일본에 속박한 후 자유 업난 생활을 말하고 애국지자들이 매일갓치 잡혀서 정신고통을 당하고 민족이 자유를 일코 살긔도 도탄 즁에 잇다는 말을 한 후 세게문명이 진보하여 선진국 백성은 무대에 올나 씩놀며 남녀가 자유의 인격을 자랑하는 이 시대를 당하여 남녀 동등이라 하는 자유에서 엇던 형편으로난 너무난 만이 씨는 형편도 잇다는 말을 하고 이약이를 하나 햇다.

청국 상해서 한 녀자가 길을 가면서 담배를 유란하게 조심 좀을 안코

---

〔往古〕시대라 학교도 남녀가 따로 있던 시대이다.

마우이섬 하나에서 내려서 한장춘 씨 집으로 들어갔다. 그이의 부인은 남경애 씨다. 나와 〔진주에서〕 같은 학교에 다니고 그이는 나보다 먼저 하와이로 들어왔다. 그래서 그 집에서 하룻밤을 〔묵으며〕 남경애를 붙들고 서로 울고 그 이튿날 푸우네네 캠프 원에 박금우[53] 씨가 살고 있〔는 집으로 갔〕다. 이 박금우 씨 중매로 내가 하와이에 들어왔다. 박금우 집에서 일주일을 유숙하였다. 그때 박금우는 한국 아이들에게 국문을 가르치고, 교회는 미이미교회요, 목사는 김이제[54] 씨고 박금우는 아이들을 가르치는 국문 선생이다.

그래서 내가 한국에서 왔다고 환영회를 열어 주었다. 그때 또 유문찬 씨의 부인 정혜선 씨가 캠프 원에 살고 있었다. 그때 캠프 원 예배당에서 성대한 환영회가 열리고 박금우 씨 설명이 있고 정혜선 씨는 음악가로 정아한 목소리로 〔노래를 부르고〕 김이제 목사의 주석〔설교〕으로 온 좌석을 기쁘게 하였다. 〔나에게〕 한국의 소식을 듣기를 청하므로 한국이 일본에 속박당한 후 자유 없는 생활을 〔하고 있다고〕 말하고 애국지사들이 매일같이 잡혀가서 정신고통을 당하고 민족이 자유를 잃고, 사는 것도 도탄에 〔빠져〕 있다는 말을 한 후 세계문명이 진보하여 선진국 백성은 무대에 올라 뛰놀며 남녀가 자유의 인격을 자랑하는 이 시대를 맞이하여 남녀동등이라고 하는 자유를 어떤 형편으로는 너무나 많이 쓰는〔누리는〕 형편도 있다는 말을 하고 이야기를 하나 했다.

청국 상해에서 한 여자가 길을 가면서 담배를 요란하게 〔피우다가〕 좀 조

---

53 천연희 노트 1권 주 33 참조.
54 인천 내리교회의 권사로, 1903년 1월 13일에 호놀룰루에 도착한 첫 이민선 갤릭호로 이민하였다. 동생(김찬제, 8세)을 아들이라고 하고 부인과 함께 왔다. 호놀룰루로 오는 동안 갤릭호에서 내리교회의 안정수 권사와 함께 예배를 주관하였다. 오아후섬의 와이파후, 카우아이섬, 마우이섬 등의 여러 교회에서 목회하였다.

길에서 피우고 손가락에 키우고 담배를 비우다가 담배 진 손을 쌔서 쏜 째 잇게 히날니다가 길에 걸어가는 남의 남자 코를 쬐게 하엿다. 이 길 가는 남자가 골이 나서 담배를 [55]피우면 당신이 조심치 안코 남의 코를 태우너냐 하니 이 녀자 말이 지금 자유 세상에 담배 먹는 것이 상관이 잇소 하고 대답하니 이 남자 말이 당신 자유가 내 코에 무삼 상관이 잇너냐 하고 대답하엿다고 햇다. 이 말을 맛치고 여러분끠서 저를 위해서 성대한 환영을 해쥬시니 감개무량한 감사를 드립니다. 박금우 씨가 답사 후 다 헤여젓다.

그 후 기가니아 우리 집 어더 노언 대로 가서 살고 얼마 후에 미주서 안창호 씨가 마위 심방으로 오싯다. 그래서 마위 한인은 다 캔포원에 잇는 미미교회로 단인 고로 캐포원 교회서 안창호 씨를 환영을 하고 캔포원 농장 공원에 가서 원족회를 열고 남녀가 모혀서 쬐금도 씍고 다럼질도 하고 다름질하여 상을 연필과 책을 타고 닥 게란을 숙가랏에 담고 거러가는 것도 하고 여러 가지 장란 유회로 하로해를 자미잇게 지냇다.

쬐금을 씰 째에 내가 한국서 우리 어머니 형님이 패물을 쥬시엿다. 그 패물은 은장도와 게불과 파조백과 은 바너지리와 버션이다. 다 은으로 만들고 찬란한 색이 잇다. 슈설도 각색 물색이다.

심하지 않고 길에서 피우고 손가락에 끼우고 담배를 피우다가 담배를 쥔 손을 빼서 본때 있게 휘날리다가 길에 걸어가는 남의 남자 코를 데이게 하였다. 이 길 가는 남자가 골이 나서 담배를 피우면 당신이 조심하지 않고 남의 코를 태우느냐고 하니, 이 여자 말이 지금 자유 세상에 담배 먹는 것이 상관이 있소 하고 대답하니, 이 남자 말이 당신 자유가 내 코에 무슨 상관이 있느냐 하고 대답하였다고 했다. 이 말을 마치고 여러분께서 저를 위해서 성대한 환영을 해주시니 감개무량한 감사를 드립니다(라고 인사했다). 박금우 씨가 답사한 후 다 헤어졌다.

그 후 키카니아에 우리 집을 얻어 놓은 데 가서 사는데 얼마 후에 미주(본토)에서 안창호 씨가 마우이에 심방(尋訪, 방문해서 찾아봄)하러 오셨다. 그래서 마우이 한인은 다 캠프 원에 있는 미이미교회에 다니므로 캠프 원 교회에서 안창호 씨를 환영하고 캠프 원 농장 공원에 가서 원족회(遠足會, 소풍)를 열고 남녀가 모여서 뙤금(뜀뛰기)도 뛰고 달음질도 하고 달음질하여 상으로 연필과 책을 타고 닭 계란을 숟가락에 얹어 걸어가는 것도 하고 여러 가지 장난 유희로 하루해를 재미있게 지냈다.

뙤금을 뛸 때 내가 한국에서 우리 어머니와 형님이 (주신) 패물을 주시었다(지니고 있었다). 그 패물은 은장도와 괴불[55]과 파조백[56]과 은 바느질이와 버선이다.[57] 다 은으로 만들고 색이 찬란하다. 수술[58]도 각색 물색이다(갖가지 색깔이다).

---

55 괴불주머니라고도 하며, 색 헝겊에 솜을 넣고 수를 놓은 조그만 어린이용 노리개다.
56 여자들이 머리에 쓰는 쓰개인 조바위의 일종으로 짐작된다.
57 천연희가 하와이로 가기 전에 어머니가 마련해 준 혼인 패물을 말한다. 「천연희 구술 테이프 녹취록」 Tape 9의 1쪽에 "치마저고리, 진신, 꽃댕이 신, 은장도, 바느질, 패저바, 개불, 비녀, 이쑤시개, 은수저 한 벌을 태극기를 그려 만든 조그마한 상자에 넣어 주었다."라고 되어 있다.
58 수를 놓는 데 쓰는 실을 곱게 꼬거나 엮어 만든 술.

내[56]가 쩌마 밋해 슈년으로 만던 씌를 쬐고 찻섯기로 쬐금을 쩔나 하니 그것이 걸니서 안 되것다. 그래서 그 끗을 풀어서 손가방에 넛코 한 늙은 아저무니가 손지를 보고 안자기에 아저무이 (일본서 싸래로 얼건 조고마한 손)가방 두고 감니 좀 보아 쥬시요 하고 부탁을 하고 경쥬를 하고난 줄을 쌜니하여 쥬고 이기고 상을 타고 와서 가방을 열어 보니 가방에 두고 간 패물 허리씬이 업서지고 패물이 업서저서 아저문이 여긔 두고 간 패물이 엇지 되엿소 물어니 그이 말이 그긔 잇지 나는 몰언다 하니 내가 좀 허리씃과 패물을 직히 달나 하엿난대 몰은다 하니 엇잘 슈 업시 패물을 일코 집에 도라와서 어머님이 쥬신 것이라 마음이 섭섭하여 울엇다. 그시에 슌금을 붓넛시면 차질 슈 잇서지마는 그리할 마음도 업섯다. 내 누구인 줄은 아지마는 한국 사람 도덕으로 참아 그리 못 햇다. 기가나 아 집으로 도라왓다. 그게 참에한 사람들 다 안됫게 생각했다.

[57]박 씨난 영문에 옷 싸는 대 가서 대장에 옷애 막을 하는 일을 햇다. 그리하는 즁 나도 일을 하고 적은쌀을 다리고 오고 박씨의게 아달이 하나 나서 큰다. 내 쌀이 다섯 살 되고 아달이 칠 색 된 것을 두고 내가 바너질을 한고 그러면 다섯 살 된 쌀이 아해를 본다. 그래서 한번은 바람이 심히 불어 문이 싹 다기면서 아들 손을 치엿다. 그래서 쌀을 야단하고 쌀이 매를 만히 마젓다. 그것이 지금까지 내가 기억하고 마음이 압허와 박 씨가 성질이 이상하여 내가 분짐에 쌀을 째렷다.

영문에서 일을 하다가 갓치 일하는 한국 남자 갓치 일하는 사름이 잇

내가 치마 밑에 순연[59]으로 만든 띠를 (허리에) 띠고 있어서 뛰금을 뛰려하니 그것이 걸려서 안 되겠다. 그래서 그 끈을 풀어서 손가방에 넣고 한 늙은 아주머니가 손자를 보고 앉았기에 "아주머니, (일본에서 싸리로 엮어 만든 조그마한 손)가방 두고 가니 좀 보아 주시오." 하고 부탁하고 경주를 빨리하여 주고 이기고 상을 타고 와서 가방을 열어 보니 가방에 두고 간 패물 허리끈이 없어졌다. 패물이 없어져서 "아주머니, 여기 두고 간 패물이 어찌 되었소." 물으니 그이 말이 "거기 있지, 나는 모른다." 하니, 내가 좀 허리끈과 패물을 지켜 달라 하였는데 모른다 하니 어쩔 수 없이 패물을 잃어버리고 집에 돌아와서 어머님이 주신 것이라 마음이 섭섭하여 울었다. 그때 순경을 불렀으면 찾을 수 있었지만 그리할 마음도 없었다. 내가 (패물을 가져간 사람이) 누구인 줄은 알지만 한국 사람의 도덕으로 차마 그리 못 했다. 키카니아의 집으로 돌아왔다. 거기에 참여한 사람들이 다 안됐다고 생각했다.

박(대성) 씨는 영문(병영)의 옷 빠는 데 가서 대장(臺帳, 세탁물 장부)에 옷을 마크(mark)하는(기록하는) 일을 했다. 그러던 중 나도 일을 하고 작은딸(메리 자보)을 데리고 오고, 박 씨와의 사이에 아들을 하나 낳아서 키웠다. 내 딸이 다섯 살이 되고 아들이 7삭(7개월)이 된 것을 두고 내가 바느질을 하고 있노라면 다섯 살 된 딸이 아이를 돌본다. 그러다 한번은 바람이 심하게 불어 문이 딱 닫히면서 아들 손이 치였다. 그래서 딸을 야단치고 딸이 매를 많이 맞았다. 그것을 지금까지 내가 기억하고 마음이 아프다. 박씨가 성질이 이상하여 내가 분김에 딸을 때렸다.

영문에서 일하면서 (박 씨와) 같이 일하는 한국 남자, 같이 일하는 사람이

---

59 혼인 예복 등에 사용하는 천으로 짐작된다. 「천연희 구술 테이프 녹취록」 Tape 9의 1쪽에 "각 순연을 가지고 대한서는 순연이라 하는 마투리에 참 좋은데 그때 비싸고 시집가면 그런 천을 가지고 다 혼인하는 옷을 해 입는다."라고 되어 있다.

다. 그 사람하고 언사의 분쟁으로 박 씨가 분이 나서 슈십 년 하던 일을 구만두고 집에 왔다. 그래서 우리가 호놀루 항구로 이사를 와서 잇다. 그 째 내가 태중에 잇서 항구에서 쌀을 노앗다. 그래 박이 일을 차지니 그째도 일 찾기가 어려웟다. 쿡을 할 줄 아기로 와일라이에서 소장 하는 쥬인 집에 쿡어로 드러가 우리 살 집도 주고 자긔 월급도 죠아서 잘 살 슈 잇다. 그째 길찬록 씨가 두 큰아해들을 키우지 못한다. 내가 생각하기로 내가 다려다가 키울 작정한 것도 허궁으로 살아진다. 박 씨가 성질이 이상한 사람이라 남의 자식을 키아 줄 슈 업난 형편을 내가 알앗다. 그래서 그 두 아해들을 긔독학원에 두고 내가 도아쥬고 노되손이 그째 홈장으로 잇설 째다. 그래서 그 아해들 공부도 잘하고 잘 잘안다.

[58]이 두 아해들이 자라나서 중학교를 가게 되매 길찬록 씨가 정신이 나는지 가무긔에 집을 엇고 한인 가내신 농사하는 대 일노 어디 부저런이 일을 하고 아해들을 다리고 잇기를 원하니 주선하여 아해들 긔독학원에서 다리고 나왓다. 그래 쌀은 학교 갓다 와서 밥을 해쥬고 아달은 쏠부치난 공을 가지고 다니는 일을 학교 갓다 와서 멋 시간식 하고 공부를 하엿다. 잘 삿다. 박이 우랜치 하우서에서 쿡을 하고 월급도 죠코 쥬인이 쿳 잘한다고 칭찬을 만히 하고 죠와햇다. 나도 팔내를 다리 쥬고 월급을 조곰 밧앗서 씨고 잘 잇섯다. 한 일 년을 잇고 보니 돈도 저금햇다.

그러허난 즁 박이 그 일을 실타 하고 그곳을 써나서 한구로 나와서 세 집을 엇고 일을 차저도 일이 업다. 그래서 그 돈이 다 업서지고 일도 찻

있다. 그 사람하고 언사의 분쟁이 있어 박 씨가 분이 나서 수십 년〔오랫동안〕
하던 일을 그만두고 집에 왔다. 그래서 우리가 호놀룰루 항구로 이사를 갔
다. 그때 내가 태중에 〔아이가〕 있어 항구에서 딸을 낳았다. 그래서 박이 일
을 찾았지만 그때도 일 찾기가 어려웠다. 쿡〔cook, 요리〕을 할 줄 알기에 와
이알라에〔Waialae〕에서 소 목장〔ranch〕[60]을 하는 주인집에 쿡으로 들어가 우
리가 살 집도 주고 자기 월급도 좋아서 잘 살 수 있었다. 그때 길찬록 씨가
두 큰아이들을 〔데리고 있었지만〕 키우지 못했다. 내가 생각하기를 내가 데
려다가 키우기로 작정한 것도 허공으로 사라질 참이다. 박 씨가 성질이 이
상한 사람이라 남의 자식을 키워 줄 수 없는 형편임을 내가 알았다. 그래서
두 아이들을 〔한인〕기독학원에 맡기고 내가 도와주고, 손노디가 그때 홈장
〔원장〕으로 있을 때다. 그래서 그 아이들이 공부도 잘하고 잘 자랐다.

이 두 아이들이 자라나서 중학교를 가게 되자 길찬록 씨가 정신이 드는
지 카이무키〔Kaimuki〕에 집을 얻고 한인이 카네이션〔carnation〕[61] 농사하는
곳에 어디 부지런히 일을 다니고 아이들을 데리고 있기를 원하니 주선하
여 아이들을 〔한인〕기독학원에서 데리고 나왔다. 그래서 딸은 학교 갔다 와
서 밥을 해주고 아들은 골프 치는 공을 가지고 다니는〔캐디caddy〕 일을 학
교 갔다 와서 몇 시간씩 하고 공부를 하였다. 잘 살았다. 박이 랜치 하우스
〔ranch house, 소 목장 주인집〕에서 쿡을 하고 월급도 좋고 주인이 쿡 잘한다
고 칭찬을 많이 하고 좋아했다. 나도 빨래를 다려 주고 월급을 조금 받아
서 쓰면서 잘 지냈다. 한 1년을 지내고 보니 돈도 저금했다.

그리하는 중 박이 그 일을 싫다 하고 그곳을 그만두어서 〔우리는〕 항구로
나와서 셋집을 얻어 〔살면서〕 일을 찾아도 일이 없다. 그래서 그 돈이 다 없

---

60  현재 와이알라에 컨트리클럽 골프장이다.
61  가내신, 가네신은 모두 카네이션을 가리킨다.

지 못한다. 쿡 일이 실코 다런 일을 차질나 하니 일이 속히 업다. 그째에
아해가 서이다. 다리고 온 쌀과 박의게서 아달과 쌀이 잇섯다. 다섯 식구
가 놀고 먹어니 돈이 다 업서저서 큰일이 낫다. 그래도 박은 쿡은 실코
다런 잡을 찾는다. 쿡 일은 섬에 다니는 배에 일이 잇다. 그래도 가지 안
이한다. 하도 답답하여 내가 집에서 바너질하고 아해 보는 일을 어더 갓
다. 그째 월급이 박하여 일쥬일에 십 원을 월급을 준다. 그래도 아해들을
굼는 것을 못 보니 일을 해야 된다. 그래도 박은 그런 일은 실타 한다. 그
래서 한 쥬일 하고 십 원을 가지고 오면 조곰 보태 실 슈 잇다.

[59]쥬일마다 반나잘 일을 하고 집에 간다. 그러면 월급 타고 가저고 온
다. 한 쥬일 일을 하고 쥬일날 월급을 쥬나 하고 기대리도 십이 시가 되
도록 돈을 안 준다. 그래서 답답하여 쥬인 녀자의게 무러니 나의 고모가
돈을 가지고 오지 안이해서 돈이 업다 한다. 그래서 그날 전차 탈 돈도
업시 그러서 집으로 오니 박은 일 찬는다 하고 나가고 어린 아해들만 울
고 잇고 적은쌀은 아직 우류를 먹난대 우류도 업서젓다. 그래서 내가 밋
친 녀자처럼 어대 가서 도적질이라도 해서 저 어린 것들 먹이야 되것다
는 생각을 하고 이다. 마첨 박이 와서 전방에 가서 월급 오면 준다 하고
먹을 것을 가지와서 아해들을 먹엿다.
　내 일하는 쥬인도 그째에 가구 상점을 하는대 시세가 죠치 못하여 어
려웟다. 그 녀자 집이 그전에 잘 살앗다. 녀자는 백인과 하와이앤 반종이
다. 토종은 콰다점이고 백인이 칠십오 전이 드럿서 백인으로 생기고 입
부게 생것다. 남편 영국 사람이라 햇다. 그 녀자 조부모가 부자로 살고 죽
을 째에 재산을 두고 그 손녀가 어려울 째 도아쥬라 하는 것이 잇섯다. 그
것은 쉬집가지 안은 고모가 가지고 도아준다. 그래서 내 월급이 그 고모
가 쥬어야 된다. 일일에 내가 일노 가니 돈을 가지고 와서 준다. 그 돈 밧

어지고 일도 찾지 못했다. 쿡 일이 싫다고 다른 일을 찾으려 하니 일이 당장 없다. 그때 아이가 셋이다. (내가) 데리고 온 딸과 박에게서 (난) 아들과 딸이 있었다. 다섯 식구가 놀고먹으니 돈이 다 없어져서 큰일이 났다. 그래도 박은 쿡은 싫다며 다른 잡(job, 일자리)을 찾는다. 섬에 다니는(섬 내에 유람하는) 배에 쿡 일이 있었다. 그래도 가지 않았다. 하도 답답하여 내가 집에서 바느질하는 일과 아이 보는 일을 얻었다. 그때 월급이 박하여 일주일에 10원을 월급으로 주었다. 그래도 아이들이 굶는 것을 못 보니 일을 해야 된다. 그래도 박은 그런 일은 싫다고 한다. 그래서 일주일 (일을) 하고 10원을 가지고 오면 조금 (살림에) 보태어 쓸 수 있다.

주일에는 반나절 일을 하고 집에 간다. 그러면 월급을 타서 가지고 간다. (어느 날) 일주일 일한 후 주일날 월급을 주려나 하고 기다려도 12시가 되도록 돈을 안 준다. 그래서 답답하여 주인 여자에게 물으니 자기 고모가 돈을 가지고 오지 않아서 돈이 없다고 한다. 그래서 그날 전차 탈 돈도 없이 걸어서 집으로 오니 박은 일을 찾는다 하고 나가고 어린 아이들만 울고 있고 작은딸은 아직 우유를 먹는데 우유도 떨어졌다. 그래서 내가 미친 여자처럼 어디 가서 도적질이라도 해서 저 어린 것들을 먹여야 되겠다는 생각을 하고 있었다. 마침 박이 와서 전방에 가서 월급을 받으면 (돈을) 준다 하고 먹을 것을 가져와서 아이들에게 먹였다.

내가 일하는 (집의) 주인도 그때 가구 상점을 하였는데 시세가 좋지 못하여 (형편이) 어려웠다. 그 여자 집이 그전에 잘 살았다. 여자는 백인과 하와이안 반종(혼혈)이다. 토종은 쿼터(quarter, 25%) 정도이고 백인이 칠십오 정도가 들어서(섞여서) 백인처럼 생기고 예쁘게 생겼다. 남편은 영국 사람이라 했다. 그 여자 조부모가 부자로 살다가 죽을 때 재산을 남겨 주어 그 손녀가 어려울 때 도와주라고 한 것이 있었다. 시집가지 않은 고모가 (그 돈을) 가지고 도와준다. 그래서 내 월급을 그 고모가 주어야 된다. 일요일

아가지고 와셔 전방에 식물 갑설 갑고 햇다. 그래도 박은 아모 일을 하지 안코 자긔가 원하는 일을 찻[60]는다 하고 매일갓치 나간다. 내 일하는 쥬인이 나를 잘 보앗다. 그래서 월급도 더 주고 나를 보고 자긔 집 뒤에 조고마한 집이 잇섯다. 그 집으로 이사를 오라 한다. 그래도 오기 실타. 그러나 박이 일을 속히 찻지 못하니 집세가 어려워서 그 집으로 이세를 갈가 생각햇다. 그러나 나는 자봉을 잘하니 영문에 다니면서 바저질할 생각 잇서 허락을 얼는 못 하고 잇다.

내 쌀이 나이 칠 세가 되여 학교를 좀 넉기 시작이 되엿다. 하로난 아참에 학교 다리다 쥬고 일을 하고 오니 아해가 학교서 오지 안이하여 걱정을 하고 잇스니 엇던 사름이 다리고 와서 길노 일코 울고 잇는 것을 무러니 집이 녀기라 하여서 다리고 왓다 한다. 그 사람이 엇지 고마운지 말노 다 할 슈 업다. 아달이 두 살 되고 적언쌀이 아홉 달 된다. 큰쌀은 일곱 살 되엿다. 그째에 살기는 쌘지쏠 누시타니 길에서 세집에 살 쌔다. 그래서 할 슈 업시 그 집을 내여 놋코 내 일하는 쥬인집 뒤집으로 이사를 햇다. 그째에 쥬인이 도아서 자긔 친구 집에 쿡하는 일을 차저 박이 하기 시러도 일을 갓다. 그러고 보니 적은 아해를 대한 아저무니의게 아해를 보아달나고 월급을 쥬고 하엿다.

그 아저문이가 조곰 보다 늙어서 병이 나서 아해를 보아쥬지 못하것다 하여서 노빈[61]선 홈이라 하는 대는 어린 아해들을 보아쥬고 돈을 밧는 대인 고로 그개 갓다 두고 내가 일을 하엿다. 그곳에 아해 보아쥬는대 돈을 만히 밧는다. 내가 일을 구만두고 내 쌀을 키울나 하여도 내가 쥬인이 그저 쥬는 집에 잇기로 할 슈 업시 일을 해야 된다. 그 집도 내위가 전방에 가 잇고 내가 일을 안이 하면 안 되겟는 형편이다. 그리하는 중 박이에 내가 일을 가니 돈을 가지고 와서 준다. 그 돈을 받아 가지고 와서 전방에 식량 값을 갚고 했다. 그래도 박은 아무 일을 하지 않고 자기가 원하는 일을 찾는다 하고 매일같이 나간다. 내가 일하는 〔집의〕 주인이 나를 좋게 보았다. 그래서 월급도 더 주고 나를 보고 자기 집 뒤에 조그마한 집이 있는데 그 집으로 이사를 오라고 한다. 그래도 가기 싫다. 그러나 박이 일을 당장 찾지 못하니 집세를 〔내기가〕 어려워서 그 집으로 이사를 갈까 하고 생각했다. 그러나 나는 재봉을 잘하니 영문에 다니면서 바느질할 생각이 있어서 〔이사 가겠다는〕 허락을 얼른 못 하고 있었다.

내 딸이 나이 일곱 살이 되어 학교〔입학〕를 좀 늦게 시작하였다. 하루는 아침에 학교에 데려다주고 일을 하고 오니 아이가 학교에서 오지 않아 걱정하고 있는데, 어떤 사람이 데리고 와서 길을 잃고 울고 있는 것을 〔집이 어디냐고〕 물으니 집이 여기라 하여 데리고 왔다고 한다. 그 사람이 어찌나 고마운지 말로 다할 수 없다. 아들이 두 살이 되고 작은딸이 아홉 달이 되었다. 큰딸은 일곱 살이 되었다. 그때가 펀치볼〔Punchbowl〕과 루시타나 길〔Lusitana Street〕〔이 만나는 모퉁이〕의 셋집에 살 때다. 그래서 할 수 없이 그 집을 내놓고 내가 일하는 주인집의 뒷집으로 이사했다. 그때 주인이 도와주어서 자기 친구 집에서 쿡하는 일을 찾아 주어 박이 하기 싫어도 그 일을 〔하러〕 갔다. 〔사정이〕 그렇다 보니 대한 아주머니에게 작은아이를 봐달라 하고 월급을 주고 맡겼다.

그 아주머니가 조금 보다가 늙어서 병이 나 아이를 봐주지 못하겠다고 하여서 로빈슨 홈〔Robinson's Home〕이라 하는 곳〔에 맡겼는데 이곳〕은 어린아이들을 봐주고 돈을 받는 곳이므로 그곳에 갖다 맡기고 내가 일을 하였다. 그곳은 아이 봐주는 데 돈을 많이 받는다. 내가 일을 그만두고 내 딸을 키우려 하여도 내가 주인이 거저 주는 집에 있어서 할 수 없이 일을 해야 된다. 그 집도 내외가 전방〔가구점〕에 가 있어서 내가 일을 안 하면 안 되는 형

일을 구만두고 쿡을 하로 가지 안코 쏘 일을 차지로 단닌다. 그래서 노빈선 홈에 쌀 가 잇는 돈을 쥬지 못하고 빚을 젓다.

그래서 우리 집 쥬인집 침방어서 나 잇는 집이 마조 보인다. 달 게란을 두 개를 살마 가지고 마루에서 싸서 자긔 아달만 두 개로 다 주고 내 큰 쌀이 엽해서 보고 잇서도 안이 주니 그 쥬인이 그것을 보고 쥬인 부인 말이 외 쌀은 쥬지 안코 아달만 다 쥬는냐 하기에 내가 너무 무참하여 쌀은 게란을 조아하지 안은다 대답하엿다. 아해들 다 먹기를 원하지마는 까닥을 차저 제 자식만 다 준 것이다.

집 쥬인이 가구상 전방을 팔고 마위로 죠헌 잡을 차저 이사를 하게 되니 나도 일을 못 하게 되여서 세집 어더서 이사를 한게 되고 쥬인이 체아와 살림을 만히 쥬고 햇다. 그래서 아해[62]를 노빈선 홈에서 집으로 다리올 작정으로 그곳에 가니 돈을 다 내고 가라 하고 아해를 조곰 비어 쥬고 아해를 쥬지 안이한다. 그래서 내 말이 지금은 돈이 업서니 월급 타서 가지고 온다 하여도 쥬지 안이하니 민쥬쥬의 나라에서 그와 갓치 함으로 내가 울고 울고 전차를 타고 집에 올 째까지 전차서 울엇다. 부거러움도 업시 전차서 울엇다. 그래서 그 잇헌날 와이짜불시에 황헤슈 씨가 긔독녀자청년녀자회관에서 일을 함으로 내가 차저가서 그 사연을 이약기하엿더니 헤슈 씨가 가서 차저 나를 쥬엇다. 그째에 그 은혜를 갑헐 길 업시 고맙게 생각한다.

편이다. 그러던 중 박이 일을 그만두고 쿡을 하러 가지 않고 또 일을 찾으러 다닌다. 그래서 로빈슨 홈에 딸 맡긴 돈을 주지 못하고 빚을 졌다.

그런데 주인집 침실에서 내가 있는 집이 마주 보인다. 〔내가〕 닭 계란 두 개를 삶아가지고 마루에서 까서 자기〔주인〕 아들에게만 두 개를 다 주고 내 큰딸이 옆에서 보고 있어도 안 주니 그것을 보고 주인 부인〔이 내게 하는〕 말이 "왜 〔당신〕 딸은 주지 않고 〔내〕 아들만 다 주느냐." 하기에 내가 너무 무참〔無慚, 몹시 부끄러워함〕하여 "딸은 계란을 좋아하지 않는다."고 대답하였다. 아이들이 다 먹기를 원하지만 까닭을 찾아 제〔주인집의〕 자식에게만 다 준 것이다.

집주인이 가구 전방을 팔고 마우이로 좋은 일자리를 찾아 이사하게 되니 나도 일을 못 하게 되어서 셋집을 얻어서 이사하는데 주인이 체어 〔chairs, 의자〕와 살림을 많이 주고 갔다. 그래서 아이를 로빈슨 홈에서 집으로 데려올 작정으로 그곳에 가니 돈을 다 내고 가라고 하면서 아이를 조금 보여 주고는 아이를 주지 않는다. 그래서 내〔가 하는〕 말이 "지금은 돈이 없으니 월급을 타면 가지고 오겠다." 하여도 주지 않으니 민주주의 나라에서 그와 같이 하므로 내가 울고 〔또〕 울고 전차를 타고 집에 올 때까지 울었다. 부끄러움도 없이 전차에서 울었다. 그래서 그 이튿날 와이더블유시에이 〔YWCA, Young Women's Christian Association〕 황혜수[62] 씨가 여자기독교청년회관에서 일하므로 내가 찾아가서 그 사연을 이야기하였더니 혜수 씨가 가서 〔딸을〕 찾아 나에게 주었다. 그때 그 은혜를 갚을 길이 없을 정도로 고맙게 생각한다.

---

62 1892년 황해도 의주 출생. 1911년에 미국으로 유학을 가 앨라배마주 애선스Athens 대학에서 사회사업과를 졸업하고 샌프란시스코 YWCA에서 활동하다가 1920년부터 호놀룰루 YWCA에서 활동했다(이덕희, 『하와이 이민 100년: 그들은 어떻게 살았나?』, 중앙M&B, 2003, 172~175쪽).

황혜슈 씨는 일평생으로 독신 생활을 하고 하와이 만국긔독녀자청년 회관에서 한국 부인들노 위하여 문명에 진보 되는 일을 만히 하고 자선 사업으로 일이 복잡한 동포를 만히 도아쥬고 한국부인어머니회를 조직 하고 회를 하며 자미잇난 절차도 만히 잇섯다. 우리 한국 녀자들이 부모 형데 고국강산을 리별하고 타국 타도 하와이 올 째 크고 큰 태평양 대해 를 건너 생소한 이곳에 와서 셜퍼고 외로온 이곳에 황혜슈 씨는 일쳑이 미국에서 학위를 맛치고 하와[63: 빈 면][64]긔독녀자청년회 (와이싸불유씨 에)서 시무를 하면서 한국 녀자들을 만히 도와쥬고 청년회 어머니회를 조직하고 종종 히락도 잇섯다. 황혜슈 씨가 하와이 호노루루에 녀자청년 회관 내에 한국무용단을 설시하고 이세 삼세의게 한국 문화 무용을 가라 치게 하고 각색 무용 의복을 세게 사람의게 자랑식히고 했다. 세월이 헐 너 헐너 년세가 연만하여 집에서 시고 잇다. 내 쌀을 혜슈 씨가 다리고 와 서 나를 쥬어서 안고 올 째 그 깃번 마음 칭양 업고 사랑하다.

그째 박이 세십을 차자 갑 헐고 적은 세집을 각가고 모면 츄추리에다 구하고 내 일하던 쥬인이 마위로 가게 되매 살림을 만히 쥬엇다. 그래서 아해 셋과 두 내위가 이사를 하고 나는 다런 대 집에서 아해들을 보고 박 이 일을 하엿다. 그째 월급이 적어서 혼차 일하는 돈으로 다섯 식고 집세 쥬고 대단이 어렵게 산다. 나는 일을 할 슈 업다. 내 쌀이 어리다. 그래서 근근이 살아간다.

그리하는 즁 하로는 오후 여섯 시점 되여서 엇던 남자가 우리 문을 두 다린다. [65]박이 일하고 와서 우리가 저녁을 먹는 즁이다. 박이 이러나 문

황혜수 씨는 일평생 독신 생활을 하고 하와이 만국여자기독교청년회관에서 한국 부인들을 위하여 문명에 진보되는 일을 많이 하고 자선사업으로 사정이 복잡한 동포를 많이 도와주고 한국부인어머니회를 조직하고 회를 하면서 재미있는 절차도 많이 만들었다. 우리 한국 여자들이 부모형제 고국강산과 이별하고 타국 타도〔他島〕 하와이로 올 때 크고 큰 태평양 대해를 건너 생소한 이곳에 와서 슬프고 외로운 이곳에 〔있을 때〕 황혜수 씨는 일찍이 미국에서 학위를 마치고 하와〔이로 와서〕 여자기독교청년회(와이더블유시에이)에서 시무하면서 한국 여자들을 많이 도와주고 청년회, 어머니회를 조직하고, 종종 희락〔喜樂, 기쁘거나 재미있는 일〕도 있었다. 황혜수 씨가 하와이 호놀룰루의 여자〔기독교〕청년회관 내에 한국무용단을 만들고 2세, 3세에게 한국 문화와 〔한국〕 무용을 가르치게 하고 각색의 무용 의복을 세계 사람에게 자랑시키고 했다. 세월이 흐르고 흘러 연세가 연만〔年晩〕하여〔아주 많아〕 집에서 쉬고 있다. 〔로빈슨 홈에서〕 내 딸을 혜수 씨가 데려와서 나에게 주어 안고 올 때 그 기쁜 마음 측량할 바 없고, 사랑이 가득하다.

그때 박이 셋집을 찾아 값이 헐고 작은 셋집을 카카아코〔Kakaako〕 모르몬 스트리트〔Mormon Street〕[63]에서 구하고 내가 일하던 〔집의〕 주인이 마우이로 가게 되어 살림을 많이 주었다. 그래서 아이 셋과 두 내외가 이사하고 나는 다른 집에서 아이들을 돌보〔는 일을 하〕고 박이 일을 하였다. 그때 월급이 적어서 혼자 일하는 돈으로 집세를 주고 다섯 식구가 대단히 어렵게 살았다. 나는 일을 할 수 없었다. 내 딸이 어렸다. 그래서 근근이 살아갔다.

그러던 중 하루는 오후 6시쯤 되어서 어떤 남자가 우리 문을 두드렸다. 박이 일하고 와서 우리가 저녁을 먹는 중이었다. 박이 일어나 문을 열어

---

63 「천연희 구술 테이프 요약」에 Mormon St.라고 써져 있으나 카카아코 지역에는 모르몬 스트리트라는 곳이 없었고, 현재도 이 지명을 찾을 수 없다.

을 열고 보니 장석조라 하는 남자다. 우리가 그 사람 친분이 업난 사람이다. 이 사람을 한 몃 번 보고 일홈은 장석조라 하는 것을 안다. 문을 열고 나가서 인사를 하고 마루에 안자 이약을 하는 것만 내가 보앗다. 한참 이약이를 하고 그 사람이 갓다. 내가 박을 보고 뭇기를 그 사람이 친구요 하니 박 대답이 아이 안면만 조곰 잇지 하고 대답하엿다. 내가 말하기를 나도 안면만 좀 잇지 한 두어 분 보앗소. 박이 어대서 그 장이 다리고 사는 녀자가 김수라 하는 녀자를 내가 알기로 마위서 알앗난대 홀노루루로 이사를 왓다 하고 마위 엇던 녀자 친구 집에서 보고 장을 인사식히고 제 남자라 하여서 보앗지요 하엿다. 김수라 하는 녀자는 사진혼인으로 하와섬 힐노로 시집을 갓다 한다. 시집가는 그날버텀 남편이 보기 실여서 투쟁을 하다가 양재구라 하는 사람을 일본서 맛나서 알앗다고 한다. 그래서 사진혼인에 드[66]러온 그 남자를 보고 내가 살 슈 업서니 이혼을 하여달나 하여도 해쥬지 안코 그 남자가 악한 사람이라 칼노 죽일나 해서 하와이섬에 잇지 못하고 양재구와 마위섬으로 도망을 해서 숨어서 산다.

하로난 내 집에서 바너질을 하는대 녀자가 와서 문을 두다리고 부러는 소래가 난다. 그래서 문을 열고 보니 한국 녀자다마는 생소한 녀자다. 인사를 하고 이약이를 하니 하와이서 마위로 살노왓서나 생소한 곳이라 아모것도 모러고 집도 업고 자리를 정치 못했다 함으로 그째는 한국 동족이라 하면 의리 잇게 도아쥬난 마음이 잇서머로 대간절 눈치가 배가 곱헌 것이 보이서 밥을 해서 먹이고 그째 수를 알앗다. 파이야 잇는 한인들이 그런 녀자를 밥을 해서 대접하엿다고 천년희 씨가 그런 녀자를 외 밥을 대접하엿난가 하고 나를 책망한다. 내 말이 나는 그 녀자 수가 남편 바리고 이부 양재구를 싸라서 마위로 온 것도 모러고 한국 사람 집에 한국 녀자가 와서 파이야가 생소하다 하고 배곱헌 기색임으로 밥을 대접한

보니 장석조라고 하는 남자다. 우리는 그 사람과 친분이 없는 사이다. 이 사람을 몇 번 본 적이 있고 이름은 장석조라는 것만 안다. 문을 열고 나가서 인사를 하고 마루에 앉아 이야기하는 것만 내가 보았다. 한참 이야기를 하고 그 사람이 갔다. 내가 박을 보고 묻기를 "그 사람이 친구요?" 하니, 박이 대답하기를 "아이, 안면만 조금 있지." 하고 대답하였다. 내가 말하기를 "나도 안면만 좀 있지. 한 두어 번 보았소." 박이 "어디서?"〔라고 물어〕 "장이 데리고 사는 여자가 김수(金壽)라 하는〔데,〕〔그〕 여자를 내가 마우이에서 알았는데 호놀룰루로 이사를 왔다 하고 마우이의 어떤 여자 친구 집에서 보고 장을 인사시키고 자기 남자라 하여서 보았지요."〔라고 대답〕하였다. 김수라 하는 여자는 사진혼인으로 하와이섬 힐로(Hilo)로 시집을 갔다고 한다. 시집가는 그날부터 남편이 보기 싫어서 투쟁을 하다가〔했는데,〕 양재구라 하는 사람을 일본에서 만나서 알았다고 한다. 그래서 사진혼인으로 결혼한 그 남자를 보고 내가 살 수 없으니 이혼을 해달라고 하여도 해주지 않고 그 남자가 악한 사람이라 칼로 죽이려 해서 하와이섬에 있지 못하고 양재구와 마우이섬으로 도망해서 숨어서 살았다.

하루는 내 집에서 바느질을 하는데 〔어떤〕 여자가 와서 문을 두드리며 부르는 소리가 났다. 그래서 문을 열어 보니 한국 여자다만 생소한 여자다. 인사를 하고 이야기를 하니 하와이섬에서 마우이섬으로 살러 왔으나 생소한 곳이라 아무것도 모르고 집도 없고 자리를 정하지 못했다 하므로, 그때는 한국 동족이라 하면 의리 있게 도와주는 마음이 있으므로 대관절 눈치가 배가 고픈 것이 보여서 밥을 해서 먹이고 〔하면서〕 그때 수를 알게 되었다. 파이아에 있는 한인들이 그런 여자에게 밥을 해서 대접하였다고 천연희 씨가 그런 여자에게 왜 밥을 대접하였는가 하고 나를 책망했다. 내 말이 "나는 그 여자 수가 남편을 버리고 이부(異夫, 다른 남자) 양재구를 따라서 마우이로 온 것도 모르고 한국 사람 집에 한국 여자가 와서 파이아가

것이다. 나는 도득심으로 인간 사는 [67]대 와서 배가 곱헌 것은 안된 줄 안다 하고 대답하엿다. 그 후에 말 드러니 마위 하이고서 산다는 말을 듯고 마위서 이거하여 우리 식구가 다 오하후로 나와 살 째 수를 처음 맛낫서 반가이 인사하고 그전 신세된 은혜를 말하고 장석조와 산다 하엿다. 양재구는 갈엿다 말햇다. 그 후에 소문을 드러니 창석조가 영문에 택서를 하고 잘 산다 한다. 그래서 장석조를 보앗다.

장석조가 우리 집에 갓다 간 후로 박이 무선 말을 할 쯧하나 참아 못한다. 하로난 할 슈 업시 참지 못하야 박이 장석조가 자긔를 차저와서 말한 것을 내게 말을 하는 말이 장이 온 쯧은 자긔 하는 사업과 살림을 사고 이사를 자긔 집으로 하여 자긔가 수코필 영문에서 택세 하는 것을 해 보라 하고 간절이 권고하면서 돈을 벌이할 슈 잇다고 권고하고 잘 생각하여 보라 한다. 그래서 생각하여도 자긔 살림은 한 오십 원에 사라 하지마는 카가 큰돈이 들 터이니 엇지할 슈 업시 생각이 나지 안다 하고 말햇다. 그래 내 말이 돈을 잘 버리하는대 와 팔나 하너냐 말하니 그째에 박말이 그 녀자가 외국 사람과 잘못되고 [68]갓다고 말한다. 그래서 장이 모던 것을 파라가지고 한국으로 간다고 말햇다. 나도 밧기 소문이 장과 혼인도 하지 안코 살면서 부정한 사람들이라 해서 상종하기 실혀햇지마는 쏘 하로는 차저와서 우리 양인을 보고 박은 이 사업할 슈 잇서 나도 좀 점고 첫재 영어 말을 알아드러니 병정들이 월급을 타면 항구로 다 나와서 이삼 일 놀고 가니 병정 월급 째 한 쥬일 동안은 밤낫으로 자동차 실고 한구에 오면 한 사람이 한 사람이 가고 오고 이 원식이니 한 쥬일 동안 돈을 버리하면 한 달 후는 만치 안치마는 경비로 다 벌고 잇서니 걱정

생소하다 하고 배고픈 기색어므로 밥을 대접한 것이다. 나는 도덕심으로 인간이 사는 데 와서 배가 고픈 것은 안된 줄 안다." 하고 대답하였다. 그 후에 마우이 하이쿠(Haiku)에서 산다는 말을 듣고 우리 식구가 마우이에서 이사하여 다 오아후로 나와 살 때 수를 [오아후에서] 처음으로 만나서 반갑게 인사하고 그전에 신세진 은혜를 말하고 장석조와 산다고 하였다. 양재구와는 갈라섰다고 말했다. 그 후에 소문을 들으니 장석조가 영문에서 택시(taxi)를 하고 잘 산다고 한다. 그래서 [그때] 장석조를 보았다.

　장석조가 우리 집에 다녀간 후로 박이 무슨 말을 할 듯하나 차마 하지 못한다. 하루는 할 수 없이 참지 못하고 박이 장석조가 자기를 찾아와서 말한 것을 내게 말하기를, 장이 온 뜻은 자기가 하는 사업과 살림을 사서 자기 집으로 이사하고 자기가 스코필드 영문[64]에서 택시 하는 것을 해보라 하고 간절히 권고하면서 돈을 벌 수 있다고 권고하고 잘 생각하여 보라고 [했다고] 한다. 그래서 생각해 보아도 자기 살림은 한 50원에 사라고 하[여 살 수 있을지 모르]지만 카[택시]가 큰돈이 들 터이니 어쩔 수 없이 [해볼] 생각이 나지 않는다고 말했다. 그래서 내가 말하기를, 돈벌이가 잘 되는데 왜 팔려 하느냐고 하니 그때 박[이 하는] 말이 그 여자가 외국 사람과 잘못되고[사귀어서] 떠났다고 한다. 그래서 장이 모든 것을 팔아가지고 한국으로 간다고 말했다. 나도 바깥소문이 장과 혼인도 하지 않고 살면서 부정한 사람들이라 해서 상종하기 싫어했지만 또 하루는 찾아와서 우리 두 사람을 보고 박은 이 사업을 할 수 있고, 나도 좀 젊고, 첫째, 영어 말을 알아들으니 병정들이 월급을 타면 항구로 다 나와서 이삼 일 놀고 가니 병정들이 월급 받을 때 일주일 동안은 밤낮으로 자동차에 싣고 항구로 오면 한 사람씩 한 사람씩 가고 오면 2원씩이니 일주일 동안 돈을 벌면 한 달 후에는 많

---

64 스코필드 병영 육군 기지. 천연희 노트 1권 주 77 참조.

업시 살 슈 잇다는 말노 간절이 권고하니 박이 원해서 사기를 원한다.

 그러치마는 장석조가 신용 업난 사람이라 나는 밋지 못하고 소문이 죠치 못하다. 그래서 원치 안치마는 남편이 원해서 해본다 하는대 극히 반대 못 하고 카를 사고 살림을 사서 그 집으로 이사를 하고 박이 패신자 실고 다니는 소님 실고 다니는 (나이샌셔)가 업서 변 서방이 소님님 실고 다니는 포밋 잇는 일군을 어더 박은 주인 고로 엽헤 안고 [69]차동차를 소님을 실고 운전하고 항구로 수코필 영문으로 왓다 갓다 하고는 돈을 버리한다. 그래서 돈을 버릴 슈가 잇섯다.

 그러나 장석조가 운전을 할 쌔 일본 집에 가서 옥고리하우 술을 사서 쥬고 하엿다. 그 병정들은 살 슈 업섯다. 일본 사람 술 파는 사람들이 팔지를 안이한다. 그쌔 시대가 금쥬 쌔이다. 일차 전장 후 후바 대통영 시대에 미국서 금쥬하여서 술을 팔지 못하고 술이 전방에 업섯다. 술을 팔면 잡아갓다. 그래서 술이 업지마는 일본 사람들이 옥고리하와로 만드러서 멀니 팔아서 돈을 만히 만던다. 그래서 자동차 부리는 사람을 반히 씨고 했다. 장석조가 그리해서 장석조는 밋고 일본 사람이 술을 쥰다.

 그래서 박이 술을 병정들을 안 사쥬니 자동차를 잘 안 타고 해서 할 슈 업시 장석조가 가라쳐 주어서 일본 집에 가서 술을 사주기 시작했다. 나는 전여 모런다. 박이 내보고 말을 안이 한다. 말하면 내가 안 된다 그리 못 하게 한다. 그럼으로 박이 말하지 안코 혼자 그리[70]한다. 자동차 타는 손님을 엇기 위서 그리한다. 그래서 그째에 자동차에서 술을 차서 순지 않지만 경비를 다 벌고 있으니 걱정 없이 살 수 있다는 말로 간절히 권고하자 박이 사기를 원했다.

그렇지만 장석조가 신용이 없는 사람이라 나는 믿지 못하고 소문도 좋지 못하다. 그래서 원치 않지만 남편이 원해서 해본다고 하는데 극구 반대하지 못하고 카를 사고 살림을 사서 그 집으로 이사하고 박이 패신저(passenger)를 싣고 다니는, 손님을 싣고 다니는 라이센스(license, 면허)가 없어 변 서방이 손님을 싣고 다니는 퍼밋(permit, 허가증)이 있는 일꾼을 얻고 박은 주인이므로 옆에 앉고 자동차에 손님을 싣고 운전하여 항구로 스코필드 영문으로 왔다 갔다 하고는 돈벌이를 하였다. 그래서 돈을 벌 수 있었다.

그러나 장석조가 운전을 할 때 일본 집에 가서 오콜레하오(okolehao, 하와이 전통 알코올음료) 술을 사서 (병정들에게) 주곤 하였다. 그 병정들은 살 수 없었다. 술 파는 일본 사람들이 팔지 않았다. 그때는 금주(법이 있던) 시대다. 일차 전쟁 후 후버 대통령 시대에 미국에서 금주(법[65]을 시행)하여서 술을 팔지 못하게 하여 술이 전방에 없었다. 술을 팔면 잡아갔다. 그래서 술이 없지만 일본 사람들이 오콜레하오를 만들어서 몰래 팔아서 돈을 많이 벌었다. 그래서 자동차를 부리는(운전하는) 사람과 빤히 짜고 했다. 장석조가 그렇게 해서 일본 사람들이 장석조에게는 믿고 술을 주었다.

그런데 박은 병정들에게 술을 안 사주니 자동차를 잘 안 타고 해서 할 수 없이 장석조가 가르쳐 주어서 일본 집에 가서 술을 사주기 시작했다. 나는 전혀 모른다. 박이 나에게 말을 안 한다. 말하면 내가 안 된다 (하고) 그렇게 못 하게 한다. 그러므로 박이 말하지 않고 혼자 그리했다. 자동차 타는 손님을 얻기 위해서 그리했다. 그래서 그때 자동차에서 술을 찾아내

---

65 1920년부터 1933년까지 알코올음료의 양조, 판매, 운반, 수출입을 금지한 법.

금의게 잡히며 자동차를 가지고 갓다. 하로는 박이 사가지고 나오다가 길에서 금쥬관의게 잡혓다. 그래서 그 잇헌날 자긔를 경무청에 오라 하는 조히를 글을 써주엇다. 그래서 집에 와서 걱정을 하고 자긔는 손님을 실고 가는 약조가 잇다 해서 내가 대신 가서 내 일홈은 가자 일홈을 주고 내가 그이의 부인이다. 그이가 일을 가게 되니 대신 왓다 하니 벌금을 무라 해서 물고 왓섯다.

이것이 사진혼인의 긔록한 세상이 이러허다. 내가 에슈교인으로 어려서버텀 장노교회에 잘아낫서 내 양심상으로 반대하는 시험이 살기를 차차 고락과 환란으로 생기는 시험이다. 나는 부자가 되고저 허욕으로 돈을 만히 벌얼 생각은 업고 자식들 먹이고 공부 잘 식히고 사라가는 것을 원한다. 그러나 그것도 하기 [71]어려울 째가 만타. 내 아해들을 사랑한다. 박은 성질이 칼하고 냉정해서 아해들을 사랑해도 공편하게 다 갓치 사랑을 못 하고 자긔가 원하는 자식이면 특별이 더 사랑하는 포쥰을 준다. 자긔 자식 즁이라도 그래서 아해들 마음을 짜닥 잇는 포쥰을 주고 그래서 투기심을 쥬면 사랑의 가섬에 이상이 생긴다. 그럼으로 내하고 이상이 맛지 안아 늘 의론이 쟁투가 생긴 것이고 쏘 나는 부모가 어는 자식이던지 잘못하며 교훈을 주고 자라면 칭찬을 하고 공편하게 가라처냐 하고 짜달을 짓지 마라 하여도 그리하지 못한다. 자긔가 사랑하면 분슈업시 사랑하고 자긔 자식이 안이면 짜닥을 찬다. 그럼으로 분쟁이 생기게 되매 우리 부부간도 정이 멀어 가고 서로 살 자미가 업다. 정의와 도덕업난 그 양심으로 양과 갓치 부더럽고 비쌀키갓치 순한 그 어린이 양심을 헛해 쥬니 내 가섬이 슬이고 압하 내 염통에 칼을 치리는 것갓치 설퍼 통곡하며 내 정지간 뒤문에 청대에 안자 하날을 처다보면 월색은 텬지를 어 순경에게 잡히면 자동차를 가지고 갔다. 하루는 박이 〔술을〕 사가지고 나오다가 길에서 금주 감시관에게 잡혔다. 그래서 그에게 이튿날 경찰서에 오라고 하는 종이를 글로 써주었다. 그래서 집에 와서 걱정하면서 자기는 손님을 싣고 가는 약조〔약속〕가 있다고 해서 내가 대신 가서 내 이름으로 가짜 이름을 대고 "내가 그이의 부인이다. 그이가 일을 가게 되어 대신 왔다."고 하니 벌금을 물라 해서 물고 왔었다.

이것이, 사진혼인을 기록한 세상이 이러하다. 내가 예수교인으로 어려서부터 장로교회에서 자라났는데, 내 양심에 반대하는 시험이 차차 고락과 환란으로 살면서 생기는 시험이다. 나는 부자가 되고자 허욕으로 돈을 많이 벌 생각은 없고 자식들을 먹이고 공부 잘 시키고 살아가는 것을 원한다. 그러나 그것도 하기 어려울 때가 많다. 내 아이들을 사랑한다. 박은 성질이 칼같이 냉정해서 아이들을 사랑해도 공평하게 다 같이 사랑하지 못하고 자기가 원하는 자식만 특별히 더 사랑하는 표준〔기준〕을 주었다〔적용하였다〕. 자기 자식에게도 그래서 아이들 마음에 까닭 있는 기준을 적용하여 투기심을 〔심어〕 주면 사랑의 가슴에 이상이 생긴다. 그러므로 나하고 이상이 맞지 않아 늘 의논할 때 쟁투가 생긴 것이고, 또 나는 부모가 어느 자식이든지 잘못하면 교훈을 주고, 잘하면 칭찬을 하고, 공평하게 가르쳤느냐 하고 까탈을 부리지 말라 하여도 그리하지 못했다. 자기가 사랑하면 분수없이 사랑하고 자기 자식이 아니면 까닭〔트집거리〕을 찾았다. 그러므로 분쟁이 생기게 되매 우리 부부간도 정이 멀어 가고 서로 사는 재미가 없었다. 정의와 도덕 없는 그 양심으로 양같이 부드럽고 비둘기같이 순한 그 어린이 양심에 허트〔hurt, 상처〕를 주니 내 가슴이 쓰리고 아파 내 염통을 칼에 찔리는 것같이 슬퍼 통곡하며 내 정지〔부엌〕간 뒷문의 청대〔청마루〕[66]

---

66 청마루는 집 안에 바닥과 사이를 띄우고 깐 널을 가리킨다. 부엌 뒷문 양옆으로 좁은 마루가

빗치우고 별은 소사 여긔저긔 반착하는대 인생의 한세상은 너무도 고락하니 이 우주에 날 것헌 사람이 얼매[72]나 되는지 상상할 수 업더라. 그래서 그째에 내가 생각하기로 할 슈 잇서면 자식은 두 부모가 키아야 한다는 것을 쌔달코 자식 두고 부부가 이혼하는 것이 인생 생활에 제일 큰 문제가 된다. 그러나 엇던 형편으로난 할 슈 업다. 그러나 이 문제가 제일노 인유 생활에 어머니의 가섬속에 던 염통을 칼노 찌러는 것이다.

그째에 내가 늘 생각하기를 그 집에 잇기 실코 다런 사업을 찻던지 일노 찻던지 하기를 원햇다. 그리하는 즁 우리 친구들이 우룸 세놋는 집 세놋는 사업을 하는 한인이 잇다. 일본 사람들은 조고마는 가개 전방을 내고 오 전 십 전 장사를 한다. 시간이 지로하다. 아참 여섯 시에 가개 문을 열면 밤 아홉 점에 가게 문을 닷는다. 한인들은 시간이 지로하여 그리 참고 하기 실혀한다. 집 세놋는 장사를 죠와한다. 집 세놋는 장사는 아참에 시작하여 치아 쥬면 오후 두 점이며 다 할 슈 잇고 시난 시간이 잇다.

그째 시절에는 청국 사람이 청집이나 백인 사롬[73]들 집을 우리가 멋 해 약조하고 멋 해 약조할 세를 사서 방을 쑤미고 세를 노아 이익을 보난 것이다. 여관을 만던 것이다. 우리 한인 동포들이 그 사업을 만히 하고 잘하여서 돈을 만히 모앗다. 그래서 나도 적은 세놋는 집을 사가지고 이사를 하엿다. 그째 하와이 한국 녀자들이 게를 모아 저금한 돈으로 신용 잇게 잘하여 갓다. 알나기아 거리 잇는 백인 의원 집을 멋 해 게약하고 세 쥬고 사저 여관으로 쑤비 노은 것인대 대한 녀자 일원이라 하는 녀자가

에 앉아 하늘을 쳐다보면 월색은 천지를 비추고 별이 솟아 여기저기 반짝하는데, 인생의 한세상은 너무도 고락하니 이 우주에 나 같은 사람이 얼마나 되는지 상상할 수 없더라. 그때에 내가 생각하기로, 할 수 있으면 자식은 두 부모가 키워야 한다는 것을 깨달았고, 자식 두고 부부가 이혼하는 것이 인생 생활에 제일 큰 문제가 된다〔고 생각했다〕. 그러나 어떤 형편으로는 어쩔 수 없다. 이 문제가 제일로 인류 생활에서 어머니의 가슴속에 든 염통을 칼로 찌르는 것이다.

그때에 내가 늘 생각하기를, 그 집에 있기 싫고, 다른 사업을 찾든지 일을 찾든지 하기를 원했다. 그리하는 중 우리 친구들, 룸을 세놓는 사업을 하는 한인이 있었다. 일본 사람들은 조그마한 가게 전방을 내고 5전, 10전 장사를 했다. 시간이 지루하다. 아침 6시에 가게 문을 열면 밤 아홉 점〔시〕에 가게 문을 닫는다. 한인들은 시간이 지루하여 그리 참고 하기를 싫어한다. 〔한인들은〕 집 세놓는 장사를 좋아한다. 집을 세놓는 장사는 아침에 시작하여 치워 주면 오후 두 점이면 다 할 수 있고 쉴 시간이 있었다.

그때 시절에는 청국 사람이 청〔국 사람의〕 집이나 백인 사람들 집을 몇 해 약조〔계약〕하고, 몇 해 약조할 세를 사서 방을 꾸미고 세를 놓아 이익을 보았다. 여관을 만든 것이다. 우리 한인 동포들이 그 사업을 많이 하고 잘해서 돈을 많이 모았다. 그래서 나도 작은 세놓는 집을 사 가지고 이사하였다. 그때 한국 여자들이 계를 모아 저금한 돈으로 신용 있게 잘하여 갔다. 알라케아〔Alakea〕 거리에 있는 백인 의원[67]의 집을 몇 해 계약하고, 세〔를〕 주고 사저 여관으로 꾸며 놓은 것인데, 대한 여자 일원[68]이라 하는 여자가

---

있었던 것으로 추정된다.

67 천연희는 인터뷰에서 백인 의원의 이름을 레이먼드Dr. Raymond라고 말하였다(「천연희 구술 테이프 녹취록」 Tape 20; 「천연희 구술 테이프 요약」, 163쪽).

68 천연희는 구술에서 자신에게 집을 판 한국 여인의 이름을 미름이라고 말하였다(천연희 구술

슈십 년 하다가 파는 것을 내가 사서 다시 잘 꾸미고 밋혜 칭에 조고마는 음식점을 열고 쌔아를 쌔는 '나이센스'가 잇섯다. 그쌔에 후바가 갈니고 누서벨드가 민쥬당 대통영이 되여 금쥬를 그만두고 술을 팔게 하엿다. 음식점을 하면 비아를 팔아야 경비를 해간다. 조고마한 음식점을 쌔긋하게 차릿다. 그쌔 후바 대통영이 공화당이다. 그쌔 일이 업고 백성[74]이 일이 업서 재정 곤란으로 일이 업서 참 도탄 중에 살앗다. 그래서 민쥬당 루서벨더가 대통영이 나고 경제공항에 깁히 던 노동자를 위하여 엔아래라는 법으로 노동자들을 일을 조곰식 쥬고 하여서 일 업난 노동자들이 멧칠식 일을 하여 식구가 살아간다. 그래서 금쥬도 그만두고 술을 팔게 했다. 그쌔에 전 세계가 재전공항에 드럿다. 물가는 헐치마는 노동자가 일이 업고 돈이 귀하다. 그래서 전 민족이 도탄으로 드러갓다. 그쌔에 대통영이 루서벨터가 민쥬당에서 낫다. 노동자 일도 쥬고 모던 일을 차서 잇게 해서 차차 형편이 조아간다. 그래서 음식집을 차렷다.

내가 게를 백元자리를 드러서 부엇다. 게장은 권도연 씨다. 게를 부어노은 것을 타서 식당을 꾸밀 작정으로 게를 타 노앗다. 그러나 게장이 돈을 쥬지를 안이해서 대단이 어렵게 되여서 박이 매일 가서 돈 달나고 권과 시비한 고로 여관에 씰 퍼니차를 주고 그래도 六百元이 남은 돈은 조곰식 밧고 마랏다. [75]권도년 씨 부인이 와서 나를 보고 하는 말이 자긔 수십 년 하다가 파는 것을 내가 사서 다시 잘 꾸미고 밑의 층에 조그만 음식점을 열고 비어(beer, 맥주)를 파는 라이센스를 받았다. 그때에 후버가 갈리고 루스벨트(F. D. Roosevelt)[69]가 민주당 (출신으로) 대통령이 되어 금주를 그만두고 술을 팔게 하였다. 음식점을 하면 비어를 팔아야 경비를 해 간다. 조그만 음식점을 깨끗하게 차렸다. 그때 후버 대통령이 공화당 (출신)이다. 그때 일이 없었고 백성이 일이 없어서 재정 곤란으로 일이 없어서 참 도탄 중에 살았다. 그래서 민주당 루스벨트가 대통령이 되고, 경제공황에 깊이 든 노동자를 위하여 엔아이알에이(NIRA)[70]라는 법으로 노동자들에게 일을 조금씩 주고 하여서 일 없는 노동자들이 며칠씩 일을 하여 식구가 살아갔다. 그래서 금주(령)도 그만두고 술을 팔게 했다. 그때에 전 세계가 재정공황에 들었다. 물가는 헐지만(싸지만) 노동자가 일이 없고 돈이 귀했다. 그래서 전 민족이 도탄에 들어갔다. 그때에 대통령 루스벨트가 민주당에서 나왔다. 노동자에게 일도 주고 모든 일을 차서(次序, 순서) 있게 해서 차차 형편이 좋아졌다. 그래서 내가 음식집을 차렸다.

내가 계를 100원짜리를 들어서 부었다. 계장은 권도인[71] 씨다. 계를 부어 놓은 것을 타서 식당을 꾸밀 작정으로 계를 타 놓았다. 그러나 계장이 돈을 주지 아니해서 대단히 어렵게 되어서 (남편) 박이 매일 가서 돈을 달라고 권과 시비한 고로 (권도인 씨가) 여관에서 쓸 퍼니처(furniture, 가구)를 (나에게) 주고, 그래도 600원이 (남아) 남은 돈은 조금씩 받고 말았다. 권도

---

테이프 녹취록」Tape 20), 「천연희 구술 테이프 요약」, 163쪽에는 그녀의 이름이 미리엄Miriam이라고 써져 있다.

69 천연희는 루스벨트를 누서벨드, 루서벨더 등 다양하게 적었다. 이하 루스벨트로 통일한다.

70 NIRA는 전국산업부흥법National Industrial Recovery Act의 약자이다. 대공황으로 파멸에 직면한 미국의 산업을 부흥하고 실업자를 구제할 목적으로 1933년 6월에 제정되었다. 같은 해 3월에 시작된 초기 뉴딜 정책의 중심을 이루는 법이었다('전국산업부흥법', 두산백과, https://www.doopedia.co.kr).

71 권도연은 권도인의 오기이다. 이하 권도인으로 수정한다.

와 갓치 동사하는 사람이 동사 고본 가지고 동사를 하지 안코 나갈나 하면 동사 고본 돈을 달나 하는대 돈 오백 원이 부족이라 당신내의게 쑤어로 왔다 하면서 오백 원을 취용하라 한다. 그째 우리가 그 돈은 잇기로 박하고 의론하고 쑤어 쥬어서 잘 밧앗다. 그래서 밋고 게를 드럿던 까닭이다. 그 후에 권도연 씨가 가구와 쏜씨아나 문장을 하여서 돈을 버리고 살기가 죠허니 우리를 자동차 운전한 돈이랏고 비평햇다.


우리가 가가구 쌘지볼 수추리 살 째에 자동차를 운전해서 모은 돈 오백 원을 박이 속바지에 차고 잇는대 도덕놈이 총을 가지고 집에 드러와서 안지라 하고 몸을 써추(되질나) 하는 중 내가 다라 나와서 뒷문으로 씩어나가 소리를 지러니 이 도덕놈도 다라낫다.

가가구 쌘지쏠에 살 째 내 둘재 쌀이 다섯 살점 되엿난대 엇던 날 그날이 주일날이다. 오후 다섯 점 되여서 제 옷바와 작란하고 노는 것을 보앗난대 아이가 악착하게 우는 소래 나서 박을 보고 좀 가보라 하고 나는 굿째 저녁을 하고 고기를 씨젓다. 그래서 나종에 [76]나가니 박이 아해가 너머저 피가 나서 온 얼골에 흑과 피가 무던 것을 씨기고 보니 너머질 째 코를 쌔서 코가 쌔기여젓다. 그래서 박이 이 애가 코가 까가젓다 하는 말에 내가 놀나 너머저서 정신을 일엇다. 그날이 주일인 고로 의원도 다 집에 가고 업서서 에비(메)진시 병원에 가서 약을 부치고 그 잇헌날 우리

인 씨 부인〔권희경〕이 와서 나보고 하는 말이 자기와 같이 동사〔同事〕하는 〔동업하는〕 사람이 동업을 하지 않고 나가려 하니 동사 고본〔股本, 투자금〕 돈을 달라고 하는데 돈 500원이 부족해서 당신에게 꾸러 왔다 하면서 500원을 취용〔取用〕하게 해달라 한다. 그때 우리가 그 돈이 있어서 박하고 의논하여 〔돈을〕 꾸어 주었고 〔나중에〕 잘 받았다. 그것이 믿고 계를 들었던 까닭이다. 그 후에 권도인 씨가 가구와 포인시아나〔Poinciana〕 문장[72]을 만들어 팔아 돈을 벌고 살기가 좋아지니, 우리가 자동차 운전을 〔해서〕 돈〔을 벌었다〕라고 비평했다.[73]

우리가 카카아코 펀치볼 스트리트에 살 때에 자동차를 운전해서 모은 돈 500원을 박이 속바지에 차고 있었는데 도둑놈이 총을 가지고 집에 들어와서 앉으라 하고 몸을 서치〔search, 수색〕〔뒤지려〕하는 중에 내가 달려나와서 뒷문으로 뛰어나가 소리를 질렀더니 이 도둑놈도 달아났다.

카카아코 펀치볼에 살 때 내 둘째 딸이 다섯 살쯤 되었는데, 어느 주일 날이었다. 오후 다섯 점 되어서 제 오빠와 장난하고 노는 것을 보았는데, 아이가 악착하게 우는 소리가 나서 박보고 좀 가보라 하고 나는 그때 저녁 〔준비〕를 하고 고기를 지졌다. 그래서 나중에 나가니 박이 아이가 넘어져 피가 나서 온 얼굴에 흙과 피가 묻은 것을 씻기고 보니 넘어질 때 코가 깨졌다. 박이 애가 코가 깨졌다 하는 말에 내가 놀라 넘어져서 정신을 잃었다. 그날이 주일인 고로 의원도 다 집에 가고 없어서 이머전시〔emergency, 응급〕 병원에 가서 약을 붙이고 그 이튿날 우리 식구가 보는 의원에 가서

---

72 포인시아나는 권도인이 개발한 베니션블라인드venetian blind의 상품명이다. 그는 포인시아나를 개발하여 1947년 미국 특허청에서 전매특허를 받았다.

73 천연희가 알라케아 스트리트에서 여관을 운영하기 전 남편 박대성이 군인들을 상대로 콜택시 영업을 하면서 불법으로 위스키를 팔아 돈을 벌었다(「천연희 구술 테이프 녹취록」Tape 20; 「천연희 구술 테이프 요약」, 161~164쪽). 박대성에게 빚 독촉을 받던 권도인 부부가 천연희 부부가 이전에 불법적으로 자동차 영업을 해서 돈을 벌었다고 험담했다는 뜻으로 여겨진다.

식구가 보난 의원의게 가서 퀴인 병원에 입원하고 한 달 반 만에 집에 도라왓서나 코에 험이 잇고 그 짤이 인물이 참 입분 얼골이다. 그러나 코가 험이 이서 그전 인물이 업서지고 해서 늘 마음이 압허다. 그째 너머질 쌔에 제 옷바가 여섯 살이고 저는 다섯 살이다.

두리서 작란하기를 우리 집 마루에 난간이 잇다. 난간 젓해 곳헐 심어 놋코 조곰아는 병아리 색기를 까서 에미와 그곳 밧헤 가서 파는 고로 막아 세 쪼각으로 마가 놋앗다. 오바와 난간에 올나 안자 카샛이 작란으로 말을 탄다 하다가 너머젓다. 그째버텀 내 짤노 위하여 어머니 마음에 걱정 생겻[77]서 늘 마음이 편치 안다. 그래서 우리가 가가구 쌘지쏠 사다가 알나기아 거리로 계약한 집 세놋는 것을 사서 이사를 하고 큰아해들은 가무기에서 살 쌔 내가 아해가 짤이 서이요, 아달이 하나, 아해가 너히요, 우리 식구 모도 여섯 식구다. 음식점과 비아를 겸하고 해서 웨다 하는 녀자가 하나 잇서 박을 도아주고 박은 음식을 하고 자긔와 일하는 녀자와 음식점을 하고 나는 우 호뷀룸을 맛해서 해갓다. 그래서 잘하여 갓다.

가가구 쌘지쏠에 살 쌔 내가 전방에 가서 아해들 의복, 신을 헐케 방매하는 대 가서 사 가지고 왓다. 학교 개학하면 닙히서 보낼 작정이다. 그 옷 삿다고 한 쥬일을 두고 시비를 한다. 그래서 하로난 내가 참다못하여 옷과 신발을 불에 다 태아 버린다. 이러한 세상을 참고 살기가 밋고 참는 것 업시는 살 슈 업다. 자긔의 자식이 짤 둘, 아달 하나, 삼 형데가 잇서니 쏘 엇지할 수 업서 참고 참난 것이다.

내가 학교에 단닐 쌔 『론어』 한문책을 베우는대 한 가지 베운 것이 잇

퀸스 병원〔Queen's Hospital〕에 입원하고, 한 달 반 만에 돌아왔으나 코에 흠이 생겼다. 그 딸이 인물이 참 이쁜 얼굴이다. 그러나 코에 흠이 있어 그전 인물이 없어져서 늘 마음이 아프다. 그때 넘어질 때에 제 오빠가 여섯 살이고 저는 다섯 살이었다.

둘이서 장난하기를 우리 집 마루에 난간이 있었다. 난간 곁에 꽃을 심어 놓았는데 조그만 병아리 새끼가 어미와 그곳 밭에 가서 〔꽃을〕 파는 고로 〔들어가지 못하도록〕 쇳조각으로 〔울타리를 만들어〕 막아 놓았다. 〔내 딸이〕 오빠와 난간에 올라 앉아 카우보이처럼 말을 탄다고 하다가 넘어졌다. 그때부터 내 딸을 위하여 어머니 마음에 걱정이 생겨서 늘 마음이 편치 않다. 그래서 우리가 카카아코 펀치볼에서 살다가 알라케아 거리〔에 있는 집으〕로 집을 세놓은 것을 사서 이사했다. 큰아이들이 카이무키에서 살 때라 내가 딸이 셋이요, 아들이 하나, 아이가 〔모두〕 넷이고, 우리 식구 모두 여섯 식구였다. 음식점과 비어를 겸하고 해서 웨이터〔waiter, 종업원〕 하는 여자가 하나 있어서 박을 도와주고, 박은 음식을 하고 자기와 일하는 여자와 음식점을 하고 나는 위〔층〕의 호텔 룸을 맡아서 해 갔다. 그래서 잘하여 갔다.

카카아코 펀치볼에 살 때 내가 전방에 가서 아이들 의복, 신을 헐케 방매〔放賣〕하는 데 가서 사 가지고 왔다. 학교 개학하면 입혀 보낼 작정이었다. 그 옷을 샀다고 일주일을 두고 시비를 했다. 그래서 하루는 내가 참다 못해 옷과 신발을 불에 다 태워 버렸다. 이러한 세상을 참고 살기가 〔힘들다.〕 믿고 참는 것 없이는 살 수 없다. 자기 자식이 딸 둘, 아들 하나, 삼형제가 있으니 어찌할 수 없어서 참고 참는 것이다.

내가 학교에 다닐 때 『논어』[74] 한문책을 배웠는데, 한 가지 배운 것이 있

---

74 천연희는 『삼강행실도』와 『오륜행실도』를 논어와 혼동하고 있다. 그녀가 기억하는 이야기는 『삼강행실도』와 『오륜행실도』에 실린 공자의 10대 제자 중 한 명인 민손의 사례인 '민손단의閔損單衣(추운 겨울 민손이 홑옷을 입고 있다)'이다.

다. 한 사람이 아달이 두리 잇난대 한 아달은 본부인의게 나서나 뷔[78]인이 아달 낫코 죽고 후처를 장가가서 후처의게 둘재 아달을 나어서 아달이 둘이다. 하로난 추운 겨을인대 아달 둘을 다리고 가을에 농사를 거두어드리난대 적은아들은 추음 타지 안코 큰아달이 추어하는 것을 보고 큰아달 버서 노은 옷을 보니 갈째닙헐 너허서 옷을 햇서 추어 못 견대고 저 건아달 옷을 보니 새 소음을 노아서 옷을 지어기에 춥지 안코 더웠다 한다. 그래서 그 아바지가 자긔 후처를 보내고저 하니 큰아달 말이 아바지 씌서 게모를 보내지 마시요. 게모가 게시면 나만 춥지마는 게모가 가시면 다런 아해들이 춥다고 말햇다 한다. 그래서 넷적버텀 이부 애비, 이부 어머니가 부모가 안이라 한다.

　비아와 음식집을 구색을 하고 새로 포밋을 어더야 한다. 그래서 법률사의게 돈을 주고 포밋을 내달나 하고 법률사는 법률사 하와이앤 추래시 노야다. 그래서 새로 포밋 나오기만 기대린다. 류월 금원이 그전 포밋이 한정되고 칠월 초하로날에는 새 포밋이 잇서야 된다. 새 포밋 달나고 호[79]소한 날자가 이십 일이 되여야 포밋을 쥬는 법인 고로 날자를 기다리야 된다. 노야가 말하기를 류월 금원에 포밋이 업서면 비아를 칠월 초하로날 팔지 마라 하는 말을 박을 보고 일넛다. 날자가 이십 일이 안 되여 아직 새로 오는 포밋이 안이 왔다. 비아를 팔지 못한다. 노야 말이 한 잇틀노 기다리야 포밋이 오니 칠월 초하로날노 잇헐까지 비아를 팔지 말고 음식만 파라 하는 고로 박을 보고 네일이 초하로이니 초잇헐까지 비아를 팔두록 하지 마라 하고 당부를 하고 법률사의게 갓다 오니 박이 업다. 일하는 녀자를 보고 박이 어대 갓나 하고 무러니 박이 비아를 순금의게 비아를 쥬고 돈을 밧은 정거가 잇서 법률에 위반된 일이라 하여서 포밋을 다. 한 사람이 아들이 둘이 있는데, 한 아들은 본부인에게 났으나 부인이 아들을 낳고 죽었고, 후처에게서 둘째 아들을 낳아서 아들이 둘이다. 하루는 추운 겨울인데 아들 둘을 데리고 가을에 농사지은 것을 거두어들이는데 작은아들은 추위를 타지 않고 큰아들은 추워하는 것을 보고 큰아들이 벗어 놓은 옷을 보니 갈댓잎을 넣어서 옷을 해서 추워 못 견디고, 작은아들 옷을 보니 새 솜을 넣어서 옷을 지었기에 춥지 않고 더웠다 한다. 그래서 그 아버지가 자기 후처를 보내고자 하니 큰아들 말이 "아버지께서는 계모를 보내지 마시오. 계모가 계시면 나만 춥지만, 계모가 가시면 다른 아이들도 춥다."고 말했다 한다. 그래서 옛적부터 의붓애비, 의붓어머니는 부모가 아니라 한다.

비어와 음식집을 구색하고[75] 새로 퍼밋(permit, 허가)을 받아야 했다. 그래서 법률사(변호사)에게 돈을 주고 퍼밋을 내 달라 했는데, 법률사는 하와이안 트러스트(Hawaiian Trust) (소속의) 로이어(lawyer, 변호사)다. 그래서 새로 퍼밋이 나오기만 기다렸다. 6월 그믐에 그전 퍼밋이 한정되고(만료되고) 7월 초하룻날에는 새 퍼밋이 있어야 된다. 새 퍼밋을 달라고 호소한 날짜가 20일이 되어야 (비로소) 퍼밋을 주는 고로 날짜를 기다려야 된다. 로이어가 말하기를 "6월 그믐에 퍼밋이 없으면 비어를 7월 초하룻날 팔지 말라." 하는 말을 (남편) 박보고 일렀다. 날짜가 20일이 안 되어 아직 새로 오는 퍼밋이 안 왔다. 비어를 팔지 못했다. 로이어 말이 "한 이틀 기다려야 퍼밋이 오니 7월 초하룻날 이틀까지 비어를 팔지 말고 음식만 팔라." 하는 고로 박보고 내일이 초하루이니 초이틀까지 비어를 팔지 말라 하고 당부하고 법률사에게 갔다 오니 박이 없었다. 일하는 여자보고 박이 어디 갔나 하고 물으니 박이 비어를 순경에게 주고 돈을 받은 증거가 있어서 법률에

---

75 '여러 가지 물건을 고루 갖춘다'는 뜻으로 맥주와 음식을 팔도록 모양을 갖추었다는 뜻이다.

엇지 못하고 싸서펀 정지를 식히고 나이샌서를 엇지 못햇다. 일 년 동안 비아 업시 음식만 하라 한다. 그래서 큰 손해를 보앗다. 그 음식집을 계속 못 하고 도로 여관방을 수미서 세로 주[80]엇.

나는 여관을 그양 사업하고 아참에 시작하여 열한 점 반까지 다 치아 놋코 점심을 먹고 두 시버텀 파인애풀 일을 가서 밤 열 시에 집에 온다. 여럼방학 대 삼 색 동안 일을 하며 우리 아해들 학비를 다 버러고 옷도 사쥬고 하엿다. 우리 쌀도 일을 하엿서 학비를 보탠다. 하와이 파인애풀 소산이 하와이 인민의 큰 생활을 보전하고 학생들의게 큰 도음이 된다. 하와이에 제일가는 소산 파인애풀, 사탕 농사로 하와이 발전하는 소산이 다. 처음에 백인이 다 농사의 시작으로 이와 갓치 된 것이다.

그쌔에 박과 나 사이에 의상이 맛지 안이하여 부부의 생활이 무너지는 판이다. 첫재 내 사랑하는 자식의게 그래서 정이 멀어젓다. 내가 복이 업 는 사람이라 나의 운명이 그쑌이라 할 슈 업다. 내가 자긔 자식을 위해서 할 수 잇는 대로[81]부부의 생활을 연속해 볼 양으로 힘서 보앗고 이혼을 안이 할 작정으로 오 년 동안을 넘갓치 살아 보앗다. 그러나 그만 가지고 해결이 되지 안코 감정이 더 깁히 드러갓다. 갓치 한집에 사라도 넘과 갓 치 서로 사랑하는 동정이 업다.

한국 나가서 죽은 조재연 씨 부동산 매매하는 그간의게 포 수추리 거 리에 잇는 큰 집을 세로 오 년을 약조하고 큰 여관을 사서 곤치고 살림 을 새로 엿코 해서 돈을 만히 드려서 잘 해놋코 세를 놋는다. 그쌔도 재정 곤란으로 모던 사업이 속히 발전이 되지 못한다. 우리 녀자들이 게로 보위반된 일이라 하여서 퍼밋을 얻지 못하고 서스펜션〔suspension, 면허 정지〕을 시키고 라이센스를 얻지 못했다〔고 말하였다.〕 1년 동안 비어 없이 음식만 하라고 한다. 그래서 큰 손해를 보았다. 그 음식집을 계속 못 하고 도로 여관방을 꾸며서 세를 주었〔다〕.

나는 여관업을 그냥 계속하고, 아침에 시작하여 11시 반까지 다 치워놓고 점심을 먹고 2시부터 파인애플 일을 가서 밤 10시에 집에 왔다. 여름방학 때 3삭〔3개월〕 동안 일하며 우리 아이들의 학비를 다 벌었고 옷도 사주고 하였다. 우리 딸도 일을 하여 학비를 보탰다. 하와이 파인애플 소산〔所産〕이 하와이 인민의 큰 생활을 보전하고 학생들에게 큰 도움이 되었다. 하와이에서 제일가는 소산이 파인애플과 사탕수수 농사로, 하와이가 발전하는 소산이었다. 처음에 백인이 다 농사를 시작해서 이와 같이 된 것이다.

그때 박과 나 사이에 의견이 맞지 아니하여 부부의 생활이 무너지는 판이었다. 첫째, 내 사랑하는 자식에게 그래서 정이 멀어졌다. 내가 복이 없는 사람이라. 나의 운명이 그뿐이라 할 수 없다. 내가 자기 자식을 위해서 할 수 있는 대로 부부 생활을 연속해 볼 양으로 힘써 보았고 이혼을 아니할 작정으로 5년 동안을 남같이 살아 보았다. 그러나 아무것도 해결되지 않고 감정이 더 깊이 들어갔다. 같이 한집에 살아도 남과 같이 서로 사랑하는 동정이 없었다.

한국에 나가서 죽은 조재연 씨의 부동산을 매매하는 거간에게 포트 스트리트〔Fort Street〕[76]에 있는 큰 집을 〔월〕세로 5년을 약조하고, 큰 여관을 사서 고치고 살림을 새로 넣고 해서 돈을 많이 들여서 잘 해놓고 세를 놓았다.[77] 그때도 재정 곤란으로 모든 사업이 속히 발전하지 못하였다. 우리

---

76 Fort Street가 포 수추리, 폿 수추리 등으로 적혀 있다. 이하 포트 스트리트로 통일한다.
77 천연희가 산 "큰 여관"의 이름은 스탠다드 호텔Standard Hotel이다. "매달 350달러를 지불했다."고 한 데서 알 수 있듯이 천연희는 스탠다드 호텔을 월세로 구입했다(「천연희 구술 테이프

아 가지고 밋천을 하고 사업을 한다. 그래서 우리 한인들이 게를 신용 잇게 하여 갓다. 그 방을 내가 다 치고 하여서 일이 참 만다. 아해들은 다 학교에 단닌다. 나의 큰쌀이 문서는 다 해준다. 나는 영어 배울 기혜가 업서 영어 글을 모런다. 그째에 그 집을 조재연 소개로 노펠이라는 칼나 면이 백인 녀인의게 오 년 약조 네이서를 삿다. 그란 후에 조재연 부록가가 서정일 씨 부인[82]의게 약조 오 년 긔약을 매매하여 주고 약조금을 좀 쥬고 하다가 실타 하고 안이하겟다 함으로 나를 보고 해보라 하엿다. 그 집 방이 삼십 간이나 되고 그 집 뒤에 살림집이 하나 잇서서 그래서 내가 원해서 삿고 이사하여 여관 사업을 하는 즁이다. 내가 사업을 하면서 알아보니 이 집 쥬인 녀자가 백인 녀자인대 신분이 납분 녀자라 법에서 하와이 잇지 못하게 된 고로 잠시 써나야 됨으로 법률사 추라시를 밧기고 다런 곳에 가 시고 잇다. 그래서 노야가 맛헌 후에 내게 와서 내가 너를 집 네이시를 안이 주고 노펠의게 삿서니 나를 돈 오백 원을 달나 한다. 그째 대단이 어려울 쌔다. 모던 사업이 어렵다.

맛참 내 쌀이 즁학을 맛치고 대학에 드러갓다. 공부를 잘한다. 박은 쌀이 대학 가는 것이 반대다. 즁학 맛치면 어대 가서 일하고 돈벌이하는 것을 [83]원한다. 나는 그 목적이 안이다. 내가 길찬록 씨를 이혼한 연유난 아해들 자유로 공부식힐 작정으로 한 목적인 고로 내 쥬의에 작정은 누가 쌔아서가지 못한다. 내 몸이 업설질망정 내 목적은 쌔앗지 못한다. 그래서 츙돌이 집에서 잇다.

여자들이 계를 부어 가지고 밑천을 마련하고 사업을 했다. 그래서 우리 한인들이 계를 신용 있게 하여 갔다. 그 방들을 내가 다 치우고 하여서 일이 참 많았다. 아이들은 다 학교에 다녔다. 나의 큰딸이 문서〔만드는 일을〕 다 해주었다. 나는 영어를 배울 기회가 없어서 영어 글을 모른다. 그때에 그 집을 조재연 소개로 로페스〔Lopez〕라는 컬러 맨[78]이 백인 여인에게 5년 약조〔약정〕 리스〔lease, 임대 계약〕로 샀다. 그런 후에 조재연 〔즉〕 브로커〔broker, 중개인〕가 서정일 씨 부인에게 약조 5년 계약을 매매해 주었고 약조금을 좀 주고 하다가 싫다 하고 아니하겠다 하므로 나보고 해보라 하였다. 그 집 방이 30칸이나 되고 그 집 뒤에 살림집이 하나 있어서 내가 원하여 샀고 이사하여 여관 사업을 하는 중이다. 내가 사업을 하면서 알아보니 이 집주인 여자가 백인 여자인데 신분이 나쁜 여자라. 법에 걸려 하와이에 있지 못하게 된 고로 잠시 떠나야 되므로 법률사에게 트러스트〔trust, 위탁〕를 맡기고 다른 곳에 가 있다. 그래서 로이어가 맡은 후에 내게 와서 내가 너의 집 리스를 안 주고 로페스에게 샀으니 나에게 돈 500원을 달라고 한다. 그때가 대단히 어려울 때다. 모든 사업이 어려웠다.

마침 내 딸이 중학교를 마치고 대학에 들어갔다. 공부를 잘했다. 박은 딸이 대학에 가는 것을 반대했다. 중학을 마치면 어디 가서 일하고 돈벌이 하는 것을 원했다. 나는 그 목적이 아니었다. 내가 길찬록 씨와 이혼한 이유는 아이들을 자유롭게 공부시킬 작정으로 한 목적인 고로 내 주의〔생각〕의 작정은 누가 빼앗아 가지 못한다. 내 몸이 없어질망정 내 목적은 빼앗지 못한다. 그래서 충돌이 집에서 있었다.

---

요약」, 170~171쪽).

[78] 칼나는 색깔을 뜻하는 '컬러color'를 발음 나는 대로 적은 것이고, 면은 사람, 남자를 뜻하는 '맨man'이므로 '컬러 맨'은 유색인종을 의미한다.

내 쌀이 대학교 첫 해 가서 한국청년대학회 회장이 되여서 일을 만히 하고 고 리태성 씨가 한국남자청년회서 일하고 자긔 잡지도 내고 해서 한인 학생들과 갓치 도아 일을 하고 찬성하여서 한국학생대학교회에 내 쌀이 회장이다. 그래서 누야 되금은 져녁에 춤추는 뒷것을 팔아 돈 드러 오는 것은 어려운 대학생을 한국청영유너버시회 일홈으로 스칼나십 학비 를 도아주는 것으로 돈을 모헌다. 그래서 내 쌀이 애를 만히 씨고 져녁에 집에 넛기 드러왓다. 학생들이 다 집에 가는 것을 보고 저도 집에 오니 너 젓다. 금음 져녁에 집에 넛기 드러온 것으로 그날 밤에 집에 분장이 나서 집에 못 드러오기로 분쟁을 노와서 리웃 사람들이 붓거러워 그 길노 우리 리웃집 형님과 갓헌 김슌필 씨 [84]형님 집에 가서 일쥬일을 잇섯고. 김슌 필 씨는 김영선 부인으로 이 부인도 사진혼인에 드러온 부인이다.

(한선복 씨 부인이 공어진 씨다. 이 부인 어려서 한 씨의게 사진혼인으 로 가와이섬으로 드러가서 쌀다가 자봉침하는 사업가요, 부인은 집 세놋 는 사업을 하고 홀놀루에 와서 사업하고 잇다. 아달이 하나요, 쌀이 둘이 다. 그이 친구라 내 쌀을 자긔 집에 멧칠 두고 그 후에)

내 딸이 대학교(에 입학한) 첫 해에 한인대학교학생회[79] 회장이 되어서 일을 많이 하고, 고 이태성 씨가 한국남자청년회(YMCA)[80]에서 일하고 자기 잡지도 내고 해서 한인 학생들과 같이 도와 일을 하고 참석하였다. 내 딸이 한인대학교학생회 회장이었다. 그래서 뉴 이어(New Years)[81] 대금은 저녁에 춤추는 티켓(ticket, 입장권)[82]을 팔아 돈이 들어온 것은 한인대학교학생회 이름으로 어려운 대학생의 스칼라십(scholarship, 장학금) 학비를 도와주는 것으로 돈을 모았다. 그래서 내 딸이 애를 많이 쓰고 저녁에 집에 늦게 들어왔다. 학생들이 다 집에 가는 것을 보고 저도 집에 오니 늦었다. 그믐날 저녁에 집에 늦게 들어온 일로 그날 밤 집에 분쟁이 나 (남편이 큰딸을) 집에 못 들어오게 분쟁을 놓아서 이웃 사람들 보기 부끄러워 그 길로 우리 이웃집 형님과 같은 김순필 씨 형님 집에 가서 일주일을 있었다. 김순필[83] 씨는 김영선의 부인으로 사진혼인으로 들어온 부인이다.

(한선복 씨 부인이 공어진 씨다. 이 부인이 어려서 한 씨에게 사진혼인으로 (시집와) 카우아이섬으로 들어가서 살다가 자봉침(재봉틀) 하는 사업가요, 부인은 집을 세놓는 사업을 하고 호놀룰루에 와서 사업하고 있다. 아들이 하나요, 딸이 둘이다. 그이가 (내) 친구라. 내 딸을 자기 집에 며칠 두고 그 후에)[84]

---

79 천연희는 한국청년대학회, 한국학생대학교회, 한국청영유너버시회 등으로 표기했는데 맥락상 한인대학교학생회가 적절해 보인다. 이하 한인대학교학생회로 통일하여 표기한다.

80 이태성은 1916년 여름 최상호의 후임으로 호놀룰루 한인 YMCA 총무로 부임하였다. 한인 YMCA는 1931년 말에 폐쇄되었다(이덕희, 『재외동포사 연표: 미국』, 국사편찬위원회, 2010, 64쪽).

81 「천연희 구술 테이프 요약」, 171쪽에 "New Years"라고 적혀 있다. 연말 댄스파티를 열어 수익금을 장학금으로 썼다는 이야기인 듯하다.

82 티켓(ticket)을 뒷겻, 뒷겻이라고 적었다. 이하 티켓으로 통일한다.

83 천연희 노트 2권 [83]쪽 윗면의 공백에 적힌 추가 설명에 따르면 김순필은 한선복의 부인인 공어진의 언니다. 김순필은 김영선과 결혼한 후 남편의 성을 사용했으며, 원래 성은 공씨이다.

84 괄호 안의 문장은 김(공)순필의 동생인 공어진에 대한 추가 설명으로, 천연희 노트 2권 [82]쪽

두 내위분이 다 죠헌 사름들이고 자긔도 자손이 마헌 사름들이고 나를 친동생갓치 사랑한다. 자긔 동생도 하와이 와서 살고 그이도 나의 친구이며 와이기기 여관하는 사업가로 명망이 위국 사람의게 놉헛는 사람들이다. 정봉관 씨 부인 정재복 씨다.

　내 쌀이 일쥬일 남어 집에 잇게 되니 내 암이 펀치 안타. 남아도 안이요, 녀자아이가 되여 마음에 걱정이 된다. 박 씨가 말하기를 너 쌀을 집에 다리오면 그날노 나는 다런 대로 나간다 함으로 다리오기가 어려우나 내 쌀을 남어 집에 오래 둘 수 업고 어미가 되여서 출가하지 안코 공부하는 쌀을 아모것도 잘못한 것 업시 집에서 내여보내면 공부도 못 하고 남의 집에 가서 일이나 할 모양이 된다. 내가 자식을 위하여 목적이 공부식일 목적이다. 그러고 내가 집(방) 세놋는 사업을 하는대 내 쌀이 문서를 다 맛하 하여 쥬고 나는 일이 만하 분쥬함으로 내 쌀이 집안 동생들을 다리고 집안을 [85]다사린다. 그럼으로 내 쌀이 업서도 못 헤간다. 그래서 내 쌀을 다려와야 된다. 그럼으로 내 쌀을 다리고 오니 박 씨가 짐을 싸 가지고 집에서 써나갓다. 자긔가 그리하면 내가 가서 빌고 다려올 줄 알앗지마는 나도 너무 참을 슈 업서 오라 말하지 안코 자긔가 마음 돌녀 집에 도라오기를 기다렷다. 그러나 두 사이에 감정이 너무 깁허 시일이 가게 되니 내가 이혼을 하엿다.

　처음에 우리가 혼인하고 참 잘 지내엇다. 박씨가 녀자의게는 참 잘한다. 내가 몸이 압허면 구원을 잘하고 보호한다. 우리가 혼인할 쌔 자긔가 내가 자식 잇는 줄 다 알고 자긔 마음으로 자긔 자식갓치 키워 쥬겟다 하는 약조가 잇섯다. 그럿치마는 성미가 까다려워서 남의 자식을 참고 키아줄 용망이 부족하다. 나는 다 내 속에서 피로 된 자식이라 일반으로 사랑하고 일반

제2부_ 천연희 노트의 원문과 역주본

두 내외분이 다 좋은 사람이고 자기도 자손이 많은 사람들이고 나를 친동생같이 사랑했다. 자기 동생도 하와이 와서 살고 그이도 나의 친구이며 와이키키의 여관 하는 사업가로 외국 사람에게 명망이 높은 사람들이었다. 정봉관 씨 부인이 정재복 씨다.

내 딸이 일주일간 남의 집에 있게 되니 내 마음이 편치 않았다. 남자도 아니요, 여자아이가 되어 마음에 걱정이 되었다. 박 씨가 말하기를 너의 딸을 집에 데려오면 그날로 나는 다른 데로 나간다 하므로 데려오기가 어려우나 내 딸을 남에 집에 오래 둘 수도 없고, 어미가 되어서 출가하지 않고 공부하는 딸을 아무것도 잘못한 것 없이 집에서 내보내면 공부도 못 하고 남의 집에 가서 일이나 할 모양이 된다. 내가 자식을 위하는 목적은 공부시키는 것이다. 그리고 내가 집(방)을 세놓는 사업을 하는데, 내 딸이 문서를 다 맡아 해주고 나는 일이 많아 분주하므로 내 딸이 집안 동생들을 데리고 집안을 다스렸다. 그러므로 내 딸이 없으면 (사업을) 못해 나간다. 그래서 내 딸을 데려와야 되었다. 그래서 내 딸을 데려오니 박 씨가 짐을 싸 가지고 집에서 떠나갔다. 자기가 그리하면 내가 가서 빌고 데리러 올 줄 알았겠지만 나도 너무 참을 수 없어 오라 말하지 않고 자기가 마음을 돌려 집에 돌아오기를 기다렸다. 그러나 둘 사이에 감정이 너무 깊어 시일이 가게 되니 내가 이혼을 하였다.

처음에 우리가 혼인하고 참 잘 지냈다. 박 씨가 여자에게는 참 잘했다. 내가 몸이 아프면 구원을 잘해 주고 보호해 주었다. 우리가 혼인할 때 자기가 내가 자식 있는 줄 다 알고, 자기 마음으로 자기 자식같이 키워 주겠다 하는 약조가 있었다. 그렇지만 성미가 까다로워서 남의 자식을 참고 키워줄 용망 (욕망)이 부족하였다. 나는 다 내 속에서 피로 된 자식이라 일반(한편)으로 사

---

뒷면에 적힌 내용이다. 내용상 이해를 돕기 위해 위치를 옮겼다.

으로 히생해야 된다. 어머니 마음 압[86]허고 씰이고 한업난 슬펌이 내 가슴 속에 잇다. 속담에 이러기를 "다신애비 애빌는가, 다신에미 에밀넌가" 하는 경상도 속담 잇다. 그와 갓치 엇던 사람은 남의 자직의게 참 고맙게 하는 사람 잇다. 이 세상 사름이 다 갓지 안타. 지혜와 생각이 다러고 넓니 이상이 잇서야 되고 도덕으로 참는 힘이 잇서야 된다. 남의 자식 청년들을 잘 양성해 쥬어야 하겟다 하는 생각이 잇서 그 나라 백성이 진보되는 백성을 길너 쥰다. 그럿치마는 그리 범이를 넓니 먹고 할 사람이 만치 안코 솔직한 가정에도 내 것 안이고 네 거라 하는 솔직한 사건이 일어나서 질투의 병이 드는 일 만타. 이것은 성지 못하고 패망에 드러가는 일이다.

항구 중심에 알나기아라 하는 대서 방 세놋는 사업을 하다가 팔고 폿수추리 거리에 방이 삼십 간이요, 마당 뒤에 살림집 한 채가 잇다. 그래서 이 집이 크고 방이 침실이 서이고 팔라가 잇다. 아해[87]들이 차차 크 가니 방이 서이 되야 된다. 남 아이 한 방 쥬고 녀 아이 한 방 쥬고 내가 한 방 가저야 된다. 그럼으로 그 집을 전세로 약조하고 삿다. 그래서 일이 만타.


그때 하와이도 노동자 일이 업고 좀 어려울 째라 집 세놋키가 어렵고 돈이 귀하다. 그래서 일군을 씨지 못하고 우리 식구가 일을 만히 한다. 그래서 내 쌀이 영어를 잘하니 모던 문서는 다 맛하 본다. 그리허는 중 사업에 정신을 써 잘되갈 히망은 하지 안고 내 쌀 대학 보내는 것 문제로 가정 쉬비에 파산이 되엿다. 나는 것대 그것 해 가노랏고 혼자서 아해들을 다 리고 애를 만히 쓰다 몸이 타락듸여 맹장염이 생겨서 병원에 가서 배를 쌔고 일쥬일 만에 집에 오니 집에 잇는 손님들이 질서가 물란하게 되엿다. 다런 일군을 맛기고 갓서나 집에 잇는 사름들 다 죠헌 사람이 업고 그랑하고 일반으로 희생해야 된다(고 생각한다). 어머니 마음 아프고 쓰리고 한없는 슬픔이 내 가슴속에 있다. 속담에 이르기를 "다신애비 애빌런가, 다신애미[82] 애밀런가" 하는 경상도 속담이 있다. 그같이 어떤 사람은 남의 자식에게 참 고맙게 한다. 이 세상 사람이 다 같지 않다. 지혜와 생각이 다르고, 널리 이상이 있어야 되고 도덕으로 참는 힘이 있어야 된다. 남의 자식, 청년 들을 잘 양성해 주어야겠다 하는 생각이 있어야 그 나라 백성이 진보되는 백성을 길러 준다. 그렇지만 그리 범위를 넓게 먹고 할 사람이 많지 않고, 솔직한 가정에서도 내 것 아니고 네 거라 하는 솔직한 사건이 일어나서 질투의 병이 드는 일이 많다. 이것은 (집안이) 성하지 못하고 패망으로 들어가는 일이다.

항구 중심에 (있는) 알라케아라고 하는 데서 방을 세놓는 사업을 하다가 팔고 포트 스트리트에 방이 30칸이요, 마당 뒤에 살림집 한 채가 있(는 집에 세를 들)었다. 이 집이 커서 침실이 셋이고 팔러(parlor, 거실)가 있었다. 아이들이 차차 커 가니 방이 셋이어야 한다. 남자아이에게 한 방 주고, 여자아이에게 한 방 주고, 내가 한 방을 가져야 되었다. 그러므로 그 집을 전세로 약조하고 샀다. 그래서 일이 많았다.

그때 하와이의 노동자들은 일이 없고 좀 어려울 때라 집을 세놓기가 어렵고 돈이 귀하였다. 그래서 일꾼을 쓰지 못하고 우리 식구가 일을 많이 했다. 내 딸이 영어를 잘하니 모든 문서는 다 맡아 보았다. 그리하는 중 사업에 정신을 써 잘해 나갈 희망은 하지 않고 내 딸 대학 보내는 문제로 가정에 시비가 일어나 파산(破散)되었다. 나는 그렇게 혼자서 아이들을 데리고 애를 많이 쓰다 몸이 허약해져 맹장염이 생겨서 병원에 가서 배를 째고 일주일 만에 집에 오니 집에 있는 손님들의 질서가 문란하게 되었다. 다른 일꾼에게 맡기고 갔으나 집에 있는 사람들이 다 좋은 사람이 없고, 그중에

---

85 다신애비와 다신애미는 '의붓아버지'와 '의붓어머니'를 낮잡아 이르는 경상도 방언이다.

중에 한두 사름이라도 술 먹기 죠하하는 사름은 친구들이 술을 가지고 와
서 [88]먹고 물란하게 군다. 그래서 일군이 말해도 듯지 안코 할 슈 업시
내가 침상에서 일어나 그러 나가서 말하니 우리 집에 사는 손님들은 쥬인
을 복종하나 다런 대서 온 사람은 토종 남녀인대 토종은 술 먹어면 욱기가
잇서서 잘 싸리고 시비를 한다. 나를 싸리겟다 함으로 숨고 전어하여 슌금
을 불넛다. 그럼으로 그째버터 내가 생각하기를 남자 업시난 녀자 혼차서
사업하기도 어려움을 생각하엿다. 아해들은 어리고 쏘 내가 아해들은 그
런 데 보내지도 안코 집이 뒤로 멀니 잇다. 一千九(百)三十八九年이다.

그째에 유롭에 전장이 잇설 째다. 그래서 미국도 동양 전쟁을 비로소
째싹고 에비로 밋위 알랭을 개척하는 즁이다. 유애시이듸에서 쥬장하고
귀슐자로 만히 보내고 사역한다. 그째 내 여관에 잇던 백인도 하나 갓다.

내가 날나기아에서 적언 여관을 하면서 박이 쿳을 잘함으로 킹 거리
쌩신하는 홀 쎄비 아리토림에 압헤 리원슌 씨가 사업가로 장사 요지를
잘 알기로 조고마는 핫독 파는 시댄을 묘하게 해[89]나 지엿다. 그것을
내가 보고 세를 어더서 핫득 세댄을 시작하여 박을 맛기고 나는 여관 잇
서 집에서 일을 하고 자긔는 그 음식 전방을 써비시하는 쳐녀 아히를 다
리고 하게 되엿다. 이 조고마는 시댄 음식집이 한 쥬일에 두 번식 이 일

한두 사람이라도 술 먹기 좋아하는 사람은 친구들이 술을 가지고 와서 먹고 문란하게 굴었다. 그래서 일꾼이 말해도 듣지 않아 할 수 없이 내가 침상에서 일어나 걸어 나가서 말하니 우리 집에 사는 손님들은 주인에게 복종하나, 다른 데서 온 사람은 토종 남녀인데, 토종은 술 먹으면 욱기가 있어서 잘 때리고 시비를 했다. 나를 때리겠다고 하므로 숨어서 전화하여 순찰을 불렀다. 그러므로 그때부터 내가 생각하기를 남자 없이는 여자 혼자서 사업하기가 어렵다고 생각하였다. 아이들은 어리고 또 내가 아이들은 그런 데 보내지도 않고 집이 뒤로 멀리 있었다. 1938, 9년〔의 일〕이다.

그때에 유럽에 전쟁이 있을 때이다. 그래서 미국도 동양 전쟁을 비로소 깨닫고 예비로 미드웨이 아일랜드〔Midway Island〕[86]를 개척하는 중이었다. 유에이시이디[87]에서 주장〔주관〕하였고 기술자를 많이 보내고 사역하였다. 그때 내 여관에 있던 백인도 하나 갔다.

내가 알라케아에서 작은 여관을 하면서 박이 쿡〔요리〕을 잘하므로 킹 거리〔King Street〕에서 빵집을 하는 이원순 씨가 사업가로 장사 요지를 잘 알기로 올드 시빅 오디토리움〔구 시민 체육관〕[88] 앞에서 조그만 핫도그 스탠드〔판매대〕[89]를 묘하게 하나 지었다. 그것을 내가 보고 세를 얻어 핫도그 스탠드를 시작하여 박에게 맡기고 나는 여관이 있어 집에서 일하고 박은 그 음식 전방을 서비스하는 처녀 아이를 데리고 하게 되었다. 이 조그만 스탠드 음식집

---

86 밑위는 미드웨이Midway, 알랭은 아일랜드Islands이다. 아일랜드를 알일랭이라고도 적었다. 이하 밑위 알랭은 미드웨이 아일랜드로 통일한다. 중부 태평양 하와이제도 북서쪽에 있는 제도이다. 아시아와 아메리카, 두 대륙의 중간에 있어서 미드웨이라는 이름이 붙었다('미드웨이제도', 두산백과. https://www.doopedia.co.kr).

87 미 육군 공병단US Army Corps of Engineers의 약자인 USACE를 UACED로 잘못 적었다. 이하 USACE〔미 육군 공병단〕로 통일한다.

88 「천연희 구술 테이프 요약」, 169쪽에는 "old civic auditorium"이라고 적혀 있다. 정식 명칭은 Honolulu Civic Auditorium이다.

89 판매대라는 뜻의 영어 단어 스탠드stand를 시댄, 세탠 등으로 적었다. 이하 스탠드로 통일한다.

과 오 일이 대단히 밤이면 분쥬하다. 이 일은 쥬먹 싸홈 경쥬가 잇고 오 일은 씨름하는 왜실링이 잇서 포(뒷겻)로 사가지고 구경하로 오는 손님 이 분쥬하다. 그날은 콜 드링 핫득 세탠이 참 분쥬하다. 킹 수추리 파와 듸 아트가 잇서 구경하고 집에 도라가는 사람은 다 이 시탠에 와서 코피와 핫득을 사먹고 간다. 그러는 즁 미서다 밥 집엔이 늘 와서 코피를 마시고 간다. 그래서 그 사람이 카서 너머로 늘 보고 인사한다. 나는 내 여관을 돌보기로 늘 못 오고 박씨와 일군이 해가고 나는 분쥬하는 날 와서 도아준다. 그리하니 일이 만코 일군들도 오래 잇지 못하[90]고 늘 가라던다. 그러며 내 와서 일을 해야 된다. 너무도 고단하여 그 시탠을 일 년 하고 일본 사람의게 팔고 알나기아 내 여관만 가지고 잇다가 그거설 팔아 가지고 큰 여관 폿 거리로 이사를 하고 여관 사업 하는 즁 집안에 분쟁이 나서 리혼을 하엿다.

그리한 즁 내가 볼일이 잇서 킹 거리 전차를 타고 가는 즁 바서가 서니 사람이 오런는대 밥 집웬이 올낫다. 그래서 나를 보고 반가 잇사하고 자리에 안자서 이약이하기로 내가 하로 저녁에 당신내 시탠에 코피 마시로 가니 다런 쥬인이 잇다고 말한다. 그래서 일본 사람의게 팔앗다 하엿다. 그러고 자긔 친구 한 사람이 여관방을 원해서 알나기아 내 여관을 차자가니 내가 팔고 다런 쥬인이 잇더라 말하기로 팔고 폿 슈추리로 여관을 사서 갓다 하엿다. 그 후 자긔 친구 쎅을 우리 여관으로 보냇다. 그쩨 밥이 폿 암수틔[91]록 아매셔 이를 하엿다. 한국 사람도 더러 일을 하고 이 일주일에 두 번씩 2일[화요일]과 5일[금요일] 밤이면 대단히 분주했다.[90] 2일은 주먹 싸움[권투] 경기가 있고 5일은 씨름하는 레슬링이 있어서 표 [티켓]를 사가지고 구경하러 오는 손님이 분주했다. 그날은 콜드 드링크 [cold drink, 찬 음료]와 핫도그 스탠드가 참 분주했다. 킹 스트리트에 파와드 아트[91]가 있어 구경하고 집에 돌아가는 사람은 다 이 스탠드에 와서 커피 와 핫도그를 사먹고 갔다. 그러는 중 미스터 밥 기븐[Mr. Robert Given]이 늘 와서 커피를 마시고 갔다. 그래서 그 사람이 캐셔[cashier, 돈 받는 사람] 너머 로 늘 [나를] 보고 인사를 했다. 나는 내 여관을 돌보기에 늘 못 오고 박 씨 와 일꾼이 해 갔고, 나는 분주한 날 와서 도와주었다. 그리하니 일이 많고 일꾼들도 오래 있지 못하고 늘 갈아댔다. 그러면 내가 와서 일을 해야 되 었다. 너무도 고단하여 그 스탠드를 1년 하고 일본 사람에게 팔고 알라케 아 내 여관만 가지고 있다가 그것을 팔아 가지고 큰 여관[을 사서] 포트 거 리로 이사하고 여관 사업을 하는 중 집안에 분쟁이 나서 이혼하였다.

그러한 중 내가 볼일이 있어서 킹 거리에서 전차를 타고 가는 중 버스가 서니 사람이 오르는데 밥 기븐이 올라왔다. 그래서 나를 보고 반갑게 인사 하고 자리에 앉아서 이야기하기를 내가 하루 저녁에 당신네 스탠드에 커 피 마시러 가니 다른 주인이 있다고 하였다. 그래서 일본 사람에게 팔았다 하였다. 그리고 자기 친구 한 사람이 여관방을 원해서 알라케아 내 여관 을 찾아가니 내가 팔고 다른 주인이 있더라 말하기에, 팔고 포트 스트리트 로 여관을 사서 [이사를] 갔다고 하였다. 그 후 [밥이] 자기 친구인 잭을 우 리 여관으로 보냈다. 그때 밥이 포트 암스트롱[Fort Armstrong]에 [주둔한]

---

90  2일과 5일은 한 주의 둘째 날인 화요일과 다섯 번째 날인 금요일을 각각 가리킨다. 천연희는
    인터뷰에서는 화요일(Tuesday)과 금요일(Friday)이라고 말하였다(「천연희 구술 테이프 녹취
    록」Tape 21).
91  문맥상 fight art, 즉 레슬링이나 복싱 같은 격투기를 의미한다.

밥 친한 사람이 하나 잇서서 밥 밋해서 일을 하고 잇다. 그리하다가 일본과 전쟁이 될 염여로 미국서 하와이 태평양 대해 적경 전장 방위선을 튼튼이 에비할 작정으로 태평양 적은 섬 즁을 개척한다. 그래서 밋위 알일랭에 유애시이뒤가 가서 먼쳠 개척할 작정으로 이곳서 사역자를 보내는 즁 밥이 하나 참에햇다. 그째 1938年인지도 자서이 모러겟다. 밋위 사람이 살지 안코 네비 마링이 간섭 안코 사역자들은 일 년 게약을 하고 더 잇게 원하면 일 년식 기한 준다. UAS 두래진이 가서 쌍을 파고 사역을 하엿다. 태평 바다에 쳠으로 개척하는 것이다. 그 후 쏜선 아일랭과 적은 섬들을 개척햇다. 그래서 밥이 자기가 도라오면 혼인을 하겟다고 뭇기에 이후에 말하자 하고 밥을 전송 후 밋위에서 늘 편지가 왓다. 밋위 가기 전에 늘 말하기를 혼인을 하자고 하지마는 그째에 내가 한국 녀자요, 인종 구별이 만헌 고로 나는 한국 녀자로 한인 긔독교 교인이요, 동지회원이요, 대한부인구제회원으로 대한 [92]에절로 잔쌔가 굴거나서 참아 대답이 나오지 안체마는 그째 시절노 한국 남자가 나히 만코 자긔 자신도 근사 못 하는 아자씨만 남아 잇고 사진혼인하여 녀자를 다려와서 자식 놋코 가정을 일우어 사는 사람들만 잇다. 나는 나히 점고 자식 다섯을 다리고 녀자 혼차서 사업을 해도 도아줄 사람이 잇서야 된다. 아해들이 다 어리고 공부를 식히야 됨으로 하로는 내가 우리 아해들을 모아 놋코 의양을 무러보앗다. 아해들 대답이 어머니 생각대로 하라 하엿다. 그럼으로 밥이 밋위 가기 전에 이약이를 하고 밋위서 일 년 일하고 도라오면 혼인하기로 약속하엿다. 그래서 밥은 밋위로 일을 하로 가고 나는 여관을 다사리고 하는 즁 내가 명장병으로 병원에 가서 술술을 하고 집에 도라오니 모던 것이 전과 갓지 안코 햇다. 남의 일군을 맛기고 하니 여관 질서가 물란하고 집에 잇는 손님들이 쥬인이 엄난 줄 알고 그즁에 죠치 못한 사람들은 친구를 다리오고 술을 먹고 분쥬하게 군다. 그래서 내가 병원에 아미〔army, 육군〕에서 일하였다. 한국 사람도 더러 일하고 밥과 친한 사람이 하나 있어서 밥의 밑에서 일하고 있었다. 그리하다가 일본과 전쟁이 날 염려로 미국이 하와이 태평양 대해 적경〔敵境〕의 전쟁 방위선을 튼튼히 예비할 작정으로 태평양의 작은 섬들을 개척하였다. 그래서 미드웨이 아일랜드에 USACE〔미 육군 공병단〕가 먼저 개척할 작정으로 이곳에서 사역자를 보내는 데 밥이 한 명으로 참여했다. 그때가 1938년인지 자세히 모르겠다. 미드웨이에는 사람이 살지 않았고 네이비 마린〔navy marine, 해군 해병대〕이 간섭하지 않았고 사역자들은 1년 계약을 하고 더 있기 원하면 1년씩 기한을 〔연장해〕 주었다. USACE 드레이니지〔drainage, 배수지역〕에 가서 땅을 파고 사역을 하였다. 태평양 바다에서 처음으로 개척하는 것이었다. 그 후 존슨 아일랜드〔Johnson Island〕와 작은 섬들을 개척했다. 그래서 밥이 자기가 돌아오면 혼인하겠냐고 묻기에 이후에 말하자 하고 밥을 전송한 후 미드웨이에서 늘 편지가 왔다. 〔밥이〕 미드웨이 가기 전에 늘 말하기를 혼인하자고 하지만 그때에 내가 한국 여자요, 인종 구별이 많은 고로 나는 한국 여자로 한인 기독교 교인이요, 동지회원이요, 대한부인구제회원으로 대한 예절로 잔뼈가 굵어서 차마 대답이 나오지 않지만, 그때 시절에는 한국 남자가 나이가 많고 자기 자신도 건사하지 못하는 아저씨만 남아 있고 사진혼인하여 여자를 데려와서 자식을 놓고 가정을 이루어 사는 사람들만 있었다. 나는 나이가 젊고 자식 다섯을 데리고 여자 혼자서 사업을 해도 도와줄 사람이 있어야 되었다. 아이들이 다 어리고 공부 시켜야 되므로 하루는 내가 우리 아이들을 모아 놓고 의향을 물어보았다. 아이들 대답이 어머니 생각대로 하라 하였다. 그러므로 밥이 미드웨이 가기 전에 이야기를 하고 미드웨이에서 1년 일하고 돌아오면 혼인하기로 약속하였다. 그래서 밥은 미드웨이로 일하러 가고 나는 여관을 다스리고 하는 중 내가 맹장병으로 병원에 가서 수술을 하고 집에 돌아오니 모든 것이

서 나온 지 몃칠 되지 못하엿기로 그럼도 잘 것지 못하고 몸[93]도 아직 압
허다. 그러나 할 슈 업시 나가서 죠용하라고 말하니 내 집에 잇는 사람들
은 죠용이 복종하고 참 용서하라 하엿다. 그러나 다런 대서 온 친구 두 사
람이 하와인앤이다. 불랑하게 슌종하지 안음으로 슌금을 불너서 그람들
을 보내고 죠용하게 하엿다. 그럼으로 녀자 혼차서 해가기는 좀 어려윗
다. 그러나 할 슈업다. 사업인 고로 내가 아해들을 키우고 공부싯힐 목적
이다.


나로서 자식 고육을 즁하게 안 것은 여러 가지로 까닥이 잇섯기로 자식
을 교육식히야 된다. 첫재로는 이 세상에서 배우고 아는 사람이라야 일도
죠헌 일을 할 슈 잇고 저 개인에 사는 대 요소가 되고, 둘재로는 그 나라
죠헌 백성이 되여 올코 그런 것을 분석하고 그 정부를 밧더러 죠헌 백성
이 되고 저해와 지식이 잇스면 그 나라에 역적이 되지 안코 츙성듸는 백
성이 된다.

나는 그 아해들의 사명을 씨고 난 어머니다. 그러면 부모가 된다. 그
아해들이 내 배에서 생겨나서 내가 사랑하기로 내 몸과 갓치 사랑한다.
아모조로 보호하고 제일 죠헌 것을 쥬기로 원한다. 쏘 한 가지 이유는 내
가 한국 째생으로 [94: 빈 면][95]한국 우로 밋헤 잔쌔가 굴거지도록 큰 나
로서 마음 압헌 일 만히 보앗다.

내 열두 살에 아부지는 세상을 고별하고 나의 어머니는 전쥬 리씨로
참 죠헌 부인인대 신앙이 만허신 부인이다. 그래서 자식을 위하여 늘 절
에 가서 불공을 하엿다. 그리하시난 즁 에슈교가 진쥬에 드러와서 진쥬
성 안에 큰 집을 사고 에배당을 만들고 교인을 모집한다. 그째에 그 교회

전과 같지 않았다. 남인 일꾼에게 맡기니 여관 질서가 문란하고 집에 있는 손님들이 주인이 없는 줄 알고 그중에 좋지 못한 사람들은 친구를 데려오고 술을 먹고 분주하게 굴었다. 그래서 내가 병원에서 나온 지 며칠 되지 못하였기로, 그럼에도 잘 걷지 못하고 몸도 아직 아팠다. 그러나 할 수 없이 나가서 조용하라고 말하니 내 집에 있는 사람들은 조용히 복종하고 참고 용서하라 하였다. 그러나 다른 데서 온 친구 두 사람이 하와이안이다. 불량하게 순종하지 않아 순경을 불러서 그〔사〕람들을 보내어 조용하게 하였다. 그러므로 여자 혼자서 해가기는 좀 어려웠다. 그러나 할 수 없다. 사업인 고로 내가 아이들을 키우고 공부시킬 목적으로 하는 사업이기 때문이다.

내가 자식 교육을 중하게 안 데는 여러 가지 까닭이 있었기로 자식을 교육해야 된다〔고 생각했다〕. 첫째로는 이 세상에서 배우고 아는 사람이라야 일도 좋은 일을 할 수 있고, 저 개인이 사는 데 요소가 되고, 둘째로는 그 나라 좋은 백성이 되어 옳고 그른 것을 분석하고, 그 정부를 받들어 좋은 백성이 되고, 지혜와 지식이 있으면 그 나라에 역적이 되지 않고 충성하는 백성이 된다.

나는 그 아이들의 사명을 쓰고〔갖고〕 난 어머니다. 그러면 부모가 된다. 그 아이들이 내 배에서 생겨나서 내가 사랑하기를 내 몸과 같이 사랑한다. 아무쪼록 보호하고 제일 좋은 것을 주기를 원한다. 또 한 가지 이유는 내가 한국 태생으로 한국의 〔금수강산〕 위로 아래로 잔뼈가 굵어지도록 큰 나로서는 마음 아픈 일을 많이 보았다.

내 열두 살에 아버지는 세상을 고별하고 나의 어머니는 전주 이씨로 참 좋은 부인으로 신앙이 많은 부인이다. 그래서 자식을 위하여 늘 절에 가서 불공하였다. 그리하시는 중에 〔예〕수교가 진주에 들어와서 진주성 안에 큰 집을 사고 예배당을 만들고 교인을 모집하였다. 그때에 그 교회는 영국에

는 영국에 속한 오스트리야 영국 장로교회서 한국으로 파송한 교회다. 그째에 한국 장로는 박성애와 그 집 식구와 자긔 부인 박순복 씨다. 그래서 내의 어머님이나 영국 사름 목사는 거열휴고 그 부인과 어린 아달 하나고 선생은 시부를 성경공부를 배우게 하시고 나종에 진쥬 비봉인 대부인이고 관호부는 과 부인이다. 이 사름들은 영국 사름 산 밋헤 에배당과 목사의 집을 짓고 배돈병원 빅인종들이다. 우리나라에 나와서 일 만히 한 사름이라 하는 병원도 짓고 남학교 녀학교를 지엇다. 남학교 일홈은 광림남들이다. 개명을 식히고 종교 신앙을 만히 가라첫다. 학교요 여학교 일홈 정숙녀학교로 일홈 지엇다. 진쥬에 처음으로 신식 에슈 [96]교회 학교가 설시되엿다. 그래서 녀자 교육으로 처음이다.

우리 집안에 먹고 사는 것은 조곰 부요하기 살앗다. 그러나 게집아해로 길에 다니면 학교 보낸다고 모던 일가와 우리 큰형님이 반대로 하고

속한 오스트레일리아[92] 영국 장로교회[93]에서 한국으로 파송한 교회다. 그
때에 한국 장로는 박성애와 그 집 식구와 자기 부인 박순복 씨다. 영국 사
람 목사는 거열휴[H. Currell]고 그 부인과 어린 아들이 하나[가 있다.] 나의 어
머니와 선생[94]은 시 부[인]에게 성경 공부를 배우게 하셨고, 나중에 진주
비봉엔 대 부인이 있었고, 간호부는 과 부인이었다.[95] 이 사람들은 영국 사
람[으로] [비봉]산 밑에 예배당과 목사의 집을 지었고, 배돈병원[을 지은 사람
들은] 백인종이다. 우리나라에 나와서 일을 많이 한 사람[들]이라 [자신들이
운영]하는 병원도 짓고 남학교와 여학교를 지었다.[96] 남학교 이름은 광림
남들[97]이다. 개명시키고 종교 신앙을 많이 가르쳤다. 여학교 이름은 정숙
여학교라고 이름 지었다. 진주에 처음으로 신식 예수 교회 학교가 설시[設
施]되었다. 여자 교육으로 처음이다.

우리 집안에서 먹고 사는 것은 조금 부유하게 살았다. 그러나 계집아이
가 길에 다니면서 학교 보낸다고 모든 친척과 우리 큰형님이 반대하고 어

---

92 오스트레일리아를 오스트리아와 혼동하여 오스틔리야로 적거나 오스엘니야서로 적었다. 이하
오스트레일리아로 통일한다.
93 오스트레일리아 빅토리아 장로교회로 호주 장로교라 불리었다. 호주 장로교가 조선에서 선
교 활동을 시작한 시기는 1889년으로, 호주 빅토리아 주 출신 데이비스[J. H. Davis] 목사와
그의 누이에 의해 시작되었다. 이듬해 데이비스 목사가 질병으로 사망하자 1891년 10월 매
카이[James H. Mackay(1857~1917) 목사 부부와 여선교사 멘지스Belle Menzies, 포셋Mary
Fawcett, 페리Jean Ferry 등을 파송했다. 이들은 부산, 마산, 통영, 거창 등지에 선교부를 설치
하는 등 본격적인 선교 사역을 수행했다. 전도와 교회 설립에도 매진하여 부산에 일신여학교,
마산에 창신학교, 의신여학교, 진주에 광림학교와 정숙여학교 등을 설립하였다(가스펠 서브
편집, '濠洲 長老教-韓國 宣教', 『교회 용어 사전: 교파 및 역사』, 생명의말씀사, 2013).
94 천연희 노트 1권 [19]쪽에는 진주 예수교에서 세운 학교의 선생님이 "박 선생"이라고 되어 있
다. 여기에서 선생은 그 교회의 한국인 장로였던 박성애나 그의 부인을 가리키는 듯하다.
95 시 부인은 넬리 스콜스를, 대 부인은 마거릿 데이비스를, 과 부인은 이름을 알 수 없는 외국인
여성을 가리킨다. 천연희 노트 1권 주 24, 25, 71 참조.
96 천연희 노트 1권 주 1 참조.
97 천연희 노트 1권 [19]쪽에 나온 "광림남학교"를 잘못 적은 듯하다.

어머님셔 말 만히 하나 어머님은 듯지 안코 나를 학교를 보내고 나는 처마 무러개를 씨고 다니고 하니 시골 아해들이 꼬지 못하엿던 것이라. 나를 싸라오면서 뒤무러개를 잡아단니는 고로 나종에는 집어치우고 양산을 밧치고 학교를 단녀고 하엿다. 그리하는 즁 우리나라가 일본에 합방이 되고 정치가 달나지고 백성이 압박을 만히 밧낫 것을 내가 목도해 본다. 그쌔 일본 정부서 보통학교를 설시하고 일본 말을 가라친다.

우리나라가 四千年 역사국이요, 동방에 에이지국이라고 그것만 내세우고 정부에서 백성의 위생 관렴이나 근물을 확장하는 일이나 보통 백성을 가라처 신문잡지를 일익난 백성이 만치 안코 무식한 백성이다. 학식이 만헌 [97]사름은 너무 만하서 양반 쌍놈만 가리고 아모것도 우리 민족 발전에 리익 쥬지 못하고 투기와 쉬기만 가라치고 잇다. 목슈일이나 장사하고 사역하면 상놈이라 하고 하대한다. 그래서 나라는 부패ᄒ고 백성에 근물은 四千年으로 집 헐니운 집웅으로 나리오고 위생을 몰나 여러 가지로 병이 만코 도로는 쏩고 몬지가 만헌 그 세상에서 살아왓다. 일본이 한국을 합방하고 일본 정치를 하시는 즁 동래 동장을 향하여 인민들의게 도로도 청결하게 하고 사사집까지 간습하야 쇠골에 뒤간에 무처 잇는 대변소까지 청결하게 하고 집 마당에 처 재이 잇는 그럼도 덤게 하고 집도 청결하라 한다. 동지망을 정하고 청결할 날자가 오면 동래 동장이 에기를 네일은 청결하는 날이요 금사국에서 금사하는 순사가 온다 하고 밤에 다니면 위친다. 그러면 우리 집은 발서 알고 그 전날버텀 일군이 다 치아 노앗다. 그러엇던 사름들 말을 듯지 안코 치우지 안언 [98]한다. 그래서 금사하는 사름이 요면 째긋이 치운 집에는 청결하다는 포를 주고 째 긋지 안이한 집에는 순금 청결에 복종 안이 한다 ᄒ고 그 쥬인 남자를 쌤머님에게 말을 많이 하였으나 어머님은 듣지 않고 나를 학교에 보냈고, 나는 치마 무릎개〔쓰개〕를 쓰고 다니고 하니 시골 아이들이 〔해〕꼬지를 못하였던 것이라. 나를 따라오면서 무릎개를 잡아당기는 고로 나중에는 집어 치우고 양산을 받치고 학교를 다니고 하였다. 그리하는 중 우리나라가 일본에 합방되고 정치가 달라지고 백성이 압박을 많이 받는 것을 내가 목도했다. 그때 일본 정부가 보통학교를 설시하고 일본말을 가르쳤다.

우리나라가 4천 년 역사국이요, 동방에 예의지국이라고 그것만 내세우고 정부에서 백성의 위생 관념이나 건물을 확장하는 일이나 보통 백성을 가르치지 않아 신문 잡지를 읽는 백성이 많지 않고 무식한 백성이다. 학식이 많은 사람은 너무 많아서 양반 쌍놈만 가리고 아무것도 우리 민족의 발전에 이익을 주지 못하고 투기와 시기만 가르치고 있다. 목수 일〔을 하거나〕 장사하고 사역하면 상놈이라 하고 하대한다. 그래서 나라는 부패하고 백성의 건물은 4천 년으로 집 헐린 지붕으로 내려오고 위생을 몰라 여러 가지로 병이 많고 도로는 좁고 먼지가 많은 그 세상에서 살아왔다. 일본이 한국을 합방하고 일본 정치를 하는 중 동네 동장을 향하여 인민들에게 도로도 청결하게 하고 사삿집〔개인이 살림하는 집〕까지 간섭하여 쇠골에, 뒷간에 묻혀 있는 대변소〔화장실〕까지 청결하게 하고 집 마당에 처 재어 있는 거름도 덮게 하고, 집도 청결하〔게 하〕라 했다. 동지망[98]을 정하고 청소할 날짜가 오면 동네 동장이 "내일은 청결하는 날이요. 검사국에서 검사하는 순사가 온다." 하고 밤에 다니며 외친다. 그러면 우리 집은 벌써 알고 그 전날부터 일꾼이 다 치워 놓았다. 그리해도 사람들이 말을 듣지 않고 치우지 않았다. 그래서 검사하는 사람이 오면 깨끗이 치운 집에는 청결하다는 표를 주고 깨끗지 아니한 집에는 순경이 청결에 복종하지 아니한다 하고 그

---

98  동네 청소를 서로 독려하고 감시하기 위해 주민들을 조를 짜 나눈 것을 의미하는 듯하다.

을 치고 싸린다. 그것을 보고 어려면 내 가슴이 압허다. 일본 금사장과 한국 순금을 다리고 와서 그러한 사름은 한국 순사가 싸리게 한다. 이 한국 순사는 먹고살기 위하야 일본 금사장 식히는 대로 한다. 그래서 그런 것을 볼 째 싹하기도 하고 마음이 압허다. 그래서 내가 학교 다니는 녀자지마는 리웃 아자씨들을 보고 금사하는 날이 오면 내 집을 잘 정결하면 내 집도 쌔긋하고 순사의게 쌤도 맛지 안코 죠헐 터인대 외 식히는 대로 하지 안코 매를 맛너야 하니, 아자씨들 말삼이 그 웨놈들이 너무 압제하라 하는 것이 만허니 웨놈들 말을 듯기 실허서 그럿치 안소 말삼하신다. 내 말이 내 집을 쌔긋이 치우며 내 집이 정결하니 그 말삼은 드러시오 [99]하고 말햇다. 백성이 정부요 정부가 백성인대 우리나라에서 양반 상놈만 찻고 보통 지식으로 백성이 쌔지 못하여 세게 문명한 나라에 뒤저서 문명이 쌔지 못햇던 연고로 일본은 발서 문명햇다. 그래서 그런 것을 볼 째에 마음이 압허다.

그 시에 미국에서 위국 사람이 미국에 드러와서 사는 이민국 법이 대단이 어려와서 아모나 드러오지 못하고 공부하로 오난 학생이나도 부모가 돈이 잇고 대학을 맛헌 학생은 미국에서 공부하는 학생으로 바다 쥬고 공부를 다 맛친 후에 고국으로 도라가야 된다. 미국 법은 그러할지라도 우리나라가 자유를 일코 일본 제국 밋헤 잇게 되어서 일본 총독 지위 하에 한국 법을 씨기로 한국 청년 학생들이 위국 유학을 못 하고 미국 공부를 하기 원하면 청국으로 가서 청인 학생으로 미국으로 공부를 온 사람들이 만타.

내가 일천구백십오 년에 신호서 사이베리야 배를 타고 일본 요고하마를 지내 한 삼사일을 지낸 후 하로 아참에 [100]엇던 청년이 우리 거처하는 하실에 와서 인사를 하고 자긔가 한국 사람이라 하기로 우리 일행이 대단이 반가워하엿다. 일본을 지나서 하와이로 오는 바다이다. 그럼으로 그 청년이 말하기로 자긔는 한국서 써나 상해로 가서 미국 공부를 간다 주인 남자의 뺨을 치고 때렸다. 그것을 보고 어린 내 가슴이 아팠다. 일본 검사장이 한국 순경을 데리고 와서 그러한 사람은 한국 순사가 때리게 했다. 이 한국 순사는 먹고살기 위하여 일본 검사장이 시키는 대로 했다. 그래서 그런 것을 볼 때 딱하기도 하고 마음이 아팠다. 그래서 내가 학교 다니는 여자지만 이웃 아저씨들보고 "검사하는 날이 오면 내 집을 잘 정결하게 하면 내 집도 깨끗하고 순사에게 뺨도 맞지 않고 좋을 터인데 왜 시키는 대로 하지 않고 매를 맞느냐." 하니 아저씨들 말씀이 "그 왜놈들이 너무 압제하라 하는 것이 많으니 왜놈들 말을 듣기 싫어서 그러지 않소."(라고) 말씀하셨다. 내 말이 "내 집을 깨끗이 치우면 내 집이 정결하니 그 말씀은 들으시오." 하고 말했다. 백성이 정부요, 정부가 백성인데 우리나라에서 양반 상놈만 찾고 보통 지식으로 백성이 깨지 못하여 세계 문명한 나라에 뒤져서 문명이 깨지 못했던 연고로 일본은 벌써 문명했다. 그래서 그런 것을 볼 때에 마음이 아팠다.

그때 미국에서는 외국 사람이 미국에 들어와 사는 이민국 법이 대단히 어려워서 아무나 들어오지 못했고, 공부하러 오는 학생이라도 부모가 돈이 있고 대학을 마친 학생은 미국에서 공부하는 학생으로 받아 주고 공부를 마친 후에 고국으로 돌아가야 되었다. 미국법은 그러할지라도 우리나라가 자유를 잃고 일본 제국 밑에 있게 되어서 일본 총독 지휘하에 한국 법을 쓰기로, 한국 청년 학생들이 외국 유학을 못 하고 미국에서 공부하기 원하면 청국(중국)으로 가서 청인 학생으로 미국에 공부하러 온 사람들이 많았다.

내가 1915년에 신호(고베)에서 시베리아호를 타고 일본 요코하마를 지나 한 삼사일을 지낸 후 어느 날 아침에 어떤 청년이 우리 거처하는 하(등)실에 와서 인사하며 자기가 한국 사람이라고 해서 우리 일행이 대단히 반가워하였다. 일본을 지나서 하와이로 가는 바다였다. 그 청년이 자기는 한국을 떠나 상해로 가서 미국에 공부하러 간다 하며 말하기를 "당신들을 보하고 말하기를 당신들을 보고 깃버서 인사를 하고저 하엿지마는 못하고 일본을 다 지나서 태평양에 써서니 금사장이 업다 하엿다.

청국 상해서 타고 와도 일본에 오면 일본 금사장이 한국 사름인 줄 알면 잡아 나려간다. 그래서 배에서 숨엇다 한다. 내가 신호에 잇설 째 평양 녀학생 다섯 사람이 청국 상해서 미국 공부 가는 녀학생 다섯 녀자를 일본 경관이 잡아서 베에서 신호 대복여관으로 보내서 우리가 다 맛다 보앗다. 우리는 사진혼인으로 대정 째 여행권을 내서 하와이 드러오는 금사와 배를 기대리고 잇는 시간이다.

[101]그째 평양이나 서울은 신식학교 먼첨 서고 에슈교 신앙 자유가 교회가 설립되서 사름들이 다 캔 사람들이다. 경상도는 교육과 교회가 조곰 후에 설시되여 발달이 진보되지 못하고 영국 오스엘니야서 선교사업으로 영국 목사들이 장로교회를 부산으로 시작되여 경상남북도 전라도에는 장로교가 설립되엿다. 우리 공부하여 자유를 원하지마는 일본 제국 청치 자유가 업시 쓸사 주사를 결박하여서 미국 민쥬의 씩믹걸시를 원해서 사진혼인으로 드러올 히망을 한 것이다.

그래서 그 후에 밥이 밋위로 가서 일을 하고 늘 편지를 하여 소식을 듯고 잇다. 나는 폿 거리 큰 여관을 하고 잇다. 그째에 그 여관을 죠재연 씨라 하는 그간의게 이 집을 오 년 긔한으로 약죠하고 쌋다. 막상 집을 전세로 사고 보니 그 집쥬인이 백인녀인대 신분이 죠치 못한 사업을 그 집에서 해[102]엿기로 그 집이 올홈 죠치 못하다. 그래 그 녀자가 미국에 잇지 못하고 다런 나라 가 잇게 되는 즁 법률사만 토종 추라시 노야를 다 맛기고 기뻐서 인사를 하고자 하였지만 못 하고 일본을 다 지나서 태평양에 떠서야 〔일본〕 검사장이 없어 〔인사한다.〕" 하였다.

청국 상해에서 타고 와도 일본에 오면 일본 검사장이 한국 사람인 줄 알면 잡아 데려갔다. 그래서 배에서 숨었다 한다. 내가 신호에 있을 때 평양 여학생 다섯 사람, 〔즉〕 청국 상해에서 미국으로 공부하러 가는 여학생 다섯 여자를 일본 경관이 잡아서 배에서 신호 대복여관으로 보내서 우리가 다 만나 보았다. 우리는 사진혼인으로 대정〔다이쇼大正〕[99] 때 여행권〔여권〕을 내서 하와이 들어오는〔들어올 때 받는〕 검사와 배를 기다리는 시간이다〔기다리는 중이었다〕.

그때 평양이나 서울은 신식 학교가 먼저 서고, 예수교 신앙〔이〕 자유〔로운〕 교회가 설립되어서 사람들이 다 깬 사람들이다. 경상도는 교육과 교회가 조금 후에 설치되어 발달이 진보되지 못하고 영국 오스트레일리아 선교 사업으로 영국 목사들이 장로교회를 부산에서 시작하여 경상남북도, 전라도에는 장로교가 설립되었다. 우리는 공부하여 자유를 원했지만 일본 제국은 정치적 자유가 없이 출사〔出仕〕 주사〔主事〕[100]를 결박하여 미국 민주〔주의〕 데모크라시〔democracy〕를 원해서 사진혼인으로 들어오고자 희망한 것이다.

그래서 그 후에 밥이 미드웨이로 가서 일하고 늘 편지하여 소식을 듣고 있었다. 나는 포트 거리에서 큰 여관을 하고 있었다. 그때에 그 여관을 조재연 씨의 거간에게 5년 기한으로 약조하고 샀다. 막상 집을 전세로 사고 보니 그 집 주인이 백인 여자인데 신분이 좋지 못한 사업을 그 집에서 하였기로 그 집 이름이〔평판이〕 좋지 못하였다. 그래서 그 여자가 미국에 있지 못하고 다른 나라에 가 있게 되어 법률사만 토종〔하와이안〕 트러스트

---

99 일본 연호로 1912년 7월 30일부터 1926년까지 사용되었다.
100 출사는 벼슬을 하여 관청에 출근하는 것이고, 주사는 사무를 주장하는 사람으로 말단 관리를 뜻한다. 따라서 출사 주사는 벼슬아치를 뜻하는 듯하다.

고 빌닙빈 나라로 가서 잇다가 오기로 되엿다. 노야가 그 녀자의게 사업 권리를 다 맛하심으로 제가 쥬장하니 나의게 집 전세갑설 더 밧을 생각을 하고 돈을 더 달나 함으로 집도 일홈이 낫부고 자미가 업서서 대한 사람 김이호 씨의게 전세집을 팔고 남베리타니아 네적에 쌀매선 홀을 싹다양이 사고 일본 보릿기 반종 토니 골나가 그 집을 전세로 엇고 아래청에 술집 바로 하고 나는 웃청에 전세로 어더 배쳘나 여관을 꾸미고 그째에 해군 영지 폴 함아 아매 힉감에 일하는 일군만 주고 남자만 두고 녀자는 쥬지 안이햇다.

이째가 [103]일천구백四十年이다. 밥이 三十八九年에 밋위 가서 잇고 다 여러 와셔 쏘 일 년을 더 잇는다 하고 갓다가 집으로 도로 와서 우랫힐에 쌋 보는 일을 차자 하면서 나보고 혼인을 하자 함으로 일천구백四十一年 年六月三十日에 혼인을 하고 그째에 덕국과 영국과 아라사와 미국 서유롭에서 전장을 하는 즁이고 일본이 미국과 전장이 될가 하고 미국서 에비즁이다. 그래서 힉감에다가 일군 집을 짓고 륙군대나 해군대 일하는 사람은 다 영문 갓가이 살기로 전장 에비 집을 지엇 놋고 전장을 보호하는 일군은 영문 갓가히 살기를 원한다. 그째 밥이 힉감 영 필문에 일을 하게 되고 힉감 새 집 지은 대로 이사를 하엿다. 나는 여관사업은 여전이 하고 밤이면 보릿기 청년 아마엔주리가 밤이면 직히 주고 나제는 하와인

〔trust〕 로이어에게 다 맡기고 필리핀에 가서 있다가 오게 되었다. 로이어가 그 여자에게서 사업 권리를 다 맡았으므로 제가 주장하니 나에게 집 전셋값을 더 받을 생각을 하고 돈을 더 달라 하므로 집도 이름이 나쁘고 재미가 없어서 대한 사람인 김이호 씨에게 전셋집을 팔았다. 남〔南〕베레타니아〔South Beretania〕〔와 포트 스트리트에 있는〕 옛적에 샐베이션〔salvation, 구세군〕[101] 홀〔hall〕을 닥터 양〔Dr. Yang〕[102]이 샀는데, 일본과 포르투갈 반종〔혼혈〕인 토니 고라〔Tony Gora〕[103]가 그 집을 전세로 얻고 아래층에서 술집을 바로 하고, 나는 위층을 전세로 얻어 배철러〔bachelor, 독신남〕 여관을 꾸몄다. 그때에 해군 영지인 펄하버〔Pear Harbor, 진주만〕의 아미〔army, 군〕 히캄〔Hickam〕〔기지〕에서 일하는 일꾼에게만 〔방을〕 주고, 남자에게만 〔방을〕 주고 여자에게는 〔방을〕 주지 아니했다.

이때가 1940년이다. 밥이 〔19〕38, 9년에 미드웨이에 가 있다가 〔다시〕 다니러 와서 또 1년을 더 있는다 하고 갔다가 집으로 돌아와서 레드힐〔Red Hill〕에서 가드〔guard, 경비〕 보는 일을 찾아 하면서 나보고 혼인하자 하므로 1941년 6월 30일에 혼인하였다. 그때에 덕국〔독일〕과 영국과 아라사〔러시아〕와 미국, 서유럽에서 전쟁을 하는 중이고, 일본이 미국과 전쟁하게 될까 하고 미국에서 예비 중이었다. 그래서 히캄에 일꾼들의 집을 짓고 육〔군〕 군대나 해〔군〕 군대에서 일하는 사람은 다 영문〔營門〕 가까이 살게 하여 전쟁에 예비〔하는〕 집을 지어 놓고, 전장을 보호하는 일꾼은 영문 가까이에 살기를 원했다. 그때 밥이 히캄 영문에서 일하게 되었고 히캄에 새 집을 지은 데로 이사하였다. 나는 여관 사업을 여전히 하고, 밤이면 포르투갈 청년 아

---

101 구세군Salvation Army의 salvation을 쌀매션, 쌀매신으로 적었다. 이하 샐베이션〔구세군〕으로 통일한다.
102 양유찬 박사를 가리킨다.
103 「천연희 구술 테이프 요약」, 174쪽 참조.

녀자 XX 치우 여관 일을 보아 쥬엇다.

　나는 아참 열 시에 가서 [104]집세 밧고 모던 일을 본다. 반종 하와인 녀자가 와 방을 쓰린하고 나는 그째 그 의관에서 살지 안코 아해들을 위하여 살님 사는 집은 짜로 잇다. 이 호틸은 배털나 호톌이다. 나는 여섯 점이면 집에 가고 보쑤기 남자 앤쥬라희가 밤이며 보아 쥰다. 그째가 싸윗베듸라니아 쌀배신 홈을 쌱다 앙어 사서 내가 네시를 어더 여관을 쑤민 것이다. 일천구백四十一年이다.

　그째에 미국과 일본이 점점 악하되여 유롭 전장이 동양 태평양을 올줄 알고 힉감에 일하는 사람은 힉감 하우싱으로 이사하고 보호하라 하엿다. 그래서 우리가 힉감 하우싱 19된 슈추리로 이사를 하고 밥은 시탁 우랙겻 오피수에서 일을 본다. 집을 새로 지어서 죠다. 이층인대 아래칭에 정지가 잇고 다니우룸, 니빈우룸이 잇고 우칭에 침방 서 잇고 뱃우룸(변소)이 잇섯다. 이사를 동지 十一月 十五日 점 이사를 햇다. 그째에 내가 듯기는 일본 수상 도조가 미국 전장 평화를 위하여 드러온다 하는 말을 듯고 조곰 잇다가 와싱[105]톤에 드러왓서 전쟁을 평화로 하자는 교섭을 한다는 즁이라 한다. 그째 우리가 힉감으로 이사하니 쳥년 듸펜서 억가와 쳥년 아메들이 참 만다.

마엔주리[104]가 지켜 주고 낮에는 하와이안 여자 XX[105] 치우가 여관 일을 봐 주었다.

나는 아침 10시에 가서 집세를 받고 모든 일을 봤다. 반종 하와이안 여자가 와서 방을 클린(clean, 청소)하고 나는 그때 그 여관에서 살지 않고 아이들을 위하여 살림 사는 집은 따로 있었다. 이 호텔은 배철러 호텔이다.[106] 나는 여섯 점(시)이면 집에 갔고, 포르투갈 남자인 안드라데가 밤이면 봐 주었다. 그때가 사우스 베레테니아(에 있던) 샐베이션(구세군) 홀을 닥터 양이 사서 내가 리스를 얻어 여관을 꾸민 것이다. 1941년이다.

그때에 미국과 일본이 점점 악화되어 유럽 전쟁이 동양 태평양으로 올 줄 알고 히캄에서 일하는 사람은 히캄 하우징(housing)[107]으로 이사하고 보호하라 하였다. 그래서 우리가 히캄 하우징 19 스트리트로 이사하고 밥은 시탁우랙겻[108] 오피스(office, 사무실)에서 일을 봤다. 집을 새로 지어서 좋았다. 두 층인데 아래층에 정지(부엌)가 있고 다이닝룸(dining room, 식당), 리빙룸(living room, 거실)이 있고 위층에 침방(침실)이 세 개 있고, 배스룸(bathroom, 화장실)이 있었다. 동지 (즉) 11월 15일쯤 이사를 했다. 그때에 내가 듣기는 일본 수상 도조[109]가 미국에 전쟁 평화 (회담)을 위하여 들어온다 하는 말을 들었고, 조금 있다가 워싱턴(Washington D.C)에 들어와서 전쟁을 평화로 하자는 교섭을 하는 중이라 하였다. 그때 우리가 히캄으로 이사하

---

104 엘머 안드라데Elmer Andrade를 말한다(「천연희 구술 테이프 요약」, 197쪽). 천연희는 그를 아마엔주리, 앤주라희 등으로 표기하였다. 이하 안드라데로 표기한다.

105 무슨 글자인지 판독할 수 없다.

106 천연희의 구술에 따르면 이 호텔의 이름은 캐슬 호텔Castle Hotel이다. 군사 관련 일에 종사하는 미혼 남성 노동자들에게 방을 빌려 주었다(「천연희 구술 테이프 녹취록」Tape 22).

107 히캄 군부대 내의 사택을 말한다.

108 히캄 병영에서 한 방위 관련 일인 듯하나 정확한 의미를 알 수 없다.

109 도조 히데키東條英機(1884~1948). 1941~1944년 일본의 제40대 총리이자 육군 군인으로 태평양 전쟁을 일으킨 전범으로 지목되었다.

내가 그것을 볼 째 참 마음이 압허다. 내 아들도 그째 누스벨 하이슐굴을 맛치고 아메 캇시에로 나와서 대학도 못 가고 아메서 오라 하도록 기대린다. 그 슌간에 네비 폴하바 가서 십 매들 일을 하고 잇서면서 아메서 부러기를 기대린다. 월딍을 하기로 그곳서도 씨게 되니 아메서 부러지 안이햇다 하고 내 큰쌀은 하와이 대학교 단니고 둘재 쌀은 마긴이 하이에 다니고 적은쌀은 루스벨 하이슉굴에 단녓다. 히감에 이사한 지 한 二十二日점 되엿다.

이사한 후 그날이 토요일이다. 친구들을 청하여 찬제를 하고 히락으로 그날 밤으로 二時까지 자미잇게 놀고 다 집으로 도라가고 한 몃 점 자니 아참이 되어서 날이 샌다. 눈을 씨서 드러니 요란한 소래가 들여서 시개를 보니 다섯 시 반이 넙엇다. 그래서 류창으로 밧글 내다보니 연긔가 자욱[106]하다. 하도 이상하여 밥은 자고 잇다. 밥을 째윗다. 이상한 소래가 나고 연긔가 자욱하다 하니 미국서 공긔선이 와서 마누바(시험) 한다고 말하고 잔다.

나는 밤에 넛기 자도 아참에 일쳑 째는 십관이라 일쳑 째서 보니 마음 이상하고 밥 말하는 것이 아니다 하고 아래청으로 씌어가서 안 문을 열고 보니 포고하바와 힉감 베시가 불과 연긔로 진동하고 공긔선 소래가 진동하니 처다보니 일본긔가 그린 쌀건 달을 보고 내 집 마전 건너 해군니 청년 디펜스 워커〔defense worker〕[110]와 청년 아미〔군인〕들이 참 많았다.

내가 그것을 볼 때 참 마음이 아팠다. 내 아들도 그때 루스벨트 하이스쿨〔고등학교〕을 마치고 아미〔육군〕 카시에[111]가 나와서 대학도 못 가고 아미〔군대〕에 오라고 하도록 기다렸다. 그때 네이비〔해군〕〔이 있는〕 펄하버에 가서 십〔ship, 배〕 멘드〔mend, 수선하는〕 일을 하면서 아미에서 부르기를 기다렸다. 〔아들이〕 웰딩〔welding, 용접〕을 하기로〔할 줄 알아〕 그곳에서도 쓰이게 되어 아미에서 부르지 아니했다 한다. 내 큰딸은 하와이 대학교에 다녔고, 둘째 딸은 매킨리〔McKinley〕 하이스쿨에 다녔고, 작은딸은 루스벨트 하이스쿨에 다녔다. 히캄에 이사한 지 한 22일쯤 되었다.

이사한 후 그날이 토요일이다. 친구들을 청하여 잔치를 하고 희락〔喜樂〕으로〔기쁘고 즐거워〕 그날 밤 2시까지 재미있게 놀고, 다 집으로 돌아가고 한 몇 점〔시간〕 자니 아침이 되어서 날이 샜다. 눈을 떠서 들으니 요란한 소리가 들려서 시계를 보니 5시 반이 넘었다. 그래서 유리창으로 밖을 내다보니 연기가 자욱하다. 하도 이상하여 자고 있는 밤을 깨웠다. 이상한 소리가 나고 연기가 자욱하다 하니 미국에서 공기선〔전투기〕이 와서 마누바(시험)[112]를 한다고 말하고 잔다.

나는 밤에 늦게 자도 아침에 일찍 깨는 〔것이〕 습관이라 일찍 깨서 보니 마음이 이상하고 밤이 말한 것이 아니라 하고 아래층으로 뛰어가서 안〔쪽〕 문을 열어 보니 펄하버와 히캄 베이스〔base, 기지〕에 불과 연기가 진동하고, 공기선 소리가 진동해서 쳐다보니 일본기를 그린 뻘건 달을 보고, 내 집

---

110 국방과 관련된 사업 또는 활동에 종사하는 사람들을 가리킨다. 전쟁이 예견된 상황에서 일자리를 찾아 다른 섬에서 진주만이 있는 오아후섬으로 옮겨 온 사람들을 말한다(「천연희 구술 테이프 요약」, 177쪽).

111 징집통지서 conscript를 의미하는 것으로 짐작되나 정확한 철자를 알 수 없다.

112 '마누바'는 실전을 모의해서 실시하는 전술적 연습인 기동연습을 뜻하는 maneuver를 일본어로 표기한 'マヌーバー'를 발음 나는 대로 적은 것이다.

두 내위가 사는대 그 녀자도 모러고 나와서 섯난대 일본 공긔선이 난대
업시 날나오기에 그 녀자를 집에 드러가라 소리첫다. 공긔선 불니시 그
녀자 선 대 가서 써러젓다. 그래서 우칭에 올나와서 밥을 쌔우고 내가 말
하기를 이것 마누바가 안이고 씰의서 워라. 내가 애너미 일본 공긔선에
쏠건 해 글이고 그게서 탄환이 나왓다. 전쟁이다 하니 밥이 너무 긔가 차
서 "외야 아와 네비올 아메" 하고 황급하니 일어나고 우리 아해들도 다
일어나서 아래층으로 다 나려갓다.

그쌔가 한 七時인지 모런다. 그점 되엿[107]서 그쌔 싸런을 불고 길이
분쥬하고 모도 카시 와서 힉감 하우승에서 타운으로 이백게 하라 하는
고로 할 슈 업시 옷을 대강 싸고 넙헤 잇는 아메 식구와 아해가 둘인대
네 식구와 우리 식구하고 우리 여관으로 방을 비우고 갓다.

우리 켤들은 가무기에서 사는 미스 클라인 투시마다가 자긔 집으로
다려가고 맛참 우리 녀관에 큰 다니우름갓치 싱켜가 잇고 너런 홀이 잇
서서 잠시 밥을 해멋을 슈 잇다. 아메 핫풀내서 쥬어서 두 집 식구 한 주
일 잇고 아메서 다 도로 드러오라 함으로 다 집으로 도라왓다. 나는 영어
공부를 못 햇기에 영자보도 일을 줄 모러고 잡지도 일을 줄 모러고 틔비
유수도 대강 알아듯고 긥헌 쯧은 모런다. 그러나 아해들 말하는 소리 밥
이 말하는 소래 듯고 내가 판단한다.

우리 한국 동지보(태평양주보)에 자서한 사건이 잇서면 글을 써낸다.

　　　　　　　　제2부_ 천연희 노트의 원문과 역주본

맞은편 건너 해군 두 내외가 사는데, 그 여자도 모르고 나와서 섰는데, 일본 공기선이 난데없이 날아오기에 그 여자에게 집에 들어가라 소리쳤다. 공기선 불릿(bullet, 총탄)이 그 여자가 서 있는 데 가서 떨어졌다. 그래서 위층에 올라와서 밥을 깨우고 내가 말하기를 "이것은 마누바가 아니고 시리어스(serious, 심각한) 워(war, 전쟁)라."(고 했다). 내가 에너미(enemy, 적군) 일본 공기선에 뻘건 해가 그려져 있고, 거기서 탄환이 나왔다, 전쟁이 났다고 하니 밥이 너무 기가 차서 "웨어 아 아워 네이비 오어 아미(Where are our navy or army)?" 하며 황급히 일어났고, 우리 아이들도 다 일어나서 아래층으로 다 내려갔다.

그때가 한 7시인지 모르겠다. 그쯤 되어서 그때 사이렌을 불고 길이 분주하고 모터 카(motor car, 자동차)가 와서 히캄 하우징에서 타운(시내)으로 이베큐에이션(evacuation, 대피)하라 하는 고로 할 수 없이 옷을 대강 싸고, 옆에 있는 아미(군인) 식구가 아이가 둘인데 (그집) 네 식구하고 우리 식구하고 우리 여관으로 방을 비우고 갔다.

우리 걸(딸)들은 카이무키에 사는 미스 클라인 투시마다가 자기 집으로 데려갔고 마침 우리 여관에 큰 다이닝룸같이 싱크대가 있고 넓은 홀이 있어서 잠시 밥을 해 먹을 수 있었다. 아미(군대) 핫플레이트(hot plate)[113]를 주어서 두 집 식구가 일주일 있었고, 아미에서 다 도로 돌아오라 하여 다 집에 돌아왔다. 나는 영어 공부를 못 했기에 영자보(영자 신문)도 읽을 줄 몰랐고 잡지도 읽을 줄 몰랐고, 티비 뉴스도 대강 알아들었지만 깊은 뜻은 몰랐다. 그러나 아이들이 말하는 소리, 밥이 말하는 소리를 듣고 내가 판단하였다.

우리 한국(인이 발행한) 동지보인 『태평양주보』에서 자세한 사건이 있으

---

113 전기를 사용하는 작은 스토브.

그래 동지보에 미국 신문에 잇는 글을 번역해 내는 것을 내가 일너 보고 안다. 그러나 한인 동지보는 소식을 속히 듯지 못하고 영문보에 난 지 한 [108]일쥬일이 되여 우리가 안다. 그러나 영어 모러난 우리의게 참 죠헌 소식이다. 나는 일평생 리승만 씨 태평양잡지 동지보다. 그리로써 만헌 정신을 슈양했다.

그째가 十二月 七日이다. 쥬일 아참이다. 형편을 보면 일본 수상 도조가 미국과 화평하고 전장하지 안키로 대포로 와 신통에 드러간다. 그리하고 회이를 하는 즁이다. 그름으로 미국 백성은 아모 의심 업고 전장이 되면 학실한 정부서 명영이 나릴 째까지 의심이 업다.

미국은 민쥬쥬의로 감추고 하는 일이 업고 남을 속히지 안코 도덕이 잇는 나라로서 남을 믿는 힘이 만다. 애초에 이 정부가 설 째에 민쥬쥬의로 선 까닥에 정부서 하는 일을 백성이 알게 마련한다. 그름으로 남을 믿는 성이 만코 의심하지 안은다. 그 時에 도조가 와신톤에 드러가서 피시 추릿을 한다 할 쩍 일본 사회는 야심을 푼고 일본으로버터 하와이 시면 동지와 오래동안 열락흔 야심에 게교를 미국이 에비 업난 시간에 처서 성공하게로 계약하고 각 사회에 놉헌 사람과 아메 네비 대장들 청하여 각틔 하우서 큰 음식집에 큰 찬체를 페풀어 싸두되 밤으로 쥬일날이 새도록 깃버게 놀고 술 채한 시간을 타서 일본 항공대 비행대가 와 [109] 가만이 숨어 드러와서 힉감에 밥 먹는 매시홀과 해군 대군함 애리소나에 쳔여 명 해군을 공긔선 폭발노 다 물에 한몰식혓다. 그리고 힉감 필과 폴하바는 불노 소멸하고 타운에 베러니아 수추리, 누아노 킹 슈추리, 쌤이 써러저 일본 식구도 다 몰쌀하엿다. 그째 형편으로는 일본 묘교로 일본

면 글을 써냈다. 그래서 동지보에 번역해 실린 미국 신문의 글을 내가 읽어 보고 알았다. 그러나 한인 동지보는 소식을 속히 듣지 못하여 영문보〔영자 신문〕에 난 지 한 일주일이 되어서 우리가 알았다. 그러나 영어를 모르는 우리에게 참 좋은 소식이었다. 나는 일평생 이승만 씨의 『태평양잡지』 동지보이다. 그것으로 많은 정신을 수양했다.

그때가 12월 7일이다. 주일 아침이다. 형편을 보면 일본 수상 도조가 미국과 화평하고 전쟁하지 않기로 〔평화조약을 체결하기 위해〕 대표로 와 워싱턴에 들어갔다. 그리하고 회의를 하는 중이었다. 그러므로 미국 백성은 아무 의심을 하지 않았고 전쟁이 나면 정부에서 확실한 명령이 내릴 때까지 의심이 없었다.

미국은 민주주의여서 감추는 일이 없고 남을 속이지 않고 도덕이 있는 나라로서 남을 믿는 힘이 많다. 애초에 이 정부가 설 때에 민주주의로 선 까닭에 정부에서 하는 일을 백성이 알게 마련한다. 그러므로 남을 믿는 성〔질〕이 많고 의심하지 않는다. 그때에 도조가 워싱턴에 들어가서 피스 트리티〔peace treaty, 평화조약〕를 한다 할 때 일본 사회는 야심〔野心〕을 품고 일본으로부터 하와이 시민 동지와 오랫동안 연락한 야심에 계교를 〔꾸며〕 미국이 예비 없는〔예비하지 못한〕 시간에 쳐서 성공하기로 계획하고 각 사회의 높은 사람과 아미, 네이비 대장들을 초청하여 칵테일 하우스 큰 음식집에 큰 잔치를 베풀어 새터데이〔Saturday, 토요일〕 밤부터 주일날이 새도록 기쁘게 놀고 술 취한 시간을 타서 일본 항공대 비행대가 와 가만히 숨어들어와서 히캄에 밥 먹는 매시 홀[114]과 해군 대군함 애리조나호의 천여 명의 해군을 공기선 폭발로 다 물에 함몰시켰다. 그리고 히캄 필드〔기지〕와 펄하버를 불로 소멸하고, 〔폭탄이〕 타운의 베레타니아 스트리트, 누우아누 스트리

---

114 군대 내 식당을 말하는 듯한데 정확한 철자를 확인할 수 없다.

군함에 일본 병정만 실고 왓서며 순식간 하와이를 점영할 번하엿다. 그러나 정의는 그리 십게 허락되지 못한다. 그 후로 미국과 일본이 전쟁이 되니 미국서 일군과 청년 아메, 네비들이 하와이로 지나서 태평양 적은 섬으로 가게 된다.

그래서 힉감에 일하는 청년이 다 아메 청년들 우리 집에 청하여 할 수 잇는 대로 대접한다. 나도 자식을 사랑으로 키우는 사람이라 그 부모가 그 아달을 사랑하기는 사람은 다 일반으로 엇더한 나라 사람 칼나던지 쪽갓헌 염통이 잇서 그 부모와 갓치 애통한 마음이 생긴다. 내 아달도 아메 시로 나와 잇다. 언제 갈지 모런다. 우리 여관에 청년 병정이 수웨를 어더 쉬로 나오면 한방에 침상이 둘이 잇다. 한 침상

[110]밥이 USA이듸 일을 하로 밋위 갈쎅 말하기를 내가 갓다 와서 우리가 매리를 하면 당신은 아모것도 하지 말고 집 부인으로 살림만 살고 아해들만 근사하라 하고 여관은 팔아 업세라 한다. 일이 만타 하고 일 만히 하지 마라 한다. 그러고 말하지마는 내가 생각하니 내 자식이 만코 혼차 타는 월급을 가지고 내 자식의게 내 마음대로 씰 슈 업섯다.

아히가 만허니 경비가 만타. 그럼으로 밥보고 그리 하마 대답은 햇지마는 폿 거리 삼십 간 여관을 팔고 베리파니아 구세군 에배당을 오 년 약속하고 네이시를 어더 방을 쑤미고 슈리를 하는 중이다. 그러자 밥이 밋 위서 집에 다여로 왓다. 나 여관은 팔아서 산 새 쥬인이 이사는 올나 하는데 내가 네시한 집은 만히 슈리하는 중이다. 우리 살림집을 알나바이

트, 킹 스트리트에 밤(bomb, 폭탄)이 떨어져 일본 식구도 다 몰살하였다. 그때 형편으로는 일본의 묘교(묘한 계책)로 일본 군함에 일본 병정만 싣고 왔으며 순식간에 하와이를 점령할 뻔하였다. 그러나 정의는 그토록 쉽게 허락되지 못한다. 그 후로 미국과 일본이 전쟁하니 미국에서 일꾼과 청년 아미, 네이비들이 하와이를 지나서 태평양 작은 섬으로 가게 되었다.

그래서 히캄에서 일하는 청년, 다 아미 청년들을 우리 집에 청하여 할 수 있는 대로 대접했다. 나도 자식을 키우는 사람이라 부모가 아들을 사랑하기는 사람은 다 일반으로(같으니), 어떠한 나라 사람, 칼라(인종)든지 똑같은 염통이 있어 그 부모처럼 애통한 마음이 생긴다. 내 아들도 아미 시[115]로 나와 있었다. 언제 갈지 모른다. 우리 여관에 청년 병정이 수웨[116]를 얻어 쉬러 나오면 한방에 침상이 둘이 있었다. 한 침상 (뒤의 [112]쪽으로 이어짐)

밥이 USACE(미 육군 공병단) 일로 어느 날 미드웨이로 갈 때 말하기를 "내가 갔다 와서 우리가 매리(marry, 결혼)하면 당신은 아무것도 하지 말고 집 부인으로 살림만 살고 아이들만 건사하라." 하고 "여관은 팔아 없애라." 하였다. 일이 많다 하고 일 많이 하지 마라 한다. 그렇게 말하지만 내가 생각하니 내 자식이 많고 혼자 타는 월급을 가지고 내 자식에게 내 마음대로 쓸 수가 없었다.

아이가 많으니 경비가 많다. 그러므로 밥보고 그리 하마 대답은 했지마는 포트 거리 30칸 여관을 팔고 베레타니아 구세군 예배당을 5년 약속으로 리스를 얻어 방을 꾸미고 수리하는 중이었다. 그러자 밥이 미드웨이에서 집에 다니러 왔다. 내 여관은 팔아서 새 주인이 이사 오려 하는데 내가 리스한 집은 많이 수리하는 중이다. 우리 살림집은 알라파이 스트리트

---

115 앞에서 나온 '캇시에', 즉 징집통지서를 잘못 쓴 듯하다.
116 문맥상 stay로 추측된다. '외박'의 의미인 듯하다.

수츄리 어더 놋고 나는 분쥬하게 쥬선하로 단니난 즁 밥과 그의 친구 앤드신과 추락을 세로 불너 집 어더 논 대 아해들과 다 이사를 하엿다. 나는 모로고 집에 와서 무러니 오후에 추락이 와서 이사를 하엿다 한다.

　[111]나는 우리 아해들 공부식힐 목적으로 내가 돈을 내 손으로 벌어서 내 자식을 공부식힐 목적이다. 남을 의래하지 안을 작정이다. 그러나 밥이 마음이 죠헌 사람이다 알고 생각을 하고 내 쥬지를 밧더러 쥬고 말이 업난 양반이다. 밥이 밋위로 가지 안코 갓 일을 하고 우리가 혼인하고 알나파이 살다가 힉감 하우싱 수츄리로 이사한 후 두 주일 만에 미국과 일본이 전쟁이 되다.

　우리가 힉감에서 전장이 긋날 째까지 살아 사오 년을 사는 동안에 내 큰쌀은 하와이 대학에 다여 四十二年에 졸업을 하고 내 둘재 아달은 누서별 즁학을 맛치고 내 둘재 쌀은 매깅니 하이술을 맛치고 나의 망내쌀은 누서벨 하이수굴에 다닌다. 그째 내 쌀이 대학을 구만두고 뒤팬서 일을 한다 하며 대학생이라 일을 갓다 하나 내 말이 너는 내년 유월이면 대학을 맛치니 그만 참고 공부를 하라고 말했다. 그래서 四十二年 六月에 대학 졸업을 하엿다. 참 죠헌 녀자다. 그래서 나의 용망은 아메리간 백성 고리얀 되라, 그래에 동양 고리아에 대해서도 업

　[112]에 二圓五十젼식 밧고 두 사람이 한방에 잇섯다. 그리 서로 나오면 평민에 옷을 사 입는다. 알노와 섯과 바지를 사 입고 갈 째 버서 우리 오피서에 좀 그러두라고 이후 쏘 오면 입는다 하나 오지 안은 옷은 일군들이 가지갓다. 그것을 볼 째 내가 마음 참 압핫다. 二十 당년 三十 당년 청년이고 시별하고 잘도 난 청년들이다. 그것 보고 참 전쟁이 마음 압헌 일

〔Alapai Street〕에 얻어 놓고 나는 분주하게 주선하러 다니는 중 밥과 그의 친구 앤더슨〔Anderson〕이 트럭을 세를 내어〔빌려〕집 얻어 놓은 데로 아이들과 다 이사하였다. 나는 〔사정을〕모르고 집에 와서 물으니 오후에 트럭이 와서 이사하였다 한다.

나는 우리 아이들 공부시킬 목적으로 내가 돈을 내 손으로 벌어서 내 자식을 공부시킬 목적이었다〔생각이었다〕. 남에게 의지하지 않을 작정이었다. 그러나 밥이 마음이 좋은 사람이다. 〔나를〕알고 생각하고 내 주지〔主志〕를 받들어 주고 말이 없는 양반이다. 밥이 미드웨이로 가지 않고 가드〔guard, 경비〕일을 하고 우리가 혼인하고 알라파이 〔스트리트에〕살다가 히캄 하우징〔이 있는 19번〕스트리트로 이사한 후 두 주일 만에 미국과 일본에 전쟁이 났다.

우리가 히캄에서 전쟁이 끝날 때까지 살아 4, 5년 사는 동안에 내 큰딸은 하와이 대학교에 다녀 〔19〕42년에 졸업하고, 내 둘째 아들은 루스벨트 중학〔하이스쿨〕을 마치고, 내 둘째 딸은 매킨리 하이스쿨을 마치고, 나의 막내딸은 루스벨트 하이스쿨에 다녔다. 그때 내 딸이 대학을 그만두고 디펜스〔defense〕[117]에서 일한다 하며, 대학생이라 일을 간다 하나 내가 "너는 내년 6월이면 대학을 마치니 그만 참고 공부를 하라."고 말했다. 그래서 〔19〕42년 6월에 대학을 졸업하였다. 참 좋은 여자다. 그래서 나의 용망〔욕망〕은 아메리칸 백성 코리안이 되라, 그래야 동양 코리아에 대해서도 업 〔내용이 끊어짐〕

〔[109]쪽에서 이어짐〕에 2원 50전씩 받고 두 사람이 한방에 있었다. 그래서 나오면 평민의 옷을 사 입는다. 알로하 셔츠와 바지를 사 입고 갈 때 벗어 우리 오피스에 좀 걸어 두라고 하고 이후 또 오면 입는다 하나 오지 않으면 옷을 일꾼들이 가져갔다. 그것을 볼 때 내가 마음이 참 아팠다. 방년 20세, 방년 30세 청년이고, 시빌〔civil, 예의 바른〕하고 잘난 청년들이다. 그것

---

117 방위산업과 관련된 일을 가리킨다.

이다. 그째에 그 사람들 청년이 하와이 호놀누 베리타니아 캐설 호쬘에 시고 간 그 청년들이 얼마나 생존하는지 하나님셔 축복을 빈다.

와라개랠 처음으로 태평양 적은 섬(쫀선 살노먼 그러서.) 즁에 마이링과 아메 쏠자가 갈 쌔 대단이 위즁하고 병정이 만히 손해되엿다 한다. 그째 마설 노다. 저녁 여섯 점이며 길에 사람이 다 집으로 가야 된다. 그러머로 물건 고기와 술은 한점이 잇서 돈이 잇서도 사지 못하고 한 사람이 한 주일에 두 번식 한두 번식 살 슈 잇다. 나는 그 사는 되겻설 가지고 물곤 사가지고 여섯 점 전에 집으로 가야 된다. 우리 여관 소재하는 여인과 밤에 직[113]히는 알마앤주라리보고 잘 직히 달나 하고 집으로 온다.

그 쎌등 아래는 토니 골나 일본과 보리기 반종 토니가 쌱다 양의게 니시를 하여 술집을 하고 잇고 그 아래 베시먼은 셤 노는 홀노 세를 쥬고 변소도 업시 하게 됨으로 우리 여관에 와서 멀내 별소를 씨고 하여서 대단이 시비가 잇섯다. 우리 여관은 대단이 죠용하고 쌔긋하엿다. 배쳘나만 살고 일하는 일군이라 일쳑 자고 일 간다. 미국에 식구를 두고 되팬서 일하로 온 사람들이라 대단위 석색씨풀이다. 그리하는 즁 전장도 긋난다 하고 나의 여관에 네시 오년 한 것이 지나/되고 하여서 토니 골나가 그 여

보고 참 전쟁이 마음 아픈 일이다〔생각했다〕. 그때에 그 사람들 청년이, 하와이 호놀룰루 베레타니아 캐슬 호텔에서 쉬고 간 그 청년들이 얼마나 생존했는지 하나님께서 축복을〔내려 주기를〕빈다.

와라개랠[118] 처음으로 태평양 작은 섬(존슨섬〔Johnson Island〕, 솔로몬섬〔Solomon Island〕)에 마린〔해병대〕과 아미〔육군〕의 솔저〔병사〕가 갈 때 대단히 위중하고 병정이 많이 손해되었다〔죽었다〕한다. 그때 마셜 로〔marshall law, 계엄령〕[119]〔가 선포되었〕다. 저녁 여섯 점〔시〕이면 길에〔다니는〕사람들은 다 집으로 가야 된다. 그러므로 물건, 고기와 술은 한정되어 돈이 있어도 사지 못하고 한 사람이 일주일에 두 번씩 한두 번씩 살 수 있었다. 나는 그〔물건〕 사는 티켓을 가지고 물건을 사가지고 여섯 점 전에 집으로 가야 되었다. 우리 여관 소제〔掃除〕하는 여인과 밤에 지키는 안드라데보고 잘 지켜 달라 하고 집으로 왔다.

그 빌딩 아래에서 일본과 포르투갈 반종〔혼혈〕인 토니 고라가 닥터 양에게 리스하여 술집을 하고 있었고, 그 아래 베이스먼트〔basement, 지하실〕는 게임을 하는 홀〔hall〕로 세를 주었는데 변소도 없이〔운영〕하게 되어 우리 여관에 와서 몰래 변소를 쓰고 하여서 대단히 시비가 있었다. 우리 여관은 대단히 조용하고 깨끗하였다. 배철러〔독신남〕만 살고, 일하는 일꾼이라 일찍 자고 일을 갔다. 미국에 식구를 두고 디펜스 일 하러 온 사람들이라 대단히 석세스풀〔successful, 성공한〕〔사람들〕이었다. 그리하는 중 전쟁도 끝난

---

118 타라와 환초Tarawa Atoll를 가리키는 듯하다. 타라와 환초는 미국이 일본을 상대로 남태평양 전투를 처음 시작한 곳으로 일본, 한국, 미국 군인 등 약 6,400명이 전사한 지역이다.
119 1941년 12월 7일 새벽에 일본이 진주만을 폭격하자 하와이 지사 포인트텍스터Joseph B. Pointdexter는 루스벨트 대통령과 의논하고 계엄령을 선포하였다. 민간 정부가 군사 정부로 교체되어 하와이는 완전히 군 통치하에 있게 되었다. 오후 6시 통행금지가 실시되었다가 1942년 2월에는 밤 9시, 1942년 5월에는 밤 10시로 통행금지 시간이 변경되어서 1945년 7월까지 계속되었다.

관을 원하여 갓게 하고 나는 내 살림을 다 팔고 하는 순간에 일하는 하와인 반종여자가 맛하 보고 그 여관 일홈이 좀 낫바젓다 한다. 그러나 그째에 나는 네이시가 다 업서지고 내 살림 팔 째이다. 나는 아모 상관이 업다. 토니가 가젓다. 처음에 그 셀팅을 약조를 싹다 양의게 십 년을 하엿심으로 나는 톤이의게 오 년을 한 까닭[114]에 톤이가 가진 것이다. 내가 내가 톤의게 오 년를 네시를 어더 놋코 그 집이 쌀매신으로 씨던 집이라 에배당을 써써 큰 홀이 잇는 것을 방을 쑤미야 된다. 그래서 여러 사람이 그 벨등으로 가보고 방을 쑤밀나 하니 돈이 만히 던다. 칸크리 집이요. 타운에 잇서 셀팅에로 방을 막고 드리야 된다. 그럿치 안어면 포밋을 못 엇고 여관을 허락지 안이한다고 한다. 그래서 여러 사람이 원하엿서도 못 햇다.


나도 처음에 극정하엿다. 내가 인서백더 보고 오피소에 못댓신 막는 것과 갓치 우에는 철사로 하고 밋헤는 파야푸 립을 막고 해서 곳치겟다 하니 허락을 하엿다. 그래서 돈을 만히 드리고 다시 변을 하고 쌀림을 새로 다 사엿코 하여서 돈을 여러 천 원 드럿지마는 톤이가 가질나 하고 네시를 듯지 안이하여서 살림만 八百元에 팔고 나왓다. 그 후에 전장도 다 되고 힉감 아메에 사는 써빌윤 일군은 장차로 [115]박기로 다 나가 살고 아메 병정 식구가 다 와서 살기 된다. 그래서 우리는 밧게 나와야 됨으로 집을 사로 단이도 맛당한 것이 업. 내가 그째 큰쌀은 혼인하엿지마는 아직도 아해가 서이요 나의 둘재 쌀이 피아노를 치기 죠하하니 이웃집이 싹싹 가가운 대는 죠심이 되여 살기가 미안하다. 그래서 코코헷에 투 엘다 하고, 나의 여관에 리스 5년 한 것이 〔기한이〕 되고 하여서 토니 고라가 그 여관을 원하여 갖게 하고 나는 내 살림을 다 팔고 하는 동안 일하는 하와이안 반종 여자가 〔일을〕 맡아 보았는데 그 여관 이름〔평판〕이 좀 나빠졌다 한다. 그러나 그때에 나는 리스가 다 없어지고 내 살림을 팔 때였다. 나는 아무 상관이 없었다. 토니가 가졌다. 처음에 그 빌딩[120]의 〔임대〕 약조를 〔토니가〕 닥터 양에게 10년으로 하고 나는 토니에게 5년을 한 까닭에 토니가 가진 것이다. 내가 토니에게 5년간 리스를 얻어 놓은 그 집은 샐베이션 〔구세군〕으로 쓰던 집이라 예배당으로 써서 큰 홀이 있는 것을 방으로 꾸며야 되었다. 그래서 여러 사람이 그 빌딩에 가보고 방을 꾸미려 하니 돈이 많이 든다〔고 말했다〕. 콘크리트 집이요, 타운〔시내〕에 있어 빌딩 〔안〕에 방을 막고 들여야〔벽을 쳐서 방을 만들어야〕 되었다. 그러지 않으면 퍼밋〔허가〕을 못 얻고 여관을 허락하지 아니한다고 한다. 그래서 여러 사람이 그 건물을 원하였어도 〔임대하지〕 못했다.

나도 처음에 걱정하였다. 내가 인스펙터〔inspector, 검사관〕보고 오피스에 파티션〔partition, 칸막이〕 막는 것과 같이 위에는 철사로 하고 밑에는 파이프 립〔pipe rib〕을 막고 해서 고치겠다 하니 허락하였다. 그래서 돈을 많이 들이고 다시 변을 하고〔대출을 받고〕 살림을 새로 다 사 넣고 하여서 돈을 여러 천 원 들였지만 토니가 가지려 하고 리스를 들지 아니하여서 살림만 800원에 팔고 나왔다. 그 후에 전쟁도 다 되고〔끝나고〕, 히캄 아미에 사는 시빌리언〔civilian, 민간인〕 일꾼은 장차 밖으로 다 나가 살고 아미 병정 식구가 다 와서 살게 되었다. 그래서 우리는 밖으로 나와야 되므로 집을 사러 다녀도 마땅한 것이 없〔었다〕. 내가 그때 큰딸은 혼인하였지마는 〔나는〕 아직도 아이가 셋이요, 둘째 딸이 피아노를 치기 좋아하니 이웃집이 너무 가까운

---

120 건물을 뜻하는 building을 쎌팅, 쎌팅, 벨등으로 적었다. 이하 빌딩으로 통일한다.

카 반에 참하게 지은 집이 잇다. 이는 미스다 미스서 홀싱가 집이다. 지언 제가 四年 되엿다.

이 사람들은 녀자는 선생이요, 남자는 카운하는 사람이, 자긔 말이 그전에 마누아 살앗난대 비가 만히 와서 애시마가 생겨 팔아서 집을 지엇다 한다. 집을 참하게 3 벳우룸, 니빈우룸, 다니우룸 켯침 참히다. 그러고 야도 낸을 잘하여 노앗다. 가두라 바위도 잘 하엿다. 그래서 내가 사고 쏘어리 마들노 패리오를 짓고 풀래이우름을 짓고 뒤에 다가 [116]원 벳우럼과 팔나를 지엇. 그래서 그째 그 집을 十四年 네이서 잇는 것을 일만 이쳔원에 사고 적은 집 한 채와 아해들 노는 우룸과 패리오를 직고 하여서 돈이 만륙쳔 원 돈이나 드럿다.

마당에 낸시깁을 나 의견대로 하여서 코캐낫 나무를 세 쌍식 업헤 심으로 마당가에 심이고 구렛풀 추리는 패리오 젓태 잇섯다. 그래서 마당이 아름다웟다. 밥과 나는 늘 분쥬하다. 투 엇카 쌍이 잇서 일본 파마하는 사람들 세를 달나 하지마는 쥬지 안코 나의 친구 새숙 김과 복이 리가 나의게 말하기를 그 당이 죠헌 쌍이니 다련 사롬 쥬지 말고 당신이 농사를 해보라 하고 권면한다. 내가 자아시로 농사를 안이 하여서 음두 나지 데는 조심스러워 살기가 미안하였다. 그런데 코코헤드에 투(two) 에이커 (acre)[121] 반에 참하게 지은 집이 있었다. 이는 미스터(Mr.) 미시즈(Mrs.) 홀 싱거의 집이었다. 지은 지 4년 되었다.

이 사람들은 여자는 선생이요, 남자는 어카운팅(accounting, 회계)하는 사람이다. 그 사람 말이, 그전에 마노아(Manoa)에 살았는데 비가 많이 와 서 (부인이) 에즈마(asthma, 기관지 천식)가 생겨 (마노아 집을) 팔아서 (이곳 에) 집을 지었다 한다. 집을 참하게 (지어) 3 베드룸(bedroom, 침실), 리빙룸 (livingroom, 거실), 다이닝룸(dinning room, 식당), 키친(kitchen, 부엌)으로 참 하였다. 그리고 야드(yard, 정원) 랜드스케이프(landscape, 조경)를 잘해 놓았 다. 가두라 바위[122]도 잘해 놓았다. 그래서 내가 사고, 또 어린 아들의 파티 오(patio, 지붕이 덮인 베란다)를 짓고 플레이룸(놀이방)을 짓고 뒤에다가 원 (one) 베드룸과 팔러(parlor, 응접실)를 지었다. 그래서 그때 그 집을 14년 리 스[123] 있는 것을 1만 2,000원에 사고, 작은 집 한 채와 아이들 노는 룸과 파 티오를 짓고 하여서 돈이 1만 6,000원이나 들었다.

마당에 랜드스케이프를 나의 의견대로 하여서 코코넛 나무를 세 쌍씩 옆에 마당가에 심었고, 그레이프프루트(grapefurit, 자몽) 트리는 파티오 옆 에 심었다. 그래서 마당이 아름다웠다. 밥과 나는 늘 분주하였다. 2에이커 땅이 있어 일본(인) 파머(farmer)하는 사람들이 세를 달라고 했지만 주지 않고, 나의 친구 새숙 김과 복이 리가 나에게 말하기를 "그 땅이 좋은 땅이 니 다른 사람에게 주지 말고 당신이 농사를 해보라." 하고 권면했다. 내가

---

121 에이커를 엘카, 엇카로 적었다. 이하 에이커로 통일한다.
122 돌담을 뜻하는 듯하다.
123 리스는 천연희가 산 건물이 세워진 땅에 대한 것이다. 당시는 건물과 토지가 별개여서 건물을 샀더라도 그 건물이 세워진 땅을 이용하려면 땅을 소유한 사람과 별도의 토지 임대 계약을 맺어야 했다.

안코 할 줄을 모런다. 그째에 그 집을 사십四年에 사고 그 집을 사고 보니 농장집 갓지 안코 항구 집처럼 이 백인 사람들 잘 지엇다. 낸시겹과 카 드러가는 길가에 알노곳 나무를 심고 참 마당이 아름답게 하여 노아서 코코 헷에 난보원 죠천 집이라 하엿다.

[117]콕코헷에는 다 농사하는 쌍임으로 농사하로 드러오는 사람들이 만코 일본 사람 고련(우리)들이 만히 와서 농사한다. 일본 사람은 노서와 기구와 캇하는 곳을 만히 기러고 고려연은 가내신 곳을 만히 심허 길너서 하와이 수토아와 네 키어 파는 시틔신에 만히 쥬고 판다.

가내신 네는 고려연에(한국인에) 상업이 다 이 가내신 네는 빙커 칼나로 하와이 소산으로 냄새가 훌융하게 난다. 곳은 크지 안고 빗갈은 밍커(분홍) 칼나요. 슈잇 슈맬(냄새가 정결)이 잇다. 그래서 고련과 하와이 네 쌜나가 상당한 슈입으로 하고 이 무시 파는 하와이서 심어서 만든 소산으로 상당한 이익을 쥬엇다.

하와이 곳동사는 부매리아 옷것은 길너 사름은 혹 백인이 잇지마는 캇하는 상에 놋는 곳과 월게화와 국카는 일본 사람이 마누와 누아노서 길어다가 가할나도 길어고 나중에는 비섭 시듸지낸 코코헷으로 옴겨 왓다. 이곳 씨는 보통 미국 곳농사하는 사름들의게 하씨를 사다 한다. 그러나 한국 사람 가내신은 이약이를 드러면 그 냄사 나는 병커 씨가 금본이 어대서 온 것 자서

[118~120: 빈 면]

자아시〔子兒時, 어렸을 때〕에 농사를 아니하여 엄두가 나지 않고 할 줄을 몰랐다. 그때에 그 집을 〔19〕44년에 샀고, 그 집을 사고 보니 농장 집 같지 않고 항구 집처럼 이 백인 사람들이 잘 지었다. 랜드스케이프〔정원〕와 카〔자동차〕 들어가는 길가에 옐로〔yellow, 노란색〕 꽃나무를 심고 참 마당을 아름답게 해 놓아서 코코헤드에서 넘버원 좋은 집이라 하였다.

코코헤드는 다 농사하는 땅이므로 농사하러 들어오는 사람들이 많았고, 일본 사람〔과〕 코리안〔Korean〕(우리)들이 많이 와서 농사했다. 일본 사람은 로즈〔장미〕와 기쿠〔きく, 국화〕와 컷〔cut, 꽃꽂이〕하는 꽃을 많이 길렀고, 코리안은 카네이션 꽃을 많이 심어 길러서 하와이 스토어〔store, 상점〕와 레이〔lei〕[124] 끼워 파는 시티즌에게 많이 주고 팔았다.

카네이션 레이는, 코리안(한국인)의 상업이 다 이 카네이션 레이로, 핑크 칼라로 하와이 소산으로 냄새가 훌륭하게 났다. 꽃은 크지 않고 빛깔은 핑크(분홍) 칼라요, 스위트 스멜〔sweet smell, 향기로운 냄새〕(냄새가 정결)이 있었다. 그래서 코리안과 하와이 레이 셀러〔seller, 판매상〕의 수입이 상당하였고 이 무시〔사탕수수〕 파는 하와이에서 심어서 만든 소산으로 상당한 이익을 〔안겨〕 주었다.

하와이 꽃농사는, 플루메리아〔plumeria〕 꽃을 기른 사람은 혹 백인이 있지마는 컷〔꽃꽂이〕하는 상에 놓는 꽃과 월계화와 국화는 일본 사람이 마노아와 누우아누에서 기르다가 카할라〔Kahala〕에서도 길렀고, 나중에는 비숍 에스테이트〔Bishop Estate〕 땅인 코코헤드로 옮겨 왔다. 이곳에서는 보통 미국 꽃농사하는 사람들에게〔서〕 화씨〔꽃씨〕를 사다 했다. 그러나 한국 사람의 카네이션은 이야기를 들어도 그 냄새 나는 핑크〔카네이션〕 씨의 근본이 어디서 온 것〔인지〕 자세〔히 알 수 없다.〕

---

124 하와이에서 손님에게 환영의 뜻으로 걸어 주는 화환.

[121]나의 형님 애명이 분이고 쏘 천미산이다 민인으로 가무가 월등흔 에술가로 나라 닝금님 황제 압헤도 감을 처서 상급을 만히 밧고 그 후 김 대신이 후처로 다려가 서울셔 십 년을 살고 자식을 원해서 죠헌 의사의 약과 궐에 불공ㅎ여도 자식을 배태도 못 햇다. 불행이 김 대신이 세상을 써나매 자긔 재산을 가지고 진쥬 교향에 부모를 차자왓다. 그래셔 아달을 하나 낫엇다. 이 아달은 어던 아달이다. 이 아달은 아모도 모러고 형님이 나앗다 ㅎ고 길넛다. 이 사건은 내 어려설 째 일이다. 내가 어런들이 이약이하는 말노 드럿다.

어는 해인지 긔억할 수 업고 동지달 십오 일 다리 써서 명랑한 밤이엿다. 설(설) 명얼이 갓갓이 오매 셋재 형과 하인 게집 정지 할만과 명지 옷감을 다짐질햇다. 어대셔 아기 우는 소래가 나고 개가 짓난 소래도 들여서 다지미질을 근치고 드러니 아기 우는 소래 나서 참 무서워서 정[122]지 할멈이 영창을 열고 머섬 강 서방을 불넛다 한다. 그 슌간에 흰옷을 닙고 슈건 씬 사람채 문 밧거로 가는 것을 보앗다 흔다. 강 서방이 아기를 차차 안고 마님 애기가 아달인대요, 마님이 실어면 저를 쥬면 다런 이도 원하는대요 하고, 우리 형님은 자다가 일어나서 정신업시 아해를 밧앗다.

형님이 이게 무선 소리야 하날이 내게 쥬신 아달을 누구를 준다 말이야. 강보에 싸인 아해가 아달이다. 배총도 마러지 안이 ㅎ앳다. 생산한 지 삼 일됨 되엿다. 나 형님이 그 아해를 안고 참 사랑ㅎ고 조곰도 괄염 업시 정성을 다하여 키울 째 온 동리 녀자의 젓을 어더먹고 유모난 집에 와셔 잇게 ㅎ고 잘 대우ㅎ며 재정도 만히 드럿다. 그 동리 일홈이 삼동이다.

나의 형님 애명이 분이고 또 천미산이다. 미인인데 가무가 월등한 예술가로 나라 임금님, 황제 앞에도 감쳐서〔나아가서〕 상급〔賞給〕을 많이 받았고, 그 후 김대신[125]이 후처로 데려가 서울서 10년을 살고 자식을 원해서 좋은 의사의 약을 쓰고 절에 가서 불공하여도 자식을 배태〔임신〕도 못 했다. 불행히 김 대신이 세상을 떠나매 자기 재산을 가지고 진주 고향에 부모를 찾아왔다. 그래서 아들을 하나 낳았다. 이 아들은 〔업둥이로〕 얻은 아들이다. 이 아들을 아무도 모르게 형님이 낳았다 하고 길렀다. 이 사건은 내가 어렸을 때 일이다. 내가 어른들이 이야기하는 말을 들었다.

어느 해인지 기억할 수 없고 동짓달 15일 달이 휘영청 떠 있는 밤이었다. 설 명절이 가까이 오매 셋째 형과 하인 계집〔이〕 정지〔부엌〕 할멈과 명주 옷감을 다듬질했다. 어디서 아기 우는 소리가 나고 개가 짖는 소리도 들려서 다듬질을 그치고 들으니 아기 우는 소리가 나서 참 무서워서 정지 할멈이 영창〔창문〕을 열고 머슴 강 서방을 불렀다 한다. 그 순간에 흰옷을 입고 수건을 쓴 〔사람이〕 사랑채 문 밖으로 가는 것을 보았다 한다. 강 서방이 아기를 찾아 안고 들어와 "마님! 아기가 아들인데요. 마님이 싫으면 저를 주면 다른 이도 원하는데요." 하였고, 우리 형님은 자다가 일어나서 정신없이 아이를 받았다.

형님이 "이게 무슨 소리야. 하늘이 내게 주신 아들을 누구를 준단 말이야." 하였다. 강보에 싸인 아이가 아들이다. 배총〔배꼽〕도 마르지 아니하였다. 생산한 지 3일쯤 되었다. 내 형님〔언니〕이 그 아이를 안고 참 사랑하고 조금도 괄염 없이〔하찮게 여기지 않고〕 정성을 다하여 키울 때 온 동리 여자의 젖을 얻어먹이고 유모를 집에 와서 있게 하고 잘 대우하며 재정도 많이

---

125 천연희의 큰언니는 진주에 왔던 관찰사에게 첩으로 끌려갔다 버림받고, 그 후 기생이 되었다가 부인이 병든 '김대신'이란 벼슬아치에게로 가서 아이들을 키워주며 살았다(천연희 노트 1권 참조).

그래서 명지라고 하면셔 일홈을 삼동개로 지엇다. 나[123]의 족하 애명이 삼동개다. 제가 장성하여 학교 갈 쌔 김현구라 하엿다. 나의 형님이 그 아달 극진이 사랑함으로 힘을 다하여 길너서 죠헌 학식을 만히 가라처 쥬엇다. 평양 가서 공부하고 일본 대학에도 공부하엿다. 그래서 음악을 잘하고 재조가 잇고 사상이 죠앗다. 그래 일본 시대에 판인간 되여 일하다가 일본으로 갓다. 공부 더 흐로 그쌔는 진쥬서 녀선생을 맛나 혼인아엿다. 어머니를 보고 일본에 공부를 더 하로 간다 하고 가서 소식이 업서젓다. 그럼으로 나의 형님이 편지를 나의게 슬피 써 하기로 세상에 둘도 업난 내 아달이 일본으로 공부 더 한다 하고 갓난대 일본 지진으로 학생 사면에 쥭엇난지 아모 헌적이 업서니 나는 아모도 업다. 어머니는 노인이시라 세상을 쩌나고 동생은 하와이에 잇고 아달 소식이 업서 죽은 것 불명이라 흐고[124]슬푸게 편지하엿다.

우리 집이 설에 음식흐고 하로에 불 단숙 일군이 하지 안이해서 집에 불이 나서 다 집을 태우고 업셔 내가 돈 미화 三百元을 보내여 우리 쌍에 집을 짓고 어머님 형님이 게시다가 어미가 세상 쩌나고 그 후에 형님도 세상 작별햇다. 그 집은 우리 사촌 오라분이 가젓다. 내 친구 금슈라 하는 녀자가 한국으로 단여로 가서 자긔 고향은 밀양인대 자긔 동생이 진쥬 군청에 일을 하고 잇게 되여서 동생을 차차보로 진쥬를 가서 우리 집에 가서 형님을 차자보왓다. 형님이 집을 짓고 잘 게신다. 어머니는 얼마 후에 그 집에서 세상을 쩌나시고 이수가 진쥬잇설 동안에 늘 가서 형님을 차저보앗다.

형님도 동생을 보지 못하니 그려워서 이수를 동생 보듯 하와이서 나

들었다. 그 동리 이름이 삼동이다. 그래서 명지〔名地〕라고 하면서 이름을 삼동개로 지었다. 나의 조카 애명이 삼동개다. 제가 장성하여 학교 갈 때 김현구[126]라 하였다. 나의 형님이 그 아들을 극진히 사랑하므로 힘을 다하여 길러서 좋은 학식을 많이 가르쳐 주었다. 평양 가서 공부하고 일본 대학에서도 공부하였다. 음악을 잘하고 재주가 있고 사상이 좋았다. 그래서 일본 시대에 판임관이 되어 일하다가 일본으로 갔다. 공부 더 하러 갔다. 그때 진주에서 여선생을 만나 혼인하였다. 어머니보고 일본에 공부를 더 하러 간다 하고 가서 소식이 없어졌다. 그러자 나의 형님이 편지를 나에게 슬피 써서 〔말〕하기를, 세상에 둘도 없는 내 아들이 일본으로 공부 더 한다 하고 갔는데 일본 지진으로 학생 사변에 죽었는지 아무런 흔적이 없으니 나는 아무도 없다. 어머니는 노인이시라 세상을 떠나고 동생은 하와이에 있고 아들 소식은 없어 죽은 것 불명이라 하며 슬프게 편지하였다.

우리 집이 설에 음식을 하고 화로의 불 단속을 일꾼이 하지 아니해서 집에 불이 나서 집을 다 태우고 없어져 내가 돈 미화 300원을 보내어 우리 땅에 집을 짓고 어머님, 형님이 계시다가 어머니가 세상을 떠나고 그 후에 형님도 세상과 작별했다. 그 집은 우리 사촌 오라버니가 가졌다. 내 친구 금수라 하는 여자가 한국에 다니러 가 자기 고향은 밀양인데 동생이 진주 군청에서 일하고 있어서 동생을 찾아보러 진주에 갔을 때 우리 집에 가서 형님을 찾아보았다. 형님이 집을 짓고 잘 계신다 〔했다〕. 어머니는 얼마 후에 그 집에서 세상을 떠나시고, 이수〔금수〕가 진주 있을 동안에 늘 가서 형님을 찾아뵈었다.

형님도 동생을 보지 못하니 그리워서 〔하와이에서 간〕 이수〔금수〕를 동생

---

126 천연희 노트 1권 및 「천연희 구술 테이프 녹취록」 Tape 2(7쪽)에는 김철호 혹은 철언으로 써져 있다. 김현구는 아이 낳고 죽은 셋째 언니의 남편 김현국(147쪽)을 천연희가 혼동하여 잘못 쓴 듯하다.

갓슴으로 조아한다. 하로는 수편지가 왓는대 형님이 노병으로 세상을 써나고 너 사촌들이 다 감장을 잘하엿다 하는 부음 편지가 왓다. 편지가 망극으로 나의 친정은 하나도 남지 안코 쌴 세상으로 가 나는 썰썰한 나 하나가 남아 잇는 것을 [125]생각하니 참 슬퍼다. 그전에 형님 편지에 우리 사촌 오라분이 둘재 아들이 우리 집에 양자로 왓다는 편지가 잇서 내가 다 알고 잇다. 그전 즁슈가 편지하기를 당신이 사준 집과 조고마한 농사 쌍이 잇는대 다 당신 일홈으로 잇다 하니 당신이 원하면 팔아 보낼 슈 잇다는 편지가 왓다. 그래서 내가 답장하기로 어머니 형님 징기고 사던 보던 것을 양자 세운 아달을 다 쥬게 하라고 편지 답장을 하엿다.

　나는 이곳에서 우리 부모 묘지에를 벌츄도 못하고 멀니 잇서 엇잘 슈 업서니 양자 온 조하의게 상속하라고 답장하엿. 그 후 우리 사촌 오라분이 천군선 씨가 잘 처리한다는 편지가 왓서 내가 통곡하고 우리 어머님 형님이 내 써날 째 나를 키어안고 아모조록 명 길어 잘 잇다가 십 년이 지나거던 우리 보로 한국하라는 부탁을 밧고 나도 그리 작정하고 하와이 드러와서 다시는 그 얼골을 하직햇다. 슬퍼다 조물의 쉬기여 쯧대로 마음대로 세상일은 상상 못 할 내 망극한 내 [126]마음에 상처를 쥬엇서니 (욕망이 란망이요 불사이자사이다) 세월이 여륵하여 타국사리 오십 년 후 환국하니 삼쳘리 화려강산 전과 갓치 변치 안코 내 고향 차저가 향 진 양성도 전과 갓치 잇지마는 사랑하는 부모 형데 간 곳 업고 누가 나를 안고 잘 잇다 왓어냐 말 업다. 슬슬한 나의 가슴 한 만코 애답도다.


　이 강산 우로 밋헤 잔쌰가 굴거씨니 잇지 못할 내 나라 내 강산에 할 일도 만코 만타. 내 나이만 늙어씨니 몸도 늙고 마음도 늙어 간절한 이 세상에 상상만 남아 잇네. 오호라 인생이여 누구나 하고 십헌 일을 다 한

보듯 좋아했다. 하루는 수〔금수의〕 편지가 왔는데, 형님이 노병으로 세상을 떠나고 너의 사촌들이 다 감장〔장례〕을 잘 하였다 하는 부음 편지가 왔다. 편지가 망극으로 나의 친정은 하나도 남지 않고 딴 세상으로 가 나는 쓸쓸한 나 하나가 남아 있는 것을 생각하니 참 슬펐다. 그전에 형님 편지에 우리 사촌 오라버니 둘째 아들이 우리 집에 양자로 왔다는 편지가 있어서 내가 다 알고 있었다. 그전에 중수가 편지하기를, 당신이 사준 집과 조그마한 농사땅이 있는데 다 당신 이름으로 있다 하니 당신이 원하면 팔아 보낼 수 있다고 하였다. 그래서 내가 어머니와 형님 징기고〔섬기고〕 살던 모든 것을 양자 세운 아들에게 다 주라고 답장하였다.

나는 이곳에서 우리 부모 묘지에 벌초도 못 하고 멀리 있어 어쩔 수 없으니 양자로 온 조카에게 상속하라고 답장하였다. 그 후 우리 사촌 오라버니 천군선 씨가 잘 처리한다는 편지가 와서 내가 통곡하고, "우리 어머니와 형님이 나 떠날 때 나를 껴안고 아무쪼록 명 길어 잘 있다가 10년이 지나거든 우리 보러 환국하라."는 부탁을 받고 나도 그리 작정하고 하와이 들어와서 다시는 그 얼굴을 하직했다〔보지 못했다〕. 슬프다, 조물의 시기여. 뜻대로 마음대로 세상일은 상상 못 할 망극한 내 마음에 상처를 주었으니 〔욕망이난망(慾望而難忘)이요 불사이자사(不思而自思)다〕〔아무리 잊으려고 애써도 잊을 수 없고, 아무리 생각하지 않으려 애써도 절로 생각난다〕. 세월이 여류(如流)하여〔빨리 흘러〕 타국살이 50년 후 환국하니 삼천리 화려강산 전과 같이 변치 않고 내 고향 진양성도 전과 같이 있지마는 사랑하는 부모 형제가 간 곳 없고, 누가 나를 안고 잘 있다 왔느냐 말〔해 주는 사람〕 없다. 쓸쓸한 나의 가슴에 한 많고 애달프도다.

이 강산 위로 아래로 잔뼈가 굵었으니 잊지 못할 내 나라 내 강산에 할 일도 많고 많다. 내 나이만 늙었으니 몸도 늙고 마음도 늙어 간절한 이 세상에 상상만 남아 있네. 오호라 인생이여! 하고 싶은 일을 다 한 사람이 누

사람이 누구뇨.

[127~128: 빈 면]

[130]나의 형님 분이는 애명일 쏘 이흠 쳔미산이 미인으로 상감님이라 하고 인금이라 하고 황데라 불넛다. 백성더 나의 형님이 왕의 얍혜도 감을 치고 상을 만히 밧앗다. 그래서 김 대신이 후처로 삼고 서울 십 년 세월을 사다가 그 김 대신이 죽고 진쥬 고향에 부모 게시난 곳을 낙형하여 살앗다. 그전 김 대신 하고 살 쌔에 아해 낫키를 원하나 아이가 업서 별공을 절에 다니면 하여도 자식이 업서 형님이 섯섭해햇다. 자식을 배태도 못 하시엿다. 그런 중 고향 진쥬에 와서 아달을 하나 나언 이 아달은 어던 아달이다. 아모도 모러고 형님이 나앗다 하고 길넛다. 내 어려설 쌔 일이다. 내가 어런들 이약ㅎ난 말노 드럿다. 오래되여 해슈는 기억하기 어렵다. 동지달 한보럼이다. 서리가 나오매 내 우에 형과 하인 게십애와 명지 옷감을 다짐질[129]할 쌔 다련 도다(명랑ㅎ게) 명장에 환(명랑)호게 비치는대 어대셔 아기 우는 솔이가 나고 개 칫난 소래도 낫다. 그래 다지미질을 근치고 드러니 아이 우는 소래가 나서 참 무서워 정지 할멈이 영창을 열고 머섬을 부러니 쌀밤에 힛옷과 파란 슈건 얼는 ㅎ고 압문으로 지나가는 것을 보앗다 하고 말햇다. 머섬 나와서 아해 우는 대 가보고 아해를 차젓다. 그래 우리 형님이 차다 쒸여섯다. 아해가 강보에 싸엿는대 보니 아달이고 배총도 마러지 안이 하엿서매 태산한 지 삼 일이 되엿다 하고 우리 형님이 그 아해를 안코 죠아하고 참 사랑하기가 조곰도 괄염 업시 정성을 다하 키울 쌔 온 동내 녀자의 젓을 다 어더먹고 유모난 집에 갓다 두고 참 잘 먹이고

구뇨?

나의 형님 분이는 애명이고 또 이름이 천미산이다. 미인으로 상감님이라 하고 임금이라 하고 황제라 불렀다. 백성들이 나의 형님이 왕의 앞에도 감을 치고 상을 많이 받았다. 그래서 김 대신이 후처로 삼고 서울 십 년 세월을 살다가 그 김 대신이 죽고 진주 고향에 부모 계시는 곳으로 낙향하여 살았다. 그전 김 대신하고 살 때에 아이 낳기를 원하였으나 아이가 없어서 절에 다니며 불공을 하여도 자식이 없어서 형님이 섭섭해했다. 자식을 배태도 못 하시었다. 그런 중 고향 진주에 와서 아들을 하나 낳았으니 이 아들은 얻은 아들이다. 아무도 모르고 형님이 낳았다 하고 길렀다. 내 어렸을 때 일이다. 내가 어른들이 이야기하는 말을 들었다. 오래되어 햇수는 기억하기 어렵다. 동짓달 한보름이다. 서리가 내려오매 내 위의 형과 하인 계집애와 명주 옷감을 다듬질할 때 달이 돋아 (명랑하게) 명창[127]에 환하게 비치는데, 어디서 아이 우는 소리가 나고 개 짖는 소리도 났다. 그래서 다듬이질을 그치고 들으니 아이 우는 소리가 나서 참 무서워 정지 할멈이 영창을 열고 머슴을 부르니 "달밤에 흰옷과 파란 수건 얼른 하고 앞문으로 지나가는 것을 보았다." 하고 말했다. 머슴이 나와서 아이 우는 데 가보고 아이를 찾았다. 그래서 우리 형님이 자다 깨었다. 아이가 강보에 싸였는데 보니 아들이고 배꼽도 마르지 아니하였으매, 해산한 지 3일이 되었다 하고 우리 형님이 그 아이를 안고 좋아하고 참 사랑하기가 조금도 괄염 없이 정성을 다하여 키울 때 온 동네 여자들의 젖을 얻어먹였고 유모를 집에 갖다 두고 참 잘 먹이고

---

127 명창明窓, 즉 볕이 잘 드는 창문이라는 뜻 또는 영창으로 추측된다.

천연희 노트 3권

## 사진혼인 긔록-코코헷

[1: 표지]

[2: 빈 면]

[3-1]그 선객들 목에 그러쥰 레를 배가 써나면 도로 버서 물에 던진다. 그 네가 도로 물에서 선창으로 써오면 이후에 도로 그 손님이 도라온다는 쯧이라 한다. 그러고 각 학교에 학생들이 만히 씬다. 칠반 졸업으로버터 중학 대학 학생들 여러 슈천 명이 이 나라 방학 학긔는 유월 초성이 된다. 류월 二十日 안으로 방학이 되는 고로 오月 금으로 유월 十五日까지 학생이 시험에 오려면 졸업장을 쥰다. 그째 이 가내신 네가 참 그 학생들의게 죠헌 선물이 되여 가족이나 죠헌 친구들이 사서 그날 그 시를 기대하여 졸업식을 하고 도타. 그러나 오는 수천 명 학생들의게 이 네를 그러 쥰다. 여러 가지 네가 만치마는 가내신 네를 더 죠아하고 그 네를 걸면 대단이 죠헌 줄 알고 녀자는 붉은색이요 남자는 힌색이다. 그래서 가내신 농사 하는 사람이 그째에 여러 백원을 돈을 만드러서 농사 멋천을 한다.

[3-2]이 모런다. 짐작만 하고 말한다. 그 가내신 네가 시작된 것은 한국인이다. 그 말을 드러면 그전에 하와이서 네를 키어서 하와인 녀자들이 배 선창에 배가 드러오고 써나면 배 타는 선객들의게 판다. 선객들 친구나 일가들이 사서 목에 그러 쥰다. 그것은 하와인 사름들에 에절노 알노 아 잘가시 또다시 맛나자는 의미다. 곳을 목에 그는 그 네가 둥글다. 그래서 사랑을 묵거 둘글게 하자는 쯧이다. 여러 가지 죠헌 의미가 만치마는 다 말할 슈 업고 그러한 쯧이다.

그래서 이 가내신 곳 이약이는 드러면 엇던 백인 불배사 박사가 가뭄

## 사진혼인 기록 – 코코헤드

선객들은 목에 걸어준 레이(lei)[1]를 배가 떠나면 도로 벗어 물에 던진다. 레이가 도로 물에서 선창으로 떠서 오면 이후에 그 손님이 돌아온다는 뜻이라 한다. 그리고 각 학교에서 학생들이 (레이를) 많이 쓴다. 7학년 졸업부터 중학·대학 학생들이 수천 명(에 이른다.) 이 나라 방학 학기는 6월 초순이다. 6월 20일 안에 방학을 하는 고로 5월 그믐부터 6월 15일까지 (졸업 시즌이다.) 학생이 시험에 합격하면 졸업장을 준다. 그때 카네이션 레이가 학생들에게 좋은 선물이 되어 가족이나 좋은 친구들이 사서 (주며) 그날 (졸업생들은) 그것을 기대하며 졸업식을 한다. 그날 오는 수천 명 학생들에게 레이를 걸어 준다. 여러 가지 레이가 많지만 카네이션 레이를 더 좋아하고 그 레이를 걸면 대단히 좋은 줄 (안다). 여자는 붉은색이요 남자는 흰색이다. 그래서 카네이션 농사하는 사람이 그때에 여러 백원(목돈)으로 돈을 만들어서 농사 밑천을 한다.

이(것은) 모르지만(확실하지 않지만) 짐작해서 말한다. 그 카네이션 레이를 시작한 것은 한국인이다. 그 말을 들으면(전하는 말로는) 그전에는 하와이에서 레이를 키워서 하와이 여자들이 선창에 배가 들어오고 떠나면 배 타는 선객들에게 판다. 선객들 친구나 일가들이 사서 그 레이를 목에 걸어 준다. 그것은 하와이 사람들의 예절로 알로하, 잘 가시고 또다시 만나자는 의미다. 꽃을 목에 거는 그 레이가 둥글다. 그래서 사랑을 묶어 둥글게 하자는 뜻이다. 여러 가지 좋은 의미가 많지마는 다 말할 수 없고, 그러한 뜻이다.

그래서 이 카네이션 꽃 이야기를 전하면, 어떤 백인 불배사[2] 박사가 카

---

1 하와이에서 손님에게 환영의 뜻으로 걸어 주는 화환.
2 인명으로 짐작되나 정확한 철자는 알 수 없다.

기 을너머나산에 몃 억커 당을 사서 집을 짓고 살다가 자긔가 미국으로 갈 작정이다. 그런 즁에 싹트 리승만 씨와 절친한 친구이다. 그 박사가 싹트 승만 씨의게 말삼하기를 당신이 내 집을 맛하 해보라고 권면하엿다.

그째 그 박사가 야도면을 두고 곳을 숭상하엿다. 그래서 싹달 리가 그 짐을 가지고 곳을 숭상하시엿다 한다. 싹달 리가 보니 병커 가네신이 만히 잇서 곳이 피고 냄새가 훌영햇다 한다. 그래서 [4]야도에 곳히 만허무로 치미로 손슈 가구기도 한다. 그럿차 일군도 잇서야 정원을 건사한다. 한국 사람 리민산이라 하는 이는 우리 동지로 리승만 씨를 잘 밧더는 사름이다. 이를 보고 싹달 리가 내가 쌍을 좀 줄 터이니 세 갑시나 물고 저 가네신 곳이 피어서 만발하니 짜서 하와인의게 갓다 팔아 보라 하시엿다. 참 리민산 씨가 시험을 하여 보니 하와인 녀자들이 원한다. 곳에 냄새가 죠타. 꽝꽝 다니는 솜이들 잘 산다.

그째 곳을 키는 곳은 박갈나나 부매리아 비가기 곳도 냄새가 훌융하다. 쒸라운풀나와 나두부로서 이것도 네를 씨는 곳이다. 그째에 리민산 씨가 가네신 곳하여 돈을 맨드러 씨는 줄 알고 싹쌀 리의게 뭇고 하여서 그째에 그 산에 노는 쌍이 만코 더러는 팔고 더러는 세를 엇을 슈 잇섯다. 비섭 시듸지 쌍임으로 한인들을 가라처 주어 세를 어더 가네신 곳 농사를 하게 하엿다.

이무키[Kaimuki] 윌헬미나[Wilhelmina]산[3]에 몇 에이커 땅을 사서 집을 짓고 살다가 미국[본토]으로 갈 작정이었다. 그는 닥터 이승만 씨와 절친한 친구이다. 그 박사가 닥터 이승만 씨에게 말씀하기를 당신이 내 집을 맡아 해보라고 권면하였다.

그때 그 박사가 야드맨[yardman, 일꾼]을 두고 꽃을 숭상[증산, 재배]하였다. 그래서 닥터 리가 그 집을 가지고 꽃을 재배하셨다 한다. 닥터 리가 보니 핑크[pink] 카네이션이 많이 있어 꽃이 피고 냄새가 훌륭했다 한다. 그래서 야드[정원]에 꽃이 많으므로 취미로 손수 가꾸기도 한다. 그러자 일꾼도 있어서 정원을 건사한다. 한국 사람 이민산이라 하는 이는 우리 동지요 이승만 씨를 잘 받드는 사람이다. 이를 보고 닥터 리가 내가 땅을 좀 줄 터이니 세 값이나 물고 저 카네이션 꽃이 피어서 만발하니 따서 하와이인에게 갖다 팔아 보라 하셨다. 참말로 이민산 씨가 시험해 보니 하와이 여자들이 원한다. 꽃 냄새가 좋다. 관광 다니는 손님들도 잘 산다.

그때 키운 꽃으로 파칼라나[pakalana], 플루메리아[plumeria], 피카케[pikake, 재스민] 꽃이 냄새가 훌륭하다. 크라운플라워[crown flower]나 튜베로즈[tuberose, 네덜란드 수선화]도 레이를 만드는 꽃이다. 그때에 이민산 씨가 카네이션 꽃[농사를] 하여 돈을 만들어 쓰는 줄[방법을] 알고 닥터 리에게 묻고 하여서 그때에 그 산에 노는 땅이 많고 더러는 팔고 더러는 세를 얻을 수 있었다. 비숍 에스테이트[4] 땅이므로 한인들에게 가르쳐 주어 세를 얻어 카네이션 꽃농사를 하게 하였다.

---

3  윌헬미나 라이즈Wilhelmina Rise를 말하는 듯하다. 「천연희 구술 테이프 요약」, 181쪽에는 Kalama Valley로 기록되어 있다.
4  천연희는 비숍을 비섭, 쎄섭, 쎄섭 등으로, 에스테이트를 시듸지, 에시듸지 등으로 썼다. 이하 비숍 에스테이트Bishop Estate라고 쓴다. 비숍 에스테이트는 비숍 재단의 소유지를 말한다. 비숍 재단은 카메하메하 학교 재단의 전신이다.

그째 가네신 농사한 사람의 일홈이 리민산 씨, 조석준, 조맬륜 씨, [5]공치슌 내위분, 최 부인, 박신복, 박덕봉 을너머나 민찬호 가네신 농사한 사롬들이다. 그러하다가 그곳을 쌍 쥬인들이 집을 짓난 쌍으로 다 팔기 되니 그 사롬들이 쌔섭 쌍 코코헷으로 쌍을 어더 농장을 온기 와서 그곳에서 시작한다.

코코헷은 어대야 하면 (노정기가) 킹 수추리서 시작하여 한참 가면 모일일니가 오고 또 한참 가면 가무기가 되고 곳 한 수추리를 간다. 쌔서가 단니는 길이다. 가무기서 한참 가면 와일라이가 된다. 그기서 한참 가면 와일룹버와 가네올니하위가 된다. 그게서 한참 가면 코코헷산이 보인다.

그러머로 그곳 일홈이 코코헷이다. 산이 둘이 나라이 서 잇다. 첫 산은 머리가 바다 우에 잇고 일홈이 코코헷이고 둘재 산은 코코헷 쇼리 짓태서 잇다. 그 산 일홈은 코커구래이다. 코코헷 쇼리와 코쿠구래다. 헷 한중 등에는 하나우마베로 올나가는 힐이다. 넷날에 이 길이 업고 슈목이 무성한 길에 사람 다여 조고마는 길이 잇섯다. 가네올니 하위 오면 다리가 조마거시 잇고 코코헷이 보이도 길은 업고 게비나무가 총총 서서 말 타고 다니는 사람 지나갈 슈 잇고 다리목 젓태 개렐 그기는 차나면이 생선 [6]말닛을 길너서 판다. 누구던지 가서 사다가 먹는다. 한참 당년에 모쥬장이 아자씨들이 그기 가서 술 마시고 말닛을 사서 휘로 술안쥬 하고 그 게비나무 밋헤 잘 논다고 소문이 낫다. 그 아자씨들도 다 텬

그때 카네이션 농사한 사람의 이름이 이민산 씨, 조석준, 조매륜 씨, 공치순 내외분, 최 부인, 박신복, 박덕봉, 윌헬미나 민찬호이다. 그러다가 그곳을 땅 주인들이 집을 짓는 땅으로 다 팔게 되니 그 사람들이 비숍 땅 코코헤드(Koko Head)[5]로 땅을 얻어 농장을 옮겨 와서 그곳에서 시작했다.

코코헤드는 어디냐 하면 (노정기[6]가) 킹 스트리트(King Street)에서 시작하여 한참 가면 모일리일리(Moiliili)가 나오고 또 한참 가면 카이무키가 되고 곧 한 스트리트를 간다. 버스가 다니는 길이다. 카이무키에서 한참 가면 와이알라에(Waialae)가 된다. 거기서 한참 가면 와일루페(Wailupe)와 카밀로이키밸리(Kamiloiki Valley)가 된다. 그곳에서 한참 가면 코코헤드산이 보인다.

그러므로 그곳 이름이 코코헤드이다. 산이 둘러 나란히 서 있다. 첫 산은 머리가 바다 위에 있고, 이름이 코코헤드이고, 둘째 산은 코코헤드 꼬리 곁에 있다. 그 산 이름은 코코크레이터(Koko Crater)[7]이다. 코코헤드 꼬리와 코코크레이터 헤드(머리) 한중등(중간)은 하나우마베이(Hanauma Bay)로 올라가는 힐(hill, 언덕)이다. 옛날에는 이 길이 없고 수목이 무성한 길에 사람 다니는 조그만 길이 있었다. 칼라니아나올레 하이웨이(Kalanianaole Highway)에 오면 다리가 조그맣게 있고 코코헤드가 보여도 길은 없고 게비(키아베kiawe) 나무가 촘촘하게 서서 말 타고 다니는 사람이 지나갈 수 있고 다리목 곁에 개랠[8] 거기는 차이나맨(chinese man, 중국인)이 생선 멀릿(mullet, 숭어)을 길러서 판다. 누구든지 가서 사다가 먹는다. 한참 당년에 모

---

5  코코헤드는 하와이 오아후섬 동쪽 해안을 따라가다 보면 고깔 모양의 우뚝 솟은 코코크레이터 crater(분화구)가 있는 곳이다. 약 1만 년 전 오아후섬에서 일어난 화산 폭발로 생겼다고 한다.
6  길의 경로와 거리를 적은 기록을 뜻하는 '노정기路程記'라는 뜻으로 추측된다.
7  코커구레, 코코구래다는 코코크레이터Koko Crater를 말한다.
8  지명으로 짐작된다.

당 가고 업다.


그째에 코코헷 부근 그 싹에는 무인 공지로 쎄섭 에시뒤지 쌍이다. 그래서 백인들이 한(일) 엑가, 이 엑가, 삼 엑가식 네시를 어더 집을 지어 살고 한국 가내신하는 농민이 만히 드러가서 개척하고 농사하고 그 후에 일본 농민이 드러왓다. 일본 농민은 일쳑이 와일나이 쌍을 비섭 에시뒤지 약조하고 어더셔 농사를 한다. 질내곳을 심어서 리익을 본다.

그 농민드리 그 후에 코코헷 드러가서 농사를 하고 하니 씨티 정부에서 길을 대강 슈리하여서 그째 넷적에 카가 폴 카이다. 그것이 좀 다열 슈 잇고 그 후에에 하나마우마 베에(그 수추리 일홈은 누날닐노 일홈이다) 길을 슈리하고 쏘 그 후에 불노홀 도라가는 길을 슈리하여서 유람객들이 구경하게 되엿다.

그째에 하와이엔 올홈도 잇고 누날닐노 홈 롯도 잇섯다. 내가 四十四年에 코코헷 윗기 수추리에 집을 사서 오 년에 이사를 할 쌔 나는 속히 [7]이사를 못 올 형편이라 나의 큰쌀이 이사를 하고 그 집에 싹히 칠십 마리가 잇서서 사람이 잇서야 됨으로 나의 쌀이 먼첨 와서 잇게 되엿다.

나는 여관 물건을 다 판 후 四十五年에 코코헷으로 이사를 와서 잇게

---

주장이〔술꾼〕 아저씨들이 거기 가서 술 마시고 멀럿을 사서 회포 술안주 하고 그 키아베 나무 밑에서 잘 논다고 소문이 났다. 그 아저씨들도 다 천당 가고 없다.

그때에 코코헤드 부근 그 땅은 무인 공지⁹로 비숍 에스테이트 땅이다. 그래서 백인들이 1에이커, 2에이커, 3에이커씩 리스〔lease〕를 얻어 집을 지어 살고 한국 카네이션 하는 농민이 많이 들어가서 개척하고 농사하고 그 후에 일본 농민이 들어왔다. 일본 농민은 일찍이 와이알라에 땅을 비숍 에스테이트와 약조하고 얻어서 농사를 한다. 찔레꽃을 심어서 이익을 본다.

그 농민들이 그 후에 코코헤드에 들어가서 농사를 하니 시티 정부〔호놀룰루 시정부〕에서 길을 대강 수리하여서, 그때 옛적에 카〔car〕가 포드〔Ford〕 카이다. 그것이 좀 다닐 수 있고 그 후에 하나우마 베이(그 스트리트 이름은 루날릴로〔Lunalilo〕〔라는〕 이름이다.)의 길을 수리하고 또 그 후에 블로홀〔Blowhole〕로 돌아가는 길을 수리하여서 유람객들이 구경하게 되었다.

그때에 하와이안 이름도 있고 루날릴로 홈 로드〔Lunalilo Home Road〕도 있었다. 내가 1944년에 코코헤드 웨케 스트리트〔Weke Street〕¹⁰에 집을 사서 45년에 이사할 때 나는 속히 이사를 못 올 형편이라 나의 큰딸¹¹이 〔먼저〕 이사했다. 그 집에 닥¹²이 70마리가 있어서 사람이 있어야 되므로 나의 딸이 먼저 와서 있게 되었다.

나는 여관 물건을 다 판 후 45년에 코코헤드로 이사를 와서 있게 되었

---

9 無人空地, 즉 사람이 살지 않는 빈 땅이라는 의미로 추측된다.

10 「천연희 구술 테이프 요약」, 183쪽에 "In 1965, we finally moved our house from Weke Way to Pakala St.~"라고 기록되어 있다. 그러나 현재 Weke Way 또는 Weke Street라는 지명을 찾을 수 없다.

11 천연희 노트에서 큰딸은 둘째 딸 메리를 가리킨다. 큰딸인 베티는 17세에 교통사고로 사망하였다.

12 원문에 '싹'이라고 써져 있는데 오리(덕duck)라고 추측된다.

되고 그째 다런 한인은 가내신 씨가 잇지마는 말은 준다 해도 속히 쥬지를 안이하고 가할나서 사는 평양 사람 양씨내가(양형엽 사위) 가내신 씨 (푸라자린것)를 두 쌔기를 주어 어더서 그(거)게서 씨를 따서 쌍에 고부니 씨가 다 자라 쌕리가 들어서 멧 골을 심어고 쏘 거기서 만헌 씨를 내여서 처음 시작하엿다.

내 사는 길 일홈은 윗기고 쌍은 이(두) 엑가 반이 잇서다. 가내신 곳을 심어고 처음에는 일군 하나 잇서지마는 나종에 대한 아자씨 세 분이 게시고 일군 집도 뒷마당에 짜로 지어 쥬엇다. 그째 그 아씨 문슌장 씨, 한 아지씨 손 아자씨 세 분이다. 세 분 중에 나는 농사한 사람 안이다. 아모것도 모러고 하지마는 문 아자씨가 그전에 한인 가네신 농사하는 대서 일노하여서 모던 것을 알고 나를 알여 쥬고 쏘 우리 아해들이 북(책)을 일이고 밥 내 남편도 글을 일거서 보던 것을 가라처 쥬고 자긔도 시험하고 모던 가네신에 수푸레하는 약 재료는 책을 [8]약을 보고 을마 씨는 쥼 슈를 저울에 쌀아 물에 타서 머신으로 꼿헤 쌕린다. 한 쥬일에 한 번식은 준다. 벌내가 각각이고 약도 각각이다. 그러나 엇던 약은 보통으로 신다.

가내신은 늘 심은 대 심어지 안코 그 쌍을 멧 달 무기야 됨에 쌍이 만하야 됨으로 쌍이 나는 대로 남의 네시를 사서 쌍이 만하 다섯 엑카 되였다. 그 한 마지기는 멧 집 지나가서 잇고 한 마지기 반은 멧 집 건너가서 백인 사람 킹이라 하는 사람의게 네 시를 사서 가내신을 심어고 한 마지기 나서 멧 집 지나가서 잇는 것은 가내신을 심으고 집을 하나 새로 지엇다.

망극한 이내 몸이 사진혼인한 가사 적은 슬퍼고도 가슴은 아푼 나의 마움 하소연 깁고 깁다. 사진혼인어로 드러와서 쌀 둘 아달 하나 삼 형제가 잇섯다. 영감이 나이 만코 술을 죠하하니 사역을 못 한다. 그래서 아해들 삼 형제를 공부식히고 먹여 살니아 된다. 그럼으로 리혼을 햇지마는 자식이 잇서니 그 영감을 모런 체할 슈 업다. 큰쌀은 자동차 사고 꼿다운

다. 그때 다른 한인은 카네이션 씨가 있지만 말은 준다 하고 속히 주지를 아니하여, 카할라(Kahala)에 사는 평양 사람 양씨네(양형엽 사위)가 카네이션 씨(푸라자린 컷) 두 포기를 주어 (그것을) 얻어서 거기서 씨를 따서 땅에 심으니 씨가 다 자라 뿌리가 들어서 몇 골을 심었고, 또 거기서 많은 씨를 내어서 (꽃농사를) 처음 시작하였다.

내 사는 길 이름은 웨케고 땅은 2에이커 반이 있었다. 카네이션 꽃을 심은 후 처음에는 일꾼 하나 있었지만 나중에 대한 아저씨들이 세 분이 계시고, 일꾼 집도 뒷마당에 따로 지어 주었다. 그때 그 아저씨 문순장 씨, 한 아저씨, 손 아저씨 세 분이다. 나는 농사한 사람이 아니라 아무것도 모르고 하지마는 문 아저씨가 그전에 한인 카네이션 농사하는 데서 일하여서 모든 것을 알고 나에게 알려 주었다. 또 우리 아이들이 북(book, 책)을 읽고 밤내 남편도 글을 읽어서 읽은 것을 가르쳐 주고 자기도 시험하고, 모든 카네이션에 스프레이하는 약 재료를 책을 보고 얼마 쓰는지를 수를 저울에 달아 물에 타서 머신으로 꽃에 뿌린다. 일주일에 한 번씩은 준다. 벌레가 각각이고 약도 각각이다. 그러나 어떤 약은 보통으로 (어디에나) 쓴다.

카네이션을 늘 심은 데 심지 않고 그 땅을 몇 달 묵혀야 되매 땅이 많아야 되므로 땅이 나는 대로 리스해서 땅이 많아져 5에이커가 되었다. 그(중) 한 마지기는 몇 집 지나가서 있고, 한 마지기 반은 몇 집 건너가서 백인 사람 킹(King)이라 하는 사람에게 리스해서 카네이션을 심었고, 몇 집 지나가서 있는 한 마지기에는 카네이션을 심고 집을 하나 새로 지었다.

망극한 이내 몸이 사진혼인한 것을 적은 슬프고도 가슴 아픈 나의 마음 하소연 깊고 깊다. 사진혼인으로 들어와서 딸 둘, 아들 하나 삼 형제가 있었다. 영감이 나이 많고 술을 좋아하니 사역(使役)을 못 한다. 그래서 아이들 삼 형제를 공부시키고 먹여 살려야 된다. 그러므로 이혼을 했지만 자식이 있으니 그 영감을 모른 체할 수 없다. 큰딸(베티)은 자동차 사고로 꽃다

청춘 十七세에 단

[9]이 될가 하고 미국으로 매스다 되거로 부리를걸 씨인되시로 보내기 작정하고 모던 것을 에비하고 패시쏫을 내로 가니 마셜노라 이 섬에서 미국 가는 아매 패시포를 가지오라하니 우리가 내로 가니 안이 쥰다. 늙은이와 아해들은 이 알랜에서 써나가는 패시가 잇서도 장남 장녀는 업고 되팬서 일을 하고 전장을 방위해야 된다 함을 가방과 모던 것을 사서 짐을 준비하고 못 써낫다. 할 슈 업시 뒤편서 슈굴에서 일을 하고 내 아달은 폴하바 네비에서 월딩에 일하고 둘재 짤은 매게니 즁학을 맛치고 힉감에 되팬서 일을 하엿다.


　내가 사십 년에 캐셜 호틸 여관을 슈리하고 퍼니처를 사다 놋고 여관을 쑤미니랏고 돈이 만히 드럿다. 내 아달이 네비 일을 하여서 월급 타면 월급봉토도 열지 안코 내 손에 지어 쥬기로 일 년을 그리하엿다. 하도 기특하다. 그래서 여관 빗도 업서지고 하여서 하로는 내가 말하기로 여관 빗도 다 갑고 돈이 좀 저금이 잇서니 내달에는 이 봉토로 씌지 말고 너 일[10]홈으로 저금해서 대학 가기 되면 돈이 필요하다 하엿다. 나는 그쌔도 아해들 공부를 식힐 용망이다. 내 큰짤이 아메 보케신 술굴에서 뒤팬서 쏜이들과 일을 한다. 전쟁만 긋나면 미국 공부를 갈 작정이다.

운 청춘 17세에 단 〔뒤의 〔20〕쪽으로 이어짐〕

〔앞쪽과 내용이 이어지지 않음〕이 될까 하고 〔큰딸을〕 미국〔본토〕으로 마스터 디그리〔master degree, 석사학위〕를 폴리티컬 사이언스〔political science, 정치학〕로 보내기로 작정하고 모든 것을 예비하고 패스포트를 내러 가니 마셜 로〔martial law, 계엄령〕다. 이 섬에서 미국 가는 아미 패스포트〔army passport, 군용여권〕를 가져오라 하여 우리가 내러〔발급받으러〕 가니 안 준다. 늙은이와 아이들은 이 아일랜드에서 떠나가는 패스가 있어도 장남 장녀는 없고 디펜스〔defense, 방위〕일을 하고 전쟁을 방위해야 된다 하니 가방과 모든 것을 싸서 짐을 준비하고 못 떠났다. 할 수 없이 〔큰딸은〕 디펜스 스쿨〔defense school〕[13]에서 일하고 내 아들은 펄하버〔에 있는〕 네이비〔해군〕에서 웰딩〔welding, 용접일〕 일을 하고, 둘째 딸은 매킨리 중학[14]을 마치고 히캄〔Hickam〕에서 디펜스 일을 하였다.

내가 〔19〕40년에 캐슬 호텔 여관을 수리하고 퍼니처〔furniture, 가구〕를 사다 놓고 여관을 꾸미느라고 돈이 많이 들었다. 내 아들이 네이비 일을 하여서 월급 타면 월급봉투도 열지 않고 내 손에 쥐어 주기를 1년간 그리하였다. 하도 기특하다. 그래서 여관 빚도 없어지고 하여서 하루는 내가 말하기를 여관 빚도 다 갚고 저금한 돈이 좀 있으니 다음 달에는 이 봉투를 쓰지 말고 네 이름으로 저금해라, 대학 가게 되면 돈이 필요하다 하였다. 나는 그때도 아이들을 공부시킬 욕망이 있었다. 내 큰딸이 아미 보케이션 스쿨〔army vocation school〕[15]에서 디펜스보이[16]들과 일한다. 전쟁만 끝나면 미

---

13 방위학교로 해석할 수 있다.
14 중학교라 썼지만 실제로는 고등학교이다. 이 학교의 정식 명칭은 President William McKinley High School이다. 하와이 호놀룰루 사우스킹 스트리트 1039번지에 있다.
15 군직업학교army vocational school.
16 defense boys라고 추측된다. 방위산업과 관련된 여러 가지 직업 교육을 받는 젊은이들을 말한다.

그리하는 중 미국 되(뒤)팬서 온 남자가 나의 딸을 사랑해서 나의게 매리하겟다고 물엇다. 나의 딸이 대학을 맛고 나이 이십 세점 너머 되서 자유가 제게 잇서도 저도 공부 더 할 작정으로 혼인하는 것을 정말 작정이 업다. 그 남자를 보니 깨긋게 기운 사람이 인물과 허우대가 잘생긴 남자이다. 그러나 대학 이 년급에 이곳 전장 일을 왓다. 그 집에 딸도 업고 아달 단지 하나다. 공부도 대학을 맛치야 되겟고 아들이 하나이니 미국 집에 가냐 되겟다. 그럼으로 내가 찬조하지 안이햇다. 부모가 아들이 하나이니 자긔는 일이 것나면 집에 가야 한. 어머니는 인글니시 아바지 쌔만이다. 그러나 미국 사람이다. 내 달은 고래얀 미국 사람이다. 사랑은 칼나와 내서날뒤 업다. 그러나 나의 쥬이의 용망은 푸릿걸 싸인되시를 베와 우리 한국에 도엄을 줄가 하는 나의 욕심이다. 지금 생각하며 그것이 내 욕심 허욕이다. 재111식이 장성하며 제 자유로 사는 법이다. 하도 이 남자가 사랑을 하고 혼인하는 것을 원하니 녀자도 마음에 사랑이 간다. 그래서 자긔 아바지가 하와이로 나왓다. 자긔 아달을 위해서 나를 맛나 보고 말하기를 나도 아달 하나가 귀한 아달이지마는 둘이 사랑하면 할 슈 업다고 해서 혼인을 하게 하는 것이 죠타고 햇다.

그래서 준비를 하고 하와이엔 카와 처취 킹 수츄리에 가서 포물니 잘 혼인하고 집에다가 댄다를 치고 찬치를 한 삼사백 명이 와서 찬체를 성대하게 하엿. 그쌔 찬체할 쌔 토기는 아바지가 사서 자긔 손슈로 아번에 쿡 하엿다. 어머님 못 오시서 참에 못 하엿서나 아바지가 참에햇다. 나의 친구들이 수고하고 밤새도록 음식을 하엿다. 그 친구난 최일, 엄필득, 단후우, 이슌남, 김슌화, 엔드신이다. 그쌔에 수고 만히 하엿다.

국으로 공부하러 갈 작정이다.

그리하는 중 미국에서 디펜스로 [일하러] 온 남자가 나의 딸을 사랑해서 나에게 매리 [marry, 결혼]하겠다고 물었다 [말했다]. 나의 딸이 대학을 마치고 나이 20세쯤 넘어서 자유가 제게 있어도 저도 공부 더 할 작정으로 혼인할 생각이 정말 없었다. 그 남자를 보니 깨끗하게 큰 사람이 인물과 허우대가 잘생긴 남자이다. 그러나 대학 2학년 때 이곳에 전쟁 일을 왔다. 그 집에 딸도 없고 아들 단지 하나다. 공부도 대학을 마쳐야 되겠고 아들이 하나이니 미국 집에 가야 되었다. 그러므로 내가 찬조 [贊助]하지 않았다. 부모가 아들이 하나이니 자기는 일이 끝나면 집에 가야 한다. 어머니는 잉글리시, 아버지는 저먼 [German, 독일인]이다. 그러나 미국 사람이다. 내 딸은 코리안 미국 사람이다. 사랑은 컬러 [color, 인종]와 내셔널리티 [nationality, 국적]가 없다. 그러나 나의 주의 [主義]의 욕망은 [내 딸이] 폴리티컬 사이언스를 배워 우리 한국에 도움을 줄까 하는 욕심이다. 지금 생각하면 그것이 내 욕심 허욕이다. 자식은 장성하면 제 자유로 사는 법이다. 하도 이 남자가 사랑하고 혼인하는 것을 원하니 여자도 마음에 사랑이 간다. 그래서 자기 아버지가 하와이로 나왔다. 자기 아들을 위해서 나를 만나 보고 말하기를 나도 아들 하나가 귀한 아들이지만 둘이 사랑하면 할 수 없다고 해서 혼인하게 하는 것이 좋다고 했다.

그래서 준비를 하고 킹 스트리트의 하와이안 카와이아하오 처치 [Hawaiian Kawaiahao Church]에서 포멀리 [formally, 공식적으로] 잘 혼인하고 집에다가 텐트를 치고 300~400명이 와서 잔치를 성대하게 하였다. 그때 잔치할 때 터키 [turkey, 칠면조]는 [신랑의] 아버지가 사서 자기 손수 오븐에 쿡 [cook, 요리]하였다. 어머님은 못 오셔서 참여하지 못하였으나 아버지가 참여했다. 나의 친구들이 수고하고 밤새도록 음식을 하였다. 그 친구는 최일, 엄필득, 단후우, 이순남, 김순화, 엔드신이다. 그때에 수고가 많았다.

그째에 아바지가 미국 드러가서 이사를 센푸란시서고로 왔다. 그 사람들이 오하요 사는 사람들인대 아들이 하와이 살게 되니 아달 갓가이 살기를 원한다. 내 짤과 사위는 첫아달을 놋코 그 후 짤을 [12]노앗다. 첫아달 노앗실 째는 힉감에 살지 안고 코코헷에서 아달을 노앗다. 아달이 삼사 색 되엿실 째 친할문이가 미쥬서 나와서 손지를 안아 주고 한 달을 시고 갓다. 손지가 잘생기고 탐서러웟다. 몇 해 전 손녀 아해들이 센푸란씨서고에 가서 할문이를 맛나 보고 그 후에 할문이가 세상을 써나고 할아부지는 아달이 하와이로 모시 와서 가일누아서 살고 잇다.

　　우리가 힉감에서 살 째 뒤벤서로 힉감에 일하로 온 남자들이 여러 사람이 늘 우리 집에 놀노온다. 섬은 부인이 잇고 섬은 결혼하게 약조한 녀자들이 잇다. 다 대학생이고 섬은 공부를 하는 사람들이라 다 상식이 잇다. 집을 써나 홈식히다. 그러면 우리 집에 오고 우리도 할 슈 잇는 대로 잘 대접한다. 우리 집에 피아노가 시도리클락이 잇섯다. 그 피아노는 내가 알나기아서 살 째에 사서 나의 둘재 짤을 쥬었다. 그째는 다 사는 형편이 풍족지 못하고 사업 적은 것을 하게 됨으로 풍족지 못하엿다. 그째 쌀내 쌔는 와시미신을 사야 된다. 그러나 내 둘재 짤이 피아노를 베우기 소[13]원이다. 그럼으로 내 생각에 와시미신은 내가 손으로 쌀내를 쌀아도 힘만 좀 드지마는 피아노는 지금 안 사면 공부는 째가 잇는대 어려서 공부를 해야 된다는 생각으로 피아노를 사쥬고 미시서 힛칙각의게 피아노와 목소래를 베우로 단엿다. 그래서 그 페(피)아노가 힉감에 이사할 째 가지고 가서 만헌 도엄이 되엿다.

　　이 총각들이 우리 집에 오면 늘 피아노를 치고 홈썩기 될 째 노래를 부

그때에 [사위의] 아버지가 미국에 들어가서 샌프란시스코로 이사했다. 그 사람들이 오하이오 사는 사람들인데 아들이 하와이에 살게 되니 아들 가까이 살기를 원한다. 내 딸과 사위는 첫아들을 낳고 그 후 딸을 낳았다. 첫아들 낳았을 때는 히캄에 살지 않고 코코헤드에서 아들을 낳았다. 아들이 서너 달 되었을 때 친할머니가 미국에서 나와서 손자를 안아 주고 한 달을 살고 갔다. 손자가 잘 생기고 탐스러웠다. 몇 해 전 손녀 아이들이 샌프란시스코에 가서 할머니를 만나 보았고 그 후에 할머니가 세상을 떠나고 할아버지는 아들이 하와이로 모셔 와서 카일루아[Kailua]에서 살고 있다.

우리가 히캄에서 살 때 디펜스로 히캄에 일하러 온 여러 남자들이 늘 우리 집에 놀러왔다. 어떤 이는 부인이 있고 어떤 이는 결혼을 약조한 여자가 있다. 다 대학생이고 어떤 이는 공부하는 사람들이라 다 상식이 있다. 집을 떠나 홈식[homesick, 향수병]이 있다. 그러면 우리 집에 오고 우리도 할 수 있는 대로 잘 대접했다. 우리 집에 스토리 앤드 클라크[Story and Clark]<sup>17</sup> 피아노가 있었다. 그 피아노는 내가 알라케아[Alakea]에서 살 때에 사서 나의 둘째 딸에게 주었다. 그때는 다 사는 형편이 풍족치 못하고 사업도 적은 것을 하게 되어 풍족치 못하였다. 그때 빨래 빠는 워시머신[세탁기]을 사야 했다. 그러나 내 둘째 딸이 피아노를 배우는 것이 소원이다. 그러므로 내 생각에 워시머신은 내가 손으로 빨래를 빨아도 힘만 좀 들지만 피아노는 지금 안 사면 공부는 때가 있는데 어려서 공부를 해야 된다는 생각으로 피아노를 사주고 미시즈 히치콕[Mrs. Hitchcock]에게 피아노와 목소리를[노래를] 배우러 다녔다. 그래서 그 피아노를 히캄에 이사할 때 가지고 가서 많은 도움이 되었다.

이 총각들이 우리 집에 오면 늘 피아노를 치고 홈식이 오면 노래를 부르

---

17 미국의 피아노 제조사 이름이다.

러고 치미를 붓첫다. 그 쏜이들 일호 대강 내가 생각난다. 일홈이 한 포이는 (쎄면), 왓선 솔자샌이, 별서캇바글일네서벨 이 사름이 늘 우리 집에와서 피아노를 치고 논다. 매일갓치 솔자들은 태평양 적은 섬에 가서 싸고 죽는다. 마음 늘 편치 안타. 그러나 하와이 시민들은 아모 일 업시 편안이 산다.

그째 섯달 칠 일 새벽 일본이 모게로 숨어서 하와이로 드러와서 다 치고 빌닙빈까지 다 치고 함몰할 쌔에 하와이섬이 위태하엿서나 아와 네비아메 힘이 잇게 싸운 공으로 그째 태평양 일본 함대를 다 파산 [14]힉감에살 쌔 그런 청년 아해들을 보면 밥이 자기 아달 생각을 하고 이약하며 내가 늘 위로하는 말이 메비 섬데 당신 아달이 이 전쟁에 아메나 네비로 하와이 와서 당신을 차질지 모런다 하고 위로하엿다. 자기 말이 아달 다섯 살에 갈여 서로 보지 못한다 함으로 내가 듯기에 내 마음도 안이되여서 위로하고 섬되 맛나 본다 하엿다.

四十三年줌 되여서 내가 여관에 가서 일을 보고 집에 다섯 점에 오니 내 셋체 쌀이 말하기로 쎄바 아달이 차저와서 아바지 차저 힉감 일하는 대로 갓다 한다. 조금 잇서니 아달과 아바지가 집으로 더러왓다. 그래서 내가 뭇기를 엇지 알고 잘 차자왓너가 하니 그전 아바지 사던 동리 가서 무러니 업다 하고 힉감에 산다는 말을 드럿다 하여 힉감에 차저와서 집을 찻는 즁 나의 둘재 쌀이 집에서 나와 일을 가는 즁 엇던 셸나가 집을 찻는 것 갓하야 무러니 깁엔 집을 찻는다 하고 깁인이 내 아바지라 하여 이 집이 깁인 집이라 하고 지금 일하러 갓다 하고 조곰 잇서면 온다 하고 취미를 붙였다. 그 보이(boy)들 이름이 대강 내가 생각난다. 이름이 한 보이는 케먼, 왓슨 솔저보이(soldier boy, 소년병), 별서캇바글일네서벨[18] 이 사람들이 늘 우리 집에 와서 피아노를 치고 놀았다. 매일같이 솔저(soldier, 군인)들은 태평양 작은 섬에 가서 싸우고 죽었다. 마음이 늘 편치 않았다. 그러나 하와이 시민들은 아무 일 없이 편안히 살았다.

그때 섣달 7일 새벽 일본이 몰래 숨어서 하와이로 들어와서 다 치고 필리핀까지 다 치고 함몰할 때에 하와이섬이 위태하였으나 아워 네이비 아미(our navy army, 우리 육군과 해군이)가 힘 있게 싸운 공으로 그때 태평양 일본 함대를 다 파산(시켰다). 히캄에 살 때 그런 청년 아이들을 보면 밥이 자기 아들 생각을 하고 이야기하면 내가 늘 위로하는 말이 메이비 섬데이(maybe someday, 언젠가) 당신 아들이 이 전쟁에 아미나 네이비로 하와이 와서 당신을 찾을지 모른다 하고 위로하였다. 자기 말이 아들과 다섯 살 때 갈리어 서로 보지 못한다 하므로 내가 듣기에 내 마음도 안되어서 위로하고 섬데이 만나 본다 하였다.

(19)43년쯤 되어서 내가 여관에 가서 일을 보고 집에 5시쯤에 오니 내 셋째 딸이 말하기를 파파(papa, 아빠) 아들이 찾아와서 아버지 찾아 히캄 일하는 데로 갔다 한다. 조금 있으니 아들과 아버지가 집으로 들어왔다. 그래서 내가 묻기를 어찌 알고 잘 찾아왔는가 하니 그전 아버지 살던 동리 가서 물으니 없다 하고 히캄에 산다는 말을 들었다 하여 히캄에 찾아와서 집을 찾는 중에, 나의 둘째 딸이 집에서 나와 일을 가는 중 어떤 셀나[19]가 집을 찾는 것 같아서 물으니 기븐(Given) 집을 찾는다 하고, 기븐이 내 아버지라 하여 이 집이 기븐 집이라 하고, 지금 일하러 갔다 하고, 조금 있으면

---

18 세 사람의 인명을 열거했는데 정확한 철자를 확인하기 힘들다.
19 셀나는 세일러sailor로 보인다. 해군이 세일러복을 입어서 세일러라고도 불렀다.

고 내 쌀이 밤일을 하로 가니 아바지 일하는 대 저도 간다 하여서 다리고 갓다.

아바지와 아달이 십팔 년 만에 맛나 보앗다. 서로 깃버함으로 집에 와서 네비에서 쌔시를 한 줄 어더 집에서 시고 아바지는 시개를 사쥬고 나는 반지[15]를 사서 선사하엿다. 시간 잇는 대로 비치로 다려고 갓다. 그래서 한 쥬일 잘 쉬고 갈 쌔에 아바지하고 내하고 말하기를 네가 나이 아직 절머니 공부를 하게 네비서 나오며 학교를 시작하며 공부를 한다 하며 할 슈 잇는 대로 도아쥬마 하엿다.

나는 내 자식이나 누구 청년이 공부한다 하며 도아줄 마음이 잇는대 항차 나의 남편에 아들이며 아모리 어려와도 공부를 한다 하며 내가 도아쥬는 작정이다. 그러고 이후 쏘 맛나기를 하고 써낫다. 그 후에 미국 가서 소식이 업더니 하로난 편지가 왓다. 반가히 쎡여 보니 밥 아달에 편지다. 네비서 나와서 써빌윤이 되엿다. 그러나 학교에 입학한다 말이 업고 헌 카를 하나 사겻시니 돈을 七十五元을 보내 달라 하고 내가 말 듯기는 어머니가 시집가서 다른 영감하고 햇비로 산다는 소식을 드럿난대 밥의게로 편지가 오기로 내가 병원에 잇시니 돈 삼백 원만 보내 달나 하엿다.

그 시에 전장도 씃치 나는 중이고 모던 것이 전과 갓치 죠용하게 되매 힉감 하우싱은 아메가 도라오면 평민은 밧게 가서 살게 되매 우리가 집을 사로 다니다가 할 슈 업시 코코헷에 집을 삿다.

[16]식히고 아메가 적은 섬을 치고 드러가고 태평 바다를 굿세게 직히무로 원슈가 숨어서 드러올 슈 업다. 그래서 미국 해병대와 륙군이 전 미

온다 하고, 내 딸이 밤일을 하러 가니 〔그 아들이〕 아버지 일하는 데 저도 간다 하여서 데리고 갔다.

아버지와 아들이 18년 만에 만나 보았다. 서로 기뻐하며 집에 와서〔왔다.〕 네이비에서 패스〔휴가〕를 한 주 얻어 〔우리〕 집에서 쉬고 아버지는 시계를 사주고 나는 반지를 사서 선사하였다. 시간 있는 대로 비치〔해변가〕로 데리고 갔다. 그래서 한 주일 잘 쉬고 갈 때에 아버지하고 나하고 말하기를, 네가 나이 아직 젊으니 공부를 하게 네이비에서 나오면, 학교를 시작하며 공부를 한다 하면 할 수 있는 대로 도와주마 하였다.

나는 내 자식이나 누구 청년이 공부한다 하면 도와줄 마음이 있는데 항차〔하물며〕 나의 남편의 아들인데 아무리 어려워도 공부를 한다 하면 내가 도와줄 작정이었다. 그리고 이후 또 만나기로 하고 떠났다. 그 후에 미국 가서 소식이 없더니 하루는 편지가 왔다. 반가이 뜯어 보니 밥 아들의 편지다. 네이비에서 나와서 시빌리언(civilian, 민간인)이 되었다. 그러나 학교에 입학한다는 말은 없고 헌 차를 하나 사겠으니 돈을 75원을 보내 달라 한다. 내가 듣기로는 어머니가 시집가서 다른 영감하고 햇비로(happy로, 행복하게) 산다는 소식을 들었는데 밥에게 편지가 오기를 내〔전 부인〕가 병원에 있으니 돈 300원만 보내 달라 하였다.

그때 전쟁도 끝이 나는 중이고 모든 것이 전과 같이 조용하게 되매 히캄 하우징(Hickham housing)은 아미가 돌아오면 평민〔민간인〕은 밖에 가서 살게 되매[20] 우리가 집을 사러 다니다가 할 수 없이 코코헤드에 집을 샀다.

〔앞쪽과 내용이 이어지지 않음〕 시키고, 아미가 작은 섬을 치고 들어가고 태평양 바다를 굳세게 지키므로 원수가 숨어서 들어올 수 없다. 그래서 미국

---

20 히캄 지역은 군사 주둔 지역에 속하므로 전쟁이 끝나고 군인들이 돌아오면 민간인이 살 수 없다는 뜻이다.

국 영디 하와이섬에 드러온 전장을 물니처서 태평양 바다 일본 속지 된 섬에서 전장을 하고 하와이 백성들은 잠시 폴하마 내에 놀나고 하엿서나 전장 싯날 동안 안심하고 먹을 음식도 만코 해서 미국 정부 륙해군 보호로 하와이 시민은 일도 만코 마설로 밋헤서 행복하엿다.

 아달과 남편을 일헌 부모는 참 고통곡하엿서나 하와이섬에 시민이 죽고 불타는 일은 업서서 하나님의 은혜를 찬양했다. 나는 참 미국 쬐막글시를 찬양하고 원한다. 나는 전지 정취 밋헤 고통을 하여서 민쥬의 쥬이로 사는 나라를 찬양한다. 미국 백성들은 너무 행복을 밧고 살기에 조곰 어려운 것을 참지 못하고 속히 글을 써 원망한다. 내가 듯기도 만히 한다. 엇던 사름이 말하기를 외 우리나라는 아메를 다런 대 보내서 전장을 하나 우리나라나 잘 직히고 잇다가 원슈가 오면은 전장을 하지 안코 경비를 드려 보낸다고 원망하는 소래를 만히 듯고 내 [17]그째에 일본 슈상 도조로 미국과 전정을 평아로 하자고 교섭하로 미국 와싱톤에 드러갓다. 그래서 그 형편을 빙자하고 이곳 하와이 아메 네비 놉헌 사람들을 청하여 일본 튀하우서와 요리집에 큰 찬체를 육 일 반주일 저녁에 베풀고 음식과 술노 만판 취하게 하고 칠 일 아참 새벽에 공즁을로 공긔선이 날아와 힉감과 폴하마를 불노 소멜하엿서니 술이 원슈다. 그째에 그 잔체에 참에간 대장은 잔체 흥미로 취하여서 자긔 부하의 졸멍이 불에 타 죽어도 모러고 잠잘 째에 게변이 낫다.
 [18]집에 드러오도록 두면 그 원슈가 칼이나 총으로 내 식구를 상하지 안나 내 나라에 갓가이 와서 전쟁하면 내 백성이 상하지 안나 하와이서

해병대와 육군이 미국 영지 하와이섬에 들어온 전쟁을 물리쳐서 태평양 바다 일본 속지〔점령지〕가 된 섬에서 전쟁을 하고 하와이 백성들은 잠시 펄하버 내에서 놀라고 하였으나 전쟁이 끝날 동안 안심하고 먹을 음식도 많고 해서 미국 정부 육해군 보호로 하와이 시민은 일도 많고 마셜 로〔계엄령〕 밑에서 행복하였다.

아들과 남편을 잃은 부모는 참 고통 통곡하였으나 하와이섬에 시민이 죽고 불타는 일은 없어서 하나님의 은혜를 찬양했다. 나는 참 미국 데모크라시〔democracy, 민주주의〕를 찬양하고 원한다. 나는 전제 정치 밑에 고통받아서 민주주의로 사는 나라를 찬양한다. 미국 백성들은 너무 행복을 받고 살기에 조금 어려운 것을 참지 못하고 속히 글을 써 원망한다. 내가 듣기도 많이 한다. 어떤 사람이 말하기를 왜 우리나라는 아미〔군대〕를 다른 데보내서 전쟁을 하는가. 우리나라나 잘 지키고 있다가 원수가 오면 전쟁을 하지 않고 〔쓸데없이〕 경비를 들인다고 원망하는 소리를 많이 들었다. 그때에 일본 수상 도조가 미국과 전쟁을 평화로 하자고 교섭하러 미국 워싱턴에 들어갔다. 그래서 그 형편을 빙자하고 이곳 하와이 아미 네이비〔육·해군〕 높은 사람들을 청하여 일본 티하우스〔tea house〕와 요릿집에서 큰 잔치를 6일 반주일[21] 저녁에 베풀고 음식과 술로 만판 취하게 하고 7일[22] 아침 새벽에 공중으로 공기선〔전투기〕이 날아와 히캄과 펄하버를 불로 소멸하였으니 술이 원수다. 그때에 그 잔치에 참여한 대장은 잔치 흥미로 취하여서 자기 부하의 졸병이 불에 타 죽어도 모르고 잠잘 때에 괴변이 났다.

집에 들어오도록 두면 그 원수가 칼이나 총으로 내 식구를 상하지 않나. 내 나라에 가까이 와서 전쟁하면 내 백성이 상하지 않나. 하와이에서 전쟁

---

21  반주일은 토요일을 뜻한다. 옛날에는 '반공일', 즉 반 노는 날이라고도 하였다.
22  1941년 12월 7일 아침 진주만 공격이 시작된 시간.

전쟁을 하지 안이하여서 행복을 밧앗던 것이다. 나는 만헌 공부도 업고 영어도 모러는 사람이다. 나는 이 글을 씨는 것 나의 감동하는 생각으로 아모 지혜 업시 내 마음에 울어나는대로 사실을 씬다. 나의 사진혼인의 감상으로 녯일을 긔록코저 일본과 미국과 전장이 된다 할 째에 한인 한 길슈라 하는 청년이 영어 신문 잡지로 일본의 간탁묘게로 말을 만히 하고 일본을 밋지 말고 일본 시민 하와이서 사는 사람 밋지 마라고 경고하고 일본 사람은 언제던지 일본 사람이다.

긋허로는 알정거리도 속은 칼노 씨고 고양이 갓헌 사람이라 일본 신민은 밋지 못한다. 말과 글노 만히 써낸다. 그래서 그째 한길슈는 공상당이라 하엿지마는 안이고 그 사람이 사실 잘 본 사람이다. 미국과 일본이 전장이 되니 그 한길슈 말이 맛잣다. 하와이 일본 시민과 일본에 일본 시민하고 묘게를 써서 十二月七日 생겻다.

그째 다 약속하고 싸린 릿[19] 폴하마와 힉감을 싸렷다. 한길슈가 미국의게만 개우처 말한 기 안이고 하와이 미국 시민 일본 이삼세의게도 쌔치도록 말한 것이다. 하와이 일본 이삼세는 미국이 제 나라이다. 자긔가 힝복으로 살나면 자긔 난 곳이 행복되여야 된다. 그럼으로 일본 신문 하와이 일본 글을 만히 내엿다. 미국 영지 하와이거로 일본 이삼세의 장래를 위하여 일본 이세 삼세를 미국 자원병을 모집하여 유롭 쩨만을 보내 승이한 뒤배진은 포리포색견 四四二이다. 잘 싸우고 성이해서 만헌 칭찬을 밧아다.

그 일본 이세 삼세들이 전장 후 미국 시민 된 컬리로 까바나 오피소나을 하지 않아서 행복을 받았던 것이다. 나는 많은 공부도 없고 영어도 모르는 사람이다. 나는 이 글을 쓰는 것이 나의 감동하는 생각으로 아무 지혜 없이 내 마음에서 우러나는 대로 사실을 쓴다. 나의 사진혼인의 감상으로 옛일을 기록하고자 〔한다.〕 일본과 미국이 전쟁을 한다 할 때에 한인 한길수라는 청년이 영어 신문 잡지에 일본은 간탁묘계[23]로 말을 많이 하고, 일본을 믿지 말고, 하와이에 사는 일본 시민을 믿지 말라고 경고하고, 일본 사람은 언제든지 일본 사람이다 〔하였다〕.

겉으로는 알짱거려도 속은 칼을 쓰고 고양이 같은 사람이라 일본 신민은 믿지 못한다. 〔한길수가 이렇게〕 말과 글로 많이 써냈다. 그래서 그때 한길수가 공산당이라 하였지마는 〔그것이〕 아니고, 그 사람이 사실 잘 본 사람이다. 미국과 일본이 전쟁을 하니 그 한길수 말이 맞았다. 하와이의 일본 시민과 일본의 일본 시민하고 묘계(妙計)를 써서 12월 7일이 생겼다.

그때 다 약속하고 다른 짓〔을 하여〕 펄하버와 히캄을 때렸다. 한길수가 미국에게만 깨우치라 말한 것이 아니고 하와이 미국 시민 일본 2세, 3세에게도 깨우치도록 말한 것이다. 하와이 일본 2세, 3세는 미국이 제 나라이다. 자기가 행복하게 살려면 자기 난 곳이 행복해야 된다. 그러므로 하와이 일본 신문에 〔한길수가〕 글을 많이 썼다. 미국 영지 하와이에서 일본 2세, 3세의 장래를 위하여 일본 2세, 3세를 미국 자원병으로 모집하여 유럽 저면(Germany, 독일)으로 보내 승리한 디비전(division, 사단)은 포티포세컨드(Forty Four Second, 442연대전투단)[24]이다. 잘 싸우고 승리해서 많은 칭찬을 받았다.

그 일본 2세, 3세들이 전쟁 후 미국 시민 된 권리로 거번먼트(government,

---

23 간악한 책략이라는 뜻으로 보인다.
24 442연대전투단은 1941년 12월 일본의 공격을 받은 후 1943년 3월 하와이에서 주로 일본계 청년들로 구성된 전투단이다. 한인 2세로는 김영옥 대령이 참전했다.

씨티 정부 잡은 일본 이삼세가 다 가젓다. 한국 사람 미국 시민 한길슈 글말이 미국 사람의게만 글씬 기 아니고 하와이 일본 시민을 깨웃첫다. 전장 전에는 하와이 일본 시민이 폴하바나 수코필 영문에나 해군 륙군 베시(영지)에 일을 주지 안이햇다. 이차 전장 후에 해군 륙군 영지에 일을 한다.

[20]불에 나비갓치 세상을 저바리고 넷사람이 되고 아달과 쌀이 그 영감에 자손이다. 그래서 그 영감을 아달이 철텬지 호자로 메긴니 즁학을 맛치고 정부 일을 하고 대학을 가지지 못햇다. 재조는 참 죠코 열심으로 공부하기 원하지마는 자긔 아바지가 늙어서 대학을 가지 안코 정부에 일을 하여 자긔 아바지를 모시고 공경한다. 참 철텬지 호자이다. 지금 아해 들이 안이다. 아바지가 술을 죠아하니 아달이 늘 사다 쥰다. 그 술만 마시 지 안코 동래 술장이 아자씨들이 사가지고 와서 갓치 마시매 아들이 일 하고 집에 도라오면 아바지가 술이 채하여서 그리 길에 누엇시면 메고 집에 가서 침상에 누이고 한다고 나의 친구들이 나를 보고 말한다. 참 마 음 씨아리고 압허다.

영감 사는 동래는 팔나마 거리 전방 우칭에서 살앗다. 집세해 싼 연고 로 그기는 늙언 영감 홀노 게시는 아자씨들이 살고 잇고 히망 업시 술만 먹는 이들이다. 그래서 [21]내가 생긱다 못해서 내 아들이 참 호자로서 내 아달을 위하여 코코헷 내 쌍에다 집을 새로 짓고 아바지와 내 아들을 다 려왓다. 나의 영감 미스타 깁엔이 그 영감을 잘 대접한다. 자긔가 카를 부 리고 전방에 가기 되면 다리고 가서 맥쥬도 사쥬고 하엿다. 깁엔이 마음 이 너거럽고 죠헌 사람이다. 한 몃 해 잘 잇다가 친구가 업서서 자미업다

정부)나 오피스(office)나 시티 정부 잡(job)을 다 가졌다. 한국 사람 미국 시민 한길수 글말이 미국 사람에게만 글쓴 것이 아니고 하와이 일본 시민을 깨우쳤다. 전쟁 전에는 하와이 일본 시민에게 펄하버나 스코필드 영문이나 해군·육군 영지에서 일을 주지 않았다. (그러나) 이차 전쟁 후에(는 그들이) 해군·육군 영지에서 일한다.

(8)쪽에서 이어짐) 번에 불나비같이 세상을 저버리고 옛사람이 되었고 아들과 딸(데이비드와 메리)이 그 영감[25]의 자손이다. 그래서 그 영감의 아들이 철천지 효자[26]로 매킨리 중학(고등학교)을 마치고 정부 일을 하고 대학을 가지 못했다. 재주는 참 좋고 열심히 공부하기를 원하지만 자기 아버지가 늙어서 대학을 가지 않고 정부에서 일하여 자기 아버지를 모시고 공경한다. 참 철천지 효자이다. 지금 아이들이 아니다. 아버지가 술을 좋아하니 아들이 늘 사다 준다. 그 술만 마시지 않고 동네 술쟁이 아저씨들이 사가지고 와서 같이 마시니, 아들이 일하고 집에 돌아오면 아버지가 술에 취하여서 그렇게 길에 누워 있으면 메고 집에 가서 침상에 누이고 한다고 나의 친구들이 나를 보고 말한다. 참 마음이 쓰라리고 아프다.

영감 사는 동네는 팔라마(Palama) 거리(이고) 전방(가게) 위층에서 살았다. 집세가 싼 연고로 거기는 늙은 영감 홀로 계시는 아저씨들이 살고 있고 희망 없이 술만 먹는 이들이다. 그래서 내가 생각다 못해서 내 아들이 참 효자로서 내 아들을 위하여 코코헤드 내 땅에다 집을 새로 짓고 아버지와 내 아들을 데려왔다. 나의 영감 미스터 기븐이 그 영감을 잘 대접한다. 자기가 카(car)를 부리고 전방에 가게 되면 데리고 가서 맥주도 사주고 하였다. 기븐은 마음이 너그럽고 좋은 사람이다. 한 몇 해 잘 있다가 친구가

---

25 첫 번째 남편 길찬록을 말한다.
26 하늘에 사무치도록 한이 맺히게 한 원수를 '철천지원수徹天之怨讐'라 하는데, 하늘에 사무칠 만큼 효심이 깊음을 묘사하고자 '철천지'를 따서 쓴 듯하다.

하니 아들이 그 집을 팔고 슈굴 수추리로 이사를 하고 죠헌 처녀를 맛낫다. 내가 큰아달이라 늘 말하기를 네가 장가를 가면 내가 큰 찬체를 하여 쥰다고 늘 말햇다. 내 아달은 어머니 말을 잘 듯난다. 그래서 대한 처녀의게 장가 가는 것을 내가 원해서 대한 처녀를 만히 맛나게 소개하엿서나 연분이 안이라 혼인이 되지 안코 일본 오기나와 쳐녀를 차저 혼인하겟다 하니 그째에 발서 내 아달 나히 삼십이 되어서 할 슈 업다. 네가 사랑하면 장가가라 하엿다. 그래서 그째 나의 친구들과 내 아달 일하는 정부 사람들 처녀의 집 친구와 사오백 명을 청하여 성대한 잔취를 코코헷 우리 집 정원에서 하엿다. 아달이 아바지의게 효도하니 메너리도 아바지의게 잘하고 호녀는 말을 드럿다.

그래서 그 길찬록 씨가 미미[22]교 안 목사님을 하로 불너다가 자긔 집에 오시라 하고 그 안 목사님을 보고 길찬록 씨 말삼이 자긔 아달과 메나리를 칭찬하여 말삼하긔를 나의 아달이 참 효자요 그와 싸라 나의 메나리도 참 효녀라. 이 늙은 씨아바지를 시집오는 날노 한글갓치 나를 공경하니 너무 감게무량으로 고마운 말을 내가 말을 못 하니 메나리의게 고맙다는 말을 못 하고 포정을 못 하니 목사님이 영어로 말삼 설명하여 쥬십시요 해서 안 목사가 우리 메나리를 불너 놋코 씨아바지 말하는 대로 설명하니 메나리 말이 내가 아모것도 아바지의게 특별히 한 것 업난대 아바지가 그리 말삼하신다 하고 울엇다 한다.

그 후에 쏘 그 영감이 말삼하기를 나를 말햇다 한다. 나의 부인 되던 이가 나를 바리고 간 것은 전여 나의 잘못으로 그리되엿다 하고 내가 나이 만헌 사람이 남의 청춘을 다려다가 근사를 못 햇서니 나의 잘못이라 없어서 재미없다 하니 아들이 그 집을 팔고 스쿨 스트리트(School Street)로 이사하고 좋은 처녀를 만났다. 내가 큰아들에게 늘 말하기를 네가 장가를 가면 내가 큰 잔치를 하여 준다고 늘 말했다. 내 아들은 어머니 말을 잘 듣는다. 그래서 대한 처녀에게 장가가는 것을 내가 원해서 대한 처녀를 많이 만나게 소개하였으나 연분이 아니라 혼인이 되지 않고 일본 오키나와 처녀를 찾아 혼인하겠다 하니 그때에 벌써 내 아들 나이 30이 되어서 할 수 없다. 네가 사랑하면 장가가라 하였다. 그래서 그때 나의 친구들과 내 아들 일하는 정부 사람들, 처녀 집 친구와 400~500명을 청하여 성대한 잔치를 코코헤드 우리 집 정원에서 하였다. 아들이 아버지에게 효도하니 며느리도 아버지에게 잘하고 효녀라는 말을 들었다.

그래서 길찬록 씨가 미이미교(감리교) 안 목사님[27]을 하루 불러다가 자기 집에 오시라 하고 그 안 목사님을 보고 길찬록 씨가 자기 아들과 며느리를 칭찬하여 말씀하기를 "나의 아들이 참 효자요, 그와 같이 나의 며느리도 참 효녀라. 이 늙은 시아버지를 시집오는 날로 한결같이 나를 공경하니 너무 감개무량하여 고마운 말을 내가 못 하니 며느리에게 고맙다는 말을 못 하고 표정을 못 하니 목사님이 영어로 말씀 설명하여 주십시오." 해서 안 목사가 우리 며느리를 불러 놓고 시아버지 말하는 대로 설명하니 며느리 말이, 내가 아무것도 아버지에게 특별히 한 것이 없는데 아버지가 그리 말씀하신다 하고 울었다 한다.

그 후에 또 그 영감이 말씀하기를 나를 말했다 한다. 나의 부인 되던 이가 나를 버리고 간 것은 전부 나의 잘못으로 그리되었다 하고, 내가 나이 많은 사람이 남의 청춘을 데려다가 건사를 못 했으니 나의 잘못이라 하고,

---

27 안창호 목사(1884~1966)는 1911년 공주읍교회에서 목사 안수를 받고 천안 지방에서 목회하며 한글과 조선 역사를 교육하였다. 독립운동에 참여하다 일제의 감시를 못 이겨 하와이로 이주하여 임시정부의 재정을 지원하는 등 독립운동을 계속하였다.

하고, 그래도 그 부인으로 하여곰 이런 죠헌 아달이 생겨서 내가 행복을 밧는다 하며 부대 선생님 그이를 보고 내 하는 말삼을 해쥬시요 햇다. 그러고 멋 해 살다가 노병으로 세상을 써나섯다. 세상 써날 째 장에식은 미미교회서 에식하고 장에소에서 손님 접대 정심은 내 친목회원들이 다 시무하고 장에를 잘[23]햇다. 나의 남편 된 백인이 참 죠헌 사람으로 이러한 모던 일을 갓치 다하고 나를 도아쥬엇다. 사람이 정의와 인도로 하며 복을 밧는다.

코코헷 쌍이 죠아서 가내신 쑤라를 심어면 잘 살아서 농사하는 사람마다 자긔 손으로 온 씨를 만더라 온 밧헤 심은다. 이 가내신은 을너미나서 온 빙커 가네신 냄새가 훌영. 그 늙은 곳을 잘나서 그 닙사기를 싸서 우로톤이라 하는 가로약에 쌕리만 뭇처서 쌍을 잘 고루고 흑을 부더럽게 하고 반반하니 골아서 그게다가 총총이 곱고 물을 아침저녁에 쥰다. 대단이 물이 세지 안코 슌하게 쥰다. 대략 석 달이 되면 그 씨를 밧헤 심을 수 잇다.

그래서 가내신 농사를 잘하고 우리 큰쌀이 죠헌 카서타마를 어더서 잘 팔고 잘하엿다. 다런 한인들은 곳을 대쥬는 사람들이 네 셀나 하와인들이다. 하와인들이 곳헌 만히 씨지마는 엇던 사람은 돈을 잘 내지 안이하니 참 어렵다.

우리는 다 죠헌 전방에 대주엇다. 그 전방은 우로엘 호텔 구니기요 니옹에서라 호텔 하와이 부라섬 여러 전방에 만히 주고 네 셀나 마나기아 앤니가 만히 씨고 돈도 잘 넷다. 그래서 가내신으로 자미 본다.

그째 큰쌀, 큰아달은 혼인하고 그래도 아해들이 아직 잇[24]다. 우리 둘

그래도 그 부인으로 인하여 이렇게 좋은 아들이 생겨서 내가 행복을 받는다 하며 부디 선생님 그이를 보고 내 하는 말씀을 해주시오 했다. 그리고 몇 해 살다가 노병으로 세상을 떠나셨다. 세상 떠날 때 장례식은 미이미교회에서 예식하고 장례소에서 손님 접대 점심은 내 친목 회원들이 다 시무하고 장례를 잘 치렀다. 나의 남편 된 백인이 참 좋은 사람으로 이러한 모든 일을 같이 다하고 나를 도와주었다. 사람이 정의와 인도로 〔행〕하면 복을 받는다.

코코헤드 땅이 좋아서 카네이션 뿌리를 심으면 잘 살아서 농사하는 사람마다 자기 손으로 온 씨를 만들어 온 밭에 심는다. 이 카네이션은 윌헬미나(Wilhelmina)에서 온 핑크 카네이션〔으로〕 냄새가 훌륭하다. 그 늙은 꽃을 잘라서 그 잎사귀를 따서 루톤〔roottone〕이라 하는 가루약에 뿌리만 묻혀서 땅을 잘 고르고 흙을 부드럽게 하고 반반하니 골라서 거기다가 촘촘히 꽂고 물을 아침저녁으로 준다. 대단히 물을 세지 않고 순하게 준다. 대략 석 달이 되면 그 씨를 밭에 심을 수 있다.

그래서 카네이션 농사를 잘하고 우리 큰딸이 좋은 커스터머〔customer, 손님〕를 얻어서 잘 팔고 잘하였다. 다른 한인들은 꽃을 대주는 사람들이 레이 셀러〔lei seller, 레이 판매상〕 하와이안들이다. 하와이안들이 꽃은 많이 쓰지마는 어떤 사람은 돈을 잘 내지 않아서 참 어렵다.

우리는 〔꽃을〕 다 좋은 전방에 대주었다. 우로엘 호텔, 구니기요 니옹에 서라 호텔, 하와이 부라섬 〔호텔 등〕 여러 전방에 많이 주고 레이 셀러 마나기아앤니가 많이 쓰고 돈도 잘 냈다.[28] 그래서 카네이션으로 재미를 보았다.

그때 큰딸, 큰아들은 혼인하였고, 그래도 아이들이 아직 〔집에〕 있었다. 우

---

[28] 당시 하와이에 있던 호텔들의 명칭과 레이 판매상 이름의 정확한 철자는 확인하지 못하였다.

재 아달이 전장 후 배에 일을 하고 유롭과 동양을 다 다여와서 나의게 말하기를 지금은 내가 공부로 할 작정인대 공부를 하로 가면 내 돈 저금한 것을 다 씰 모양이 되니 내 돈과 어머니 형편이 되면 어머니와 갓치 합자하여 세 놋는 집을 사놋코 그게서 조곰 돈이 나무면 그 돈으로 공부하는 것이 조컷다는 의향을 함으로 참 나도 긔득하여 찬조하엿다. 제가 모아논 돈이 넷날에 쌔섭 쌩커 쌔섭과 킹 수추리 잇는 대 만 원을 저금했다. 지금은 퍼서 하와인 쌩커다. 그째에 나도 엣 짜우순(팔천 원)이 잇섯다. 그러고 내가 게 드러 노은 돈이 만히 잇섯다. 이 게라 하는 것은 대한 말노는 월게라 하고 일본 말노는 다나모시라 일홈한다.

우리 한국 녀자 사진혼인에 온 이들이 대단 일적 쌔고 살기를 원해서 남편들은 나히 만코 아모 재주 업고 사역도 잘 못 하니 아해들은 잇서 만코 해서 이 녀자들이 살길을 차서 쌜내삽도 내고 바너질도 하고 장사는 할내도 미쳔이 업서 큰 회사나 청국사람의게 헌집을 몇해 세로 약조하고 자도방을 쑤민 후 일군들의게 세 노아서 차차 잘되여 큰 여관도 사고 아바트 집도 사고 하여서 그째 돈이 업다. 밋쳔 할 돈 업고 [25]은행에 가서 돈 몇천 원 쑬나 하면 유산물을 잡고 돈을 쥬고 개인으로 주는 돈은 죠헌 잡이 잇서야 은행 돈을 어더 씬다. 우리 형편으로 죠헌 잡도 업고 유산도 업섯다. 그러니 우리 녀자들이 그런 전세집 방을 쑤미도 몇천이 드러간다. 그래서 우리 녀자들이 신용으로 게를 모아서 누가 그런 집을 할나면 게를 쌔여고 다다리 그게서 나는 돈으로 자식들하고 먹고살고 게를 부어 나갓다.

그럼으로 지금 한인들이 집이 잇다. 참 일도 만히 한다. 그 방을 녀자들이 손슈 치아 준다. 삽질을 하고 손에 못이 다 박히도록 일을 햇다. 그러무로 나도 그째 게 드러 노은 것 타고 해서 내가 아달과 내가 아파터를 오만리 둘째 아들이 전쟁 후 배에〔서〕 일하고 유럽과 동양을 다 다녀와서 나에게 말하기를, 지금 내가 공부할 작정인데 공부하러 가면 내 돈 저금한 것을 다 쓸 모양이 되니 내 돈과 어머니 형편이 되면 어머니와 같이 합자하여 세놓는 집을 사놓고 거기서 조금 돈이 나오면 그 돈으로 공부하는 것이 좋겠다는 의향을 하므로 참 나도 기특하여 찬조하였다. 제가 모아 놓은 돈으로 옛날에 비숍 스트리트와 킹 스트리트에 있는 비숍 뱅크〔Bishop Bank〕에 저금한 만 원이 있었다. 지금〔이름〕은 퍼스트 하와이안 뱅크〔First Hawaiian Bank〕다. 그때에 나도 에잇 사우전드〔eight thousand, 8천 달러〕가 있었다. 그리고 내가 계 들어 놓은 돈이 많이 있었다. 이 계라 하는 것은 대한 말로는 월계라 하고, 일본 말로는 다노모시코〔賴母子講〕라 이름한다.

우리 한국 여자 사진혼인해 온 이들이 대단히 일찍 깨었고 살기를 원해서 남편들은 나이 많고, 아무 재주 없고, 사역도 잘 못 하니 아이들은 많이 있어서 이 여자들이 살길을 찾아서 빨래숍〔shop〕도 내고, 바느질도 하고, 장사는 할래도 밑천이 없어 큰 회사나 청국 사람에게 헌집을 몇 해 세내어 약조하고 잠자는 방을 꾸민 후 일꾼들에게 세놓아서 차차 잘되어 큰 여관도 사고, 아파트 집도 사고〔하였다. 그런데〕그때 돈이 없다. 밑천 할 돈이 없어 은행에 가서 돈 몇천 원 꾸려 하면 유산물〔담보물〕을 잡고 돈을 주고, 개인에게 주는〔은행〕돈은 좋은 잡〔job〕이 있어야 얻어 쓴다. 우리 형편으로 좋은 직업도 없고 유산도 없었다. 우리 여자들이 그런 전셋집 방을 꾸며도 몇천이 들어간다. 그래서 우리 여자들이 신용으로 계를 모아서 누가 그런 집을 하려면 계를 태이고〔타게 하고〕다달이 거기서 나는 돈으로 자식들하고 먹고살고 계를 부어 나갔다.

그러므로 지금 한인들이 집이 있다. 참 일도 많이 했다. 그 방을 여자들이 손수 치워 주었다. 삽질을 하고 손에 못이 다 박이도록 일했다. 그러므로 나도 그때 계 들어 놓은 것을 타서 아들과 아파트 5만 원짜리를 와이키

원자리를 와기기 알나와이에 열 아바터 돈이 칠백 원 세돈이 드러오난 것을 삿다. 그해 일천구백사십팔 년에 오만 원에 사고 삼천 원을 드려 수리햇다. 그째 그 집을 팔고 사게 한 사람 그간은 차이니시 변지맨 공 씨이다.

집을 삿고 아달은 미국으로 공부하로 가서 미선근 대학에 입학하엿다. 공부 삼 년 하고 사 년 [四月]에 집에 왓[26]다. 그래서 내가 놀나 무럿다. 외 공부하다 왓너냐 하니 제가 원하는 잡이 잇다고 지금 가지라 하니 내가 그 잡을 원해서 왓다 하기에 내가 대단이 섭섭하여 무선 잡인지는 몰나도 조곰 더 공부하며 대학을 맛칠 터인대 그것을 구만두고 즁도에 구만두는 것은 어머니로서는 참 섭섭하다고 말햇다. 아들이 장성한 사람이니 할 슈 업다. 그 후에 죠헌 백인 쳐녀를 차자 결혼햇다. 길혼은 유연 쳐취 교회에 가서 혼인하고 섬으로 핸에문 갓다.

사십팔 년에 아파트를 사고 세를 놋코 개내신 농사는 아자씨 일군을 다리고 하는 즁 죠노물의 시기로 사십구 년에 투 억커(이 마지기) 가내신을 심어 노왓고 류월에 학생 졸업식 하는 네 곳헐 만히 심어 참 잘되엿다. 그째 한인 가내신 농사하는 사람들이 자긔 곳흘 서로 만히 팔기 위하여 이 나라 토죵 녀자 하와인들 네 셀나의게 갑설 저락하여 헐키 쥬고 하니 피차에 손해만 되고 돈을 벌지 못한다. 그럼으로 일본 가내신 농사하는 사람 두 사람과 한인 [27]가내신 농사하는 사람들이 합작하여 곳 갓다 놋는 도가 전방을 열엇다. 기갈닛기 거리에다가 그러고 한인 남 일본 남자이 쥬장하엿다.

농사하는 사람은 적기 하는 사람이나 만히 하는 사람이나 도합으로 그 전방에 갓다 노은 곳이 다 팔니야 돈을 쳐주니 만히 갓다 노헌 곳 파노랏고 저것 곳헌 팔 여지 업다. 그러니 적은 농사하는 사람은 손해로 경키〔Waikiki〕 알라와이〔Ala Wai〕에 열 아파트,[29] 700원 셋돈이 들어오는 것을 샀다. 그해 1948년에 5만 원에 사고 3,000원을 들여 수리했다. 그때 그 집을 팔고 사게 한 거간꾼은 차이니스 비즈니스맨 공 씨이다.

집을 사놓고 아들은 미국으로 공부하러 가서 미시간 대학에 입학하였다. 공부 3년 하고 〔191〕4년 4월에 집에 왔다. 그래서 내가 놀랐다. 왜 공부하다 왔느냐고 하니 제가 원하는 잡이 있다고 지금 가지려고 그 잡을 원해서 왔다 하기에 내가 대단히 섭섭하여 무슨 잡인지는 모르나 조금 더 공부하면 대학을 마칠 터인데 그것을 그만두고 중도에 그만두는 것은 어머니로서는 참 섭섭하다고 말했다. 아들이 장성한 사람이니 할 수 없다. 그 후에 좋은 백인 처녀를 찾아 결혼했다. 유니언 처치〔Union Church〕에 가서 혼인하고 섬으로 허니문〔honeymoon, 신혼여행〕을 갔다.

1948년에 아파트를 사고 세를 놓고 카네이션 농사는 아저씨 일꾼을 데리고 하는 중 조물주의 시기로 〔어려움을 겪었다.〕 1949년에 2에이커(두 마지기)〔의 땅에〕 카네이션을 심어 놓았고, 6월에 학생 졸업식 하는 레이 꽃을 많이 심어 참 잘되었다. 그때 한인 카네이션 농사 하는 사람들이 자기 꽃을 서로 많이 팔기 위하여 이 나라 토종 여자 하와이안 레이 셀러들에게 값을 저락하여〔내려〕 헐하게 주고 하니 피차에 손해만 되고 돈을 벌지 못했다. 그러므로 일본 카네이션 농사 하는 사람 두 사람과 한인 카네이션 농사 하는 사람들이 합작하여 꽃 갖다 놓는 도매 전방을 열었다. 키카니아 거리에다가 그렇게 하고 한인 남자, 일본 남자〔가〕 주장〔主掌〕하였다.

농사하는 사람은 적게 하는 사람이나 많이 하는 사람이나 도합으로 그 전방에 갖다 놓은 꽃이 다 팔려야 돈을 쳐주니 많이 갖다 놓은 꽃을 파느라고 적게 〔갖다 놓은〕 꽃은 팔 여지가 없다. 그러니 적은 〔규모로〕 농사하는 사

---

29 열 개의 유닛unit이 있는 아파트, 즉 세를 놓을 수 있는 아파트 열 채를 말한다.

비를 할 슈 업다. 이 꼿헌 식물이 안이고 사람들이 사랑하여 가지난 물건이라 오래 두고 팔지 못하고 씨드러지면 내버리야 된다. 곳치 씨슌이 되여 날 째는 갑절노 나게 되니 다 팔 슈 업고 죠헌 것만 골야 팔고 다 내버린다. 그러나 엇던 한인은 자기 곳을 다 팔 양으로 갑설 맛고 죠턴 굿던 다 팔 작정으로 갑서로 저락한다. 죠헌 것을 골나 제갑설 바더나 조치 못한 곳을 헐키 밧어나 돈은 일반으로 슈입된다. 그래서 곳 막것이 불란하게 된다. 그래서 곳 전방 고압을 설씨한다 해서 내가 여러분 참에하고 엇더케 하자는 문제를 토론[28]하는 설명도 만히 드럿다.

그러나 엇던 설명은 내 마음에 불합한 조건이 잇다. 그러면 내가 일어나서 말햇다. 그 한인 청년들도 가내신 하는 청년이 몃 잇섯다. 이 농사는 자기 부모들이 한 것을 자긔들이 하는 사름도 잇섯다. 이 사람들이 미국 공부는 잇지마는 농사하는 가내신 상업에 엇지 되는 형편은 잘 모런다. 그째 소문나기는 가내신 농사하여 돈을 잘 별이한다고 소문이 낫섯다. 그러나 이 물건은 먹는 그시 안이요 가저고 사랑으로 씨는 물근임으로 째를 리용하지 안코 시무면 다 버린다. 하와이도 털이 잇서 게을에 꼿치 만히 피지 안코 봄에 만히 잇서도 만히 팔지 못하고 유월 졸업 시에 만히 잇서야 돈을 벌이할 슈 잇다.

학생들이 조아하는 푸레자가 됨으로 그래서 고압희를 할 째 내가 참석하여서 여러 번 일어나 설명햇지마는 한 문제[29]는 내가 생각한다. 한 청년이 이러나 말하기를 우리가 고압을 차리면 경비가 좀 잇설 터이니 곳을 더 팔아야 한다. 그러면 한 주일에 두 번식 씨는 전방에 곳헐 더 씨게 갓다 주고 더 안 씨는 전방에는 졸업 째에 쥬지 말고 돈 더 주는 대 쌀아 경비를 신다 하고 설명한 후 내가 이러나서 이 설명은 경우가 안이다. 적람은 손해가 나 경비를 벌 수 없다. 이 꽃은 식물이 아니고 사람들이 사랑하여 갖는 물건이라 오래 두고 팔지 못하여 시들면 내버려야 한다. 꽃이 시즌이 되어 필 때는 갑절로 피게 되니 다 팔 수 없고 좋은 것만 골라 팔고〔나머지는〕다 내버린다. 그러나 어떤 한인은 자기 꽃을 다 팔 요량으로 값을 맞고[30] 좋든 나쁘든 다 팔 작정으로 값을 내린다. 좋은 것을 골라 제값을 받으나 좋지 못한 꽃을 헐하게 받으나 돈은 일반으로 수입된다(똑같이 들어온다). 그래서 꽃 마켓이 불안해진다. 그래서 꽃 전방 조합을 설시한다 해서 내가 여러 번 참여하고 어떻게 하자는 문제를 토론하는 설명도 많이 들었다.

그러나 어떤 설명은 내 마음에 불합〔不合〕하였다. 그러면 내가 일어나서 말했다. 한인 청년들 중에 카네이션 〔농사〕하는 청년이 몇 있었다. 자기 부모들이 한 농사를 자기들이 하는 사람도 있었다. 이 사람들이 미국 공부는 하였지만 농사하는 카네이션 상업의 어찌되는 형편은 잘 모른다. 그때 소문나기를 카네이션 농사 하여 돈을 잘 번다고 소문이 났다. 그러나 이 물건은 먹는 것이 아니요 가지고 사랑으로 쓰는 물건이므로 때를 이용하지 않고 심으면 다 버린다. 하와이도 계절이 있어 겨울에 꽃이 많이 피지 않고, 봄에 〔꽃이〕 많이 있어도 많이 팔지 못하고 6월 졸업 시에 많이 있어야 돈을 벌 수 있다.

학생들이 좋아하는 플레저(pleasure, 기쁨)가 되므로 그래서 조합회를 할 때 내가 참석하여서 여러 번 일어나 설명했지만, 한 문제는〔에 대해서는〕내가 〔이렇게〕 생각한다. 한 청년이 일어나 말하기를 우리가 조합을 차리면 경비가 좀 들 터이니 꽃을 더 팔아야 한다, 그러면 일주일에 두 번씩 쓰는 전방에 꽃을 더 쓰게 갖다 주고 더 안 쓰는 전방에는 졸업 때에 주지 말고 돈 더 주는 데 따라 경비를 쓰자고 설명하였다. 그 후 내가 일어나서 이 설

---

30 값을 상대방이 부르는 대로 받아들인다는 뜻이다.

은 전방에 한 주일에 몃 번식 정에 놋코 밧는 곳도 그 전방에서도 다 팔지 못하면 곳헐(을) 버리 쌔도 잇다. 그러면 다 팔고 업서면 시패실 오다도 한다. 그쌔는 고압이 갓다 준다. 일은 적은 곳 전방도 졸업 쌔 좀 더 팔아 경비를 한다. 그럼으로 우리가 사업 장래를 두고 할나면 우리 고압이 이런 적은 전방을 도아주고 살니 가면 해야 된다. 억지로 사게 하는 것은 사업에 경우가 안이다 하고 설명하니 쏘 한 청년이 이러나서 우리가 고압을 하니 그 사람들도 곳을 더 써[30]게 해야 한다 하기로 내가 이러나서 미국은 민쥬쥬의로 자긔의 쥬의가 잇서니 누가 압제로 뒤맨 못한다. 카문에서 나라가 안이라 하고 안잣다.

그 후에 몃 번 회하는 대 참에햇서니 내 의향과 갓지 안코 해서 나는 고압에 들지 안코 내 자유로 곳헐 팔앗다. 그 후에 사십구 년 三四월에 하와이 비가 만히 와서 코코구래다산 물이 나려와서 한인 가내신 키우는 농장을 비물이 다 씨려가고 졸업할 쌔 씰 가내신 곳이 업서저서 고압이 네 쎌나 줄 곳이 업서저서 걱정이다.

그쌔 고압 매너자가 남이다. 그가 오월쌀에 내 집에 와서 고압에 드러오라고 권면한다. 그래서 내가 말하기를 지금은 드러갈 수 업고 장차로 나도 드러간다 하엿다. 그쌔에 내하고 리하고 두 집에는 물이 만히 씨러가지 안이햇다. 손해는 좀 잇서도 만치 안이햇다. 그쌔에 고압이 장사를 바런대로 하며 나도 드러간다고 말햇다. 남이 골이 나서 두고 보자 자유로 파는 사람 오래가너야 하고 악심을 하는 말을 하고 갓다. 그 후에 내 가내신 밧헤 우킬나 포인신(독약)을 밤에 와서 쥬어서 온 밧헤 가내신이 [31]다 죽엇다. 쥬일 새벽 아참에 아자씨 일군이 가내신을 싸서 튀불 우명은 경우가 아니다, 작은 전방에 일주일에 몇 번씩 정해 놓고 받는 곳도 그 전방에서 다 팔지 못하면 꽃을 버리는 때도 있다. 그리고 다 팔고 없으면 스페셜 오더(special order, 특별주문)도 한다. 그때는 조합이 갖다 준다. 이런 작은 꽃 전방도 졸업 때 좀 더 팔아 경비를 한다. 그러므로 우리가 사업의 장래를 두고 하려면 우리 조합이 이런 작은 전방을 도와주고 살려 가면서 해야 된다. 억지로 사게 하는 것은 사업에 경우가 아니다 하고 설명하니, 또 한 청년이 일어나서 우리가 조합을 하니 그 사람들도 꽃을 더 쓰게 해야 한다 하기에, 내가 일어나서 미국은 민주주의로 자기의 주의가 있으니 누가 압제로 디맨드(demand, 요구) 못 한다, 코뮤니스트(communist, 공산주의) 나라가 아니라 하고 앉았다.

그 후에 몇 번 회의하는 데 참여했더니 내 의향과 같지 않고 해서 나는 조합에 들지 않고 내 자유로 꽃을 팔았다. 그 후에 (19)49년 3, 4월에 하와이에 비가 많이 와서 코코크레이터산에서 물이 내려와서 한인 카네이션 키우는 농장을 빗물이 다 쓸어 가고 졸업할 때 쓸 카네이션 꽃이 없어져서 조합이 레이 셀러에게 줄 꽃이 없어져서 걱정하였다.

그때 조합 매니저가 남(씨)이다. 그가 5월달에 내 집에 와서 조합에 들어오라고 권면했다. 그래서 내가 말하기를 지금은 들어갈 수 없고 장차 나도 들어간다 하였다. 그때에 나하고 리[31]하고 두 집은 물이 많이 쓸어 가지 않았다. 손해는 좀 있어도 많지 않았다. 그때에 조합이 장사를 바른대로 하면 나도 들어간다고 말했다. 남이 골이 나서 "두고 보자, 자유로 파는 사람 오래가는가 보자." 악심을 하는 말을 하고 갔다. 그 후에 내 카네이션 밭에 위드 킬러 포이즌(독약)(weed killer poison, 제초제)을 밤에 와서 주어서 온 밭의 카네이션이 다 죽었다. 주일 새벽 아침에 아저씨 일꾼이 카네이션을 따

---

31 이규설로 추측된다.

(상 우)에 노와서 내가 나가서 네 한 개를 키면 가내신 백 개가 들무로 백 개식 세고 보니 곳치 싱싱치 못하고 다 씨러지고 이상하여 내 밥(영감)을 곳홀 보이고 곳이 이상하니 밧헤 나리가 보자고 하여 길 건너 잇는 밧헤 가내신이 잇서 가보니 톡한 약내가 나고 가내신이 다 죽어 간다.

그래서 참 이상하여 온 동래 가서 가내신을 보아도 그럿치 안다. 그래 밥(영감)이 대학교 애버칼차 잇는 싹다 풀을 전어로 불넛다. 이 싹다 풀 씨는 밥과 한 동창생으로 필나다비에 쑤라이 칼나지 동창생이다. 그이가 자긔 친구를 다리고 왓서 온 밧헐 검사하니 포인신을 가내신에다 준 막이 잇다. 그래서 슌금을 부러라고 온 동리 사람이 다 말하머도 슌금을 불너서 다 조사하고 고압서 남이 와서 말하던 말을 다 하니 그 사람을 다다려다 문답햇다.

그러나 아모 정거를 [32]잡지 못한다. 그 밧해 가내신이 한 마지긔 반이나 심어서 오 일 륙 일노 밤에 약을 쥬어도 사람 여러 사람이라야 된다. 그럼으로 별순사 말이 한두 사람이 한 것 안이고 여러 사람이 한 일이다. 누가 한 것을 알지마는 정거가 업다.

그래서 곳이 업서지니 다다리 드러오는 돈이 업서 일군 월급 쥬기 어려워서 여러 슈천 원을 손해를 보앗다. 먹는 채소는 쌍에 심어서 일 색 이 색 파갓턴 것은 혹 삼 색이면 쏩아 팔지마는 가내신 곳 빙커원은 十一색 十二색 만에 곳이 활활 핀다.

개내신 피고 난 닙사긔 줄기를 잘나 적은 가내신 닙헐 싸서 쌍을 잘 골나 반반히 한 후 적은 닙을 총총이 쌍에 심으고 물을 매일 두 번식 아참서 테이블 위에 놓아서 내가 나가서 레이 한 개를 끼면(만들면) 카네이션 100개가 들어가므로 100개씩 세고 보니 꽃이 싱싱하지 못하고 다 쓰러지고 이상하여 내 영감에게 꽃을 보이고 꽃이 이상하니 밭에 내려가 보자고 하여 길 건너 있는 밭에 카네이션이 있어 가보니 독한 약내가 나고 카네이션이 다 죽어 간다.

그래서 참 이상하여 온 동네 가서 카네이션을 보아도 그렇지 않다. 그래서 밥(영감)이 대학교 애그리컬처(agriculture, 농업과)[32]에 있는 닥터 풀을 전화로 불렀다. 이 닥터 풀 씨는 밥과 한 동창생으로 필라델피아 쭈라이 칼리지[33] 동창생이다. 그이가 자기 친구를 데리고 와서 온 밭을 검사하니 포이즌을 카네이션에다 준 마크(mark, 표시)가 있다. 그래서 순경을 부르라고 온 동네 사람이 다 말하여 순경을 불러서 다 조사하고 조합에서 남이 와서 한 말을 다 하니 그 사람을 데려다가 문답했다.

그러나 아무 증거를 잡지 못했다. 그 밭에 카네이션을 한 마지기 반이나 심어서 5일, 6일로 밤에 약을 주려면 여러 사람이라야 된다. 그러므로 별순사[34] 말이 한두 사람이 한 것이 아니고 여러 사람이 한 일이다 (한다). 누가 했는지 알지만 증거가 없다.

그래서 꽃이 없어지니 다달이 들어오는 돈이 없어 일꾼 월급을 주기가 어려워서 수천 원 손해를 보았다. 먹는 채소는 땅에 심어서 1삭(개월), 2삭, 파 같은 것은 혹 3삭이면 뽑아 팔지만 카네이션 꽃 핑크원은 11삭, 12삭 만에 꽃이 활활 핀다.

카네이션 피고 나면 잎사귀 줄기를 잘라 작은 카네이션 잎을 따서 땅을 잘 골라 반반히 한 후 작은 잎을 총총히 땅에 심고 물을 매일 두 번씩 아침

---

32 문맥으로 보아서 애버칼차를 애그리컬처agriculture로 해석했다.
33 필라델피아에 있는 트라이 칼리지Tri-College인 듯하다.
34 별순사는 보안관을 의미하는 듯하다.

저녁으로 쥰다. 물을 세게 주지 안코 쌍이 촉촉하게 쥰다. 그리하기를 석
쌀이 데면 가내신 쌕리가 나서 씨가 되면 다런 밧헤 옴겨 심은다. 그 밧헤
서 칠팔 쌕이 되어야 곳치 만발노 피여서 씨슌이 된다. 이와 갓치 시간 들
고 밋천 드는 물건을 하로밤에 다 망처 논는 양심을 내가 너무 분하여 이
글을 씰나 하니 그째 생각을 하고 도로 마음 고통이 [33]생긴다.

　　이 세상은 정의와 도덕은 업서지고 쉬기와 울역으로 남을 망처 쥰다.
그째에 우리는 죠헌 전방이 잇서 전방과 가내신 키우는 사람과 서로 도
아주는 마음으로 장사를 잘 한다. 피차의 양의하는 마음 잇다. 그럼으로
카서타마가 죠헌 사람들이다. 그 전방을 고옵에 드러밀고 합자료 드러가
야 된다. 그러면 그 사람들게도 자미가 적은 일이다. 나도 자미가 적은 것
이고 밋지 못할 일이다.
　　고압을 주장하는 사람들이 경험이 업고 욕심만 잇다. 오래 갈지 모런
다. 내가 내 전방을 가지고 드러가서 오래 못 하며 내가 손해를 당한다.
일본 사람과 한인 청년 아해들이 합자하여 그 전방을 열고 지금은 일본
사람의게 주고 말앗다.
　　내가 처음버터 그리될 것을 잘 알고 잇다. 그째 한 억카 반 곳 심은 것
을 여러 천 원을 손해 보고 일군이 세 사람이고 모던 경비를 저당할 슈
업고 가내신을 툭한 약을 쌕려서 병이 드려 쌕리를 잘나 씨도하기 극란
함으로 다런 사업을 해볼 작정으로 아달과 내가 5만 원에 산 아파터 집
을 팔 [34]작정으로 거간하는 최인호 씨를 쥬엇다.
　　그째에 이차 전장이 긋나고 군이들이 다 집으로 도라가는 째라 하와이

저녁으로 준다. 물을 세게 주지 않고 땅이 촉촉하게 준다. 그리하기를 석 달이 되면 카네이션 뿌리가 나서 씨가 되면 다른 밭에 옮겨 심는다. 그 밭에서 7, 8삭이 되어야 꽃이 만발로 피어서 시즌[season]이 된다. 이와 같이 시간 들고 밑천 드는 물건을 하룻밤에 다 망쳐 놓은 양심을 [대하니] 내가 너무 분하여 이 글을 쓰려 하니[쓰는 지금도] 그때 생각이 나 도로 마음 고통이 생긴다.

이 세상에 정의와 도덕은 없어지고 시기와 울력[35]으로 남을 망친다. 그 때에 우리는 좋은 전방이 있어 전방과 카네이션 키우는 사람과 서로 도와주는 마음으로 장사를 잘 한다. 피차에 양의[量宜][36]하는 마음이 있다. 그러므로 커스터머[고객]가 좋은 사람들이다. 그 전방을 조합에서 들이밀고 합자로 들어가야 된다면 그 사람들에게도 재미가 적은 일이다, 나도 재미가 적은 것이고 믿지 못할 일이다.

조합을 운영하는 사람들이 경험이 없고 욕심만 있다. 오래갈지 모른다. 내가 내 전방을 가지고 들어가서 오래 못 하면 내가 손해를 당한다. 일본 사람과 한인 청년 아이들이 합자하여 그 전방을 열었고 지금은 일본 사람에게 주고 말았다.

내가 처음부터 그리될 것을 잘 알았다. 그때 1에이커 반 꽃을 심은 것을 수천 원을 손해 보았고 일꾼이 세 사람이고 모든 경비를 감당할 수 없고 카네이션에 독한 약을 뿌려서 병이 들어 뿌리를 잘라 시드[seed, 씨받기]하기 극란하므로[어려우므로] 다른 사업을 해볼 작정으로 아들과 내가 5만 원에 산 아파트 집을 팔 작정으로 거간하는 최인호 씨를 주었다[에게 내놓았다].

그때에 이차 전쟁이 끝나고 군인들이 다 집으로 돌아가는 때라 하와

---

35 울력은 나쁜 마음에서 나오는 힘으로 풀이된다.
36 양의는 잘 헤아려서 좋게 한다는 뜻이다. 서로 배려와 양보를 했다는 뜻으로 풀이된다.

집 장사하는 쌔 조곰 타락이 되여서 내가 오십 년 정초에 내 아바터 집을 오만 원 쥬고 산 갑으로 팔고 나니 오십 년 류월에 한국에 공산당 전장이 일어나서 미국이 한국을 후원하게 됨으로 하와이 시세가 죠케 되여 쌍갑시 올나가고 장사가 흥왕햇다. 그쌔로버터 비안남으로 하와이 시세가 좃코 일본도 부자가 되엿다. 그쌔에 나는 재슈 업고 활락을 당하는 사람이다 나의 운명이라 할 슈 업다. 나는 남이 못살게 하엿다. 그쌔에 내 밧헤 독약만 안이하엿서면 지금 나도 부자이다. 와기기 알나와이 아바터도 팔지 안코 그쌔 그 아바터 살 쌔 내 아달 만 원 돈을 내고 내가 일만 오천 원을 내고 사고 해서 사백 원을 부갓다. 그래서 팔 쌔 일만 육천 원 은행에 갑헐 돈 잇는 것을 최인호 씨 그간이 대한 부인 한애스다의게 팔게 했다. 그 아바터 자처가 나마이나 알나와이 거리에 잇섯다. 아바터가 열 아바터고 [35]쌍이 칠천 수고야핏시다. 당이 온당이니 내 쌍이다. 그러나 슈입이 한 달에 七百元이다. 은행 쥬고 경비 씨면 남는 것이 업다. 그래서 그 아바터를 팔아서 슈입 더 나는 사업을 찾는 즁이다. 맛참 한인 부동산 매자 최인호 씨가 소개하여 한인 전진택이 하는 여관을 삿다.

그 여관 자처는 지금 퀘인 병원 젓태 쌘지볼 슈츄리 잇는대 그전에 그 집이 쏟쥬기 에배당이다. 엇던 백인 녀자가 사서 여관을 쑤미고 여관을 하면서 그 집이 일홈이 죠치 못하엿다. 그 녀자가 엇던 노야 패리신의게 맛기고 한 것을 전진택 한인이 사서 나의게 팔앗다. 밥과 내가 그 여관을 이 집 장사하는 데 조금 타격이 있어서 내가 〔19〕50년 정초에 5만 원 주고 산 내 아파트 집을 싼 값으로 팔고 나니 50년 6월에 한국에 공산당 전쟁[37]이 일어나서 미국이 한국을 후원하게 되므로 하와이 시세가 좋아져 땅값이 올라가고 장사가 흥왕했다. 그때로부터 베트남[38] 〔전쟁 때〕까지 하와이 시세가 좋아지고 일본도 부자가 되었다. 그때에 나는 재수 없고 환란 당한 사람이다. 나의 운명이라서 할 수 없다. 남들이 나를 못살게 하였다. 그때에 내 밭에 독약만 〔뿌리지〕 아니하였으면 지금 나도 부자이다. 와이키키 알라와이 아파트도 팔지 〔않았을 것이다.〕 그때 그 아파트 살 때 내 아들이 만 원을 내고 내가 1만 5,000원을 내고 사서 400원을 〔은행에〕 부어 갔다. 그래서 팔 때 1만 6,000원 은행에 갚을 돈 있는 것을 최인호 씨 거간이 대한 부인 한에스터에게 팔게 했다. 그 아파트 위치가 나마하나〔Namahana〕와 알라와이 거리에 있었다. 아파트가 열 〔채〕 아파트고 땅이 7,000스퀘어피트〔square feet〕다.[39] 땅은 온전히 내 땅이다. 그러나 수입이 한 달에 700원이다. 은행 주고 경비 쓰면 남는 것이 없다. 그래서 그 아파트를 팔아서 수입 더 나는 사업을 찾는 중이었다. 마침 한인 부동산업자 최인호 씨가 소개하여 한인 전진택이 하는 여관을 샀다.

그 여관은 지금의 퀸스 병원[40] 곁의 펀치볼 스트리트〔Punchbowl Street〕에 있었고 그전에 포르투갈인 예배당이었다. 어떤 백인 여자가 사서 여관을 꾸미고 여관을 했는데 그 집의 이름이〔평판이〕 좋지 못하였다. 그 여자가 어떤 로이어〔lawyer, 변호사〕 패리신[41]에게 맡긴 것을 한인 전진택이 사서 나

---

37 6·25전쟁 또는 한국전쟁을 말한다.
38 Vietnam을 발음 나는 대로 '비안남'이라고 적은 듯하다.
39 7,000 sq. feet=약 197평이다.
40 「천연희 구술 테이프 요약」, 187쪽에 "Queen's Hospital(Queen's Hotel)"이라고 기록되어 있다.
41 변호사의 이름이며 정확한 철자는 알 수 없다.

사고 밥은 그 여관에 가서 직히 손님을 밧아 드리고 내 쌀 문서도 맛하 보고 여관도 직히고 하엿다. 그째에 한국 공산당이 북에서 나려와 남을 침노함으로 미국 군이이 만히 한국으로 가게 되니 부인과 아해들을 다리고 와서 내 여관에 잇게 하고 자긔들은 한국과 일본으로 만히 갓다. 그째가 오십 년 류월 말이다.

그래서 오십 년 유월 [36]이십오 일이 생김으로 하와이가 다시 죠아지고 사업이 흥항호고 그째에 고리안 전쟁으로 일본이 부자가 되엿다. 그 여관은 나, 남편과 내 쌀이 맛하서 보고 나는 코코헷에 그양 잇고 가내신 농사를 게속햇다. 독한 약에 씨는 그 가내신 가지를 잘나 씨을 내고 아자씨 세 분을 다리고 한 분은 문순장 씨요, 한 분은 한 씨요, 한 분은 황 씨다. 이 세 분이 우리 밧혜 일을 한다. 문순장 씨가 일을 다 맛하 보앗다. 그째 내 밧치 내가 사는 집에 잇는 당이 두 마지기 반이고, 다린 곳에 잇는 밧히 내 아들 사는대 한마지기 반이다. 독약 준 밧이 한마지기 반이다. 그래 모도 다섯마지기가 넘엇다. 씨를 부저런이 살여서 내 잇는 집에 심은다.

가내신은 시일을 만히 가저야 된다. 팔 색이 되여야 곳이 피고 한다. 나의 큰쌀이 아들 하나, 쌀 하나 두 형데다. 쌀이 하와이 대학을 일천구백四十二年년에 졸업하고 힉감 보캐신 슐굴에 되팽서 웍을 하다가 혼인하고 아해가 잇서 집에서 나의 가내신 사업을 도아쥬다가 미국 학무국에서 선생 잡을 쥬어서 선생으로 엿태 시무하고 맨 처음으로 아이나 하인아 [37]집을 사고 잇다가 미국으로 가서 일 년 선생으로 시무하고 지금은 가일루아셔 선생으로 시무하고 살고 잇다.

그 후 나의 적은쌀이 하와 대학 선생 되는 공부를 삼 년을 하고 저와 갓치 다니는 남학생 친구가 내신을쌋 누퇴나가 되여 오십 년 한국전쟁에

에게 팔았다. 밥과 내가 그 여관을 사고 밥은 그 여관에 가서 직접 손님을
받고 내 딸은 문서도 맡아 보고 여관도 지키고 하였다. 그때에 한국 공산
당이 북에서 내려와 남을 침략하므로 미국 군인이 많이 한국으로 가게 되
니 부인과 아이들을 데리고 와서 내 여관에 있게 하고 자기들은 한국과 일
본으로 많이 갔다. 그때가 〔19〕50년 6월 말이다.

그래서 50년 6월 25일이 생기므로〔전쟁이 발발해〕하와이가 다시 좋아지
고 사업이 흥행하고 그때 한국전쟁으로 일본이 부자가 되었다. 그 여관은
나, 남편과 내 딸이 맡아서 보고 나는 코코헤드에 그냥 있고 카네이션 농사
를 계속했다. 독한 약에 〔꽃이 죽어서〕카네이션 가지를 잘라 씨를 내고 아저
씨 세 분을 데리고 〔일했다.〕한 분은 문순장 씨요, 한 분은 한 씨요, 한 분은
황 씨다. 이 세 분이 우리 밭에서 일했다. 문순장 씨가 일을 다 맡아 보았다.
그때 내 밭이, 내가 사는 집이 있는 땅이 두 마지기 반이고, 다른 곳에 있는
밭에 내 아들이 사는데 한 마지기 반이다. 독약 준 밭이 한 마지기 반이다.
모두 다섯 마지기가 넘었다. 씨를 부지런히 살려서 내가 있는 집에 심었다.

카네이션은 시일을 많이 가져야 된다. 8삭이 되어야 꽃이 핀다. 나의 큰딸
〔메리〕이 아들 하나, 딸 하나 두 형제를 두었다. 딸이 하와이 대학을 1942년에
졸업하고 히캄 보케이션 스쿨〔군직업학교〕의 디펜스 일을 하다가 혼인하
고 아이가 있어 집에서 나의 카네이션 사업을 도와주다가 미국 학무국에
서 선생 잡〔job〕을 주어서 선생으로 여태 시무하고 맨 처음으로 아이나 하
이나〔Aina Haina〕에 집을 사서 살다가 미국으로 가서 1년 선생으로 시무하
고 지금은 카일루아[42]에서 선생으로 시무하며 살고 있다.

그 후 나의 작은딸〔루스〕이 하와이 대학에서 선생 되는 공부를 3년 하
고 저와 같이 다니는 남학생 친구가 내셔널가드 루터넌트〔National Guard

---

42 카일루아 하이스쿨Kailua High School을 말한다.

갈란지 모런다 해서 혼[38]인을 긔독교회 에배당 김치연 목사의게 결혼식을 하고 총각 집에서 가묵기 참숙이 홀에 가서 승대한 잔치를 하고 내 집에서는 격과 쓔슈를 배설하엿다.

혼인 후 집에 잇는 동안 아달을 나앗다. 오류 색 된 후 내가 쌀을 보고 내가 아해를 보아줄 터이니 대학을 맛치라 하고, 저는 대학에 가고 내가 아해를 보아 주다가 아해가 좀 잘아매 아해 보아 주는 (되키아 쌘다에) 매일 갓다 두고 학교에서 집에 올 째 다리고 온다. 대학을 맛치고 션생이 되여 여러 해로 선생으로 시무한다. 나 둘재 쌀은 음악을 죠아호고 피아노와 목소래를 배우로 미스서 힛치각의게 단니고 여관에 가서 문서를 맛하 한다. 밥을 도아쥬엇다.

쿼인 호뛸도 사서 한 지가 근 일 년이 되가고 나의 농장 가내신도 씨를 살녀서 만히 심엇서 지금은 그전 독약 쥬어서 업서진 개[39]내신도 만히 살여 밧해 만히 심서 아람답고 행래 나는 빙커 가내신 곳이 만발하게 피고 잇다.

쿼인 호뛸을 살 째 한인 전진택이의게 사고 그째 보기에 손님이 다 아메 네비 식구가 잇는 것 갓고 죠헌 호뛸노 짐작하고 밥이 한 멧 달을 시험해보니 전쟁 째 백인 내인이 그 집 일홈을 낫부게 가저 우리가 아모리 죠헌 손님을 밧고 그 여관을 중등 상등으로 해도 자리가 안 되여서 되지 안코, 아메 네비 식구가 좀 잇섯서나 다 다런 대로 써나고 하여서 자미가 적은 줌 나의 영감 밥이 몸이 근강치 안이하여 그 여관을 밋지고 팔고, 나의 아들 돈 만 원인대 그것도 오천 원 밧기 쥬지 못하고 내 돈은 다 업서젓다.

lieutenant, 주방위군 중위)가 되어 (19)50년 한국전쟁에 갈지 모른다 해서 (한 인)기독교회 예배당(에서) 김치연 목사에게 결혼식을 하고 총각 집에서 카 이무키 찹수이(Kaimuki Chop Suey)[43] 홀에 가서 성대한 잔치를 하고 내 집 에서는 케이크와 주스를 대접하였다.

혼인 후 집에 있는 동안 아들을 낳았다. 5, 6삭 된 후 딸보고 내가 아이를 보아줄 터이니 대학을 마치라 하고, 저는 대학에 가고 내가 아이를 보아 주다가 아이가 좀 자라자 아이 보아 주는 데이케어센터(daycare center, 유아 원)에 매일 갖다 두고 학교에서 집에 올 때 데리고 왔다. 대학을 마치고 선 생이 되어 여러 해 동안 선생으로 시무했다. 내 둘째 딸(애들라인)은 음악을 좋아하고 피아노와 목소리를(노래를) 배우러 미시즈 히치콕에게 다니고 여관에 가서 문서를 맡아 일했다. 밥을 도와주었다.

퀸스 호텔도 사서 한 지가 근 1년이 되어 가고 나의 농장 카네이션도 씨 를 살려서 많이 심어서 지금은 그전에 독약 주어서 없어진 카네이션도 많 이 살려 밭에 많이 심어서 아름답고 향기 나는 핑크 카네이션 꽃이 만발하 게 피고 있다.

퀸스 호텔을 살 때 한인 전진택에게 사고 그때 보기에 손님이 다 아미 네이비(army navy, 육·해군) 식구가 있는 것 같고 (내가) 좋은 호텔로 짐작하 고 밥이 한 몇 달을 시험해 보니 전쟁 때 백인 여인이 그 집 이름을(평판을) 나쁘게 만들어 우리가 아무리 좋은 손님을 받고 그 여관을 중등 상등으로 해도 자리가 안 되어서(나빠서) (영업이) 되지 않고, 아미 네이비 식구가 조 금 있었으나 다 다른 데로 떠나고 하여서 재미가 적은 중에 나의 영감 밥 이 몸이 건강치 않아서 그 여관을 밑지고 팔고, 나의 아들(이 투자한) 돈이 만 원인데 그것도 5,000원밖에 주지 못하고 내 돈은 다 없어졌다.

---

43 호놀룰루에 있는 중국 음식점 이름이다.

와이기기 아바터는 지금 가격이 이억만 돈이 된다. 내가 그 아바터 판 것이 망하고 만 것이다. 그 여관을 전진택의게 살 쌔에 문서를 하고 돈을 줄 쌔 내가 [40]三千五百불을 다 차리지 안이하고 이다음에 주마 하고 가지고 잇섯다. 남의 물건을 사며 그 사람이 그 여관에 빗진 것이 잇서며 안이되고 내가 갑하야 된다. 그럼으로 다다리 문다 하엿다. 산 문서 한 돈 三千五百원을 이다음에 준다 햇다. 그 후 무선 쥬자에 박은 피파를 쥬면 내 일흠 수기 로두라 신노초 로두라 하기로 보니 모게지 돈 三千五百원이 잇기로 그 사건인 줄 알고 사연도 일너 보지 안코 싸인하엿다.

그 피파를 가지고 와서 집에 영감을 주니 일너 보고 이 피파는 여관 쥬고 산 모게지 三千五百원이 안이고 개인으로 내가 저의게 빗진 것으로 햇다고 말햇다. 그러나 내가 싸인하엿서니 할 수 업다. 우리가 사서 사업을 하고 보니 전진택이가 죠치 못한 사름이다. 그 여관 사업도 명에상 죠치 못한 일이 만다. 그러고 우리헌태 팔아 그래서 내가 팔나 하니 팔기가 어[41]려웟다.

내 여관을 도로 가지라 하니 실타 하고 내 돈 三千五百원만 달나고 독촉하며 노야를 쥬고 내 집 코코헷 집을 패아실 작정이다. 여관 산 모게지 三千五百원이 안이고 개인에 빗으로 내가 싸인한 결과 내 다런 유산을 잡난코로 내가 노야의게 무러니 그 사람 말이 전진택이가 여관은 실고 다런 유산 당신 잇는 것을 아택할 수 잇다 한다. 내 개인 싸인이 잇다. 빗 쥰 것으로 잇게 된 고로 그런 고로 이 세상은 법률노 발케 하여야 된다. 사라가면서 우리가 배우고 쌔야 된다. 그전에 우리 산 것이 태고작 시대와이키키 아파트는 지금 가격이 2억만[44] 돈이 된다. 내가 그 아파트 판 것이 망하고 만 것이다. 그 여관을 전진택에게 살 때에 문서를 하고〔계약서를 쓰고〕 돈을 줄 때 내가 3,500불을 다 치르지 않고 이다음에 주마 하고 가지고 있었다. 남의 물건을 사며〔살 때는〕 그 사람이 그 여관에 빚진 것이 있으면 안 되고〔있다면〕 내가 갚아야 된다. 그러므로 다달이 문다 하였다. 산 문서〔매매계약서〕에서 돈 3,500원을 이다음에 준다 했다. 그 후 무슨 주자를 박은 페이퍼[45]를 주면서 내 이름을 수기(手記)로 노터리(notary, 공증), 시그니처 노터리(signiture notary, 사인공증)를 하라 하여 보니 모기지(mortgage) 돈 3,500원이 있기에 그것인 줄 알고 사연도 읽어 보지 않고 사인하였다.

그 페이퍼를 집에 가지고 와서 영감을 주니 읽어 보고 이 페이퍼는 여관 주고 산 모기지 3,500원이 아니고 개인으로 내가 저에게 빚진 것으로 했다는〔계약서라고〕 말했다. 그러나 내가 사인하였으니 할 수 없다. 우리가 사서 사업을 하고 보니 전진택이가 좋지 못한 사람이다. 그 여관 사업도 명예상 좋지 못한 일이 많았다. 그러고 우리한테 팔았으니 내가〔여관을〕 팔려고 해도 팔기가 어려웠다.

내가 여관을 도로 가지라 하니〔전진택이〕 싫다 하고 내 돈 3,500원만 달라고 독촉하며 변호사를 주고〔고용해〕 내 집 코코헤드 집을 빼앗을 작정이다. 여관 산 모기지 3,500원이 아니고 개인의 빚으로 내가 사인한 결과 내 다른 유산을 잡는 고로, 내가 변호사에게 물으니 그 사람 말이 전진택이가 여관을 싫어하고 당신에게 있는 다른 유산을 어택(attack, 공격)[46]할 수 있다 한다. 내 개인 사인이 있다. 빚진 것으로 되었으니, 그런 고로 이 세상은 법률로 밝게 하여야 된다. 살아가면서 우리가 배우고 깨야 된다. 그전에 우리

---

44 2억 원이라는 뜻일 듯하다.
45 주자籌字를 박은 페이퍼는 노란색 인증 마크를 박은 종이를 말하는 듯하다.
46 여기에서는 강제로 빼앗는다는 뜻이다.

로 살아 왔다.

우리가 미국 땅에 살앗서도 나의 동족 전진택을 밋고 햇다. 전진택 아버지가 목사라 해서 전진택이 목사의 아달이다. 그러나 참 어리석은 내가 아바지가 목사이거마는 아달이 목사인가. 그래서 게 드려 노은 것이 홍숙자씨의[42]게 오천元자리를 만히 부어 노헌 것이 잇지마는 게 탈 사람이 만하 제비를 쏩기 째문에 내가 제비에 낙가되여 타지 못핫서나 숙자 씨가 게를 타 주어서 전진택 돈을 다 갑하 쥬고, 그 후에 내 여관을 홍숙자 씨가 사서 잘하엿 갓다. 나는 손해 보고 팔앗다. 홍숙자 씨는 서울 부인으로 하와이 사진혼인 드러와서 사랑 업난 생활을 하고 남자 의복 양복 짓는 퇼나로 미군 영지에서 슈십 년 사업하다가 쉬기 위해서 코코엣 적건 농장을 사서 심심소일노 닥 키우는 농장을 하시엿다. 그래서 내 여관을 산 것이다. 양복 짓는 퇼나로 자식들을 교육식혀 아달이 노야가 되엿다.

그쌔에 그 여관을 팔고 영감은 집에서 가내신 농사를 돌보시고 내 둘재 쌀은 미국에 병원에 가서 어려서 너머저 닷친 흉터를 미국 (샌푸란시스고)에 가서 곳치고 잇섯다. 그 후에 백[43]인 남자를 맛나 혼인하고 쌀이 서이 다 기밀갓치 잘안다.

(이차 전쟁 후 사십구 년 오십 년점 해서). 가네올니(하이위로) 가면 물가로 난 와일룹비 석결이라고 그 물가에는 상당한 돈 잇는 백인들이 집을 짓고 살고 산을 둘너싼 그곳에는 미스다 한인이라 하는 사람이 소농장을 하고 소젓도 쌋다. 그래서 (한인 우랜취가) 잇섯다. 큰 넙고 너런 광야 아름다온 쌍이 잇섯다. 그래서 이차 전장 후 四十九년 五十年점 내가 짐작해서 씬다. 그쌔 우랜쎄를 페지하고 죠헌 길을 내고 쌍을 싹가 백

는 태곳적 시대를 살아왔다.

우리가 미국 땅에 살았어도 나의 동족 전진택을 믿고 〔계약〕했다. 전진택 아버지가 목사라 했다. 전진택이 목사의 아들이다. 그러나 내가 참 어리석은 것이, 아버지가 목사이지 아들이 목사인가. 그래서 계 들어 놓은 것, 홍숙자 씨에게 5,000원짜리를 많이 부어 놓은 것이 있지마는 계 탈 사람이 많아 제비를 뽑기 때문에 내가 제비에 떨어져서 타지 못해서 〔홍〕숙자 씨가 계를 타게 해주어서 전진택 돈을 다 갚아 주고, 그 후에 내 여관을 홍숙자 씨가 사서 잘〔운영〕하여 갔다. 나는 손해 보고 팔았다. 홍숙자 씨는 서울 부인으로 하와이에 사진혼인으로 들어와서 사랑 없는 생활을 하고 남자 의복인 양복 짓는 테일러〔taylor〕로 미군 영지에서 수십 년 사업하다가 쉬기 위해서 코코헤드 작은 농장을 사서 심심소일로 덕〔duck, 오리〕 키우는 농장을 하시었다. 그래서 내 여관을 산 것이다. 양복 짓는 테일러로 자식들을 교육하여 아들이 변호사가 되었다.

그때에 여관을 팔고 영감은 집에서 카네이션 농사를 돌보시고 내 둘째 딸은 미국〔본토〕의 병원에 가서 어려서 넘어져 다친 흉터를 미국 샌프란시스코에 가서 고치고 있었다. 그 후에 백인 남자를 만나 혼인하고 딸 셋이 다 귀밀[47]같이 자란다.

(2차 전쟁 후 〔19〕49년, 50년쯤 해서) 칼라니아나올레 하이웨이에 가면 물가로 난 와일루페 서클〔Wailupe Circle〕에 상당히 돈 있는 백인들이 집을 짓고 살고 산으로 둘러싸인 곳에서 미스터 한인이라 하는 사람이〔한인 남자가〕 소 농장을 하고 소젖도 짰다. 그래서 한인 랜치〔ranch, 소 농장〕가 있었다. 큰 넓고 너른 광야 아름다운 땅이 있었다. 이차 전쟁 후 〔19〕49년, 50년쯤으로 짐작된다. 그때 랜치를 폐지하고 좋은 길을 내고 땅을 닦아 백성에

---

47 귀리의 옛말.

성의게 주택지로 집터도 팔고 집도 지어 팔앗다. 내 큰쌀이 집을 삿다. 그집 살 쌔 부족금이 잇서 내가 一千五百元을 주엇다. 내가 그 돈 줄 쌔 밧을 마음으로 쥬지 안이하고 하도 내 쌀 죠헌 쌀이 되여 주엇지마는 내가 좀 어렵기 되니 내 사위와 쌀이 그 돈을 나의게 돌니고 씨라 하엿다.

내 딸이 아이나 하이나로 이사 후 코코햇 학교를 가라치다가 가할나 디방학교를 가라치고 내 사위가 힉감에서 일하다가 미국 락기 공기선 회사로 가게 되여서 미국 가서 일한다. 내 적은 쌀은 하와이 대학교에 선생 졸업[44]을 하고 폴하메 해군영지 학교에 가서 가라치다가 남편이 내 서늘캇서로 잇다가 대학을 맛칠 작정으로 미국 인듸아나 내학에 입학하고 써불 인지니아 공부를 하니 내 적은쌀이 이곳서 그곳 학교로 이거하고 남편과 갓치 잇고, 남편은 공부하고 쌀은 선생으로 시무하다가 남편이 공부를 맛치고 졸업 후 노센질니시 놋 비행 공장에 일을 하다가 노센질니씨리 홀에 길 싹는 대 인지니아로 시무하고 쌀은 노센질니시 학교를 가라젓다. 그쌔에 돈 百元식을 다다리 나의게 보내 주고 어머니 씨라고 하엿다.

그 후에 내 큰쌀이 미국으로 이거하게 된다. 남편이 락기에 일하게 되니 그쌔 내 쌀이 아해가 둘이다. 아달 하나, 쌀 하나 남매이다. 그러고 보니 내가 쌀이 서이가 다 미국으로 가니 참 섭섭하다. 그래 그쌔가 五十六 ·七年인지 오니 짐작한다. 나도 쌀이 미국 이사하는 대 갓치 가서 세 쥬일만에 집에 오니 영감이 비행에 나와서 마지한 그쌔 공어진 씨가[45]카로 가지고 비행장에 와서 실고 집에까지 갓다 쥬엇다.

그쌔에는 공어진 씨가 근강하고 카도 잘 부리고 한국 여성으로 카 부게 주택지로 집터도 팔고 집도 지어 팔았다. 내 큰딸이 집을 샀다. 그 집 살 때 돈이 부족하여 내가 1,500원을 주었다. 내가 그 돈을 줄 때 받을 마음으로 주지 않았지만 하도 내 딸 좋은 딸이 되어 주었〔다.〕 내가 좀 어렵게 되니 내 사위와 딸이 그 돈을 나에게 돌려주고 쓰라고 하였다.

내 〔큰〕딸이 아이나 하이나로 이사한 후 코코헤드 학교에서 가르치다가 카할라 지방학교에서 가르치고 내 사위가 히캄에서 일하다가 미국 록히드〔Lockheed〕 공기선회사[48]로 가게 되어서 미국 가서 일한다. 내 작은딸은 하와이 대학교에서 선생 졸업을 하고 펄하버 해군영지 학교에 가서 가르쳤다. 남편은 내셔널가드로 있다가 대학을 마칠 작정으로 미국 인디애나 대학에 입학해 시빌 엔지니어링〔civil engineering, 토목공학〕 공부를 하니 내 작은딸이 이곳에서 그곳 학교로 옮기고 남편과 같이 있고, 남편은 공부하고 딸은 선생으로 일하다가 남편이 공부를 마치고 졸업 후 로스앤젤레스 록히드 비행 공장에서 일하다가 로스앤젤레스 시청에서 길 닦는 데 엔지니어로 일했고 딸은 로스앤젤레스 시의 학교에서 가르쳤다. 그때에 돈 100원씩을 다달이 나에게 보내 주고 어머니 쓰라고 하였다.

그 후 내 큰딸이 미국으로 옮겨 가게 되었다. 남편이 다행히 일하게 되니 그때 내 딸이 아이가 둘이다. 아들 하나, 딸 하나 남매이다. 그러고 보니 내가 딸 셋이 다 미국으로 가니 참 섭섭하다. 그때가 〔19〕56 · 57년이라고 짐작한다. 나도 딸이 미국 이사하는데 같이 갔다가 3주 만에 집에 오니 영감이 비행장에 나와서 맞이한 그때 공어진 씨가 자동차를 가지고 비행장에 와서 〔나를〕 싣고 집에까지 데려다주었다.

그때에는 공어진 씨가 건강하고 자동차도 잘 부리고 한국 여성으로 차

---

48 항공기를 제작한 록히드 회사를 말한다. 1995년 마틴 마리에타 사와 합병해 록히드마틴이 되었다.

리기는 몃제 안이다. 우리 친구로난 처음 하나 된대도 과언이 안이다. 지금은 몸이 근강치 못하다. 한심한 세상이여. 세월리 헐너헐너 몸도 늙고 마음도 늙어 이 세상에 히망도 늙어저 바럿다. 그재에 내가 집에 오니 영감이 나를 보고 당신이 농사를 일군을 돌보고 하며, 나는 일을 하겟다 하여 나가서 일을 차차 한다. 사위와 쌀이 미국으로 이거한 지 한 일 년 후에 편지가 오기로 쌀이 이 편지하기를 제 남편이 미국에 사는 것을 원치 안코 하와이로 가는 말을 한다고 편지하엿다.

나의 사위는 오하요에서 자라고 그곳 태생이다. 그러나 하와이로 죠하한다. 五十八年쯤 되여서 락기 회사에서 하와이 지점을 열게 되여서 내 사위가 하와이로 위임되여서 그해 三·四월점 하여 하와이로 와서 나의 집에 갓치 잇고 내 쌀과 남매들은 아직 못 오고 노센질니씨 잇다. 학교가 긋치 나야 오기로 작정이다. 사위는 내 패리오 첫태 잇는 방에 잇섯다. 제 식구가 올 재까지 적적이 혼자 [46]잇다. 그럼으로 친구들이 차자와서 다리고 간다. 그 친구는 죠헌 친구도 잇지마는 술장이 친구가 잇다. 락기 회사에서 식구가 이사하는 경비를 쥬고 월급도 좃다. 그래서 술장이 친구들이 다려고 나가서 시험을 만히 쥬엇다. 내 쌀은 학교 방학을 하고 미국 학교에 공부를 한 두어 달 더 하고 8월에 집에 오게 되엿다.

그래서 내가 만헌 마음고생을 하고 쌀 식구가 하와이 쌈직이 집이 업서 내 집 엽헤 조고마한 집이 잇섯다. 그전에 일군이 잇던 집이다. 그래서 내가 목슈를 불너다 즁창하고 변다를 새로 하고 잘 쑤미어 쌀 식구가 잇게 되고, 그 후에 가일루아 집을 사서 이사를 하엿다.

이 쌀이 큰쌀노 집안을 다사리고 어머니를 도앗쥬엇다. 영감이 일을 하는 즁 밤에 하는 일이 되여 일을 하다가 병이 낫다. 하이불랏과 핫병이 낫서 일을 구만두고 가내신 농장을 돌본다. 그러나 그재 가내신이 잘되지 안코 일군 경비가 만해서 이익이 업다. 우리의 락이 재수가 四十九年

부리기는 몇째 안이다. 우리 친구로는 처음이라고 해도 과언이 아니다. 지금은 몸이 건강치 못하다. 한심한 세상이다. 세월이 흘러 흘러 몸도 늙고 마음도 늙어 이 세상에 희망도 늙어져 버렸다. 그때에 내가 집에 오니 영감이 나보고 당신이 농사를 일꾼을 돌보니 나도 일하겠다 하여 나가서 일을 찾아 한다. 사위와 딸이 미국으로 이거(이사)한 지 한 1년 후에 딸이 편지하기를, 제 남편이 미국에 사는 것을 원치 않고 하와이로 가고 싶다 한다.

나의 사위는 오하이오에서 자라고 그곳 태생이다. 그러나 하와이를 좋아한다. (19)58년쯤 되어서 록히드 회사에서 하와이 지점을 열게 되어서 내 사위가 하와이로 위임되어 그해 3·4월쯤 하와이로 와서 나의 집에 같이 있고 내 딸과 남매들은 아직 못 오고 로스엔젤레스에 있었다. 학교가 끝나야 오기로 작정했다. 사위는 내 파티오(patio) 곁에 있는 방에 있었다. 제 식구가 올 때까지 적적히 혼자 있었다. 그러므로 친구들이 찾아와서 데리고 갔다. 좋은 친구도 있었지만 술쟁이 친구도 있었다. 록히드 회사에서 식구가 이사하는 경비를 주고 월급도 좋았다. 그래서 술쟁이 친구들이 데리고 나가서 시험을 많이 주었다. 내 딸은 학교 방학을 하고 미국 학교에서 공부를 한 두어 달 더 하고 8월에 집에 오게 되었다.

그래서 내가 많은 마음고생을 했다. 딸 식구가 하와이로 갑자기 와서 집이 없었다. 내 집 옆에 조그만 집이 있었다. 그전에 일꾼이 있던 집이다. 그래서 내가 목수를 불러다 중창하고 베란다를 새로 하고 잘 꾸미어 딸 식구가 있게 하였고, 그 후에 카일루아 집을 사서 이사하였다.

이 딸이 큰딸로 집안을 다스리고 어머니를 도와주었다. 영감이 일을 하는 중 밤에 하는 일이 고되어 일을 하다가 병이 났다. 하이블러드(highblood, 고혈압)와 하트(heart, 심장)병이 나서 일을 그만두고 카네이션 농장을 돌보았다. 그러나 그때 카네이션 (농사가) 잘되지 않고 일꾼 경비가까지 사업이 잘되고 돈을 모어 하엿다.

그러나 四十九年년 유월에 가내신을 독약을 치고버럼 재슈 업서젓다. 나의 운명이요 원4기수로 할 슈 업다. 그째에 그 집 농장을 살 째에 나는 농사를 모러난 고로 농사할 작정으로 산 것은 안이고 식구가 살 작정으로 삿다. 쌍이 너리고 조용하고(푸리듬) 노바듸바다 살기에 좃다. 내 둘재 쌀이 피아노를 죠하한다. 아모리 피아노 소래가 요란해도 리웃사람이 요란타 죠이하지 안을가 염여가 업다. 그래서 그 집을 술굴되차 하는 미스서 홀상가 내위가 19四十年에 그 집을 지엇다.

千九百四十四年에 내가 살 째 셰섭 시퇴지 쌍인대 약조가 十四年 남앗다. 낸 파는 셀시면이 미스다 매대로이다. 파이낸설 콘파니도 한다. 그 사름이 말하기를 쌍 약조가 다 가면 쏘 새 약조로 준다 함으로 일만 二千元 돈에 사고 세월이 쌜니 가 쌍 약조가 다 되 쏘 약조를 하려고 하나 비섭이 쥬지 안코 해서 그양 살고 잇다.

그런 즁 가어사가 하와이 와서 무건지를 근설하는 즁 비섭 쌍 코코헷을 약조하고 쥬택지를 건설하게 되매 코코헷 지방에 사는 쥬민은 다 써나게 된다. 가내올니하이위서 하나우마베로 가는 길 가기 전에 누닐닐노 길이 코코구레다산 밋을 둘너 잇다. 동내 마당 길이 잇다. 그 길 일홈은 대강 짐작한다. 첫 길은 마비오, 둘재 길은 윗기위이요, 셋재는 [48]웃

많아서 이익이 없었다. 우리의 럭〔luck, 행운〕이 재수가 〔19〕49년까지〔였는지 그때까지〕 사업이 잘되고 돈을 벌었다.

그러나 〔19〕49년 6월에 카네이션에 독약을 치고부터는 재수가 없어졌다. 나의 운명이요 운수로 할 수 없다. 그때에 그 집 농장을 살 때에 나는 농사를 모르는 고로 농사할 작정으로 산 것은 아니고 식구가 살 작정으로 샀다. 땅이 넓고 조용하고(프리덤〔freedom〕), 노바디 바더〔Nobody bothers, 아무도 귀찮게 하지 않아〕 살기에 좋다. 내 둘째 딸이 피아노를 좋아한다. 아무리 피아노 소리가 요란해도 이웃사람이 요란하다고 좋아하지 않을까 〔하는〕 염려가 없다. 스쿨티처〔school teacher, 교사〕 하는 미시즈 홀싱거 내외가 1940년에 그 집을 지었다.

1944년에 내가 살 때 비숍 에스테이트 땅인데 약조가 14년 남았다. 내게 판 세일즈맨이 미스터 매대로이다. 파이낸셜 컴퍼니〔financial company, 금융 회사〕도 한다. 그 사람이 말하기를 땅 약조가 다 가면 또 새 약조로 준다 하므로 1만 2,000〔원〕 돈을 주고 사고 세월이 빨리 가 땅 약조가 다 되어 또 약조를 하고자 하나 비숍이 주지 않고 해서 그냥 살고 있다.

그러던 중 카이저〔Kaiser〕[49]가 하와이에 와서 묵은 땅에 〔주택지를〕 건설하는 중에 비숍 땅 코코헤드를 약조하고 주택지를 건설하게 되매 코코헤드 지방에 사는 주민은 다 떠나게 되었다. 칼라니아나올레 하이웨이에서 하나우마베이로 가는 길 가기 전에 루날릴로〔Lunalilo〕 길이 코코크레이터 산 밑을 둘러 있다. 동네 마당길이 있다. 그 길 이름을 대강 짐작해 쓴다. 첫

---

49  미국 기업가 헨리 카이저Henry J. Kaiser를 말한다. 후버 댐과 본빌 댐을 건설하고 제2차 세계 대전 때 조선소를 운영하는 등 건설업과 조선업 분야에서 두각을 나타냈고 그 외에 철강 회사, 시멘트 회사, 병원 등을 소유하였다. 71세 때인 1953년에 하와이에 와 부동산 개발을 시작했다. 그는 비숍 재단의 땅 6,000에이커를 개발한다는 계약서를 작성한 후 하와이 카이 일대를 개발했다. 이로 인해 천연희를 비롯해서 하와이 농민들이 꽃농사를 짓고 있던 땅도 개발 지역에 속하게 되었다.

배로 슈추리요. 조곰 가면 가밀노누이가 잇고 가밀노이기 누날닐노 홈이 잇다. 옷길이 잇는대 그 길은 앗구 수추리라 햇다.

내가 살기는 윗기 수추리에 살고 六十二・三年에 가이사가 코코헷 비섭 쌍을 쥬락이를 할 양으로 쌔이요 슈츄리에 사는 사람들을 다 내보내고 길을 잘 내고 새 주락디를 근설하고 주민의게 팔 작정으로 나종에는 윗기 수추리를 오기되여 이백키위신 피파가 왔다. 속히 쩌나라는 것이다. 그를 줄 알고 우리 곳 농사와 채소 농사하는 농민회가 잇섯다.

그쌔 회장은 해리 오가비다. 내 집 건너편에 국카와 노우수 곳을 길너난 사람이다. 코코헷 팜쇼시에신 회장이다. 농민회 회장이 되엿서 농사하는 사람이 농사할 쌍이 업서 어대로 갈지 모러고 걱정을 한다. 비섭 시대지에서 농민을 위하여 농사할 쌍을 준다 하지마는 모던 일이 십게 되지 안코 시일이 걸니난 줌이다. 이와 갓치 복잡한 줌에 농민회 회장 해리 옷가비가 카에 부더처 액시댄을 하고 만히 상하여 생명이 위태한 줌 병원에 입원하엿다. 그쌔에 농민들은 갈 곳이 업다. 농사는 농사지마는 위선 살 집도 업다. 쌍을 파고 집을 허는 불도사 긔게는 우리 문전에 오기 되[49]다.

그래서 내 설명한 후 림 부인이 일어나 회장을 갈게 두지 안코 설명한다고 나와 시비를 한다. 내가 설명치 안어며 일본 인종이 만허니 거수 가결노 되는 것이다. 그럿치마는 회의 장정으로 두 달이 남마 잇는 것을 설명하고 오날은 회장을 투포 못 하니 두 달 후에 하기로 작정되엿다. 그래

째 길은 마비오, 둘째 길은 웨케요, 셋째는 옷배로 스트리트요, 조금 가면 카밀로누이(Kamilonui)가 있고 카밀로이키 루날릴로 홈(Lunalilo Home)이 있다. 윗길이 있는데 그 길은 앗구 스트리트라 했다.[50]

내가 살기는 웨케 스트리트에 살았는데 (19)62, 63년에 카이저가 코코 헤드 비숍 땅을 주택지로 (개발)할 양으로 빠이요[51] 스트리트에 사는 사람들을 다 내보내고 길을 잘 내고 새 주택지를 건설하고 주민에게 팔 작정으로 나중에는 웨케 스트리트에 오게 되어 이베큐에이션 페이퍼(evacuation paper, 이주명령서)가 왔다. 속히 떠나라는 것이다. 그럴 줄 알고 우리 꽃 농사와 채소 농사하는 농민회가 있었다.

그때 회장은 해리 아카베(Harry Akabe)다. 내 집 건너편에 국화와 로즈 (rose, 장미) 꽃을 기르는 사람이다. 코코헤드 파머스 어소시에이션(farmers' association, 농민회) 회장이다. 농민회 회장이 되어서 농사하는 사람이 농사할 땅이 없어 어디로 갈지 모르고 걱정을 한다. 비숍 에스테이트에서 농민을 위하여 농사할 땅을 준다 하지마는 모든 일이 쉽게 되지 않고 시일이 걸리는 중이다. 이와 같이 복잡한 중에 농민회 회장 해리 아카베가 카에 부딪쳐 액시던트(accident, 사고)를 당하고 많이 상하여 생명이 위태해져 병원에 입원하였다. 그때에 농민들은 갈 곳이 없다. 농사도 농사지마는 우선 살 집도 없다. 땅을 파고 집을 허는 불도저 기계는 우리 문전에 오게 되(었)다.

그래서 내가 (회의에서) 설명하자 임 부인이 일어나 회장을 갈게 두지 않고 설명한다고 내게 시비한다. 내가 설명치(주장하지) 않으면 일본 인종이 많으니 거수가결로 (결정)되는 것이다. 그렇지만 회의 장정(章程, 규정)에 따라 (임기가) 두 달이 남아 있음을 설명하고 오늘은 회장 투표를 못 하니 두

---

50 마비오, 웨케, 옷배로, 앗구 등은 옛 지명인 듯한데 현재 어디인지 찾을 수가 없다.
51 옛 지명으로, 현재 어디인지 확인하지 못하였다.

서 알시에 쌍을 리규실 씨가 어더 노아도 멧 사람들이 짜고 제비를 쏩는다 하고 제비를 쏟바서 다 가저갓다. 나는 주어도 원치 안타. 학교 지을 쌍이[50-1]엿다.

그때에 리규실 씨가 일시에 땅을 시내 정부에게 어더 노앗난대 멧 사람들이 서로 가질나 시비가 만타. 리규실 씨 농민회장이 씨티 쥬정부의게 편지하여 애를 쓰고 어더 놋앗다. 물론 농민회 일홈으로 엇언 것이다. 그러나 일이 차서가 잇서야 된다. 공동회버텀 정당한 법이 잇서야 된다. 그때 리규실 씨가 알시에 땅을 어더 노어니 서로 가질나는 야심으로 회장을 갈고저 하엿다. 리규실이가 대리 회장임으로 갈고자 한다. 그래도 귀한 이 두 달이 남언 것이다. 알시에 땅을 원하는 사람들이 문제를 이러컷다. 그래서 하로회를 열고 회장을 간다고 야단을 한다. 그 회원 즁에 일본 사람이 만코 한인은 한네 사람이다. 그래서 내가 일어나서 말하기를 아직도 회장이 두 달이 잇서니 지금 회장을 갈시 있어 안이다고 설명하엿다. 나는 설명한 것은 회 범칙을 가지고 말한 것이다. 아직 기환이 되지 안코 두 달이나 남앗는대 회 장정이 그러치 안타는 것을 말한다. 한인 림 부인도 그 땅을 원한[50-2]엿다.

그래서 회를 모우 사건을 토론한 즁 그 다수 가결노 리규실 씨 한인 동포가 농민회 회장으로 선거되여서 활동하는 즁 맛참 빈 광야가 잇다. 이 당은 쥬택지를 하지 안코 멧 해 후에 정부서 학교로 씰 쌍이다. 그럼으로 멧 해 긔한이 잇다. 그래서 회장 리규실 씨가 주이씰이메아부레실들과 총독편의게 사연을 편지로 상소하여 그 정부 쌍을 어더서 그즁에 멧 사람만 가게 된 것이다. 우리 가내신과 로우수 국카 곳 농사하는 사람은 코코구레다힐 즁등이 잇는 쌍 三十五·六커를 어더서 호수가 일 호, 이 호,

달 후에 하기로 결정되었다. 그래서 알시에이(RCA) 땅을 이규설[52] 씨가 얻어 놓았는데, 몇 사람들이 짜고 제비를 뽑는다 하고 제비를 뽑아서 다 가져갔다. 나는 준다고 해도 원치 않았다. (그 땅은) 학교 지을 땅이다.

그때에 이규설 씨가 일시에 땅을 시정부에서 얻어 놓았는데 몇 사람들이 서로 가지려 하여 시비가 많았다. 이규설 농민회장이 주정부에 편지하여 애를 쓰고 얻어 놓았다. 물론 농민회 이름으로 얻은 것이다. 그러나 일이 차서(순서)가 있어야 된다. 공동회부터 정당한 법이 있어야 된다. 그때 이규설 씨가 RCA 땅을 얻어 놓으니 서로 가지려는 야심으로 회장을 갈고자 하였다. 이규설이 대리 회장이므로 갈고자 한다. 그래도 기한이 두 달이 남아 있다. RCA 땅을 원하는 사람들이 문제를 일으켰다. 그래서 하루(는) 회를 열고 회장을 간다고 야단을 한다. 그 회원 중에 일본 사람이 많고 한인은 네 사람이다. 그래서 내가 일어나서 말하기를 아직도 회장 (임기가) 두 달이 있으니 지금 회장을 갈 수 있지 않다고 설명하였다. 내가 설명한 것은 회 법칙을 가지고 말한 것이다. 아직 기한이 되지 않고 두 달이나 남았는데 회 장정이 그렇지 않다고 말했다. 한인 임 부인도 그 땅을 원했다.

그래서 회를 모으(고) 사건을 토론하던 중 다수가결로 이규설 씨 한인 동포가 농민회 회장으로 선출되어 활동하던 중 마침 빈 광야가 있다. 이 땅은 주택지로 하지 않고 몇 해 후에 정부에서 학교로 쓸 땅이다. 그러므로 몇 해 기한이 있다. 그래서 회장 이규설 씨가 시티 메이어 뷰러크래츠(city mayor bureaucrats, 시장의 관료)들과 총독 편에 사연을 편지로 상소하여 그 정부 땅을 얻어서 그중 몇 사람만 가게 된 것이다. 우리 카네이션과 로즈, 국화 꽃 농사 하는 사람은 코코크레이터 힐 중등(중턱)에 있는 땅 35, 36에이커를 얻어서 1

---

52 리규설, 리규실, 리귀설, 리귀실, 리구설 등으로 썼는데, 정확한 이름은 알 수 없다. 현대문에서는 '이규설'로 통일하였다.

삼 호, 사 호, 오 호, 육 호, 칠 호까지 갈나서 나는 칠 호로 가지게 되엿섯다. 그째에 약죠는 일 년이다. 1년 후 가이사가 쌍을 듸밸롭하여 길을 내고 물과 불이 드러가면 오래가는 약조 준다 해서 후발을 보고 갓다. 그째에 물도 업고 불도 업다. 그 쌍은 게비나무 가서 잇고 무건 쌍으로 그전에 소를 키우던 마당이다. 그 산은 녯적에 화산이 터졋다 하고 안에 구멍 잇고 산봉오리는 아메구레다가 돌고 잇[51]서 첫해 산 밋헤는 소래가 대단이 요란하게 들닌다. 그째에 우로슈를 젼문으로 길은는 사람은 일본 청년 와다나비요 해리 오가비 변지면 오가비는 국하를 젼문하고 길어난 사람들이고 우리 한국 사람들은 네를 이는 냄새가 흉융한 가내신을 길넛다.

내가 드러가서 농사할 쌔는 나의 친구들이 만히 잇섯다. 그째에 김쳘순 씨 부인 송순이 씨, 김경택 씨 부인 김새숙 씨, 김학봉 씨 부인 김복이 씨, 최 부인에 아달 리태자 씨, 공치슌 씨 부인에 아달 공메나리, 쏘 박슌화 씨, 리인옥 씨, 김성진 씨 이 여러분이 한인 가내신 농사를 하엿다. 그 후에 김생슈 씨, 리귀설 씨 부인 애스다, 윤동찬 씨 부인 윤순이, 이현숙 씨 드러와서 농사하엿다. 그째다에 더러는 죽고 혹은 미국으로 이거하고 비섭이 땅을 가이사를 네이시를 쥬고 쥬택으로 근설할 째는 (윤동찬 씨 부인과 순이 씨도 그 후에 드러왓다). 그래서 한인이 만치 못하고 김생슈, 리귀설, 윤동찬, 리현숙, 쳔년희 집엔이다.

비섭회사에서 쌍을 36[52]엑카를 곳농사하는 농민을 위하여 코코구레 다힐 즁등에 잇는 게비나무 잇는 쌍을 칠 인이 드러가서 농사하게 분배하고 한인은 자정에 관계와 일하게 무서워 다 구만두고 리귀설 씨와 쳔년회 집앤내가 드러가기로 작정하고 그 남은 쌍은 일본 사람들이 다 가

호, 2호, 3호, 4호, 5호, 6호, 7호까지 갈라서 나는 7호를 가지게 되었다. 그때에 약조는 1년이다. 1년 후에 카이저[회사]가 땅을 디벨로프[develop, 개발]하여 길을 내고 물과 불[전기]이 들어가면 오래가는 약조를[계약을 연장해] 준다 해서 후발[後發, 후에 발전할 것]을 보고 갔다. 그때에 물도 없고 불도 없다. 그 땅은 키아베 나무가 있고 묵은 땅으로 그전에 소를 키우던 마당이다. 그 산은 옛적에 화산이 터졌다 하고 안에 구멍이 있고 산봉우리에는 아미 레이더[군부대 레이더]가 돌고 있어서 곁에 산 밑에는 소리가 대단히 요란하게 들린다. 그때에 로즈를 전문으로 기르는 사람은 일본 청년 와타나베요, 해리 아카베, 벤저민 아카베[Benjamin Akabe]는 국화를 전문으로 기르는 사람들이고 우리 한국 사람들은 레이를 만들 때 냄새가 훌륭한 카네이션을 길렀다.

내가 들어가서 농사할 때는 나의 친구들이 많이 있었다. 그때에 김철순 씨 부인 송순이 씨, 김경택 씨 부인 김새숙 씨, 김학봉 씨 부인 김복이 씨, 최 부인의 아들 이태자 씨, 공치순 씨 부인 아들 공메나리, 또 박순화 씨, 이인옥 씨, 김성진 씨 이 여러분이 한인 카네이션 농사를 하였다. 그 후에 김생수 씨, 이규설 씨 부인 에스더, 윤동찬 씨 부인 윤순이, 이현숙 씨가 들어와서 농사하였다. 더러는 죽고 혹은 미국으로 이거하여 비숍이 땅을 카이저에게 리스를 주고 주택을 건설할 때는 (윤동찬 씨 부인과 순이 씨도 그 후에 들어왔다.) 한인이 많지 않고 김생수, 이규설, 윤동찬, 이현숙, 천연희 기븐이 있었다.

비숍 회사에서 땅 36에이커를 꽃농사 하는 농민을 위하여 코코크레이터 힐 중턱에 있는 키아베 나무 있는 땅을 7인이 들어가서 농사하게 분배하였다. 한인은 자정[53]에 관리와 일하기 무서워 다 그만두고 이규설 씨와 천연희 기븐네가 들어가기로 작정하고 그 남은 땅은 일본 사람들이 다 가져갔

---

53 自淨, 즉 스스로 정화하는 상태로 여기에서는 '자숙해서'라는 뜻으로 추측된다.

저갓다. 나도 농민이 안이라 일하게는 실고 너무 일군만 밋고 하니 경비가·만하 아모 리익이 업지마는 내 집을 갓다 그 쌍에 옴기고 살 작정으로 쌍을 가젓다. 내 집은 아직도 좃코 아해들이 농장 구만두고 한구에 나와 그 돈으로 아바터 적은 것을 사서 조용이 게시라 하나 영감이 항구에 가는 것을 환영치 안이하고 코코헷 써나는 것을 실혀한다. 영감이 그째 몸이 근강치 안고 핫시 죠치 못하고 하이불낫이 잇다. 그래서 영감의 근강을 위해서 집을 가지고 코코구레다일노 올나갈 작정하고 내가 슈만은 고생을 엇지 그곳에서 하엿난지 내 일평생 사는 고생을 하엿다.

그째 온 턴지 코코헷 경디에 누날닐노 홈 놋 경지에는 캇타필

[53]안창호 씨가 미쥬에서 하와이로 심방 온 해 짐작으로 一千九百十六年점 되여서 마위 부내내 캠윈으로 오서실 째 김이제 씨가 그째 캠프윈 교회에 목사로 게시고 우리 교인이다. 미미교회 다녀서 미미교인이다. 온 교회서 안창호 씨 하와이 심방 환영을 캠포원 박에서 열교 각색 유회도 잇고 정해선씨 공중에 써오르는 것 갓헌 청아한 노래를 불너 그날 안창호 선생님 환영식을 깃버고 새롭게 하엿다. 그째가 하도 오래되여서 다 긔록은 못 하나 그의 정신적 운변으로 연설하실 째 쯧깁고 죠헌 말삼 즁에 다 긔억은 못 하나 그 제목에 말삼 두어 마듸 긔억한다. 그 제목은 내가 나를 알아야 된다, 나를 모러난 사람이 엇지 남을 알면 무선 일을 할 슈 업다는 제목 하에 말삼을 하시엿다.

[54]캇타필나 크고 큰 불도사가 매일갓치 이 길노 저 길에 다니면서 집을 헐고 쌍을 파니 몬지가 진동하고 사람의 정신이 혼돈하다. 우리 농사 하는 사람들은 일이 더 만해서 속히 써날 슈가 업다. 곳 한 폭지라도 한 가지라도 보호하여 가지고 가야 된다. 농사 짓는 물자와 파입포 하나라도 쌍에 뭇쳐서니 다 파서 가지고 가야 된다. 파이포가 대단이 고등한 갑

다. 나도 농민이 아니라 일하기는 싫고 너무 일꾼만 믿고 하니 경비가 많아 아무 이익이 없지마는 내 집을 가져다가 그 땅에 옮기고 살 작정으로 땅을 가졌다. 내 집은 아직도 좋고 아이들이 농장 그만두고 항구에 나와 그 돈으로 아파트 작은 것을 사서 조용히 계시라 하나 영감이 항구에 가는 것을 환영치 아니하고 코코헤드 떠나는 것을 싫어했다. 영감이 그때 몸이 건강치 않고 항시 좋지 못하고 하이블러드(highblood, 고혈압)가 있었다. 그래서 영감의 건강을 위해서 집을 가지고 코코크레이터로 올라가기로 작정하였다. 내가 수많은 고생을 어찌 그곳에서 하였는지 내 일평생 할 고생을 하였다.

그때는 온 천지 코코헤드의 루날릴로 홈 로드 경작지에 캐터필러 (Caterpillar) (뒤의 [54]쪽으로 이어짐)

안창호 씨가 미주에서 하와이로 심방 온 해는 짐작컨대 1916년경으로 마우이섬 푸우네네 캠프 원으로 오실 때 김이제 씨가 캠프원 교회에 목사로 계시고 우리 교인이다. 미이미교회 다녀서 미이미교인이다. 온 교회에서 안창호 씨 하와이 심방 환영을 캠프 원 밖에서 열고 각색 유희도 있고 정해선 씨가 공중에 떠오르는 것 같은 청아한 노래를 불러 그날 안창호 선생님 환영식을 기쁘고 새롭게 하였다. 그때가 하도 오래되어서 다 기록하지 못하나 그의 정신적 웅변으로 연설하실 때 뜻 깊고 좋은 말씀 중에 다 기억은 못 하나 그 제목의 말씀 두어 마디 기억한다. 내가 나를 알아야 된다, 나를 모르는 사람이 어찌 남을 알면(알아) 무슨 일을 할 수 없다(있겠는가)라는 제목하에 말씀하시었다.

([52]쪽에서 이어짐) 캐터필러 크고 큰 불도저가 매일같이 이 길로 저 길로 다니면서 집을 헐고 땅을 파니 먼지가 진동하고 사람의 정신이 혼돈하다. 우리 농사하는 사람들은 일이 더 많아서 속히 떠날 수가 없다. 꽃 한 꼭지라도 한 가지라도 보호하여 가지고 가야 된다. 농사짓는 물자와 파이프 하나라도 땅에 묻혀 있으니 다 파서 가지고 가야 된다. 파이프가 대단히 고등

시다. 집을 옴길 작정을 하니 집에 잇는 파이포도 다 잘나야 되고 둣간도 다 씌내야 된다. 집이 크서 집을 온기는 사람 집이 크서 집은 온기는 구루마에 실지 못하니 집도 적은 방을 잘나서 집 무푸하는 추락에 올닌다. 이리 하자니 시일이 걸니고 회사 불도사는 와서 속히 하라고 재촉하니 마음이 쏠니어 너비시 병이 난다. 이쌔는 윗기 수츄리에서 당한 일이고 코코헥 구레다 씨 쌍으로 가지고 갈 모양인대 그 당은 물도 업고, 집에 전긔도 업고, 길도 업고 게비나무가 무성하게 서 잇는 쌍이다. 길은 조고마한 적언 길이 잇는대 반은 쎄섭 시대지 당이요 반은 정부길[55]에 잇다.

이 정부길에 잇는 것은 이 쌍이 그 전에 알시에 쎄불 쌍이다. 알시에도 비섭 시대지 쌍을 네시하고 하다가 네시가 다 되여 다런 대로 비섭 시대가 이거하니 이 쌍을 정부 학교로 시리 정부로 주어서 가저가서 정부 쌍이다. 그래서 학교 지을 동안 리귀실이가 이·삼 년 네시가 잇서서 그 조고마한 길이 리귀실 네시 쌍에 절반이 잇섯다. 그러나 리귀실이가 코코헷 지방 농민회 회장으로 모던 것 만히 힘써 쥬선하고 외선 길이 업서니 자긔 농장 반 되는 길을 우리가 다 씨기 하고 비섭 회사에 약속하고 네고시에를 하여섯다. 쌍을 씨게 되엿다. 그 길은 학교와 각이 된다는 정부 길이다. 그 길 솔고 싹지를 안이해서 돌이 만타. 비가 오며 산물이 나려와서 다 씰어가고 길에 구멍이가 나서 사람이 걸을 슈도 업고 카가 오지를 못한다.

내 쌍을 불도사 사람을 사서 내 쌍에게 비나 물 다 쎄고 갈아서 편편하게 만드러 집으로 가지고 와서 잘 슈리하고 마당을 싹고 밧혜 파이포를 놋고 물내 밧업혜 가멀노이기 길에서 적은 모다로 놋코 물을 가지고 오니 파와가 업서 물 힘이 세지를 못해서 집안에 물이 업고 마당에 잇는 파한(높은) 값이다. 집을 옮길 작정을 하니 집에 있는 파이프도 다 잘라야 하고 뒷간도 다 떼어내야 된다. 집이 커서 집을 옮기는 구루마에 싣지 못하니 집도 작은 방을 잘라서 짐 무브(move, 짐을 옮기는)하는 트럭에 올린다. 이리 하자니 시일이 걸리고 회사 불도저는 와서 속히 하라고 재촉하니 마음이 쫓겨 너버스(nervous, 신경증) 병이 난다. 이때는 웨케 스트리트에서 당한 일이고 코코헤드 크레이터 시[54] 땅으로 가지고 갈 모양인데 그 땅은 물도 없고, 집에 전기도 없고, 길도 없고 키아베 나무가 무성하게 서 있는 땅이다. 조그마한 작은 길이 있는데 반은 비숍 에스테이트 땅이요 반은 정부 땅이다.

이 정부 길에 있는 땅은 그전에 RCA 케이블 땅이다. RCA도 비숍 에스테이트 땅을 리스하다가 리스가 (기한이) 다 되어 다른 데로 비숍 에스테이트가 이거하니(옮기니) 이 땅을 정부 학교로 시정부에 주어서 가져가서 정부 땅이다. 그래서 학교 지을 동안 이규설 씨가 2, 3년 리스하여 그 조그마한 길의 절반이 이규설 리스 땅에 있었다. 그러나 이규설 씨가 코코헤드 지방 농민회 회장으로 모든 것을 많이 힘써 주선하여 우선 길이 없으니 자기 농장 반 되는 길을 우리가 쓰게 하고 비숍 회사에 약속하고 니고시에이션(negotiation, 협상)을 하였다. 땅을 쓰게 되었다. 그 길은 학교와 각이(경계가) 된다는 정부 길이다. 그 길은 쓸고 닦지를 아니해서 돌이 많다. 비가 오면 산에서 물이 내려와서 다 쓸어 가고 길에 구멍이 나서 사람이 걸을 수가 없고 차가 오지를 못한다.

불도저 사람을 사서 내 땅에 비나 물 다 빼고 갈아서 편편하게 만들어 집을 가지고 와서 잘 수리하고 마당을 닦고 밭에 파이프를 놓고 물(을)내(고) 밭 옆에 카밀로이키 길에서 작은 모터를 놓고 물을 가지고 오니 파워가 없어서 물 힘이 세지 못해서 집안에 물이 없고 마당에 있는 파이프에서

---

54 RCA를 줄여서 또는 빠뜨리고 쓴 것으로 추정된다.

[56]포에서 물이 조곰식 나와서 물이 업서 고생을 한다. 볼내 그곳 물 파이포가 적어서 큰 모다를 놋치 못한다. 편소나 정지에 물을 씰나면 마당에 잇는 파이포에서 질어다가 씬다. 이와 갓치 고생하고 견긔와 전어도 업다. 세구 등잔과 초불노 써고 산다. 이 세상은 二十세게가 안이요. 넷적 시대로 다 변하고 세구 화덕에 밥을 짓는다.

비섭 시대지에서 곳 농사할 쌍 36커를 주고 다 그곳으로 이사할 줄 알앗지마는 그 일곱 사람들 쥼에는 알시에 쌍을 어더서 농사하는 사람이 잇다. 이 사람 와다나비오 리귀설이다. 쏘 해리 오가비도 알시에 쌍에 가고 김생슈도 알시에 쌍에 갓다. 그 쌍에는 파이포와 모던 시설에 잇다. 전긔도 잇다. 그러나 정부 학교 지을 동안 오 년 약조를 쥬엇다. 그럼으로 그곳에서 위선 농사를 하고 코코구레다 할 쌍 36에카 어던 쌍에 칠 인 쥼에 내 하나가 먼첨 집을 가저고 가게 되여 내 쌍 난배[57]는 난바가 칠이다.

그 쌍으로 길도 손길노 집을 가지고 올나가 집은 안자 잇지마는 불이 업서니 불기동을 산 우에 세우고 그 불이 온 가이사 쏠 부치는 대까지 전긔불을 씬다 하는 그 쌍을 근설하는 도향에 써 잇다. 그래서 내가 매일 전긔회사에 가서 불을 달나고 말을 하고 애를 씬다. 병던 영감이 잇는대 불이 업서 대단이 내 마음이 걱정이고 병던 사람이 마음 고통하여 병이 더 하는 것 갓다. 그래서 이사할 쌔 영감을 보고 이사할 동안에 병원에 가서 쉬고 잇서라 하여도 가지 안고 자긔 눈으로 이사하는 것을 보고 모던 것이 자리가 정리되면 병원에 가서 신다 하고 가지 안코 갓치 이사하는 것을 본다.

내 큰아달이 일하는 대서 한 달 슈이를 엇코 큰 추락을 세로 내여 나의 일군과 갓치 그 이사를 몃칠 두고 하엿다. 그째가 륙십四年 五月 六日·七日이다. 나의 큰아달이 길도 업난 그 소리길에 매일갓치 추락을 부리고 물이 조금씩 나와서 물이 없어서 고생을 한다. 본래 그곳 물 파이프가 적어서 큰 모터를 놓지 못한다. 변소나 정지(부엌)에서 물을 쓰려면 마당에 있는 파이프에서 길어다가 쓴다. 이와 같이 고생하고 전기와 전화도 없다. 석유 등잔과 촛불을 쓰고 산다. 이 세상은 20세기가 아니요, 옛적시대로 다 변해서 석유 화덕에 밥을 짓는다.

비숍 에스테이트에서 꽃 농사할 땅 36에이커를 주고 다 그곳으로 이사할 줄 알았지마는 그 일곱 사람들 중에는 RCA 땅을 얻어서 농사하는 사람이 있다. 이 사람이 와타나베와 이규설이다. 또 해리 아카베도 RCA 땅에 가고 김생수도 RCA 땅에 갔다. 그 땅에는 파이프와 모든 시설이 있다. 전기도 있다. 그러나 정부 학교 지을 동안 5년 약조를 주었다. 그러므로 그곳에서 우선 농사를 하고 코코크레이터 힐 땅 36에이커를 얻은 땅에 7인 중 내 하나가 먼저 집을 가지고 가게 되었고 내 땅 넘버는 7이다.

그 땅으로 손수 집을 가지고 올라가 집은 앉아 있지만(자리 잡았지만) 불이 없다. 불기둥(송전탑)을 산 위에 세우고 온 카이저 골(짜기) 비치는 데까지 전깃불을 쓴다고 그 땅을 건설하는 조항에 써 있다. 그래서 내가 매일 전기회사에 가서 불을 달라고 말하고 애를 쓴다. 병든 영감이 있는데 불이 없어 대단히 내 마음이 걱정이고 병든 사람이 마음의 고통이 있어서 병이 더 하는 것 같다. 그래서 이사할 때 영감보고 이사할 동안에 병원에 가서 쉬고 있으라 하여도 가지 않고 자기 눈으로 이사하는 것을 보고 모든 것이 자리가 정리되면 병원에 가서 쉰다 하고 가지 않고 같이 이사하는 것을 본다.

내 큰아들이 일하는 데서 한 달 휴가를 얻고 큰 트럭을 세내어 나의 일꾼과 같이 그 이사를 며칠 두고 하였다. 그때가 64년 5월 6·7일이다. 나의 큰아들이 길도 없는 그 소릿길[55]에 매일같이 트럭을 부리고 농장에서 쓰

---

55 소로小路의 방언.

농장에서 씨는 물건을 실고 [58]코코구레다 힐탐에 잇는 쌍에 갓다 노앗다. 그째에 영감과 나는 절문 사람이 안이요 나히가 륙십 이상으로 넘은 사람들이 집을 일코 집이 업서니 살 집을 위하여 만단 고초를 다 젹고 마음고생을 하면서도 그 힐노 집을 가지고 가서 집안에 물도 업고 전어도 업고 불도 업시 캄캄한 세상에 살고 내 영감은 심장병이 잇고 해서 아모조록 보호해도 안이 되고 그째는 매디케야도 업고 하니 약도 내가 자유 의사의게 가서 보니 약갑과 경비가 만하 영감이 월원 배추런인 고로 병원에 입원할 병이면 추불나 병원으로 갈 슈 잇다.

그러나 너무 멀어 가기 시러함으로 퀘언 병원에 간다. 코코헷 힐에 이사를 하고 할 슈 업서 추불나 병원으로 입원이 되엿다. 영감이 코코헷설 죠와하고 써나지 안겟다 하여 만단으로 고생을 하고 이 힐에 이사를 하고 내 영감을 병원에 보내지 안고 내가 잘 보호할 생각이 잇다. 그러나 여러 가지로 형편이 허락지 안이한다. 집에 불이 업고 전어가 업다. 물은 마당에서 가지고 올 수 잇다. 그러나 모던 것이 편리치 못하다. 의원에 약 [59]을 가저오고 영감을 집에 두고 내가 보호하여 간호할 마음이 잇다. 그러나 세상은 조물의 쉬기로 그 죠하하고 써나지 안켓다 하는 코코헷 멋에 홈은 면캐설 되라 하던 그 힐탐 집을 써나 할 슈 업시 아메 추불나 병원으로 갈 작정으로 내 쌀이 카에 실고 집을 써나는 거설 보는 나는 텬지가 아득하고 정신업시 셔 잇고 비달기갓치 두 늙은이가 의지하고 잇고 아해들은 다 장성하여 성혼하고 자긔 집안을 보호하니 시간이 업다. 내 혼자 썰썰이 이 힐에 남아 잇다.

---

는 물건을 싣고 코코크레이터 힐 탑〔꼭대기〕에 있는 땅에 갖다 놓았다. 그
때에 영감과 나는 젊은 사람이 아니요 나이가 60 이상으로 넘은 사람들이
집을 잃고 집이 없으니 살 집을 위하여 만단〔萬端, 온갖〕고초를 다 겪고 마
음고생을 하면서도 그 힐〔언덕〕로 집을 가지고 가서 집 안에 물도 없고 전
화도 없고 불도 없이 캄캄한 세상에 살고 내 영감은 심장병이 있고 해서
아무쪼록〔아무리〕보호해도 아니 되고 그때는 메디케어〔medicare, 의료보험〕
도 없고 하니 약도 내가 자유의사[56]에게 가서 보니 약값과 경비가 많아 영
감이 월드워 베테랑〔World War veteran, 제1차 세계대전 참전 군인〕인 고로 병원
에 입원할 병이면 트리플러〔Tripler〕병원으로 갈 수 있다〔하였다〕.

그러나 너무 멀어 〔남편이〕가기 싫어하므로 퀸스 병원에 갔다. 코코헤
드힐로 이사하여 할 수 없이 트리플러 병원에 입원하였다. 영감이 코코헤
드를 좋아하고 떠나지 않겠다 하여 만단으로 고생하고 이 힐에 이사하고
내 영감을 병원에 보내지 않고 내가 잘 보호할 생각이 있다. 그러나 여러
가지로 형편이 허락지 아니한다. 집에 불이 없고 전화가 없다. 물은 마당
에서 가지고 올 수 있다. 그러나 모든 것이 편리하지 못하다. 의원에서 약
을 가져오고 영감을 집에 두고 내가 보호하여 간호할 마음이 있다. 그러나
세상은 조물의 시기라, 그 좋아하고 떠나지 않겠다 하는 코코헤드 밑에 홈
〔home〕은 매그니피선트〔magnificent, 웅장한〕하게 만들려고 하던 그 힐탑 집
을 떠나 할 수 없이 아미 트리플러 병원으로 갈 작정으로 내 딸이 〔영감을〕
차에 싣고 집을 떠나는 것을 보는 나는 천지가 아득하고 정신없이 서 있
다. 비둘기같이 두 늙은이가 의지하고 아이들은 다 장성하여 성혼하고 자
기 집안을 보호하니 시간이 없었다. 〔이제 영감과 단둘이 살게 되었는데,〕내 혼
자 쓸쓸히 이 힐에 남아 있다.

---

56 개업 의사를 말하는 듯하다.

내가 영감 병원에 갓치 못 갓다. 일군이 집에서 일을 하고 잇서니 내가 잇서야 된다. 아득하고 쓸쓸한 이 마음을 다시금 용기를 내고 영감이 좀 나사 도라올 길을 생각하고 용기를 내여서 내가 부저런이 일을 하고 야도에 풀을 심어고 밤에 물을 쥬어 마당에 풀을 키운고 곳을 심어고 한다. 밤이면 물이 좀 더 나오기로 밤[60]에 늘 야도에 물을 주고 내가 늘 야도풀이 어서 잘 자라서 영감이 병원에서 집에 나오며 야도에 그러다니고 안자 노는 것을 원해서 마당에 풀을 심어고 숭상한다. 그런 윗키 수추리 집에는 야도가 죠코 쌔되오가 잇고 크듸섬만서 배리추리와 몽키낫추리가 잇고 하와인 구렛쑬나무가 잇서 안자 노는대 그널도 쥬고 해서 안자 놀기 죠치마는 힐탐 집에 위선 마당에 내 쌀도 주일이면 도아 내 쌀이 주일 와서 풀을 심어서 키운다.

　　내가 위시하기는 영감이 병원에서 나오면 야도에 안 오고 거러 다니는 것을 원한다. 이 심장병은 공긔를 원하고 공긔가 업서면 안 된다. 아참이며 일군을 다리고 밧헤 가서 일하는 것을 가라처 주고 나는 내 야도에서 노인 아자씨를 다리고 마당에서 일을 하다가 병원 시간 두 점에 밥을 가 보랴고 코코헷에서 누날닐노 쌔서를 타고 킹 수추리로 와서 갈니히 파셔 시답하는 대 와서 추불나 파서를 갈아타고 추불나 병원에 가서 밥을 맛나 본다.

　　병상에 누엇난 나의 남편을 보면 내 마음이 [61]무삼 안개가 자아 오러는 것갓치 답답하다. 엇지하며 속히 병이 나어짐으로 다려가나 하는 생각이 간절하다. 그쌔는 소설 시규이되 매리캐야도 업고 그래서 월워 배추런 고로 추불나로 갓다. 너무 멀고 내가 일이 만해서 하로난 내가 가보내가 영감 병원에 같이 못 갔다. 일꾼이 집에서 일하고 있으니 내가 있어야 된다. 아득하고 쓸쓸한 이 마음을〔달래어〕다시금 용기를 내고 영감이 좀 나아 돌아올 길을 생각하고 용기를 내어서 내가 부지런히 일하고 야드〔yard, 마당〕에 풀을 심고 밤에 물을 주어 마당에 풀을 키우고 꽃을 심고 한다. 밤이면 물이 좀 더 나오므로 밤에 늘 야드에 물을 주고 내가 늘 야드 풀이 어서 잘 자라〔기를 바란다.〕영감이 병원에서 집에 오면 야드를 걸어 다니고 앉아 노는 것을 원해서〔내가〕마당에 풀을 심고 숭상한다〔가꾼다.〕그런 웨케 스트리트 집에는 야드가 좋고 파티오가 있고 크리스마스 베리트리〔Christmas berry tree, 호랑가시나무〕와 몽키넛트리〔monkeynut tree〕가 있고 하와이안 그레이프프루트〔grapefruit〕나무가 있어 앉아 노는데 그늘도 주고 해서 앉아 놀기 좋지만 힐탑 집에〔는 아무것도 없어서〕우선 마당〔을 가꾸었고.〕내 딸도 주일이면 와서 풀을 심어서 키운다.

내가 위시〔wish〕하기를〔바라기를〕, 영감이 병원에서 나오면 야드에 앉고 걸어 다니는 것을 원한다. 이 심장병은 공기를 원하고 공기가 없으면 안된다. 아침이면 일꾼을 데리고 밭에 가서 일하는 것을 가르쳐 주고 나는 내 야드에서 노인 아저씨를 데리고 마당에서 일하다가 병원 시간 2시에 밥〔에게 면회를〕가보려고 코코헤드에서 루날릴로 버스를 타고 킹 스트리트로 와서 칼리히〔Kalihi〕버스 스톱〔stop〕하는 데 와서 트리플러 버스를 갈아타고 트리플러 병원에 가서 밥을 만나 본다.

병상에 누워 있는 나의 남편을 보면 내 마음이 무삼〔새삼〕안개가 피어오르는 것같이 답답하다. 어찌하면 속히 병이 나아서 데려가려나 하는 생각이 간절하다. 그때는 소셜 시큐리티〔social security〕메디케어[57]도 없고 그래서〔남편이〕월드워 베테랑인 고로 트리플러로 갔다. 너무 멀고 내가 일

---

[57] 사회보장제도로서 의료보험제를 말한다.

고 하로는 내 쌀이 가고 하엿다.

　내가 하로는 병원에 가니 영감이 혼이불얼 두루고 치아에 안자 게시다. 내가 감착 놀나 몸이 성치 안은 사람을 이러켜 치아에 안치난 것이 윈일이야 하고 말하니 영감 말이 의사가 그리하라 한다 하고 그레서 일 보는 일군이 그리한다 하기에 일군을 보고 말을 할나 하니 영감이 말을 하지 말나 한다. 전일에 영감이 감기가 잇서 숨이 더 찬 것을 보고 가서 그 잇헌날 오니 그와 갓치 하엿다.

　백인 너서들은 대단이 좃코 잘 한다. 그게서 일하는 일군 너서는 잡종으로 칼나면이 잇다. 이 사람들은 병자의게 죠헌 동정이 업고 자긔 일 시간만 보내는 것이다. 그날 늙은 병자의 대위하는 것이 정의가 업다.

　내가 그날 그것을 보고 올 째 내 마음이 너무도 압하 씰씰고 그 밤에 잠을 못 자고 그 잇헌날 시간이 되어서 병원에 갓다. 더 나은 것 업고 한 모양이다. 참 내 가슴이 답답하다. 영감을 보고 집으로 도로 다리고 가고 십[62]다 하니 영감 말삼이 좀 더 잇서 본다 하고 너무 걱정 말고 당신 몸을 병나지 안케 보호하라 한다.

　이날도 내 답답한 마음을 울고 울면서 추불나에서 코코구레다 힐탑 집에 불도 업고 캄캄한 대로 그러 올나온다. 길에 적은 돌이 만하 밤길에 차이면 너무지기도 하고 발텀도 차이고 하며 압허다. 엇던 날은 너무 저물어 어더우면 무서워서 내 혼자 오기 어렵다. 그 길에는 아모도 살지 안코 와다나비 노수 일군은 초암시에 잇고 리귀실이 집도 초암헤 잇고 귀실 가내신 밧이 내 가는 길에 잇어 일군이 일을 하지마는 저물면 일손을 쎄고 집에 다 더러가고 아모도 업다. 적적한 힐탐 소리길밧기에 업다. 그를 째는 전차에서 나려서 내 갈길을 올리 처다보면 길이 어더움에 눌녀

이 많아서 하루는 내가 가보고 하루는 내 딸이 가보고 하였다.

내가 하루는 병원에 가니 영감이 홑이불을 두르고 체어(chair, 의자)에 앉아 계시니 내가 깜짝 놀라 몸이 성치 않은 사람을 이렇게 의자에 앉히는 것이 웬일이냐 하고 말하니 영감 말이 의사가 그리하라 해서 일 보는 일꾼이 그리한다 하기에 일꾼보고 말하려고 하니 영감이 말하지 말라고 한다. 전일에 영감이 감기가 있어서 숨이 더 찬 것을 보고 가서 그 이튿날 오니 그와 같이 하였다.

백인 간호사들은 대단히 좋고 잘한다. 거기에서 일하는 일꾼 간호사는 잡종으로 컬러맨(color man, 유색인종)이다. 이 사람들은 병자에게 좋은 동정이 없고 자기 일 시간만 보낸다. 그날 늙은 병자를 대하는 것이 정이 없다.

내가 그날 그것을 보고 올 때 내 마음이 너무도 아파 쓸쓸하고 그 밤에 잠을 못 자고 그 이튿날 시간이 되어서 병원에 갔다. 더 나은 것이 없는 모양이다. 참 내 가슴이 답답하다. 영감보고 집으로 도로 데리고 가고 싶다 하니 영감 말씀이 좀 더 있어 본다 하고 너무 걱정 말고 당신 몸을 병나지 않게 보호하라 한다.

이날도 내 답답한 마음으로 울고 울면서 트리플러에서 코코크레이터 힐탑 집에 불도 없고 캄캄한 데로 걸어 올라온다. 길에 작은 돌이 많아 밤길에 차이면 넘어지기도 하고 발톱도 차이고 하며 아프다. 어떤 날은 너무 저물어 어두우면 무서워서 내 혼자 오기 어렵다. 그 길에는 아무도 살지 않고 와타나베 로즈 일꾼은 초암시[58]에 있고 이규설의 집도 초암에 있고 이규설 카네이션 밭이 내 가는 길에 있어 일꾼이 일을 하지만 저물면 일손을 떼고 집에 다 들어가고 아무도 없다. 적적한 힐탑 소릿길밖에 없다. 그럴 때는 전차에서 내려서 내 갈 길을 올려 쳐다보면 길이 어두움에 눌려

---

58 지명으로 추측되나 확인하지 못하였다.

크컴하게 무선 안개가 기친 것 갓다.

그려며 무서워 혼자 가지를 못하고 리귀실 씨가 초암헤 사니 할 수 업시 그 집으로 드러가서 그 집 일군 아이가 다리고 우리 집까지 갓다 쥰다. 리귀설 씨 부인은 일홈이 애스다이다. 고 박로병 씨 쌀이다. 어려서 부모가 다리고 한국 가서 살다가 하와이를 드러와서 한국서 늙은 사람을 잘 공경하는 그런 에절을 잘 보[63]고 배어서 대단이 좃타. 그래서 한인이라. 리귀실 씨와 내위쑌으로 그 길에 살고 잇다. 그래 내가 가면은 저녁 먹고 집으로 가시라고 붓잡는다. 집에 가서도 불도 업고 혼자서 세기 화탁에 밥을 지어시니 저 물넛기 가서서 은재 잡슈게 되는가 하고 저녁을 먹고 가시라고 붓잡을 쌔가 만타. 그래서 참 고맙게 생각하고 그 후에 내 쌀이 물건을 사서 보답하엿다.

얼마 후에 영감이 내가 병원에 보로 가니 의원이 말하기를 나를 수술노 하야 된다고 말한다. 내 말이 무삼 병으로 소변을 칸출 못 한다고 말한다. 그러나 내 생각에 탈진한 사람이 엇지 수술하나, 좀 몸이 건강하며 하지 말하니, 의원이 하라 하니 하여야 된다 함으로 그날도 내가 세원한 소식은 업고 근심 중으로 집에 도라와서 야도에 풀을 캐고 일을 하엿다. 내 히망은 영감이 병원에서 도라 집에 와서 야도에서 거러 다니고 좀 더 사시는 것을 원한다.

적적한 큰 집에 밤이며 쏫불노 벗을 삼고 무섭고 설설한 세상에서 생각하다가 잠이 들어 그 밤을 자고 눈을 써보니 새는 쌕쌕 그리고 울고 일군들은 와서 일을 한다. 나도 아참 코피를 한 잔 마시고 밧허로 나려가서 일군을 보고 오날은 꼿밧헤 약을 쥬라 하고 약 쥬는 다운을 가라처 쥬고 쏘 영감을 보로 전차를 타고 추불나 병원으로 행한다. 내 갈 쌔 생걱하기를 오날 병원에 가며 죠헌 소식 잇나 좀 나헌 [64]것인가 하고 히망을 하고 간다.

병원에 가서 영감 보니 영감이 오날 아참 수술을 하엿다 한다. 큰 수술

컴컴하게 무서운 안개가 낀 것 같다.

그러면 무서워 혼자 가지를 못하고 이규설 씨가 초암에 사니 할 수 없이 그 집에 들어가면 그 집 일꾼 아이가 우리 집까지 데려다준다. 이규설 씨 부인은 이름이 에스더이다. 고 박로병 씨 딸이다. 어려서 부모가 데리고 한국 가서 살다가 하와이에 들어와서 한국에서 늙은 사람을 잘 공경하는 예절을 잘 보고 배워서 대단히 좋다. 그래서 한인이라. 이규설 씨 내외만이 그 길에 살고 있다. 그래서 내가 가면 저녁 먹고 집으로 가시라고 붙잡는다. 집에 가서도 불도 없고 혼자서 석유 화덕에 밥을 지어야 하니 저물녘에 가셔서 언제 잡숫게 되는가 하고 저녁을 먹고 가시라고 붙잡을 때가 많다. 그래서 참 고맙게 생각하고 그 후에 내 딸이 물건을 사서 보답하였다.

얼마 후에 영감이 내가 병원에 보러 가니, 의원이 말하기를 나〔남편〕를 수술해야 된다고 말한다. 내가 무슨 병으로 소변을 컨트롤〔control, 조절〕하지 못한다고 말한다. 그러나 내 생각에 탈진한 사람이 어찌 수술하나, 좀 몸이 건강하면 하지 하고 말하니 의원이 하라 하니 하여야 된다고 하므로, 그날도 내가 시원한 소식은 없고 근심 중으로 집에 돌아와서 야드의 풀을 캐고 일을 하였다. 내 희망은 영감이 병원에서 돌아와 집에 와서 야드에서 걸어 다니고 좀 더 사시는 것을 원한다.

적적한 큰 집에 밤이면 촛불로 벗을 삼고 무섭고 쓸쓸한 세상에서 생각하다가 잠이 들어 그 밤을 자고 눈을 떠보니 새는 쩍쩍 그렇게 울고 일꾼들은 와서 일을 한다. 나도 아침 커피를 한 잔 마시고 밭으로 내려가서 일꾼보고 오늘은 꽃밭에 약을 주라 하고 약 주는 방법을 가르쳐 주고 또 영감을 보러 전차를 타고 트리플러 병원으로 향한다. 내 갈 때 생각하기를 오늘 병원에 가면 좋은 소식 있나 좀 나을 것인가 하는 희망을 가지고 간다.

병원에 가서 영감을 보니 영감이 오늘 아침 수술을 하였다 한다. 큰 수이 안이고 조고마한 수술을 한 것이다. 그러나 병자는 대단이 게러워한다. 내가 그것을 볼 째에 참 안타갑게 고통이 된다. 나는 병자를 엇지할 슈 업고 매일갓치 내 보기에 병자가 좀 나아서 근강을 회복하는 것이 보이지 안코 고통하는 점이 보인다. 그럼으로 집에 도라오며 내 마음도 설설하고 고통이 되고 한다. 하나님게 긔도로 하고 그의 처분만 바랜다.

핫이 낫바 병이 잇는대 다런 병이 또 덤처나니 엇지 근강할 슈 잇나. 애달불할 일이다. 영감이 병원에 가신 후에 내 쑴을 쑤니 내 침상에 큰 지내가 잇는데 색갈이 금고 죽엇난지 움지기지 안이한다. 그래서 놀나 쌔니 쑴이다. 내가 이상하게 생각하엿서나 우리는 에수를 밋난 사람이라 쑴이나 허영을 밋지 안코 지나갓다. 또 그날도 병원에 가서 영감을 보로 간다. 영감이 처음 병원 잇설 째는 잇헐에 한 번 갓지마는 지금은 매일 할 슈 잇서며 가 본다. 집에 오며 가내신을 돌보고 밧헤 나가서 일군들 일하는 것을 보고 내가 병원에 가고 업서 내가 일 무엇을 먼첨 하라고 일너 놋고 가도 그것은 안이하고 쌴 것을 하엿 노앗다. 그러며 내 마음이 상하고 골이 나지마은 [65]할 슈 업다. 일군을 두고 일 식히난 쥬인도 마음 편지 안을 째가 잇고 남의 압헤 일하는 사람도 맘은 편지 안코 성활될 째가 잇다. 이 세상은 분쥬하고 문제가 만헌 것으로 되고 잇서 그것이 인생 생활이 되는 것이다. 이날도 야도에 풀을 캐고 야도가 좀 커서 온 마당을 덥헐나 하니 내가 자미가 나서 일을 하고 옥경삼이라 하는대 한 늙은 아자씨가 야도에 적은 돌을 다 쥬어 낸다. 야도는 잘아가고 입부게 된다. 그러니 나의 희망은 영감이 나서 나오는 것이 용망이다.

세월은 류슈갓하야 이사한 지가 이삼 색이 되엿다. 이사를 六十四年六 · 七月에 하엿난대 영감이 병원에 드러간 지 두어 달 되도록 병이 캐차가 술이 아니고 조그마한 수술을 한 것이다. 그러나 병자는 대단히 괴로워한 다. 내가 그것을 볼 때에 참 안타깝고 고통스럽다. 나는 병자를 어찌할 수 없고 매일같이 내 보기에 병자가 좀 나아서 건강을 회복하는 것이 보이지 않고 고통받는 점이 보인다. 그러므로 집에 돌아오면 내 마음도 쓸쓸하고 고통이 되고 한다. 하나님께 기도를 하고 그의 처분만 바란다.

하트(heart, 심장)가 나빠 병이 있는데 다른 병이 또 겹쳐 나니 어찌 건강 할 수 있나. 애달픈 일이다. 영감이 병원에 가신 후에 내 꿈을 꾸니 내 침상 에 큰 지네가 있는데 색깔이 검고 죽었는지 움직이지 아니한다. 그래서 놀 라 깨니 꿈이다. 내가 이상하게 생각하였으나 우리는 예수를 믿는 사람이 라 꿈이나 허영(허상)을 믿지 않고 지나간다. 또 그날도 병원에 영감을 보 러 간다. 영감이 처음 병원에 있을 때는 이틀에 한 번 갔지마는 지금은 매 일 할 수 있으면 가본다. 집에 오면 카네이션을 돌보고 밭에 나가서 일꾼 들 일하는 것을 보고 내가 병원에 가고 없어 내가 무엇을 먼저 하라고 일 러 놓고 가도 그것은 아니하고 딴 것을 해 놓는다. 그러면 내 마음이 상하 고 골이 나지마는 할 수 없다. 일꾼을 두고 일 시키는 주인도 마음 편치 않 을 때가 있고 남의 앞에 일하는 사람도 맘은 편치 않고 성화를 피울 때가 있다. 이 세상은 분주하고 문제가 많은 것으로 되고 있어 그것이 인생생활 이 되는 것이다. 이날도 야드에서 풀을 캐고 야드가 좀 커서 (풀이) 온 마당 을 덮으려고 하니 내가 재미가 나서 일을 하고 옥경삼[59]이라 하는 한 늙은 아저씨가 야드의 작은 돌을 다 주워 낸다. 야드는 자라 가고 예쁘게 된다. 그러니 나의 희망은 영감이 나아서 나오는 것이다.

세월은 유수 같아 이사한 지가 2, 3삭이 되었다. 이사를 64년 6, 7월에 하 였는데 영감이 병원에 들어간 지 두어 달 되도록 병이 쾌차하지 않고 매일

---

59 「천연희 구술 테이프 요약」, 190, 191쪽에 Ok Kyang Sam으로 기록되어 있다.

업고 매일갓치 내가 가본다. 내가 병원에 가면 내 혼자 외싼 대 외롭게 잇난 것을 늘 염려하고 문을 잘 단속하고 자라고 걱정하며 내 말이 아모조록 약이고 음식을 잘 먹고 근강하여 속히 집에 오라 하며 그리헌다 대답을 하는대, 하로는 내가 그리 말하니 대답하기를 내 집에 갈지 모러겻다 대답을 하니 내가 섭섭한 가슴이 되여서 내 마음이 운다. 그래도 영감 보는대 포정 안이하랴고 참고 전차를 타고 집에 올 쌔 붓거러운 줄 몰으게 눈에서 눈물이 쇼다지고 한다. 사람의 사랑이 무엇이며 인정이 무엇인지 금할 슈 업난 내 [66]눈에 눈물 붓거럽지도 안코 남이 엇지 생각하는 그것도 업시 눈에서 눈물이 나니 금할 슈 업다. 그리하난 중 전차 운전수의 쌀리 부리는 시간은 언제 내 집 잇는 코코헷에 당도하야 내가 전차에 나려서 내 사는 힐탐 집 소리길 적적한 내 집을 차저 올나가니 아모도 저물게 혼자 그 거러온다고 걱정하는 사람도 업다. 영감 게실 쌔 혹 그리 넛게 오며 불을 쎄놋고 나를 귀대리 쥬고 깃번 얼골노 포정한다. 아 영감이 병원에 잇서 그것도 업고 설설하게 한이 업다. 집은 윗단 힐탐에 잇고 코코구레다 아메 만경대에 외다는 소래가 요란하게 도라가고 혼자 적적한 방에서 촛불노 벗을 삼고 무섭고 적적한 내 마을을 하나님께 밧치고 잠이 들고 하엿다.

그 잇헐날 이러나 코비를 한 잔 마시고 쏘 밧해 나가서 일군들을 보고 오날은 밧해 풀을 매라고 가라처 쥬고 올나와 어렵게 드러 잇는 곳헐 지버 내어 크고 죠헌 곳은 성어로 고루고 적언 것은 다음 곳헐 골야서 백 개가 네를 하나 쎄게 됨으로 백(100)개식 골나 종이봉지에 엿코 두라바 (자동차 운전)하는 녀인이 와서 실고 각 전방 카서 [67]터마의게 갓다 쥰다.

그리한 후 나는 병원에 가서 영감을 본다. 이날은 내가 병원에 갈 시간 전에 내 쌀이 와서 병원에 가자 한다. 내 마음이 이상하여 내 쌀을 보고 말 못

같이 내가 가본다. 내가 병원에 가면 〔남편이〕 내 혼자 외딴 데 외롭게 있는 것을 늘 염려하고 문을 잘 단속하고 자라고 걱정한다. 〔그러면〕 내가 아무쪼록 약이고 음식을 잘 먹고 건강하여 속히 집에 오라 하면 그리 한다 대답한다. 하루는 내가 그리 말하니 〔남편이〕 대답하기를 내 집에 갈지 모르겠다 하니 내가 섭섭한 가슴이 되어 내 마음이 운다. 그래도 영감 보는데 표정〔을 보이지〕 않으려고 참고 전차를 타고 집에 올 때 부끄러운 줄 모르게 눈에서 눈물이 쏟아진다. 사람의 사랑이 무엇이며 인정이 무엇인지, 금할 수 없도록 내 눈에 눈물이, 부끄럽지도 않고 남이 어찌 생각하는지도 없이 눈에서 눈물이 나니 금할 수 없다. 그리하던 중 전차 운전수가 빨리 운전하여 내 집 있는 코코헤드에 당도하니 내가 전차에 내려서 내 사는 힐탑 집 소릿길로 적적한 내 집을 찾아 올라가는데 〔날이〕 저물어도 아무도 혼자 걸어온다고 걱정하는 사람이 없다. 영감 계실 때 혹 그리 늦게 오면 불을 켜놓고 나를 기다려 주고 기쁜 얼굴 표정을 하였다. 아, 영감이 병원에 있어 그것도 없고 쓸쓸함이 한이 없다. 집은 외딴 힐탑에 있고 코코크레이터 아미 만경대에 레이더는 소리가 요란하게 돌아가고 혼자 적적한 방에서 촛불로 벗을 삼고 무섭고 적적한 내 마음을 하나님께 바치고 잠이 들고 하였다.

그 이튿날 일어나 커피를 한 잔 마시고 또 밭에 나가서 일꾼들보고 오늘은 밭의 풀을 매라고 가르쳐 주고 올라와 어지럽게 들어 있는 꽃을 꺼내어 크고 좋은 꽃은 쌍으로 고르고 작은 것은 다음 꽃을 골라서 백 송이로 레이를 하나 끼우게 되므로 100송이씩 골라 종이봉지에 넣고 드라이버〔driver〕〔자동차 운전〕하는 여인이 와서 싣고 각 전방〔으로 가져가서〕 커스터머〔customer, 고객〕에게 갖다 준다.

그런 후 나는 병원에 가서 영감을 본다. 이날은 내가 병원에 갈 시간 전에 내 딸이 와서 병원에 가자 한다. 내 마음이 이상하여 딸에게 묻기를 네

기를 네가 일하는 시간인대 엇지 왓나고 물어니 추불라 병원에서 내 학교를 전어하여서 왓다 한다. 그째에 내 가슴이 무너지는 것갓치 놀내엿다. 쌀 말이 아버지가 만히 압허다 한다. 그래서 쌀과 내가 속히 병원에 가서 보니 밤 사이에 대단 병자가 병이 더하여 대단이 게러워하고 말도 잘 못 한다. 그래 의원과 관호부가 왓서 병자를 관호하고 내와 쌀이 그곳에서 직히고 잇다.

나도 그째에 감기가 좀 잇서 몸이 게러웟다. 밤 열 점이 되니 의원과 간호부 말이 오날 밤은 지낸다 하며 어머니를 집에 다려가라 한다. 이머니도 대단이 게러워한다고 말햇다. 그래 내 쌀이 집에 가자고 한다. 그래도 내 마음은 갈 마음 업고 좀 더 잇기를 원한다. 관호부가 내게 말하기를 의원과 관호부가 잇고 직히니 염려 말고 집에 가 잇서매

[68]시간이 아바우 열 시점 되엿난대 손님 긔대리는 엉접실에 안자써니 손님을 안내하는 청년이 남자가 다리고 틔불 젓태 가니 탐싸진이 안자서 잇사를 하고 치아에 안저라 하기에 안저니 모던 문답을 하고 영감이 월워 배추런이 되여 모던 장에식은 아메서 주장하고 쎈지쏠 매장지를 가게 된다 하였다.

그 후에 청년이 무삼 물건 싼 봉지를 가지고 와서 나를 쥬기에 바다 열고 보니 영감의 물건이다. 이 물건은 영감이 가지고 잇던 물근이다. 첫재는 안경, 돈, 지갑 자긔가 가지고 씨던 물건. 내 일평생으로 중요한 약속하고 매리할 쌔 준 반지가 내 눈에 보인다. 그 물건 던 봉지를 밧을 쌔에 버텀 누가 나를 들미를 치난 것 갓헌 눈물이 헐너넛기고 울고 붓거럼도 업시 우는 중이 가락지를 보니 인지는 참 다시 보지 못할 사람이 된 것을

가 일하는 시간인데 어찌 왔냐고 물으니 트리플러 병원에서 학교로 전화를 하여서 왔다 한다. 그때에 내 가슴이 무너지는 것같이 놀랐다. 딸 말이 아버지가 많이 아프다 한다. 그래서 딸과 내가 속히 병원에 가서 보니 밤 사이에 병이 더하여 대단히 괴로워하고 말도 잘 못 한다. 그래서 의원과 간호부가 와서 병자를 간호하고 나와 딸이 그곳에서 지키고 있다.

나도 그때에 감기가 좀 있어서 몸이 괴로웠다. 밤 10시가 되니 의원과 간호부 말이 오늘 밤은 지낸다 하며 어머니를 집에 데려가라 하였다. (딸이) 어머니도 대단히 괴로워한다고 말했다. 그래서 내 딸이 집에 가자고 하였다. 그래도 내 마음은 갈 마음 없고 좀 더 있기를 원했다. 간호부가 내게 말하기를 의원과 간호부가 있고 지키니 염려 말고 집에 가 있으면 (뒤의 (69)쪽으로 이어짐)

시간이 아마도 10시쯤 되었는데 손님 기다리는 응접실에 앉았으니 손님을 안내하는 청년 남자가 데리고 테이블 곁에 가니 톱 서전트(top sergeant, 상사)가 앉아서 인사를 하고 의자에 앉으라 하기에 앉으니 모든 문답을 하고 영감이 월드워 베테랑이 되어 모든 장례식은 아미에서 주재하고 펀치볼 매장지(Punchbowl Cemetery, 펀치볼 묘지)[60]로 가게 된다 하였다.

그 후에 청년이 무슨 물건 싼 봉지를 가지고 와서 나를 주기에 받아 열어 보니 영감의 물건이다. 이 물건은 영감이 가지고 있던 물건이다. 첫째는 안경, 돈, 지갑, 자기가 가지고 쓰던 물건(이다.) 내 일평생으로 중요한 약속하고 매리(결혼)할 때 준 반지가 내 눈에 보였다. 그 물건 든 봉지를 받을 때부터 누가 내 덜미를 치는 것같이 눈물이 흘러넘치고 울고 부끄럼도 없이 우는 중에 이 가락지를 보니 이제는 참 다시 보지 못할 사람이 된 것을 깨

---

60 공식 명칭은 국립태평양기념묘지이다. 오래전 화산활동을 멈춘 호놀룰루 북쪽 펀치볼 분화구에 있는 국립묘지로, 미국 전몰장병의 희생과 업적을 기리고 진주만 공습 때 실종된 군인들을 포함해 20세기 전쟁 참전용사의 넋을 달래기 위해 1949년 건설되었다.

쌔다러니 금치 못할 통곡이 내 가슴에 부밧첫다. 신톄는 쏀두엑 장에소로 보내

[69]더 위즁하며 전어로 부런다 하고 쌀을 보고 맘마를 집에 모시고 가서 쉬거 하라 한다. 그래서 할 슈 업시 집어로 와서 내 잠옷과 의복을 가지고 내 쌀 집으로 갓다. 내 집에는 전어도 업고 갈 길이 업서 쌀 집으로 가서 병원에서 대단이 위즁하며 전어로 통기한다는 의원의 말을 덧고 쌀을 보고 어머니를 집에 뫼시고 가라 하는 고로 집에 와서 전어 오기를 기대리고 숙잠을 자고 잇다.

잇헐날 아참 두 시에 전어가 울어 밧어니 영감이 위즁하니 병원으로 곳 오라 하기로 쌀과 내가 속도로 당도하여 병원에 가니 발서 다런 방어로 옴기고 숨지기만 기대리고 잇다. 내 일평생에 처음으로 직접으로 생명에 숨지는 것을 보왓다. 天地가 아득한 이 망극한 세월에 의원과 가노부가 집에 가고 네일 아참에 오라 함으로 할 슈 업시 집으로 도라와서 아모 정신 업시 아참 아홉 시에 추불나 병원에 내 쌀과 갓치 갓다. 영감이 월워 쌔추런이 되여서 모던 장에식은 아메서 주장하고 쌘지쏠 매장의에 가기됨으로 내가 병원에 가서 신톄는 쏀두엑다 장에소로 보내[70]게 하엿다. 자긔 아달은 미주에 잇서 오지 못한다. 그 잇헐날 장애를 그행할 쌔 자긔 쌀과 자긔 세텝싼과 친구와 내 아달 둘과 메너리와 쌀 둘과 사위들이 참에하여 쌘지볼 세미토리에서 아메 목사의 에식 후 총소래로 전멸하고 각을 덤흔 미국 별긔로 쏠자쌘이가 잘 접어서 내 암에 안겨 쥬니 참 감게무량하다.

내가 이 나라에 나지는 안이하엿지마는 내출나어서 시민이다. 내가 이 나라 씩막걸시 민쥬정치를 사랑하고 험모한다. 대개 하나님을 밋는 크리서촌 도득이 풍부한 나라이다. 그즁에 죠치 못한 백성도 잇겻지마는 이 경우난 엇던 나라던지 다 잇넌 것이다. 그러나 미국은 도덕으로 세운

제2부_ 천연희 노트의 원문과 역주본

달으니 금치 못할 통곡이 내 가슴에 북받쳤다. 신체는 보스윅 장례소로 보냈다.

(167)쪽에서 이어짐) 더 위중하면 전화로 부른다 하고 딸보고 엄마를 집에 모시고 가서 쉬라고 하였다. 그래서 할 수 없이 집으로 와서 내 잠옷과 의복을 가지고 내 딸 집으로 갔다. 내 집에는 전화도 없고 갈 길이 없어 딸 집으로 가서 병원에서 대단히 위중하면 전화로 통지한다는 의원의 말을 듣고 딸을 보고 어머니를 집에 뫼시고 가라 하는 고로 집에 와서 전화 오기를 기다리며 잠을 잤다.

이튿날 아침 2시에 전화가 울려 받으니 영감이 위중하니 병원으로 곧 오라 하기에 딸과 내가 급히 당도하여 병원에 가니 벌써 다른 방으로 옮기고 숨지기만 기다리고 있었다. 내 일평생에 처음으로 직접 생명이 숨지는 것을 보았다. 천지가 아득한 이 망극한 세월에 의원과 간호부가 집에 가고 내일 아침에 오라 하므로 할 수 없이 집으로 돌아와 아무 정신 없이 아침 9시에 트리플러 병원에 내 딸과 같이 갔다. 영감이 월드워 베테랑이 되어서 모든 장례식은 아미에서 주재하고 펀치볼 매장지에 가게 되므로 내가 병원에 가서 신체를 보스윅 장례소로 보내게 하였다. 자기 아들은 미주에(본토에) 있어 오지 못했다. 그 이튿날 장례를 거행할 때 자기 딸과 자기 스텝선(stepson, 의붓아들)과 친구와 내 아들 둘과 며느리와 딸 둘과 사위들이 참석하여 펀치볼 세미터리(cemetery, 묘지)에서 군인 목사의 예식 후 총소리로 전별하고 관을 덮은 미국 성조기를 솔저보이(soldier boy, 소년병)가 잘 접어서 내 암(arm, 팔)에 안겨 주니 참 감개무량했다.

내가 이 나라에서 나지는 아니하였지만 내추럴라이저(naturalizer, 귀화한) 시민이다. 내가 이 나라 데모크라시(democracy) 민주정치를 사랑하고 흠모한다. 대개 하나님을 믿는 크리스천 도덕이 풍부한 나라이다. 그중에 좋지 못한 백성도 있겠지마는 이 경우는 어떤 나라든지 다 있는 것이다. 그러나 나라다.

하와이 쌘지쏼 매장지는 참 화려하게 하여 놋고 쌍속에 누어 잠이던 더러 잇는 사람들은 자긔의 백성 된 의무를 직혀 나라를 위하여 히생한 것임으로 륙톄는 업서저도 자긔의 백성 된 의무의 용감은 영영 살아 잇는 것이다. 미국 조상들이 용감하게 자유 나라를 세운 그 역사를 잇지 마라야 된다.

이날은 망극한 줌에 하로해를 보내고 다 헤여저 집으로 갓다. 쌀이 내 집에 가서 어머니가 멱칠 쉬시고 하라 하여서 쌀 집에 가서 잇다 가다 [71] 집으로 와야 된다. 죽은 이 한편 산 이 한편 우리나라 말에 잇다. 싸라 죽지 못하니 산 사람은 쏘 무엇을 하여 활동해야 되는 고로 집에 일군이 오고 밧해는 가내신이 자라고 잇다. 매일 돌보고 건사하고 양성해야 된다. 그럼으로 내 마음을 굿게 잡고 매일갓치 밧해 가서 일군들과 일을 하고 밤이면 썰설하고 불도 업난 집에 초물노 벗을 삼고 외롭고 무서웟다. 그럴 째는 하나님을 의지하고 긔도로 위로한다. 나의 친구들이 뭇기를 무섭지 안언가 하며 무섭지는 안치마는 못된 사람이 무섭지 귀신은 무섭지 안타 하고 대답한다.

영감이 병이 나서 병원에서 집에 오며 마당 야도 짠대풀에 좀 안자 쉬라고 야도 풀을 부저런이 일군 다려고 십엇더니 영감은 오지 안코 야도 풀언 청청이 자라서 온 마당을 다 덮헛서나 안자 쉴 임자는 가고 업다. 구설되 이 세상은 조물의 쉬기로다. 인생 일장춘몽이라 허무하게 작이 업네 타국이라 정이 들면서 나라 갓헌거요. 타향이라 정이 들면 내 고향 되는 거로 하나님이 만물 내고 그줌에 사람 내여 동물 줌에 취귀한 사람이다. 륙대쥬 오대양 오색인종 중에 사랑으로 매진 인연은 不思自思而몔(욕망이 난망이다). 모선 색인종 칼나를 이저바리고 정의[72]와 인도로 미국은 도덕으로 세운 나라다.

하와이 펀치볼 매장지는 참 화려하게 하여 놓고 땅속에 누워 잠이 들어 있는 사람들은 자기의 백성 된 의무를 지켜 나라를 위하여 희생한 것이므로 육체는 없어져도 자기의 백성 된 의무의 용감은 영영 살아 있는 것이다. 미국 조상들이 용감하게 자유 나라를 세운 그 역사를 잊지 말아야 된다.

이날은 망극한 중에 하루해를 보내고 다 헤어져 집으로 갔다. 딸이 내 집에 가서 며칠 쉬시라고 하여서 딸 집에 가서 있다가 집으로 와야 되었다. 우리나라 말에 '죽은 이 한편, 산 이 한편'〔죽은 사람은 죽은 사람, 산 사람은 산 사람〕이라는 말이 있다. 따라 죽지 못하니 산 사람은 또 무엇을 하여 활동해야 되는 고로 집에 일꾼이 오고 밭에는 카네이션이 자라고 있다. 매일 돌보고 건사하고 양성해야 된다. 그러므로 내 마음을 굳게 잡고 매일같이 밭에 가서 일꾼들과 일을 하고 밤이면 쓸쓸하고 불도 없는 집에 촛불로 벗을 삼고 외롭고 무서웠다. 그럴 때는 하나님을 의지하고 기도로 위로한다. 나의 친구들이 묻기를 무섭지 않은가 하면 무섭지는 않지만 못된 사람이 무섭지 귀신은 무섭지 않다 하고 대답했다.

영감이 병이 나서 병원에 〔있다가〕 집에 오면 마당 야드 잔디풀에 좀 앉아 쉬라고 야드 풀을 부지런히 일꾼 데리고 시켰더니 영감은 오지 않고 야드 풀만 청청히 자라서 온 마당을 다 덮었으나 앉아 쉴 임자는 가고 없다. 구설〔옛말〕에 세상은 조물의 시기로다, 인생 일장춘몽이라 허무하기 짝이 없네. 타국이라도 정이 들면서 나라 같은 거요, 타향이라 정이 들면 내 고향 되는 것으로 하나님이 만물 내고 그중에 사람 내어 동물 중에 취〔한〕 귀한 사람이다. 육대주 오대양 오색인종 중에 사랑으로 맺은 인연은 不思自思而望(욕망이 난망이다).[61] 모든 색인종 컬러를 잊어버리고 정과 인도로

---

61 이 책 437쪽 참조.

사라간다. 이 영감이 죠헌 영감이다. 내가 자식을 사 남매를 다리고 와서 아모 문제 업시 자긔 자식갓치 대우하고 도덕으로 길너 쥬엇다. 그 장한 성격을 생각해서 나도 자긔의게 할 슈 잇는대로 잘하고저 하엿다.

내가 내 자식을 위하여 어대까지던지 공부를 식히고 히생할 마음을 작정한 그 마음을 알고 도아준다. 그와 갓치 죠헌 영감을 힐탐 집에서 일허 바리고 서글피 내 한 몸이 되엿다. 그러나 할 슈 업시 일을 한다. 힐탐 집에 전긔가 업서 전어도 업다. 그럼으로 매일갓치 전긔회사와 하와이 가이에 가서 전긔를 나달나고 요청한다. 그 쌍을 건설할 도행 그림에 보면 산 우에 전긔선을 노아 하와이 가이 꼴부 치는 대까지 가고 그 전긔선 불노 농사하는 농민이 씨게 되는 쌤에 다 그려 잇다. 그럼으로 내가 매일 가 다십히 회사에 가서 불을 달나고 청하엿다. 그래서 정긔회사에서 하와이 가이와 갓치 그 전긔기동을 세울 쌔 우리 칠 인 농민 중에 와다나비 해리 오가미 변지면 오가비 리규설 년회쳔집엔 이 사람들이 百元식을 쥬엇다. 모던 것은 전긔회사[73]가 하지마는 이것 百元은 전긔기동을 세우난 대 나 쌍을 짝고 무를 치는 경비에 더러간 것이다. 그래서 힐탐 집으로 이사하여 칠 색 만에 세구 화탁과 촛물을 구만두고 전긔로 씨고 산다. 그째는 전어도 잇고 친구들이 전어로 부릴 수도 잇섯다. 집어로 다니는 농장 소리길이 험악하여 비가 오며 물에 씨기여 구멍이 나고 돌이 길에 만하서 카가 다니게 어렵다. 그래서 일군을 사서 돌을 줏고 길을 메우고 한다. 그 길은 리규실이도 씨고 일군도 씨고 나도 씨는 길이나 내가 늘 곳치게 된다. 내가 집으로 다니게 되니 그래서 그 길노 인하여 마음이 상하는 쌔 만 앗다. 리규실 씨가 비섭에 교섭네고시에 힐 쌔는 자긔 쌍우에 절반 길을 살아간다. 이 영감이 좋은 영감이다. 내가 자식을 사 남매를 데리고 와서 아무 문제 없이 자기 자식같이 대우하고 도덕으로 길러 주었다. 그 장한 성격을 생각해서 나도 자기에게 할 수 있는 대로 잘하고자 하였다.

내가 내 자식을 위하여 어디까지든지 공부시키고 희생하기로 작정한 그 마음을 알고 도와주었다. 그와 같이 좋은 영감을 힐탑 집에서 잃어버리고 서 글피 내 한 몸이 되었다. 그러나 할 수 없이 일을 한다. 힐탑 집에 전기가 없어 전화도 없다. 그러므로 매일같이 전기회사와 하와이 카이[62]에 가서 전기를 내달라고 요청한다. 그 땅을 건설할 도행 그림[63]에 보면 산 위에 전기선을 놓아 하와이 카이의 골프 치는 데까지 가고 그 전기선 불을 농사하는 농민이 쓰게 되는 [계획이] 맵(map, 지도)에 다 그려져 있다. 그러므로 내가 매일 가다시피 회사에 가서 불을 달라고 청하였다. 그래서 전기회사에서 하와이 카이와 같이 그 전기기둥[전봇대]을 세울 때 우리 7인 농민 중에 와타나베, 해리 아카베, 벤저민 아카베, 이규설, 연희천기븐 이 사람들이 100원씩을 주었다. 모든 것을 전기회사가 하지만 이 100원은 전기기둥을 세우는 데나 땅을 닦고 무를 치는[64] 경비에 들어간 것이다. 그래서 힐탑 집으로 이사하여 7삭 만에 석유 화덕과 촛불을 그만두고 전기를 쓰고 산다. 그때는 전화도 있어 친구들을 전화로 부를 수 있었다. 집으로 다니는 농장 소릿길이 험악하여 비가 오면 물에 씻기어 구멍이 나고 돌이 길에 많아서 카(car, 차)가 다니기 어렵다. 그래서 일꾼을 사서 돌을 줍고 길을 메우고 한다. 그 길은 이규설도 쓰고 일꾼도 쓰고 나도 쓰는 길이나 내가 늘 고치게 된다. 내가 집을 다녀야 하니 [그러했다.] 그래서 그 길로 인하여 마음이 상하는 때가 많았다. 이규설 씨가 비숍에 교섭 니고시에이션(negotiation, 협상) 할 때는 자기 땅 위의

---

62 하와이 카이 일대를 개발한 카이저 회사를 말안다.
63 카이저 회사의 이 지역 개발계획의 도면을 뜻한다.
64 땅을 고른다는 뜻으로 추측된다.

그게 사는 농민이 씨게 하고 땅을 다 엇엇지마는 내 한 사람 한인이 씨는 것을 세 갑설 마덜가 하고 나에게 시험햇지마는 성공이 업섯다.

이사는 六十四年 六·七月에 이 힐탐으로 이사를 하고 六十五·六年년 점 되여서 힐탐 밋혜 잇는 리구설 땅과 와다나비 노우수 땅과 다런 농사 땅과 윤동찬 씨 농사 땅을 계약이 다 지나간 고로 비섭이 하와이 가이로 쥬고 근설하게 하매 하와이 가이가 노신국 회사에 주어 주택을 짓게 하고 사역을 시작하여 불도사가 오고 캇다필나가 와서 온 땅을 파고 근설 [74]시작한다. 그러고 보니 리구설은 코코구레다 힐탐에 갓다 둔 헌 집을 곤치고 이사를 하엿다. 그째 우리 집으로 다니는 소리길도 업서지고 다닐 길이 업다. 루신쿡에서 땅을 쌔고 땅는 땅으로 그러다니고 리 부인은 그 땅을 파는 그 길노 카를 부리고 매일 아참에 아해들을 실고 학교에 갓다 주고 땅에 카가 쌔져서 가지 못하며 카 모라내는 카가 와서 써어내고 하엿다.

그째 마참 내 적은쌀이 일루아 집을 팔고 집 찻을 동안 내 집에 갓치 좀 잇게 될 째 땅을 뒤밸롭하게 되여 그와 갓헌 고생을 하고 가이사가 누신쿡 콘타락신을 불너서 업혜 길을 싹가 쥬라 하여서 그 길을 싹가 쥬엇다. 그 길 일홈은 박갈라 수추리다. 이 박갈라 수추리는 코코구레다 힐 곳농사할 칠 인이 길을 싹가야 한다. 그러나 아직 아모도 할 생각을 하지 안이한다. 탠부러리 길을 싹 가야 된다. 그것도 안이하니 하와이 가이가 노신쿡 콘투락신을 보고 해주라 하엿다. 그래서 탠부러리 길이 잇섯다.

六十五·六年에 하와이 긔후가 변하여 비가 매일 와서 참 골란으로 지난다. 농사하는 사람과 집 짓는 일하는 사람들이 참 게롭게 일한다. 하와

절반 길을 거기 사는 농민이 쓰게 〔한다〕 하고 땅을 다 얻었지만 내 한 사람 한인이 쓰게 되니 〔이규설이〕 세 값을 받을까 하고 나에게 시험했지만 성공하지 못했다〔세를 받으려 했지만 받지 않았다〕.

〔19〕64년 6, 7월에 이 힐탑으로 이사하고 〔19〕65, 66년쯤 되어서 힐탑 밑에 있는 이규설 땅과 와타나베의 로즈 땅과 다른 농사땅과 윤동찬 씨 농사땅의 계약〔기간〕이 다 지나간 고로 비숍이 하와이 카이에 〔땅을〕 주고 건설하게 하매 하와이 카이가 노신국[65] 회사에 주어 주택을 짓게 하고 사역을 시작하여 불도저가 오고 갔다. 캐터필러가 와서 온 땅을 파고 건설을 시작했다. 그리고 보니 이규설은 코코크레이터 힐탑에 갖다 둔 헌 집을 고치고 이사하였다. 그때 우리 집으로 다니는 소릿길도 없어지고 다닐 길이 없다. 루신쿡에서 파고 닦는 땅으로 걸어다니고, 이〔규설〕 부인은 그 땅의 길로 카를 부려〔운전해〕 매일 아침 아이들을 싣고 학교에 데려다주고, 땅에 카가 빠져서 가지 못하면 카 몰아내는 카〔견인차〕가 와서 꺼내고 하였다.

그때 마침 내 작은딸이 카일루아 집을 팔고 집 찾을 동안 내 집에 같이 좀 있게 되었는데 땅을 디벨로프〔develop, 개발〕하게 되어 그와 같이 고생했다. 카이저가 루어스 앤드 쿡 컨스트럭션을 불러서 옆길을 닦아 주라 하여서 그 길을 닦아 주었다. 그 길 이름은 파칼라 스트리트〔Pakala Street〕다. 파칼라 스트리트는 코코크레이터 힐 꽃농사할 7인이 길을 닦아야 하였다. 그러나 아직 아무도 할 생각을 하지 아니했다. 템포러리〔temporary, 임시〕 길〔임시 도로〕을 닦아야 하였다. 그것도 아니하니 하와이 카이가 루어스 앤드 쿡 컨스트럭션 보고 해주라 하였다. 그래서 임시도로가 생겼다.

〔19〕65·66년에 하와이 기후가 변하여 비가 매일 와서 참 곤란하게 지냈다. 농사하는 사람과 집 짓는 일 하는 사람들이 참 괴롭게 일했다. 하와이

---

65 노신국, 누신쿡 등은 루어스 앤드 쿡 컨스트럭션Lewers and Cooke Construction을 말한다.

이에는 그 전에는 비가 십월노 시작하여 삼월까지 오지매[75]는 매일 오지 안코 큰 비가 한 쥬일식 와서 물이 누아노나 갈니히 작에 넘는 일이 잇섯지마는 이 해는 매일 조곰식 오고 큰 비가 왔다. 六月까지 비가 왔다. 농사짓난 농민들이 만헌 손해 보앗다. 나도 그째 큰 손해를 본다. 엇지 되엿난지 一千九百六十年버터 냄사 나는 놋골 가내신 병커 칼나를 씨를 내면은 씨가 크지를 안코 병이 들어 자라지를 안어하고 곳슝이가 적어지고 싱싱하지를 못한다.

그래셔 병커 가내신 씨를 내기가 대단이 어려웟다. 그리한 즁 일본 사람들이 마위 짱을 개척하고 가내신을 심어난대 그 가내신은 미국서 씨가 온다. 곳슝이는 크고 죠허나 냄새가 업다. 놋골 병커 가내신은 냄새가 참 죳타. 그래서 미국에서 투리시가 오며 병커 가내신 네를 죠하한다. 코코헷에서는 리귀실 씨가 미국 가내신을 미국으로 씨를 사서 밧헤 심어고 자미를 만히 보앗다. 나도 놋골 병커 가내신 씨가 병이 드러 잘 자라지 안음으로 미국에 가내신 씨를 사다가 시험한다. 쑤라사는 감시 만코 공긔선으로 오기에 경비가 만하서 큰 이익을 볼 슈 업다.


가내신을 심어고 비가 만히 오기에 가내신 농사하는 사람이 손해[76]를 만히 보고 하여서 영감도 고인이 되고 가내신 농사에 손해를 보니 마암 고통이 생기서 몸이 타락되니 내 아달이 공긔선 포로 사주고 미국에 잇는 쌀과 친구와 맛나 쉬고 오라 함으로 六十六年 十二月에 가서 에수탄 일은 내 쌀 집 센푸란쉬스고에 가 한 쥬일 쉬고 셜 명일은 노센질니씨 와서 나의 친구 집에 그 외는 부인 김세숙 씨와 자미잇게 셜애 음식을 배설하고 자긔 아해들과 사랑하는 친구들을 청하여 자미잇게 놀고 한국 소래를 입에 너헐 것을 놀고 자미잇게 희락하엿다.

에는 그전에는 비가 10월에 시작하여 3월까지 오는데 매일 오지 않고 큰 비가 일주일씩 와서 물이 누우아누(Nuuanu)나 칼리히 쪽에 넘는 일이 있었지만 이해는 매일 조금씩 오는 큰 비가 왔다. 6월까지 비가 왔다. 농사 짓는 농민들이 많은 손해를 보았다. 나도 그때 큰 손해를 보았다. 어찌 되었는지 1960년부터 냄새 나는 로컬 카네이션 핑크 컬러를 씨를 내면 씨가 크지 않고 병이 들어 자라지 아니하고 꽃송이가 작고 싱싱하지 못했다.

그래서 핑크 카네이션 씨를 내기가 대단히 어려웠다. 그러던 중 일본 사람들이 마우이 땅을 개척하고 카네이션을 심었는데 그 카네이션은 미국에서 씨가 온다. 꽃송이는 크고 좋으나 냄새가 없다. 로컬 핑크 카네이션은 냄새가 참 좋다. 그래서 미국에서 투어리스트(tourists, 관광객)가 오면 핑크 카네이션을 좋아한다. 코코헤드에서는 이규설 씨가 미국 카네이션을 미국에서 씨를 사서 밭에 심었고 재미를 많이 보았다. 나도 로컬 핑크 카네이션 씨가 병이 들어 잘 자라지 않아 미국에서 카네이션 씨를 사다가 시험했다. 프리지어(freesia)는 감시 많고(검사를 많이 받고) 공기선(비행기)으로 오기에 경비가 많아서 큰 이익을 볼 수 없다.

카네이션을 심고 비가 많이 오기에 카네이션 농사 하는 사람이 손해를 많이 보고 하여서 영감도 고인이 되고 카네이션 농사에 손해를 보니 마음 고통이 생겨서 몸이 타락되니(건강이 나빠지니) 내 아들이 공기선 표를 사주고 미국에 있는 딸과 친구를 만나 쉬고 오라 하므로 66년 12월에 가서 예수탄생일에는 내 딸 집 샌프란시스코에 가서 일주일 쉬고 설 명일에는 로스엔젤레스에 와서 나의 친구 집에서 (쉬었다.) 그 밖에는 부인 김새숙 씨와 재미있게 설에 음식을 배설하고(장만해서 늘어놓고) 자기 아이들과 사랑하는 친구들을 청하여 재미있게 놀고 한국 소리를 (듣고) 입에 넣을 것을 놀고(음식을 먹고) 재미있게 희락하였다.

정월 초에 내가 하와이로 도라와서 가내신 밧헤 일을 한다. 비가 너무 와서 가내신은 병이 들고 쏫치 입부게 피지 안코 쏫 화판이 다 마러고 쏫 줄기근육에 병이 들고 웅애자에 가다 병이 드러서 시가 잘 커지를 못 한다. 가내신은 대단이 샌서팀인 화초로 물이 만허면 안 되고 한 주일에 두 번식 한 이십 분식 물을 준다. 그째에 내 가내신 밧이 투 웍커 반이나 되엿다.

힐탐 집이 쌍은 놉하서 코코헷 동리가 다 보인다. 그 밧헤 안자 기임을 매면 마음이 상캐하다. 바람이 언제던지 설설 불고 해는 나리쑈여서 쓰급지마는 공긔는 신선하다. 하로갓치 밧헤 나가서 일군들의게 오날은 무선 일을 하라고 식히고 집으로 드러온다. 설설한 이 세월도 발서 몃 색을 지나고 세월이 여류하여 미국 다여[77]온 지도 오륙 색이 되엿다. 집에 드러오니 전어가 오기로 밧어니 나의 친구가 전어로 울며 말하기로 김세숙 씨가 여러 친구들과 산에 고사리나물을 캐로 가서 행방불명으로 죽엇난지 신톄도 찻지 못한다 한다. 노센질리시내 씨대 정부 핼너캄다가 온 산을 차자도 헌적이 업고 죽엇시면 신체라도 차자야 하는대 아모 헌적이 업시 행방불명이라 하는 소식을 듯고 몃칠을 마음으로 통곡하나 소용이 업다. 아직까지 소식을 몰은다. 그런 죠헌 친구도 일코 모던 것이 마음이 산란하니 내가 하와이 드러온 지 그해에 오십이 넌이 되엿다.

이해가 六十七年이다. 九月에 한국으로 관광단을 모집한다 함으로 내 아달이 쏘 보내 주기로 쥬선한다. 그래서 一千九百六十七年 九月에 투리 시구룹(여행모집)으로 환국심방을 할 작으로 그 비행기는 일본 비행기 다. 여행할 수속을 하는 즁 의사의게 춤도 밧고 일본에 가서 며칠 이설가 하고 일본 영사관에 가니 녀자가 문답을 식힌 고로 대답하고 긔독교회 단닌다 하엿다. 하와이 드러[78]오고 처음버터 국민회원으로 동지회원이다. 그째에 모던 사람들이 한국이 반독립이 되엿다 하니 한국 가서 하와

정월 초에 내가 하와이로 돌아와서 카네이션 밭에서 일했다. 비가 너무 와서 카네이션은 병이 들고 꽃이 예쁘게 피지 않고 꽃 화판이 다 마르고 꽃 줄기근육에 병이 들고 응애가 생겨서 씨가 잘 크지를 못한다. 카네이션은 대단히 센서티브(sensitive, 예민)한 화초로 물이 많으면 안 되고 일주일에 두 번씩 한 20분씩 물을 준다. 그때에 내 카네이션 밭이 2에이커 반이나 되었다.

힐탑 집이 땅은 높아서 코코헤드 동리가 다 보인다. 그 밭에 앉아 김을 매면 마음이 상쾌하다. 바람이 언제든지 솔솔 불고 해는 내리쬐어 뜨겁지마는 공기는 신선하다. 매일같이 밭에 나가서 일꾼들에게 오늘은 무슨 일을 하라고 시키고 집으로 들어온다. 쓸쓸한 이 세월도 벌써 몇 삭을 지나고 세월이 여류하여 미국 다녀온 지도 5, 6삭이 되었다. 집에 들어오니 전화가 오기에 받으니 나의 친구가 전화로 울며 말하기를 김새숙 씨가 여러 친구들과 산에 고사리나물을 캐러 가서 행방불명으로 죽었는지 신체도 찾지 못한다 한다. 로스엔젤레스 시정부 헬리콥터가 온 산을 찾아도 흔적이 없고 죽었으면 신체라도 찾아야 하는데 아무 흔적 없이 행방불명이라 하는 소식을 듣고 며칠을 마음으로 통곡하나 소용이 없다. 아직까지 소식을 모른다. 그런 좋은 친구도 잃고 모든 것이 마음이 산란하니 내가 하와이 들어온 지 그해에 52년이 되었다.

이해가 (19)67년이다. 9월에 한국으로 관광단을 모집한다 하므로 내 아들이 보내 주기로 주선하였다. 그래서 1967년 9월에 투어리스트 그룹(tourist group, 관광단)(여행모집)으로 환국심방(還國尋訪)을 하기로 작정하였다. 그 비행기는 일본 비행기다. 여행할 수속을 하는 중에 의사에게 침도 맞고 일본에 가서 며칠 있을까 하고 일본 영사관에 가니 여자가 문답을 시킨 고로 대답하고 기독교회에 다닌다 하였다. 하와이에 들어왔을 때부터 (나는) 국민회원으로 동지회원이다. 그때에 모든 사람들이 한국이

이 와서 무선 회원어로 무선 단례로 일을 만히 하엿다는 것을 내세우고 자랑을 한다. 우리가 부요 민족이 되여 내 민족을 위하여 내 자유를 위하야 일을 하엿서도 내 직쑌으로 한 것쑌이다.

내가 리승만 씨 인도자라 섬기고 동지로 일한 것도 리승만 씨 개인을 밋고 싸라간 것이 안이요, 그의 애국하는 쥬의를 갓치 동지로 일한 것이다. 그럼으로 나는 무선 회원이로 일 만히 한 것이 내게 큰 포쥰어 안이라 나는 문답할 쌔 무선 회원이라 하지 안엇다. 그래서 모던 것을 수속하여 여행권을 가지고 구월 十日이 넘엇서서 자서이 모러나 십四日졈 되여서 비행기가 일본에 가서 하로 밤 자고 그 잇헐날 한국 금포 비행장에 도착하니 여러 손님을 마죵 온 동포가 잇더라. 그쌔 여행으로 갓치 간 사람이 삼십삼 명이 되는 즁 하와이 이세가 만코 나만 헌 늘어니는 한 열 사람이 되엿고 이세 청년들이 만히 갓섯다.

그래서 내가 공기선에서 나리니 신문긔자들이 몃 해 만에 한국 심방을 오시나 뭇기에 내 대답이 오십이 년 만에 온다 하엿다. 고향이 어대야 하기로 경상남도 진쥬라 하엿다. 학교 출신이야 하기에 진쥬 광림녀학교라 하엿다. 그 신문긔자가 뭇기를 한국이 얼마짐 발전이 되엿나 뭇는다. [79] 나로서는 쾌이 대답을 못 햇다. 오십이 년 만에 한국 쌍에 발을 노언 사람이 아직 강산을 구경 못 햇서니 대답할 슈 업서나 금포 비행장만 보아도 발전이 된 것으로 그전 우리 조상이 보지 못한 물건이다. 그러자 우리 일행을 등대하엿던 차가 와서 일행을 실고 노정기대로 우리 일행이 유숙할 여관으로 다리고 가서 유숙케 하다. 그 여관 일홈은 웍커힐이라 하는 여관이다. 한강물 준등 놉헌 힐에 화려하고 아럼다옵고 마된 새 호텔이다. 그 여관에 안자서 다 내다보면 청청한 한강물이 둘너 허러고 아람다운 반독립[66]이 되었다 하니 한국 가서 하와이에서 무슨 회원으로 무슨 단체로 일을 많이 하였다는 것을 내세우고 자랑한다. 우리가 부여 민족이 되어 내 민족을 위하여 내 자유를 위하여 일하였으나 내 직분이라 했을 뿐이다.

내가 이승만 씨를 인도자라 섬기고 동지로 일한 것도 이승만 씨 개인을 믿고 따라간 것이 아니요, 그의 애국하는 주의를 [따라] 같이 동지로 일한 것이다. 그러므로 나는 무슨 회원으로 일 많이 한 것이 내게 큰 표준은 아니되어[내세울 일은 아니어서] 나는 문답할 때 무슨 회원이라고 말하지 않았다. 모든 것을 수속하여 여행권[여권]을 가지고 9월 10일이 넘어, 자세히 모르겠으나 14일쯤 되어서 비행기가 일본에 가서 하룻밤 자고 그 이튿날 한국 김포 비행장에 도착하니 여러 손님을 마중 온 동포가 있더라. 그때 여행으로 같이 간 사람이 33명인데 하와이 [한인] 2세가 많고 나만 한 늙은이는 한 열 사람이고 2세 청년들이 많이 갔다.

내가 공기선에서 내리니 신문기자들이 몇 해 만에 한국 심방을 오시냐 묻기에 내 대답하기를 52년 만에 온다 하였다. 고향이 어디냐 하기에 경상남도 진주라 하였다. 학교 출신이냐 하기에 진주 광림여학교라 하였다. 그 신문기자가 한국이 얼마만큼 발전했나 물었다. 나로서는 쾌히 대답하지 못했다. 52년 만에 한국 땅에 발을 놓은 사람이 아직 강산을 구경하지 못했으니 대답할 수 없으나 김포 비행장만 보아도 발전된 것으로 그전 우리 조상이 보지 못한 물건이다. 그러자 우리 일행을 등대(等待)한 차가 와서 일행을 싣고 노정기[路程記, 일정]대로 일행이 유숙할 여관으로 데리고 가서 유숙케 했다. 그 여관 이름은 워커힐이다. 한강물 중턱 높은 힐[언덕]에 화려하고 아름답게 마련된 새 호텔이다. 그 여관에 앉아서 다 내다보면 청청한 한강물이 둘러 흐르고 아름다운 초목과 화초가 만발하고 건너 한

---

66 독립했으나 분단되었다는 뜻으로 추측된다.

초목과 화초가 만발하고 건너 한강편에 모래가 백사장으로 칼어 달밤에 보면 눈빗갓치 참 아람다온 곳일너라.

그 익일에 또 등대하엿던 차가 와서 안내자와 우리 일행이 시내 모모한 대를 구경하고 녯적 님금이 게시던 곳도 다 구경하고 여관에 도라와서 밤을 시고 또 일행들과 구경을 간다. 죠헌 여관도 시내에 여러 곳에 가 보고 극장도 가서 구경하고 대한 요리집에도 가 먹고 한다. 그러나 나는 병이 날가 무서워 음식을 조심한다. 한국 여행에 너무도 분주하고 액싸 이된되여서 일긔에도 적지 안코 대강된 일 긔억하는 대로 긔록한다. 이 글을 다 써도 일긔업와 내 지나간 일 생각나는 대로 긔록한다.

우리 일행 [80]동래 호텔에 하로밤을 지내고 임의 등대하고 잇는 차로 부산 시내를 구경하고 군인모지에 가보니 참 아름답게 잘하여 놋코 그곳서 누어 시고 잇는 용사들은 도덕일가 정부의 정치명영일가 하여 그러나 그 청년들은 용감한 의지로 자기 직무를 다하여 곳다운 청춘이 일적에 누엿서니 얼마나 애달볼 사람이 잇섯던가. 그곳을 용사들 심방하고 시내박에 세운 시대쥬에 녯적 우리 용사 지금 용사 마가다 용사를 세운 그 하용을 보고 감개무량햇지마는 엇지해서 한국 삼철리강산 안에 그 강산을 사랑하고 그 민족을 사랑해서 일평생을 밧친 그의 시대쥬가 (동상이) 업다. 그의가 사십 년 동안 남어 나라에 쥬권을 일고 망국 백성으로 노에명을 억개에 지고 잇는 우리가 자유독입민이라 한 첫 민쥬의 대통영이다. 무너저 너머간 집을 쥰창할나며 돈도 잇서야 하고 일군도 잇서야 한다. 시일이 걸여야 되는 것이다. 이십 세계에 사는 민족들은 오색인종을 물론하고 문명이 진보되여 아퍼리가 흑인종을 이 너러고 너런 나라 광야에서 의복을 닙지 안코 불삽을 가리우고 동물 짐생을 벗을 삼고 살아오던 그 사람들 지금은 옷을 닙고 자유를 원한다. 선진국 백성들은 문명이 도가 차서 도덕과 에절이 부패하고 이천 년 전에 요한이 약대 털옷

강변에 모래가 백사장으로 가려 달밤에 보면 눈빛같이 참 아름다운 곳이더라.

그 익일에 또 등대한 차가 와서 안내자와 우리 일행이 시내 모모(某某)데를 구경하고 옛적 임금이 계시던 곳도 다 구경하고 여관에 돌아와서 밤에는 쉬고 또 일행들과 구경을 간다. 좋은 여관도 시내에 여러 곳을 가보고 극장도 가서 구경하고 대한 요릿집에도 가 먹고 한다. 그러나 나는 병이 날까 무서워 음식을 조심한다. 한국 여행에 너무도 분주하고 익사이트(excite, 흥분)되어서 일기에도 적지 않아 대강 기억하는 대로 기록한다. 이글을 다 일기 없이 내 지나간 일 생각나는 대로 기록한다.

우리 일행은 동래 호텔에서 하룻밤을 지내고 이미 등대한 차로 부산 시내를 구경하고 군인묘지에 가보니 참 아름답게 잘해 놓았다. 그곳에 누워 쉬고 있는 용사들은 도덕 (때문)일까 정부의 정치명령 (때문)일까 (생각) 하였으나 그 청년들은 용감한 의지로 자기 직무를 다하여 꽃다운 청춘으로 일찍이 누웠으니 얼마나 애달픈 사람인가. 그곳 용사들을 심방하고, 시내 밖에 세운 스태튜(statue, 동상)에 옛적 우리 용사, 지금 용사, 맥아더 용사를 세운 그 위용을 보고 감개무량했지마는 어찌해서 한국 삼천리 강산 안에 그 강산을 사랑하고 그 민족을 사랑해서 일평생을 바친 그(이승만)의 동상이 없는가. 그이가 40년 동안 남의 나라에 주권을 잃고 망국 백성으로 노예의 멍에를 어깨에 진 우리가 자유독립민이라고 한 첫 민주 대통령이다. 무너져 넘어간 집을 중창하려면 돈도 있어야 하고 일꾼도 있어야 한다. 시일이 걸려야 되는 것이다. 20세기에 사는 민족들은 오색인종은 물론이고 문명이 진보되어, 아프리카 흑인종이, 넓고 넓은 나라 광야에서 의복을 입지 않고 불삽(사타구니)을 가리고 동물 짐승을 벗 삼고 살아오던 그 사람들이 지금은 옷을 입고 자유를 원한다. 선진국 백성들은 문명이 (한)도가 차서 도덕과 예절이 부패하다. 이천 년 전에 요한이 약대

을 닙고 머리를 산팔하던 그 시기를 리용한

[81]독립을 차진 처음 민쥬쥬의 대동영 고 리승만 씨 묘지에 가서 곳헐 곱고 긔도로 하여서 가만히 누어 게시는 영혼을 위로하엿다. 그 후에 시내에서 조곰 나가서 잇는 륙군대학교 위스보인학교를 심방하니 참 광야 마당과 모던 시절이 죠코 웅장하지마는 변소가 깨끗지 못하드라. 그 리유는 물이 귀한 고로 잘 씻지를 못한 연고더라.

[82]것이다. 그쌔는 모양이 그러허고 마음이 온후하기 양과 갓고 하나님을 숭배하는 자들이다. 지금 20세게 사람들은 머리를 산발하고 약대들 옷을 닙어도 일에 양심을 가지고 도덕과 에절은 부패하다. 우리나라가 이러기를 四千年 역사가 잇고 부요민족이라 하고 고려·백제·실나 문명이 제일이엿난대 리씨가 등국 후에 시기와 질투로 나라가 발전이 못 되고 외교를 불써 아연컷턴으로 세계문명을 발전되지 못하고 망국 인종의 명에를 섯것인대 아직도 그 질투가 남아 잇서면 안이된다.

내 나라를 사랑하고 내 민족을 사랑하며 백성마다 개인으로 나라를 사랑하고 내 민족을 사랑하는 마음이 잇서야 된다. 미국과 일본이 전상 후에 미국 신문에 나오기를 일본 민족이 미국을 향하여 미국이 말하기를 일본과 미국에 평화조건에 대하여 무조건 하고 평화할 슈 잇서나 일본 황데는 그 지위에 그양 두기를 바란다 하엿다. 그래서 그 후에 신문에 일본 백성이 애국심이 쏘 이러난다 하고 신문에 낫다 한다. 다런 나라 백성 갓허며 전쟁을 시작하여 만헌 백성을 죽이서니 전장 수라혜서 잡아 죽인다고 야단이

〔낙타〕 털옷을 입고 머리를 산발하던 그 시기〔의 상태〕를 이용한〔비교해서 말하는〕 〔뒤의 [82]쪽으로 이어짐〕

독립을 찾은 첫 민주주의 대통령 고 이승만 씨 묘지에 가서 꽃을 꽂고 기도하여서 가만히 누워 계시는 영혼을 위로하였다. 그 후에 시내에서 조금 나가서 있는 육군대학 위스보인학교[67]를 심방하니 참 광야마당〔운동장〕과 모든 시설이 좋고 웅장하지마는 변소가 깨끗지 못하더라. 그 이유는 물이 귀한 고로 잘 씻지를 못한 연고더라.

〔[80]쪽에서 이어짐〕 것이다. 그때는 모양이 그러해도 마음이 온후하기 양과 같고 하나님을 숭배한 자들이다. 지금 20세기 사람들은 머리를 산발하고 약대 옷을 입지 않아도 일에 양심을 가지〔지 못하〕고 도덕과 예절이 부패하다. 우리나라는 4천 년 역사가 있고 부여 민족이라. 고려 · 백제 · 신라 문명이 제일이었는데 이씨가 등극 후에 시기와 질투로 나라가 발전하지 못하고 외교적으로는 아이언커튼〔iron curtain, 철의 장막〕을 쳐 세계문명을 〔따라〕 발전하지 못하고 망국 인종의 멍에를 쓴 것인데 아직도 그 질투가 남아 있으면 안 된다.

내 나라를 사랑하고 내 민족을 사랑하며 백성마다 개인으로 나라를 사랑하고 내 민족을 사랑하는 마음이 있어야 된다. 미국과 일본이 전쟁한 후에 미국 신문에서 일본 민족이 미국을 향하여 말하기를, 일본과 미국의 평화조건을 무조건 〔수용〕하고 평화할 수 있으나 일본 황제의 지위는 그냥 두기를 바란다 하였다. 그래서 그 후에 신문에 일본 백성의 애국심이 다시 일어났다 한다. 다른 나라 백성 같으면 전쟁을 시작하여 많은 백성을 죽였으니 전쟁 수라장에서 〔황제를〕 잡아 죽인다고 야단이 날 것이다. 전쟁이

---

67 '위스'는 officer〔장교〕, '보인'은 보병을 의미하는 것으로 추측된다. 즉 육군대학을 장교 보병 학교라고 썼다고 짐작된다.

날 것이다. 전장이 원수라 하고 야단이 날 것이다. 그래도 일본 백성은 제 나라 황톄를 옹위한다. 나는 아모 학식도 만치 안코 늙은 노녀다. 한국 방문에 리승만 씨 시대쥬가 업서 섭한 감상으로 [83-2] 기록한다.

서울서 부산서 쩌나 대구로 행하여 그곳서 등대하고 잇는 차를 타고 우리 일행이 경쥬 행하고 가서 경쥬 불국사 가는 도즁에 신나 째에 해노언 고물을 각색 각가지를 구경하고 쏘 등대하엿던 차를 타고 고불고불 도라가는 소리길노 운전슈도 도-라바(운전)를 잘해서 경쥬 여관에 등대하고 만찬으로 에비하여 노헌 음식을 잘 먹고 그 밤을 잘 쉬고 그 잇헌날 등대하여 노언 차를 타고 석구람과 경쥬 절을 구경하고 잇헌날은 다런 곳에 가서 구경하고 도로 여관에 와 쉬고 경쥬 구경을 다 맛치고 경주서 부산으로 와서 동내 업내 여관에서 하로밤 쉬고 부산진 시혜구경을 맛치고 제쥬도로 가는 비행선을 타고 제쥬도 여관에 드러갓다.

참 아럼답고 웅장하게도 짓고 사적이 흉융한 여관을 지을 째에 한국 긔술자들이 다 짓고 돌을 대한바 지긔에 돌을 저다가 지엇다 한다. 한국에 유명한 여관들 그래 근축햇다 한다. 그것 보면 한국 사람들 모력으로 참는 힘이 장하다 하겟다. 자긔 근육에 힘으로 다 지어 노헌 것이다. 미국 모양으로 죠헌 지게도 업시 사람에 근육 힘으로 다 된 것을 장하게 생각한다.

[83-1] 그 익일날 경쥬 여관을 구경하고 패물 전방에서 목에 그는 목거리도 사고 집에 놋는 화분도 사고 경쥬 돌노 만던 곳병도 사고 일행이 자미잇게 다니면서 구경한다. 경쥬 여관 후원에 엿못이 잇는대 녯적버터 잇다 한다. 그 엿못에 에약이가 잇다. 석구람에 부처를 쏘사 만던 에술가오 미술가 부인이 잇섯던 사람이라 한다. 멋 해 멋 십 년을 남편이 오지 안코 남편 얼굴도 모지 못한다. 그래서 사랑에 그리움을 참지 못하여 자긔 몸을 그 엿못에 두신하엿다는 이약이다. 그째에 그 남편도 부인을 사

원수라 하고 야단이 날 것이다. 그래도 일본 백성은 제 나라 황제를 옹위한다. 나는 아무 학식도 많지 않고 늙은 노녀〔老女〕다. 한국 방문에 이승만 씨 스태튜〔동상〕가 없어 섭섭한 감상을 기록한다.

서울에서 부산으로 떠나 대구로 향하여 그곳에서 등대한 차를 타고 우리 일행이 경주 불국사에 가는 도중에 신라 때에 해놓은 고물〔유물〕을 각색 각가지를 구경하고 또 등대한 차를 타고 고불고불 돌아가는 소릿길로 운전수가 운전을 잘해서 경주 여관에 도착하고 만찬으로 예비하여 놓은 음식을 잘 먹고 그 밤을 잘 쉬고 그 이튿날 등대하여 놓은 차를 타고 석굴암과 경주 절을 구경하고 이튿날은 다른 곳에 가서 구경하고 도로 여관에 와 쉬고 경주 구경을 다 마치고 경주에서 부산으로 와서 동래 읍내 여관에서 하룻밤 쉬고 부산진 시내 구경을 마치고 제주도로 가는 비행선을 타고 제주도 여관에 들어갔다.

참 아름답고 웅장하게도 짓고 사적이 훌륭한 여관을 한국 기술자들이 다 짓고 대한바〔큰〕 지게로 돌을 져다가 지었다 한다. 한국의 유명한 여관들을 그렇게 건축했다 한다. 그것을 보면 한국 사람들 모력으로〔모질게〕 참는 힘이 장하다 하겠다. 자기 근육의 힘으로 다 지어 놓은 것이다. 미국 모양으로 좋은 지게도 없이 사람의 근육 힘으로 다 된 것을 장하게 생각한다. 〔뒤의 〔84-2〕쪽으로 이어짐〕

그 익일날 경주여관을 구경하고 패물 전방에서 목에 거는 목걸이도 사고 집에 놓는 화분도 사고 경주 돌로 만든 꽃병도 사고 일행이 재미있게 다니면서 구경한다. 경주 여관 후원에 연못이 있는데 옛적부터 있다 한다. 그 연못에 이야기가 있다. 석굴암에 부처를 쪼아 만든 예술가요 미술가가 부인이 있었다 한다. 몇 해 몇 십 년을 남편이 오지 않고 남편 얼굴도 보지 못한다. 그래서 사랑에 그리움을 참지 못하여 자기 몸을 그 연못에 투신하였다는 이야기이다. 그때에 그 남편도 부인을 사랑하여 만나 보고 싶으나

랑하여 맛나 보고 십허나 엇더한 드는 미신을 밋는다. 불교도 미신을 만히 밋기 되니 그 남자가 부인의게 가면 부정 탄다 해서 가지 못한 것이라 하는 이약이가 잇다. 그 석구람 부처를 다 긋나고 집에 오니 부인이 업서 젓다 한다. 부인이 좀 더 기대릿던들 죠흘 쓴하다. 왈 세상일을 누가 아나.

[84-2]제주도 공긔선에서 나려 등대하엿던 차를 타고 여관을 드러가는 도즁에 각색 나무는 단풍이 드러 곳과 갓치 누러고 불건색 각색 각가지 단풍입히 드러 써러지난 것 써러지다가 나무에 결여 서 있는 납엽 오색가지 채색이 영롱하게 아름답고도 곱게 되엿다. 차가 지나가는 길에 할나산을 보앗다. 크고 놉헌 산이 잇는대 운전슈가 말하기를 할나산이라 한다.

내가 공부할 쌔 디도를 공부할 쌔 백두산 할나산을 뵈앗서도 직접 보기는 처음이요, 창가는 부런 적이 잇서도 보기는 처음이다. 그 창가는 조곰 생각한다. 백두산에서 할나산까지 내 집을 내가 보호합시다 하는 창가는 불너서도 보기난 처음 보앗다. 쌜니 가는 카카 운전수 속도로 발서 제쥬도 여관에 당도하엿다. 일행이 임의 정한 방으로 다 드러가서 피곤함을 쉬고 저녁밥을 먹고 모욕하고 그날 밤 피곤함을 잘 시엿다. 그 잇헐날 등대하고 잇는 차를 타고 녯적에 셋 원숭이가 나왓다는 구멍을 구경하고 그것은 원숭이가 아니요, 사람이라 한다.

[84-1]녯적 우리나라에서 나라 간신이라 하고 나라 범인이라 해서 먼 대로 긔양을 보내면 제쥬도로 보냇다 한다. 이 세 사람들은 간신이 모라 역적이라 하고 잡아 죽일나 하니 도쥬하여 제쥬도에 와서 이 굴에 숨어서 살앗기에 졈생과 갓치 생물만 먹고 살기에 털이 만히 나서 원숭이가 되엿다 한다.

제쥬 해변에 우리 일행이 나가서 제쥬 녀자들이 물에서 두럼박[85]을

제2부_ 천연희 노트의 원문과 역주본

어떠한 미신을 믿는다. 불교도 미신을 많이 믿으니 그 남자가 부인에게 가면 부정 탄다 해서 가지 못한 것이라 하는 이야기가 있다. 그 석굴암 부처를 다 끝내고 집에 오니 부인이 없어졌다 한다. 부인이 좀 더 기다렸으면 좋을 뻔했다. 왈 세상일을 누가 아나.

〔[83-2]쪽에서 이어짐〕〔일행이〕 제주도 공기선에서 내려 등대한 차를 타고 여관을 들어가는 도중에 각색 나무는 단풍이 들어 꽃과 같이 누렇고 붉은 색 각색 각가지 단풍잎이 떨어지다가 나무에 걸려 있는 낙엽 오색 가지 채색이 영롱하게 아름답고도 곱게 되었다. 차가 지나가는 길에 한라산을 보았다. 크고 높은 산이 있는데 운전수가 말하기를 한라산이라 한다.

내가 지도를〔지리를〕 공부할 때 백두산, 한라산을 배웠어도 직접 보기는 처음이요, 창가〔노래〕는 부른 적이 있어도 보기는 처음이다. 그 창가는 조금 생각난다. 백두산에서 한라산까지 내 집을 내가 보호합시다 하는 창가는 불렀어도 보기는 처음 보았다. 빨리 가는 차로, 운전수〔가〕 속도〔를 내어〕 벌써 제주도 여관에 당도하였다. 일행이 이미 정한 방으로 다 들어가서 피곤하여 쉬고 저녁밥을 먹고 목욕하고 그날 밤 피곤함을 잘 풀었다. 그 이튿날 등대한 차를 타고 옛적에 세 원숭이가 나왔다는 구멍을 구경하였는데 그것은 원숭이가 아니요, 사람이라 한다.[68]

옛적 우리나라에서 나라 간신이라 하고 나라 범인이라 해서 먼 데로 귀양을 보내면 제주도로 보냈다 한다. 이 세 사람은 간신이 몰아 역적이라 하고 잡아 죽이려 하니 도주하여 제주도에 와서 이 굴에 숨어서 살았기에 짐승과 같이 생물만 먹고 살기에 털이 많이 나서 원숭이가 되었다 한다.

제주 해변에 우리 일행이 나가서 제주 여자들이 물에서 두렁박[69]을 띠

---

68 삼성혈을 의미하는 듯하다. 제주도의 고씨, 양씨, 부씨 시조가 솟아났다는 3개의 구멍을 말한다. 제주도의 창조신화이다.
69 제주도에서는 이를 태왁이라고 한다. 해녀들이 물질을 할 때 수면에서 몸을 의지하거나 헤엄

씌우고 깁헌 바다물에 다입하는 것을 구경하고 그 해슈역에 바위가 용머리 갓고 오랑이머리 갓헌 것을 보앗다. 이것은 현작으로 된 것이다.

쏘 그 잇헐날은 등대하엿던 차를 타고 다련 대 가서 구경을 하고 여관에 음식을 식히고 점심은 그곳에서 먹고 제쥬도 유명한 폭포슈를 구경한다. 넷적에 이약이로 황제가 할나산 봉우 우에 불사약을 구하려고 3천 궁녀를 제쥬도에 보내서나 불사약을 구하지 못하여 궁녀들이 도라가지 못하고 이 폭포슈에 싸저 죽엇다 한다. 폭포슈가 크고 물이 쏘다저 나오니 참 아럼다운 경치너라. 우리 삼털리강산은 참 묘하고 아름답다. 모던 경치와 묘한 곳이 텬작으로 되엿더라. 문명한 저 국들은 인적으로 아름답게 만던 곳이 만타. 제쥬 호털에 드러가서 밤을 쉬고 그 잇헐날은 호털 안에 잇는 패물 전방에 우리 일행이 다니면서도 갯가라지도 사고 목에 거는 목글내, 파래 거는 팔거리도 사고 각색으로 사는 사람이 [86]삿다. 이로서 제쥬 여행을 맛치고 공긔선으로 서울 반도호털에 유슉하다. 이로서 우리 일행에 여행일자 두 쥬일이 다 지나가고 지금 내 자유대로 내 볼일을 보는 것이다.

내가 반도여관 라비에 섯서니 엇던 신사 양반이 신문을 들고 섯다가 당신이 이 신문에 잇다 하고 신문을 주기에 바다보니 그 신문에 내가 누우고 깊은 바닷물에다 다이빙하는 것을 구경하고 그 해수역에 바위가 용머리 같고 호랑이 머리 같은 것을 보았다.[70] 이것은 현작으로 된 것이다.[71]

또 그 이튿날은 등대한 차를 타고 다른 데 가서 구경을 하고 여관에 음식을 시켜 점심은 그곳에서 먹고 제주도 유명한 폭포수[72]를 구경한다. 옛적 이야기로 황제가 한라산 봉우리에 불사약을 구하려고 삼천 궁녀를 제주도에 보냈으나 불사약을 구하지 못하여 궁녀들이 돌아가지 못하고 이 폭포수에 빠져 죽었다 한다. 폭포수가 크고 물이 쏟아져 나오니 참 아름다운 경치더라. 우리 삼천리강산은 참 묘하고 아름답다. 모든 경치와 묘한 곳이 천작으로 되었더라(자연적으로 이루어졌더라). 문명한 저 나라들은 인적으로(인공적으로) 아름답게 만든 곳이 많다. 제주 호텔에 들어가서 밤에 쉬고 그 이튿날은 호텔 안에 있는 패물 전방을 우리 일행이 다니면서 조개가락지도 사고 목에 거는 목걸이, 팔에 거는 팔찌도 사고 각색으로 사람들이 샀다. 이로써 제주 여행을 마치고 공기선으로 서울 반도호텔에 유숙했다. 이로써 우리 일행의 여행일자 두 주일이 다 지나가고 (각자) 자유롭게 내 볼일을 보았다.

내가 반도여관 로비에 서 있는데 신사 양반이 신문을 들고 섰다가 당신이 이 신문에 있다 하고 신문을 주기에 받아 보니 그 신문에 내가 누구에

---

처 이동할 때 사용하는 부유도구이다.

70 용두암을 말하는 듯하다. 제주도의 대표 관광지 중 하나인 용두암은 제주 시내 북쪽 바닷가에 있다. 높이 약 10미터의 바위로 오랜 세월 파도와 바람의 풍화작용으로 인해서 용의 머리와 닮은꼴을 띠게 되었다.

71 '현작'은 '천작天作'의 오기로 보인다. 천작은 사람의 힘을 가하지 않고 하늘의 조화로 만들어진 것, 즉 자연적으로 생겨난 것을 말한다.

72 정방폭포를 말한다. 제주도의 3대 폭포(천지연폭포, 천제연폭포) 중 하나인 정방폭포는 우리나라에서 바다로 물이 떨어지는 유일한 폭포이다. 필자가 말한 신화와 조금 다른 버전도 있다. 중국 진시황제의 명을 받들어 불로초를 구하러 온 서불이 빈손으로 서쪽으로 돌아갔다는 의미의 '서불과차'를 정방폭포 부근에 새겼다 하는데 실제 찾을 수는 없다. 서귀포란 이름도 서불이 돌아간 포구란 뜻으로 붙었다는 유래도 있다.

구의게 사진혼인으로 드러간 사적이 잇더라. 나는 분명이 말하지 안이하엿지마는 내 사적이 잇더라. 그 후에 내 손자들이 서울에 잇서 차저서 그 집에 삼 일 동안 쉬고 그 손자와 내 고향 진쥬로 털노로 타고 가는 도즁에 강산을 구경하니 참 아럼답고 정부에서 일을 만히 한 것 갓다. 다런 것은 둘재요, 벌거버선 산에 솔씨를 심어 청청하게 자라나는 것을 볼 째 참 한국이 옷을 닙고 자라나는 것것이더라. 긔차는 속역어로 굴에 드러가면 고통 소래를 씌씩 불면서 속도로 어연간 진쥬역에 당도햇다. 그래서 내 손자가 자동차 불너서 타고 시내를 드러간다. 운전수가 뭇기를 어는 주소로 가시는가 뭇기로 날은 저물엇고 해[87]서 시내에 미국 치로 두간 잇는 여관이 잇서며 가자고 말하니 그런 대가 조헌 여관이 잇다 한다.

운전수가 나려 주는 여관에 들엇다. 과연 그기는 물을 터는 편소이다. 이 글 씨며 혹은 오해하지 마시요, 엇던 사람들은 일은 말을 드러며 골을 내고 제가 한국서 잔쎄가 굴거서 위국으로 가서 그런 소리를 한다고 그럿케 생각하는 것도 올은 말이다. 우리가 한국서 나서 부모의게 클재 다 쏘고리고 안는 변소를 씨고 냄새도 맛고 걸상 업시 쌍에 안고 클 째 우리가 다 어린 청춘으로 쎄와 살이 굿지를 안이햇설 째다.

위국에 와서 오십 년 세월에 몸이 다 늙어서 몸과 쎄가 굿어 그전에 씨고 살던 그 시절 말을 듯지 안코 굿어 버렷다. 냄새도 안이 맛다가 맛허니 어렵지마는 그것은 견댈 슈 잇지마는 나의 다리는 넷적에 안던 것 그처럼 말을 듯지 안 한다. 그래서 운전슈 보고 그러 안는 변소로 차자 가자 한 것이다. 그 여관에서 자고 그 잇헐날 여관 쥬인을 보고 말 드러니 그전 에슈 교회가 비본산 밋헤 잇섯난대 공산당이 치고 드러와서 불노 놋고 다 업서

게 사진혼인으로 들어갔다는 사적[기록]이 있더라. 나는 분명히 말하지 아니하였지마는 내 사적이 있더라. 그 후에 내 손자들이 서울에 있어 찾아서 그 집에서 3일 동안 쉬고 그 손자와 내 고향 진주로 철로[기차]를 타고 가는 도중에 강산을 구경하니 참 아름답고 정부에서 일을 많이 한 것 같다. 다른 것은 둘째요, 벌거벗은 산에 솔씨를 심어 청청하게 자라나는 것을 볼 때 참 한국이 옷을 입고 자라나는 것 같더라. 기차가 속력을 내 굴에 들어가면 고동 소리를 띠띠 불면서 달려 어언간 진주역에 당도했다. 내 손자가 자동차를 불러서 타고 시내를 들어갔다. 운전수가 어느 주소로 가시는가 묻기에 날은 저물었고 해서 시내에 미국처럼 뒷간 있는 여관이 있으면 가자고 말하니 그런 좋은 여관이 있다 한다.

운전수가 내려 주는 여관에 들었다. 과연 거기는 물을 터는 변소가 있다. 이 글을 혹시 오해하지 마시오. 어떤 사람들은 이런 말을 들으면 골을 내고 한국에서 잔뼈가 굵어서 [자란 이가] 외국에 가서 그런 소리를 한다고[하는데.] 그렇게 생각하는 것도 옳은 말이다. 우리가 한국에서 나서 부모에게 클 때는 다 쪼그리고 앉는 변소를 쓰고 냄새도 맡고 걸상 없이 땅에 앉고 [하였으나] 그때는 우리가 다 어린 청춘으로 뼈와 살이 굳지 아니했을 때다.

외국에 와서 50년 세월에 몸이 다 늙어서 몸과 뼈가 굳어 그전에 쓰고 살던 그 시절 말을 듣지 않고 굳어 버렸다. 냄새도 아니 맡다가 맡으니 어렵지만 그것은 견딜 수 있지마는 나의 다리는 옛적에 앉던 것처럼 말을 듣지 않는다. 그래서 운전수 보고 그런 앉는 변소를 찾아가자 한 것이다. 그 여관에서 자고 그 이튿날 여관 주인에게 들으니 그전 예수교회가 비봉산[73] 밑에 있었는데 공산당이 치고 들어와서 불을 놓아 다 없어졌다 하여, 옛날

---

73 진주의 진산鎭山으로 여겨지는 산이다. 진주에서는 봉황이 날아가는 모습이 아니라 항상 날고 있는 모습을 한 산이라고 해석한다(진주시청 문화관광 홈페이지).

젓다 하니 녯날에 영국 사람이 세운 장노예수교회가 지[88]금 어대 잇는지 아시나 물어니 안다고 하니 차를 불너 운전슈가 다리고 갈 모양이다.

그날이 맛참 쥬일인 고로 에배당을 차저가서 갓치 공부하고 교회에 다니던 리은혜를 물어니 아직 이곳에 잇다 하고 에배소로 온다 햇다. 그럼으로 에배당에서 리은혜 오도록 기다리니 맛참 리은혜가 왓다. 오십여 년을 맛나지 못하던 동창생을 맛나니 너무 깃버서 쑴속인지 내가 한국으로 왓는지 정신이 아득하다.

세 분 동창생을 맛나서 만단 설화를 하고 그중에 한 분은 애명이 박시 애기이다. 쏘 한 분은 남학교에 다니는 한판도 씨 내 동생 일홈이 생각이 안이 난다. 한판도 씨는 광림남학교생이고 우리는 광림녀학교생이다. 이번에 한국하여 보니 그이는 공부하여 의사가 되여 진즉의 한의사로 되여 성공하고 녀학생 박시 아기와 결혼하여 자녀들이 다수라 하고 자긔 집에 청하여 정심을 대접햇다.

그리고 운전수가 와서 다리고 나의 족하 집을 차저 드러가니 족하는 집에 업고 족하메너리가 잇서 아해들을 보내여 자긔 남편을 차자오고 삼시간 만난 진미로 밥을 해서 차려 쥼으로 맛잇게 잘 먹고 오십 년 동안 되는 집안 소식을 듯고 자긔 집[89]에서 자고 잇기를 원하나, 나 손자와 나와 두 사람이나 되고 해서 임의 정한 여관으로 와서 쉬고 그 잇헌날 쏘 맛나서 진쥬 거리를 구경하고 남강변에 욱덕 서 잇는 촉설루로 거러가서 구경하고 의암이 사당에 가 보고 녯날로 추억을 생각하고 감게무량하다. 삼쳘리강산 안에 저와 갓헌 애국녀사가 잇섯던가. 한 번 더 생각햇다. 녯적도 잇고 지금도 잇서야 된다. 물을 가두어 온 진쥬성에 쥬민을 마시게

에 영국 사람이 세운 장로예수교회가 지금 어디 있는지 아시나 물으니 안다고 하여 차를 불러 운전수가 데리고 갈 모양이다(가기로 하였다).

그날이 마침 주일인 고로 예배당을 찾아가서 같이 공부하고 교회에 다니던 이은혜를 물으니 아직 이곳에 있다 하고 예배소로 온다 했다. 예배당에서 이은혜가 오기를 기다리니 마침내 이은혜가 왔다. 50여 년을 만나지 못하던 동창생을 만나니 너무 기뻐서 꿈속인지 내가 한국으로 왔는지 정신이 아득하다.

세 분 동창생을 만나서 만단설화(萬端說話, 온갖 이야기)를 하였다. 그중에 한 분은 애명이 박씨 애기이다. 또 한 분은 남학교에 다닌 한판도 씨네 동생인데, 이름이 생각이 안 난다. 한판도 씨는 광림남학교생이고 우리는 광림여학교생이다.[74] 이번에 환국하여 보니 그이는 공부하여 진작에 한의사가 되어 성공하고 여학생 박씨 애기와 결혼하여 자녀들이 다수라 하고 자기 집에 청하여 점심을 대접했다.

그러고 운전수가 와서 데리고 나의 조카 집을 찾아 들어가니 조카는 집에 없고 조카며느리가 있어 아이들을 보내어 자기 남편을 찾아오고 3시간〔동안〕만난 진미로 밥을 해서 차려 주므로 맛있게 잘 먹고 50년 동안 되는 집안 소식을 들었다. 자기 집에서 자고 가기를 원하나, 손자와 나와 두 사람이나 되고 해서 이미 정한 여관으로 와서 쉬고 그 이튿날 또 만나서 진주 거리를 구경하고 남강변에 우뚝 서 있는 촉석루로 걸어가서 구경하고 의암이 〔곁에 있는〕 사당[75]에 가 보고 옛날 추억을 생각하니 감개무량하다. 삼천리강산 안에 저와 같은 애국여사가 있었던가, 한 번 더 생각했다. 옛적에도 있고 지금도 있어야 된다. 물을 가두어 온 진주성 주민을 마시게 하

---

74 천연희 노트 1권 주 1, 21 참조.
75 논개사당을 말한다.

하는 물탕기를 구경하고 또 서서 이 남강변 백사지 모래가 눈빗갓치 쌀녀 잇는 것이 참 아름다운 진양성이다. 녯날의 긔억이 새로이 자아낸다. 녯적에 우리 또뢰와 학생들 일 년에 츈츄로 남강배에서 선유하고 정심을 해서 실고 남강변 대밧 속에 가서 먹고 원족회를 열고 씌금을 씌엿다. 녯 긔억이 새로워라.

　지금은 외국 생활 십슈 년에 몸도 늙고 마음도 늙어 한심하게 적이 업네. 팔대 명성 하나에 참에한 진양성 우에 웅장하게 웃득 선 촉설루에 올나가 사진을 직고 나의 마음속에 다시 보기는 오매하던 촉설루야 촉설루야 잘 잇섯던가 맛날 긔회 쥬엇서니 하나님의 은혜로다. 서서이 그래서 시내를 드러 [90-2]걸어오면 생각한다. 그전 우리 성 밧게서 성안 남강을 거러올나면 참 먼 길을 생각하엿난대 지금은 참 갓가워 보인다. 그러고 음식 집에 드러가서 정심을 먹고 우리 부모님 산슈에 가기로 약속하고 각각 헤여저서 나는 여관으로 와서 쉬고 그 익일 산슈에 가기로 약속한다. 그 잇일에 내 족하가 와서 맛나 보고 어머니 아버지 산슈는 길이 너무 멀어 가시지 못한다 해서 형님 산슈에 비 해 세우게 돈을 주고 아버지 어머니 산슈는 그전에 비를 다해 세웟다.

　이 족하가 친족하니 자긔가 우리 산슈를 도라본다. 그래서 삼사일 동안 진쥬서 잘 잇다가 여행 긔한이 얼마 남지 안이하야 털로로 부산으로 와서 부산 해운대 여관에서 하로 살 쩨 서울로 올나와서 반도호텔에서 자유로 시내 구경을 다닌다.

　남산에 올나가 구경하고 사진을 직고 하로는 손자가 다리고 시내 종로거리에 큰 전방을 구경하고 류해나 씨와 내가 말 못 하는 벙어리 학교는 물탕기[76]를 구경하니, 이 남강변 백사지 모래가 눈빛같이 깔려 있는 것이 참 아름다운 진양성〔진주성〕이다. 옛날의 기억을 새로이 자아낸다. 옛적에 우리 또래의 학생들이 일 년에 춘추로 남강에서 선유〔뱃놀이〕하고 점심을 해서 싣고 남강변 대밭 속에 가서 먹고 원족회〔遠足會, 소풍〕를 열고 뛰금〔뜀뛰기〕을 뛰었다. 옛 기억이 새로워라.

지금은 외국 생활 수십 년에 몸도 늙고 마음도 늙어 한심하기 짝이 없네. 8대 명승 중 하나인 진양성 위에 웅장하게 우뚝 선 촉석루에 올라가 사진을 찍고 나의 마음속에 다시 보기 오매하던 촉석루야 촉석루야 잘 있었던가! 만날 기회 주었으니 하나님의 은혜로다. 서서히 시내에 들어 걸어오면서 생각한다. 그전에 우리 성 밖에서 성안 남강을 걸어오려면 참 먼 길이라고 생각하였는데 지금은 참 가까워 보인다. 음식집에 들어가서 점심을 먹고 우리 부모님 산소에 가기로 약속하고 각각 헤어져서 나는 여관으로 와서 쉬고 그 익일 산소에 가기로 약속하였다. 그 익일에 내 조카가 와서 어머니 아버지 산소는 길이 너무 멀어 가시지 못한다 해서 형님 산소에 비석을 세우게 돈을 주었다. 아버지 어머니 산소는 그전에 비석을 다 해서 세웠다〔고 한다〕.

이 조카가 친조카니 자기가 우리 산소를 돌아본다. 그래서 3, 4일 동안 진주에서 잘 있다가 여행 기한이 얼마 남지 아니하여 기차로 부산으로 와서 부산 해운대 여관에서 하루 잔 후 서울로 올라와서 반도호텔에서 자유롭게 시내 구경을 다녔다.

남산에 올라가 구경하고 사진을 찍고, 하루는 손자가 데리고 시내 종로 거리에서 큰 전방을 구경하고, 유해나 씨와 내가 말 못 하는 벙어리 학교〔수

---

76 남강댐을 말한다. 1962년 제1차 경제개발 5개년계획의 일환으로 세워진 다목적 댐이다. 1969년 10월 7일 준공하였으니 천연희가 방문한 1967년에는 아직 공사 중이었을 것이다.

에 가서 신방하고 자긔 친구들이 청하여 정심 대접을 하여 잘 먹고 하엿다. 하와이 관광 일행을 윤치현 각하 사서에 초청이 되어서 자미잇게 잘 놀고 성대한 만찬으로 잘 먹고 하로해를 자미잇게

[90-1]째 목간통에 물이 업서 모욕하게 어려웟다. 해운대 더운 약물이 나오난대 (물째) 파이포가 고장이 나서 물이 나오지 못한다 말한다. 놉헌 여관이 만코 해운대 바다를 향하고 모래가 히고 좃터라. 해운대 한 곳은 유애서 아매캠이 잇고 아메가 살고 잇다. 잠시 보니 하와이 와이기기 한 모통이 갓더라.

[91-2]지나엿다. 윤치연 씨 사저는 아름다운 마던 근물 집이고 정원이 늘어고 마당에 풀과 화초를 심어고 별이 마던 (지금 시새) 집이더라. 그 정원에서 잘 쉬고 왓다. 그 잇헌날 시내에 갓헌(담천)으로 천 짜는 기게 창과 비아 맨드는 기게창과 여러 공장을 구경하고 여관으로 도라와서 쉬엇다. 이로서 우리 일행이 삼 쥬일 여행을 맛치고 여관에서 가방과 짐을 슈섭하여 한국 강산을 작별하고 둘재 나라 하와이 고행으로 드러올 양으로 비행장 임의 등대하엿던 차를 타고 금포 비행장으로 나오니 발서 일본으로 써날 비행기가 등대하고 손님을 긔대리고 잇다.

[91-1]금포 비행장에 차를 타고 나와서 생각할 째 한국이 쏘다시 그려웟다. 지금은 한국 신문긔자가 한국 발전이 엇대야 물어면 참 좃타고 말할 슈 잇다. 녯날 실나 째 문명이던지 지금 건설해 노언 시설이던지 도로던지 근물 집이던지 산천에 초목이던지 참 발전이 만히 되엿다고 대답할 슈 잇다. 나의 손쥬들과 친구들을 작별하고 공긔선대 올나 우랑창해한 공긔선

화학교)를 심방하고, 자기 친구들이 청하여 점심 대접을 하여 잘 먹고 하였다. 하와이 관광 일행이 윤치영[77] 각하 사저에 초청되어서 재미있게 잘 놀고 성대한 만찬으로 잘 먹고 하루해를 재미있게 〔뒤의 (91-2)쪽으로 이어짐〕

때 목간통에 물이 없어 목욕하기 어려웠다. 해운대 〔여관에서〕 더운 약물 〔온천수〕이 나오는데 물대[78] 파이프가 고장이 나서 물이 나오지 못한다 말한다. 높은 여관이 많고 해운대 바다를 향하고 모래가 희고 좋더라. 해운대 한 곳은 유에스〔US〕 아미캠프〔army camp, 군부대〕가 있고 아미가 살고 있다. 잠시 보니 하와이 와이키키 한 모퉁이 같더라.

〔90-2쪽에서 이어짐〕 지내었다. 윤치영 씨 사저는 아름다운 모던〔modern, 현대식〕 건물 집이고 정원이 넓고 마당에 풀과 화초를 심고 각별히 모던(지금 시대)한 집이더라. 그 정원에서 잘 쉬고 왔다. 그 이튿날 시내에 코튼〔cotten, 목화〕(담천)[79]으로 천 짜는 기계창〔공장〕과 비어〔beer, 맥주〕 만드는 기계창과 여러 공장을 구경하고 여관으로 돌아와서 쉬었다. 이로써 우리 일행이 삼 주일 여행을 마치고 여관에서 가방과 짐을 수습하여 한국 강산과 작별하고 둘째 나라 하와이 고향으로 들어올 양으로 이미 등대한 차를 타고 김포 비행장으로 나오니 벌써 일본으로 떠날 비행기가 등대하고 손님을 기다리고 있다.

김포 비행장에 차를 타고 나와서 생각할 때 한국이 또다시 그리웠다. 지금은 한국 신문기자가 한국 발전이 어떠냐고 물으면 참 좋다고 말할 수 있다. 옛날 신라 때 문명이든지 지금 건설해 놓은 시설이든지 도로든지 건물 집이든지 산천에 초목이든지 참 많이 발전했다고 대답할 수 있다.

나의 손주들과 친구들을 작별하고 공기선에 올라 우랑창해한 공기선

---

77 윤치영(1898~1996)은 이승만의 비서실장을 역임했고, 대한민국 초대 내무부 장관을 지냈다.
78 물을 퍼 올리는 기계의 관.
79 무슨 뜻인지 알 수 없다.

운선 소래 한국을 작별하고 놉고 나젼 산과 푸러고 힌 하날과 푸러고 깁헌 대해를 건너 어는 시간에 발서 일본에 도착햇다. 동경 비행장에 도착호고 금사를 맛치고 다련 일행은 동경에 멋칠 잇게 되고 나는 하와이로 드러온다. 엇던 짐을 미는 조고마한 구루마 청년이 내 짐을 다 실고 자긔를 짜라오라 한다. 그래서 내 마음에 다련 사람들은 그곳에서 냇게지(짐을) 금사하는대 외 나를 다련 대로 가지가고 나를 오라 하나 하고 좀 편치 안다. 그러나 그 청년을 짜라가니 뒤에 조고마한 오피소가 잇[92-2]다. 그기에 짐을 멈추고 나를 보고 비행장 객실노 올나가라 하며 짐은 짜라 올나간다 하기로 객실에 기다리니 비행장 일군이 나를 보고 당신 가방은 엇지 되엿서 업다 하기로 금사한다고 가지갓다 하엿다. 조곰 기대리니 가방이 올나왓다. 그래서 그 비행기로 타고 내 이차 나라 이차 고향 하와이로 드러오니 자유 세상 내 나라 별류천지비인간이오 록음방초성화시요 양과 갓헌 나의 자녀 사랑하기 작이 업다.

그래서 하와이에 비행장 금사를 맛치고 등대하엿던 차로 하고 코코헷 힐탑 집으로 드러오니 빌노빈 일군은 밧헤 아직 일을 하고 나를 보고 잘 다여 왓나 인사하지마는 나의 영감은 고인이 되여서 업다. 그전에 내가 미국으로 갓다 오며 참 죠아서 반갑고 깃번 회색으로 마종을 한다. 아 참 설설하고 허무한 세상이로다. 그 길은 한 번 가며 못 오난 길이다. 설설한 빈방 안에 가방을 놋코 지낸 일 생각하니 몽즁이로다. 구슬피 작이 업다. 그 잇헌날 밧헤 나려가서 농사하는 곳을 둘너 꼴 일군을 보고 약을 쥬라 하고 내년 六十八年 학교 학생

[92-1]비행기 조고마는 사창 윈도로 내다보니 창창한 대해 바다 물결

운전 소리〔를 들으며〕 한국을 작별하고 높고 낮은 산과 푸르고 흰 하늘과 푸르고 깊은 대해를 건너 어느 시간에 벌써 일본에 도착했다. 동경 비행장에 도착해 검사를 마치고 다른 일행은 동경에 며칠 있고 나는 하와이로 들어오기로 되어 있었다. 어떤 짐을 미는 조그마한 구루마 청년이 내 짐을 다 싣고 자기를 따라오라 한다. 그래서 내 마음에 다른 사람들은 그곳에서 러기지〔luggage〕〔짐〕를 검사하는데 왜 나를〔내 짐을〕 다른 데로 가져가고 나를 오라 하나 하고 좀 편치 않다. 그러나 그 청년을 따라가니 뒤에 조그마한 오피스가 있다. 거기에 짐을 멈추고 나를 보고 비행장 객실로 올라가라 하며 짐은 따라 올라간다 하기에 객실에서 기다리니 비행장 일꾼이 나를 보고 당신 가방은 어찌 되어서 없느냐 하기에 검사한다고 가져갔다 한다. 조금 기다리니 가방이 올라온다. 그래서 그 비행기를 타고 내 이차 나라 이차 고향 하와이로 들어오니 자유세상 내 나라 별유천지비인간〔別有天地非人間〕이요 녹음방초승화시〔綠陰芳草勝花時〕[80]요, 양과 같은 나의 자녀 사랑하기 짝이 없다.

그래서 하와이에서 비행장 검사를 마치고 등대한 차를 타고 코코헤드 힐탑 집으로 들어오니 필리핀 일꾼은 밭에서 아직 일하고 나를 보고 잘 다녀왔나 인사하지마는 나의 영감은 고인이 되어서 없다. 그전에 내가 미국에 갔다 오면 〔영감이〕 참 좋아하며 반갑고 기쁜 희색으로 마중했다. 아, 참 쓸쓸하고 허무한 세상이로다. 그 길은 한 번 가면 못 오는 길이다. 쓸쓸한 빈방 안에 가방을 놓고 지난 일 생각하니 몽중〔꿈〕이로다. 구슬프기 짝이 없다. 그 이튿날 밭에 내려가서 농사하는 곳을 둘러보고 일꾼을 보고 약을 주라 하고 내년 68년 학교 학생 〔뒤의 [93]쪽으로 이어짐〕

비행기 조그마한 차창 윈도로 내다보니 창창한 대해 바다 물결, 푸른 하

---

80 천연희 노트 1권 주 60 참조.

푸런 하날이 대해 바다에 닷는 것 갓헌 것과 소음갓치 히고 눈갓치 힌 구럼은 공중에 써 잇서니 천디만물을 창조하신 하나님의 릉력으로 오직 비행기가 써간다. 사람의 두래와 자동력에 힘으로 된 것이지마는 하나님이 그 령역과 지혜를 쥬신 것이다. 하나님을 찬양 안이할 슈 업다.

한국 여행에 가저온 가방을 열고 한국서 입고 논 옷도 내 널기도 하고 쌀내도 세탁하고 모던 물건을 상고해 보니 내가 여기서 가지고 간 사진 갑 속에 너헌 것이 업서젓다. 그것은 내가 고등가 사반 째 박은 사진과 하와이 부인구제회 서긔로 일할 째 회석에서 우리 임원들이 사진 박고 회한일긔와 누가 임원이라 하는 것이다. 한국 여관에 내 가방을 열고 짐을 쌀 째 다 보고 하엿다. 일본서 금사할 째 누락되엿다.

[93]졸업 시에 씰 곳을 심을 양으로 일군을 보고 풀을 다 매고 쓰린을 잘해 노어라 하엿다. 그래 노어며 밧가는 긔게가 와서 밧헐 갈고 짱을 부더럽게 한 후에 밧속에 넛는 쌔시약을 우에다가 불나시다된다를 카바하고 (덥허서) 약을 쥬여 짱 안에 잇는 벌내와 미균을 다 죽인다. 그 약 쥰 한 삼 쥬일 후 다시 긔게로 갈아서 흑을 부더럽게 하고 쥬를 치고 두덕을 쏙바러게 지어서 잘 네불한 후(고런 후)에 가내신 씨를 심어서 매일 물을 이 주일 동안 쥬되 한 십오 분식 쥰다.

그리하여 어린 가내신이 잘아 쌍내를 맛허며 일쥬일에 두 번식 이십 분을 쥰다. 그래서 졸업 시에 씨게 시무난 곳은 六十八年 一月에 심어야 六十八年 六月 초에 학생 졸업 시에 씨게 됨으로 일군이 풀을 메고 밧흘 잘 골유게 하엿다. 그래서 내가 六十七年 十月 말에 가내신 씨를 미국에 잇는 가내신 씨우는 회사 미스다 비다신의게 힌 가내신 이쳔 개와 불건

---

늘이 대해 바다에 닿은 것 같고, 소금같이 희고 눈같이 흰 구름은 공중에 떠 있으니 천지만물을 창조하신 하나님의 능력으로 오직 비행기가 떠간다. 사람의 두뇌와 자동력의 힘으로 된 것이지마는 하나님이 그 영역과 지혜를 주신 것이다. 하나님을 찬양하지 않을 수 없다.

한국 여행에서 가져온 가방을 열고 한국서 입고 논 옷도 내어 놓아 널기도 하고 빨래도 세탁하고 모든 물건을 상고〔기억〕해 보니 내가 여기서 가지고 간 사진갑 속에 넣은 것이 없어졌다. 그것은 내가 고등과 4반〔학년〕 때 박은 사진과 하와이 부인구제회 서기로 일할 때 회석〔會席〕에서 우리 임원들이 사진 박고 회의한 일기와 누가 임원이라 하는 것이다. 한국 여관에서 내 가방을 열고 짐을 쌀 때 다 확인하였다. 일본에서 검사할 때 누락되었다.

〔[92-2]쪽에서 이어짐〕 졸업 시즌에 쓸 꽃을 심을 양으로 일꾼을 보고 풀을 다 매고 클린(clean, 깨끗이)을 잘해 놓으라 하였다. 그래 놓으면 밭가는 기계가 와서 밭을 갈고 땅을 부드럽게 한 후에 밭 속에 넣는 깨시약을 위에다가 불나시다된다[81]를 덮어서 약을 주어 땅 안에 있는 벌레와 미균을 다 죽인다. 그 약을 준 지 한 삼 주일 후 다시 기계로 갈아서 흙을 부드럽게 하고 줄을 치고 두덕을 똑바르게 지어서 잘 레블(level)한〔고른〕 후에 카네이션 씨를 심어서 매일 물을 이 주일 동안 주되 한 15분씩 준다.

그리하여 어린 카네이션이 자라 땅내를 맡아서 일주일에 두 번씩 20분〔간 물을〕 준다. 그래서 졸업 시즌에 쓰게 심는 꽃은 〔19〕68년 1월에 심어야 68년 6월 초에 학생 졸업 시즌에 쓰게 되므로 일꾼이 풀을 매고 밭을 잘 고르게 하였다. 그래서 내가 67년 10월 말에 카네이션 씨를 미국에 있는 카네이션 키우는 회사 미스터 피터슨에게 흰 카네이션 씨 2,000개와 붉은 카

---

81 깨시약과 불나시다된다가 무슨 뜻인지는 확인하지 못하였다.

가내신 씨 이천 개와 합이 사천 개를 쥬문하엿다.

그째 주문할 째 六十八年 1月 금으로 보내 쥬면 내년 유월 [94]초 학생 졸업시에 씬다 하엿다. 내가 미국 가내신 회사에 늘 가내신 곳씨를 갓다 써도 외상으로 하지 안코 늘 직전으로 보내고 다런 회사가 만타. 요나쌕라다 하는 회사도 잇서 늘 샌불을 보내도 씨지 안코 비다신 회사에 가내신 씨를 씨고, 오다(쥬문)할 째 늘 책을 써서 캐시(맛돈)로 보내서 오다 한다. 이번에는 날자는 너저가고 당장에 캐시가 업서 돈을 보내지 못하고 씨를 오다하며 석 달 전에 오다(주문)하여야 된다. 정월에 쓸 가내신이 되여 十月에 금원적에 좀 느저서 속히 해야 자긔들이 씨를 살린다. 그 가내신 씨를 쥬문한 지 한 달 만에 가내신 불건 것 이천 개, 힌 것 이천 개가 왓다. 그 가내신은 심어도 잘 팔지 못한다. 내년 4월에 곳치 피게 된다. 그째는 모던 곳이 만코 시세가 곳헐 잘 씨지 안음으로 팔지 못한다.


그러나 곳이 왓서니 비행장 가고 듸쌔터서 가내신이 왓다 부러니 차자 왓다. 공긔선으로 실고 오난 정월 졸업 시에 가내신 씨를 잇지 말고 보내쌀나 하고 신신부탁하고 이번에만 자치하면 곳 돈을 부친다 하고 한 마지기 밧헐 일군이 고랑을 짓고 에비하엿다.

내 오다(주문)하지 안이한 가내신 씨를 동지달에 보내서 심어기는 해도 그 해 비가 만이 외[95]고 해서 곳이 사월에 피여서 그해 전차 파공이 나서 일군들이 파서가 업서 일하로 못 왓섬으로 그 곳을 짜지 못하여 밧해서 석고 말앗고 내가 학교 졸업 시에 씨게 쥬문한 가내신 정월에 올 시네이션 씨 2,000개, 합이 4,000개를 주문하였다.

그때 주문할 때 68년 1월 금〔액〕으로 보내 주면 내년 6월 초 학생 졸업 시즌에 쓴다 하였다. 내가 미국 카네이션 회사에 늘 카네이션 꽃씨를 갖다 써도 외상으로 하지 않고 늘 직전〔直錢〕으로 보냈고〔바로 결제했고〕, 다른 회사가 많다. 요나뿌라다[82]라는 회사는 늘 샘플을 보내 주어도 쓰지 않고, 피터슨 회사의 카네이션 씨를 쓰고, 오더〔order〕〔주문〕할 때 늘 체크〔check, 수표〕를 써서 캐시〔cash〕〔맞돈〕로 보내서〔즉시 결제해서〕 오더〔order, 주문〕한다. 이번에는 날짜가 늦어서 당장에 현금이 없어 돈을 보내지 못했다. 씨를 오더하는데 석 달 전에 주문하여야 된다. 정월에 쓸 카네이션이어서 10월 그믐쯤[83]에 〔주문하면〕 좀 늦어서 속히 〔주문〕해야 자기들이 씨를 살린다〔회사가 씨를 수확한다〕. 그 카네이션 씨를 주문한 지 한 달 만에 카네이션 붉은 것 2,000개, 흰 것 2,000개가 왔다. 그 카네이션은 심어도 잘 팔지 못한다. 내년 4월에 꽃이 피게 된다. 그때는 모든 꽃이 많고 시세가 꽃을 잘 쓰지 않으므로〔꽃의 종류가 많고 꽃을 잘 쓰지 않는 시즌이라〕 팔지 못한다.

그러나 꽃이 왔으니 비행장에 가 디파트먼트〔department〕에서 카네이션이 왔다고 불러서 〔씨를〕 찾아왔다. 공기선으로 싣고 오는 정월 졸업 시즌에 카네이션 씨를 잊지 말고 보내 달라 신신부탁하고 이번에만 자치[84]하니 곧 돈을 부친다 하고 한 마지기 밭에 일꾼이 고랑을 짓고 예비하였다.

내가 주문하지 않은 카네이션 씨를 동짓달에 보내서 심기는 했어도 그해 비가 많이 오고 해서 꽃이 4월에 피었고, 그해 전차 파공〔파업〕이 나서 일꾼들이 전차가 없어 일하러 못 와 그 꽃을 따지 못하여 밭에서 썩고 말았고 내가 학교 졸업 시즌에 쓰려고 주문한 카네이션이 정월에 올 때가

---

82 정확한 철자를 알 수 없다.
83 천연희는 '그믐'을 '금원'으로 표기한 바 있어 '금원적'은 '그믐쯤'이란 뜻이다.
84 돈을 후불하는 것을 말한다.

가 오지를 안이하고 비다신 회사에서 보내 쥬지를 안이햇다. 그래서 내가 큰 손해를 보앗다. 가내신을 비다신 회사에 여러 해를 쥬문해 씨고 처음으로 자치한다 하고 학생들 졸업 시에 돈 드러오면 곳 붓처 주마 햇다. 그해에 가내신 시를 보내지 안이해서 가내신 곳이 업서 곳 대는 전방과 내가 큰 손해를 보고 마음고생을 하엿다.

당초에 가내신을 보내지 못하겟다고 편지를 하엿서며 내가 다런 대 쥬문할 터이다. 우리 리웃에 사는 리 한국 남자는 늘 두고 가내신이 오면 돈을 보내 맛하 씨는 대가 잇지마는 나는 늘 맛돈을 쥬고 쥬문한다. 남의 게 빗지는 것이 실어서 맛돈을 보낸다.

六十八年에 가내신에 손해를 당하고 채소를 좀 심어 볼가 해서 내 리웃에 잇는 일본인 채소 농사 하는 사람을 보고 내가 채소를 조곰 심어 보기를 원하니 채소회사 채소 실노 오난 사람을 좀 소개하여 [96]달나 하니 그러마 하고 그 사람을 보냇기로 내가 채소를 심어며 당신 회사에서 쌜아 쥬겟는가 하니 그리하마 하여서 아메리가 음식에 씨는 파설니와 파를 심어고 적은 쏄건 무우 외리서도 심어고 하여서 매쥬일 가려서 단을 묵어 쥬며 경비 제하고 용채는 더러 왓다. 이것은 나의 심심소일노 시간을 보내는 것이다.

영감은 고인이 되고 썰썰하게 작이 업다. 그래서 내가 내 마음과 몸을 분쥬하게 만던 것이다. 코코헷 힐탑 집이 두 마지기 반은 참 경취가 훌융한 곳이다. 이 밧헤 안자 일을 하며 해빗은 쏘이서 더우나 바람이 늘 설설 불어서 덥지 안코 세원한 공긔가 잇다. 이곳 경취를 사랑한다. 내 집압히 동남으로 향하고 코코구래다산이 둘너 잇다. 아참 일적이 해가 코코구레다산에 소사 오르는 것을 보면 엇던 째는 반이 소사 노르고 엇던 째 둥근 해가 돗는[97]다. 그러고 오후에 해가 지면 서족 바다 우에 쌜간 햇

〔되어도〕오지를 아니하고 피터슨 회사에서 보내 주지 않았다. 그래서 내가 큰 손해를 보았다. 카네이션을 피터슨 회사에 여러 해 동안 주문해 쓰고 처음으로 자치한다 하고 학생들 졸업 시즌에 돈 들어오면 곧 부쳐 주마 했다. 〔하지만 피터슨 회사가〕 그해에 카네이션 씨를 보내지 않아서 카네이션 꽃이 없어 꽃 대는 전방과 내가 큰 손해를 보고 마음고생을 하였다.

당초에 〔피터슨 회사가〕 카네이션을 보내지 못하겠다고 편지를 하였으면 내가 다른 데 주문했을 터이다. 우리 이웃에 사는 이〔씨 성을 가진〕 한국 남자는 늘 〔나중에〕 카네이션이 온 후 돈을 보내고 있지만 나는 늘 맞돈을 주고 주문한다. 남에게 빚지는 것이 싫어서 맞돈을 보낸다.

〔19〕68년에 카네이션으로 손해를 당하고 채소를 좀 심어 볼까 해서 내 이웃에 있는 일본인 채소 농사 하는 사람을 보고 내가 채소를 조금 심어 보기를 원하니 채소회사 채소 셀러〔seller, 판매자〕로 오는 사람을 좀 소개하여 달라 하니 그러마 하고 그 사람을 보냈다. 내가 채소를 심으면 당신 회사에서 팔아 주겠는가 하니 그리하마 하여서 아메리카 음식에 쓰는 파슬리와 파를 심었고 작고 빨간 무와 외리〔오이〕도 심어서 매주일 가려서 단을 묶어 주니 경비 제하고 용채〔용돈〕는 더러 왔다. 이것은 나의 심심소일로 시간을 보내는 것이다.

영감이 고인이 되니 쓸쓸하기 짝이 없다. 그래서 내가 내 마음과 몸을 분주하게 만든 것이다. 코코헤드 힐탑 집 두 마지기 반은 참 경치가 훌륭한 곳이다. 이 밭에 앉아 일하면 햇볕이 쪼여서 더우나 바람이 늘 솔솔 불어서 덥지 않고 공기가 시원하다. 이곳 경치를 사랑한다. 내 집 앞이 동남으로 향하고 코코크레이터산이 둘러 있다. 아침 일찍 해가 코코크레이터산에 솟아오르는 것을 보면 어떤 때는 반이 솟아오르고 어떤 때는 둥근 해가 돋는다. 그리고 오후에 해가 질 때 서쪽 바다 위에 빨간 햇살을 비추고 발을 비취우고 넘어가는 것을 본다. 이 코코헷 위취는 삼방은 산으로 둘너싸고 한 작은 바다로 연해젓다. 동남북은 산어로 둘너싸고 서어로 바다가 연해젓다. 참 경취가 아름다온 나의 사랑하는 코코헷너 긴 언덕 긴 고개 드러가는 골과 게비추리 코코낫추리 내 사랑하는 코코헷 정깁고 한 집다. 나의 지나간 헌적 엇던 날은 고연이 내 마음이 슬프고 외러워서 혼자 노래를 부러다가 울고 햇다.

　一千九百六十四年에 이 힐탑으로 이백기위(이사)할 째에 비섭 에시되지에서 일 년 약조를 쥬고 그 약조에 말하기를 가이사가 농사 짓는 쌍을 건설하며 그째에 임의 잇는 농민이 결단코 먼첨 게약조 오십오 년을 가진다 하고 썻엇다. 그럼으로 그 시기를 기대리고 잇다. 세월이 여휴하여 처음 게약조 일 년이 다 지내가도록 아모 건설이 업다. 그런 즁 비섭 쉬대지와 가이사가 편지하엿다.

　가이사가 농사하는 터를 근설할 모양인대 처음 큰길을 내여야 정부 물이 드러오기 됨으로 길을 먼첨 내기로 쥬선을 하는 즁이다. 가이사(건설자)가 모던 것을 회개하고 재정이 얼마나 들고 하는 것을 회개[98]하여 한 마지기에 얼마 경비 들 것을 에산하고 농민의게 알여쥰다 함으로 우리 농민회서 그 쌍을 가질 사람들이 모혀서 회를 하고 아모조록 돈 경비가 만치 안케 농민의게 좀 슈월케 하여 쥬기를 교섭을(네고시에) 할 작적했다. 그째에 교섭이 원은리와 장과 일인 오쥬지 세 사람이 되여서 가이사와 교섭한다. 비섭 쉬대지에셔 가이사 근설하는 대 전권을 쥬어서 자긔 회사에서는 모던 일을 가이사와 하고 우리도 가이사 회사에 하여야 된다. 그러나 비섭 회사가 쌍 쥬인이라 모던 일에 그의 허락이 잇서야 하고 그 쌍에 계약을 쥬는 권리는 비섭 회사가 하는 것이다.

　길 내는 경비를 여산해서 우리 농민이 낼 돈이 한 마지기에 만 원식 두 마지긔 반에 이만 원(오천)을 내는 것이다. 이것은 우리 농민이 그 쌱을 넘어가는 것을 본다. 이 코코헤드 위치는 삼방〔삼면〕은 산으로 둘러싸여 있고 한 면은 작은 바다에 연해 있다. 동남북은 산으로 둘러싸고 서〔쪽〕으로 바다가 연해 있다. 참 경치가 아름다운 나의 사랑하는 코코헤드 긴 언덕 긴 고개 들어가는 골과 키아베 나무, 코코넛나무, 내 사랑하는 코코헤드 정 깊고 한 깊다. 내 지나간 흔적〔을 생각하면〕 어떤 날에는 공연히 내 마음이 슬프고 외로워서 혼자 노래를 부르다가 울고 했다.

1964년에 이 힐탑으로 이베큐에이션〔evacuation, 철수〕(이사)할 때에 비숍 에스테이트에서 1년 약조를 주고 그 약조에 말하기를 카이저가 농사짓는 땅을 건설할 때에 이미 있던 농민이 결단코 먼저 계약조 55년을 가진다 하여 〔계약서를〕 썼다. 그러므로 그 시기를 기다리고 있다. 세월이 여류하여 처음 계약조 1년이 다 지나가도록 아무 건설이 없다. 그러던 중 비숍 에스테이트와 카이저에서 편지가 왔다.

카이저가 농사하는 터를 건설할 모양인데 우선 큰길을 내야 정부 물이 〔수도가〕 들어오게 되므로 길을 먼저 내기로 주선하는 중이다. 카이저(건설자)가 모든 것을 회계하고 재정이 얼마나 들고 하는 것을 회계하여 한 마지기에 얼마 경비가 들 것을 예상하고 농민에게 알려준다 하므로 우리 농민회에서 그 땅을 가질 사람들이 모여서 회의를 하고 아무쪼록 돈 경비가 많지 않게 농민에게 좀 수월하게 주기를 교섭하기로 작정했다. 그때에 교섭자로 원은리와 장과 일본인 오즈지 세 사람이 되어서 카이저와 교섭했다. 비숍 에스테이트에서 카이저에 건설의 전권을 주어서 자기 회사에서는 모든 일을 카이저와 하고 우리도 카이저 회사와 〔교섭〕하여야 된다〔고 한다〕. 그러나 비숍 에스테이트 회사가 땅 주인이라 모든 일에 그의 허락이 있어야 하고 그 땅에 계약을 주는 권리는 비숍 회사에 있다.

길 내는 경비를 여산〔계산〕해서 우리 농민이 낼 돈은 한 마지기에 만 원씩 두 마지기 반에 25,000원이다. 이것은 우리 농민이 그 땅을 쓰고 길을 씨고 길을 씨는 갑설 십 전식을 처서 그러한 것이다. 이것은 앗사이코서라 한다. 그래서 엇던 사람은 쌍을 가지지 안이햇다. 집을 새로 짓고 하며 오륙만 원이 들게 되니 농사하는 사람 돈이 업고 큰 빗을 지게 된다.

그 길 일홈은 박갈라 수추리다. 그리하고도 계약조 오십오 년을 주는대 법이 대단이 어렵게 잘 팔지도 못한[99]다. 아모의게 팔지 못하고 내가 농사하기 실혀 팔면 갓헌 농민의게 팔아야 되고 농민이 안이며 사지 못한다. 내가 긔 약조를 엇는대 부부가 잇어야 되고 두 사람이 다 농사를 하는 사람이라야 된다(반농사하는 사람은 안이 되고 풀리파마가 되여야 된다). 그럼으로 영감이 업서며 아달이 잇서 농사하며는 되지마는 나는 아달이 다 농사하기 실허한다. 그럼으로 잇태 동안 쥬선을 하다가 오십오 년 약조를 엇지 못했다. 그 엽헤 쌍이 공원이 된다 하엿난대 정부 교육부에 중학교를 짓는 쌍을 더 써야 됨으로 그곳에 가이사 중학교를 짓고 내 집터도 그리 드러가기 되매 가이사 회사에서 이사를 하라 독촉했다. 집은 내 집이지마는 쌍이 약조가 업서니 내가 나가야 한다. 그러나 농사하던 물건과 파이포와 집을 팔아야 되고 갈 집을 에비하여야 된다. 내가 四十五年에 코코헷 집을 파이낸설 미스다.

매대로 거간의게 一萬二千元에 살 내가 집을 새로 중창하고 아해들 노는 집 패리오를 짓고 하기에 그 집이 이만오천 원 돈이 드러갓다. 그러고 사다가 가이사가 六十三 · 四年에 코코헷[100]에 드러와서는 근설하게 되니 다시 약조를 못 엇고 가이사의게 넘어가 집이 셋 채인대 한 채만 가지고 힐탑 쌍으로 올 째 경비가 팔천 원이 드러갓다. 이 힐탑 집에 온 지 四오 년 만에 다 일코 빈손으로 나오게 되매 하와이 하우싱 어리타임아 홈

쓰는 값을 10전씩을 쳐서 그러한 것이다. 이것은 앗사이코[85]서라 한다. 그래서 어떤 사람은 땅을 가지지 않았다. 집을 새로 짓고 하면 5, 6만 원이 들게 되니 농사하는 사람은 돈이 없고 큰 빚을 지게 된다.

그 길 이름은 파칼라 스트리트다. 그리하고도 계약조 55년을 주는 데 법이 대단히 어렵게 [되어 있어서] 잘 팔지도 못한다. 아무에게나 팔지 못하고 내가 농사하기 싫어 팔면 같은 농민에게 팔아야 되고 농민이 아니면 사지 못한다. 내가 그 약조를 얻으려면 부부여야 되고 두 사람이 다 농사하는 사람이라야 된다(반농사하는 사람은 안 되고 풀리 파머[fully farmer, 전업농]여야 된다.) 그러므로 영감이 없는 나는 아들이 있어 농사하면 되지만 아들이 농사하기 싫어한다. 그러므로 이태 동안 주선[교섭]하다가 55년 약조를 얻지 못했다. 그 옆의 땅이 공원이 된다 하였는데 정부 교육부에서 중학교를 짓는 땅을 더 써야 되므로 그곳에 카이저 중학교를 짓고 내 집터도 그리 들어가게 되매 카이저 회사에서 이사하라 독촉했다. 집은 내 집이지만 땅의 약조가 없으니 내가 나가야 한다. 그러나 농사하던 물건과 파이프와 집을 팔아야 되고 갈 집을 예비하여야 된다. 내가 45년에 코코헤드에 집을 [지은 것은] 파이낸셜 미스[financial miss, 재정적 실수]다.

매대로[86] 거간에게 12,000원에 내가 살 집을 새로 중창하고 아이들 노는 집 파티오를 지어 그 집에 25,000원이 들어갔다. 그리고 살다가 카이저가 63 · 64년에 코코헤드에 들어와 건설하게 되니 다시 약조를 못 얻고 카이저에게 넘어가 집이 세 채인데 한 채만 가지고 힐탑 땅으로 올 때 경비가 8,000원이 들어갔다. 이 힐탑 집에 온 지 4, 5년 만에 다 잃고 빈손으로 나오게 되매 하와이 하우징 리타이어 홈[housing retire home][87]을 얻기로 주선

---

85 assigned cost(할당 비용)를 발음 나는 대로 쓴 것으로 짐작된다.
86 앞에 나온 미스터 매대로를 말한다. 이름의 정확한 철자는 확인하지 못하였다.
87 노령자를 대상으로 한 공공주택을 말한다. 천연희 노트 5권 주 6 참조.

을 엇기로 쥬션한 결과로 와이기기로 이사하엿다. 비섭 쉬대지에서는 나를 만히 긔한을 주고 해서 감사하게 생각한다. 가이사 근설에 내가 만헌 손해를 당하고 마음 고통을 당햇지마는 가이사 근설 정신과 그두래의 지혜와 재조를 찬양 안이할 슈 업다.

코코헷 무은공지를 아름다온 쥬택과 아름다온 전방과 경치를 만드러 노은 것을 볼 째에 참 가이사의 (인지니아가) 안이면 이럿케 할 슈 잇설가. 거창한 일을 만히 하고 그이는 고인이로 되고 그의 생각과 두뢰마는 남아 잇서 욱득 선 건물과 넓고 너런 길이 잇다. 내 힐탑 집을 왜말노에 농민이 사기를 원햇지마는 가이사의 길을 빌닐 슈 업서 팔지 못하고 집을 바리고 내 몸만 내[101]왓다. 을마 후까지 그 집이 잇더니 지금은 업서졋다. 그 집 키는 아직도 내가 가지고 잇다. 영감과 내가 두리서 처음으로 산 집이요, 자미잇게 살앗다. 내가 힐탑 집에 가서 무진한 고생을 하고 재정도 다 업서지고 집도 업서지고 하엿다. 일천구백륙십구 년에 류월달이다.

아바지날인 고로 내 쌀이 져녁을 하고 아바지날에 조고마는 잔체를 하고 나를 다리고 갓다. 져녁 다섯 점에 내 적은쌀이 나를 다리고 큰쌀 집에 가서 져녁을 먹고 열 점에 집에 오니 누가 뒷문 살창을 쓸고 문을 열고 드러가서 집 잇는 물건과 나의 싸임은 시개와 싸임은 반지와 다 가저갓다.

[102]식이 장성하며 제 자유로 사는 법이다. 하도 이 남자가 원을 하니 녀자도 마음이 간다. 그래서 자긔 아바지가 하와이로 자긔 아들노 위해서 단여로 와서 나를 보고 나도 아달 하나가 귀한 아들이지마는 저거 둘이가 사랑하면 할 슈 업다 해서 혼인하게 되엿다. 그 사람들은 오하요 사는 사람들인대 아달이 하와이서 사니 아달 갓가이 와 산다고 쎈푸란씨서 고 와 살앗다. 내 쌀과 사위는 첫아달 놋고 그후 쌀을 노앗다. 첫아들 노앗실 째에는 힉감에 살지 안코 코코헷에서 아들을 노앗다. 그째 미국서

한 결과로 와이키키로 이사하였다. 비숍 에스테이트에서는 내게 많이 기한을 주고 해서 감사하게 생각한다. 카이저 건설에 내가 많은 손해를 당하고 마음 고통을 당했지마는 카이저 건설 정신과 그들의 지혜와 재주를 찬양하지 아니할 수 없다.

코코헤드 무인 공지에 아름다운 주택과 아름다운 전망과 경치를 만들어 놓은 것을 볼 때에 참 카이저의 엔지니어가 아니면 이렇게 할 수 있을까 (싶다). 거창한 일을 많이 하고 그이는 고인이 되고 그의 생각과 드림 (dream, 꿈)은 남아 있어 우뚝 선 건물과 넓고 너른 길이 있다. 내 힐탑 집을 와이마날로(Waimanalo)의 농민이 사기를 원했지마는 카이저의 길을 빌릴 수 없어 팔지 못하고 집을 버리고 내 몸만 나왔다. 얼마 후까지 그 집이 있더니 지금은 없어졌다. 그 집 키는 아직도 내가 가지고 있다. 영감과 내가 둘이서 처음으로 산 집이요, 재미있게 살았다. 내가 힐탑 집에 가서 무진한 고생을 하고 재정도 다 없어지고 집도 없어지고 하였다. 1969년 6월달이다.

아버지날인 고로 내 딸이 저녁을 하고 아버지날에 조그만 잔치를 하고 나를 데리고 갔다. 저녁 5시에 내 작은딸이 나를 데리고 큰딸 집에 가서 저녁을 먹고 10시에 오니 누가 뒷문살창을 뚫고 문을 열고 들어가서 집에 있는 물건과 나의 다이아몬드 시계와 다이아몬드 반지를 다 가져갔다.

(자)식이 장성하면 제 자유로 사는 법이다. 하도 이 남자가 원을 하니 여자도 마음이 간다. 그래서 자기 아버지와 하와이로 자기 아들을 위해서 다니러 와서 나를 보고 나도 아들 하나가 귀한 아들이지마는 자기 둘이 사랑하면 할 수 없다 해서 혼인하게 되었다. 그 사람들은 오하이오 사는 사람들인데 아들이 하와이에 사니 아들 가까이 와 산다고 샌프란시스코에 와서 살았다. 내 딸과 사위는 첫아들을 놓고 그 후 딸을 놓았다. 첫아들을 놓았을 때에는 히캄에 살지 않고 코코헤드에서 아들을 놓았다. 그때 미국에서 할

할문이가 나와서 손자를 안아 주고 한 달을 시고 갓다. 손자가 잘 생기고 탐서러웟다. 할머니가 세상을 써나고 할아부지는 아달이 하와이로 모시와서 가일루어서 잘 살고 잇다.

[103~104: 빈 면]

[105]선다 의원과 가노부가 말하기를 죠헌 쌀을 난다 하며 대단이 근슈가 만하 해산하기 힘이 드럿다 한다.

[106]남녀 그팔청춘에 연애결혼하는 세월을 서로 긔혜 되는 대로 맛나 보고 십고 동무 모양으로 서로 의래하고 혹 타도기도 하고 사랑하기도 하고 하로도 못 보면 안 되고 서로 맛나 보아야 된다. 그럼으로 육정도 무섭지 안케 허락이 된다. 사랑으로 음행에 색정이 허락되는 법이다. 우리 사진혼인하여 온 처녀들 깨긋한 몸으로 한국에절노 나이 몃 살이 되던지 슛처녀로 사진결혼으로 생소한 늙어니들의게 동정 업고 사랑 업는 세월을 희생한 자들이 만타.

[107]넓은 바다 푸런 물 우에 청처 업시도 흐러난 저 물결 싸라 이 몸도 함씌 아 내 배 슞치 난 대가 미국 영지로 와 하와이섬이다.

숩 사히 시내물 흘어는대 송사리 씌는 펄펄 쫘고 아람다운 대자연 속에 이 몸은 잘 잇고 금슈강산 우로 밋혜 잔쌔가 굴것서니 내 강산을 니절 수가

[108]다니난 구루마가 잇고 그 우어로 굴너다니고 지견지견이 서서 사람을 실고 가더라. 그런대 그째 안자서 난선 곳 인종도 다러다. 백인, 황

머니가 나와서 손자를 안아 주고 한 달을 쉬고 갔다. 손자가 잘 생기고 탐스러웠다. 할머니가 세상을 떠나고 할아버지는 아들이 하와이로 모셔 와서 카일루아에서 잘 살고 있다.

선다[88] 의원과 간호부가 말하기를 좋은 딸을 낳는다 하며 대단히 근수가 많아 해산하기 힘이 들었다 한다.

남녀 이팔청춘에 연애 결혼하는 세월을 서로 기회 되는 대로 만나 보고 싶고 동무 모양으로 서로 의뢰하고 톡탁거리기도 하고 사랑하기도 하고 하루도 못 보면 안 되고 서로 만나 보아야 된다. 그러므로 육정도 무섭지 않게 허락된다. 사랑으로 음행에 색정이 허락되는 법이다. 우리 사진혼인 하여 온 처녀들 깨끗한 몸으로 한국 예절로 나이 몇 살이 되든지 숫처녀로 사진결혼으로 생소한 늙은이들에게 동정 없고 사랑 없는 세월을 희생한 자들이 많다.

넓은 바다 푸른 물 위에 정처 없이도 흐르는 저 물결 따라 이 몸도 함께 와 내 배[여행] 끝이 난 데가 미국 영지로 하와이섬이다.

숲 사이 시냇물 흐르는데 송사리 떼는 펄펄 날고 아름다운 대자연 속에 이 몸은 잘 있고 금수강산 위로 밑으로 잔뼈가 굵었으니 내 강산을 잊을 수가[89]

[길에] 다니는 구루마가 있고 그 위로 굴러다니고 지견지견이[정류장마다][90] 서서 사람을 싣고 가더라. 그런데 그때 앉아서 [보니] 낯선 곳 인종도

---

88 무슨 뜻인지 알 수 없다.
89 여기에서부터 천연희 노트 3권 끝까지는 내용이 이어지지 않고 뚝뚝 끊어진다. 천연희가 그때 그때 생각나는 대로 글을 쓴 듯하다.
90 천연희 노트 1권에서 역을 '지경'으로 쓴 것으로 보아 '지견지견이'는 역마다 혹은 '정류장마다' 라는 의미로 짐작된다.

인, 누런 사람 혹 거문 사름도 잇더라. 그리 그째에 내가 보기를 조헌 에절을 보앗다. 녀자들이 전차에 올나 자리가 업서면 남자들이 얼는 이러나 자긔 자리를 비기 주고 그 녀자를 안게 하는 것을 보앗다. 그것을 볼 째 정말 내 마음으로 탄복하고 정 이것이 사랑하는 에절이다. 전차에 나리면 남자 먼첨 나려 자긔 부인 부축하고 나린다. 그것을 볼 째 정말 죠헌 에절노 보앗다.

그래서 동양 에절 한국 에절 부모를 보양하고 부모에 녀자가 일부종신하고 인의에지하라는 에절이 만코 그럿치마는 남자가 그 집안에 어런인대 자녀들 보난대 점잔하고 째긋한 힝동으로 부인을 사랑하고 반다시 보호해 주는 양반 가정도 잇고 보통 가정 것은 업고 녀자만 째긋한 에절을 직히고 남자는 마음대로 망탕해도 흠이 업서니 이는 남자의 세게다. 그런 대서 자손이 나서 시기 질투 만다. 그 어머니가 그 아해를 배고 잇설 째 남자가 갓가이 잇서 몸 편치 안을 대 위로하여 쥬고 사랑을 만히 주어야 그 어머니 마음이 깃버서 하며 어머니 배속에 잇는

[109]그러고 一年에 가을 봄철이면 교회 교인과 우리 학생들이 원족을 가면 산에 가서 등상을 하거나 진주 남강에 배를 세주고 사공이 배질하고 하로해를 놀 째 정심은 음석집에 식혀서 남강 건너 대밧 밋헤 가서 먹고 학생들이 씌금도 씌고 자미잇게 논다. 영국 오수틜니아 영국 선교사가 대한 경상남도 진쥬에 와서 에수종교와 학교를 설시하고 도덕상으로 자선심도 만히 하고 병원을 설시하여 어려운 병자들도 만히 곤처 주고 교육을 식히 주어서 우리가 자유와 인생 사는 힝복을 만히 째다랏다. 물론 그 사람들도 도덕상으로 제 나라에 외신이 잇서서 그리하엿겟지마는 그째에 우리나라 형편으로난 참 고마운 일이다. 그래서 우리가 성경책에서 만히 베앗다. 에수교 질리 은덕으로 하나님을 알야 된다. 죽어 텬당은 이 후에 잇고 살아 텬당이 급한 일이다. 에수교 질리 아래 세워 된다.

다르다. 백인, 황인, 누런 사람 혹 검은 사람도 있더라. 그리고 그때에 내가 보기 좋은 예절을 보았다. 여자들이 전차에 올라 자리가 없으면 남자들이 얼른 일어나 자기 자리를 비켜 주고 그 여자를 앉게 하는 것을 보았다. 그 것을 볼 때 정말 내 마음으로 탄복하고 정말로 이것이 사랑하는 예절이다. 전차에 내리면 남자 먼저 내려 자기 부인을 부축하고 내린다. 그것을 볼 때 정말 좋은 예절로 보았다.

그래서 동양 예절 한국 예절에 부모를 부양하고 여자가 일부종사하고 인의예지하라는 예절이 많고 그렇지마는 남자가 그 집안의 어른인데 자녀들 보는데 점잖고 깨끗한 행동으로 부인을 사랑하고 반드시 보호해 주는 양반 가정도 있고, 보통 가정은 〔예절이〕 없고 여자만 깨끗한 예절을 지키고 남자는 마음대로 방탕해도 흠이 없으니 이는 남자의 세계다. 그런 데서 자손이 나니 시기 질투가 많다. 그 어머니가 그 아이를 배고 있을 때 남자가 가까이 있어 몸 편치 않을 때 위로하여 주고 사랑을 많이 주어야 그 어머니 마음이 기뻐하며 어머니 뱃속에 있는

그리고 1년에 가을 봄철이면 교회 교인과 우리 학생들이 원족을 가면 산에 가서 등산을 하거나 진주 남강에 배를 세내어 사공이 배질하고 하루 해를 놀 때 점심은 음식집에 시켜서 남강 건너 대밭 밑에 가서 학생들이 뜀금도 뛰고 재미있게 논다. 영국 오스트레일리아 선교사가 대한 경상남도 진주에 와서 예수종교와 학교를 설시하고 도덕상으로 자선심도 많이 하고 병원을 설시하여 어려운 병자들도 많이 고쳐 주고 교육해 주어서 우리가 자유와 인생 사는 행복을 많이 깨달았다. 물론 그 사람들도 도덕상으로 제 나라의 위신이 있어서 그리하였겠지마는 그때에 우리나라 형편으로는 참 고마운 일이다. 그래서 우리가 성경책에서 많이 배웠다. 예수교 진리 은덕으로 하나님을 알아야 된다. 죽어 천당은 이후에 있고 살아 천당이 급한 일이다. 예수교 진리 아래 세워야 된다.

[110]시작 그기서도 급을 다 맛치고 와이파우 농장을 나려가서 동래 집을 어더 드럿다. 길찬록 씨 친구는 술쟁이 아자씨들이다. 와인 한 대판을 사가지 온다. 그러면 내가 멀리 수도에 부버린다. 한 번은 쥬일날이다. 아해들을 다리고 에배당에 갓다가 정심시간에 아해들 정심을 먹이기 위하여 부억해 드르갈나 하니 술쟁이 아자씨와 길찬록 씨 술을 마시고 취하엿고 적력 반찬 사노은 생선과 드부와 고기를 다 먹고 업고 술이 취하야 그 튁불에서 이러나지 못하니 아해들이 정심도 굼고 저녁도 해줄 수 업서 내가 골이 나서 그 술쟁 아저씨들 다 좃차내엿더니 길찬록 씨가 친구 망신 준다 하고 적은 몽동이를 들고 나를 짤릴나 해서 그 건처 고봉조 씨 집에 숨어 잇선다.

[111]된 그째는 일천구백십 년에 일본이 한국을 합방하고 우리 정치를 일본이 주장하고 일본제국을 썻다. 그째가 명치고 대정시대다.


내가 사진혼인을 쥬선하로 마산으로 갈 째는 자동차가 업서서 말노 타고 진해로 해서 마산을 갓는대 내가 집에서 하와이로 써날 째는 진쥬 남 강변에 자동차가 잇서 타고 마산으로 왔다.

[112]치되여서 처음에는 참 답답ᄒ엿다. 그 까닥은 남도 사람이 사투리가 만고 서울 사람은 말을 썰어하기에 그런 것이다. 그 후 차차 아라듯고 기대 이약이를 하고 흉내를 서로 내고 웃는다. 참 재미잇게 학생들이 사랑햇다. 그 후에 오현쥬 씨를 서울 정신학교서 고빙하여 왓다. 서울 정신학교는 교회가 설시한 종교학교 장로교이다. 그래서 이 선생들은 고등학생들을 가라치는 선생님들이다.

선교사나 학교 선생님들 오면 말노 타고 마산서 오기 되닌 고록 새벽 시작.[91] 거기서도 도급을 다 마치고 와이파후(Waipahu) 농장으로 내려가서 동네 집을 얻어서 들어갔다. 길찬록 씨 친구는 술쟁이 아저씨들이다. 와인 한 대판(상자)을 사가지고 온다. 그러면 내가 멀리 수도에 부어 버린다. 한번은 주일날이다. 아이들을 데리고 예배당에 갔다가 점심시간에 아이들 점심을 먹이기 위하여 부엌에 들어가려고 하니 술쟁이 아저씨와 길찬록 씨가 술을 마시고 취하였고 저녁 반찬으로 사 놓은 생선과 두부와 고기를 다 먹어 없애고 술이 취하여 그 테이블에서 일어나지 못하니 아이들이 점심도 굶고 저녁도 해줄 수 없어 내가 골이 나서 그 술쟁이 아저씨들을 다 쫓아내었더니 길찬록 씨가 친구 망신 준다 하고 작은 몽둥이를 들고 나를 때리려고 해서 그 근처 고봉조 씨 집에 숨어 있었다.

[앞의 내용을 찾을 수 없음] 된 그때는 1910년에 일본이 한국을 합방하고 우리 정치를 일본이 주장(主掌)하고 일본제국이라는 [명칭으로] 썼다. 그때가 명치(明治, 메이지)고 대정(大正, 다이쇼) 시대다.

내가 사진혼인을 주선하러 마산으로 갈 때는 자동차가 없어서 말을 타고 진해로 해서 마산을 갔는데 내가 집에서 하와이로 떠날 때는 진주 남강 변에 자동차가 있어 타고 마산으로 왔다.

[앞의 내용을 찾을 수 없음] 치되어서 처음에는 참 답답하였다. 그 까닭은 남도 사람이 사투리가 많고 서울 사람은 말을 꺼리기에 그런 것이다. 그 후 차차 알아듣고 그때 이야기를 하고 서로 흉내를 내고 웃는다. 참 재미있게 학생들이 사랑했다. 그 후에 오현주 씨를 서울 정신학교에서 고빙하여 왔다. 서울 정신학교는 교회가 설시한 장로교 종교학교이다. 그래서 이 선생들은 고등학생들을 가르치는 선생님들이다.

선교사나 학교 선생님들이 오면 말을 타고 마산에서 오게 되는 고로 새

---

91 새 페이지를 시작한다는 뜻이다.

등밋산 우에 우리 학생과 교인들이 마종을 나가서 기대린다. 한번은 큰 배암이 와서 녀학생를 좃는다. 그래서 우리가 소리를 질러 엽허로 다라 나라 하니 학생이 엽허로 가니 배암이 바런대로 논쌀갓치 다라낫다. 그래셔 외 엽허로 가라는 리요를 무러니 배암은 곳은길만 가지 엽허로 턴 못 한다 하고 셜명햇다. 자미잇게 마종도 나가고 산보도 하엿다.

[113]문 나는 작문을 죠와하고 역사의 한문 십자를 조와햇다. 내 반에 강졈슈난 산술이 특출하여 다런 학생 하기 전에 저는 다 해놋는다. 박보 염은 시험을 찌면 늘 일 등을 하고 나는 이 등을 하엿다. 우리 고등과 쏘 학교 반열마다 졍원을 주어서 곳을 슝샹ㅎ게 하는대 우리 사반 등원이 제 일 되여셔 상급을 탓다. 그러고 우리 고등가 째는 서울 졍신학교 선생을 고빙하여 왓다. 그 선생 일홈은 김영애 씨다. 처음에 진쥬를 왓실 째에 우 리 학생들이 사투리가 너무 만하 그 선생 말삼을 아모 듯지 못ㅎ 냉슈 달 나ㅎ는 말 서울말이 쌜나 잘 알아듯지 못하고 서로 쩌아다 보앗다. 우리 학생들 그 선생님 극히 사랑ㅎ여서 모던 것을 잘ㅎ여 주고 십허나 말을 잘 듯지 못해서 한 나라 사람으로 위국 사롬 갓

별등밑산[92] 위에 우리 학생과 교인들이 마중을 나가서 기다린다. 한번은 큰 뱀이 와서 여학생을 쫓아갔다. 그래서 우리가 소리를 질러 옆으로 달아나라 하여 학생이 옆으로 가니 뱀이 바른대로〔똑바로〕 쏜살같이 달아났다. 그래서 옆으로 가라고 한 이유를 물으니 뱀은 곧은길만 가지 옆으로 턴〔turn, 돌지〕 못 한다 하고 설명했다. 재미있게 마중도 나가고 산보도 하였다.

나는 작문을 좋아하고 역사와 한문, 숫자를 좋아했다. 내 반의 강점수는 산술이 특출하여 다른 학생 하기 전에 저는 다 해놓는다. 박보념은 시험을 치면 늘 1등을 하고 나는 2등을 하였다. 우리 고등과 학교 반마다 정원을 주어서 꽃을 숭상하게〔재배하게〕 하는데 우리 4반 등수가 제일 되어서 상급을 탔다. 그리고 우리 고등과 때는 서울 정신학교 선생을 고빙하여 왔다. 그 선생 이름은 김영애 씨다. 처음에 진주에 왔을 때에 우리 학생들이 사투리가 너무 많아 그 선생 말씀을 알아듣지 못해 냉수 달라는 말 서울말이 빨라 잘 알아듣지 못하고 서로 쳐다보았다. 우리 학생들이 그 선생님을 지극히 사랑하여서 모든 것을 잘해 주고 싶으나 말을 잘 〔알아〕듣지 못해서 한 나라 사람이지만 외국 사람 같〔았다.〕

---

92 지명 같은데 어디인지 확인하지 못하였다.

천연희 노트 5권

四十一年 긔록

[1: 표지]

[2~4: 빈 면]

[5]四十一年에 폿 수추리 베리타니야 코아 이칭 집을 짝트 양유찬 씨가 사서 전세로 준다 해서 내가 오 년 약조로 하고 전세로 사서 곤치고 침상 과 모던 살림을 차리고 세를 노앗다. 그째에 미국과 일본이 전장이 되무로 온 미국 내지서 일군이 해군지로 힉감 병참으로 모히들무로 내 여관에 다 들엇다. 그째에 내가 일을 만히 한 그 방을 다 치[6]아 주고 한다. 내 식구난 그기 살 수 업다. 내가 아해들 잇서 그랜 대 살지 못함으로 내가 사는 집은 알나파이 파서맥 수추리 살앗다.

그째에 일본과 미국이 전장이 되무로 힉감 영문에 일하는 사름은 병참 갓가이 잇서야 되어무로 우리 식구가 힉감 영문 졋해 리사를 가야 된다. 그째 미스다 김은이 힉감 영문에 오피서에 일을 한다. 그름으로 우리가 四十一年 동지달 二十日에 힉감 十九길 [7]길 졋태 집으로 이사를 하엿다. 이사한 지 이십 일 후이다. 폴하바가 다 무너지고 수천 업난 앗가운 청춘 생명이 수천으로 업서젓다.

一千九百四十一年 十二月 七日이다. 그날 아참이 주일날이다. 아직도 침상에서 자고 잇난 사름이 만타. 그째에 내가 드러니 요란한 소리가 들니무로 일어나서 밧걸 래다보니 이상한 소래가 나고 연긔가 가득 차서 마음 이상하여 내가 영감을 보고 이상하다, 날은 채 밝지 안한대 연긔 긔 냄세가 나서 이상하여 (김엔) 영감을 보고 이상하기 연긔가 자운하다 하

## 〔19〕41년 기록

〔19〕41년에 포트 스트리트와 베레타니아 〔스트리트의〕 코너 이층집을 닥터 양유찬 씨가 사서 전세로 준다고 해서 내가 5년 약조로 하고 전세로 사서 〔집을〕 고치고 침상과 모든 살림을 차려 세를 놓았다. 그때 미국과 일본이 전쟁을 시작하여 온 미국 내지〔본토〕에서 일꾼이 해군 기지로 히캄 병참으로 모여들어 내 여관에 다 들었다. 그때 내가 일을 많이 하여 그 방을 다 치워 주곤 했다. 내 식구는 거기 살 수 없다. 내가 아이들이 있어서 그런 곳에 살지 못하므로 나는 알라파이 스트리트〔Alapai Street〕와 프로스펙트 스트리트〔Prospect Street〕〔가 만나는 곳〕에 살았다.

그때 일본과 미국이 전쟁을 하므로 히캄 영문〔營門〕에서 일하는 사람은 병참 가까이에 있어야 되므로 우리 식구가 히캄 영문 가까이 이사를 가야 했다. 그때 미스터 기븐이 히캄 영문의 오피스에서 일했다. 그러므로 우리가 41년 동짓달 20일[1]에 히캄 19길〔19th Street〕 옆의 집으로 이사하였다. 이사한 지 20일 후다. 펄하버가 다 무너지고 수천〔의 셀 수〕 없는 아까운 청춘 생명이 수천으로 없어졌다.

1941년 12월 7일이다. 그날 아침이 주일날이다. 아직도 침상에서 자고 있는 사람이 많다. 그때 내가 들으니 요란한 소리가 들리므로 일어나서 밖을 내다보니 이상한 소리가 나고 연기가 가득 차서 마음이 이상하여 내가 영감을 보고 이상하다, 날은 채 밝지 않았는데 연기 냄새가 나서 이상하여 기븐 영감을 보고, 이상하게 연기가 자욱하다고 하니 영감 말씀이, 오늘 마

---

1 양력 11월 20일을 잘못 기록한 것이다.

니 영감 말슴이 오날 (마누바)를 하니 [8]공긔선이 미국서 오는 기라 하더라. 그래 내 마음이 편치 못하여 아래칭에 가서 압문을 열고 보니 일본 긔를 그린 공긔선이 날나오는 것을 보고 드러가라고 소리를 질럿다. 건너 수군 식구가 사는대 그 녀자도 모러고 밧게 나와 섯다. 그쌔 내가 일본 긔를 보고 드러가라 소리칠 쌔 불니시 그 길에 터러젓다. 그래서 내가 우칭에 와서 영감 쌔우고 이것 마누바가 안이요 월전장이라 하고 조곰 잇서 그쌔사 큰 외솔을 부러고 야단이 낫다. 그쌔가 쌴대 일적은 아참이다. 힉감에 잇는 식구들을 타운으로 피집 가[9]가게 되무로 원 아메 식구와 우리 식구는 우리 여관에 피집 와서 한 주일 잇고 도라로 다 도라왓다.


그쌔에 일본 수상 도조가 미국하고 전장하지 안고 평화한다 하고 미국으로 갈 쌔다. 병정과 공긔선 다 가지고 와서 전장을 한 것이다. 미국은 도조가 피시하고 전장하지 안겟다 하니 그 말을 밋고 모게 써러젓다. 도조가 오면서 화평한다 하고 미국을 쏘기고 하와이 각쳐틱 하우소에 피시 추리 한다고 잔체 베풀고 아메 네비 놉흔 대장들을 다 청하여 상등 술과 고급으로 잔제 주고 밤쌔도록 히히락락하고 술이 취하여 아참까지 캐지를 못 [10]자긔 부하 쏫 갓헌 청춘 생명이 바다물속에서 울고 잇서도 술이 너무 채(취)서 모러고 잇다. 미국 시다 별 긔 밋헤 조상이 장조해 논 그 역사 처음으로 망신이다. 미국은 먹을 것도 만코 부요한 나라이다. 너무 먹는 대 쌀니지 마라. 너무 사인 나라에 팔리지 마라. 굿태는 사랑하는 최하고 입솔이에 단쑬을 주지마는 속에는 비상 준다.

누바(maneuver, 기동연습)[2]를 하니 공기선(전투기)이 미국에서 오는 것이라고 하더라. 그래도 내 마음이 편치 못하여 아래층에 가서 앞문을 열어 보니 일본 기(旗)를 그린 공기선이 날아오는 것을 보고 (내가) 들어가라고 소리를 질렀다. 건너(편에) 수군(水軍, navy) 식구가 사는데 그 여자도 모르고 밖에 나와 서 있었다. 그때 내가 일본 기를 보고 들어가라고 소리칠 때 불릿(bullet, 총탄)이 그 길에 떨어졌다. 그래서 내가 위층으로 와서 영감을 깨우고 "이것은 마누바가 아니요, 월드전쟁(world war, 세계전쟁)이라." 하고 조금 있다가 그때서야 큰 외솔(식구)을 부르고 야단이 났다. 그때가 선데이 이른 아침이다. 히캄에 있는 식구들을 타운으로 피집(피신)시키게 되므로 원(one, 한) 아미(army) 식구와 우리 식구는 우리 여관(캐슬 호텔Castle Hotel)에 피집 와서 일주일 있다가 도로 다 돌아왔다.

그때 일본 수상 도조가 미국과 전쟁하지 않고 평화한다고 하고 미국으로 갈 때다. 병정과 공기선을 다 가지고 와서 전쟁을 한 것이다. 미국은 도조가 피스(peace, 평화)하고 전쟁하지 않겠다고 하니 그 말을 믿었다가 목에 떨어졌다(공격을 당했다). 도조가 오면서 화평한다 하고는 미국을 속이고 하와이 칵테일 하우스에서 피스 트리티(peace treaty, 평화조약) 한다고 잔치를 베풀고 아미와 네이비의 높은 대장들을 다 초청하여 상등 술과 고급(음식)으로 잔치를 베풀고 밤새도록 희희낙락하고 술에 취하여 아침까지 깨지를 못(하여) 자기 부하 꽃 같은 청춘 생명이 바닷물 속에서 울고 있어도 술이 너무 취해서 모르고 있었다. 미국 스타(star) 별 기(성조기) 아래에 조상이 창조해 놓은 그 역사가 처음으로 망신을 당했다. 미국은 먹을 것도 많고 부유한 나라다. 너무 먹는 데 (정신) 팔리지 마라. 너무 쌓인(부유한) 나라에 (정신) 팔리지 마라. 겉으로는 사랑하는 체하고 입술에 단꿀을 주지만

---

2  천연희 노트 2권 주 112 참조.

내가 힉감 화우싱에 오 년을 잇고 보니 전장이 다 싯치 나무로 병정 식구만 잇고 병정 식구 안인 사람 평민의 식구는 다 집을 차자 이사 가라 함으로 집을 채[11]차자 사방으로 다니다가 콕코헷에 가서 집을 쌋다. 콕코헷은 농사하는 팜 낸이다. 비섭 시틔지 쌍이다. 지금은 하와이 가이다. 그째 일홈은 코코헷이다. 그 뒤에 잇는 산이 코코구래다 코코헷이다. 코코엣 내 사던 수추리는 윗기 수추리다. 한국말노는 내 사던 길이다.

그 집이 대단 아름답다. 방이 서이요, 큰 팔라도 잇다. 낸쉬깁을 잘하여 아름답고 직긴 마던 법으로 잘 키우게 하엿다. 그 집을 삿다. 우리가 사서 업헤 방 하나 응접실 하나로 쏘 짓고 아해들 노는 방과 패리오를 지엇다. 그래서 대단이 아[12: 빈 면][13]람답게 되엿다. 후원 업헤 일군 집이 잇서 모도 집이 세 채이다. 쌍이 서마지기 되므로 가내신 농사를 시작하고 일군은 대한 아자씨들 문순장 씨가 주장했다. 한 분은 황학수 씨다. 그째 가내신 씨를 구하게 참 힘이 들엇다. 우리가 위기 수추리 길 올헌편에 살고 외편에 허번선 식구가 살 해리 오가비 식구가 살고 고샌틈 캇불나와를 농사하엿다.

내가 풀라와 곳을 농사하니 하와이 유너버스틕에 늘 씨는 법 도아주고 곳헤 무선 약을 씨라고 가라처 주고 농민이 농사할 [14]째 돈이 부족하면 씨 사는 돈도 넌할 수 잇는 (에푸에체가) 농민 도아 비 주면 갓다 갑고 농속으로는 비상〔悲傷, 슬프고 쓰라린 마음〕 준다.

내가 히캄 하우징에 5년을 있고 나니 전쟁이 다 끝났으므로 병정 식구
만 있고 병정 식구가 아닌 사람 평민의 식구는 다 집을 찾아 이사 가라고
하므로 집을 찾느라 사방으로 다니다가 코코헤드에 가서 집을 샀다. 코코
헤드는 농사하는 팜랜드〔farm land, 농사짓는 땅〕이다. 비숍 에스테이트 땅이
다. 지금 〔이름〕은 하와이 카이다. 그때 이름은 코코헤드다. 그 뒤에 있는 산
이 코코크레이터, 코코헤드다. 코코헤드에서 내가 살던 스트리트는 웨케
스트리트다. 한국말로는 내 살던 길이다.[3]

그 집이 대단〔히〕 아름답다. 방이 셋이요, 큰 팔러〔parlor, 거실〕도 있다. 랜
드스케이프〔landscape, 조경〕를 잘하여 아름답고 짓기는 모던〔modern〕 법으
로〔현대적으로〕 〔지어〕 잘 키우〔care, 케어〕하였다〔꾸미고 돌보았다〕. 그 집을 샀
다. 우리가 사서 앞에 방 하나와 응접실 하나를 또 짓고 아이들이 노는 방
과 파티오〔patio〕를 지었다. 그래서 대단히 아름답게 되었다. 후원 앞에 일
꾼〔이 사는〕 집이 있어 모두 집이 세 채다. 땅이 세 마지기가 있으므로 카네
이션 농사를 시작하고 일꾼은 대한 아저씨들〔이고〕, 문순장 씨가 주장〔主
掌〕했다. 한 분은 황학수 씨다. 그때 카네이션 씨를 구하기가 참 힘이 들었
다. 우리가 웨케 스트리트 길 오른편에 살고 왼편에 허버슨 식구가 살고
해리 아카베〔Harry Akabe〕 식구가 살고 크리샌서멈〔chrysanthemum, 국화〕 컷
플라워 농사를 하였다.

내가 플라워 꽃농사를 하니 하와이 유니버시티〔University of Hawaii〕에
서 늘 〔약〕 치는 법을 도와주고 꽃에 무슨 약을 치라고 가르쳐 주고, 농민
이 농사할 때 돈이 부족하면 씨를 사는 돈도 론〔loan, 빌림〕할 수 있는 에프

---

3  천연희는 "내 사던 수추리"를 한국말로 옮겨 "내 사던 길"로, 즉 수추리(스트리트)를 길로 번역
   한 것이다.

민 위하아 살게 하는 회사다. 그래서 농사하는 대 농민회가 잇다. 엇던 집에 모여서 곷혜 약 씨는 것과 법을 가라처 준다. 하와이 유너버서틔 대학교 종약 씨는 법을 가라처 준다. 그때 유너버서틔에 농사하는 대학 선생이 싹트 풀이다. 그이는 필나답비아 남자만 긔숙하고 잇는 대서 공부햇다. 그 학교 일홈은 쑤라이 칼나지라 한다. 우리 영감 깁빈 씨도 그 학교 다넛다. 그래서 서로 잘 아는 동창생이다.

[15]쑤라이 동창생 학교회 하는 날자는 六日. 금원기가 날자 그때 동창생회가 되면 우리 집에 하는 것 죄일 죠하햇다. 쌔리요 놀기가 죳타. 고기 쑤어 먹는 대가 죠아서 늘 불고기 갈비를 쑤엇다. 그때 동창싱 일홈이 밥 취일) 싹트불) 우러 벗 깁인) 애서버 시도) 누신 굿 추랍 매니) 일홈 잇서 생각 못 한다. 그 식구들이 모여 한종일 잘 놀고 회하고 자미잇게 놀고 간다.

하로는 해리 오가비가 네일 밤 아회에서 회를 하니 자긔 처소 한 [16]여섯 점에 오라 한다. 그래서 여섯 점에 내가 가니 핫바 백인 영감이 잇고 회를 한다. 무삼 죠이를 주고 한다. 나는 영어를 이를 줄 모런다. 무엇인지 모런다. 그기 싸인하라 한다. 나는 그러고 회금이 十元이라 한다. 내 말히기로 나는 영어를 모러니 내 영감을 보이고 한다 햇다. 그래서 그 죠하를 우리 영감을 보이니 민쥬당 모집하는 글이라 하고 자긔 집안은 대대로 공화당이라 하엿다. 그름 나 남편이 공화당[17]이라 하니 해리 오가

---

에이치〔에이〕⁴가 농민을 도와 〔돈을〕 빌려주면 갖다 갚고, 농민을 위하여 살게 하는 회사다. 그리고 농사하는 곳에 농민회가 있었다. 어떤 집에 모여서 꽃에 약 치는 것과 법을 가르쳐 준다. 하와이 유니버시티 대학교에서 농약 치는 법을 가르쳐 준다. 그때 유니버시티에서 농사를 가르치는 대학 선생이 닥터 풀이다. 그이는 필라델피아의 남자만 기숙하는 학교에서 공부했다. 그 학교 이름은 트라이 칼리지라 한다. 우리 영감 기븐 씨도 그 학교에 다녔다. 그래서 서로 잘 아는 동창생이다.

트라이 동창생〔들이〕 학교회〔동창회〕를 하는 날짜는 6일〔이다〕. 금원기가 날짜⁵ 그때 동창회 〔날이〕 되면 우리 집에서〔동창회를〕 하는 것을 제일 좋아했다. 파티오가 놀기가 좋다. 고기를 구워 먹는 데가 좋아서 늘 불고기, 갈비를 구웠다. 그때 동창생 이름이 밥 취일, 닥터 풀, 우리 밥 기븐, 애서버시도, 누신 굿 추랍, 매니〔many, 많은〕 이름이 있어서 생각을 못 하겠다. 그 식구들이 모여 한종일 잘 놀고 회하고 재미있게 놀다 간다.

하루는 해리 아카베가 내일 밤 우리 농민회에서 회〔會, 모임〕를 하니 자기 처소에 한 6시에 오라고 하였다. 그래서 6시에 내가 가니 하프〔혼혈〕 백인 영감이 있고 회를 한다. 무슨 종이를 주고 한다. 나는 영어를 읽을 줄 모른다. 무엇인지 모른다. 거기에 사인하라고 한다. 그러고 〔있으니〕 회금〔회비〕이 10원이라 한다. 내가 말하기를 나는 영어를 모르니 내 영감에게 보이고 〔사인〕한다고 했다. 그래서 그 종이를 우리 영감에게 보이니 민주당〔원〕을 모집하는 글이라고 하고 자기 집안은 대대로 공화당이라 하였다.

---

4 천연희는 FHA로 기억하나 아마도 NFU(National Farmers Union)일 것이다. FHA는 연방 주택융자기관Federal Housing Administration이며 NFU는 가족 운영의 농장과 목장을 보호하는 연방정부 기관이다. 천연희 부부가 코코헤드에 집을 살 때 FHA의 융자를 받아 샀으므로 혼동한 것 같다.
5 정확한 의미를 알 수 없다. 천연희는 '그믐'을 '금원'으로 표기한 바 있어 '매월말' 정도의 의미로 짐작된다.

비를 보고 [18]이라 하니 해리 오가비가 피파 싸인햇나 하기에 나는 내 영감 공화당이라 하니 영감 싸라 간다. 내 영어 일 줄 모러고 씰 줄도 모다 하 그째버터 해리 오가비 나를 조아 안코 늘 쉬비를 한다. 一千九百五十年에 내 가내신 밧헤 독한 양을 주어 가내신이 다 타서 죽고 농사를 페농햇다. 그째에 다 조사하엿지마는 밤중 와서 독약을 주기에 아모도 본 정인 업다.

   그 후에 하와이 가이 가이사가 비섭과 약조하고 온 코코헷 설근하는 사역역을 맛서서 근축하게 되여서 그기 사는 농민이 다 이사를 [19]가게 되매 갈 곳이 업서 울고 잇다. 쌍 게약이 다 되엿시매 이사 가야 된다. 집은 내가 삿서니 내 집이지마는 쌍이 업서 갓다 노흘 째가 업다. 그리한 중 비섭 시태지에 곳농사하든 사름만 싸런 대 쌍을 준다 한다. 코코구레다 산 밋헤 게비 추리 잇는 쌍을 주엇다. 나는 쌍 난바가 7이다. 코코헷 중학교 엽히다. 그 수추리가 밧갈나 수추리다. 불도사로 게비 나무 다 씨고 내 십을 갓다 노앗다. 칠 색 동안 전긔 업시 세구 등불노 살앗다.

   나는 다런 대로 이사하기 원하지마는 내 영감이 코코헷 죠아햇다. 그째 그이가 심장병이 잇서 [20]공기를 죠아하고 코코헷 사는 것을 죠아한다. 대단이 죠용하고 공긔가 좃다. 심장병 잇는 영감이 조아함으로 그대한 경비로 씨고 그곳에 집을 온긴 후 영감이 병이 더 중함으로 아메 병원 출불라 병원으로 입원하고 나는 참 분주하니 일을 한다. 일군은 매일하는 일군 변 서방 (쎌노쎈 영감이 매일 와서 가내신을 키우는 밧헤 일하고 대한 영감 한 분은 나이 만흔 고로 힘센 일을 못 하고 야도에 풀을 힘써 십엇다. 나도 십고 영감이 병원에 나오시면 풀 난 마당에 운동하고 그 그래서 해리 아카베를 보고 내 남편이 공화당이라 하니 해리 아카베가 페이퍼(paper)에 사인했냐고 묻기에, 나는 내 영감이 공화당이니 (사인하지 않고) 영감 따라 간다 (하였다). 나는 영어를 읽을 줄 모르고 쓸 줄도 모른다. 그때부터 해리 아카베가 나를 좋아하지 않고 늘 시비를 한다. 1950년에 내 카네이션 밭에 독한 약을 주어 카네이션이 다 타서 죽어 농사를 폐농했다. 그때 (경찰이 와서) 다 조사하였지만 밤중에 와서 독약을 주었으므로 아무도 본 증인이 없다.

그 후에 카이저(Henry Kaiser)가 비숍(에스테이트)과 약조하고 온 코코헤드를 건설하는 사역을 맡아 하와이 카이를 건설하게 되어서 그곳에 사는 농민이 다 이사를 가게 되자 (나는) 갈 곳이 없어 울고 있었다. 땅 계약이 다 끝났으므로 이사를 가야 된다. 집은 내가 샀으니 내 집이지만 땅이 없어 갖다 놓을 곳이 없다. 그러던 중 비숍 에스테이트 (땅)에서 꽃농사하던 사람에게만 다른 곳에 땅을 준다고 한다. 코코크레이터 산 밑에 키아베 트리(kiawe tree)가 있는 땅을 주었다. 나는 땅 넘버(호수)가 7이다. 코코헤드 중학교 옆이다. 그 스트리트가 파칼라 스트리트(Pakala Street)다. 불도저로 키아베 나무를 다 찌고(베어내고) 내 집을 갖다 놓았다. 7삭(七朔, 7개월) 동안 전기 없이 세구(석유) 등불로 살았다.

나는 다른 곳으로 이사하기를 원했지만 내 영감이 코코헤드를 좋아했다. 그때 그이가 심장병이 있어서 공기를 좋아하고 코코헤드에 사는 것을 좋아했다. 대단히 조용하고 공기가 좋다. 심장병이 있는 영감이 좋아하므로 거대한 경비를 써서 그곳에 집을 옮겼다. 그 후에 영감이 병이 더 위중해져서 아미 병원인 트리플러 병원(Tripler Army Medical Center)에 입원하고, 나는 참 분주하게 일했다. 일꾼은 매일 일하는 일꾼인 필리핀 영감 변 서방이 매일 와서 카네이션을 키우는 밭에서 일하고, 대한 영감 한 분은 나이가 많아 힘센 일을 못 하고 야드에 풀을 힘써 심었다. 나도 심고, 영감이

료[21: 빈 면][22]어 다니게 하기 위해서 내가 매일 풀을 심어 고물을 주고 한다. 매일 병원에 못 가서 영감 보지 못하고 잇헐 한 번식 누날닐노 전차를 타고 타운에 와서 전차를 두세 번을 가라 타고 추불나 병원에 간다. 그리한 중 영감이 영영 도라오지 못하고 마당에 짠지는 쎗파랏케 질엇다. 사람의 인정은 인종 구별을 모러고 사랑만 가득하다. 그쌔 一千九百六十年 五月 六月 十0月을 자시 모러겟다. 추불 병원에 긔별이 오기로 영감이 위중하니 오라고 긔별이 와서 내 쌀 매리가 다리고 병원으로 가니 영감이 성신 업고 짠 세상으로 가는 중이다.

[23]영감이 세상을 작별하고 나 홀노 농사를 못 하니 아달이나 쌀이나 갓치 농사할 사롬이 잇서야 옛푸에취서) 돈도 어돌 수 잇고 쎄섭 회사에서 약조한 계약 쌍 五十五年 계약서를 준다 해서 우리 아해들의게 부러도 농사하로 오기 실어하고 내 큰아들은 원하지마는 녀자가 죠하 안이 하무로 내가 그 五十五年 계약을 못 하고 집을 짓지 못하니 하와이 가이서 나를 재촉하고 이사 가기를 원한다. 그름으로 갈 집이 업서 마참 그쌔 씨니야 씨리신 집이 쌘지볼에 잇고 갈라가와 마고알니와 마골라니를 지어서 씨니야 씨리신 늙은이들 준다. 그름으로 집이 업서니 그리로 갈가 하고 하로 하우성 집 주는 오피소에 가서 말하로 가니 쏘설웍가 녀자가 분답하고 그 자녀는 토종 [24]보주기 합바 갓드라. 내 영감 아메에서 준 것 다 조사하고 내 매리 은제 한 것 다 못고 하더니 지금 집이 업다 하고 기대리라 하는대 나는 이사를 나가라는 기별이 늘 전어로 부러니 답하다. 화우성에 쏘 무러니 그쌔에 말하기를 세십 백삼십자리를 구해서 이사하

병원에서 나오시면 풀 난 마당에 운동하고 걸어 다니게 하기 위해서 내가 매일 풀을 심고 고물〔거름〕을 주고 한다. 매일 병원에 못 가서 영감을 보지 못하고 이틀에 한 번씩 루날릴로〔Lunalilo〕에서 전차를 타고 타운으로 가서 전차를 두세 번을 갈아타고 트리플러 병원에 간다. 그러던 중 영감이 영영 돌아오지 못하고 마당의 잔디는 새파랗게 길었다. 사람의 인정은 인종 구별을 모르고 사랑만 가득하다. 그때가 1960년 5월, 6월, 10월〔인지〕 자세히 모르겠다. 트리플러 병원에서 기별이 오기를 영감이 위중하니 오라는 기별이 와서 내 딸 메리가 〔나를〕 데리고 병원으로 가니 영감이 정신이 없고 딴 세상으로 가는 중이었다.

영감이 세상과 작별하고 나 홀로는 농사를 못 하니 아들이나 딸이나 같이 농사할 사람이 있어야 FHA에서 돈도 얻을 수 있고 비숍 회사에서 약조한 계약 땅의 55년 계약서를 준다고 해서 우리 아이들에게 농사하러 오겠냐고 물었지만 오기 싫어하고 내 큰아들은 원하지만 여자가 좋아하지 않으므로 내가 그 55년 계약을 못 하고 집을 짓지 못하니 하와이 카이〔를 개발하는 회사, 카이저 회사〕에서 나를 재촉하고 이사 가기를 원했다. 그러므로 갈 집이 없는데 마침 그때 시니어 시티즌〔senior citizens, 노령자들〕〔이 사는〕 집이 펀치볼〔스트리트〕에 있고, 칼라카우아〔Kalakaua〕의 마쿠아 알리〔Makua Alii〕와 매컬리〔스트리트〕〔McCully Street〕에 〔시니어 센터를〕 지어서 시니어 시티즌 늙은이들에게 주었다. 그러므로 집이 없으니 그리로 갈까 하고 하루는 집주는 하우징 오피스〔public housing office, 일종의 공공주택 담당기관〕[6]에 말하러 가니 소셜워커〔social worker, 사회복지사〕 여자가 문답하는데, 그 여자는 토종과 포르투갈 인의 하프 같더라. 내 영감에게 아미에서 준 것을 다 조사

---

6 천연희 노트에서 하우징은 아파트 같은 주택(housing), 그리고 공공주택 담당기관인 public housing office의 두 가지 의미로 사용되고 있다. 공공주택 담당기관은 하우징 오피스로 구별하여 표기하겠다.

면 팔십 원을 하우성에서 주고 오십 원은 네가 물고 하라 하여서 아모리 구하여도 그런 집이 업다. 그째에 영감 죽고 쌀들 다 미국 가서 잇고 아들 대단이 분주하고 나는 영어를 모러고 하니 신문을 못 본다. 그전에는 영감이 다 하엿다. 집 찾기 어려서 걱정을 하니

[25~27: 빈 면]

[28]一千九百七十四五年이다. 내 적어 놋치 못해서 자서이 생각이 히미하다. 그쯤 되여서 와기기) 노우저 아파트에서 이사를 (비코이 기나와) 수추리 잇는 씨니아) 아파트로 하우성에서 주어서 이사를 와서 평안이 잇다. 하로 그 하우성에 먼처 와서 사는 대한 녀자가 맛참 내 사는 십일 칭에 사는 아저문이다. 일홈은 조분남 씨라 한다. 그이를 맛나 대단이 반갑고 다정하다. 하로는 자긔가 밋해 층에 씨니아회에 간다 한다. 내가 뭇기를 여긔도 씨니아 씨리신회가 잇소 하니 잇다 함으로 그러면 내 회는 나도 들겟소 하엿다. 그 후에 나도 들엇다.

내가 회를 들고 차차 이약이를 드러니 마골나니서 하는 씨리신회가 안이라 한다. 나는 마골라니 씨리신회에 회원이다. 그[29]이 씨니아 아파트 일홈이 (부미하나다). 그전에 오래 잇는 부인을 맛나 그 사건을 문이 하니 자긔내가 처음 첫채 이사를 하고 자긔 영감 목사님으로 학식이 유이하다. 그래 그개 잇는 백인들고 일본 사람 아마시로와 청국 녀자와 모

하고 내가 매리(결혼)를 언제 했는지 다 묻고 하더니 지금은 집이 없다 하고 기다리라고 하는데, 나는 이사를 나가라는 기별이 (있는지를) 늘 전화로 묻고 하니 답답했다. 하우징 (오피스)에 또 물으니 그때 말하기를 130(원) 짜리 셋집을 구해서 이사하면 80원을 하우징 (오피스)에서 대주고 50원은 내게 내라고 하여서 아무리 구하려 하여도 그런 집이 없었다. 그때 영감이 죽고 딸들이 다 미국(본토)에 가서 있고 아들은 대단히 분주하고 나는 영어를 모르고 하니 신문을 못 봤다. 그전에는 영감이 다 하였다. 집 찾기가 어려워서 걱정을 하니

1974, 5년이다. 내가 적어 놓지 못해서 자세히 생각이 (나지 않아) 희미하다. 그즈음 되어서 와이키키 로살레(Rosalei) 아파트에서 이사를 (하여) 피코이(스트리트)(Piikoi Street)와 키나우 스트리트(Kinau Street)에 있는 시니어 아파트를 하우징 (오피스)에서 주어서 이사를 왔더니 평안을 얻었다. 하루는 그 하우징(아파트)에 먼저 와서 사는 대한 여자가 마침 내가 사는 11층에 사는 아주머니다. 이름은 조분남 씨라 한다. 그이를 만나니 대단히 반갑고 다정하다. 하루는 자기가 밑의 층에(서 하는) 시니어회에 간다고 한다. 내가 묻기를 "여기도 시니어 시티즌회가 있소?" 하니 있다 하므로 그러면 "내 회는 나도 들겠소." 하였다. 그 후에 나도 들었다.

내가 회에 들고 차차 이야기를 들으니 매컬리에서 하는 시티즌회가 아니라고 한다. 나는 매컬리 시티즌회의 회원이다. 이 시니어 아파트 이름이 푸메하나(Pumehana)[7]다. 그전에 오랫동안 산 부인을 만나 그 사건(일)을 문의하니 자기네가 처음 첫 번째로 이사했는데 자기 영감은 목사님으로 학식이 유식하다(고 한다). 그래서 그곳에 있는 백인들과 일본 사람 아마시로

7 하와이 말로 따뜻한 만남이라는 뜻이다.

모인이 씨이아회를 조직할나 하는대 못 한다 하여서 안이 되매 가하구지 일본 사람이 부미하나회를 조직하엿다 한다. 그러나 나는 무선 회던지 임의 들고 다 늘건이가 이 나라 (래출라이) 시민권이 잇다. 그름으로 그 회에 늘 참에하엿다. 별 문제 업. 늙은이들 생일 잔체해 주고 희락으로 회를 맛첫다. 그 회장은 가하구지라 하는 사람이다. 대단이 힘을 써서 일하더라.

[30]그 회를 하며 회중 녀자들이 춤도 치고 노래도 부러고 희락으로 한다. 그중에 가하구지가 회장으로 주장하고 일본 녀자 누면이라 하는 녀자가 희락하는 주장한다. 이 녀자의 신분을 아니 이 녀자는 일본 녀자로 혼인은 쩨만 남자 누면이라 하는 사람을 혼인했다. 이차 전쟁 쎄 이 사람 일본에 와서 일할 쎄 이 녀자를 음식 집에서 일하는 녀자를 맛낫다 한다. 자서이 모러나 이약기 그러하다. 이 녀자가 일본서 이차 전장 쎄 제 나라를 위하여 안다구라운 서파야 일을 하엿다 하는 말을 드럿다. 인물이 잘 나지 못하고 보기에 아람다운 녀자는 안이다. 그 누면의게 쌀과 아달이 잇는대 쌀은 일본 공기선에서 일하고 아달은 쩨만이 가서 잇다 하고 이 녀자가 단이로 간다.

이 녀자 친[31]구가 밋는 이 친구의 일홈이 (모라야 누면이다. 이 녀자는 유로쎈하고 하와인하고 짭종인대 혼인은 제만인지 모러나 누면이 허러 매리한 일홈이라 (모라야 누면이다). 그래서 일본 녀자와 친하다. 이 녀자가 하와인 녀자로 음성이 죠아 노래를 잘 불너서 내가 죠하햇다. 그와 청국 여자와 모모인[某某人]이 시니어회를 조직하려 하는데 못 한다고 해서 안 되자 가와구치[라는] 일본 사람이 푸메하나회를 조직하였다고 한다. 그러나 나는 [그 회가] 무슨 회든지 이미 들었고, 다 늙어서[늙도록 오래 살아서] 이 나라 내추럴라이즈[naturalize, 귀화] 시민권이 있[어서 푸메하나회에도 들 수 있]다. 그러므로 그 회에 늘 참여하였다. 별 문제 없[다]. 늙은이들에게 생일잔치 해주고 희락으로 회를 마쳤다. 그 회장은 가와구치라고 하는 사람이다. 대단히 힘써서 일하더라.

그 회를 하며 회중[8] 여자들이 춤도 추고 노래도 부르고 희락으로[재미있게] 한다. 그중에 가와구치가 회장을 맡고 일본 여자 [시스에] 누면이라고 하는 여자가 희락하는 것을 맡는다. 이 여자의 신분을 알고 보니 이 여자는 일본 여자로 혼인은 저면[German, 독일] 남자인 누면이라 하는 사람과 혼인했다. 이차 전쟁 때 이 사람이 일본에 와서 일할 때 음식집에서 일하는 이 여자를 만났다고 한다. 자세히 모르나 이야기가 그러하다. 이 여자가 일본에서 이차 전쟁 때 제 나라를 위하여 언더그라운드 스파이[underground spy, 비밀 정보원] 일을 하였다고 하는 말을 들었다. 인물이 잘나지 못하고 보기에 아름다운 여자는 아니다. 그 누면에게 딸과 아들이 있는데 딸은 일본 공기선[비행기]에서 일하고 아들은 저면에 가서 있다 하고 이 여자가 다니러 간다.

이 여자가 믿는 친구의 이름이 모라야 누면이다. 이 여자는 유러피언과 하와이안의 잡종인데 혼인은 [시스에 누면처럼] 저면과 했는지 모르겠으나 하올레[haole, 백인[9]]와 매리하여 [얻은] 이름이 모라야 누면이다. 그래서 일본 여자[시스에 누면]와 친하다. 이 여자가 하와이안 여자로 음성이 좋아 노

---

8 '회중'은 다음과 같은 두 가지 의미로 볼 수 있다. ① 會中: 모임을 갖는 도중, 또는 모임에 온 모든 사람. ② 會衆: 많이 모여 있는 사람들.
9 하와이 말로 외국인이라는 뜻으로, 보통 백인을 가리킨다.

러나 이 두 녀자가 안다쑤라운 일하는 것은 전여 생각지 안이햇다. 나는 모런다.

나는 매일 정심을 먹고 쌔서 타고 킹 수추리로 알라마노로 갓다 온다. 석 점 넉 점이면 집에 온다. 내가 집에 오면 문 박에 안는 글상에 녀자들이 안자서 이약하고 놀고 잇다. 그래도 나는 그기 노지 안고 내 방 열세를 가방 차지면 내 방으로 올나온다. 엇던 째는 안지라 하고 자리 [32]주는 녀자가 잇서 안자서 방 열세 차서 올나올 작정이다. 그 순간에 모라야 누면이 그기 잇서 이약이를 하고 잇섯다. 여러 사람이 잇는대 기가 나서 말을 하기로 하오리가 하와이 와서 쌍을 다 베글고 하엿다 하고 백인을 됴치 못하게 말을 하면서 지금은 일본 사람이 여관과 와기기 쌍을 다 산다 하고 장차 일본이 다 가진다 하면셔 자긔 아달이 일본 여자하고 혼인하여서 좃다 하고 자긔 아달 보고 자긔 메나리를 대접 잘하라는 말을 햇다 하고 열심나서 말을 하기에 내가 듯고 마음 됴치 안이햇다. 자긔 하와인이 정신 업시 사상이 업서 그런 줄 모러고 [33: 빈 면][34]미국 백인을 원망할 수 업다.

미국이 가젓슴으로 하와이가 이만친 복지가 되엿다. 다런 나라가 가젓서면 엇더케 되엿설난지 그 말을 듯고 내가 골이 나서 그 녀자 모라야를 보고 당신 퀴인이 생각 잇는 녀자라 미국에 주엇다. 내 젓해 사는 하와인 녀자가 술만 먹고 아해들을 학교에 보내지도 안코 교육을 잘 식이지 안코 하니 됴헌 잡이 잇서도 감당 못 하니. 됴헌 학교가 만타. 가미아미도 잇고 부노후 학교도 잇서니 교육식히서 됴헌 잡이 잇서면 하지 안나 하와인들이 정부 잡을 해야 된다 하고 말하엿더니 그것이 독한 약이래를 잘 불러서 내가 좋아했다. 그러나 이 두 여자가 언더그라운드 (스파이로) 일하는 것은 전혀 생각하지 못했다. 나는 모른다.

나는 매일 점심을 먹고 버스를 타고 킹 스트리트의 알라 모아나(Ala Moana)에 갔다 온다. 세 시, 네 시면 집에 온다. 내가 집에 오면 문 밖의 걸터앉는 걸상에 여자들이 앉아서 이야기하고 놀고 있다. 그래도 나는 거기서 놀지 않고 가방에서 내 방 열쇠를 찾으면 내 방으로 올라온다. 어떤 때는 앉으라 하고 자리를 내주는 여자가 있어 (앉기는 하지만) 앉아서 방 열쇠를 찾으면 올라올 작정을 한다. 그 순간에 모라야 누먼이 거기에서 이야기를 하고 있었다. 여러 사람이 있는데 기를 내며 말하기를 하올레가 하와이에 와서 땅을 다 빼앗았다 하고 백인을 좋지 않게 말하면서 지금 일본 사람이 여관과 와이키키 땅을 다 사므로 장차 일본이 다 가질 것이라고 하면서 자기 아들이 일본 여자와 혼인하여서 좋다 하고 자기 아들 보고 자기 며느리(부인)를 잘 대접하라는 말을 했다고 하며 열을 내어 말하기에 내가 듣고 마음이 좋지 않았다. 자기 하와이안이 정신이 없어 사상이 없어 그런 줄 모르고 미국 백인을 원망해서는 안 된다.

미국이 (하와이를) 가졌으므로 하와이가 이만큼 복지가 되었다. 다른 나라가 가졌으면 어떻게 되었을는지 (모르는데) 그 말을 듣고 내가 골이 나서 그 여자 모라야를 보고 당신 퀸(queen, 여왕)[10]이 생각 있는 여자라서 (하와이를) 미국에 주었다(고 말했다). 내 옆에 사는 하와이안 여자가 술만 먹고 아이들을 학교에 보내지도 않고 교육을 잘 시키지 않고 하니 좋은 잡(job)이 있어도 감당하지 못하니(못한다). 좋은 학교가 많다. 카메하메하(학교) (Kamehameha Schools)도 있고 푸나호우 학교(Punahou School)도 있으니 교

---

10 하와이 왕조Kingdom of Hawaii의 마지막 군주인 릴리우오칼라니Liliuokalani 여왕을 말한다. 1891~1893년에 재위하였으며 1893년에 미국인과 유럽인이 그녀를 폐위하고 하와이 왕조를 무너뜨렸다.

다. 나는 외 말을 그리 한 것은 모러고 남을 원망하고 남 충동하는 대 팔니고 분석을 모런다. 그래 그 토종 녀자 쌔달코 아라듯고 [35]지금이라도 토종이 아해들 교육 열심하는 것이라 말한 것이 이 토종 녀자가 일본 녀자 누면하고 일본 서파이인 줄 모러고 토종을 위하여서 내가 말했다.


이것이 큰 문제가 되여 내가 그 말한 한 쥬일 후에 밤 아홉 점 九時에 누가 밧게서 총으로 내 윈도를 쏘앗다. 다행이 내가 맞지 안이햇다. 그 잇헌날 순사가 와서 죠사햇다. 그날 밤이 메아 파시와 미스서 엔드선이 메야 성거에 경주로 투포하는 저녁 九時시다. 내 친구와 전으로 주고 밧고 메아 투포선거로 주고 밧고 하면서 드럿다. 앤드신이 성리하엿다. 그쌔가 九時 넘엇다. 그 후버터 나를 주목하고. 우리는 앤드신 승리도 됴아하 얏다. 상당한 여자임으로. 그 후 일본 [36]서파이가 나를 주목하고 직히고 내 전어가 이상하다.

그쌔에 김대즁 씨 민쥬쥬이로 한국 전라도에 사면이 생기고 하여 내 친구가 늘 전으로 한국 소식을 내게 전한다. 자긔는 대한 신문을 바다보 씨로 전어로 내게 늘 일너 보인다. 그리하는 즁 내 전에 긔게를 넛코 말을 맛는다. 그리 되는 것을 나는 알아도 내가 모러난 체하엿다. 너무 심하여 내 쌀 보고 이 저너 잘못되고 병이 낫다 해서 여러분 불너도 전어 면이

---

육시켜서 좋은 잡이 있으면 해야 하지 않나, 하와이안들이 정부 잡을 해야 된다고 말하였더니 그것이 독한 약이 되었다. 나는 〔모라야 누면이〕 왜 말을 그렇게 한 것인지는 몰라도 〔모라야 누면은〕 남을 원망하고 남을 충동하는 데 〔정신이〕 팔리고 분석을 〔할 줄〕 모른다. 그래서 그 토종 여자가 깨닫고 알아들으라고 지금이라도 토종이 아이들을 열심히 교육해야 하는 것이라고 말한 것이〔다.〕 이 토종 여자가 일본 여자 누면과 일본〔을 위해 일한〕 스파이인 줄 모르고 토종을 위해서 내가 말했다.

이것이 큰 문제가 되어 내가 그 말을 한 지 일주일 후에 밤 아홉 점 9시에 누가 밖에서 총으로 내 윈도〔window, 창문〕를 쏘았다. 다행히 내가 맞지 않았다. 그 이튿날 순사가 와서 조사했다. 그날 밤이 메이어〔mayor, 시장〕 파시와 미시즈 앤더슨이 메이어 선거에서 경주하여 투표하는[11] 저녁 9시였다. 내 친구와 전화로 주고받고 메이어 투표선거로 〔전화를〕 주고받고 하다가 〔총소리를〕 들었다. 앤더슨이 승리하였다. 그때가 9시 넘었다. 그 후부터 나를 주목하였다. 우리는 앤더슨의 승리도 좋아하였다. 상당한〔대단한〕 여자이므로. 그 후 일본 스파이가 나를 주목하고 지키고, 내 전화도 이상해졌다.

그때 민주주의로 김대중 씨가 한국 전라도에서 사면을 받고 하여 내 친구가 늘 전화로 한국 소식을 내게 전했다.[12] 자기는 대한 신문을 받아 보므로 전화로 내게 늘 일러 준다. 그러던 중 〔누가〕 내 전화에 기계를 넣어 말을 막는다. 그렇게 되는 것을 나는 알아도 모른 체하였다. 너무 심하여 내 딸보고 이 전화가 잘못되고 병〔고장〕이 낫다고 하며 여러 번 전화 맨〔전화 수리

---

11  1980년에 여성 시장 후보 에일린 앤더슨Eileen Anderson과 현직 시장 프랭크 파시Frank Fasi 가 호놀룰루 시장 선거에서 경합하여 앤더슨이 승리한 사건을 말한다.

12  1980년에 신군부세력에 의해 김대중이 내란음모죄로 사형 선고를 받았으나 1982년에 형집 행정지로 석방된 사건을 말한다(한국사사전편찬회, 『한국근현대사사전』, '김대중', 가람기획, 2005; '신군부', 한국민족문화대백과사전. https://encykorea.aks.ac.kr).

와서 책하여도 소용이 업다.

그 후 一千九百八十二年 반년간 六月 七月 후에 내게 전어가 왔다. 전에 말하기로 당신 집에 파이포 곤치는 사람 와서 당신 집 물대를 다 조사한다 하고 집에 잇서라 하여서 내가 집에 잇서니 엇던 절문 청년이 타임서 전방[37]에서 물건 실는 그런 쎄캇구루마에 물대 곳치는 물건 실고 왓다. 내가 문을 열어 주고 이상해서 생각하고 나도 눈치가 빠런 사람이라 조곰도 내색하지 안코 압문을 열어 놋고 왓다 갓다 하엿다. 그 청년이 내 변소 낫 씻는 물째를 잘 곤치고 잇다. 청년이 물째 곤치는 것을 잘한다. 그 청년이 손재주가 잇다. 그래서 기특하다. 내 손쥬 나갓치 나이 청년이라 지가 이약기를 한다. 저는 쎌니빈과 일본 합하라 한다. 나이는 三十세라 하고 대단이 상양하다. 제가 녀자친구가 잇는대 나는 二十세줌 되여서 제가 열 살을 더 먹는다 하고 아직 녀자는 학교에 단닌다 하고 제가 나이 열 살노 더 먹어서 나이 만하 밋지 못하는 말이라 남자 좀 나이 더 먹어도 상관업다 하엿다.

그 후에 가일루아 학교[38]갓다 집에 오는 녀자 업서진 사변이 생기엿다. 그 후 얼마 잇다가 누가 내 문을 두다리무로 침을 걸고 문을 열고 보니 코케신 쏫추기 백인 청년이 쎄캇에 파포 곤치난 기개를 실고 파이포 곤친다 하기로 나는 물째 곤치라 한 일이 업서니 다런 대로 가라, 네가 잘못 왓다고 문을 열어 주지 안이햇다. 또 그 후에 편지가 오기로 물째를 조사하로 온다 해서 집에 잇서니 한 四五十 되는 일본 사람이 와서 나를 자서이 보고 물째를 보는 체하고 가더라. 이리 되기는 一千九八十二年이다. 작년에 다 이와 갓치 되엿다. 내 전어 자긔들이 엿엿던난 긔게를 놋고 내

공)을 불러 체크(check, 점검)하여도 소용이 없었다.

그 후 1982년 반년간 6월 (또는) 7월 이후에 내게 전화가 왔다. 전화에서 말하기를 당신 집에 파이프 고치는 사람이 와서 당신 집의 물대[13]를 다 조사하겠으니 집에 있으라고 해서 내가 집에 있으니 어떤 젊은 청년이 타임스(Times) 전방(廛房, 가게)에서 물건을 싣는 푸시카트(pushcart, 운반 수레) 구루마에 물대 고치는 물건을 싣고 왔다. 내가 문을 열어 주면서 이상한 생각이 들어 나도 눈치가 빠른 사람이라 조금도 내색하지 않고 앞문을 열어 놓고 왔다 갔다 하였다. 그 청년이 내 변소 (안의) 낯 씻는 물대를 잘 고치고 있다. 청년이 물대 고치는 것을 잘한다. 손재주가 있는 청년이다. 그래서 기특하다. 내 손주 나이뻘 되는 청년으로 자기 이야기를 한다. 자기는 필리핀과 일본 하프라고 한다. 나이는 30세라 하고 대단히 상냥하다. 여자친구가 있는데 나이는 20세쯤 되어서 자기가 열 살을 더 먹었으며 여자(친구)는 아직 학교에 다닌다 하고, 자기가 열 살을 더 먹어서 나이가 많아 (여자친구가 자기를 좋아하는지) 믿지 못한다는 말(을 하는 것)이라 남자는 나이 좀 더 먹어도 상관없다고 하였다.

그 후에 카일루아 학교(Kailua High School)에 갔다가 집에 돌아오는 여자가 없어진 사변이 생겼다. 그 후 얼마 있다가 누가 내 문을 두드리므로 침 (빗장)을 걸고 문을 열어 보니 코카시언 포르투갈인(Caucasian Portuguese) 백인 청년이 푸시카트에 파이프 고치는 기계를 싣고 와서 파이프를 고친다고 하기에 나는 물대를 고치라고 한 일이 없으니 다른 데로 가라, 네가 잘못 왔다고 하고 문을 열어 주지 않았다. 또 그 후에 편지가 오기를 물대를 조사하러 온다고 해서 집에 있으니 한 40, 50세 되는 일본 사람이 와서 나를 자세히 보고 물대를 보는 체하고 가더라. 이렇게 되기는 1982년이다.

---

13 물을 퍼 올리는 기계의 관管.

가 전어로 하면 다 듯고 한다.

[39]이와 갓치 내가 일본 사람 서파야 (안다쑤라운)에서 살고 잇다. 이 사건을 말할 째 업다. 밋지도 안한다. 이곳이 미국인대 하고 밋지를 안이 한다. 누구보고 내가 말도 못 한다. 내 자식보고도 말 안이 한다. 밋지 안 이한다.

이와 갓치 일본 사람 (안다쑤라운) 서파야 밋헤서 고생을 한다. 하와 인 반종 누면 모라야 그 녀자가 백인의게 감정으로 말하고 일본이 좃타 하고 일본이 다 가진다 하기에 이것이 하와인의 근본적 나라로 너 퀴인 이 미국을 주엇서 하와인이 자녀를 공부로 잘 식여 죠헌 잡이 잇서면 까 만 잡도 할 수 잇다.

여긔 죠헌 학교가 만타. 분호 학교도 [40]잇고 (가미아메아) 학교도 잇 다. 공부하여서 학식이 잇서 그런 죠헌 잡을 하지 안나 하고 하와인 녀자 라 생각한 말노 일본 녀자 누면과 (서파야) 하는 것은 몰낫다. 그 후에 내 윈도로 총을 놋고 그 잇헌날 내가 정심을 먹으로 나려가니 엇던 일본 녀 자가 나를 보고 (락히) 유가 총에 마자서면 죽지는 안이해도 병신이 되 던지 고생할 것 비운는 태도 가지더라. 그째버더 내가 일본을 반대하는 사람으로 하와인을 공부식혀 죠헌 일을 하라 한 것이 일본 사람이 무엇 이 배가 압하서 그 야단으로 하면 해[41]와인 여자 (누면 모라야) 머리가 석언 녀자다. 제 민족을 위하여 나는 말한 것이다.

하와 퀴인 닐리오골란이가) 머리가 죠은 녀자로 압홀 내다보고 미국 갓치 태평양이 갑갑고 공화나라로 부요한 민쥬의 나라에 자기 백성의 향 복을 언약한 것이다. 그즁에 혹 잘못덴 일도 잇지마는 이 세상은 다 그러작년에 다 이와 같이 되었다. 내 전화에 자기들이 엿듣는 기계를 〔설치해〕 놓고 내가 전화를 하면 다 듣고 한다.

이와 같이 내가 일본 사람이 언더그라운드 스파이〔를 하는 곳〕에서 살고 있다. 이 사건을 말할 데도 없다. 믿지도 않는다. 이곳이 미국인데 하고 믿지를 않는다. 누구보고 내가 말도 못 한다. 내 자식보고도 말을 안 한다. 믿지 않는다.

이와 같이 일본 사람 언더그라운드 스파이 밑에서 고생을 한다. 하와이안 반종〔혼혈〕인 모라야 누면 그 여자가 백인을 〔좋지 않은〕 감정으로 말하고 일본이 좋다고 하면서 일본이 다 가질 것이라고 하기에 이것이 하와이안의 근본적〔원래〕 나라로 너의 퀸이 미국에 〔하와이를〕 주었으므로 하와이안이 자녀에게 공부를 잘 시켜 거번먼트〔government, 정부〕 잡 같은 좋은 잡도 할 수 있다〔고 말했다〕.

여기에 좋은 학교가 많다. 푸나호우 학교도 있고 카메하메하 학교도 있다. 공부하여 학식이 있어야 그런 좋은 잡을 하지 않나 하고 하와이안 여자라서 생각해서 한 말인데 일본 여자 누면과 스파이 하는 것은 몰랐다. 그 후에 내 윈도에 총을 쏘고 그 이튿날 내가 점심을 먹으러 내려가니 어떤 일본 여자가 나를 보고 "럭키〔Lucky, 운이 좋구나〕. 유〔You, 너〕가 총에 맞았다면 죽지는 않아도 병신이 되든지 고생했을 텐데."라고 비웃는 태도를 보이더라. 하와이안을 공부시켜 좋은 일을 하라고 한 것이 일본 사람이 무엇이 배가 아파서 그 야단을 하는지. 그때부터 내가 일본을 반대하는 사람이 되었다. 하와이안 여자 모라야 누면은 머리가 썩은 여자다. 자기 민족을 위하여 나는 말한 것이다.

하와이 여왕 릴리우오칼라니〔Liliuokalani〕가 머리가 좋은 여자로 앞을 내다보고 미국같이 태평양이 가깝고 공화〔주의〕 나라로 부유한 민주〔주의〕 나라에 자기 백성의 행복을 언약한 것이다. 그중에 혹 잘못된 일도 있지만 한 것으로 되고 잇다. 이만치 할 나라가 업다. 그중에 비섭 갓헌 백인이 하와인을 위하고 백인 후세 위하여 일을 만히 햇다. 하와이 역사를 위하여 만히 일햇다. [42]자긔가 사랑해서 버니시를 혼인하고 긔이가 반종으로 하와이 역사를 위하여 비섭이 일을 만히 햇다. 참 머리와 사상이 죠헌 도득가다. 엇던 사회에서는 그 역사를 짓밟바 업새고저 한다.

[43~44: 빈 면]

[45]내가 눈이 어두어지고 정신도 업서지니 이 책을 다 씰 수 업서 대강 긔록한다. 내가 이곳에 이사 오기는 와기기 노수레 암바트에서) 칠십五 年에 온 것 갓다. 내가 적어둔 것을 찻지 못한다. 비코이기니와) 부미하나) 씨니아 하우성이다. 이 집이 22칭이다. 나는 십일 칭에 잇다. 내가 와서 멋칠 후에 무삼 회 한다 하기에 다런 녀자에게 뭇기를 무선 회야 무러니 씨니야회라 하기에 나도 그 회에 드럿다. 나중 알고 보니 씨니아회가 안이고 가하구지가 모은 회라 한다. 무삼 회던지 내가 회금 내고 드럿서니 회에 참에한다. 히락을 주장하고 생일을 차저 축하하고 에물 주고 히락으로 잘한다. 그 회 일홈이 부미하나라 한다.

[46: 빈 면]

[47]일본 써파야 녀자 시수에 누먼 말 듯고 전하는 반토종 녀자 써바야 모라야 누먼, 부미하나 회장 가하구지, 그 녀자 캐를린 가하구지, 일본 남자 기다시로) 스파이 고수, 큰 게수 아래 요시 부인, 차니시 녀자 수투비진 배리

이 세상은 다 그러한 식으로 되고 있다. 이만큼 할 나라가 없다. 그중에 비숍(Charles Reed Bishop)[14] 같은 백인이 하와이안을 위하고 백인 후세를 위하여 일을 많이 했다. 하와이 역사를 위하여 많이 일했다. 자기가 사랑해서 버니스(Bernice Pauahi Paki)와 혼인하고 그이가 반종으로 하와이 역사를 위하여 일을 많이 했다. 참 머리와 사상이 좋은 도덕가다. 어떤 사회에서는 그(다른 사회의) 역사를 짓밟아 없애고자 한다.

내가 눈이 어두워지고 정신도 없어지니 이 책을 다 쓸 수 없어서 대강 기록한다. 내가 이곳으로 이사를 오기는 와이키키 루어스 (스트리트의) 아파트에서 (19)75년에 온 것 같다. 내가 적어둔 것을 찾지 못하겠다. 피코이 (스트리트)와 키나우 (스트리트가 만나는 곳에 있는) 푸메하나라는 시니어 하우징이다. 이 집이 22층이다. 나는 11층에 있다. 내가 온 지 며칠 후에 무슨 회를 한다고 하기에 다른 여자에게 묻기를 무슨 회야 하고 물으니 시니어 회라고 하기에 나도 그 회에 들었다. 나중에 알고 보니 시니어회가 아니고 가와구치가 모은 회라고 한다. 무슨 회든지 내가 회금(회비)을 내고 들었으니 회에 참여한다. 희락을 주장하고(도모하고) 생일을 찾아 축하하고 예물을 주고 희락으로 잘한다. 그 회 이름이 푸메하나라 한다.

일본 스파이 여자 시스에 누면의 말을 듣고 전하는 반토종 여자 스파이 모라야 누면, 푸메하나 회장 가와구치, 그(의) 여자 캐롤린 가와구치, 일본 남자 기타시로 스파이 고수(高手), 큰 계수(나무) 아래 요시 부인, 차이니스 (Chinese, 중국계) 여자 수투비진 배리.

---

14 뉴욕 출신의 사업가, 자선가. 하와이 왕족인 버니스 파우아히 파키Bernice Pauahi Paki(후일 버니스 파우아히 비숍Bernice Pauahi Bishop)와 결혼하여 그녀의 유지를 받들어 카메하메하 학교를 세웠다. 부인의 이름을 따 비숍 박물관Bishop Museum도 건립하였다.

[48]一千九百四十五年에 힉감 하우싱 십十九길에 살다가 전장이 끚치나매 힉감에 전장에 일하던 평민 일군은 다 나오고 전쟁 갓던 군인 식구가 와서 살게 되무로 우리 식구가 다 맛거로 나와서 살게 되매 사방에 집을 구해서 지금 하와이 가이가 그전에 일홈은 코코헷이다. 됫산 일홈이 코코헷시요, 그 안으로 잇는 산 일홈은 코코구렛시다. 우리 식구가 콕코헷에 잇는 와기수추리 집을 사서 이사를 하니 내 웃에 해리 오가비가 잇고 백 남자 반종 녀자 백인 부부가 살고 해리 오가비는 일본 사람들다. 아돌이 해리고 동생이 변지면 웃가비다. 아바지 오가 [49]일홈은 모런다. 아달 삼 형제 큰아달 해리 옷가비, 적은(둘)아달 변지면 옷가비, 다런 아달 일홈 모런다. 아바지를 도아서 캇해서 곳 전방에 갓다 주는 꼿 농사를 한다.

우리 한국 사람들 가내신 농사를 하는 사람이 만험으로 나도 가내신 농사를 한다. 그째에 농사하는 사람을 돈도 쑤주고 약 꼿헤 치는 약도 가라처 준다. 돈 쑤주는 회사는 (엣푸엣찌) 회사가 잇고 약 꼿헤 치는 것은 하와이 (유너버시틔)에서 만히 약 씨는 것을 가라처 주고 알게 한다. 그럼으로 해리 오가비 집에 모혀서 회를 한다. 꼿헤 치는 약도 가라처 준다. 하로 하리 오가비가 전어로 오날 저녁에 우리 집에 농민회를 하니 오시요 한다.

[50]그 저녁 六時 가니 죠히 봉토로 주면서 돈 十元과 이 피파에 싸인 일홈 하라 하기에 그 봉토 밧아지고 내 말이 나는 영어를 일 줄 모러니 이 봉토를 집에 가저가서 내 영감 보이고 싸인하고 돈을 준다 하고 집에 가저 와서 영감을 보이니 보고하는 말삼이 이것은 민주당에 드라는 죠히라 이 글에 싸인하면 당신이 민당이 되는 것이라. 나는 우리 집안 역사가 필라답이에서 죠상 째로 역사적 공화당이매 민주당에 들지 못한다 한다

1945년에 히캄 하우징 19길에 살다가 전쟁이 끝나자 히캄 전장에서 일하던 평민 일꾼(의 식구)은 다 나오고 전쟁 갔던 군인 식구가 와서 살게 되므로 우리 식구도 다 밖으로 나와서 살게 되자 사방으로 집을 구하(러 다녀)서 지금 하와이 카이가 (우리가 살게 된 곳이다). 그전의 이름은 코코헤드다. 뒷산 이름이 코코헤드요, 그 안에 있는 (분화구) 산 이름은 코코크레이터다. 우리 식구가 코코헤드에 있는 웨케 스트리트에 집을 사서 이사를 하니 내 위에 해리 아카베가 있고 백인 남자와 반종 여자(가 부부인) 백인 부부가 살고, 해리 아카베(네)는 일본 사람들이다. 아들(형)이 해리고 동생이 벤저민(Benjamin) 아카베다. 아버지 아카베 이름은 모른다. 아들 삼 형제(로) 큰아들이 해리 아카베, 작은아들이 벤저민 아카베, 다른 아들 이름은 모른다. 아버지를 도와서 컷(플라워)을 키워서 꽃 전방에 갖다 주는 꽃농사를 한다.

우리 한국 사람들은 카네이션 농사를 하는 사람이 많으므로 나도 카네이션 농사를 한다. 그때 농사하는 사람에게 돈도 꿔주고 꽃에 약 치는 법도 가르쳐 준다. 돈을 꿔주는 회사로 FHA 회사가 있고 꽃에 약 치는 것은 하와이 유니버시티에서 많이 가르쳐 주고 알게 한다. 그리고 해리 아카베 집에 모여서 회를 한다. 꽃에 치는 약도 가르쳐 준다. 하루는 해리 아카베가 전화로 "오늘 저녁에 우리 집에서 농민회를 하니 오시오." 한다.

그(날) 저녁 6시에 가니 종이봉투를 주면서 돈 10원을 내고 이 페이퍼에 사인(하라) 이름 쓰라 하기에 그 봉투를 받으며 내(가 하는) 말이 "나는 영어를 읽을 줄 모르니 이 봉투를 집에 가져가서 내 영감에게 보이고 사인하고 돈을 주겠다." 하고 집에 가져와서 영감에게 보이니 (종이를) 보고 하는 말씀이 "이것은 민주당에 들라는 종이라. 이 글에 사인하면 당신이 민(주)당이 되는 것이라. 나는 우리 집안 역사가 필라델피아에서 조상 대대로 역사하니 내가 자긔 안해라 할 수 업시 옷가비가 쥬는 봉토 갓다 주고 우리는 영감 말하기를 조상대로 공화당이라 하엿더니 그째버터 자긔 집에 농민회가 잇서 가면 심통을 내고 내 말하면 심실을 내여서 비하기로 나는 눈치를 알고 모런 체하고 [51]회에 오라 하면 참에햇다.

그 후에 한국 청년 멋 사람하고 일본 사람 멋 사람하고 도매로 갓다 놋는 회사를 조직햇다 하고 내 집에 와서 말하기로 내 전방 곳 주는 (싸서 트마와 곳흘 자긔 회사로 갓다 주면 팔아 준다 하고 자긔내 회사 오라 한다. 우리는 죠헌 전방이 잇서 곳 파는 문제가 업다. 우리는 곳을 죠헌 것만 갓다 주고 전방 잘 보호하니 전방에서 죠아한다. 우리가 저거 고압에 안 던다 해서 세 욱커 가내신 밧헤 하로저녁에 포이신 약을 주어서 다 죽엿다. 순금이 와서 죠사를 하엿지마는 눈어로 본 사람이 업다. 그 후버터 해리 오가비가 민주당 안이라 해서 심술부리 별 됴치 못한 말을 하고 됴치 [52]못한 말을 하고 갱들을 모아 해를 준다. 나를 못된 녀자라 하고 미워한다. 그리한 중 쎄섭 쌍이 다 전세 준 긔한 지나매 비섭 시대지에서 (하와이 가이가 비섭의게 전 코코헷 골작 쌍을 근설하게 가이사 회사에 전염하여서 우리가 다 이사하게 되엿다.

(비섭 회사에서 우리 곳 농사하는 사람들의게 당을 주엇다. 코코구레다 산 밋헤 잇다. 길도 업다. 불 전긔도 업다. 그곳으로 내 집을 옴기 가서 잇다. 그 후에 길이 잇다. 그길 일홈은 빳갈나) 길이다. 내 영감임이 심장병으로 알어무로 공긔 죠하한다. 코코헷에 공긔가 죠아서 쩌나기 실허함으로 집을 돈을 만히 드리고 산 밋어로 옴겨 갓다. 칠 색 [53]동안으로 전긔가 업난 세구불노 살아왓다. 그째가 一千九百六十五六年 줌이다.

아해들은 다 짜로 가서 산다. 영감이 그 산 밋헤 불도 업난 대 갓다 놋적으로 공화당이어서 민주당에 들지 못한다."고 하니 내가 그의 아내라 할수 없이 아카베가 주는 봉투를 갖다 주며 "영감이 말하기를 우리는 조상 대대로 공화당"이라 하였더니 그때부터 자기 집에 농민회가 있어서 가면 심통을 부리고 내가 말하면 심술을 내서 비하하므로 나는 눈치를 채도 모른 체하고 회에 오라고 하면 참여했다.

그 후에 한국 청년 몇 사람과 일본 사람 몇 사람이 〔꽃을〕 도매로 갖다 놓는 회사를 조직했다 하고 내 집에 와서 말하기를 내 전방, 〔내가〕 꽃을 갖다 주는 커스터머와 꽃을 자기 회사에 주면 〔꽃을〕 팔아 준다 하고 자기네 회사로 오라고 한다. 우리는 좋은 전방이 있어 꽃 파는 데 문제가 없다. 우리는 꽃을 좋은 것만 갖다 주고 전방을 잘 보호하니 전방에서 좋아한다. 우리가 자기네들 코업〔co-op, 조합〕에 안 든다고 해서 3에이커 카네이션 밭에 어느 날 저녁에 포이즌〔poison〕 약을 주어서 〔꽃을〕 다 죽였다. 순경이 와서 조사하였지만 눈으로 본 사람이 없다. 그 후부터 해리 아카베가 〔내가〕 민주당이 아니라 해서 심술부리〔고〕 별 좋지 못한 말을 하고 갱들을 모아 해를 준다〔해코지를 한다〕. 나를 못된 여자라 하고 미워한다. 그러던 중 비숍 땅이 전세를 준 기한이 다 지나자 비숍 에스테이트에서 하와이 카이를 〔개발하도록〕 코코헤드의 모든 골짜기 땅을 건설하게 카이저 회사에 전임하여서 우리가 다 이사하게 되었다.

비숍 회사에서 우리〔처럼〕 꽃 농사하는 사람들에게 땅을 주었다. 코코크레이터 산 밑에 있다. 길도 없다. 불, 전기도 없다. 그곳으로 내 집을 옮겨가서 있다. 그 밖으로 길이 있다. 그 길 이름은 파칼라 길이다. 내 영감님이 심장병을 앓으므로 공기를 좋아한다. 코코헤드의 공기가 좋아서 떠나기 싫어하므로 집에 돈을 많이 들이고 산 밑으로 옮겨 갔다. 7개월 동안 전기 없이 석유불로 살아왔다. 그때가 1965, 6년쯤이다.

아이들은 다 따로 나가서 산다. 영감이 그 산 밑에 불도 없는 데 〔집을〕

코 심장병이 더하여 아메 병원에 입원하고 불 업난 그 산 밋혜 우리 집 하나가 잇다. 리웃집이 멀다. 내 쌍이 서 마지기 반이 된다. 길도 업고 불도 업시 밧고락으로 그러간다. 나는 매일 야도 마당 반든다. 일군 다리고 쌍을 고루고 나는 풀을 심은다. 영감이 병원에서 나오면 야도에 그러다 니게 할 용망이다. 고래서 조곰 잇다가 병이 좀 나서 집에 와서 참 죠하 하엿다. 코코헷에 공긔 죳다. 지금은 하와이 가이다. 그째에 곳농사하던 사람만 그 쌍을 주엇다. 해리 옷가비 변지면 옷가비 히가 리귀셜 년희 집엔 로수 곳 키우는 月介곳 기우는 사람들[54]만 주엇다.

[55~57: 빈 면]

[58]一千九百八十四年에 가하구지 녀자 나 캐를린이 나를 모욕하엿다. 삼월 되엿다. 시니아 정심 주는 단이우럼에서 다니가와 남자를 내가 못 된 녀자라 하고 말햇다.

一千九百八十四年 八月 十二日 오후 三時에 쏘 모욕하기를 내가 나가면 돈을 만히 벌이 온다 하고 내 몸을 팔고 벌이 온다 하기에 내가 말하기를 네가 졉고 네가 잘 할 줄 알고 말하니 네가 만히 멀고 오라 대답하였다. 지는 발서 만히 한 녀자다. 나는 그런 것 모런다. 제가 만히 한 녀자라 다 알 말한다.

[59]一千九百八十四年에 八月 十二日 오후 三時경에 부미하나 시니아집 문 압혜서 사람 압혜서 나를 모욕하기를 내가 나가면 몸을 팔아 돈을 만히 벌어 온다 하기에 너는 졀머서 만히 해본 녀자로 네나 하라 하고 내가 갓다.

[60]一千九百八十四年에 八月 十二日 오후 三時 경에 부미하나 시니아집 문압혜 사람 압헤서 가하구지 녀자 캐들린이 나를 모욕하기를 늘 내가 나가면 몸을 팔아 돈을 만히 벌어 온다 한다. 내 대답이 네가 만히 해서

갓다 놓고 심장병이 더해져 아미 병원에 입원하고, 불이 없는 그 산 밑에 우리 집 하나가 있다. 이웃집이 멀다. 내 땅이 서 마지기 반이 된다. 길도 없고 불도 없이 밭고랑으로 걸어 다닌다. 나는 매일 야드 마당을 일군다. 일꾼을 데리고 땅을 고르고 나는 풀을 심는다. 영감이 병원에서 나오면 야드에 걸어 다니게 할 욕망이다. 그래서 조금 있다가 병이 좀 나아서 집에 와서 참 좋아하였다. 코코헤드의 공기가 좋다. 지금은 하와이 카이다. 그때 꽃농사하던 사람에게만 그 땅을 주었다. 해리 아카베, 벤저민 아카베, 히가, 이규설, 연희 기븐, 로즈 꽃 키우는 (사람들과) 월계꽃 키우는 사람들에게만 주었다.

1984년에 가와구치 캐롤린이 나를 모욕하였다. 3월이었다. 시니어에게 점심을 주는 다이닝룸에 다녀와서 남자를 (상대한다고) 내가 못된 여자라고 말했다.

1984년 8월 12일 오후 3시에 또 모욕하기를 내가 나가면 돈을 많이 벌어 온다 하고 내 몸을 팔아 벌어 온다고 하기에 내가 말하기를 "네가 젊고 네가 잘 할 줄 알아서 말하(는 것이)니 네가 많이 벌고 오라."고 대답하였다. 자기는 벌써 많이 한 여자다. 나는 그런 것 모른다. 자기가 많이 한 여자라다 알(고) 말한다.

1984년 8월 12일 오후 3시경에 푸메하나 시니어 집 문 앞에서 사람 앞에서 나를 모욕하기를 내가 나가면 몸을 팔아 돈을 많이 벌어 온다고 하기에 "너는 젊어서 많이 해본 여자니 너나 해라." 하고 내가 갔다.

1984년 8월 12일 오후 3시경에 푸메하나 시니어 집 문 앞에서 사람 앞에서 가와구치 여자 캐롤린이 나를 모욕하기를 늘 내가 나가면 몸을 팔아 돈을 많이 벌어 온다고 한다. 내 대답이 "네가 많이 해서 잘 아니 네가 하

잘 아니 네가 하라 하고 내가 갓다.

청국 녀자 일홈은 배리다. 일본 사람을 혼인한 녀자다. 일본 사 일본. (수두비진이다. 캔이다. 그 녀자가 하와이 놋골 미풀 미국 비풀 인종 구별한다. 참 댄자다. 그 녀자는 백인 황인 인종구별 만히 한다. 놋골 사람 [61]미국 사람을 대단 가리는 여자다.


[62]一千九百四十五年에 힉감에 꼿코헷 외키 수추리로 집 사 가니 윈편에 해리 오가비와 백인 허번선이 살고. 해리 오가비는 부모가 고샌듬 갓 불나와를 농사하고 해리가 큰아달, 번지면 둘 아달이고 아달이 셋시 아버지와 곳농사하더라. 우리가 올헌편에 잇는 홀신가 집을 사가니 대단이 아럼답. 야도와 집이 좃다. 집 지은 지가 이 년밧기 안이 되서 아럼답다. 그 사람들 농민으로 무식하고 질투 만하 우리를 쉬기하여 늘 심청을 노아도 우리는 모러는 치하엿다. 하로는 곳에서 나온 씨서기 우리 담 밋헤 놋고 불을 태[63]운다. 그래 조헌 말 불을 꺼라 하고 하엿다. 저희 일군이 쌜노빈이 만히 일한다. 그 일군들 보고 저 녀자가 죠치 못하여 백인을 혼인햇다 하고 나를 까섭하엿다.


내가 이사하고 얼마 후에 그 사람들 일척 가서 농사를 하고 일본 사람 농사하는 사람 만타. 와다나비 노수와 히가와잇치 노수도 잇다. 일본 사람들이 만코 대한 사람도 가내신을 키우는 사람이 만타. 내 쌍이 세 억카라도 가내신을 십엇다. 그째에 유너버서틔에서 곳헤 약처서 벌내를 죽기하는 약을 가지고 오면 해리 오가비 집서 곳농사하는 사람을 [64]모아 놋라." 하고 내가 갔다.

청국 여자 이름은 배리다. 일본 사람과 혼인한 여자다. 일본 사[15] 일본.
수투비진이다. 캔이다(갱이다).[16] 그 여자가 하와이 로컬 피플(local people,
지방사람), 미국 피플(본토 미국 사람) 인종 구별한다. 참 덴저다(danger다, 위험
하다). 그 여자는 백인과 황인 인종구별을 많이 한다. 로컬 사람 미국 사람
을 대단(히) 가리는 여자다.

1945년에 히캄에서 (나와서) 코코헤드의 웨케 스트리트로 집을 사 (이사)
가니 왼편에 해리 아카베와 백인 허버슨이 살고 (있다). 해리 아카베는 부
모가 크리샌서멈(chrysanthemum, 국화) 컷 플라워를 농사하고 해리가 큰아
들, 벤저민이 둘째 아들이고, 아들 셋이 아버지와 꽃농사를 하더라. 우리
가 오른편에 있는 홀싱거(가 살던) 집을 사서 이사 가니 대단히 아름답(다).
야드와 집이 좋다. 집을 지은 지가 2년밖에 안 돼서 아름답다. 그 사람들이
농민으로 무식하고 질투가 많아 우리를 시기하여 늘 심청을 놓아도(심술을
부려도) 우리는 모르는 체하였다. 하루는 꽃에서 나온 찌꺼기를 우리 담 밑
에 놓고 불을 피운다. 그래서 좋은 말로 불을 끄라 하였다. 자기네 일꾼으
로 필리핀인이 많이 일한다. 그 일꾼들 보고 저 여자가 좋지 못하여 백인
과 혼인했다 하고 나를 가십(gossip, 험담)하였다.

내가 이사하고 얼마 후에 (보니) 그 사람들이 일찍 나가서 농사하고, 일
본 사람들이 농사하는 사람들이 많다. 와타나베가 로즈를 키우고 히가와
이치도 로즈를 키운다. 일본 사람들이 많고, 대한 사람은 카네이션을 키우
는 사람이 많다. 내 땅이 3에이커지만 카네이션을 심었다. 그때 유니버시
티에서 꽃에 약을 쳐서 벌레를 죽게 하는 약을 가지고 오면 해리 아카베

---

15 천연희는 "일본 사회에 돈 바다(받아) 먹고"라고 썼다가 지웠다.
16 천연희 노트 5권 [47]쪽에 이 청국 여자를 가리켜 수투비진 배리라고 썼으나 '수투비진'이 정
  확히 무슨 의미인지 알기 어렵다. '캔'은 무리를 지어 작당하는 '갱'으로 판단된다.

코 약 씨는 법을 가라친다. 그래서 그 그라지에 가서 듯고 베운다. 그런 회가 잇서면 모던 농사하는 사람을 부런다.

하로는 해리 오가비가 나를 불너서 자긔 집에 회가 잇서니 여섯 섬에 오라 하기에 여섯 점에 가니 코케신 늙은이가 잇고 사람들이 잇다. 해리 옷가비가 봉투로 내게 주면 싸인을 하고 돈 십 원 달나 한다. 그 봉투를 밧고 내가 영어를 볼 줄 모러니 우리 집에 미스도 김앤을 일너 보고 싸인 하고 돈 가지온다 하고 집에 와서 김엔 보고 일너 보라 하니 보고 민주당 모어난 글인대 十元이 회급이[65]라 하고 말햇다. 나를 보고 우리 집은 대대로 공화당이다. 우리 외하라부지가 펄나답비야 유수페파 알넥센트라 하니 나도 영감 짜라 갓지 나는 영어 글 잘 모러는 사람인대. 그 잇헐날 해리가 나를 보고 우리 영감 공화당이라 나는 영어도 잘 모 남이 공화당이 나도 공화당으로 한다 하엿더니 그 후버텀 농민회에 가면 나를 보고 시비를 할나 하고 캥을 지어 나를 무시한다. 내가 눈치 알지마는 모러는 체한다. 해리 오가비 어머하고 당을 지어 나 자긔 집에 일하는 병 서방들의게 내 됴치 못한 녀자 못되서 하오리 매리헷다 하고 말한 것을 몰낫지마는 내 그 수치리에 二十年을 살고 이[66]십 년을 살고 비섭 시티지에 쏫 농사하는 쌍을 쿡코구래다산 밋헤 주어서 그리로 내 집을 가지고 갓다. 그쌔가 一千九百六十四五年 되엿다.

외긔 수추추리에 살 쌔 이 캥들 내 가내신 밧 셰 억커 가내신 심어 노헌 대 독약을 주어서 다 주겻다. 일본 사람 조작하는 민주당에 안이 들엇

집에서 꽃농사하는 사람을 모아 놓고 약 치는 법을 가르쳤다. 그래서 개라지(garage, 차고)에 가서 듣고 배운다. 그런 회가 있으면 농사하는 사람을 모두 부른다.

하루는 해리 아카베가 나를 불러서 자기 집에 회가 있으니 6시에 오라 하기에 6시에 가니 코카시언 늙은이가 있고 (다른) 사람들이 있다. 해리 아카베가 봉투를 내게 주며 사인을 하고 돈 10원을 달라고 한다. 그 봉투를 받고 내가 영어를 볼 줄 모르니 우리 집에 (가서) 미스터 기븐에게 읽어 보고 사인하고 돈을 가져오겠다고 하고 집에 와서 기븐에게 읽어 보라고 하니 보고 민주당(원)을 모으는 글인데 10원이 회비라고 말했다. 나를 보고 "우리 집은 대대로 공화당이다. 우리 외할아버지가 필라델피아 뉴스페이퍼(newspaper) 알렉센트[17]"라 하니 나도 영감 따라 갔지, 나는 영어 글도 잘 모르는 사람인데. 그 이튿날 내가 해리를 보고 우리 영감이 공화당이라 나는 영어도 잘 모(르고) 남(편)이 공화당이(니) 나도 공화당으로 한다 하였더니 그 후부터 농민회에 가면 나를 보고 시비를 하려 하고 갱(무리)을 지어 나를 무시한다. 내가 눈치를 알지만 모르는 체한다. 해리 아카베 어머(니)하고 당을 지어 나(를) 자기 집에 일하는 변 서방들에게[18] 내(가) 좋지 못한 여자(이고) 못되어서 하올레와 매리(결혼)했다고 말한 것을 몰랐지만 내가 그 스트리트에 20년을 살다가 비숍 에스테이트에서 꽃농사하는 땅을 코코크레이터 산 밑에 주어서 그곳으로 내 집을 가지고 갔다. 그때가 1964, 5년 되었다.

웨케 스트리트에 살 때 이 갱들이 내 3에이커 카네이션 밭에 카네이션을 심어 놓은 곳에 독약을 주어서 다 죽었다. 일본 사람이 조직하는 민주당에

---

17 신문 이름으로 짐작된다.
18 필리핀인 일꾼을 가리킨다.

다고 나를 무선 모양으로 방해를 한다. 나를 일본 사람 배적자라 하고 내가 못된 녀자로 백인을 혼인햇다고 하는 말을 내가 다 듯고도 대항하지 안이햇다.

그째 해리 옷가비가 자동차 사고로 크게 상하여 병원에 여러 달을 잇섯다. 그래서 새 쌍에 이사를 하여야 되는대 주선할 [67]사름이 업다. 해리 오가비가 코코헷 농민회 회장이다. 자동차 사고로 일을 못 한다. 그래 한국 사람 리귀설 씨가 맛하 좃다. 내가 만히 도아준다. 해리 녀자 일홈이 알린 오가비다. 해리가 죽고 그것이 쏘 나를 대항한다. 해리가 죽고 곳 농사를 못 하니 전어회사에 가서 일을 한다. 그것이 나를 하리 모양으로 한 그것하고 홍숙자 아달 녀자 일본 녀자하고 나를 죠아 안이 한다. 해리 오가비 식구 그 어머니 못나니가 나를 못된 일홈을 주엇다. 해리 오가비 녀자 알림하고 홍 녀자하고 친구이다. 이것들이 나를 죠하 안이 한다. 내가 민주당이 안이고 공[68]화당이라 해서 별말을 다하고 배척한다. 해리 오가비 어머니가 자긔 일군들 보내가 못된 녀자로 백인을 혼인햇다는 말을 내가 들엇다. 다런 사름이 내게 말하여도 내가 모러는 체하엿다. 내 양심에 그런 사름이 안이니 하나님이 게시기에 치지도이햇다.


우리가 건너편에 됴헌 집을 사가서 가내신 농사를 잘한다. 대한 아지씨 세 분이 일하고 게신 문순장 아자시, 리재연 아자씨, 황학수 아자씨 세 분이 가내신 농사를 잘 한다. 이 옷가비 녀자가 쉬기가 나서 우리 집 울타리 밋헤다가 자긔 우라비시를 불노 째고 하여도 우리가 죠헌 [69]말하고 탄하지 안이햇다. 적말 무식한 사람들이다. 굿째가 지금 四十年이 너먼 세월이다. 해리 오가비 에미가 나를 못된 녀자로 내 영감을 맛낫다 하고 온 코코헷에다가 말한 것이다. 하리 옷가비 녀자 일홈은 알런 옷가비다. 그것이 지금 전어혜 회사에 일을 하고 홍숙자 아달이 일본 녀자 수굴

안 들었다고 나를 무슨 모양으로 방해를 한다. 나를 일본 사람 배척자라 하고 내가 못된 여자라 백인과 혼인했다고 하는 말을 내가 다 듣고도 대항하지 않았다.

그때 해리 아카베가 자동차 사고로 크게 다쳐 병원에 여러 달을 있었다. 그래서 새 땅으로 이사를 해야 되는데 주선할 사람이 없다. 해리 아카베가 코코헤드 농민회 회장이다. 자동차 사고로 일을 못 한다. 그래서 한국 사람 이규설 씨가 맡아 주었다. 내가 많이 도와주었다. 해리 여자 이름이 알린 아카베다. 해리가 죽고 그것이 또 나에게 대항한다. 해리가 죽고 꽃농사를 못 하니 전화회사에 가서 일한다. 그것이 나에게 해리 모양으로 대하는 그것하고 홍숙자 아들 여자인 일본 여자가 나를 좋아하지 않는다. 해리 아카베 식구 그 어머니가 못난 사람이니까 나에게 못된 이름을 주었다(좋지 않은 말을 만들었다). 해리 아카베 여자 알린과 홍 여자가 친구다. 이것들이 나를 좋아하지 않는다. 내가 민주당이 아니고 공화당이라 해서 별말을 다 하고 배척한다. 해리 아카베 어머니가 자기 일꾼들을 보내서 (내가) 못된 여자라 백인과 혼인했다(고 하)는 말을 내가 들었다. 다른 사람이 내게 말하여도 내가 모르는 체하였다. 내 양심에 그런 사람이 아니고 하나님이 계시기에 치지도외(置之度外, 마음에 두지 않음)했다.

우리가 건너편에 좋은 집을 사 가서 카네이션 농사를 잘했다. 대한 아저씨 세 분이 일하고 계신(다). 문순장 아저씨, 이재연 아저씨, 황학수 아저씨 세 분이 카네이션 농사를 잘한다. 이 아카베 여자가 시기가 나서 우리 집 울타리 밑에다가 자기 우라비시(찌꺼기)를 불로 태우고 하여도 우리가 좋은 말로 하고 탓하지 않았다. 정말 무식한 사람들이다. 그때가 지금(으로부터) 40년이 넘은 세월이다. 해리 아카베 에미가 내가 못된 여자라 내 (백인) 영감을 만났다고 온 코코헤드에다가 말한 것이다. 해리 아카베의 여자 이름은 알린 아카베다. 그것이 지금 전화회사에서 일하고 홍숙자 아들이 스

티차를 혼인해서 녀자와 알링 옷가비 녀자와 친구다. 홍숙자 아달은 노
야다. 이 정부 하우싱에서 일한다 말을 들엇다. 그 두 녀자가 내게 못되게
한다. 내가 드런 말이 만다. 노야 홍이 하우성에셔 코미신을 바다 먹고 집
을 준다는 말도 내가 드럿다.

쿨티처(school teacher, 교사)인 일본 여자와 혼인해서 〔그〕 여자와 알린 아카베 여자가 친구다. 홍숙자 아들은 로이어(lawyer, 변호사)다. 이 정부 하우징〔주택담당국〕에서 일한다는 말을 들었다. 그 두 여자가 내게 못되게 한다. 내가 들은 말이 많다. 로이어 홍이 하우징에서 커미션(commission, 수수료)을 받아먹고 집을 준다는 말도 내가 들었다.

천연희 노트 6권

## 사셜 곳된 대로

[1: 표지]

[2: 빈 면]

[3]나는 경상남도 진쥬성 진주면 비봉산 밋헤 잇는 동리 비봉에서 자라나고 내 외가는 리씨 집안이요, 우리 아바지는 千씨다. 대대로 진쥬 사람이요, 우리 아바지는 진쥬서 십 리 되는 동리에 크고 자라 집안은 농사하는 사람들이요, 내 외가 진쥬성에서 돈도 잇고 양반이라 흐고 우리 외삼춘이 두 분인대 일척이 발달하엿다. 우리 진쥬는 영남에 도성이라 관철사가 잇고 본관 군수가 잇섯다. 그래서 내가 어려서 녯날 우리나라 하는 법식을 내 눈으로 다 보앗다.

우리나라는 녀자 교육이 업서 학교 업섯다. 내 나이 十二세 될 째에 에[4]수교가 드러왓다. 이 에수교는 영국 장로교로 오스트엘리아로 전파되여 한국 부산에 영국 목사로서 설립 장로교로 세우고 녀자 일신녀학교로 세우고 녀자들을 교육식히면 신앙을 가라첫다. 그러고 또 마산의 신창신학교를 세우고 우리 진쥬에 와서 남학교 광림이요, 녀학교는 정숙학교를 세웟다. 그리하고 장로교회를 세웟다. 우리 집안이 다 불교인으로 내 어머니 싸라 절에 만히 단엿다. 장로교회서 배돈병원을 삼 층 색돌집으로 지어서 환자를 병을 보아 주엇다.

우리 어머님 에수를 밋기 시작하고[5]고 나를 성경 학교를 보내시고 에수를 밋엇어서 에수 교인이 되엿다. 어머니 말삼이 내가 불교를 잘 밋는 사람인대 내 자식이 단명하니 너는 에수를 밋어 장수하라 하시고 에배당에 보내엿다. 에수교 학교 정숙학교가 창설되여 학교를 다니고 공부를 할 째에 一千九百十年에 우리나라가 일본에 합방을 당하엿다. 그럼으로 우리나라 자유가 업서지고 일본 정치 밋헤 압제를 밧고 우리 역사와 나라 사상을 압박하여심으로 일본만이 천하 제일이라 하는 것을 가라치고

사설 곳된 대로[바른대로]


나는 경상남도 진주성 진주면 비봉산 밑에 있는 동리 비봉에서 자라나고 내 외가는 이씨 집안이요, 우리 아버지는 천씨다. 대대로 진주 사람이요, 우리 아버지는 진주에서 십 리 떨어진 동리에서 크고 자랐고, 집안은 농사하는 사람들이요, 내 외가는 진주성에서 돈도 있고 양반이라 하고, 우리 외삼촌이 두 분인데 일찍이 발달하였다[생각이 깨었다]. 우리 진주는 영남의 도성이라 관찰사가 있고 본관 군수가 있었다. 그래서 내가 어릴 적에 옛날 우리나라가 하는 법식을 내 눈으로 다 보았다.

우리나라는 여자 교육이 없어 학교도 없었다. 내 나이가 12세 될 때에 예수교가 들어왔다. 이 예수교는 영국 장로교로 오스트레일리아로 전파되어 한국 부산에 [들어와] 영국 목사가 설립[하고] 장로교를 세우고 여자[를 위한] 일신여학교를 세우고 여자들을 교육하면서 신앙을 가르쳤다. 그리고 또 마산에 신창신학교를 세우고 우리 진주에 와서 남학교[는] 광림[남학교]이요, 여학교는 정숙[여]학교를 세웠다. 그렇게 하고 장로교회를 세웠다. 우리 집안이 다 불교인으로 내 어머니를 따라 절에 많이 다녔다. 장로교회에서 배돈병원을 삼 층 벽돌집으로 지어서 환자의 병을 보아 주었다.

우리 어머님이 예수를 믿기 시작하여 나를 성경 학교에 보내시고 [나도] 예수를 믿어서 예수교인이 되었다. 어머니 말씀이 "내가 불교를 잘 믿는 사람인데 내 자식들이 단명하니 너는 예수를 믿어 장수하라." 하시고 예배당에 보내셨다. 예수교 학교인 정숙[여]학교가 창설되어 학교를 다니고 공부를 할 때 1910년에 우리나라가 일본에 합방을 당했다. 그러므로 우리나라가 자유가 없어지고 일본 정치 밑에서 압제를 받고 우리 역사와 나라와 사상을 압박하였으므로 일본만이 천하제일이라 하는 것을 가르치고 일본 일본 사람만 천하에 제일이라 하는 것만 가[6]라치고 그 말을 복종하지 안이하면 애국자라 하고 잡아 옥중에 가두고 무수한 형벌을 쥬어 그 사람 병신이 되고. 내 사춘 오라분이 천명옥 씨인대 내보다 두 살이 더 먹는다. 그이는 학교는 비봉산 엽혜 공자님 모신 생교가 잇다. 그 엽 보양남학교가 잇다. 그 학교 진주에 학자들이 세운 사립 남자 보양학교다. 지식이 높고 학생들 사상이 좃다. 나의 오라분이라 그이를 애국자라 하고 악형하여서 병이 드러 죽엇다 하더라. 내가 한국 가서 차저보니 그러게 쥑엿더라.

내가 진주 정숙학교 고등 사 년급에 새[7]진혼인으로 드러오기를 작정하고 一千九百十五年 六에 하와이 당도하고 이민국 한 주일 잇고 마워서 신랑이 나와서 혼인을 하고 마위 파이야 기가니아 디방에서 주택을 정하고 그기에 신랑 되는 이는 사탕밧헤 일ᄒ고 살앗다. 그이는 평양 사람으로 나이 만코 알코엘나(술쟁이) 되여서 아침에 일어나지를 못하여 매일 일을 나가지 못하고 사역을 근실이 못 하여서 대단이 골란을 당한다. 그째 나는 아해를 형톄 잇다. 1녀 1남이 잇섯다.

[8]칠 년을 마워 파이야 살다가 오하오섬에 이사로 와서 와히아와 헤서 살고 대한 아해들 한글을 가랏첫다. 또 한국 사람 영문 될나에 가서 바너질하고 와히아와서 살앗다. 그 후에 항구에 나와서 살 째 참 어려왓다. 후바 대통령 째 빅성이 일이 업서 참 고통으로 지나엿다. 이째 一千九百二十九年二十八年에 민족 사이에 불안을 품고 콜(일본 백인)전쟁을 해서 질 젭손 아들 십 세를 죽이고 해군대장 부인을 급탈하고 야단

제2부 _ 천연희 노트의 원문과 역주본

사람만 천하에 제일이라 하는 것만 가르치고 그 말에 복종하지 않으면 애국자라 하고 잡아 옥중에 가두고 무수한 형벌을 주어 그 사람이 병신이 되고 〔하였다〕. 내 사촌 오라버니가 천명옥 씨인데 나보다 두 살 더 먹었다. 그이는 〔보양남학교에 다녔다.〕 비봉산 옆에 공자님을 모신 생교〔향교〕가 있다. 그 옆에 보양남학교가 있다. 그 학교〔는〕 진주의 학자들이 세운 사립 남자 보양학교다. 지식이 높고 학생들 사상이 좋다. 나의 〔사촌〕 오라버니를 그이를 애국자라고 하고 악형〔심한 형벌〕을 주어서 〔오라버니가〕 병이 들어 죽었다고 하더라. 내가 한국에 가서 찾아보니 그렇게 죽였〔다고 하〕더라.

내가 진주 정숙〔여〕학교 고등과 4학년에 〔다니던 중〕 사진혼인으로 〔하와이로〕 가기로 작정하고 1915년 6〔월〕에 하와이에 당도하여 이민국에서 일주일 있다가 마우이에서 신랑이 〔데리러〕 나와서 혼인을 하고 마우이 파이아 키카니아 지방에서 주택을 정하고, 그곳에서 신랑 되는 이는 사탕〔수수〕밭에서 일하고 살았다. 그이는 평양 사람으로 나이가 많고 알코홀릭〔alcoholic〕(술쟁이)이 되어서 아침에 일어나지를 못하여 매일 일을 나가지 못하고 사역을 건실히 못 하여서 대단히 곤란을 당했다. 그때 나는 아이가 형제가 있었다. 1녀 1남이 있었다.

7년을 마우이 파이아에서 살다가 오아후섬으로 이사 와서 와히아와〔Wahiawa〕[1]에 살면서 대한 아이들에게 한글을 가르쳤다. 또 한국 사람이 영문〔營門〕 테일러〔tailor〕〔로 일하는 곳〕에 가서 바느질을 하면서 와히아와에서 살았다. 그 후에 항구로 나와서 살 때 참 어려웠다. 후버 대통령 때 백성이 일이 없어 참 고통스럽게 지냈다. 이때 1929년, 28년에 민족 사이에서 불만을 품고 콜(일본 백인) 전쟁[2]을 해서 질 샘슨의 10살 된 아들을 죽이고

---

1  오아후섬 중북부에 위치한 곳.
2  일본인과 백인 간의 갈등을 'cold war', 즉 '콜드 전쟁'이라고 표현한 듯하다.

이 낫다. 그 후 대통영 루서별이 새 대[9]령 되고 엔아래 일이 나서 조곰 살수가 잇섯다. 그 후 유롭에서는 히틀라가 성하고 세게 정세가 악카되여 가고 미국도 전장 데비를 하고 일본은 쩨만이ᄒ고 동명하고 야단이 난다.

그째 맛참 한국 의사 싹트 양이 폿 왼편 베리타니아 컨 근물을 사서 세로 준다 하여 내가 가 그 집 우칭 게약하고 四年 약조를 하고 게약을 어더 여관을 쑤미고 미국서 하와이 일하로 오는 네비에 일하는 일군 다 세로 주엇다. 그째 나는 미스다 집엔하고 우리 아해들하고 힛감 하우싱으로 이사하여 19퇸 수추[10]리에서 살고 호퇼은 저녁에 와치(지키)보는 일군이 잇고 나제 녀자 일군이 크린하(치우)고 내가 가서 직힌다. 여섯 점이면 집에 온다. 그전에는 파석백(알라파이) 수추리에 살고 잇섯다. 우리 식구가 힉감으로 이사 간 석 주일 만에 전쟁이 싱겻다. 일본이 풀(폴)하마를 처서 아라손나 배가 침몰되엿서 수천이 죽엇다. 내가 여섯 점에 일어나서 일본 비행기를 보고 우리 영감을 쌔왓다. 이것 마루바가 안이고 전쟁이라 하엿다. 내 눈으로 일본기 공긔선을 보앗다. 그날 야단이 나고 다런 대로 피란을 하고 야단이 나섯다.

[11]전장이 긋치나게 되매 병참에 일하던 백성은 병참에 잇지 못하고 군대 식구만 잇게 되무로 우리는 一千九百四十五年년에 코코헷 지금 하와이 가이 잇는 곳에 쌍 서 마지기에 침방 셋 되는 집을 사서 가네신 농

해군대장이 〔어떤〕 부인을 겁탈하고 야단이 났다. 그 후 대통령으로 루스벨트가 새 대〔통〕령이 되고 엔아이알에이〔NIRA, National Industrial Recovery Act, 전국산업부흥법〕[3]로 일이 생겨 조금 살 수가 있었다. 그 후 유럽에서는 히틀러가 성하고 세계정세가 악화되어 가고 미국도 전쟁 대비를 하고 일본은 저먼〔독일〕하고 동맹하고 야단이 났다.

그때 마침 한국 의사 닥터 양이 포트 〔스트리트〕 왼편의 베레타니아 〔스트리트에 있는〕 큰 건물을 사서 세를 준다고 하여 내가 가서 그 집 위층을 계약하고 4년 약조를 하고 계약을 얻어 여관으로 꾸미고 미국 〔본토〕에서 하와이로 일하러 오는 네이비에서 일하는 일꾼에게 다 세를 주었다. 그때 나는 미스터 기븐하고 우리 아이들하고 히캄 하우징으로 이사하여 19번 스트리트에서 살고 호텔은 저녁에 워치〔watch〕(지키〕 보는 일꾼이 있고 낮에 여자 일꾼이 클린〔clean〕하(치우〕고 내가 가서 지켰다. 6시면 집에 온다. 그 전에는 프로스펙트 〔스트리트와〕 알라파이 스트리트〔가 만나는 곳〕에 살고 있었다. 우리 식구가 히캄으로 이사 간 지 삼 주일 만에 전쟁이 일어났다. 일본이 펄하버를 공격하여 애리조나호가 침몰해서 수천〔명〕이 죽었다. 내가 6시에 일어나서 일본 비행기를 보고 우리 영감을 깨웠다. 이것은 마누바〔maneuver, 기동연습〕[4]가 아니고 전쟁이라고 하였다. 내 눈으로 일본기〔日本旗〕〔가 그려진〕 공기선〔전투기〕을 보았다. 그날 야단이 나고 다른 곳으로 피난을 하고 야단이 났었다.

전쟁이 끝나자 병참에서 일하던 백성은 병참에 있지 못하고 군대 식구만 있게 되므로 우리는 1945년에 코코헤드, 지금 하와이 카이가 있는 곳에 땅 서 마지기에 침방〔침실〕이 세 개인 집을 사서 〔이사하고〕 카네이션 농사

---

3 천연희 노트 2권 주 70 참조.
4 천연희 노트 2권 주 112 참조.

사를 일군 아자씨를 둘을 두고 가네신 농사를 하엿다. 가네신 농사가 잘 되고 전방에 갓다 주고 하는 카서터마가 죠아서 장사가 잘된다. 곳을 게리서 조헌 것, 굴근 곳만 주고 조치 못한 것은 버린다. 자긔들 다 팔기를 원해 잘 게리지를 [12]안이하니 곳치 됴치 못다.

그래서 일본 사람과 한국 청년과 합자ᄒ여 풀라와 쇼세에신 고압 만던 다고 모도 오라 하여 가서 회하는 대 참에햇다. 한 청년 일어나서 말하기를 큰 농 하는 곳이나 적은 농사 하는 곳이나 곳 대주는 전방하고 카서트 마 말이요 곳하고 다 가지고 회사에 드러오면 큰 농사 하는 곳을 먼저 팔아 주고 곳이 모지래면 적은 농사 곳틀 팔아 준다 하고 설명하고 ᄯ 말하기를 적은 전방이라도 한 주일 두 번식 오븍 개식을 팔아 [13]주어야 학교 방학 졸업 시에 곳 더 준다 하고 강제로 말을 하고 장사를 도아 가면서 잘할 생각을 하지 안코 억지로 남을 감토 씨우난 말하니 이것은 서로 도아서 사는 것이 안이 저만 살자는 경우로 말함으로 다런 사람 일어나 말지 안코 잇서무로 내가 이러나서 이것은 서로 도아 살자는 경우가 안이제 욕심만 채우는 말을 회사에서 그런 말을 안요카머 내 심는 사람 그런 말은 하는 것 올치 안소. 적은 농사 하는 사람은 곳 못 팔면 엇지 먹고 사나 곳 적은 곳을 먼첨 [14]팔아 주어야 된다 ᄒ고 말햇더니 그 후 밤에 우리 밧 가내신에 독약을 주엇다.

우리 식구 코코헷 위기 수추리 홀싱가가 살던 집을 사가지고 갓다. 홀싱가 씨 카운터하는 사람이 부인은 눈 어두은 아해들 가라치 학교에 교장이다. 집 마당을 잘하여 놋코 닥 키우는 집을 신식으로 닥 물먹는 것과 잘하여 노앗더라. 가내신을 심어서 참 잘되엿다. 그리하고 잇는대 하로를 일꾼 아저씨를 두 명을 두고 카네이션 농사를 하였다. 카네이션 농사가 잘되고, 전방에 갖다 주고 [거래]하는 커스터머[customer, 고객]가 좋아서 장사가 잘된다. 꽃을 가려서 좋은 꽃, 굵은 꽃만 주고 좋지 못한 것은 버린다. [어떤 사람들은] 자기들이 다 팔기를 원해 [좋은 꽃으로] 잘 가리지 않아서 꽃이 좋지 못하다.

그러던 중 일본 사람과 한국 청년이 합자하여 플라워 어소시에이션 [association, 일종의 협동조합]인 코업[co-op, 조합]을 만든다고 모두 오라고 하여 가서 회하는 데 참여했다. 한 청년이 일어나서 말하기를 "큰 농[사] 하는 [사람의] 꽃이나 작은 농사 하는 [사람의] 꽃이나 꽃 대주는 전방하고 커스터머 말이요. 꽃하고 [커스터머를] 다 가지고 회사에 들어오면 큰 농사 하는 [사람의] 꽃을 먼저 팔아 주고 꽃이 모자라면 작은 농사 하는 [사람의] 꽃을 팔아 준다." 하고 설명하고, 또 말하기를 "작은 전방이라도 일주일에 두 번씩 500개씩을 팔아 주어야 학교 방학, 졸업 시에 꽃을 더 준다." 하고 강제로 말을 하고, 장사를 도와 가면서 잘할 생각을 하지 않고 억지로 남에게 감투 씌우는[책임지우는] 말을 하니, 이것은 서로 도와서 사는 것이 아니[고] 저만 살자는 경우로 말하므로 다른 사람들은 일어나 말하지 않고 있기에 내가 일어나서 "이것은 서로 도우며 살자는 경우가 아니[고] 제 욕심만 채우는 말이니 회사에서 그런 말을 [하는 것] 아니요." 하며 내[가] "[꽃] 심는 사람이 그런 말을 하는 것은 옳지 않소. 작은 농사 하는 사람은 꽃을 못 팔면 어찌 먹고 사나. 꽃 [농사가] 작은 [사람의] 꽃을 먼저 팔아 주어야 된다." 하고 말했더니 그 후 밤에 우리 밭 카네이션에 독약을 주었다.

우리 식구는 코코헤드의 웨케 스트리트[에 있는] 홀싱거가 살던 집을 사 가지고 갔다. 홀싱거 씨는 어카운팅[accounting, 회계] 하는 사람이[고] 부인은 눈이 어두운 아이들을 가르치는 학교의 교장이다. 집 마당을 잘 꾸며놓고 덕[duck, 오리] 키우는 집을 신식으로 [만들어] 덕이 물 먹는 것을 잘해 길 건너 사는 해리 오가비 청년이 나를 차자와서 자긔 집에서 농사하는 사람들이 모혀서 회로 [15]한다 하고 오라 하기에 리웃에 살고 농사하는 사람들이니 대접해서 내가 갓다. 가서 보니 민쥬당을 모허난 회, 그 민쥬당에 일홈 두고 회금을 십元 내라 하여 그것 내가 모러니 우리 영감의게 무러보고 하마하고 집에 와 영감의게 리약이를 하니 영감 말이 나는 대대 우리 부모가 공화당이라 하여서 나도 영감 하는 대로 하엿더니 그 후로 해리 오가비가 나를 미어서. 농사하는 사람회 회장이 해리 오가비가 되엿다. 그래 회 불너 가면 [16]대우를 잘 안이 하고 악하되는 일을 내 개인의게 준다. 그래도 내가 다 아지마는 모런 체하엿다.


　내가 그 집 사가지고 갈 째 십사 년 계약이 잇섯다. 가이사가 미국서 와서 미섭과 계약하고 코코헷 영지를 다 개척하기로 계약하고 비섭 짱에 잇는 사람들이 쎄섭과 짱 계약 다 지내엿서매 콧코헷 영디를 쎄섭 시대지서 가이사 근축회사에 도급 주엇다. 짱 다 모던 것을 계약 주어서 우리 나아가야 된다. 그리 [17]하는 즁에 쎄섭 시대지에서 와 농사하는 대 도아주는 파마서론과 농민을 도아서 코코산 밋헤 곳농사하는 사람만 짱을 주엇다. 그째에 해리 오가비가 쇼쇼헷 농민회장이다. 비섭으로 (에푸에체)로 다니면서 주선할 줄은 모러고 일이 잇서면 지가 권리를 잡을 심통 부린다.

　그리하다가 해리 오가비가 큰 익시된을 당하여 일을 못 하고 회장이 업서니 (니고시에) 주선을 못 함으로 한인 리[18]리귀설 씨가 회장 되여 주선을 한다. 그째 한인은 몃 사람 업다. 어대로 가던지 한국 사름은 수가

놓았더라. 카네이션을 심어서 참 잘되었다. 그러고 있는데 하루는 길 건너
[편에] 사는 해리 아카베 청년이 나를 찾아와서 자기 집에서 농사하는 사
람들이 모여서 회를 한다 하고 오라고 하기에 이웃에 살고 농사하는 사람
들이니 대접해 [주는 뜻에]서 내가 갔다. 가서 보니 민주당[원]을 모으는 회
[로], 그 민주당에 이름을 올리고 회비를 10원을 내라고 하여 "그것은 내가
모르니 우리 영감에게 물어보고 하마." 하고 집에 와서 영감에게 이야기하
니 영감 말이 "나는 대대로 우리 부모가 공화당"이라 하여서 나도 영감 하
는 대로 하였더니 그 후로 해리 아카베가 나를 미워[하였다]. 농사하는 사
람들의 모임 회장이 해리 아카베가 되었다. 그래서 회에서 불러 가면 대우
를 잘 안 하고 악화되는 일을 내 개인에게 한다. 그래도 내가 다 알지만 모
른 체하였다.

내가 그 집을 사가지고 갈 때 14년 계약이 있었다. 카이저가 미국에서
와서 비숍과 계약하여 코코헤드 영지를 다 개척하기로 하고 비숍 땅에 있
는 사람들은 비숍과 [한] 땅 계약이 다 지났으므로 비숍 에스테이트에서
카이저 회사에 코코헤드 영지의 건축 도급을 주었다. 땅[과] 다[른] 모든 것
을 계약해서 우리는 나가야 된다. 그러던 중에 비숍 에스테이트와 농사하
는 농민을 도와주는 파머스론[farmers' loan, 농민 대출]이 농민을 도와서 꽃
농사하는 사람에게만 코코헤드산 밑에 땅을 주었다. 그때 해리 아카베가
코코헤드 농민회장이다. 비숍으로 FHA[5]로 다니면서 주선할 줄은 모르고
일이 있으면 자기가 권리를 잡으려고 심통을 부린다.

그러다가 해리 아카베가 큰 액시던트[accident, 사고]를 당하여 일을 못
하고 회장이 없으니 니고시에이션[negotiation, 협상] 주선을 못 하므로 한
인 이규설 씨가 회장이 되어 주선을 한다. 그때 한인은 몇 사람 없었다. 어

---

5 FHA가 아니라 NFU이다. 천연희 노트 5권 주 4 참조.

적다. 그러나 모던 것을 좀 안다. 리귀설 씨가 쪽쪽하고 교제할 줄 안다. 일본 농민, 한국 농민과 회하면 저거 욕심 채우고 경우에 틀리면 내가 일어서서 피진 영어로 말한다. 하와이 영어 다 아라든는다. 리귀설 씨가 농민회사로 씨리홀노 쎄섭 시태디로 단이면서 쏘코헷에 잇는 알시에 쌩[19]을 림시로 어더 농사하는 사람들 줄 생각을 하니 해리 오가비 그것 지가 쥬장할 생각으로 제비를 쏩아 그 회에 가저갓다. 저가긔리 다 노나 하고 리귀설이는 경비도 못 차잣다. 그런 경우 업시 할 째에 내가 일어나서 바런말을 하니 나 실어하고 미워햇다. 나를 일본 사람 반대자로 하고 죠와하지 안코 미워한다. 한국 사름 수가 적고 하니 제 마음대로 하엿다. 그래서 별 험담을 하고 나를 죠아하지 안한다.


비섭에서 쌍을 농사해[20]는 사람의게 난호와 쥬엇다. 나는 쌍 난바 칠 호슈를 가젓다. 이 쌍들은 롱사를 하여 (에푸에체서) 돈을 빌여 준다. 그러는 중에 영감이 병이 더러 세상을 쩌낫서니 남자가 업서 녀자 홀노는 돈을 엇지 못하여 내가 그 당에 집을 짓지 못하고 잇다가 칠십 년에 쩌나왔다. 쎄섭 시대지서는 시간을 주어 이사를 가게 하고 하지마는 그 밋헤 일 보는 사람들 못된 사람들이 나를 위업하고 어서 나가라 [21]하고 위업하고 야단을 하고 그 엽헤 학교를 짓는대 못된 일군이 잇서 무서워서 내가 혼자 잇서니 잇기가 어려워서 하우싱에 집을 청하로 가서 엇던 녀자가 보리기도 갓고 백인 갓헌 녀자가 나를 문답을 식히고 우리 영감 아매서 준 죠히를 보더니 얼골 죠치 안케 나를 보더니 집이 업서니 가서 기디를 가든지 한국 사람은 수가 적다. 그러나 모든 것을 좀 안다. 이규설 씨가 똑똑하고 교제할 줄 안다. 일본 농민, 한국 농민과 회하면 자기네 욕심 채우고 경우에 틀리면[맞지 않으면] 내가 일어서서 피진[pidgin] 영어[6]로 말한다. 하와이[식] 영어 다 알아듣는다. 이규설 씨가 농민회사로 시티홀[city hall, 시청]로 비숍 에스테이트로 다니면서 코코헤드에 있는 알시에이[RCA][7] 땅을 임시로 얻어 농사하는 사람들에게 줄 생각을 하니 해리 아카베가 그 땅을 자기가 [가지겠다고] 주장할 생각으로 제비를 뽑아 그 회로 가져갔다. 자기들끼리 다 나누어 가지고 이규설은 경비도 못 찾았다. 그렇게 경우 없이 할 때 내가 일어나서 바른말을 하니 나를 싫어하고 미워했다. 나를 일본 사람 반대자라 하고 좋아하지 않고 미워한다. 한국 사람은 수가 적고 하니 자기네 마음대로 하였다. 그래서 별 험담을 [다] 하고 나를 좋아하지 않는다.

비숍에서 농사하는 사람에게 땅을 나누어 주었다. 나는 땅 넘버 7호수를 가졌다. 이 땅들은 농사를 하면 FHA에서 돈을 빌려 준다. 그러는 중에 영감이 병이 들어 세상을 떠났으니 남자가 없어 여자 홀로는 돈을 얻지 못하여 내가 그 땅에 집을 짓지 못하고 있다가 [19]70년에 떠나왔다. 비숍 에스테이트에서는 시간을 주어 이사를 가게 했지만 그 밑에서 일 보는 사람들 못된 사람들이 나를 위협하고 어서 나가라 하고 위협하고 야단하고 그 옆에 학교를 짓는 곳에 못된 일꾼이 있어서 무서워서 내가 혼자 있기가 어려워서 하우징 오피스[8]에 집을 신청하러 가니 포르투갈인 같기도 하고 백인 같기도 한 여자가 나에게 문답을 시키고 아미[army]에서 우리 영감에게 준 종이를 보더니 좋지 않은 얼굴로 나를 보더니 집이 없으니 가서 기다리

---

6  천연희 노트 1권 주 96 참조.
7  「천연희의 구술 테이프 요약」, 182쪽에 RCA라고 나오나 완전한 명칭을 알 수 없다.
8  공공주택 담당기관. 천연희 노트 5권 주 6 참조.

다리라 하여서 내가 기다리기 어려서 우리 아 [22]외기기 로수레 호틸에 一百三十元자리를 어더서 갓다. 하우싱에 一百三十元자리를 차저서 말하라 하엿다. 그래서 와이기기로 이사를 ᄒᆞ엿다.

내가 千九百六十七年에 처음으로 우리 아달이 일본항공에 포를 사서 한국으로 가서 단녀오시라 ᄒᆞ여서 한국을 내가 하와이 온 지 五十二年 만에 한국을 가게 되엿다. 한국 비힝장에 나리니 신문사에 사람 와서 문이 하기를 한국을 몃 해 외국에 게시고 자녀가 몃치냐 하고 본 고향이 어대면 부모 친척이 게시나 하기에 [23]부모형뎨 다 죽고 친적이(이) 잇다 하고 공부을 하엿난가 뭇기에 고등가를 맛치다 ᄒᆞ고 어대 고향이야 뭇길네 진쥬 비동이라 하고 교회는 장로예수교라 하고 학교 사립 예수교 정숙녀 자학교라 하엿다. 그러고 우리 일행이 한 쌔서를 타고 여관에 드럿다.

十四日 동안은 항공 여힝사가 여힝하는 손님을 다리고 각 명승디를 여행을 맛치고 그 후는 우리 자유로 친척 차자보는 시간임으로 진쥬 [24]가서 친척과 내 다니던 예배당에 가서 목사와 교인들 맛나고 내 다니던 학교에 동창생 세 사람을 맛나 정심 대접을 잘 밧고 그의 남편은 한의사요, 부인은 션생이 되엿더라.

진쥬 가서 친척 다 차자보고 하와이로 드러온 긔한이 되 갓치 갓던 사람 하와이로 간다 하기에 그 사람들과 갓치 공긔선을 타고 오다가 일본서 다시 다런 공긔선을 갈아탄다 하고 공긔선에서 다런 공긔선으로 밧고아 태[25: 빈 면][26]는 그 순간에 다런 객들은 짐을 실고 안내하여 긔다리고 잇는 공긔선으로 안내하고 나는 내 가방 짐을 가지고 공긔선으로 안 가고 나를 보고 구루마에 짐 실은 사람 저 싸라오라 하고 그 뒤에 조고마한 집에 드러가서 금사를 한다 하고 나 가방 두고 나를 우칭 공긔선 응접실 보내서 긔다리는대 가방이 안이 와서 공긔선 수두이가 나를 보고 작라 하여서 내가 기다리기 어려워서 와이키키 로살레(Rosalei) 호텔(아파트)에 130원짜리를 얻어서 갔다. 하우징 오피스에서 130원짜리를 찾으면 말하라고 하였다. 그래서 와이키키로 이사하였다.

내가 1967년에 처음으로 우리 아들이 일본항공의 표를 사서 한국에 다녀오시라고 하여서 내가 하와이에 온 지 52년 만에 한국을 가게 되었다. 한국 비행장에 내리니 신문사에서 사람이 와서 문의하기를 "몇 해 외국에 계시다가 한국에 (왔으며) 자녀가 몇입니까." 하고, "본 고향이 어디며 부모 친척이 계십니까." 하기에 "부모형제 다 죽고 친척이 있습니다." 하고, "공부를 하였습니까." (하고) 묻기에 "고등과를 마쳤습니다." 하고, "고향이 어딥니까." (하고) 묻기에 "진주 비동입니다." 하고 교회는 장로예수교라 하고 학교(는) 사립 예수(학)교 정숙여자학교라고 하였다. 그러고 나서 우리 일행이 한 버스를 타고 여관에 들었다.

14일 동안 항공 여행사가 여행하는 손님을 데리고 각 명승지(를 둘러보는) 여행을 마치고 그 후에는 우리 자유로 친척을 찾아보는 시간이었으므로 진주에 가서 친척과 내가 다니던 예배당의 목사와 교인들을 만나고 내가 다니던 학교의 동창생 세 사람을 만나 점심 대접을 잘 받았다. 그(한 동창생)의 남편은 한의사요, 부인은 선생이 되었더라.

진주에 가서 친척을 다 찾아보고 하와이로 들어올 기한이 되어 같이 갔던 사람들이 하와이로 간다 하기에 그 사람들과 같이 공기선(비행기)을 타고 오다가 일본에서 다시 다른 공기선으로 갈아탄다고 하여 (그) 공기선에서 다른 공기선으로 바꾸어 타는 그 순간에 다른 (여행)객들은 짐을 싣고 기다리고 있는 공기선으로 안내되었는데, 나는 내 가방 짐을 가지고 공기선으로 안 가고 나를 보고 구루마(짐 운반차)에 짐 실은 사람이 저를 따라오라 하고 그 뒤에 조그마한 집에 들어가서 검사를 한다 하여 내 가방을 두고 나를 위층 공기선 응접실로 가게 해서 기다리게 하는데 가방이 안 오니 구 가방 엇지 되엿나 하고 뭇기에 아래서 금사한[27]다 하엿다.

그 후 가방이 와서 공긔선을 타고 하와이 우리 집에 와서 가방을 열고 보니 내 서루 만히 업서저서 마음 죠치 못하엿지마는 그 말을 하지 안이 하엿다. 아달이 드르면 섭섭이 생각할가 하여서 잘 갓다 왓다 하고 고맙다 하엿다. 내 학교 선생 대 부인 시 부인 이 두 사람은 영국 백인 부인 우리 학교 교장이고 선생임이다. 내가 하와이 올 째 가지고 기렴하라 하고 준 것을 가지고 갓다. 하와부인구제회록과 내가 [28]하와서 일한 것을 한 봉투에 엿코 모던 하와이 사회 소식을 봉투 엿고 한 것 그 봉두가 업서지고 내 선생 사진이 업서젓다. 내 한국 여관에 잇설 써나올 째 다 보고 잘 가방 속에 너헌 것 업서지고 가방 속을 두집노앗더라. 참 이상하지마는 말을 하지 안이햇다.

그째도 내가 코코헷에서 산다. 해리 오가비가 나를 참 시러한다. 변지면 오가비 됴헌 아해다. 해리 오가비는 내가 저 하자는 대로 안이 함으로 [29]회중에서 바런말 하니 나를 실어한다. 회장으로 잇설 째 자동차에 치여 병원에 만히 고생을 할 써 한인 리귀설 씨 회장이 되여 비섭에서 꼿농사하는 사람들을 짱을 파 이 윽카 3리윽카 식을 주어서 나두 트리 엑카를 주어 짱 난바가 난바 7이다. 그 수추리 일홈은 박갈나 수추리, 코코헷 하이숫굴이 잇다. 중학교를 지나가 잇다 한다.

그째 우리 영감이 병어로 몸이 약하다. 나 영감이 염통(핫)이 죠치 못하여 숨을 잘 씨지 못하야 배[30]람 잇난 곳을 죠하하고 쏘쏘헷 써나기를 실허한다. 쏘쏘헷이 죠용함으로 나 자신은 항구에 나와 일도 하지 안코 공기선 스튜어드(steward, 남자 승무원)가 나를 보고 가방이 어찌 되었나 하고 자꾸 묻기에 아래에서 검사한다고 하였다.

그 후 가방이 와서 공기선을 타고 하와이 우리 집에 도착하여 가방을 열어 보았는데 내 서류가 많이 없어져서 마음이 좋지 못하였다. (그러나) 그 말을 하지 않았다. 아들이 들으면 섭섭하게 생각할까 하여서 잘 갔다 왔다 하고 고맙다고 하였다. 내 학교 선생인 대 부인, 시 부인,⁹ 이 두 사람은 영국 백인 부인(으로) 우리 학교 교장이고 선생님이다. 내가 하와이로 올 때 가지고 (가서) 기념하라 하고 준 것을 가지고 왔다. 하와이 부인구제회록과 내가 하와이에서 일한 것을 넣은 한 봉투와 모든 하와이 사회 소식을 넣은 그 봉투가 없어지고 내 선생 사진이 없어졌다. 내가 한국 여관에 있다가 떠나올 때 가방 속에 잘 넣은 것을 다 보았는데 없어지고 가방 속을 뒤집어 놓았더라. 참 이상하지만 말을 하지 않았다.

그때도 내가 코코헤드에 살았다. 해리 아카베가 나를 참 싫어한다. 벤저민 아카베는 좋은 아이다. 해리 아카베는 내가 자기 하자는 대로 안 하고 회중에서 바른말을 하니 나를 싫어한다. 회장으로 있을 때 자동차에 치여 병원에서 많이 고생할 때 한인 이규설 씨가 회장이 되어 비숍에서 꽃농사 하는 사람들에게 2에이커, 3에이커씩을 주어서 나도 스리(three, 3) 에이커를 받고 땅 넘버가 넘버 7이다. 그 스트리트 이름은 파칼라 스트리트(이고) 코코헤드 하이스쿨이 있다. 중학교를 지나서 있다고 한다.

그때 우리 영감이 병으로 몸이 약했다. 내 영감이 염통(하트(heart, 심장)) 이 좋지 못하여 숨을 잘 쉬지 못하여 바람 있는 곳을 좋아하고 코코헤드를 떠나기를 싫어한다. 코코헤드가 조용하므로 나 자신은 항구에 나가 일하

---

9 대 부인은 마거릿 데이비스(한국명 대마가례), 시 부인은 넬리 R. 스콜스(한국명 시넬리)를 말한다. 천연희 노트 1권 주 25, 37 참조.

돗타 하여 내 영감이 원치 안코 코코햇을 됴아함으로. 새로 준 짱이 그전에 소 키우던 대라 산 밋치다. 게비나무가 만헌 고로 큰 불도사로 짱을 싹고(커린하고) 윗기 수추리 내 집을 가지고 갓다.

멋 달 되지 안이하여 영감이 병이 더하여 아메 병원 츳불라 병원에 입원햇다. 나는 다시 집에 도래[31]올 줄 알고 매일 마당에 풀을 심어고 밧헤 가내신을 키우고 집에 도라오시면 야도에 그리 다니라고 부저러니 풀을 십엇다. 하나님끠서 턴디 만물을 창조하시고 그 가온대 주인은 사람을 창죠하여 만물에 주인이 되게 하섯다. 그럼으로 인생이 번성하여 각각 헤여저서 살무로 사롬 색이 달나전 것이다. 긔후와 짱 디리로 변한 듯. 그럼으로 나는 나의 영감이 백인이라 하는 마음이 업시 존경하고 사랑햇다. 사람 한가지다. 깃버며 웃고 슬[32]프면 운다. 사랑은 한가지다. 불행이 추불나) 병원에서 집에 도라오지 못하고 다런 세상을 리별하고 고인이 되엿다. 그래서 내 쌀과 내가 주선하로 가니 매리 반지와 자긔 안경, 자긔 소유물을 내 손에 밧을 째 텬지가 아득한 통곡을 하엿다. 그이가 일차 전장에 군인이라 병정 법직으로 군대서 목사님과 와서 쌘지볼 군인 모지에 안장을 잘 하엿다.

그 후 나는 아직도 코코햇 박갈나 수추리 큰 집에서 홀[33]노 이섯다. 전긔가 아직도 업고 칠 식 동안 전긔 업시 고생을 하엿다. 그 후에 전긔가 오고 엽헤 학교를 직기 시작하고 박갈나 길이 생기고 그 길 젓태 조고마난 방을 짓고 그긔서 직히는 사롬 술을 만히 먹더라. 내 집 길에 일군 절문 것들이 못된 말 하는 것을 듯고 내가 급이 나서 속히 써날 생각하여서 집을 구하로 차자단이고 하우싱에 가서 집을 달나 하여도 얼는 주지 못한다. 하우싱서 一百三十元자리 집을 어더 가라 함으로 그런 집을 차질 수가 업다.

지 않아도 되어 좋다 하고, 내 영감은 [다른 곳으로 떠나는 것을] 원치 않고 코코헤드를 좋아하므로. 새로 준 땅이 그전에 소를 키우던 데라 산 밑이다. 키아베 나무가 많아 큰 불도저로 땅을 닦고(클린하고) 웨케 스트리트에 내 집을 가지고 갔다.

몇 달 되지 않아 영감이 병이 더하여 아미 병원인 트리플러 병원에 입원했다. 나는 다시 집에 돌아올 줄 알고 매일 마당에 풀을 심고 밭에 카네이션을 키우고 [영감이] 집에 돌아오시면 야드에 걸어 다니라고 부지런히 풀을 심었다. 하나님께서 천지만물을 창조하시고 그 가운데의 주인으로 사람을 창조하여 만물의 주인이 되게 하셨다. 그러므로 인생이 번성하여 각각 헤어져서 살다보니 사람 [피부]색이 달라진 것이다. 기후와 땅, 지리로 변한 듯. 그러므로 나는 나의 영감이 백인이라 하는 마음이 없이 존경하고 사랑했다. 사람[은] 한가지다. 기쁘면 웃고 슬프면 운다. 사랑은 한가지다. 불행히 트리플러 병원에서 집에 돌아오지 못하고 다른 세상으로 이별하고 고인이 되었다. 그래서 내 딸과 내가 주선하러 가서 매리 반지 [결혼반지]와 자기 안경, 자기 소유물을 내 손에 받았을 때 천지가 아득한 통곡을 하였다. 그이가 일차 전쟁 때 군인이었으므로 병정 법칙으로 군대에서 목사님이 나와서 펀치볼 군인묘지에 잘 안장해 주셨다.

그 후 나는 여전히 코코헤드 파칼라 스트리트의 큰 집에서 홀로 있었다. 전기가 아직도 없어서 7개월 동안 전기 없이 고생하였다. 그 후에 전기가 들어오고 옆에 학교를 짓기 시작하고 파칼라 길이 생기고 그 길 옆에 조그마한 방을 짓고 거기서 지키는 사람이 술을 많이 먹더라. 내 집 길에서 일꾼 젊은 것들이 못된 말을 하는 것을 듣고 내가 겁이 나서 속히 떠날 생각을 하여 집을 구하러 찾아다니고 하우징 오피스에 가서 집을 달라고 했지만 얼른 주지 않았다. 하우징 오피스에서 130원짜리 집을 얻어 가라 하나 그런 집을 찾을 수가 없었다.

[34]그리 찻는 중 노수레 압하트로 차자 이사하엿다. 그기에서 한 이삼 년을 잇섯다. 그 후에 하우싱에 그긔 잇지 못하고 다런 대로 이사하라 하기로 시니아 하우싱을 달나 하니 기나와 부미하나를 주어서 내가 이사를 오니 엇던 녀자가 내 지나가는 것을 보고 쌈 잘하는 녀자라 하고 말하지마는 직접 내게 말하지 안어머로 내가 못 드런 체하고 지나갓다.

내가 지나가니 일본 녀인 쌋주기 면 하나도 내가 지나가니 서로 웃고 말하다 내가 도라보니 말을 근치고 가만이 잇는 것을 보고 이상이 생각했다. 내가 그날 처음 이사한 사름이다. 그 후에 지나단이면서 보니 그 늙은 녀자들이 다니는 승간기 엽헤 안지 온갓 지나가는 이약이 말을 하고 죄35]치 못한 숭을 보고 쌰섭을 하고 남 상관을 하는 것 보고 인로링 배우지 못한 사름들이라 남 흉만 보고 안자드라.

일본 사람 가하구지 씨가 회를 주장하고 정심을 씨니아 회원을 대접하는대 주장하여 일을 만히 하더라. 나도 그 회 들고 정심도 먹고 하엿다. 할 수 잇는 대로 여러 사름들 잘 지내기를 죠하햇다. 그러나 엇던 째는 미국 별긔 밋헤서 후한 대접을 밧고 편한이 잇는 것을 이저마리고 말할 째는 내가 바런말을 해주니 나를 실엇햇서 나를 백인을 죠하한다는 말까지 내가 드럿다. 그런 나를 실어한[36]한다. 그러나 나는 내 양심에 미국에 정신이다. 둘재로 내 한국이다. 내 나라 정신은 누가 쌔앗지 못한다. 내가 한국 강산에 교육을 밧고 그 강산 우로 밋헤 잔쌔가 크서 자유를 차자 외국으로 온 것이다. 내 자신 개인으로난 나를 미어하는 사름이 업다. 그러나 회즁에서난 내가 마런말을 한다. 한인 교회나 회즁이나 내가 회의 정의대로 내가 바런말을 한다. 그럼으로 쏘코헷 해리 오가비가 나를 죠하하지 안이한다. 지가 쥬장하는 민쥬당 회원이 안 된다고 나를 미워햇다. 그러

제2부_ 천연희 노트의 원문과 역주본

그렇게 찾는 중에 로살레 아파트를 찾아 이사하였다. 거기에서 한 2, 3년을 있었다. 그 후에 하우징 오피스에서 거기 있지 못하고 다른 곳으로 이사하라 하여 시니어 하우징을 달라 하니 키나우〔스트리트의〕 푸메하나〔아파트〕를 주어서 내가 이사를 가니 어떤 여자가 내가 지나가는 것을 보고 싸움 잘하는 여자라 하고 말하지만 내게 직접 말하지 않으므로 내가 못 들은 체하고 지나갔다.

내가 지나가니 일본 여인과 포르투기즈 맨〔포르투갈 남자〕 하나도 내가 지나가니 서로 웃고 말하다가 내가 돌아보니 말을 그치고 가만히 있는 것을 보고 이상하게 생각했다. 내가 그날 처음 인사한 사람이다. 그 후에 지나다니면서 보니 그 늙은 여자들이 〔사람들이〕 지나다니는 승강기 옆에 앉아 온갖 지나가는 이야기 말을 하고 좋지 못한 흉을 보고 가십을 하고〔험담하고〕 남에게 상관하는 것을 보고 인롤링〔enrolling, 교육기관에 등록하여 수업을 받음〕하여 배우지 못한 사람들이라 남 흉만 보고 앉았더라.

일본 사람 가와구치 씨가 회를 주장(主掌)하고 시니어 회원에게 점심을 대접하는 일을 주장하여 많이 하더라. 나도 그 회에 들고 점심도 먹고 하였다. 할 수 있는 대로 여러 사람들과 잘 지내기를 좋아했다. 그러나 어떤 때는 미국 별기〔성조기〕 밑에서 후한 대접을 받고 편안히 있는 것을 잊어버리고 말할 때는 내가 바른말을 해주니 나를 싫어하고 내가 백인을 좋아한다는 말까지 〔하는 것을〕 내가 들었다. 그런 나를 싫어한다. 그러나 나는 내양심에 미국의 정신〔을 가지고 있〕다. 둘째로 나는 한국〔의 정신을 가지고 있〕다. 내 나라 정신은 누가 빼앗지 못한다. 내가 한국 강산에서 교육을 받고 그 강산 위로 아래로 잔뼈가 커서 자유를 찾아 외국으로 온 것이다. 내 자신 개인으로는 나를 미워하는 사람이 없다. 그러나 회중에서는 내가 바른말을 한다. 한인 교회〔에서〕나 회중〔에서〕나 내가 회의 정의대로 내가 바른말을 한다. 그래서 코코헤드의 해리 아카베가 나를 좋아하지 않는다. 자기

나 나의 남편이 공화당이라 함으로 나는 공화당이 되고 싸라갓다.

　이차 전쟁이 [37]긋이 나고 그째가 一千九百五十年 점 되여서 내가 코코 헷에서 가내신 농사을 하는대 아참이면 곳을 전방에다 갓다 준다. 그러나 전방에 꼿치 다 업서지면 쏘 곳을 갓다 달나 하고 주문이 오면 그째는 내가 째서를 타고 내가 전방에 가지고 간다. 그 가는 도중에 엇던 이 세 녀자가 내 젓대 안자 이약기하기로 우리 일본 사람은 한국 녀자나 남자 혼인하는 것은 금하지 안코 환영해도 백인은 실타 하고 말하기에 여기는 마음대로 못 하고 아해들이 장성하며 저 사랑을 차자가기로 아모리 부모가 원해도 사랑[38]이 가는 사람을 차자간다 하고 대답햇다.
　내가 주택을 사고파는 그간을 잘 알아 늘 사기도 하고 팔기도 하여 한인 박성준 씨의게 일하는 일본 사람 그간하는 일본 사람이 우리 집에 와서 죠헌 집이 잇다 하고 사라 하고 말하로 왓다. 그째 그 사름이 말하기를 한국 녀자들은 참 뢰가 좃타. 급이 업시 큰 물건을 사고파는대 일본 녀자들은 십 전자리 전방만 하고 큰돈 생기는 주택은 급이 나서 못 산다 하고 애가 차서 말하면서 한다는 말이 장차에 일본 남[39]자 녀자가 한국 남녀를 혼인하며 그 재산이 일본 사름이 가진다 하면서 쏙미섯하게 우심을 웃고 말햇지마는 그리된 한인에 집이 만타. 그 사람들은 정신적 콜전쟁을 한다. 이 세상에 사는 동안 정신적 이해를 하여야 된다. 그래서 좀 아는 사름은 엇지하든지 싇어 업새나 한다.

　一九百四十年에 미국이 전쟁 준비를 하는 줌이다. 맛참 그째에 한인 의가 주장하는 민주당 회원이 안 된다고 나를 미워했다. 그러나 나의 남편이 공화당이라 하므로 나는 공화당이 되어 따라갔다.

이차 전쟁이 끝이 나고 그때가 1950년쯤 되었다. 내가 코코헤드에서 카네이션 농사를 하는데 아침이면 꽃을 전방에다 갖다 준다. 그러나 전방에 꽃이 다 없어지면 또 꽃을 갖다 달라 하고 주문이 오면 그때는 내가 버스를 타고 전방에 가지고 간다. 그 가는 도중에 어떤 세 여자가 내 곁에 앉아 이야기하기를 우리 일본 사람은 한국 여자나 남자와 혼인하는 것은 금하지 않고 환영해도 백인〔과 혼인하는 것〕은 싫다 하고 말하여서 〔내가〕 여기는 마음대로 못 하고 아이들이 장성하여 자기 사랑을 찾아가〔는 곳이〕므로 아무리 부모가 원해도 사랑이 가는 사람을 찾아간다고 대답했다.

내가 주택을 사고파는 거간〔居間〕을 잘 알아 늘 사기도 하고 팔기도 하는데 한인 박성준 씨를 통해 일하는 일본 사람, 거간하는 일본 사람이 우리 집에 와서 좋은 집이 있다고 사라고 말했다. 그때 그 사람이 말하기를 "한국 여자들은 참 뇌가 좋다.[10] 〔한국 여자들은〕 겁이 없이 큰 물건을 사고파는데 일본 여자들은 10전짜리 전방만 사고 큰돈이 생기는 주택은 겁이 나서 못 산다." 하고 애가 차서 한다는 말이 "장차에 일본 남자와 여자가 한국 남녀와 혼인하면 그 재산은 일본 사람이 가진다."고 하면서 쪽미섯하게〔간교하게〕 웃음을 지으며 말했지만 그렇게 된〔일본 남녀와 한국 남녀가 혼인하여 오히려 한국 남녀가 재산을 많이 가진〕 한인의 집〔한인들〕이 많다. 그 사람들은 정신적 콜드 전쟁〔신경전〕을 한다. 이 세상에 사는 동안 〔신경전 대신〕 정신적 이해를 하여야 된다. 그래서 좀 아는〔사정을 이해하게 된〕 사람은 어찌하든지 끊어 없애야 한다.

1940년에 미국이 전쟁 준비를 하는 중이었다. 마침 그때 한인 의사 닥

---

10 담력이나 강단이 있다.

사 싹트 양이 폿하고 베리타니야 코아 구세군이 씨던 이층집을 매매하고 쌋다. 그래서 그태 칭은 토니 골라 하는 사름이 게약을 하고 나는 이 칭을 [40]오 년 게약하고 쌋다. 그러고 그곳에 돈을 만히 엿고 쑤미고 여관 만들고 오니 남자들만 잇게 하엿다. 그째 미국서 사름을 하와이로 보내 전쟁 준비를 한다. 내 여관에 아메 네비 일군만 잇서 됴용하지마는 밋칭에는 술집 잇서 분주하고 술집 밋헤 쌍광이 잇는대 일본 청년 내위의게 토니 골나가 세로 주고 했다. 그래서 그곳에 변소가 업서 우리 여관으로 올나와 변소를 씨기에 내가 금지하엿더니 나를 죠치 못한 말을 만이 하고 나를 해한다. 오기나와 이세 청년인대 무식하고 경우 업난 [41]사람들이다. 그 밋칭에 쥬쌩수 장란하는 곳을 만들고 그 손님을 변소는 우리 여관을 보내니 내 못 하기 하고 시비가 만앗다. 토니는 세만 밧아 먹고 변소는 안이 하여 주고 우리 여관으로 보내니 내가 못 하게 하엿다. 그래서 오기나와 이세내가 나를 됴하 안이하고 됴치 못한 소리를 한다.

코코헷 이사가서 해리 오가비가 나를 됴하 안이 하고 해서 일본 사람이 나를 됴하 안이 하는 것은 사실이다. 내가 시비를 하고저 하며. 처음 하우싱에 집을 달나 하고 가서 말할 쌔 그 녀자가 [42]백인인지 쏘티기 잡종인지 도득이 업서 보이고 근방저 보이고 해서 내 마음에 저것이 쏘셜 웍가며 참 안 되것다 생각하엿다. 그째로버터 화우싱에서 나오는 말과 행동하는 것을 내가 다 듯고 내게도 하는 것을 보고 내가 시비를 하고 십허도 내가 그리하면 죠헌 사람들이 글니들면 문제가 되고 내가 참는 것이다.

하로난 점심 먹는 튀불에서 일본 이세 여자 나는 六十五六세 되여 보터 양이 포트〔스트리트〕와 베레타니아〔스트리트〕 코너에 구세군이 쓰던 이층집을 매매하고 샀다. 그래서 끝의 층〔1층〕은 토니 고라는 사람이 계약하고 나는 2층을 5년 계약하고 샀다. 그리고 그곳을 돈을 많이 들여 꾸미고 여관을 만들어 〔전부〕 남자들만 있게 하였다. 그때 미국 〔본토〕에서 하와이로 사람을 보내 전쟁 준비를 하였다. 내 여관에는 아미와 네이비 일꾼만 있어서 조용하지만 아래층에는 술집이 있어 분주하고 술집 밑에 땅광〔지하실〕이 있는데 토니 고라가 일본 청년 내외에게 세를 주었다. 그래서 그곳에 변소가 없어 우리 여관으로 올라와 변소를 쓰기에 내가 금지하였더니 나에게 좋지 못한 말을 많이 하고 나를 해한다. 오키나와 2세 청년인데 무식하고 경우 없는 사람들이다. 그 아래층에 주빵수 장난[11] 하는 곳을 만들고 그 손님을 우리 여관의 변소로 보내니 내가 못 쓰게 하여 시비가 많았다. 토니는 세만 받아먹고 변소는 안 만들어 주고 우리 여관으로 보내니 내가 못 쓰게 하였다. 그래서 오키나와 2세네가 나를 좋아하지 않고 좋지 못한 소리를 한다.

코코헤드로 이사 가서 해리 아카베가 나를 좋아하지 않고 해서 일본 사람이 나를 좋아하지 않는 것은 사실이다. 내가 시비를 하고자 하기 〔때문이다〕. 처음에 하우징 오피스에 가서 집을 달라고 말할 때 그 여자가 백인인지 포르투갈인 잡종인지 도덕이 없어 보이고 건방져 보이고 해서 내마음에 저것이 소셜워커〔social worker, 사회복지사〕면 참 안 되겠다 생각하였다. 그때로부터 하우징 오피스에서 나오는 말과 행동하는 것을 내가 다듣고 내게도 하는 것을 보고 내가 시비를 하고 싶어도 내가 그렇게 하다좋은 사람들이 걸려들면 문제가 될 것같아 내가 참는 것이다.

하루는 점심 먹는 테이블에서 일본 2세 여자가—내가 보기에 65, 66세

---

11 게임의 한 종류를 가리키는 듯한데 정확한 이름을 찾지 못하였다.

인다 한다는 말이 [43]이차 전장에 미국 정부가 일본 이세를 다 가두웟다 한다. 그러면서 미국 정부를 죠치 못한 말을 한다. 그째에 일본 이세 미국 시민이 일본과 약속하고 얼마나 콜워를 하고 폴하바 아라손아를 치고 수천 명을 살해한 것은 깜직한 수단이다. 이번 하와이 투포하는 날 엇던 쏠직한 자가 비비카 총으로 내 윈도를 저녁 아홉 시점 쏘아서 윈도가 구영이 쓸버젓다. 한 몃 녀자는 내가 잘못한 [44]녀자라 윈도를 솟앗다는 생각을 하고 비웃는 것도 내가 짐작하고 눈치를 보니 저거는 좀 아는 것 갓더라. 그래도 정거가 업다. 금년 시월에 하웅 녀자가 와서 내 잇는 집을 조사한다고 편지가 왓슴으로 내가 집에 잇서라 하기로 잇고 조사를 한 후 얼마 잇다가 내 윈도를 쏘앗다.

하우승에 헷면이 앨런라 하는 사람이다. 녀자 하나와 남자 하나가 이기서 관찰하는대 무선 일 보는 것은 모러나 일본 사람을 [45: 빈 면][46]위하여 일한다. 그 녀자는 내 염헤 사는 녀자 일홈은 고바야시 녀자다. 남자는 일홈을 아지 못한다. 살기는 그 2(이)십 칭 우에 산다. 불칸쟁이더라. 내가 엇던 날 어대 갓다 집에 오니 거러오는대 숨이 차서 여러 녀자들이 안저서 리약이를 하고 집으로 갓다. 그 후 한 녀자를 보고

[47]내가 윗기 수추리에서 내 집 옴겨 가기는 一千九百六十五年이다. 그째 내 쌍 호수 7이다. 집을 갓다 노앗서 불이 업서 집에 전기도 업시 세구화싹 음식을 햇다. 내가 고생한 것은 내 남편이 핫시 됴치 못한 사람으로 죠용하고 공기 됴흔 대 살기를 원함으로 그 고생을 하고 코코헷설 써나지 안이하얏. 우리 아해들 항구 와서 됴용이 사라 하고 나도 그리하기 원하지마는 병던 남편이 박갈나 수추 쌍에 집을 가지고 가기 원흠으로 병던 남편을 위하여 집을 가저고 갓다. 조곰 후에 영감이 병이 더하여 아메

되어 보인다.— 한다는 말이 이차 전쟁 때 미국 정부가 일본 2세를 다 가두었다고 한다. 그러면서 미국 정부를 좋지 않게 말한다. 그때 일본 2세인 미국 시민이 일본과 약속하고 〔미국과〕 콜드워를 하고〔전쟁을 하고〕 펄하버의 애리조나호를 공격하고 수천 명을 살해한 것은 얼마나 끔찍한 수단인가. 이번 하와이 〔시장〕 투표하는 날에 어떤 발칙한 자가 비비탄 총〔BB gun〕으로 내 윈도를 저녁 9시쯤에 쏘아서 윈도에 구멍이 뚫렸다. 어떤 몇 여자는 내가 잘못한 여자라 윈도를 쏘았다고 생각하고 비웃는 것도 내가 짐작하여 눈치를 보니 자기들은 좀 아는 것 같더라. 그래도 증거가 없다. 금년 10월에 하우징 오피스의 여자가 나와서 내가 있는 집을 조사하겠으니 나에게 집에 있으라 하는 편지가 와서 〔집에〕 있으니 조사를 하고 간 후 얼마 있다가 〔누군가가〕 내 윈도를 쏘았다.

하우징의 헤드맨〔headman, 책임자〕이 앨런이라 하는 사람이다. 여자 하나와 남자 하나가 여기서 관찰하는데 무슨 일을 보는지는 모르나 일본 사람을 위하여 일한다. 그 여자는 내 옆에 사는 여자〔로〕 이름은 고바야시〔라는〕 여자다. 남자의 이름은 알지 못한다. 살기는 그 20층 위에 산다. 불칸쟁이더라〔싸움을 좋아하는 사람이더라〕. 내가 어떤 날 어디 갔다 집에 오며 걸어오는데 숨이 차서 〔보니〕 여러 여자들이 앉아서 이야기를 하고 집으로 갔다. 그 후 한 여자를 보고 〔내용이 끊어짐〕

내가 웨케 스트리트에서 내 집을 옮겨 간 해는 1965년이다. 그때 내 땅 호수가 7이다. 집을 갖다 놓아도 불이 없어 집에 전기도 없이 석유 화덕으로 음식을 했다. 내가 고생한 것은 내 남편이 하트가 좋지 못한 사람으로 조용하고 공기 좋은 곳에 살기를 원하므로 그 고생을 하고 코코헤드를 떠나지 않았〔다〕. 우리 아이들이 항구에 와서 조용히 살라 하고 나도 그렇게 하기를 원하지만 병든 남편이 파칼라 스트리트 땅에 집을 가지고 가기를 원하므로 병든 남편을 위하여 집을 가지고 갔다. 조금 후에 영감이 병이 병원 출불나 병원에 입원하엿다. 나는 집에 가내신 밧헤 곳을 너고 [48]마당에 풀을 심어 얼는 크면 병원에서 집에 오시면 야도에 좀 그러 단이고 안자 놀기 한다고 애를 씨고 일을 햇다. 그 일군 집이 업고 해 일군이 업고 매일 날일 하는 쎌노빈 변 서방이 일하로 다닌다. 내가 매일 일하고 저녁 째는 우리 영감 가보고 일을 만히 하니 피곤하다. 니 피곤하다. 그째 일을 만히 해도 영감이 살아올 줄 알고 야도를 키우고 하엿지마는 불행이도 다시 못 오고 그 야도도 못 보고 영영히 턴당을 가시엿다.

[49: 빈 면]

[50]그째 박갈나 수추리 하이슷굴 지을 지얼 째에 길 업헤 적은 집을 짓고 직히는 사람 매일 술을 먹고 녀자가 월급 째 돈 밧으로 와서 카에서 직히더라. 그리고 왓치면 밤에 보는 것은 오기나와 히가라 하더라. 그 사람이 우리 집 젓헤 오면 우리 개가 짓고 야단을 한다. 비섭에 농사 쌍을 일 년 계약하고 그 후면 집을 짓고 근축하면 五十五年 계약 주마 하고 계약이 잇슴으로 그 쌍은 코코구레다산 밋헤 잇고 그 전에는 소 키우는 소장이다. 그째에 비섭 시대지서 곳농사하는 농면들을 주어서 에푸에체서 돈을 도아쥬고 농면들을 만히 도아주엇다. 비섭 쉬대지서 준 쌍이 투 엇카 반이다. 쌍 난바가 칠이다. 그째가 六十四年에 시작하고 六十五年에 박갈[51]나에 와서 전긔가 일곱 쌀 업시 고생하고 우리 영감이 핫병이 잇서 고생을 한다.

영감 코코헷에 사는 것을 죠하한다. 공긔가 죠헌 곳이다. 바람 늘 분다. 박갈라에 이사한 후 병이 더 위즁하여 아메 병원 추불라에 입원하엿다. 나는 날일군을 다리고 농사하며 야도에 야도 풀을 심어 고물 주어 길런다. 영감이 병원서 나오면 야도에 안고 거러 다니게 한다. 오호라 세상이여 내 마음과 뜻대로 되지 안코 영감이 영영 집에 도라오지 못하고 다런 더해져 아미 병원인 트리플러 병원에 입원하였다. 나는 집에 카네이션 밭에 꽃을 〔심어〕 놓고 마당에 풀을 심어 얼른 크면 〔남편이〕 병원에서 집에 오시면 야드에 좀 걸어 다니고 앉아 놀게 한다고 애를 쓰고 일을 했다. 일꾼〔이 머물〕 집이 없고 해서 〔상주하는〕 일꾼이 없고 매일 〔와서〕 날일 하는 필리핀 변 서방이 일하고 다녀간다. 내가 매일 일하면서 저녁 때는 우리 영감에게 가보고 일을 많이 하니 피곤하다. 피곤하다. 그때 일을 많이 해도 영감이 살아올 줄 알고 야드를 키우고 하였지만 불행히도 다시 못 오고 그 야드도 못 보고 영영 천당에 가셨다.

그때 파칼라 스트리트에 하이스쿨〔Kaiser High School〕을 지을 때 길 옆에 작은 집을 짓고 지키는 사람이 매일 술을 먹고 여자가 월급 〔탈〕 때 돈 받으러 와서 카에서 지키더라. 그리고 워치맨〔watchman, 경비원〕 밤에 지키는 사람은 오키나와 〔출신의〕 히가〔라는 사람이〕라 하더라. 그 사람이 우리 집 가까이에 오면 우리 개가 짖고 야단을 한다. 비숍과 농사할 땅을 1년 계약하고 그 후에 집을 짓고 건축하면 55년 계약을 주마 하고 계약하였는데, 그 땅은 코코크레이터 산 밑에 있고, 그전에는 소 키우는 소장이었다. 그때 비숍 에스테이트에서 꽃농사하는 농민들에게 〔땅을〕 주어서 FHA에서 돈을 빌려주고 농민들을 많이 도와주었다. 비숍 에스테이트에서 준 땅이 2에이커 반이다. 〔나는〕 땅 넘버가 7이다. 그때 〔19〕64년에 시작해 65년에 파칼라〔스트리트〕에 와서 전기가 일곱 달 〔동안〕 없어 고생하고, 우리 영감이 하트병〔심장병〕이 있어 고생했다.

영감이 코코헤드에 사는 것을 좋아한다. 공기가 좋은 곳이다. 바람이 늘 분다. 파칼라로 이사한 후 병이 더 위중해져 아미 병원인 트리플러에 입원하였다. 나는 날일꾼을 데리고 농사하며 야드에 야드 풀을 심어 거름을 주어 기른다. 영감이 병원에서 나오면 야드에 앉고 걸어 다니게 한다〔할 작정이다〕. 오호라 세상이여. 내 마음과 뜻대로 되지 않고 영감이 영영 집에 돌

세상을 써나서 내 풀 심어서 잘 키운 야도를 보지 못하고 세상 리별하엿다. 영감이 죠하하던 곳이라 집을 지을가 하고 주선하니 녀자 혼자는 농사하는대 에푸엣체서 돈을 쥬지 못하니 나 아해들은 농해[52]기 실어하고 다 집이 잇고 됴헌 잡이 잇다. 그래서 내 마음이 더 섭섭하고 내 마음이 낙심되여 영감 샌들면들 위신에 내 써나지 못하고 칠십 년에 써나기 되엿다.

그째 코헷 박갈나 수추리 즁학교 시작하고 짓는다. 내가 하로는 내 야도를 치운다. 내 야도 엽헤 즁학교를 짓는다. 내 야도 업헤 청년 두 남자가 정심을 먹는대 내가 야도를 싸구리로 그머니 못 지가 밥 먹는 사름의게 가기로 내가 좀 멈추고 섯다. 바로 내 마당 젓해 잇다. 그째에 학교 집 짓는 일군이다. 나이가 하나는 키가 크고 나이 청년이다. 쎌니빈 오정인 갓고 하나는 키도 적고 못생기고 도양 사람이더라. 내 섯노라니 저거까지 이약이하더니 그 적은 못생긴 아해가 [53]큰 청년 보고 저 녀자가 그러하다 하고 말을 하니 큰 사람이 이 적은 것의게 뭇기를 유 수 하니 대답하기를 정말 하니 나는 그 젓헤 내 야도에 섯는 그 큰 사름이 나를 보고 유는 늙엇다, 나는 양 녀자 원한다 하고 큰 사름이 이 적은 놈의게 뭇기를 유 수 와 그리하니 이 적은 놈이 파시틈이라 하고 대답을 하고 큰 놈이 가면서 당신 늘것서니 양 썰을 원한다 하고 가기에 내가 그째 나를 두고 말한 줄 알앗다. 그전에 두 놈이 리약하는 것 무선 말인지 몰낫다. 그런 소리 처음 드리니 내가 알 수 업다. 나는 그런 말도 아라드를 줄 모러고 내 야도 겻헤 잇[54]서니 약한다.

아오지 못하고 다른 세상으로 떠나서 내가 풀 심어서 잘 키운 야드를 보지 못하고 세상과 이별하였다. 영감이 좋아하던 곳이라 집을 지을까 하고 주선하니 여자 혼자는 농사하는 데 FHA에서 돈을 빌려주지 못한다고 하니 〔내 아이들에게 물어도〕 내 아이들은 농사하기 싫어하고 다 집이 있고 좋은 잡〔job〕이 있다. 그래서 내 마음이 더 섭섭하고 내 마음이 낙심했지만 영감 〔을 생각하니〕 센티멘털〔sentimental〕〔하여서〕 우선〔바로〕 내가 떠나지 못하고 〔19〕70년에 떠나게 되었다.

그때 코코헤드 파칼라 스트리트에 중학교를 짓기 시작했다. 내가 하루는 내 야드를 치우고 있었다. 내 야드 옆에 중학교를 짓는다. 내 야드 옆에 두 청년 남자가 점심을 먹는데 내가 야드를 갈쿠리〔갈퀴〕로 〔긁는데〕 멀찍이 긁지 못하여 밥 먹는 사람에게 다가가게 되니 내가 잠시 멈추어 섰다. 바로 내 마당 옆에 있다. 그때 학교 집 짓는 〔일을 하는〕 일꾼이다. 하나는 키가 큰 나이 든 청년이다. 필리핀 오정인[12] 같고 하나는 키도 작고 못생기고 동양 사람이더라. 내가 섰노라니 자기네끼리 이야기하더니 그 작고 못생긴 아이가 큰 청년 보고 "저 여자가 그러하다." 하고 말하니 큰 사람이 이 작은 것에게 묻기를 "유 투〔you too, 너도 그래〕?" 하니 대답하기를 "정말." 이라 하니, 그 곁에 내 야드에 서 있는 그 큰 사람이 나를 보고 "유는 늙었다. 나는 영〔young, 젊은〕 여자 원한다." 하고 큰 사람이 이 작은 놈에게 묻기를 "유 투, 어〔you too, uh, 너도 그래, 어〕?" 그러니 이 작은 놈이 "포지티브 〔positive, 그렇다〕."라 대답하고, 큰 놈이 가면서 "당신 늙었으니 영 걸〔young girl, 젊은 여자〕을 원한다." 하고 가기에 내가 그때서야 나를 두고 말한 줄 알았다. 그전에 두 놈이 이야기하는 것이 무슨 말인지 몰랐다. 그런 소리를 처음 들으니 내가 알 수 없다. 나는 그런 말도 알아들을 줄 모르고, 내 야드

---

12 무슨 뜻인지 알 수 없다.

[55]해리 오가미는 외기 수추리 살고 고셈튼 곳을 키우고 나는 외기 수추리 올은편에 살고 가내신을 길너섯(엿)다. 나를 됴화 안이 한다. 민쥬당에 안이 든다고 나를 일본 사람 반대자라 하는 일홈 짓고 회하는 대 내가 가면 쉬비를 한다. 그째에 코코헷 농민회가 잇섯다. 한국 사람 만히 살아도 안이 오고 내하고 리귀설 씨하고 애스다하고 림생수샌이다. 김엔 세상 써나고 내 혼자서 애통하니 해리가 나를 내 아달 한국 갓다 오라 하고 여행 포를 사주어 一千九百六十七年 점 되여서 한국을 하와이 온 지 五十二年 만에 다여로 갓다. 해리 박은 내 둘 아달이다.

[56]여행으로 한국 갓다 하와이 도라올 째 일본에 와서 공긔선을 밧가 타고 하와이로 드러온다. 일본 공긔선에 나리니 집을 글고 가는 구루마가 서 우리 일향을 다 실고 가는대 내 가방 짜로 실고 그 구러마 잇난 사람 저를 짜라오라 하는대 짜라가면서 이상하게 생각하엿다. 와 다련 사람은 다 공선으로 올니고 나를 짠 대로 다려가나 생각하엿다. 짜라가니 조고마는 금사실에 좀 놋고 나를 공긔선 타는 대로 보고 이 집 오도록 긔대리라 한다. 한참 긔대리니 집이 왓다. 집이 가방샌이다. 그래서 하와이 우리 집에 와서 가방을 열고 쌜너 쌜 것을 차지면 보니 내 선생 두 분 [57]사진이 업서지고 내 내가 부인구제회 일한 서루가 다 업서도 말하지 안이헷다. 아달 쌀들 잘 다여오고 자미 만히 보시는야고 뭇기 한국 대한영을 바닷다 하고 일본 사근은 말하지 안이하엿다. 박갈내 혼차 이설 쎄에 내가 밧헤 파설리와 파와 가내신을 심우고 농사를 한다. 그째 필닙빈 이 군을 씨고 일을 식힐 쌔다. 그래 그 람보고 잘 부탁하고 가서 오래 못 잇는 그 사람 항구에 살고 매일 전차로 와서 일을 한다. 그래서 내가 오래 못 잇고 일적이 드러왓다.

곁에 있으니 이야기한다.

해리 아카베는 웨케 스트리트에 살고 크리샌서멈[chrysanthemum, 국화] 꽃을 키우고 나는 웨케 스트리트 오른편에 살고 카네이션을 길렀다. [해리 아카베가] 나를 좋아하지 않는다. 민주당에 안 든다고 나를 일본 사람 반대자라 하는 이름을 짓고 회를 하는 데 내가 가면 시비를 한다. 그때 코코헤드 농민회가 있었다. 한국 사람은 많이 살아도 안 오고 나하고 이규설 씨하고 에스더하고 김생수뿐이었다. 기븐이 세상을 떠나고 나 혼자서 애통해하니 내 아들 해리[Harry]가 나에게 한국에 갔다 오라 하고 여행 표를 사주어 1967년쯤 되어서 하와이에 온 지 52년 만에 한국에 다니러 갔다. 해리 박은 내 둘째 아들이다.

여행으로 한국에 갔다 하와이로 돌아올 때 일본에서 공기선을 바꾸어 타고 하와이로 들어왔다. 일본 공기선에서 내리니 짐을 끌고 가는 구루마가 서서 우리 일행[의 짐]을 다 싣고 가는데 내 가방은 따로 싣고 그 구루마를 끄는 사람이 저를 따라오라 하는데 따라가면서 이상하게 생각하였다. 왜 다른 사람은 다 공기선에 태우고 나를 딴 데로 데려가나 생각하였다. 따라가니 조그마한 검사실에 나를 잠시 두고 공기선 타는 곳을 가리키며 이 짐이 오도록 기다리라고 한다. 한참 기다리니 짐이 왔다. 짐이 가방뿐이다. 그래서 하와이 우리 집에 와서 가방을 열어 빨래할 것을 찾으며 보니 내 선생 두 분의 사진이 없어지고 내가 부인구제회에서 일한 서류가 다 없어졌지만 말하지 않았다. 아들딸들 잘 다녀오고 재미 많이 보셨느냐고 묻기에 한국에서 대환영을 받았다고 하고 일본 [가방] 사건은 말하지 않았다. 파칼라[스트리트]에 혼자 있을 때 내가 밭에 파슬리와 파와 카네이션을 심고 농사를 했다. 그때 필리핀 일꾼을 쓰고 일을 시킬 때다. 그래서 그 사람보고 잘 부탁하고 [한국에] 갔어도 오래 못 있었다. 그 사람은 항구에 살며 매일 전차로 와서 일을 했다. 그래서 내가 오래 못 있고 일찍 들어왔다.

[58]一千九百七十一年에 내가 하와이 옷 하는 무무삽에 일을 좀 했다. 그째 애시다 리가 신문에 일이 잇다 하고 이약하기로 내가 애시다를 보고 그곳에 가보 일을 엇을 하니 나를 그 무무삽에 갓다. 미스다 막글이라 하는 사람의게 실 자러난 일을 어엇다. 내가 일을 하니 일본 녀자, ㅉ 녀자가 대단 죠하 안이 했다.

[59]八月十二日 오후 三 十五분에 가하구지 녀편내 캐틀린이) 문 압혜서서 나를 모욕하엿다. 네가 나가면 적은 시간에 돈을 만히 벌이하고 온다 하고 모욕하엿다. 그 녀편내 한 말이 ㅆ 잇지마는 너무 창피해서 씰 수가 업다. 나를 그와 갓치 모욕하여도 내가 참앗다. 얼마나 더 참을 수가 잇나.

[60~62: 빈 면]

[63]우리가 박갈나에 산다. 해리 오가비가 죽엇다. 그 부인이 알링 오가비다. 일은 전어회사에서 한다. 지금은 그거시 야단한다. 나를 추라불 하는 사람, 쌈 잘하는 사름이랏고 하우싱에도 말하엿다. 내가 이곳에 이사오니 엇던 녀자가 말하더라. 나를 추라불 사람이라 하엿다.


[64]매리 보라

어머니가 폴하바 아라손아 배 구경 간다. 우리 정심 먹는 클랍에 다리고 간다. 나는 어대로 가던지 내 뒤를 쫏는 사람 잇다. 나를 해하려 한다. 코코헷에 이설 째 외기 수추리 해리 오가비가 민쥬당 회를 모흴 째 내 보고 드라하여서 밥시의게 무러니 자긔는 대대로 공화당이라 해서 해리보

1971년에 내가 하와이 옷 만드는 무무샵[13]에서 일을 좀 했다. 그때 에스더 리(Esther Lee, 이규설의 부인)가 신문에 일자리가 있다고 이야기하기에 내가 에스더를 보고 그곳에 가봉 일을 얻을 수 있겠냐 하니 나를 그 무무샵에 (데리고) 갔다. 미스터 매클이라는 사람에게 실 자르는 일을 얻었다. 내가 일을 하니 일본 여자와 포(르투갈) 여자가 대단히 안 좋아했다.

8월 12일 오후 3(시) 15분에 가와구치의 여편네 캐롤린이 문 앞에 서서 나를 모욕하였다. 네가 나가면 적은 시간에 돈을 많이 벌어 온다 하고 모욕하였다. 그 여편네가 한 말이 또 있지만 너무 창피해서 쓸 수가 없다. 나를 그와 같이 모욕하여도 내가 참았다. 얼마나 더 참을 수가 있나.


우리가 파칼라(스트리트)에 산다. 해리 아카베가 죽었다. 그 부인이 알린 아카베다. 전화회사에서 일한다. 지금은 그것이 야단이다. 나를 트러블(trouble, 말썽) 일으키는 사람, 싸움 잘 하는 사람이라고 하우징 오피스에도 말하였다. 내가 이곳에 이사 오니 어떤 여자가 말하더라. 나를 트러블 (일으키는) 사람이라고 하였다.

메리 보라.

어머니가 펄하버의 애리조나 배 구경하러 간다.[14] 우리 점심 먹는 클럽(club)에서 데리고 간다. 나는 어디로 가든지 내 뒤를 쫓는 사람이 있다. 나를 해하려 한다. 코코헤드에 있을 때 웨케 스트리트(에 사는) 해리 아카베가 민주당 회를 모을 때 나에게 들라 하여서 밥 씨에게 물으니 자기는 대

---

13 무무muumuu는 하와이 민속의상으로, 화려한 색채의 천으로 만든 드레스이다. 무무샵은 무무를 만들어 납품하거나 직접 파는 옷가게이다.
14 1941년 12월 7일 일본의 침공으로 태평양전쟁이 시작되었을 때 침몰한 USS 애리조나호의 희생자 1,177명을 기리고자 세워진 기념관 배이다. 미 연방 공원국이 관리하는 관광지이다.

고 영감이 공화당임으로 민주당 안이 하고 내가 말햇다. 그째버더 나를 죠아 안이 하고 내가 일본 사람 반대자로 인정하고 농민회 할 째마당 내의 시비를 하고 당을 모아서 나를 일본 사람 배적이라 하고 박갈라 수굴 지을 째 밤 왓치면 하는 사름 지금까지 나를 왓치한다. 오기나와 일본 사름 일홈은 히가이다. 저

대로 공화당이라 해서 해리에게 영감이 공화당이므로 나는 민주당에 안든다고 내가 말했다. 그때부터 나를 좋아하지 않고 나를 일본 사람 반대자로 인정하고 농민회 할 때마다 나에게 시비를 하고 당을 모아서 나를 일본 사람 배척(자)이라 하고 파칼라 (스트리트의) 스쿨을 지을 때 밤에 워치맨 하는(경비하는) 사람이 지금까지 나를 워치한다(감시한다). 오키나와 일본 사람 이름은 히가다. 저

천연희 노트 7권

1980. 6. 20. 一千九百八十年六月二十日 긔록

[1: 빈 면]

[2]지난 일이 아득하여 생각이 날난지 六十四五年 긴 세월에 내 눈으로 보고 귀로 듯고 갓치 사회해온 일 조곰도 차이 업시 내 보고 듯고 갓치 행한 대로 기억나는 대로.

나는 소설가도 안이요, 웅변가도 안이요, 정치가도 안이요, 학식이 만헌 사람도 안이지만은 오직 한국에서 나의 부모 피를 타고 그 강산 우로 밋헤 잔쌔가 굴거서 내 보모님 사랑 속에 자라서 위국 생활 六十五년 한 만코 원 만은 우리나라 사랑하는 내 동포 그려웁기 한이 업네.

반만년 역사로서 사랑하는 부여 민족 愛國思想 前進不退 단결하세. 단결하세. 우리 민족 단결하세. 우리 국긔 가는 곳에 자유자가 학실코 우리 국긔 가는 곳에 [3]세게 무대에서 쇠어노네. 합하고 민족이 단결하는 나라는 사는 길이 열어고 단결치 못하고 서로 갈나지는 나라는 서지 못하는 나라오. 빅성이 다 단결하는 길이 사는 길이다.

우리나라 사람들은 민주주의 병던 사람들이다. 민주주의는 나라를 밧들고 남을 먼저 살니고 내가 사는 것이다. 우리가 묵묵히 생각해 볼이다. 내가 민쥬의 빅성에 직무를 다하는 사람인가 내 양심 나의 자신을 먼저 생각하여 볼이다. 정부나 사회 잘못만 보지 말고 내 자신도 생각해야 된다. 남의 눈에 든 틔만 보지 말고 내 눈에 던 들보도 보야 된다. 의리석은 빅성들의게 민쥬쥬의를 팔니고 개인의 욕심에 쥬의는 하지 마라. 내가 한국일보를 보니 광쥬 사변에 중학교 학생이 요구한 조목을 보니 이것은 민주의로 나라를 충성하고 민족사[4]랑하는 민쥬쥬의가 안이고 죠코 안되고 저만 죠헌 자신쥬의로 국가나 사회와 자신을 망하게 하는 쥬의드라. 중학생 정도면 나이 十七八세 이상으로 공부하는 복십이 세고 시간이 업시 열심으로 공부를 해야 저 일평생 살 길을 열긴대, 그것은 힘써지

1980. 6. 20. 1980년 6월 20일 기록

지난 일이 아득하여 생각이 날지 〔모르겠다〕. 〔19〕64, 5년의 긴 세월 동안 내 눈으로 보고, 귀로 듣고, 같이 해 온 일을 조금도 차이 없이 내가 보고 듣고 같이 행한 대로 기억나는 대로 〔기록하겠다.〕

나는 소설가도 아니요, 웅변가도 아니요, 정치가도 아니요, 학식이 많은 사람도 아니지만 오직 한국에서 나의 부모의 피를 받고 그 강산에서 잔뼈가 굵어서 내 부모님 사랑 속에 자라서 외국 생활 65년 동안 한 많고 바라는 것 많은 우리나라를 사랑하는 내 동포가 그립기 한이 없다.

반만년 역사로 사랑하는 부여 민족, 애국 사상으로 전진하고 물러서지 말고, 단결하세. 단결하세. 우리 민족 단결하세. 우리 국기가 휘날리는 곳에 자유와 자강이 확실하고, 우리 국기가 휘날리는 곳에 세계무대에서 뛰어 노네. 민족이 화합하고 단결하는 나라는 살 길이 열리고, 단결하지 못하고 서로 갈라지는 나라는 서지 못하는 나라요. 백성이 다 단결하는 길이 사는 길이다.

우리나라 사람들은 민주주의가 병든 사람들이다. 민주주의는 나라를 받들고 남을 먼저 살리고 내가 사는 것이다. 우리가 묵묵히 생각해 볼 일이다. 내가 민주의 백성으로서 직무를 다하고 있는 사람인가. 내 양심과 나 자신을 먼저 생각해 볼 일이다. 정부나 사회의 잘못만 보지 말고 내 자신부터 생각해야 된다. 남의 눈에 든 티끌만 보지 말고 내 눈에 든 들보를 봐야 한다. 어리석은 백성들에게 민주주의를 팔지 말고 개인의 욕심을 챙기지 마라. 내가 『한국일보』에서 광주 사변〔5·18 광주민주화운동〕 때 중학교〔고등학교〕 학생이 요구한 조목을 보니 이것은 민주주의로 나라에 충성하고 민족을 사랑하는 민주주의가 아니고, 좋건 안 좋건 자기만 좋은 자신주의로 국가와 사회와 자신을 망하게 하는 주의더라. 고등학생 정도면 나이가 17, 18세 이상으로 공부하려는 복심이 강하고, 시간이 없이 공부를 열심히 안코 정치난 웨 한다고 야단하는야.

　미국 빅성이 달나라를 가서 미국긔를 솟잣서니 당신들 공부 힘써하여 직성에 가서 태극기를 곳을 생각은 안이하고 민쥬의 싸음하니 인제가 아직도 나지 안코 운명이라면 한심하다. 지리산 활라산 정긔를 타고 경상도 도보 총각을 [5]인제를 일시에 솟난다 말이 왼일인가. 미련한 경상도 바보들아 인제를 양성하고 만히 만히 박 대동영 갓흔 인제가 나서 대한민국 죠흔 일군이 되여야 되기를 하나님 긔도로 비나이다. 박 대통영이 너무 법을 강하게 씨무로 독재쥬의니 하고 단번에 업새서 니 나라를 밧들고 해가는 민쥬쥬이가 안이요 자신 욕심에 쥬의다. 남을 싯어 바리고 내가 그 자리에서 나는 양심에서 죠흔주의를 판 것이다.

　미국 창설에 두 쥬의를 이빅 년 세월을 해왓서나 민쥬의 만헌 고통을 밧는다. 미국은 합중국이라 해서 세계 사람 이민 민즁을 바앗기에 그 사람들이 혹은 학식 잇고 혹 [6]중중 무식한 사람들이 만다. 이 사름들은 미국이 민쥬주의라 하는 나라 왓서니 분수업난 법과 돈도 잘 버리하여 헌청거리고 잘살 줄 알앗다. 미국은 부저러 일하면 돈은 벌이할 수 잇다. 힘써 애서 부저런이 일해야 한다.
　우리 속담말과 갓치 부자가 시리쩍을 써서 시리쩍은 그 부자 쥬인이 먹고 쩍 쌕서리기는 일군이 먹는다. 이 미국 사람들 이민 와서 고생한 역사와 사진을 보면 고생도 만히 하고 생명도 만히 업서젓다. 콜럼버씨가 (이타리얀)으로 미국을 차잣다. 미국이 아메리가 남북아매리가다. 미국 해야 일평생 살아갈 길을 열 수 있을 텐데, 그것에 힘쓰지 않고 왜 정치를 한다고 야단하느냐.

미국 백성이 달나라에 가서 미국 성조기를 꽂았으니 당신들도 공부에 힘써서 달나라에 가서 태극기 꽂을 생각은 하지 않고 민주주의 싸움만 하고 있으니 아직도 인재가 나지 않은 운명이라 한심하다. 지리산과 한라산의 정기를 받은 경상도 도보 총각을, 인재를 일시에 끝낸다는 말이 웬일인가. 미련한 경상도 바보들아. 인재를 많이 많이 양성하고, 박〔정희〕 대통령 같은 인재가 나서 대한민국의 좋은 일꾼이 되기를 하나님께 기도드려 비나이다. 박 대통령이 너무 법을 강하게 썼기 때문에 독재주의라 〔비판〕하고, 단번에 없애서 내 나라를 받들고 해가는 〔것은〕 민주주의가 아니요, 자신의 욕심을 〔채우는〕 주의다. 남을 끊어 버리고 내가 그 자리에 서서 내 양심에 좋은 주의를 판 것이다.

미국이 창설〔될 때〕에 두 주의를 이백 년 세월을 해 왔으나 민주〔주의〕가 많은 고통을 받았다. 미국은 합중국이라고 해서 세계 사람을 이민자로 받아들였기에 그 사람들이 혹은 학식이 있고, 혹은 종종 무식한 사람들이 많았다. 이 사람들은 미국이라는 민주주의 나라에 왔으니 법에 차별이 없고, 돈도 잘 벌어 흥청거리고 잘살 줄 알았다. 미국은 부지런히 일하면 돈을 벌 수 있다. 힘써서 부지런히 일해야 한다.

우리나라 속담에 부자가 시루떡을 쪄서 그 떡은 부자 주인이 먹고 떡 부스러기는 일꾼이 먹는다는 말이 있다. 이 미국 사람들이 이민 와서 고생한 역사를 사진으로 보면 고생도 많이 하고 생명도 많이 잃었다. 콜럼버스(이탈리안)[1]가 미국을 찾았다. 미국에 남아메리카와 북아메리카가 있다. 이

---

1 콜럼버스Christopher Columbus(1451~1506)는 이탈리아 제노바에서 출생했다. 에스파냐의 카스티야 여왕 이사벨 1세의 후원으로 신항로 개척에 나설 수 있었다.

이 남아메리가 잇다. 이 아메리가 본토인이 잇섯다. 그 사람들은 지금 우리 부러기를 인뒤엔이라 부런다. 사람 샘긔기로 동양새7람 갓허나 얼골에 강대쌔가 좀 놉허고 살빗치 쓸것빗치 만엄으로 홍인이라 불넛다.

[8~10: 빈 면]

[11]시작 一千九百十五年 一月에 시작 역사로 긔록

나는 영남 사람으로 태여낫다. 경상남도 진쥬군 진쥬업 비동 천운서 씨의 긋해 쌀이다. 나는 죠헌 어머님이 게시엿다. 집안이 부요했다. 우리 아바님은 자긔의 전답에 나는 곡식과 다런 농민의 곡식을 무역하엿다. 그쌔 시절에는 우리나라가 종교가 다 불교를 밋엇다. 그럼으로 우리 어머님 짜라 절에 가서 불공을 하엿다. 내 나이 十二 · 十三세 될 쌔 내가 에수교회 다니고 에수를 밋엇다.

진쥬 에슈교가 시작은 영국 장로교회다. 영국 장로교회서 오스트엘리야를 영국 속지인 고로 그리고 장로교를 파송하고 그 교회서 우리 한국에 파송되[12: 빈 면][13]여서 교회도 설립ᄒ고 학교도 설립되엿다. 처음으로 경상남도난 부산에 교회와 학교를 설립하고 둘재로 마산에 설립하고 진주로 와서 장노교회와 학교를 설립하엿다. 남자 학교 일홈은 광림학교이라 하고 녀자 학교난 정숙학교다.

병원 설립하 일홈 배돈병원이다. 부산진에 잇는 학교난 온어 녀자 일신학교만 잇다. 마산에는 의진 창신이 잇섰다. 진쥬는 광림정숙학교가 잇섯다. 이 학교와 교회는 영국 장로교회에 부속이다. 부산 영성고개에 의율빙이라 하는 미국 선교사요 의원 된 목사가 잇섯다. 이 교회는 미국 아메리카에 본토인이 있었다. 그 사람들을 지금 우리는 인디언이라고 부른다. 사람의 모습은 동양 사람과 같지만 얼굴에 광대뼈가 좀 높고 살빛이 붉으므로 홍인이라고 불렀다.

시작. 1915년 1월에 시작〔하여〕 역사로 기록.

나는 영남 사람으로 태어났다. 경상남도 진주군 진주읍 비동 천운서 씨의 막내딸이다. 나는 좋은 어머님이 계셨다. 집안이 부유했다. 우리 아버님은 자기의 전답에서 나는 곡식과 다른 농민의 곡식을 무역하였다. 그 시절에는 우리나라 사람들이 다 불교를 믿었다. 그러므로 우리 어머님을 따라 절에 가서 불공을 드렸다. 내 나이가 12, 13세 되었을 때 나는 예수교회를 다니〔기 시작했〕고 예수를 믿었다.

진주에서 처음 문을 연 교회는 영국 장로교회다. 영국 장로교회에서 영국 식민지였던 오스트레일리아에 장로교를 파송했고, 그 교회에서 우리 한국에 〔장로교 선교사를〕 파송해서 교회도 설립하고 학교도 설립하였다. 경상남도에서는 처음으로 부산에 교회와 학교를 설립하였고, 두 번째로 마산에 〔교회와 학교를〕 설립하고, 진주로 와서 장로교회와 학교를 설립하였다. 남자 학교의 이름은 광림학교이고 여자 학교는 정숙학교다.

〔호주 장로교 선교부가 진주에〕 병원을 설립하였는데 그 이름이 배돈병원이다. 부산진에는 여자 학교인 일신학교만 있다. 마산에는 의진〔학교〕와 창신〔학교〕가 있었다. 진주에는 광림정숙학교가 있었다.[2] 이 학교와 교회는 영국 장로교회의 부속이다. 부산 영성고개〔영서현〕에 의율빙[3]이라는 미국 선

---

2 천연희 노트 1권 주 1 참조.
3 미국 북장로교 선교사인 찰스 어빈 박사Dr. C. H. Irvin(1862~1935)이다. 한자식 이름은 어을빈魚乙彬이다. 1893년 북장로교 선교사로 부산에 파견되어 동광동에 어을빈 병원을 개원하여 진료했다. 이하에서는 어을빈으로 바로잡는다(김남일, 『근현대 한의학 인물실록』, 들녘, 2011.

에 속한 교회다. 으을빙 목사는 의사로서 약제조하여 만병슈 약을 제조
[14]한 사람이다. 내 진쥬 내 고향 정숙학교 다닐 째 매일갓치 일순사 스
파야 금사장이 와서 여러 가지로 배우지 못하게 하는 과정을 배우지 못
하게 하는 가정 압슈하는 고로 마음 상하고 분심이 난다. 내 나의 十五세
오 十四세 되여실 째 우리나라가 일본에 합방이 되고 우리 국긔난 나려
가고 일본 국긔가 공즁에서 펄펄 란다.

　이 모던 것을 내 눈으로 보고 만이 너무나 압하 내 강산에 살긔도 실코
철리나 말리를 가고 십지만은 자유 업서니 여힝권도 쥬지 안해서 그째
애국 신사들이 청국으로 도쥬하고 미국으로 갓다. 우리 집안 형편은 위
국 유학 보낼 슈 잇섯서나 일본 정부에 여힝권 엇지 못한다. 우리 민족은
자유를 [15]일코 일본의 속국으로 자유가 업다. 내가 녀자지마는 애타는
이 가슴에 한을 누구의게 하소년 할 째 업다. 내 사촌 오라분님은 내보다
두살이 우로 자긔 진쥬 비봉산 업혜 공자님 모신 생교 별당 젓헤 보양학
교를 지엇다. 그 학교는 과정이 세곳 일홈이 죠련 학교 학교 일홈은 보양
남학교다. 진주서 다 상당한 집 자손만 간다. 우리 오라분님 일홈은 쳔명
옥 씨다. 봉래산 비봉산 골작이에 이 국사절이 잇다.

　봄이면 녀자들리 소풍도 하고 쌜래도 팔노 만히 간다. 됴흔 순천 갓헌
물이 그 골작에서 만히 나려온다. 그 비봉산 길노 우리 오라분이와 내가

교사요, 의원인 목사가 있었다. 이 교회는 미국에 속한 교회다. 어을빈 목사는 의사로서 만병수[4] 약을 제조한 사람이다. 내 진주 내 고향 정숙학교 다닐 때 매일같이 일〔본〕 순사 스파이 검사장이 와서 여러 가지로 과정을 배우지 못하게 하고 압수하는 고로 마음이 상하고 분심이 났다. 내 나이 15세요, 14세가 되었을 때 우리나라가 일본에 합방되었고 우리 국기는 내려가고 일본 국기가 공중에서 펄펄 날았다.

이 모든 것을 내 눈으로 보고 맘이 너무나 아파 내 강산에 살기도 싫고 천리만리 가고 싶지마는 자유가 없으니 여행권〔여권〕도 주지 않아서 그때 애국 신사들이 청국으로 도주하고 미국으로 갔다. 우리 집안 형편은 외국 유학을 보낼 수 있었으나 일본 정부에〔서〕 여행권을 얻지 못했다. 우리 민족은 자유를 잃고 일본의 속국으로 자유가 없었다. 내가 여자이지마는 애타는 이 가슴의 한을 누구에게 하소연할 데가 없었다. 내 사촌 오라버니는 나보다 두 살 위로 진주 비봉산 옆에 공자님을 모신 생교[5] 별당 곁의 보양학교를 다녔다. 그 학교는 과정이 세고[6] 이름이 좋은 학교로, 학교 이름은 보양남학교다. 진주에서 다 상당한 집 자손만이 갔다. 우리 오라버니 이름은 천명옥 씨다. 봉래산 비봉산 골짜기에 국사절[7]이 있다.

봄이면 여자들이 소풍도 하고 빨래도 하려고 많이 갔다. 좋은 순천 같은 물이 그 골짜기에서 많이 내려온다. 그 비봉산 길로 우리 오라버니와 내

웹 버전. http://terms.naver.com/entry.nhn?docId=1526521&cid=55559&categoryId=55559. 검색일 2016. 5. 10.)

4 어을빈이 개발하여 판매한 만병수萬病水라는 드링크제를 가리킨다. 이 약은 한약을 먹는 습속을 파고들어 큰 성공을 거두었고, 이 약 덕분에 부산 사람치고 어을빈을 모르는 이가 없었다고 한다.
5 생교는 향교가 있었던 곳을 가리킨다. 생교가 있던 마을은 생교 마을 또는 교동 마을이라고 불렀다.
6 공부를 많이 시켰다는 의미이다.
7 천연희 노트 1권 주 10 참조.

매일 학교를 올나간다. 자긔는 생교 길을 바라보고 올나가고 나는 우리 학교로 간다. 엣 긔억[16]이 아득하다. 이갓치 마음 고통을 밧고 마음 둘째 업실 째다. 우리 오라분님과 친구 학생들을 불너다 눗코 문초를 하고 너 애국하는 동지 친구가 멋치 되나 하고 문초를 한다. 그를 째마당 내 마음은 압허고 씨알엇다. 마참 그째에 우리 친구 녀학생이 하로 학교에 와서 말하기를 제가 저 아바지 바다 보는 신문을 보니 평양과 서울에서 교회 속으로 녀자들 사진혼인을 미국 간다 하는 신문지를 보앗고 이약이 하엿다. 쏘 그 후에는 마산과 부산서도 만히 간다 하고 저도 가기를 말한다. 그래서 우리 녀학생이 말하기를 진쥬는 아직 그런 일이 업서니 좀 아라보라 하엿다. 이 녀학생 이바지가 좀 [17]론펭이로 사역을 못 하니 집안이 구차하엿다. 그래 이 학생은 더 미국 가는 것을 원햇다. 조곰 잇다가 여름방학이 되엿다. 이 녀학생이 마산에 가서 하와이 사진결혼 하는 형편 알고 와서 이약이를 하니 녀학생들이 너도나도 하고 갈나 하지마는 부모들이 허락지 안타.

엇던 부모는 너무 왕고되여 녀자 위국 가는 것 크게 반대한다. 十三四年에 리승만 박사를 서울 만국청년회에서 초청하여 한국에 오서서 우리 진쥬 에배당에 영국 목사 크열휴 목사가 초정하여 진주 에배당에 와서 성경 말삼 설교하고 케열휴 목사 집에서 게[18]시고 서울 올나가신 후 신문에 크게 나기를 리승만 씨 목을 베여 가지 오면 만元을 상을 주마 흐고 대서특필서 냇심으로 도로 미국으로 도라와서 十三四年에 하와이로 오섯다 한다.

가 매일 학교를 올라갔다. 자기는 생교 길을 바라보고 올라가고 나는 우리 학교로 갔다. 옛 기억이 아득하다. 이같이 마음 고통을 받고 마음을 둘 데가 없을 때였다. 우리 오라버니와 친구 학생들을 불러다 놓고 문초하고 너 애국하는 동지 친구가 몇이나 되나 하고 문초한다. 그럴 때마다 내 마음이 아프고 쓰라렸다. 마침 그때에 우리 친구 여학생이 하루는 학교에 와서 말하기를 자기 아버지가 받아 보는 신문을 보니 평양과 서울에 있는 교회에서 여자들이 사진혼인을 〔통해〕 미국〔으로〕 간다는 신문지를 보았다고 이야기하였다. 또 그 후에는 마산과 부산에서도 많이 갔고, 자기도 가겠다고 말하였다. 그래서 우리 여학생이 말하기를 진주는 아직 그런 일이 없으니 좀 알아보라 하였다. 이 여학생 아버지가 좀 룸펜〔lumpen, 게으름뱅이〕으로 사역을 못 하니 집안이 구차하였다. 그래서 이 학생은 더 미국 가는 것을 원했다. 조금 있다가 여름방학이 되었다. 이 여학생이 마산에 가서 하와이 사진결혼 하는 형편을 알아 와서 이야기하니 여학생들이 너도나도 가려고 하지만 부모들이 허락하지 않았다.

어떤 부모는 너무 완고하여 여자가 외국 가는 것을 크게 반대하였다. 〔19〕13, 14년에 이승만 박사를 서울 만국청년회에서 초청하여 한국에 오셔서 우리 진주 예배당에 영국 목사 거열휴 목사가 초청하여 진주 예배당에 와서 성경 말씀을 설교하였고 거열휴 목사 집에서 계시고 서울에 올라가신 후 신문에 크게 나기를 이승만 씨의 목을 베어 가지고 오면 만 원을 상으로 주겠다고 대서특필해서 냈으므로 도로 미국으로 돌아와서 〔19〕13, 14년에 하와이로 오셨다고 한다.[8]

---

8 이승만이 두 번째로 하와이에 도착한 때는 1913년 2월 3일이다. 이승만은 『신한국보』의 주필로 초빙되어 하와이에 와 있던 의형제 박용만의 요청으로 국민회가 초청하여 하와이에 오게 되었다.

그째에 싹다 푸라이가 리승만 씨로 붓들고 자긔를 도아 일해 달나 하엿다. 이 싹터 푸라이는 미미교회 감독으로 잇섯다. 하와이 이민 드러오신 아저문이 아자씨들이 다수가 에수교인이 만햇다 한다. 그래서 그째 하와이는 밋는 교회가 천주교와 감독교와 미미교회가 잇섯다 한다. 그래서 우리 한인들 전슈가 미미교인이다. 그 미미교회 안에 학원 잇서 농장에 학생을 부모들 학비 [19]당하고 학원에서 긔숙하고 공부를 가라친다. 그째 농장에 월금은 쌕하다. 그러나 부모들은 자녀 공부를 식힛다. 그야말노 피쌈을 헐여 가면서 돈을 벌어서 자녀를 공부식혓다. 그째가 一千九百十五年 六月에 내가 사진혼인으로 길찬옥 씨의게 시집을 왓다. 길찬록 씨난 평안도 안쥬 태생이다. 내보담 二十六세가 차이가 잇섯다.

길찬록 씨는 한국 글을 좀 배와 한문은 좀 알더라. 一千九百十五年 六月

---

그때에 닥터 프라이[9]가 이승만 씨를 붙들고 자기를 도와 일을 해달라고 하였다. 이 와드먼은 미이미[10]교회 감독[11]으로 있었다. 하와이로 이민 들어 오신 아주머니, 아저씨들이 다수가 예수교인이 많았다 한다. 그래서 그때 하와이[에]는 믿는 교회가 천주교와 감독교[회][12]와 미이미교회가 있었다 한다. 그래서 우리 한인들 전체가 미이미교인이었다. 그 미이미교회 안에 학원이 있어서 농장의 학생을 [위해] 부모들이 학비를 [충]당하고 학원에 서 기숙하게 하고 공부를 가르쳤다.[13] 그때 농장의 월급이 박하였다. 그러 나 부모들은 자녀들을 공부시켰다. 그야말로 피땀을 흘려 가면서 돈을 벌 어서 자녀를 공부시켰다. 그때가 1915년 6월에 내가 사진혼인으로 길찬록 씨에게 시집을 왔다. 길찬록 씨는 평안도 안주 태생이다. 나보다 26세가 차 이가 있었다.

길찬록 씨는 한국 글을 좀 배웠고 한문은 좀 알았다. 1915년 6월에 하와

---

9 와드먼의 오기이다. 천연희 노트 1권 주 107 참조. 이하 와드먼으로 수정한다.

10 천연희 노트 1권 주 106 참조.

11 천연희는 감리사superintendent를 감독bishop으로 적었다. 감리교회 감리사는 감독을 도와 감독이 위임한 지방회를 관리하고 소속 교회를 담당하며 많은 교역자들을 지도하는 목회자 이다. 주로 지방을 순회 전도하고 지방의 사무와 교회의 영적·물질적 상태를 시찰한다. 또 연회 시에 지방회의 제반 상황을 감독에게 보고한다(『교회 용어 사전』). 이하에서 감독은 감 리사로 수정한다.

12 감독 교회는 성공회 교회Episcopal Church를 가리킨다. 1905년 말에 최진태의 도움으로 호 놀룰루 소재 성 앤드루 성공회 교회에서 한인 회중의 예배가 시작되었다. 곧 성 엘리자베스St. Elizabeth's 교회에 속한 한인 회중으로 계속되다가 1917년 부활절에 성 누가 미션St. Luke's Korean Mission이라는 독자적 이름을 갖게 되었다. 한국에서 대한성공회라는 명칭은 1910년 8월에 사용하기 시작했는데, 한국이 일본에 합병되면서 11월부터는 조선성공회라는 명칭을 사용했다. 1906년 1월 14일자 『대한매일신보』에 실린 윤치호의 글에 "감독 교회"라는 명칭을 사용한 것으로 미루어 1910년 8월 이전에는 감독 교회라는 이름을 사용하였다. Episcopal은 감독이라는 뜻이다(이덕희, 「하와이의 한인성공회교회」, 『한국기독교와 역사』 38, 한국기독교 역사연구소, 2013, 206, 213~214쪽).

13 하와이 감리교 선교부가 1906년 8월 설립한 한인기숙학교Korean Boarding School for Boys 를 가리킨다. 펀치볼 스트리트와 베레타니아 스트리트가 만나는 곳에 위치해 있었다. 학교가 설립되었을 때 호놀룰루 한인감리교회도 이곳으로 이전하였다.

에 하와이로 시집 와서 형편을 보니 리승만 박사가 게시고 국민회가 잇고 독립단도 잇더라. 교회는 미미교회요, 감독 교회는 소수잇더라. 一千九百 [20]五年에 우리나라가 아직 잇섯다. 속은 다 비엿지마는 七조약 오조약에 일본 손에 잡히고 나라를 팔기한 역적은 송병준, 리화용이다. 그째 시절에 한국에 애국지사들이 미국으로 왓다 한다. 내가 다는 모러지마는 대강은 일홈을 안다. 미국으로 오신 애국자이이다.

서재필 씨, 리승만 시, 박용만 씨, 안창호 씨, 정한경 시, 민찬호 시, 림병직

지사들이 미국으로 드러와 공부를 하고 리승만 씨는 동양에 유명하게 하나되는 텰학박사가 되고 박용만 씨는 군으로 군무대학 맛치고 군무로 박사학을 맛치[21]고 하와이를 나와서 우리 동포들을 위하여 일하기를 원해서 가내호이 무건지디를 엇어 동포를 모아 놋코 죠련을 식히고 군인을 양성하는 일을 하엿다. 오호라 시대여, 째가 안이로다. 우리나라는 발서 일본에 속국으로 텰사 주사로 동의메인 빅성이 되엿난대 하와이 다 늙은 아자시들을 군무를 교육하면 무어설 할고. 시간 허비하고 재정 허비로다.

이로 시집 와서 형편을 보니 이승만 박사가 계시고 국민회가 있고 〔대조선〕 독립단도 있더라. 교회는 미이미교회요, 감독 교회〔한인 성공회 교회〕는 소수였다. 1905년에 우리나라가 아직 있었다. 속은 다 비었지마는 〔정미〕7조약, 〔을사〕5조약에 일본의 손에 잡혔고, 나라를 팔아먹은 역적은 송병준과 이화용[14]이다. 그때 시절에 한국의 애국지사들이 미국으로 왔다 한다. 내가 다는 모르지만 대강 이름은 안다. 미국으로 오신 애국자이시다.

　서재필 씨, 이승만 씨, 박용만 씨, 안창호 씨, 정한경 씨, 민찬호 씨, 임병직

　지사들이 미국으로 들어와 공부하고 이승만 씨는 동양에 유명하게 하나 되는〔동양에서 유일한〕 철학박사가 되었고 박용만 씨는 군으로 군무대학을 마치고 군무로 박사학위를 마치고[15] 하와이를 나와서 우리 동포들을 위하여 일하기를 원해서 카네오헤〔Kaneohe〕[16] 무건지대〔武建地帶, 무술을 연마하는 장소〕를 얻어 동포를 모아 놓고 조련하고 군인을 양성하는 일을 하였다. 오호라 시대여, 때가 아니로다. 우리나라는 벌써 일본의 속국으로 철삿줄로 동여매인 백성이 되었는데, 하와이의 다 늙은 아저씨들에게 군무를 교육하면 무엇을 할꼬. 시간 허비, 재정 허비로다.

---

14　내부대신이었던 이지용을 리화용이라고 잘못 적었다.

15　천연희의 기억이 잘못되었다. 1904년 미국으로 건너간 박용만은 네브래스카주에 있는 링컨 고등학교에서 1년간 수학한 뒤 1906년 헤이스팅스 대학에서 정치학으로 학사학위를 취득하였다('박용만', 한국민족문화대백과사전. https://encykorea.aks.ac.kr). 천연희 노트 1권 주 104 참조.

16　카할루우Kahaluʻu를 잘못 적은 것으로, 이하에서는 카할루우로 정정한다. 1914년 6월 10일 박용만은 오아후섬 북동쪽에 위치한 카할루우의 아후이마누Ahuimanu 파인애플 농장에서 대조선국민군단을 조직해 군사 훈련을 실시했다. 군단과 사관학교의 병력은 120~130여 명에 달했고, 군영 낙성식은 1914년 8월 29일에 이루어졌다. 국민군단과 사관학교는 1916년을 고비로 점차 쇠퇴하여 1917년경에 해체된 것으로 보인다('대조선국민군단', 한국민족문화대백과사전. https://encykorea.aks.ac.kr).

넷적에 노인들 이약이 말삼이 영웅이 나면 룡마가 나고 룡마가 나면 영웅이 나야 된다 한다. 째가 그째 안이로다. 우리 민족의 운명이로다. 내가 十五年 六月에 하와이 드러오니 길찬 씨가 [22]마위 국민회 대포로 一年에 한 번식 지방에서 대포원을 정하고 호항 대포를 호항 총회로 보내넌대 갓다 왓다. 말하는 것 드럿다. 一千九百五年에 포아 하와이 미국 영디로 이민 오신 아지씨 아저문이들이 그중에 드르난 즁 무식하고 더러난 학식이 욱여 한 사롬이 잇섯다.

우리나라가 합방된 후에 국민회를 세왓난지 그전에 이 국민회를 창설하엿난지 너무 오래되여 긔억이 업다. 그러나 그 아자씨들 말삼을 드러면 우리가 위국에 와서 나라가 업난 백성이니 다런 나라 사람의 피해당하여도 호소할 길이 업서니 우리 해위 동포들 단합하여 우리 한국 백성의회 [23]한국 빅성의 국민회로 죠직하고 일홈 國民會 하고 이 나라 정부에 인장을 밧앗다. 그래서 하와이는 국민회가 한국 민족의게 단체회다. 그 시대에는 한국 사람이 각 섬에다 자리를 잡은 한인이 잇는 곳에는 국민 디방회가 잇서 일年 한 번식 一月이면 국민회를 열고 호항 총회로 대포원을 보낸다.

호항은 국민회 총회로 국민회 중앙 단장이오. 디방은 국민회 회장이 잇다. 각 디방에서 회를 하고 一年 전진 방침에 회중에 사건을 회원이 쓴이 올은 의견이면 회중 [24]그 수 가결노 통과를 밧아 지방회 근의서에 올 옛적에 노인들 이야기 말씀이 "영웅이 나면 용마가 나고 용마가 나면 영웅이 나야 된다." 한다. 때가 그때가 아니로다. 우리 민족의 운명이로다. 내가 〔19〕15년 6월 하와이에 들어오니 길찬〔록〕 씨가 마우이 국민회의 대표로 1년에 한 번씩 지방에서 대표원[17]을 정하고 호항〔호놀룰루〕 대표를 호항 총회로 보내는데, 〔거기에〕 갔다 왔다고 말하는 것을 들었다. 1905년에 포와[18] 하와이는 미국 영지로, 〔이곳에〕 이민 오신 아저씨와 아주머니들이 그중에 더러는 무식하고 더러는 학식이 뛰어난 사람이 있었다.

우리나라가 합방된 후에 〔대한인〕국민회를 세웠는지, 그전에 이 국민회를 창설하였는지 너무 오래되어 기억이 없다. 그러나 그 아저씨들 말씀을 들으면 우리가 외국에 와서 나라가 없는 백성이니 다른 나라 사람에게 피해를 당하여도 호소할 길이 없으니 우리 해외 동포들이 단합하여 우리 한국 백성의 의회, 한국 백성의 국민회를 조직하고 이름을 국민회〔國民會〕로 하고 이 나라 정부로부터 인장을 받았다.[19] 그래서 하와이〔에서〕는 국민회가 한국 민족 단체회였다. 그 시대에는 한국 사람이 각 섬에다 자리를 잡은 한인이 있는 곳에는 국민회 지방회가 있어서 1년에 한 번씩 1월이면 국민회를 열고 호항 총회로 대표원을 보냈다.

호항은 국민회 총회로 국민회 중앙 단장이요, 지방에는 국민회 회장이 있었다. 각 지방에서 회의를 하고 1년 전진 방침〔을 논의하고〕 회원의 뜻이 옳은 의견이면 회중[20]의 거수가결로 통과를 받아 지방회 건의서에 올렸다.

---

17 표를 포라고 썼다. 대포원은 대표원을 가리킨다. 공채포는 공채표, 투포는 투표이다. 이후 대표원, 공채표, 투표로 통일한다.
18 하와이의 한자 표기이다.
19 정식 명칭은 대한인국민회 하와이 지방 총회이다. 1913년 2월 27일 하와이 정부에 법인 설립 인가를 신청하여 6월 9일에 법인 관허를 받고 등록되었다(이덕희, 『하와이 대한인국민회 100년사』, 연세대학교 대학출판문화원, 2013, 32쪽).
20 회중은 "많이 모여 있는 사람들"로, 회의에 모인 사람들을 가리킨다.

닌다. 디방에 쌉은 대포원을 그 근의서 주어서 호항 총회에 그 대포원이 참석한다. 호항 총회를 열고 회할 째 각 디방 대포원이 가지 온 근의서를 회즁에 대포원회 서긔가 랑독한다.

각 디방 근의서 즁에 제일 요긴한 조목을 쌉아 대포회에서 다시 통과한 후에 그것 조목을 이용한다. 중앙부 총회 대포회에서 결의된 그 죠목을 가지고 지방 대포원이 각 지방회에 드러노면 이 사근으로 지방에 일년 동안 행정흔다. 한국인들이 미국 포아 영디로 [25]와서 살면서 우리 삼쳘리강산 우리 민족을 사랑하고 한국 애국심이 만흔 민족이다. 혹 그리 안이하는 동포가 잇셔 아자씨들이 용서를 하지 안코 동포를 치지 안코 랭정한다. 그러무로 혹 동족 간에 시비가 만앗다.

이 국민회가 어는 해에 창립된 것은 내가 알 수 업다. 그러나 그전 국민회 총회장 한 사름들 성명이 이러하다. 그즁 정칠래, 포상옥, 홍진포, 리래슈, 김종상에 불신용함으로 만히 타락을 밧앗다 하더라. 그째에 국민 내는 자치금이 [26]일 년에 금화 三元이라 하엿다. 그 돈을 공정하게 씨지 안코 개인이 화려하게 남용한 고로, 대포원이 十四年에 회집하고 정리하엿다는 말을 내가 들엇다. 내가 十五年 六月에 하와이로 와서 보니 리성만 씨는 정치와 교육과 종교 방침으로 일을 하시고 국민회는 국민희신문이 잇고 리승만 씨가 그 쥬필 하는 것 도아주시고 자긔는 태평양잡디를 발간하여 세계 소식과 정치 소식과 국민의 사상을 씌웃첫다. 그래

지방에서 뽑은 대표원에게 그 건의서를 주어서 호항 총회에 그 대표원이 참석하였다. 호항 총회를 열고 회〔의를〕할 때 각 지방 대표원이 가지고 온 건의서를 회〔의〕중에 대표원회 서기가 낭독하였다.

각 지방 건의서 중에 제일 요긴한 조목을 뽑아 대표회에서 다시 통과한 후에 그 조목을 이용한다. 중앙부 총회 대표회에서 결의된 그 조목을 가지고 지방 대표원이 각 지방회에서 드러내면 이 사건으로 지방에서 1년 동안 행정을 한다. 한국인들이 미국 포와 영지로 와서 살면서 우리 삼천리강산 우리 민족을 사랑하고 한국 애국심이 많은 민족이다. 혹 그리 아니하는 동포가 있으면 아저씨들이 용서를 하지 않고 동포로 치지 않고 냉정〔히대〕한다. 그러므로 혹 동족 간에 시비가 많았다.

이 국민회가 어느 해에 창립되었는지는 내가 알 수 없다. 그러나 그전 국민회 총회장을 한 사람들의 성명이 이러하다. 그중에 정칠래,[21] 포상옥,[22] 홍진포,[23] 이내수,[24] 김종상[25] 〔등이다〕.〔그들은〕신용이 없고 많이 타락했다 하더라. 그때에 국민이 내는 자치금이 1년에 금화 3원이라 하였다. 그 돈을 공정하게 쓰지 않고 개인이 화려하게 남용한 까닭에 대표원이 〔19〕14년에 모여서 정리하였다는 말을 내가 들었다. 내가 〔19〕15년 6월에 하와이로 와서 보니 이승만 씨는 정치와 교육과 종교 방침으로 일을 하시고 국민회는 국민회 신문이 있고, 이승만 씨가 그 주필 하는 것을 도와주시고, 자기는 『태평양잡지』를 발간하여 세계 소식과 정치 소식과 국민의 사상을

---

21 천연희 노트 1권 주 100 참조.

22 천연희는 '표'를 자주 '포'라고 썼다. 표상옥이 맞다. 천연희 노트 1권 주 101 참조.

23 가운데 자를 '전'이라고 적었다가 '인'자와 '진'자를 덧붙여 적었다. 홍인표가 맞다. 홍인표는 1913년 김종학이 총회장이었을 때 재무를 담당했고 대한인국민회 하와이 지방 총회가 하와이 정부에 법인 설립 인가를 신청했을 때 법인 헌장에 서명한 다섯 명 중 한 명이다.

24 천연희 노트 1권 주 102 참조.

25 김종상이라 썼지만 김종학이다. 김종학은 1911년 대한인국민회 하와이 지방총회의 부회장, 1914년과 1915년에 대한인국민회 하와이 지방총회의 총회장을 역임했다.

서 나는 국민신문이나 태평잡지를 다 바다보앗다.

태평양잡지로 애국하는 마음 정치의 정신을 국민의게 만히 주엇다. 그쌔에 하와이에 인도자가 둘[27: 빈 면][28]이 잇섯다. 한 분은 리승만 씨요 한 분은 박용만 씨다. 이 인도자들이 자긔내들이 배운 학식도 다러고 사상도 갓지 안타. 사실노 그러하다. 그 시대도 달나젓다. 오호라 시대에 변천이요, 박용만 씨의 시대가 안이로다. 전 한국이 잇슬 쌔 그러한 용사가 생겻서며 우리나라를 건저 설란지 운명이다. 그러나 그이는 애국자요 인도자라서 우리 한국 사람은 어대 가서 통성명을 무러면 곳 디방열을 문는다. 선생님은 어는 도에서 왓심닛가 물어면 박용만 씨 대답이 에저는 한국 사룸이요 부여 민족이라는 대답 하섯다 함니[29]다. 그이는 하와이 가네호이라 하는 대 자리를 정하고 군단을 조직하고 죠련을 식히고 가라쳣다.

리성만 씨는 교육으로 정치로 종교로 일을 한다. 싹트 푸라이가 리승만 씨로 자긔 학원에 한인이 만흔 것 맛치 좀 도아 달나 해서 보아 쥬엇다. 리승만 씨는 우리 민족이 국민회 회원인 고로 자긔도 국민회원으로 그 동포들과 갓치 정치 일을 한다.

[30]다 박용만 씨는 하와이 가내호이라 하는 곳은 누아노 산 넘에 잇는 기지를 정하고 군단을 조직하고 죠련을 식히고 가라치고 자긔들이 일홈 직기를 독립단이라 ㅎ고 회원들은 감독교회 소슈 사람들이 후원하엿다. 말 들어니 조고마는 독립단 회관이 아직도 팔나마에 잇고 양문서 씨내가 관할한다 하더라.

깨우쳤다. 그래서 나는 국민신문[26]이나 『태평양잡지』를 다 받아 보았다.

『태평양잡지』로 애국하는 마음, 정치의 정신을 국민에게 많이 주었다. 그때에 하와이에 인도자가 둘이 있었다. 한 분은 이승만 씨요 한 분은 박용만 씨다. 이 인도자들이 자기네들이 배운 학식도 다르고 사상도 같지 않다. 사실이 그러하다. 시대도 달라졌다. 오호라 시대의 변천이요, 박용만 씨의 시대가 아니로다. 전에 한국에 있을 때 그러한 용사가 생겼으면 우리나라를 건졌을는지 (하는 생각이 드는) 운명이다. 그러나 그이는 애국자요 인도자라서 우리 한국 사람은 어디 가서 통성명을 물으면 곧 지방열을[27] 묻는다. 선생님은 "어느 도에서 왔습니까."(라고) 물으면 박용만 씨의 대답이 "예, 저는 한국 사람이요, 부여 민족이라."라고 대답하셨다 합니다. 그이는 하와이 카할루우라고 하는 데에 자리를 정하고 군단을 조직하고 조련하고 가르쳤다.

이승만 씨는 교육으로 정치로 종교로 일을 했다. 닥터 와드먼이 이승만 씨에게 자기 학원에 한인이 많은 것을 마침 좀 도와 달라 해서 (그 일을) 보아 주었다. 이승만 씨는 우리 민족이 국민회의 회원인 까닭에 자기도 국민회 (회)원으로 그 동포들과 같이 정치 일을 했다.

박용만 씨는 하와이 (오아후섬) 카할루우라 하는 곳의 누우아누(Nuuanu) 산 너머에 기지를 정하고 군단을 조직하고 조련하고 가르치고, 자기들이 이름 짓기를 독립단이라 하고, 회원들은 성공회 교회의 소수가 후원하였다. 말을 들으니 조그만 독립단 회관이 아직도 팔리(Pali)에 있고 양문서 씨 집안에서 관할한다 하더라.[28]

---

26 『국민보』를 말한다. 천연희 노트 1권 주 95 참조.
27 "지방열을"은 "어느 지방 출신이냐고"라는 의미이다.
28 팔리Pali('벼랑'이라는 뜻)는 누우아누 팔리 드라이브를 가리킨다. 이 내용은 확인되지 않아 사실 여부를 조사해야 한다.

리승만 씨는 정치로 종교로 고육으로 일을 한니 미미교 싹트 푸라이가 리승만 씨게 자긔 학원을 좀 도아 달나 하엿다. 그 학원에 한국 청년이 만히 잇고 공부를 하엿다. 그래 리승만 씨 만히 도아쥬고 하엿다. 그째 일차 전장이 [31]긋나 세게 평화 단판회가 열니고 소약국 동명회가 열니고 군축 단판회가 열닐 째에 우리 국민회에서 대포로 보낼 째 리승만 씨 가시고 안형경 씨 미국에 게시는 서재필 시늘 가기 되엿다. 그 경비는 우리 국민회원들이 국민회에서 부담한다. 대포 정한경 씨도 간다. 그째 우리 국민회원 중에 츙직하게 애국지사들이 잇섯다. 호항에서 난 안형경 씨, 김광재 시, 박내선 씨, 조석준 씨, 마위서는 김성긔 씨, 와히아와 양홍엽, 김국경 씨, 한긔찬 부친이다. 호항에 공치순, 윤동찬 씨도 그러하다. 우리 국민회서 리승만 씨로 애국하는 인도자로 섬기고 절대로 한국 [32]독립 찻는 인도자로 섬깃다. 마음을 정신을 다하여 우리 독립을 희망한다.

미미교 감독은 싹트 푸라이고 미미고 목사는 핸어리다. 미미교 싹트 푸라이가 보는 학원에 문제가 생기고 분쟁이 나서 학생들이 공부하지 안코 학교서 써나 섬으로 집으로 다 간다. 그래 싹터 푸라이가 리승만 씨의게 도와 달나고 말삼하여서 알아보니 학생 부모님들 대단이 골이 나서 이승만 씨는 정치로 종교로 교육으로 일을 하니 미이미교 닥터 와드먼이 이승만 씨에게 자기 학원을 좀 도와 달라고 하였다. 그 학원에 한국 청년이 많이 있었고 공부를 하였다. 그래서 이승만 씨가 많이 도와주었다. 그때 일차 전쟁이 끝나 세계평화담판회〔파리평화회의〕가 열리고 약소국동맹[29]회가 열리고 군축담판회〔워싱턴회의〕가 열릴 때에 우리 국민회에서 대표를 보낼 때 이승만 씨가 가시고 안형경[30] 씨, 미국에 계시는 서재필 씨가 가게 되었다. 그 경비는 우리 국민회원들이 국민회에서 부담했다. 대표 정한경 씨도 갔다. 그때 우리 국민회원 중에 충직한 애국지사들이 있었다. 호항에서는 안현경 씨, 김광재 씨, 박내선 씨, 조석준 씨, 마우이에서는 김성기 씨, 와히아와〔Wahiawa〕〔에서는〕 양홍엽, 김국경 씨, 한기찬 부친이다. 호항에 공치순, 윤동찬 씨도 그러했다. 우리 국민회에서 이승만 씨를 애국하는 인도자로 섬기고 절대로 한국 독립 찾는 인도자로 섬기었다. 마음을 정신을 다하여 우리 독립을 희망했다.

미이미교 감리사는 닥터 와드먼이고 미이미교 목사는 핸어리[31]다. 미이미교 닥터 와드먼이 보는 학원〔한인기숙학교〕[32]에 문제가 생기고 분쟁이 나서 학생들이 공부하지 않고 학교를 떠나 섬으로 집으로 다 갔다. 그래서 닥터 와드먼이 이승만 씨에게 도와 달라고 말씀하여서 알아보니 학생과

---

29 동명은 동맹을 가리킨다. 이하에서는 동맹으로 통일한다.

30 안형경의 오기이다. 이하에서는 안형경을 안현경으로 바로잡았다. 천연희 노트 1권 주 114 참조.

31 핸어리가 아니라 엘머 스미스R. Elmer Smith이다.

32 한인기숙학교는 하와이 감리교 선교부가 미국 감리교단 선교국의 후원으로 한인들을 위해 설립한 초등학교이다. 1906년 9월 학기부터 문을 열었고, 초대 교장은 와드먼 감리사의 부인인 메임 와드먼Mame H. Wadman이다. 미국인 교사 3명과 한인 교사 2명, 기숙사 사감 이지성이 있었다. 학생 수는 65명이었다. 1907년 초 하와이 영토 정부가 정규 학교로 인가하여 이 학교 졸업생은 다른 상급학교로 전학할 수 있었다(이덕희, 「이승만과 하와이 감리교회 그리고 갈등: 1913-1918」, 『한국기독교와 역사』 21, 2004, 108쪽)

자긔 자식들을 다 다리고 간다.

그 이유를 알아보니 일본 정부가 우리 학생들 도아서 원조금을 싹타 푸라이를 도아주엇다 한다. 그럼으로 부모님이 그거설 알고 자긔 자식을 다려갓다. 우리는 일본에 원조를 밧기 원치 안코 부모들이 학비를 다 내 [33]는대 위 우리 원슈 돈을 밧아 내 자식 공부를 시기지 안켓다 하고, 부모들이 말하엿다. 우리나라가 합방한 후에 일본이 미국에 영사를 보내여 미국에 잇는 우리 동포가 일본이 한국을 합방함으로 일본 빅성으로 관할하겟다 하여셔 우리 국민회에서 우리는 우리나라가 잇서 우리 황데에 집조 가지고 이민 온 사람이니 너 일본이 상관이 업다 흐고 좃차 보내고 상관 못 한다.

국민회원들 그째 단결심이 잇고 애국심이 만다. 그리하는 일이 잇는대 일본이 교회를 이용하여 한국 사름을 잡을나 하는 것이다. 싹트 푸라이는 일본이 학원에 원조를 준다 하니 바닷다. 그것을 아는 부모들은 우리가 피담 혈여 일하여 우리 자식들의 [34]긔숙하는 경비를 내는대 외 일본 나라 원조를 밧을 필오 업다 하고 농장에 잇는 부형들이 다 학생을 다려가고 문제가 싹트 푸라이가 리승만 씨로 좀 도아 달나 하엿다. 리승만 씨가 학원 형편이 그러한 것 보고 생각 만히 한다. 싸트 푸라이 감독은 자긔 맛헌 직무로 잘 하여가야 되니 누가 원조를 주던지 돈이며 구만이다. 그러하지마는 우리 한국 민족으로난 그것이 마음 압헌 원죠다.

일본은 나라가 든든이 잇고 우리는 나라를 일헌 불상한 민족이다. 누가 우리를 도아주리. 우리는 우리 민족이 단결심으로 싸와야 된다. 그것이 나라 업난 서름이다. 그째에 [35]외실래 홈이 잇다. 각 나라 녀자 긔숙

부모님들이 대단히 골이 나서 자기 자식들을 다 데리고 갔다〔고 했다.〕

그 이유를 알아보니 일본 정부가 우리 학생들을 도와서〔돕는〕 원조금으로 닥터 와드먼을 도와주었다 한다. 그러므로 부모님들이 그것을 알고 자기 자식들을 데려갔다. 우리는 일본에게 원조를 받기를 원치 않고 부모들이 학비를 다 내는데, "우리 원수의 돈을 받아 내 자식을 공부시키지 않겠다." 하고 부모들이 말하였다. 우리나라가 합방된 후에 일본이 미국에 영사를 보내서 미국에 있는 우리 동포가 일본이 한국을 합방했으므로 일본 백성으로 관할하겠다 하여서 우리 국민회에서 우리는 우리나라가 있어 우리 황제의 집조〔여권〕를 가지고 이민 온 사람이니, 너 일본이 상관〔할 것〕이 없다 하고 쫓아 보내고 상관〔하지〕 못〔하게〕 했다.

국민회원들이 그때 단결심이 있고 애국심이 많았다. 그리하는〔그것을 보여 주는〕 일이 있었는데, 일본이 교회를 이용하여 한국 사람을 잡으려고 하는 것이었다. 닥터 와드먼은 일본이 학원에 원조를 준다 하니 받았다. 그것을 안 부모들은 "우리가 피땀 흘려 일하여 우리 자식들이 기숙하는 경비를 내는데 일본 나라 원조를 받을 필요가 없다." 하고 농장에 있는 부형들이 다 학생을 데려갔고, 문제가〔생기자〕 닥터 와드먼이 이승만 씨에게 좀 도와 달라고 하였다. 이승만 씨가 학원 형편이 그러한 것을 보고 생각을 많이 하였다. 닥터 와드먼 감리사는 자기 맡은 직무를 잘 해야 하니 누가 원조를 주든지 돈이면 그만이었다. 그렇지만 우리 한국 민족으로서는 그것이 마음 아픈 원조였다.

일본은 나라가 든든히 있고 우리는 나라를 잃은 불쌍한 민족이다. 누가 우리를 도와주리. 우리는 우리 민족이 단결심으로 싸워야 된다. 그것이 나라 없는 설움이다. 그때에 웨슬리 홈〔Wesley Home〕[33]이 있었다. 각 나라 여

---

33 수산나 웨슬리 홈Susannah Wesley Home을 가리킨다. 수산나 웨슬리 홈은 감리교 여선교회 Methodist Woman's Missionary Society에서 운영한 여아 기숙사이다. 부모가 모두 농장에서 일해서 부모의 보살핌을 받을 수 없는 아이, 부모를 여읜 아이, 호놀룰루 시에 위치한 학교가

사에 잇다. 그래서 우리 동포 녀자들 학생도 잇섯다. 리승만 씨가 닐니아 부누이 큰 집을 세로 어더 녀자 긔숙사를 시작하엿다.

그쌔에 한국 사람이 다 미미교회 교인 고로 교인도 만아서 자급돈 만히 드러왓다. 에배당을 한국 사람 교인들 위하여 미국 미순회에서 지어 준다 하지마는 한인 교인도 만히 돈 내엿다. 그러허지마는 형편 되는대로 미국 미순회서 그 교회집을 팔 수 잇다. 일본 사람들은 나라 종교가 불교로서 에수교인이 만치 안치마는 미국이 예슈교 마금위교 하는대 선숙 일본이라 일본 사람들이 교회를 쉬운다 하면 일본 정부서 도아준다.

일본 사람 이런 교회를 하여곰 나라에 위교관이다. 한국 사름[36]은 약지를 못해서 이혜를 모러고 에수를 밋어도 산 에슈를 안밋고 죽은 에슈를 밋는 에수씨게서 세상 오시여서 자긔가 손슈 물고기 다섯 마리, 썩 열구 등이로 오쳔 명을 먹게 해서 배를 불니엿다. 병든 사람 성케 하시고 안전방이를 그러 다니게 하시고 에루살림 성전에 가서 바리새교인 압헤 장사하는 사름 방운이 다둘 둘너업고 쫏차내엿서 장사 돈 벌지 못하게 하야 에수씨를 로마 병정의게 잡히게 하고 십자가에 못 박아 운명하신 에슈를 밋어라. 바리쌔 교인이 되지 마라. 그 사람들 입은 에복은 길고 죠치만은 마음은 교만하여 저만 아는 사름이다.

자 기숙사가 있었다. 그래서 우리 동포 여자들 학생도 있었다. 이승만 씨가 릴리하 푸우누이(Liliha Puunui)의 큰 집[34]을 새로 (구입하여) 여자 기숙사를 시작하였다.

그때에 한국 사람이 다 미이미교회 교인인 고로 교인도 많아서 자급할 돈이 많이 들어왔다. 예배당을 한국 사람 교인들을 위하여 미국 미션회 (mission회, 선교부)에서 지어 준다 하지만 한인 교인도 많이 돈을 냈다. 그렇지만 형편 되는 대로 미국 미션회에서 그 교회 집을 팔 수 있었다. 일본 사람들은 나라 종교가 불교로 예수교인이 많지 않지만 미국이 예수교, 마금 위교[35] 하는데, 선숙(善宿)[36] 일본이라. 일본 사람들이 교회를 세운다 하면 일본 정부에서 도와줬다.

일본 사람은 이런 교회를 하여 (자기) 나라의 (민간) 외교관 (역할을) 했다. 한국 사람은 약지 못해서 이 예를 모르고 예수를 믿어도 산 예수를 안 믿고 죽은 예수를 믿는(다.) 예수 씨께서 세상에 오시어 자기가 손수 물고기 다섯 마리, 떡 열두 덩이로 오천 명을 먹게 해서 배를 불리었다. 병든 사람 성케 하시고 앉은뱅이를 걸어 다니게 하시고 예루살렘 성전에 가서 바리새 교인 앞에 장사하는 사람 앉은뱅이를 다 둘러업고 쫓아내서 장사 돈을 벌지 못하게 하여 예수 씨를 로마 병정에게 잡히게 하였고 십자가에 못 박혀 운명하신 예수를 믿어라. 바리새 교인이 되지 마라. 그 사람들 입은 예복은 길고 좋지만 마음은 교만하여 저만 아는 사람이다.

---

시골 농장에서 너무 멀어 통학이 어려운 아이 들이 머물렀다. 1903년 설립 당시에는 일본인 여아를 위한 기숙사였으나 1906년부터 한인 여아를 받아들였다.

34 이승만이 1913년 2월 3일에 하와이에 도착하여 거주한 푸우누이 애비뉴 2453번지에 있는 집의 길 건너에 있던 집이다.

35 마금위는 천주교에서 신부가 되는 위계를 가리킨다. 따라서 마금위교는 천주교를 의미한다.

36 선숙善宿은 불교에서 행하는 참회 수행법인 포살布薩, Upavasatha을 번역한 것이다. 여기서는 불교를 의미한다.

이째에 리승만 씨가 형편을 보니 사실[37]노 어려운 형편이다. 자긔가 한국 사람에 인도자요, 부여 민족에 애국자로 자신을 위하여 싹타 푸아의게 일을 보고 자긔 자신이 잘 살 슈 잇게지마는 리승만 씨는 애국자로 죽어도 내 나라 살아도 내 나라 내 민족을 위하여 일해야 되는 고로 첫채는 나라는 일엇지마는 교회에 신앙은 자유로 서야 하는 생각으로 그째는 우리가 다 국민회원이요, 독립단은 소수요, 감독 교인이 만다. 그래서 우리 국민보와 태평양집지에 사설이 낫다. 국민회 사름들이 단결이다. 일체 자유교회를 원해서 가아무기 디방에 엇던 헌 집을 세로 내가지고 시작하엿다. 그째가 一千九百十八年이다. 교회 [38]일홈은 긔독교로 정하엿고, 각 디방에도 긔독교가 설립되엿다.

민찬호 씨도 우리 한인에 인도자요, 국민회 회원이요, 신앙에 인도자이다. 그째 긔독교 목사로 시무하시고 어려운 사회에 월급 제대로 쥬지 못하니 자기네 식구가 고통을 만히 당하엿지마는 나라와 민족과 신앙 위하여 긔독교 목사로 세상을 써나시고 이 목사가 긔독교 시초 목사이다. 이 목사 아달은 싹트 탐어서민이다. 최창덕 씨도 긔독교 목사로 처음버터 시작하엿다. 리승만 씨가 긔독교회 감독이 되시고 쏘 자긔가 긔독학원을 호룰루 갈니히 밸리 골작에 [39]넓고 광활한 긔디를 매득하야 하와 한인

이때에 이승만 씨가 형편을 보니 사실로 어려운 형편이었다. 자기가 한국 사람의 인도자요, 부여 민족에 애국자로 자신을 위하여 닥터 와드먼에게 일을 보고 자기 자신이 잘 살 수 있겠지마는 이승만 씨는 애국자로 죽어도 내 나라, 살아도 내 나라 내 민족을 위하여 일해야 되는 고로, 첫째는 나라는 잃었지마는 교회에 신앙은 자유로 서야 한다는 생각으로 그때는 우리가 다 국민회원이요, 독립단은 소수요, 성공회 교인이 많았다. 그래서 우리 『국민보』와 『태평양잡지』에 사설이 났다.[37] 국민회 사람들이 단결이다. 일체 자유 교회를 위해서 카이무키(Kaimuki)에 있던 헌 집을 세내서 [예배를] 시작하였다.[38] 그때가 1918년이다. 교회 이름은 [한인]기독교[회]로[39]로 정하였고, 각 지방에도 한인기독교회가 설립되었다.

민찬호 씨도 우리 한인의 인도자요, 국민회 회원이요, 신앙의 인도자이다. 그때 한인기독교회 목사로 시무하시고 어려운 사회에 월급을 제대로 주지 못하니 자기네 식구가 고통을 많이 당하였지만 나라와 민족과 신앙을 위하여 기독교 목사로 세상을 떠나시고 이 목사가 한인기독교회의 시초 목사이다. 이 목사의 아들이 닥터 토머스 아서 민(Dr. Thomas Arthur Min)이다. 최창덕 씨도 기독교 목사로 처음부터 시작하였다. 이승만 씨가 한인기독교회의 감리사가 되시고, 또 자기가 [한인]기독학원을 [세웠다.] 호

---

37 『신한민보』 1918년 11월 14일자 2면에 실린 「국민보의 창도하는 교회의 기회」를 가리킨다. 이 글에는 미국 영토 하와이에서 독립된 한인기독교회를 개척하는 이유가 자세히 밝혀져 있다. 이 글은 『국민보』에 실린 글을 퍼온 것인데, 현재 이 글이 실렸던 『국민보』는 남아 있지 않다(이덕희, 『한인기독교회·한인기독학원·대한인동지회』, 한국기독교역사연구소, 2008, 36~37쪽).

38 카이무키에 있던 헌 집은 이승만이 임대한 것으로 1918년 9월 한인기독학원을 개교하였다. 위치는 와이알라에Waialae가 3320번지 구 알리이올라니 학교Aliiolani College로 현 알리이올라니 초등학교Aliiolani Elementary School 부지이다. 한인기독교회는 한인기독학원 건물에서 예배를 시작하였다(이덕희, 앞의 책, 2013, 261쪽).

39 정식 명칭은 한인기독교회Korean Christian Church이다. 이하 한인기독교회로 수정한다.

동포 자녀들을 교육식히는 학원을 지어섯다.

　그때 리승만 씨가 하와이 올 째 자긔 사랑하는 친구들이 만히 잇고 고급으로 빅인 친구들이 만히 후원하고 동양 사름이라고 조곰도 차이 업시 놉히고 도아주엇다. 리승만 씨 애국지사로 안다. 오래되여 그 빅인들 일홈 다 씨지 못하니 대강 안다. 이 학원 근설할 째 썰링햄 씨, 쏀두엑 씨, 시다볼링 주인, 시다 풀링 사장 앨린도 만히 도아주엇다. 리승만 씨가 교회나 학원을 창설할 째 우리 동포만 도은 것이 안이고 위국 백인이 만히 도와주엇다.

　그래도 그 원조는 한국 사람 사회로 드러왓다. 리승만 씨가 보통 사람이 안이요, 압헐 내린다보고 일을면 그째 그이는 씬 사름 머리가 보통 사름이 안인 고로 압흘 내다본다. [40]그래서 학원을 설시하고 각 농장에 잇는 우리 동포 남녀 학생들 한국 글도 가라치고 영어도 가라첫다. 그째 빅인 부인 스서탁서라 하는 처녀 부인, 늘은이가 학원을 맛하 보고 한국 녀자도 잇섯다. 하도 만이 갓다 왓다 해서 노되손이 제일 오래 잇섯다. 리원순 부부 부인 매리와 긔독학원 홈장으로 시문하엿다.

　리승만 씨 자긔 일이 분쥬하다. 태평양잡지도 내시고 학원도 일도 보시고 정치도 하시 국민회도 (애바이사)하시고, 모던 일에 긔독교회도 감찰하시고 나라에 위교하시여서 참 분쥬하시게 지난 시간이 업다. 그째는

놀룰루 칼리히 밸리 골짜기[40]에 넓고 광활한 기지를 매득(買得)하여 하와이 한인 동포 자녀들을 교육하는 학원을 지었다.

그때 이승만 씨가 하와이 올 때 자기를 사랑하는 친구들이 많이 있었고 고급으로 백인 친구들이 많이 (그를) 후원하고 동양 사람이라고 조금도 차별하지 않고 높이고 도와주었다. 이승만 씨를 애국지사로 알았다. 오래되어 그 백인들의 이름을 다 쓰지 못하니 대강 안다. 이 (한인기독)학원을 건설할 때 딜링엄(Dillingham) 씨, 보스윅(W. Borthwick) 씨, 『(호놀룰루) 스타 불러틴』의 사장 앨런[41]도 많이 도와주었다. 이승만 씨가 교회나 학원을 창설할 때 우리 동포만 도운 것이 아니고 외국 백인이 많이 도와주었다.

그래도 그 원조는 한국 사람 사회에서 들어왔다. 이승만 씨가 보통 사람이 아니요, 앞을 내다보고 일하여 그때 그이는 깬 사람(이어서) 머리가 보통 사람 (머리가) 아닌 고로 앞을 내다보았다. 그래서 학원을 설시하고 각 농장에 있는 우리 동포 남녀 학생들에게 한국 글도 가르치고 영어도 가르쳤다. 그때 백인 부인 스타크스(L. G. Starks)라 하는 처녀 부인, 늙은이가 학원을 맡아 보았고 한국 여자도 있었다. 하도 많이 갔다 왔다 해서(바뀌어서) 김(손)노듸[42]가 제일 오래 있었다. (김(손)노듸는) 이원순 부부, 부인 매리와 기독학원의 홈장(원장)으로 시무하였다.

이승만 씨는 자기 일이 분주하였다. 『태평양잡지』도 내시고 학원 일도 보시고 정치도 하시고 국민회도 어드바이스(자문)하시고, 모든 일에 (한인)기독교회도 감찰하시고 나라에 외교하시어서 참 분주하게 지내시어 시간

---

40 현 칼리히 초등학교 부근이다. 1922년의 일이다.

41 『호놀룰루 애드버타이저Honolulu Advertiser』를 『호놀룰루 스타 불러틴Honolulu Star Bulletin』으로 잘못 기억하였다. 앨런도 매터슨R. O. Matheson의 오기이다.

42 천연희 노트 1권 주 93 참조. 한글 이름으로 노듸와 노듸가 사용되었는데, 1954년 외자구매청장으로 임명될 때 임명장에 노듸로 표기되어 있다(김점숙, 「하와이의 한인 여성 교육자 김노듸」, 『여성의 역사를 찾아서』, 나남, 2012, 465쪽). 이하 노듸로 통일한다.

부인도 업시 홀노 게시는 호을애비로 식사가 이엽다. 그래서 우리 동지 늙은이들 선생님을 도아 장가 가신는 말삼을 하여도 듯지 안이햇다. 그 째 한국 쳐녀 늙은 처녀가 [41]잇섯지마는 이상이 맛지 안이ᄒ고 사랑이 안이가면 안이 된다.

그이도 세상에 사람인대 넷적 풍속에 첫사랑에 낭망한 사람이다. 그 래서 우리 민족의 애국자요 해위의 동포의 인도자시다. 리승만 씨가 하 와이 게시고 모던 일 하시면서 세게서 무선 문제 생길 째에는 리승만 씨 가 국민회 대포로 우리나라를 윔여 외교하시고 그 경비는 하와이 국민회 회원이 다 보담하엿다. 그째에 리승만 씨는 압허로 내다보시기에 우리나 라 일을 하시면서도 자긔가 동포들 개인이라도 만히 도음 주신다. 부산 서 상고로 드러온 신성일이라 하는 이도 리승만 씨 가라침을 밧아 부동 산을 사서 이익을 보앗다.

자긔 보시는 긔독학원 긔디가 크고 광활하지마는 그째 시절에는 갑시 [42]헐코 쌍 갑시 만치 안이하엿지마는 지금 그른 쌍도 업고 갑시 체고로 올나서 사지 못한다. 리승만 씨 의견을 동포의게 주어 한국 사람에 근물 을 한 가지식 만들엇다.

그째에 우리 교회가 미미교회서 분열한 후 홀노룰 가아무기 디방에 헌 집을 세로 내고 에당에 에배를 본다. 그 후에(닐니하 수굴 수추리)에 쌍 을 사고 에배당을 하엿다. 그 후에 이 에배당이 적음으로 (수굴 수추리) 지금 한국 양노원이 한인이 교희를 섯다. 그 후에 호놀루 닐니하 거리에

이 없었다. 그때는 부인도 없이 홀로 계시는 홀아비로 식사가 이없다[어려웠다]. 그래서 우리 동지 늙은이들이 선생님을 도와 장가 가시라는 말씀을 하여도 듣지 아니했다. 그때 한국 처녀 늙은 처녀가 있었지만 이상이 맞지 않고 사랑이 아니 가면 안 되었다.

그이도 세상 사람인데 옛적 풍속에 첫사랑에 낙망한[43] 사람이다. 우리 민족의 애국자요 해외 동포의 인도자시다. 이승만 씨가 하와이에 계시고 모든 일을 하시면서 세계에서 무슨 문제가 생길 때에는 국민회 대표로 우리나라를 위하여 외교하시고 그 경비는 하와이 국민회 회원이 다 부담하였다. 그때에 이승만 씨는 앞을 내다보시기에 우리나라 일을 하시면서도 자기가 동포들 개인이라도 많이 도와주셨다. 부산에서 상고로 들어온 신성일이라 하는 이도 이승만 씨의 가르침을 받아 부동산을 사서 이익을 보았다.

자기가 [돌]보시는 기독학원 기지가 크고 광활하지만 그때 시절에는 값이 헐하고 땅값이 많지 아니하였지만 지금 그런 땅도 없고 값이 최고로 올라서 사지 못한다. 이승만 씨[가] 의견을 동포에게 주어 한국 사람들이 건물을 한 가지씩 만들었다[갖게 되었다].

그때에 우리 교회가 미이미교회에서 분열한 후 호놀룰루 카이무키 지방에 헌 집을 세내어 예[배]당에서 예배를 봤다. 그 후에 릴리하 스쿨 스트리트[44]에 땅을 사고 예배당을 하였다. 그 후에 이 예배당이 작아 스쿨 스트리트[에 있는] 지금 한국 양로원이 [있는 자리를] 한인들이 교회로 썼다.[45] 그

---

43 이승만의 첫 번째 결혼이 실패했음을 뜻한다.

44 처음에는 푸우누이에 있는 한인여학원에서 예배를 봤고, 1918년에 와이알라에 애비뉴 3320번지로 이사했다가 1920년에 노스스쿨 스트리트 622번지로 이사하였다(이덕희, 앞의 책, 2013, 56쪽). 교회는 릴리하 지역의 노스스쿨 스트리트에 있었다.

45 1929년에 노스스쿨 스트리트 270번지 뒤편에 있는 집 한 채를 사서 한인양로원Korean Old Men's Home이라고 불렀다. 회원 수가 감소하면서 양로원 운영이 어려워지자 한인양로원을

다 땅을 사고 한인 긔독교를 서울 광화문 쏜대로 지엇다. 그때 목사는 김
현식 씨 목사로 그 에배당 근축 고생을 만히 하엿다. 그 아저문이 일홈
에배당 지을 째 애쓴 아저문이 일홈 다는 모러지마는 대강 조앨륜 씨, 안
득은 씨 [43]이 교회를 창설 후 일홈 한인 긔독교회다.

　이 교회는 한국 사람에 독립 교회로 한국 사람의 자치로 해간 에수교
미순에 일 년에 내는 것은 내여도 누구 절제는 맛지 안코 우리 교우들의
재정과 모던 것을 자취로 하여 간다. 그째에 재정이 좀 골란하다. 김형식
목사가 오래 게시다가 미쥬로 이거 하신 후 다런 목사가 왔다. 이 목사도
김 목사다. 그 목사가 와보니 교회가 좀 재정에 골란하다. 우리 교우들도
그런 줄 알고 어려운 시간을 참고 엿태까지 자유를 살어 왔다. 이 목사는
자긔 쯧대로 다런 큰 에배당에 부속하는 쯧을 생각하고 교우들의게 말을
하니 모던 교우들이 그 목사를 반대하여서 그 목사가 우리 교회에 잇지
못하고 나갓다.

---

후에 호놀룰루 릴리하 거리에 땅을 사고 한인기독교회를 서울 광화문 모양대로 지었다. 그때 목사는 김현식[46] 씨 목사로 그 예배당 건축〔하는 데〕 고생을 많이 하였다. 그 아주머니 이름, 예배당을 지을 때 애쓴 아주머니 이름을 다는 모르지만 대강 조앨륜[47] 씨, 안득은 씨 〔등이다.〕 이 교회를 창설한 후 이름을 한인기독교회〔라고 했〕다.

이 교회는 한국 사람의 독립 교회로 한국 사람이 자치〔自治〕로 해 갔다. 예수교 미션〔선교부〕에 1년에 내는 것은 내어도 누구의 절제도 받지 않고 우리 교우들이 재정과 모든 것을 자치로 하여 갔다. 그때에 재정이 좀 곤란하였다. 김형식 목사가 오래 계시다가 미주로 이거〔이주〕하신 후 다른 목사가 왔다. 이 목사도 김 목사였다.[48] 그 목사가 와보니 교회가 좀 재정이 곤란하였다. 우리 교우들도 그런 줄 알고 어려운 시간을 참고 여태까지 자유를〔자유롭게〕 살아 왔다. 이 목사는 자기 뜻대로 다른 큰 예배당에 부속할 뜻을 생각하고 교우들에게 말하니 모든 교우들이 그 목사를 반대하여서 그 목사가 우리 교회에 있지 못하고 나갔다.[49]

---

운영하던 한인상조회를 한인기독교회에 소속시켰고, 그 결과 양로원의 소유권이 한인기독교회로 넘어갔다(이덕희, 앞의 책, 2008, 90쪽).

46 김형식의 오기이다.

47 조매륜의 오기이다.

48 김형식 목사는 1934년부터 1940년 1월까지 시무하였고, 그 후임으로 김창순 목사가 왔다. 김창순 목사는 1944년까지 목회하였다.

49 한인기독교회의 기틀을 세운 민찬호 목사가 1929년 3월 사임한 뒤 그 후임으로 이명우 목사가 8개월간 시무하였다. 그 사이 교인 수가 감소하여 교회 재정이 어려워졌다. 1929년 12월 22일 새롭게 부임한 이용직 목사가 한인기독교회의 재정적 어려움을 타개하고자 성공회 감독 리텔Bishop Littell을 만나 한인기독교회를 성공회 교단에 속하게 하는 방안을 타진했다는 소문이 돌았고, 그로 인해 이용직 목사가 교회를 외국인에게 팔아먹으려 한다는 비방이 나돌았다. 천연희는 이용직 목사가 한인기독교회를 성공회 교단에 속하게 하려고 시도한 일을 계기로 촉발된 교회 내 분쟁을 지적한 것이다. 이용직 목사의 이러한 행동에 대해 이승만은 1930년 7월호 『태평양잡지』에 게재된 「하와이 우리 사업」이라는 글에서 "누구든지 타국인에게 의뢰하지 않고는 우리 교회를 유지할 수 없는 줄로 생각하는 이가 있으면 이 자리에서 그

우리 긔독교회 [44]분쟁은 목사가 교인에 충성한 자유의 쯧을 모러고 자유 교회를 업새기를 원하는 목사가 만하서 분쟁이 난다. 이 목사들은 자긔내 먹고 사는 기관으로 그러허다. 미미교회를 우리가 써나올 쌔도 목사들은 다 미미교회 잇고 그이들이 절대로 반대를 만히 하엿다. 자긔 밥그럿 쌔문이다.

에수를 밋어도 산 에수를 밋고 동족을 파라먹는 에수교인이 되지 마라야 한다. 그쌔 소슈 미미교인들과 목사들이 절대로 리승만 씨를 미워하고 우리 국민회원들이 나라를 위하여 위교하는 대 방해를 만히 주엇다. 그쌔는 하와이가 미국 영지로 포와 하와이다. 그쌔 하와이 오래 사는 빅성도 미국 신민권이 업서 [45]미국 내지로 마음대로 드러가지 못하엿고 드러가면 조사흐고 이민국에 가치고 잇다가 도로 하와이로 보내엿다. 신민권이 업다.

국민회원과 리승만 씨는 우리나라 자유를 주던지 독립을 달나는 목적으로 일차 전쟁이 긋나고 세게 문제가 잇설 쌔마다 외교로 호소할 쌔 그쌔도 다런 한인 소슈는 리승만 씨 반대로 한국 민국의게 큰 손해를 준다. 미국 (타임스) 잡지는 누구던지 글을 써서 경비 돈만 주면은 그 잡지에 내여 준다. 그럼으로 우리 민족이 다합이 업난 거로 알여 주어 위교하는 대 방해 준다. 소약국 동명회 세게평화단판회 세게 군사 군축회가 열닌다 하고 그쌔에 소문이 들니기를 우리 구황[46]제 아들이 나이 十二쌀라 우리 〔한인〕기독교회의 분쟁은 목사가 교인에게 충성하는 자유의 뜻을 모르고 자유 교회를 없애기를 원하는 목사가 많아서 분쟁이 났〔던 것이〕다. 이 목사들은 자기네 먹고사는 기관으로 그러했다. 미이미교회를 우리가 떠나올 때도 목사들은 다 미이미교회에 있고, 그이들이 절대로 반대를 많이 하였다. 자기 밥그릇 때문이다.

예수를 믿어도 산 예수를 믿고 동족을 팔아먹는 예수교인이 되지 말아야 한다. 그때 소수 미이미교인들과 목사들이 절대로 이승만 씨를 미워하고 우리 국민회원들이 나라를 위하여 외교하는 데 방해를 많이 주었다. 그때는 하와이가 미국 영지로 포와 하와이다. 그때 하와이에 오래 산 백성도 미국 시민권이 없어서 미국 내지〔본토〕로 마음대로 들어가지 못하였고, 들어가면 조사하고 이민국에 갇혀 있다가 도로 하와이로 보내졌다. 시민권이 없었다.

국민회원과 이승만 씨는 우리나라에 자유를 주든지 독립을 달라는 목적으로 일차 전쟁이 끝나고 세계 문제가 있을 때마다 외교로 호소할 때 그때도 다른 한인 소수는 이승만 씨와 반대로 한국 국민에게 큰 손해를 주었다. 미국 『타임스』 잡지는 누구든지 글을 써서 경비 돈만 주면 그 잡지에 〔글을〕 내어 주었다. 그러므로 우리 민족이 단합이 없는 것으로 알려 주어 외교하는 데 방해를 주었다. 소약국동맹회, 세계평화담판회, 세계군사군축회가 열린다 하고 그때에 소문이 들리기를 우리 구황제 아들이 나이

런 생각을 아주 버리기를 바라며, 만일 버릴 수 없으면 우리 교회에 있지 않기를 권고합니다." 라고 하면서 이용직 목사를 비판하였다. 이 일로 인해 이용직 목사는 1931년 1월 19일 파면 통고서를 받았고, 교회는 이용직 목사의 지지파와 반대파로 나뉘어 각각 예배를 드림으로써 두 개의 한인기독교회로 나뉘게 되었다. 1931년 6월 29일 이용직 목사가 교회 기지를 담보로 6,000달러를 대출했고, 그해 10월 한인 선교부 이사장 이승만, 서기 최성대와 재무 이종관은 교회 부지를 담보로 한 6,000달러의 빚이 무효라는 소송을 제기함으로써 교회 내 분쟁이 법정 소송으로 비화되었다. 이듬해 사법부가 교회의 일에 개입하지 않는다는 원칙에 따라 재판이 기각되었다. 이용직 목사의 목회 기간 동안 한인기독교회의 내부 분쟁에 대해서는 이덕희 앞의 책, 2008, 71~79쪽 참조.

하다. 영친 왕태자가 일본에 가서 일본 황실에서 자라고 일본 황실 녀자와 혼인을 하고 세계평화단판회에 보내여 한국이 일본 정치하에서 행복을 밧는다 하는 친선으로 평화회에 보낼나 하는대 아직도 구황제가 살아 게심으로 아바지의 허락을 바다야 혼인을 함으로 허락을 안이함으로 기대린다는 말을 드럿다.

그후 얼마 잇다가 황데가 세상 써나서 국상이 낫다는 소문이 낫다. 조금 후에 독립운동이 시작되다. 一千九百十九年 三月 一日 三十三人 선언서로 세계만방에 혈성대를 전파되고 슈만은 청년 남아의 생명 나라 독립에 밧처섯다. 그째에 우리 하와이 게시는 동포들도 피가 클고 마음이 압하서 나 엇지 할 수 업고 [47]우리는 이곳에서 우리도 인도자로 하여 정치이을 하게 하고 우리 한국민은 일본 전제정치를 버서나서 자유 독립 원한다는 원서 세계만방에 알어키고 위교로 선전하엿다. 그째 국민회는 잇섯지마는 우리 부인회는 부인애국회가 잇섯서 소수로 힘이 업다. 그래서 우리 부인들이 모여 회 조직을 하게 하고 우리가 한국에 청년들 피 헐니고 죽는 남녀를 위하여 그 혈성대의 후원하자 하고 부인회를 조직하기로 하고 회에서 일홈 지엇다. 처음에 적십자회를 조직하고 이 나라 정부 인장을 엇기로 하니 엇지 못한다. 적십회는 나라가 잇서야 된다 한다. 한국 부인구제회로 조직하엿다. 구제는 할 슈 잇다. [48]구제회(윌니버 쏘싸이퇴) 이 회 일홈을 직고 미국 정부에 인장을 내고 그 회 일홈으로 구제품을 거두어 미국 적십자회로 통하여 한국에 보내엿다. 그래서 우리 부인구제회가 역사가 깁고 사상이 돈득하다.

그째에 녀자는 부인구제회가 나라에 독립 찬는 회다. 이것은 우리 인

12세라 했다. 영친 왕태자가 일본에 가서 일본 황실에서 자라고 일본 황실 여자와 혼인하고 세계평화담판회에 보내어져서 한국이 일본 정치하에서 행복을 받는다 하는 친선으로 평화회의에 보내려고 하는데, 아직도 구황제가 살아 계시므로 아버지의 허락을 받아야 혼인하는데 허락을 아니하므로 기다린다는 말을 들었다.

그 후 얼마 있다가 황제가 세상을 떠나서 국상이 났다는 소문이 났다. 조금 후에 독립운동이 시작되었다. 1919년 3월 1일에 33인 선언서로 세계만방에 혈성대[50]를 전파하고 수많은 청년 남아의 생명을 나라 독립에 바쳤다. 그때에 우리 하와이 계시는 동포들도 피가 끓고 마음이 아파서 어찌할 수 없고 우리는 이곳에서 우리도 인도자로 하여금 정치 일을 하게 하고 우리 한국민은 일본 전제정치를 벗어나서 자유 독립을 원한다는 원성〔願聲〕을 세계만방에 알리고 외교로 선전하였다. 그때 국민회는 있었지만 우리 부인회는 부인애국회가 있어도 소수로 힘이 없었다. 그래서 우리 부인들이 모여 회를 조직하고 우리가 한국의 청년들 피 흘리고 죽는 남녀를 위하여 그 혈성대를 후원하자 하고 부인회를 조직하기로 하고 회에서 이름을 지었다. 처음에 적십자회를 조직하고 이 나라 정부 인장을 얻기로 했으나 얻지 못했다. 적십자회는 나라가 있어야 된다고 했다. 〔그래서〕 한국〔대한〕부인구제회를 조직하였다. 구제는 할 수 있었다. 〔대한부인〕구제회(릴리프 소사이어티〔Korean Women's Relief Society〕)로 이 회의 이름을 짓고 미국 정부에 인장을 내고 그 회 이름으로 구제품을 거두어 미국 적십자회를 통하여 한국에 보냈다. 그래서 우리 〔대한〕부인구제회가 역사가 깊고 사상이 돈독하였다.

그때에 〔대한〕부인구제회는 나라의 독립을 찾는 회다. 이것은 우리 인도

---

50 한국민이 일본의 압제를 벗어나 자유 독립을 원함을 알리고자 세계만방에 파견한 애국지사를 가리킨다.

도자들이 애국 사상을 길너 주고 가라처 주엇다. 一千九百十九年 三月 후로 부인회를 설립하고 부인구회 일자는 四月 一日노 정하엿다. 구제금이나 구제 물품을 구하는 대로 한국에 보내엿다. 국민회와 부인구제회가 합동하여 한국 독립 찬는 일 외교로 할 쌔 우리 인도자를 밧드럿다.

[49: 빈 면]

[50]三月 一절 후에 한국에 독립을 찻기 외하여 외교를 만히 하고 인도자들이 애도 만히 씨고 마음고생도 만히 한다. 나라가 든든하고 긔세 잇는 나라들은 자긔내끼리 동정하지 불상하고 돈 업난 백성을 누가 알아주리. 긔세가 당당한 나라는 일 年에 이교비로 멧 만 원식 지출하고 외교에 씨지마는 우리 불상한 한국의 애국자들 동포들이 전 2푼 내는 돈으로 외교를 하니 고생인들 오직 하리. 그러나 내 나를 사랑하고 내 민족을 사랑하는 애국자들은 쉼임업시 일을 한다. 그래서 와신톤에 구비위원부를 설시하고 상해도 김구 씨가 구비위원 부장으로 시무하고 나라를 위하여 외교하엿다. 리승만 씨는 분쥬하니 하는 일이 맨[51~52: 빈 면][53]하서 참 분쥬하시다.

하와이도 긔독학원과 태평양잡지와 하는 일이 만다. 그째에 국민회 긔관으로 이런 일을 다 하여가지마는 엇더한 형편으로 난 국민회원도 마음이 굿지 못한 회원이 잇서 외교에 방해 주는 페단이 잇다. 그름으로 혈성 대동지를 국민회 회원 즁에 쌘밧다. 그래서 동지회가 잇다. 짠 부분으로 세운 회가 안이고 국민회원에 혈성대의 동지회다. 이 동지회 쯧은 나자들이 애국 사상을 길러주고 가르쳐 주었다〔준 덕이다〕. 1919년 3월 이후 부인회를 설립하고 〔대한〕부인구제회〔의 창립〕 일자는 4월 1일로 정하였다. 구제금이나 구제물품을 구하는 대로 한국에 보냈다. 국민회와 〔대한〕부인구제회가 합동하여 한국의 독립을 찾는 일을 외교로 할 때 우리 인도자를 받들었다.

삼월 일절〔3 · 1절〕 후에 한국의 독립을 찾기 위하여 외교를 많이 하고 인도자들이 애도 많이 쓰고 마음고생도 많이 했다. 나라가 든든하고 기세 있는 나라들은 자기네끼리 동정하지 불쌍하고 돈 없는 백성을 누가 알아주리. 기세가 당당한 나라는 1년에 외교비로 몇 만 원씩 지출하고 외교에 쓰지마는 우리 불쌍한 한국의 애국자들 동포들이 전 2푼〔전전푼푼〕 내는 돈으로 외교하니 고생인들 오죽하리. 그러나 내 나라를 사랑하고 내 민족을 사랑하는 애국자들은 끊임없이 일을 했다. 그래서 워싱턴에 구미위원부를 설시하고 상해도 김구[51] 씨가 구미위원 부장으로 시무하고 나라를 위하여 외교하였다.[52] 이승만 씨는 분주하니 하는 일이 많아서 참 분주하셨다.

하와이에서 기독학원과 『태평양잡지』와 하는 일이 많았다. 그때에 국민회의 기관으로 이런 일을 다 해갔지만 어떠한 형편으로는 국민회원도 마음이 굳지 못한 회원이 있어서 외교에 방해 주는 폐단이 있었다. 그러므로 혈성대 동지를 국민회 회원 중에 뽑았다. 그래서 동지회가 있다. 딴 부분으로 세운 회가 아니고 국민회원의 혈성대 동지회다. 이 동지회의 뜻은 나라

---

51 김규식의 오기이다.
52 구미위원부는 1919년 이승만이 임시정부 대통령으로 취임하면서 필라델피아에서 서재필이 운영하던 대한민국통신부와 프랑스 파리에 있던 주파리위원부를 통합하여 조직하였다. 구미위원부는 세계열강에 대한 외교 활동을 전개하여 국제 여론을 한국에 유리하게 조성하기 위해 활동하였고, 파리 주재 위원부에서 활동하던 김규식이 구미위원부 사무를 주관하였다('구미위원부', 두산백과. https://www.doopedia.co.kr).

라를 위하여 내 생명과 재산을 나라를 도아자는 뜻이다. 리승만 씨가 동지를 잘 도아주시고 동지회 일홈으로 동지식산회가 잇섯다. 그째 하와이 쌍이 빗사지 안코 헐다.

그래서 동지회원이 고본을 모아서 九十九엑가 쌍을 하와이섬에 [54]사고 조금식 부어 간다. 九十九억카 쌍에 게비나무가 큰 것이 만아 긔게로 직어 숫을 쓰어서 해군 영문에 대여 주엇다. 그래 그기 나는 돈으로 경비를 씨고 쌍갑을 부어 간다. 이것은 국민회 안에 동지들이 해노은 것이다. 리승만 씨 내다보는 지혜로써 다 이와 갓치 하는 것이다.

리승만 씨는 나라나 민족을 위ㅎ여 하시는 일이 과연 인도자시다. 동지식산회라 불넛다. 우리 동지들이 늙어 일 못 하며 집을 짓고 살게 할 작정하엿다. 이째가 1920年 후 30年 하이다. 세계 전장 끗나고 시세가 대단이 경제상으로 골란을 밧을 째다. 내가 해수를 작정 못 한다. 너무 오래되여서 그 시에 국민회 동지들이 힘써서 와싱톤에 구미위원부가 잇는 대신 정부라 일홈하고 상해도 신정부를 세우 림시 대통령이 김구 씨가 잠시 되엿다가 리승[55]만 씨가 미국 신정부 임시 대통영이 되시엿다. 너무 오래되여서 아득하다. 이째 리승만 씨는 참 분쥬하시고 할 일이 만허섯다. 림시정부 일홈으로 외교하는 지사들은 서재필 씨 정한경 녀자로써

를 위하여 내 생명과 재산을 〔바쳐〕 나라를 돕자는 뜻이다. 이승만 씨가 동지를 잘 도와주시고 동지회 이름으로 동지식산회사가 있었다. 그때 하와이 땅이 비싸지 않고 헐〔값이었〕다.

그래서 동지회원이 고본(股本)을 모아서 99에이커[53] 땅을 하와이섬〔힐로〕에 사고 조금씩 부어〔갚아〕 갔다. 960에이커 땅에 키아베 나무[54]가 큰 것이 많아 기계로 찍어 숯을 구워서 해군 영문(營門)에 대어 주었다. 거기서 나는 돈으로 경비를 쓰고 땅값을 부어 갔다. 이것은 국민회 안에 동지들이 해 놓은 것이다. 이승만 씨 내다보는 지혜로써 다 이와 같이 한 것이다.

이승만 씨는 나라나 민족을 위하여 하시는 일이 과연 인도자셨다. 동지식산회사라 불렀다. 우리 동지들이 늙어 일을 못 하면 집을 짓고 살게 하기로 작정하였다. 이때가 1920년 후〔반기〕 〔19〕30년 하〔반기〕였다. 세계 전쟁이 끝나고 시세가 대단히 경제상으로 곤란할 때였다. 내가 햇수를 작정〔기억하지〕 못 한다. 너무 오래되어서 그때에 국민회 동지들이 힘써서 워싱턴에 구미위원부가 있는 대신 정부라 이름하였고 상해도 신정부를 세워 김구 씨가 잠시 임시 대통령이 되었다가 이승만 씨가 미국 신정부[55] 임시 대통령이 되셨다. 너무 오래되어서 〔기억이〕 아득하다. 이때 이승만 씨는 참 분주하시고 할 일이 많았다. 임시정부 이름으로 외교한 지사들은 서재필 씨, 정한경

---

53 960에이커의 오기이다. 이하 960에이커로 표기한다. 천연희 노트 2권 주 16 참조.

54 오히아 나무의 오기이다. 천연희 노트 2권 주 26 참조.

55 이승만은 1919년 4월 23일 선포된 한성 임시정부의 집정관 총재로 추대되었다. 상해 임시정부는 1919년 9월 6일 이승만을 임시 대통령으로 추대하였고, 이승만은 1920년 12월부터 약 6개월 동안 상해에서 대한민국 임시정부 대통령직을 수행하였다. 이승만은 1921년 5월 워싱턴에서 개최될 군축회의에 참석할 목적으로 상해에서 미국으로 돌아갔고, 이후 다시 상해로 돌아가지 않았다. 임시정부 의정원은 1925년 3월 11일 이승만이 상해 임시정부에서 직접 직책을 수행하지 않았다는 사실과 함께 임시정부 의정원의 결의를 무시하였다는 이유로 그를 대통령직에서 탄핵하였다('이승만', 한국민족문화대백과사전. https://encykorea.aks.ac.kr). 천연희가 "미국 신정부"라고 한 것은 이승만이 임시정부 대통령으로 취임하면서 조직한 구미위원부를 가리킨다. 구미위원부에 대해서는 앞의 주 52 참조.

림영선 씨다. 상해 신정부에서는 김구 씨다. 그 시에 김형구 씨가 미쥬 잇서 구미위원 신정부 일을 좀 보고 리승만 씨를 도아주고 해서 리승만 씨가 하와이로 와서 이을 보라 하엿다.

김형구가 하와이로 올 쌔 최영긔, 김원용이도 왓다. 리승만 씨 남을 잘 밋는다. 누구던지 나라와 민족을 위하여 일한다 하며 밋고 일을 식힌다. 공채 포도 팔게 하고 자긔 너무 일이 만흠으로 자긔 하는 일을 다 배아 주고 신용하시엿다. 정부 공채포도 농장에 와서 동포의게 공채포 팔고 햇다. 그 공채포를 팔 쌔에 약조가 독립 찻고 한양성에 드러개56]면 그 정부가 백성의 공채로 돈을 갑하 주기로 약속햇다. 아모리 어려와도 나라를 위하야 나도 쌋다. 一百五十元 쌋다. 그래서 그쌔에 김현구가 리승만 시의게 잘 보이고 일을 잘햇고 그리하면서 리승만 씨 싸아 노어신 탑을 다 알고 쉬기가 나고 욕심이 낫다. 리승만 씨 싸아 노헌 탑 자긔 개인 것이 안이다.

나라와 민족을 위하여 국민회 안에서 동지들이 해노언 것이다. 동지회는 애국하는 쯧이 갓헌 사람이 동지회원이다. 김현구가 하와이로 온 후 자긔 친구 최영긔, 김원용이가 하와이로 와서 국민회 도아쥬는 일 좀 하고 김현구와 작패가 되엿다. 리승만 씨 해노은 일이 만헌 것이다. 갈닐니힐에 긔숙학교 잇고 긔독교회가 잇고 하와이섬에 쌍이 九十九엑가가 잇서 동지식산회가 잇다.이 모던 것을 본 김현구 죄에 눈이 어더워 욕심 복발한다. 이쌔가 일차 전쟁 후 二十六年으로 二十九年 이하로 미국에 재정 곤한이 드러서 대단 경제상에 어려울 쌔이다.

〔씨〕, 여자로서 임영선[56] 씨다. 상해 신정부에서는 김구 씨다. 그때에 김형구[57] 씨가 미주에 있어서 구미위원 신정부 일을 좀 보고 이승만 씨를 도와주고 해서 이승만 씨가 하와이로 와서 일을 보라 하였다.

김현구가 하와이로 올 때 최영기, 김원용도 왔다. 이승만 씨가 남을 잘 믿는다. 누구든지 나라와 민족을 위하여 일한다 하면 믿고 일을 시켰다. 공채표도 팔게 하고 자기 일이 너무 많으므로 자기 하는 일을 다 배워〔가르쳐〕 주고 신용하시었다. 정부 공채표도 농장에 와서 동포에게 공채표를 팔고 했다. 그 공채표를 팔 때에 약조가, 독립 찾고 한양성에 들어가면 그 정부가 백성의 공채로 돈을 갚아 주기로 약속했다. 아무리 어려워도 나라를 위하여 나도 샀다. 150원〔어치를〕 샀다. 그래서 그때에 김현구가 이승만 씨에게 잘 보이고 일을 잘했고 그리하면서 이승만 씨 쌓아 놓으신 탑을 다 알고 시기가 생기고 욕심이 났다. 이승만 씨가 쌓아 놓은 탑은 자기 개인의 것이 아니다.

나라와 민족을 위하여 국민회 안에서 동지들이 해놓은 것이다. 동지회는 애국하는 뜻이 같은 사람이 동지회원이다. 김현구가 하와이로 온 후 자기 친구 최영기, 김원용이 하와이로 와서 국민회 도와주는 일을 좀 하고 김현구와 짝패가 되었다. 이승만 씨가 해놓은 일이 많은 것이다. 칼리히〔Kalihi〕에 기숙학교가 있고 기독교회가 있고 하와이섬에 땅이 960에이커가 있고 동지식산회사가 있었다. 이 모든 것을 본 김현구가 죄에 눈이 어두워 욕심이 복발(復發)했다. 이때가 일차 전쟁 후 〔19〕26년에서 〔19〕29년 이하로〔쯤까지〕 미국에 재정 곤란이 들어서 대단히 경제상으로 어려울 때이다.

---

56 임영신의 오기이다.
57 김현구의 오기이다. 이하에서는 김형구를 김현구로 수정하였다. 천연희 노트 2권 주 24 참조.

[57]그때 미국 공화당에서 대통영이 되엿다. 그이는 공화당 대통영 일홈이 후바 씨다. 일차 전장 후에 세계가 다 재정 골란으로 장사에 물화상통이 업고 자본가는 재전을 다 가다 두고 하여서 일이 업섯다. 그러한 즁 하와이는 하와이주에서 문제 만히 잇섯다. 큰 회사 사장에 아달 열 살된 아해가 학교에 갓는대 하와이 이 세 청년 (후구나가가) 말하기를 너 아부지가 나를 보내서 너를 다리고 오라 한다 하여 그 사람 짜라갓다고 한다.

그 사람이 다리다가 와기기 넷날 시사히 홀뛸 마당에 게비 추리 나무 밋혜 죽여 노앗아 흔다. 사장 아들 일홈 질 쎔손이고 죽인 살인자 일본 이세 (후구나가다) 그런 후 해군대장 녀자가 와이기 음식 집에 잔치에 간 녀자를 잡어서 간간한 일이 잇서 큰 문제가 생겨서 호롤루가 분쥬한 세월 지낼 째이다. 그째 리승만 씨는 외교하시는 대 분쥬하시고 재정도 골란할 째다. 힘 자래가[58]는 대로 우리 동지가 힘을 썬다. 그러할 째에 김현구와 김원용, 최영긔가 모게로 써서 짠단을 모어고 동정자로 엇난다. 김현구가 말하기를 리승만이는 독재쥬의다.

우리는 민즁화를 하자 하고 야단을 흐엿다. 그 시에 국민회 총희장이 손덕유 씨다. 이 손득유 씨는 이민으로 묵서가 맥시코로 갓다 한다. 그래서 너무 고생이 되여 주선을 하여 미국으로 와서 하와이 호놀루로 왓다 흔다. 이가 와서 적은 약방을 하엿다. 부인 일홈은 손마리아다. 하와이 와서 국민회 동지로 진실하게 일한 사름들이다. 손마리아 부인 우리 부인 구제회 즁앙부장까지 하엿다. 이째에 손덕유 씨는 국민회 총희장이고,

그때 미국 공화당에서 대통령이 되었다. 그이는 공화당 대통령 이름은 후버 씨다. 일차 전쟁 후에 세계가 다 재정 곤란으로 장사에 물화상통(物貨相通)이 없고 자본가는 재전(財錢)을 다 가둬 두어서 일이 없었다. 그러한 중 하와이는 하와이주에서 문제가 많이 있었다. 큰 회사 사장의 아들인 열 살 된 아이가 학교에 갔는데, 하와이의 [일본인] 2세 청년 후쿠나가가 말하기를 "너의 아버지가 나를 보내서 너를 데려오라고 한다." 하여 그 사람을 따라갔다고 한다.

그 사람이 데려다가 와이키키 옛날 시사이드 호텔(Seaside Hotel) 마당의 키아베 나무 밑에 죽여 놓았다 한다. 사장 아들의 이름은 질 샘슨(Jil Samson)이고, 죽인 살인자는 일본인 2세 후쿠나가다. 그런 후 해군 대장이 와이키키에 있는 음식집의 잔치에 간 여자를 잡아서 강간한 일이 있어 큰 문제가 생겨서 호놀룰루가 분주한 세월을 지낼 때였다. 그때 이승만 씨는 외교하시는 데 분주하시고 재정도 곤란할 때였다. 힘이 자라 가는 대로[힘 닿는 대로] 우리 동지가 힘을 썼다. 그러할 때에 김현구와 김원용, 최영기가 모계를 써서 판단을 모으고 동정자[동조자]를 얻었다. 김현구가 말하기를 "이승만이는 독재주의다."[라고 했다.]

[이 사람들이] 우리는 민중화를 하자고 야단하였다. 그때에 국민회 총회 장이 손덕유[58] 씨다. 손덕인 씨는 이민으로 묵서가[墨西哥, 멕시코]로 갔다고 한다. 그래서 너무 고생스러워 주선하여 미국으로 와서 하와이 호놀룰루로 왔다 한다. [그]이가 와서 작은 약방을 하였다. 부인 이름은 손마리아다. 하와이에 와서 국민회 동지로 진실하게 일한 사람들이다. 손 마리아 부인은 우리 부인구제회의 중앙부장까지 하였다. 이때에 손덕인 씨는 국민회

---

58 천연희 노트 8권에는 손덕규로 써져 있다. 모두 손덕인의 오기이다. 천연희 노트 2권 주 28 참조. 이하 손덕인으로 표기한다.

안영찬이라 하는 이는 재무 책임을 가지엇다. 총무 일홈 미상하다. 총무
도 민중화로 갓다. 이 모던 사람이 민중화[59]가 되엿다. 아지 못할 일이
다. 엇지 하여 그와 갓치 굿굿한 사람들이 마귀의 시험에 써러저서 일평
생 올헌 일을 일조에 허사 되나 우리 사름들은 바람에 불니는 갈째와 갓
치 헌들니는 인격이다.

一千九百三十年 一月에 각 디방에서 회를 열고 회에서 대포원 선택하
여 지방회 근의서를 해서 대포원을 호항 총회로 보내는 법이다. 그래서
각 디방에서 대포원이 호항 총회로 다 왓다. 그째에 호항 총회는 민중화
가 다 되고 회를 열지 안이한다. 그래서 각 디방에서 온 대포원은 매일
총회관 문압회 가서 문 열고 회하기를 바라도 안이 한다. 一千九百三十年
一月에 각 디방 국민회 대포들이 회집하고 호항 총회관에서 회를 하면
한 쥬일 넘어 시간이 쓸닌다. 그 경비는 디방회에서 다 부담한다. 그럼 각
디방에 오신 대포원들 마음이 급하다. 자긔가 농장주 [60: 빈 면][61]주인의
게 일주일 휴가를 밧고 나왓서니 속히 도라가서 일도 하여야 되고 농장
디방에 경비도 만히 내지 안이하야 되겟는대 총회서 대포회를 열지 안코
총회 문을 열지 안이한다. 그럼으로 각 디방 대포원이 회집하고 의론하

제2부_ 천연희 노트의 원문과 역주본

총회장이었고, 안영찬이라 하는 이가 재무 책임을 맡았다.[59] 총무 이름은 미상이다. 총무도 민중화로 갔다(민중화를 주장했다). 이 모든 사람이 민중화가 되었다(민중화를 주장했다). 알지 못할 일이다. 어찌하여 그와 같이 꿋꿋한 사람들이 마귀의 시험에 떨어져서 일평생 옳은 일을 일조에(하루아침에) 허사가 되나(허사로 만드나). 우리 사람들은 바람에 흔들리는 갈대와 같이 흔들리는 인격이다.

1930년 1월에 각 지방에서 회의를 열고 회의에서 대표원을 선택하여 지방회 건의서를 해서(만들어) 대표원을 호항 총회로 보내는 법이었다. 그래서 각 지방에서 대표원이 호항 총회에 다 왔다. 그때에 호항 총회는 다 민중화되어 회의를 열지 않았다. 그래서 각 지방에서 온 대표원은 매일 총회관 문 앞에 가서 문 열고 회의하기를 바랐으나 (회의를 하지) 않았다. 1930년 1월에 각 지방 국민회 대표들이 회집하고 호항 총회관에서 회의를 하면 일주일 넘게 시간이 걸렸다. 그 경비는 지방회에서 다 부담한다. 그럼 각 지방에서 오신 대표원들의 마음이 급하였다. 자기가 농장주 주인에게 일주일 휴가를 받고 나왔으니 속히 돌아가서 일도 하여야 되고 농장 지방에 경비도 많이 내지 않아야겠는데 총회에서 대표회를 열지 않고 총회 문을 열지 않았다. 그러므로 각 지방 대표원이 회집하고 의논하기를

---

59 손덕인은 1929년 8월부터 1931년까지 국민회 총회장이 아닌 대한인 하와이 교민단 총단장이었고 안영찬은 부단장이었다. 1920년 2월 14일 국민회 중앙총회가 폐지되고 하와이 국민회는 상해 임정으로부터 대한인 하와이 교민단(이하 교민단이라 함)을 조직하라는 특전을 받았다. 1921년도 하와이 국민회 총회장으로 새로 선출된 안현경과 부회장 김성기가 1921년 2월 9일 사임서를 제출하고, 1920년도 국민회 총회장이던 이종관이 임시 교민단장으로 시무하게 되었다. 국민회가 교민단으로 개편되었지만 교민단이라는 법인체는 하와이 정부에 등록되지 않았고, 1913년 5월 하와이 정부에 등록된 영문 법인체인 Korean National Association으로 존속하였다. 즉 국민회의 영문 명칭을 계속 사용하였다. 국민회 총회관의 소유권도 그대로 KNA라는 이름으로 남아 있었지만 교민총회관이라 불리었다(이덕희, 앞의 책, 2013, 111~112쪽).

기로 각 디방 대포원이 총회 문을 밀고 드러가서 우리가 회를 열자 하고 의론을 하고 하로난 총회 문을 밀고 드러갓다.

총회 당국들 몃 사람 슈가 안이지마는 그쌔에 국민회서는 총회장이니 귄리가 만앗다. 그래 그 법정에서 민즁화로 된 것은 아직 모런다. 법으로 저이들이 향정하는 쥬인이 칼노 치면 자긔들이 칼자리를 지고 각 디방 대포원들은 칼날을 지엇다. 그래서 국민 총회장이 법정에 호소하기를 각 대방 대포원들이 야당패라 하고 순금을 청하고 노야를 사서 잇다. [62]미국 법정에서는 한국 민족기리 싸우니 누구던지 노야나 법이나 그쌔에 경비 주면 질서 물란치 못하게 보아 준다. 그럼으로 총회관 문 앞회는 외국 순사가 잇서 파수를 본다. 이것 우리 민족 쌔지 못한 슈치다. 우리 국민 동지들리 회를 하고 만히 생각을 한다. 김현구, 김원용, 최영긔 총회이면 몃 사람이 단합하고 민즁화를 회 일홈하고 노야를 법률사를 사고 리승만이가 독재쥬의라 하고 모던 재산이 리승만 개인에 소유라 해서 저거 노야가 다 사설한다.

리승만 씨 긔독학교 긔숙사나 교회나 동지식산회 동지촌 근물 사고 할 째 국민 동지회원의 대포로 승락이 잇고, 그즁에 진실한 사람 일을 하고 고문만으로 리승만 씨가 보아주는 것이다. 이 모던 사업이 공동한 민각 지방 대표원이 총회 문을 밀고 들어가서 우리가 회의를 열자 하고 의논하고 하루는 총회 문을 밀고 들어갔다.

총회 당국자들이 몇 사람 수가 안 되지만 그때에 국민회에서는 총회장이니 권리가 많았다. 그래 그 법정에서는 [국민회가] 민중화된 것을 아직 몰랐다. 법으로 저이들은 흥정하는 주인을 칼로 치면 자기들이 칼자루를 쥐고 [있고] 각 지방 대표원들은 칼날을 쥐었다[고 할 수 있었다]. 그래서 국민회 총회장이 법정에 호소하기를 각 지방 대표원들이 야당패라 하고 순경을 청하고 로이어[변호사]를 샀다.[60] 미국 법정에서는 한국 민족끼리 싸우니 누구든지 로이어나 법이나 그때에 경비를 주면 질서가 문란해지지 않게 봐주었다. 그러므로 총회관 문 앞에 외국 순사가 있어 파수를 보았다. 이것은 우리 민족이 깨지 못한 수치였다. 우리 국민회 동지들이 회를 하고 많이 생각했다. 김현구, 김원용, 최영기 [등] 총회 임원 몇 사람이 단합하여 민중화를 회의 이름[으로] 하고 로이어를, 법률사를 사서 이승만이가 독재주의를 하고 모든 재산이 이승만 개인의 소유라고 로이어가 다 사설했다[떠들어대게 했다].

이승만 씨가 기독학교 기숙사나 교회나 동지식산회사, 동지촌 건물을 살 때 국민회 동지회원 대표의 승낙이 있었고, 그중에 진실한 사람이 일을 하고 고문만으로 이승만 씨가 봐주는 것이었다. 이 모든 사업이 공동한 민

---

60 이른바 '교민단 총회관 점령 사건'에 대한 설명이다. 1931년 1월 12일 하와이 교민단이 총회관에서 의사회를 개최하였다. 의사회 참석 자격을 둘러싸고 논쟁이 벌어졌다. 동지회 측의 지방 대표 의사원들이 총회관을 점령하고 임시회장에 김정현, 서기에 최백렬, 총무에 정태화를 선출하였다. 총회관을 점령하는 과정에서 반이승만 측과 동지회 측이 충돌하여 소송이 제기되었다. 또한 동지식산회사의 회계 감사와 관련하여 실질적으로 동지식산회사의 총책임을 맡은 이승만에 대한 회계 감사를 요구하는 소송도 있었다. 이 여러 사건의 후유증으로 난투 사건까지 일어났다. 이 일련의 사건들은 법정 고소와 맞고소로 이어졌다. 이 사건은 반이승만 측의 승리로 끝났다. 교민단은 1933년 1월 16일에 개최된 대의회에서 2월 1일부터 다시 그 이름을 '국민회'로 복구하기로 결정하였다(이덕희, 앞의 책, 2013, 111~112쪽).

줌에 교육과 신앙과 청치 사업인대 미국 법에 위[63]반되기 할 인도자가 안이다. 리승만 씨가 그 법을 다 해놋코 자긔가 고문으로 되고 잇다. 총회 임원들이 법으로 하여 노앗서니 우리 법률사 노아가 잇서야 된다.

미국이 재정 공항으로 민즁이 일이 업고 우리 동포도 일이 업서 대단 이 골란 즁에 동지촌 나무 직어 숫을 쑤어내는 긔개가 병이 나서 숫을 쑵 지 못해서 미국 해군 영지 대주지를 못하고 동지 아자씨들이 독기를 큰 나무 직어서 숫을 쑤어니 힘만 들고 만히 못 한다. 그래서 아모리 어려와 도 우리 고본쥬들이 돈을 내여 그 긔게를 곤칠 생각 즁에 김현구의 모게 로 분쟁이 나니 숫들 쑤어 해군의게 대쥬면 그 돈으로 경비를 씨고 쌍갑 설 부어 갓다. 九十九억가 쌍갑 주지 못하고 정부 세금도 내지 못한 국민 동지들은 돈을 모아서 법률사 경비를 주어야 된다. 그럼으로 동디촌 쌍 갑설 [64]갑지 못하여 회사에서 은힝에 주엇다. 애씨고 해노흔 동지촌이 업서젓다. 지금 가격이 체후로 갑시 올라갓다. 돈이 잇서도 못 산다.

2차 전장 째에 아메(군대)가 씨고 돈을 만히 주엇다 한다. 우리 민족이 생각이 아돈해서 남의 감언이설에 잘 넘어가서 손해를 본다. 단결이 업 난 짜닥이다. 우리 주주들은 법률사 경비로 해서 돈도 더 못 낸다. 리승만 씨 고문으로 해노은 사업이 긔독학원도 잇코 긔독교회도 잇고 지금 양노 원 하는 그 긔지도 잇섯다. 김형구 당유들이 법률사 노야를 쌋서니 우리 도 노야가 잇서야 된다. 우리 국민회 동지들이 생각을 만히 하고 회를 열 고 에마 길 (구아기나라) 하는 곳에 조고마한 집을 세로 내고 동지들이 모여서 의론을 한다. 국민회 국민 동지회 모던 서류가 총회관에 잇고 세

중의 교육과 신앙과 정치 사업인데, 미국 법에 위반되게 할 인도자가 아니었다. 이승만 씨가 그 법을 다 해놓고 자기가 고문으로 되어 있었다. 총회 임원들이 법으로 하여 놓았으니〔소송을 걸었으니〕우리〔도〕법률사 로이어가 있어야 했다.

미국이 재정 공황으로 민중이 일이 없고, 우리 동포도 일이 없어서 대단히 곤란한 중에 동지촌의 나무를 찍어 숯을 구워내는 기계가 병이 나서 숯을 굽지 못해서 미국 해군 군영에 대 주지를 못하였고, 동지 아저씨들이 도끼로 큰 나무를 찍어서 숯을 구우니 힘만 들고 많이〔생산하지〕못하였다. 그래서 아무리 어려워도 우리 고본주들이 돈을 내어 그 기계를 고칠 생각〔을 하던〕중에 김현구의 모계로 분쟁이 나니〔난 것이다.〕숯을 구워 해군에 대주면 그 돈으로 경비를 쓰고 땅값을 부어 갔는데, 960에이커 땅값을 주지 못하고 정부 세금도 내지 못한 국민〔회〕동지들은 돈을 모아서 법률사 경비를 주어야 했다. 그러므로 동지촌 땅값을 갚지 못하여 회사에서 은행에 주었다. 애쓰고 해놓은 동지촌이 없어졌다. 지금은 가격이 최고로 올라갔다. 돈이 있어도 못 산다.

이차 전쟁 때에 아미(군대)가〔숯을〕쓰고 돈을 많이 주었다 한다. 우리 민족이 생각이 아둔해서 남의 감언이설에 잘 넘어가서 손해를 본다. 단결이 없는 까닭이다. 우리 주주들은 법률사 경비를 대느라 돈도 더 못 냈다. 이승만 씨를 고문으로 해놓은 사업이〔한인〕기독학원도 있고〔한인〕기독교회도 있고 지금 양로원 하는 그 기지도 있었다. 김현구 당유〔무리〕들이 법률사 로이어를 샀으니 우리도 로이어가 있어야 했다. 우리 국민회 동지들이 생각을 많이 하고 회의를 열고 에마〔Emma〕길 쿠아키니〔Kuakini〕〔퀸 엠마 스트리트와 쿠아키니 스트리트가 만나는〕[61] 곳에 조그마한 집을 세내고 동지

---

61 동지회는 1930년 8월부터 사우스 쿠아키니 스트리트 139번지에 있는 건물을 사용했다. 그

통을 쌔웟다. 그러허니 그새에 동지회관이 구아기니 길에 잇섯다. 우리는 와신돈 위교부 경비[65]도 파송하고 위교비도 해가야 된다. 모던 근물하여 노은 대 경비도 물어가야 된언 것이고 안이 하며 다 업서지는 것이다. 위국 률사가 보니 돈은 잇는 대로 업서지고 자긔내기리 싸우는 형편이라. 먹고살 일이 생긴 것이라. 우리 동지들 정신을 차리야 된다. 국민회 민즁화들은 엇더케 하던지 리승만 씨를 업쌔고 자긔들이 가질나는 김형구의 욕심이다. 그러하지마는 이 물근 다 공동 물건이다. 종교로 교육으로 해는 물건이고 미국 법 밋혜서 바로다 하고 우리 동지의 일홈이요, 리승만 씨는 고문이다. 이 물건 팔고 업새고저 하며 국민회 동지들이 그 수가결을 지어야 작정이 된다. 그러나 우리가 재판 오래 쓸면 이 위국 법률사가 다 먹는다.

그 경비가 만험으로 그럼으로 국민 동지가 회를 하고 우리가 재판을 오래 쓸고 해서 총회관을 승리로 한다 하여도 만족이 업고 손해를 보니 종회관은 이저바리고 다런 [66: 빈 멘][67]일에 정신을 씨기로 작정하고 우리 산 노야를 거더갓다. 그 후에 밀나 수추리 총회관은 민즁화가 되엿다. 그래서 국민회와 동지회가 분열이 된 것이지 동지회가 분열된 회가 안이요. 一千九百十九年 三月一절 三十三人 청년 남녀 피헐닌 애국정신을 보답하고 백만 동지를 모어기로 동지회다.

국민회 안에서 혈성대의 동지다. 우리가 내 나라에 가서 필르 헐니지 못하나 그 청년 남아들 위하여 어굴한 하소연으로 세계만방에 하소년하자는 동지회다. 우리 청년 남녀가 자유 독립을 위하야 생명을 희생한다

들이 모여서 의논했다. 국민회와 동지회의 모든 서류가 총회관에 있었고 〔자물〕쇠 통을 채웠다. 그러하니 그때에 동지회관이 쿠아키니 길에 있었다. 우리는 워싱턴 외교부 경비도 파송하고 외교비도 〔충당〕해 가야 했다. 모든 건물을 하여 놓은〔마련한〕 데는 경비도 물어 가야 되었고 아니하면 다 없어지는 것이었다. 외국 율사〔변호사〕가 보니 돈은 있는 대로 없어지고 자기네끼리 싸우는 형편이라 먹고살 일이 생긴 것이라. 우리 동지들 정신차려야 된다. 국민회의 민중화〔를 주장한 사람〕들은 어떻게 하든지 이승만 씨를 없애고 자기들이 가지려는 김현구의 욕심〔에 놀아난 사람들〕이다. 그렇지만 이 물건은 다 공동 물건이다. 종교로 교육으로 쓰는 물건이고 미국 법 밑에서 바르게 하였다. 우리 동지의 이름이요, 이승만 씨는 고문이다. 이 물건을 팔고 없애고자 하면 국민회 동지들이 거수로 가결을 지어야 작정된다. 그러나 우리가 재판을 오래 끌면 이 외국 법률사가 다 먹는다.

그 경비가 많으므로 그러므로 국민 동지가 회를 하고 우리가 재판을 오래 끌고 해서 총회관을 승리로 한다 하여도〔승리하여 가진다 해도〕만족이 없고 손해를 보니 총회관은 잊어버리고 다른 일에 정신을 쓰기로 작정하고 우리가 산 로이어를 거두었다. 그 후에 밀러 스트리트〔Miller St.〕 총회관은 민중화되었다. 그래서 국민회와 동지회가 분열된 것이지 동지회가 분열된 회가 아니요, 1919년 삼일절의 33인 청년 남녀가 피 흘린 애국정신을 보답하고 백만 동지를 모으기로 〔한〕 동지회다.

국민회 안에서 혈성대의 동지다. 우리가 내 나라에 가서 피를 흘리지 못하나 그 청년 남아들 위하여 억울한 하소연으로 세계만방에 하소연하자는 동지회다. 우리 청년 남녀가 자유 독립을 위하야 생명을 희생한다는 것이다.

---

전에는 밀러 스트리트 1306번지에 있는 교민단 총회관을 사용했다(이덕희, 앞의 책, 2013, 349쪽).

는 것이다. 우리는 국민회에 쫏겨나서 회관도 업고 (구아기니) 조고마한 세집을 세로 주고 잇다. 리승만 씨가 미쥬를 못 가시고 하와이에 게시면서 일을 보서야 되니 홀노 게시는 [68: 빈 면][69]이라 식사에 고생도 만히 한다. 영감 아자씨들이 도아드리지만은 그것이 만족지 못다. 우리 동지 회원들도 일하고 시간이 업다. 그러나 아저문이들 김치나 고추장을 늘 갓다 드린다. 그래도 오래 못 간다. 다런 아자씨들이 먹는다. 쌀이고 식물은 우리 동지회원이 사서 준다. 긔독학원에는 다런 사람 맛하 보고 자기는 동지회관에 게시다. 참 일이 만허시다. 동지 잡지도 돌보시고 외교와 모던 일에 일이 만타. 국민 동지는 국민 총회관을 일코 에마 구아기니스 거리에 조고마한 살림 집을 세로 어더 동지회관으로 씨고 동지보와 위교하는 일을 하시엿다.

一千九百三十五年 이후로 세계정세가 점점 악화되여 이차 전장이 날 형편이다. 덕국에 (히틀라는) 나씨 정부를 세우고 유롭을 전복하고 도양에서는 일본이 덕국 낫시 정부와 손을 잡고 동명하엿다. 그째 미국 경제 공항으로 골[70: 빈 면][71]란하엿다. 그째 공화당 대통영이 후바이다. 민쥬당에서 대통영 루서벨이 낫다. 앤아래 일이 잇서서 국민이 조금 살 수 잇섯다.

그 시에 우리 국민 동지는 민중화의게 총회관을 일엇다. 그 총회관 자처를 좀 말할진대 국민 총회관 자처는 밀라 수추리라 한다. 밀나 수치리난 밀나는 일홈이고 수추리난 길이다. 그 길은 지금도 디사 사택집 업헤 잇고 국민회 회관은 이층집이다. 바로 밀나 거리에 잇고 도지사 사택집 업헤 잇고 퀘인 병원이 잇고 쌘지쏠 수치리와 밀나 수추리에 잇섯다. 지 우리는 국민회에서 쫓겨나서 회관도 없고 쿠아키니 조그마한 셋집에 세들어 있었다. 이승만 씨가 미주로 못 가시고 하와이에 계시면서 일을 보셔야 되니 홀로 계시는 이라 식사에 고생도 많이 하였다. 영감 아저씨들이 도와 드리지만 그것이 만족스럽지 못하였다. 우리 동지회원들도 일하고 시간이 없었다. 그러나 아주머니들이 김치나 고추장을 늘 가져다 드렸다. 그래도 오래 못 갔다. 다른 아저씨들이 먹었다. 쌀이고 식물은 우리 동지회원이 사서 주었다. 기독학원은 다른 사람이 맡아 보고, 자기는 동지회관에 계시었다. 참 일을 많이 하셨다. 동지 잡지도 돌보시고 외교와 모든 일에 일이 많았다. 국민 동지는 국민 총회관을 잃고 에마 쿠아키니〔엠마 스트리트와 쿠아키니 스트리트가 만나는〕 거리에 조그마한 살림집을 세로 얻어 동지회관으로 쓰고 〔이승만 씨는〕『동지보』와〔를 만들고〕 외교하는 일을 하시었다.

1935년 이후로 세계정세가 점점 악화되어 이차 전쟁이 날 형편이었다. 덕국〔독일〕의 히틀러〔A. Hitler, 1889~1945〕는 나치〔Nazi〕 정부를 세우고 유럽을 전복하고 동양에서는 일본이 덕국의 나치 정부와 손잡고 동맹하였다. 그때 미국이 경제공황으로 곤란하였다. 그때 공화당 대통령이 후버〔H. C. Hoover, 1874~1964〕이다. 민주당에서 대통령 루스벨트〔F. D. Roosevelt, 1882~1945〕가 났다. NRA[62] 일이 있어서 국민이 조금 살 수 있었다.

그때에 우리 국민 동지는 민중화〔를 주장하는 사람들〕에게 총회관을 잃었다. 그 총회관 자취〔위치〕를 좀 말할진대, 국민 총회관 자취는 밀러 스트리트라 한다. 밀러 스트리트의 밀러는 이름이고 스트리트는 길이다. 그 길은 지금도 〔하와이 주〕지사 사택 집 옆에 있고, 국민회 회관은 이층집이었다. 바로 밀러 거리에 있고 주지사 사택 집 옆에 있고 퀸스 병원〔Queen's Hospital〕[63]이

---

62 NRA는 미국 대공황 때 파멸에 직면한 미국 산업을 부흥하고 실업자를 구제할 목적으로 설치한 전국부흥국National Recovery Administration의 약자이다. 천연희 노트 2권 주 70 참조.
63 현재 그 자리에는 퀸스 메디컬센터Queens Medical Center가 있다.

금 위생국이 근물 압혜 잇고 큰 수치리 쌔서 길은 베리타니아라 하는 길이다.

우리가 재판을 클고 가면 이길 수도 잇[72]지마는 그러며 모도가 절단이 되고 다런 일을 못 한다. 시세가 외교할 쌔이다. 우리는 그 재판을 그만두고 그 정성과 돈으로 구미위원부에 위교하는 대 힘섯다. 그쌔 국민 민즁화는 그 총회관을 쌔라 가지고 지금 잇는 집을 삿다. 그 집은 서반아 국 칸설나 집이라 한다. 그쌔에 손덕유, 안영찬, 김현구, 최용기, 김원용 소슈들이 민즁화를 화하여서 할 쌔에 리 박사 반대하던 독립단 미미교회 목사들 교인 몃몃 사람들이 갓치 민즁화가 되여서 하다가 그 후에 국민 회로 일홈을 하엿다. 이 국민회는 닐니하부루 이 산우에 잇는 집이다. 근본 제1 밀나 총회관이다.

[73]국민회 동지들은 국민회관을 일코 구아기니 조고마한 세집에서 모던 일을 하여가는 즁 리원슌 씨는 한국서 유학생으로 하와이로 드러와서 쌍 매매하는 그관으로 사무소를 열고 신실하게 신용 잇게 하여 죠헌 명망을 만히 엇고 신용이 잇섯다. 처음에는 자긔 사업도 분주하고 리승만 씨를 만히 도을 시간이 업섯지마는 시간이 갈사록 리승만 씨가 애국자로 알고 우리 민족의 인도자로 섬기고 모던 일에 만히 도아준다. 그래서 갈니히 북 켱 수추리에 이 층 근물 집을 국민 동지 회원의게 사게 흐고 갑도 헐가로 주선하여서 사고 잘 곳쳐서 우리가 동지회관으로 씨고 동지보나 대평양잡지를 인세하고 세게 통[74: 빈 면][75]신을 각 섬에 게시는 우리 동포의게 전하고 우리는 힘서 위교 사업에 힘쓴다. 상하이 잇는 신정부

있고 펀치볼 스트리트(Punchbowl St.)와 밀러 스트리트(가 만나는 곳)에 있었다. 지금 위생국이 건물 앞에 있고, 큰 스트리트의 버스 길은 베레타니아(Beretania)라 하는 길이었다.

우리가 재판을 끌고 가면 이길 수도 있지마는 그러면 모두가 절단되고 다른 일을 못 한다. 시세가 외교할 때이다. 우리는 그 재판을 그만두고 그 정성과 돈으로 구미위원부가 외교하는 데 힘썼다. 그때 국민 민중화(를 주장한 사람들)는 그 총회관을 팔아 지금 있는 집을 샀다. 그 집은 서반아(스페인)국 칸설러(consular, 영사)의 집이라 한다. 그때에 손덕인, 안영찬, 김현구, 최영기, 김원용 소수들이 민중화할 때에 이 박사를 반대하던 독립단 미이미교회 (이용직) 목사와 교인 몇몇 사람들이 같이 민중화되어서 (주장)하다가 그 후에 국민회로 이름하였다. 이 국민회는 릴리하 푸우누이 산 위에 있는 집이다. 근본의 제1 밀러 총회관[64]이다.

국민회 동지들은 국민회관을 잃고 쿠아키니 조그마한 셋집에서 모든 일을 해가는 중 이원순 씨는 한국에서 유학생으로 하와이로 들어와서 땅 매매하는 거간(중개인)으로 사무소를 열고 신실하게 신용 있게 하여 좋은 명망을 많이 얻고 신용이 있었다. 처음에는 자기 사업도 분주하고 이승만 씨를 많이 도울 시간이 없었지만 시간이 갈수록 이승만 씨를 애국자로 알고 우리 민족의 인도자로 섬기고 모든 일을 많이 도와주었다. 그래서 칼리히(Kalihi) (지역의) 북킹(North King)[65] 스트리트의 이 층 건물 집을 국민 동지 회원에게 사게 하고 값도 헐가로 주선하여서 사고 잘 고쳐서 우리가 동지회관으로 쓰고『동지보』나『태평양잡지』를 인쇄하고 세계 통신을 각 섬에 계시는 우리 동포에게 전하고 우리는 외교 사업에 힘썼다. 상하이에 있는 신정부

---

64 주소는 밀러 스트리트 1306번지이다(이덕희, 앞의 책, 2013, 46쪽).
65 스트리트 이름인 North King에서 North를 한국어로 북이라고 번역하고, King을 발음 나는 대로 적었다.

나 와신톤에 잇는 신정부에 경비를 부담하고 외교 선전을 한다.

저 소수 사람들은 나가서 민중화를 세우고 리승만 씨는 독재쥬의자라 하고 외교하는 대 방해를 준다. 우리 민족이 단결 못 하고 저마다 인도자가 될나 하는 미개한 백성이라 하는 것을 위국 사람의게 보여 준다. 독립할 백성이 못 된다 하는 것을 보이여 준다. 오호라 우리 민족이여 뭉치면 사는 길이요 헤여지면 파산이다. 내 자신의 욕심은 다 희생하고 내 나라와 민족을 위하여 살길을 에비하자. 우리 자손들의게 죠헌 일홈으로 주자. 지금 우리가 할 일이 다 내 나라와 민족의게 영광으로 빗철 주지 못하나 손해되는 일은 해[76]지 말자. 우리는 하나님이 아름다운 강산 삼철리 금수강산을 주엇다. 묘묘하고 묘한 강산 반도강산이다. 그 강산에 쥬인이 되자. 한반도 강산으로 죠허나 구지나 내 동족기리 합하자. 위국 나라에 친절이 교제하고 외교는 할망정 내나라 내정 간습은 주지 말고 우리 민족길이 해결하자. 정부만으로만 잘한다 못한다 원망지 말라. 죠헌 백성이 되면 죠헌 정부가 된다. 백성이 정부요 정부가 백성이다. 우리나라 단군의 역사적으로 사천 년 역사로 님군이 게시고 우리가 부여 민족이다.

영자보와 잡지에 난 이약이를 지금 한다. 이차 전장이 씃치 나고 일본에 전장 주장한 게수를 잡아 주길나 할 째에 일본 빅성 전국 백성이 긔[77]도하고 빌기를 전장 게수 도죠는 죽여도 저거 님군 천왕 페하 히로다는 주기지 말나 하고 빌고 긔도하엿슴으로 미국이 일본 사람이 애국심이 잇는 백성으로 생각하엿다.

잡지와 신문에 대서특서 내엿다. 우리나라 백성 갓허면 엇지 햇설고. 우리나라 사람들은 자기도 더 못하면서 남 잘못하는 것은 잘 안다. 안되면 조상 탓이랏고 절문 백성을 전장에 만히 주겟다고 황제 잘못이라고 나 워싱턴〔디시〕에 있는 신정부가 경비를 부담하고 외교 선전을 했다.

저 소수 사람들은 나가서 민중화를 〔내〕세우고 이승만 씨는 독재주의자라 하고 외교하는 데 방해를 주었다. 우리 민족이 단결 못 하고 저마다 인도자가 되려고 하는 미개한 백성이라는 것을 외국 사람에게 보여 주었다. 독립할 백성이 못 된다 하는 것을 보여 주었다. 오호라 우리 민족이여 뭉치면 사는 길이요, 헤어지면 파산이다. 내 자신의 욕심은 다 희생하고 내 나라와 민족을 위하여 살길을 예비하자. 우리 자손들에게 좋은 이름을 주자. 지금 우리가 할 일이 다 내 나라와 민족에게 영광으로 비쳐 주지 못하나 손해되는 일은 하지 말자. 우리는 하나님이 아름다운 강산, 삼천리금수 강산을 주었다. 묘묘하고 묘한 강산 반도강산이다. 그 강산의 주인이 되자. 한반도 강산으로 좋으나 궂으나 내 동족끼리 합하자. 외국 나라와 친절히 교제하고 외교는 할망정 내 나라 내정 간섭은 주지 말고 우리 민족끼리 해결하자. 정부만으로 잘 한다 못 한다 원망하지 말라. 좋은 백성이 되면 좋은 정부가 된다. 백성이 정부요 정부가 백성이다. 우리나라 단군의 역사가 사천 년 역사로 임금이 계시고 우리가 부여 민족이다.

영자보〔영자신문〕와 잡지에 난 이야기를 지금 하〔고자〕 한다. 이차 전쟁이 끝이 나고 일본에서 전쟁을 주장한 괴수를 잡아 죽이려 할 때에 일본 백성, 전국 백성이 기도하고 빌기를 전쟁 괴수인 도조〔도조 히데키 일본 수상〕는 죽여도 자기 임금 천왕 폐하 히로히토〔裕仁〕[66]는 죽이지 말라 하고 빌고 기도하였으므로 미국이 일본 사람을 애국심이 있는 백성으로 생각하였다.

잡지와 신문에 대서특필되었다. 우리나라 백성 같으면 어찌했을꼬. 우리나라 사람들은 자기도 더 못하면서 남이 잘못하는 것은 잘 안다. 안 되면 조상 탓이라고 젊은 백성을 전장에서 많이 죽였다고 황제 잘못이라고

---

66 쇼와 천황昭和天皇(1901~1989)을 말한다.

야단들 하엿설터이다 미개한 백성들이다.

　내가 1915年에 하와이 드러오니 애국자로 인도자 리승만 씨가 하와이 게서서 한국 사회에 일을 만히 보시고 사택이 널니하 부누이 게[78]시고 얌전한 독채 집에 게시고 모던 사회 일을 보시고 미미교회 감이사 탁터 푸라이를 도아쥬시고 국민회 도아주신다.

　그째 사진혼인으로 한국 쳐녀 삼 인이 교버서 배를 타고 하와이로 드러 올 쌔 배늙은 륜션이라 속도로 못 오고 十三日 만에 하와이 호룰누 부두에 도착할 쌔 션창에 대이지 못하고 바다에 세우고 조고마는 쏜션이 오고 큰 하와이먼이 우리를 부축하여 그 적은 배에 태우고 인민국 가서 하륙하고 인민국에서 대강 문답하고 큰 방에 갓다 두고 섬에서 남편 될 사룸[79~80: 빈 면][81]이 나오도록 그곳에 잇서야 된다. 나는 마위섬으로 가야 됨으로 그째 섬에 다니는 배가 일쥬일에 두 번식 왕래하엿다.

　하로는 마위섬에서 실랑이 나왓다 하고 우병옥 통변이 와서 나를 다 리고 이민국장 압헤 문답을 하고 길찬옥 씨와 한국 사람 정윤필 씨 사업 하는 여관으로 가서 부누이 긔독학원에 가서 쳐녀 삼 인과 남자 삼 인 세 부부가 한날 혼인 에식을 하고 목사는 홍안식 목사 정인은 안득인 씨가 되다. 일주일 후에 각각 섬으로 도라 자긔 처로 갓다. 하와섬에는 유히학 씨 부부 녀자 일홈 처자 마산 부인 또 가와이섬은 탁화순 씨 남자의 성명 을 이젓다. 마산 쳐녀 한 분은 마위섬 길찬록 녀자는 쳔[82]년희 씨더라.

야단들 하였을 터이다. 미개한 백성들이다.

내가 1915년에 하와이에 들어오니 애국자로 인도자 이승만 씨가 하와이에 계셔서 한국 사회의 일을 많이 보시고 사택이 릴리하 푸우누이에 있고 얌전한 독채 집에 계시고 모든 사회 일을 보시고 미이미교회 감리사 닥터 와드먼을 도와주시고 국민회를 도와주셨다.

그때 사진혼인으로 한국 처녀 세 명이 고베에서 배를 타고 하와이로 들어올 때 배가 늦은 윤선[67]이라 속도를 못 내고 13일 만에 하와이 호놀룰루 부두에 도착할 때 선창에 대지 못하고 바다에 세우고 조그만 종선이 오고 큰 하와이안이 우리를 부축하여 그 작은 배에 태우고 이민국으로 가서 하륙하고 이민국에서 대강 문답하고 큰 방에 갖다 두고 섬에서 남편이 될 사람이 나오도록 그곳에 있어야 했다. 나는 마우이섬으로 가야 되므로 그때 섬에 다니는 배가 일주일에 두 번씩 왕래하였다.

하루는 마우이섬에서 신랑이 나왔다 하고 유명옥[68] 통변(통역)이 와서 나를 데리고 가 이민국장 앞에서 문답을 하고 길찬록 씨와 (함께) 한국 사람 정윤필 씨가 사업하는 여관으로 가서 푸우누이 (스트리트의) (한인)기독학원에 가서 처녀 세 명과 남자 세 명, 세 부부가 한날 혼인 예식을 하였는데, 목사는 홍안식[69] 목사, 증인은 안득인 씨였다. 일주일 후에 각각 섬으로 돌아가 자기 처(집)으로 갔다. 하와이섬은 유희학 씨 부부로 여자 이름은 처자이고 마산 부인이다. 또 카우아이(Kauai)섬은 탁화순 씨고 남자의 성명은 잊었다. 마산[70] 처녀 한 분은 마우이섬(에 사는) 길찬록의 여자인 천연희 씨더라.

---

67 화륜선火輪船을 가리킨다. 물레바퀴 모양의 추진기가 달린 기선汽船이다.
68 천연희 노트 1권에 "유명옥"으로 기재되어 있다. 정확한 이름은 확인할 수 없다.
69 홍한식의 오기이다.
70 진주의 오기이다.

내가 하와이 올 째 리승만 씨가 게시고 민족을 위하여 일을 만히 하신다. 특별 정치나 신앙으로 우리 민중을 도아서 일을 하시지마는 개인의 사업도 만히 인도하여 무엇을 하면 시대에 돗타하시고 만히 도아주신다. 부산 사람 신성일 씨는 리승만 씨 말삼을 듯고 쌍을 사서 이익 보앗다. 그러고 목에 그는 옷 타래하는 가내신도 리승만 씨믜서 시작하엿다. 그 역사 이약이를 드러면 리승만 씨는 유명한 털학가 명암이 놉헌 털학가로 동양 사름으로 하나이다. 그럼으로서 양 친구가 만코 다 알아주엇다. 그째 시절에 이 하와이가 미국에 부속한 포와 영지다. 미국 사름 부자 二十五명이 재정가로 하와섬에 투자하고 사탁 농사와 파이애[83: 빈 면][84] 풀을 시작하여 하와이 소산으로 되엿다. 아메 포수로는 못 참다 가까고 암소토롱이 잇고 싸문햇

그째 리승만 씨 친구가 하와이 대학에 박사들이 잇고 리승만 씨를 도아주엇다. 엇던 박사가 (을너미나) 산에 집을 직고 살다가 자긔는 고향으로 도라가니 내 잇던 집을 맛서 살고 쌍이 잇서니 심심 소일노 시간 보내라 하고 그저 주다 십히 리승만 씨를 주엇다. 그래 리승만 씨가 리사하여 살고 보니 가네신 곳이 반발 냄세가 진동하게 코를 쏘니 참 아름답고 고케 피엿다. 너무도 냄새가 죠아서 앗갑게 생각하여 하로는 우리 동지 국민회원 리민산 씨가 리승만 씨를 종와서 문안드린다. 이 리민산 씨는 채소와 곳을 키[85: 빈 면][86]우면 농사를 하는 사람이다. 그 사람을 보고 여긔 싹이 만코 기후가 죠허니 여긔 와서 곳농사로 해보라 하여섯다. 그이의 일홈 리민산 씨다. 리승만 씨 충성으로 밧들고 국민 동지 회원으로 사

내가 하와이에 올 때 이승만 씨가 계시고 민족을 위하여 일을 많이 하셨다. 특별 정치나 신앙으로 우리 민중을 도와서 일을 하시지만 개인의 사업도 많이 인도하여 무엇을 하면 시대에 좋다 하시고 많이 도와주셨다. 부산 사람 신성일 씨는 이승만 씨 말씀을 듣고 땅을 사서 이익을 보았다. 그리고 목에 거는 꽃타래〔레이〕하는 카네이션도 이승만 씨께서 시작하였다. 그역사 이야기를 들으면 이승만 씨는 유명한 철학가〔요〕명망이 높은 철학가로 동양 사람으로 하나이다〔유일한 동양 사람이다〕. 그리하여 서양 친구가 많고 다 알아주었다. 그때 시절에 이 하와이가 미국에 부속된 포와 영지다. 미국 사람 부자 25명이 재정가로 하와이섬에 투자하여 사탕수수와 파인애플 농사를 시작해 하와이 소산으로 되었다〔특산물이 되었다〕. 아미〔군〕포스트〔post, 주둔지〕로는 포트 섀프터〔Fort Shafter〕가 가깝고 〔포트〕암스트롱〔Fort Armstrong〕[71]이 있기 때문에 〔여건이 좋았다〕.

그때 이승만 씨 친구가 하와이 대학의 박사들이었고 이승만 씨를 도와주었다. 어떤 박사가 월헬미나산에 집을 짓고 살다가 자기는 고향으로 돌아가니 내 있던 집을 맡아 살고 땅이 있으니 심심소일로 시간을 보내라 하고 거저 주다시피 이승만 씨에게 주었다. 이승만 씨가 이사하여 살아 보니 카네이션 꽃이 만발하여 냄새가 진동하여 코를 쏘니 참 아름답고 곱게 피었다. 너무도 냄새가 좋아서 아깝게 생각하였다. 하루는 우리 동지 국민회원 이민산 씨가 이승만 씨를 종종 와서 문안드렸다. 이 이민산 씨는 채소와 꽃을 키우며 농사하는 사람이다. 그 사람을 보고 여기 싹이 많고 기후가 좋으니 여기 와서 꽃농사를 해보라 하셨다. 그이의 이름이 이민산 씨다. 이승만 씨를 충성으로 받들고 국민 동지회원으로 사회 일을 받드는 사람

---

71 포트는 미 육군의 상설 주둔지를 가리킨다. 밥 기븐은 천연희와 결혼하기 전에 포트 암스트롱에서 일하였다(「천연희 구술 테이프 녹취록」 Tape 22).

회 일을 밧드난 사름이다. 처음 가네신 킹이다. (을너비나)산 우 공긔가 좃타. 아참 저녁으로 선그하고 땅 디리가 죠아 꼿이나 채소를 심어면 잘 된다.

그때 그 산 우에 집이 만치 안코 혹 하나식 볼 슈 잇고 사람 살기를 시 작하고 산 우 땅이 만코 공긔가 둇다. 이 대학교 박사가 그곳에 땅을 사 서 집을 직고 살다가 자긔가 본토로 갈 쌔 리승만 씨게 넘겨주엇다. 리민 산 씨가 가네신을 심어 네를 씨어 파는 하와인네 장사하는 사람들외 주 어 팔아서 농사를 한다. 그쌔에 가네신 네가 생겻다. 다런 곳네는 만히 잇 섯다. 그러나 [87: 빈 멘][88]이 가네신네는 처음으로 하와인 막겻에 갓다 주 고 네를 씨어 팔앗다. 그 일홈을 솟골 빙커 가네신 네라 불넛다. 참 힝기 한 냄새가 흉령하엿다. 그것 하와이 소산이라 하엿다.

그 가네신이 근본 어대서 왓는지 자서이 모러나 그 박사가 영국서 가 저 왓다는 말이 잇다. 그러나 그 가네신이 차차 쌕라씨에 병이 들어 가지 를 잘나 씨를 내여도 잘 살지 안코 석고 하엿다. 그래서 미국 본토에서 씨 를 사다 심엇다. 그래 그 가네신은 냄새가 업고 칼나는 여러 색이 잇서도 냄새가 업다. 그래서 미국 나오는 유람객은 그전 하와이 소산 벙커 가네 신을 원한다. 그 빙커 가네신은 냄새가 홀영하다. 유월에 각 학교 방학 하 고 졸업할 시에는 이 벙커 가네신 네가 유행으로 네를 근다. 다런 하와이 곳도 만타. 부매리와 박가라나 비가기도 잇다.

그쌔에 리민산 씨가 처음으로 가네신 킹이다. 리민[89]산 씨가 가네신 농사를 리승만 씨가 땅 주고 가네신이 자긔 마당에 만발리 피여 잇서나 누가 사용을 못하매 리민산 씨를 농사하여 그곳허로 네를 만드러서 장 사하게 하여서 대한 사람들이 가네신 꼿장사를 하여서 만히 성공하엿다. 그쌔에 조석준 씨, 아저문이 조맬윤 씨, 공치순 씨, 리태자 어머니 최순경이었다. 처음 카네이션 킹〔king, 왕〕이다〔한인 중에 카네이션 농사를 처음으로 시작해 성공을 거두었다〕. 윌헬미나산 위의 공기가 좋다. 아침저녁으로 선선하고 땅 지리가 좋아 꽃이나 채소를 심으면 잘된다.

그때 그 산 위에 집이 많지 않아 혹 하나씩 볼 수 있었고 사람이 살기 시작하였다. 산 위에 땅이 많고 공기가 좋았다. 이 대학교 박사가 그곳에 땅을 사서 집을 짓고 살다가 자기가 본토로 갈 때 이승만 씨에게 넘겨주었다. 이민산 씨가 카네이션을 심어 레이를 끼워 파는 하와이 레이 장사하는 사람들에게 주어 팔아서 농사했다. 그때에 카네이션 레이가 생겼다. 다른 꽃 레이는 많이 있었다. 그러나 카네이션 레이는 처음이었다. 하와이안 마켓에 갖다 주고 레이를 끼워 팔았다. 그 이름을 코코 핑크 카네이션 레이라 불렀다. 참 향기로운 냄새가 훌륭하였다. 그것이 하와이 소산이라 하였다.

그 카네이션이 근본〔원래〕 어디서 왔는지 자세히 모르나 그 박사가 영국서 가져왔다는 말이 있다. 그러나 그 카네이션이 차차 브랜치〔branch, 가지〕에 병이 들어, 가지를 잘라 씨를 내어도 잘 살지 않고 썩고 하였다. 그래서 미국 본토에서 씨를 사다 심었다. 그런데 그 카네이션은 냄새가 없고 칼라는 여러 색이 있어도 냄새가 없었다. 그래서 미국〔에서〕 나오는 유람객은 그전 하와이 소산의 핑크 카네이션을 원했다. 핑크 카네이션은 냄새가 훌륭하였다. 6월에 각 학교가 방학하고 졸업할 시〔때〕에는 이 핑크 카네이션 레이를 유행으로 걸었다. 다른 하와이 꽃도 많았다. 플루메리아〔plumeria〕, 파칼라나〔pakalana〕, 피카케〔pikake, 재스민〕도 있었다.

그때에 이민산 씨가 처음으로 카네이션 킹이다. 이승만 씨가 땅을 주고 카네이션이 자기 마당에 만발해 피어 있으나 누가 사용을 못하매 이민산 씨를 농사하게 하여 그것으로 레이를 만들어서 장사하게 하여서 대한 사람들이 카네이션 꽃 장사를 하여 많이 성공하였다. 그때에 조석준 씨의 아주머니〔부인〕 조매륜 씨, 공치순 씨, 이태자 어머니 최순경 씨, 이 사람들

씨 이 사름들이 리승만 씨 정원에 잇던 가네신으로 부자가 되엿다. 그 후에 을너미나산을 개척하고 집 짓난 쌍으로 회사에서 팔게 되여서 가네신 농사하는 곳쌍사들 농민들이 쎄섭 쌍 콕코헷서로 쌍을 어더서 다 이사하엿슴으로 나는 콕코헷세 가서 가네신 농사를 할 째 된 일이다. 리승만 씨는 할 슈 잇는 대로 개인 동지들의게도 사라가는 길을 말삼하엿다. 싹트신 아바지 신성일 씨도 그째에 리승만 씨 말삼90)을 듯고 쌍을 사서 만헌 성공을 하엿다. 리승만 씨 애국자 인도자시라도 우리 국민 동지를 위하여 장차 동지가 늙고 일할 슈 업시면 한인에 동지촌을 만더러서 살야 된다 하고 하와이섬 동지촌을 九十九엑가로 사서 조금식 우리 국민들이 부어 갓다. 그째는 쌍이 헐다. 그이는 압헐 내다 본다. 지금 잇서시면 각 농사하여 참 잘살 수 잇다.

이 이승만 씨 정원에 있던 카네이션으로 부자가 되었다. 그 후에 윌헬미나 산을 개척하고 집 짓는 땅으로 회사에서 팔게 되어서 카네이션 농사하는 꽃 장사들, 농민들이 비숍 땅인 코코헤드에 서로 땅을 얻어서 다 이사하였다. 〔내가〕 코코헤드에 가서 카네이션 농사를 할 때 된 일이다. 이승만 씨는 할 수 있는 대로 개인 동지들에게도 살아가는 길을 말씀하셨다. 닥터 신〔Dr. Shin〕 아버지 신성일 씨도 그때에 이승만 씨 말씀을 듣고 땅을 사서 많이 성공하였다. 이승만 씨는 애국자, 인도자이시어 우리 국민 동지를 위하여 장차 동지가 늙고 일할 수 없으면 한인에 동지촌을 만들어서 살아야 된다 하고 하와이섬 동지촌이 960에이커를 사서 조금씩 우리 국민들이 〔대출금과 원금 이자를〕 부어 갔다. 그때는 땅〔값〕이 헐했다. 그이는 앞을 내다보았다. 지금〔까지 땅을 가지고〕 있었으면 각〔자〕 농사하여 참 잘살 수 있겠다〔잘 살고 있을 것이다〕.

천연희 노트 8권

一千九百八十四年 千年喜 긔록

[1](1)¹일자와 달수는 좀 자서 이 긔록 못 해도 이것이 사실노 내가 보고 듯고 갓치 사회해 온 사실이다. 그전 부인구제회 즁앙부 회록 책이 잇고 역사적으로 회록이 잇섯지마는 국민회관에 두엇던 것이 불이 나서 다 소멸되여서 업서지고 다행이 인장은 다런 대 두엇기에 잇다 한다. 이것이 보고 드런 대로 사실 부인구제회 역사이다. 호호라 내 눈이 밝지 못하여 유감이다.

[2](2)내가 하와이로 드러오기는 一千九百十五年 六月에 드러왓다. 그째에 우리 대통영시고 인도자신 이승만 씨와 박용만 두 인도자가 하와이 포황 영지에게 시더라 오오라 박용만 씨가 륙군사관을 맛첫다 하고 하와이 가내호이라 하는 곳에 쌍을 구하여 사관학교를 세왓다. 호호라 영웅도 째를 만나야 되고 룡 마나면 장슈가 나와댄다. 박용만 씨 째가 너젓다. 우리나라를 렬사 주사를 동여매여서 움직 못할 째 소용이 업다. 죠흔 용사지라도 소용이 업다.

[3](3)이승만 씨 텰학과 정치학 맛친 애국자 사상가이신 우리나라 형편으로는 이러혼 인도자가 잇서야 된다. 민족 째우치고 사상이 잇서야 된다. 그럼으로 이승만 씨로 국민회 회원들이 승거하여 해위 잇는 한국

---

1 천연희는 노트 8권에 직접 쪽수를 매겼는데 순서가 매우 혼란스럽다. 맨처음에 1쪽부터 4쪽까지 적혀 있고, 그다음 장에 다시 1쪽이 적혀 있고, 그다음 장에 43쪽부터 역순으로 1쪽까지 적혀 있다. 그 뒤에는 6쪽이라고 적혀 있고, 그다음 장은 쪽수가 적혀 있지 않고, 마지막 장에는 15쪽이라고 적혀 있다. 문맥의 흐름상 마지막에 나오는 세 쪽은 43쪽부터 역순으로 1쪽까지 적혀 있는 부분의 해당 쪽에 누락된 것을 추가로 적은 듯하다. 탈초본에서는 이야기의 흐름상 순서를 바로잡아 쪽수를 매겨 [ ] 안에 표시하고, 노트 원본에 적힌 쪽수는 ( ) 안에 표시했다. 또 원본에 43쪽부터 역순으로 1쪽으로 표시된 쪽수 중 (15)쪽은 세 번, (30)쪽, (43)쪽은 각각 두 쪽이 있다. 천연희는 공책 단면에만 내용을 적었는데, 이 경우는 위쪽 빈 면에 추가로 적은 것이다. 대개 내용이 중복되지만 약간씩 추가된 내용도 있어서 그대로 탈초하였다.

# 1984년 천연희 기록

일자와 달수는 좀 자세히 기록 못 해도 이것이 사실로 내가 보고 듣고 같이 사회해〔경험해〕온 사실이다. 그전〔대한〕부인구제회 중앙부 회록 책이 있고 역사적으로 회록이 있었지마는 국민회관에 두었던 것이 불이 나서 다 소멸되어서 없어지고 다행히 인장은 다른 데 두었기에 있다 한다. 이것이 보고 들은 대로 사실 부인구제회의 역사이다. 오호라 내 눈이 밝지 못하여 유감이다.

내가 하와이로 들어오기는 1915년 6월에 들어왔다. 그때에 우리 대통령이시고 인도자이신 이승만 씨와 박용만 두 인도자가 하와이 포와 영지에 계시더라. 오호라 박용만 씨가 육군사관을 마쳤다 하고 하와이 카할루우라 하는 곳에 땅을 구하여 사관학교를 세웠다. 오호라 영웅도 때를 만나야 되고 용 만나면 장수가 나온댔다. 박용만 씨는 때가 늦었다. 우리나라를 철사 줄로 동여매어서 움직이지 못할 때〔였다.〕소용이 없다. 좋은 용사일지라도 소용이 없다.

이승만 씨는 철학과 정치학을 마친 애국자 사상가이신〔데〕, 우리나라 형편으로는 이러한 인도자가 있어야 된다. 민족을 깨우치고 사상이 있어야 된다. 그러므로 이승만 씨를 국민회 회원들이 승거〔천거: 받들어 추대〕하여 민족에 인도자가 되시고 국민회 쥬필도 하시고 태평양잡지는 이승만 씨가 애국 정신으로 글을 써서 발간하시매 동포들 정신상으로 발전이 되어 애국사상이 더 분발한다. 이승만 민족을 발전싯히고 우리 아해들을 한국정신을 여어 주신 고육을 하시엿다. 그래 긔독학원 세우시고 신앙에도 자유교회를 세우섯다.

[4](4)이째가 一千九百十五年 六月에 내가 하와이 포와 영지로 사진혼인을 와서 리승만 시 사택에서 미미교회 목사 홍안식 목사의게 결혼을 하엿다. 그 사택 집은 닐리아 부누이에 게시고 발서 그째 학원 시작하여 녀자들 맷치 잇고 백인 부인 시탁서 부인이 잇더라. 그 아해들을 가라치고 교육식히엿다.

[5](1)리승만 씨가 김형구 씨를 밋고 하와이 청해 자긔를 도아서 사회 일을 ᄒ고 나라를 위해서 정치하자 하고 밋고 갓다 노어서 하와이 와서 리승만 씨 해노언 일을 보니 욕심이 분발하여 눈이 어더웟다. 그 인도자와 우리 동지들이 일생을 희생하고 해 노은 탐을 헐 생각을 하고 一千九百三十年 一月에 분쟁나고 민즁화를 조직하여 우리 동지촌 九十九 엑커 짱을 일어바렷다.

[6](1)부인구제회 내가 본 대로 사회한 대로 갓치 일한 대로 다 긔록 못해도 아는 대로 긔록한다. 부인구제회는 一千九百十九年에 한국 독립군 애국자들이 이러나 생명을 밧처 죽음을 당한다는 소식이 하와이로 전해지매 우리 하와이 동포들이 피가 클는 동정으로 한국에 죽음얼 생각지 안이하는 애국 동포를 우리 해위 잇는 동포들이 후원하자 하고 부인회를 열고 회를 하엿다. 그째 특별이 부인회 명칭이 업고 애국부인회가 좀 잇

해외 있는 한국 민족의 인도자가 되시고 국민회 주필도 하시고 『태평양잡지』는 이승만 씨가 애국 정신으로 글을 써서 발간하시매 동포들이 정신상으로 발전되어 애국 사상이 더 분발하였다. 이승만은 민족을 발전시키고 우리 아이들에게 한국 정신을 여어〔넣어〕[2] 주신 교육을 하시었다. 그래서 〔한인〕기독학원을 세우시고 신앙에도 자유 교회를 세우셨다.

이때가 1915년 6월에 내가 하와이 포와 영지로 사진혼인을 와서 이승만 씨 사택에서 미이미교회 목사 홍한식 목사의 〔주례로〕 결혼을 하였다. 그 사택 집은 릴리하 푸우누이에 있었고, 벌써 그때 학원을 시작하여 여자들 몇 명이 있었고, 백인 부인 스타크스 부인이 있더라. 그 아이들을 가르치고 교육하였다.

이승만 씨가 김현구[3] 씨를 믿고 하와이로 청해 자기를 도와서 사회 일을 하고 나라를 위해서 정치하자 하고 믿고 갖다 놓아서, 〔김현구가〕 하와이 와서 이승만 씨 해 놓은 일을 보니 욕심이 분발하여 눈이 어두워졌다. 그 인도자와 우리 동지들이 일생을 희생하고 해 놓은 탑을 헐 생각을 하고 1930년 1월에 분쟁이 났고 민중화를 조직하여 우리 동지촌 99에이커[4] 땅을 잃어버렸다.

〔대한〕부인구제회〔에 대해서는〕 내가 본 대로 사회한 대로, 같이 일한 대로 다 기록 못 해도 아는 대로 기록한다. 부인구제회는 1919년에 한국 독립군 애국자들이 일어나 생명을 바쳐 죽음을 당한다는 소식이 하와이로 전해지매 우리 하와이 동포들이 피가 끓는 동정으로 한국의 죽음을 생각지 아니하는 애국 동포를 우리 해외 있는 동포들이 후원하자 하고 부인회를 열고 회를 〔조직〕하였다. 그때 특별히 부인회 명칭이 없고 애국부인회가

---

2 여는 한자로 주다는 뜻이다. 따라서 '여어 주신'은 '넣어 주신'이다.
3 김형구는 김현구의 오기이다. 이하 김현구로 표기한다. 천연희 노트 2권 주 24 참조.
4 99에이커는 잘못된 수치이고 실제로는 960에이커가 조금 넘었다. 이하 960에이커로 표기한다.

섯서 힘 업다. 부인들이 회집하여 부인회 죠직을 창립할 째 적십자회를 조직하고 그수가결[7](2)노 결노 처리되다.

적십자회로 가결된 후 이 공문을 각 디방에 보내고 이곳서 주선하는 사람들이 부인회에서 그수가결노 작정한 이 글노 가지고 미국 정부에 보고하고 인장을 엇긔로 주선을 하니, 정부에 설명하기를 나라 업난 백성은 적십자회를 조직 못 하나 구제회를 조직하여 인장 어더서 부인구제회라 명칭하고 째 호항은 중앙부가 되고 각 섬은 디방회를 조직햇다. 부인구제회는 쑤렷하게 [8](3)정부 인장이 잇섯다. [9](6)처음 부인구제회가 창립 후 인장을 엇고 부인구제회라 명칭하고 사회한 회장들 일홈 중에 쥬앙부장으로 행정한 일홈, 손마리아, 김유실, 손노듸, 민매리, 최해림, 민함라

一千九百二十七年에 민함나 씨가 부인구제회 중앙부 회장이다. 김봉슌 씨는 서긔로 잇다. 그째 우리 국민회관이 쌘지쏠 밀라 슈츄에 잇섯다. 부

좀 있어서〔있었으나〕 힘이 없었다. 부인들이 회집하여 부인회 조직을 창립할 때 적십자회를 조직하고〔조직하는 것으로〕 거수가결로 처리되었다.

적십자회로 가결된 후 이 공문을 각 지방에 보내고 이곳에서 주선하는 사람들이 부인회에서 거수가결로 작정한 이 글을 가지고 미국 정부에 보고하고 인장을 얻기로 주선하니, 정부에〔서〕 설명하기를 나라 없는 백성은 적십자회를 조직하지 못하나〔못한다 하여〕 구제회를 조직하여 인장을 얻어서 부인구제회라 명칭하〔였〕고 이때 호항〔湖港, 호놀룰루〕은 중앙부가 되고 각 섬은 지방회를 조직했다. 부인구제회는 뚜렷하게 정부 인장이 있었다. 처음 부인구제회가 창립된 후 인장을 얻고 부인구제회라 명칭하고 사회한 회장들의 이름 중에 중앙부장으로 행정한 이름은 손마리아, 김유실, 손노듸,[5] 민매리, 최혜림, 민함라 〔등이다.〕[6]

1927년에 민함라 씨가 부인구제회 중앙부회장이었다.[7] 김봉순 씨는 서기로 있었다. 그때 우리 국민회관이 편치볼 〔스트리트와〕 밀러 스트리트〔가

---

5  김노듸를 가리킨다. 1935년 손승운과 재혼한 뒤에 남편의 성을 사용하면서 손노듸 또는 노듸 김해김 손이라는 이름을 사용하였다. 이하에서는 김(손)노듸로 통일한다(김점숙,「하와이의 한인 여성교육자 김노듸」,『여성의 역사를 찾아서』, 나남, 2012, 464쪽).

6  대한부인구제회 회의록에 따르면 손마리아는 1919년도 대의장이었다. 김유실은 1927년과 1928년도 총회부장을, 1931년부터 1943년까지 대한부인구제회 동지회 측의 대의장과 총회부장을 역임했다. 손노듸는 1927년과 1928년에 외교부장을, 1929년에 총회부장을 맡았고, 1931 ~1945년에는 대한부인구제회 동지회 측 총회부장, 재무부장, 총회부장을 역임했다. 최혜림은 1929, 1930년에 부총회장이었다. 민함라는 1941~1944년에 대한부인구제회 동지회 측 총회부장을 역임했다(오은영,「하와이 대한부인구제회연구(1919-1945)」, 이화여자대학교 석사학위 논문, 2005, 59~60쪽. 민매리는 1952년 천연희가 서기였을 때 중앙부장을 역임했다. 천연희는 뒤의 [23](15)쪽에서 "민찬호 씨 부인 민매리"라고 썼는데 이는 민몰리Molly Min의 오기이다. 하지만 천연희가 한국학중앙연구원에 기증한 편지 중에 민매리와 주고 받은 서신이 다수 포함되어 있다. 이 편지들은 1952년에 민매리가 대한부인구제회의 중앙부장이었고 천연희가 서기였음을 보여 준다.

7  대한부인구제회 회의록에 따르면 1927년 중앙부회장 즉 부총회장은 김유실이고 서기는 김봉순이다. 김봉순은 1930년과 1931년, 1936년에 서기를 했다(오은영, 앞의 논문, 2005, 59쪽).

인구제 문부를 국민회관에 두엇더니 불이 나서 다 업서젓다 [10](7)하고 중앙부 책이 업서젓다. 그 후에 자긔들이 일흠을 곤처 전후구제를 일흠을 곤처 인장을 엇지 못했다. 정식으로 회가 안이다. 우리는 인장이 잇서니 정식으로 구제회다.

[11](3)일흠을 대한부인구제회라 명칭하고 부인구제 명칭으로 각 지방에 통기하여 각 섬에서 부인 대표자가 나와서 중앙부장 선거에 참예한 결가로 손덕규 씨 부인 손마리야가 투포에 올나서 처음 부인구제회 회장이 되고 각 디방 공문으로 통지하엿다. 중앙부장이 잇해 임기지 자서 모러겻다. 그 후에는 김유실 씨가 중앙부장이 되고 이 녀자들이 3·1 운동에 만히 힘씨고 금전과 물건을 힘서 그두어서 미국 적십자로 통해서 한국에 만히 보내엿다. 한국 3·1 운동에 포와 영지 한국부인구제회서 한국 [12](4) 죽는 용사들을 만히 후원하엿다.

우리 부인구제회서 세계 일차 전장이 슷치 나고 만국 소약국통명회와 군축회와 평화단판회가 쌔너바에 열린다 해서 하와이 대포로 국민회와 부인구제회서 경비를 당하고 안형경 씨 대포자로 송하엿다. 이재는 아직 동지회가 업섯다. 동지회는 회로 짠 부분이 안이라 동지는 백만 동지다. 한국에서 나라를 위하여 자긔 생명을 밧치는 그 용사들을 위하여 후원하자는 뜻이라 그러하면 첫재 재정이 잇서야 된다. 우리는 정부가 업다. 돈이 업서 교비할 돈 업다. 그럼으로 동지들이 그 경비를 부담함으로 경비

만나는 곳]에 있었다. 부인구제[회의] 문부[문서][8]를 국민회관에 두었더니 불이 나서 다 없어졌다 하고 중앙부 책이 없어졌다. 그 후에 자기들이 이름을 고쳐 전후구제회[戰後救濟會]로 이름을 고쳐 인장을 얻지 못했다. 정식으로 회가 아니었다. 우리는 인장이 있으니 정식으로 구제회다.

이름을 대한부인구제회라 명칭하고 부인구제회 이름으로 각 지방에 통기[9]하여 각 섬에서 부인 대표자가 나와서 중앙부장 선거에 참여한 결과로 손덕규[10] 씨 부인 손마리아가 투표에 올라서 처음 부인구제회 회장이 되었고 각 지방에 공문으로 통지하였다. 중앙부장[11]이 이태[두 해] 임기인지 자세히 모르겠다. 그 후에는 김유실 씨가 중앙부장이 되고 이 여자들이 3·1운동에 많이 힘썼고, 금전과 물건을 힘써 거두어서 미국 적십자를 통해서 한국에 많이 보냈다. 한국 3·1운동에 포와 영지 한국부인구제회에서 한국의 죽은 용사들을 많이 후원하였다.

우리 부인구제회에서 세계 일차 전쟁이 끝이 나고 만국 소약국동맹회[약소국동맹회]와 군축회[워싱턴회의]와 평화담판회[파리평화회의]가 제네바에서 열린다 해서 하와이 대표로 국민회와 부인구제회에서 경비를 담당하고 안현경 씨를 대표자로 [파]송하였다. 이때에는 아직 동지회가 없었다. 동지회는 [국민]회와 딴 부분이 아니다.[12] 동지는 백만 동지다. 한국에서 나라를 위하여 자기 생명을 바치는 그 용사들을 위하여 후원하자는 뜻이라 그러면 첫째 재정이 있어야 된다. 우리는 정부가 없다. 돈이 없어

---

8 문서와 장부를 가리킨다.

9 '통지'와 같은 말로 기별을 보내어 알게 한다는 뜻이다.

10 천연희 노트 7권에는 손덕유라고 써져 있다. 모두 손덕인의 오기이다. 이하 손덕인으로 수정한다.

11 대한부인구제회 회의록에는 중앙부장이라는 직책명 대신 총회 부장으로 나온다(오은영, 앞의 논문, 2005, 59쪽).

12 천연희는 동지회를 "국민회 안에서 혈성대의 동지"로 여기고 있다(천연희 노트 7권 [67]쪽).

내야 됨으로 그 쯧이 동지회 회원이 죽을 먹어도 그 돈은 내야 한다. 이 돈 내기 실혼 사름들은 반대한다. 이것이 동지회다.

　[13](5)국민회원 동지와 부인구제회회원 동지가 함하야 일차 전장 후에 위교를 하고, 그 후에 미국에 신정부도 세우고 상해도 신정부가 섯다. 부인구제회와 동지회가 함하여 위교비를 힘썻다. 한국으로 적십자회로 통하여만 헌물자와 돈도 보내여 주엇다. 이째가 三월 一일 시대 후 시작이다. 그째에 녀자 대포자로는 서울에서 학교 세우시고 교육자로 게시던 림영신 씨가 미국 내지에 게시여서 우리나라 우리 민족을 위하여 자유와 독립을 엇기 위하여 외교할 째 서름도 만히 밧고 눈물도 만히 헐너섯다. 권세 잇는 나라가 저주하기에 애통에 눈물도 만히 헐니어섯다만 독립도 쉬운 것 안이다. 그 경비는 국민 동지회와 부인구제서 부담한다.

　내지 미주에서 위교하시든 [14](6)녀자 대포자로 림영신 씨로 투포하여 선거 후에 그이가 대포자로 독립운동에 위교원이다. 권세 잇는 나라에 마음 압헌 서럼도 만히 밧고 자유 업난 소약국 빅성으 자유 독립을 일헛던 나라를 회복하기에 참 어려운 일이다. 그럼으로 적은 녀자의 가셤 쓸아리고 분함 참고 위교한 싯허로 반독립이 왓다. 국민 동지와 부인구제회서는 한국 독립을 위하여 세계만방에 한국이라 하는 나라 일홈을 선전하는 위교하는 죽을 먹어 그 경비는 부담해야 된다.

　一千九百十九年 그전에 한국 소식을 드러니 우리 구 왕데 아달과 일본 왕족 녀자와 혼인하여 일차 전장이 긋치 나고 세계평화단판이 열린다는 소식을 드럴 째 그 두 사름을 보내여 한국과 일본이 친선으로 일본이 한

〔외〕교비 할 돈이 없다. 그러므로 동지들이 그 경비를 부담하므로, 경비를 내야 되므로, 그 뜻은 동지회 회원이 죽을 먹어도 그 돈은 내야 한다〔는 것이다〕. 이 돈 내기 싫은 사람들은 반대한다. 이것이 동지회다.

국민회원 동지와 부인구제회원 동지가 합하여 일차 전쟁 후에 외교를 하였고, 그 후에 미국에 신정부를 세우고 상해에도 신정부가 섰다. 부인구제회와 동지회가 합하여 외교비를 힘썼다. 한국으로 적십자회를 통해야만 헌 물자와 돈도 보내 주었다. 이때가 3 · 1운동 시대 후 시작이었다. 그때에 여자 대표자로는 서울에서 학교 세우시고 교육자로 계시던 임영신 씨가 미국 내지〔본토〕에 계셔서 우리나라 우리 민족을 위하여 자유와 독립을 얻기 위하여 외교할 때 설움도 많이 받고 눈물도 많이 흘렸다. 권세 있는 나라가 저주하기에 애통해 눈물도 많이 흘렸다만 독립도 쉬운 것이 아니었다. 그 경비는 국민 동지회와 부인구제회에서 부담하였다.

내지 미주에서 외교하시던 여자 대표자로 임영신 씨를 투표하여 선거한 후에 그이가 대표자로 독립운동의 외교원이 되었다. 권세 있는 나라로부터 마음 아픈 설움도 많이 받고 자유 없는 소약국 백성으로 자유 독립을 잃었던 나라를 회복하기가 참 어려운 일이다. 그러므로 작은 여자의 쓰라리고 분한 가슴을 참고 외교한 끝에 반독립이 왔다. 국민 동지〔회〕와 부인구제회에서는 한국 독립을 위하여 세계만방에 한국이라 하는 나라 이름을 선전하고 외교하는 〔일에〕 죽을 먹어도 그 경비를 부담해야 된다.

1919년 그전에 한국 소식을 들으니 우리 구 황제 아들과 일본 왕족 여자가 혼인하여[13] 일차 전쟁이 끝이 나고 세계평화담판이 열린다는 소식을 들을 때 그 두 사람을 보내어 한국과 일본이 친선으로 일본이 한국 통치를

---

13 1920년에 영친왕(이은李垠)과 나시모토노미야 마사코梨本宮方子(한국 이름 이방자)가 혼인한 일을 말한다.

국 통치를 행복으로 한국 백성[15](7)이 행복 누린다는 선전하기로 보내기로 작정한다는 소식을 우리 부인회서 드럿다. 그 후에 우리 황뎨씨가 병석에 게신다는 소식도 듯고 국상 난 소식도 듯고 우리 부인구제회는 열심으로 더 일한다. 소약국동명회와 군축회와 평화단판에 우리 신정부 임시정부를 미국 내지에 세우고 임시정부 대통영은 리승만 씨로 택정하다. 그쌔에 일차 전쟁이 긋나고 미국에 대통영이 공화당에서 선거될 쌔 대통영 후바 씨가 되엿다. 그쌔에 미국이 참 어려웟다. 백성 일이 업고 미국 참 어려운 시기가 되엿다. 후바 씨 후에 민주당이 투포한 루스밸터 씨가 민주당 선거에 미국 민주당 대통영이 되섯다. 그쌔가 一千九百三十年六月 후줌 되엿다. 자서이 모른다. 이쌔 루서밸이다. 동될 쌔는 발서 유롭에서는 전장이 시작되엿다. 이 전쟁은 쩨만과 이탈이에서 동명하고 전쟁 시[16](8)작하고 동양에서는 일본과 잇달너와 쩨만과 동명했다.

그럼으로 세계정세가 대단이 위음하여젓다. 내가 생각나는 것은 리승만 씨가 하와이 오시서 태평양잡지를 저술하여 세계 소식을 우리의게 알게 하고 애국사상 길너 주시엇다. 一千九百十八年에 긔독교회를 세우시고, 그 후에 긔독학원 세우시고, 그 후에 하와이섬 힐로 적경에 동디촌 쌍을 아헌아홉 마지기를 매득했다. 그쌔는 참 쌍갑시 무시할 쌔 죠헌 곳에 동지촌을 햇다. 동지들이 함여하여시면 한국 사름 부자가 되엿다. 그러나 쉬로 하여곰 망하고 만다. 그쌔에 국민회관은 쌘지쏠 밀라 수추리에 조고마한 이증집에 국민 동디 회관이다.

---

행복으로 〔여기고〕 한국 백성이 행복을 누린다고 선전하기로 〔하고〕 〔그 두 사람을 우리 대표로〕 보내기로 작정했다는 소식을 우리 부인회에서 들었다. 그 후에 우리 황제께서도 병석에 계시다는 소식도 듣고 국상 난 소식도 듣고 우리 부인구제회는 열심으로 더 일했다. 소약국동맹회와 군축회의와 평화담판회에 우리 신정부 임시정부를 미국 내지에 세우고 임시정부 대통령은 이승만 씨로 택〔하여〕 정하였다. 그때 일차 전쟁이 끝나고 미국에서 대통령이 선거될 때 공화당에서 후버 씨가 〔대통령이〕 되었다. 그때에 미국이 참 어려웠다. 백성의 일〔자리〕가 없고 미국이 참 어려운 시기였다. 후버 씨 후에 민주당이 투표한 루스벨트 씨가 민주당 선거에 미국 민주당 대통령이 되셨다. 그때가 1930년 6월 후쯤 되었다. 자세히 모른다. 이때 〔대통령이〕 루스벨트다. 동〔루스벨트가〕 될 때는 벌써 유럽에서는 전쟁이 시작되었다. 이 전쟁은 저먼〔독일〕과 이탈리아에서 동맹하여 전쟁을 시작하였고 동양에서는 일본과 이탈리아와 저먼이 동맹했다.

그러므로 세계정세가 대단히 위험해졌다. 내가 생각나는 것은, 이승만 씨가 하와이에 오셔서 『태평양잡지』를 저술하여 세계 소식을 우리에게 알게 하고 애국사상을 길러 주셨다〔주신 것이다〕. 1918년에 〔한인〕기독교회를 세우시고, 그 후에 〔한인〕기독학원을 세우시고, 그 후에 하와이섬 힐로 근처에 동지촌 땅 아흔아홉 마지기〔960에이커〕를 매득했다. 그때는 참 땅값이 무시할〔낮을〕 때 좋은 곳에 동지촌을 〔마련〕했다. 동지들이 함여[14]하였으면 한국 사람이 부자가 되었〔을 것이다〕. 그러나 시기로 하여 그만 망하고 말았다. 그때에 국민회관은 펀치볼 〔스트리트와〕 밀러 스트리트〔가 만나는 곳〕의 조그마한 이층집에 〔있었고〕 국민동지회관이다.[15]

---

14 함께 주었다, 함께 투자했다는 뜻이다.
15 국민회 건물을 동지회가 함께 사용하고 있었기 때문에 이렇게 적었다.

부인구제회 회장은 민함나 씨요, 서긔는 김봉슌 씨다. 千九百二十七年 줌 되엿다. 부인구제회회록이 불이 나서 소멸되엿서 역사적 회록이 업서젓다. 그째에 하와이 한인사회가 분열되는 쉬미가 생긴다. 국민동지와 부인구제회는 열심으로 위교하는 대 힘씨고 리성만 씨는 분주하게 위교하신다. [17](9)그째가 二十七年에 부인구제회 긔록이 불타고 업다 하엿다. 그전에 회록이 업서저서 역사적 긔록도 업서젓서나 다행 부인구제회 인장이 다련 임원이 가지고 잇섯기에 부인구제 인장은 우리가 잇서 부인구제회가 엿태 살아 잇다. 자긔들이 전후구제회를 세우고 인장이 업서 해산하고 부인구제를 하고 인장이 업다.

이와 갓치 부인구제까지 불향한 일 당한 것은 리승만 씨가 위교하기 위하야 미국 내지로 늘 가시게 되니 하와이 자긔 보시던을 누구 맛길 사람이 업섯다. 그러한 중 미국에 잇던 김형구를 신실 청년 나라를 도와 일 잘한다 하고 하와이 가나를 도아 내 일이 분주하니 도와서 하라 하고 불너와서 일을 식히엿다. 이승만 씨와 동지들이 하여노은 것이 유산이 만허매 허욕이 나서 그째버탐 이승만 씨 독재주이니 민중이 하자ᄒ고 민중화로[18](10)변한다. 그래서 민중화가 되엿다.

그째에 김형구가 미주서 하와이 와서 동지 김원용·최영긔 이 두 사람을 불너와 세 사름이 리승만 씨는 독제주이라 하고 민중화를 조직한다. 리승만 씨는 신정부와 위교하시기에 분쥬하게 다니신다. 아지 못한 세상 누구를 밋을 슈 잇나 그째에 국민 동디 중앙부 회장이 손덕규 씨고 서긔가 안영찬 씨다. 재무 일홈이 생이 안이 난다. 이 사람들이 굿근하고 단결

부인구제회 회장은 민함라 씨요, 서기는 김봉순 씨다. 1927년쯤 되었다. 부인구제회록이 불이 나서 소멸되어서 역사적 회록이 없어졌다. 그때에 하와이 한인 사회가 분열되는 기미가 생겼다. 국민 동지와 부인구제회는 열심으로 외교하는 데 힘쓰고 이승만 씨는 분주하게 외교하셨다. 그때〔19〕27년에 부인구제회 기록이 불타고 없다 하였다. 그전의 회록이 없어져서 역사적 기록도 없어졌으나 다행히 부인구제회 인장을 다른 임원이 가지고 있었기에 부인구제회 인장은 우리가 〔갖고〕 있어서 부인구제회가 여태 살아 있다. 자기들이 전후구제회를 세우고 인장이 없어 해산하였고, 〔그 단체는〕 부인구제를 하였으나 인장이 없었다.

이와 같이 부인구제회까지 불행한 일을 당한 것은〔당하였다.〕 이승만 씨가 외교하기 위하여 미국 내지로 늘 가시게 되니 하와이에서 자기가 보시던 〔일〕을 누구 맡길 사람이 없었다. 그러한 중 미국에 있던 김현구가 신실한 청년으로 나라를 도와 일을 잘한다 하니, 〔이승만 씨가〕 하와이에 와 나를 도와 내 일이 분주하니 도와서 하라 하고 불러와서 일을 시키었다. 이승만 씨와 동지들이 해놓은 것이 유산이 많으매 〔김현구가〕 허욕이 나서 그때부터 이승만 씨가 독재주의니 민중이 하자 하고 민중화로 변하였다. 그래서 민중화가 되었다.

그때에 김현구가 미주에서 하와이로 와서 동지 김원용과 최영기 이 두 사람을 불러와 세 사람이 이승만 씨는 독재주의라 하고 민중화를 조직하였다. 이승만 씨는 신정부와 외교하시기에 분주하게 다니셨다. 알지 못한 세상 누구를 믿을 수 있나. 그때에 국민 동지 중앙부회장이 손덕인 씨고 서기가 안영찬 씨다.[16] 재무 이름이 생각이 안 난다. 이 사람들이 꿋꿋하고

---

16 국민 동지는 대한인 하와이 교민단을 가리킨다. 국민회 중앙총회가 폐지되고 대한인 하와이 교민단으로 개편되었음에도 불구하고 대한인 하와이 교민단이 국민회의 인장을 그대로 사용했고, 동지회와 함께 국민회 건물을 사용했으므로 천연희는 그렇게 알고 있었다. 손덕인은 대한인

한 사름으로 리승만 씨와 손잡고 나라와 민족을 위하여 일하던 사름으로 일시 마귀시험으로 우리 민족의게 큰 손해 쥬엇다. 동디촌 고본 500원을 산 사름으로 손해를 본 사름이라 말한다. 우리 국민 동지와 부인구제회서는 여전이 신정부 밧들어 일하고 우리 정부가 한성에 드러갈 째까지 힘써 일한다. 쌘지쌜 밀라 거리에 잇는 이청집 총회[19](11)관을 파라가지고 닐니아 분우이에 서반아 사름 영사집을 사서 민즁화라 하고 일홈햇다.

부인구제회는 전후구제라 하엿다. 그째에 민즁화라 하고 갓치 부동한 사람들은 박용만 씨 단최 사름 몃 사름, 미미교 목사 몃 사름들이다. 나중에 민즁화 성공 못 하고 전후구제도 성공 못 하고 도로 국민회로 일홈하고 부인구제회로 일홈하엿서나 부인구제회 인장이 업서서 정식이 못 된다. 정식으로 부인구제회는 열심으로 신정부를 밧들고 위교에 힘을 씬다. 그째 우리 정부가 한성에 드러갈 째가지 힘써 위교한다. 그 경비는 부인구제회서 단보한다. 지금 그 아저먼이들이 세상 다 써나섯다. 그 아저문이들이 일을 만히 한다. 위교비 돈을 엇기 위하여 쯧장 김치장 만히 일을 한다.

[20](12)이째 세계정세가 위험해저서 2차 전쟁이 나서 이달리와 쩨만이 동명하여 유롭에 전장이 잇고 미국은 일차 전쟁 후 미국 재전 곤안으로 백성들이 일이 업서 도탄에 잇다. 그째 대미국 대통영이 공화당에서 나서 미스다 후바 씨가 대통영이다. 하와이서도 대단 어려웟다. 그래도 우리 부인구제회는 여전이 해간다. 그 후에 세계정세가 점점 죠치 못하여지매 미국도 전쟁에 들기 된다는 소식이 잇다. 그째에 일본 쩨만과 이달리

단결한 사람으로 이승만 씨와 손잡고 나라와 민족을 위하여 일하던 사람으로 일시 마귀의 시험으로 우리 민족에게 큰 손해를 주었다. 〔내가〕 동지촌 고본 500원을 산 사람으로 손해를 본 사람이라 말한다. 우리 국민 동지와 부인구제회에서는 여전히 신정부를 받들어 일하고 우리 정부가 한성에 들어갈 때까지 힘써 일하였다. 펀치볼 밀러 거리에 있는 이층집 총회관을 팔아 릴리하 푸우누이에 서반아 사람 영사의 집[17]을 사서 민중화라 이름했다.

부인구제회는 전후구제〔회〕라 하였다. 그때에 민중화라 하고 같이 부동〔符同, 그른 일에 어울려 한통속이 됨〕한 사람들은 박용만 씨 단체 사람 몇 사람, 미이미교 목사 몇 사람들이다. 나중에 민중화는 성공 못 하고 전후구제〔회〕도 성공 못 하고 도로 국민회로 이름하고 부인구제회라 이름하였으나 부인구제회의 인장이 없어서 정식이 못 되었다. 정식 부인구제회는 열심으로 신정부를 받들고 외교에 힘을 썼다. 그때 우리 정부가 한성에 들어갈 때까지 힘써 외교하였다. 그 경비는 부인구제회에서 담보하였다. 지금 그 아주머니들이 다 세상을 떠나셨다. 그 아주머니들이 일을 많이 했다. 외교비 돈을 얻기 위하여 쓰장〔된장〕과 김치를 장만해 일했다.

이때 세계정세가 위험해져서 이차 전쟁이 나서 이탈리아와 저먼이 동맹하여 유럽에 전쟁이 있었고 미국은 일차 전쟁 후 재정 곤란으로 백성들이 일이 없어 도탄에 있었다. 그때 대미국 대통령이 공화당에서 나서 미스터 후버 씨가 대통령이었다. 하와이에서도 대단히 어려웠다. 그래도 우리 부인구제회는 여전히 해갔다. 그 후에 세계정세가 점점 좋지 못하여지매, 미국도 전쟁에 들게 된다는 소식이 있었다. 그때에 일본이 저먼과 이탈리아와

---

하와이 교민단의 단장이었고 안영찬은 부회장이었다.

17 포르투갈 영사 안토니오 드 수자 카나바로Antonio de Souza Canavarro의 아들 게오르그 드 수자 카나바로George de S. Canavarro가 1924~1927년에 지은 집으로 '영사관저'라고 잘못 알려졌다. 현 루케 애비뉴 2756번지 건물이다.

와 동명하고 미국과 전쟁하기 십다는 소식이 난다. 그 후에 미국 물건 실은 배를 여러 번 침몰하기에 미국이 전장에 드러갓다. 이탈리와 쩨만은 영국을 치고 유롭에 적은 나라를 치고 아라사로 드러간다. 그쌔에 미국이 전장에 드러갓다. 미국이 전쟁에 드러가매 하와이서도 분주이 전장 에비한 그럼으로 온 세상이 분주하다. 다 일하고 노는 [21](13)사람이 업다.

우리 부인구제회는 신정부에 위교하는 경비 부담한다. 그쌔 하와이에는 인도자가 게시지 안코 미국에 제시고 위교한다. 미국에서 위교하시는 분 서재필 씨, 정한경 씨, 리승만 씨 여러분이지마는 알지 못한다. 긔억이 업다. 그 후에 미국 대통영이 민쥬당에서 섯다. 그 일홈은 루의서벨트시다. 그쌔에 하와이서도 전쟁준비를 하기 시작하여 미국서 사람이 만히 나오고 수군과 륙군이 만히 나와서 륙군 힉감에 잇고 네비 해군은 폴하바에 잇다. 아메 네비에 일하는 오피소들은 식구를 다리고 아메 젓태 오라 하여서 우리가 힉감 가서 잇섯다. 이세 간 지 二十일 만에 일본 공긔선이 와서 폴하바를 처서 수쳔명 수군을 바다에 장사하엿다. 그 시에 내가 본 형편을 다 씰 수 업다. 식식한 청년 해군 일초에 장사하엿다. 폴하바에 정박하고 잇는 수쳔 명을 실은 해군선을 공중에서 처서 몰사하엿다.

[22](14)이쌔 一千九百四十七年 七月 아참 다섯 점 여섯 점에 된 일이다. 내 눈이 컴컴하여 씨기 실치마는 우리 부인구제회가 만히 일한 관게가 잇서니 내가 씬다. 四十一年으로 五十年까지 아저문이가 살아 게시고 일을 잘 한다. 그쌔 젹녁이면 불이 업고 캄캄하고 사름이 길에 다니지 못하고 거리에 군인 순금이 직힌다. 그름으로 일하는 사름들은 전쟁 일하는 대 하고 일군이 업 놀지 못한다. 전쟁을 도아 주간하는 사위는 일할 사름업다. 그럼으로 우리 부인구제회서 아모 분주해도 도아준다. 그 시에 부인구제회 즁앙부장이 김노듸 씨다. 전쟁을 도어는 사회에서 자긔들이 분

동맹하고 미국과 전쟁하기 쉽다는 소식이 났다. 그 후에 미국 물건을 실은 배를 여러 번 침몰시키기에 미국이 전쟁에 들어갔다. 이탈리아와 저먼은 영국을 치고 유럽의 작은 나라를 치고 아라사(俄羅斯, 러시아)로 들어갔다. 그때에 미국이 전쟁에 들어갔다. 미국이 전쟁에 들어가매 하와이에서도 분주히 전쟁을 예비하므로 온 세상이 분주하였다. 다 일하고 노는 사람이 없었다.

우리 부인구제회는 신정부에 외교하는 경비를 부담하였다. 그때 하와이에는 인도자가 계시지 않고 미국에 계시고 외교하였다. 미국에서 외교하시는 분이 서재필 씨, 정한경 씨, 이승만 씨 (등) 여러 분이지마는 알지 못한다. 기억이 없다(기억이 나지 않는다). 그 후에 미국 대통령이 민주당에서 났다. 그 이름은 루스벨트 씨다. 그때에 하와이에서도 전쟁을 준비하기 시작하여 미국(본토)에서 사람이 많이 나오고 수군(해군)과 육군이 많이 나와서 육군은 히캄에 있고 네이비 해군은 펄하버에 있었다. 아미 네이비(육·해군)에서 일하는 오피스(군속)들은 식구를 데리고 아미(군부대) 곁에 오라 하여서 우리가 히캄에 가서 있었다. 이사 간 지 20일 만에 일본 공기선(전투기)이 와서 펄하버를 쳐서 수천 명 수군을 바다에 장사하였다. 그때에 내가 본 형편을 다 쓸 수 없다. 씩씩한 청년 해군이 일초에(순식간에) 전사하였다. 펄하버에 정박하고 있는 수천 명을 실은 해군선을 공중에서 쳐서 몰사하였다.

이때 1947년 7월 아침 5시, 6시쯤에 된 일이다. 내 눈이 컴컴하여 쓰기 싫지마는 우리 부인구제회가 많이 일한 관계가 있으니 내가 쓴다. 1941년부터 1950년까지 아주머니들이 살아 계시고 일을 잘 했다. 그때 저녁이면 불이 없고 캄캄하고 사람이 길에 다니지 못하고 거리를 군인, 순경이 지켰다. 그러므로 일하는 사람들은 전쟁 일하는 데(에서 일)하였고 일꾼이 없어 놀지 못하였다. 전쟁을 도와 주관하는 사회는 일할 사람이 없었다. 그러므로 우리 부인구제회에서 아무리 분주해도 도와주었다. 그때 부인구제회 중앙부장이 김(孫)노듸 씨다. 전쟁을 돕는 사회에서 자기들이 분주하고 도

주하고 도아줄 사람이 업서서 부인구제회서 좀 도아달나 함으로 노듸 손도 분주하지마는 대답하고 반을 팔기로 시작했다.

　그러나 자긔도 혼차 하기 어렵다. 그래서 도을 사름을 차지니 구제회원 [23](15)김복세 씨가 자원하고 중앙부장 노듸 씨를 도아주마 하고 김복세 씨도 여관사업 하고 시간 업다. 자긔 일은 잠을 자지 못하고 다하여 늣코 아참 아홉 점에 은행 문 열기 전에 조고마한 캇 퇴불을 킹거리 쌔섭 은행 젓대(지금은 퍼서 하와이 은행이다) 그 문 압헤서 전장반을 판다. 김복세 씨는 반 사로 오는 사름의게 반을 주고 돈을 밧고 손노듸 씨는 돈과 일홈을 적는다. 참 반을 만히 판다. 나도 여관 사업 하고 시간이 업서 오후 두 점 되여서 가서 도아준다. 두점에 은행 문 다드면 (폿 수추리) 니 비틔 전방 매기내니 전방 압회서 여섯 점까지 판다. 나는 여섯 점 전에 집에 가야된다. 길에 불이 업다. 참 반을 만히 팔앗다. 청인들 만히 삿다. 우리 부인구제회에서 참 일을 만히 한다. 그 후 민찬호 씨 부인 민매리 씨가 중앙

　[24](15)김복세 씨가 자원하고 도아준다. 김복세 씨도 사업을 하고 시간이 업다. 자긔 일은 잠을 자지 못하고 일을 다 한다. 여관 사업을 하는대 그 일을 잠을 못 자고 하여 늣코 아홉 점 은행 문 열긔 전에 조고마는 캇 퇴물노 킹 거리 퍼쌔서 내선을 은힝 문 압헤페 늣코 전장 반을 판다. 김복세 씨는 반 사로 오는 사름의게 반을 주고 돈을 밧고 손노되 씨는 돈과 일홈 적난다. 참 만히 판다. 우리 구제회서 참 일을 만히 한다. 그 후 민매리 씨가 부인회 중앙부장이다. 그째에는 녀자청년회관 이 층에 적십자

와줄 사람이 없어서 부인구제회에서 좀 도와 달라 하므로 김〔손〕노듸도 분주하지마는 대답하고 반〔밥〕을 팔기 시작했다.

그러나 자기도 혼자서 하기 어렵다. 그래서 도울 사람을 찾으니 구제회원 김복세 씨가 자원해서 중앙부장〔손〕노듸 씨를 도와주마 하나 김복세 씨도 여관 사업을 하고 시간이 없다. 자기 일은 잠을 자지 않고 다해 놓고 아침 9시에 은행이 문 열기 전에 조그마한 카트 테이블〔cart table, 운반식 테이블〕을 킹 거리 비숍 은행 옆에(지금은 퍼스트 하와이안 은행〔First Hawaiian Bank〕이다.)〔차려놓고〕그 문 앞에서 전쟁 밥을 팔았다. 김복세 씨는 밥을 사러 오는 사람에게 밥을 주고 돈을 받고 김〔손〕노듸 씨는 돈과 이름을 적었다. 참 밥을 많이 팔았다. 나도 여관 사업을 하여 시간이 없지만 오후 2시가 되면 가서 도와주었다. 2시에 은행이 문을 닫으면 포트 스트리트 니비틱 전방, 매기내니 전방[18] 앞에서 6시까지 팔았다. 나는 6시 전에 집에 가야 했다. 길에 불이 없었다. 참 밥을 많이 팔았다. 청인들〔중국인들〕이 많이 샀다. 우리 부인구제회에서 참 일을 많이 했다. 그 후 민찬호 씨 부인 민매리[19] 씨가 중앙 〔뒤의 [26](16)쪽으로 이어짐〕

김복세 씨가 자원하고 도와주었다. 김복세 씨도 사업을 하고 시간이 없었다. 자기 일은 잠을 자지 않고 다 했다. 여관 사업을 하는데 그 일을 잠을 못 자고 해놓고 9시에 은행이 문 열기 전에 조그마한 카트 테이블을 킹 거리 퍼스트내셔널 은행〔First National Bank, First Hawaiian Bank의 오기로 보임〕문 앞에 놓고 전쟁 밥을 팔았다. 김복세 씨는 밥을 사러 오는 사람에게 밥을 주고 돈을 받고 손노듸 씨는 돈과 이름을 적었다. 참 많이 팔았다. 우리 구제회에서 참 일을 많이 했다. 그 후 민몰리 씨가 부인회 중앙부장이〔되었〕다. 그

---

18 니비틱, 매기내니는 상점명으로 정확한 표기를 알 수 없다.
19 민찬호의 부인은 민매리가 아니라 민몰리Molly Min이다. 이하 민몰리로 수정한다.

회장으로 도아줄 째 구제회 부인들이 가서 만히 도아준다. 전장에서 싸우다가 상한 병자들 상처에 씨는 밴듸지를 만히 개 준다. 이긋은 적십자로 하여곰 각 병원으로 간다. 그째에 우리 중앙부장 민매리 씨가 적십자 회장이 미국 적십자 회장에 한국부인회 중앙부장으로 시무한다. 그째에 우리 한국 녀자들이 열심으로 일하여서 칭찬 [25](15)만히 받았다.

[26](16)부장이 되고 이 나라 적십자 회장이다. 그째 녀자청년회관 이 칭에 사무소가 잇다. 부인들이 가서 만히 도아준다. 전쟁에 싸우다가 상한 병자들 상처에 씨는 밴듸지를 만히 개 준다. 적십자회로 각 병원으로 보내준다. 그째에 우리 중앙부장 민매리 씨가 미국 적십회의 회장이시고 한국부인구제회 중앙부장으로 구제회원이 만히 일햇다. 칭찬을 만히 밧앗다. 이째 이차 전쟁이 악하되여 미국서 아메 네비 해군 병정을 공긔선으로 잠항정으로 배로 실고 태평양 바다로 물에 칼녀실 째 태평양 바다에 적은 섬 일홈 대강 씬다.

와니쌀쏜, 다호노선, 개지문아, 낼마앞일, 랜낸 이 적은 섬 태평양 바다 적경에 잇는 섬 [27](17)섬들을 일본이 관할하고 한국 청년들 강제로 잡아다가 병정 모양으로 직히라 하엿다. 그째 미국 함대가 치고 드러가서 다 사로잡고 하와이로 다려와서 하와이 오하오 디방 쌘알일랜에 밥 와야를 둘너 막고 다런 대 다라나지 못하게 가두고 왓치(직)하는 사람이 직힌

때 여자[기독교]청년회관 2층에 [사무소가 있을 때 민몰리 씨가] 적십자 회장으로 [있으며] 도와줄 때 구제회 부인들이 가서 많이 도와주었다. 전쟁에서 싸우다가 다친 병자들의 상처에 쓰는 밴디지[bandage, 붕대]를 많이 개 주었다. 이것을 적십자를 통해 각 병원으로 보냈다. 그때 우리 중앙부장 민몰리 씨가 미국 적십자 회장으로 [시무하고] 한국부인회 중앙부장으로 시무했다. 그때 우리 한국 여자들이 열심히 일하여서 칭찬을 많이 받았다.

[[23](15)쪽에서 이어짐] 부장이 되고 이 나라 적십자 회장이다. 그때 여자 [기독교]청년회관 2층에 사무소가 있었다. 부인들이 가서 많이 도와주었다. 전쟁에서 싸우다가 다친 병자들의 상처에 쓰는 밴디지를 많이 개 주었다. 적십자회로 [하여금] 각 병원으로 보내[게 하였]다. 그때 우리 중앙부장 민몰리 씨가 미국 적십자회의 회장이시고 대한부인구제회의 중앙부장으로 구제회원이 많이 일했다. [우리 한국 여자들이] 칭찬을 많이 받았다. 이때 이차 전쟁이 악화되어 미국에서 아미와 네이비 해군 병정을 공기선으로 잠항정[잠수정]으로 배에 싣고 태평양 바다로 물을 가르고 갔을 때 태평양 바다에 [있는] 작은 섬 이름을 대강 써본다.

와니쌀쫀, 다호노선, 콰절린[Kwajalein], 낼마앞일, 랜낸[20] 이 작은 섬[들을] 태평양 바다의 적경(敵境)에 있는 섬들을 일본이 관할하고 한국 청년들을 강제로 잡아다가 병정 모양으로 지키라고 하였다. 그때 미국 함대가 치고 들어가서 다 사로잡고 하와이로 데려와서 하와이 오아후 지방의 샌드아일랜드[Sand Island][21]를 바버드 와이어[barbed wire, 가시철조망]로 둘러

---

20 한글로 써 있어 정확한 철자를 확인하지 못하였다.
21 호놀룰루 항구 건너편에 있는 작은 섬. 1941년 일본이 진주만을 공격한 후 하와이의 일본인들이 수용된 전쟁포로 수용소이기도 했다. 전시 중 일본 정부의 징집령으로 남태평양 여러 섬에 일본 군인 또는 군속으로 있다가 체포된 한인들도 호놀룰루로 보내져 샌드아일랜드 포로수용소에 억류되었다. 샌드아일랜드 포로수용소는 1943년 3월 호노울리울리Honouliuli 지역에 설립된 캠프로 이전하였다.

다. 이 소식을 들은 우리 한국 부인들 참 마음이 압하서 한이 업다. 그때 우리 구제회원 김복세 여흔이 우리 구제회원들이 고초장과 김치를 해가지고 김재복 씨가 가를 몰고 샌아일랜 가서 와야 울타리 밋허로 갓다 주엇다. 가이 업난 내 동족 자유 업는 나라 백성 한이 업시 슬퍼다. 아조 절문 청년 남아들이다. 나라 업는 불상한 우리 청년들 그곳에서 쩌날 째가지 부인구제회 아저문이들이 한국 음식을 종종 하여 주엇다. 이것이 부인구제회 한국 정신이다.

이차 전쟁이 一千九百四十五年에 긋치 날 째 한국이 다 문허지고 가난한 나라 부모가 업고 가난하여 근사 못하는 아해 [28](18)양부모를 정하여 줄 째 미국 백인 한 사름 일홈이 생각이 나지 안타. 오래되여서 이저바렷다. 이 사람이 한국에 고아원에 잇는 아해들을 슈배 명을 미국 내지에 아희 원하는 양부모를 차저 주고 제가 한국 가서 다리고 온다. 처음에 다리올 째는 공긔선으로 안이 오고 윤선으로 다리고 호항 하바 8선창에 당도햇다. 그때 통지가 오기로 선창에 배가 도착하면 어린 아해들 못간도 식히고 기저긔도 갈고 젓도 먹이고 밥도 먹이고 다시 미국 본디로 가야 되니 도아줄 사람을 구함으로 우리 부인구제회원들이 자원하고 도아준다.

배가 선창에 드러오기 전에 일적 가서 등대한다. 나는 멀기 잇서 자조 못가지마는 김복세 씨는 한 번도 빠질 째가 업시 일한다. 그이는 불행이 세상을 쩌낫다. 그 후에는 이 백인이 아해들을 공긔선에 실고 왓다. 그래서 지금 공긔선지에 가서 기대리 [29](19)그째 노듸손이 중앙부장이다. 잇다가 공긔선이 다어 아해들을 다리고 휴접실에 젓을 먹이고 밥을 먹이고 기저기를 갈아 채이고 하여서 미국으로 드러간다. 우리 부인구제회원이 다 자원으로 도아준다. 여러 수차리로 아해들을 다리고 내지를 드러갓

막고 다른 곳으로 달아나지 못하게 가두고 워치하는(지키는) 사람이 지킨다. 이 소식을 들은 우리 한국 부인들이 참 마음이 아파서 한이 없다. 그때 우리 구제회원 김복세, 여흔이 [같은] 우리 구제회원들이 고추장과 김치를 해가지고 김재복 씨가 카를 몰고 샌드아일랜드로 가서 와이어 울타리 밑으로 갔다 주었다. 가엾은 내 동족, 자유 없는 나라의 백성, 한없이 슬프다. 아주 젊은 청년 남아들이다. 나라 없는 불쌍한 우리 청년들이 그곳에서 떠날 때까지 부인구제회 아주머니들이 한국 음식을 종종 만들어 주었다. 이것이 부인구제회의 한국 정신이다.

이차 전쟁이 1945년에 끝날 때 한국이 다 무너진 가난한 나라[라서] 부모 없고 가난하여 건사 못 하는 아이에게 양부모를 정해줄 때 [일을 한] 미국 백인 한 사람의 이름이 생각나지 않는다. 오래되어서 잊어버렸다. 이 사람이 한국 고아원에 있는 아이들 수백 명을 [데려다가] 미국 내지에서 아이를 원하는 양부모를 찾아 주고 자기가 한국에 가서 데리고 왔다. 처음에 데려올 때는 공기선으로 [데려]오지 않고 윤선[輪船, 기선]으로 데려와 호항 하버 8선창에 당도했다. 그때 통지가 오기를 배가 선창에 도착하면 어린아이들을 목욕도 시키고 기저귀도 갈고 젖도 먹이고 밥도 먹여서 다시 미국 본토로 가야 하니 도와줄 사람을 구한다고 하므로 우리 부인구제회원들이 자원하여 도와주었다.

배가 선창에 들어오기 전에 일찍 나가서 등대[等待, 미리 준비하고 기다림] 한다. 나는 멀리 살아서 자주 못 갔지만 김복세 씨는 한 번도 빠질 때가 없이 [가서] 일했다. 그이는 불행히도 세상을 떠났다. 그 후에는 이 백인이 아이들을 공기선에 실어 왔다. 그래서 공기선이 도착하는 곳에 가서 기다리다가 (그때 손노듸가 중앙부장이다. [가장자리에 기록한 메모]) 공기선이 도착하면 아이들을 데리고 휴접실(휴게실)에 가서 젖을 먹이고 밥을 먹이고 기저귀를 갈아 채우고 하여서 미국으로 들어갔다. 우리 부인구제회원이 다

다. 하와이로 처음 하륙하고 몃점 시고 간다. 그러헐 째마다 한국 부인들이 공긔선지에 가서 도아준다.

四十五六年졈 미국 전장이 긋치 나니 힉감 병참에 잇는 평민은 다 타운으로 이사를 가기 된다. 병정 식구가 병참으로 이새를 와야 된다. 그래서 우리 식구가 이사를 콕고헷이라 하는 곳으로 집을 사서 이사하엿다. 지금 그곳은 하와이 가이다. 자서이 생각지 못하나 그째가 사십五年六年 졈 되엿다. 그째에 내가 콕코헷에 산다.

그를 째 림영신 씨가 미국 내지에서 외교원으로 개신다. 부인구제회 임원 한 분이 나를 불너 말하기로 림영신 씨가 하와이로 오신다 하고 통지하엿다. [30](20)임시회를 내 집에 열고 내가 정심을 대접하고 회를 열고 림영신 씨가 설명하엿다. 림시정부가 한국 한성으로 드러가게 할나면 지금 유앤이 와성톤에서 회를 열긔 되니 그곳에 참에할나며 경비가 잇서야 그 젓혜 호텔에 가 잇고 참석해야 하며 경비가 잇서 된다는 설명하엿다. 그째에 부인구제회 돈이 한 萬元이 잇섯다. 그럼으로 회중에서 통과된 그 돈을 외교원 림영신 씨로 주기로 그수가결했다. 그째에 림영신 시 말삼이 이 돈은 우리 신정부가 한성에 드러가면 부인구제 돈을 돌여준다 하엿다. 우리 부인구제회원은 신정부가 한성에 드러가는 것만 용망하엿다. 대강 한국 소식을 그째 드러면 그째 일본이 미국과 전쟁이 시작고 나종에는 미국이 전장하여 한국까지 가서 일본을 한국 쌍에서 일본으로 모라내고 한국[31](21)은 미국 아메 마설로가 되여 잇다.

그째 하지 즁장이 그째 서울에 가서 미국 아메를 영솔한 머리 된 대장

자원하여 도와주었다. 여러 수차례로 아이들을 데리고 내지로 들어갔다. 하와이에 처음 하륙한 후 몇 시간 쉬었다 〔들어〕갔다. 그럴 때마다 한국 부인들이 공기선이 도착하는 곳에 가서 도와주었다.

〔19〕45, 46년쯤 미국 전쟁〔이차 대전〕이 끝이 나니 히캄 병참〔군부대 주택〕에 있는 평민은 다 타운〔town, 시내〕으로 이사를 가게 되었다. 병정 식구가 병참으로 이사를 와야 했다. 그래서 우리 식구가 코코헤드라 하는 곳으로 집을 사서 이사하였다. 지금 그곳〔의 이름〕은 하와이 카이다. 자세히 생각나지 않으나 그때가 〔19〕45년, 46년쯤 되었다. 그때 내가 코코헤드에 살았다.

그때 임영신 씨가 미국 내지에서 외교원으로 계셨다. 부인구제회 임원 한 분이 나를 불러 말하기를 임영신 씨가 하와이에 오신다 하고 통지하였다. 임시회를 내 집에서 열고 내가 점심을 대접하고 회를 열고 임영신 씨가 설명하였다. 임시정부가 한국 한성〔漢城, 서울〕으로 들어가게 하려면 지금 유엔〔UN〕이 워싱턴에서 회를 열게 되니 그곳에 참석하려면 경비가 있어야 그 근처 호텔에 가 있어 참석할 수 있으니 경비가 있어야 된다고 설명하였다. 그때 부인구제회 돈이 한 만 원이 있었다. 그러므로 회중에서 통과된 그 돈을 외교원 임영신 씨에게 주기로 거수가결했다. 그때 임영신 씨 말씀이 우리 신정부가 한성에 들어가면 부인구제회의 돈을 돌려준다고 하였다. 우리 부인구제회원은 신정부가 한성에 들어가는 것만 욕망하였다. 대강 한국 소식을 그때 들으니 일본이 미국과 전쟁을 시작하고 나중에는 미국이 전쟁하여 한국까지 가서 한국 땅에서 일본을 몰아내고 한국은 미국〔이 실시한〕 아미 마셜 로〔army martial law, 군사 계엄령〕가 되어 있었다.[22]

그때 하지〔John Reed Hodge〕 중장이 서울에 가서 미국 아미를 영솔한 우

---

22 1945년 9월부터 1948년 8월 15일 남한단독정부를 수립하기까지 남한에서 실시된 미 군정기를 언급한 것이다.

이다. 그이가 하와이 게실 째 호롤룰루 포쌈트 아메 영문에서 주관하던 대장이다. 그래서 포찹타 영문 안에서 쌀래쌉과 퇼라 하던 홍숙자 씨를 잘 안다. 그쌔에 하와이서 한국 사람 인도자라 하고 만헌 성화를 하얏다. 한국에서 그쌔에 말 드러며 이곳에 사는 리귀실 씨가 미국 아메서 불너서 미국 병정이 되고 한국 통변으로 갓다 한다.

리귀설 씨는 자긔 이모부가 김현식 목사다. 그 목사 쌔 닐니아 그리 잇는 긔독교회를 지엇다. 그래서 리규실 씨 한국에서 낫다. 자긔 외삼촌 김 목사가 하와이로 공부식휘 위하야 다리와서 공부를 하다가 병정으로 갓다. 그래서 리승만 씨를 만히 도앗다. 리승만 씨 신정부를 만히 도아주엇다. 그쌔 자긔 부인 애서다를 맛나 결혼하얏다. 이 애스다는 아[32](22)바지가 이곳 하와이 쌀배신 교회에 캠퇸으로 일하얏다. 애스다는 즁학교 다니다가 부모 짜라가고 한국 가서 미국 전쟁이 나니 아메 일 하다가 리귀셜 씨로 맛나 혼인하여서 리승만 씨를 만히 도아주고 하와이로 와서 식산주식회사도 김노되를 만히 도아주엇고 부인구제회도 만히 도아주엇다.

이쌔에 림영신 씨가 부인회 돈을 가지고 와신톤 유앤단판회에 가서 고생도 만히 하고 서럼도 만히 밧고 한국을 모러난 형편 조고마한 소약국 너무 나라에 속디엇던 나라는 일홈도 모러난 소약국으로 유앤 평화단판에 참에하신 그 셩의 장하고 장하고 장하도다. 지금은 텬당 가서 시고 잇다.

하지 즁장이 서울서 게실 쌔 하와이와 위국에 잇는 한국 민족에 인도

두머리 대장이다. 그이가 하와이에 계실 때 호놀룰루 포트 섀프터 아미 영문을 주관하던 대장이다. 그래서 포트 섀프터 영문 안에서 빨래 숍〔세탁소〕과 테일러를 하던 홍숙자 씨를 잘 안다. 그때 하와이에서 〔하지 중장을〕 한국 사람의 인도자라 하고 많은 성화를 하였다〔환호하였다〕. 한국에서 그때 하는 말을 들으면 이곳에 사는 이규설 씨가 미국 아미에서 불러서 미국 병정이 되어 한국〔어〕 통변〔통역〕으로 갔다고 한다.

이규설 씨는 자기 이모부가 김현식 목사다.[23] 그가 목사〔로 있을〕 때 릴리하 거리에 있는 〔한인〕기독교회를 지었다. 이규설 씨는 한국에서 태어났다. 자기 외삼촌 김 목사가 공부시키기 위하여 하와이로 데려와서 〔이규설씨는〕 공부를 하다가 병정으로 갔다. 그래서 이승만 씨를 많이 도왔다. 이승만 씨의 신정부를 많이 도와주었다. 그때 자기 부인 에스더〔Esther〕를 만나 결혼하였다. 이 에스더는 아버지〔이규연 씨〕가 이곳 하와이 샐베이션교회〔구세군교회〕의 캡틴〔captain, 사관〕으로 일하였다. 에스더는 중학교에 다니다가 부모를 따라 한국으로 가서 미국 전쟁이 났을 때 아미 일을 하다가 이규설 씨를 만나 혼인한 후 이승만 씨를 많이 도와주고 하와이로 와서 〔동지〕식산주식회사와 김노듸를 많이 도와주었고 부인구제회도 많이 도와주었다.

이때 임영신 씨가 부인〔구제〕회 돈을 가지고 워싱턴 유엔 담판회에 가서 고생도 많이 하고 설움도 많이 받고 한국을 모르는 형편에서 조그마한 소약국으로 남의 나라의 속지였던 이름도 알려지지 않은 소약국임에도 유엔 평화담판에 참가하신 그 성의가 장하고 장하고 〔또〕 장하도다. 지금은 천당에 가서 쉬고 있다.

하지 중장이 서울에 계실 때 하와이와 외국에 있는 한국 민족의 인도자

---

23 김현식이 아니라 김형식이며, 이모부가 아니라 외삼촌이다.

자라 하고 외교하로 갓다가 공긔선이 잘못되여 써러젓다. 이이들 성명은 전경무·리한석 씨다.

[33](23)하와이 녀자만국청년회관이 김펄리시 젓헤(의 릴찰이라 하는 길에 잇다. 그째가 어느 달 어느 해에 황혜수 씨가 그곳에 오신 것은 미 불명하다. 그러나 그 十年 이상 四十年 전까지 일을 (와이싸불유씨)에서 하섯다. 황해슈 씨는 오라분이가 게시고 목사다. 황사용 씨다. 황해슈 씨는 미국에 죠헌 녀자 교육을 밧고 공부를 만히 하엿다. 그래서 하와인 홀 놀루 녀자청년회관 초청으로 청함을 밧고 이곳 녀자청년회관에 회장으로 만헌 수고로 회장이 되고 특별이 한국 부인 어머니회를 주장하여 잘 하엿고 째 한국 녀자들 영어를 통치 못한다. 사진혼인에 드러온 녀가 만타. 그럼으로 황혜수 씨가 통변하여 주신다. 법정에 관계되는 일이나 식구 병이 나든지 해[34](24)면 혜수 씨를 도아달나 하며 도아준다.

(마다서) 클랍에 한국 무용도 베우고 영어도 배우고 한국 무용도 배운다. 우리 부인구제회원도 만타. 팔라마 감독교와 미미교 부인들도 만타. 황혜수 씨가 우리 사진혼인하여 드러온 녀자들의 만헌 공헌이 잇는 여자니 다이라. 우리 인도하신 어머니다. 얼마 전에 내 쌀을 다리고 가서 보앗다. 그것도 발사 멋 해가 되엿다. 아직 생존하시는지 알 수 업다. 참 나는 이가 어머니회 어머니로 생각한다.

[35](25)우리 부인구제회 즁앙부장 성적을 적어 보자. 첫 즁부장 손마리

라 하고 〔몇 사람이〕 외교하러 갔다가 공기선이 잘못되어 떨어졌다. 〔그때 사고를 당한〕 이들 성명은 전경무, 이한식 씨다.[24]

하와이 여자만국청년회관〔YWCA 회관〕이 킹스팰리스〔King's Palace, 이올라니 궁전Iolani Palace〕 옆에 리처즈〔Richards〕〔스트리트Street〕라 하는 길에 있었다. 그때 어느 달 어느 해에 황혜수 씨가 그곳에 오셨는지는 분명하지 않다. 그러나 근 10년 이상 〔19〕40년 전까지 YWCA에서 〔일〕하셨다. 황혜수 씨는 오라버니가 계시고 목사다. 황사용 씨다. 황혜수 씨는 미국에서 좋은 여자 교육을 받고 공부를 많이 하였다. 그래서 하와이 호놀룰루 여자〔기독교〕청년회 초청으로 청함을 받고 이곳 여자〔기독교〕청년회의 회장으로 많은 수고를 하고 회장으로 있으면서 특별히 한국 부인 어머니회를 주장하여 잘 하였다. 그때 한국 여자들은 영어가 통하지 못했다. 사진혼인으로 들어온 〔배우지 못한〕 여자가 많다. 그러므로 황혜수 씨가 통역해 주셨다. 법정에 관계되는 일이나 식구가 병이 나든지 하면 혜수 씨에게 도와 달라고 하면 도와주었다.

마더스 클럽〔Mothers' Club, 어머니회〕에서 한국 무용도 배우고 영어도 배우고 한국 무용도 배운다. 우리 부인구제회원도 많다. 팔라마〔Palama 지역의 성 엘리자베스 교회 부지 안에 있는〕 감독교〔한인성공회〕와 미이미교〔감리교〕 부인들도 많다. 황혜수 씨가 우리 사진혼인하여 들어온 여자들에게 많은 공헌을 한 여자니 다행이라. 우리를 인도하신 어머니다. 얼마 전에 내 딸을 데리고 가서 보았다. 그것도 벌써 몇 해가 되었다. 아직 생존하시는지 알 수 없다. 참 나는 이분을 어머니회의 어머니로 생각한다.

우리 부인구제회의 중앙부장 성적을 적어 보자. 첫 중앙부장 손마리아

---

24 1947년 6월 스톡홀름에서 개최될 국제올림픽위원회IOC 총회에 조선올림픽 대표로 참석하고자 5월 29일에 미 군용기로 하와이로 가던 전경무와 다른 탑승객 40여 명이 비행사고로 횡사한 사건. 이한식은 탑승자 중 한 명이다('전경무', 한국민족문화대백과사전. https://encykorea.aks.ac.kr, 『국민보』 1947. 6. 4.).

아 씨는 자긔 남편 손덕규 씨와 맥시고 나라로 처음 이민으로 가서 참 고
생을 만히 하고 미국으로 와서 하와이로 왓하시엿다. 둘재 중앙부장 김
유실 씨는 한국 서울 영동정신학교 출신으로 미령 포와 하와이 리천봉
씨와 사진결혼 어머니를 모시고 왓다 한다. 김노데손은 어리서 부모 이
민 올 재 짜라와서 미국 내지에 가서 공부를 하고 하와이로 와서 한인 사
회를 도아 일을 만히 하고 리승[36](26)만 씨가 주장하는 캐시아 학원에
서 홈장으로 잇고 미국에 가서 우리나라를 위하여 위교도 하시고 자긔
일평생을 한국을 위하여 일햇다. 나종 손성운 씨와 결혼하여 손노듸 씨
가 되엿다. 민매리 씨도 부모 짜라 왓다. 자긔 오라범은 홍치범 목사이고
민매리 씨도 미국 내지에 학교에서 상당한 공부를 하고 민찬호 씨와 결
혼하엿디. 민찬호 씨는 목사로 우리 긔독교회를 리승만 씨와 민찬호 씨
가 설립하엿다. 우리 긔독교 처음 목사시다. 민매리 씨도 위교하시고 부
인구제회 중앙무장으로 미국 적십자회 회장으로 일차 전장 재 만헌 공노
가 잇다. 손노듸와 갓치 일을 만히 [37](27)하엿다. 손노듸 시는 이차 전쟁
전쟁에 씨는 도만포를 만히 팔아 주엇다. 한국 부인구제회원으로 이차
전쟁에 씨는 돈포를 만히 팔이주엇다. 참 일을 만히 하엿다.

　　중앙부장 二十七年도 중앙부장은 민함나 씨가 중앙부장으로 되고 김
봉순 씨가 서긔로 되엿다. 민함나 씨는 일자무식이라도 말을 잘하기에
중앙부장이 되엿고 김봉순 씨는 서긔할 수 잇는 지식이 잇다. 잇재에 우

씨는 자기 남편 손덕인 씨와 멕시코 나라로 처음 이민을 가서 참 고생을 많이 한 후 미국으로 와서 하와이로 오셨다. 둘째 중앙부장 김유실 씨는 한국 서울의 영동정신학교[25] 출신으로 미령 포와(美領 布哇, 미국령 하와이) 하와이(에 있던) 이천봉 씨와 사진결혼(하고) 어머니를 모시고 왔다고 한다. 김노듸는 어려서 부모가 이민 올 때 따라와서 미국 내지에 가서 공부하고 하와이로 와서 한인사회를 도와 일을 많이 하고 이승만 씨가 주장을 맡은 케이시아이(KCI) 학원(한인기독학원)에서 홈장(사감)으로 있고 미국에 가서 우리나라를 위하여 외교도 하시고 자기 일평생을 한국을 위하여 일했다. 나중에 손승운 씨와 결혼하여 손노듸 씨가 되었다. 민몰리 씨도 부모를 따라 왔다. 자기 오라버니는 홍치범 목사이고 민몰리 씨도 미국 내지의 학교에서 상당한 공부를 하고 민찬호 씨와 결혼하였다. 민찬호 씨는 목사로 우리 (한인)기독교회를 이승만 씨와 민찬호 씨가 설립하였다. 우리 (한인)기독교회의 첫 목사시다.[26] 민몰리 씨도 외교하시고 부인구제회의 중앙부장으로, 미국 적십자회 회장으로 일차 전쟁 때 많은 공로를 쌓았다. 손노듸와 같이 일을 많이 하였다. 손노듸 씨는 이차 전쟁 때 쓰는 도만포[27]를 많이 팔아 주었다. 한국(대한)부인구제회 회원으로 이차 전쟁 때 쓰는 도만포를 많이 팔아 주었다. 참 일을 많이 하였다.

중앙부장. (19)27년도 중앙부장으로 민함라 씨가 중앙부장이 되고 김봉순 씨가 서기가 되었다. 민함라 씨는 일자무식이라도 말을 잘하여서 중앙부장이 되었고 김봉순 씨는 서기를 할 수 있는 지식이 있었다. 이때 우리

---

25 정신여학교로 짐작된다. 정신여학교는 1887년 서울 정동에서 미국 북장로교에 의해 설립된 후 1895년 연지동으로 이전하면서 연동여학교로 교명을 변경하였다가 1909년에 한국 정부로부터 사립학교 정신여학교로 인가되었다('정신여자고등학교', 두산백과. https://www.doopedia. co.kr). 본문의 '영동'은 '연동'의 오기로 보인다.
26 천연희 노트 1권 주 105, 109 참조.
27 베의 명칭으로 짐작된다.

리 부인구제회 회록이 불타 업서지고 자긔들이 일홈을 곤처 전후구제를 일홈을 곤처서도 인장이 업섯다. 부인구제회 인장 우리 구제회서 잘 보관하엿다. 나종에 할 수 업시 부인구제회로 일홈을 가젓다. 오호라 세상 조물이여 한민족 부여 민족 잘 [38](28)생각 못 하여 막대한 손해를 사회에 씨처 준다.

내가 이 글을 긔로하지마는 年수와 달수와 날자는 불명히 그 날자는 안 일지라 그째 된 일은 사실이다. 내가 지금 긔록하는 사실은 一千九百二十 年으로 千九百三十年에 된 사실이다. 국민 동지와 우리 부인구제회서는 미국 내지에 구미위원부와 외교하는 경비를 부인구제회서 도아준다. 그 럼으로 우리 아저문이들이 일을 만히 한다. 덕장사, 묵장사, 대구 쓰더서 뭇처서 단지 넉코 파는 장사 참 일이 만타. 그 일을 그 아저문이가 다한다. 오호라 이 아저문이들은 세상 다 써나시고 텬당에 가서 편히 시신다.

미국에서 일차 전쟁에 드러가게 된 현편은 쩨만과) 푸랜치) 덕국과 법국 두 나라 사이에 조고마한 나라 (오수추리아가) 잇섯다. 이 나라에 석탄과 기름 만히 낫다. 그룸이 이 큰 두 라가 그 기름을 서로 가지게 위하여 [39](29)전쟁이 낫다. 그째 미국은 중립으로 잇고 배로 물건만 실고 다닐 째 미국 상선을 침몰하기에 미국이 전장에 드러갓다. 그것이 처음 세계전장이다. 처음 세계전장이 슷치 나고 세계평화단판이 되고 소약국 동명회다 군사군축회다 이 모던 회에 참에하게 주선하고 경비도 만히 잇서야 한다. 그째에 우리 인도자 되신 이승만 씨가 하와이에 게신다. 一千九百二十年 후에 이약이다. 리승만 씨는 하와이에서 하신 성적 이약이다. 리승만 씨는 갈니히산 밋헤 큰 쌍을 사서 긔독학원을 짓고 리승만 씨는 우리 한국사회에 총재로 우리 민족의게 잘 인도한다. 그룸 그의 나라애국 민족애족하는 길을 잘 가라치시고 인도한다. 그 쏘 긔독교회를 설립햇다. 한국 늙이 갓다 두는 양노원도 잇다. 그째에 하와이섬에 쌍을 부인구제회 회록이 불타 없어지고, 자기들이 이름을 고쳐 전후구제회로 이름을 고쳤어도 인장이 없었다. 부인구제회 인장은 우리 구제회에서 잘 보관하였다. 나중에 할 수 없이 부인구제회로 이름을 〔다시〕 바꾸었다. 오호라 세상 조물이여. 한민족 부여 민족 제대로 생각 못 하여 사회에 막대한 손해를 끼친다.

내가 이 글을 기록하지마는 연수와 달수와 날짜는 분명히 그 날짜는 아닐지라도 그때 일어난 일은 사실이다. 내가 지금 기록하는 사실은 1920년부터 1930년에 일어난 사실이다. 국민 동지와 우리 부인구제회에서는 미국 내지의 구미위원부가 외교하는 경비를 도와주었다. 그러므로 우리 아주머니들이 일을 많이 했다. 떡 장사, 묵 장사, 대구 뜯어서 무쳐서 단지에 넣고 파는 장사, 참 일이 많다. 그 일을 그 아주머니들이 다 했다. 오호라, 이 아주머니들은 세상 다 떠나시고 천당에 가서 편히 쉬신다.

미국에서 일차 전쟁에 참전하게 된 형편은 〔다음과 같다〕. 저먼과 프렌치〔French〕, 덕국〔德國, 독일〕과 법국〔法國, 프랑스〕 두 나라 사이에 조그마한 나라 오스트리아〔Austria〕가 있었다. 이 나라에서 석탄과 기름이 많이 났다. 그래서 이 큰 두 나라가 그 기름을 서로 가지기 위하여 전쟁을 일으켰다. 그때 미국은 중립으로 있으면서 배로 물건만 싣고 다녔는데 〔독일이〕 미국 상선을 침몰시켜서 미국이 전쟁에 들어갔다. 그것이 처음 세계전쟁〔제1차 세계대전〕이다. 처음 세계전쟁이 끝이 나고 세계평화담판이 열리고 소약국동맹회다, 군사군축회다, 이 모든 회에 참가하도록 주선하고 경비도 많이 있어야 했다. 그때 우리 인도자 되신 이승만 씨가 하와이에 계셨다. 1920년 후의 이야기다. 이승만 씨가 하와이에서 거둔 성적 이야기다. 이승만 씨는 칼리히〔Kalihi〕 산 밑에 큰 땅을 사서 〔한인〕기독학원을 짓고 우리 한국사회의 총재로 우리 민족을 잘 인도했다. 그래서 그의 나라애국 민족애족 하는 길을 잘 가르치시고 인도했다. 그는 또 〔한인〕기독교회를 설립했다. 한국 늙은이

99 아흔아홉 억카 쌍을 사서 우리 동지촌이다. 우리

[40](30) 오호라 세상이여 허무도 하고나 내 일평생 지나간 것 허무도 하고나 말글을 배앗서도 되 글도 못 서먹고 마음과 륙신이 다 늙어써니 눈도 어두아 잘 보지 못하니 용서하시오.

[41](30) 이 모던 것이 하와이 한인 국민 동지와 부인 구제 긔관으로 한국사람 위하야 한 것이다. 우리 동지들이 늙어 일 못 하면 그 쌍에 가서 살 그 희망 두고 리승만 씨가 자긔의 지혜 잇는 뜻을 우리 국민 동지들이 채용해서 그것이 리승만 씨 개인에 물건이 안이다. 우리가 우리가 동지촌 99엑커로 살 쌔에 우리 동지들이 다 고본을 사기에 우리가 다 고본주다. 이 모던 것 애국자 텰학에서 압헐 내다보고 살 길을 여는 것이다. 그이에 죠헌 뜻을 덧고 행한 것쑨이다. 이쌔 리승만 씨는 분주하게 하시는 일이 만타. 국민 주필도 보시고 태평잡지도 하시고 하와이에서 하시는 일도 만허신대 외교도 해야 하니 미국으로 늘 가시게 된다. 그쌔 일차 전쟁이 긋나고 세계평화회가 열닐 쌔 리승만 씨가 [42: 빈 면][43](31) 미국 내지로 구미위원부로 늘 가시게 되매 하와이 자긔 일 볼 사람이 업다. 모도 분주하고 아자씨들이 다 늙어섯다. 그쌔에 김형구 씨가 청년으로 내지 구미위원부에서 실실이 일을 잘 보고 하니 리승만 씨가 잘 보고 쏙쏙한 청년으로 장래가 잇는 사람이라 리승만 씨가 하와이 가서 자긔 하는 일을 도아달나 하고 하와이 호놀루로 보내고 자긔 도아주는 일을 가라처 주엇다. 리승만 씨는 외교하는 대 분주하시다. 그쌔에 김형구가 와서 호항에 잇고 공채포도 팔고 리승만 씨를 만히 도아주엇다. 그럼으로 리승만 씨가 김현구를 신용하엿다. 김현구가 하와이 와서 자긔 친구 김원용·최영긔를 불너왓다. 미국에서 하와이로 와서 곳 일을 잘하엿다. 그래서

를 돌보는 양로원도 있다. 그때 하와이섬에 960에이커 산 땅이 우리 동지촌이다.

오호라 세상이여, 허무도 하구나. 내 일평생 지나간 것 허무도 하구나. 말글을 배웠어도 글도 못 써먹고 마음과 육신이 다 늙었으니 눈도 어두워 잘 보지 못하니 용서하시오. 〔[40](30)쪽은 [41](30)쪽의 위쪽 여백에 적은 것으로 문맥상 앞뒤 내용과 연결되지 않음〕.

이 모든 것이 하와이 한인 국민 동지와 부인을 구제〔하는〕 기관으로 한국 사람을 위하여 한 것이다. 우리 동지들이 늙어서 일을 못 하면 그 땅에 가서 살 그 희망을 가지고 이승만 씨가 자기의 지혜 있는 뜻을 〔펼치고〕 우리 국민 동지들이 채용한 것이므로 그것이 이승만 씨 개인의 물건이 아니다. 우리가 동지촌 960에이커를 살 때 우리 동지들이 다 고본을 사므로 우리가 다 고본주다. 이 모든 것은 〔이승만 씨가〕 애국자 철학에서 앞을 내다보고 살 길을 연 것이다. 그이의 좋은 뜻을 듣고 행한 것뿐이다. 이때 이승만 씨는 분주하게 하시는 일이 많았다. 『국민보』 주필도 보시고 『태평양잡지』도 하시고 하와이에서 하시는 일도 많으신데 외교도 해야 하니 미국으로 늘 가시게 된다. 그때 일차 전쟁이 끝나고 세계평화회의가 열릴 때 이승만 씨가 미국 내지로 구미위원부로 늘 가시게 되어 하와이에서 자기 일을 돌볼 사람이 없었다. 모두 분주하고 아저씨들이 다 늙었다. 그때 김현구 씨가 청년으로 내지 구미위원부에서 실속 있게 일을 잘 보니 이승만 씨가 좋게 보고 똑똑한 청년으로 장래가 있는 사람이라 〔생각하여〕 하와이에 가서 자기 하는 일을 도와 달라 하고 하와이 호놀룰루로 보내어 자기를 도와주는 일을 가르쳐 주었다. 이승만 씨는 외교하는 데 분주하시다. 그때 김현구가 와서 호항에 있고 공채표도 팔고 이승만 씨를 많이 도와주었다. 그러므로 이승만 씨가 김현구를 신용하였다. 김현구가 하와이로 와서 자기 친구 김원용, 최영기를 불러왔다. 미국에서 하와이로 와서 일을 곧잘 하였다. 그래서 우리 〔한인〕 사회의 좋

우리 사회에 죠헌 청년들이 만히 도아주니 참 죠아[44](32)하고 리승만 씨는 외교하기 분주하고 우리 부인구제회는 경비 돈 구하는 대 정신이다. 그럼으로 늙은 아주마니가 일을 만히 한다. 그래서 잘 되여 간다.

미국 일차 전장 후 공화당 대통영 (공화당이 미스다) 후바가 대통영이다. 그째에 미국이 재정 골란을 만히 당하고 백성이 일이 업서 골란을 만히 당한다. 그래도 우리 사회는 여전이 해가고 리승만 씨 외교하시로 단이신다. 김형구 씨가 리성만 씨 하는 일을 다 맞아보니 리승만 씨 하여 노헌 것이 여러 가지로 만타. 그래서 그이가 총재로 빌넌헷이 잇서 사회를 지위한 것이다. 그러나 자긔 혼차 한 것이 안이고 우리 국민 동지 부인구제회가 그의 죠헌 쯧을 밧더러 갓치 한 것이라. 김현구 그째 리승만 씨 일을 볼째 모던 것이 장래에 부자이다. 그럼[45](33)으로 김형구가 욕심이 가려저서 리승만 씨를 반항하고 짠 단톄를 세울 작정이다.

리승만 씨는 사회나 모던 일에 총재로 게시고 우리는 그이를 다 도아주엇고 그이는 애국자로 나라를 사랑하고 민국을 사랑하고 민족을 사랑하신다. 그째 우리 해외 동포들이 우리가 살아보기로 리승만 씨를 밧들고 애쓴 것이 안이다. 우리는 나라를 일코 자유 업는 백성으로 나라를 찻기 위해서 리승만 씨 애국자를 도은 것이다. 엇지하여 이째에 이러한 요물이 생겨서 막대한 손해를 우리 사회에 키처 주엇다. 그래서 리성만 씨는 독재주의고 모던 근물 해노헌 것이 리승만 씨 개인에 소물이라 혀서 동지 쌍을 이러바리고 손해 보앗다. 내가 일을 씨는 것은 나도 고본주로 손해를 만히 본 사름이다.

김형구와 대[46](34)런 몃사름 부동하고 리승만 씨는 독재라 하고 민중은 청년들이 많이 도와주니 참 좋아하고 이승만 씨는 외교하느라 분주하고 우리 부인구제회는 경비〔로 쓸〕 돈 구하는 데 정신없었다. 그러므로 늙은 아주머니들이 일을 많이 했다. 그래서 잘되어 갔다.

일차 전쟁 후 공화당 대통령, 공화당의 미스터 후버가 미국의 대통령이 되었다. 그때 미국이 재정으로 곤란을 많이 당하고 백성들은 일이 없어 곤란을 많이 당했다. 그래도 우리 〔한인〕 사회는 여전히 해가고 이승만 씨는 외교하시러 다니셨다. 김현구 씨가 이승만 씨 하는 일을 다 맡아보니 이승만 씨가 해 놓은 것이 여러 가지로 많았〔음을 알았〕다. 그래서 그이가 총재로 빌넌헷[28]이 있어 사회를 지휘한 것이다. 그러나 자기 혼자 한 것이 아니고 우리 국민 동지와 부인구제회가 그의 좋은 뜻을 받들어 같이 한 것이라. 김현구가 그때 이승만 씨의 일을 볼 때 모든 것이 장래에 부자이다〔부유할 듯 보였다〕. 그러므로 김현구가 욕심에 가려져서 이승만 씨에게 반항하고 다른 단체를 세울 작정〔을 한 것〕이다.

이승만 씨는 사회나 모든 일에 총재로 계시고 우리는 그이를 다 도와주었고 그이는 애국자로 나라를 사랑하고 민국을 사랑하고 민족을 사랑하신다. 그때 우리 해외 동포들이 우리가 살아보려고 이승만 씨를 받들고 애쓴 것이 아니다. 우리는 나라를 잃고 자유 없는 백성으로 나라를 찾기 위해서 이승만 씨 애국자를 도운 것이다. 이때 어찌하여 이러한 요물이 나타나서 우리 사회에 막대한 손해를 끼쳐 주었다〔끼쳤는가〕. 그래서 〔김현구가〕 이승만 씨는 독재주의이고 모든 건물 해놓은 것이 이승만 씨 개인의 소〔유〕물이라 해서 동지〔촌〕 땅을 잃어버리고 손해를 보았다. 내가 〔이〕 일을 쓰는 것은 나도 고본주로 손해를 많이 본 사람〔이기 때문〕이다.

김현구와 다른 몇 사람이 부동〔符同〕하고 이승만 씨는 독재라 하고 민중

---

28 무슨 뜻인지 알 수 없다.

이 한다 하고 민중화를 조직하고 그 시에 국민회총에 회장이고 동지회원으로 한국을 위하여 애국사상으로 일 만히 하는 사람이다. 손덕규 씨와 안영찬 씨 이 사람들이 나라를 위하여 갓치 일한 사름이다. 엇지하여 이와 갓치 되엿난지 아지 못한다. 굿굿한 국민 동지 회원으로 우리 민족 자유를 차질나 하는 그째에 김형구 민중화에 너머가서 신정부 한성에 드러갈 쌔 자긔은 락망하고 미주에 잇다는 말을 드럿다.

우리가 삼십 년 一月에 지방 대포원이 나와서 대포회를 열어 주지 안코 해서 대포원들이 문을 밀고 드러갈나 하니 순금정에 기벨하여 순금 파수명을 세웟다. 그 휴[47](35)로 자긔는 옷피설노 중앙부장 궐리가 잇다. 二十七年 부인구제회를 전후구제회를 조직하고 할 대 전에 민중화를 조직하고 三十年 一月 대포회를 봉새하고 열어 주지를 안하고 분쟁이 나니 순금이 국민회관 압헤서 직힌다. 그 돈이 다 한국 사람에 돈이다. 두 싸이 회원이 법률사 돈을 하여야 된다. 그럼으로 우리가 그 재판을 그만두고 국민 총회관을 자긔들이 가지고 팔어서 지금 널니아 부누이 잇는 총회관을 사고 김형구가 주장하는 민중화로 하엿다가 나중에 국민회로 다시 도라오고 우리 부인구제회도 전후회를 그만두고 구제회로 도라왓다. 이것은 내가 보고 드런 대로 사실이다. 그러나 부인구제회 인장은 우리가 잇다.

우리나라 백성이 국권을 일고 노야 멍여 매고 나라 업난 백성으로 수모 [48](36)밧을 째 참 마음이 압허다. 그름으로 해위 동포들이 나라 찬기 위하야 애국자 리승만 씨 씨 애국하는 뜻을 밧더러 갓치 섬기고 갓치 정치일 한 것이. 이 이민에 드러오신 아저문이 아자씨들이 혹 학식이 만헌

이 한다고 하고 민중화를 조직하고 〔하는〕 그때에 국민회 총회장이자 동지 회원으로 한국을 위하여 애국사상으로 일을 많이 한 사람이 〔있었〕다. 손덕인 씨와 안영찬 씨 이 사람들이 나라를 위하여 같이 일한 사람이다. 〔그런데〕 어찌하여 이와 같이 되었는지 알지 못한다〔모르겠다〕. 꿋꿋한 국민 동지 회원으로 우리 민족이 자유를 찾으려 하는 그때에 김현구가 민중화에 넘어가서 신정부가 한성에 들어갈 때〔도〕 자기는 낙망하고 미주에 있다는 말을 들었다.

〔19〕30년 1월에 지방 대표원이 〔각 지방에서〕 나와서 우리가 대표회를 〔열려고 할 때 호항 총회가 대표회를〕 열어 주지 않고 해서 대표원들이 〔국민회 총회관〕 문을 밀고 들어가려 하니 순검정〔경찰서〕에 기별하여 순경을 파수병으로 세웠다. 그 후로 자기들은 오피셜〔official, 공식적으〕로 중앙부장으로〔서〕 권리가 있다. 〔19〕27년에 부인구제회를 전후구제회로 〔이름을 바꾸어〕 조직할 때 〔그〕전에 민중화를 조직하여 〔19〕30년 1월 대표회를 봉쇄하고 〔문을〕 열어 주지를 않고 〔해서〕 분쟁이 나니 순경이 국민회관 앞에서 지켰다. 그 돈이 다 한국 사람의 돈이다. 둘 사이의 회원이 법률사〔를 고용하는〕 돈을 〔지불〕해야 된다. 그러므로 우리가 그 재판을 그만두었고, 자기들은 국민〔회〕 총회관을 팔아서 지금 릴리하 〔지역〕 푸우누이에 있는 총회관을 사서 김현구가 주장하는 민중화로 하였다가 나중에 국민회로 다시 돌아오고 우리 부인구제회도 전후〔구제〕회를 그만두고 〔부인〕구제회로 돌아왔다. 이것은 내가 보고 들은 대로의 사실이다. 그러나 부인구제회 인장은 우리가 〔가지고〕 있다.

우리나라 백성이 국권을 잃고 노예의 멍에를 메고 나라 없는 백성으로 수모를 받을 때 참 마음이 아프다. 그러므로 해외 동포들이 나라를 찾기 위하여 애국자 이승만 씨의 애국하는 뜻을 받들어 같이 섬기고 같이 정치 일을 한 것이〔다〕. 이 이민으로 들어오신 아주머니, 아저씨들이 혹 학식이 사름도 게시엿지마는 아저문이들은 녯적 구중처녀로 녯적 아저문이가 만타. 그러나 참 나라 찾는 일하는 대는 절대로 복종하고 갓치 밧드러 일 만히 한다. 그 후에 사진혼인에 드러온 처녀들도 학식 넉넉한 녀자가 만치 안코 그중에 조곰 잇섯다. 그이들도 갓치 합동하여 참 일을 만히 한다. 사진혼인에 드러온 이들은 다 잘나고 식식하여 외국 사름들 칭찬한다. 인물이 잘란 미인이 만앗다. 한국 녀자들이 살비치 히고 죠앗다.

[49](37) 一千九百二十年 후이다. 어는 해 어는 달 알 수 업다. 일차 전쟁 후이다. 세게단판이 열리고 소약국동명회다 군사군축회와 모던 회를 열 째에 리승만 씨가 외교하시로 내지로 갓다 왓다 하심으로 분주하여 시간이 업서 자긔 하시는 일을 보아줄 사름이 업다. 그럼으로 구미외원부에서 김형구를 맛나 신신한 청년이라 하와이 가서 내 보는 일을 좀 도아달나 하고 김현구를 다려와서 자긔 하는 일을 가라첫다. 그째에 우리 국민동디와 부인구제회원들이 구본주가 되여서 고본 산 돈으로 글고 하와이 섬에 동지촌 99) 아흔아홉 엑카 쌍을 사섯다. 그 쌍에 게비 나무가 만하서 잘나서 숫을 꾸버서 해군청에 주고 [50](38)그 돈으로 경비를 해간다.

김형구가 와서 보니 동지회가 부자라 간이 크졋다. 그째버틈 당을 모집한다. 리승만 씨 반대들을 모어고 리승만 씨는 독재주어다 이 해노은 것 다 리승만이 기라 하고 민중이 하자 리승만 씨는 독재주의로 이것 다 리승만이 기라 하고 민중화를 모앗다. 그전 리승만 씨 반대자들 소수로 리용하고 그럼으로 한인사회에 막대한 손해를 주엇다. 법노사 경비가 만

많은 사람도 계셨지만 아주머니들은 옛날 규중처녀로 옛날 아주머니가 많았다. 그러나 참으로 나라 찾는 일을 하는 데는 절대 복종하고 같이 받들어 일을 많이 했다. 그 후에 사진혼인으로 들어온 처녀들도 학식이 넉넉한 여자가 많지 않고 그중에 조금 있었다. 그이들도 같이 합동하여 참 일을 많이 했다. 사진혼인으로 들어온 이들은 다 잘나고 씩씩하여 외국 사람들이 칭찬했다. 인물이 잘난 미인이 많았다. 한국 여자들이 살빛이 희고 좋았다.

1920년 후이다. 어느 해 어느 달인지 알 수 없다. 일차 전쟁 후다. 세계담판이 열리고 소약국동맹회와 군사군축회와 여러 회를 열 때 이승만 씨가 외교하시러 [미국] 내지를 왔다 갔다 하시므로 분주하여 시간이 없고 자기 하시는 일을 보아줄 사람도 없다. 그러므로 구미위원부에서 김현구를 만나 신신한[29] 청년이라 [생각하고] 하와이에 가서 내가 보는 일을 좀 도와달라 하고 김현구를 데려와서 자기가 하는 일을 가르쳤다. 그때 우리 국민 동지와 부인구제회원들이 고본주가 되어서 고본을 산 돈을 긁어모아 하와이섬에 동지촌 960에이커 땅을 샀다. 그 땅에 키아베 나무[오히아 나무]가 많이 잘 나서 숯을 구워서 해군청에 주고 그 돈으로 경비를 [마련] 해 갔다.[30]

김현구가 와서 보니 동지회가 부자라 [김현구의] 간이 커졌다. 그때부터 당을 모집했다. 이승만 씨에게 반대[하는 자]들을 모으고 이승만 씨는 독재주의다, 이 해놓은 것이 다 이승만의 것이라 하고 민중이 하자, 이승만 씨는 독재주의로 이것이 다 이승만의 것이라 하고 민중화를 조직하였다. 그 전에 이승만 씨 반대자들을 소수로 이용하여 한인사회에 막대한 손해를

---

29 아주 신선하고 새로운 데가 있거나 마음에 들게 시원스럽다는 의미이다.
30 진주만 해군청에 숯을 판 것이 아니라 배의 용골대龍骨臺에 사용할 오히아 목재를 납품하였고, 질이 좋지 않아 거부당했다.

험으로 동지촌을 붓지 못하여 은행으로 가저갓다. 김현구·김원용·최영기 자긔들도 아모 성공 못 하고 개인의 재정까지 손해 주엇다. 남의게 돈을 주지 안이햇다. 이 글 쓰는 것이 자긔의 개인의 신용이지마는 사회로 개인으로 손해를 만히 주엇다.

[51](39)김현구 씨 부인 안시택 씨 쌀이다. 내가 하와이로 드러오기 一千九百十五年 六月에 와서 마위로 드러가서 파이야 기간이라 하는 대 사다가 기후와 농장에 가니 안시택과 자긔 형님 한 분과 어린아해 셋 잇다. 불행하기도 안시택 씨 부인이 세상을 써나고 자긔 형님 아해 서이가 잇더라. 그째 금에가 큰쌀이고 남동생 둘은 어린아해들이다. 나도 그째에 아해가 들이 잇섯다. 하로 안시택 씨가 우리 점에 와서 이약이를 한다. 금에 그째 十二세점 되엿난지 이저바렷다. 안시택 시가 말하기를 금네가 학교를 가야 되는대 학교를 가면 적은 아달 정심을 차저 먹일 사람이 업다하고 걱정을 하기로 내가 보아준다 하엿다. 그 후에 금에 국문도 가라처 주엇다. 참 금에 죠헌 아해로 말을 잘 듯고 그 형제들의게 잘하고 금에가 그 동생들 키윗다. 안금에 마음 책[52](40)한 녀자다. 그럼으로 공부하여 너서 간호부가 되고 자긔의게 죠헌 아달이 잇다. 자긔 마음이 순한 여자다.

내가 글도 잘 보지도 못하는 구십 당년 늙은이가 이 글을 쓰는 것은 이 압허로 우리 민족이 일은 일이 업서야 된다. 남 공던 탑을 문어고 자긔가 가질나 하는 정의가 세상에 업다. 탑은 시간을 가지고 싼 탑이다. 리승만 씨는 일평생 애국자로 고생에 탑을 싸운 탑이다. 누가 허러바릴 수 업다. 이러한 인재가 한국에 쏘 나와야 한국이 산다. 외교하는 대는 텬재로 타고 낫다. 인격이 잇다. 다런 나라 사름 다 죠아하고 알아준다. 개인에 친구도 위국사름 더 알아주고 공경한다. 하와이 큰 부자 친구가 만히 자긔 끼쳤다. 법률사〔를 고용할〕 경비가 많이 들므로 동지촌〔을 운영할 돈을〕 모으지 못하여 은행으로 가져갔다〔넘어갔다〕. 김현구, 김원용, 최영기 자기들도 아무런 성공을 하지 못하고 개인의 재정에까지 손해를 끼쳤다. 남들에게 돈을 〔돌려〕주지 않았다. 이 글을 쓰는 것이 〔그 일이〕 자기의 개인의 신용〔문제〕이지만 사회와 개인에게 손해를 많이 끼쳤〔기 때문이〕다.

김현구 씨 부인은 안시택 씨의 딸이다. 내가 하와이로 들어오기를 1915년 6월에 와서 마우이로 들어가서 파이아 〔농장이 있는〕 키카니아라고 하는 곳에 살다가 케아후아(Keahua) 농장으로 가니 안시택과 자기 형님 한 분과 어린아이 셋이 있었다. 불행하게도 안시택 씨 부인이 세상을 떠나고 자기 형님과 아이 셋이 있더라. 그때 금에가 큰딸이고 남동생 둘은 어린아이들이다. 나도 그때 아이가 둘이 있었다. 하루는 안시택 씨가 우리 집에 와서 이야기를 한다. 금에가 그때 12세 정도 되었는지 잊어버렸다. 안시택 씨가 말하기를 금에가 학교에 가야 되는데 학교를 가면 작은아들에게 점심을 찾아 먹일 사람이 없어 걱정이라고 하기에 내가 돌보아 주겠다고 하였다. 그 후에 금에에게 국문도 가르쳐 주었다. 금에는 참 좋은 아이로 말을 잘 듣고 그 형제들에게 잘하고 그 동생들을 키웠다. 안금에는 마음 착한 여자다. 그러므로 공부하여 너스〔nurse, 간호사〕 간호부가 되었고 좋은 아들이 있다. 자기 마음이 순한 여자다.

내가 글도 잘 보지도 못하는 구십 당년(當年) 늙은이가 이 글을 쓰는 것은 이 앞으로 우리 민족이 이런 일이 없어야 된다〔고 생각하기 때문이다〕. 남의 공든 탑을 무너뜨리고 자기가 가지려고 하는 정의가 세상에 없다. 탑은 시간을 가지고 쌓은 탑이다. 이승만 씨는 일평생 애국자로 고생하며 탑을 쌓았다. 누가 헐어 버릴 수 없다. 이러한 인재가 한국에 또 나와야 한국이 산다. 외교하는 데는 천재로 타고났다. 인격이 있다. 다른 나라 사람들이 다 좋아하고 알아준다. 개인적 친구도 외국 사람이 더 알아주고 공경한다.

학원이나 교회를 도아주엇다.

리승만 씨가 미국 일차 전상 후 세계평화회와 소약국동명회가 열린 째에 한국[53](41)대포로 가실(섯) 째 자긔 부인 된 (푸랜시스는) 오추리아 자긔 나라 대포로 갓설 째에 정치일 할 째 서로 맛낫다 한다. 그 후에 리 승만 씨가 하와이 오시서 말삼함으로 우리 회원은 다 찬조하고 혼인하고 하와이로 모시하엿다. 그 후에 하와이로 와서 긔독학원 일 보시고 만히 일햇다. 리승만 씨나 한국 사회를 만히 도앗다. 그전에 우리 아저문이들이 리승만 씨를 이곳 잇는 죠헌 녀자를 약혼하시라 하여도 자긔와 의상 맛지 안타하고 거절하엿다. 리승만 씨는 여전이 외교하시고 부인은 자긔 하는 일을 보신다. 신정부로 가시고 임시대통영이 되시고 상해도 임시정 부가 서고 미 [54](42)와신톤에 임시정부가 쏘 섯다.

우리 부인구제회 회원은 경비하노랏고 참 일을 만히 한다. 국민 동지와 우리 부인구제회원 아저문이들이 일을 만히 한다. 각 농장에 잇는 디 방 부인회원들이 일을 만히 한다. 오하오 부인구제회는 중앙부이고, 지 방 부인구제회는

하와이 국민디방회, 부인구제회

가와이 국민디방회, 부인구제회

마위섬 국민디방회, 부인구제회

사 섬에 국민 디방회가 잇고 부인구제회가 잇다. 그러나 내가 마위서 살앗슴으로 마위 부인구제회 일은 내가 잘 안다. 처음 부인구제회 마위 파이아 디방 기후아에 잇섯다. 그째에 회장 김익선이라 하는 녀자가 [55]

하와이 큰 부자 친구가 자기 학원이나 교회를 많이 도와주었다.

이승만 씨가 미국 일차 전쟁 후 세계평화회의와 소약국동맹회가 열릴 때에 한국 대표로 가셨을 때 자기 부인 된 프랜시스(Francesca Donner, 프란체스카)는 오스트리아 자기 나라의 대표로 정치 일을 하러 갔을 때 서로 만났다고 한다. 그 후에 이승만 씨가 하와이로 오셔서 (프란체스카에 대해) 말씀하므로 우리 회원은 다 찬조하고, 혼인한 후 하와이로 모셔왔다.[31] 하와이로 와서 (한인)기독학원의 일을 보시고 일을 많이 했다. 이승만 씨나 한국 사회를 많이 도왔다. 그전에 우리 아주머니들이 이승만 씨에게 이곳에 있는 좋은 여자와 약혼하시라고 하여도 자기와 의상(意想, 마음속에 지닌 뜻과 생각)이 맞지 않다 하고 거절하였다. 이승만 씨는 여전히 외교하시고 부인은 자기가 하는 일을 보신다. 신정부로 가시고 임시 대통령이 되시고 상해에도 임시정부가 서고 미 워싱턴에 임시정부가 또 섰다.

우리 부인구제회 회원은 경비 (마련)하느라고 참 일을 많이 했다. 국민동지와 우리 부인구제회원 아주머니들이 일을 많이 했다. 각 농장에 있는 지방 부인회원들이 일을 많이 했다. 오아후 부인구제회는 중앙부이고, 지방 부인구제회는

하와이 국민지방회, 부인구제회

카우아이 국민지방회, 부인구제회

마우이섬 국민지방회, 부인구제회

네 섬에 국민지방회가 있고 부인구제회가 있다. 그러나 내가 마우이에서 살았으므로 마우이 부인구제회 일은 내가 잘 안다. 처음 부인구제회는 마우이 파이아 지방 케아후아에 있었다. 그때 회장이 김익선이라 하는 여

---

31 동지식산회사가 파산한 1931년 이승만이 제네바 등지를 여행하였고, 이 여행 중에 프란체스카를 만났다. 결혼 후 이 부부가 호놀룰루로 온 것은 1935년 1월이다(이덕희, 앞의 책, 2015, 189쪽).

(43)회장이고 내가 서긔로 하고 이 회장이 어린 청년 녀자로서 민족사상으로 독립을 찬는 대 참 일을 만히 하고 각 농장 디방에 가 독립금을 만히 그다온다. 그러한 애국 녀사로 지금 한국에 가서 게신다. 어대 가 잇던지 그 애국하는 정신을 잇지 안코 그럼한다. 마위 처음 부인구제회 회장이다. 그 후 二十二年에 내가 오하우섬 와히아와로 이거하고 그 후 김익선 씨 회장은 한국으로 가시고 그 후에는 정영옥 림호 씨가 맛서서 회장도 하고 서긔도 하고 해서 마위섬에서 위교돈이 만히 나왓다. 이 부인들이 일을 만히 한다. 정영옥 씨는 참 동디회원으로 부인구제회원으로 리승만 씨 인도자로 만히 도업고 각 섬으로 연조금도 만히 거두웟다.

림호시 씨도 참 죠헌 회원으로 리승만 [56](43)애국 인도자를 만히 도업고 일편생으로 변치 안고 한자리에서 굿굿이 서서 내 민족을 위하여 내 인도자를 밧들고 일한 이다. 진실한 녀성이다. 그째 희원 부인구제회 디방 회원으로 유분조 씨, 오귀임 씨 진실한 회원이요 긔독교인으로 일 만히 한 이들이다. 이 글 씨는 것은 우리가 마위 부인구제회 디방회를 세운 처음 창입 여자들이다. 남자들 국민회원 즁에 분내내 잇는 국민회원 현두명 씨가 외교비 참 잘 낸다고 칭찬하더라.

[57](44)一千九百八十四年 八月 十二日 오후 四時 내가 옷을 가라웁고 정순이 씨가 라에배당에 혼인에식에 참에하로 가는 즁 문 압헤 가하구지 녀편내가 섯다가 나를 보고 네가 네가 한번 나가면 돈 만히 벌이온다 하기에 너는 절머니 드 만히 벌이하니 네가 가서 멀이하라 하엿다.

자이고 내가 서기를 하는데 이 회장이 어린 청년 여자로서 민족사상으로 독립을 찾는 데 참 일을 많이 하고 각 농장 지방에 가 독립〔자〕금을 많이 거두어 왔다. 그러한 애국 여사로 지금은 한국에 가서 계신다. 어디 가 있든지 그 애국하는 정신을 잊지 않고 기념한다. 마우이의 첫 부인구제회 회장이다. 그 후 〔19〕22년에 내가 오아후섬 와히아와〔Wahiawa〕로 이거〔이사〕하고 그 후 회장 김익선 씨는 한국으로 가시고 그 후에는 정영옥, 임호시 씨가 맡아서 회장도 하고 서기도 하고 해서 마우이섬에서 외교 자금이 많이 나왔다. 이 부인들이 일을 많이 했다. 정영옥 씨는 동지회원으로 부인구제회원으로 이승만 씨를 인도자로 〔받들고〕 참 많이 도왔고 각 섬에서 연조금〔捐助金, 헌금〕도 많이 거두었다.

임호시 씨도 참 좋은 회원으로 이승만 애국 인도자를 많이 도왔고 일평생으로 변치 않고 한자리에서 꿋꿋이 서서 내 민족을 위하여 내 인도자를 받들고 일한 이다. 진실한 여성이다. 그때 부인구제회 지방 회원으로 유분조 씨, 오귀임 씨가 진실한 회원이요, 기독교인으로 일을 많이 한 이들이다. 이 글을 쓰는 것은 우리가 마우이 부인구제회 지방회를 세운 최초의 창립 여자들〔이기 때문〕이다. 국민회의 남자 회원들 중에 푸우네네에 있는 국민회원 현두명 씨가 외교비를 참 잘 낸다고 〔많이〕 칭찬하더라.

1984년 8월 12일 오후 4시 내가 옷을 갈아입고 정순이 씨가 예배당에서 혼인 예식을 〔하는 데〕 참석하러 가는 도중에 문 앞에 가와구치 여편네가 서 있다가 나를 보고 네가 네가 한번 나가면 돈 많이 벌어온다고 말하기에 너는 젊어서 더 많이 버니 네가 가서 벌이하라고 하였다.

일러두기

❖ 이 글은 천연희가 1981년 9월부터 1년여에 걸쳐 녹음한 총 24개 카세트테이프의 구술 내용을 천연희의 딸 메리 자보가 영문으로 요약한 기록이다. 따라서 구술 내용을 그대로 옮긴 것이 아니며 메리 자보가 카세트 테이프를 듣고 요약·정리한 글이다. 203~206쪽은 메리 자보가 추가한 내용이다.

❖ 메리 자보는 천연희의 한국어 발음을 들리는 대로 영문으로 적었다. 또한 천연희의 기억이 불명확하여 이름 이나 지명이 틀렸을 수도 있으나 현재로서는 확인하기가 어렵다. 따라서 철자가 통일되지 않은 단어의 표기 를 통일하거나, 명백히 틀렸다고 확인된 철자만 수정하였으며 나머지는 모두 메리 자보의 원문대로 실었다.

❖ 한국어 철자나 의미, 설명이 필요한 경우에는 역주자가 [ ] 안에 관련 내용을 추가하였다.

❖ 메리 자보의 글씨를 알아보기 어려운 경우에는 맥락상 가장 적절하다고 생각되는 단어를 표기하고 연회색 으로 표시하였다.

❖ 본문 좌우측에 표기한 페이지는 메리 자보가 쓴 노트의 쪽수이다.

# 천연희
# 구술 테이프 요약

정리: 메리 자보

탈초: 크리스토퍼 루이스 사라신

Family Background

My mother had 8 children (and 1 miscarriage) 4 girls and 4 boys: 2 girls and 2 girls and 2 boys and 2 girls. Two of the girls were beautiful with beautiful complexion.

My oldest sister was barren_ adopted Sam Dong Gae [삼동개].

My second sister had 2 boys. Married to "high" man, moved to Kyong-san[g]namdo (Kyongsangbukdo) Taegu. She was much older than I so I don't remember too much about her or her family since I was the last one.

My father's name is Chun Woon Soh [천운서].

My mother's name is Lee (Yi) Ah Gi [이애기].

(Usually we don't know our mother's name. I learned it when I had to get my passport to come to Hawaii).

Sam Poon Hee

The sister above me was beautiful. Having seen her, her husband to be was crazy about her and said if he didn't get to marry her he wouldn't be able to live. Though it was arranged that she would be given in marriage after she was older, she was 16 yrs old when she got married - he was about 20 yrs old. She lived with our family. Had one child and then she died.

According to Korean custom, when a girl gets married, she must live with the husband's family. At the beginning my mother was against marrying off my sister because she was only 16 yrs old and didn't want her to be subjected to the hardships of running and supervising the farmhands. Besides she had been raised gently and comfortably and my mother didn't think she was ready to cope with all the hardships of running a farm.

Chin-ga father's relations

My mother came from a "Yang-ban" family. My grandfather was in government service to the king but when some "trouble" occurred in the gov't, he took his family to the country, bought land and settled there.

My father lived in the country (시골) - farming. His parents died early - bearing 5 sons. His 3 older married brothers raised him and his brother and later married him off to my mother.

Our "way−ga" (mother's relations) [외가]

"chin−ga" (father's relations) [친가]

My father had land all over the countryside, not just in Jin Joo. During and after the rice harvest, he would check on each farm to get an accounting of the number of bags of rice harvested.

## Tape 1

My mother had borne 9 ch. but 1 died − miscarriage. 4 girls and 4 boys. 2 girls first and then the four boys. Then followed by 2 girls. I was the last one. Two girls were beautiful with nice complexion (I wasn't nice looking).

My oldest sister−barren−adopted Jean Young's Father (Sam Dong Gae)

Second sister had 2 boys. They lived in Taegu. Married high man. She was older and had left home so I don't remember too much about her, only when I heard from the family and when she and her baby visited our family. I don't know her name or whereabouts of her relations.

The sister above me was really beautiful. She got married at 16. Lived at home. Gave birth to a girl and then died. The child was raised at our home together with Jean Young's father and me. (see ① below for more).

My oldest sister couldn't have children. She had money and had come home from Seoul. She was beautiful. There's a long story about her. A Seoul governor − old style did what he pleased. Had someone search in Jin Joo for a beautiful girl. My sister and a daughter of a gov't employee were reported to the governor. He sent a man over to ask for my sister in marriage.

However, my mother's family was "Yang−ban". I remember going to my mother's family home. My grandfather was a gov't worker − when there was trouble in the gov't, my grandfather bought land and moved his family to the country. So they lived well.

My father was from the country. He was one of 5 brothers. My father was the 4th son. Three older brothers took care of the 2 younger brothers when their parents died early. The 3 brothers arranged the marriage of my father to my mother. My mother's family (way−ga) was rich and prosperous.

① My sister got married but didn't live with his parents as was the custom. My family felt she was too young (16 yrs) and why should she be sent to his home when our family was rich enough. She was raised in comfort, and to go to his home and assume the responsibilities of running a home and supervising the farmhands didn't sit well with my family so they at first refused to give her in marriage.

p.6 The sister above me was raised with me. She was very beautiful.

① The groom was working at a Finance Co. My father owned land in various places in and around Jin Joo. One of his "tenant" farmers owed some money to my father and wasn't able to pay him on time. The groom (working for Finance Co.) paid a business call to my father re. the late payment report. He was an eligible bachelor, well-educated and was determined to choose his own wife instead of by matchmaking by the elders.

As was custom, my father had his own room to receive visitors or to entertain them. His quarters were separated from the other functional quarters of a home.

It was (여름) summer and my sister — other women were having lunch on the "porch". Our 아재 (the husband of a girl's sister) should have gone to my father's quarters (사랑채), but because he wanted to get a look at my sister whose reputation of beauty had come to his attention, he deliberately entered the (안채) room where the women were and asked for Chun Woon Soh. In so doing he got a glimpse of my sister and said later if a marriage be-
p.7 tween him and her could be arranged, he would get married. The prospective groom was the eldest son in the family. His grandparents and parents were trying to get him married. Since he had expressed his choice, they sent a go-between to negotiate a marriage proposal. My sister and mother did not want to give my sister away in marriage. They felt she was too young (16 years) and wanted to raise her at home till 18-20 yrs or so. They hadn't even entertained the idea of marriage for her.

Upon hearing the refusal, the groom's grandmother came over to plead for her grandson. "I know your daughter is precious to you, but my grandson is precious to us. Our grandson doesn't want to marry anyone else but your daughter." So my sister relented, asked that they send the groom over so the family could meet him. They were impressed by his education and appearance. My older sister suggested that Sam Poon Hee be given in marriage but live with her parents until she was older. The boy's family was willing to go along with whatever plan my family wished. So my sister and her husband married and lived at our home for 3 years. My sister became pregnant but didn't inform my family. My mother wasn't aware of her daughter's pregnancy until much later in the pregnancy.

My sister was too embarrassed to have people know she was going to p.8 have a child because of her young age. When she craved certain foods, her husband would buy enough for the whole family so no one suspected her of being pregnant. My mother told her there was nothing to be ashamed of. She was married and had a husband and everyone knew about their marriage celebration. My sister had a baby girl. Thereafter she complained about stomach pains. But in those days they weren't knowledgeable about after-child-birth care or problems. 5 months after baby was born, my sister passed away. Our 아재 had a new addition built at his family home to receive the wedded couple when the time came, but instead it ended so sadly: my 아재, his deceased wife's body, and the baby entered the new house for the first time.

My mother took care of the baby and my 아재 lived with us instead of at his new home. My mother later approached my ah jay's mother and requested that our family be given the grandchild since ah jay was young and could find a new wife with future grandchildren for his parents. So my mother and sister raised all three of us at the same time − me, Jean Young's father, − my niece. When I left for Hawaii she was still attending school. p.9 My niece must have been 6 years or more younger than I. Jean Young's father was about 4 years younger than I. My niece's name was Min Sook. My nephew was about 14 years old when I left for Hawaii. My mother and sister would write in their letters to me that my niece was doing well in school and later graduated and became a school teacher. She married an educated fine man from Seoul and left for Taegu to teach. She died in Taegu. I'm not sure whether she died after a child birth or not. But she died young. 철언 (Jean Young's father) was attending the University in Pyongyang. They lost contact with him during the Korean−Japanese conflict. He probably fled to Shanghai, China.

## Tape 2

p.10
First sister − Poon Hee
Second sister 또분희 (again) Doh Poon Hee
Third sister 삼분희　　　Sam Poon Hee
Yun Hee　　　또삼분희 (again third) Doh Sam Poon Hee
(School Name)
Because the girl's complexion was so beautiful they "built" the name around "Poon" − white powder.

My second sister married a "high" man and moved to Taegu. I didn't know her cause I was very young. Most of the information was hearsay because she was grown and married. I'm not even sure I was born when she married and moved away to Taegu. She had two boys and died when she was young also. Her husband moved away with the two boys so my mother lost contact with them. My two brothers died of the plague − one was 13 yrs old and the other 15 yrs old. My other two brothers died of measles. They were around 8 yrs and 12 yrs old. Since my parents had money they summoned all kinds of Korean medical help. My thought is that because the Korean doctor didn't know what they were doing, they over−medicated. My brothers were over indulged by the doctors − that's my idea.

p.11
Mother (Grandmother) wanted to marry her (my mother) to a bachelor 12 yrs older than she. But as was the custom, children obeyed their parents and she couldn't express her disappointment or objection. She went into her marriage crying and cried more when she saw the hut she was to live in with food served on a small portable table.

Later, I would overhear my mother talking with other women during those long winter weather: "Many times I'd walk down the street and look longingly towards my mother's home and say if I followed the road, I would be home. But how could she do it − it would be a disgrace for her to acknowledge failure and leave her marriage.

My father was just a farmer and poor. When my grandmother saw what a difficult time her daughter was having, she felt sorry for her daughter and proposed to her son in law to move to Jin−Joo where they would offer the young couple land and a home. My father was granted a home and fields by his wife's family, but he was industrious and successful in multiplying his assets and thus became rich. My father was just an honest and hard−working farmer. But because of the help my grandmother gave him he became rich.

My father came from a family of 5 boys. They live on the outskirts of Jin−Joo. He lost his parents early and was raised by 3 older brothers. They lived on land handed down by generations of his parents. My mother's family were Yang bans (high class) came to Jin−Joo to live and to get away from government ties. My grandmother worked hard as a daughter−in−law and had many responsibilities and assumed heavy duties of managing the household and catering to the many visitors and guests that many times she was overcome with fatigue and stress. When Yi Ah Gi (my mother) was of marrying age, my grandmother thought she wanted her daughter to have an easier life than she − someone not too rich and someone without a mother, a bachelor, who didn't have a mother and even if he were a bit older. "I worked too hard, suffered much, and never had enough sleep. I want to give my daughter to a household just with a groom. So she approved the marriage w/ Chun Woon Soh. My mother didn't want to marry my father. She was very disappointed 'cause she knew many offers of marriage came from fine, rich families and she couldn't understand why her […]

The rice crops would be successful and the farmers would pay my father back with rice. He would store them during the fall and during summer when rice was scarce he would sell them for a good price. So my father prospered.

My mother came from a fine family. Their reputation was widely known. My mother's goodness and fairness were known to all. People would say my mother's family would be lawful even if there were no laws. My mother treated all the farm servants and neighbors well. She was thoughtful and kind and made sure they had proper clothing during winter and summer. Everyone said my mother was kind and the workers all tried to work for my mother instead of others. She paid them well and fed them well; also, she made sure to send them off with left−over food and rice grains.

I remember one year the crops didn't do well. There was a lot of rain and many crops failed. Families didn't have rice. My family offered their rice to the people and earned a lot of good will from the people.

Later in life, my father had an affair and didn't concentrate on his busi-

p.12
p.13
p.14

ness. He left the business to his relative who robbed him of his assets. He had to sell a lot of his land to pay his debts. However, we still had some land, the big house and servants so my mother continued to oversee the rice farming.

We even celebrated my father's (Han Kap 〔환갑〕) 60th birthday with a big party and Jin Kap 〔진갑〕 (61). He died at the age of 63. My father died of "Whang dal pyong" (황달병 〔jaundice〕).

## Tape 3

p.15  Before father died because there were no sons in our family, my father's brother's son was (양자) "adopted" into the family. He was 15 when he got married for 3 years but without children. One day after lunch, he went to his room to rest and died of a heart attack. After his death we discovered that his wife was pregnant 3 months. We were all waiting for a boy but instead she gave birth to a girl. When the child was 3 years old she and her mother went to visit her family. Upon her return she could think of nothing but returning to her family. My mother was greatly disappointed, but she permitted her to go and supplied her with lots of clothes, etc. She told her things would remain as is, if she wished to return home. Instead, she never returned and remarried. We never saw them again.

According to the Korean law if there are no sons the eldest child remaining is responsible to care for the parents. So my sister sold her home and came to live with mother and me. She was living with her adopted son (Jean's father) and servants in Jin Joo.

p.16  There were only 3 of us (adults) left and we didn't need much. We lived on the earnings from the farm. We women were not capable of overseeing a large farm business. Who was there to travel from place to place to check on the rice crop harvest? No one. Most of the outlying farms were sold or distributed to relatives.

## Tape 4

p.17  My sister was raised well and in a prosperous family. Her name is Poon

Hee. Poon means powder because of her fair skin. Her other names Cho−ri and Mi−Sung were given to her later. My sister was beautiful and well−known for her beauty. My sister and another girl was reputed to be the most beautiful in Jin−Joo at the time.

At that time people in high places wielded a lot of power. Whenever a high official such as a major or governor by today's standards approached the village, the streets would be cleared, the trumpet would blow and the people would stand on the streets awaiting the high official's arrival. The people in the official procession would be splendidly dressed; the men in black hats, attired in official long robes; guards with swords swinging from their waists; the illustrious official's wife in colorful clothing being carried in a palanquin.

In those days, the rules of conduct were such that girls under 10 years of age couldn't go out in the streets alone without an adult. They remained at home.

If anyone crossed their path at such times, the culprit would be arrested and jailed. I was a young girl at the time and witnessed the spectacle.

We still had our country then. My sister must have been about 16 years old. We lived in Pibongsan, Chusudong then.

p.18

A new "Kwanchalsa" (관찰사) named Yi was transferred to Chusudong. He had a nasty reputation for making the people miserable. He was un−scrupulous, cruel, and demanded money from the people. He ordered his "Ahjeon" (civil servant) to scour the countryside for the most beautiful girl to be his wife. The report went back to him that the daughter of Chun Woon Soh was the most beautiful of the 2 women. The other, a Kim ____ (forgot name) were the two most beautiful. He ordered the "Ahjeon" to make the arrangement.

My father was not a Yang−ban, but he was well off. He thought the Kw−anchalsa came from Seoul and would have a wife and didn't know whether his daughter would be a second wife as 첩 (concubine). He was unwilling to give his young daughter to the Ahjeon and refused him. My father refused to submit to the Ahjeon so they arrested him and beat him and put him stuck in jail. He suffered much. (I didn't witness all this since I was the last born, but this is the story my family passed on to me.) My sister saved my father. She said I have to save my father's life. Whether he's married or not,

I will to fend for herself. In those days, it wasn't easy to travel and leave for Jin−Joo. It would take 2 weeks on horseback to return home and she wouldn't have been able to find her way back alone. She didn't even let her parents know about her predicament.

So people advised her that since her marriage had turned sour and since she was so beautiful, she should become a kiseng (기생), a national kiseng who would learn all the music and arts and become an entertainer for the king and his court. Thus she became a court entertainer and along with several hundred other beautiful girls remained in the king's palace. And under the jurisdiction of the king, no maiden was allowed to be married.

A high official of the king's court asked the king for my sister. He was married to a wife who had become paralyzed. By law he couldn't leave his wife and had to get permission from the king to marry my sister. With the king's permission he was able to marry my sister who helped him to perform social functions and care for his son. His son grew to love my sister as his mother.

She lived happily and respectfully for over 10 years until Kim 대신 death. After Kim's death, his son, who loved his stepmother, said, "You've come to our house and worked hard and we have a lot to thank you for. You weren't my mother but mothered me well so do whatever you wish with money or household furnishings. If you wish to take everything and to return to your relatives, do so. Or would you rather live here in Seoul with me?"

Since my sister wished to see her family... While married to Kim 대신 she wanted to have children, but according to the doctor because of some back problem and the medicine she took she couldn't have children.

So with her husband's son's blessings, she returned to Jin−Joo with all her belongings and furniture, the like of which couldn't be seen in Jin−Joo. She bought a large home and property near her parents and with servants managed to run a farm. She must have been in her 30's. It was then that someone left Jin−Yong's father at her door and she proceeded to adopt him (Sam Dong Gae).

It was during the winter and my sister above me was unmarried and still at home.

It was during winter when we were busy refurbishing our silk garments. My sister had hired a girl and her mother to help with the garments. My sister above me had gone to big sister's to help also. While they were beating the fabrics, it was noisy. During a lull in the beatings, when they had to re−fold the fabric, they heard a loud commotion outdoors. The dog was barking. They thought perhaps robbers were outside. When the girl looked out the window, she saw someone in blue slip out the gate. Then they heard a baby's cry. My sister (Sam Poon Hee) asked 전심아 (Jun Sim) to call Mr. Kang to check on the sound of a baby's cry. Mr. Kang awoke from his sleep and rushed outside to ask what the commotion was about. He was told to check the porch steps from which the baby's cry was heard. He found a baby bundled in white. "There's a baby here," he cried out.

So the young women said, "We must awake 마나님 (my sister)." My sister awoke and asked why they were up so late, and what were they doing. They reported they found a baby. My sister rushed out and saw Mr. Kang holding a baby in his arms. Mr. Kang said, "If Ma−Na−Nim doesn't want the baby, p.22 he did. My sister answered "I want to raise him. Can I refuse the luck given to me? I want the child." When morning came, my sister informed my mother who came over and noticed the baby was only a few days old and still had his umbilical cord. "Do you want this child?" my mother asked. "Yes, I do." "How can you raise the child since you've never raised one before?" "But I do want the child," said my sister. My mother replied laughingly, "I guess I will have to undergo hardship again. But if you want the child, there's nothing else to do, so let's raise him." During the day they roamed the neighborhood to look for (wet nurse(?)) women who could share their milk in return for food and clothing. They recruited a woman at night with milk to live at my sister's house since she did have spare rooms on the first floor of her house. The woman would feed her child and my sister's child. During the day, however, she would take the baby around the neighborhood and ask for milk in exchange for food and other amenities. Rainy days were especially difficult and my mother and sister had to endure much. There were times when the women supplying the milk could no longer offer anymore. Then my sister had to look for other mothers willing to share their milk.

When the "You−mo's" (유모) child got older, the mother ran out of milk. p.23 So they would take Sam Dong Gae to homes where the wives lived with their husbands. At night when Sam Dong Gae cried with hunger, my mother with my father carrying the lantern would take the baby to homes to have the baby fed. When the child got older my father passed away and since my adopted brother who had a daughter born after he died of a heart attack there was no one at home to care for my mother. By Korean custom my sister had to come home to live with my mother and take care of her because she was the oldest surviving child. She then sold her property and with Sam Dong Gae moved back to mother's home. So my mother, my sister, Sam Dong Gae and my niece from adopted brother (deceased sister) and I with a few servants all lived together.

Why my sister named his son Sam Dong Gae: – Sam Dong Gae was so named because like a roaming dog, Sam Dong Gae survived on milk gotten from the neighborhood mothers. When he started school, his school name was "초로" Kim Cho Ro (김철호 Kim Cheol Ho).

p.24 Then later when he went to Shanghai he became Kim Hyeong–gu (Kim Hyeong–gu is the name of the husband of Chun Yun–hee's sister).

My sister loved Sam Dong Gae. He and I went to school together. I sewed all of his clothes both winter and spring clothes, even though we had a seamstress who came over to our house to sew for the family.

Before I came to Hawaii 초로 (Cho Ro) attended Jin–Joo Kwang–Rim School first and I went to Jin–Joo Chung–Sook School, both Christian schools. When Cho Ro was about 14 yrs old, I came to Hawaii.

My sister used to write me that Sam Dong Gae was doing well in school. He finished high school in Jin Joo and went to a university in Pyong Yang (North Korea). There he took up music. He was very talented in music. Then later I was told he went to a university in Japan.

One day I received a sad letter from my sister. "I sent my son to Japan to school and my sister is in Hawaii. I'm all alone with my old mother." At the time there was an earthquake in Japan and my sister lost contact with her son. The letter was so sad. I cried a lot over it. I really thought Sam Dong

p.25 Gae was dead and I would never hear about him again.

One day I received shocking and suprising news from Sam Dong Gae's daughter. My sister and mother had passed on and never got to hear the good news. So I felt very sad.

I don't know at what age my mother passed away. My sister may have died at about age 68 or so. My cousin's son wrote me saying he took care of everything and not to worry since I was in America.

Sam Dong Gae's name explanation:

The neighborhood is called Sam Dong.

After 1950, Jean Young who had married a local Korean came with her husband to live here. I received news that an ajumeoni (아주머니) from Liliha St. called to say I had a woman relative from Korea who was trying to get in touch with me. I had no idea who that could be. Ah Jin Kim phoned and left a number for me to call back. When I did, she told me a young lady from Korea asked if she knew Chun Yun Hee. She replied that she knew her and they attended the same church.

At first I didn't know who she was because she gave me her father's name which was not familiar to me. She related that someone in your family must have married a Kim because his surname was Kim. I couldn't recall or make any connection. I asked her if he was called by any other name. Then she said she thought he had a nickname "Dong Gae." Then I knew it was my cousin, Sam Dong Gae, my sister's son who was her father. She explained that after the earthquake in Japan, he escaped to Shanghai because the Japanese were arresting the Korean students. "So is your father alive?" Yes, he was a university student in Japan, but fled to Shanghai to hid from the Japanese. For that reason he wasn't able to write anyone about his whereabouts. After Japan's defeat, my father and we returned to Korea and were provided gov't housing. I was working for the army defense where I met Yonka and married him. Yonka was due to return to Hawaii for Rest and Recreation and he also wanted me to meet his family. Before we left, my father who was still living asked me to look for Ko Mo Nim (aunt).

Since he knew his aunt (cousin) was a Christian he told me to inquire about you from the Christian church. He didn't know whether you'd still be living, but if you were he said I'd be able to find you through the church. That's why I asked Ah Jin Kim ajumeoni if she knew of a Chun Yun Hee. "Yes, I know her very well. She goes to the same church as I do." "You mean our Sam Dong Gae is alive? My mother and sister reported that he was dead." Yes. He asked me to look you up.

In 1967 when I went to Korea, I met Dong-Jin and his two brothers. They took me to Shin Dang Dong where their father once lived and we stayed there for two nights. So I met Jean Young's siblings and all the children, but I never got to meet Sam Dong Gae because he was killed by the

p.26

p.27

communists. So till this day I regret not having been able to see him.

Korea is a peninsula − 3 sides water, 1 side land (China and Siberia). From Paek Du San (mt. Paek Du) to Halla San (mt. Halla) is our country. I was raised in K.S. Namdo, Jin Joo. When I was little our family was well off and I was the youngest daughter, very much loved. One of my married sisters lived afar from us and I would often visit her. She was well provided and had lot of food fruits and other goodies. My sister would say would you like to spend the night with me. I would answer yes enthusiastically, but when evening came I would appear sad and tearful. My sister would ask, "Would you like to go home?" I wouldn't answer and from my silence she knew that I was homesick and wanted to go home. She would ask Chun Sim, "Take her home. She said she'd stay, but come night and she longs to go home to mother. Carry her home on your back (업어). Though Chun Sim didn't want to make the trip because it was winter and cold she obeyed her mistress without objecting. On the way home, however, she scolded me

for not making up my mind to return home in daylight and subjecting her to make the trip at night when it was cold and dark. I just listened quietly and said not a word. (I must have been about 4−5 years old). When we approached our large gate, the dogs would bark. Then I would wake up from my pretended sleep and think, "Ah, I'm home. The dogs are barking." Then the servants would unlock the gate and as I was carried in, my mother would greet us and say, "Ah thank you for bringing her home. I should have known she wouldn't stay and bring her home with me today." Then she would give her something to eat and send her home. Then the next day, I would tell my mom that Chun Sim, piggy backing me home, scolded me. Then the next time we visited my sister, I would go to the fire−pit (cooking area) and get a stick and say to Chun Sim, "You scolded me, didn't you?" I'd badger her while she remained quiet. But after eating lots of goodies and enjoying myself, went home when evening approached.

Becoming Christians:

I must have been about 12 when my father passed on. We were still well−off then.

Even though father had died, we were still running the farm and our family was in a stable financial state. My sister had moved in with us and had Sam Dong Gae.

My family was not Christian then. We believed in "Pul−gyo" (Buddhism). Because she lost so many daughters, she would ask for good luck by offering money and paying her respects. I would often accompany my mother because I wanted some of that good luck, I would follow her example.

Once a week the farmers brought their products to sell at the outdoor market place. In Jin−Joo there was a "gun chool" in the "Sung" (castle, citywall). Outside of "Sung" was "Patchoo". One day my mother went inside of "Sung" because she had heard there was going to be a lot of merchandise for sale. When she returned from marketing, she related that she saw yellow−haired Englishmen from Pusan: a young man and woman doing missionary work − "Ya−su" (Jesus). If you believe in Jesus you will go to heaven and will be blessed. After listening to them for a while I felt good (my heart felt good). I've gone to the temple and prayed but have given only hard luck to my children, so I think I'll change to "Ya−su". I p.31 want to believe in "Ya−su".

Later the "Ya−su" mission bought land and built a large building in Jin Joo − these English missionaries were Presbyterians who had developed missions in Australia and on to Pusan. In Korea they established themselves in Pusan, then to Masan and to Jin−Joo. They built a church and living quarters and a school for men and school for women.

When mother became a "Ya−su" they just had a large building and taught bible classes for children. My mother would go there and listen and take in the bible lessons. There was a young Korean couple in the English missionary group who taught the bible lessons to the Koreans and my mother thoroughly enjoyed their message.

My mother approached me. "You are the last daughter and shared believe in "Ya−su". God will help you, believe in Jesus and attend the bible school. Then she would send me to bible classes. Later in Jin−Joo in Pibongsan they bought land and built a Church, nam Hakyo (Kwang−Rim Hakyo) p.32 and yeo Hakyo (Chung−Sook Hakyo). The English missionaries also had built a hospital.

At first we had a hard−time understanding the Seoul dialect that the missionaries used, since our dialect was Kyongsangdo.

In Seoul 장로교 (Presbyterian) were established early and educated their students. The teachers from Seoul were sent to our school. I must have been about 13 years old then.

We loved these teachers but we couldn't understand them. They would ask for water (naeng-soo) and we didn't know what they meant 'cause we called water "mool". We didn't communicate well but we loved the teachers. I finished 6th grade. It should be Joong-Hak (중학) but they didn't classify it as such. 고등과(Kodeung-hak). They said if I finished 고등과, I could go to Seoul and get my 중학 diploma.

I finished So-hak (소학) and 고등과, but then they informed me I could get my Joong-hak diploma from Jin-Joo.

p.33 Before coming to Hawaii, I prepared for the test and went to Japan. After 20 days I was homesick so returned to Jin-Joo, and I told them to send the test results to my home and then I left for Hawaii.

While I was attending school (1910) we still had our country. When the news broke that we had lost our country to Japan, we in Jin-Joo were all in despair and I cried a lot. The Japanese announced we should put down our arms or many innocent people will be killed or hurt. So I was aware of the many suicides committed by high Korean officials and many Koreans shot themselves and took their own lives.

Soon after our school doors were closed and we couldn't go to school. The Japanese took over the buildings. We students spied around to see what was going on. The Japanese brought in geisha girls, decorated buildings with "sakura", put up effigies of Korean officials with pictures of them being shot by soldiers.

## Tape 7

p.34 They sure celebrated well. Our hearts ached, knowing what happened to our country. Many of the Korean peasants didn't know what was going on, but we students knew what was happening.

The Korean schools was all closed but the missionary school was allowed to operate. So we attended the missionary school, but there were Japanese spies watching us every day checking on what we were learning

– anything having to do with Korean was banned. When we heard the spies on horseback approaching we would hide our Korean books and pretend to be studying something else. We were always nervous and edgy because to be caught with the Korean books would be a catastrophe.

Every day the three of us living in our home would go off to school. Sam Dong Gae my sister's adopted son, my niece who was raised by my mother when the child's mother died in child birth and myself would leave the house and then separate on roads leading to the schools we each attended. We would also be joined by my cousin 2 years older than I, the only son of my uncle Chun May−Oo−Gi (on my father's side). He went to a special school for scholars specializing in 한문 Chinese writing and composition. It was a school for men only and it was in Peping−ton. The teacher was originally from China. My cousin was good to me. He'd ask us to come over to his house in the evening or weekends and would help me in my school work. p.35

He was a brilliant young man, a thinker, a patriot, and always helping other students and people in the community in working for the public's good. He also tried to inspire Koreans to better themselves.

The Japanese officials were aware that my cousin was an active leader and participant in the community affairs so they frequently arrested him for interrogation and he was constantly under surveillance and arrest. [They] were subjected to many beatings.

There were a lot of people too unconcerned about the effects of the Japanese occupation as they were too busy eking out a living and didn't know whether the "porridge (죽) was boiling or not".

소학교; 국민학교 → primary elementary grades p.36

But we students, having attended school and having our consciousness awakened we would talk things over in secret. We couldn't hold any kind of political discussion openly as the Japanese banned it. Our hearts were saddened whenever we heard the neighborhood news of someone being arrested, beaten, and starved in jail by the Japanese.

You couldn't leave the country to study abroad because the Japanese didn't want you to come back educated, and work against the Japanese government. Korea was in a sorry state of affairs because of the inept manner of government administered by the Korean king and high officials and they were a ripe target for a Japanese takeover.

Some Korean patriots escaped the Japanese in Korea by fleeing north to China and Manchuria. Those caught were killed, but those who escaped did so successfully through China and then to Shanghai.

Missionaries played a significant role in helping Koreans to escape from Korea to Shanghai to the Western world.

p.37 While I was in Japan on my [way] to Hawaii 5 educated women and a man were caught in the hold of a ship trying to escape and were caught by Japanese spies.

On the verge of the collapse of the Korean government and just before the Japanese takeover Ahn Chang Ho, Sur Jai−pil, Yoon Chi−Ho, Chung Han−Gin, Park Yong−man, Rhee Syngman patriots left Korea through China and then to U.S. and elsewhere.

In U.S. Park Yong−man studied in West Point, Dr. Rhee studied gov't. Mr. Ahn and Sur Jai−pil all studied in U.S. to learn skills to help their country.

Korea and China were very close − like a rock. China always was like a big brother. The Japanese came in and broke the rock.

There's so much to say about Korea's history. The Japanese were helped by certain high Korean government officials, who helped to corrupt the Korean gov't.

p.38 On a personal level I can relate what I experienced with the Japanese occupation. The Japanese soldiers would come into the villages and into the homes to select and abuse the prettiest maidens. My family heard such news and became alarmed for my sister who was about 16 and unmarried and very beautiful.

To avoid any detection of her beauty, she wore unattractive old clothes, dirtied her face, and was protected by the house servants. To keep her away from the house and Japanese intruders they sent her to the temple and to the riverside to "do laundry." That's the way she passed the time.

My mother worried over us 'cause there were constantly neighborhood news of which maidens were abused by the Japanese soldiers, etc. When in school Japanese officials were also giving us orders of what we could or couldn't learn, what books we could or couldn't use. Teachers were constantly harassed and given orders.

I must have been close to 15 when we heard news that in Pyong Yang and Seoul girls were wanted as picture brides for America — Hawaii. We heard the news but didn't know how to pursue the matter.

## Tape 8: Side 1

I was 15 years old. One day a school friend told a group of girls that she read in a newspaper her father had brought home about picture brides. We were startled and excited and exclaimed. It stated that in Pyong Yang and Seoul missionary organizations that lots of people were going to Hawaii as picture brides.

p.39

If that's true... what newspaper did you see in it? It's a paper my father usually reads... and I read it without his knowledge.

We asked her to read on some more and see what other information she could find. She said she would.

This girl came from a poorer family. A "white" missionary woman contributed money for this girl's education. She was the only daughter and her father was a "ne'er do well" who didn't have a job and just wandered here and there and picking up papers to read. Her mother sewed for the family's subsistence. She had finished four years of (소학) elementary grades. Because her family was poor and needed assistance, she was given a job to teach (이 치반?). While teaching, there she used to spend time talking with us. Because we could afford it, I always brought her home with me to have meals with us and also spend the night with me. So she liked me. She was a pretty girl, but a childhood disease left her with small−pox scars. Her facial skin was all scarred up. She was bright. I graduated 소학 (primary school) and went to 고등 (high school), but she taught 이치반 and got paid for her work.

p.40

We were curious to find out more information. When the girls got together the subject of picture brides became the topic of our conversation. We were anxious to know how to get to Hawaii. Subsequently she reported to us that she read in the paper that picture brides were also being recruited in Pusan and Masan. She said, she too, would like to go, because she wanted to help her mother financially. We all encouraged her to find more information. Shortly after, she told us that during school vacation she was going p.41 to Masan, to find out more as she really wanted to leave for Hawaii to help her family financially and since her father didn't have a job. To go to Masan from Jin−Joo in those days, it took 2−4 days on horseback with nightly stopovers for bedding. We patiently waited her return.

The girl was a likely candidate to leave 'cause she came from a poor family and wanted to help her parents. She returned with significant information. She reported a Mr. Park's daughter (Park Tai−Goo) had gone to Hawaii. Other races had sent picture bride earlier, but in Masan picture brides recruitment started in 1912 or 1913. His daughter had gone to "Powa" Hawaii in 1913. Mr. Park told her if you're interested send me your picture and I'll send it to my daughters to hand−over the pictures to interested party. So I even had my picture taken and gave him my picture. When we girls heard the news we were all so excited. Park Tai−gu's daughter was very well off and lived well. Her father did a lot of travelling and his yard was filled with fruit trees and other plants obtained from various places he travelled. We were well−off but not like her family. Our family of women didn't know about such things (horticulture) − only rice growing and gathering. Her father was a 놈팽이; he didn't work but he had money and spent it acquiring plants and things.

p.42

## Park Ku−Mu (mother of Kayo and Kai Bong Chung)

Though he provided a good home and living for his family, even his daughter and a lot of other girls were swept with idea of leaving for Hawaii and removing themselves from the cruelties of the Japanese.

"All right, since you sent me pictures, be sure to let us know further when you hear from her." So this girl in Hawaii, do you know who she was? Park Ku−Mu. Park Ku−Mu came to Hawaii in 1913. She was from Masan attending the first Presbyterian school for women. A man named Yee Chung Noh was introduced. It so happened that Park Ku−Mu fell in love with a young man and became pregnant. (Kayo Chung's oldest sister was conceived already when his mother left for Hawaii.) Park Ku−Mu and I didn't go to school together but she lived in Masan where the Presbyterian's first established their foothold and opened the first school for Korean women (prior to that there was no formal school for women). Park and a woman − here called Kong Joh were attending school in Masan and I attended the first women school established by the Presbyterians in Jin−Joo. Park was very poor. His father was working as a transporter of cows to the market for butchering. She went to school, not because her parents could afford to send her, but through recruitment by the Presbyterian missionaries. The p.43 missionaries helped Koreans a lot. While Park was attending schools she fell in love with someone. But in Korean culture you just couldn't get married to someone you love. You need to get parental approval and there were too many obstacles to overcome.

So she came to Hawaii and married Chung Soo Jin, Kayo Chung's father. The situation was that she was with child so what could he do? He was a nice man; he worked hard and earned $15 per day at that time, doing "hapai−ko". So Mrs. Park, Sin Yee Sil and her sister were some of the first to come to Hawaii from Masan. They sent the prospective groom's pictures to Korea and everyone was eager for a chance to emigrate to Hawaii. However, not all those who wanted the chance to go could do so. In those days, parents were strict. One girl named Park Bo In had a brother who was a Presbyterian minister and he didn't allow his sister to go; Kang−Jong Gu a classmate of mine wasn't permitted to go. In Korea girls weren't allowed to travel freely, unless you were undisciplined and raised in an ill−mannered way. A well brought up girl would not be permitted to leave the family and p.44 travel afar alone (go abroad).

In my case my sisters and brothers died early and my mother became a Christian. The fact that my sisters died young was significant.

My mother said "You are the last daughter left. Your oldest sister is old, just as I, and you're my last remaining youngest daughter that I am willing to send, because with a "big heart" and rationalization that you could be dead and gone I will give my consent. And if you really want to go, do as you wish. Don't die in my presence. Go wherever you want to go, just stay alive − live."

My sister would not hear of my going. I couldn't discuss anything about leaving. "I don't have any more sisters. How can you leave me and mother and depart?" My mother and I planned my going. "Don't die in front of me." My mother was a fine person and progressive in thinking. My mother's family was widely reputed to be a fine upper−class family. My aunt was highly regarded also. My mother was kind and generous. She treated the hired help well and if they were poor and didn't have enough food she would offer and provide them with rice etc. She also saw that they had sufficient clothing. Her kindness and generosity were widespread and the hired help vowed they would never ever leave to live elsewhere. They said they were lucky to be working for such fine landlords. My mother was a great lady but because her children were always dying she began to adopt the Christian faith and attend church. She shifted her monetary contributions and support from the temple to the Christian church. "I'm now going to give my temple contributions to the church and I'll ask God for forgiveness of my sins and pray to God for the well−being of my last child." After I came to Hawaii news from Korea related how my mother donated a much needed church bell for a church just completed in Jin−Joo.

My mother's family − Yi Say − two aunts and two uncles were all close. My aunts would visit my mother, bringing rice cakes, boiled eggs, and goodies to share, and munch and talk throughout the night, after sending me to my room to sleep. I would hear their chatter and laughter and try to join them and be included in the get−together. I got to participate in their social gathering also enjoying their comradery and observing their love for each other.

My aunts would also bring my mother newly sewn clothes because they felt she was always busy and didn't have much time for sewing. They were a loving family. Their reputation was widespread and were referred as "Yi bu−cheo" (이부처).

My mother was really a fine person and kind−hearted. However, she experienced many heart−breaks when she lost her children. That is the reason why she turned to Jesus (예수) and the Christian God and had me become a Christian also. We became sincere and earnest Christians.

I was in my last year of high school (고등과) and soon to graduate. Before that, however, the girl (Nam Kyeong−ae) whose family was poor and whose father was a ne'er do well, couldn't attend high school, but taught at an elementary school for meager pay, heard news about picture brides and went to Masan and sought out Mrs. Park Ku−Mu's father, Park Tae−Goo and heard his (news) talk.

The news was good. So she told us she had her picture taken and gave him her picture to send to Hawaii. All the girls listening to her news wanted to go to Hawaii, too. One girl who lived with her brother couldn't do anything without her brother's approval. In those days it was unthinkable for a young woman from a nice family to leave home alone and go abroad, only the wayward, undisciplined ones did that. Young women with parents and moral values couldn't leave and were very disappointed (낙망).

p.47

"if you have parents and come from homes with good moral values why would you want to leave?" objected the parents.

In my case, my mother who believed in Jesus and of course if my father was living he would never allow it. But since he passed away and there was only my mother and eldest sister − my mother encouraged me. She was so distressed over losing her children that she said, "Go abroad, just don't die and don't die in front of me (in my presence). I only want to hear that you are alive and living. Do as you wish." She was a wonderful, understanding mother. So she helped me and approved my going. It was during school vacation (holiday). My mother contacted an honest, faithful farmhand with a horse and paid him to take good care of me on the trip to and back from Masan.

"Take good care of her to her destination and bring her back safely."

I travelled on horseback and with faith in the farmhand went to see Park's father. He knew I was coming and was waiting for me. He gave me a nice room, had my picture taken and then we came home. We told my sister that I had gone on a class excursion to the country. My mother made it all possible for me to make the contact and prepare to leave for Hawaii.

p.48

Not long afterwards a man's picture was sent to me. This was the man I was going to − age 30. His picture wasn't bad. He looked young. So a letter was sent to confirm my going.

Khil Chan Lok was an An−Jue, Pyong Yang man whose parents had educated him. He wrote well and sent me a well−written letter. His picture looked O.K. and he looked young (ha! ha!).

I thought, "I'm going to leave Korea and go far, far away and not see Korea. I'll find my independence and go far far away." I thought going to Hawaii would be like going to heaven. America was going to be like heaven and I won't have to see the Japanese and will have my freedom!

Here I was − ready to go. So in January I became 19 yrs. old and departed for Hawaii. I didn't graduate from high school and was "crazy" to leave.

"What good is it to graduate?" I thought.

p.49 So when in January I got my travel permit I left for Japan (Shin−Ho) to a hotel in Pok−Chung.

I had to go through two physical exams. One an eye exam; the other ta−bin (대변, feces) (stomach) exam. If you failed the ta−bin exam, you had to take a 2−week treatment. If you failed the eye exam, there was treatment for that, too. It was said the eye exam was more difficult. If one had 도랑호모 (trachoma), a longer time in treatment was required. So everyone was worried about passing the eye exam. I passed the eye test, but not the "ta−bin" exam. I was told I had to take a week's treatment of medicine. That meant I would have been away from home for 20 days. One week there and another week to go. I'd never been away from home for long before, so I began to feel homesick and wished to see my mother. I decided to return to Korea and return to Japan later. I was spoiled and immature. I didn't consider the expense. Why should I wait around in Japan for 20 days while in treatment? So I returned home and my sister greeted me. "Is your vacation over?" To show you how immature I was − I even brought a friend from p.50 Masan along with me. I even paid for her fare back to come along with me.

While home, my friends urged me to take the exam and get my high school diploma. You'll never know when you'll need it and it might come in handy. "That's too true!" I was convinced. So I prepared for the exam and took it. I asked them to send the diploma to my mother's home and she would later send it to me. So I told my mother that when they send the diploma to her to hang it up in the house. Afterwards, I returned to Japan, passed the physical, and left for Hawaii.

My mother wrote me saying she had the diploma and it was hung in the house. "Do you want me to send it to you?" When I saw the miserable situation in Hawaii, what good was it to have her send it to me? I was so disappointed in Hawaii so I told her to hold on to it as I had no use for it here in Hawaii. When I returned to Korea, I realized it was burned in the house fire. Some of my mother's furniture salvaged from the fire was inherited by my cousin (older male cousin). How could I ask for it?

I left Japan on the ship Siberia.

p.51 When my mother knew definitely that I would leave to get married in Hawaii, she made preparations for things I would take with me. In Korea when a girl gets married she takes a lot of gifts to her husband−to−be's home. I told my mother I wouldn't need to take anything and I had visions of being married in American clothes.

Mother insisted, however.

## Tape 9

People from America living in Korea wore American clothes so I didn't think I needed to take Korean clothes. But my mother said after all you are Korean. So you should take Korean clothes with you. In Korea when a girl got married, the girl's parents provided the bride with all sorts of clothing which would last her for a great many years. So my mother bought me all kinds of beautiful fabrics and sewed me beautiful skirts and tops (저고리). She got me a pair of (신) shoes made of leather which were worn on rainy days. "Even if you don't wear them, you should have them because you are Korean." She packed them in a small trunk decorated with Korean emblem. She included Korean jewelry, personal ornaments which one wore with her blouse. All kinds of clothing customary with weddings provided for the new bride were included in the trousseau. She even packed a pair of silver spoons. "These are for your husband." I think I still have those − I must have given them to Ruth when I gave her those copper rice bowls. (That little trunk was trashed when Mama had to move from Koko Head).

p.52

So from Korea to Japan to Hawaii I brought all the five garments and Korean jewelry with me.

"What happened to the jewelry?" "Didn't I tell you? Shall I report it here?"

I brought all those fine pieces with me, but when I got to Hawaii and saw the situation, I was in great despair. Sometime later −

Ahn Chang Ho was arriving in Hawaii from the mainland. He was coming to the camp in Maui to give a talk. That Sunday that Ahn Chang Ho was coming to our camp church − a Methodist church − since it wasn't too long that I arrived from Korea there wasn't any opportunity to wear my fine clothes, so I decided to wear them. I put on my fine dress, wore my Korean jewelry (패물). I was young then− and went to the Camp Methodist Church.

In attendance then was Park Ku−Mu, Chung Ai Sohn, Kim pastor. Church
p.53 service was held at the Methodist Church. After service lunch was served
at the Park after a meeting. We listened to Ahn Chung Ho's speech. He was
a wonderful speaker, a patriot. Since most of us were young we spent the
afternoon participating in organized games. Spoon−egg relay, running race,
tug of war. Winners were awarded prizes. I wanted to participate in the
running races, but I couldn't do it wearing my ornaments. I took off my or-
naments and placed them in a Philippine−made handbag where I also kept
some other wearing articles. At the park was Chang Ai Sohn's mother−in−
law who was looking after a baby, her grand−son. So I asked if she could
keep an eye on the handbag. I said I couldn't run with my ornament pieces
'cause they were flopping up and down and getting in the way. I will put
them in the bag beside her and would she keep her eye on it. She agreed
readily. I participated in the races and returned to the halmuni to pick up my
p.54 bag. When I looked in the bag my jewelry was gone. I asked her where my
jewelry that I placed in the handbag had disappeared to. She claimed she
didn't know. "I was here."

Chang Ai Sohn's family lives in Honolulu. They are the "Yu" family. The
man used to work at a bank. However, the Yu's wouldn't know much about
it.

To continue with the story − "Ajumeoni, I left my jewelry in the hand-
bag and you said you would look after it." "My goodness I don't know
what happened." She completely denied knowing anything about it. I'm
sure if I insisted on searching her I would have found them and gotten them
back. I didn't and therefore lost them to her. Those lovely pieces given to
me by mother were lost forever.

Some years later, this old woman had a daughter who died. In the Korean
newspaper there was an article which gave an accounting of her heirs who
got her jewelry. These people wouldn't have had such fine pieces of jew-
elry when they immigrated here. The pieces stolen from me were given to
her daughter. This old woman's family was reputed to be quick with their
hands. Even her son had a reputation for thievery.

p.55 Chang Ai Sohn had a lot of education in Korea. She had a beautiful
niece. Because her husband was a dishonest man with a reputation, she di-
vorced him. That's when I found out about Chang Ai Sohn's in−laws and

their thieving reputation.

Yes, when I read about this old woman's daughter's death in the Kook Min Newspaper — and who the receivers were of her jewelry. This daughter also had a bad reputation. She was married while having an affair with another man. Her husband sought him out to kill him, but the man was beaten and survived.

When I lost my jewelry I was so very sad, as if my mother had died. I never ever told my mother I lost her jewelry she gave me. She would worry and I couldn't even send her any money. I even had to write for more money when I got here, because I didn't have enough to pay all expenses and see myself through. I was, in American money, $35 short. But your father couldn't even come up with that amount.

He was such a shiftless pauper. He couldn't even buy a wedding ring. p.56 He borrowed a ring from Park Ku-Mu. I didn't know about it until I read a letter from Park K.M. to Khil Chan Lok. All I knew was that I had a gold ring slipped on my finger. I kept the ring in the room. One day I noticed a poorly sealed letter in the room. I wondered where it was from and read it and found it was from Mrs. Park.

I understand that upon my arrival to Hawaii Khil Chan Lok told Mrs. Park that he didn't have a ring. So she loaned him her ring and told him to just get married. He should have returned it soon or bought another one in its place. All the while I thought it was my ring so didn't know anything about returning that lousy ring.

I read the letter: "Khil Chan Lok — When you got married I loaned you my ring since you didn't have one. It's been some months ago. Buy one to give to your wife and please return mine."

All along I thought it was my own ring so I was shocked to find out it wasn't so. I didn't mention anything to Khil Chan Lok because I didn't p.57 want to embarrass him. The next Sunday I wrapped the ring and saw Park Ku-Mu at church and quietly handed her the ring. She was surprised and embarrassed. I told her I didn't know anything about the ring and that I was sorry — "Forgive me."

She was taken aback and embarrassed, "I didn't know what kind of person he was and introduced you to him." She looked so apologetic and uncomfortable. "Ah well that's my fate, my luck. How would you have known. He is somewhat old, but he generally appears to be all right. He can't work because his is a "drunk". That's just my fate. So don't feel responsible."

So I placed the ring in her hand. I guess she felt sorry and apologetic. "An educated person reacts and thinks differently," she remarked. That's how I returned the ring. I never mentioned it to Khil Chan Lok. However, later Park Ku−Mu saw him and scolded, "You should have right away… because you were in a hurry and borrowed my ring, why didn't you later buy a cheap ring and give it to her. If you had done that earlier, your wife wouldn't have had to feel so bad and there wouldn't have been any incident of embarrassment. How could you have been so thoughtless and irresponsible to disgrace her? I feel bad because I have been responsible for match−making you to her."

I now recall Khil Chan Lok did apologize to me. I never let on I knew about the ring because I felt he would be humiliated.

When I received travel permission Park Ku−Mu's brother escorted me to Shinho, Japan − Pok Chung Yo Kwan (Hotel). He arranged for my week's stay in Japan and returned to Korea. From Japan, after passing my physical exam, I boarded the Siberia.

From Shinho to Yokohama took 4 days. I stayed at the Jae−Bok Hotel in Yokohama where I found a lot of Korean women also en route to Hawaii as picture brides. On the Siberia I became acquainted with a widow and her young son from Seoul, a lady named Tak−Ha−Soon, Soon Nam Yi (Portuguese Soon Nam Yi as she was later called) − about five of us.

The first four days I felt a little seasick, but after that I felt all right and walked all about the ship and ate things I bought aboard the ship. The rest of my acquaintances all had a very bad case of seasickness and I was busy trying to help them.

About 5 days at sea, a young man came over to us and introduced himself. We were startled and asked "You are Korean?" He said he was Korean and was living in China. Soon after boarding he was hiding below deck until the ship cleared away from Japan. He said if he was caught when the ship was closer to Japan they would be caught and sent back because they didn't have any travel papers and had sneaked aboard ship from China. We felt sorry for him. He was a Kim, a little older than some of us, and was on the way to America to get an education. He was very helpful to those who were seasick. It must have been 10 days of sailing from Yokohama to Hawaii.

p.60

We were anchored off the harbor of Honolulu. Siberia was a large ship and there were no docking piers at that time. Soon a little boat came towards the Siberia. Great big (Hawaiian) men in the little boat came to take us ashore. (They were big and we were afraid). They asked us to come out and they carried us on to the little boat. The little boat took us to the Immigration Station at Pier 2. The immigration building at that time was a two—story frame building. They took us all to a large holding room where there were many metal frame beds. They issued each of us what we then called "horse blanket" (army blankets). These beds had no mattresses. We spread over blankets on the metal frames to sleep. They fed us and at the sound of the bell we went downstairs to the eating place. The menu was similar to those served in Japanese Hotels. I don't remember if they served us bread. I think they served us rice and daikon [Jap. pickled radish], etc. for 3 meals.

We were at the Immigration Station. But they had to notify Khil Chan Lok that I had arrived in Honolulu. Mail was forwarded by boat twice a week; the earliest he could be notified was perhaps within a week. I was confined with other picture brides in the immigration quarters awaiting to be "claimed" by our respective future husbands.

p.61

Tape 10

The women who arrived — some went to Kauai, to Hawaii, and some to Honolulu. The women who waited for their "husbands" from the other islands had to wait because there was inter—island ship service only twice a week and so they couldn't come over quickly. The ladies who were headed for Kauai went first. Those to Honolulu left within 2—4 days. The rest of us were waiting. Then one day one of the employees at the immigration station, a Portuguese custodial worker, brought me a package and said, "Your husband — makule doh." So I looked into the package and realized Khil Chan Lok had arrived from Maui. His name was on the package and there were four oranges in it. When the Portuguese man said "You husband makule doh." I didn't know what he meant 'cause I didn't understand his language. I wondered what "ma–ku–le" meant. I was curious as well as worried and there was no one to ask.

That evening at dinner service where the works were Japanese, I asked in Japanese (I knew a little Japanese then) to the Japanese ladies, "Annata, makule, nani desuka?" She explained that "makule" was Hawaiian talk and it meant "old" – "oji–sang." She didn't know he was to be my husband; she said that he was an old man.

When I heard that I thought the heaven was falling and that night I couldn't go to sleep. Next day a man named Doh Kiyong who understood English and Korean an interpreter (통역자) sought me out, "Who is Chun Yun Hee?" "Your groom from Maui has arrived and you are to leave today." Wait until a certain time to leave. He unlocked the door for me to get out (they used to lock the door.) Follow me. He took me to the office and there waiting was a _____ old man. I thought – that must be the old man. The inter-preter asked, "Under whose auspices did you come?" I said "Khil Chan

Lok." He asked, "Where is your hometown?" "Kyongsangdo, Jin–Joo." How old are you? What island are you going? What's your groom's name? Where were you educated in Korea? I answered all the questions. He said, "Then, follow me." He led me to a waiting taxi and Khil Chan Lok entered the taxi also. All the while Khil Chan Lok never said a word, but when he sat in the cab, he said, ("수고했소"). "You went through a lot of trouble." I was numb by then so I just thought I guess this is the way it is and like a mummy followed him to the Ha–dong Hotel run by a Korean. We must have stayed there for 2 days or so. At that time Dr. S. Rhee was living in a large house in Liliha–Puunui. At the residence a person named Ahn In Keng–si... Ahn Duk Kun ajumeoni, a tall lady who attended our church... she was a picture bride also, but she did well. She met her husband... she came to me and comforted me. She must have heard that I was educated.

She cried "Oh my goodness, how frustrating, this fine young lady..." Then she commented "You're getting married tomorrow. Have you any shoes?" Khil Chan Lok didn't have any money for shoes or whatever! He cashed his company coupons just to cover his boat trip to Honolulu. Evidently it was customary for the groom (who had money) to buy his woman a pair of American shoes and other things for an "American wedding ceremony." As far as I was concerned I didn't care about shoes or whatever, because I was already in despair. I had resolved that the situation was irreversible and I would have to make the best of it, since I've already come here. (사는 대로 살아 보지 맘에 작정해서). After seeing the man, my heart couldn't accept him. Here I was a virgin maiden to be married to an old man, wrinkled, countrified, with dingy clothes, his fingers stained with tobacco stains from rolling his cigarettes. He looked even older than his years because of his heavy drinking lifestyle. He looked so dark. I don't know why he was so black. He really looked pitiful probably because of his hangover (drunkardness) and heavy tobacco smoking and lack of personal care.

He was 46 years old at that time. You can imagine how he looked to p.65 me. After all I was very young. Today, a man of 46 doesn't seem very old. Today, when I see a 46 year old man I can't but help reflect — when I got married a 46 year old shouldn't have looked so repulsive. Of course the perspective of a 19 year old to a 46 year old would differ from how I would view a 46 year old from an older person's viewpoint. Who knows how I'd view him if he were like today's men — clean, wearing clean clothes, hair combed — who knows if he wouldn't have made a better impression. His black (dark) face, haggard with signs of drinking, wearing dingy poorly washed wrinkled shirt and oh so dark — presented an awful impression! I couldn't face look at him — I was so ashamed...

In Korea we were used to seeing older men who looked neat and clean. And when I saw this man — I thought — even the workers back home look better than he. It's true.

"Why couldn't you tell the authorities that you can't marry this man?" p.66 Well, if I didn't marry him, they would have sent me back. "Wouldn't that have been better?" Well, if I were returned my mother would have despaired and be humiliated. It would be better for me to be embarrassed and suffer than put my mother and family to such disappointment. In the older days if a girl went abroad and returned, it could have been a disgrace to the family and she wouldn't have been able to get married. A man might have wanted to marry the woman, but the family wouldn't have allowed it. The parents had to approve and accept the woman.

However, I didn't even know, then, that there was an option — that I could return to Korea if I didn't want to marry the groom. Only later did I find out it was possible to refuse to marry and return to Korea.

But if I stirred up trouble where would I go? Where would I live? Even if there were churches and society like Kook Min Hoe they wouldn't approve of my stirring up trouble nor would they help me. I would be setting a precedent and the churches, etc. would be in a bind to take care of people like me — a responsibility which would be unthinkable! After all, there were a lot of disappointed picture brides.

p.67

### The Marriage Ceremony

Ahn Duk Kun-si ajumeoni thought, "Ah these nice young ladies have come here. They should at least wear a veil, have new (American) shoes and be neatly attired before appearing before the minister." Three of us were to be married in one ceremony. One girl came from Hilo, Hi Yi Soon Namie, Yoon Chi Agi who came together on the same boat, Khil Chan Lok from Maui, a man from Kauai: La Sa Soon. Of all the three man, mine was the most undesirable. The other two were fine.

"참 복 없다."

I don't know how come or who bought it, but I did get a new pair of shoes (ha). Later I found out that someone else bought it for me.

p.68

So here we were — three young women to be married about the same time. The place of the ceremony was in a home on Liliha-Puunui St. where Rhee Syngman had a small 학원 where some children were ("dorming") residing. At this house — the Rhee's residence, the three young ladies had their ceremony performed by the Methodist Minister Ho Whang Si(Hong, Han Sik).

They lined up the three women and lined up the three grooms. They started to call up the names of each couple. The names of the couples were in error so they had to do it all over again — this time calling out the correct couple's names. (We all laughed. It was so funny). I don't know where Ahn Duk Kun-si got it but she borrowed a veil and each of us took our turn and wore it. I don't know about the other two couples, but Khil Chan Lok never did get a photographer to take a wedding picture. The groom, if he had his wits about him would usually take care of things like that. So even if I wore a veil with my Korean dress and American shoes, I don't have a picture of it! We brides didn't know anything about having our picture taken. The grooms should have

p.69

looked into that and provided for it. Even the ring I wore was a borrowed one (from Park Ku-Mu). It would have been something to have a picture of me wearing a veil, Korean dress, and American shoes!

After the wedding ceremony, I returned to Ha-Dang Hotel and cried all night long. The next day Kang-Bo Bah ajumeoni from Pusan invited us to her home to comfort me and honor me and Khil Chan Lok. The friends I knew and met tried to comfort me and console me saying it's too bad, but no one could really help me." 너무 억울하다. 아깝다". "How unfortunate. What a waste. A young maiden with lots of education matched up like this," they lamented.

We took the boat to Maui and anchored off Lahaina. There we transferred into a little boat to land on Lahaina shore. There was a lady named Nam Kyeong-ae who came before me. It was this woman responsible for my coming to Hawaii.

She was the one who read the article about picture bride in the newspaper and relayed all the information to the girls in Korea. p.70

She too was unlucky and met with a similar fate as I. All those Park Ku-Mu introduced were ne'er-do-wells like Khil Chan Lok. Park Ku-Mu did it for money. For each successful securing of a picture bride her father received $60 in U.S. dollars. So she wasn't selective; she put people together just so her father could collect $60.00 per transaction.

Nam Kyeong-ae husband Han Jan Choo was old, uneducated. They lived in Lahaina. Nam took me to her house in Lahaina and we spent the night at her home. She and I wept over our misfortune and fate.

Khil Chan Lok then took me to Maui Camp where Park Ku-Mu was. Also, the Methodist Minister Kim Yi Jā (김이재). Khil Chan Lok left me at Park Ku-Mu's house for a whole week! He left me there, shirked his responsibility as a husband - he didn't seem to know what to do. How could he leave me there for a week?! Whether he was in an alcohol stupor - he p.71 didn't secure a room for us. He was notified that I was coming and should have gotten a place like the other grooms did for their brides. When I came there was no place to stay.

We must have stayed at Nam Kyeong-ae house in Lahaina for about 4-5 days. Then Park Ku-Mu told Khil C. Lok to bring me to her place in Camp One. Anyway, she did that because the Methodist Church was going to welcome me because I seemed noteworthy because of my educational background. Park Ku−Mu was then teaching Korean children Kukmun at the church. They gave me a nice reception and I met a lot of people. They asked me to give a talk about the latest conditions in Korea. So I consented − at the time I just finished school and had attended church regularly so I was able to handle the request. After I got here I became a 맹꽁이 (an idiot).

p.72
I told the audience that Koreans were living without freedom under Japanese oppression, that we were a country without freedom and rights. After that talk I dwelled on a lighter topic: The world is changing. The women are being educated just as the men are. Women are seeking their freedom and rights. Then I related the anecdote: In Shanghai, China a certain man was walking down the street and passed a woman who was puffing away on a cigarette and she accidentally burned his nose. The man turned to her angrily, "Yobo, why aren't you more careful with your smoking? Why do you have to burn someone's nose?" "This is a free country. When smoking, whether I burn your nose or not is not my concern. I mean what business is it of yours." "What has your freedom got to do with my nose?" he fired back. This brought out a peal of laughter from the audience and they were laughing in hysterics in the church. Later the people all complimented me on how well I spoke. So I had a lot of fun and was well received by all. Now while I was doing all this Khil C. Lok should have scurried about trying to get us a place to stay. Instead he hung about and followed me around.

p.73
A woman with the same surname as I (Chun Yo Li Sum−si) who came a couple of months earlier than I − observed what an uncomfortable situation I was in living with another family − the Park Ku−Mu's. Age was not the problem; a man should be responsible for himself and his family.


## Tape 11

Mrs. Chun remarked, "What is that old man up to bringing a young woman over without readying a house for her. He doesn't have any household goods − not even dishes to eat off of and subjecting her to hardships." She is a Chun−si − Chun Yo Li Sum. She came to Maui earlier and lived with a man called Duk(−Su)−si. Her husband was a widower and a good worker. She urged me to move to her house — I don't know if she had heard any negative comments about my staying so long at Park Ku−Mu's house. So I went over to her house at camp 3. While we were staying at her house she kept insisting Khil Chan Lok go to the plantation office to secure housing. So Khil Chan Lok finally got a place for us. There was no household items so Mrs. Chun bought household things for us — dishes, dish pan. Duk−Su−si Poo−in 〔덕수 씨 부인〕 — felt so sorry for me — we were both Chun−si and she felt sorry for the situation I was in. She, like Khil C. L., was from Pyong−Yang. It was Mrs. Chun's insistence and badgering that finally led Khil to secure housing at Paia Kikaniya. When she heard that he finally got a house she asked him if he had washed down the house and she instructed him to do it. There was nothing to furnish the house with. Mrs. Chun bought the dishes and a few other household utensils. She even ordered a taxi to take me to Kikania. At that time there was no electricity in the houses. We used kerosene for our lamps. Cooking fuel was chopped kiawe branches. There was a bathroom off to the side of the kitchen. At that time there was no kerosene stove. We cooked outdoors using wood as fuel. With the small kitchen and toilet came one bedroom.

p.74

After I settled in, I thought, "This will never do." "Is there a store nearby?" I asked. There was one some distance away — I found out.

p.75

When I moved to Kikaniya, there was only one other Korean woman — Sara Min. She had been there a year before I. She met her husband in Korea. He had gone there to secure a wife. Her husband was older, but he knew how to live. He didn't have strength to do hard work. Therefore, he started to buy and sell necessities to the Korean laborers. He was resourceful. Not like Khil, who didn't work and couldn't work. Mr. Min was clean, industrious and clever, knew how to earn a living. When I got there he was in charge as Kikaniya Camp boss. As boss he brought in lots of goods and earned much money selling goods to the laborers. He did 곡상 served meals to bachelors. Sarah Min never suffered from want. Her husband provided for her well.

Sara Min was from Seoul and like her husband pitched right in to earn money. She usually wore an undershirt, collected the garbage from the kitchen and fed the pigs. She raised pigs and earning money came easily. They catered to the laborers who spent their earnings at the Min's. A lot of them were single and with nowhere else to spend their money. The Min's

p.76

lived well.

Mrs. Min, a Seoul lady was 깔깔 안 하다 not like Kyongsangdo women who were 떠벌떠벌.

When I met Mrs. Min she greeted me and taught me how to use the washboard since I didn't know of its use. She was very busy and couldn't come after. I didn't visit her either because there were so many single men at her place and I didn't want to go there. Mrs. Min, I think may have had her first child (I'm not sure), but she was used to catering to all those men. Since I was young I didn't feel like visiting her with so many men around.

I stayed home a lot. It must have been after 4 months living there — if only Khil Chan Lok would work to earn money. At that time the pay was $1.00 per day. Because he was such a poor worker he could never get a "contract". With a contract, a worker can earn his regular wages and get an end of year bonus of $500−$700. Ajeossis who worked hard could make a lot of money.

Mrs. Chung's husband was a good worker and did contract work. That is why people like him earned good money.

도급 A contract of sugar cane land with cane growing for a year is contracted out to individuals who are responsible for its successful harvest.

There's an interesting comparison of working style between Korean and Japanese workers. Korean workers worked diligently when they worked, but they wouldn't go to work on a daily basis. The Japanese workers were shrewd, they would go out to work daily but they would only pace themselves to do so much and they wouldn't exert themselves.

Our Korean workers didn't like to go out daily, but when they worked, they gave it their all. They would do in one day what the Japanese would do in 2−4 days.

I don't think they were 미련해. I was thinking that it probably is due to the Korean temperament. Also, many of these laborers were farmers. The way they worked here reflected the way they worked their own farms. They worked till they accomplished their objective — whether it was imperative to harvest the crops because of weather changes or the need to work until their objective was met in case of certain circumstances.

Example: If the weeds were taking over, they would tackle the job till it was completed. Japanese workers would do just so much in one day and return to continue the next day. Hence they always earned a same given amount.

The Koreans didn't think about going out daily and earning their wages. If there was a backlog in weeding or other work, they'd work hard till they overcame it. The Koreans got a lot of dirty looks and criticism from the Japanese workers. "They don't go out every day and they don't earn money every day." I heard a lot of their criticisms.

Most of the labor supervisors were Portuguese and Spanish. They noticed the Korean−worked fields looked good even if the laborers didn't show up for work daily and earn their daily wages. The idea was born to give Koreans contract for harvesting 1−2 acre fields.

The Koreans would band together in small groups and take over the contract of growing and harvesting cane. That's how they earned a lot more money.

p.79

Khil Chan Lok was such a poor worker no−one wanted him to be included in their contract work. They knew if they included Khil C.L., he wouldn't be able to pull his own weight and the others would have to work harder to cover for him.

The best Khil C.L. could do was to get into work group where the growing and harvesting were mediocre quality (#2 or #3) so the best he could make was about $150 per contract. The regular pay was 75¢ per day − if he reported to work. The contract bonus was earned after 2 years.

Contracting to work in fields of #2 or #3 quality was less rewarding monetarily. Good contract workers were usually awarded #1 fields.

If you worked for 20 days, you get a bonus of $20 or more, but Khil C. Lok could never earn a bonus because his poor work record. All he brought in at the end of the month is $15−17. But this money was never in cash. He received it in company store coupons. Whatever he earned went towards paying off the store coupons for merchandise purchased during the month. We were able to get rice and *shoyu* (Japanese soy sauce) in advance because of the coupons, but since he never brought home a paycheck, we never had cash for anything else. I never was given any cash − there wasn't any.

p.80

At first because it was just the two of us we managed − rice and *shoyu* and meat were obtained with coupons from the company store. Vegetables were supplemented from the outdoor garden. However, we never ever had any cash to buy fish, fruits and other vegetables from independent vendors making stops at our village.

Since we were a couple and living together as man and wife I became pregnant. I crave for bananas and pineapples carried by the vendor and if I could, would have stolen them to satisfy my craving. If I had but 20¢ I could buy some fruit. The fish vendors had fish but I couldn't buy any. I had such a craving for those foods. It seems that the food was there but someone was withholding them from me. I'd go into the house and cry piteously.

p.81

At the time of my pregnancy Mrs. Min moved to another camp. An ajumeoni, Yi Kang Si−la, took over the Min's place and did the work the Mins used to do. At the time of my pregnancy Yi Kang Si la and husband were cooking and doing laundry (곡상) in a camp − Puleho some distance away (십 리, 4 kilometers). They had immigrated earlier and had a large family. Some of the children were older. Mrs. Yi knew of my predicament. She would send her older children not in school to come and get me every day. "Go and get Khil Chan Lok−si ajumeoni and bring her over." The children would walk over and knock on my door and I'd stop my crying. I'd go back with them. The Yi's would get miso and dried shrimps from the company store and cook up oo−dong soup with miso and dried shrimps. They'd serve this hot soup with kim chee and shredded seasoned catfish.

"Stay here with us until your husband finishes work. After work he'll come by for you. We've already made arrangements with him."

p.82

I practically lived at the Yi's. She was wonderful to me.

This went on for a while. I finally thought, "What the heck, this is my fate. Crying is of no use. I don't know how to work. But if I want to spend money…" Mrs. Yi does sewing, washes laundry − the piles of laundry was huge − $1.25 per month. Their whole family pitched in to get the work done − even her husband.

I approached Mrs. Yi, "Ajumeoni, I too would like to earn some money." If I earned at least $2.00 a month, I could buy fruits. I went to do laundry for 2 ajeossi's (아저씨).

"You can't even wash your own clothes. How can you wash these heavy denim work clothes stained with muddied water. These have to be scrubbed with your hands and brush. How can you do it with your small hands which never experienced this kind of work. How can you rub and wash these clothes for them?"

Crying wasn't going to help and I was determined to earn some money to buy myself some fruits. "I want to learn how to do it," I pleaded. You do it and I can't see why I can't learn to do it also. I'd like to try. Please get me two ajeossi's laundry.

Meanwhile the Yis had to move from Puleho to Kikaniya. They had to p.83 move with the contract workers to cook and do laundry for them. The Mins left to go to another camp for their contract work. The Yis moved to the Kikaniya Camp where I was staying.

My front door was locked, but the back door wasn't. I would be in the house lying down and crying. Mrs. Yi would come over. "Yun Hee, Yun Hee" and open the back door and come in. "Are you crying again, are you?" Then she would catch me lying down and crying. "Don't do this. Come with me and let's have some (oo−dong) noodle soup." I'd follow her to her home. Sure enough there was noodle soup. I'd spend my time talking with her. What else was there to do at home − just my and the old man's laundry. I'd stay there until it was time for him to come home. I'd cook rice and learned how to make noodle soup. Mrs. Min taught me how to cook rice. Yes, and Khil Chan Lok cooked for himself as he could cook rice and told me how to do it.

Mrs. Min and Mrs. Yi showed me how to make noodle soup I had never p.84 learned to cook. All I did was sewing − the family's clothes.

After I asked Mrs. Yi for two customers, she said if you really want to do it, it won't be hard for me to get you to do laundry for two 아자시 [아저씨]. I have too much laundry to do anyway. So if you want to, that will be fine. She got me to take in the laundry of two old men.

I couldn't have done a super job, often times the clothes were not rinsed out of all the muddy water. I frequently couldn't get the laundry done on time as agreed. I had to wash and dry the clothes. Not always did all the clothes get rinsed properly. Then the clothes had to be ironed and buttons sewed on. I struggled to get the work completed on time.

Despite my inadequacies as a wash woman, the two men never said a word and accepted my work. They must have felt sorry for me and the news must have spread that I was married to an old man, a ne'er−do−well; a young girl who never worked in her life, educated, and with no money. These were old men who immigrated here earlier and they were good workers.

p.85 My laundry looked red (from the red dirt which had not all been scrubbed off and rinsed well.) but the ajumeoni's were nice and white from rubbing and scrubbing.

But these two dear souls never uttered a complaining word. When they paid me — wow! I could buy fruits!

So with my own two hands I earned money to buy my fruits — money that KCL never had because all he earned was to pay off the coupons from the company store.

KC Lok had many close friends who sought his company. He may not have worked for the week from his drinking bouts and hangover, but when the weekend came they always came for him to drink together. After the weekend was over he couldn't go to work, sedated from liquor.

The company police would come looking for him when he didn't report for work. The camp policeman was usually Spanish or Portuguese and rode a horse. They'd first check at the fields to see who was there. When the police found he wasn't there, he'd come to the house, shouting, "Hey, God damn you, #2664, why you don't come work!"

p.86 How can you support your family?! You God damn!" He'd swear out loud and shouting. I'd be in the house quiet and hiding with embarrassment and thinking, "Here he comes again causing a raucous." This would happen every time Khil didn't report for work because of his hangover.


## Tape 12

He drank so much that he couldn't get himself up to go to work.

With what little he earned we were able to purchase with coupons necessary food staples from the company store. I continued to do laundry and mending of bachelor's clothes and earned spending money. Mrs. Yi taught me how to mend the laborer's work clothes. That's the way we lived. With the passing of time I gave birth to first a daughter, second a son, and thirdly another daughter. Because we had access to the Plantation hospital, generally giving birth was not much of a problem. However, with my first child,

Soon−Ae, she was so large and I had a difficult time. At that time, I didn't know, and no one informed me that I could go to the hospital to have my p.87 baby. I was at home for four days with difficult labor when the plantation police came to our house. Someone must have reported to him that I was in labor unable to deliver and that the old man didn't know what to do and hadn't taken his wife to the hospital. However, the information got to the police, he came storming and shouting at KCL, "You want to kill your wife at home!?"

The plantation doctor and nurse came to the house. I was in labor for 4 days and nights; I couldn't get up and had the chills. But the neighboring Korean lady kept saying that's the way women go through childbirth and didn't suggest going to the hospital. Somehow the camp boss heard about my situation and called for the doctor and nurse. It was an emergency. There was no time to take me to the hospital. They placed me on the kitchen table and using "forceps" brought out Soon−Ae. It took me 2 months to recuperate. The nurse looked on me daily. I didn't have much breast milk. p.88 So during the day Soon−Ae was given formula (ma−po) bought from the plantation store.

My neighbor ajumeoni was a big help − she cooked, washed diapers and did other chores. At night KCL was there. Using the excuse that his wife had given birth, the lazy husband didn't go to work and so he cooked rice and heated the food.

The nurse came regularly to bathe the baby.

When Soon−Ae was a year old, we moved to Puleho. We were financially stressed so I did kok−sang − cooking for single bachelors. Then I gave birth to Un−Jue (David). So Soon−Ae and Un−Jue were a year apart. This time I went to the hospital for Un−Jue. While I was pregnant with Mary (Soon−Bok) we moved to Waiakua so KCL could accept the #2 contract sugarcane job. He could never get the #1 best sugar field, but had a chance for #2 field in Waiakua. When it was time I went to the Paia Hospital and had Mary. I learned from my first experience, so I made sure I was at a hospital for succeeding childbirth. p.89

About a year after Mary's birth, I became frail and sickly. About this time, my mother and sister wrote me to ask to find a husband for a widow friend who was having a hard time supporting her children alone. She was

35 years old. She didn't expect much but needed a hard−working husband to support her and her children. I didn't want to accede to their plea because of my own experience of frustration. However, I felt sorry for her and her children.

There was a frugal hard−working bachelor who was willing to help her. So I told her to come to Hawaii and meet Ha−Soo Young−Kum who said he would help her children.

So she came alone. For some reason, it was a problem to bring her children with her. However, her hard−working thrifty husband sent money to Korea to feed her children.

p.90 The widow was so grateful to me and my mother and sister; she couldn't do enough to repay our kindness of effort − for bringing her and her new husband together. Ha−Soo was also grateful for having a good wife.

During my poor health after Mary was born, this lady (ex−widow) nursed me back to health with Chinese herbs and good care. She'd take me to her house and serve me chicken, beef, etc.

When Mary was 3 years old − in 1922. I was in Maui for 7 years. We moved to Paia for another contract job with #3 sugarcane. He was never given the better quality fields 'cause he wasn't considered capable of handling it. The camp in Paia was better. They were originally occupied by the Portuguese and other overseeing personnel. The house had separate bedrooms, kitchen, living room. With the money I earned − sewing, etc., I picked up necessary furniture.

Mrs. Min, who I knew in Kikaniya, was in Paia. She gave birth to Bessie and I looked after her for a week.

I came to Hawaii and married an old man whom I didn't love or like. Such was my luck. I didn't think anything could be done and to divorce was a disgrace.

p.91 So I married and had children. When Soon−Ae was born, she was so cute and loveable. I made beautiful clothes for her. I noticed that the Portuguese families who were mostly in supervisory positions dressed their children in fine clothes with lace trimmings. I must have had an eye for fine clothes. I patterned my children's clothes like those finery of the Portuguese families. My enjoyment came in caring and dressing my children in styles I learned to emulate. When David was born, I did the same for him, dressing him cute and handsomely. Even though I was married to an old man I didn't care for, I was blessed with three children. When Mary was born, my friends said Mary looked like the Virgin Mary. She had a high nose and round eyes. She didn't look like a Korean child. She was a pretty child. Some years later there was a fair in Wailuku, Maui which sponsored a baby fair. A nurse contacted me and urged me to enter Mary in the fair. The nurse said she'd meet me at a designated place and she would take us to the fair in her car.

p.92

I put all my energy in dressing her in a pretty dress and bonnet and off we rode to the fair.

I had a great time at the fair. The nurse took Mary to enter her in the Baby Contest. She won first prize and received a 1st prize ribbon. All my friends in Maui know about it. I knew this ribbon was important and safeguarded it. In the process of moving from one place to another, the ribbon got lost or perhaps the children took it out and lost it. (Mary remembered looking at it. It was kept in one of the Singer Sewing Machine cabinet drawers).

However disappointed I was with my husband, raising my children gave me a lot of pleasure and zest for living.


## Tape 13

I came to Maui as a picture bride and lived in Maui for 7 years. During the 7 years I first lived in Kikaniya. From there in order to do the contract work of #2 or #3 sugarcane fields we had to move on.

p.93

At that time a laborer's pay was 75¢ a day for work from 6 a.m. to 6 p.m. Later it was raised to $1.00 per day. Contract work included caring for the sugarcane for 2 years until harvest, when the cane was cut and weighed. The #1 sugarcane fields yielded the most tonnage. Number 2 and 3 fields did not yield as much. The number 1 fields netted $500−700. KCL never worked hard or reported to work regularly and his contract fields were of #2 or #3 quality so the money he brought home covered only his debts at the Plantation Store and maybe a few dollars extra. So we moved from one contract field to another Kikaniya, Puleho, Waiakua, Kihua to Paia. I liked living in Paia. The house was nice, I had furniture, I was raising my children and enjoying what I was doing.

p.94 Out of the blue in 1922 the Japanese sugar workers in Oahu went on strike. News spread that because the Japanese workers were on strike there were lots of jobs available, dock workers, stevedores. Rumors were they were paying $3.00 an hour.

KCL announced he was going to Oahu to get one of those jobs. So I sewed him an outfit and told him to try for the job. However, I advised him not to try to compete for a dock job which was too difficult for him. Instead go to Waialua where there was an established Korean community and society and since you're already familiar with sugar growing to try to get a job doing that in Waialua. I tried to discourage him from dock work 'cause I knew he couldn't do hard work lifting etc.

Off he did go to Oahu and paid no attention to my advice. He did odd jobs here and there and earned $3.00 an hour, but he went to #2 camp at Hannah's mother's establishment. She had connected a large house with rooms for rent and served food and liquor.

The bachelors congregated there, boarded, ate, and drank, played cards and some even gambled. KCL forgot all about his family in Maui. Didn't p.95 send any of his $3.00 an hour wages home to his family, his wife. I was managing because we were living in a plantation home and with the money I earned sewing and doing laundry, I managed to feed the children.

I was hoping he was saving money for our passage to Honolulu and was saving money to secure a house for us in Waialua. I remembered how nothing was readied for me upon my arrival to Oahu and Maui, but I had hoped that with a family and new responsibilities he would heed my suggestion and make the necessary saving and preparations for our move to Oahu.

However, he succumbed to drinking and gambling, squandered his wages. I wrote to him telling him I had paid off the debts at the plantation store and asked him if he had made ready all things for our arrival. He sent no reply.

I solicited the aid of a Mr. Park (can't remember full name) who was p.96 a young man who immigrated to Hawaii with his parents. He helped the Koreans a lot. I asked him to help me sell my furniture. Take his share and send me the rest of the money. I scraped up enough money to bring the family over to Honolulu. I faced the same predicament in Honolulu that I did upon first arriving in Hawaii from Korea. Drinking and gambling, he had neglected to prepare for his family.

We stayed over an ajumeoni boarding house. I'm not certain whether it was Ahn In Chang−si's lady's house. Anyhow, the children and I stayed there. I was informed by others that a few days before our arrival, in haste, he heard through Kim Ku Kang that Shin Kup Chang had gotten a contract to grow sugar in Waipahu Camp #5 and was looking for workers. News that the Japanese strikers were returning to their jobs and that jobs would be scarce prompted KCL to join Shin Kup Chang's labor force.

I was most disappointed that he didn't heed my suggestion to move the family to Waialua to a nice established family oriented church community.

KCL said he had a place secured for us and took me to a second hand store to buy a used bed. p.97

What a disappointment it was to arrive at Waipahu Camp #3. I had already heard the rumors that it was in a bad neighborhood not conducive to raising a family. Lots of bachelors congregated there and much drinking, gambling and wayward women.

After enjoying the nice home, friends and community in Paia, Maui, I found the adjustment to Camp #3 most difficult. Three children and I were squeezed into a small room we rented from Shin−Kup−Chang. We didn't bring anything from Maui except our clothes. The rest had to be sold 'cause we couldn't afford to ship them to Honolulu. The same frustration experienced when I was first taken to Maui was repeated again − this time I had three children with me. Shin−Kup−Chang's had a thriving business of cooking and feeding bachelor laborers. In desperation I took a job of helping in the kitchen to feed the children and myself. I worked there for 3 months.

It was this repeated incidence of KCL being unable to assume responsibilities, that turned me against KCL. p.98

This old man was impossible! He didn't know how to take responsibility for his family. He was educated in Korea and people said he had a good heart. But what good was any of that to his family? One who couldn't take care of his family?

Here, I brought three precious children to this room, with only one bed.

Where are the children to sleep? They had to sleep on the floor. Coming from a home in Paia, where each of the children had a room, each had a bed, the surroundings were neat and clean. And now in no time — paupers again. You can imagine how heartbroken I was.

This old man is up to no good. Had he done what I had suggested, never mind the lack of furniture, I can always work to get them later, we would have at least a house, in a decent neighborhood, and with good schools in the community. I was looking towards the future for the children's continuing education in high school. That was one of the reasons why I was willing to leave Maui for Honolulu.

p.99 I decided then and there that I wasn't going to put up with his kind of irresponsible behavior anymore. Even if I lived with him for the next 100 years, he wouldn't change. He was a "pa-bo", fool, who didn't know how to take care of his family. For the sake of my children I don't want to suffer like this anymore.

Though I go to hell, I have to save my children. Living with this old man will not enable me to educate my children. He doesn't take constructive criticism. His only concern is his self-gratification of drink and carousing with fellow bachelor ne'er-do-wells.

Does he have brains or not? How can I follow him forever and suffer these hardships?

I was determined to do something about my life and while working for 3 months helping in the kitchen, I was mentally getting prepared.

p.100 일부종사마못하면
이부부당참연하고
여자는 일부종사를 해야 열녀고

The above Korean saying rang in my ears, but I thought you have to do what the situation dictates — you can't always follow ancient rules.

Women didn't have any rights because of backwardness. We even lost our country. Because of my parents, my early education made me a more aware woman. I felt my mission was to educate my children and I was determined to educate them.

When KCL wanted to move to Honolulu, I didn't object strongly, because I was looking towards the future of my children. In the plantations

826

부록_ 천연희 구술 테이프 요약

there wasn't much opportunity for higher education. I had heard about the nice Waialua community, the building of Korean Christian Institute Boarding School where children were taught the Korean language as well as English. Even if I go to Hades and people condemn me, I'm going to take control and do things my way. I'm no longer going to follow the old man who is incapable of taking care of his family.

## Tape 13: Side 2

No matter how long I live with this (영감) old man and if such as the present situation presents itself, how am I going to educate my children? Because our country's citizens weren't aware and backwards, we were faced with such difficult times. I must educate my children. Only by learning − knowledge will they be able to live. I can't go on like I have been... While my mind was filled with such thoughts. Mr. Kim Kuk−In from Wahiawa...

p.101

Even before I came to Honolulu. In Castner (Schofield), it was said there would be a large contingent of military personnel stationed there. At that time I believe there were military posts established in Ft. Shafter, Ft. Armstrong, Ft. DeRussey, and Ft. Ruger. After World War 1 ended, the government decided to establish a large military post in Castner. First they sent over black soldiers. Then they worked on getting water system to Castner−Schofield. They dug ditches to flow the waters from the mountains. Word got around that Japanese people took on the ditch−digging project, but abandoned the job. So they were recruiting Korean workers. Many of the Korean immigrants who came to Hawaii were soldiers from Pyong Yang. Also Pyong Yang was supposed to have a lot of gold and coal resources. Men who came from Pyong Yang were known to be good mine workers. At one time, I understand Americans were brought to Korea for their expertise and consultative work in mining, but the manual labor was done by native Koreans. Some of these experienced men had immigrated to Hawaii and worked in digging ditches to establish a flow of water to Castner.

p.102

In World War I there were no airplanes used in war. They used a lot of horses. The soldiers in Castner−Schofield were cavalrymen (마상대 (기병)).

They were stationed in Castner. At that time many Koreans were living in Wahiawa, in the Kemoo Farm area. In earlier years sugarcane was planted in the fields of Wahiawa. Then pineapple growing was introduced. So sugarcane and pineapples were both crops growing in Wahiawa. There was a pineapple factory − CPC (Calif. Packing Corp) in Hawaii. Lots of Koreans including young school boys working after school worked there. There was quite a sizeable Korean community in Wahiawa.

With the military establishment and pineapple factory there, lots of jobs were available. Jobs were given to Koreans and other races except Japanese.

p.103 When the black soldiers first arrived, living conditions were rough. They lived in tents on muddy red fields. Rumors were that the soldiers caused a lot of problems and women were not safe. As barracks were built, the large number of black soldiers left and were replaced with (백인) (Caucasians) white men.

The military hired lots of Koreans to work in the army posts. They allowed Koreans to run laundry shops and tailor shops. The laundry washed, starched and ironed cavalry men's uniforms. The tailors sewed snappy uniforms.

All of this activity was happening while I was helping in the kitchen during my 3 months stay in that small room with my children in Camp #5.

Mr. Kim Ku Kang's son−in−law, a Mr. Han Ki Chun's father, and Mr. Yang (Sarah Yang's father−in−law) were leaders in the Korean community at the time. One day they approached me. "Don't stay here and do kitchen work." "Come to Wahiawa. There are a lot of Korean families with chil-

p.104 dren in Wahiawa. These children go to English School until the afternoon − at about 3 p.m. and go to Korean School in the afternoon. If you come to Wahiawa we can't pay you too much, but we can pay you some and provide you with a house near the church." I was so elated! My hope to settle in Waialua turned out to be Wahiawa! That is how I left that awful Waipahu Camp #5 and moved to Wahiawa. In Wahiawa, they collected about $35.00 or so for my wages, and I had free housing. We shared a house with another woman with a handicapped child (Kam−Ee ajumeoni). She said her relatives and husband left for the mainland and she the children were left behind and were having a difficult time. At that time Hawaii was a territory and if you didn't have U.S. citizenship you couldn't enter the mainland U.S. You had to have a citizen with some financial means sponsor your admittance to mainland U.S. Her husband was able to leave because he illegally bought a Filipino man's papers and got passage to U.S. mainland when his family was awaiting his arrival and help to work on the farm. She was therefore waiting for someone with citizenship papers who would take her p.105 and her 3 children to the mainland. I felt so sorry for her and her situation. She was skillful in sewing and had learned to sew military uniforms. She sewed pants, coats and attached the shiny metal buttons. She would earn $1.00 for completed trousers, $2.00 for coat. If she has a good day she could earn $8.00 for 4 coats. She said, "You could earn money by sewing. I would teach you how. You can sew during the day and teach Korean from 3 to 5 p.m. One pair of trousers can net you $1.00. Where can you find such earnings?" I was so thrilled and excited. I said, "Would it be possible?!" "Then, please teach me to sew the uniforms so I can live, the children can live!" Kam−Ee lady was so kind. She patiently taught me at the expense of neglecting her own sewing. Because of her, in one day I could earn $4.00 for 4 trousers. Things were really looking up!

One day Kam−Ee lady said to me, "You're a young woman. Seeing your husband, I don't see how you can live with him for the rest of your life." p.106

KCL was still doing, supposedly, contract sugar growing in Camp #5 fields. Periodically he came to Wahiawa to be with his family. However, he never came sober. He'd stop on the way at drinking places. When he reached our house, he passed out in a drunken stupor and slept. He usually came over on a Sat−Sunday while we were at church.

I forgot this part. I got ahead of my story: While KCL was working at Camp #5 there was a period when he finished his contract at Camp #5 and came down to Waipahu. We lived tougher in Waipahu for a while. In Waipahu we had a house near the Waipahu Methodist Church. Where we lived, the reputation was terrible − lots of drunks and womanizers. One Sunday I dressed the children neatly and went to church. At that time I sewed a little and doing odd jobs earned money for food. I had planned to have a nice Sunday lunch and dinner for the children after we came home from church. I had rice, fish, and ½ gal. of kimchee and got it all prepared so we could have it when we came home.

When we came back from church, the kitchen was filled with drinking cronies and they were eating the food I had prepared. If these men had any sense, upon seeing us return home, they could have left so I could prepare to feed the children.

We changed into our home clothes and waited for them to leave. They were oblivious to our needs and continued eating and drinking from a large gallon of "swipe." I was so upset and angry. I even came in about 2 times to tell them to leave and that the children must be fed. They finally left about 4 p.m.

What a mess they left — food spilled and dropped all over, fishy smell on the table, empty ½ gallon of kimchee and all the food eaten up or dirtied. Meanwhile KCL wobbling on his feet, unable to walk straight and gibbering drunkardly. I was so angry.

"How could you have no sense? The children haven't eaten and it's late. If you brought anyone over, why couldn't you just have a little and send them home? Hard up as I was, the food I prepared for the children is gone." This angered KCL. He got a stick from the kitchen and came up to beat me. "If the food is eaten it's eaten. If it's gone, so what!" I ran from him to get away and hide, but he came chasing after me with the stick. I could have been beaten to death. Mrs. Ko-bun-Ju (Mrs. Yea)(Myo Hee Lee — John Ko's mother) Gertrude's Ko's father was (미련해) stupid and foolish, but he wasn't a drunk and worked hard and earned money. I ran into their house to hide. The children were with me. In the night Mrs. Ko and I and the children went back to the house to see if it was safe to return. KCL was dead drunk, asleep on the parlor floor. So I took the children into the bedroom, locked the door, and went to sleep.

This all happened prior to my going to Wahiawa. It was after that that I was offered the house and teaching job in Wahiawa.

Kame-Ee lady remarked, "You're still a young woman. Seeing the behavior of your husband, I don't see how you can live with him forever." (That's why she took so much effort to teach me tailoring). She would see KCL drunk and snoring away in stupor. Through her kindness I learned to sew uniforms. The tailor shop owner would drop off the cut fabric, thread and buttons. I used to sew laborer's work clothes with pockets, but I had to learn how to sew cavalry men's uniforms. I'd sew until 3 p.m. to teach the

Korean language students. With the money I earned, I spent it on food and towards sewing pretty clothes for my children.

Kam−Ee lady said she will be joining her husband on the mainland soon. Her relatives had found a Korean U.S. citizen who will come over, marry her, and take her and her children to the mainland and then divorce her so that she could be with her husband. When I get to the mainland and find you a good man, come on over, too. We had become close friends and didn't want to part with each other.

"Let's see how things turn out," I remarked. As planned, Kam−Ee did go to the mainland, divorced the man who sponsored her admittance to U.S. and was living happily with her husband.

Her letter arrived telling things were going well. She had a brother p.110 named Han−si−Gah. He was educated and ran a large farm. Her husband was managing the farm. Han−si−Gah was well known among the Koreans.

I felt lonely without her, but kept on with my sewing and raising the children. One day, later, a letter arrived telling about an educated man who came to America as a student, but who went into grape raising − farming. He was 33 years old and was also educated in Korea. Since he was farming and didn't plan on returning to school, he was interested in securing a wife. He has an education and is a good match for you. He would be able to ed-ucate your children. I mentioned you and he seemed interested and asked that I write to you about him.

As I thought about it, it wasn't going to be easy to leave. To get a divorce wasn't simple. I asked and found out, it would cost about $75 which I didn't have. I thought I should discuss this with friends in Maui. It was difficult to make any kind of decision. I had my work (sewing) to do and the children to care for and a husband. We continued to write each other.

After all, I had children by this old man. He didn't work much. He went p.111 to the ditch−digging project and got regularly boozed. I'd wash his clothes; he'd get it dirtied. I felt bad for him.

One day I approached him. "Yo−bo, there's no use associating with those men at the ditch−digging project and drinking daily. It won't do and you'll end up nowhere. Ditch−digging is not the job for you. It's hard work. Sugar cane growing was difficult enough for you, but this is more strenuous. Sure, you'll get liquor from your friends, but you are a family man. You can't continue to do this. Why don't you get a job with the Pineapple Company? They'll provide housing. You can find jobs like weeding, like weeding sug-ar-cane fields. Why don't you try that? Then we can remain as a family and the tailor owner can continue to send me sewing at the next house we move into. Then your work will be easier and satisfying and I don't have to worry. I guess he thought what I said made sense, though he didn't respond to what I said.

p.112 So one day, we both went to the Kemoo Pineapple office to inquire. We were told jobs were available. So he told us to come on over. We were giv-en housing – bedrooms, living room, etc. It was sufficient for the family's needs and he could come on over and stay with the family. The thought of divorce crossed my mind often. We had a family and though as a picture bride I suffered much with this man, the thought of getting a divorce pre-sented many difficult obstacles to hurdle. Also, I didn't want to bring shame or disgrace upon myself and I even felt sorry for him. So I said to him, one day when he came over from his quarters in Waipahu, "If you continue to live in that Waipahu environment of bachelors and drinkers you'll end up nowhere."

When we went to the Kemoo Pineapple Office, a Chinese Supervisor met us. I explained that we had come from Maui and that we were looking for work. We came from Maui and were trying to settle here. The man looked me over and said, "Is that right?" Yes, we do have work in the fields. If you want, I'll show you your house. The house was built fairly recently and wasn't bad.

p.113 Fear of Welfare

So we settled there. I hated to see him in the derelict appearance and af-ter all he was the father of the children and I felt sorry for him. My feeling of compassion overrode any negative feelings. Therefore, from Waipahu he lived with us in Kemoo.

Things were going on as planned. I kept on with my sewing and KCL went out in the pineapple fields. However, he couldn't change his ways. He'd visit cronies in the Wahiawa drinking-gambling places, get drunk, sleep there and wouldn't go to work for days at a time.

I was so frustrated. If only he would get drunk once in a while and make his appearance in the pineapple fields on other days, I'm sure the bosses would tolerate him. The bosses would come over to the house to check on him. I know they didn't provide housing for the family, it was done so they could secure hired hands.

I started to think again – This will never do. If things got worse KCL can live on welfare in the future, but I didn't want that for my family. If the family received welfare, the children wouldn't be able to get higher education, but would have to go out in the fields to work. I didn't want that for my children's future. I'd rather die than subject ourselves to that. This won't do!

p.114

One day I left the children and asked a neighbor grandmother to look after Soon–Ae and Un–Jue because I didn't have enough money to take all of them with me to go to Maui. Their father will be home at night, but please look after them during the day. She obliged willingly. I pawned my wristwatch and got enough to buy passage for me and Mary to Maui.

I went to see Ha–Soo's wife, the widow with children who came from Korea and took care of me when I was sick after Mary was born. (The widow who was helped by my mother and sister.) Her name was Min–Jing Kaa. I consulted with her. She knew my background. When she left Korea, my mother and sister, according to Min–Jing Kaa, had asked her to help me if she could, that though I hadn't reported anything bad, they had a feeling I was having a rough time in Hawaii. She was forever grateful to my family for enabling her to come to Hawaii and marry a hard working man who provided for her family. That is why she was so good to me and nursed me back to health as well as take care of you when I was sick.

p.115

## Tape 15

I felt that no matter what, things would not improve living with KCL. No matter where we went or moved to, he would go back to his old ways of drinking and not working regularly. I was so frustrated and no one to talk with, so I felt like visiting Ha–Soo in Maui and talking things over with her. In fact she invited me to visit – the children also – but I was unable to because of my work, sewing.

I wanted to take the children with me but I didn't have enough money to take all 3 children. Hence, I asked my neighbor friend to keep an eye on the children during the day. In the evening their father could look after them; also, on days he didn't work.

I took Mary with me ('cause she was the youngest). I told Ha−Soo that p.116 I didn't think I could continue to live with KCL. She agreed. She said she felt sorry for the old man, but you are a young woman (청춘), you have to live and take care of your young children. "Just close your eyes" (눈 질끈 감고) and do as you wish. It's hard for me to say this, but I feel closer to you than I do to the old man (영감). The old man, if he were left alone, will go around to his friends and be able to survive. The same will happen if you stay together. You'll have to think of you and your children's future. It's something you have to take action on, since you can't depend on your husband. If you need help, I owe it to your family to help you.

I think I'll have to get a divorce I have a request to go to the mainland (U.S.), but no matter what, I need to get a divorce and become single, but I don't have the means to do so. I've come to you to consult with you and get your opinion. What do you think I should do?

Park Min−Jeng Kaa replied, "I've been thinking that you can't drag on this marriage. You're a young person, but I can't tell you to do this or that. I've been thinking about you and felt sorry for you and remember your mother's plea to help you. I worried that you and your family would have a difficult time when you moved to Oahu.

p.117 Here, your husband couldn't even do the plantation labor work, so what could he do in Oahu? He doesn't have any skills, he can't do hard work, let alone the simple work of weeding in the cane fields here. So when the old man left and you followed later, I worried a lot. However, it's your choice; I can't tell you to do this or that. However, if it's money you need, I can help you with that. I don't have a lot of money, but can help you with money for a divorce. Through your help, I've come to Hawaii and was introduced to a nice hard−working man who is able to support me and my children. I owe it to you and your parents. I'd like to help you as much as possible.

What do you wish to do? What would you want to do? You can stay here and get a lawyer. Or with the money you can return to Honolulu and hire a lawyer. Stay here and rest a while and think about your choices. If you get a lawyer here, you can live with us. There will be no living expense, just the lawyer's fees.

Since you left the two children at home you must return to get them. So p.118 think about it while you are here for the week.

I didn't return right away because I was tired and needed a break. If I returned I'd have to get back to sewing. While in Maui for the week, Mrs. Park took me to consult with a lawyer in Wailuku. For $75.00 fee the lawyer told us I could get a divorce. Mrs. Park encouraged me to get the children and stay with her in Maui till I obtained the divorce. She was offering to feed and house us until things were settled. I thought her suggestion was appropriate. After a week's rest, Mrs. Park gave me the fare to return to Honolulu. So since I had Mary with me, we both returned to Honolulu. When I returned to my home in Kemoo, the house was empty. I was alarmed and asked my neighbor, "Where is my family?" "The old man said he was moving to Wahiawa. He said he got housing and one day came over and took the children." I wondered, "What now! Where in Wahiawa did he get a house?" I bet he got tired of living here, because the supervisor would always check on him to come to work. He said it was annoying – so he p.119 took off to Wahiawa with the children. "Do you know where in Wahiawa he moved to?" "I think he said Ang–ing Camp upstairs."

"That hair–brained old man, to leave this nice cottage – all he had to do was to report to work a couple of days a week – he never could work regularly because of his drinking. The supervisor must have told him off when he didn't report for work. He was a nice man and felt sorry for the family and now finally must have given the old man a warning or ultimatum."

I then went to Wahiawa Ang–ing Camp to look for my family. It was in the town section, second floor of a building with a community bath with rooms rented out to individual tenants. There, about the middle section was a room he rented for $4.00. When I got there, he was nowhere around. The children were all alone. He was at the "ditch" drinking with his friends.

In the room I found the two children. They were a pitiful sight – un- p.120 kempt looking. I left them clean and tidy and here they were so forlorn and pathetic looking – they were so happy to see me. I was overcome with sadness when I saw them – poor, dear children. Ah, my poor children, how did they come to this – my daughter, my son. No matter what, their mother always kept them and dressed them clean and neatly. I hugged them and we went to the store to get some food. There was nothing in the room. The children were huddled in the empty room except for a bed in there.

I washed their clothes and did some sewing. If I were going to take them, I'd have to sew them some clothes. I had been away for 2 weeks, at the urging of Mrs. Park who said I wasn't strong enough to return after the first week there in Maui and that since I'm there, I should stay for another week.

When I returned after two weeks the plight I saw my children in just about broke my heart. Mrs. Park had given me money to buy passage for me and the children to return to Maui.

p.121 Passage or no passage, I used the money to buy fabric to sew the children's clothes and buy food to feed the children.

I got busy then and I kept on sewing to earn money for our passage to Maui.

One day I noticed a bag of rice and a tub of shoyu in the room. I thought that beggar of an old man must have asked for help from his drinking friends and brought the rice and shoyu. He would borrow things or ask for help, but he never ever paid his debts, I always ended up paying up his debts. Where in the world did he get the rice and shoyu from? A couple of days later, a young man came up to our door and greeted us. "Is Khil Chan Lok here," he asked. I replied that he wasn't home and had gone somewhere. He said he guessed KCL lived here and came over to extend his greetings while the man was there. KCL returned and saw him and said, "Dai Sung si, glad you came. Dai Sung was invited to come in and sit, but he excused himself and said he just came over to say hello. Then he left. KCL then said the rice and shoyu was given to them by Dai Sung.

p.122 I thought to myself, "You foolish old man you're selling your wife. Why would a young man bring rice and shoyu for you. You foolish old man, the reason we're together is because I'm trying to keep the marriage together. By your actions alone, you would have lost your wife a long time ago." KCL mentioned that Dai Sung lived in the corner room.

Dai Sung continued to stop in and was very sympathetic in his conversation with me. "That old man would leave his children alone and wouldn't even come home at night to check on them. Since I'm nearby I could see the children's needs. I brought them milk, bread, and eggs." I could see how that was true. So I thanked him. "Who would have done that. That old man is like that when he's drunk. He has no concern over (thoughts about) his children or family while he's drinking and eating with his cronies." Since then he was a regular visitor always bringing milk or eggs. That old man – how can he take care of his family. I feel sorry for the children. So Dai Sung came often, but since I didn't know him I didn't have any affection for him.

I left out a part – before I left for Kemoo Farm, Kam–Ee's mother left p.123 for the mainland. News spread that the church was going to have a Korean minister since the Koreans were increasing in numbers in that community. They said they had needed for the house we were living in for the minister's quarters and the church was going to be active again. They gave us notice to move. I found a one–bedroom cottage in Ang–ing Camp and we moved there. I had to pay rent. When we lived in the church quarters, it was free, so things were much easier financially.

When I first went to Kikania in Maui the family of Lee Kwan Si, the one who always sent their son to get me because they knew I'd be at home cry-ing – remember I mentioned this earlier? Well, Lee Kwan Si ajumeoni had a sister. Her mother was at that time still with her. Her sister's son, named Choi, Joseph who was a couple of years younger than I was attending a boarding school in Honolulu. His family was very nice to me. While living in the cottage at Wahiawa, he was helping a friend in the laundry business. p.124 His friend didn't know English, but Choi, Joseph did so he was helping him. One day he came to visit me. His family was so good to me I had to invite him to stay for dinner. So whenever he came I always prepared Kore-an food for him whether it was lunch or dinner.

He was three years younger than me. When he finished school here, he left for Korea, married a girl there and returned alone because he couldn't get immigration clearance to bring her to Hawaii. He was so broken–heart-ed. It was about this time that he was helping at the laundry shop. Because his parents and I were close, I'd invite him over dinner and cook him Kore-an dishes. We knew each other when we were younger because of his par-ent's kindness to me, but we were always respectful of each other. Perhaps, because he was lovely and missed his wife, and longed for her compan-ionship, he became close to me (attracted to me) (정이 들었). Then I left for

Maui with thoughts of divorce. When he heard that I was in Maui, he came over to Maui. Before this he broached the subject. He said he realized what situation I was in and he heard rumors that I was planning to leave KCL.

p.125 He said Park Min−Jing−Kah told him all about it. "What are you going to do after the divorce?" he asked. "I'm planning to go to the mainland. Song−Jin−Si said there was a fine man there and told me to come over. She wrote me a letter telling me all about it."

When you came to Hawaii from Korea, sight unseen, you were fooled into this bad marriage. When you go to the mainland to marry this man you've never met, how will you know what kind of perosn he may be? Why don't you stay here and find someone nice? Why go to the mainland? Find a prespective groom here.

This conversation took place before I left for Maui. He followed me to Maui. There, one day, he said we must have a serious direct conversation. If you get a divorce, don't go to the mainland, stay here with your children and find someone you love here. If you do this, chances are a good man will present himself. Upon hearing this from him who followed me to Maui, I thought, maybe he wants me.


## Tape 16: Side 1

p.126 From the gist of his conversation, I felt he was trying to tell me he liked me. I was 3 years younger than he. In respect to his mother and grandmother, how can I think of marrying him after being married to KCL. I was so ashamed of that, that I couldn't entertain the idea. By today's standards, I was stupid. Instead of thinking about myself, I was considerate of the feelings of his parents and grandmother. I knew of people who only thought of themselves, were selfish and covetous and destroyed other people's marriages to satisfy their personal desires. Here was this eligible bachelor interested in me, but I couldn't get the courage to pursue the relationship (He later married Nam−Ee's younger sister in Maui). But in consideration for his parents, I distanced myself from him. I had a tendency to think of others before myself.

In the meantime, plans were being made for me to marry the grape−

farmer on the mainland. One day he sent a letter saying it would be too expensive to take all the children on the first visit. He had planned to come over to get me 'cause he was a U.S. citizen. Because I wasn't, I couldn't go to the mainland without marrying him first in Hawaii.

Because of expenses, he said he was coming over to take me and only p.127 one child. The other two children would have to be left behind with someone to look after them until later.

In no way was I going to accept his plan. Going to the mainland and marrying him was part of my plan to support my children and in the interest of their well−being. It was unthinkable that I would go through a painful divorce, marry someone, and leave my children. They were the reasons why I was willing to endure disgrace and hardship so I could secure a better life for them. I would never just take one child and leave the other two behind. I decided I'll get a divorce and care for my children under my watchful eyes. Several letters were received but I finally told him that without all 3 children, the deal was off. I stopped writing to him and cut off all communication.

Shortly after that I met Park Dai Sung. I never knew of him. It was KCL who befriended him and accepted a bag of rice and a tub of shoyu. p.128

While I was busy sewing clothes for the children and preparing to take the children to Maui as planned with Ha−Soo (Mrs. Park), I became ill. At first, though ill, I worked at my sewing, went to the Tailor Shop when they needed me and sewed at home all the while taking care of the children. I didn't get any help from KCL. He spent all his spare time eating and drinking with his friends. He was in such a stupor that he nearly always collapsed at the front door and never made it into the house to sleep. Working under such stress, I came down with pneumonia and couldn't get out of bed. Mr. Park felt sorry for the children so he stopped over one day with milk and eggs. He saw the plight I was in and immediately called a Japanese doctor who said I had pneumonia, gave me a shot and got me over the critical stage. From then on Park was a regular visitor. A man so caring, providing us with food when there was none in the house, a man with a job − worked at post laundry, his temepratment was short − but how was I to know everything. I was so grateful for his kindness; I felt I owed him something for helping me when I was in great distress.

As I got to know him better, I realized he had a short temper, sudden p.129

burst of temper. However, he was capable of treating women very well. He did things to please me. I was aware of his temperament and wondered whether I should marry him, whether a marriage would work out well. But he certainly knew how to treat a woman. I also felt I owed him so much for all his help and kindness.

I admit my failure — it was inevitable. Here I was married to a drunk who was incapable of supporting a family, who came home in a drunken stupor when he did come home. Park was a young man who was nice to me; he was always there. So I erred — because I wanted food and life for my family — so I sinned. He was so good to the children, bought them food — milk, bread. I was overwhelmingly grateful. I never found Park Dai Sung. KCL befriended him and led him to our place. He was young and had a good job. I thought he was a good man. I was happy just to have someone who had p.130  a job, earned money so I could raise my children. So I got pneumonia and never made it back to Maui as planned. I owed Park Dai Sung a lot. I don't know why I didn't proceed rapidly with my divorce. I think when I decided not to go to the mainland and I got sick with pneumonia and didn't return to Maui, I had used up all my saving and didn't follow through on my divorce. Somehow, when I decided not to marry the grape-farmer with the help of my Maui friend, I lost confidence and didn't have another option to secure my divorce. So I didn't get a divorce during my relationship with Park, when he came into my life during my illness and helped me and the children. It wasn't that I loved Park madly, it was an option of surviving with my children. And he was good to my children and me when I needed help so desperately.

Park was young. He had a job at the Post Laundry. Rather than leaving my 2 children behind to marry the grape farmer, I should marry this man (Park). These thoughts ran through my head.

I moved my family from "Ang−ing" tenement house where the room p.131  rent was $4.00 and moved to a cottage. I continued to sew and made our dwelling attractive by putting plants into the ground. I collected additional household furniture and kept a neat looking house. KCL never came home. He moved to a Waipahu Camp to work. So we were separated. He'd drop in occasionally, but we didn't live together as man and wife for some time now.

Tape 16: Side 2

I was comfortable living and caring for the children then and I didn't feel the urgency of getting a divorce. "I need to divorce the old man and marry Park." Those thoughts didn't seem important to me. I just wanted to live with my children happily. Then Harry was conceived. Park provided for everything. He wanted to be married. He said as long as I was married to KCL, he couldn't give his child his name and that I would not be his wife. He was right. I hesitated to get a divorce because I couldn't bear the thought of leaving my children, so I kept putting off the need or getting a divorce.

Because of his consistent grumbling, I finally went along. One day he gave me the money and told me he had inquired about a lawyer in town.

Here I was happy and comfortable in living in this little cottage with the p.132 children. How can I abandon them and leave?... How can I abandon them and leave? In order to get a divorce I had to leave the house and go to Honolulu.

One day KCL came over. "Yo−bo, I'll be gone for a short while. Stay with these two children while I'm gone." (note: Mama was consumed with emotion and in tears and couldn't go on. I asked if she wanted to stop. She said "no." "These were things which happened in this past.") "Were you sad because you had left the 2 children?" asked Mary. Of course! That's the reason why I couldn't think of getting a divorce. I'd have to leave the house and go to a hotel. I didn't have money to take all 3 children with me. Park was a salary man and he wouldn't want to pay for all the expenses. He'll say leave the children for a while with their father. Just take the 2 younger ones − Mary and Harry. The expense was great − I stayed at Shin−Saylie Hotel until the divorce became final − for 1 month.

I left everything at home and asked KCL to look after them there 'cause I knew they would be comfortable at home. Even if I did take all the children with me, that would not be acceptable at the hotel. p.133

I told Soon−Ae and Un−Jue to stay with their dad for a while until I got back. Soon−Ae, being older, accepted what I said, but Un−Jue who was only 5 years old looked at me so sadly − I can't ever forget him, I can't forget the memory of his look as he stared at me sadly and stood close to me. He must have sensed something. I just can't forget the memory as he looked at me sadly, standing by my side. He stood in front of Soon−Ae and looked at me. He was my first son and I loved him. He was bright and praised by the teachers. Soon−Ae and Un−Jue were good children and never gave me grief. My plan was to get them to enroll them in the Korean Institute Boarding School after I got my divorce. I didn't think KCL would be able to raise them properly. So I consulted with Nodie Kim and Dr. Rhee. Nodie helped me a lot. The children were admitted and subsidized with grant money from the rich people in the community.

p.134　　I quietly slipped extra money and clothes to the children through Nodie. KCL in anger refused to accept anything from me to the children.

Later even the children didn't know about my contributions. Earlier when their father knew I sent them clothes, he would throw them out in a rage. He never ever contributed anything to the children, but he would be terribly angry when he found out I gave the children anything.

So I told Nodie never to let him know that I was giving any kind of help.

Question: When did you enroll the children in Kor. Christian Institute?

After my divorce, the neighbors told me that they were sorry for the children 'cause the old man couldn't take care of them. Anyway, it was my plan before I left for Honolulu, to return and get the kids to be enrolled at KCI. Knowing Park's temperament, I knew I couldn't take them with me to Park's marriage.

I really don't have any luck and was ill−fated. I married Park because of his good job at the Post Laundry.

p.135　　In those days a salary of $100 per month was good wages. That's why I married him thinking we could live well and I could raise the children properly.

There was a fellow who worked with Park who accused him of stealing someone's wife. He swore at Park and tried to pick a fight. Park said it was disgraceful so he quit his job and took a job as cook in a white man's (officer's) home. Because of this we lost our little cottage and I had to send Soon−Ae and Un−Jue to KCI sooner. We had to move into servant's quarters in this army officer's home. It was a small, one−bedroom. From there Park moved to Waialae Ranch as cook for the boss. I also worked there for a year as housemaid. We had separate quarters, and ample food, and good salary. That was a good time for me and I sent a lot of money to help

842　　　　　　　　　　　　　　　부록_ 천연희 구술 테이프 요약

Soon−Ae and Un−Jue at KCI. They lived there at KCI till they entered in high school − I think. David would know.

Friends would send me news that KCL wanted to have his children live p.136 with him. He was getting old and he loved them. (Who knows if they stayed at KCI through their high school years, Soon−Ae might not have died in an auto accident). KCL pleaded through his friends that he was working for the Kong's in Wilhelmina Rise Carnation Farm. He was getting $35.00 per month. He found a 2 bedroom house for $15.00 per month and wanted his children to live with him there.


## Tape 17: Side 1

He told people he was getting old and that he didn't drink too much. That he was working for the Kong's and getting $36.00 per month. There's a little house down the hill which I want to rent ($15.00 per month) and live with the children. I'll be able to pay the rent and my son can earn money caddying at the golf course. I don't think they'll let me take them from KCI. I'll have to speak to their mother about it. This news came to my ears. I didn't want them to leave KCI, but I could understand his feelings. After all, he had only one son and naturally would love to have the children live with him. If he didn't drink, he would be able to manage with the additional money David would earn caddying.

The children were older now and I felt they could manage. Therefore I p.137 gave my support and that is how they got to live on 16th Avenue in Kaimu-ki. They were living there when they graduated from McKinley High School. Soon−Ae, a year older than David, graduated first and worked at a dress shop on Fort Street. Remember we visited the children on 16th Avenue? Soon−Ae was working at the dress shop when we were living on Al-akea St. She came to visit a couple of times. I told her now that she's near-by, she can come over for lunch. She was happy and said, "Yes, Mama." Then soon after she died (in an automobile accident). How ill−fated I am! I'm so unlucky.

I was so happy that she was working at Fort St. She could have come over for lunch during her lunch break. (Let's stop now. I feel too bad to go on.)

So things were going well for them. Soon−Ae was working at the dress shop. KCL was working for the Kong's and David earned money caddying on weekends.

p.138 I had seen Soon−Ae in town on Friday. On Sunday morning I got a sudden call − that Soon−Ae died in an auto accident. It seemed like a lie. I had just seen her on Friday. I just couldn't believe it. I learned that she and 4 other girls attended a friend's wedding at Palana (Palama) Settlement on Saturday evening. They were returning home together in a car on Harding Ave. when they were hit by a drunk−driving yellow cab driver. Soon−Ae was sitting in the middle of the car. She was thrown from the car and struck the curbing causing her death. I even had to go to the morgue to see her. So that's how I lost Soon−Ae one morning. She was gone forever. I saw Un−Jue in Kaimuki with his father. Later I heard that the old man said, he no longer wanted to live in Kaimuki. He moved to Palama and rented a room from Mrs. Moon. He had for company all the old−drinking buddies living there and went back to his drinking habit. He would be so inebriated that he couldn't get himself upstairs to his room. David would come home from work and carry him up to their room.

People would tell me about KCL's stupor and how his son would carry him upstairs.

p.139 When I learned that I was so pained and felt so bad for David. Here was David his one and only precious son. Why couldn't he stop his drinking, go home at a decent hour and have dinner together with his son when he returned home from work? My heart ached for David. By this time, I think I had moved to Koko Head to raise carnations. I always wondered what can we do? What's to be done?

At this time I was busy raising carnations. I had leased acreage here and there to rotate carnation crops.

With the one acre on Papie St. off Lunalilo Home Road, I built a 2 bedroom home for David and his father to live in. I was also hoping the carnation business would grow to include some profit for David in the future. With this understanding David contributed his weekends to growing the business. At the same time, he moved his father away from the drinking element in Palama. So I spent $5000 to build the house and have David and his father move to the farm.

They lived there for 2−3 years and his father got restless for town. So p.140 David and his father moved into town. I was told they were living contentedly in a rented house in Liliha.

Our Un−Jue − when he was young, 5 years old we became separated but... his teachers in school would tell me David was a good boy, a smart boy. He was always a good boy, very smart, even Nodie Sohn would report to me that when David was in KCI he was a nice boy with lots of ability.

In Palama, he took such good care of his father. When David came home, he pushed up his inebriated father from the sidewalk and carried him upstairs. Everyone used to report to me what a filial son David was (효자). I was sorry for David on one hand and on the other hand I was proud to hear about him. But he grew up without my help and that always has been a sad memory for me. When David was a member of the Methodist Church on Fort St. every one of my friends relayed to me the wonderful contribution he was making there. Though I'm a Korean Christian Church member, I was glad David was involved with a church.

What young man at his time would be such a devoted son and take care p.141 of his father the way David did? No one!

His father spoke badly of me to all his friends and neighbors. Those who were close to him in Palama must have been convinced that I was a bad woman who left her husband and children.

Later when he got ill and was living with David and his young family, people would visit him and he'd say his daughter−in−law was very nice to him. Minister Ahn paid him a visit. He asked Ahn Minister to pray for him and that he had something to get off his chest − to listen carefully and relay the message.


## Tape 17: Side 2

Drinking have been my life. I as an old man brought over a young woman and wasn't able to take care of her. So I'm responsible and at fault. From her I got a son, a wonderful son who takes care of me. She's not a bad woman, even though I've bad−mouthed her wherever I went. I am at fault. I wasn't able to be a good husband and lost her. I'm now old and not well.

p.142    When I'm gone, please convey to her what I'm telling you. "I've put her through much hardship and said a lot of bad things about her. Please forget them and forgive me. It's all my fault. Please tell her this for me." He also said that his daughter−in−law was a very nice person and treated him very well.

"As for my son, there's none like him. I can't blame my wife. Look what a wonderful son she gave me... and a wonderful daughter−in−law."

This was told to me by Mrs. Kim Young Soon. The minister had paid her a call and related the message to her. She told me all this. Before he died he repeated and praised me for giving him a wonderful son.

After I heard the story from Mrs. Kim, I met Minister Ahn who told me about Khil Chan Lok's message. I told Minister Ahn so many years have gone by, that it was all in the past, that I may have been at fault, too − perhaps I should have put up with our life in one way or another instead of divorcing. So maybe I'm at fault too. We prayed together. I felt at peace, after hearing the words from Minister Ahn.

p.143    Though KCL cursed me and said many unkind things about me, I felt thankful that he was able to put things in perspective before he died. And I wept.

After KCL passed away, after all he had children and I couldn't be uninvolved. I had had belonged to a women's club − Chin−mok Whey. I told the club president that I need not be the recipient of the Chin−mok Whey (a club of women members whose purpose was to aid the deceased member's family in case of death). Also, my present spouse need not be a recipient either. Instead to devote my share of benefits to my first husband. She asked how I wanted things done. I asked that the members prepare the wake supper the night before and lunch on the day of the service. I knew that the club compensation was insufficient so I scrounged up some extra cash ("gye−tone") to supplement the cost of the night supper and lunch service. Other than the fact that I did not continue to live with KCL after the divorce, I did

p.144    for him all the things that were important. I also attended the service at the Korean Methodist Church. I did not live with him till his death, but because we shared children together, I did the things that were necessary.

David was always a nice, good boy and took good care of his father. So he is blessed with a good life.

**846**

When he met his future wife, he brought her over to meet me. I always hoped he'd marry a Korean girl. I always told him because he was the oldest son, whenever he got married, I'd give him a big party. It didn't matter that she was Japanese. She seemed like a very nice girl.

We were living in Koko Head then and all my lady friends in Koko Head Carnation Farms came to help to prepare the food for the party. They were married at the Korean Christian Church and we had a large reception at home in Koko Head. I was very happy that I could throw a big party for David and his wife.

He and Betty have 3 children — two boys and one girl. Khil Chan Lok was an only son in his family. David was his only son. For David to have two sons is certainly a blessing!

They live in a nice house. His wife is nice looking. She's a hair dresser. p.145 They are good parents. He's a good father and gave his children a good education. One boy is a cook. The second son is a lawyer and the daughter is an occupational therapist. Even his wife said David was a good father. You can imagine how happy that makes me feel to hear that.


## Tape 18
Recalling facts; episodes overlooked in tape #17


When I left Wahiawa… there are some facts which I didn't mention and would like to make clear.

When I was living in Ahn Kyong Camp in a cottage house, Park was living in the upstairs room and KCL was staying in Waipahu. I had the children with me and was doing tailoring on the side while taking care of my children. I was enjoying living in that nice clean cottage and caring for my children. I kept a neat house and even planted flowers in the yard.

But who was supplementing our support? It was Park−si. My sewing p.146 was not enough so Park−si was impatient. I was contented to live like that. KCL had been living in Waipahu for several years by then. He kept on urging me to get the divorce. After all Park−si had a son and KCL and I had been separated for a long time. He was also embarrassed to come and go without being married to me.

But I was so contented to live there with all of my children, I didn't feel like leaving. I was also afraid of KCL and what he'd do to me if I got a lawyer and started divorce proceedings. He'd probably come over and beat me to death. I thought if I could stay there while in the process of getting a divorce, I wouldn't have to leave the children and they wouldn't be neglected and suffer any hardships. In the meanwhile, Park could be staying where he was upstairs of Ahn−Kyong building and I could live in my house with the children. I was wishing I could stay in the house with the children for about a month until the divorce became finalized. But I knew if I told KCL that I was getting a divorce, he would in a drunken stupor come over and

beat me. I was fearful of that so I knew I'd have to leave and stay in hiding for about a month until everything became final. With a heavy heart I left the house − left the two children.

〔The following memory is related with much sobbing and sadness.〕

One day when KCL in his inebriated state came over to see the children, I asked him to come over and stay with the children while I was gone for a visit to the other island. Then I packed my clothes and took the younger children (Mary and Harry) to Shin−Sei Lei's house and remained in hiding. My heart ached and I cried wondering why life dealt me such a difficult hand. I can still recall Soon−Ae and Un−Jue. Un−Jue was then 5 years old and so very dear. He made me proud when the teachers reported what a good boy he was and what a good learner he was. Soon−Ae was older but somehow the memory of Un−Jue is something I can never forget. If only I could have stayed in the house with the children while waiting for the divorce. But no such luck. I knew I had to leave for fear of KCL's wrath.

p.148    When I returned home after getting the divorce, Park was in some kind of trouble with his fellow worker Chung Hyeong−gu at the Post Laundry. Both were markers and checkers at Schofield Post Laundry. Mr. Chung was not a nice man either. He smoked opium and he also took somebody else's wife for himself. He berated Park saying he stole someone else's wife. Park didn't want to put up with the man's insults so he quit the laundry and found another job − a cook for some American military officer. He was able to get living quarters for us. So when I returned I went to live with him at the new living quarters.

When I went to get Soon−Ae and Un−Jue, I took Mary and carried Har-

**848**          부록_ 천연희 구술 테이프 요약

ry — KCL cursed me and kicked me and chased me away. Mary was crying and the situation seemed hopeless, so I left and later contacted Nodie Kim for help. That is how Soon—Ae and Un—Jue got to board at the Korean Institute.

I had to get Nodie's help. Through the grape vine I was informed that the children were not being properly cared for by KCL. Because of his drinking and inability to work he would not be able to pay the rent on the cottage. Into my ears were reports of how neglected and unkempt the children were. People were cursing me for abandoning the children when really they didn't understand the situation and circumstances. There were lots of ajumeonis who knew of my plight, but in this world no one would be giving me sympathy — instead they'd bad—mouthed me as an incompetent mother. But that was not important to me. I couldn't stand having my children be neglected and suffer hardships. p.149

If only I could have lived in the cottage with my children while getting a divorce, the children would be well cared for and not subjected to any hardships. But because I couldn't do that and my punishment for leaving the children brought this unfavorable end. The old man couldn't pay the rent or support us. If he had the decency to leave us and let me live there with the children. Instead, he beat me for leaving the children, and said that I couldn't have the children. He wouldn't let me see them. The clothes I sewed and sent them, he threw out. p.150

Later I asked Nodie and the children not to mention anything I sent them. The money, I sent to Nodie to help out with incidentals.

Mr. Park wasn't an understanding man about my helping the children out. I saved money secretly and forwarded it to Nodie.

That is how Soon—Ae and Un—Jue grew up in KCI. It wasn't because I didn't care for them or abandoned them.

KCL wouldn't let me have the children, but he didn't object to their being at KCI.

I always loved my children. I didn't love my husband and was forced to live with him, but I loved my children and the fact that I couldn't have all of them with me or care for them myself has been a life—long yearning and obsession. My children always came first. We will live together and die together. I am or was not me to abandon my children. My situation couldn't be helped. I had to take what hand life dealt me. I suffered many hardships and heartaches. I sinned and suffered a lot. Perhaps, because of what I went through, I'm living so long. I don't want to live a long time. Having come thus far is enough.

p.151

I've experienced a lot of sadness, which was acceptable. But forever, I can't forget, till I die, the look on Un-Jue's face as he looked at me with those soulful black eyes when I left him. That vision and memory always haunted me. Whenever I'm alone, that memory would haunt me and I would suddenly cry.

### Tape 19: Side 1

A month later and after receiving my divorce Park informed me that Park had quit his job at the Post Laundry. "Ah why did you quit? It's a steady job with good pay. What will you do?" I asked worriedly. "I couldn't stand Chung Hyeong-gu. He broke up a marriage and took someone's wife. Yet he's been cursing me and damning me for taking KC Lok's wife. I was too embarrassed to hear him curse me so I left and got a job as a cook with a military officer's family." I was disappointed to hear the news; the Post Laundry job was good paying and we could have lived well.

I couldn't say much since the action was already taken.

p.152

I also found out that Park was temperamental and if something was not to his liking he wasn't easily appeased. There wasn't much I could do but to go along with what he decided to do.

When the month was up, I left Shin-Sei-Lah's house and went to the Castner quarters. Mary and Harry were with me. While there I became pregnant and Park was disappointed with the news. "It's too early to have another child. We're not even settled yet." He suggested that I abort the child. I went to the doctor who gave me some medicine, but he said it wasn't easy to abort a child (with the knowledge they had at that time). The medicine had no effect and later I gave birth to Adeline.

It wasn't possible for us to stay at the officer's servant's quarters. Park said he could find a job as a cook in Honolulu and I could stay home and take care of the children. We then moved to Honolulu.

Luckily he was able to find a job, as cook at Waialae Ranch under Mr. Satau for $80 a month they gave us housing and I made pin money by doing ironing for the boss lady. I earned $20.00 a month, a total of $100 per month with free housing and food was big money! In no time we were able to save some money. p.153

However, he wasn't happy there. He had difficulty relating with people. He was used to being a loner and doing as he pleased. I understand that when he was young, his father had asked one of his employees who was planning to emigrate to Hawaii to take his young son Park with him. He came to Hawaii at age of 12. He lived with a white man who taught him how to cook. He even learned to speak some English.

I was happy at Waialae Ranch. We lived in a nice house and I had the younger children with me and we had money to save.

Park couldn't stand Mrs. Satau and the orders she gave him rankled him. We left Waialae Ranch for Honolulu. We rented for $20.00 per month a house on School St. It was there that I gave birth to Adeline.

Park tried to find work, but times were hard and soon our savings were becoming

1905 – End of Russo–Jap. War p.154
1919 – Declar. Of Ind.
1915 – Sailed for Hawaii (19 yrs. old)
1905-1910 – Infiltration
1910 – Annex to Japan

depleted. He wanted to find a job as cook in a restaurant. He didn't want to work for a woman in a private home. p.155

In desperation I looked for work and found a maid's job at the Binson's on Anapuni St. My wages weren't much but with the job was housing.

Before leaving School St. we had moved to a house on Punchbowl St. where the rent was cheaper. I guess it was on Lusitania St. In the meantime, Park was unable to find work and we couldn't afford the rent. The lady I worked for was helpful and suggested we take the small servants quarters situated in the back of the property while I was working for her.

Adeline was just a baby. Mary was young and unable to care for the baby. So with the $10.00 I saved by moving to the back I asked a Korean woman to look after Adeline. $10.00 was big money in those days. She accepted and took care of Adeline for a while until she got sick and said she was unable to care for Adeline anymore.

I was in an awful bind. Park was out all day looking for work. Mary and Harry were still very young. I would rush over during my lunch hour to get their lunch and feed Adeline her bottle. I couldn't continue doing this for long and keep my job. I didn't want to tell them I had a baby. They might not understand and I was afraid they might let me go. I was desperate trying to find a workable solution.

p.156

Upon asking around I found out there was a place in Kaimuki called the Robinson's Home (Peter King Daughter's Home). Working mothers left their children (babies) in their care while they went off to work. So for a small fee they took care of Adeline. There wasn't much else I could do... I had to work and we needed a roof over our heads — the small servants quarters. Having a place to stay was of primary importance. To live there, I had to work. If I couldn't work I wouldn't be able to live there. Then where could we go without any money? Finding a job was difficult. It was during the depression. There wasn't many hotels like we have today. The few restaurants there were already had enough employees. It was very difficult to find a job in those days.

p.157

Until Park was able to find a job, I had to live there as the job provided us with living quarters. In desperation I placed Adeline (Young—Ai) in Robinson's Home, with my meager salary ($40.00) some of it went to Robinson's Home, some to Park for street car fare while looking for work, and the rest to feed the two children at home. Because it was hard to make ends meet on the meager salary I fell back on my payments to Robinson's Home for Adeline's care.

The Bensons owned a furniture store, after he retired from the army. His wife helped him at the store.*(more about the Punchbowl House before moving to the Bensons property).

We were living in a cottage for $10.00 a month in Punchbowl and Lusitania St. The Korean halmonie was looking after Young—Ai. Young Ho and Mary were there. Mary attended school — Royal School.

One day I came home from work and didn't find Mary home. Park was home early and looking after Harry. I asked where is Mary? She hasn't come home from school yet. It was late and I was worried. I went outside to see if she were anywhere in sight. Soon I spotted her walking home. "What p.158 happened? Why are you so late?" "From school I took the wrong road home." Some Korean man showed me how to get home, when I asked him. (To this day I can recall the incident. There was this intersection above Royal School which had 5 roads intersecting. I was new to the school and became confused. I walked until I saw this man and asked for help. He led me towards the right direction.) I was alarmed. The Korean lady took care of Young−Ai when I went to work. Park would leave the house a little late. Mary would come home from school and look after Harry. This routine went on for a while until the Korean lady said she was sick and unable to care for Young−Ai.

*Mrs. Benson was the niece of Mrs. George Fuller. George Fuller was a judge. They had the money and set up her niece and husband with the furniture store. She was the person who paid my wages. I'd work a week and on Sunday morning I'd pick up my wages. Mrs. Benson was the one who invited me and my family to live in the servant's quarters on her property. p.159

When the Korean lady no longer could take care of Young−Ai, I was informed about Robinson's Home. Adeline was cared for there while I was working for the Bensons. Park would keep an eye on Harry until Mary came home from school to take over. Park would then leave to look for work.

Financial problems beset the Bensons. It was Depression and their business wasn't doing well. Mr. Benson accepted a boss's job on Maui and they were planning to move there. We had to leave also. We looked for cheap rental and found a place in Kakaako, Mormon St. That was the cheapest rental we could afford so we had to move there even if we didn't like the area.

When the Bensons moved they gave us a lot of cast off clothing, household goods and furnishings. Thanks to them we had a lot of household goods.

I knew I had to find day work, but I decided I must get Young−Ai back.

When I went to Robinson's Home, they asked if I brought the money I owed them. I didn't (I didn't have any to pay them off). They snatched Young—Ai from my arms and said I couldn't have the baby till I paid them. I was frantic and in despair. I cried from Kaimuki to Mormon St. With our meager wages, I didn't have any money to spare — to pay off the debt to Robinson's Home. I pleaded with them that I'd pay them when my husband found a job.

Each time I visited Robinson's Home they'd bring Adeline — Young—Ai to me. Then take her back 'cause I couldn't pay my bill. Each time I'd cry all the way back home, oblivious to people around me on the street car.

I finally decided to contact Ha Soo Whang, social worker at Y.W.C.A. who has helped many Korean women. She was surprised to hear about the practice at Robinson's Home. She took me with her to the home and I finally was able to bring Adeline back with me. In the morning I'd go to work for a half—day. Then Park would care for the children till I got back and then leave to look for work. I was able to get part—time day work as maid to families referred to me by Mrs. Benson.

Things got a little better — my small earnings and Park's sometimes day work as cook enabled us to survive.


## Tape 20: Side 1

One day a man named Chang—Sook Cho, originally from Maui came to visit us. "I have something to talk with you about." I knew Chang—Sook Cho's wife, when in Maui. She came to Honolulu and when I met her she said she was living with Chang Sook Cho. (While on Maui she befriended me and I invited her to lunch several times, since she said she didn't know anyone at that time in Maui.)

Park asked him what he wanted to talk about. He said he had a lot to say. He told us that he wasn't married but was living with Soo—Wa. He had bought a Studebaker and was driving a taxi to Schofield. Each pay day he'd go to Schofield and bring the soldiers to Honolulu. He said for about 4 days after each pay day, he'd make enough money to last for the month. I want to sell the business because I'd like to return to Korea. Chang said he couldn't find a Korean who could communicate with the Americans in order to run such a taxi. It seems to me you could run a business like that. That's why I'm here talking to you. At the time he made no mention about selling booze on the side. Chang conjectured that perhaps Park could take over a business like that.

p.162

Park wanted to try the business, but he didn't know how to drive. Chang paid us several business. His "wife" Soo−Wa ran off with a sailor and he wanted to go to Korea.

I was afraid of that business and told Park we couldn't handle that kind of business. We were informed that Chang bought a gallon of whisky from a Japanese man and would fill up 6 bottles. Whenever a soldier wanted whisky he would sell it to them on his taxi run. I told Park that was risky and illegal and we could be arrested if caught. Chang Sook Cho was persistent and he could tell Park was interested, especially since he didn't have a stable job.

One day he tagged along with Chang Sook Cho and was impressed with the money Chang was making. So Park decided he wanted to try the business. For $200 − $150 for the car and $50 for Chang's household goods he bought the business. He learned to drive from a Filipino man whom he hired to drive the Studebaker to Schofield and back. Since Park wanted to do it and he didn't have a steady job, I just didn't interfere any further. He contacted the Japanese man, Mr. Aoki, and bought a gallon of whisky and poured it into 6 bottles. They rented a room somewhere and hid the bottles until they needed them. They would drive the soldiers to some beach where they spent the day and had the drinks. When they were ready to go back Park would pick them up and even get a tip. From these soldiers Park made his money.

p.163

We also moved to another house in Kakaako, the one Chang lived in and had all his furnishings. We must have lived there for 4 or 5 years. During Pres. Hoover's time was Prohibition so we were able to sell the whisky for our income. When Pres. Roosevelt came in, Prohibition was abolished so there was no need for our business. By then we had saved some money which we used to try the Rooming House − Park's Court on Alaska St. The home was owned by Dr. Raymond which was rented to a Korean woman by the name of Miriam. She rented rooms and apartments and sold it to us.

p.164 So from Kakaako we moved to Park's Court and ended the illegal business of selling whisky to the soldiers.

## Tape 20: Side 2

I must admit that when Park bought into Chang's business, we were able to save money, eat well and buy clothes.

Park never accepted his own daughter Adeline because he wasn't prepared for her and she came too soon after Harry. He was always picking on her and treating her poorly. Because of that we had many fights.

While we lived on Punchbowl St. in Kakaako, Ruth was born. He was hoping for another son, but when Ruth was born, he didn't object at all and accepted and loved Ruth.

He blamed Adeline for being born at a wrong time, a year after Harry was born. Because he was so mean to Adeline I felt sorry and protective towards her.

p.165 When we lived there at Punchbowl, Park raised couple of chickens. The hen hatched a brood of chicks which kept on getting into the flower beds around the porch. Park laid a strip of metal tin sheet around the bed. One day Adeline and Harry were playing and chasing each other on the porch railing. I was busy cooking when I heard Adeline screaming. I called Park to look into the matter. I soon found out that Adeline had fallen into the flower bed and the metal sheet had sliced off the tip of her nose. I was in shock. It was Sunday and the doctor's office was closed. The neighbors told me to take her to emergency to prevent any infection. Her face was covered with blood.

The next day Dr. Alsup had Adeline placed in the hospital. She must have been there for about a month and a half. Plastic surgery was unheard of then. So they stitched Adeline's nose as best as they knew how then, but she was left with a "flat" nose which made her life miserable all through high school and growing up.

My life has been full of heart break. Here we were financially O.K., but Adeline's accident and her injured nose broke my heart. Park favored Harry and Ruth. If I bought them clothes, he never objected. Whenever I

bought clothes for Mary or Adeline, we'd get into a big fight. He even ob- p.166
jected when Hazel Putaski feeling sorry for Mary and Adeline, bought them clothes. He'd even pick a fight over that. I'd get so mad I even burned some of the things bought so he would stop. We fought violently, sometimes for several days. I'd be so upset. I left the house many times and spent the hours with my Korean lady friends and return home when calmed down.

I worked hard, too, and felt I could spend money on the children. He never complained when I got a pretty dress and hat outfit for Ruth or clothes for Harry.

I recall when I accompanied Mary on the night shift to work as pineapple packer next to Mary, I'd use the money to buy clothes and Park would grumble about that. I did my room cleaning in the morning and went with Mary to work in the night shift. I didn't like the idea of her walking home with the other girls at night. Consequently, Mary and Adeline didn't have many clothes, 'cause I was tired of fighting with Park.

I must have been married to Park for 16 years. Knowing his tempera- p.167
ment, I surmised that I probably would have to divorce him, too. I thought about it a lot. Park had a son and two daughters… just like Khil Chan Lok. I had given birth to 6 children. If I divorce him, then the Park's children will suffer and I didn't want them to go through what the Khil children did. So I put up with it for 16 years!

At the beginning Park was very nice to me. He was young and responsible. He was good to the children and bought them food. So I did love him. I was so thankful to him. Even then, however, I was aware of his bad temperament and for that reason didn't rush into marriage till 5 years later. Anyway, I was just contented to be living with my children and didn't want to be separated from Soon—Ae and Un—Jue to pursue getting the divorce.


Tape 21: Side 1


At Park's Court, I converted one of the downstairs apartments into a restaurant. We served light meals and I also obtained a beer license. Since Park could cook and worked as a cook before I felt enterprising and opened this restaurant — Moonlight Café — for him to run. I had "ghay" money which was due to mature. So when I got it, the Kwon's couldn't pay me cash and instead converted it to the restaurant furnishings as pay off. I did them a favor when they were in a bind, but to hear them say it, they did me a favor. Such gratitude!

I was busy managing and cleaning the rooms in Park's Court. The restaurant was to be Park's responsibility. We hired Jean Pai, 19 years old, as waitress. She was personable and attractive. The male customers liked her. Park became insanely jealous of the attention she was getting from her male dates and objected to her going out with fellows. He even followed her whereabouts. The next day he would give her hell and pick a fight over her personal life. He caused such a distraction that I overlooked the deadline for beer license renewal. So until we got the license I instructed Park not to dispense beer, sell only food.

Park either forgot or ignored my instructions. The next day two inspectors ordered food and beer. Park served them the beer. We lost the license.
We had to wait a whole year before applying again. So the business, without beer, went downhill and we had to close the restaurant. All the money invested, the lawyer's fees to get the beer license, the whole thing ended in financial failure.

I then had to reconvert the restaurant into an apartment to rent.

I hated to see Park without a job and nothing to do.

In the meantime Lee, Won Soon had a piece of property at the old civic auditorium on King Street. He built a hot dog stand hoping to serve the people who attended boxing and wrestling at the auditorium. He rented the stand to us for $75.00 a month. I had the stand equipped w/ hot dog cookers, coffee pot, ice chests for cold drinks, etc. Business two evenings a week was good − terribly busy for a couple of hours each nite. We couldn't handle the crowd (fast food concept was unheard of then). We didn't make a lot of money, but we were able to pay our bills.

The failure of that concession was Park's inability to relate with the girl
we hired. Just as he was with Jean, he bossed this girl worker and tried to control her. It didn't take long for the business to go under. I sold it to a Japanese fellow, made no profit, but got out what I put in.

Whatever I did or managed turned out fine, but whatever I turned over to Park always turned out a failure. I never profited from (someone) a husband's helping me. Whatever I gained was always achieved by my own efforts. I could never count on my husband's help.

I sold Park's Court. Maruda Kim bought it. Park Hee Kim and Sei Sook suggested Park's Court was small enough for Maruda to handle. They told me I had a lot of children and the living quarters were too small for us. They advised me to buy Standard Hotel on Fort St.

So I sold Park's Court to Maruda Kim and bought Standard Hotel. What I was particularly interested in was the single cottage back of the hotel. I wanted my children to live there separately from the place of business. The hotel had 30 rooms. To refurbish them to rent was a tremendous task and expense. With my meager financial resources it was a difficult task and I worked hard and endured much hardship.

p.171

## Tape 21: Side 2

After the job was done a problem arose. I was told the hotel was run by a woman who used the premises for prostitution. She got into some legal problem and went to the Philippines for a while. She returned to Hawaii. When she left she leased the property to Mr. Lopez who leased it to Mr. Choe and then to me. Lawyer Trask handled the transactions. Something wasn't quite right. I worried about it because I had invested a lot of money (borrowed − gye) in making up the rental rooms. There were rumors of Trask taking back Lopez's lease, raising my monthly lease rent − at the time it was $350 a month and hard enough to come up with the rent each month.

In the meantime, Park was causing me problems − he said the girls needn't have a higher education. Going to work in a laundry shop or sewing shop was adequate. Mary had just entered U.H. and he objected to it and caused me a lot of difficulty. Instead of worrying about the lease situation, he was more concerned about Mary going to U.H.

Around New Years of that year, Mary was actively involved with the Korean Students' Alliance under the leadership of Lee Tai Sung. She was in charge of ticket sales for a scholarship fund dance or some activity. So when she got home late that evening Park was furious and caused a big ar-

p.172

gument. To quiet things down and to keep the nosy neighbors from finding out, I sent Mary to stay over at Kim Young Soon's house. She stayed there a week upon the urgings of Mrs. Kim who felt she need not return home until things quieted down at home.

Park argued that Mary should not be admitted into the house. If she did, he would move out. I could not respect his wishes. I was still feeling bad about losing Un−Jue and Soon−Ae and I was not ever going to lose another child of mine. Do you think I was going to send away a child that I've watched growing up? Go if you must, but I can't give up my child. I'm not going to give up any of my children anymore.

One day Park packed his suitcase, called a taxi, and left.

p.173 I thought leave if you want to, I'm still hurting from losing Un−Jue and Soon−Ae and am never going to lose another child.

When my lady friends heard the news about Park's departure, they all advised me to let him go. You've certainly lived with him long enough − someone who had such a bad disposition. They opined whether he's here or not, he's no help. So don't call him back. Rumors came to my ears that he wouldn't return unless I pleaded with him to return. My friends expressed that since he left, I should divorce him. Why put up with all the difficulties he cause you? Well, I didn't ask him to come back nor send Mary away. Several months passed and he would occasionally stop by to pick a fight with me, curse me to other people and cause me a lot of stress. My friends asked why I was letting Park harass me and making my life miserable. Eventually, I hired a lawyer and got a divorce from Park. Then I lived alone with my children.

I finally sold the Standard Hotel, because it was difficult to run that big house under financial constraints. Also, because of the complicated leasing argument which made me feel insecure about holding the business for long.

p.174 A Mr. Chang−Soo bought the business from me. I knew I had to look for another business to earn income to support my children.

In those days if you went to Bishop Estate or some big Trust Co. or Chinese company you would be able to locate large pieces of property for lease. So I was busy looking into income property.

I heard about Dr. Yang's property on Fort and Beretania Streets. The store front was taken over by Tony Gora's bar and the upstairs was available for lease. Some Korean was going to lease it but found it too difficult, so he gave up the idea of leasing it.

I decided to look at the property. I found one large room. The Salvation p.175 Army had last used the place. To make rental units the large room had to be converted into 16 units. However, the zoning for that property was such that the building materials called for would have to be in cement. That would run up in cost and make the project unaffordable.

I decided to see the building health inspector and talk with him. I had to do something to support my children.

I told the building inspector I was interested in leasing the upstairs, that I was aware the code required cement structure for the walls. The building is an old one and a person with limited resources would have a hard time investing a lot of money to meet the code requirements.

I want to lease the property for room rental so I can support my children. Isn't there some way that it can be done? The inspector replied the code must be observed. I told him I couldn't afford to do it as the code specified. Yet, I needed to do something to support my children. Would it be possible not to use cement and use canec for walls and use screens for the transoms above the outside wall… like partitioning rooms for office buildings? If that is possible I could have a chance at supporting my children. The man remained thoughtful and quiet. He was a Japanese man working as a health inspector. He seemed like a nice person who had sympathies for people who struggled to earn a living. He thought for a while and finally said, "You certainly are resourceful and come up with a good idea. You're smart. Your p.176 idea might work. Let me find out. I'd like to help you since you are in a difficult position." I thanked him and asked him to help me so that I can earn a living and support my children. He said my idea was good − like enclosing offices, using screen above in the transom area and canec for the walls. Later I paid him another call and he said he was working on it, preparing the paperwork and asked me to wait for approval.

I also approached Dr. Yang (Dr. Y. C. Yang, Former Korean ambassador to U.S.) and he referred me to Tony Gora who had leased it from Dr. Yang. That's how I got a 5 year lease on that property from Tony Gora.

After I had sold Standard Hotel, I didn't have too much money left. I had to rent a 3 bedroom house on Alapai St. for us to live in. I spent some money for the family to live in. The rest, I paid my debts — "gye" (Korean financial loan club).

It was during this period that I also met Robert Given. He was working for the U.S. Engineers on Midway. He was divorced w/ one daughter and traveled to Midway and back on jobs.

## Tape 22: Side 1

p.177 After the renovation was completed, I went to a Japanese furniture store. I put a small down payment and got my furniture to furnish the rooms. I named my business Castle Hotel and rented it to bachelors only. At night one of the tenants Elmer Andrade took over for me.

[Note: War had started in Europe and defense work was opening up in Hawaii. Mama's room rental to defense workers — bachelors was off to a good start.] Pearl Harbor was hiring a lot of workers. Many of the fellows who rented from me were bachelors from the other islands who had come over to Oahu to work. Each day I cleaned the bachelors' rooms, washed the towels, and scrubbed the bathrooms. The sheets and pillow cases were sent out to the laundry. On weekends, Mary often helped me with the cleaning. We lived on Alapai St.

When I acquired Castle Hotel I got married to Bob Given. Bob and I got married. I must have been about 41 years old. We lived at Alapai St. for a short while. After Midway, then Bob got a position with the government at Hickam Field — Hawaiian Air Depot. Civilian housing was available outside of Hickam Field but under the jurisdiction of the federal government.

Then in 1941 Pearl Harbor was bombed.

p.178 The war started and my business picked up. Service personnel on leave filled up the rooms each night.

For the first time in my life I didn't feel strapped for money. We lived in Hickam Hsg. The house was a long way from the bus stop, but I didn't mind the walk. Everything I brought home was carried in my arms, because we didn't have a car. But I was contented. By now, Mary graduated from the University and Adeline from high school. They all worked in defense jobs towards the war effort.

We were able to save money. Harry turned over his paycheck to me also. He worked at Pearl Harbor in the Sheet Metal Dept.

At the end of the war I had saved about $12,000. I invested this in a carnation farm leasehold in Koko Head. In the meantime, I had to terminate the room rental business, because my lease was expiring and the owners had other plans.

Even if I now had a husband who contributed to the living expenses, I still felt the need to be responsible for raising and educating my children. Ruth, the youngest was in intermediate school, with high school and college ahead of her.

Adeline needed additional surgery on her nose. I felt the need to be independent financially so I could spend it on my children for whatever needs. That is the reason why I decided to do carnation farming at Koko Head (now Hawaii−Kai). p.179

At the encouragement of Sei Sook Kim and Bok Hee Kim who were financially secure and already farming in Koko Head − off Lunalilo Home Road, I bought the Holzinger's property of 2 acres with a 3 bedroom house. Until Bob and I and Adeline could move over Mary and Lindy left their Hickam Hsg. Home and moved into the Koko Head house. With the help of son David who knew someone in Kahala, we obtained carnation cuttings. It was a long and slow process to root the carnation cuttings. David and Lindy rented a tractor, plowed the fields, installed water pipes and worked hard each weekend. We finally were able to have sufficient flowers to market them. I hired 2 Korean laborers who picked the flowers each morning and worked in the fields. They lived in quarters we had built and were given monthly wages and 3 meals each day.

## Tape 23: Side 1

### Leaving Koko Head p.181

Henry Kaiser took over Koko Head and changed the whole valley. The leases of the farmers expired, mine included, and we were unable to get new leases. Kaiser negotiated with Bishop Estate and took over the development of the whole valley. The farmers were notified to vacate the land. It was a difficult time for me. I had invested everything on this 2 acres of land with a home and a one−bedroom addition. Where are we to go? − Bob and me. Adeline was then living on the mainland. Ruth was married to Frank Kim. Mary and Lindy and children had settled in Aina Haina.

I was still raising a small "crop" of carnation with one employee. Bob had long retired from the government and helped on the farm as well as making deliveries with Mrs. Penna who drove our car.

Pig farmers were the first to leave and relocated. A lot of them moved into Wacanal Kalama Valley where they were able to lease land and raise pigs. The flower growers and vegetable farmers were successful in negotiating with Bishop Estate in getting new leases. From 1 to 5 acres in a tract away from the housing development, on the slopes of Koko Head Crater (close to Kaiser High School).

p.182 We were told we could get FHA farm loans to relocate on the land parceled out to flower growers. We flower growers (carnations), Watanabe Rose grower and Harry Akabe cut−flower grower were those affected.

The period of evacuating from Koko Head was a difficult time for people living in this valley. Many would lose their homes with nowhere to go with their families. Farmers had to relocate leaving time and money invested in all the years of leasing the land. Some people, anticipating losses if they waited till the lease expired, sold out in the earlier years, cut their losses and left. Many couldn't do this because there was nowhere else to take their farm business to. It was a sorrowful and desperate time, and to see the families in such predicament was heartbreaking.

RCA which had occupied a large acreage also had to evacuate. It was rumored that short term leases could be given to certain applicants, but there was not many people who could take responsibility for the evicted people to represent the group and negotiate an agreement. Harry Akabe assumed
p.183 the leadership, but he was in an auto accident and wasn't able to assume the responsibility. Lee Kysil took over.

Most of my Korean farm friends cut their losses early and moved out. I didn't leave, because my husband Bob didn't want to leave the valley. He wasn't in good health − had heart problems and difficulty in breathing. Also for sentimental reasons, he hated to leave Koko Head and wanted us to take our chances of relocating to another area in Koko Head.

Kaiser Company offered the Watanabes, Atsujis, and Akabe and myself certain parcels of land. We were told we would be given a year's time, after which they would offer as a 55 year lease and we could build our home on the property.

I got a 2 ½ acres parcel next to Kaiser High School, below Koko Head Crater with the hope of getting an FHA loan and rebuilding later. [In 1965, we finally moved our house from Weke Way to Pakala St. I lived on Pakala St. for 7 months with no road from Pakala St. to my house nor electricity.] Instead of farming I could have swung a loan from the bank and with what little cash I had I could have bought a little condo for Bob and me. But he didn't want to leave Koko Head. He wanted to live in Koko Head where he could walk (See Tape 24: Side 1 cont.)

## Tape 23: Side 2

Story of Purchase of Ala Wai Apt. and the Poisoning of Carnation Field. p.184
Purchase of Queen's Hotel.

Harry approached me saying he wanted to go away to college. He had about $10,000 saved from working with the merchant marines. He suggested with his contribution it might be a good idea in investing in an apartment building. I thought that was a good idea. Money which I had invested in a $200 per month (계) gye was nearing maturity date. Harry looked in the ads and found a 10-unit apartment building on the Ala Wai, Waikiki, 7,000 sq. ft for $50,000. I took a look at it and thought it was pretty good. So with Harry's $10,000 and mine from the "gye" we put a $25,000 down with a small second mortgage. Then the plan was Harry would leave for college (St. Menlo, Michigan) and from the apartment income, I would send him money for his educational expense which was $150 monthly. This was in the year 1948.

For a while we were getting along fine, the plants were growing and hired a total of 3 workmen, because I also acquired two more acres in nearby fields to expand the business. Mary had contacted all the florists and was doing a profitable job of selling and [I had 3 workmen and we were producing flowers at a profit.] delivering flowers to florists instead of "dead beat" paying local street lei vendors in Chinatown.

David, my son, was helping out each weekend with Lindy, my son−in−law. They both plowed the fields and laid water pipes. Our business was doing well, I even had a house built on a one−acre lot for David and his father to live in, and I was able to pay bills and debts on time.

We were doing very well financially in 1948−1949.

In year in 1950 or late 1949, someone poisoned our carnation plants which were about ready to be marketed. It was during that time the "big" flower growers − Num's, some younger Korean flower growers and Japanese flower growers had organized to form a flower "co−op." They pooled all their flowers together and were selling them at a location in Chinatown where the lei sellers congregated. They wanted me to join their co−op. I said I would join later if the project was going to be a success. At the Co−op meeting which I attended where the younger farmers were in charge, I was not pleased with their plan. Everyone was to turn in list of all their customers and produce. The quota of flowers from the large growers was going to be sold first before the flowers from the smaller growers. How could I,
a small grower, the maximum of two acres compete with farmers whose production was in 5 acres or more? Most of my Korean friends didn't speak up. Perhaps they felt helpless or couldn't or didn't want to oppose the young folks in charge.

So I spoke up and said that we small growers wouldn't be able to survive with that plan. If anything, the flowers from the smaller growers should be sold first and then turn to the larger growers who would have the advantage of surviving even if only ½ of their crops were sold. We depend on having to sell most of all our flowers to survive. I told them I didn't think their plan was fair to the small growers or the retailers who only bought a smaller amount. Everything favored the retailer who bought a steady amount daily from the growers and having dealt with small retailers, I knew this would be difficult for them.

Well soon after that my carnation field was poisoned and overnight my production fell. I had to let go my two workers, except me. The new seedlings didn't thrive. Our daily income plunged overnight.

It was a desperate situation. I was forced in 1950 to sell the apartment p.187
building, take out whatever assets and diver it to another business so our
family can survive. I couldn't wait for 8 months — it took 8 months from
seedling to maturity — to start earning again. I had no income for the family
to live on or pay the wages of the workers.

I had to find something else. I sold the apartment and planned to return
Harry's $10,000 investment and with the remaining $10,000 invest in an-
other business. I felt bad 'cause I even had borrowed Mary's and Lindy's
savings. They helped me without getting paid although they lived rent free
and took their meals with us. They couldn't move out on their own 'cause I
had used their savings.

After the apartment was sold, I paid off Harry, returned Mary's savings
so she could put a down payment on a house in Aina Haina (Hind Iuka
Drive) and with my remaining money, I bought (leased) an apartment
building near Queen's Hospital (Queen's Hotel). I also had promised ear-
lier that when David got married I would throw him a wedding party since
he was my eldest first son. Well, David did find a nice girl, so even if I were p.188
strapped financially we celebrated his wedding with a party with the help of
the Koko Head ajumeonis.

The purchase of Queen's Hotel lease for $15,000 was a bad mistake.
The Korean realtor did not disclose everything about the business and also
showed me receipts received as being very favorable. Because he was
Korean and I trusted him, and because my need to find an income source
quickly I jumped into the transaction quickly without finding all the facts.
Also, I was unaware that prior to my takeover, the place had a poor reputa-
tion for taking on undesirable people as room renters. Business was so bad
that I sold my lease for ½ of the price I paid.

About that time, Harry told me he wanted to get married. Harry was work-
ing for United Airlines and because I needed financial help I re−borrowed
the money I had returned to him after the sale of the Ala Wai Apartment.

Because he was getting married he asked the return of his money which
I borrowed. When Queen's Hotel was sold at a loss all I could return to him p.189
was $5,000. With that he was successful in investing in real estate, but I
was struggling financially.

English Summary of Chun Yun Hee's Tape Recordings by Mary Zarbaugh

Tape 24: Side 1

p.190 (Continue from Tape 23: Side 1) around the yard, breathe fresh air, and
plant vegetables to supplement our food. For sentimental reasons and be-
cause of Bob's illness and concern for him, I proceeded to have the lot
bull-dozed; clearing of brush and trees for $1,000, moved the house from
Weke St. for $850. For $4,000 we located to Pakala St. There was no elec-
tricity. To hook up to the electric line which was at a distance it would have
been too expensive. So I was advised to do without electricity until a pole
closer could be located. There was no roadway from Pakala St. to the house.
Rainy days were terrible — muddy and slippery. We cooked on a kerosene
stove, used Coleman lantern for lights and persevered for 7 months till Bob
got sicker and had to be hospitalized at Tripler. I lived alone under such
adverse conditions, but kept busy trying to get the yard ready for Bob when
he returned from the hospital. I busily worked to put a yard in; planted
grass, watered it, 'cause I knew Bob would enjoy the fresh air and grounds.
I hired a Filipino day worker and Mr. Ok Kyang Sam and planted onions,
parsley and carnation seedlings. Besides that I made an every-other-day
p.191 trip to Tripler Hospital to see Bob. To do that I had to make 3 transfer of
buses, the last at Kalihi to catch the bus to Tripler. I'd return home when
dark. I couldn't find my way back because it was so dark so I'd stop by at
Kysul Lee's and Esther. She'd ask me to stay for dinner, and had her boys
from Warmanalo Handicap School to take me home. These boys lived with
the Lees and helped out on the farm. These boys were not very smart, but
were kind and good hearted and I'd offer them things whenever I could.
These boys would walk me home — about a ¼ mile. I can't begin to tell you
the hardships I endured. I'd enter my house, light the lamp — to think about
it now, I don't know how I survived those times. I wasn't afraid, Bob was
in the hospital, our children were living their own lives. I just determined to
be brave and make it alone. So I planted green onions, parsley, and flowers
with the part time help of the Filipino worker and Mr. Ok Kyang Sam. I
earned enough for my keep. I plugged along looking ahead to the future,
p.192 hoping we could get an FHA loan and build a new house. But then Bob
died, never to return home. Here I was preparing for his return, got a nice
planted yard for him to walk around and enjoy the breeze. With Mary's help

Bob got a nice military burial at Punchbowl Veterans Cemetery.

I was faced with a dilemma. I hated to leave the farm and give up everything. To continue on with the getting a new lease and loan wouldn't be possible alone, and just to move into town wasn't such a good idea.

Soon afterwards Kaiser High School was built. One day 2 boys were eating their lunch outdoors, overlooking my house where I was busy cleaning the yard. I overheard their nasty conversation and caught "I don't like old woman. I like young girls." I felt insecure and knew those boys were up to no good with their conversation of sexual overtones.

About this time, my lady friend moved to a public housing in Punchbowl. I decided that I would have to give up Pakala Street housing since, I alone, wouldn't be able to qualify for a loan.

So I applied for housing at the Public Housing Office. They told me there p.193 was no opening, but that if I could find rental for $130, they would subsidize the rent. I must have mentioned this to Ruth and Harry, because Ruth and Harry offered their apartment into the housing rental pool and I was able to live in their apartment with the government subsidizing the rent. The apartment was in Waikiki and I enjoyed living there for about a year.

When Pumehana Elderly Housing became available, I moved into that high rise and lived comfortably in the studio apartment and took advantage of their senior lunch program.

With my social security pension and Bob's veteran pension, I lived worry free since 1975.

While living at Rosalei I got a part time job at a Muu−muu factory which Esther Lee found for me. It helped to supplement my income because at the beginning my pensions were very small

## Tape 24: Side 2

I was attending a class learning English when I had to quit so I could p.194 earn some money at the Muu−muu factory; I always wanted to go to school and learn to read, write and speak English, but was never able to do it because I had to work or run a business throughout my lifetime.

[Reflection]

In my attempt to find a husband who would work and help me to raise and educate my children, I left the husband to whom I married as a picture bride and married my second husband who was younger and had a steady job at the army post laundry. But as fate would have it, he, too was not a good provider. He flitted from job to job and was never happy at one job long enough to provide for the family adequately.

I finally realized that I could not depend on anyone to help me raise my children and send them to school. I had to do it myself. I worked diligently at sewing uniforms and teaching Korean language to children in the Korean community. I also did housekeeping for military officer families. With the help of supportive women friends who sympathized with my situation, I moved from Wahiawa to Honolulu. With the financial backing of friends through a money investment club, I was able to get a little capital to start a rooming house business. I leased an old large home renovated with rooms to rent out to bachelors. Fortunately I had many women friends who with the help of industrious husbands had built up sufficient capital to move away from plantation life and into the business of converting large home into rooms for rental income. These friends guided me and launched me into my first room rental business on Alakea and Beretania St. These friends helped me to be financially independent so I can survive with my children and educate them.

It was hard work — a daily chore of cleaning, sweeping, mopping, changing linens and washing to provide clean towels each day.

The money loaned to me had to be paid back in monthly installments plus interest. No matter how tough it was financially, I was always mindful of keeping my commitment each month. I could not fail my friends who trusted me with loans when I didn't have any collateral of any kind. They believed in me, my integrity. So no matter how rough things were, I never ever defaulted on my payments. Yes, often I was a day or two late. Many times I had to borrow from Peter to pay Paul which usually added to my financial burden. I could not and never would fail my commitment in their trust. Without their help, I could not do anything. No band would loan me money without a good source of income or collateral.

Note: Tape 22 broke, so I had to have it duplicated at the video-shop

## Tape 22: Side 1

After the renovation was completed I went to a Japanese furniture store. p.197 I put a small down payment and got the furniture to furnish the 16 rooms. There was a kitchen at the end of the hall which we used as an office and also made coffee. I named the business Castle Hotel and rented rooms to bachelors only.

World War II had begun in Europe and indications were pointing to outbreak of war in the Orient. Defense workers were pouring into Pearl Harbor and Hickam Field. Castle Hotel experienced a boom. Only bachelors were accepted. Many of the fellows were navy defense workers from the other island who came over to Oahu to work. Elmer Andrade from Hilo was paid to supervise the night while I went home.

I did all the work myself. Each day I cleaned the bachelors' rooms, washed the towels, and scrubbed the bathrooms. The sheets and pillow cases were sent out to the laundry. On weekends, Mary often helped me with the cleaning. The family lived on Alapai St. and I walked to and from work.

At the time that I was operating Castle Hotel (1940) I felt that I needed a husband to help me run a room rental business and married Bob Given. I must have been 41 yrs old.

I first became acquainted with Bob Given when I and Park were running the hot dog stand at Civic Auditorium. I knew him then because he would attend the fight at the Civic Auditorium regularly. p.198

After we sold the hot dog stand to a Japanese man, we lost touch with each other. We met accidentally at a Korean man's birthday party. This Korean man was working for NRA as an office janitor and he had invited Bob because they worked in the same office. We got reacquainted and he said he lost contact with me after I left the Civic hot dog stand. My Korean friend told me Bob pestered him to introduce me to him. In those days an oriental woman of my age marrying a Caucasian was frowned upon. I wouldn't be able to attend Korean church and do my job as secretary of Korean women's relief society and I related these concerns to him. This friend had immigrated to Hawaii as a young man. He said what do you care about what others think. You have to worry about raising your children. This man has a good job and he's a nice man. So he kept nagging at me. Bob knew and guessed that I was divorced from Park because he read it in the newspaper. But I denied it and said there were lots of Parks. Then I also met Bob accidentally near the advertiser while catching the bus. He was on his way home from Ft. Armstrong. When asked where I lived I told him Alakea St. He paid a visit there once, but I had already moved to Standard Hotel and he couldn't find me.

p.199 The Korean friend related Bob's conversation to me. He said I'm middle-aged, too. I've done everything when I was young so I'm not interested in a young person, someone who speaks good English, well educated. I just want a good homemaker to go home to when I'm finished with my work. So remember I asked you children about me marrying again and you all said to do as I wish.

In the meantime my Korean friend kept urging me to consider Bob and what a help he could be in raising my children. He said would my criticizing friends bring me a bag of rice when I need it? I finally consented to see Bob and met him at Princess Theater for a couple of movie dates. He was a perfect gentleman. Meeting Bob at the movies happened while I was operating Standard Hotel. My decision to marry him came with an unpleasant sucker one late night at the hotel. Here I was recuperating from abdominal surgery when I had to go up to the hotel to quiet some noisy person who became angry and tried to hit me. You children were with me and crying with fear. That's when I thought after I returned to the house that if I wanted to be in the business I needed a man's help. So I continued to meet Bob and grew to like him.

It was that time when I had sold Standard Hotel and busy with setting up Castle Hotel that I had to move out of the house and truck my things to Alapai St.

p.200 I worried how I was going to accomplish this. To my surprise I came home and found out Bob had taken care of the move and everything had been moved to Alapai St.

We didn't get married right away when we moved to Alapai St. It was in 1940 Bob was working as watchman at Red Hill. He had left his wife for some time, but didn't culminate the divorce. So he left for Midway and I

872

부록_ 천연희 구술 테이프 요약

continued to run Castle Hotel. Upon his return, he got his divorce and then we got married. Rumors of war were in the air and Bob got a job at Haw'n Air Depot.

## Tape 22: Side 2

When we lived on Alapai St. Harry was attending Roosevelt and usher- p.201 ing at Hawaii Theater. He used to give me money. He was a good boy even then about helping me.

Shortly thereafter Bob was told Hawaiian Air Depot employees should relocate closer to work area. That's how come we settled on 19th St. Hickam Housing in a new subdivision.

We hadn't moved there too long when one Sunday morning − Dec 7, 1941 there was a lot of aerial commotion. I told Bob something is funny, there are lots of airplanes and smoke. Bob thought, "It's just a maneuver." Many people thought that too. But when I ran downstairs and looked out the door, my neighbor shouted "Go inside. Don't come out!" Then I saw this airplane with the red Japanese emblem. And it dropped something close to the woman and she ran back into the house.

I told Bob, woke him up and told him it wasn't a maneuver. It was Japanese planes. Pandemonium struck. Somehow we evacuated in one neighbor's car − the Pecks and went to Mama's Castle Hotel. The small roads from Hickam to town were choked up with traffic − evacuees from Hickam headed to town and military men on overnight leave trying to get back to their posts.

Tootsie's mother, Mrs. Klein and Eddie who lived in Kaimuki took the girls to her house. From there the three girls boarded at Sarah Cho's house. For a short period, after which we all returned back home to Hickam Housing.

Kaiser negotiated w/ Bishop Estate to lease all of Hawaii Kai. Since our p.202 lease on Weke Way was up we had to move. It was disastrous. All the money we put into the carnation farm was a loss.

Mama's Entry into rooming house business.
- Mary Zarbaugh's own writing

Mama divorced my dad, Khil Chan Lok, married Park Dai Sung who took care of her while she was very ill, and they moved to Honolulu around 1923. They found living quarters in the Lusitania St. area. Mama found a maid's job for the Benson family. She received a one-room living quarters for her and her two children (Mary and Harry). She had a roof over her and her children and earned a weekly salary. Park Dai Sung was in and out trying to find a job. Mama said, it was her fate that her husbands were not good providers. Park worked as a cook, but once married, he had a difficult time finding work to supplement the family income.

It was during this period, Mama enrolled me in Royal School in the first grade. She was busy working and couldn't pick me up from school in the first day. She gave me instructions, but I was completely confused at the large intersection and got lost. Luckily a kind Korean man came to my rescue and took me home.

Mama was grateful for her housekeeping job at the Bensons. The Bensons were often short of cash. Mama was often desperately disappointed and held back her tears when at the end of the work week, expecting to be paid, she was informed that she had to wait for her pay in the following week. She said she often cried in desperation and wondered how she would feed her children.

The family moved from the Bensons into a cottage at 765 Punchbowl Street. Park's friend set him up in picking up soldiers from Schofield Barracks to Honolulu each military payday - he ran a taxi shuttling soldiers to Honolulu. The work didn't last long. In the meantime, Mama was befriended by many kind Korean women who were operating rooming houses and doing very well. They encouraged her to do likewise.

Mama didn't have any money, but the Korean ladies trusted Mama's integrity and allowed her to join "gye" (tanomoshi). The "gye" provided her the first source of capital with which she "bought" (leased) a rooming house on 1182 Alakea St. between Alakea St. - Union St. near Queen Emma St. and Beretania St. The property belonged to a practicing doctor right next to Mama's rental units. Mama named the rooming house Alakea Hotel.

Living on Alakea St. provided the family with security and financial stability throughout my junior high school years. My younger sisters walked to Y.W.C.A and learned to swim, and I thoroughly enjoyed Central Intermediate School.

Mama never forgot her kind and helpful ajumeonis. Mama never ever failed to pay her monthly share of the Kay, even if she had to borrow from Paul to pay Peter." "Shin Yong" (신용) was very important to her – keeping the trust of her friends was her mantra. And her friends believed and trusted her.

As Mama's luck would have it, Mr. Park never found a job.

p.205

He was never of any help to Mama or the family. He caused a lot of conflicts and descention. Mama even set him up to run a restaurant Moonlight Café in the building, but because of his lack of attention to the business and his inability to get along with the waitress, he lost his license and the restaurant closed. Subsequently Mama divorced him as much as she hated the stigma of divorce.

Mama ran the Alakea Hotel, supported her children, paid her bills until the lease to Castle Hotel expired and she had to move.

She found a large house above Vineyard St. and Fort St. converted the rooms for rent and named it Standard Hotel. She was happy to move there because in addition to the hotel there was a single 2–bedroom dwelling with a little yard and she was happy to have her children live in a house, separate from the business.

Mama moved to Standard Hotel around 1939–1940. Somehow the lease which was negotiated with the leaser, Mr. Trask, had a negative element which worked adversely for Mama and she had to give up Standard Hotel and move once again.

This time Mama had befriended Robert Given who gave her much moral support and helped the family find a home to rent off Nehoa Street.

Mama always felt raising her children and educating them was her responsibility. There were Harry, A[d]eline, Ruth, and Mary – the eldest. So when she lost Standard Hotel, she took on the Castle Hotel* rooms on Fort St. and did well through the war years. (World War II)

p.206

*Story of Castle Hotel is in her taped biography

P.S. Mama was always short of funds. Paying off "gye" was a constant. Her honesty with friends and financial commitment in paying off "gye" were foremost. She always kept her word, no matter how difficult. Her friends trusted her and gave her a lot of moral support.

When she retired in her 80's, she was debt free, no more chasing for "gye", had educated her children and had never asked for welfare aid. She enjoyed living in an apartment in the city's elderly housing. She spent many free hours knitting beautiful yarn bed spreads. She immediately joined the Korean Senior Citizens University. Her life was stress free at last! She always remained supportive of Dr. Syngman Rhee and the Korean Christian Church.

# 찾아보기

## ㄴ

## ㅂ